귄터 그라스(1927~2015)

귄터 그라스가 어린 시절을 보낸 단치히의 집(폴란드 그단스크)

▲북치는 소년과 귄터 그라스의 청동 조각상
시인의 고향 단치히 공원에 세워져 있다.

▶귄터 그라스의 조각 작품 〈손 안의 넙치〉
단치히의 거리 예술 작품으로 전시되어 있다.

권터 그라스는 제2차 세계대전 중인 1943년(16세) 히틀러 유겐트 대원으로 공군 보조원이 되었다. 그 뒤 전국노동봉사단으로 징집되었다가 1944년 해군 잠수함부대 봉사활동에 나섰다. 그해 후반에 나치 무장친위대(SS) 기갑부대에 징집되어 참전했다가 부상을 입고 적에게 붙잡혀 1946년까지 포로수용소에 수감되었다. 나치 히틀러 유겐트 SS참전 경력은 그라스에게 문제가 되기도 했다.

▶뒤셀도르프 예
술대학교(쿤스트
아카데미)
귄터 그라스는 이
대학에서 그래픽
과 조각을 공부
했다(1948~52).

▼베를린 국립예
술대학교
그라스는 이 대학
에서 조각을 공
부했다(1953~56).

▲단치히 해안
오늘날 폴란드 그
단스크, 귄터 그
라스의 고향. '단
치히 3부작'의 배
경이 되는 곳이다.

◀귄터 그라스 하
우스 박물관
독일 뤼베크. 귄터
그라스의 작문·회
화·조각 작업을
위해 헌정된 집.
2002년에 박물관
으로 꾸며졌다.

다음쪽
박물관 뒤뜰
조각공원

노벨 문학상 시상식에서의 귄터 그라스와 스웨덴 국왕 칼 구스타프 16세. 1999. 스웨덴, 스톡홀름

《그것은 분명, 아름다운 배였다》 전시를 관람하는 귄터 그라스 제2차 세계대전이 끝날 무렵 일어난 사건인 '빌헬름 구스틀로프호 침몰'을 다룬 현대 미술 전시. 이 전시는 두 부분으로 이루어졌으며, 그 첫 번째는 귄터 그라스의 소설 《게걸음으로》 자필 초고들과 소설 구상에 쓰인 방대한 연구 자료들을 소개했다.

귄터 그라스 박물관에서 박물관 관리자와 함께 전시물을 검색해 보는 귄터 그라스(2014)

한스 엔첸스베르거(1929~　) 독일 시인·평론가. '그라스는 사실주의자이다. 그 낭만의 내용을 하나하나 뜯어보면, 황당 무계한 상상이 살인광처럼 무턱대고 달려나가는 듯 보이지만, 그것이 그의 입으로 이루어지면 충분히 설득력을 지니게 될 뿐 아니라 더 이상 의문의 여지도 없을 만큼 명백해진다.'

귄터 그라스의 무덤 독일 뤼베크

▲'단치히 3부작' 초판본 표지 왼쪽부터 《양철북》, 《고양이와 쥐》, 《개들의 시절》 표지는 모두 귄터 그라스의 그림으로 꾸며졌다.

◀《양철북》 자필 머리말

▼〈소녀와 쥐 II〉 귄터 그라스

▲〈개들의 시절〉 삽화 귄터 그라스.
그단스크 시립미술관

▶〈죽은 파리가 있는 자화상〉 귄터
그라스. 1992.

▼〈가수 II〉 귄터 그라스. 2003.

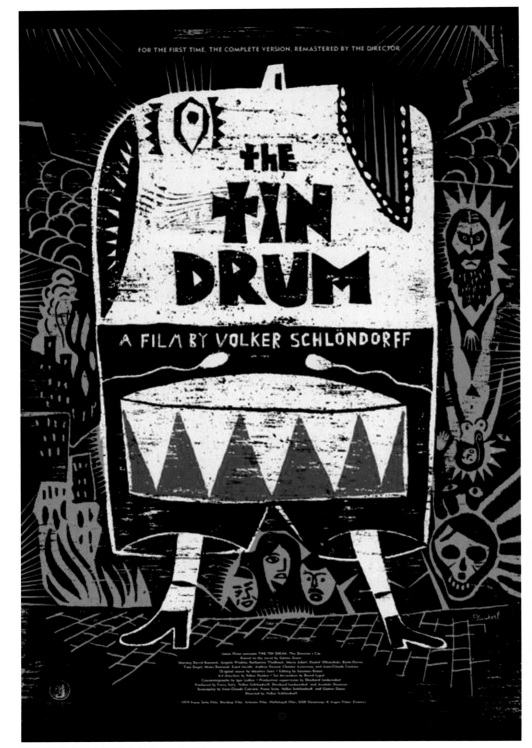

영화 〈양철북〉 포스터 폴커 슐뢴도르프 감독. 1979.

▲촬영장의 귄터 그라스와 데이빗 베넨(오스카 역), 폴커 슐린도르프 감독

▶영화 〈양철북〉의 한 장면 귄터 그라스의 소설을 바탕으로 한 이 작품은 1970년 무렵 독일 영화들 가운데 가장 큰 성공을 거뒀다. 영화 〈양철북〉은 1979년 아카데미 시상식에서 최고 외국어 영화상을, 칸느 영화제에서 황금종려상을 받았다.

▼양철북을 빼앗기자 비명을 지르는 오스카 영화 〈양철북〉에서는 그 파격적인 소설 내용을 전달하며 최고의 연기를 보인 어린 배우들이 눈길을 끈다.

《양철북》(1959) 초판본 표지   표지 그림은 귄터 그라스 작품

World Book 113

Günter Grass

DIE BLECHTROMMEL

양철북

권터 그라스/최은희 옮김

동서문화사

디자인 : 동서랑 미술팀

양철북
차례

제1부

폭넓은 치마

그렇다, 나는 정신병원에 수용되어 있다. 담당 간호사는 나를 지켜보고 있으며, 다른 곳으로 눈을 돌리는 일도 거의 없다. 문에 작은 구멍이 달려 엿볼 수 있기 때문이다. 그러나 간호사의 눈은 갈색이어서, 파란 눈을 가진 나를 꿰뚫어 볼 수는 없다.

그러므로 간호사는 결코 내 적이 될 수 없다. 이제는 그를 좋아하게까지 되었다. 문 뒤에서 엿보고 있던 이 사내가 내 방에 발을 들여놓기가 무섭게 나는 내 생애에 일어났던 여러 일들을 그에게 들려 준다. 우리 사이에 감시 구멍이 있긴 하지만, 나를 이해해 주기를 바라서이다. 이 선량한 사내는 내 이야기를 존중해 주는 것 같다. 어딘가 허황된 얘기를 해 줘도, 그는 곧 노끈을 엮어서 만든 최신작을 나에게 보여 줌으로써 감사를 표하곤 한다. 그가 예술가인지 아닌지는 따지지 않기로 하자. 그러나 그의 작품들을 전시하면 신문에서 호의적으로 보도하여 몇몇 구매자의 구미를 당길 수도 있을 것이다. 면회시간이 끝나면 그는 자기가 맡은 환자들 병실에서 모은 평범한 노끈을 푼 다음, 그것들을 다시 엮어서 다양한 모양의 말랑말랑한 도깨비를 만든다. 그러고는 그것을 석고에 적셔서 굳히고, 나무 받침대에 고정되어 있는 뜨개바늘에 꿴다.

그는 때때로 자신의 작품에 색칠을 해야 한다는 생각에 사로잡혀 있다. 나는 그런 짓은 그만두라고 말하고, 하얀 래커를 칠한 철침대를 가리키면서, 이 완전무결한 침대가 요란하게 색칠되어 있는 광경을 상상해 보라고 권한다. 그러면 그는 깜짝 놀라 두 손을 머리 위에 얹고, 조금 굳어진 얼굴로 온갖 놀란 표정을 한꺼번에 짓고는 색칠 계획을 포기한다.

하얀 래커를 칠한 나의 철침대는, 바로 어떤 기준인 셈이다. 더욱이 나에게는 그 이상의 것이다. 이 침대는 최후에 도달한 목적지이며 나의 위안이다. 만약 병원 당국이 좀 개조할 수 있게끔 허락해 준다면, 나의 신앙이 될 수도 있으리라. 누구도 더는 내게 접근하지 못하도록 침대 격자(格子)를 높이는 것을 허락해 준다면 말이다.

일주일에 한 번 있는 면회일은 하얀 철제 격자 사이에 엮어 놓은 나의 정적을 깨뜨린다. 그날엔 나를 구출하려는 자들이 찾아온다. 나를 사랑하는 것이 그들에게는 즐거움이다. 그들은 나를 자신과 비교하여 잘난 체하며 스스로를 재점검하려고 한다. 얼마나 어리석고 신경질적이며 교양이 없는 자들인가. 그들은 손톱으로 하얀 래커를 칠한 내 침대의 격자를 긁어서, 그 위에 볼펜이나 파란 색연필로 비실비실하고 외설적인 드럼 연주자를 그린다. 내 변호사는 언제나 '안녕!' 외치면서 방으로 뛰어들어와 침대 끝 왼쪽 기둥에 나일론 모자를 씌운다. 그는 내 방에 머무르는 동안—변호사란 작자들은 정말 수다스럽다—이런 난폭한 행위로 내 마음의 평온과 명랑성을 빼앗아간다.

방문객들은 아네모네 수채화 밑에 있는 방수포(防水布)를 씌운 하얀 테이블 위에 선물을 놓아두고, 그들이 지금까지 행하여 왔거나 또는 계획된 바 있는 구출 시도를 나에게 늘어놓는다. 그들은 지칠 줄 모르고 나를 구하려 하면서, 이웃을 사랑하는 그들의 마음이 얼마나 훌륭한지를 이해시키곤 한다. 그러한 일들이 잘 이루어졌다고 여기면, 그들은 다시 즐거워하며 나에게서 떠나간다. 그러면 간호사가 와서 방을 환기시키고, 선물을 포장했던 끈을 주워 모은다. 가끔 그는 환기가 끝난 뒤 여유가 있으면 내 침대에 걸터앉아 끈을 푼다. 오랜 정적이 방 안을 감싼다. 마침내 내가 정적을 브루노라고 하고, 브루노를 정적이라고 할 때까지.

브루노 뮌스터베르크는—농담이 아니라 이것이 간호사의 이름이다—내가 지불한 돈으로 원고지 500장을 사 왔다. 독신이며 자식도 없는 자우어란트 출신의 브루노는, 장난감도 팔고 있는 작은 문방구점을 찾아가서, 예비품이 바닥나기 전에 줄이 쳐지지 않은 백지를 나에게 구해다 준다. 나의 정확한 기억을 위해서는 꼭 필요한 종이이다. 나는 방문객들, 이를테면 변호사나 클레프에게 이 일을 부탁할 수는 없다. 그 친구들은 내가 하는 일이 걱정스러워서 견딜 수 없을 만큼 나에게 애정을 품고 있었기 때문에, 절대 백지와 같은 위험한 물건을 나에게 주고 끊임없이 말을 내뱉고자 하는 내 정신을 마음대로 쓰게 하지는 않았으리라.

내가 브루노에게 "브루노, 순결한 종이 500장 사다 줄 수 있죠?" 물으면, 브루노는 천장을 올려다보고, 이런 종이겠지 하는 뜻에서 집게손가락으로 가리키며 대답한다. "하얀 종이 말이죠, 오스카 씨."

나는 '순결한'이라는 단어를 고집하면서, 가게에 가서도 그렇게 말해 달라고 브루노에게 부탁했다. 오후 늦게 짐꾸러미를 들고 돌아왔을 때, 그는 깊이 감동받은 듯한 얼굴을 하고 있었다. 그는 그의 모든 영감의 샘인 그 천장을 몇 번이고 뚫어지게 올려다보다가 얼마 뒤에 말했다. "참 적절한 단어를 권해줬더군요. 나는 순결한 종이를 달라고 말했습니다. 그랬더니 그 여점원은 몹시 얼굴을 붉히면서 내가 요구한 것을 주었습니다."

문방구 여점원에 대한 이야기가 활기를 띠었으나 더는 장황해지는 게 두려워, 나는 순결한 종이라고 말한 것을 후회했다. 그리하여 나는 침묵을 지키면서 브루노가 방을 나갈 때까지 기다리고 있었다. 그리고 나서 비로소 원고지 500장이 들어 있는 꾸러미를 풀었다.

나는 그 질기고 신축성 좋은 짐꾸러미를 잠깐 손으로 들어 보고 무게를 달아 보기도 했다. 10장만 빼내고, 나머지는 침대 옆 책상 안에 넣어 두었다. 서랍 속 앨범 옆에서 만년필을 꺼냈다. 잉크는 가득 들어 있다. 보충할 잉크도 충분하다. 자, 어떻게 시작할까?

이야기를 중간에서 시작하여, 대담하게 앞으로 밀고나가거나 뒤로 끌어당겨서 혼란을 일으킬 수도 있다. 현대식으로 모든 시대나 거리를 삭제하고, 공간과 시간의 문제는 이제야 해결했다고 선언하거나 선언시킬 수도 있다. 혹은 최후의 소설가로 우뚝 서기 위해, 오늘날 소설을 쓴다는 것이 불가능하다고 먼저 주장해 놓고서, 뒤에 가서는 극적인 대단원을 만들어 낼 수도 있으리라. 또한 소설의 서두에서 주인공은 없다고 미리 단언해 두면, 곧 훌륭하고 겸손해 보인다는 것을 나는 알고 있다. 이미 개성적인 인간은 자취를 감추었으며 그 개성은 사라졌으니, 인간은 고독하고 누구나 똑같이 고독하므로 개성적인 고독을 주장할 권리가 없기 때문이다. 따라서 우리는 이름도 주인공도 없는 고독한 집단을 형성하고 있기 때문에 소설의 주인공은 이젠 없다. 모든 것이 그러하며 또 마땅한 것인지도 모른다. 하지만 나, 바로 오스카와 나의 간호사 브루노를 위하여 확실히 해 두고 싶은 것이 있다. 우리 둘이 주인공이다. 완전히 다른 주인공. 그는 감시 구멍 뒤에서, 나는 감시

구멍 앞에서 말이다. 그리고 그가 문을 열더라도 우리 두 사람은 우정이나 고독에도 불구하고 역시 이름도 주인공도 없는 집단은 아니다.

내가 태어나기 훨씬 이전의 이야기를 시작하자. 왜냐하면 자기 존재를 기록하기 전에, 적어도 조부모 중 한쪽이라도 기억해 내려는 끈기가 없는 인간이 자신의 생애를 서술해서는 안 되기 때문이다. 내가 있는 정신병원 밖에서 복잡한 생활을 해야만 하는 독자 여러분에게, 그리고 내 원고지의 보관 따위는 신경도 안 쓰는 친구들과 매주 이곳을 찾아오는 방문객들에게, 나 오스카의 외할머니를 소개하겠다.

할머니 안나 브론스키는 10월 어느 날 오후 늦게 치마를 몇 벌 겹쳐 입고 감자밭 가장자리에 앉아 있었다. 오전 중이었다면 할머니가 얼마나 능숙하게 시든 감자 줄기와 잎을 긁어모아 차곡차곡 쌓아올리는가 볼 수 있었으리라. 할머니는 점심으로 시럽 바른 달콤한 버터빵을 먹고, 마지막으로 밭을 고르고 난 뒤, 치마를 여러 겹 껴입은 채 거의 가득 찬 두 개의 감자 광주리 사이에 앉아 있었다. 발끝을 나란히 하여 가지런히 세워 놓은 장화 앞에서 감자 잎을 태우는 불꽃이 흔들리고 있었는데, 그 불은 가끔 천식처럼 다시 타오르기도 하며, 거의 경사가 없는 지표를 따라서 평평하게 골고루 연기를 내뿜고 있었다. 1899년의 일이었다. 할머니는 카슈바이 중심부 비사우 근처에, 아니 그보다도 벽돌 공장과 가까운 곳에 앉아 있었다. 다시 말하면 람카우 앞 피레크 뒤, 브렌타우로 통하는 도로의 디르샤우와 카르타우스 사이에서, 골트크루크의 검은 숲을 등지고 앉아 있었다. 그리고 끝이 타서 까맣게 된 개암나무 가지로 감자를 뜨거운 잿더미 속에 밀어넣고 있었다.

내가 외할머니의 치마를 특히 강조해서 얘기했을 때, 내가 할머니가 여러 벌의 치마를 입고 있었다고 제대로 말했기를 바란다—그렇다, 이 장(章)에는 '폭넓은 치마'라는 표제가 붙어 있다—이는 내가 이 옷의 은혜를 입었음을 알고 있기 때문이다. 할머니는 치마를 한 벌이 아니라 네 벌을 겹쳐 입었다. 치마 한 벌과 속치마 세 벌을 입었다는 뜻이 아니다. 네 벌 모두 치마이며, 한 벌의 치마가 다른 치마를 받치게끔 그 네 벌을 어떤 체계에 맞춰서 입는다. 바로 치마의 입는 순서를 매일 바꾸었다. 어제 맨 위에 입었던 치마는 오늘은 바로 그 밑으로 들어가고, 어제 두 번째였던 것은 오늘은 세 번째가 된다. 어제 세 번째였던 치마는 오늘은 할머니의 피부에 밀착되는 셈이다. 어제 할머니의 살에 닿았던 치마는 오늘 겉으로 분명히 드러냈으나 거기에는 아무런 무늬도 없었다. 할머니 안나 브론스키의 치마는 모두 똑같이 감자 색깔이었다. 할머니에게 가장 어울리는 색이었다.

색깔 말고도 면적상 할머니의 치마는 터무니없이 많은 천을 사용하고 있다는 점에서 특별했다. 바람이 불면 크고 둥글게 부풀어오르고, 바람이 충분해지면 아래로 드리워지며, 바람이 스쳐갈 때에는 팔락팔락 소리를 냈다. 그리고 할머니가 바람을 등지고 서 있으면, 치마 네 벌 모두가 할머니 앞쪽으로 휘날렸다. 할머니는 자리에 앉을 때에는 치마를 자기 둘레로 끌어당겼다.

언제나 부풀어 있거나 처져 있거나 주름이 잡혀 있는 치마 네 벌과 침대 옆에 걸쳐 있는 빳빳하고 풍성한 치마 말고도, 할머니는 다섯 번째 치마를 가지고 있었다. 감자색 치마 네 벌과 다른 점이 하나도 없었다. 그리고 언제나 다섯 번째도 아니었다. 그 형제들과 마찬가지로—왜냐하면 치마는 남성명사이기 때문이다—다섯 번째 치마는 다른 치마와 교대로 몸에 걸친 치마 네 벌에 끼이고, 차례가 오면 다른 치마와 마찬가지로 다섯 번째는 금요일마다 빨래통에 들어가 토요일에는 부엌 창문 앞에 있는 빨랫줄에 걸리며, 마른 뒤에는 다리미판에 얹혀져야만 했다.

할머니가 청소·요리·세탁·다리미질을 하는 토요일이 지나가면, 쇠젖을 짜고 먹이를 준 다음 온몸을 욕조에 담그고 비누칠을 조금 한 뒤 다시 물을 뒤집어쓰고 나서 커다란 꽃무늬 수건으로 몸을 감싸고 침대 가장자리에 걸터 앉을 때, 할머니 앞 마룻바닥에는 몸에 걸쳤던 치마 네 벌과 새로 빤 한 벌이 넓게 펼쳐져 있다. 할머니는 오른손 집게손가락으로 오른쪽 아래 눈꺼풀을 누르고서 아무에게도, 오빠 빈첸트에게도 상의하지 않고 재빨리 결심한다. 할머니는 맨발로 서서, 감자색이 거의 바랜 치마를 발끝으로 집어 옆으로 밀어낸다. 그러고는 깨끗한 치마로 그 빈자리를 채운다.

할머니가 굳게 믿고 있었던 예수에게 경의를 표하기 위하여 일요일 아침 람카우 교회에 갈 무렵에는 새로운 치마 순서 정하기가 시작된다. 할머니는 세탁한 치마를 몇 번째에 입었을까? 할머니는 깔끔할 뿐 아니라 허영심도 약간 있었다. 그래서 제일 깨끗한 치마는 햇살이 따사한 맑은 날에는 밖으로 보이게끔 해서 입고 다닌다.

할머니가 감자 굽는 불 저쪽에 앉아 있던 월요일 오후였다. 일요일에 맨 위에 입었던 치마는 월요일에는 한 칸 가까이 할머니의 피부로 다가가고, 일요일에 할머니의 피부를 감싸고 있던 치마는 월요일에는 정말 월요일처럼 침울하게, 다른 치마들 위로 드리워진다. 할머니는 아무렇게나 휘파람을 불면서, 개암나무 가지로 잘 구워진 감자 하나를 잿더미에서 끌어낸다. 그리고 바람에 쐬어서 식히려고, 계속 연기만 내고 있는 불더미에서 가능한 멀리 감자를 밀어낸다. 그리고 뾰족한 나뭇가지로 새까맣게 타서 껍질이 벗겨진 감자를 찍어서 입으로 가져간다. 할머니의 입은 이제 휘파람을 불지 않는다. 바람으로 거칠어지고 갈라진 입술을 벌려, 감자에 묻은 재와 흙을 불어낸다.

입으로 감자를 호호 불면서 할머니는 눈을 지그시 감는다. 충분히 불었다고 생각했을 때 두 눈을 하나씩 뜨고서, 좀 벌어졌으나 벌레는 먹지 않은 앞니로 베어 물었다. 그러나 차마 씹지 못하고 아직 뜨거운 김이 무럭무럭 나는 반쯤 베어진 감자를 벌린 입 속에 넣은 채, 연기와 10월의 공기를 들이마셔 한껏 부푼 콧구멍 너머로, 동그란 눈으로 밭을 따라 가까운 지평선까지 물끄러미 바라본다. 거기에는 드문드문 이어진 전신주와 벽돌 공장 굴뚝 3분의 1이 겨우 얼굴을 내밀고 있었다.

전봇대 사이에서 무엇인가가 움직였다. 할머니는 입을 다물었다. 그리고 입술을 안쪽으로 끌어당기고 미간을 찡그린 채 감자를 우물우물 씹었다. 전봇대 사이에서 무엇인가 움직였다. 무엇인가 뛰어올랐다. 세 남자가 전봇대 사이를 달렸다. 그들은 굴뚝을 향해 달려갔다. 맨 앞의 남자가 그 앞에서 몸을 돌리더니 다시 뛰었다. 작고 뚱뚱해 보이는 사나이가 벽돌 공장 위에 갑자기 나타났다가 넘어갔다. 키가 좀 크고 앙상한 두 사나이 역시 벽돌 공장을 넘어가더니 또다시 전봇대 사이에 모습을 드러냈다. 작고 뚱뚱한 사나이가 몸을 돌렸는데, 다시 굴뚝 쪽으로 돌아서야 했던 앙상한 키다리들보다 더 서두르는 듯했다. 그가 이미 굴뚝 너머에서 구르고 있었으니 다른 두 사나이도 굴뚝을 향해 뛰어야 했다. 하지만 그때 엄지손가락 두 개처럼 뛰어오르던 두 사나이는 갑자기 포기한 듯이 사라져 버렸다. 작은 사나이도 굴뚝에서 지평선 너머로 뛰면서 사라졌다.

이제 그들은 거기에서 쉬거나 옷을 갈아입거나 벽돌을 만들어 보수를 받고 있을 것이다.

할머니는 그 틈을 타 두 번째 감자를 찍으려고 했으나 그만 헛찌르고 말았다. 키가 작고 뚱뚱해 보이던 그 사나이가 같은 옷을 입은 채 지평선 위로 그 모습을 드러냈기 때문이다. 지평선은 마치 나무 울타리 같았다. 그 사나이는 그를 뒤쫓아 뛰던 두 사나이들을 울타리 너머 벽돌 사이나 브렌타우로 가는 도로 위에 떼놓고 온 듯했다. 그럼에도 그는 스쳐 지나가는 전봇대보다도 더욱 빨리 달리려는 듯 서두르고 있었으며, 큰 걸음으로 천천히 뛰어오르면서 밭 위를 넘어갔다. 진창을 피해 뛰어넘었지만 구두창에서 진흙이 튀었고, 될 수 있는 대로 성큼성큼 뛰려 했지만 그럴수록 진창 위를 겨우 기어가고 있는 것 같았다. 이따금 그는 작지만 뚱뚱한 몸으로 땅에 달라붙듯이 멈춰 섰다가 다시 뛰며 이마의 땀을 닦았는데, 그 모습이 마치 공중에 떠 있는 듯했다. 그러고 나서 그의 탄력적인 다리는, 도로와 직각으로 밭두둑을 낸, 10에이커 크기의 감자밭 옆에 있는 갓 경작된 논을 지나 좁은 내리막길로 접어들었다.

그는 그 좁은 길에 다다르는 데 성공했고, 작지만 뚱뚱한 그 체구가 내리막길 쪽으로 사라지자마자, 그동안 벽돌 공장에 다녀온 듯한 비쩍 마른 키다리들이 다시 지평선 위에 나타나 진창 위를 성큼성큼 걷고 있었다. 분명 키가 크고 마르기는 했지만 그다지 수척하지는 않았다. 할머니는 그들을 바라보느라고 또 감자를 헛찍었다. 그도 그럴 것이, 서로 다른 키이긴 하지만 다 큰 남자 셋이 전봇대 주위를 뛰어 벽돌 공장의 굴뚝을 거의 꺾으려고 하더니, 처음에는 작고 뚱뚱한 자, 나중에는 크고 마른 자들이 거리를 두고서 모두 다 끈질기게 용쓰면서, 구두창 밑에서 계속 더 진흙을 튀기면서, 이틀 전에 빈첸트가 갈아놓은 논을 뛰어 좁은 내리막길로 사라지는 광경은 누구나 매일 볼 수 있는 광경이 아니었기 때문이다.

이제 세 사람 모두 사라져 버렸기 때문에 할머니는 거의 식어 빠진 감자를 마음놓고 찍을 수 있었다. 감자 껍질에 묻은 흙과 재를 훅 불어내어 금세 감자를 통째로 입 안에 밀어넣고는, 그들은 벽돌 공장 사람들임이 틀림없다고 생각했다, 할머니가 진실로 생각했더라면 말이다. 그리고 한 사람이 좁은 길에서 뛰어올라왔을 때도 할머니는 여전히 감자를 우물우물 씹고 있었다. 그 사나이는 검고 덥수룩한 콧수염 너머로 주위를 둘러보고, 두 번 뛰어서 모닥불 쪽으로 다가와 모닥불 앞·뒤·옆에 동시에 섰다. 이쪽에서 저주를 퍼붓는가 하면 저쪽에서는 불안한 표정을 지었다. 어디로 가야 할지를 몰라 헤매는 것이었다. 돌아갈 수도 없었다. 뒤쪽에서 마르고 키 큰 남자들이 좁은 길을 따라 다가오고 있었기 때문이다. 그는 무릎을 탁 쳤고, 두 눈이 휘둥그레져 튀어나올 듯했다. 이마에서는 땀이 샘솟듯 흘러나왔다. 그는 콧수염을 떨고 숨을 헐떡이며 더욱 가까이 기어와서 할머니 장화 바로 앞까지 다다랐다. 마침내 할머니 코 앞까지 기어오더니 마치 작고 뚱뚱한 짐승처럼 할머니를 쳐다보았다. 할머니는 탄식할 수밖에 없었다. 이젠 감자나 씹고 있을 수는 없었다. 할머니는 벽돌 공장이니 벽돌이니 벽돌공이니 하는 생각을 걷어치우고 장화 밑창을 기울여서 치마를, 아니 네 벌의 치마를 모두 높이 쳐들었다. 벽돌 공장 사람이 아닌, 그 키가 작고 뚱뚱한 사나이가 숨어 들어갈 수 있도록 단번에 높이 쳐들었다. 그의 모습은 콧수염과 더불어 사라져 버렸다. 이젠 동물처럼 보이지도 않았다. 람카우의 사나이도 피레크의 사나이도 아니었다. 그는 치마 속에서 불안에 떨고 있었다. 더 이상 무릎을 치지도 않았다. 작지도 뚱뚱하지도 않았다. 그는 헐떡이거나 떨거나 손으로 무릎을 치는 것도 잊고 자리를 잡고 있었다. 주위는 세계 최초의 날 혹은 최후의 날과 같이 고요했다. 산들바람이 모닥불에 불어와 소리를 냈다. 전봇대는 소리 없이 자신들의 수를 헤아리고, 벽돌 공장 굴뚝은 여전히 의연하게 서 있었다. 그리고 그이, 즉 내 할머니는 맨 위의 치마 주름을 두 번째 치마 위로 쓰다듬어 내렸다. 네 번째 치마 밑에 있는 그 사나이를 할머니는 거의 의식하지 않았다. 세 번째 치마 또한, 할머니의 피부에 닿았던 놀라운 첫 경험이 어떤 것인가를 전혀 파악하지 못했다. 첫 번째는 점잖게 자리잡고 있으며, 두세 번째는 아직 파악하지 못했으나 어쨌든 놀랄 만한 일이었다. 할머니는 감자 두세 개를 재 속에서 끌어내고, 오른쪽 팔꿈치 밑에 있는 광주리에서 날감자를 네 개 집어서 차례로 뜨거운 잿더미 속에 밀어넣었다. 그러고는 거기에다 재를 많이 덮어씌워서 연기가 나도록 꼬챙이로 불을 쑤셔 댔다—달리 무엇을 할 수 있었겠는가?

할머니의 치마들이 겨우 안정을 찾았다. 심하게 무릎을 치면서 자리를 바꿔가며 불을 쑤셔 일으킬 때마다 방향을 바꾸던 모닥불의 짙은 연기가 다시 바람을 타고 밭을 기듯이 서남쪽으로 누렇게 깔리고 있던 바로 그때, 치마 속에 웅크리고 있는 키 작고 뚱뚱한 자를 뒤쫓아온 키 크고 야윈 두 사람이 좁은 길에서 모습을 드러냈다. 그들은 직업상 지방경찰 제복을 입고 있었다.

그들은 거의 날듯이, 심지어 한 사람은 불 위를 뛰어넘어 할머니 곁을 지나갔다. 그러나 갑자기 자기들에게 뒤꿈치가 있다는 사실을 알아차리고는, 돌연 멈춰 휙 돌아 성큼성큼 걸어와서 제복에 장화 신은 모습으로 연기 속에 서 있었다. 그리고 기침을 하면서 연기에서 제복 입은 모습을 드러냈으나 연기도 함께 따라왔다. 그리하여 할머니에게 말을 걸었을 때에도 여전히 기침을 하고 있었다. 그들은 할머니에게 콜야이체크를 보았는지 물었다. 할머니는 좁은 길을 향해 앉아 있었고, 그 남자, 콜야이체크는 그 길로 도망쳤기 때문에 할머니가 분명 그를 보았으리라는 것이었다.

할머니는 콜야이체크를 보지 못했다. 그를 몰랐기 때문에. 할머니는 벽돌 공장 사람들밖에 몰랐으므로, 그 사나이가 벽돌 공장 사람인지 아닌지를 알고자 했다. 그러나 제복을 입은 자들은 콜야이체크가 벽돌과는 아무런 관계도 없으며, 다만 키가 작고 뚱뚱한 사나이라고 가르쳐 주었다. 할머니는 기억을 더듬는 체하면서 그런 사나이가 달려가는 것을 보았다고 말하고, 뾰족한 나뭇가지에 꽂힌 김 나는 감자로 비사우 쪽에 해당하는 지점을 결승점 가리키듯 가리켰다. 감자가 향한 곳은 벽돌 공장 굴뚝에서 오른쪽으로 여섯 번째와 일곱 번째 전봇대 사이가 틀림없었다. 그러나 할머니는 달려간 사나이가 콜야이체크인지는 모르겠다고 말하면서 발치에 있는 모닥불 때문이라고 변명했다—불을 지피는 일은 손이 많이 가고 불이 적절히 타오르도록 신경 써야 하기 때문에, 곁을 지나가는 사람이든 연기 속에 서 있는 사람이든 다른 사람에 대해서는 신경을 쓸 수 없으며, 더구나 알지 못하는 사람들에 대해서는 더욱 그러하다. 아는 것이라고는 단지 비사우·람카우·피레크, 그리고 벽돌 공장에 있는 사람들뿐이며, 정말 그게 전부라고 할머니는 말했다.

할머니는 이렇게 말하고 살짝, 하지만 무엇 때문인지 그들이 눈치챌 정도로 분명하게 한숨을 내쉬었다. 할머니는 모닥불을 향하여 고개를 끄덕였다. 마치 할머니가 한숨을 내쉰 까닭은 불을 더욱 알맞게 유지하기 위해서이며, 또 조금은 연기 속에 있는 사람들 때문이라는 듯이. 그러고 나서 할머니는 입을 크게 벌려 가지런한 앞니로 감자를 절반쯤 베어 물고 묵묵히 씹으면서 눈길을 왼쪽 위로 돌렸다.

지방경찰 제복을 입은 사나이들은 할머니의 멍한 시선에서 어떠한 것도 읽어낼 수 없었다. 그들은 전봇대 너머에 있는 비사우를 수색해야 할지 어떨지를 망설였다. 그래서 가끔 아직 타지 않고 옆쪽에 쌓여 있는 감자잎 더미를 옆구리에 찬 칼로 찔러댔다. 갑자기 어떤 생각이 떠오른 듯, 그들은 동시에 할머니 팔꿈치 밑에 있던 감자로 거의 가득 차 있는 광주리를 뒤집어엎었다. 그리고 어째서 광주리에서 할머니의 발아래로 굴러 나오는 것이 감자뿐이며, 콜야이체크의 모습이 보이지 않는지 한동안 이해할 수 없다는 태도였다. 아무래도 미심쩍은 듯이 그들은 감자 더미 둘레를 살금살금 걸었다. 마치 콜야이체크가 순식간에 그 안에 숨어버린 듯했다. 그들은 여기저기를 겨눠서 찔렀고, 사나이의 비명이 들리지 않자 못내 아쉬워했다. 그들의 의혹은 이미 시들어 버린 덤불 하나하나에, 쥐구멍 하나하나에, 두더지 떼가 파헤친 흙더미에 던져졌으며, 몇 번이나 할머니에게로 향했다. 할머니는 마치 뿌리가 박힌 듯이 그곳에 앉아서 한숨을 내쉬고, 눈동자를 꺼풀 아래로 집어넣어 흰자위를 내보이고서, 카슈바이의 모든 성자들의 이름을 외고 있었다—그것은 활활 타오르는 모닥불과 뒤집힌 감자 두 광주리 때문에 더욱 비통하고 크게 들렸다.

제복을 입은 자들은 반 시간쯤 그곳에 있었다. 가끔 멀리 떨어져 서 있다가 다시 불 가까이 다가왔다. 그들은 벽돌 공장 굴뚝을 목표로 비사우도 점거하려고 했으나 공격을 미룬 채 보랏빛 손을 불에 쬐고 있다가, 결국 한숨을 그치지 않는 할머니에게서 나뭇가지에 꽂아 껍질을 벗긴 감자를 하나씩 받았다. 그러나 입을 우물거리고 있는 동안에도 그들은 제복을 입고 있다는 사실을 잊지 않았으며, 좁은 길의 금작화(金雀花 : 양골
담초)를 따라서 밭으로 뛰어들었다.

그 통에 토끼 한 마리가 놀라서 뛰쳐나왔으나, 콜야이체크라는 이름은 아니었다. 그들은 다시 모닥불 주변에서 뜨거운 김이 나는 감자를 발견했다. 이제는 그들도 전쟁에 지쳐 평화를 바랐으므로, 조금 전에 직무수행차 뒤집어엎었던 광주리에 생감자들을 다시 주워 담았다.

저녁이 10월 하늘에서 비스듬히 내리는 가랑비와 먹빛 황혼을 짜냈을 때에야 비로소 그들은 마지못해 서두르더니 멀리 있어서 분명치 않은 경계석(境界石)에 공격을 가했다. 하지만 그것을 끝내버리고는 만족스러워했다. 또한 잠깐 두 다리를 쭉 뻗은 그들은 비에 젖어 연기가 넓게 퍼져 나가는 모닥불 위에서 손을 비비고, 녹색 연기 속에서 다시 한 번 기침을 하며, 노란 연기 속에서 눈물을 짜내고, 그러고는 또 기침을 하고 눈물을 흘리면서 비사우 쪽을 향하여 성큼성큼 걸어갔다. 콜야이체크가 여기에 없으면 틀림없이 비사우에 있다. 경찰관들은 언제나 두 가지 가능성밖에 모른다.

천천히 꺼져가는 모닥불 연기가 마치 다섯 번째 널찍한 치마처럼 할머니를 에워쌌다. 그러니까 네 벌의 치마를 입고 한숨을 내쉬며 성자들의 이름을 외고 있던 할머니도 콜야이체크처럼 치마 밑에 있었던 셈이다. 제복을 입은 자들이 황혼녘 전봇대 사이에 천천히 빠져들어 허우적거리는 점으로 변할 즈음에야 비로소 할머니는 피곤에 지친 몸을 겨우 일으켰다. 할머니는 마치 뿌리가 돋아났으나 잔뿌리와 흙을 한꺼번에 끌어당겨서 이제 막 시작된 성장을 중단해 버린 나무 같았다.

콜야이체크는 갑자기 덮개를 빼앗겨 땅딸막한 몸에 빗방울이 떨어지자 추위를 느꼈다. 그는 치마 밑에 있는 동안 풀어 두었던 바지 단추를 재빨리 채웠다. 불안감, 그리고 은신처를 찾으려는 끝없는 욕망에 사로잡힌 나머지 단추를 풀고 있었던 것이다. 음경이 급냉각되는 것이 두려워서 그는 재빨리 단추를 채웠다. 그만큼 가을 날씨가 쌀쌀했기 때문이다.

할머니는 잿더미 속에 들어 있던 뜨거운 감자 네 개를 발견했다. 세 개를 콜야이체크에게 주고 자신은 하나를 집어서 베어 물기 전에, 그가 벽돌 공장 사람인지 아닌지를 물었다. 콜야이체크가 벽돌 공장이 아니라 어딘가 다른 곳에서 왔다는 사실을 틀림없이 알고 있었음에도 말이다. 그리고 그의 대답 따위는 무시하고 가벼운 광주리를 그의 등에 지워 준 다음, 자신은 무거운 것을 등에 지고서 빈손으로 갈퀴와 괭이를 집어들었다. 네 벌의 치마를 입고서 광주리와 감자와 갈퀴와 괭이를 든 할머니는 바람과 함께 비사우 채굴장 쪽으로 발걸음을 옮겼다.

채굴장이 비사우에 있다고 말할 수는 없다. 오히려 람카우 쪽에 있다는 것이 더 정확하다. 두 사람은 벽돌 공장을 왼쪽에 두고, 검은 숲길을 따라서 갔다. 그 숲 속에는 골트크루크가 있었으며, 그 너머에는 브렌타우가 있었다. 그러나 비사우 채굴장은 숲 앞 낮은 지대에 있었다. 할머니는 그곳으로 작고 뚱뚱한 요제프 콜야이체크를 데리고 갔다. 그는 이제 할머니의 치마로부터 떠날 수가 없었던 것이다.

뗏목 밑에서

여기, 비누로 세척한 정신병원의 철침대에서, 브루노의 눈이 지켜보는 감시 구멍의 시야권에 누운 채, 카슈바이의 감자잎을 태우는 모닥불 연기와 실날 같은 10월의 비를 묘사하기란 결코 쉬운 일이 아니다. 세련되고 끈기 있는 연주로 중요한 사실들을 종이 위에 옮기는 데 필요한 자질구레한 모든 것을 머리에 떠오르게 해 주는 내 북(鼓)이 없었더라면, 그리고 매일 서너 시간 동안 내 양철북으로 하여금 말하도록 병원에서 허락받지 못했다면, 나는 조부모에 대하여 아무것도 밝힐 수 없는 불쌍한 인간이 되고 말았으리라.

여하튼 내 북 이야기는 이러하다—1899년 10월 오후, 남아프리카에서 크뤼거 삼촌(남아공 트란스발의 수령, 1825-1904, 영)(국에 대한 보어인의 봉기를 지도했다)이 영국에 적개심을 품은 짙은 눈썹에 솔질하고 있을 때, 디르샤우와 카르타우스 사이 비사우의 벽돌 공장 근처에서는 같은 색의 치마 네 벌 밑에서 연기와 불안과 한숨에 휩싸인 채 비스듬히 내리는 비를 맞으며, 비통하게 성자들의 이름을 소리 높이 외치고, 연기로 시선이 흐려진 두 경찰관의 개운찮은 심문을 받으면서, 작고 뚱뚱한 요제프 콜야이체크가 나의 어머니 아그네스를 잉태시켰다.

할머니 안나 브론스키는 그날 밤 어둠 속에서 성(姓)을 바꿨다. 관대히 성사(聖事)를 베풀어 주는 사제의 도움으로 안나 콜야이체크가 된 것이다. 그리고 요제프를 따라 이집트에는 가지 않았으나 모틀라우 강가의 군청 소재지로 갔다. 그는 거기서 뗏목꾼 일자리를 찾아내어 얼마 동안 경찰의 눈을 피해 있었다.

모틀라우 강가에 있는 그 도시는 우리 어머니의 출생지이기 때문에 이름을 밝혀야겠으나, 조금이라도 독자의 흥미를 돋우기 위하여 아직은 덮어두겠다. 1900년 7월 말—마침 제국해군의 군함 건조계획을 2배로 늘리도록 결정되었다—어머니는 사자자리 아래 이 세상에 태어났다. 사자자리는 자기 신뢰와 공상, 관용과 허영의 별이다. 운명의 별자리로 나타난 도무스 비타이라고도 불리는 제1궁(第一宮)은 영향을 받기 쉬운 물고기자리이다. 태양과 마주한 해왕성, 제7궁 혹은 도무스 마트리모니 욱조리스라고 불리는 별자리는 혼란을 일으키는 별이다. 금성과 마주한 토성은 불쾌한 별이라고 불리며, 알려진 바와 같이 비장(脂)과 간에 병이 나게 하고, 산양자리를 지배하고 사자자리에서 산양자리의 파괴를 축하하며, 해왕성에게 뱀장어를 주는 대신에 두더지를 받고, 벨라도나와 양파와 사탕무를 사랑하며, 용암을 토하고, 포도주를 발효시킨다. 그것은 금성과 함께 죽음의 제8궁에 살면서 사고를 생각케 했다. 감자밭에서의 임신은 친척자리인 수성(水星)의 보호를 받아 대담한 행운이 약속되어 있었던 반면에 말이다.

여기서 나는 어머니의 항의를 한마디 써넣지 않을 수 없다. 왜냐하면 어머니는 언제나 감자밭에서 잉태되었다는 사실에 대하여 이의를 제기했기 때문이다. 물론 어머니의 아버지는—이 점은 어머니도 인정하고 있었으나—그곳에서 분명 시도한 바는 있으나, 다행히도 그의 체위와 안나 브론스키의 자세는 임신에 대한 콜야이체크의 가정을 입증하기에 충분치 못하다는 것이다.

"그 일은 틀림없이 도망가던 밤이나, 빈첸트 외삼촌네 궤짝차 안이나, 아니면 그보다 나중에 우리가 뗏목꾼 집에서 방과 은신처를 찾아낸 트로일에서 일어났어."

이런 말로써 어머니는 자신의 존재가 시작되었던 날짜를 못 박는 버릇이 있었다. 그럴 때면 진실을 확실히 알고 있을 할머니는 끈기 있게 고개를 끄덕이고는 모두에게 다음과 같이 암시했다.

"그렇지, 궤짝차 안이나 트로일에 와서 그렇게 되었을 거야. 절대 밭에서는 아니야. 왜냐하면 바람이 불고 있었고, 악마가 나올 정도로 비도 내리고 있었으니까."

빈첸트는 할머니의 오빠 이름이다. 그는 아내와 일찍 사별한 뒤 첸스토하우를 순례했으며, 마트카 보스카 체스토호프스카(성모 마리아의 성화상, 폴란드인이 성스럽게 여김)에게서 여동생을 미래의 폴란드 여왕으로 생각하라는 지령을 받았다. 그 뒤로 그는 기묘한 서적만을 뒤지고 다니다 모든 문장에서 이 성모에게 폴란드의 왕위를 요구할 권리가 있음을 발견해 냈다. 그리고 누이동생에게 주택과 약간의 전답을 양도해 버렸다. 그때 네 살이었던 그의 아들 얀은 곧잘 울곤 하던 허약한 아이였는데, 거위를 기르며 가지각색의 그림을 모았고, 불길하게도 그 어린 나이에 우표를 수집하고 있었다.

내 할머니는 이미 세상을 떠난 이 폴란드의 여왕에게 바쳐진 주택으로 감자 광주리와 콜야이체크를 데리고 온 것이다. 그리하여 사건의 전말을 알게 된 빈첸트는 람카우로 달려가서 사제를 급히 깨우고 성사를 내려달라고 부탁했다. 안나와 요제프를 결혼시키기 위해서였다. 잠에 취해 하품하면서 졸린 눈으로 축복을 베푼 사제가 베이컨의 맛있는 부분을 받아 들고 거룩한 뒷모습을 보이며 돌아가자마자, 빈첸트는 궤짝차에 말을 매달아 신랑신부를 뒤에 싣고 짚과 빈 포대로 신방을 꾸며주고 나서, 추위에 떨면서 훌쩍훌쩍 울고 있는 얀을 마부석 옆자리에 앉히고 말에 채찍질하여 어둠 속을 쏜살같이 달려갔다. 신혼여행을 하는 두 사람에게는 급한 사정이 있었던 것이다.

아직 어둡긴 하지만 이미 밤도 끝나갈 무렵, 마차는 군청 소재지에 있는 저목장(貯木場)에 닿았다. 맘씨 좋은 사내들이 곧 콜야이체크에게 뗏목꾼 일자리를 알선해 주어 도망치는 두 부부를 숨겨 주었다. 빈첸트는 안심하고 방향을 바꿔 다시 비사우로 말을 몰았다. 그는 젖소 한 마리와 산양, 새끼밴 돼지, 거위 여덟 마리, 집 지키는 개에게 먹이를 줘야 했으며, 미열이 있는 아들 얀을 침대에 뉘어야 했기 때문이다.

요제프 콜야이체크는 3주 동안 숨어 있었다. 그는 가르마를 탄 새로운 머리 모양에 익숙해졌고, 콧수염을 깎아냈으며, 버젓한 신분증을 갖추고는 요제프 브랑카라는 가명으로 뗏목꾼 일을 시작했다. 그러나 왜 콜야이체크는, 싸우다가 뗏목에서 떨어져 당국의 눈에 띄지 않은 채 부크 강 상류 모들린에서 익사한 뗏목꾼 브랑카의 신분증을 호주머니에 넣고 목재상과 제재소에 모습을 나타내야 했던가? 그 사연은 이러하다. 그는 얼마간 뗏목꾼 일을 그만두고 슈베츠의 제재소에서 일하고 있었다. 그런데 그곳에서 울타리에 일부러 흰색과 빨간색 페인트를 칠했다는 이유로 지배인과 싸웠다. 트집을 잡아 싸움을 시작한다는 표현이 있는데, 말 그대로 제재소 지배인은 울타리에서 하얀 판자와 빨간 판자를 한 장씩 떼어내어 그 폴란드 판자(폴란드 국기는 하얀색과 빨간색 두 가지로 되어 있음)로 하얗고 빨간 장작이 한 무더기 생길 정도로 카슈바이 태생 콜야이체크의 등을 때렸다. 실컷 두들겨 맞은 그는 별빛이 밝은 이튿날 밤에, 현재는 분할되어 있지만 바로 그 때문에 반드시 통일되어야 하는 폴란드에 충성을 맹세하고, 백회칠을 한 새 제재소를 빨갛게 불태웠다.

요컨대 콜야이체크는 방화범이었다. 그것도 한두 번 방화한 것이 아니었다. 왜냐하면 그날 이후, 서프로이센의 모든 제재소 물방앗간과 재목 적치장(積置場)이 두 가지 빛으로 타오르는 애국심에 부싯깃을 제공했기 때문이다. 폴란드의 장래가 문제될 때에는 언제나 그렇듯이, 이 화재 사건에서도 성모 마리아가 한몫을 했다. 목격자가 있었던 모양인데—아마 지금도 그중 몇 사람은 살아 있으리라—그들은 제재소 몇 곳이 불타 쓰러지는 지붕 위에서 폴란드 왕관을 쓴 성모를 보았다고 주장했다. 그리고 대화재 때에 으레 있게 마련인 군중은 보구로지카의 성모가를 부르기 시작했다고 한다—우리에게는 콜야이체크의 방화가 장엄하게 이루어졌다고 믿어야 할 이유가 있었다. 맹세까지 했으니까.

이처럼 방화범 콜야이체크는 죄를 지어 수배된 몸이었다. 한편 뗏목꾼 요제프 브랑카는 나무랄 데 없이 순진하고 융통성 없는 고아로서, 쫓길 만한 죄를 범하지도 않은 평범한 남자였다. 그는 씹는 담배를 하루 치씩 나눠서 가지고 다녔으며, 신분증과 3일 치의 씹는 담배가 들어 있는 재킷을 입은 채 부크 강에 빠져 죽을 때까지 남에게 별로 알려지지 않았다. 요제프 브랑카는 이미 익사했으므로 다시 나타나는 일도 없을 테고, 누구도 그에 대해 이것저것 귀찮게 캐물을 리도 없기 때문에, 그와 키가 비슷하고 머리 크기도 비슷한 콜야이체크는 먼저 그 사나이의 재킷에, 전과가 없는 안전한 신분증을 가진 그 사나이의 몸속으로 기어들어갔다. 그리고 익숙한 파이프 담배를 끊고 씹는 담배로 바꿨으며, 브랑카의 가장 개성적인 행동과 말투까지 터득했다. 그 후 수년 동안 그는 네멘·보브르·부크·바이크셀 유역의 모든 숲에서 나오는 목재를 뗏목으로 만들어 내려보내면서, 착실하고 검소하며 약간 말을 더듬는 뗏목꾼 역할을 했다. 그리고 마켄젠 휘하 황태자 근위기병대 상병 브랑카로 출세하게 되었다. 브랑카는 아직 병역을 마치지 않았기 때문이다. 그러나 이 익사한 사나이보다 네 살 많은 콜야이체크는 토른의 포병대에 나쁜 성적을 남기고 온 일이 있었다.

모든 도둑·살인자·방화범 중에서도 가장 위험한 사람은, 도적질을 하고 살인을 하며 불을 지르는 동안에도 더욱 착실한 직업을 가질 기회를 기다리고 있는 자들이다. 노력의 결과이든 우연이든 많은 이가 기회를 얻게 된다. 콜야이체크는 브랑카라는 이름을 가진 선량한 남편이 되었고, 불과 같은 악업에서 손을 씻었기 때문에 성냥만 보고서도 몸을 떨었다. 보란 듯이 늠름하게 부엌 식탁 위에 놓여 있는 성냥갑은, 필요했다면 스스로 성냥을 발명했을지도 모르는 그 앞에서 결코 안전하지 못했다. 그는 유혹을 창 밖으로 집어던졌다. 우리 할머니가 따뜻한 점심식사를 제때에 식탁 위에 차리기는 매우 힘든 일이었다. 가끔 가족들은 석유램프에 불이 없어서 어둠 속에 그대로 앉아 있기도 했다.

그렇지만 브랑카는 결코 폭군은 아니었다. 일요일이 되면 그는 안나 브랑카를 아랫마을 교회로 데려갔으며, 자기와 합법적으로 결혼한 안나에게 감자밭에서와 마찬가지로 네 벌의 치마를 겹쳐 입는 것을 허락했다. 겨울이 오고 강이 얼어붙어서 뗏목꾼의 할 일이 없어지면, 기특하게도 그는 뗏목꾼·하역인부·부두 노동자들만이 살고 있는 트로일의 집에서 딸 아그네스를 보살펴 주었다. 그 아이는 아빠를 닮은 듯했다. 침대 밑에 기어들지 않을 때에는 양복장 속에 숨어 있었으며, 손님이 왔을 때에는 낡은 인형을 안고 테이블 밑에 앉아 있었다.

소녀 아그네스는 요제프가 안나의 치마 밑에서 발견했던 즐거움과는 다른 즐거움을 찾아내긴 했지만, 안전하게 언제까지고 숨어 있는 것이 중요하다고 느끼는 점에서는 마찬가지였다. 방화범 콜야이체크는 자기도 그랬으므로, 숨을 곳을 찾는 딸의 기분을 충분히 이해할 수 있었다. 그래서 그는 한칸 반짜리 살림집에 딸려 있는 발코니 비슷한 곳에 토끼장을 만들어야 했을 때, 딸의 키에 알맞은 칸막이 방을 여분으로 만들어 주었다. 내 어머니는 어린 시절, 이처럼 궤짝 같은 방에 앉아 인형을 가지고 놀면서 자랐던 것이다. 나중에 학교에 가게 되자 소녀는 인형을 버리고 유리알이나 색색의 깃털을 가지고 놀았으며, 그때에야 비로소 깨어지기 쉬운 아름다움에 대한 감각을 나타냈다.

내가 내 인생의 시작을 보여 주는 데 몰두한 나머지, 콜럼버스 호가 시하우에서 진수(進水)하던 1913년까지 평화롭게 흘러가고 있었던 브랑카 집안이라는 뗏목에 주의를 기울이지 않은 점을 여러분은 용서해 주리라 믿는다. 바로 그해에, 무엇 하나 잊어버리는 법이 없는 경찰은 브랑카가 가짜라는 단서를 잡아냈다.

사연은 이러하다. 콜야이체크는 여느 늦여름과 마찬가지로 1913년 8월에도 키예프에서부터 프리페트 강을 거슬러 올라 운하를 통과하여 부크 강을 거쳐 모들린까지, 거기서 다시 바이크셀 강을 따라 내려가 커다란 뗏목을 띄워 보내야 했다. 총 열두 명의 뗏목꾼들은 제재소가 세낸 예인선 라다우네 호를 타고 베스틀리히 노이패어에서부터 죽음의 강 바이크셀을 거슬러 아인라게까지 가서, 거기서 바이크셀 강을 거슬러 케제마르크·레츠카우·차트카우·디르샤우·피켈을 지나, 저녁에 토른에서 정박했다. 그곳에서 키예프에서의 목재 구입을 감독할 제재소의 새 지배인이 배에 올랐다. 새벽 4시에 라다우네 호가 부두를 떠났을 때 그 사나이는 배에 타고 있었다는 얘기이다. 콜야이체크는 식당에서 아침식사를 할 때에야 비로소 그를 보았다. 그들은 음식을 우물우물 씹으며, 보리로 만든 커피를 홀짝홀짝 마시면서 마주 앉아 있었다. 콜야이체크는 그가 누구인지 금방 알아차렸다. 어깨가 넓고 머리가 벗어진 사나이는 보드카를 가져오게 하여, 비어 있는 커피 잔에 따르게 했다. 식탁 한쪽 끝에서 보드카가 부어지고 있는 동안에 그는 입을 우물거리면서 자기소개를 했다.

"새로 임명된 지배인 뒤커호프다. 앞으로는 내 명령에 따라주기 바란다."

뗏목꾼들은 새 지배인의 요구에 따라 앉아 있는 순서대로 이름을 대고 술잔을 기울여 꿀꺽꿀꺽 들이켰다. 콜야이체크는 먼저 보드카를 마신 다음 "브랑카"라고 말하고는 뒤커호프를 응시했다. 그 사내는 다른 뗏목꾼들에게 했듯이, 고개를 끄덕이고는 브랑카라는 말을 되뇌었다. 그러나 콜야이체크는, 뒤커호프가 그 익사한 뗏목꾼의 이름을 특별히, 말하자면 약간 날카로운 정도가 아니라 어떤 생각이 떠오르는 듯이 강조했다는 인상을 받았다.

라다우네 호는 교체된 수로 안내인의 도움을 받아 교묘히 모래톱을 피하면서, 진흙으로 탁해진 물이 넘실거리며 흐르는 강 쪽으로 천천히 나아갔다. 왼쪽과 오른쪽 제방 너머에는 이미 추수를 마친 끝없는 평야와 구릉이 펼쳐져 있었다. 울타리나 횡단로 또는 금작화가 피어 있는 움푹 팬 땅, 드문드문 자리잡은 농가 사이의 평탄한 길들은 기병대의 습격에 안성맞춤이었다. 그 왼쪽의 모래 언덕은 창기병(槍騎兵) 부대가 선회하고, 경기병(輕騎兵)들이 울타리를 뛰어넘어 적을 추적하거나, 젊은 기병대위가 공상에 잠기는 데에도 적당하며, 언제나 전투에 매우 적합한 곳이다. 타타르인들이 말 위에 납작 엎드려 있고, 용기병(龍騎兵)들은 우뚝 서 있으며, 기사들이 말에서 떨어지고, 그 대장은 피에 젖은 망토를 입고 있으나, 마조비엔 공작이 그를 베어 쓰러뜨리기까지 흉갑(胸甲)의 단추 하나 떨어뜨리지 않는다. 어떤 서커스단에서도 볼 수 없는 훌륭한 백마들, 풍성한 갈기를 지닌 이들은 신경을 곤두세우고, 다리 힘줄이 굳어진 채 붉은 콧구멍을 부풀리며 허연 콧김을 내뿜는다. 그것은 깃발을 단 창에 찔리고, 칼이 하늘과 저녁놀을 잘라놓는다.

배경에는—어떤 그림에도 배경은 있는 법이니까—검은 말의 뒷다리 사이로 평화롭게 연기가 피어오르는 작은 마을이 지평선 위에 놓여 있고, 이끼가 긴 자그마한 막집이 웅크리고 있다. 그 집에는 멋진 갑옷들이 보존되어 있으며, 또한 그것은 육중한 기병대에 속한 조그만 망아지처럼 그림 속으로, 즉 바이크셀 댐 너머의 평야로 출격하는 날만을 꿈꾸고 있었다.

블로클라베크 근처에서 뒤커호프는 콜야이체크의 웃옷을 가볍게 두드리며 말을 꺼냈다.

"말해 보게, 브랑카. 몇 해 전에 슈베츠의 제재소에서 일한 적이 있지? 후에 불타버린 제재소 말이야."

콜야이체크는 무엇에 저항이라도 하듯이 완강하게 머리를 내저었다. 그는 슬프고 피로에 지친 듯한 눈빛을 가장하는 데 성공했고, 그런 눈초리를 본 뒤커호프는 더는 캐묻지 않았다.

뗏목꾼 모두가 그랬듯이, 콜야이체크도 부크 강이 바이크셀 강으로 흘러들어가는 모들린 근처에서 라다우네 호가 커브를 틀 때 난간에 기대어 세 차례 침을 뱉었는데, 그때 뒤커호프가 시가를 입에 물고 그의 옆에 서서 불을 붙여달라고 했다. 불이라는 한 마디, 그리고 성냥이라는 한 마디가 콜야이체크의 피부 속으로 파고들었다.

"허, 내가 불을 붙여달란다고 해서, 그렇게 얼굴을 붉힐 필요는 없을 텐데. 계집애도 아니고 말이야, 안 그래?"

배가 모들린을 통과했을 때에야 비로소 콜야이체크의 얼굴에서 붉은 기가 가셨다. 그것은 수치심에서 생긴 게 아니라 그가 방화한 제재소의 잔영이었다.

모들린과 키예프 사이에서는, 라다우네 호가 부크 강을 거슬러 올라 그 강과 프리페트 강을 잇는 운하를 지나 프리페트 강을 쭉 따라가 마침내 드네프르 강에 다다를 때까지, 콜야이체크=브랑카와 뒤커호프 사이에서 오고 간 대화 말고는 기록할 만한 일은 아무 일도 없었다. 물론 예인선 위에서는 뗏목꾼들 사이에, 화부(火夫)와 뗏목꾼 사이에, 키잡이들 사이에, 화부와 선장 사이에, 선장과 끊임없이 교체되는 수로 안내인 사이에 여러 가지 일— 남자들 사이에서 흔히 있는 일이라고 여겨지며, 실제로도 그뿐인 일—들이 일어났으리라. 나도 카슈바이의 뗏목꾼들과 슈테틴 출신 키잡이들과의 싸움을 상상할 수 있다. 거의 폭동으로까지 번졌을 것이다. 아마 그들은 갑판에 모여 제비를 뽑고 서약을 한 뒤 단도를 꺼냈으리라.

그 이야기는 이 정도로 해 두겠다. 정치적인 싸움이나 독일과 폴란드 간의 유혈사태가 일어난 것도 아니고, 사회적인 병폐에서 생긴 대폭동 같은 활극이 시작된 것도 아니니까. 어쨌든 라다우네 호는 석탄을 잔뜩 먹어치우면서 계속 앞으로 나아갔다. 딱 한 번—플로크를 통과한 지 얼마 안 된 곳이라고 생각되는데—모래톱에 올라갔으나, 자기 힘으로 빠져나올 수 있었다. 그리고 노이파르바서 출신의 선장 바르부슈와 우크라이나 출신 수로 안내인 사이의 짤막한 말다툼, 그것이 전부였다—그 밖에 항해일지에서 보고할 만한 것은 더 이상 없을 성싶다.

그러나 콜야이체크의 기억 속에 있는 항해일지나 제재소 지배인 뒤커호프의 일기를 펼치고 보면, 변화와 파란, 의심과 확신, 불신과 그 불신에 대한 거의 즉각적인 진정 등을 적지 않을 수 없다. 두 사람 다 불안을 품고 있었다. 콜야이체크보다는 오히려 뒤커호프 쪽이 더 심했다. 그들이 러시아에 있었기 때문이다. 뒤커호프는 예전의 불쌍한 브랑카처럼 갑판에서 떨어졌을지도 모르며—우리는 이미 키예프에 닿았다—이처럼 너무나도 거대하고 복잡하게 얽혀 있어 자신의 수호신마저 읽어버릴 수 있는 미궁과 같은 목재 적치장에서, 그는 그저 한 번 떠밀리기만 해도 버팀대를 잃는 외로운 목재가 되어 버렸을지도 모른다—또는 간신히 구조되었을지도 모른다. 그를 구한 이는 콜야이체크였으리라. 처음 그는 프리페트 강이나 부크 강에서 제재소 지배인을 낚아 올렸을 테고, 다음엔 수호신을 잃은 키예프의 목재 적치장에서 최후의 순간에 뒤커호프를 살짝 끌어당겨 마구 굴러 떨어지는 목재 속에서 구출해 냈을 것이다. 익사 또는 압사 직전에 구조된 뒤커호프가 눈에 죽음의 그림자를 띠고 가쁜 숨을 몰아 쉬면서 자칭 브랑카라고 하는 사나이의 귀에 대고 "고맙네, 콜야이체크. 정말 고마워!"라고 속삭이고는, 잠시 깊이 생각했다가 "이것으로 모두 청산되었네. 그 이야기는 이제 잊어버리세"라고 하는 상황을 지금 보고할 수 있다면야 얼마나 아름답겠는가.

그러고는 아마 쓰디쓴 우정을 음미하며 미소짓고, 눈물어린 눈으로 서로 쳐다보고, 수줍어하면서도, 굳은살이 박힌 손으로 악수를 나누었을 텐데 말이다.

우리는 이러한 장면을 신파조의 영화에서 많이 봤다. 영화감독이란 자는 으레 유명한 배우들을 써서 서로 적대시하던 형제가 그 후 동지가 되어 고락을 같이하며 파란만장한 생애를 헤치고 나가는 줄거리를 생각해 낸다.

그러나 콜야이체크는 뒤커호프를 익사시킬 기회도 찾아내지 못했으며, 죽음의 발톱, 즉 굴러 떨어지는 목재에서 그를 빼낼 기회도 갖지 못했다. 신중하게, 회사의 이익을 생각하면서, 뒤커호프는 키예프에서 재목을 사들여 그것을 아홉 개의 뗏목으로 편성하는 일을 감독하고, 통례대로 강 하류로 향한 운항에 대한 계약금을 러시아 통화로 뗏목꾼들에게 지불했다. 그리고 자신은 철도편으로 바르샤바·모들린·도이치-아일라우·마리엔부르크·디르샤우를 거쳐서, 클라비터 부두와 시하우 부두 사이의 목재 적치장에 제재소가 있는 자기 회사로 돌아갔다.

키예프에서 수 주일 동안 아주 착실하게 일한 뗏목꾼들이 몇 개의 강과 운하를 지나 마지막으로 바이크셀 강을 내려가기 전에, 브랑카가 방화범 콜야이체크라는 사실을 뒤커호프가 알아냈는지 생각해 봤다. 나는 이렇게 말하고 싶다. 제재소의 지배인은 융통성은 없으나 누구한테서나 사랑받고 있는 순진하고 착한 브랑카와 함께 예인선에 타고 있는 동안에는, 이 여행의 동반자가 난폭하게 굴기로 결심한 콜야이체크가 되지 않기를 바랐으리라. 그는 이 소망을 기차를 타고 나서야 포기했다. 그리하여 열차가 목적지인 단치히 중앙역에—지금 나는 그것을 단치히라고 발음한다—닿았을 때 뒤커호프는 그 나름대로 결심을 했다. 트렁크를 마차에 실어 집으로 보내놓고, 빈손이 된 그는 의기양양하게 근처 비벤발에 있는 경찰서를 찾아가서 정면 현관의 층계를 뛰어올랐다. 마침 목적하던 방을 바로 찾을 수 있었다. 그곳에서는 객관적인 것을 지향했기 때문에, 뒤커호프는 좋든 싫든 오직 사실 그대로의 간결한 보고를 하는 데 만족하는 수밖에 없었다. 제재소의 지배인이 고소를 했다든가 하는 것은 결코 아니다. 그는 단순히 콜야이체크와 브랑카가 동일인물인지의 여부를 조사해 달라고 부탁했을 뿐이며, 경찰은 이를 승낙했다.

그로부터 몇 주간 갈대로 지붕을 씌운 오두막과 뗏목꾼들을 태운 뗏목이 천천히 강을 따라 내려오고 있는 중에, 관청 몇 군데에서는 조서가 꾸며졌다. 그중에는 서프로이센의 모 야포 연대의 하급포수였던 요제프 콜야이체크의 복무 조서도 있었다. 이 불량 포수는 3일에 두 번씩이나 만취해서 폴란드어와 독일어를 뒤섞어 가며 무정부주의적인 언사를 소리 높여 떠들어 댔으므로, 무거운 금고(禁錮)형에 처해질 수밖에 없었다. 그와 같은 오점은 랑푸어의 제2근위기병대에 근무한 브랑카 병장의 조서에서는 발견되지 않았다. 브랑카는 모범적인 병사로서, 기동 연습 때 대대의 전령(傳令)으로서 황태자의 눈에 들어, 언제나 은화를 주머니에 넣고 다니는 황태자에게서 은화를 하사받는 적도 있었다. 이 은화에 대해서는 브랑카 병장의 복무 조서에 기재되어 있지 않았으나, 할머니 안나가 오빠 빈첸트와 함께 심문당했을 때 큰 소리로 한탄하면서 말한 것이었다.

할머니는 단지 이 은화만을 방패삼아 방화범이라는 말과 싸운 것은 아니었다. 요제프 브랑카가 이미 1904년에 단치히-니더슈타트의 의용소방단에 가입하여, 뗏목꾼들이 모두 쉬는 겨울 동안 소방수로서 크고 작은 화재 사건에 여러 번 출동한 사실이 기록되어 있는 증거 서류를 제출하기도 했다. 그리고 소방수 브랑카가 1909년 트로일 철도 공장 대화재 때에 화재를 진압했을 뿐만 아니라, 철공(鐵工) 훈련을 받던 두 사람을 구출해 낸 일을 증명하는 서류도 있었다. 이에 대해서는 증인으로 불려나온 소방대장 헤히트도 진술했다. 그는 다음과 같이 말했다.

"어떻게 불을 끄는 자가 방화범일 수 있단 말입니까! 호이부데 교회가 탈 때 사다리 위의 그를 내가 계속 보고 있지 않았습니까? 불사조 한 마리가 재와 불길 속에서 솟아올라 그 불을 껐을 뿐 아니라, 이 세계의 불과 우리 주 예수의 갈증을 끈 것입니다. 나는 여러분에게 분명히 말씀드립니다. 소방수 헬멧을 쓴 이 사나이, 차의 추월권을 가졌고, 보험 회사의 사랑을 받으며, 어떤 목적을 위해서건 직업상 의무이건 간에 언제나 약간의 재를 호주머니에 가지고 있는 이 사나이를, 이 훌륭한 불사조를 빨간 수탉이라고 말하는 사람이 있다면, 그런 사람은 마땅히 맷돌을 목에 걸어야 할 것입니다……"

눈치챘겠지만 의용소방단 대장은 말솜씨가 좋은 목사였다. 그는 콜야이체크-브랑카에 대한 심문이 이루어지는 동안, 일요일마다 랑가르텐에 있는 성(聖) 바바라 교회의 설교단에 서서 주저없이 같은 말로, 천국의 소방수와 지옥의 방화범 비유담을 계속 교구 사람들 머릿속에 집어넣었다.

하지만 수사관은 성 바바라 교회에 다니지 않았으며, 불사조라는 말에서 브랑카의 변호보다는 오히려 불경(不敬)한 느낌을 받았기 때문에, 브랑카가 의용소방단원이었다는 사실은 결과적으로 불리하게 되었다.

여러 제재소에서 증거가 수집되고, 그에 대한 고향 사람들의 평가가 모아졌다. 그에 따르면 브랑카는 투헬에서 태어났으나, 콜야이체크는 토룬 태생이었다. 나이 많은 뗏목꾼들의 증언과 먼 친척들의 증언에는 차이가 조금 있었다. 나쁜 일은 언젠가 들통이 나는 법이다. 심문이 막판에 가까웠을 무렵, 마침 그 커다란 뗏목은 독일 제국의 영내에 도착했다. 그는 토룬에서부터 눈에 띄지 않게 감시받았고, 정박지에는 형사가 잠복하고 있었다.

디르샤우를 지나서야 겨우 할아버지는 미행당하고 있다는 사실을 눈치챘다. 그는 전부터 이것을 각오하고 있었다. 할아버지는 때때로 우울증과 종이 한 장 차이인 무기력 상태에 빠지곤 했으므로, 레츠카우나 케제마르크 부근에서 탈주할 수 있는 기회를 여러 번 놓쳤을 것이다. 그 두 지방은 그가 잘 아는 곳이었으며 그에게 호의를 가진 뗏목꾼도 몇 있었기 때문에, 그가 마음만 먹으면 탈주할 수 있었을 텐데 말이다. 뗏목이 아인라게를 지나 천천히 서로 부딪치면서 죽음의 바이크셀 강에 들어갔을 때에, 넘칠 정도로 승무원을 태운 작은 고기잡이배가 보일 듯 말 듯하면서 뗏목 쪽으로 접근해왔다. 플레넨도르프를 지난 뒤 오래지 않아 수상경찰의 모터보트 두 척이 갈대가 우거진 해변에서 튀어나와 종횡으로 서로 뒤섞여 달리면서, 점점 소금기를 더하며 항구가 가까워졌음을 알려주는 바이크셀 강을 소용돌이치게 했다. 호이부데를 향한 다리 뒤편에서는 '푸른 제복'들이 차단기를 내리기 시작했다. 클라비터 조선소 맞은편의 목재 적치장, 좀더 작은 보트용 선창, 모틀라우 강 쪽으로 펼쳐져 있는 뗏목용 항구, 여러 제재소의 부두들, 가족들이 기다리고 있는 자기 회사의 선창—이곳저곳 모두 '푸른 제복' 투성이었다. 다만 저쪽 시하우 부근에만 없었다. 그곳은 온통 깃발로 장식되어 어쩐지 다른 분위기를 풍겼다. 아마 진수식이라도 있는 모양이었다. 새카만 인파가 구름처럼 모여 있었다. 갈매기가 날아다니고 축제가 시작되었다—내 할아버지를 위한 축제였을까?

할아버지가 푸른 제복으로 가득 찬 항구를 보았을 때, 모터보트가 점점 불길한 항로로 다가오며 뗏목에 파도를 뒤집어씌웠을 때, 그리고 할아버지가 이 엄청난 대규모 동원이 자신 때문이라는 사실을 깨달았을 때, 그때 비로소 그 옛날 콜야이체크의 방화범 기질이 눈을 떴다. 그는 온화한 브랑카의 가면을 벗어던지고 소방의용병 브랑카의 껍질에서 빠져나왔다. 그러고는 주저하지 않고 단숨에 말더듬이 브랑카의 행세를 단념하고, 뗏목 위로, 출렁거리는 넓은 수면 위로, 맨발로 거친 널빤지 위로, 그리고 통나무에서 통나무로 건너뛰면서 시하우를 향해서 힘껏 도망쳤다. 그곳에는 여러 개의 깃발이 바람에 휘날리고 있었다. 그는 재목을 뛰어넘어 앞으로 나아갔다. 진수대(進水臺) 위에 무엇이 있었다. 그러나 군자는 위험한 곳에 가지 않는 법이다. 훌륭한 연설이 들려왔으나 브랑카를 부르는 사람도, 더욱이 콜야이체크를 부르는 사람도 없었다. 연설 소리가 들렸다—제국 군함 콜럼버스 호라고 명명합니다. 아메리카 항로, 배수량 4만 톤 이상, 마력 3만, 제국 군함, 1등 끽연실, 좌현 2등 조리실, 대리석으로 만들어진 체육실, 도서실, 아메리카, 제국 군함, 축로(舳艫 : 뱃고물에서부터 기관실로 통하는 추진축으로 이어진 통로), 산책할 수 있는 갑판, 승리의 월계관을 쓴 배여, 영광 있으라, 모항(母港)에 휘날리는 선수기(船首旗), 하인리히 황태자가 타륜(舵輪)을 잡고 있다. 그리고 내 할아버지 콜야이체크는 맨발이다. 통나무에 발이 거의 닿지 않고 브라스 밴드의 음악을 향해서 달린다. 그런 통치자들을 가진 민족, 뗏목에서 뗏목으로, 사람들이 그를 향해서 환성을 지른다. 승리의 월계관을 쓴 배여, 영광 있으라, 부두에 있는 모든 사이렌과 항구에 정박해 있는 배·예인선·유람선들의 사이렌 소리. 콜럼버스, 아메리카, 그리고 자유. 연락정 두 척이 환희에 찬 나머지 미친 듯이 그의 곁을 지나, 뗏목에서 뗏목으로 제국의 뗏목 사이를 달려가, 그의 갈 길을 방해한다. 그래서 그는, 겨우 일이 잘 풀린다 생각했으나 그 자리에 멈추어야만 했다. 홀로 뗏목 위에 서서 이미 아메리카를 바라보고 있다. 옆에 연락정이 있다. 그는 뛰어들어야 한다—내 할아버지가 헤엄치고 있는 것이 보인다. 모틀라우 강으로 미끄러져 가는 뗏목을 향해서 헤엄치고 있었다. 그러나 연락정 때문에 잠수하지 않으면 안 되었고, 연락정 때문에 물속에서 머물러야만 했으며, 뗏목은 그의 위를 미끄러져 갔고, 더 이상 정지하려고는 하지 않았다. 끊임없이 새로운 뗏목이 줄을 이었다. 당신의 뗏목에서 뗏목으로, 영원히 뗏목이.

연락정의 모터가 꺼졌다. 냉혹한 눈이 수면을 살피고 있다. 하지만 콜야이체크는 이미 영원한 이별을 고했다. 그는 끝없는 목재 밑에서, 브라스 밴드의 음악과 사이렌으로부터, 배에 매달린 종과 제국 군함으로부터, 하인리히 황태자의 진수식 연설과 미친 듯이 끼룩거리는 제국의 갈매기로부터, '월계관을 쓴 배여, 영원히'로부터, 제국 군함의 진수를 위한 제국 비누로부터, 아메리카와 콜럼버스 호로부터, 경찰의 온갖 추적으로부터 멀어져 가고 있었다.

할아버지의 시체는 발견되지 않았다. 그가 뗏목 밑에서 죽었다고 확신하는 나는, 그 믿음을 계속 유지하기 위해서 기적적인 구조에 관한 여러 이야기를 다시 한 번 해야겠다.

일설에 의하면 그는 뗏목 밑에서 재목과 재목 사이의 틈을 발견했는데, 그 구멍은 호흡 기관을 물 밖으로 내놓을 수 있을 만큼 충분한 공간이었다고 한다. 그러나 위에서 보면 그 틈새가 너무 좁아서, 밤중까지 뗏목과 심지어는 뗏목 위에 갈대로 지붕을 입힌 오두막까지 샅샅이 뒤진 경찰의 눈에 띄지 않았다. 그리하여 그는 어둠을 타고—라고 이야기는 계속되었다—비록 피로에 지쳐 있었으나 움직이기 시작하여, 다행히도 모틀라우 강가 시하우 조선소 부지에 이르러 고철 더미 속에 얼마쯤 숨었다가, 그리스 뱃사람의 도움으로 이미 수많은 도망자에게 구원의 손길을 뻗었다고 전해지는 그 기름투성이 유조선에 올라탔다고 한다.

다른 사람들의 이야기는 이러했다. 뛰어난 폐를 가진 수영의 명수 콜야이체크는 뗏목 밑을 헤엄쳤을 뿐 아니라 보기에도 폭이 넓은 모틀라우 강의 나머지 절반을 물속으로 헤엄쳐 건너, 다행스럽게도 시하우 조선소의 식장에 다다랐다. 그곳에서 사람 눈에 띄지 않도록 부두 노동자들 틈에 섞였다가, 열광하는 인파 속으로 들어가 함께 '승리의 월계관을 쓴 배여, 영광 있으라'를 외치고 갈채를 보내면서, 제국 군함 콜럼버스 호 위에 있던 하인리히 황태자의 진수식 연설을 듣고, 진수가 성공리에 끝난 뒤 군중 속에 섞여서 그때까지도 반쯤 젖어 있던 옷을 입은 채로 식장을 물러났다. 그리고 다음 날에는 이미—이 점은 첫 번째 이야기와 일치하는데—그리스의 악명 높은 한 유조선에 밀항자로서 타고 있었다고 한다.

완벽을 기하기 위해서 말도 안 되는 세 번째 이야기도 말해 본다. 내 할아버지는 떠내려가는 나무처럼 바다로 흘러갔는데, 거기에서 본자크의 어부에게 바로 낚여 3마일 영해 밖에서 스웨덴의 원양선에 인도되었다는 것이다. 그리고 스웨덴에서 기적적으로 서서히 체력을 회복하여 말뫼로 갔다고 한다—이 밖에도 이런 이야기는 많다.

그렇지만 모두 말도 안 되는 얘기이며, 어부들의 수다에 불과하다. 또한 제1차 세계대전 직후 미국 버팔로에서 할아버지를 보았다는, 항구 도시 어디서나 한결같이 들을 수 있는 불확실한 목격자의 이야기도 신빙성이 없다. 할아버지가 조 콜치크로 행세하면서 캐나다와의 원목 거래를 그의 생업으로 삼았다는 것이다. 그리하여 여러 성냥 공장의 주주가 되고 마침내 화재 보험 회사의 설립자가 되었다고 한다. 어느 마천루의 으리으리한 책상 앞에 앉아, 손가락마다 번쩍거리는 보석 반지를 끼고, 소방대 제복을 입고서, 폴란드어로 노래할 수 있는 '불사조 친위병'이라는 경호원들을 훈련시키는 고독한 거부(巨富)의 모습, 그것이 할아버지의 모습이라는 것이다.

나방과 전구

한 사나이가 모든 것을 남겨두고 대양을 건너 아메리카로 가서 부자가 되었다. 내 할아버지가 이제 폴란드어로 골야체크, 카슈바이 사투리로 콜야이체크, 영어로 조 콜치크로 불리고 있다는 것은 문제삼지 않겠다.

장난감 가게나 백화점에서 살 수 있는 단순한 양철북으로 강의 흐름과 함께 거의 수평선까지 흘러가는 나무 뗏목을 연주하는 데는 여러 가지 어려움이 있다. 그러나 나는 목재 적치장을, 강어귀에서 건들건들 흔들리고 있거나 갈대 속에서 서로 얽혀 있는 떠내려온 온갖 나무들을 북으로 연주하는 데 성공했다. 조금만 노력하면 시하우 조선소나 클라비터 조선소, 일부분을 완전히 보트 수선용으로 쓰고 있는 수많은 수리 공장, 자동차 공장의 고철 적치장, 마가린 공장의 기름내 나는 야자(椰子) 적치장, 내가 잘 알고 있는 즐비하게 늘어선 창고의 모든 은신처를 연주할 수가 있었다. 할아버지는 나에게 아무런 해답도 남기지 않은 채 세상을 떠났다. 그리하여 제국 군함의 진수에, 그리고 이 진수와 함께 시작되어 수십 년 동안 계속된 배 한 척의 몰락에 대해서 아무런 관심도 보이지 않았다. 그 배의 이름은 콜럼버스 호이며 여러 척의 상선(商船) 대열에서 자랑이라고 불린 배로서, 물론 아메리카 항로에 사용되었다가 후에 침몰당했거나 혹은 스스로 가라앉았겠지만, 아마도 인양되어 재건되고 개명되었거나 분해되었을 것이다. 콜럼버스 호는 할아버지를 흉내내어 침몰한 것에 불과하다. 그리하여 끽연실, 대리석 체육실, 풀장, 마사지실을 갖춘 4만 톤의 거구는 오늘도 깊이가 6천 미터나 되는 필리

핀 해구(海溝), 엠덴 해연(海淵)을 방황하고 있을지도 모른다. 이 배에 대한 것은 〈웨이어 *Weyer*〉나 해군연감을 보면 알 수 있을 것이다. 내 생각에, 첫 번째 또는 두 번째 콜럼버스 호는 선장이 전쟁에 연루된 굴욕을 감수하면서까지 살아남기를 원하지 않았기 때문에 스스로 침몰한 듯싶다.

나는 뗏목에 얽힌 이야기의 일부를 브루노에게 해 주었다. 그리고 이야기에 객관성을 부여하기 위해 나의 의문점도 말해 주었다.

"훌륭한 죽음이다!" 브루노는 열광하며 외쳤다. 그리고 곧 익사한 내 할아버지를 여느 때와 같이 노끈 매듭 인형으로 변신시키기 시작했다. 나는 그의 응답에 만족하고, 아메리카로 건너가 유산을 가로채겠다는 말도 안 되는 생각은 당연히 버려야 했다.

친구인 클레프와 비틀라르가 나를 찾아왔다. 클레프는 양면에 킹 올리버의 곡이 녹음된 재즈 음반을 가져다주었으며, 비틀라르는 점잔을 빼면서 장밋빛 리본이 달려 있는 하트 모양의 초콜릿을 주었다. 두 사람은 온갖 바보짓을 다해 가며 나의 재판 장면 몇 군데를 패러디했다. 나는 그들이 기뻐하도록 면회일에는 언제나 그랬듯이 기분 좋게 행동하고, 시시한 농담에도 큰 소리로 웃어 주었다. 그리고 클레프가 재즈와 마르크시즘의 관계라는 판에 박힌 설교를 시작하기 전에 나는 적당한 기회를 포착해서 1913년, 즉 총격전이 시작되기 직전에 죽은 한 사나이의 이야기를 했다. 끊임없이 떠내려오는 뗏목 밑에 끼여서 두 번 다시 모습을 나타내지 않고, 시체마저도 발견되지 않은 사나이의 이야기를.

내 질문에 대해서—나는 자연스럽게 지루한 듯한 표정을 짓고 질문을 던졌다—클레프는 불쾌한 듯이 살찐 목을 이리저리 돌리고 단추를 풀었다 잠갔다 하면서, 마치 뗏목 밑에 들어가기라도 한 듯이 헤엄치는 시늉을 했다. 마침내 그는 나의 질문을 묵살하고는 결론을 내리기에는 아직도 이른 오후라고 말했다.

비틀라르는 여전히 뻣뻣이 앉은 채 바지에 주름이 가지 않도록 조심스럽게 두 다리를 포개면서, 하늘의 천사에게나 어울릴 법한 기묘하고 거만한 표정을 지으며 말했다.

"나는 뗏목 위에 있다. 뗏목 위는 아름답다. 모기가 물어서 좀 불쾌하지만. 나는 뗏목 밑에 있다. 뗏목 밑은 아름답다. 모기가 물지도 않으니 더욱 유쾌하다. 그러니까 뗏목 위에서 얼쩡거리며 모기에게 물리고 싶지 않으면 뗏목 밑에서 살면 될 거야."

비틀라르는 항상 그렇듯 잠시 쉬었다가 나를 자세히 바라보았다. 그러고는 올빼미 흉내를 내려고 할 때 언제나 그랬듯이, 본디 올라간 눈썹을 더욱 치켜세우면서 극적인 어조로 외쳤다.

"익사한 사나이, 바로 뗏목 밑에 있었던 그 사나이가 네 할아버지가 아니고 종조부였다고 하자. 그는 종조부로서 네 할아버지보다도 너에게 더 큰 책임을 느껴서 죽었을 거야. 너한테 살아 있는 할아버지가 있다는 것만큼 싫은 일은 없을 테지. 그러니까 너는 종조부를 죽였을 뿐 아니라, 할아버지마저 죽였다고 할 수 있어. 하지만 친할아버지면 누구나 기꺼이 그렇게 하듯이, 그 사람은 너를 가볍게 벌주려고 생각한 거야. 손자 녀석이 물에 퉁퉁 부은 할아버지의 시체를 자랑스럽게 손가락질하면서 '야, 우리 할아버지가 죽었구나' 하고 떠들며 만족하도록 내버려둘 수 없었던 거지. 좌우간 그는 영웅이야! 그는 경찰들에게 쫓길 때 물에 뛰어든 게 틀림없어—너의 할아버지는 후세 사람들과 손자의 관심을 오랫동안 끌기 위해서 자기 시체를 이 세상과 자기 손자로부터 감쪽같이 감춘 거야."

그러고는 교활한 비틀라르는 가볍게 머리를 숙여 화해를 암시하고, 돌연 격정적으로 어조를 바꾸어 말했다.

"오, 아메리카, 기뻐하라. 오스카! 너에게는 목적이 있다. 사명이 있는 것이다. 너는 여기에서 무죄로 풀려나리라. 아메리카가 아니면 어디 갈 곳이 있는가. 아메리카에 가면 모든 것을 찾아낼 수 있다. 행방불명인 너의 할아버지까지도!"

비틀라르의 대답은 참으로 모욕적이고 사람 마음을 상하게 했으나, 할아버지의 생사에 대해 뚜렷한 말도 없이 넋두리를 늘어놓는 내 친구 클레프의 태도나, 혹은 '제국 군함 콜럼버스 호'가 할아버지의 뒤를 쫓듯이 진수하여 큰 파도를 일으켰기 때문에 할아버지가 죽은 게 틀림없으니 그야말로 아름다운 죽음이 아니겠느냐는 간호사 브루노의 대답에 비해서 훨씬 더 나에게 확신을 주었다. 그리하여 나는 비틀라르가 말하는 아메리카, 할아버지를 보호하는 아메리카, 내가 유럽에 싫증이 나서 북과 붓을 놓으려고 할 때 용기를 북돋아 주는 가상의 목적지 아메리카를 높이 찬양했다.

"계속 써라, 오스카. 미국 버팔로에서 재목상을 경영하여 거부가 되었으나 몹시 지쳐 있는 할아버지 콜야이체크를 위해서, 마천루 안에서 성냥을 만지작거리고 있을 할아버지를 위해서!"

클레프와 비틀라르가 작별 인사를 하고 물러갔을 때, 브루노는 방 안에서 부채질을 하며 친구들이 남기고 간 언짢은 냄새를 모두 쫓아냈다. 그리고 나는 또다시 북을 꺼냈다. 그러나 이제는 죽음을 은폐하고 있는 뗏목이 아니라, 1914년 8월 이래 모든 사람이 따라야 했던 그 비약적인 리듬을 연주했다. 이리하여 나의 글은 좋든 싫든 나의 탄생까지, 할아버지가 유럽에 남기고 간 그 조문객들이 걸어간 길을 대충 스케치하게 될 것이다.

콜야이체크가 뗏목 밑으로 사라졌을 때, 제재소의 선창 위에는 뗏목꾼 관계자들 틈에 섞여서 할머니와 딸 아그네스, 거기에 빈첸트 브론스키와 일곱 살 난 아들 얀이 걱정스러운 얼굴로 서 있었다. 조금 떨어진 곳에 요제프의 형 그레고르 콜야이체크가 있었는데, 그는 심문을 받기 위해 그 마을에 왔다. 그는 경찰에 호출될 때마다 언제나 같은 대답을 되풀이했다. "동생에 대해서는 거의 아무것도 모릅니다. 알고 있는 것은 요제프라는 이름뿐입니다. 마지막으로 만난 게 그가 열 살인가 열두 살 때였습니다. 그 애는 내 구두를 닦아주고, 어머니와 내가 맥주를 마시고 싶어하면 갖다주곤 했습니다."

경찰은 그레고르의 대답에서 나의 증조모가 술을 좋아한다는 사실을 알게 되었으나, 경찰에게는 아무런 도움이 되지 않았다. 하지만 반대로 그는 할머니 안나에게 점점 더 필요한 존재가 되었다. 슈테틴과 베를린 그리고 마지막으로 슈나이데뮐에서 살았던 그레고르는 단치히에 자리를 잡고 바스티온 카닌헨에 있는 화약 공장에 취직하여, 수년 뒤 가짜 브랑카와 할머니의 부부 관계와 같은 온갖 복잡한 문제를 청산하고 나서 할머니와 결혼했다. 콜야이체크 가문에서 떠나고 싶지 않았던 할머니는, 만일 그레고르가 콜야이체크 집안의 일원이 아니었더라면 그와 결코 그렇게 빨리 재혼하지는 않았을 것이다.

그는 화약 공장에서 일한 덕분에 평소에도, 또한 곧 시작된 전쟁에서도 회색 제복을 입은 병사 신세를 면할 수 있었다. 그들은 셋이서 방화범을 수년 동안 숨겨 주었던 그 한 칸 반짜리 집에서 살았다. 그러나 콜야이체크 가문의 일원이라고 해서 반드시 닮으란 법은 없는 것이다. 할머니는 결혼 후 1년도 안 되어 트로일에서, 이제 막 비게 된 지하실에 점포를 빌려 핀에서부터 양배추까지 취급하는 잡화상을 열고 푼돈이라도 벌어야 하는 처지에 놓였다. 그레고르는 화약 공장에서 상당한 급료를 받긴 했지만, 꼭 필요한 최소한의 돈마저도 집에 주지 않고 전부 술 마시는 데 써 버렸기 때문이다. 그레고르는 나의 증조모를 닮아서 그런지 술꾼이었으나, 할아버지 요제프는 가끔 브랜디 한 잔을 즐기는 정도였다. 그레고르는 슬퍼서 술을 마시는 것은 아니었다. 우울증에 걸린 그가 드물게 즐거워 보일 때에도, 유쾌해지려고 마시는 것은 아니었다. 모든 사물의 근본을 밝혀내기 위해서, 알코올의 근본을 철저히 파헤치기 위해서 마시는 것이었다. 그레고르 콜야이체크가 생전에 진을 마시다 만 채로 놓아두는 모습을 본 사람은 아무도 없었다.

그 무렵, 통통하게 살찐 열다섯 살 소녀였던 어머니는 장사에 크게 도움이 되었다. 식료품에 딱지를 붙이고 토요일에는 물건을 배달했으며, 외상 거래를 하는 단골손님에게 외상값을 갚으라고 재촉하는, 서툴지만 상상력이 넘치는 편지를 썼다. 유감스럽게도 내게는 이런 편지들이 한 장도 없다. 여기서 홀어머니 슬하에서 자란 아이의 편지에 나타나는, 반은 아이 같고 반은 소녀 같은, 도움을 호소하는 외침을 몇 가지 인용할 수 있다면 얼마나 멋진 일이겠는가. 그레고르 콜야이체크는 양아버지로서 해야 할 의무를 다하지 않았다. 그뿐만 아니라 내 할머니와 그 딸은 대부분 동전이고 가끔은 은전도 몇 개쯤 들어 있는, 이중 양철로 만든 돈 상자를 우울한 화약 공장의 직공 콜야이체크의 술에 목말라하는 눈빛으로부터 지키기 위해 고심해야 했다. 1917년에 그레고르 콜야이체크가 유행성 감기로 죽은 후에야 이 조그마한 가게의 벌이도 조금 나아졌으나 그것도 변변찮았다. 도대체 1917년에 무엇을 팔 수 있었겠는가?

화약 직공이 죽은 뒤, 어머니가 악마가 나타날까 봐 무섭다며 쓰지 않고 그대로 비워 두었던 그 한 칸 반짜리 집에, 그 무렵 스무 살 정도 된 어머니의 외사촌 얀 브론스키가 이사를 왔다. 그는 카르트하우스 중학교를 우수한 성적으로 졸업한 뒤 지방도시 우체국에서 수습을 마치고, 이제 단치히 제1중앙우체국의 중급관리직에 취임하기 위해서 비사우에 사는 아버지 빈첸트 곁을 떠나온 것이었다. 얀은 트렁크 말고도 방대한 우표 수집첩을 숙모 집에 가지고 들어왔다. 그는 어릴 때부터 우표를 모았다. 그래서 우체국과는 직업상으로뿐만 아니라 사적으로도 계속 특별한 관계에 있었다. 조금 꾸부정한 자세로 걷는 이 야윈 젊은이는 조금 지나치리만큼 귀여운 달걀형 얼굴과 푸른 눈을 지니고 있었기 때문에, 그때 열일곱 살이었던 어머니가 그에게 반한 것도 무리는 아니었다. 얀은 이제까지 징병검사를 세 차례 받았으나 허약 체질이어서 그때마다 입대가 보류되었다. 프랑스를 초토화하기 위해서, 어느 정도 자란 사람이면 누구나 베르됭으로 보냈던 그 시절을 생각해 보면, 얀 브론스키의 체질도 알 만했다.

그들이 함께 우표 수집첩을 들여다보고 있을 때, 특히 머리와 머리를 맞대고 귀중한 우표의 톱니 모양 가장자리를 살피고 있을 때 연애 유희가 시작되었어야 했으리라. 그러나 실제로는 얀이 네 번째 징병검사에 소집되었을 때 시작되었거나 폭발했다. 어머니는 시내에 볼일이 있어 얀을 따라서 징병(徵兵)을 위한 구역 사령부 앞까지 가서, 국민병이 보초를 서고 있는 초소 옆에서 그를 기다리고 있었다. 어머니와 얀은, 이번에야말로 그가 쇠와 납을 머금은 프랑스의 공기로 그의 빈약한 가슴을 치료하기 위해서 그리로 가게 될 거라고 똑같이 생각했다. 아마 어머니는 국민병의 군복 단추 수를 몇 번이고 세었을 테고, 그때마다 결과가 달랐을 터이다. 나는 상상할 수 있다. 모든 군복 단추를 헤아려 올라가면 마지막 단추는 언제나 하르트만스바일러쾨페 고지(高地)의 하나인 베르됭이라든지, 솜 강이나 마른 강과 같은 강을 의미하는 것이었다.

한 시간쯤 지나서, 네 번째 검사를 받은 사나이가 징병 구역 사령부 현관에서 떠밀려 계단을 비틀비틀 내려와서는 내 어머니 아그네스의 목에 매달려 "볼기를 내밀지 말라, 벌거벗지 말라, 1년 후면 돌아온다!" 하는 그 무렵 유행한 말을 중얼거렸을 때, 어머니는 처음으로 얀 브론스키를 껴안았다. 그 뒤 언젠가 더욱 행복하게 그를 안아 주었는지 어쨌는지는 알 수 없다.

전쟁 중에 피어난 그 어린 사랑의 자세한 내용을 나는 모른다. 얀은 수집한 우표의 일부를 팔아서 아름다운 것, 몸에 어울리는 것, 값비싼 것에 대해서 훌륭한 안목을 가진 내 어머니의 요구에 응해 주었다. 당시 그가 일기를 적었다고 하는데 아쉽게도 나중에 잃어버리고 말았다. 할머니는 두 젊은이들의 결합을—친척 간의 교제를 넘어선 것이었지만—참고 있었던 모양이다. 얀 브론스키는 전후에도 잠시나마 트로일의 그 좁은 집에서 살았으니 말이다. 얀은 마체라트라는 사나이의 존재를 더 이상 부정하지 못하고 인정하게 되었을 때에야 겨우 이사를 갔다. 그 사나이는 어머니가 올리바 부근 질버하며 야전병원에서 수습 간호사로 근무하고 있던 1918년 여름에 어머니와 서로 알게 된 것이 틀림없다. 알프레트 마체라트는 라인란트 태생으로 대퇴부 관통상으로 그 병원에 입원해 있었는데, 라인란트인 특유의 쾌활함으로 곧 모든 간호사의 호감을 사게 되었다—간호사 아그네스도 예외는 아니었다. 상처가 낫기 시작하자, 그는 이 간호사 저 간호사의 부축을 받으며 다리를 절면서 복도를 지나 취사장으로 가 아그네스를 도와주었다. 아그네스의 둥근 얼굴에 작은 간호사 모자가 잘 어울렸고, 게다가 그는 수프에 갖가지 감정을 담을 수 있는 열광적인 요리사였기 때문이다.

알프레트 마체라트는 상처가 완전히 나은 뒤에도 단치히에 계속 머무르며, 종이 가공을 꽤 광범하게 취급하는 라인란트의 회사 대리점에 일자리를 얻었다. 전쟁은 이미 완전히 끝났다. 사람들은 장래에 전쟁의 원인이 될 강화조약을 조작하고 있었다. 그 내용은 바이크셀 강 하구 일대, 즉 네룽 강가의 포겔장에서부터 노가트 강을 따라 피켈에 이르고, 그곳에서 바이크셀 강을 따라 차트카우까지 내려가, 거기서 직각으로 좌로 돌아서 쉰플리스까지 가서, 그곳에서 사스코신의 숲을 우회하여 오토민 호수로 가서 마테른, 람카우에서 할머니가 사는 비사우를 지나 클라인-카츠에서 발트 해에 이르는 이 일대를 자유국가로 지정하여 국제연맹의 관할 아래 두자는 것이었다. 그리하여 폴란드는 옛시가지에 자유항과 탄약고가 있는 베스터플라테를 확보하고 철도를 지배했으며, 헤펠리우스 광장에 독자적인 우체국을 갖게 되었다.

자유국가의 우표가 한자(Hansa)동맹의 배와 문장(紋章)을 나타내는 붉은빛과 금빛의 화려함을 편지에 입힌 반면, 폴란드인들은 카시미르와 바토리의 역사를 도안으로 한 음침한 보랏빛 우표를 붙였다.

얀 브론스키는 폴란드 우체국으로 전근했다. 그가 자발적으로 한 일이며, 국적을 폴란드로 선택한 일도 마찬가지였다. 사람들의 말에 의하면, 그가 폴란드 국적을 택한 것은 내 어머니의 태도 때문이었다. 1920년 필주스키 원수가 바르샤바 근교에서 적군(赤軍)을 격파하여, 빈첸트 브론스키와 같은 사람들은 성모 마리아 덕택이라고 말하고, 전쟁 전문가들은 시코르스키 장군이나 베이간트 장군의 공적이라고 평가하는 바이크셀 강가의 기적이 일어났던 그 폴란드의 해에, 어머니는 독일 제국인인 마체라트와 약혼을 했다. 나는 얀과 같이 할머니 안나도 이 약혼에 찬성하지 않았다고 생각하고 싶다. 그녀는 어느 정도 번창하고 있던 트로일의 지하 점포를 딸에게 물려주고 오빠 빈첸트가 있는 비사우로, 즉 폴란드령으로 갔다. 그리고 콜야이체크와 만나기 전과 같이, 무와 감자밭이 있는 농장을 물려받아 점점 더 은총을 받고 있는 오빠를 미혼인 폴란드 여왕과 만나게 해 주고, 치마를 네 벌 껴입은 채, 가을에는 감자잎을 태우는 모닥불 저편에 웅크려, 여전히 전봇대로 나누어진 하늘을 힘없는 눈으로 바라보는 것으로 만족하고 있었다.

얀 브론스키가 시내에 살면서 아직 람카우에 밭을 가지고 있는 카슈바이 여자 헤트비히를 발견하여 그녀와 결혼한 뒤에 얀과 내 어머니와의 관계는 호전되었다. 어머니는 카페 보이케의 댄스파티에서 우연히 얀을 만났을 때 마체라트에게 그를 소개했다고 한다. 매우 다른 데가 있으나 어머니와의 관계에서 의견을 같이하는 이 두 사나이는, 마체라트가 라인란트인 특유의 솔직함으로, 얀이 폴란드 우체국으로 전근한 일은 숨김에 행한 어리석은 행동이라고 막말을 했음에도 서로 호감을 가졌다. 얀은 어머니와 춤을 추었으며, 마체라트는 뼈대가 굵고 몸집이 큰 헤트비히와 추었다. 헤트비히는 소처럼 포착하기 힘든 눈빛을 하고 있어서 주위 사람들은 항상 그녀를 임산부라고 생각했다. 그들은 자주 함께 춤을 추거나 상대를 바꿔 가며 추었다. 춤을 추면서 다음 춤에 대해서 생각했다. 앞장서서 서투른 원스텝을 밟고 영국식 왈츠 때에는 쉬었다. 결국 찰스턴을 출 때 자신감을 얻었으며, 슬로 폭스트롯을 출 때에는 종교와 종이 한 장 차이의 육욕을 느꼈다.

누구든지 성냥갑 하나 값으로 침실 벽지를 새로 바를 수 있었던 1923년, 알프레트 마체라트가 나의 어머니와 결혼할 때, 얀이 한쪽의 증인이 되고 뮐렌이라는 식료품상이 다른 한쪽의 증인이 되었다. 그 뮐렌이라는 사나이에 대해서는 보고할 만한 것이 별로 없다. 그를 언급한 것은 단지 렌텐마르크(인플레 방지를 위해 렌텐 은행에서 발행한 마르크 지폐)가 처음 나왔을 때, 어머니와 마체라트가 외상 거래로 파산한 랑푸어의 식료품점을 그에게서 인수한 일이 있기 때문이다. 트로일의 지하실에서 장사를 하던 시절, 모든 외상 거래 고객에게 불쾌감을 주지 않고 외상값을 받아냈던 어머니는 상인으로서의 천부적인 재능과 임기응변의 날쌘 기지를 몸에 지니고 있었기 때문에, 순식간에 그 몰락한 상점을 다시 일으키는 데 성공했다. 그 때문에 마체라트는 잘되고 있던 종이 도매상의 판매원 일을 그만두고 장사를 도와야 했다.

두 사람은 훌륭한 방법으로 서로 보충했다. 어머니는 카운터 뒤에서 고객을 상대했으며, 라인란트 출신의 사나이는 판매원과의 교섭이나 시장에서 물건 사들이는 일을 해냈다. 거기에다 앞치마에 대한 마체라트의 애착, 설거지를 포함한 모든 부엌일에 대한 집착은 인스턴트 음식으로 식사를 때우려던 어머니의 부담을 덜어 주었다.

가게와 붙어 있는 주택은 비좁은 데다가 조잡하게 지어졌으나, 내가 이야기로만 알고 있는 트로일의 집 상태와 비교하면 소시민의 집으로는 만족할 만했다. 사실 어머니는 적어도 결혼 후 처음 몇 해는 라베스베크에서 쾌적하게 살고 있었다.

그 집에는 페르질 세제(洗劑)의 포장이 쌓여 있는 약간 허술한 긴 복도와 넓은 부엌이 있었는데, 그곳에도 마찬가지로 절반은 깡통과 밀가루 부대, 귀리 부대 같은 여러 상품으로 가득 차 있었다. 여름이면 두 개의 창에서 발트해의 조개로 장식된 앞뜰과 거리를 내다볼 수 있는 거실은 이 단층집의 중심을 이루었다. 벽지는 보랏빛인 데 비해 소파는 전체가 주홍빛이었다. 펴고 접을 수 있는 모서리가 둥근 식탁, 검은 가죽을 입힌 사각 의자, 항상 위치가 바뀌던 끽연용 둥근 소탁자, 그런 것들이 검은 다리를 드러낸 채 푸른 융단 위에 서 있었다. 두 개의 창 사이에는 금속제 검은 탁상시계가 있었다. 소파가 주홍빛인 데 비해 피아노는 검은빛이었다. 피아노는 처음에는 세를 내어 쓰다가 나중에 월부로 들여놓은 것인데, 긴 담황색 모피 위에 회전의자와 함께 놓여 있었다. 피아노 맞은편에는 찬장이 있었다. 검은 발톱이 달린 다리와 검은 윤곽의 머리 장식이 붙어 있는 그 흑색 찬장에는 까만 쇠시리로 테를 두른 잘 닦인 유리문이 달려 있으며, 그 밑에는 식기와 식탁보를 넣어 둔 문이 몇 개 있었다. 거기에는 과일 장식이 까맣게 새겨져 있었다—그리고 장식용 과일을 담은 유리 접시와, 복권 추첨에서 탄 녹색 컵 사이는 비어 있었다. 그곳에는 뒤에 내 어머니의 유능한 사업 수완 덕택에 구입한 밤색 라디오가 놓였다.

침실은 노란빛으로 통일되어 있고 5층 아파트의 안마당을 향하고 있었다. 부디 내 말을 믿어주기를 바란다. 부부생활이라는 넓은 성(城)을 가려주는 침대의 천장은 담청색으로, 그 빛을 받고 있는 베갯머리에는 유리를 끼운 액자가 놓여 있었다. 거기에는 속죄하는 살구빛 막달라 마리아의 그림이 들어 있었다. 그 그림의 오른쪽 위 구석에는 탄식하면서 손가락으로 가슴을 움켜쥐고 있는 모습이 그려져 있었다. 그 손가락들은 몇 번 세어보아도 열 개 이상 되는 듯했다. 부부 침대 맞은편에는 거울이 달린 하얀 칠을 한 양복장이 있고, 왼편에는 화장대, 오른편에는 윗부분이 대리석으로 된 서랍장이 있었다. 천장에는 침실용 전구가 매달려 있었다. 그것은 비단으로 둘러싼 거실 전구와는 달리 연분홍빛 사기 갓을 놋쇠 가로대로 지탱한 것으로, 그 때문에 전구가 노출된 채로 빛이 퍼지게 되어 있었다.

나는 오늘 긴 아침나절을 북을 마구 두들기면서 보냈다. 침실의 전구가 40와트였는지 60와트였는지 알고 싶어서 북에게 물어 보았다. 내가 나에게 매우 중요한 이 질문을 나와 내 북에게 던진 것은 이번이 처음은 아니다. 때때로 그 전구가 있는 곳으로 되돌아가는 길을 찾아내는 데 많은 시간이 걸리곤 했다. 내가 미사여구를 완전히 빼고 북을 침으로써, 표준 조명 기구의 숲에서 라베스베크에 있는 우리 침실 빛으로 되돌아가는 길을 찾기 위해서는, 수많은 방을 드나들 때마다 여닫개를 올리거나 내려서 생명을 주거나 잠들게 한 수천의 광원(光源)을 잊어야 하기 때문이다.

어머니는 집에서 출산했다. 진통이 시작되었을 때도 어머니는 여전히 가게에서 파란색 1파운드들이 봉지와 반 파운드들이 봉지에 설탕을 넣고 있었다. 결국 병원으로 옮길 틈이 없어서, 부득이한 경우가 아니고서는 산파 가방을 잡지 않는 중년 산파를 근처 헤르타 거리에서 불러올 형편에 이르렀다. 중년 산파는 침실에서 어머니와 내가 서로에게서 떨어지도록 도와주었다.

나는 60와트짜리 전구 두 개에서 세상의 빛을 보았다. 그래서 오늘날에도 나에게는 '빛이 있으라 하시니 빛이 있었고'라는 성서의 한 구절이 마치 오스람사(전구 제조 회사의 이름)의 가장 성공적인 선전 문구처럼 생각된다. 부득이했던 회음부 파열을 제외하고는 나의 출산은 무사히 끝났다. 임부와 태아, 그리고 산파에게도 안성맞춤인 출산 위치에서 어쨌든 나는 쉽게 벗어났다.

나는 지금 당장 다음과 같은 사실을 말해 두고자 한다. 나는 태어났을 때 이미 정신 발육이 완성되어 있어서 그저 나중에 그것을 확인할 뿐인 총명한 갓난아기에 속했다. 태아였을 때에는 외부의 영향을 조금도 받지 않고, 오직 자신의 소리에만 귀를 기울이며, 양수에 비치는 자신의 모습을 바라보고 있을 뿐이었으나, 이제는 전구 밑에서 자연스럽게 부모의 입에서 새어 나오는 말에 비판적인 귀를 기울이고 있었다. 내 귀는 빈틈이 없었다. 비록 작고 구부러졌으며 딱 붙어 있으나 어쨌든 귀여운 귀라고 불렸다. 그 말 한 마디 한 마디를 나는 소중히 기억해 두었는데, 내 첫인상에 대한 이야기였기 때문이다. 더욱이 귀로 포착한 것을 작은 두뇌로 바로 평가하고, 들은 내용을 충분히 음미한 끝에, 이것과 저것은 행하고 다른 것은 미련 없이 버리겠다고 결정했다.

"남자애군."

자신이 내 아버지라고 생각하고 있는 마체라트 씨가 말했다.

"이 아이는 언젠가 장사를 이어가겠지. 이제야 겨우 우리가 무엇을 위해서 이처럼 악착같이 일하고 있는가를 알았소."

어머니는 장사보다는 오히려 아들의 배내옷을 생각했다.

"내가 이따금 계집애일 거라고 말했지만, 사내아이라는 사실을 이미 알고 있었어요."

이리하여 나는 일찌감치 여자의 논리를 알게 되었다. 그 뒤에 나는 이렇게 말하는 것을 들었다.

"오스카가 세 살이 되면 양철북을 사줘야지."

나, 즉 오스카는 어머니와 아버지의 약속을 번갈아 재어보면서, 방 안에 날아들어 온 나방을 관찰하고 그 날개 소리에 귀를 기울였다. 털투성이 나방은 중간 크기로, 60와트짜리 전구 두 개에 가까이 날아들어 여러 가지 모양의 그림자를 던졌다. 그 그림자는 날개 넓이보다 확대되어 가늘게 떨리면서 가구들과 더불어 그 방을 가리기도 하고 가득 채우기도 하며 넓어지기도 했다. 그렇지만 그 빛과 그림자의 유희보다는 오히려 나방과 전구 사이에서 생기는 그 소리가 기억에 더 생생하다. 나방은 계속 날개 소리를 냈다. 마치 자기가 알고 있는 것을 서둘러서 떨쳐 버리려는 듯이, 그리고 앞으로 다시는 발광체와 이야기할 시간이 없을 거라는 듯이, 또한 전구와의 대화가 어떤 경우이건 자기에게는 최후의 참회이며, 일단 전구를 사면하고 나면 다시는 죄를 범하고 열광할 기회를 얻지 못하는 듯이.

오늘 오스카는 꾸밈없이 말한다. "나방이 북을 친다." 나는 토끼·여우·살

쾡이가 북 치는 소리를 들었다. 개구리는 한 무리가 되어 북을 쳐서 폭풍우를 예고할 수도 있다. 딱따구리는 북으로 벌레들을 그들이 사는 집에서 쫓아낸다고 한다. 그리고 인간은 팀파니·심벌즈·드럼·북을 두들겨 댄다. 인간은 북의 연발 권총과 연발 속사에 대해서 말한다. 북을 쳐서 누군가를 불러내어 함께 치다가 이윽고는 묘지로 보낸다. 북 치는 소년과 북 치는 악동이. 어떤 작곡가는 현악기와 타악기를 위한 협주곡을 쓴다. 난 크고 작은 소등나팔을 떠올릴 수 있으며, 지금까지의 오스카의 시도를 보여 줄 수도 있다. 이 모든 것은 나의 탄생을 계기로 흔해 빠진 60와트 전구 두 개 위에서 나방이 일으킨 북 소란과 다르지 않다. 아마도 암흑의 아프리카에는 니그로가 있을 터이며, 아메리카에도 아직 아프리카를 잊지 못하는 니그로가 있을 것이다. 리듬에 민감한 이 사람들은 나의 나방과 같든가 그와 닮았든가, 혹은 아프리카의 나방—알다시피 동유럽의 나방보다 훨씬 크고 아름답다—을 흉내내어서, 규칙적이면서도 자유롭게 북을 칠 수 있으리라. 나로서는 동유럽식 기준을 따라서 내가 태어날 때의 그 갈색 인분이 묻은 중간 크기의 나방을 표준삼아, 그것을 오스카의 스승이라고 부르기로 하겠다.

9월 첫무렵이었다. 태양은 처녀자리에 위치하고 있었다. 멀리서 늦여름의 폭풍우가 나무 상자와 선반을 움직이며 밤을 지나서 다가왔다. 수성은 나를 비판적으로 만들고 천왕성은 변덕스럽게 하며, 금성은 조용한 행복에 잠기게 하고 화성은 나의 패기를 믿게 했다. 탄생의 별자리로는 천칭(天秤)자리가 떠올라 나를 예민하게 만들어 뭐든 과장하게 만들었다. 해왕성은 제10궁, 즉 삶의 중심궁으로 이주하고 나를 기적과 속임수 사이에 잡아맸다. 토성은 목성 맞은편의 제3궁에서 나의 혈통을 문제삼았다. 그러나 고등학교 선생님의 목소리처럼 우렁찬 늦여름의 폭풍우 속에 나방을 보내서, 어머니가 약속한 양철북에 대한 나의 애착을 북돋아 주고 또 그 악기를 더욱더 간절히 욕망하게 한 장본인은 도대체 누구였을까?

나는 겉으로는 울기나 하고 푸르스름한 붉은 피부를 가진 갓난아이같이 보였으나, 아버지의 제안, 다시 말하면 식료품점에 관한 일체를 딱 잘라 거부하고, 내 세 번째 생일까지 어머니의 소원을 호의적으로 검토해 보기로 결심하고 있었다.

장래에 대해 이런 생각들을 하면서도, 나는 이미 어머니와 아버지 마체라트가 내 반론이나 결심을 이해하거나, 경우에 따라서는 칭찬해 줄 수도 있는 기관을 소유하지 않았음을 알고 있었다. 오스카는 이해받지 못한 채 외롭게 전구 밑에 누워 있었다. 그리고 60년이나 70년 뒤, 온갖 전원이 누전되어 전류가 끊길 때까지 이러한 상태가 그대로 지속되리라고 추측하고, 그리하여 전구 밑에서 인생을 시작하기도 전에 살 의욕을 잃어버렸다. 당시 내가 태아의 머리 위치로 돌아가고자 하는 희망을 더욱 강하게 표현하려고 했을 때, 나를 방해하는 것이라곤 그저 저 약속된 양철북뿐이었다.

그러나 산파는 벌써 내 탯줄을 잘라 버렸다. 이제는 어쩔 도리가 없었다.

앨범

내게는 소중한 보물이 하나 있다. 단지 달력의 하루하루로 이루어졌을 뿐인 불쾌한 수년 동안, 나는 계속 그것을 지키고 감추며 다시 꺼내곤 했다. 화물차를 타고 여행하는 동안에도 그것을 소중하게 가슴에 안고 있었으며, 잘 때에는 그 보물, 앨범을 베고 잤다.

모든 것을 백일하에 드러내는 이 가족묘가 없었더라면 도대체 나는 무엇을 할 수 있었을까? 그것은 120페이지로 되어 있다. 모든 페이지의 사진은 옆으로나 아래로나 다 직각을 이루게끔 면밀하게 배치되어, 여기에서는 대칭으로 저기에서는 마치 무엇을 묻고 있는 듯이 네 장이나 여섯 장, 때로는 단 두 장의 사진이 붙어 있었다. 가죽으로 장정(裝幀)되어 있어서 낡을수록 점점 더 가죽 냄새가 강하게 풍겼다. 시간이 흐르면서 앨범은 눈바람에 닳고 닳아 사진이 떨어지고, 드디어는 그대로 방치해 둘 수 없는 상태가 되어 버렸다. 그래서 나는 짬을 내어 떨어지기 시작한 작은 사진들을 제자리에다 풀로 붙여야 했다.

이 세상의 무엇이, 그리고 어떤 소설이 한 권의 앨범에 대해 길게 이야기를 늘어놓을까. 일요일마다 하늘 위에서 참으로 간단하게 우리들의 순간사진을 찍어서, 노출이 잘된 것이나 엉망인 것이나 그의 앨범에 붙이시는 근면한 아마추어 사진사, 하느님이시여, 제가 즐거운 나머지 너무나 오랫동안 개개의 사진에 사로잡히지 않도록 해 주시고, 저를 안전하게 이 앨범에서 벗어나게 하여 주옵소서. 그리고 이 오스카를 혼돈에 대한 애착에서 멀어지게 하여 주옵소서. 그들 사진에 실물을 결부시키려는 제 욕망이 너무나도 강하옵니다.

그러면 내 앨범을 대충 살펴보자. 거기에는 여러 가지 형태의 제복이 있고, 유행과 머리 모양의 변화상이 있다. 어머니는 점점 뚱뚱해지고, 얀은 점점 너저분해지고 있다. 내가 전혀 모르는 사람도 있지만 누가 촬영했는지는 맞힐 수 있다. 결국 사진의 질은 점점 나빠지고 있다. 세기말의 예술사진에서 오늘날의 실용사진으로 타락하고 있는 것이다. 할아버지 콜야이체크의 기념사진과 내 친구 클레프의 여권사진을 예로 들어보자. 누렇게 바랜 할아버지의 초상화와 검인(檢印)을 호소하듯 단조로운 클레프의 여권용 사진을 비교해 봐도, 사진술의 진보가 어디로 향하고 있는지 다시금 이해가 된다. 순간사진의 이런 자세한 사정을 살펴보기만 해도 곧 알 수 있다. 이 앨범의 소유자인 나에게는 일정한 수준을 유지할 의무가 있기 때문에, 클레프보다 나 자신을 비난해야 할지도 모른다. 어느 날 우리가 지옥에 들어간다면, 도저히 참을 수 없는 고통 가운데 하나는 벌거벗은 인간을 지난날의 액자에 끼워진 사진들과 함께 한 공간에 가두는 일일 것이다. 서둘러 찍은 사진과 순간사진과 여권사진 사이에 긴 인간! 조명을 받은 인간, 피사의 사탑 앞에 똑바로 서 있는 인간, 여권을 얻기 위해 오른쪽 옆얼굴을 찍어야 하는 사진관 속의 인간! 그리고—이젠 진정되었다. 아마 이런 지옥이라도 참을 수는 있으리라. 왜냐하면 가장 나쁜 사진은 꿈에서나 나타날 뿐 찍히는 일은 없을 테고, 또 설령 찍혔다 할지라도 현상되는 일은 없을 것이기 때문이다.

클레프와 나는 율리히 거리에서 처음 만나 함께 스파게티를 먹으며 우정을 맺었으며, 사진을 찍고 현상을 했다. 나는 그 무렵 여행 계획으로 가슴이 벅차 있었다. 슬픈 일이 있었기 때문에 여행을 떠나려고 여권을 신청하려 했던 것이다. 나는 가치 있는 여행, 즉 로마와 나폴리, 적어도 파리를 방문하는 여행에 필요한 돈을 넉넉히 가지고 있지 않았으나 돈이 모자라는 사실을 오히려 기뻐했다. 우울한 기분으로 여행하는 것만큼 서글픈 일은 없기 때문이다. 그러나 우리는 영화 볼 돈은 있었으므로 영화관을 몇 군데 돌아다니다가 클레프의 취향에 따라 서부극을 보게 되었다. 그렇지만 나는 간호사 역을 맡은 마리아 셸이 울고, 의사 역을 맡은 보르셰가 막 어려운 수술을 끝내고 나서 발코니 문을 열고 베토벤의 소나타를 연주하며 책임감을 드러내는 영화를 보고 싶었다.

우리는 영화가 단 두 시간 만에 끝나 버리자 몹시 서운했다. 같은 영화를 두 번 계속 보고 싶었던 적이 누구에게나 있었으리라. 그리하여 영화가 끝나면 자리에서 일어나 다시 표를 사려고 줄을 선다. 그러나 막상 영화관을 벗어나서 매표구 앞에 길게 또는 짧게 늘어선 군상을 보면 그러한 결심은 어느덧 시들해진다. 매표원 아가씨뿐 아니라 우리 얼굴을 빤히 바라볼 낯선 무리에 대해서도 왠지 너무 부끄러워서, 매표구 앞의 행렬을 더 이상 늘일 엄두가 나지 않았다.

그 무렵 우리는 영화가 끝나면 대개 여권사진을 찍으려고 그라프 아돌프 광장에서 가까운 사진관으로 갔다. 그곳 사람들은 우리를 알고 있었으므로, 우리가 들어서자 미소를 짓고 친절하게 의자를 권한다. 우리가 고객이었던 만큼 그들은 정중히 대접해 주었다. 촬영실이 비면 상냥했다는 것밖에 기억나지 않는 어떤 아가씨가 우리를 차례차례 촬영실로 밀어넣었다. 그 아가씨는 처음엔 나를, 다음엔 클레프를 두서너 번 밀고 잡아당기고 하여 자세를 바르게 한 뒤, 플래시가 터지면서 그것과 연결된 벨이 울리고, 이렇게 잇달아 여섯 번 우리의 모습이 건판에 나타날 때까지 한곳을 바라보고 있도록 명령했다.

촬영이 끝나자 아가씨는 아직도 입 언저리가 가볍게 굳은 우리를 편안한 등의자에 앉히고는 상냥하게 그저 상냥하게, 상냥한 차림으로 말했다. "5분만 기다려 주세요." 우리는 기꺼이 기다렸다. 결국 우리는 무엇인가를 기다리고 있었다. 우리가 그렇게 궁금해하던 여권사진을 말이다. 정확히 7분 후에, 언제나 상냥하다는 것밖에는 표현할 수 없는 그 아가씨가 봉투 두 개를 내주었고 우리는 돈을 냈다.

클레프의 약간 튀어나온 눈에는 승리의 빛이 어려 있었다. 우리는 봉투를 손에 넣자 근처에 있는 맥주집으로 가야 했다. 누구든 자신의 여권사진을 먼지가 이는 복잡한 큰길에 서서 오가는 인파를 막으면서까지 보려고 하지는 않을 터이기 때문이다. 그 사진관에 대해 의리를 지켰듯이, 우리는 언제나 프리드리히 거리의 똑같은 그 술집에만 드나들었다. 맥주와 양파를 곁들인 선지 소시지와 흑빵을 주문하고 그것이 나오기 전에 우리는 약간 젖어 있는 사진을 둥그렇게 나무 테이블 위에다 펼쳤다. 그리고 순식간에 나온 맥주와 선지 소시지를 먹어치우면서 우리의 긴장된 인상에 몰두했다.

우리는 먼젓번 영화 본 날 찍은 사진을 언제나 가지고 다녔다. 그래서 늘 비교할 수 있었다. 비교할 기회가 있다는 것은 더 큰 즐거움을 위해서, 라인 란트식으로 말하면 기분을 내기 위해서, 맥주를 두서너 잔 더 주문할 충분한 이유가 되었다.

그렇지만 슬픔에 잠긴 인간이 자신의 여권사진으로 자신의 슬픔을 객관화할 수 있다는 애기는 결코 아니다. 참다운 슬픔은 그 자체가 객관화될 수 없다. 적어도 나와 클레프의 슬픔은 그 무엇으로도 돌이킬 수 없는 것이었으며, 대개 자유분방한 그 비객관성으로 인해서 아무것도 두려워하지 않는 단단한 성질을 보여주고 있었기 때문이다. 우리의 슬픔에 가까이 다가갈 가능성이 있다면 그것은 오직 사진을 통해서였으리라. 우리는 차례차례로 찍은 사진 속에서 우리 자신을, 정말 불확실하긴 하지만, 가장 중요한 수동적이며 중립적인 모습을 발견했기 때문이다. 우리는 마음대로 자신과 사귈 수 있었으며, 선지 소시지를 안주로 맥주를 마셨고, 거칠고 사나워지며 기분을 내서 신나게 놀 수 있었다. 우리는 그 사진들을 꺾거나 접고, 특별히 이런 때 쓰려고 언제나 가지고 다니던 가위로 조각조각 자르기도 했다. 낡은 사진도 새 사진도 마구잡이로 늘어놓고 애꾸나 혹은 세 개의 눈을 가진 사람으로 만들기도 하고, 코를 귀에다 겹치게도 했으며, 오른쪽 귀를 지껄이거나 다무는 기관으로 만들기도 하고, 턱에다 이마를 붙이기도 했다. 자기 자신의 모습만을 가지고 이런 몽타주를 만든 것이 아니라, 클레프가 나의 일부를 빌려가고 나는 나대로 그의 특징을 이루는 부분을 부탁해서 얻었다. 우리는 원하던 대로 훨씬 행복해 보이는 새로운 창조물을 만들어 내는 데에 성공했다. 때때로 그러한 사진을 한 장씩 남에게 선사하기도 했다.

우리―클레프와 나 두 사람만 포함되고 조립된 인물은 제외한다―는 적어도 일주일에 한 번 그 맥주집에 갔는데, 그때마다 루디라고 하는 웨이터에게 사진 한 장을 주는 것이 습관이 되어 버렸다. 루디는 열두 명의 어린아이를 거느리고 또 여덟 명의 어린아이의 후견인도 될 수 있을 만한 사나이였는데, 그는 우리의 괴로움을 알고 있었고 이미 수십 장의 옆얼굴 사진과 그 이상의 정면 사진을 갖고 있었지만, 그래도 우리가 오랫동안 상의하고 엄선해 낸 사진을 건네면 언제나 공감하는 표정을 지으며 고마워했다.

오스카는 카운터의 여종업원과 담배를 팔러 다니는 여우 같은 소녀들에게는 사진을 한 장도 주지 않았다. 여자들에게는 사진을 주는 법이 아니며, 줘 봤자 악용할 뿐이기 때문이다. 그런데 클레프는 차고 넘치는 주제에 만족하지 못하고 뻔뻔스럽게도 아무 여자에게나 말을 걸어 상대를 잇달아 바꿨다. 그는 어느 날, 내가 모르는 사이에 담배팔이 소녀에게 사진 한 장을 주었음이 틀림없다. 왜냐하면 그가 자기 사진을 되찾으려고, 녹색 옷을 입은 그 건방진 계집애와 약혼을 했다가 어느 날 결혼해 버렸기 때문이다.

나는 앨범의 마지막 몇 장에 대해 너무 많은 말을 낭비해 버렸다. 이러한 시시한 순간사진은 이야기할 가치가 없다. 이야기한다 해도 단지 앨범의 처음 몇 페이지에 있는 할아버지 콜야이체크의 초상화가 오늘날에도 나에게 얼마나 큰 영향을 미치고 있으며, 더욱이 예술적으로도 얼마나 깊은 감명을 주고 있는가를 설명하기 위한 비교 대상이 될 뿐이다.

키가 작고 뚱뚱했던 할아버지는 잘 닦인 작은 테이블 옆에 서 있다. 유감스럽게도 그는 방화범이 아니라 의용소방단원 브랑카로서 사진을 찍었다. 그래서 커다란 콧수염이 없었다. 그러나 몸에 꼭 맞는 소방단 제복에서 빛나고 있는 인명 구조 훈장, 그리고 그 작은 테이블을 제단으로 만든 소방단의 헬멧이 그의 방화범 콧수염을 대신하고 있다. 그는 아주 엄숙하게, 세기말의 고뇌를 다 아는 듯한 표정을 짓고 무엇인가 응시하고 있다. 온갖 비극을 겪고도 여전히 의기양양한 그 눈빛이 제2제국 시대에 유행했던 모양인데, 술에 취했어도 사진에서는 도리어 냉정한 표정을 지은 화약 공장의 직공 그레고르 콜야이체크도 똑같은 눈을 하고 있다. 성스러운 양초를 손에 든 빈첸트 브론스키의 사진은 첸스토하우에서 찍은 만큼 더욱더 신비스러운 분위기를 자아낸다. 허약한 얀 브론스키의 젊은 시절 사진은 초기 사진술이 획득한, 의식적으로 우울한 남성성의 기록이다.

그 시대의 여인들은 적절한 눈빛과 자세를 취하는 법이 드물었다. 틀림없이 당대 인물이었을 내 할머니 안나조차도 제1차 세계대전 발발 이전에 찍은 사진에서는 어리석어 보일 정도로 멍한 미소를 짓고 있어서, 겹쳐 입은 네 벌의 조용한 치맛자락 밑에 피난처가 있으리라고는 전혀 상상도 못할 정도였다.

그녀들은 전쟁 중에도, 검은 천 밑에서 마치 춤을 추듯이 찰칵 하고 셔터를 누르는 사진사에게 미소를 잊지 않았다. 또한 내게는 질버하머 야전병원

의 수습 간호사였던 어머니와 함께 찍은 간호사 23명의 사진도 있다. 그녀
들은 부끄러운 듯한 군의관 주위에 무리지은 채 엽서 2장 크기의 두꺼운 종
이 위에 찍혀 있다. 이 사진을 손에 들고 보는 나도 그처럼 부끄러워진다.
거의 회복된 병사들과 함께 가장무도회에서 찍은 사진에서는 야전병원의 여
자들은 훨씬 즐거운 표정을 짓고 있다. 어머니는 일부러 윙크를 하며 입을
귀엽게 오므리고 있는데, 천사의 날개를 달고서 금발머리를 늘어뜨리고 있
었으나 그 입은 천사에게도 성(性)이 있다고 말하는 듯싶었다. 그녀 앞에
무릎을 꿇고 있는 마체라트는 변장을 하고 있었는데, 그는 늘 입는 옷으로
분장하기를 아주 좋아했다. 그래서 거기서도 빳빳한 요리사 모자를 쓰고 국
자를 휘두르는 자세를 하고 있다. 한편, 이등 철십자 훈장을 단 군복을 입었
을 때에는 그도 콜야이체크나 브론스키처럼 의식적으로 비장한 눈빛을 하고
앞을 바라보고 있다. 어느 사진에서도 그 면에서는 여자들을 능가한다.

전후에는 표정이 달라졌다. 남자들은 징집이 해제되어 안심한 듯한 눈빛
을 하고 있다. 그리고 여자들은 이제 의기양양한 표정으로 사진에 나타나 있
다. 여자들은 있는 그대로의 표정을 지었으며, 미소를 지을 때조차 오랫동안
그녀들 얼굴의 밑그림이 되어 버린 고뇌를 감추려고 하지 않았다. 우수(憂
愁)는 스무 살 여자들에게 잘 어울렸다. 서 있건 앉아 있건 절반쯤 누워 있
건 간에, 구불거리는 검은 머리칼을 이마에 붙이고 마돈나와 창녀가 결합된
이미지를 보인다는 것은 여인들에게 불가능한 일인 모양이다.

스물세 살 때 찍은 사진—임신하기 직전에 찍은 것이 틀림없다—을 보
면, 어머니는 통통하게 살이 오른 목을 세우고 온화한 둥근 얼굴을 가볍게
옆으로 기울이고 있다. 어머니는 때때로 그 사진을 보는 사람을 똑바로 쏘아
보고 우울한 미소와 두 눈으로 육감적인 윤곽을 지워 버린다. 두 눈은 푸르
다기보다 차라리 잿빛을 띠며, 자신의 영혼뿐 아니라 이웃의 영혼을, 마치
어떤 확고한 대상—커피 잔이나 담배 파이프 등등—처럼 보는 습관이 생겨
버린 듯하다. 어머니의 눈빛을 표현하는 데 영혼이 깃들어 있다는 말로는 충
분하지 못하다.

그 시대의 단체사진은 재미는 없지만 그만큼 비평하기가 쉽고, 따라서 시
사적(示唆的)이다. 라팔로 조약(1920년)이 조인될 무렵의 혼례복은 오늘날
과 비교해서 놀랄 만큼 아름답고 신선하다. 마체라트는 결혼사진에서도 그

딱딱한 옷깃을 달고 있는데, 선량하고 우아하며 거의 지적으로까지 보인다. 오른발을 앞으로 내놓은 걸 보니, 아마 그 시대의 영화배우 하리 리트케를 닮고 싶었던 모양이다. 그 무렵의 옷들은 대개 짧았다. 어머니의 혼례복은 주름이 많은 흰색 치마였는데, 겨우 무릎에 닿을 길이여서 미끈한 다리와 쇠고리가 달린 하얀 구두를 신고 금방이라도 춤을 출 듯한 귀여운 발이 보인다. 또 결혼식에 온 사람들 모두가 찍은 사진도 있다. 도시적인 옷차림새로 거드름을 피우는 사람들 속에서, 할머니 안나와 은총을 받은 그녀의 오빠 빈첸트는 시골 사람 특유의 단정하고 신뢰감을 불러일으키는 어색한 모습 때문에 언제나 눈에 띄었다. 어머니처럼 감자밭에서 태어난 얀 브론스키는 성모 마리아의 축복을 받은 자기 아버지나 안나 숙모와 마찬가지로 자신도 카슈바이의 시골 태생이라는 사실을, 폴란드 우체국 직원의 우아한 축제 복장 속에 감추는 방법을 알고 있다. 건강한 사람들 사이에 서 있는 그의 모습은 매우 왜소하고 허약해 보이지만, 범상치 않은 눈과 균형 잡힌 용모 때문에 사진 맨 끝에 서 있을 때에도 언제나 중심을 차지하고 있다.

나는 결혼식 직후에 찍은 단체사진 한 장을 꽤 오랫동안 들여다보고 있었다. 그리고 낡아서 누렇게 바랜 네모난 사진을 들여다보며, 북채와 북을 잡고 두꺼운 판지 위에 뚜렷하게 이어진 세 개의 별을 니스 칠한 양철에서 떼려고 했다.

이 사진은 마그데부르크 거리에서 폴란드 학생 기숙사에 가까운 연병장 모퉁이, 즉 브론스키의 집에서 찍은 것 같다. 배경으로 담쟁이덩굴과 비슷한 콩 덩굴이 반쯤 휘감긴, 햇빛이 드는 발코니가 보이는데, 이런 발코니는 폴란드 사람들의 집에만 있었다. 어머니는 의자에 앉아 있으며 마체라트와 얀 브론스키는 서 있다. 그러나 왜 어머니는 앉아 있고 두 사람은 서 있는가. 나는 어리석게도 잠시 동안 이 삼두정치(三頭政治)—어머니는 완전히 남자 한 사람 몫을 하고 있었다—의 별자리를 자와 삼각자, 그리고 브루노에게 사다달라고 한 컴퍼스를 사용해서 측정해 보려고 했다. 고개를 기울인 각도, 부등변삼각형, 그것을 평행으로 이동시켜서 억지로 합치고 컴퍼스로 선을 그리면 그것은 삼각형의 밖, 즉 담쟁이덩굴처럼 휘감겨 있는 콩 속에서 의미심장하게 부딪쳐 하나의 점을 만들어 냈다. 나는 하나의 점을 찾고 있었으니까. 점을 믿고 점을 구해서, 입각점(立脚點)은 아닐지라도 받침점·시작점을 얻으려고 노력했으니까.

이 졸렬한 측량을 계속해 봐도 내가 귀중한 사진의 가장 중요한 부분에 컴퍼스 끝으로 파놓은, 작지만 성가진 구멍 말고는 아무것도 생기지 않았다. 이 사진에 무슨 특별한 점이 있기에 우습게도 나는 무엇에 홀린 듯이 네모꼴 위에서 수학적·우주적 관계를 찾고 그것을 발견해 내려고까지 하는 걸까? 세 사람—앉아 있는 한 여자와 서 있는 두 사나이. 여자는 검은 웨이브 머리, 마체라트는 곱슬곱슬한 금발, 얀은 착 달라붙게 다듬은 밤색 머리. 셋은 모두 미소를 짓고 있다. 얀 브론스키보다도 마체라트가 더 웃고 있다. 두 사람은 윗니를 드러내 놓고 있다. 눈은 웃지 않고 다만 입가에만 약간 미소를 머금고 있는 어머니보다 그들은 5배나 더 웃고 있다. 마체라트는 왼손을 어머니의 오른쪽 어깨에 얹고 있다. 얀은 오른손을 가볍게 의자 등에 걸친 것으로 만족하고 있다. 어머니는 무릎을 오른쪽으로 돌린 채 상반신은 앞쪽을 향하고, 무릎 위에 책 한 권을 얹어 놓았다. 나는 잠시 그것을 브론스키의 우표 앨범이라고 생각했으며, 다음은 패션 유행잡지라고, 나중에는 담뱃갑에서 오려낸 유명한 영화배우의 컬렉션이라고 생각했다. 어머니의 양손은 건판(乾板)이 감광되어 촬영이 끝나면, 바로 그 페이지를 넘기려고 하는 듯하다. 세 사람 모두 비밀의 장벽을 쌓거나 처음부터 감추려고 들 때에만 생길 수 있는 그런 당황스러움 따위는, 자기들과 아무 상관이 없음을 서로 자축하듯이 행복해 보였다. 여기 관계하고 있는 제4의 인물이 있었으니, 그녀는 얀의 아내 헤트비히 브론스키였다. 결혼 전 성이 렘케였던 그녀는 그때 이미 훗날의 슈테판을 잉태하고 있었다. 그녀는 3인분의 행복을 적어도 사진이라는 수단으로 보여 주기 위해 사진기를 그들 세 사람 쪽으로, 그들 세 사람의 행복 쪽으로 맞추었다.

나는 앨범에서 다른 네모꼴 사진을 떼어서 이 사진 옆에 가지런히 놓았다. 2장의 사진에는 어머니와 마체라트 또는 어머니와 얀 브론스키가 함께 찍은 모습이 담겨 있다. 이 중 어느 한 장도 그 발코니에서 찍은 사진처럼 불변의 것, 즉 확실하고 명확한 모습을 보여 주지 않는다. 다른 사진의 얀과 어머니, 거기에서는 비극과 금광 채굴, 그리고 이상야릇함의 냄새가 난다. 질릴 정도다. 지나치게 이상야릇하여 진절머리가 난다. 어머니와 나란히 있는 마체라트, 거기에서는 주말의 생식력이 방울져 떨어진다. 프라이팬 속에서 커틀릿이 지글지글 소리를 내고, 식사 전에 투덜투덜 불평을 하며, 식후에는 하품을 하고, 잠자기 전에 재담을 지껄이거나 세금 공제 문제로 다투며, 부부의 정신적 배경이 드러난다. 그러나 나는 이 무미건조한 사진이, 프로이덴탈 근처 올리바 숲 그림 앞에서 어머니가 얀 브론스키의 무릎에 앉아서 찍은 수년 후의 불쾌한 순간사진보다 좋다. 왜냐하면 이 난잡한 사진에는—얀의 한쪽 손은 어머니의 치마 밑에 감춰져 있다—마체라트와 결혼한 첫날부터 간통을 한 이 불행한 두 사람의 맹목적인 정열만이 또렷하게 찍혀 있기 때문이다. 추측컨대 이 두 사람에게 무신경한 사진사를 주선한 사람은 마체라트였던 것 같다. 발코니에서 찍은 사진에 나타나 있는 그 침착성과 조심스러운 몸짓은 전혀 찾아볼 수 없다. 아마도 그런 몸짓은 두 사나이가 어머니 뒤나 옆에 자리를 잡거나, 호이부데 해수욕장 모래 속에서처럼 어머니의 발아래 누워 있을 때에만 가능했을 것이다. 사진을 보라.

또한 내가 한 살 때, 가장 중요한 이 세 사람이 삼각형을 이루면서 찍은 한 장의 사진이 있다. 발코니 사진만큼 뚜렷하지는 않으나 그 사진과 같은 긴장된 평화가 빛나고 있다. 그 평화는 아마 세 사람 사이에서만 맺어지고 시인되었으리라. 연극에서 인기 있는 삼각관계를 몹시 비난하는 사람도 있을 것이다. 하지만 무대에 단 두 사람만 있다면, 논쟁에 지쳤다든지 내심 세 번째 인물의 등장을 고대하고 있을 경우에는 어떡한단 말인가. 나의 사진에는 세 사람이 있다. 그들은 트럼프로 스카트놀이를 하고 있다. 잘 펼쳐진 부채꼴로 카드를 손에 쥔 채, 패를 들여다보며 이길 생각을 하는 것이 아니라 사진기에 시선을 향하고 있다. 얀은 집게손가락을 세운 손을 잔돈 옆에 대고 있으며, 마체라트는 식탁보를 손톱으로 누르고 있다. 어머니는 기분 내키는 대로 짤막하고도 기발한(나는 그렇게 생각한다) 농담을 던지고 있다. 그녀는 카드를 한 장 빼서 사진기의 렌즈에 보이고 있지만 그녀의 적수들은 그것을 볼 수가 없다. 단 한 번의 동작, 즉 하트의 퀸을 뽑아 보이는 스카트놀이의 동작만으로도 뻔뻔하지 않다는 상징을 쉽게 나타낼 수 있다. 하트의 퀸을 두고 맹세하지 않을 사람이 어디 있으랴!

스카트놀이—알다시피 세 사람만 할 수 있다—는 어머니와 두 사나이에게 가장 알맞은 놀이 이상의 것이었다. 삶이 그들을 유혹하여 66 놀이나 주사위놀이와 같은 하잘것없는 놀이를 하도록 이리저리 두 사람씩 짝지우려고 할 때, 그들이 언제나 찾아낸 피난처이자 항구였다.

이 세 사람에 대한 이야깃거리가 더 없는 것은 아니지만, 나를 이 세상에 태어나게 한 그들의 이야기는 여기서 그치겠다. 나 자신의 이야기로 돌아가기 전에, 어머니의 친구인 그레트헨 셰플러와 그 남편인 빵집 주인 알렉산더 셰플러에 대해서 한 마디 하고자 한다. 그는 대머리이고, 그녀는 거의 반이 금니인 말 같은 이를 드러내고서 웃는다. 그는 다리가 짧아서 의자에 앉아도 융단에 다리가 닿지 않는다. 그녀는 자신이 뜨개질한 옷을 입고 있는데, 그 옷은 본뜬 대로는 아니다. 내가 가지고 있는 셰플러 부부의 말년 사진 몇 장에는 환희역행단(歡喜力行團: ^{나치스시대 노동자 단체} K.d.F.(Kraft durch Freude))의 배 '빌헬름 구스틀로프' 호의 갑판 의자에 앉아서 찍거나 구명보트 앞에서 찍은 것, 그리고 동프로이센 해운(海運)을 맡고 있는 '탄넨베르크' 호의 산책 갑판에서 찍은 사진도 있다. 그들은 해마다 필라우·노르웨이·아조레스 제도·이탈리아 등지를 여행하고는 클라인하머 거리의 집으로 그가 롤빵을 굽고 그녀가 베갯잇에 레이스를 달곤 하던 그 집으로, 추억을 품고 무사히 돌아왔다. 알렉산더 셰플러는 입을 다물고 있을 때도 지칠 줄 모르고 계속 혀 끝으로 윗입술을 적시곤 했는데, 우리 집에서 비스듬히 건너편에 살고 있는 마체라트의 친구인 채소 장수 그레프는 그것을 무례한 악취미라고 비난했다.

그레프는 결혼했지만, 남편 구실보다도 보이스카우트의 지도자 노릇을 하느라고 바빴다. 사진에서 보면, 그는 어깨가 떡 벌어지고 건장하며 무뚝뚝한 사나이로서 반바지 제복을 입고, 지도자의 장식끈이 달린 보이스카우트 모자를 쓰고 있다. 그의 옆에는 눈이 좀 지나치게 큰 열세 살 정도의 금발 소년이 같은 복장을 하고 서 있는데, 그레프는 왼손을 그 아이의 어깨에 얹고서 귀여워 못 견디겠다는 듯이 꼭 껴안고 있다. 나는 그 소년을 알 기회는 없었지만, 그레프와는 후에 리나 부인을 통해서 서로 사귀게 되었고, 그의 인품도 차차 알게 되었다.

나는 환희역행단 여행자들의 순간사진과 상냥한 보이스카우트 내부의 애정 행위를 기록한 사진에 휩쓸려 버렸는데, 빨리빨리 여러 장을 그냥 넘기고 이제 나 자신으로, 나의 첫 사진으로 이야기를 이끌어 가려고 한다.

나는 귀여운 아이였다. 이 사진은 1925년의 성령강림절 때 찍은 것이다. 나는 생후 8개월로, 크기가 같은 다음 페이지의 사진 속에서 뭐라고 형용키 어려운 진부함을 발산하고 있는 슈테판 브론스키보다 두 달 늦게 태어났다. 그 그림엽서는 물결 모양의 예술적인 곡선으로 테두리를 자른 것으로 뒤에는 주소와 이름을 적기 위한 선이 있으며, 아마 가족들이 이용하도록 꽤 많이 인쇄되었을 것이다. 큰 네모 종이 위에서 사진은 극단적으로 대칭을 이룬 달걀 형태로 인쇄되어 있다. 나는 벌거벗은 채 하얀 모피 위에 배를 깔고 엎드려 있는데, 그 모습이 달걀 노른자를 떠오르게 했다. 그 모피는 동유럽의 어린이 사진 전문가를 위해서 북극의 백곰으로 만든 것이 틀림없다. 그 시대의 많은 사진과 똑같이, 나의 첫 사진에도 절대로 모방할 수 없는 갈색이 도는 따뜻한 색조가 깃들어 있다. 나는 그 빛깔을 오늘날의 비인간적인 매끄러운 흑백사진과는 반대로, 인간적이라고 말하고 싶다. 그린 듯싶은 잎사귀 장식이 어둠침침한 배경을 이루고 있는데, 그것은 희미하게 색이 바래고 약간 빛을 쬐어서 녹어져 있다. 토실토실하게 살찐 나의 건강한 육체가 모피 위에 조금 비스듬히 누워서 쉬며 백곰의 고향 북극을 피부로 느끼는 동안, 나는 둥근 머리를 무리하게 높이 쳐들고 내 벌거벗은 몸을 가끔 눈여겨보는 사람을 빛나는 눈으로 지켜보고 있다.

평범한 어린이 사진이라고 하는 사람이 있을지도 모른다. 그런 분은 나의 양손을 보아 주기 바란다. 아마 가장 낡은 이 사진이, 한결같이 귀여운 점만을 보여 주는 다른 여러 앨범의 엉터리 사진들과는 확실히 다르다는 사실을 인정하게 될 것이다. 주먹을 쥔 나를 보라. 꼭 소시지처럼 생긴 손가락들 중에는 자신을 망각하거나 어두운 촉각적 본능에 굴복하여 백곰 모피의 텁수룩한 털을 만지며 장난치는 것이 하나도 없다. 그리고 머리 옆에 놓인 작은 두 손을 내리쳐서 소리를, 북소리를 내려고 아주 열심히 흔들고 있다.

내가 전구 밑에서 태어났을 때 세 번째 생일에 사주겠다고 약속한 북은 아직 없다. 그러나 숙련된 사진사가 내 머리 위치를 조금도 바꾸지 않고서도 그 장면에 어울리는, 축소한 어린이 북의 모형을 넣는 일은 매우 간단하리라. 단지 내가 거들떠보지도 않는 그 우스꽝스러운 봉제 동물을 움직이기만 하면 된다. 그것은 첫 젖니가 나기 시작하는, 민감하고 시력이 선명한 연령을 주제로 삼은 이 구도에서 볼 때 어울리지 않는 기이한 물건이며, 그것만 없으면 성공적인 구도가 완성될 것이다.

후에 내가 백곰 모피 위에 눕게 된 일은 두 번 다시 없었다. 내가 한 살

반 무렵이라고 생각되는데, 누군가 나를 바퀴가 큰 유모차에 태워서 판자 담까지 밀고 갔다. 그 담 위에 박아놓은 장애물과 비스듬히 엇갈려 눈이 쌓여 있는 것으로 보아 1926년 1월에 찍은 게 틀림없다. 콜타르를 칠한 재목 냄새가 나는 이런 식의 조잡한 담장을 바라보고 있노라면, 전에는 막켄젠 경기병이, 우리 시대에는 자유국가의 보안경찰이 숙소로 사용한 넓은 병영(兵營)이 있는 호흐슈트리스 교외가 연상된다. 하지만 나는 그러한 이름의 교외에 살고 있는 사람을 생각해 낼 수 없으므로, 이 사진은 부모님이 그저 지나치면서 만났을 뿐 두 번 다시 만난 일이 없는 사람들을 단 한 번 방문했을 때 찍은 사진일 것이다.

유모차를 사이에 둔 어머니와 마체라트는 추운 계절인데도 외투를 입지 않았다. 그뿐 아니라 어머니는 러시아식 긴소매 웃옷을 입고 있는데, 그 위에 수놓인 장식 때문에 러시아 중심지에서 차르의 가족이 사진을 찍은 듯한 인상을 이 겨울 사진에서 느끼게 된다. 라스푸틴은 카메라를 들고 있고, 나는 황태자이며, 담장 저편에는 멘셰비키와 볼셰비키가 웅크리고 앉아 사제폭탄으로 독재자인 우리 가족의 몰락을 음모하고 있는 것이다. 그러나 마체라트의 고지식하고 미래 지향적인 중부유럽적·소시민적 모습은 이 사진 속에 가득 차 있는 살벌함에서 번져 나오는 폭력적인 위기상황을 누그러뜨리고 있다. 그때 우리는 평화로운 호흐슈트리스에 있었던 것이다. 부모님은 잠시 외투도 입지 않은 채 초대받은 집에서 나와, 호기심에 찬 눈으로 두리번거리는 어린 오스카를 가운데 두고 그 집주인에게 사진을 부탁하고는, 바로 커피와 과자와 생크림이 있는 곳으로 되돌아가 따뜻하고 달콤하며 만족스러운 기분에 잠겼으리라.

그 밖에도 잠자거나 앉거나 기거나 달음박질하고 있는 한 살, 두 살, 두 살 반 오스카의 사진이 12장은 될 것이다. 많든 적든 잘 찍혀 있는데, 내가 세 살 생일에 찍은 그 전신 사진의 앞 단계에 불과한 사진들이다.

그 사진에서 나는 그것, 바로 북을 가지고 있다. 톱니 모양으로 빨간색·흰색을 구분해서 칠한 새 북이 내 배 앞에 매달려 있다. 나는 자못 진지한 얼굴로 의기양양하게 나무 북채를 양철 위에서 교차시키고 있다. 줄무늬 스웨터를 입고, 반짝이는 에나멜 구두를 신었다. 머리털은 멋을 내고 싶어 견딜 수 없다는 듯이 브러시처럼 빳빳하게 서 있었으며, 푸른 두 눈은 다른 사람 따위는 필요하지 않다는 듯이 강한 의지를 나타내고 있다. 그 사진에서 보면, 나는 그 무렵 어떤 태도를 취하는 데 성공했고, 그것을 버릴 만한 어떤 명분도 없었다. 당시 나는 말도 하고 결심도 했는데, 무슨 일이 있어도 정치가는 되지 않겠다, 절대 식료품상은 되지 않겠다, 오히려 여기서 마침표를 찍고 이 상태로 머무르겠다고 결심한 것이다. 그리하여 나는 그 상태로 머물렀으며, 오랜 세월에 걸쳐 신체도 복장도 그대로였다.

작은 사람과 큰 사람, 작은 해협과 큰 해협, 소문자 abc와 대문자 ABC, 작은 한스와 카를 대제(大帝), 다윗과 골리앗, 난쟁이와 거인. 나는 언제까지나 세 살 아이이고, 엄지손가락 만한 꼬마이며, 키가 크지 않는 난쟁이로 남았다. 그것은 대소의 교리(教理)와 같은 구별에서 해방되기 위해서이며, 172센티미터의 성인이 되어 거울 앞에서 수염을 깎고 있는 아버지가 요구하는 억지 장사꾼이 되지 않기 위해서이다. 마체라트의 소원대로 하면 스물한 살의 오스카가 어른 세계로 들어간다는 것은 식료품상이 되는 것을 의미했으므로, 현금을 짤랑거리는 장사꾼이 되지 않기 위해서 나는 북에 매달려 세 살 생일 이후 단 1센티미터도 자라지 않았다. 나는 세 살짜리 어린아이 그대로였으나 3배나 현명했다. 다시 말해 나는 어른보다 키는 작으나 어른들을 능가하며, 자기 그림자를 어른의 그림자로 재려고 하지 않고, 어른들은 백발이 될 때까지 발육 등등의 어리석은 말을 해야 하는 데 반해서 내면적으로 외면적으로도 모두 완전하며, 어른이 때로는 괴로운 꼴을 당하면서 경험한 일을 확인하는 것만으로 충분하고, 해마다 큰 신을 신고 큰 바지를 입고서 그저 얼마쯤 성장했다는 사실을 증명할 필요 따위가 없었던 것이다.

그런데 이제 와서는 오스카도 발육을 인정할 수밖에 없다. 조금 성장하여—결코 나를 위해서는 아니다—마침내 구세주의 신장(身長)을 획득한 것이다. 그러나 오늘날 어른 가운데 누가 영원히 세 살배기인 양철북 연주자 오스카에게 눈과 귀를 기울일 것인가?

유리, 유리, 유리 조각

나는 방금 북과 북채를 손에 든 오스카의 전신상이 찍혀 있는 한 장의 사진에 대해 이야기했다. 또한 양초 세 자루를 꽂은 케이크를 둘러싼 생일 축하 손님들 앞에서 사진을 찍으면서 오스카가 오랫동안 간직하고 있던 계획을 어떻게 결심했는지 밝혔으나, 앨범이 닫혀 내 옆에서 침묵을 지키고 있는 지금, 나는 그 사건에 대해서 이야기해야 한다. 그것은 내가 언제까지나 세 살로 사는 것에 대한 설명은 되지 않는다 할지라도, 어쨌든—내가 일으켰기 때문에—발생한 사건이다.

처음부터 나는 확신했다. 어른들은 너를 이해하지 못할 것이다. 네가 어른 들의 눈에 띄게 성장하지 않을 때에는 너를 발육 부진아라고 부를 것이다. 돈에 얽매이지 않고 많은 의사에게 끌고 가리라. 그리하여 치료에 실패한다 면 너의 병에 대한 설명만이라도 요구할 것이다. 따라서 나는 의사의 진찰을 참을 만한 수준으로 제한하기 위해, 의사가 진단을 내리기 전에 스스로 성장 부진에 대해 이해할 만한 이유를 말해야 했다.

9월의 어느 맑은 날이 나의 세 번째 생일이었다. 유리 공장처럼 온화하고 따뜻한 초겨울 날씨는 그레트헨 셰플러의 웃음소리마저 삼켜 버릴 정도였 다. 피아노 앞에 앉은 어머니는 '집시 남작'을 치고, 의자 뒤에 선 얀은 그녀 의 어깨에 손을 얹고 눈으로 악보를 좇고 있다. 마체라트는 부엌에서 벌써 저녁 식사 준비를 하고 있다. 할머니 안나는 헤트비히 브론스키와 알렉산더 셰플러와 함께 채소 장수 그레프 쪽으로 자리를 옮겼다. 그레프는 언제나 여 러 가지 이야기, 충성과 용기를 발휘해야 하는 보이스카우트 이야기를 알고 있었기 때문이다. 그들 뒤에 있는 대형 시계는 이 섬세한 9월의 하루를 단 15분도 내버려두지 않는다. 그곳에 모인 사람들도 모두 이 시계처럼 바빴다. 행렬은 '집시 남작'의 헝가리에서 출발해, 그레프의 보게젠 산맥을 여행하는 보이스카우트를 지나, 마체라트의 부엌을 횡단하여 프라이팬 속에서 지글거 리는 풀어놓은 달걀과 베이컨과 카슈바이의 버섯 요리를 깜짝 놀라게 하고 는, 복도를 지나 가게까지 갔다. 나도 북을 가볍게 두드리면서 행렬 뒤를 따 라갔다. 나는 이미 가게 카운터 뒤에 서 있었다. 피아노와 버섯 요리와 보게 젠은 멀었다. 그리고 지하실로 통하는 널빤지 뚜껑이 열려 있는 것을 보았 다. 후식으로 먹을 과일 깡통을 가지러 왔던 마체라트가 깜박 잊고 닫지 않 은 모양이다.

어쨌든 이 지하 창고로 통하는 널빤지 뚜껑이 나에게 요구하는 것이 무엇 인가를 이해하는 데는 단 1분도 걸리지 않았다. 맹세컨대 자살은 아니다. 자 살이라면 간단했을 것이다. 그러나 자살이 아닌 것은 어려웠으며 아팠다. 희생이 요구되었다. 희생이 요구될 때에 언제나 그렇듯이, 그때에도 이마에 땀이 스며 나왔다. 무엇보다 내 북이 다쳐서는 안 되었다. 북을 가지고 닳아빠진 열여섯 층계를 내려가서, 왜 북이 부서지지 않는지 한눈에 알 수 있게끔 북을 밀가루 부대 사이에 안전하게 두는 일이 중요했다. 그리고 다시 여덟 번째 계단까지 올라가, 아니 한 계단 밑이나 다섯 번째 계단까지라도 괜찮았을 것이다. 거기에서 떨어졌다면 목숨도 안전하고 부상도 크지 않았을 것이다. 또 올라갔다. 더 위인 열 번째 계단까지. 그리하여 결국은 아홉 번째 계단에서 나는 추락했다. 딸기즙 병이 가득 차 있는 선반을 붙잡고 우리 집 지하 창고 시멘트 바닥 위에 거꾸로 떨어진 것이다.

내 의식이 커튼으로 덮이기 전에 나는 실험이 성공했음을 확인했다. 일부러 길동무로 삼은 딸기즙 병이 요란한 소리를 냈기 때문에 마체라트를 부엌에서, 어머니를 피아노에서, 다른 생일 축하 손님들을 보게젠에서 가게의 입을 벌린 널빤지 뚜껑이 있는 곳으로, 층계 밑으로 끌어들일 수 있었다.

모두가 오기 전에, 나는 아직 흐르는 딸기즙 냄새를 흠뻑 맡을 시간이 있었다. 또 내 머리에서 흐르고 있는 피도 확인했다. 모두가 계단 위에 모인 뒤에도 이토록 정신이 몽롱해지는 듯한 달콤한 냄새를 퍼뜨리는 것이 오스카의 피인지 딸기인지 생각할 여유가 있었다. 어쨌든 모든 것이 와장창 부서졌지만, 내가 조심했기 때문에 북만은 다치지 않아서 기뻤다.

그레프가 나를 들어내 옮겼을 것이다. 거실로 와서야 비로소, 절반은 딸기즙, 절반은 나의 어린 피로 된 그 자욱한 구름에서 오스카는 의식을 되찾았다. 의사는 아직 오지 않았다. 어머니는 그녀를 달래는 마체라트에게 살인자라고 소리치면서 얼굴을 때렸다. 손바닥만이 아니라 손등으로도 몇 번이고 몇 번이고 때렸다.

그렇게 해서 나는—의사들이 되풀이해서 확인한 일인데—치명적은 아니면서도 그 상처가 교묘하게 조합된 한 번의 떨어짐으로, 성장 정지에 대한 대단히 중요한 이유를 어른들에게 내세울 수 있었을 뿐 아니라 선량하고 사람 좋은 마체라트를 죄인 마체라트로 만들어 버린, 전혀 생각지도 않았던 결과를 빚어 냈다. 그는 널빤지 뚜껑을 열어 두었다는 이유로 어머니한테서 모든 책임을 뒤집어 썼다. 그리고 몇 년을 두고 이 책임을 짊어질 어려움에 빠졌다. 실제로 어머니는 그렇게 자주 힐난하지는 않았지만 욕을 퍼부을 때는 인정사정 없었다.

이 추락 덕분에 나는 4주간 병원 생활을 하게 되었다. 그 뒤에도 오랫동안 수요일마다 홀라츠 박사에게 진료를 받았는데, 의사들 앞에서는 비교적 평온했다. 이미 내가 북을 치기 시작한 날부터 나는 세상 사람들에게 하나의 암시를 하는 데 성공했다. 어른들이 진실을, 내가 벌였던 사건의 실체를 파악하기 전에 나의 사고는 밝혀졌다. 그 후부터는 모두 이렇게 말했다. 우리 작은 오스카는 세 살 생일에 지하실 층계에서 떨어졌다. 다른 곳은 아무렇지도 않은데 전혀 자라지를 않는다.

그리고 나는 북을 치기 시작했다. 우리 아파트는 5층 건물이었다. 1층에서 다락방까지 북을 치면서 올라가고 또 내려왔다. 라베스베크로부터 막스할베 광장으로, 그곳에서 노이쇼틀란트, 안톤 묄러 거리, 마리엔 거리, 클라인하머 공원, 악티엔 맥주 공장, 악티엔 연못, 프뢰벨 평원, 페스탈로치 학교, 노이어 마르크트를 돌아서 다시 라베스베크로 돌아왔다. 나의 북은 그 여행을 견디었다. 어른들은 참을 수 없다는 듯이 내 북을 막으려 하고, 내 양철을 방해하려 하며, 내 북채에 다리를 걸려 했다—그러나 자연은 나를 도와주었다.

어린아이의 양철북을 쳐서 나와 어른들 사이에 필요한 거리를 만들어 낼 수 있는 능력은 내가 지하실 층계에서 추락한 뒤 바로 무르익었고, 또한 동시에 소리를 고음으로 유지하고 진동시키면서 노래하고 외치며, 외치면서 노래 부를 수 있게 되었다. 그래서 고막을 쨍쨍 울리는 나의 북을 아무도 빼앗으려고 하지 않았다. 북을 빼앗기면 큰 소리를 지르고, 큰 소리를 지르면 아무리 비싼 것이라도 박살이 나 버리기 때문이다. 나는 노래로 유리를 부술 수 있었다. 내 고함은 꽃병을 깨뜨렸다. 내 노래는 유리창에 금이 가게 하여 바깥바람이 멋대로 드나들게 했다. 내 목소리는 순결하기 그지없어 가차없는 다이아몬드처럼 유리 찬장을 자르고, 소리를 잃는 일 없이 유리 찬장 안으로 들어가 사랑하는 사람의 선물인, 엷게 먼지를 쓴 고귀하고 조화를 이룬 유리잔에 폭행을 가했다.

내 능력이 우리 도시, 브뢰젠 거리부터 비행장 옆 주택가까지 시내 전체에 알려지는 데는 긴 시간이 걸리지 않았다. 이웃 아이들은 나를 보면—아이들의 놀이 '식초에 절인 청어 하나, 둘, 셋'이라든가 '검은 마녀는 있느냐'라든가 '네가 안 보는 것을 나는 본다' 따위에 나는 흥미가 없었다―기다리고 있었다는 듯이 입을 모아 서투른 합창을 했다.

유리, 유리, 유리 조각
맥주도 없이 설탕뿐
홀레 할머니(눈을 다스
리는 요괴)는 창을 열고
피아노를 치네.

분명히 문제가 안 되는 어리석은 아이들의 노래였기에 나에게는 거의 방해가 되지 않았다. 내가 북을 앞세우고 매력이 전혀 없지도 않은 단조로운 곡에 맞추어 유리, 유리, 유리 조각을 북으로 치며 유리 조각과 홀레 할머니를 제압하면서 지나가면, 아이들은 내가 하멜른의 피리 연주자(하멜른 마을의 쥐를 퇴
치했으나 약속한 돈을
받지 못하자 마을 어린이들을 피리 소리로
꾀어내 산속에 숨겨버렸다는 전설의 인물)가 아닌데도 나를 졸졸 따라왔다.

요즘도 브루노가 내 방 유리창을 닦고 있을 때, 이 노래의 가사와 리듬을 북으로 잠깐씩 쳐볼 때가 있다.

동네 아이들이 요란스럽게 부르는 노래보다도 방해가 되고, 특히 나의 부모님을 화나게 한 것은 엄청나게 드는 비용이었다. 이 일대의 무식한 불량배들이 부순 유리창을 사람들은 모두 내 탓으로, 내 소리 탓으로 돌렸기 때문이다. 처음에 어머니는 새총으로 깨진 부엌 유리창들도 정직하게 꼬박꼬박 물어 주었으나, 나중에는 그녀도 진실을 알았기 때문에 손해배상 요구를 받고서도 증거를 대라고 버티면서 무심하게 회색 눈을 드러내 보였다. 사실 동네 사람들은 나를 부당하게 놀렸다. 그 무렵 때때로 광적인 정신착란 속에 어둡고 분별없는 혐오감을 과시하는 어린애처럼, 파괴욕에 사로잡혀 유리나 유리 제품만 보면 이상하게 혐오하는 아이로 나를 취급하는 일은 크게 왜곡된 시각이었다. 건달만이 들뜬 기분으로 파괴한다. 나는 결코 북을 가지고 논 것이 아니다. 나는 북을 공부하고 있었다. 그리고 내가 목소리를 내는 까닭은 오직 정당방위 때문이다. 북 공부의 존립 여부가 위협받을 때에만 목적 달성을 위해서 성대를 사용하고 있었다. 만일 약간 싫증나는 가로세로 열 십(十)자로 수놓은 그레트헨 셰플러의 환상적인 식탁보를 같은 소리, 같은 방법으로 찢든가 피아노의 검은 칠을 벗길 수 있다면, 나는 기꺼이 모든 유리 제품을 흠도 없고 울림이 풍부한 상태로 놓아두었을 것이다. 그러나 내 목소리는 식탁보나 칠 같은 것에는 신경도 쓰지 않았다. 피로를 모르는 나의 비명 소리는 식탁보 무늬를 지울 수 없거니와, 길게 뽑은 높고 낮은 두 개의 음성을 석기 시대처럼 서로 열심히 비벼대도 거실의 두 창문 앞에 있는 담배 연기에 절은, 부싯깃처럼 바짝 마른 커튼을 화려한 불꽃으로 만드는 데 필요한 열을 낼 수도 없다. 마체라트나 알렉산더 셰플러가 앉아 있는 의자의 다리를 내 노래로 뽑아낼 수도 없었다. 나는 가능한 한 덜 해롭고 덜 기적적인 방법으로 내 몸을 보호하고 싶었다. 하지만 무해한 것 치고 나에게 도움이 되는 것은 하나도 없었다. 오직 유리만이 내 요구에 응해 주었고, 따라서 나는 그에 대한 대가를 지불해야 했다.

이런 식의 연주로 내가 맨 처음 성공한 것은 세 살 생일이 조금 지난 후의 일이었다. 그때 나는 북을 손에 넣은 지 아마도 4주일쯤 지났을 텐데, 그동안 타고난 근면성으로 북을 두들겨 부숴 버렸다. 물론 빨강과 하양으로 구분해서 칠한 몸통은 아직 북의 밑바닥과 윗면을 이루고 있으나, 소리를 내는 면의 한가운데에 뚫린 구멍은 그냥 넘어갈 수 없었다. 나는 북 밑바닥을 제대로 보지 않기 때문에 구멍이 점점 커지고 완전히 망가져서 테두리가 날카로운 톱니 모양으로 변했으며, 섬약한 소리를 내는 양철은 찢어지고 내가 칠 때마다 북 속으로 불쾌하게 덜거덕거렸다. 수난받은 나의 양철북 위에서 더 이상 버티지 못하게 된 작고 하얀 칠 조각들은 거실의 융단과 침실의 적갈색 바닥 여기저기서 번쩍번쩍 빛나고 있었다.

사람들은 내가 그 날카롭고 위험한 양철 귀퉁이에 손을 베지나 않을까 걱정했다. 특히 내가 지하실 층계에서 굴러 떨어진 뒤부터 나에게 거듭 주의를 기울이는 마체라트는 북을 칠 때에 조심하라고 말했다. 하긴 아주 세게 칠 때에는 언제나 격렬한 손놀림 때문에 톱니 같은 분화구 모양의 테두리에 동맥이 닿게 마련이므로, 마체라트의 걱정이 지나치긴 하나 전혀 근거가 없는 것은 아니라고 할 수밖에 없었다. 새 북을 사 주면 모든 위험을 없앨 수 있었을 터인데, 아무도 새 북 같은 건 생각지 않고, 오랫동안 사귄 내 양철북을 빼앗을 궁리만 했다. 나와 함께 떨어져 병원에 입원하고, 함께 퇴원하고, 함께 층계를 오르내리고, 함께 자갈길과 보도를 걸어서 '식초에 절인 청어 하나, 둘, 셋' 옆을 지나, '네가 안 보는 것을 나는 본다'나 '검은 마녀는 있느냐' 곁을 지나쳐 온 이 양철북을 나한테서 빼앗고 새 북을 주려고는 하지 않았다. 엉뚱하게도 초콜릿으로 나를 낚으려고만 했다. 어머니는 초콜릿을 내밀면서 입까지 오물거렸다. 마체라트는 일부러 무서운 얼굴을 하고 망가진 내 악기에 손을 뻗쳤다. 나는 이 잔해(殘骸)에 매달렸다. 그는 잡아당겼다. 겨우 북을 칠 수 있을 정도였던 내 힘은 슬슬 빠지기 시작했다. 붉은 불길이 나한테서 상대에게로 서서히 미끄러져 갔으며, 몸통의 테두리가 내 손으로부터 멀어져 갔다. 그 순간, 이제까지 지나치게 조용한 어린이로 생각되던 오스카가 파괴적인 힘을 가진 최초의 비명을 지르는 데 성공했다. 우리 집 대형 시계의 벌꿀빛 문자판을 먼지와 죽어 가는 파리로부터 보호하는, 윤이 나는 둥근 유리가 파열하여 적갈색 바닥에 떨어지고—융단은 시계가 있는 곳까지 깔려 있지는 않았으니까—일부는 다시 한 번 작살이 났다. 그러나 값비싼 기계 내부는 아무런 손상도 입지 않았다. 시계추는 쉬지 않고 천천히 움직이고 있었으며 바늘도 돌아가고 있었다. 평소에는 사소한 충격이나 밖을 지나가는 맥주 실은 트럭에도 신경질적인, 거의 히스테릭한 반응을 나타내는 음향 장치도 내 비명 소리에 영향을 받지는 않은 듯했다. 하지만 유리는 완전히 박살났다.

"시계가 부서졌다." 마체라트는 소리치며 북을 놓았다. 얼핏 보아도 내 비명 소리는 시계 본체에 아무런 손상도 주지 않았다. 단지 유리가 날아갔을 뿐임을 나는 확신했다. 그런데 마체라트나 어머니, 그리고 그 일요일 오후 우연히 집에 와 있던 얀 브론스키 삼촌은 문자판 유리만 부서졌다고 생각하지는 않았다. 창백하게 질린 그들은 당혹스러운 시선을 주고받으며 타일을 붙인 난로를 손으로 더듬거나, 피아노와 그릇장에 매달려 자리에서 꼼짝도 하지 못했다. 얀 브론스키는 기도하는 모습으로 흰자위를 드러내고 마른 입술을 움직였다. 나는 지금도 그렇게 믿고 있는데, 삼촌이 가까스로 말한 것은 구원과 자비를 구하는 기도 문구, 예컨대 '세상의 죄를 없애 주는 천주(天主)의 어린 양이시여, 우리를 불쌍히 여기소서'와 같은 것이었다고 생각한다. 그리고 이 문구를 세 번, 그리고 또 한 번 외었다. '오 주여, 당신께서 우리 지붕 밑에 들어오심은 매우 송구스러우나, 오직 한 말씀을 해 주시면⋯⋯.'

물론 하느님은 한 말씀도 해 주지 않았다. 사실 부서진 것은 시계가 아니며 오직 유리뿐이었으니까. 그러나 시계에 대한 어른들의 감정에는 참으로 기묘하고 어린아이 같은 데가 있다. 그러한 의미에서 나는 결코 어린아이가 아니었다. 더구나 시계는 어른들이 만들어 낸 가장 뛰어난 성과일 터이다. 하지만 아무리 해도 사정이 그렇기 때문에, 근면과 야심과 약간의 행운이 따른 결과일지라도 어른은 창조자가 되는 동시에 자신의 획기적인 발명품의 노예가 된다.

그러므로 시계는 어른이 없으면 아무것도 아니다. 시계의 태엽을 감고, 바늘을 앞으로 뒤로 움직이며, 시계방에 가지고 가서 조정도 하고 청소도 하고 필요하면 수선도 받는다. 금방 소리가 멈추는 뻐꾸기시계라든가, 넘어진 소금통이나 아침 거미나 왼쪽에 있는 검은 고양이라든가, 청소할 때 못이 헐거워져서 벽에서 떨어지는 아저씨의 유화(油畫)나 거울과 마찬가지로, 어른들은 시계가 제시할 수 있는 이상의 것을 시계의 배후나 내부에서 보는 것이다.

어머니는 꿈꾸는 듯한 표정을 지으면서도 매우 냉정한 눈을 가지고 있으며, 그 어떤 애매한 징조도 자기한테 유리하게 해석하는 경박한 여인이었는데, 이때에도 위기를 모면하는 말을 찾아냈다.

"유리 파편은 행복을 가져와!"

그녀는 손가락으로 딱 소리를 내면서 외쳤다. 그리고 쓰레받기와 비를 가지고 와서 유리 파편, 바로 행복을 쓸어 모았다.

어머니의 말대로라면, 나는 부모와 친척들과 지인들 그리고 알지 못하는 사람들에게 많은 행복을 가져다준 셈이다. 가득히 채워진 맥주컵, 빈 맥주병, 봄을 해방하는 향수병, 장식용 과일을 담은 크리스털 접시 할 것 없이 유리 공장에서 유리 직공의 숨결 덕분에 유리로 태어나, 일부는 오직 유리 자체의 가치로, 일부는 예술적인 유리 제품으로 시장에 나온 모든 것을 비명 소리로 파괴하고 노래로 파괴하며 산산이 부숨으로써 나는 내 북을 빼앗으려는 사람에게 행복을 가져다준 것이다.

나와 함께 침대에 든 북을 누군가 밤 사이 빼앗으려 했을 때에도, 나는 침실 램프의 전구 네 개 중에서 손실을 줄이기 위해 한두 개만 집중적으로 박살을 냈다. 왜냐하면 나는 아름다운 모양의 유리 제품을 사랑했으며, 지금도 사랑하기 때문이다. 이윽고 나는 네 살 생일을 맞았다. 1928년 9월 초, 생일 축하를 위해 모인 사람들, 부모님, 브론스키의 가족들, 할머니 콜야이체크,

셰플러 및 그레프의 가족들은 내게 갖가지 선물을 주었다. 납으로 만든 군인, 범선, 소방차 등이 있었으나 양철북만은 없었다. 그들은 모두 내가 납으로 만든 군인과 친하게 지내고, 우스꽝스러운 소방놀이로 심심풀이를 하면 좋을 거라고 생각했다. 그들은 부서지긴 했지만 기특한 북을 주지는 않고 나한테서 양철북을 빼앗았으며, 대신 우스꽝스러운 데다 쓸모도 없는 조그만 돛단배를 내 손에 억지로 쥐여 주려고 했다. 그래서 나와 내 소망을 알아차리지 못한 눈을 가진 그들 모두를, 집 안에 매달린 전등의 전구 네 개를 모두 차례차례로 살육하는 비명 소리로써 창세 이전의 암흑 속에 밀어넣었다.

어른들은 그때 어떠했던가. 처음에는 공포의 비명을 지르고 빛이 돌아오기를 마음속으로 빈 다음, 어둠에 익숙해졌다. 작은 슈테판 브론스키 말고는 어둠으로부터 아무것도 빼앗을 수가 없었던 할머니 콜야이체크가 울부짖는 슈테판에게 치마를 붙잡힌 채 가게로 수지(獸脂) 양초를 사러 갔다가 밝은 초를 들고 돌아와 방을 밝혔을 때, 생일 축하주에 몹시 취한 나머지 사람들은 기묘하게 짝을 지어 두 사람씩 엉겨 있었다.

생각한 대로 어머니는 블라우스 옷깃을 풀어헤치고 얀 브론스키의 무릎 위에 웅크리고 앉아 있었다. 그레프 부인 속으로 숨어 들어갈 듯이 하고 있는, 다리가 짧은 빵집 주인 알렉산더 셰플러의 모습은 꼴불견이었다. 마체라트는 그레트헨 셰플러의 말 이빨과 같은 금니를 핥고 있었다. 촛불 빛으로 보니 헤트비히 브론스키만은 경건한 소눈을 하고 양손을 무릎 위에 놓은 채 채소 장수 그레프 가까이에, 그러나 지나치게 가깝지 않은 곳에 앉아 있었다. 그레프는 술을 마시지 않았으나 노래를 불렀다. 달콤하게 감상적으로 우수를 질질 끄는 것처럼 노래하며, 헤트비히 브론스키를 합창으로 끌어들였다. 그들은 보이스카우트 노래를 이중창으로 불렀다. 그 가사는, 뤼베찰이라는 보이스카우트 지도자의 귀신이 리젠게비르게 산맥에서 출몰하고 있다는 내용이었다.

누구나 나 같은 건 잊어버리고 있었다. 오스카는 북의 잔해를 안고 테이블 밑에 앉아 양철북을 쳐서 리듬다운 것을 연주해 냈다. 방 안에서 눕거나 앉은 채 되는 대로 짝지어 황홀경에 빠진 남녀들에게는 은은하면서도 규칙적인 내 북소리가 기분 좋게만 들렸을지 모른다. 왜냐하면 그들이 입맞추고 빨아대며 얼마나 몰두하고 있는지 증명하는 소리들을, 북소리가 니스를 칠하듯 덮어 버렸기 때문이다.

할머니가 돌아왔을 때 나는 여전히 테이블 밑에 있었는데, 촛불을 든 할머니의 모습은 성난 대천사(大天使) 같았다. 그녀는 촛불 빛으로 비치는 소돔과 고모라를 살펴보고는 촛불이 떨릴 정도로 화를 내며 모두에게 불결하다고 꾸짖었다. 그리고 촛불을 접시 위에 세우고 찬장에서 스카트 카드를 꺼내 테이블에다 내던지고는, 아직 울고 있는 슈테판을 달래면서 생일 축하 제2부의 개막을 선포함으로써 이 리젠게비르게를 통과하는 뤼베찰의 산책과 같은 목가적 풍경을 끝나게 했다. 이윽고 마체라트가 낡은 소켓에 새 전구를 끼웠다. 의자를 치웠고, 맥주병들은 흔들거리며 소리를 냈다. 내 머리 위에서 '10분의 1페니히 스카트놀이'가 시작되었다. 어머니가 곧 '4분의 1페니히 스카트'를 제안했으나, 얀 삼촌에게는 너무 큰 모험이었다. '숫산양'이나 으뜸패 4장이 때때로 판돈을 올리는 경우가 없었더라면, 10분의 1페니히의 인색한 승부가 계속되었을 것이다.

나는 테이블 밑으로 드리워진 식탁보 그늘에서 기분 좋게 있었다. 가볍게 북을 치면서, 머리 위에서 카드를 돌리는 손놀림을 느꼈다. 놀이의 진행을 좇다가, 한 시간 뒤 스카트의 결과를 알게 됐다. 얀 브론스키의 패배였다. 그는 패가 좋았으나 그래도 졌다. 놀이에 집중하지 않았으므로 이상할 것도 없었다. 그는 '2 없는 다이아몬드'보다는 전혀 엉뚱한 일에 몰두하고 있었기 때문이다. 게임이 시작되자 그는 숙모에게 조금 전에 껌껌한 가운데서 생겼던 조그만 난동은 별로 흥분할 게 못 된다는 말을 하면서 검은 단화를 벗고 회색 양말을 신은 왼발로 내 얼굴 옆을 지나서 건너편에 앉아 있는 내 어머니의 무릎을 더듬어 찾아냈다. 어머니는 그의 발이 닿자마자 테이블 쪽으로 몸을 바짝 당겼다. 바로 그때 마체라트의 도전에 응해 33점을 내민 얀은 먼저 발끝으로 그녀의 옷자락을 걷어올리고, 그날 새로 신어서 감촉이 둔한 새 양말로 그녀의 넓적다리 사이를 누비고 다닐 수 있었다. 정말 놀랍게도 어머니는 테이블 밑에서 털투성이에게 공격을 당했음에도, 풀기가 빳빳한 식탁보 위에서는 가장 대담하게 놀이를 이끌었고—그 속에는 '4 없는 클로버'도 있었다—매우 유머 있게 대화를 끌어 나가면서 승리를 거두었다. 한편, 얀은 밑에서는 점점 대담해졌지만, 위에서는 오스카가 졸면서 했어도 이길 수 있는 승부를 몇 차례나 놓쳤다.

나중에는 피로해진 슈테판도 테이블 밑으로 기어들어와 거기서 곧 잠들어 버렸지만, 잠들기 전에 그의 아버지의 바짓가랑이가 내 어머니의 치마 밑에서 무엇을 찾고 있었는지 그는 몰랐다.

　맑았던 하늘이 흐려져 오후엔 소나기가 잠깐 내렸다. 이튿날 벌써 얀 브론스키는 생일 선물로 준 범선을 갖고 나가, 이 하찮은 장난감을 병기창 거리에 있는 지기스문트 마르쿠스의 가게에서 양철북과 바꿨다. 그리고 오후 늦게 비를 조금 맞으면서 낯익은 흰빛과 붉은빛의 불꽃 모양을 칠한 북을 우리 집으로 가지고 왔다. 나에게 그것을 내밀면서 흰빛과 붉은빛 니스 조각만이 남은 정든 헌 양철북을 붙잡았다. 안이 낡은 양철북을 잡고 내가 새 양철북을 잡는 동안, 얀과 어머니와 마체라트의 눈은 오스카에게 쏠려 있었다—나는 쓴웃음을 지을 수밖에 없었다—도대체 그들은 내가 예로부터 내려오는 나쁜 관습을 지키고, 가슴속의 원칙을 바꾸지 않았다는 사실을 생각이라도 했을까?

　모든 사람의 기대를 저버리고 아무 말 없이, 유리를 부술 만큼 큰 소리로 노래 부르지도 않고, 나는 쇳조각이 된 북을 건네 주고 바로 두 손으로 새 악기를 만졌다. 세심한 주의를 기울여 두 시간쯤 북을 치는 동안에 북 다루는 요령을 터득했다.

　그러나 내 주위의 어른들이 모두 얀 브론스키처럼 나를 이해해 주지는 않았다. 1929년, 다섯 살 생일을 지나서 곧—그 무렵 뉴욕의 주식 공황이 여러 모로 화제가 되고 있어서, 나는 목재상을 하는 할아버지 콜야이체크도 멀리 버팔로에서 손해를 입은 것은 아닐까 생각하기도 했다—어머니는 나의 발육 부진을 더 이상 보아 넘기기가 불안해서, 내 손을 끌고 수요일마다 브룬스회퍼 거리의 홀라츠 박사에게 치료를 받으러 다니기 시작했다. 나는 언제까지고 계속되는 아주 성가신 진찰을 참았다. 홀라츠 박사 옆에 서서 거들어 주는 잉게 간호사의 보기 좋은 흰 옷이 그 당시 이미 내 마음에 들었기 때문이다. 나는 사진에 남아 있는 전쟁 중 간호사 시절의 어머니 모습을 생각해 냈다. 언제 보아도 새롭게 느껴지는 간호복의 치마 주름에 강렬하게 정신을 집중하다 보면, 권위 의식으로 가득 차 있고 게다가 불쾌한 삼촌 목소리 같은 의사의 잔소리들을 흘려 버릴 수 있었기 때문이다.

　진료실의 도구들을 안경 유리에 비추면서—그곳에는 다량의 크롬·니켈·연마용 니스가 있었다. 또한 선반과 유리문 찬장이 있었는데, 그 속에는 뱀·도롱뇽·개구리, 돼지·사람·원숭이의 태아가 담겨, 깨끗한 글씨를 써 붙인 유리병들이 늘어서 있었다—알코올에 절인 이들 수확물들을 안경 유리 너머로 바라보면서 홀라츠는 여러 가지로 진찰한 뒤 나의 병력 카드를 넘기면서 걱정스러운 듯이 고개를 흔들고는, 다시 한 번 어머니에게 내가 지하실 층계에서 떨어진 경위를 물었다. 그녀가 널빤지 뚜껑을 열어둔 마체라트를 끝없이 비난하며 영원히 죄가 없어지지 않을 거라고 말하자, 의사는 어머니를 달랬다.

몇 달 뒤 수요일에 진찰을 받으러 갔을 때 의사는 아마도 자신을 위해서, 어쩌면 잉게 간호사를 위해서 이제까지의 치료 성과를 증명하려고 내게서 북을 빼앗으려고 했는데, 그때 나는 그의 뱀과 개구리 수집품 대부분과 그가 다양한 혈통의 태아에 관해서 모은 모든 것을 파괴했다.

가득 차 있으면서도 뚜껑이 닫혀 있는 맥주잔과 어머니의 향수병을 제외하고, 오스카가 이토록 내용물이 차 있고 골치 아플 정도로 꽉 봉해져 있는 많은 유리병들을 상대로 솜씨를 시험해 본 것은 이번이 처음이었다. 그것은 전례 없는 성공을 거두어 그곳에 모여 있던 사람 전부에게, 또 나와 유리의 관계를 알고 있는 어머니에게도 위압적이고 놀라운 일이 되었다. 최초로 낸 짧은 소리로, 구역질이 날 만큼 기묘한 홀라츠의 수집품이 들어 있는 찬장의 유리문을 가로세로로 마구 깨부수고, 진열창에 끼어 있는 거의 정사각형의 유리를 앞쪽으로 뒤흔들어 리놀륨 바닥 위에 떨어뜨렸다. 유리는 정방형의 형태를 유지한 채 쨍하고 바닥에 떨어지면서 산산조각이 났다. 나는 다시 비명 소리에 표정과 넘쳐나는 긴박감을 보탰다. 그리고 완전하게 무장한 이 소리로 시험관을 차례차례 덮쳤다.

유리가 쨍하면서 박살난 파편이 사방으로 튀었다. 녹색의 농축 알코올이 솟구쳤고, 창백하여 약간 서글퍼 보이는 내용물들과 함께 치료실의 붉은 리놀륨 바닥에 쏟아져 흘러 역겨운 냄새가 방 안을 가득 채웠다. 어머니는 속이 메스꺼워졌으며, 잉게 간호사는 브룬스회퍼 거리 쪽으로 난 창문을 열어야 했다. 홀라츠 박사는 그의 수집품이 입은 손실을 다른 성과로 바꾸는 방법을 알고 있었다. 내가 소동을 피운 지 수주일 후에 〈의사와 세계〉라는 전문지에 나에 관한 그의 논문이 발표되었다. '노래로 유리를 파괴하는 오스카 M 현상'에 대한 논문이었다. 홀라츠 박사가 20페이지 이상에 걸쳐 전개한 주장은 국내외 전문가 사이에 관심을 불러일으켜 전문가들의 입에서 반대 의견과 함께 찬성 의견도 나왔다고 한다. 잡지를 몇 부 받은 어머니는 그 논문이 자랑스러워 견딜 수 없었다. 그녀는 그레프 집안과 셰플러 집안 사람들, 그녀의 얀과 남편인 마체라트에게 식후에 몇 번이고 그 일부를 읽어 주었다. 식료품점 손님들까지도 그녀가 읽는 것을 참고 들어야 했으며, 전문용어를 기상천외하게 해석하는 어머니에 대해서도 적당히 칭찬을 늘어놓았다. 그러나 신문에 내 이름이 처음으로 실렸다는 사실에 대해 나 스스로는 전혀 감동받지 않았다. 그 무렵 이미 눈을 뜬 나의 회의심에 찬 눈으로 보건대, 홀라츠 박사의 소논문은 교수 자리를 노리는 의사가 장황하면서도 솜씨 좋게 늘어놓은 억지 이론에 불과하다는 사실을 쉽사리 알 수 있었기 때문이다.

노랫소리로 양치용 컵마저 움직일 수 없게 된 오늘날, 그를 붙잡아 두기에 알맞은 고음 현상의 명칭을 찾아내기 위해 홀라츠와 비슷한 의사들이 드나들면서 로르샤흐 검사니 연상(聯想) 검사니 그 밖의 검사들을 실시하는 정신병원에서, 오스카는 태곳적 그의 목소리를 회고하는 일을 낙으로 삼고 있다. 그 첫 시기에 그는 필요할 때만 노래로 유리를 부쉈지만 그것들을 철저히 가루로 만들었다. 그러다가 그는 예술의 전성기나 쇠퇴기에는 외부로부터 압력을 느끼지 않고도 그 힘을 발휘해 왔다. 단순한 유희 충동에서 또는 후기의 타성에 빠져, 그리고 '예술을 위한 예술'에 열중하여 오스카는 유리 조직 속에 자신의 생각을 노래로써 불어넣고, 그렇게 하면서 점점 나이를 먹었다.

시간표

클레프는 시간표를 작성하는 일로 자주 시간을 보낸다. 그가 시간표를 만들면서 선지 소시지와 데운 콩을 계속 먹는다는 사실은, 간단히 말해 몽상가는 대식가(大食家)라는 나의 주장을 뒷받침해 준다. 클레프가 공백을 메우는 데 열심이라는 사실은 참으로 게으른 자만이 노동을 절약하는 발명을 할 수 있다는 나의 또 다른 주장을 뒷받침한다.

올해도 클레프는 두 주일에 걸친 노력을 기울여서 하루 시간표를 작성했다. 어제 나를 찾아왔을 때, 그는 처음에는 잠시 비밀로 하고 있었으나 마침내 아홉 번 접은 종이를 가슴주머니에서 꺼내, 얼굴을 빛내면서 나에게 내밀었다. 그 얼굴은 이미 기쁨으로 가득했다. 그는 또 한 번 노동을 절약하는 발명을 한 것이다.

쪽지를 대충 훑어 보았으나 특별히 새로운 점은 없었다. 10시에 아침 식사, 점심 때까지 사색, 한 시간 동안 낮잠, 그리고 커피—가능하면 침대에서 마신다, 침대에 앉은 채 한 시간 동안 플루트 연주, 일어나서 한 시간 동안 백파이프 ^(가죽 부대로 만든 스코)(스코틀랜드의 민속 악기) 연주를 하며 방 안을 행진, 문 밖 안뜰에서 30분 동안 백파이프 연주. 하루씩 번갈아 두 시간 동안 맥주와 선지 소시지를 먹거나 영화를 본다. 그러나 맥주를 마시건 영화를 보건 간에 30분씩은—시간을 초과해서는 안 된다—비합법적인 독일 공산당을 위해 눈에 띄지 않게 선전을 한다. 일주일에 3일은 밤마다 '아인호른'에서 댄스음악 연주로 채워져 있다. 토요일 오후에는 그륀 거리에서 마사지 목욕이 예약돼 있으므로 오후의 맥주 시간은 공산당 선전과 함께 밤으로 연기된다. 그리고 나서 'U9'에서 45분간 소녀와 건강법, 이어서 그 소녀와 여자친구들을 데리고 슈바프에서 커피와 케이크, 문 닫기 직전에 수염을 깎되 필요하면 이발도 한다. 서둘러 즉석사진촬영기에서 사진 찍기, 그 다음엔 맥주와 선지 소시지, 공산당 선전, 그리고 휴식.

나는 클레프가 시간표 틈새에 그려 넣은 예쁜 고딕식 곡선 모양에 감탄하면서 복사한 것 한 장을 달라고 부탁했다. 그리고 그가 우연히 생기는 빈 시간을 어떻게 보내는지 궁금해서 물어 보았다. 클레프는 잠시 생각한 뒤 대답해 주었다. "잠을 자거나 공산당에 대해 생각하지."

나는 그에게 오스카가 어떻게 그의 첫 시간표와 만나게 되었는지 이야기했던가?

그것은 카우어 아주머니의 유치원과 함께 악의 없이 시작되었다. 헤트비히 브론스키가 날마다 나를 데리러 와서 슈테판과 함께 포자도프스키 거리의 카우어 아주머니한테 데리고 갔다. 거기에서 우리는 6명 내지 10명의 어린이들과—언제나 몇 명은 아프게 마련이었다—싫증이 날 때까지 놀아야 했다. 다행히도 나의 북은 장난감으로 인정받기 때문에 나무쌓기놀이에 억지로 끼지 않아도 되었다. 종이 투구를 쓰고 북을 치는 기수가 필요할 때만 흔들목마에 탔다. 카우어 아주머니의 유난히 단추가 많이 달린 검은 비단옷은 내 북의 실험 대상이 되었다. 자신 있게 말할 수 있거니와, 나는 양철북으로 이 비쩍 마르고 잔주름이 자글자글한 노처녀의 옷을 하루에 몇 차례씩이나 입히기도 하고 벗기기도 하는 데 성공했지만, 애당초 그녀의 육체 같은 것은 안중에도 없이 단지 그녀의 단추를 끄르고 채웠을 뿐이다.

오후의 산책은 밤나무 가로수길을 지나 예슈켄탈 숲으로 가서 에르프스 산으로 올라 구텐베르크 기념비 옆을 지나갔는데, 유쾌할 정도로 단조롭고 부담도 없으며 시시한 일이었기 때문에, 나는 오늘날도 카우어 아주머니의 종잇장 같은 손을 끌고 그 그림책같이 아름다운 산책로를 걷고 싶다.

우리는 8명이든 12명이든 끌채로 채워야 했다. 이 끌채는 손잡이를 의미하는데, 담청색 모직물로 되어 있었다. 총 12명의 아이들을 위한 모직물 재갈이 좌우에 여섯 개씩 이 모직 손잡이에 붙어 있고 10센티미터 간격으로 방울이 매달려 있다. 고삐를 잡은 카우어 아주머니 앞에서 우리는 딸랑딸랑 방울을 울리고 재잘재잘 이야기하면서, 그리고 나는 끈기 있게 북을 치면서 가을의 교외 길을 천천히 걸어갔다. 때로 카우어 아주머니는 ‘예수, 당신을 위해서 내가 살고, 예수, 당신을 위해서 나는 죽는다’라든가 또 ‘바다의 별님, 안녕’ 하고 부르기 시작해서 우리가 ‘오 마리아님, 도와주옵소서’나 ‘인자하신 성모 마리아’를 맑게 갠 10월 하늘에 토로하면, 지나가던 사람들은 그것을 듣고 감동했다. 우리가 큰길을 건널 때는 교통 통행을 차단해야 했다. 우리가 바다의 별을 노래하면서 차도를 건너면 전차, 자동차, 마차가 막혔다. 그럴 때마다 카우어 아주머니는 살랑살랑 소리를 낼 듯한 손을 흔들면서, 우리에게 길을 열어 준 교통경찰에게 인사를 했다.

“예수님이 당신에게 보답하시리다.” 이렇게 그녀는 약속하고, 비단 옷을 바스락거렸다.

오스카가 여섯 살 생일을 보낸 봄, 슈테판 때문에 단추를 채워 주고 풀어 주던 카우어 아주머니 곁을 그와 함께 떠나야 했을 때 나는 정말 서운했다. 정치가 노름판에 있으면 언제나 폭동이 있게 마련이다. 우리는 에르프스 산에 있었다. 카우어 아주머니는 모직물 끌채를 우리에게서 풀었다. 어린 나무가 반짝였고 가지가지에서는 새로운 생명이 숨쉬기 시작했다. 카우어 아주머니는 이끼로 덮인 돌 이정표에 앉아 있었는데, 거기에는 한두 시간이면 갈 수 있는 여러 방향의 산책길이 표시되어 있었다. 봄이 되어 감정을 주체 못하는 소녀처럼 그녀는 머리를 조금씩 흔들면서 노래를 흥얼거렸는데, 그와 같이 머리를 흔드는 모습은 호로새에게서나 볼 수 있을 것이다. 그녀는 우리에게 새로운 끌채를 짜 주었다. 새빨간 끈으로 된 것이었는데, 슬프게도 나는 그것을 줄 수가 없었다. 그때 숲 속에서 고함 소리가 들렸기 때문이다. 카우어 아주머니는 굳은 표정으로 짜던 것을 들고 옷자락을 날리면서 일어나 소리가 나는 숲 속으로 달려갔는데, 그 뒤로 빨간 털실이 끌리고 있었다. 나는 그녀와 털실을 쫓아 달렸다. 가까워질수록 그것은 더욱 빨갛게 보였다. 슈테판의 코에서 심하게 피가 나고 있었다. 고수머리에 관자놀이에 푸른 정맥이 붉거진 로타르라는 아이가, 미덥지 못하고 보기에도 애처로운 아이의 가슴 위에 웅크리고 앉아 마치 슈테판의 코를 우그러뜨릴 듯이 때리고 있었다.

"폴라크."(폴란드인을 멸시하여 부르는 말) 그 아이는 계속 때리면서 내뱉듯이 말했다. "폴라크!" 5분 뒤에 카우어 아주머니가 또다시 우리를 담청색 끌채에 잡아맸을 때—나는 마음껏 달려 빨간 털실을 둥글둥글 감았다—그녀는 우리 모두를 향해 헌당식이나 성찬식 때 주로 암송하는 기도문을 읊었다. "깊이 겸손하고, 참회의 마음을 가지고……."

그러고는 에르프스 산을 내려와 구덴베르크 기념비 앞에서 멈추었다. 홀쩍홀쩍 울면서 손수건을 코에 대고 있는 슈테판을 긴 손가락으로 가리키면서 그녀는 부드럽게 가르쳐 주었다. "저 아이가 작은 폴란드 사람인 것은 결코 저 아이의 책임이 아니야."

슈테판은 카우어 아주머니의 권고에도 두 번 다시 유치원에 가지 못했다. 오스카는 폴란드인도 아니었으며 슈테판과 특별히 사이좋게 지내고 있지도 않았으나, 그와 함께 그만두기로 했다. 이윽고 부활제가 되어 우리를 학교에 보내는 문제가 대두되었다. 홀라츠 박사는 넓은 뿔테 안경 너머로 해롭지 않다는 사실을 인정하고, "오스카 군에게 해롭지는 않다"는 소견을 발표했다.

부활제 뒤 슈테판을 똑같이 폴란드 초등학교에 보내려고 생각한 얀 브론스키는, 충고를 듣지 않고 내 어머니와 마체라트에게 몇 번이고 이런 말을 되풀이했다. 자신은 폴란드 관청의 관리이며 폴란드 우체국에서 정당하게 근무하는 대가로 정당한 급료를 받고 있다. 결국 자신은 폴란드인이며, 헤트비히도 신청서가 받아들여지면 폴란드인이 된다. 거기에다 슈테판과 같이 영리하고 보통 이상의 재능을 가진 아이는 부모 집에서 독일어를 배울 수 있다. 그리고 오스카 군 말인데—그는 오스카라고 할 때 약간 한숨을 쉬었다

—오스카는 슈테판과 같은 여섯 살인데 아직 제대로 말을 하지 못한다, 나이에 비해 몹시 늦다, 성장 말이다. 그러나 학교에 보내려는 시도는 해 보는 게 좋다. 의무교육은 의무교육이니까—학교 당국이 반대하지 않을 때의 이야기이지만.

학교 당국은 의혹을 표명하고 의사의 증명서를 요구했다. 홀라츠는 내가 건강한 소년이라고 말해 주었다. 성장은 세 살 아이와 같아 제대로 말을 하지 못한다 해도, 정신적으로는 대여섯 살 아이에게 뒤지지 않는다. 의사는 또 나의 갑상선에 대해서 소견을 말했다.

나는 진찰을 받고 익숙해진 검사를 받는 동안 침착하고, 무관심하며, 호의적이라고까지 할 수 있을 만한 태도를 보였다. 아무도 내 북을 빼앗으려고 하지 않았기 때문이다. 홀라츠의 뱀과 개구리와 태아 수집품을 파괴한 일이 나를 진찰하고 검사하는 모든 사람에게는 아직 어제 일같이 생생하고 두려운 사건이었기 때문이다.

아직 집에 있을 때였는데, 처음 학교에 가는 날 나는 내 목소리에 숨어 있는 다이아몬드의 효력을 발휘해야만 할 상황이라는 사실을 알았다. 좀더 분별이 있을 터인데도, 마체라트가 나더러 북을 놔두고 프뢰벨 평원 건너편에 있는 페스탈로치 학교에 가라고 했기 때문이다.

마침내 그가 손을 내밀어, 그의 것도 아니고 그와 전혀 관계도 없으며, 그가 전혀 신경 쓰지도 않던 것을 빼앗으려고 했을 때, 나는 크게 소리를 질러 모두가 한결같이 진품이라고 말하던 꽃병을 두 조각 내버렸다. 진품 꽃병이 진짜 파편이 되어 융단 위에 흩어지자, 그 꽃병에 대해 깊은 애착이 있던 마체라트는 나를 손으로 때리려고 했다. 그러나 그때 어머니가 뛰어들었고, 슈테판을 데리고 학용품 주머니를 든 얀이 우연히 지나는 길에 들른 듯한 모습으로 황급히 우리 사이에 끼어들었다.

"부탁이오, 알프레드." 그는 침착하고 그럴듯한 말투로 말했다. 마체라트는 얀의 푸른 눈과 어머니의 회색 눈 시선에 위축되어 손을 내려 바지 호주머니에 찔러넣었다.

페스탈로치 학교는 벽화와 프레스코로 현대적인 장식을 한 붉은 벽돌의 4층 건물이었다. 지붕이 평평하고 길게 네모진 새 건물로, 그 무렵 아직 활발하게 활동하고 있던 사회민주당의 강요에 따라 아이들이 많은 교외의 시의

회가 세운 것이었다. 그 네모진 건물이 마음에 들었다. 그 냄새는 제쳐놓고라도, 벽화와 프레스코에 그려진 유겐트 양식의 스포츠를 하는 소년 그림도 나쁘지는 않았다.

부자연스러울 정도로 작고, 거기에다 초록빛을 띠기 시작한 나무가 교문 앞 자갈을 둘러싼 굽은 지팡이와 같은 철봉 사이에 서 있었다. 사방팔방에서 뾰족하게 생긴 색색의 주머니들을 들고 재잘재잘 떠들거나 모범생인 체하는 소년들을 데리고 어머니들이 모여들었다. 오스카는 여태까지 이토록 많은 어머니들이 한군데로 모여드는 모습을 본 일이 없었다. 마치 어머니들이 자기 장남과 차남을 팔기 위해서 시장을 순례하러 오는 듯했다.

들목에서부터 벌써 몇 번이나 묘사한 이 학교 특유의 냄새가 났는데, 이 세상에 알려져 있는 어떤 냄새보다도 더 친밀하게 느껴졌다. 강당 타일 위에는 네다섯 개의 화강암 수반(水盤)이 자유로이 놓여 있고 그 바닥의 몇 군데 분수에서 물이 동시에 높이 솟아오르고 있었다. 내 나이 또래의 아이들을 포함해서 소년들이 그 주위에 북새통을 이루고 있었는데, 그들은 비사우의 빈첸트 숙부 집에 있는 암돼지를 연상케 했다. 이따금 옆으로 자빠져 똑같이 목이 말라 있는 새끼돼지들이 달려드는 것을 참고 있는 암돼지 말이다.

소년들은 수반에서 끊임없이 함께 쏟아져 내려오는 수직의 물 탑 위에 엎드려 머리카락을 앞으로 드리우고 벌린 입 안에 손가락으로 샘물을 떠넣고 있었다. 놀고 있는 건지 마시고 있는 건지 나로서는 알 수 없었다. 때때로 두 소년이 한 입 가득 물을 머금고 거의 동시에 얼굴을 들어, 분명히 군침이 섞이고 빵 찌꺼기도 섞여 있을 입에 담은 미지근한 물을 버릇없이 큰 소리를 내면서 서로 얼굴에다 내뿜었다. 대기실 출입구에서 왼쪽으로 이어지는 문이 열린 체육관을 멍청하게 보고 있던 나는, 가죽 뜀틀, 등반봉과 등반로프, 언제나 힘에 부치는 무서운 철봉을 보면서 무엇으로도 없앨 수 없는 갈증을 느껴, 금방이라도 다른 소년들을 좌우로 밀치고 물 한 모금을 마시고 싶었다. 그러나 내 손을 쥐고 있는 어머니에게 부탁해서 삼척동자 오스카를 저 수반 위에 안아 올려주기를 바라는 건 불가능한 이야기였다. 가령 북을 받침으로 삼더라도 나는 분수에 닿지 않을 것이다. 하지만 가볍게 뛰어서 한 수반 가장자리를 넘겨다보고는, 기름기 도는 빵 조각이 물의 흐름을 막아 수반 속에 메스껍게 더러운 물이 흐르고 있다는 사실을 확실히 알게 되자 갈증이 가서 버렸다. 내 몸이 사막 같은 체육관 안에 있는 체조 기구 사이를 방황하고 있을 때만 해도 분명히 갈증이 마음속에 쌓이고 있었는데.

어머니는 내 손을 끌고 거인을 위해서 만든 기념비적인 층계를 올라 메아리 치는 복도를 지나서, 문 위에 '1A'라고 쓴 팻말이 붙어 있는 교실로 들어갔다. 교실은 내 또래 소년들로 꽉 차 있었다. 소년들의 어머니들은 창을 마주 보고 벽 옆에 모여, 윗부분이 파라핀 종이로 막혀 있고 나보다 키가 큰 전통 적인 색색의 종이 주머니를 팔짱 낀 팔에 걸치고 있었는데, 그것은 학교에 처음 가는 날의 관습이었다. 어머니도 같은 종이 주머니를 가지고 있었다.

내가 어머니 손에 이끌려 교실에 발을 들여놓았을 때, 학생들도 학생의 어머니들도 모두 웃었다. 나는 내 북을 치려고 하는 살찐 소년의 정강이를 몇 번이나 걷어차야 했다. 노래로 유리를 부수지 않아도 되도록. 그러자 그 아이는 넘어져서 깔끔하게 빗은 머리를 걸상에 부딪쳤다. 덕택에 나는 어머니 한테서 뒤통수를 한 대 맞았다. 그 아이는 소리질렀다. 물론 나는 소리치지 않았다. 내가 소리치는 것은 북을 빼앗길 때뿐이었다. 다른 어머니들 앞에서 이런 소란을 피운 것에 마음이 상한 어머니는 창 옆 좌석의 맨 앞 의자에 나를 밀어 앉혔다. 당연한 일이지만 의자는 너무 컸다. 그러나 뒤로 갈수록 의자는 더욱 커졌으며, 거기에는 더욱더 난폭하고 더욱더 주근깨가 많은 아이들이 앉아 있었다.

나는 만족스러워하며 느긋하게 앉아 있었다. 흥분할 이유가 전혀 없었기 때문이다. 여전히 당황한 듯 보이는 어머니는 다른 어머니들 사이에 움츠리고 있었다. 아마도 나의 발육 부진 때문에 다른 어머니들 앞에서 부끄러웠던 것이리라. 내 생각에 다른 어머니들은 너무나 빨리 커 버린 그녀들의 꼬맹이를 자랑스럽게 여길 이유가 있는 듯한 얼굴을 하고 있었다.

창 높이는 걸상 높이와 똑같이, 나의 체격으로는 어림도 없을 정도로 높았기 때문에 나는 창을 통해 프뢰벨 평원을 볼 수 없었다. 그때 가능하다면 프뢰벨 평원을 한번 보고 싶었다. 그곳에서는 내가 알고 있는 대로 채소 장수 그레프의 지휘 아래 보이스카우트가 천막을 치고 카드놀이를 하며, 보이스카우트다운 선행을 하고 있었다. 나는 이 천막 생활을 요란스럽게 찬미하는 일 따위에는 흥미가 없었다. 다만 그레프의 반바지 차림에 흥미가 있을 뿐이었다. 창백하지만 눈이 크고 야윈 소년들에 대한 그의 애정은 너무도 지극해서, 보이스카우트의 창설자 베이든 파우엘의 제복을 그들에게 입혀줄 정도였다.

이 몹쓸 놈의 건축 때문에 모처럼의 조망(眺望)을 빼앗긴 나는 고통스럽게 하늘을 바라보는 수밖에 없었는데, 나중에는 그것으로 만족했다. 끊임없이 새 구름이 서북쪽에서 동남쪽으로 흘러갔다. 마치 그 방향이 구름에게 무엇인가 특별한 것을 내미는 듯이. 이제까지 단 한 번도 방랑을 생각한 적이 없었던 내 북을 나는 무릎과 걸상 사이에 끼웠다. 등을 대기 위한 등받이가 내 뒤통수를 받치고 있었다. 내 뒤에서는 동급생들이 재잘거리고 짖으며, 웃고 울며, 떠들고 있었다. 내게 종이 뭉치를 던져 보내는 놈도 있었으나 나는 뒤돌아보지 않았다. 목표를 정하고 흐르는 구름이, 찡그린 얼굴을 한 미치광이 꼬마들을 바라보는 것보다는 훨씬 아름답다고 생각했기 때문이다.

한 여인이 들어서자 1A반은 조용해졌다. 그녀는 나중에 슈폴렌하우어라고 자기소개를 했다. 나는 조용히 할 필요가 없었다. 아까부터 조용했으며, 거의 명상에 잠긴 채 다음에 시작될 일을 기다리고 있었으니까. 바른대로 말해서 오스카는 다음에 시작될 일을 기다릴 필요 따위는 애당초 느끼고 있지 않았다. 결코 기분전환을 할 필요가 없었다. 그는 기다리지 않고 그저 북을 피부로 느끼면서 걸상에 앉아 있었다. 그리고 부활제를 위해서 닦아놓은 유리창 너머로 구름을 바라보면서 만족스러워했다.

슈폴렌하우어 선생은 직선으로 재단한 정장을 입고 있었는데, 그것이 그녀에게는 딱딱한 남자 같은 느낌을 주었다. 이 인상은 목덜미에 주름을 잡으면서 울대뼈를 죈, 세탁할 수 있는 좁고 딱딱한 옷깃으로 한층 강해졌다. 그녀는 납작한 운동화를 신고 교실에 들어서자마자 바로 학생들의 기분을 맞추려는 듯이 이렇게 질문했다. "자 여러분, 노래 부를 줄 알아요?"

아이들은 저마다 와와 대답했는데, 그녀는 이것을 찬성하는 대답으로 생각하고 아직 4월 중순인데도 소리 높여서 봄노래 '5월이 왔다'를 부르기 시작했다. 그녀가 5월을 알리자, 돌연 벌집을 쑤신 것처럼 되었다. 노래를 시작하라는 신호도 기다리지 않고 가사도 제대로 모르면서 이 노래의 단순한 리듬에 대한 느낌도 없이, 내 뒤의 한 무리가 벽 장식이 흔들흔들할 정도로 각자 제멋대로 소리 지르기 시작한 것이다.

슈폴렌하우어의 누르끄름한 살결과 단발머리와 옷깃 밑에 비어져 나와 있는 남자 같은 넥타이에도, 나는 그녀가 좋아지질 않았다. 학교 따위에 아랑 곳하지 않는 구름에서 눈을 떼고 나는 불쑥 일어나서 멜빵끈 밑에서 북채를 재빨리 꺼내 큰 소리로 확실하게 그 노래의 박자로 북을 쳤다. 그러나 등 뒤 의 무리들은 그에 대한 느낌도 청각도 갖지 못했다. 슈폴렌하우어 선생만은 나를 향해 격려하듯이 끄덕이고는 벽에 붙어 있는 어머니들에게 미소를 보 내고, 특히 나의 어머니에게는 눈짓을 해 보였다. 그것은 침착하게 계속 북 을 치다가, 마지막에는 복잡한 곡을 연주하여 나의 모든 작품을 발표해도 좋 다고 부추기는 신호처럼 느껴졌다. 내 등 뒤의 음악대는 벌써 오래전부터 귀 에 거슬리는 아우성을 중지하고 있었다. 나는 이미 내 북이 수업을 하고, 가 르치며, 동급생 몇 사람을 제자로 만들고 있다고 믿었다. 그때 슈폴렌하우어 가 내 의자 앞에 서서 주의 깊게, 그리고 일부러가 아니라 오히려 자신을 잊 은 듯 미소 지으면서, 내 손과 북채를 바라보며 나와 함께 박자를 맞추려고 했다. 그 순간 그녀는 이미 감동이라곤 전혀 없는 노처녀가 아니었다. 교직 에 있다는 사실을 잊고, 틀에 박힌 교사의 풍자화에서 빠져나와 인간적으로 변했다. 다시 말해서 어린아이처럼 호기심이 많고, 다면적이며, 세상의 소문 에는 마음을 두지 않는 처녀가 된 것이다.

하지만 슈폴렌하우어 선생은 나의 북 리듬을 즉석에서 정확하게 따라갈 수 없음을 알고, 다시 아까처럼 우직하기만 한 데다 보수도 형편없는 교사로 되돌아갔다. 그녀는 학생들을 가끔씩 다잡아야 하는 교사로서의 직분을 드 러내며 이렇게 말했다. "네가 그 오스카구나. 너에 대해서는 이미 여러 가지 이야기를 들었다. 북을 아주 잘 치는구나. 여러분, 우리 오스카 군은 북의 재주꾼이지요? 그렇지 않아요?"

어린이들은 함성을 질렀고, 어머니들은 한층 더 가까이 모여들었다. 슈폴 렌하우어는 자신을 억제하며 꾸며낸 목소리로 말했다. "그렇지만 북은 교실 사물함에 넣어두기로 해요. 북이 피로해서 잠자고 싶대요. 나중에 수업이 끝 나면 북을 다시 가져가면 되니까요."

이 위선적인 이야기를 지루하게 늘어놓고 있는 동안에도 그녀는 교사답게 바짝 깎은 손톱을 나한테 보이면서, 짧게 깎은 열 손톱으로 잡으려다가 실패 했다. 정말로 피로하지도 않고 졸리지도 않은 북을 말이다. 처음에 나는 꼭 붙잡고 있었다. 스웨터 소매에 덮인 팔을 흰빛과 붉은빛 무늬가 그려진 북 테두리에 감고 그녀를 쳐다보았다. 그러나 그녀가 초등학교 교사의 케케묵은, 판에 박은 듯한 태도를 꿋꿋이 지켰기 때문에, 나는 그녀의 내부를 통찰하기로 했다. 슈폴렌하우어 선생의 마음속에서 나는 부도덕한 이야기를 3장쯤 쓰기에 충분한 소재를 발견했다. 그렇지만 문제는 내 북이었기 때문에 그녀의 내면생활로부터 몸을 빼냈다. 그리고 내 시선이 그녀의 어깨뼈 사이 손질을 잘한 살결 위에서, 긴 털이 자란 굴덴 금화 크기 만한 주근깨를 발견했을 때 그것을 기록해 두었다.

내가 그녀의 속을 들여다본 것을 느꼈기 때문인지, 또는 그녀에게 해를 끼치지 않고 경고하는 의미로 낸 소리가 그녀의 오른쪽 안경알을 할퀴었기 때문인지 잘 모르겠지만, 그녀는 손가락 관절이 하얗게 되도록 집중하고 있던 온 힘을 뺐다. 아마도 안경을 할퀸 것이 소름 끼칠 정도로 참을 수 없었을 것이다. 그녀는 몸서리치며 북에서 손을 떼고 말했다. "그렇지만 너는 나쁜 오스카로구나." 그리고 눈 둘 곳을 모르는 어머니에게 비난에 찬 눈길을 보내면서, 말똥말똥 깨어 있는 나의 북을 놔두고는 몸을 돌려 뒷굽이 낮은 신발을 움직이며 교탁으로 되돌아갔다. 그녀는 손가방에서 독서할 때나 쓰는 듯한 다른 안경을 꺼내서, 손톱으로 유리창 할퀴듯이 내 소리가 할퀸 안경을 망가지기나 한 것처럼 단호하게 벗었다. 새끼손가락을 꼿꼿이 세우고 다른 안경을 코에다 걸쳤다. 그리고 우둑 소리가 날 정도로 등골을 펴고 다시 한번 가방에 손을 넣으며 입을 열었다. "그러면 여러분에게 시간표를 알려 줄게요."

종이 한 뭉치를 돼지가죽 가방에서 꺼내 한 장을 자기 몫으로 빼낸 다음 나머지를 어머니들에게 나눠 주었다. 나의 어머니에게도. 마지막으로 벌써부터 와글와글 떠들기 시작한 여섯 살 난 아이들에게 시간표에 적힌 내용을 확실하게 알려 주었다. "월요일, 종교·작문·산수·놀이. 화요일, 산수·습자·음악·자연. 수요일, 산수·습자·미술·미술. 목요일, 지리·산수·작문·종교. 금요일, 산수·작문·놀이·습자. 토요일, 산수·음악·놀이·놀이."

슈폴렌하우어 선생은 이 시간표를 마치 바꿀 수 없는 운명처럼 발표하면서, 이 학교 교무회의의 산물에 한 자 한 구절도 소홀하지 않는 그녀의 엄숙한 소리를 보탰다. 그리고 자신의 사범학교 시절을 회상하고는 갑자기 부드러워져 교사 특유의 쾌활성을 온 얼굴에 띠고 즐거운 듯한 소리를 냈다.

"자, 여러분, 모두 함께 다시 한 번 처음부터 끝까지 되풀이합시다. 자—월요일."

모두가 월요일 하고 소리쳤다.

다음에 "종교!" 그녀가 소리치자, 세례받은 불신자들이 종교라는 단어를 소리쳤다. 나는 목소리를 아끼고, 그 대신 양철북으로 종교라는 철자를 쳤다.

내 뒤에서는 슈폴렌하우어의 선동으로 소리쳤다. "작—문!" 내 북은 두 번 대답했다. "산—수!" 또다시 두 번 쳤다.

이런 식으로 내 뒤의 외침과 내 앞의 슈폴렌하우어 선생의 선창이 계속되었다. 나는 이러한 부질없는 놀이에도 싫은 얼굴을 하지 않고 얌전하게 북을 치고 있었다. 그러다가 마침내 슈폴렌하우어는—누구의 명령인지 나로서는 모르지만—분명히 화가 나서 일어섰다. 그러나 그녀가 불쾌해진 까닭은 내 뒤에서 떠드는 아이들 때문은 아니었다. 그녀의 뺨을 폐병 환자처럼 빨갛게 물들인 사람은 바로 나였다. 오스카의 천진한 북은 그녀의 비위에 거슬리는 방해물이었던 것이다. 이는 박자를 맞추는 북 연주자를 엄하게 나무라기에 충분한 이유가 되었다.

"오스카, 내 말 잘 들어요. 목요일, 지리." 목요일이라는 말은 무시하고 나는 지리에 맞추어 북을 쳤다. 산수와 작문에는 각각 두 번이었다. 종교에서는 보통 같으면 두 번 두들길 데를, 삼위일체의 유일신을 위해 세 차례의 두들김을 바쳤다.

하지만 슈폴렌하우어는 그러한 구별을 알아차리지 못했다. 그녀는 모든 북소리가 한결같이 마음에 들지 않았던 것이다. 그녀는 먼젓번과 같이 짧게 깎은 열 손가락의 손톱을 나에게 내밀며 내 북을 붙잡으려고 했다.

그러나 그녀가 내 북을 만지기 전에 벌써 나는 유리를 박살내는 소리를 내질렀다. 소리는, 보통 이상으로 큰 교실 창문의 위쪽 유리 3장을 박살냈다. 두 번째 외침으로 가운데 유리가 희생되었다. 온화한 봄바람이 제멋대로 교실에 불어 들어왔다. 내가 세 번째 비명으로 아래쪽 유리창까지 없애버린 것은 확실히 쓸데없는 일이었으며, 분명히 무모한 짓이었다. 슈폴렌하우어 선생은 위와 가운데의 유리가 박살났을 때 이미 북에서 손을 떼고 있었기 때문이다. 만일 오스카가 비틀거리며 뒷걸음질치는 슈폴렌하우어를 자세히 살폈더라면, 예술적으로는 의문스러운 순전한 악의로 마지막 유리창을 없애는 대신 맹세코 좀더 현명하게 행동했을 것이다.

　그녀가 어디서 회초리를 마법처럼 불러낼 수 있었는지는 악마만이 알고 있으리라. 어쨌든 회초리가 돌연 나타나서 봄바람과 교차하는 교실의 공기 속에서 떨고 있었다. 그리고 이 뒤섞인 공기를 통해서 그녀는 매를 윙윙 소리 나게 하고 휘게 하면서 갈라 터지는 피부, 쉿 하는 바람 소리, 마치 몇 겹의 커튼처럼 보이는 회초리의 움직임, 이들을 충족시키는 데에 굶주리고 목마른 듯이 열중해 있었다. 그녀는 내 책상 위에서 회초리를 획 하고 울렸기 때문에 병 속 잉크가 보랏빛 물보라를 일으켰다. 내가 두 번 다시 때리지 못하도록 손을 내밀려고 했을 때, 그녀는 내 북을 때렸다. 내 북을 때린 것이다! 슈폴렌하우어가 내 양철북을 때렸다! 그녀에게 때릴 이유가 있었던가? 그래, 그녀가 때리고 싶었다 할지라도 왜 내 북을 때린 것인가? 얼굴을 씻고 온 촌뜨기들이 내 뒤에 잔뜩 앉아 있지 않았나? 내 양철북이 아니면 도저히 안 되었던가? 북에 대해서는 전혀, 아무것도 모르는 그녀가 내 북을 때려야만 했나? 그때 그녀의 눈 속에서 빛난 것은 무엇인가? 때리려고 했던 동물의 이름은 무엇이었나? 어느 동물원에서 도망쳐 와, 어떤 사냥감을 노리고, 무엇을 구하고 있었는가? ―그러한 생각이 오스카를 덮치고, 오스카에게 닥쳐왔다. 어떤 깊이에서 나왔는지 알 수 없으나, 그것은 위로 올라와서 구두 굽과 발뒤꿈치를 타고 높이 올라와, 그의 성대에 달라붙고, 성대에서 돌연 격정의 고함을 지르게 했다. 완전하고 훌륭하며 아름답고, 빛을 포착하여 반사하는 고딕식 대성당의 유리까지도 없애기에 충분한 비명이었다.

　나는 다시 다른 어조로 이중의 비명 소리를 내 슈폴렌하우어의 안경알을 완전히 가루로 만들어 버렸다. 눈썹에 엷게 피가 번지고, 이제는 알이 없어진 안경테 속에서 눈을 깜박거리면서 그녀는 손으로 더듬으며 뒤로 물러났다. 그러더니 결국은 초등학교 선생답지 않게 자제심도 잃고 보기 흉한 꼴로 엉엉 울기 시작했다. 한편 내 등 뒤의 학생들은 불안스럽게 침묵을 지켰다. 의자 밑에 숨는 아이도 있었으며, 이를 덜덜 떨고 있는 아이도 있었다. 몇몇 아이는 의자에서 의자로 건너뛰어 어머니한테로 도망쳤다. 그러나 피해를 입었음을 깨달은 어머니들은 범인을 찾아 나의 어머니에게 덤벼들려고 했다. 만일 그들이 어머니에게 달려들었다 하더라도, 나는 북을 꼭 붙든 채 의자에서 움직이지 않았을 것이다.

반은 장님이 된 슈폴렌하우어 곁을 지나서 나는 복수의 여신들에게 위협당하고 있는 어머니에게로 가서 손을 잡고, 바람이 스며드는 1A반 교실에서 어머니를 데리고 나왔다. 메아리치는 복도. 거인 어린이용 돌층계. 물을 뿜어 올리고 있는 화강암 수반 속 빵 찌꺼기. 문이 열려 있는 체육관에서는 철봉 밑에서 소년들이 떨고 있었다. 어머니는 아직도 종이쪽지를 쥐고 있었다. 페스탈로치 학교 교문 앞에서 나는 그 시간표를 집어들고, 시간표를 무의미한 종이 뭉치로 만들어 버렸다.

교문 문기둥 사이에 서서 종이 주머니를 든 신입생들과 어머니들을 기다리고 있던 사진사에게, 오스카는 대혼란 속에서도 잃어버리지 않은 종이 주머니를 든 채 사진을 한 장 찍도록 했다. 태양이 얼굴을 내밀었고, 머리 위 교실에서는 와글와글 떠드는 소리가 들렸다. 사진사는 어느 칠판을 배경으로 그 앞에 오스카를 세웠다. 거기에는 '나의 첫 등교일'이라고 쓰여 있었다.

라스푸틴과 ABC

친구 클레프와, 한쪽 귀를 쫑긋 세우고 경청하고 있는 간호사 브루노에게 나는 오스카와 시간표의 첫 만남을 들려 주고 이렇게 말했다. 가방을 메고 종이 주머니를 든 여섯 살 난 소년의 엽서 크기 만한 사진을 찍기 위해, 사진사가 전통적으로 배경으로 사용해 온 그 칠판에는 '나의 첫 등교일'이라고 적혀 있었다고.

물론 이 문구는 사진사 뒤에 서서 자기 아들보다 더 흥분하고 있는 어머니들만이 읽을 수 있었다. 그 문구가 쓰인 칠판 앞의 소년들은 그 아름다운 사진이 자기의 첫 등교일에 찍힌 것이라는 사실을 1년 뒤에야, 그나마도 새로운 신입생들이 등교하는 부활제를 계기로 또는 자기에게 남아 있는 사진을 통해서 겨우 알 수 있을 것이다.

인생의 새로운 단계의 출발을 알리는 이 문구는 쥐테를린체(L.Sütterlin이 창시한 서체, 1915~1945년까지 독일어 표준서체로 채택되었음)로 칠판 위에 하얗게 쓰여 있었는데, 어찌나 악필이었던지 둥그런 글자는 죄다 일그러져 하나도 제 모양을 갖춘 게 없을 정도였다. 사실 쥐테를린체는 인상적인 것, 간결한 표현, 일상적인 표어를 위해서 사용되고 있다. 본 적은 없지만, 쥐테를린체로 썼다고 생각되는 문서도 있을 것이다. 나는 이 서체로 쓴 종두(種痘) 증명서, 스포츠 기록, 손으로 쓴 사형 선고서도 생각해 본다. 이미 그 무렵 나는 읽을 수는 없어도 쥐테를린체 모양은 알아볼 수 있었는데, 이 문구가 시작되는 쥐테를린체 M자의 두 고리는 음험하고 밧줄 냄새가 나는 교수대를 떠올리게 했다. 그러나 나는 그것을 한 자 한 자 읽고 싶었으며, 어두운 예감 따위는 갖고 싶지 않았다. 내가 슈폴렌하우어와 만났을 때 노래로 유리를 산산조각내고, 반항적으로 북을 쳐 폭동을 일으키는 등 그렇게 거만한 태도를 보인 이유는, 내가 ABC에 숙달돼 있었기 때문이라고 생각해서는 안 된다. 천만에, 나는 오히려 쥐테를린체의 모양을 알아보는 것만으로는 충분치 않다는 사실과, 나에게는 가장 기본적인 학교 지식마저 부족하다는 사실을 너무도 잘 알고 있었다. 그런데 유감스럽게도 오스카에게 지식을 집어넣으려는 슈폴렌하우어 선생의 방법이 마음에 들지 않았던 것이다.

따라서 내가 페스탈로치 학교를 나오면서, 첫 등교일을 마지막 등교일로 결정한 것은 절대 아니었다. 학교가 끝나고 우리는 이제 집으로 돌아간다. 이런 일은 두 번 다시 없으리라! 사진사가 나를 영원히 사진 속에 가두어놓는 동안에 나는 이미 이렇게 생각하고 있었다—너는 여기 칠판 앞에 서 있다. 다분히 의미 있는, 다분히 숙명적인 문구 아래 서 있다. 물론 너는 문자 모양으로 그 문자를 판단하고, 독방 감금·보호 감금·검열·일망타진이라는 것을 차례차례 떠올릴 수는 있지만 해독할 수는 없다. 그때 너는 반쯤 구름이 덮인 하늘을 향해서 외칠 정도로 무식하면서도 시간표대로 움직이는 이 학교에는 두 번 다시 발을 들여놓지 않으려고 한다. 오스카여, 너는 어디서 대문자와 소문자 ABC를 배울 셈인가?

사실상 나로서는 소문자 abc로도 충분했지만, 성인이라고 자칭하는 키 큰 사람들이 이 세상에 엄연히 존재하는 사실로 미루어 문자에도 소문자 abc와 대문자 ABC가 있을 거라고 추측했다. 결국 교리문답서에도 대소가 있으며, 구구표에도 대소가 있다는 사실을 통해서 소문자 abc와 대문자 ABC의 존재를 입증하자면 끝이 없을 터이다. 국가를 공식 방문할 때도 정장을 한 외교관들과 고관들의 행렬이 얼마나 긴가에 따라서 정거장의 대소가 결정된다.

마체라트도 어머니도 다음 수개월 동안 내 교육에 신경을 쓰지 않았다. 부모님은 어머니를 그렇게 괴롭히고 부끄럽게 했던 입학식날의 소동만으로 이미 질렸던 것이다. 그들은 얀 브론스키 삼촌과 똑같이 나를 위에서부터 훑어 보고는 한숨짓고, 나의 세 번째 생일에 있었던 지난 이야기를 늘어놓았다. "뚜껑이 열려 있었어요! 당신이 열어놓은 거잖아요, 맞죠! 당신은 부엌에 있었고 그전에 지하실에 내려갔잖아요, 맞죠! 후식용 과일 통조림을 가지러 갔잖아요, 맞죠! 지하실 뚜껑을 열어놓은 건 당신이잖아요, 맞죠!"

어머니가 마체라트를 비난한 것은 모두 사실이었다. 그러나 우리가 알고 있던 대로는 아니었다. 그는 죄를 짊어지고, 마음씨가 너무 착해서 때로는 눈물을 흘리기까지 했다. 그러면 어머니와 얀 브론스키가 그를 위로할 수밖에 없었다. 그리고 그들은 나 오스카가 짊어져야 할 십자가, 바꿀 수 없는 운명, 영문도 모르게 찾아온 시련이라고 말했다.

운명에 짓눌려 많고 많은 쓰라림을 맛본 이 수난자들에게서는 어떤 도움도 기대할 수 없었다. 두 살배기 마르가와 함께 슈테픈 공원 모래밭에서 놀도록 자주 나를 데리러 왔던 헤트비히 브론스키 숙모도 선생으로서는 부적당했다. 그녀는 성품은 좋았으나 구름 한 점 없는 하늘처럼 바보였다. 홀라츠 박사 병원의 간호사 잉게는 바보도 아니며 좋은 성품도 아니었으나, 역시 마찬가지로 부적당했다. 그녀는 똑똑한 여자여서 그저 평범한 심부름꾼이 아니라 누구도 대신할 수 없는 조수였다. 따라서 나를 위한 시간은 낼 수가 없었다.

나는 100계단이 넘는 이 5층 건물 아파트 층계를 하루에도 몇 번씩 오르내리면서 각 층에서 조언을 구하고 북을 치며 열아홉 세대의 집에서 점심으로 무엇을 먹는지 코로 냄새를 맡았으나, 문을 두드리지는 않았다. 늙은 하일란트나 시계방 주인 라우프샤트, 뚱뚱한 카터 부인은 물론 내가 무척 좋아하는 트루친스키 아주머니까지도 내 미래의 선생으로 인정하고 싶지 않았기 때문이다.

한 지붕 밑에는 음악가이며 트럼펫 연주자인 마인이 살고 있었다. 그는 고양이 네 마리를 길렀으며 언제나 술에 취해 있었다. '칭글러스 모임'에서 댄스음악을 연주하고 있었는데, 성탄 전야 때면 비슷하게 술취한 다섯 사람과 함께 눈 덮인 거리를 터덜터덜 걸으면서 성가를 부르며 혹한과 싸우곤 했다. 어느 날 나는 다락방에서 그와 마주쳤다. 그는 검은 바지와 하얀 예복 셔츠를 입고 벌러덩 누운 채, 구두를 신지 않은 발로 빈 술병을 굴리며 아주 근사하게 트럼펫을 불고 있었다. 그는 악기를 입에서 떼지 않고 슬쩍 눈을 돌려, 뒤쪽에서 그의 연주에 맞추어 북을 치던 나를 곁눈질로 쳐다보며, 나를 그와 함께 연주하는 드러머로 인정했다. 그의 양철 악기는 그에게 내 양철북보다 가치가 없었다. 우리의 이중주는 그의 고양이 네 마리를 지붕 위로 내쫓아 지붕 풍향계를 가볍게 떨게 했다.

우리가 음악을 끝내고 양철 악기들을 내려놓았을 때, 나는 스웨터 밑에서 묵은 〈새 소식지〉를 꺼내 트럼펫 연주자 마인 옆에 앉았고, 그에게 그 신문을 내밀며 ABC 대문자와 소문자를 가르쳐 달라고 부탁했다.

그러나 마인은 트럼펫에서 입을 떼자 금방 잠들어 버렸다. 그에게 제대로 된 그릇은 세 개뿐이었다. 진(gin) 병·트럼펫·잠, 이 세 가지였다. 그렇지만 우리는 때때로, 정확하게 그가 음악가로서 기병 돌격대에 들어가 수년간 진을 단념하게 될 때까지, 다락방에서 굴뚝·풍향계·비둘기·고양이를 상대로 연습도 없는 이중주를 연주했다. 하지만 그에게는 선생으로서 가르쳐 줄 것이 조금도 없었다.

나는 채소 장수 그레프에게 배워야겠다고 생각했다. 그래서 북을 들지 않고—그레프는 양철 소리를 듣기 싫어했기 때문인데—비스듬히 길 건너편에 있는 지하실 가게를 몇 번인가 찾아갔다. 기초 공부의 전제 조건은 갖추어져 있는 듯 보였다. 방이 두 개밖에 없는 주택 구석구석과 가게에까지도, 그리고 가게 카운터 뒤나 위에도, 게다가 비교적 건조한 지하 감자 창고에까지도 책이 쌓여 있었기 때문이다. 모험소설, 노래 책, 케루빔의 방랑자, 발터 플렉스의 저서, 비헤르트의 단순한 생활, 다프니스와 클로에, 예술가 연구서, 스포츠 잡지 묶음, 반라(半裸)의 소년 그림책도 있었다. 그 소년들은 웬일인지 알 수 없으나 대개는 해안의 모래 언덕 사이에서 공을 쫓아 뛰놀며 기름칠을 한 듯이 빛나는 근육을 과시하고 있었다.

그레프는 그 무렵 장사하는 데 귀찮은 일을 많이 겪고 있었다. 도량형 검정국의 검사관이 저울과 추를 검사하면서 몇 가지 지적을 했던 것이다. 사기라는 말도 썼다. 그레프는 벌금을 내고 새 추를 사야 했다. 걱정이 많은 그에게 힘을 주었던 것은, 책과 가정에서의 단란한 밤과 보이스카우트와 함께 가는 주말여행뿐이었다.

그는 내가 가게로 들어갔는데도 전혀 눈치채지 못한 채 가격표를 계속 쓰고 있었다. 나는 가격표 기입을 절호의 기회로 여기고, 하얀 두꺼운 종이 3, 4장과 빨간 연필을 손에 들고 아주 열중하는 표정을 지으며, 이미 적혀 있는 가격표를 본보기 삼아 쥐테를린체를 모방하면서 그레프의 주의를 끌려고 했다.

그에게 오스카는 너무나도 작았다. 눈이 크지도 않았으며 창백한 아이도 아니었다. 그래서 나는 빨간 연필을 버리고, 곧 그레프의 시선을 끌 벌거벗은 소년들을 가득 실은 헌 책을 한 권 골라서 그 책이 바로 눈에 띄도록, 몸에 힘을 주고 팔다리를 뻗은 소년의 사진—그에게 어떤 의미인지 상상할 수 있는 사진—을 그가 볼 수 있도록 비스듬히 놓았다.

가게에 와서 순무를 달라는 손님이 없을 때면 채소 장수는 아주 꼼꼼하게 가격표에 서투른 글씨를 끄적거리고 있었기 때문에, 나는 시끄러울 정도로 표지를 탁탁 치거나 책장을 펄럭펄럭 넘겨야 했다. 그렇지 않으면 그는 가격표에서 얼굴을 들어 글자를 읽지 못하는 나에게 관심을 쏟지 않을 것이기에.

솔직히 말해서 그레프는 나를 이해하지 못했다. 보이스카우트 소년들이 가게에 있을 때는—오후에는 언제나 하급간부 2, 3명이 그를 둘러싸고 있었다—오스카에게 눈길조차 주지 않았다. 그러나 그레프는 혼자 있을 때에는 신경질적으로 엄해져서, 방해가 된다며 화를 내고 날뛰며 명령을 내리곤 했다. "책을 내려놓아라, 오스카! 네가 그런 책으로 뭘 어쩌겠냐. 너는 아직 아무것도 모를 뿐더러 너무 작아. 게다가 책이 망가진다. 6굴덴도 더 하는 거야. 놀고 싶으면 감자나 흰 양배추 대가리가 많이 있단다!"

그러고는 나에게서 헌 책을 빼앗아 무표정한 얼굴로 책을 덮고, 나를 오글쪼글한 양배추·방울 양배추·붉은 양배추·흰 양배추 사이나 순무와 감자 사이에 세워놓고 혼자 있게 했다. 그것도 오스카가 북을 가지고 있지 않았기 때문이다.

아직 그레프 부인이 남아 있었다. 나는 채소 장수에게 거절당하면 대개 그 부부의 침실로 천천히 걸어갔다. 부인인 리나 그레프는 그때 몇 주간이나 자리에 누워 있어 아주 쇠약해 보였다. 잠옷에서는 썩은 냄새가 나고 손에 잡히는 대로 무엇이든 쥐었으나, 나를 가르칠 만한 책은 들지 않았다.

그 후 한동안 오스카는 가벼운 부러움을 느끼면서 같은 또래 소년들의 책가방에 눈길을 쏟았다. 책가방 양쪽에는 석판용 스펀지와 헝겊 조각이 거드름을 피우며 흔들리고 있었다. 그런데도 그는, 오스카야, 너는 스스로 실수를 저질렀다, 이렇게 생각한 적은 없었다. 너는 즐겁게 학교에서의 놀이에 참가했어야 했다. 슈폴렌하우어 선생과 사이좋게 지냈더라면 좋았을 것이다. 그 꼬맹이들은 너를 앞지르고 있다! 그들은 ABC 대·소문자를 배웠는데 너는 〈새 소식지〉도 제대로 읽지 못한다.

방금 말한 대로 그것은 가벼운 부러움일 뿐이며 분명히 그 이상은 아니었다. 학교 냄새로 완전히 코를 가득 채우기 위해서는, 냄새를 약간 맡는 것만으로 충분했으니까. 여러분은 벗겨진 노란 테의 석판에 달려 있는, 잘 씻지도 않고 반쯤 닳아 버린 스펀지와 헝겊 조각 냄새를 맡은 일이 있을 것이다. 싸구려 가죽 책가방 속에서 습자의 냄새와 크고 작은 구구표의 냄새, 침으로 축축해진 석필과 석판에 찍찍거리는 소리를 내거나 손에서 미끄러질 때 나는 땀으로 절은 스펀지 냄새를. 때때로 학교에서 돌아오는 학생들이 내 옆에다 책가방을 놓고 축구나 공놀이를 할 때, 나는 햇볕을 쬐어 바싹 말라 버린 스펀지 위에 몸을 구부리고, 악마가 정말 존재한다면 그 겨드랑이 밑에서 이런 시큼한 냄새가 날 거라고 상상했다.

그래서 석판을 쓰는 학교는 내 취미에 맞지 않았다. 그러나 오스카는 얼마 뒤에 그의 교육을 맡아준 그레트헨 셰플러가 그의 취향에 맞았다고는 말하고 싶지 않다.

클라인하머 거리의 빵집인 셰플러의 집에 있는 가구는 모두 내 마음에 들지 않았다. 장식 덮개며 문장을 수놓은 쿠션, 소파 구석에 숨어 있는 케테 크루제 인형, 어디를 가도 있는 봉제 동물, 코끼리를 본뜬 도자기, 여기저기 흩어져 있는 여행 기념품들, 초보티가 나는 코바늘로 짠 것, 털실로 짠 것, 수놓은 것, 엮은 것, 묶은 것, 레이스로 짠 것, 톱니 모양으로 테두리를 만든 것들 말이다. 아담하고 황홀할 정도로 유쾌하며, 숨이 막힐 정도로 작고, 겨울에는 더울 정도로 따뜻해지며, 여름에는 꽃으로 가득 차는 이 집에 대해서 나에게는 단 한 가지, 바로 그레트헨 셰플러에게는 아이가 없다는 사실이 떠오를 뿐이다. 셰플러도 그녀도 뜨개질한 옷을 입힐 어린아이를 원했다. 그리하여 깨물고 싶을 정도로 예쁜 아기에게 수를 놓고 진주로 장식한 테를 두른 옷을 입히고, 십자수를 놓은 쿠션 옆에 그애를 둘 수 있다면 얼마나 좋으랴.

나는 ABC 대·소문자를 배우기 위해서 이 집으로 갔다. 나는 도자기나 여행 기념품에 손상을 입히지 않기로 굳게 마음먹었다. 유리를 부수는 소리는 집에 두고 왔으므로, 그레트헨이 이제 충분히 북을 쳤다고 생각하고 큰 입을 벌려 금니를 드러내며 미소짓고, 내 무릎에서 북을 빼앗아 곰인형 사이에 놓았을 때도 나는 묵묵히 참기만 했다.

나는 두 케테 크루제 인형과 친해져서 몸뚱이를 껴안고, 언제나 놀라서 눈을 동그랗게 뜨고 있는 그 부인들의 속눈썹을 애무하듯이 쓰다듬어 주었다. 덕택에 가짜이기는 하나 가짜이기 때문에 더욱 진실해 보이는 인형과의 우정이, 두 코는 겉으로, 두 코는 안으로 짜여진 편물 같은 그레트헨의 마음을 사로잡았다.

내 계획은 나쁘지 않았다. 두 번째 방문 때 벌써 그레트헨은 마음을 열었다. 그녀는 양말을 풀어 헤치듯이 마음의 실을 풀어, 이미 몇 군데는 매듭이 보일 만큼 닳아서 해진 실 전체를 내게 보였다. 그녀는 모든 옷장이며 상자며 작은 상자를 내 앞에다 열어놓고, 진주를 수놓은 속옷을 눈앞에 펼치며, 다섯 살배기 아이에게나 맞을 듯싶은 웃옷·앞치마·바지 더미를 내게 내밀고, 나에게 입혔다가 벗겼다.

그러고서 그녀는 셰플러가 재향군인회에서 획득한 사격 휘장을 보여 주고, 다음에는 우리 집 사진과 중복되는 일부 사진들을 보여 주었다. 그리고 그녀가 다시 한 번 잡다한 유아용품을 뒤적이다가 무언지 알 수 없는 사소한 것을 찾았기 때문에 드디어 책이 등장했다. 오스카는 유아용품 잡동사니 밑에 책이 있음을 미리 계산에 넣었었다. 오스카는 그녀가 어머니와 책에 대해서 이야기하는 것을 들었다. 젊은 시절의 그녀들이 약혼 중이었을 때나 거의 비슷한 시기에 결혼한 이후에도, 식료품 가게와 빵집 부부에게 넓은 세계와 광채를 더해 줄 지식을 얻기 위해서 얼마나 열심히 서로 책을 바꿔 읽고, 또 영화관 옆 책방에서 빌려 읽었는지를 오스카는 알고 있었기 때문이다.

그레트헨이 내 독서를 위해 제공할 수 있었던 책은 많지 않았다. 뜨개질을 시작한 뒤부터 아예 독서를 하지 않게 된 그녀는, 얀 브론스키 탓에 책을 멀리 하게 된 어머니와 함께 줄곧 회원이었던 독서회의 수많은 책을, 뜨개질도 못하고 얀 브론스키 같은 사람도 없어서 아직 책을 읽고 있는 사람들에게 줘버렸기 때문이다.

나쁜 책일지라도 책은 책이며, 그렇기 때문에 신성하다. 내가 그곳에서 발견한 것은 여러 종류의 잡다한 책들로, 일부는 도거뱅크 해전에서 전사한 그녀 오빠 테오의 책장에서 가지고 온 것이었다. 오래전에 침몰한 배들로 채워진 퀼러의 《해군 연감》이 일고여덟 권 있고, 《제국 해군의 위계(位階)》와 《바다의 영웅 파울 베네케》 등이 있었다—이런 것들은 아마도 그레트헨이 마음속으로 바라고 있던 독서거리가 아니었으리라. 에리히 카이저의 《단치히 시 역사》와 펠릭스 단이라는 사나이가 토틸라와 테야, 벨리사르와 나르세스의 도움을 빌려 쓴 것이 틀림없는 《로마 쟁탈전》은 모두 바다로 간 오빠의 손때가 묻어 광택과 가죽 책등이 없어졌다. 나는 빛과 청산에 관한 책, 친화력에 대한 괴테의 저서, 그리고 《라스푸틴과 여자들》이라는 제목이 붙은 그림이 많은 두꺼운 책이 있는 그레트헨의 책장에서 책을 한 권 빌려달라고 부탁했다.

오랫동안 주저하다가—선택의 범위가 너무 좁아서 재빨리 마음을 정할 수 없었다—나는 자신이 무엇을 쥐었는지도 모르는 채 아까처럼 마음속 소리가 시키는 대로 먼저 라스푸틴을, 그리고 괴테를 골랐다.

이 두 권의 책이 나의 인생, 적어도 북을 떠난 인생을 차지하고, 마음속에 자리잡아 더할 수 없이 큰 영향을 미치고 있다 해도 좋으리라. 오늘도—오스카가 교양에 힘쓴 나머지 정신병원의 장서들을 자기 방으로 끌어들이는 횟수가 빈번해진 지금까지—나는 실러와 그 일파를 경멸하면서 괴테와 라스푸틴 사이를, 기도 치료자와 자칭 천재 사이를, 여인들을 사로잡는 음험한 자와 여인들에게 기꺼이 사로잡히는 밝은 시성(詩聖) 사이를 오락가락하고 있다. 나는 때때로 자신을 라스푸틴 쪽에 더 가깝다고 생각하고 괴테의 엄격함을 두려워했으나, 한편으로는 그것이 어쩐지 의심스럽기도 했다. 오스카야, 네가 만약 괴테 시대에 살면서 북을 쳤더라면 괴테는 네가 자연을 거스른다고 생각하여 너를 반자연의 화신으로 판결했을 것이다. 그리고 그의 자연을—인위적인 것이 판치고 있음에도 결국 네가 언제나 예찬하고 열망하던 그 자연을—아주 달콤한 과자로 포장하면서 너를 《파우스트》나 두꺼운 《색채론》으로 내리쳤을 것이다, 가엾은 녀석아.

그러나 라스푸틴으로 돌아가자. 그는 그레트헨 셰플러를 조수로 삼아 내가 ABC 대·소문자를 깨우치게 했고, 여자들을 주의 깊게 다룰 것을 가르쳤으며, 내가 괴테에게 모욕당했을 때는 위로해 주었다.

인생을 배우면서 무지를 가장하기란 결코 쉽지 않았다. 어린아이처럼 야뇨증에 걸린 시늉을 수년 동안 하는 일보다 훨씬 더 어려웠다. 야뇨증이라면 실제로는 있지도 않은 증세를 아침마다 보여 주기만 하면 되니까. 하지만 무지를 가장한다는 것은 나에게 있어서 급속한 진보를 일부러 감추고, 눈뜨기 시작한 지적 허영심과 끊임없이 싸우는 것을 의미했다. 어른들이 나를 오줌 싸개 취급할 때는 어깨를 으쓱하면서 달갑게 받아들였으나, 해를 거듭할수록 바보 취급당하는 일은 오스카에게나 그 여교사에게도 마음의 상처를 주었다.

내가 아동복들 속에서 책을 꺼내자마자, 그레트헨은 곧 밝은 환성을 지르며 자신에게 교사로서의 임무가 있음을 깨달았다. 나는 뜨개질에 묶여 있는 이 아이 없는 여인을 털실에서 꾀어내어 행복하게 해 줄 수 있었다. 그녀는 내가 애초에 《빛과 청산》을 교과서로 삼았더라면 더욱 좋아했을 것이다. 하지만 그녀가 두 번째 수업에 1학년용 정규 ABC 소책자를 사 왔을 때 나는 라스푸틴을 고집했으며 라스푸틴을 원했다. 그래서 그녀가 광부의 소설이며 난쟁이 코라든가 엄지왕자라든가 하는 동화들을 잇따라 가져왔을 때, 마침내 입을 열기로 결심했다. "라푸핀!"이라든가 "라슈신!"이라고 나는 소리질렀다. 때로는 완전히 바보 행세를 했다. 오스카가 "라슈, 라슈"라고 종알거리는 까닭은, 한편으로는 그레트헨에게 어느 책이 나한테 바람직한가를 깨닫게 하고, 다른 한편으로는 문자를 쪼아 먹는 천재가 눈뜨는 것을 그녀가 깨닫지 못하도록 하기 위해서였다.

나는 별로 힘들이지 않고 빠르고 규칙적으로 배워 나갔다. 1년 뒤에는 자신이 마치 페테르스부르크에 있는 기분이 들었다. 러시아인민 위에 군림하는 독재자의 방에, 항상 병약한 황태자의 어린이 방에, 그리고 라스푸틴의 난행의 최후 목격자로서 모반자와 사제 사이에 입회하고 있는 듯한 기분이 들었다. 그것은 내 마음에 드는 모습이었는데, 한 사람의 중심인물이 문제였다. 그 책 군데군데에 끼워져 있는 동시대의 동판화를 보면 알 수 있는데, 거기에는 검은 양말을 신었거나 벌거벗은 여자들에게 둘러싸여, 검은 눈을 하고 수염이 난 라스푸틴이 그려져 있었다. 라스푸틴의 죽음이 머릿속에서 떠나지 않았다. 그는 독이 든 파이와 독이 든 포도주로 독살되었다. 그리고 그가 파이를 좀더 달라고 했을 때 권총으로 사살되었다. 그러고 나서 가슴속 납이 그를 춤이라도 추고픈 기분이 들게 했을 때 밧줄에 묶여서 네바 강의 얼음 구멍 속에 가라앉게 된 것이다. 전부 남자 장교들 짓이었다. 수도 페테르스부르크의 여자들이라면 그녀들의 아버지인 라스푸틴에게 결코 독이 든 파이 따위는 주지 않았으리라. 그 대신 그가 그녀들에게 하는 모든 요구를 들어 주었을 것이다. 여자들은 그를 믿고 있었던 반면, 장교들은 자신감을 되찾기 위해 먼저 그를 제거해야 했다.

건장한 기도 치료자의 삶과 죽음이 마음에 든 사람이 오직 나뿐이 아니라면 이상한 일일까? 그레트헨은 결혼 초의 독서 습관을 서서히 되찾아, 소리 내어 읽으면서 이따금 울음을 터뜨리고, 난행이라는 말을 만나면 몸을 떨며, 난행이라는 주문을 숨가쁘게 한 음절씩 뱉어내고, 난행이라고 말할 때는 난행이 무엇인지를 거의 알지 못한 채 난행 준비를 갖추었다.

어머니가 클라인하머 거리에 함께 따라와 빵집 위의 집에서 내 수업에 참석했을 때, 사태는 좋지 않게 진전되었다. 수업이 때때로 난행으로 악화되고, 그 자체가 목적이 되어 더 이상 오스카를 위한 수업이 아니었다. 세 번째 문장에 이르면, 어김없이 두 사람은 함께 쿡쿡거리며 웃었고, 입술은 말라서 갈라졌다. 두 기혼 부인은 라스푸틴이 시키는 대로 더욱더 가까워져, 소파 쿠션 위에서 진정이 되지를 않아 허벅지까지 맞대게 되었다. 그러자 처음에 킬킬거리던 웃음소리가 결국에는 신음으로 변했다. 라스푸틴을 12페이지 읽은 뒤, 전혀 생각지도 예상치도 못한 일을 대낮에 벌인 것이다. 하긴 라스푸틴도 그 일을 구태여 반대하지는 않았으리라. 오히려 무료로 언제까지라도 나눠 주었을 것이다.

드디어 두 여인은 아아라고 말하고는 흐트러진 옷자락을 여미며 다시 엉겨 붙었다. 그때 어머니는 걱정스레 말했다. "오스카는 정말로 아무것도 모를까?" 그러자 그레트헨이 달랬다. "무슨 말이야, 내가 얼마나 애쓰는지 알아? 그렇지만 걔는 배우는 족족 잊어버려, 아마 절대로 읽는 법을 못 배울 거야."

무엇으로도 움직일 수 없는 나의 무지를 증명하기 위해서 그녀는 다시 덧붙였다. "상상해 봐, 아그네스, 애가 우리의 라스푸틴 책장을 찢어 꼬깃꼬깃 구겨 버리면 그걸로 끝이야. 가끔 나는 그만두고 싶어. 그렇지만 애가 행복하게 책으로 놀고 있는 모습을 보면 책을 발기발기 찢도록 내버려둬. 이미 알렉스에게 말했지만, 크리스마스에는 우리에게 라스푸틴 책을 선물해 줄 거야."

나는 성공한 것이다—여러분께서 아시는 바와 같이—계속해서 3, 4년이 지나는 동안은—그레트헨 셰플러가 나를 가르치는 한—라스푸틴의 페이지를 장난삼아 잡아 째는 척을 하여 신중하게 말아서 집에 돌아왔다. 그러고는 북을 치는 방구석에서, 스웨터 밑에서 종잇조각들을 꺼내 주름을 펴서 차곡차곡 쌓아, 여자들에게 방해받지 않고 은밀하게 독서를 즐길 수가 있었다. 내가 언제나 네 시간째에 '되테'라고 발음하면서 그레트헨에게 요구한 괴테의 경우에도 나는 같은 짓을 했다. 라스푸틴만을 의지할 생각은 없었다. 이 세상에서는 온갖 라스푸틴에 대하여 한 사람의 괴테가 필적한다는 사실이 명백해졌기 때문이다. 즉 라스푸틴 괴테 또는 괴테가 한 사람의 라스푸틴을 끌어당겨, 필요하다면 만들어 내기까지 해서 그에게 유죄 판결을 내릴 수가 있는 것이다.

오스카는 낱장으로 된 책을 가지고 다락방이나, 늙은 하일란트의 자전거 창고 뒤 헛간에 가서 웅크리고 앉아 《친화력》의 책장 조각조각을 카드를 섞듯이 라스푸틴의 다발과 섞었다. 그리하여 새로 만들어진 책은 웃음이 절로 나오면서도 점점 더 놀랍게 전개되어, 오틸리에가 우아하게 라스푸틴의 팔에 매달려 중부 독일의 정원을 거닐며, 괴테가 방탕한 귀족 올가와 썰매를 타고 겨울의 페테르스부르크에서 난행과 난행 사이를 미끄러져 가는 모습을 볼 수 있었다.

다시 한 번 클라인하머 거리에 있는 나의 교실로 돌아가자. 그레트헨은 내 학습에 전혀 진척이 없는 듯이 보여도 때묻지 않은 소녀와 같은 기쁨을 내게 품고 있었다. 내 곁에서, 그리고 눈에는 보이지 않으나 털이 수북한 러시아 기도 치료자의 축복받은 손의 도움을 받아서 그녀는 방 안의 보리수나 선인장 화분의 마음을 빼앗을 만큼 아름답게 꽃피었다. 그 무렵 셰플러는 때때로 밀가루에서 손가락을 빼내어 빵 화덕의 롤빵을 다른 빵으로 바꿔넣기만 하면 되었다. 그는 그레트헨을 손쉽게 반죽하고 말아서 붓으로 바르고 구울 수 있었으리라. 화덕에서 무엇이 나올지 누가 알랴? 아마 아기라도 나올 것이다. 이 굽는 즐거움이 그레트헨에게 선사되었으리라.

그러나 그녀는 흥분해서 라스푸틴을 읽은 뒤에 불 같은 눈을 하고 머리칼을 살짝 흩트린 채 그곳에 앉아 있었다. 말처럼 큰 금니를 움직였으나 아무 것도 씹을 것이 없었기 때문에 그녀는 아아, 아아 하고 탄식하며 오래된 이스트를 생각했다. 어머니에게는 안이 있어 그레트헨을 도울 겨를이 없었기 때문에, 만일 그레트헨이 쾌활한 마음의 소유자가 아니었다면 내 수업에서 이 부분은 이후 몇 분간 조금 불행하게 끝났을지도 모른다.

그럴 때 그녀는 부엌으로 뛰어가 커피 가는 기계를 가지고 왔다. 그녀가 그것을 연인처럼 붙들고 커피를 갈면서 우수에 차 정열적으로 '검은 눈동자'라든가 '붉은 사라판'을 노래하면, 어머니가 와서 합세하곤 했다. '검은 눈동자'를 부엌으로 가져가 물을 불에 올려놓고는 가스불 위에서 물이 끓는 동안에 빵집으로 뛰어가, 때로는 셰플러의 반대에도 굽고 있던 빵과 오래된 빵을 들고 왔다. 그리고 작은 테이블에 꽃무늬 컵·크림통·설탕 단지·과자용 포크를 늘어놓고, 그 사이에 오랑캐꽃을 뿌린다. 그러고는 커피를 따르고, '러시아 황태자'의 멜로디를 흥얼거리며 파이와 초콜릿을 주고받는다. 그리하여 '한 병사가 볼가 강변에 서 있다', '아몬드를 끼워 넣은 프랑크푸르트의 왕관', '그 하늘에는 네 곁에 천사가 많이 있는가' 등의 노래들을 부르며 달고 단 생크림이 머랭과 아주 달콤하게 혼합되면 그녀들은 입을 우물거리면서, 그러나 이번에는 필요한 거리를 두고 라스푸틴에게로 다시 화제를 돌린다. 얼마 지나지 않아 과자에 질리면, 근본부터 썩은 가증스러운 제정 러시아 시대에 대하여 진지하게 분노를 터뜨렸다.

그 무렵 나는 과자를 너무 많이 먹었다. 사진상으로도 나타나 있는 바와 같이 오스카는 키는 크지 않았으나 살이 쪄 볼품 사납게 되었다. 클라인하머 거리에서의 너무나도 감미로운 수업 시간 뒤에는, 때때로 라베스베크 가게의 카운터 뒤에서 마체라트 몰래 건빵 한 개에 끈을 달아 소금에 절인 청어가 든 노르웨이 깡통에 담가, 소금물이 빵에 흠뻑 스민 뒤에 꺼내먹을 수밖에 없었다. 과자를 지나치게 많이 먹은 뒤 이 빵 한 조각이 구토제로서 얼마나 효과가 있는지 여러분은 상상도 할 수 없으리라. 이따금 오스카는 살을 빼기 위하여 집 화장실에서 1단치히 굴덴도 더 나가는 셰플러 빵가게의 과자를 토했는데, 당시로서는 큰돈이었다.

또한 나는 좀 색다른 것으로 그레트헨에게 수업료를 지불해야 했다. 아동복을 꿰매거나 짜는 일을 좋아하는 그녀는 나를 인형으로 이용했다. 나는 온갖 유형, 온갖 색깔, 온갖 천의 겉옷·모자·바지, 그리고 덮개가 있거나 없는 망토들을 입었다 벗었다 해야 했다.

내 여덟 번째 생일에, 총살되었어야 할 어린 러시아 황태자의 복장을 나에게 입힌 사람이 어머니였는지 그레트헨이었는지 모르겠다. 그 무렵 두 사람의 라스푸틴 숭배는 최고에 달했다. 그날의 사진 한 장에는 촛농이 흘러내리지 않은 초 여덟 개가 꽂혀 있는 생일 케이크와 나란히 내가 찍혀 있는데, 수를 놓은 러시아식 겉옷을 입고 코사크 모자를 앞쪽으로 비스듬히 눌러쓰고 탄띠를 십자형으로 메고 헐렁헐렁한 흰 바지에 짧은 장화를 신고 서 있다.

다행히도 내 북이 함께 찍혔다. 더욱 다행스럽게도 그레트헨 셰플러가 옷을 한 벌 재단하고 꿰맨 뒤, 마지막으로 시침질을 해 주었다. 아마도 나의 강요 때문이었겠지만 말이다. 그것은 충분히 친화력이 있는 비더마이어식 옷으로, 오늘날에도 내 앨범 안에서 괴테의 정신을 불러내고 내게 있는 두 영혼을 증명하고 있다. 즉 나는 북 하나를 들고 페테르스부르크와 바이마르, 그리고 어머니들이 있는 곳에 동시에 내려와 부인들이 난행의 향연을 벌이게 해 주는 것이다.

슈토크 탑에서 울려 퍼지는 노래

나를 진찰하게 되어 있는 호른슈테터 박사는 거의 매일 담배 한 대를 피울 정도의 시간 동안 내 방에 와 있는데, 진찰 뒤에는 신경질이 조금 누그러져 방을 나간다. 매우 수줍음이 많으며 오직 담배만을 곁에 두는 그녀는, '나는 어렸을 때에 사람과의 접촉이 적었다', '다른 아이들과 노는 일이 거의 없었다' 되풀이하여 주장한다.

다른 아이들과 관련되어 있다는 그녀의 말이 전혀 잘못된 것은 아니다. 나는 그레트헨 셰플러의 교육 활동으로 인해 괴테와 라스푸틴 사이 이곳저곳을 끌려다니느라고, 내가 아무리 원해도 원무(圓舞)나 숫자풀이 노래에 시간을 낼 수가 없었기 때문이다. 그러나 내가 어떤 학자처럼 책을 멀리하고, 심지어는 문자말살론자처럼 책을 저주하며, 단순한 사람들과의 접촉을 꾀할 때마다 우리 아파트의 장난꾸러기 꼬마들과 마주쳤는데, 그 야만인들과 좀 어울린 뒤에 무사히 나의 독서 시간으로 돌아오면 안도할 수 있었다.

오스카가 집 밖으로 나가려면 가게를 지나서 라베스베크로 나가거나 살림집 문으로 나와 계단 쪽으로 가야 했다. 거기서 바로 왼쪽으로 가면 큰길로 나갈 수도 있으나, 4층을 올라가면 음악가 마인이 트럼펫을 불고 있는 다락방이 나왔다. 마지막 방법은 아파트 안뜰로 나가는 것이었다. 거리는 자갈로 포장되어 있었다. 밟아서 단단해진 안뜰 모래밭에는 토끼가 번식해서 살고 있고, 사람들은 이곳에서 융단의 먼지를 턴다. 다락방에선 만취한 마인과 이따금 이중주를 했으며, 전망이 좋아 멀리까지 바라볼 수 있었다. 그리고 다락방은 탑에 오르는 사람 모두가 원하고 다락방에 사는 사람들을 열광케 하는, 아름다운 속임수인 해방감을 주었다.

오스카에게 안뜰이 위험으로 가득 차 있는 것과 반대로, 다락방은 악셀 미슈케와 그의 부하들이 그를 그곳에서 쫓아낼 때까지는 안전한 곳이었다. 안뜰의 넓이는 아파트의 넓이와 같았으나 높이는 보폭으로 일곱 걸음 정도 낮았다. 그리고 위에는 가시 철망을 치고 타르를 칠한 판자 담장이 다른 세 개의 안뜰과 잇닿아 있었다. 다락방에서는 이 미로가 훤히 보였다. 라베스베크 거리, 헤르타 거리와 루이제 거리의 두 십자로, 멀리서 마주 보고 있는 마리엔 거리의 집들이, 이들 안뜰로 된 너저분한 모퉁이를 에워싸고 있으며, 거기에는 기침용 사탕 공장과 몇 개의 마을 공장도 있었다. 안뜰 여기저기엔 수목과 관목들이 빽빽하게 차 있어 계절을 나타내고 있었다. 안뜰의 크기는 각각 달랐으나 어디에나 토끼와 융단을 너는 장대들이 있었다. 토끼는 1년 내내 있었으나, 융단은 주택 규약에 따라 화요일과 금요일에만 털기로 되어 있었다. 그 날에는 이 아파트의 규모가 분명해진다. 사람들이 백 개가 넘는 융단, 복도 깔개, 침대용 작은 융단들을 소금에 절인 양배추로 문지르고, 솔로 털며, 융단 무늬가 확실하게 나타날 때까지 두들기는 광경을 오스카는 다락에서 보고 들었다. 100명이나 되는 주부가 집에서 시체 같은 융단을 끄집어 낼 때면 높이 올린 팔들이 토실토실하게 드러나고, 머리카락은 짧게 묶은 스카프로 덮여 있었다. 그녀들은 융단을 장대 위로 던져서 걸치고, 버드나무 가지를 엮어 만든 막대기를 손에 쥐고서, 마른 소리를 안뜰 구석구석까지 나게 했다.

오스카는 이 청소 찬가의 합창을 미워했다. 북을 가지고 그 소음과 싸웠으나 너무 멀리 떨어져 있는 다락방에서는 주부들에 대한 자신의 무력을 인정할 수밖에 없었다. 융단을 터는 100명의 여인들은 하늘을 점령할 수 있고, 어린 제비들의 날개 끝을 무디게 할 수 있으며, 오스카가 4월 하늘에다 북을 쳐서 쌓아올린 사원을 단 몇 번의 융단을 터는 것으로 무너뜨렸다.

융단을 털지 않는 날에는 아파트의 악동들이 융단용 장대로 체조를 했다.

내가 안뜰로 내려가는 일은 드물었다. 안뜰에서는 하일란트 노인의 헛간만이 조금이나마 나에게 안전을 보장해 주었다. 노인은 그 잡동사니 헛간 출입을 나에게만 허락하고, 다른 아이에게는 녹슨 재봉틀, 움직이지 않는 자전거, 나사 바이스, 도르래, 휘어졌거나 곧게 잡힌 성냥갑 속의 못들을 쳐다보지도 못하게 했기 때문이다. 그것도 꽤나 바쁜 일이었다. 그는 헌 상자의 못을 빼지 않을 때에는 전날 뺀 못을 모루〔鐵砧〕 위에서 바로잡았다. 그도 남자이므로 못을 썩지 않게 하는 작업을 할 때만 제외하고는 이사를 돕거나, 명절이 다가오면 토끼를 잡으면서, 안뜰·층계·다락방 등 장소를 가리지 않고 씹는 담배의 침을 내뱉었다.

어느 날, 아이들이 여느 때처럼 그의 헛간 옆 한구석에서 수프를 끓이고 있을 때, 누히 아이케가 늙은 하일란트에게 수프 속에 침을 세 번 뱉어달라고 부탁했다. 노인은 억지로 그렇게 하고는 컴컴한 방으로 사라졌는데, 악셀 미슈케가 다시 양념을, 즉 자잘한 벽돌 조각을 수프에다 섞고 있을 때에는 이미 못을 두들기고 있었다. 오스카는 이 소꿉놀이를 신기하게 바라보았으나 거기에 끼어들 수는 없었다. 악셀 미슈케와 하리 슐라거가 담요와 누더기 조각으로 천막 비슷한 것을 만들었기 때문에 어른들은 수프 속을 들여다볼 수가 없었다. 벽돌 가루가 끓어올랐을 때에 한스 콜린이 호주머니를 뒤집어, 악티엔 연못에서 잡아온 살아 있는 개구리 두 마리를 수프에다 넣었다. 천막 속의 유일한 여자아이였던 수지 카터는, 개구리들이 노래도 하지 않고 울지도 않고, 또한 최후의 도약도 시도하지 않고 수프 속에 가라앉자, 실망한 듯이 씁쓸한 미소를 지었다. 마지막으로 누히 아이케가 제일 먼저 바지 단추를 끄르고, 수지의 존재 따위는 아랑곳없이 그 수프 속에 오줌을 쌌다. 악셀·하리·한스 콜린이 그를 따랐다. 제일 작은 꼬마도 열 살배기 사내아이들 흉내를 내려고 했으나 그의 작은 부분에서는 아무것도 나오지 않았다. 이번에는 모두 수지를 바라보았다. 악셀 미슈케가 그녀에게 녹청색 에나멜을 입힌 냄비를 내밀었다. 오스카는 금방이라도 도망치고 싶었다. 그러나 그는 참고 기다렸다. 그러자 옷 밑에 속바지를 입지 않은 수지는 웅크리더니 무릎을 껴안고서, 냄비를 몸 밑에다 밀어넣고, 태연한 눈으로 멍하니 앞을 보고 있었다. 그리고 냄비가 양철 소리를 내고, 수지가 그 수프에 뭔가를 하고 있는 것이 분명해졌을 때 오스카는 코를 찡그렸다.

그때 나는 뛰었다. 뛰지 않고 조용히 걸어갔어야 했을 것이다. 내가 뛰었기 때문에 그때까지 냄비를 살피고 있던 시선들이 내 쪽으로 향했다. 나는 등 뒤로 수지 카터의 목소리를 들었다. "저 새끼 우리를 고자질할 작정이야. 왜 뛰는데!" 내가 비틀거리면서 네 층계를 올라가 다락방에서 겨우 숨을 쉬었을 때에도 그 날카로운 소리는 여전히 나를 찔렀다.

나는 일곱 살 반이었다. 수지는 아마도 아홉 살, 제일 작은 꼬마는 겨우 여덟 살, 악셀·누히·한스·하리는 열 살이나 열한 살이었다. 그리고 마리아 트루친스키가 있었다. 그녀는 나보다 조금 연상이었는데 절대 안뜰에서는 놀지 않았으며, 어머니의 부엌에서 인형하고 놀든가 그리스도교 유치원에 나가 돕고 있는 다 큰 언니 구스테와 놀았다.

내가 오늘날에도 여자들이 요강에 오줌 누는 소리를 참고 듣지 못하는 데에는 그럴 만한 이유가 있다. 그때 오스카는 다락방에 앉아 북을 가볍게 치면서 귀를 달래고 있었다. 밑에서 끓고 있던 수프에 정신이 빠져 있었을 때 수프에 저마다 조금씩 기여한 아이들이 모두 맨발로 또는 운동화를 신고 올라왔다. 누히가 수프를 가지고 왔다. 그들은 오스카 주위에 진을 쳤다. 뒤늦게 제일 작은 꼬마가 왔다. 그들은 서로 쿡쿡 찌르며, "자, 먹어라!" 하고 작은 소리로 말했다.

마침내 악셀이 오스카를 뒤에서 붙잡아 팔을 강제로 꺾고는, 그들 마음대로 할 수 있게 했다. 수지는 가지런하고 윤기 있는 이 사이로 혀를 내밀고 웃으면서, 그것을 먹어도 아무 문제 없다고 말했다. 그녀는 누히에게서 숟가락을 빼앗아, 그 양철 숟가락을 넓적다리에 문질러 은빛이 나게 만들고 김이 나는 냄비 속에다 넣었다. 착한 가정주부가 걸쭉한 수프가 끓는 것을 잘 살피듯이 천천히 저은 뒤, 숟가락으로 가득 뜬 수프를 후후 불어 식혀서 마침내 오스카에게 먹여 주었다. 나는 두 번 다시 그런 것을 먹지는 않았으나, 그 맛은 내 혀에 언제까지나 남을 터이다.

내 몸을 이토록 걱정해 준 그 아이들이 나를 내버려둔 것은 누히가 메스꺼움을 느끼고 냄비 속에 토했기 때문인데, 그때 비로소 나도 깔개만 몇 장 널려 있는 건조실 구석으로 기어가 두 숟가락의 붉은 액즙을 토했다. 토사물 속에 개구리의 시체는 보이지 않았다. 나는 열려 있는 통풍창 밑 상자에 기어올라가 멀리 안뜰을 바라보며, 이 사이에 낀 벽돌 찌꺼기를 지근지근 씹고, 소리를 지르고 싶은 충동을 느꼈다. 그래서 마리엔 거리에 있는 집집마다 멀리 떨어진 창문과 번쩍이는 유리를 관찰한 끝에 그 방향을 향해 노래 불렀다.

물론 결과를 확인할 수는 없었으나 내 노래가 원격작용을 일으킬 수 있다는 가능성을 확신한 결과, 이 안뜰이나 다른 여러 안뜰은 이제 너무 좁게 느껴졌다. 그래서 먼 곳·먼 거리·파노라마에 굶주린 나는 모든 기회를 포착하여 나 혼자서, 혹은 어머니의 손에 매달려 라베스베크에서 교외로 나가, 좁은 안뜰에서 수프를 끓이던 그 녀석들의 추적에서 벗어난 것이다.

매주 목요일에 어머니는 시내로 장을 보러 갔다. 대개 나를 데려갔다. 석탄 시장가에 있는 병기창 거리의 지기스문트 마르쿠스의 가게에서 새 북을 살 필요가 있을 땐 언제나 데리고 갔다. 일곱 살에서 열 살 때까지 나는 2주일마다 꼬박꼬박 북 하나를 얻었다. 열 살에서 열네 살까지는 양철북 하나를 부수는 데 일주일도 걸리지 않았다. 그 뒤에는 새 북을 단 하루만에 파편으로 만들어 버리는가 하면, 평온한 마음일 때는 힘차면서도 조심스럽게 연주해서 양철의 니스 부분에 몇 군데 금이 간 것을 제외하고는 한 군데의 상처도 없이 서너 달을 지내기도 했다.

그러나 이젠 융단을 너는 장대, 못을 두들기는 하일란트 노인, 수프를 발명한 악동들이 있는 안뜰을 떠나, 2주일마다 어머니와 함께 지기스문트 마르쿠스의 가게에 가서, 여러 종류의 어린이용 양철북 중 새 양철북을 하나 고르던 무렵을 중심으로 이야기하겠다. 때로는 북이 아직 멀쩡할 때도 어머니는 그곳에 나를 데려갔다. 나는 언제나 여기저기서 교회 종이 울리고, 다채로우면서도 고풍스러운 이 구시가지의 오후를 만끽했다.

장난감 가게 방문은 대개 유쾌하고 즐겁게 진행됐다. 라이저 또는 슈테른펠트나 마흐비츠에서 몇 가지 물건을 산 뒤에 마르쿠스의 가게를 찾아갔는데, 마르쿠스는 언제부터인가 습관적으로 어머니에게 애정이 넘치는 최고의 인사를 했다. 의심의 여지 없이 그는 어머니의 비위를 한껏 맞추고 있었지만, 내가 아는 바로는, 황금에 버금가는 어머니의 손을 뜨겁게 움켜쥐고 소리 없이 입맞춤하는 이상으로 열렬히 환영할 정도로 어머니에게 정신이 나가 있는 것은 아니었다—이제 내가 이야기하게 될 그 어느 날의 방문 때, 그가 무릎꿇던 날을 제외한다면 말이다.

할머니 콜야이체크에게서 당당하고 튼튼한 체격을, 또 좋은 성품과 짝을 이루는 사랑스러운 허영심을 다 물려받은 어머니는 마르쿠스의 호의를 인정하고 있었다. 왜냐하면 그는 도매로 사들였지만 아무 흠도 없는 비단실과 부인용 스타킹을 그녀에게 선물이라 할 정도로 터무니없는 싼 값에 내주고 있었기 때문이다. 14일 간격으로 말도 안 될 만큼 싼 값으로, 가게 카운터 너머로 넘겨주는 나의 북은 말할 필요도 없다.

가게를 방문할 때마다 정각 4시 반이 되면 어머니는 나, 오스카를 가게에 맡아달라고 그에게 부탁했다. 중요하고 급한 일이 아직 남아 있다는 것이었다. 그러면 마르쿠스는 묘한 미소를 짓고 허리를 굽혀, 그녀가 중요한 일을 마치는 동안 나, 즉 오스카를 자신의 눈알처럼 소중히 보호하겠노라는 식으로 역겨운 미사여구를 섞어 가며 약속했다. 기분을 상하게 할 정도는 아니지만, 가벼운 찬웃음이 그의 말끝마다 확실히 드러나 있어 어머니는 그 말을 들을 때마다 얼굴을 붉히고 마르쿠스가 사정을 알고 있음을 어슴푸레 느꼈다.

그러나 어머니가 중요하다고 말하면서 아주 바쁜 듯 사라지는 그 볼일이 무엇인지는 나도 알고 있었다. 한동안 티슐러 거리의 어느 싸구려 여관에 어머니를 따라다닌 적이 있었기 때문이다. 그곳 층계에서 어머니는 사라졌다가 꼭 45분 동안 돌아오지 않았다. 그동안 나는 대개 리큐어를 홀짝거리고 있는 그 집 안주인이 말없이 내놓은 기분 나쁜 레몬 주스를 앞에 놓고 기다려야만 했다. 이윽고 어머니는 거의 얼굴빛도 변하지 않은 채 돌아와서, 애매한 태도로 거의 눈을 들지 않는 안주인에게 한마디 인사를 하고 내 손을 잡았는데, 그 손의 체온이 그녀의 비밀을 누설하는 줄은 까맣게 모르고 있었다. 그 뜨거운 손을 잡고 우리는 볼베버 거리의 카페 바이츠케로 갔다. 어머니는 자신을 위해서 모카를, 오스카를 위해서 레몬 아이스크림을 주문하고, 얀 브론스키가 곧 우연인 듯이 그곳을 지나가기를 기다렸다. 그는 우리 테이블에 앉자 똑같이 모카 커피를 시켜 열기를 식혀주는 차가운 대리석 테이블 위에 놓도록 했다.

그들은 내 앞에서 아무 거리낌 없이 이야기를 했는데, 그 이야기는 내가 이미 오래전부터 알고 있던 것을 증명해 주었다. 그러니까 어머니와 얀 삼촌은 거의 매주 목요일마다 얀이 돈을 내고 빌리는 티슐러 거리 여관에서 만나 45분 동안 함께 지내는 것이다. 나를 티슐러 거리와 카페 바이츠케에 더 이상 데리고 오지 말라고 한 사람은 아마 얀이었으리라. 그는 가끔 지나치게 부끄러워했다. 어머니보다도 훨씬 부끄럼을 탔다. 어머니는 밀회가 끝난 뒤에 내가 함께 있어도 태연하여, 밀회의 정당성에 대해 언제나 확신하고 있는 듯했다.

그래서 나는 얀의 희망에 따라 거의 매주 목요일마다 오후 4시 반에서 6시까지 지기스문트 마르쿠스의 가게에서 여러 종류의 양철북을 구경하기도 하고 치기도 하고—오스카가 또 어디서 이렇게 마음껏 할 수 있었을까—몇 개의 북을 동시에 울리기도 하면서, 슬픈 개처럼 보이는 마르쿠스의 얼굴을 바라볼 수 있었던 것이다. 그의 생각이 어디에서 왔는지는 알 수 없어도, 그것이 어디로 가는지는 어렴풋이 느낄 수 있었다. 그것은 티슐러 거리에 머물러 번호를 붙인 방문을 할퀴든가, 불쌍한 문둥이 나사로처럼 카페 바이츠케의 대리석 테이블 밑에 웅크리고 있는 것이다. 그리고 무엇을 기다릴까? 부스러기라도 기다리는 걸까?

어머니와 얀 브론스키는 부스러기를 한 조각도 남기지 않았다. 두 사람은 모두 먹어치웠다. 대단한 식욕으로 끝없이 먹어 댔으며 자신의 꼬리까지 씹을 기세였다. 그들은 열중하고 있었기 때문에 테이블 밑에서 떠도는 마르쿠스의 생각을 아마 치근대는 바람의 애무라고 생각했을지도 모른다.

어느 날 오후—9월이었을 것이다. 어머니가 적갈색 가을 정장을 입고 마르쿠스의 가게를 나갔기 때문이다—나는 마르쿠스가 가게 카운터 뒤에서 넋을 놓은 듯 깊은 수심에 잠겨 방황하고 있는 모습을 보고, 새로 얻은 북을 가지고 병기창 거리의 어두컴컴한 지하도로 갔다. 양쪽에는 보석상, 식료품점, 서점 등 정돈된 가게들이 쇼윈도를 나란히 하고 있었다. 그 물건들이 탐나기는 하지만 내 손안에 넣을 수는 없었기에, 나는 그 앞에서 발을 멈추지 않고 지하도를 빠져나가 석탄 시장으로 갔다. 먼지가 자욱한 빛 속에서 나는 병기창 앞에 섰다. 현무암과 같은 회색 정면에는 여러 차례의 포위 공격 때에 만들어진 갖가지 크기의 대포 탄환이 박혀 있었는데, 그 쇠몽둥이를 그대로 놔둔 것은 오가는 모두에게 도시의 역사를 상기시키기 위해서였다. 탄환은 나에게 아무 말도 하지 않았다. 더욱이 탄환이 본디부터 박혀 있는 게 아니라는 사실을 나는 알고 있었다. 이 시내에 미장이 한 사람이 있었는데, 건설청과 기념물 보존청이 합동으로 그 사나이에게 돈을 주고 일을 시켰다. 다시 말해 과거 수세기 동안의 탄환을 몇몇 교회와 시청 건물의 정면, 그리고 병기창의 정면과 후면의 벽에 박아넣도록 시켰던 것이다.

나는 햇볕이 들지 않는 좁은 골목을 사이에 두고 병기창 오른쪽 건너편에 있는, 기둥이 줄지어 서 있는 현관이 보이는 시립극장으로 들어갈까 생각했다. 그런데 생각한 대로 이 시각에는 시립극장은 닫혀 있었기 때문에—매표소는 저녁 7시가 되어야 열렸다—이젠 돌아갈까 생각하고 북을 치면서 천천히 왼쪽으로 걸어갔다. 그리고 슈토크 탑과 랑 거리 문 사이에 다다랐다. 문을 통과해서 랑 거리로 나가 다시 왼쪽으로 꺾어 대(大)볼베버 거리로 갈 기분은 들지 않았다. 그곳에는 어머니와 얀 브론스키가 앉아 있을 터이기 때문이다. 아직 그곳에 앉아 있지 않다면, 티슐러 거리에서 대리석 테이블에 앉아 기분을 상쾌하게 만드는 모카를 막 마시려 하고 있거나 이미 마시는 중일 것이다.

내가 어떻게 석탄 시장의 차도를 건넜는지 모른다. 그곳은 시가전차들이 끊임없이 문을 통과하거나 찌르릉 방울을 울리며 커브에서는 차체를 삐걱거리면서 문을 빠져나와, 석탄 시장과 재목 시장에서 중앙역 쪽으로 향하고 있었다. 아마도 경찰이었을 어떤 어른이 내 손을 이끌고 위험한 도로를 조심조심 건너게 해 주었을 것이다.

나는 하늘을 향해서 날카롭게 우뚝 솟아 있는 슈토크 탑의 벽돌 앞에 서 있었다. 그러다가 차츰 따분해져서 벽과 탑 문의 철제 장식이 달린 게시판 사이에 북채를 끼운 것은 정말로 우연이었다. 내가 벽돌을 따라서 위를 올려다본 순간, 더 이상 탑의 정면을 따라 눈길을 아래위로 움직일 수 없었다. 왜냐하면 비둘기들이 벽의 움푹 들어간 곳이나 탑의 창문에서 끊임없이 내려와서는, 불쑥 나온 창과 지붕 배수구에 잠시 앉았다가 다시 날아 내려와서 내 시선을 혼란시켰기 때문이다.

나는 비둘기 때문에 짜증이 났다. 내 시선을 흐트려 놓았기 때문이다. 그래서 시선을 회복하고, 또한 화를 가라앉히기 위해 정신을 차려 먼저 두 북채를 지레 대신으로 사용했다. 완전히 열리지는 않았으나 살짝 열린 문 틈으로 탑 안에 들어갈 수는 있었다. 오스카는 이미 나선층계로 들어서서 벌써 오른발을 앞으로, 왼발을 뒤로 하고 오르고 있었다. 제일 먼저 격자창이 끼워진 감옥에 다다랐고, 다시 빙글빙글 돌아 올라가 설명서와 함께 조심스럽게 보관된 기구가 놓여 있는 고문실을 지나 다시 올라가면서—이번에는 왼발을 앞으로, 오른발을 뒤로 하고 있었다—좁은 창살이 끼워진 창에서 밖을 바라보고, 높이를 가늠해 보았으며, 벽 두께를 손으로 재어 보고, 비둘기를 놀라게 하면서, 나선층계를 한 바퀴 돌아서 다시 그 비둘기를 만나고, 또다시 오른발을 앞으로, 왼발을 뒤로 하고 올라갔다. 오스카가 다시 발을 바꿔가며 정상에 다다랐을 때에, 오른발도 왼발도 무거웠으나 더욱 위로 올라가고 싶었다. 그러나 층계는 이것으로 끝이었다. 그는 탑 건축의 무의미함과 무력함을 깨달았다.

나는 슈토크 탑이 어느 정도의 높이였는지 모른다. 그리고 탑이 전쟁을 견뎌낸 지금도 어느 정도의 높이인지 모른다. 또 동부 독일의 벽돌로 지은 고딕식 건축에 대해서 간호사 브루노에게 백과사전을 찾아달랄 생각도 없다. 내 추측으로는 탑의 꼭대기까지 45미터는 족히 되리라고 생각한다.

나는 첨탑을 둘러싼 통로에서 잠깐 쉬어야 했는데, 나를 너무나 빨리 지치게 하는 나선층계 때문이었다. 나는 주저앉아서 두 다리를 난간 기둥 사이에다 걸치고 몸을 앞으로 굽혀, 기둥 하나를 오른손으로 꼭 붙잡고 곁눈질로 주위를 둘러보며 석탄 시장까지 내려다보았다. 그러면서 계속 올라오는 동안 들고 온 북을 왼손으로 확인했다.

나는 탑이 많고 종이 울려 퍼지며 지금도 중세의 숨결을 전하는 여러 뛰어난 동판화에 그려져 있는 파노라마, 고도 단치히의 조감도를 설명하여 여러분을 지루하게 할 생각은 없다. 마찬가지로 비둘기에 대해서도 잘 쓸 수 있다고 누가 열 번 말할지라도, 나는 비둘기와는 관계가 없다. 비둘기는 나에게 아무런 이야기도 하지 않았으며, 갈매기가 차라리 낫다. 평화의 비둘기라는 표현은 나에게 단지 역설로만 느껴질 뿐이다. 오히려 나는 하늘 아래 가장 싸움을 즐기는 비둘기보다는 보라매나 독수리를 평화의 전령이라 믿고 싶다. 간단히 말해서 슈토크 탑에는 비둘기가 있었다. 그러나 비둘기로 말하자면 유명한 탑에는 어디나 있게 마련이다. 그리하여 그러한 탑에 상주하는 기념물 관리인의 손으로 보호를 받는다.

내 눈은 완전히 다른 것을 노렸다. 내가 병기창 거리에서 나왔을 때 닫혀 있던 시립극장 건물이다. 돔을 뒤집어쓴 그 커다란 상자 모양의 건물은 의고주의 시대의 커피 가는 맷돌을 무식하게 확대해 놓은 것과 매우 흡사했다.

물론 매일 밤 만원이 되는 학술과 교양의 사원을 덮은 그 돔에는, 배우·배경·프롬프터·도구 및 모든 막(幕)을 포함한 5막의 연극을 가루로 만드는 데 필요할지도 모를 무서운 손잡이는 없었지만 말이다. 줄지어 있는 기둥으로 둘러싸인 휴게실 창이 점점 붉어지며 기울어 가는 오후의 태양을 놔주지 않으려 했기 때문에 이 건물은 짜증이 났다.

석탄 시장의 상공 30미터쯤 되는 이곳에서, 전차들과 퇴근 시간을 만끽하는 직원들 머리 위에서, 달콤한 향이 감도는 마르쿠스의 가게 위에서 어머니와 얀 브론스키가 서늘한 대리석 테이블 위에 두 잔의 모카를 놓고 마주 보고 있는 카페 바이츠케의 위에서, 그리고 우리 아파트·안뜰·다른 안뜰들, 굽은 못과 펴진 못, 이웃 아이들과 그들의 벽돌 수프 위에서, 이제까지는 뭔가를 내게 억지로 강요했기 때문에 소리를 질렀던 내가 아무런 강요와 이유도 없이 소리를 지르게 되었다. 슈토크 탑에 오르기 전까지는 누군가 북을 빼앗으려고 할 때만 마지못해 유리의 이음 부분이나 전구 속이나 김빠진 맥주병 안에다 대고 비명 소리를 질렀던 내가, 이 탑 위에서는 내 북과는 아무 상관없이 소리를 질렀다.

아무도 오스카에게서 북을 빼앗으려고 하지 않았다. 그런데도 그는 소리를 질렀다. 물론 비둘기 한 마리가 그의 북에 똥을 떨어뜨려 그렇게 소리를 지르는 것도 아니다. 근처에는 푸른 녹이 슨 동판은 있었으나 유리는 없었다. 그래도 오스카는 소리질렀다. 비둘기들은 불그스름한 눈을 빛내고 있었으나, 유리 눈으로 그를 쳐다본 것은 아니었다. 그런데도 그는 소리질렀다. 무엇을 향해서 그는 소리쳤던 것인가? 어떤 거리감이 그를 부추겼을까? 다락방에서 벽돌 가루를 넣은 수프를 먹고 아무 생각 없이 안뜰 너머로 실험해 본 것을, 이곳에선 무슨 목표라도 정하고 증명해 보이려고 생각한 것인가? 오스카는 어느 유리를 노린 걸까? 어느 유리로—어쨌든 문제는 유리뿐이다—오스카는 실험하려고 생각했던 걸까?

그것은 시립극장이었다. 그 극적인 커피 맷돌을 부수려고 나는 다락방에서 새로운 방식의 소리를 처음 시도해 보았다. 타성에 빠진 나의 제한된 목소리 톤을 유혹했던 것은 그 시립극장이었다. 온 힘을 다해서 소리쳤으나 아무 일도 일어나지 않았다. 그러나 몇 분 뒤에 나는 거의 소리가 없는 목소리를 내는 데 성공했다. 그리하여 오스카는 기쁨과 억제할 수 없는 자부심에 차 스스로 확인할 수 있었다. 휴게실 왼쪽 창 한가운데 유리 2장이 석양에 더는 빛나지 않게 된 것이다. 그리고 곧 새로운 유리를 끼워야 할 검은 사각형 두 개가 남게 되었음을 알아차렸다.

성과를 확인할 필요가 있었다. 나는 수년 동안 찾고 있던 기법을 마침내 발견하여, 아연해 있는 세상 사람들에게 똑같이 위대하고, 똑같이 대담하며, 똑같은 가치를 갖고, 때로는 똑같은 크기로 그 기법을 과시함으로써 최후의 마무리를 끝내는 어느 현대 화가처럼 행동한 것이다.

15분이 채 되지 않는 동안에 나는 휴게실의 모든 창과 유리문의 일부를 파괴하는 데 성공했다. 위에서 내려다보니 흥분한 군중이 극장 앞에 모여들었다. 항상 구경꾼은 있는 법이다. 나의 예술을 찬미하는 자들이 특별히 나를 감동시킨 것은 아니었다. 기껏해야 그들은 오스카의 예술에 좀더 엄격함을, 좀더 형식을 부여했을 뿐이다. 나는 곧 모든 것의 내면을 드러내는 더욱 대담한 실험을 시작하려고 했다. 즉 창이 열려 있는 휴게실을 지나 관람석 문의 열쇠 구멍을 통해 어두운 극장 안에까지 특유의 소리를 들여보내서, 예약 손님 전원의 자부심, 그리고 잘 닦여서 거울처럼 빛이 나고 빛을 굴절시키며 다면체로 깎인 다른 장식물과 극장의 샹들리에를 박살낼 작정이었다. 그때 극장 앞 인파 속에서 적갈색 양복이 눈에 띄었다. 어머니가 모카를 즐기고 얀 브론스키와 헤어져 카페 바이츠케에서 돌아오는 길이었다.

오스카가 그 거만한 샹들리에에게 소리를 질렀던들 그것은 허락될 수 있었을 것이다. 그럼에도 그는 성공하지 못한 듯했다. 다음 날 신문에는 수수께끼 같은 이유로 휴게실과 문의 유리가 파괴되었다는 보도만이 실려 있었기 때문이다. 신문의 학예란에 실린 저속하고 과학적인 조사는 몇 주 간에 걸쳐 지리멸렬한 상태로 엉뚱하고 실없는 소리를 퍼뜨렸다. 〈새 소식지〉는 괴(怪)광선 이야기를 싣고 있었다. 천문대 사람, 즉 고도의 능력을 가진 정신 노동자는 태양 흑점에 대해서 이야기했다.

그때 나는 짧은 다리가 허용하는 가장 빠른 속도로 슈토크 탑의 나선층계를 내려와 숨을 죽이고 극장 앞 인파에 끼어들었다. 어머니의 적갈색 가을 양복은 이미 보이지 않았다. 어머니는 분명 마르쿠스의 가게에 있을 터이고, 아마도 틀림없이 내 소리가 원인인 피해에 대해 보고했으리라. 나의 발육부전이나 다이아몬드 목소리를 지극히 자연스러운 현상이라 생각하고 있는 마르쿠스는 혀 끝을 설레설레 흔들면서 싯누런 손을 비비고 있을 것이라고 오스카는 생각했다.

가게 문 앞에 도착했을 때, 멀리서 유리를 파괴했던 성공적인 노래를 싹 잊게 만드는 광경이 내 눈앞에 나타났다. 지기스문트 마르쿠스가 내 어머니 앞에 무릎을 꿇고 있었다. 봉제 동물인 곰·원숭이·개, 게다가 눈을 떴다 감았다 하는 인형, 또 소방차, 흔들 목마, 그리고 그의 가게를 지키는 그의 모든 꼭두각시가 그와 함께 무릎꿇으려는 것처럼 보였다. 그는 두 손으로 어머니의 양손을 감싸고, 엷은색 털과 갈색 반점이 난 손등을 보이면서 울고 있었다.

어머니도 그 자리의 분위기에 어울리게 진지한 표정을 짓고 있었다. "안 돼요, 마르쿠스 씨. 가게에서 이러지 마세요."

그러나 마르쿠스는 그만두지 않았다. 그는 내가 잊을 수 없을 만큼 간절하면서도 뻔뻔스런 어조로 이야기했다. "이젠 브론스키와는 그만두세요. 폴란드 우체국에서 근무하고 있으니까요. 그건 좋지 않아요. 말해 두겠는데, 그 사람은 폴란드 편이에요. 폴란드에 걸지 말아요. 걸고 싶으면 독일인에게 걸어요. 오늘은 나빠도 내일은 그쪽이 나으니까요. 아직은 조금 나빠도 조만간 좋아질 겁니다. 그런데 아그네스 씨는 여전히 브론스키에게 걸고 있군요. 당신 남편인 마체라트에게 건다면 어쩔 수 없지만, 그렇지 않다면 이 마르쿠스에게 걸어 주세요. 이제 막 세례를 받은 이 마르쿠스와 함께 런던으로 갑시다, 아그네스 씨. 그곳에는 친구도 있고, 주식도 많이 있어요. 당신이 가자고만 한다면 가겠습니다. 마르쿠스와는 싫다면, 당신이 나를 경멸하고 있기 때문일 거요. 그런 거면 경멸하십시오. 그렇지만 마음속 깊이 바라건대 폴란드 우체국에 있는 미치광이 브론스키에게는 다시는 걸지 마세요. 독일인이 오면 폴란드인은 마지막입니다!"

일어날 수 있는 온갖 일을 생각하고 마음이 흐트러진 어머니는 금방이라도 눈물이 나올 것 같았다. 마침 그때 마르쿠스가 가게 문 앞의 나를 발견하고, 어머니의 한 손을 놓고서 다섯 손가락으로 나를 가리켰다. "부디, 이 아이도 런던에 함께 데리고 갑시다. 왕자님처럼 소중하게 모십시다, 왕자님처럼!"

어머니도 나를 바라보며 살짝 미소를 지었다. 아마도 그녀는 유리가 없어진 시립극장 휴게실 창에 대해 생각하고 있었거나 약속의 땅, 수도 런던에 대한 생각에 기분이 들떠 있었을지도 모른다. 그런데 놀랍게도 그녀는 고개를 흔들며 댄스 신청을 거절하듯이 분명하게 말했다. "감사합니다, 마르쿠스 씨. 하지만 그렇게는 안 돼요, 정말로 안 돼요—브론스키 때문이에요."

삼촌 이름이 나오자 마르쿠스는 벌떡 일어나 마치 잭나이프처럼 쭉 허리를 펴고 말했다. "마르쿠스를 용서하십시오. 그 남자 때문에 안 된다는 것을 벌써 생각했어야 했는데 말입니다."

우리가 병기창 거리의 가게를 나왔을 때, 아직 문을 닫을 시간도 아닌데 장난감 가게 주인은 밖에서 가게를 닫고 5호선 정류장까지 우리를 배웅했다. 시립극장 앞에는 아직 행인과 여러 명의 경찰관이 있었다. 그러나 나는 두렵지 않았다. 유리를 박살내는 데 성공한 일 따위는 이젠 거의 마음에 두지 않고 있었기 때문이다. 마르쿠스는 내 쪽으로 몸을 구부리고서, 우리보다도 자기에게 이야기하는 것처럼 이렇게 중얼거렸다. "이 아이에게 못할 일이 있을까, 오스카. 북을 치고, 극장 앞에서 소동을 일으키고."

유리 파편을 보고 불안해하기 시작한 어머니를 그는 손을 움직여서 안심시켰다. 그리고 전차가 와서 우리가 차량에 올라탈 때, 그는 다시 한 번 듣는 사람이라도 있을까 봐 두려운 듯이 낮은 소리로 애원했다. "부디 당신 남편 마체라트 편에 계속 있어요. 이젠 폴란드에는 걸지 마십시오."

오스카는 오늘 철제 침대에서 누웠다 일어났다 하면서 다양한 자세로 북을 쳤다. 그러면서 병기창 거리, 슈토크 탑 감옥의 벽에 씌어 있는 서투른 글씨, 슈토크 탑 그 자체, 기름을 친 고문 기구, 시립극장의 줄지어 선 기둥 뒤에 있는 휴게실의 세 창문, 그리고 다시 병기창 거리와 지기스문트 마르쿠스의 가게를 찾아서 9월 어느 하루의 모습 하나하나를 모사할 때, 그는 또한 폴란드도 찾을 수밖에 없다. 무엇을 가지고? 북채로 찾는다. 그는 폴란드를 그의 영혼으로 찾을 것인가? 모든 신체 기관을 동원하여 그는 찾는다. 그러나 영혼은 기관이 아니다.

그리고 나는 잃어버렸으나 아직 잃지 않은 폴란드인의 나라를 찾는다. 다른 사람들은 곧 잃게 된다, 이미 잃었다. 다시 잃어버렸다라고 말한다. 이곳에서 사람들은 폴란드를 새로이 신용으로, 라이카 카메라로, 나침반으로, 레이더로, 마법 지팡이로, 외교 사절로, 휴머니즘으로, 야당 당수로, 방충제를 넣어 치워 두었던 향우회 의상으로 찾고 있다. 이곳에서 사람들은—절반은 쇼팽을 절반은 마음속 복수를 생각하며—폴란드를 영혼으로 찾고 있다. 한편으로는 폴란드의 제1차에서 제4차까지의 분할을 비난하고 제5차 분할을 계획하고 있는 그들은 에어프랑스로 바르샤바까지 날아가서 예전에 유대인 거주지(게토)가 있던 자리에 동정하면서 작은 화환을 바친다. 다른 한편으로는 이제 사람들은 폴란드를 로켓으로 찾게 될 것이다. 나는 폴란드를 북으로 찾는다. 그래서 이렇게 북을 친다. 잃어버렸다, 아직 잃지 않았다, 벌써 또 잃어버렸다, 누구에게 잃어버렸나, 곧 잃어버린다, 이미 잃었다, 폴란드를 잃었다, 모든 것을 잃었다, 아직 폴란드를 잃지 않았다라고.

연단(演壇)

내 노래가 시립극장 휴게실의 창을 파괴한 일로, 나는 처음으로 무대예술과의 접촉을 꾀하게 되었으며 또한 그것을 이룩했다. 어머니는 그날 오후 장난감 가게의 마르쿠스한테서 강한 요구를 받았음에도, 내가 극장과 직접적인 관계가 있다고 분명히 눈치챘을 것이다. 다음 크리스마스 기간에 자신과 슈테판과 마르가 브론스키, 그리고 오스카를 위해서 표 4장을 사서 강림절 마지막 일요일에 크리스마스 동화극을 보러 데리고 갔기 때문이다. 우리는 3층 맨 앞자리에 앉았다. 관람석 위에서 거만한 샹들리에가 그 아름다움을 잔뜩 뽐내고 있었다. 나는 슈토크 탑에서 노래로 샹들리에를 파괴하지 않은 것을 기뻐했다.

그날은 이미 아이들로 만원이었다. 어느 층이나 어머니들보다도 아이들이 많았는데, 비교적 부자들이나 산아제한에 열심인 사람들이 앉는 관람석에는 어머니와 아이들의 수가 거의 균형이 잡혀 있었다. 어린아이들은 도대체 왜 가만히 앉아 있지를 못하는지! 나와 비교적 얌전한 슈테판 사이에 앉아 있는 마르가 브론스키는 의자에서 미끄러져 다시 기어오르더니, 금방 또 난간 앞에서 신이 나서 체조를 하고, 의자의 용수철 장치에 끼일 뻔하기도 했다. 그래도 어머니가 이 어리석은 아이의 입에 사탕을 밀어넣었기 때문에, 울음소리만은 우리 주위에서 우는 아이들에 비해서 그럭저럭 참을 만했으며, 우는 시간도 짧은 편이었다. 사탕을 먹으면서 쿠션을 더듬고 다니다가 공연이 시작하기도 전에 지쳐버린 슈테판의 누이동생은 막이 오르자마자 잠들어 버렸기 때문에, 막이 내릴 때마다 그녀도 열심히 손뼉을 칠 수 있도록 깨워 줘야만 했다.

난쟁이의 동화는 제1막부터 나를 사로잡아 나 한 사람에게만 알아듣기 쉬운 말로 들려 주는 듯했다. 훌륭한 연출로서 난쟁이는 전혀 모습을 보이지 않고 소리만 들렸다. 그리고 모습은 보이지 않으나 이 극의 제목이기도 한 진짜 주인공의 뒤쪽에서, 어른 배우들이 튀어나왔다. 난쟁이는 어떤 때는 말의 귀에 올라앉았고, 어떤 때는 아버지가 큰 돈을 받는 대신에 두 사람의 건달에게 팔려 갔으며, 어떤 때는 건달의 모자 차양 위를 산책하며 거기에서 말을 걸었고, 나중에는 쥐구멍이나 달팽이 집으로 숨어 들어갔으며, 도둑들과 한패가 되어 건초 속으로, 또다시 건초와 함께 소의 밥통 속으로 들어갔다. 그러나 소는 난쟁이의 목소리로 말을 했기 때문에 도살당했다. 소 밥통은 붙잡힌 난쟁이와 함께 퇴비 더미에 던져져 이리에게 먹혔다. 하지만 난쟁이는 이리를 꾀어서 아버지의 집 창고로 안내했고, 그곳에서 이리가 도둑질을 시작하려고 할 때 북을 쳐서 위험을 알렸다. 결말은 동화가 모두 그러하듯이, 아버지가 나쁜 이리를 죽이고, 사람을 먹은 그 이리의 시체와 위를 어머니가 가위로 가르자 난쟁이가 모습을 나타내어 다음과 같이 외치는 소리가 들린다는 줄거리이다. "아, 아버지, 나는 쥐구멍에, 소의 뱃속에, 이리의 밥통 속에 있었어요. 그렇지만 이제는 아버지와 어머니 곁을 떠나지 않겠어요."

이 결말은 나를 감동시켰다. 어머니를 슬쩍 쳐다보니 손수건으로 코를 누르고 있었다. 어머니도 나처럼 무대의 줄거리에 동화된 것이다. 어머니는 곧 잘 감동하는 성격이었다. 그로부터 몇 주일 동안, 특히 크리스마스 축제가 계속되는 동안 어머니는 몇 번이나 나를 껴안으며 입맞춤을 하고, 어떤 때는 장난으로, 어떤 때는 슬픈 듯이 오스카를 난쟁이라고 불렀다. 혹은 나의 조그마한 난쟁이라고, 혹은 나의 가엾고 불쌍한 난쟁이라고.

1933년 여름이 되어 처음으로 나는 다시 극장에 따라가게 되었다. 나의 오해로 인해서 그 일은 잘 진행되지 않았으나, 훨씬 뒤에까지 깊은 인상을 나에게 남겼다. 오늘날에도 내 마음속에서 울리고 물결치는 것이 있다. 그것은 초포트 숲 속 오페라에서 일어났던 일인데, 그곳에서는 여름마다 야외 밤하늘 아래에서 바그너 음악이 자연에 바쳐졌다.

오페라 자체를 좋아한 사람은 어머니뿐이었다. 마체라트에게는 오페레타마저도 벅찼다. 얀은 어머니의 지도를 받아 아리아 몇 곡에 열중했으나, 그의 음악적인 풍모와는 달리 아름다운 소리에 대해선 통 귀머거리였다. 그 대신 그는 포르멜라 형제를 알고 있었다. 그들은 예전 카르타우스 고등학교 시절 동급생들로서 초포트에 살았고, 호숫가 길이나 온천 호텔과 카지노 앞 분수대 조명을 맡고 있었으며, 숲의 오페라 축제극 때는 똑같이 조명 기사로 일했다.

초포트에 가려면 올리바를 지나가야 했다. 어느 날 오전 성(城) 안 공원에서의 일이었다. 금붕어와 백조와 어머니와 얀 브론스키는 유명한 '속삭임의 동굴'에 있었다. 그리고 다시 금붕어와 백조와 함께, 서로 손을 마주잡고 사진사에게 협력했다. 촬영이 진행되는 동안 마체라트는 목말을 태워주었다. 나는 북을 그의 정수리에 받쳤다. 나중에 앨범에 붙인 그 사진을 보고는 모두 큰 소리로 웃었다. 금붕어와 백조와 헤어져 '속삭임의 동굴'을 떠났다. 성의 공원뿐만 아니라 철책 앞이나 글레트카우행 전차나 우리가 점심을 먹은 글레트카우의 온천 호텔도 일요일이었고, 발트 해는 마치 사람들을 해수욕으로 초대하는 것 말고는 다른 할 일이 없는 듯이 온통 일요일의 풍경으로 느긋했다. 우리가 해안 산책길을 따라 초포트 쪽으로 걸어갔을 때, 일요일이 우리를 맞아 주었다. 그래서 마체라트는 모두의 입장료를 내야 했다.

우리는 남쪽 바닷가에서 해수욕을 했다. 북쪽보다 덜 붐비리라 예상했기 때문이다. 남자들은 남자 전용 탈의실에서 옷을 갈아입고, 어머니는 나를 여자 전용 탈의실로 데리고 갔다. 어머니는 그 무렵 이미 한계를 넘어 살이 찐 몸을 누르스름한 수영복 속에 집어넣는 동안, 나에게 가족 전용 탈의실에서 옷을 다 벗도록 했다. 완전히 노출된 내 모습을 가족 전용 탈의실에 있는 여러 사람들의 눈에 보여 주기가 싫었기 때문에 나는 고추를 북으로 가렸으며, 나중에 모래사장에서는 모래에 배를 깔고 엎드렸다. 유혹적인 발트 해의 물속으로 들어가는 대신 모래 속에 부끄러움을 감추고서, 내내 쫓기는 타조처럼 눈가리고 아옹 했다. 마체라트도 얀 브론스키도 차츰 배가 나오기 시작해서 우스꽝스럽고 가엾을 정도로 안돼 보였기 때문에, 그날 오후 늦게 탈의실로 가서 모두가 햇볕에 탄 피부에 크림과 니베아 오일을 바른 후 다시 일요일 외출복으로 갈아입었을 때, 나는 기쁘기까지 했다.

'불가사리'에서 커피와 과자. 어머니는 5층 케이크를 3분의 1만 주문하자고 했다. 마체라트는 반대했으며 얀은 찬성도 반대도 아니었다. 어머니는 주문을 하여 마체라트의 케이크에서 한 조각 떼서 얀에게도 먹이고 두 사나이를 만족시킨 후, 너무나 단 케이크를 한 숟가락 한 숟가락 위 속에 밀어넣었다.

오, 성스러운 크림이여, 그대 가루 설탕을 바른, 맑았다 흐려지는 일요일 오후여! 폴란드 귀족들이 푸른 선글라스를 쓰고 진한 레모네이드를 앞에 놓고 앉아 있었는데, 그것에는 손을 대려고도 하지 않았다. 부인들은 짙은 보랏빛 손톱을 만지작거렸으며, 바닷바람은 그녀들이 여름 동안 때때로 빌리는 모피 케이프의 방충제 냄새를 우리 쪽으로 보냈다. 마체라트는 그들이 호들갑스럽다고 생각했다. 어머니는 똑같은 모피 케이프를 오후 동안이라도 빌리고 싶었으리라. 폴란드 귀족의 무료함은 이제 극도에 달했기 때문에 빚이 늘어나고 있는데도 프랑스 말을 쓰지 않고 완전히 속물근성을 드러내며 익숙한 폴란드 말을 사용하고 있는 것이라고 얀은 주장했다.

'불가사리'에 앉아서 폴란드 귀족의 푸른 선글라스와 짙은 보랏빛 손톱을 하염없이 보고 있을 수는 없었다. 케이크로 배가 부른 어머니는 좀 움직이자고 했다. 우리는 온천 공원에 갔다. 나는 당나귀를 타고 다시 한 번 사진을 찍기 위해서 가만히 있어야 했다. 금붕어와 백조―왜 자연은 다른 것을 생각해 내지 않았을까―그리고 민물을 값나가는 것으로 만드는 금붕어와 백조.

사람들이 항상 말하듯이, 속삭이지도 않는 가지를 친 주목(朱木) 사이에서 우리는 포르멜라 형제를 만났다. 카지노의 조명 기사 포르멜라, 숲의 오페라 조명을 맡고 있는 포르멜라이다. 동생 포르멜라는 조명 기사 일을 하면서 들은 농담을 모두 풀어놓지 않고는 못 배기는 사나이였다. 형 포르멜라는 그 농담을 이미 다 알고 있었지만 형제애 때문에 적당한 대목에서 웃었다. 그에게는 금니 하나가 있었는데, 웃을 때마다 금니를 세 개 끼우고 있는 동생보다 더 노골적으로 보였다. 일행은 스프링거의 가게로 진을 마시러 갔다. 어머니는 쿠르퓌르스트를 더 좋아했다. 기억해 둔 농담을 계속해서 풀어내면서, 돈 잘 쓰는 동생 포르멜라는 '앵무새' 식당의 저녁 식사에 모두를 초대했다. 그곳에서 투셀을 만났다. 투셀은 초포트의 절반을 소유한 사나이로 숲의 오페라와 영화관 다섯 개와도 관계가 있었다. 또한 그는 포르멜라 형제의 두목이기도 하며, 우리와 마찬가지로 서로 알게 된 것을 기뻐했다. 투셀

은 손가락에 낀 반지를 쉴 새 없이 돌리고 있었는데, 그것은 소망을 이루어
주는 반지도, 마법의 반지도 아니었다. 투셸이 나름대로 농담을 하는 것 말
고는 아무 일도 일어나지 않았기 때문이다. 더욱이 조금 전에 포르멜라가 한
농담과 같은 농담이었으나, 단지 금니를 드러내는 횟수가 적을 뿐이었다. 그
래도 식탁에 앉은 사람들은 모두 웃었다. 투셸이 농담을 했기 때문이다. 나
만 진지한 태도를 흩뜨리지 않고 굳은 표정을 지은 채 농담의 급소를 찌르려
고 했다. 아, 이 폭발적인 웃음은 비록 진짜가 아닐지라도, 우리가 먹어대
고 있는 식탁 한구석을 구분하는 원반 유리 무더기처럼 얼마나 우리를 즐겁
게 만들고 있는지. 투셸은 감사의 뜻을 나타내며 여전히 농담을 하다가, 골
트바서(단치히
원산의 술)를 가져오게 하여 웃음과 골트바서 사이를 헤엄치면서 갑자기
행복한 듯 평소와는 다른 식으로 반지를 빙글 돌렸다. 그러자 확실히 어떤
일이 일어났다. 투셸은 우리 모두를 숲의 오페라로 초대했다. 숲의 오페라
일부는 그의 것이었기 때문이다. 그는 유감스럽게도 약속이 있어서 함께 갈
수 없지만 우리가 기꺼이 그의 자리에 앉아주기를 바란다고 하면서, 쿠션이
달린 관람석에서 어린아이는 지치면 잘 수도 있다고 말했다. 그리고 은제 샤
프펜슬로 투셸의 명함에 투셸의 이름을 써넣고서, 이것이 프리패스입니다라
고 말했다―확실히 그대로였다.

　무슨 일이 일어났는가는 간단히 말할 수 있다. 그러니까 기분 좋은 여름밤
에 숲의 오페라는 만원이 되어 외국인으로 북적였다. 시작하기 전부터 모기
가 있었다. 그러나 언제나 조금 늦는 것이 품위 있어 보인다고 생각하는 마
지막 모기가 피를 찾아서 윙윙거리며 도착을 알렸을 때, 거의 동시에 정말로
막이 올랐다. '방황하는 네덜란드인'(바그너의
오페라)이었다. 배 한 척이 해적선이라기
보다 숲의 도적과 같은 모습으로, 숲의 오페라라는 이름이 유래된 그 숲에서
나왔다. 선원들은 나무를 향해서 노래를 불렀다. 나는 투셸의 쿠션에서 잠들
었다. 눈을 떴을 때는 여전히 선원들이, 아니 이미 또 다른 선원들이 노래하
고 있었다. 타수(舵手)가 망을 본다…… . 하지만 오스카는 다시 곯아떨어졌
다. 오스카는 꾸벅꾸벅 졸면서, 어머니가 네덜란드인에 관심을 가지며 큰 파
도 위를 미끄러지듯이 바그너식으로 호흡하면서 네덜란드 유령선에 푹 빠져
있는 것이 즐거웠다. 그녀는 마체라트와 안이 끼고 있던 손을 앞으로 내밀어
각각 단단한 나무를 톱으로 썰고 있는 것도, 또한 내가 계속해서 바그너의

손가락에서 미끄러져 떨어지는 것도 깨닫지 못했다. 마침내 오스카가 눈을 번쩍 뜬 까닭은, 한 여인이 숲 한가운데에 혼자 서서 비명을 지르고 있었기 때문이었다. 머리카락이 노란 그 여인은 조명 기사가—아마도 동생 포르멜라일 텐데—그녀를 라이트로 비추며 귀찮게 뒤쫓았기 때문에 큰 소리로 외치고 있었다. "안 돼." 그녀는 소리쳤다. "슬퍼!" "누가 나를 괴롭히는 거죠." 그러나 그녀를 괴롭히는 포르멜라는 조명을 치우지 않았다. 고독한 여인의 외침은—저것이 솔리스트라고 나중에 어머니가 가르쳐 주었는데—때때로 은빛 거품이 이는 울부짖음으로 변했다. 그 소리는 때도 되기 전에 초포트 숲 나무들의 잎을 시들게 했으나, 포르멜라의 조명에는 아무런 영향도 미치지 못했다. 그녀의 소리는 재능을 타고났음에도 무력했다. 오스카는 뛰어나가서 그 버릇 없는 빛을 찾아내, 낮은 소리로 귀찮게 따라다니는 모기보다 더욱 낮은 음정으로 원격작용의 소리를 또 한 번 질러서 그 라이트를 처치해야만 했다.

전기가 꺼지고 어둠이 내렸다. 불빛이 확 타오르며 숲에 화재가 일어났다. 불은 곧 꺼졌으나 소란이 벌어졌다. 이건 내가 의도한 것이 아니었다. 나는 혼란 속에서 어머니와 자다가 갑작스럽게 정신이 든 두 사나이를 잃어버렸을 뿐 아니라 내 북 또한 잃어버렸다.

나와 극장의 세 번째 만남은, 숲의 오페라인 바그너를 쉽게 편곡하여 집에서 피아노로 치던 어머니가 1934년 봄에 나를 서커스장에 데려가게 해 주었을 때였다.

오스카는 여기서 그네를 타는 은빛 여자들과 부슈 서커스의 호랑이들, 재주가 비상한 바다표범에 대해 수다를 늘어놓고 싶지는 않다. 아무도 서커스의 둥근 천장에서 떨어지지 않았다. 맹수를 부리는 사람은 조금도 물리지 않았다. 바다표범도 배운 대로 했다. 공도 잘 받았으며, 그 상(賞)으로 던져진 청어도 잘 받아 먹었다. 나는 서커스에서 즐거운 어린이 프로그램과 나에게 아주 중요한 음악 광대 베브라와 알게 된 것을 감사하고 있다. 병으로 '호랑이 지미'를 연주하던 그는 난쟁이 나라 주민들의 지도자였다.

우리는 동물원에서 만났다. 어머니와 그녀의 두 사나이는 원숭이 우리 앞에서 기분이 상해 있었다. 예외적으로 그날은 같이 끼게 된 헤트비히 브론스키가 아이들에게 작은 말을 보여 주었다. 사자가 나를 향해 큰 입을 벌리고 하품을 한 뒤, 나는 경솔하게도 부엉이와 얽히게 되었다. 나는 새를 응시하려고 했는데 반대로 응시당하고 말았다. 오스카는 마음에 상처를 입고 귀가 빨개져서 그곳에서 살금살금 빠져나와 청백색 곡마단 차 사이에 몸을 숨겼다. 그곳에는 줄에 묶인 산양 몇 마리밖에 없었으니까.

베브라는 멜빵바지와 슬리퍼 차림으로 내 곁을 지나갔다. 그는 양동이를 나르고 있었다. 두 사람의 눈길이 슬쩍 마주쳤을 뿐이었다. 그렇지만 우리는 금방 상대를 간파했다. 그는 양동이를 놓고 큰 머리를 갸웃거리며 내게로 다가왔다. 나는 그가 나보다 9센티미터가량 크다고 어림했다.

"이봐, 이봐." 내 위에서 샘이 날 정도로 팁팁한 목소리가 들렸다. "이제 세 살에서 더 이상 크려고 하지 않는구나." 내가 대답하지 않자 그는 더 가까이 다가왔다. "베브라가 내 이름이야. 오이겐 왕자 직계 후손이지. 그 아버지는 루이 14세로서, 세상 사람들 말처럼 사부아인은 아니야." 내가 여전히 잠자코 있었기 때문에 그는 다시 지껄이기 시작했다. "열 살 생일 때 성장이 멈춰 버렸지. 약간 늦었는데, 뭐, 아무래도 좋아."

그가 그렇게 솔직하게 이야기했기 때문에 나도 내 소개를 했는데, 계통에 대해서 허풍은 떨지 않고 다만 오스카라고 이름을 댔다. "말해 봐, 오스카. 지금 열넷 열다섯, 그렇지 않으면 열여섯인가. 네 말은 믿기지가 않아. 겨우 아홉 살 반이라니?"

이번에는 내가 그의 나이를 알아맞힐 차례였다. 그래서 일부러 적은 나이를 댔다.

"당치도 않은 소리 하지 마, 젊은 친구. 서른다섯이라니 옛날 이야기야. 8월이면 쉰세 살 잔치를 한다고. 자네의 할아버지뻘이란 말이야!"

오스카는 광대로서의 그의 곡예에 대하여 몇 마디 인사말을 하고, 매우 음악적이라고 칭찬을 했다. 그리고 약간의 공명심에, 조그마한 재주를 하나 보여 주었다. 서커스장을 비추는 세 개의 전구가 목숨을 잃어야 했다. 베브라는 '브라보, 브라비시모'라고 외치며 곧장 오스카와 계약하자고 했다.

오늘도 때로 유감스럽게 생각하는 것은, 그때 내가 거절한 일이다. 나는 핑계를 대며 이렇게 말했다. "아시지요, 베브라 씨. 나는 관객으로 있고 싶어요. 나의 보잘것없는 재주를 모든 박수갈채로부터 떨어진 곳에서 남모르게 꽃피우고 싶어요. 그러나 나는 당신들의 재주에 갈채를 아끼지 않아요."

베브라는 주름이 잡혀 쪼글쪼글한 집게손가락을 세우고 나에게 충고했다. "오스카 군, 경험을 쌓은 동료의 말을 믿게나. 우리 같은 사람은 결코 관객이 될 수 없어. 우리 같은 사람은 무대나 연기장으로 나가야 해. 우리 같은 사람은 남들 앞에서 재주를 보이고, 각본을 정해야 한다고. 그렇지 않으면 저기 있는 사람들에게 짓밟히고 말지. 저 사람들은 우리를 학대하는 것을 좋아하거든."

내 귀에 거의 파고들 듯이 그는 속삭이면서 나이 많은 중과 같은 눈짓을 했다. "모두 올 것이다. 식장을 메울 것이다. 횃불 행렬을 할 것이다. 연단을 만들어, 주위에 사람을 모아, 연단에서 우리의 몰락을 설교한다. 두고 봐, 젊은 친구, 연단에서 무슨 일이 일어나는지. 언제나 연단 위에 앉고, 절대 연단 앞에는 서지 말아야 해!"

그때 나를 부르는 소리가 들렸기 때문에 베브라는 양동이를 붙잡았다. "자네를 찾고 있군. 또 만나. 우리는 모두 작기 때문에 서로 놓칠 수가 없어. 이 베브라가 다시 한 번 말하겠는데, 우리 같은 난쟁이는 아무리 만원인 연단 위라 할지라도 빈자리를 발견할 수 있다고. 연단 위가 아니면 연단 밑에 말이지. 결코 연단 앞은 아니야. 오이겐 왕자의 직계인 베브라 님의 말씀이다."

오스카의 이름을 부르면서 곡마단 차 앞에 나타난 어머니는 우연히 베브라가 내 이마에 키스하고 나서 양동이를 들고 어깨를 흔들며 곡마단 차 쪽으로 가는 것을 보고 말았다.

"생각해 보세요." 어머니는 나중에 마체라트와 브론스키 앞에서 분개했다. "난쟁이 나라 주민이 있는 곳에 있었어요. 이 아이가 말이에요. 더구나 난쟁이가 이 아이 이마에다 키스를 했어요. 무슨 재수 없는 일이라도 없으면 좋으련만."

베브라가 이마에 해 준 키스는 큰 의미를 가지게 되었다. 다음 해의 정치적 사건이 그가 옳았음을 입증했다. 횃불 행렬과 연단 앞 행진의 시대가 시작된 것이다.

내가 베브라의 충고에 따랐듯이, 어머니도 병기창 거리의 지기스문트 마르쿠스에게서 목요일 방문 때마다 들었던 충고의 일부를 명심했다. 어머니는 마르쿠스와 런던에 가진 않았지만—나는 이사에 크게 반대할 이유가 없다—마체라트 곁에 머무르며 적당히 얀 브론스키와 만나고 있었다. 얀이 숙박료를 지불하는 티슐러 거리에서, 또 얀이 언제나 지기 때문에 좋은 소득이 되는 집에서의 스카트놀이를 할 때 말이다. 어머니는 마르쿠스의 충고에 따라서 판돈을 두 배로는 하지 않았으나 마체라트에게 계속 걸고 있었는데, 어머니가 건 마체라트는 1934년에, 비교적 빨리 조직의 세력을 간파하고 당에 입당했지만 조직책으로 승진한 것이 고작이었다. 말도 안 되는 이유로 스카트놀이판을 벌이던 그들은 이번 승진도 그냥 넘기지 않았는데, 여태까지는 언제나 폴란드 우체국의 직원이라는 이유로 얀 브론스키에게 경고하던 마체라트가 처음으로 그 어느 때보다도 단호하면서도 걱정하는 듯한 어조로 얀을 주의시켰다.

그 밖에는 그다지 달라진 것이 없었다. 그레프가 선물한 음울한 베토벤의 초상이 피아노 위에서 철거되었으며, 같은 장소에서 마찬가지로 음울한 히틀러의 모습을 볼 수 있게 되었다. 심각한 음악을 싫어하는 마체라트는 귀머거리 음악가를 싹 추방하고 싶어했다. 그러나 베토벤 소나타의 느린 악장을 매우 좋아하여 두세 곡을 집의 피아노로 지정된 속도보다도 훨씬 느리게 연습하고, 때로는 한 손가락으로 똥땅똥땅 치곤 하던 어머니는 베토벤을 소파 위나 그릇장 위에 옮기자고 주장했다. 이리하여 그 음울한 자들이 서로 대결을 하게 되었다. 히틀러와 천재(天才)가 맞은편에 걸려 서로 마주 보며 상대를 뚫어지게 바라보았으나, 서로 유쾌한 기분이 될 수는 없었다.

마체라트는 차츰차츰 제복을 사서 갖추었다. 내가 기억하는 바로는, 맨 처음이 제모였다. 그는 날씨가 좋은 날에도 턱 밑을 쏠리게 하는 턱끈을 꼭 걸고 쓰는 것을 좋아했다. 얼마 뒤 그는 이 모자에 맞추어 검은 넥타이가 딸린 하얀 와이셔츠나 팔띠가 붙어 있는 방풍 재킷을 입었다. 그가 처음 갈색 셔츠를 샀을 때, 일주일 후에는 황갈색 승마 바지와 장화도 구하려고 했다. 어머니는 반대했다. 그로부터 몇 주가 지나자 마체라트는 마침내 제복을 착용하기에 이르렀다.

이 제복을 입을 기회가 일주일에 몇 차례나 있었지만, 마체라트는 체육관 옆 '5월의 초원'에서 열리는 일요일 시위운동에 참가할 때 말고는 입지 않았다. 그러나 거기에서는 아무리 날씨가 굳어도 근엄한 태도를 흩뜨리지 않았으며, 제복 위에 우산도 쓰지 않았다. 우리는 결국 진부한 헛소리가 되고 말

구호들을 자주 들었다. "봉사(奉仕)는 봉사다. 그리고 소주는 소주다!" 마체라트는 이렇게 말하고 일요일 아침마다 점심으로 불고기 준비를 해놓고는 어머니를 남겨둔 채 가버렸기 때문에 나는 난처한 처지에 놓이게 됐다. 마체라트가 대오에 섞여 있는 동안, 일요일의 새로운 정치적 정세를 깨달은 얀 브론스키가 신사복 차림으로 공공연히 집에 남겨진 어머니를 찾아왔기 때문이다.

슬며시 빠져나가는 일 말고 달리 뭘 할 수 있었겠는가. 소파의 두 사람을 방해할 생각은 없었으며, 그렇다고 바라보고 있을 수도 없었다. 그리하여 나는 제복 차림의 아버지가 시야에서 사라지고, 그 무렵 이미 진짜 아버지라고 추정하고 있던 신사복 차림을 한 아버지의 도착이 가까워지면 곧 북을 치면서 집을 나와 '5월의 초원'으로 향했다.

왜 하필 '5월의 초원'이어야 하느냐고 묻는 사람이 있을지도 모르겠다. 부디 내 말을 믿어 주기 바란다. 일요일에 항구에서는 아무 일도 일어나지 않았으며, 그렇다고 숲을 산책할 기분도 아니었고, 그 무렵 아직 성심교회의 내부는 나에게 아무것도 이야기해 주지 않았기 때문이다. 물론 그레프의 보이스카우트가 있었으나 그 비뚤어진 에로티시즘보다 '5월의 초원'의 떠들썩함이 더 좋았다고 고백해야겠다. 지금 내가 동조자라고 불리는 한이 있더라도.

그라이저나 대관구 교육부장인 뢰프자크가 연설을 했다. 그라이저는 나에게 딱히 특별한 느낌을 주지 않았다. 그는 대단히 온후한 사람으로, 포르스터라는, 나중에 대관구장이 된 바이에른 출신의 정보원 비슷한 사나이 때문에 좌천되었다. 그런데 뢰프자크는 포르스터마저 낮은 관직으로 떨어뜨릴 만한 사나이였다. 분명 뢰프자크의 등에 혹이 없었더라면, 이 퓌르트에서 온 사나이가 항구 도시의 포석 위에 확고한 지위를 구축하기는 어려웠을 것이다. 당은 뢰프자크를 올바르게 평가하고, 그 혹에서 높은 지성의 표시를 보고 그를 대관구 교육부장으로 임명한 것이다. 이 사나이는 능력이 있었다. 포르스터가 상스러운 바이에른 사투리로 언제나 "제국으로 돌아오라"고만 외쳤던 것에 비해서, 뢰프자크는 좀더 자세한 설명을 붙여서 온갖 단치히 사투리를 사용하여, 볼러만과 볼수츠키(독일인과 폴란드인을 상징)에 대한 기지를 날리고, 시하우의 항만 노동자, 오라의 민중, 에마우스, 시틀리츠, 뷔르거비젠, 프라우스트의 시민들을 설득하는 방법을 알고 있었다. 그가 극단적인 공산당원이나 맥빠진 야유를 퍼붓는 여러 사회당원과 얽힐 때, 갈색 제복 위에 혹이 뾰족하게 솟아 있는 이 꼽추 사나이에게 귀를 기울이는 것은 즐거운 일이었다.

뢰프자크는 재치가 넘쳤고, 그 재치를 모두 혹에서 끄집어 내었으며, 그 혹의 이름을 분명히 불렀다. 대중은 그러한 점을 언제나 좋아한다. 공산당이 집권하게 되면 혹이 없어질 거라고 그는 주장했다. 그는 혹을 잃지도 혹이 변하지도 않을 것이라고 예견했다. 그러므로 혹은 어디까지나 옳고, 혹과 더불어 당도 옳았다─그리하여 혹은 한 이념의 이상적인 토대를 형성하고 있다고 추론할 수 있다.

그라이저, 뢰프자크 또는 후에 포르스터가 연설할 때, 그들은 연단에서 연설했다. 난쟁이 베브라가 나에게 권한 그 연단이었다. 그 때문에 나는 꽤 오랫동안 꼽추이자 재능이 풍부한 뢰프자크가 연단에 모습을 나타내어 연설을 시작하면, 베브라가 파견한 그가 갈색으로 변장하고 연단 위에서 베브라의 처지를, 근본적으로는 나의 처지를 옹호하고 있는 게 아닐까 생각했다.

연단이란 무엇인가? 연단은 누구를 위해서든 그리고 누구 앞에 만들어지든 간에 좌우대칭이어야 한다. 그러한 이유로 체육관 옆 우리의 '5월의 초원'에 자리잡은 연단도 확실히 좌우동형으로 설계된 연단이었다. 위에서부터 아래로 여섯 개의 갈고리 십자기(十字旗)가 나란히 꽂혀 있다. 다음에 각종 깃발, 페넌트, 그리고 군기. 다음에 턱끈을 걸친 검은 나치스 친위대 한 줄. 그 다음에 노래나 연설 때에 양손으로 벨트의 버클을 움켜쥐고 있는 나치스 돌격대가 두 줄. 또 제복 차림의 당원이 여러 줄 앉아 있다. 연설자의 소탁자 뒤에는 똑같은 당원들, 여느 어머니와 다름없는 부녀회장들, 신사복 차림의 시 참사회 대표자들, 제국에서 온 초대 손님들, 그리고 경찰서장이나 그 대리(代理).

연단 밑은 히틀러 청소년단의 젊음으로 가득 차 있었다. 정확하게 말하면, 청소년단 소국민부(小國民部) 관구 취주악대와 히틀러 청소년단 관구 고적대이다. 몇몇 시민 집회에서는 여전히 좌우대칭으로 편성된 혼성 합창대가 구호를 외치든가, 모두가 좋아하는 '동풍'(東風)을 노래하는 것이 허용되었다. 동풍은, 가사에 따르면 다른 어떤 바람보다도 기를 나부끼게 하는 데 적당했다.

나의 이마에 키스해 준 베브라는 이렇게도 말했다. "오스카, 결코 연단 앞에 서지 마. 우리 같은 자는 단 위에 있어야 해!"

나는 대체로 부녀회장들 사이에서 자리를 잡을 수 있었다. 유감스럽게도 이 부인들은 선전을 위한 시민 집회를 하는 동안 나를 쓰다듬지 않고서는 가만히 있지를 못했다. 내 북 때문에 연단 밑 팀파니와 팡파르와 북 사이로 뚫고 들어갈 수가 없었다. 정규 군악대원들이 그것을 거부했기 때문이다. 대관구 교육부장 뢰프자크와 교섭을 해 보았으나 안타깝게도 잘 되지 않았다. 나는 이 사나이에 대해 심한 오해를 하고 있었다. 그는 나의 바람대로 베브라가 파견한 사람도 아니며, 전도유망한 혹에도 불구하고 나의 진정한 크기를 거의 이해하지 못했다.

연단이 차려진 어느 일요일에 내가 그의 연설대 바로 앞으로 걸어가서 나치스식 인사를 하고 처음으로 그를 바라보았을 때, 나는 계속 눈으로 윙크하면서 속삭였다. "베브라는 우리의 총통입니다." 그러나 그는 일의 전말을 전혀 모르고 나치스 부녀회의 아주머니들과 똑같이 나를 쓰다듬고, 최후에 오스카를—그는 연설을 시작해야만 했다—연단에서 내려보내도록 지시했다. 오스카는 두 여성 청년단장의 한가운데에서 시민 집회를 하는 동안 '엄마 아빠'에 대한 질문을 받았다.

그러므로 이미 1934년 여름에 내가 당에 애착을 잃기 시작한 것도 이상한 일은 아니다. 룀의 반란으로 영향을 받은 것도 아니지만 말이다. 연단 앞에 서서 연단을 지켜보는 일이 길어짐에 따라, 뢰프자크의 혹 때문에 얼마간 균형이 깨지는 그 좌우동형이 점점 더 나에게는 정말 수상한 것으로 생각되었다. 나의 비판이 특히 북과 팡파르 연주자에게 향한 것은 당연하다. 그리고 1935년 8월, 시민 집회가 있었던 어느 찌는 듯한 일요일에 연단 바로 밑에서 나는 북 대원과 팡파르 대원과 시비가 붙었다.

마체라트는 9시에 이미 집을 나섰다. 그가 시간에 맞춰 집을 나설 수 있도록 나는 갈색 가죽 행전을 닦는 일을 도와주었다. 이런 이른 시간인데도 벌써 견딜 수 없을 만큼 더웠다. 그는 밖으로 나가기도 전에 제복 와이셔츠 소매 밑에 점점 커지는 검은 얼룩이 생길 정도로 땀을 흘렸다.

9시 반 정각에 회색 단화를 신고 밀짚모자를 쓴 얀 브론스키가 바람이 잘 통하는 밝은 여름 양복을 입고서 모습을 나타냈다. 얀은 아주 잠시 동안 나와 놀았으나, 놀면서도 전날 밤 머리를 감은 어머니한테서 눈을 떼지 않았다. 잠시 후 나는 내 존재가 두 사람의 이야기에 방해가 되고, 어머니의 태도를 딱딱하게 만들며, 얀의 동작을 방해하고 있음을 눈치챘다. 얀의 가벼운 여름 바지가 그에게 갑갑하게 느껴진 것이 분명했다. 그때 나는 슬그머니 빠져나와 마체라트의 뒤를 쫓았다. 특별히 그를 따라간 것은 아니었다. '5월의 초원'을 향해서 부지런히 걷는 제복들로 북적이는 큰길을 조심스럽게 피해, 나는 처음으로 체육관 옆에 자리잡은 테니스장 쪽에서 시민 집회가 열리고 있는 광장 가까이 다가갔다. 이 우회로를 택한 덕분에 연단 뒤를 볼 수가 있었다.

여러분은 연단을 뒤에서 본 적이 있는지? 이것은 제안에 지나지 않으나— 모든 인간이 연단 앞에 모이기 전에, 연단 뒤의 광경을 그들에게 충분히 보여 주어야 할 것이다. 일찍이 연단을 뒤에서 본 사람은 그때부터 면역이 생겨, 형태의 차이는 있을지라도 연단 위에서 치러지는 어떠한 마술에도 반응하지 않게 될 것이다. 교회 제단 뒤의 비슷한 광경에 대해서도 같은 말을 할 수 있는데, 그것은 또 다른 이야기이다.

그러나 무슨 일에든 철저했던 오스카는 추악함 그 자체인 벌거벗은 발판을 바라보는 것만으로 만족할 수 없었다. 그는 스승 베브라의 말을 생각해 내고, 앞면만 깨끗하게 꾸며놓은 연단의 조잡한 뒤쪽 가까이 가서, 외출할 때도 언제나 떼놓지 않은 북과 함께 버팀기둥 사이에 몸을 밀어넣었다. 머리 위 판자에 머리를 부딪치며, 심술궂게 재목에서 솟아 있는 못에 무릎을 찢기고, 머리 위로 당원의 장화가 쿵쿵대는 소리와 부녀회원의 작은 구두 소리를 들으면서 가장 숨막히며, 가장 8월다운 장소에 다다랐다. 연단의 기둥 다리 앞에 대어 있는 한 장의 베니어판 뒤에 숨을 장소를 발견한 것이다. 그곳이라면 걸려 있는 깃발과 제복들로 어수선해지는 일 없이, 정말 조용하게 정치적 시민 집회 음향의 매력을 충분히 만끽할 수가 있었다.

나는 연설대 밑으로 기어들어갔다. 짐작하건대 나의 왼편에도 오른편에도, 그리고 머리 위에도 비교적 어린 소년단의 고수(鼓手)들과 연상의 히틀러 청소년단 고수들이 눈부신 듯 눈을 가늘게 뜨고 두 다리를 버티고 있으리라. 그리고 군중이. 나는 연단에 깐 판자 틈 사이로 그들의 냄새를 맡았다. 군중은 서 있었다. 팔꿈치와 팔꿈치, 외출복과 외출복을 맞대고 있었다. 그들은 걸어서 왔거나 시가전차로 왔다. 일부는 아침 장을 보고 왔는데, 거기에서 만족스러운 물건을 사지 못했다. 자기 팔에 매달린 새색시에게 무엇인가를 안겨 주려고 온 것이다. 역사가 만들어질 때, 그 자리에 같이 있고 싶었으리라. 설사 아침나절을 거기에서 쓸데없이 보낸다 할지라도.

아니, 라고 오스카는 자신에게 타일렀다. 그들이 아무런 목적도 없이 여기에 왔을 리는 없지. 그는 판자의 옹이구멍에 한쪽 눈을 대고 힌덴부르크 거리에서부터 혼잡이 이쪽으로 다가오는 것을 보았다. 그들이 도착했다. 그의 머리 위에서 명령 소리가 커졌다. 고적대장은 지휘봉을 휘두르고, 대원들은 나팔에 숨을 불어넣으며, 부는 구멍에 입술을 댔다. 그리고 이미 더없이 비천한 용병과 같은 방법으로 반들반들하게 닦은 양철북을 두들겼다. 그 때문에 오스카는 고통스러워져 스스로에게 말했다. "불쌍한 돌격대원 브란트, 불쌍한 히틀러 청소년단의 크벡스, 당신들은 보람 없이 쓰러진 거야."(두 사람 모두 선전영화나 대중도서에 나오는 나치스 영웅으로서, 공산주의의 희생양이 되었다)

시위 운동의 희생자들에 대한 이 애도사를 승인이라도 하듯, 잇따라서 바로 송아지 가죽을 씌운 북을 두들기는 조잡한 소리가 트럼펫 소리에 섞였다. 군중 한가운데를 지나서 연단으로 통하는 그 좁은 길은 멀리서부터 제복 무리가 차츰 가까워지고 있음을 예감케 했다. 오스카는 소리를 질렀다. "지금이야말로 조심하시오, 국민 여러분!"

북은 이미 알맞은 위치에 놓여 있었다. 나는 양손으로 북채를 빙글빙글 허공에 춤추게 하고, 손목 힘을 빼고 기교를 부려 밝은 왈츠의 리듬을 양철 위에 나타냈다. 빈과 다뉴브 강을 불러내면서 북소리를 점점 높였다. 그 결과 머리 위의 제1과 제2 북들이 나의 왈츠에 호의를 느끼고, 비교적 나이 든 소년들이 치는 단조로운 북도 내 전주(前奏)에 각양각색으로 동조해 주었다. 그중에는 청각이 지독히 둔해서, 내가 대중이 좋아하는 4분의 3박자를 염두에 두고 있는 동안에도 둥둥 또는 둥둥둥 하고 계속 두들기는 완고한 놈도 있었다. 오스카는 절망감을 느꼈다. 그때 팡파르가 겨우 꿈에서 깨어나, 플루트는 '오 다뉴브 강'을 아주 청청하게 불렀다. 팡파르 대장과 고적대장만은 왈츠의 왕자를 믿지 못하고 끈질기게 명령을 외치고 있었으나, 나는 명령을 못 들은 척했다. 그것은 이제 나의 음악이었기 때문이다. 대중은 나에게 감사했다. 연단 앞의 웃음소리는 커졌으며 몇몇 사람은 이미 '오 다뉴브 강'을 노래하고 있었다. 그 노래는 강연장 전체를 파랗게 덮었고, 힌덴부르크

가로수길과 슈테픈 공원에까지 파랗게 다다랐으며, 내 리듬은 기쁨으로 뛰어올라 내 머리 위에서 음량을 최고로 올린 마이크로 울려 퍼졌다. 물론 나는 계속 열심히 북을 쳤고, 옹이구멍으로 밖을 내다보았을 때, 대중이 내 왈츠에서 기쁨을 느껴 열광적으로 뛰기도 하고 다리도 움직이고 있음을 알았다. 이미 아홉 쌍이, 게다가 또 한 쌍이 춤추며 왈츠의 왕자를 둥글게 에워싸고 있었다. 오직 뢰프자크만이 지역 지도자나 대대장, 그리고 포르스터, 그라이저, 라우슈닝과 함께 긴 갈색 지휘봉 끝을 쥐고 연단에 이르는 좁은 길이 막혀 군중 한가운데에서 격분하고 있었지만, 놀랍게도 왈츠의 리듬에 휩쓸리지 않았다. 그는 직선적인 행진곡과 더불어 연단으로 향하는 데 익숙했다. 그런데 이제 이 낙천적인 음악이 그에게서 대중에 대한 신뢰를 빼앗았다. 옹이구멍을 통해서 나는 그의 고뇌를 보았다. 고뇌는 구멍을 꿰뚫었다. 내 눈이 염증을 일으켰으나 그래도 나는 그가 안쓰러웠다. 그래서 나는 곡을 찰스턴의 '호랑이 지미'로 바꿨다. 서커스 광대 베브라가 젤터 소다수 빈 병으로 두들기던 리듬이었다. 하지만 연단 앞의 소년들은 찰스턴을 이해하지 못했다. 확실히 세대가 다른 것이다. 그들은 찰스턴과 '호랑이 지미'를 전혀 몰랐다. 그들은—아, 내 친구 베브라여—지미와 호랑이를 치지 않았다. 그들이 탕탕 두들긴 것은 야채와 무였으며, 그들이 팡파르로 분 것은 소돔과 고모라였다. 그때 플루트는 오십보백보라고 생각했다. 팡파르 대장은 여기저기에 대고 욕을 퍼부었다. 그렇지만 팡파르 대오와 고적대의 소년들은 열심히 북을 치고, 플루트를 연주하며, 나팔을 불어댔다. 그 때문에 지미는 호랑이의 무더운 8월이 한창인데도 무척 기뻐했다. 연단 앞에서 떼지어 밀치락달치락하던 1천 명, 2천 명의 군중들은 마침내 이해하게 되었다. 사람들을 불러 찰스턴으로 이끌고 있는 것은 호랑이 지미라고.

'5월의 초원'에서 춤추지 않고 있던 사람들은 아직 상대가 없는 남은 여자들을 더 늦기 전에 붙잡았다. 뢰프자크는 그 등의 혹을 상대로 춤추어야 했다. 그 근처에서 치마를 입은 사람은 모두 상대가 있었고, 그를 도와주어야 할 부녀회원들은 뢰프자크를 혼자 멀리 남겨두고 연단의 딱딱한 나무 벤치 위에서 웅성거리고 있었기 때문이다. 그래도 그는—그의 혹이 그에게 충고한 것이다—춤추었다. 그리고 심술궂은 지미의 음악과는 대조적으로 착한 표정을 지으며, 아직 구제할 수 있는 것이 있으면 도와주려고 생각했다.

그러나 구제할 수 있는 것은 아무것도 없었다. 사람들은 '5월의 초원'에서 춤추었고, 나중에 초원은 사람들에게 밟혔으나 어찌 되었든 계속 푸르고 드넓게 펼쳐져 있었다. 사람들은 '호랑이 지미'와 더불어 이웃에 있는 넓은 슈테른 공원으로 뿔뿔이 흩어졌다. 그 공원에 지미가 약속한 정글이 나타났다. 호랑이들은 어슬렁어슬렁 사라졌으며, 대신 아직 '5월의 초원'에서 서로 밀치고 있는 사람들을 위해서 원시림이 생겼다. 법과 질서의 정신은 피리를 불면서 떠나갔다. 그리고 문화를 조금이라도 사랑한 사람은 힌덴부르크의 나무가 심어진 넓은 산책길에서—그것은 18세기에 처음으로 심어졌으며, 1807년 나폴레옹군에게 포위당했을 때 벌채됐다가 1810년 나폴레옹을 기념해서 다시 심어졌는데—그 역사적인 땅 힌덴부르크에서 나의 음악에 맞춰춤출 수 있었다. 왜냐하면 내 머리 위의 마이크가 끊기지 않았기 때문이고, 나의 음악은 올리바 문까지도 들렸기 때문이며, 연단 밑에 있는 나와 씩씩한 소년들이 쇠사슬에서 벗어난 호랑이 지미와 민들레만 남기고 '5월의 초원'을 치워 버릴 때까지 나는 북소리에서 해방되지 않았기 때문이다.

내가 양철북에게 오랜만의 휴식을 준 뒤에도, 고적대 소년들은 여전히 연주를 그치려고 하지 않았다. 내 음악의 영향력이 힘을 잃게 될 때까지는 상당한 시간이 필요했다.

아직 이야기할 게 남아 있다. 오스카가 곧장 연단 안에서 떠날 수 없었던 까닭은 나치스 돌격대와 나치스 친위대 대표들이 한 시간이 넘도록 장화를 뚜벅거리며 연단 마룻바닥을 오락가락하고 있었기 때문이다. 그들은 검은 제복과 갈색 제복을 찢으면서, 연단 안에서 무엇을 찾고 있는 듯했다. 아마도 사회당이나 공산당의 교란 분자라도 찾고 있었을 터이다. 여기에서 오스카의 술책과 기만 전술을 일일이 열거하지는 않고 간단히 확인만 해 두겠다. 그들은 오스카를 발견하지 못했다. 그들은 오스카만큼 성장하지 못했기 때문이다.

마침내 목재로 된 미궁 속은 조용해졌다. 그곳은 예언자 요나가 앉아 있던, 비린내가 물씬 나는 고래의 뱃속과 거의 같은 크기였다. 아니, 아니, 오스카는 예언자가 아니었다. 그는 배고픔을 느꼈다! 거기에는 '일어나 저 큰성읍 니느웨로 가서 내가 네게 명한 바를 그들에게 선포하라!' 일러 주는 하느님은 없었다. 또한 나에게는 박 넝쿨을 자라게 했다가 나중에 벌레에게 그것을 갉아먹게 하는 하느님이 없어도 좋았다. 나는 성서의 그 박 넝쿨을 소중히 여긴 적도 없거니와, 혹 그것이 단치히라는 이름이었을지라도 니느웨를 소중히 여기지는 않았을 것이다. 성서에는 나오지 않는 나의 북을 나는 스웨터 밑에 감추고 온통 내 문제만 생각했다. 그리하여 머리를 부딪치거나 못에 긁히는 일 없이, 그 예언자를 삼킨 고래의 크기와 거의 같은, 온갖 시민 집회를 위해서 만들어진 연단의 내장(內臟)에서 나올 수 있었다.

이제야 휘파람을 불면서 '5월의 초원' 끝에서 체육관 쪽으로, 세 살 먹은 어린아이처럼 천천히 걸어가는 조그만 소년을 보고 누가 의심하겠는가. 테니스장 저 너머에서는 연단 발치에 있던 소년들이 큰북과 팀파니와 플루트와 팡파르를 손에 들고 껑충껑충 뛰고 있었다. 벌충으로 연습하고 있다는 것을 확인한 나는, 관구장의 호루라기 소리를 따라서 뛰고 있는 아이들이 조금 가여웠다. 모여 있는 막료들에게서 혼자 떨어져 뢰프차크가 고독한 혹을 짊어지고 왔다 갔다 하고 있었다. 목표를 정한 출셋길이 어려움에 부딪칠 때마다 그는 구두 뒤축으로 '뒤로 돌아'를 반복하며 온갖 풀과 민들레를 솎아냈다.

오스카가 집에 돌아왔을 때 식탁엔 벌써 점심이 차려져 있었다. 소금 절인 감자와 빨간 양배추를 잘게 다져 넣은 고기 요리였다. 후식으로는 바닐라 소스를 친 초콜릿 푸딩이 나왔다. 마체라트는 한 마디도 하지 않았다. 오스카의 어머니는 식사를 하는 동안 무엇인가 다른 생각에 골몰해 있었다. 그 대신 오후에는 질투와 폴란드 우체국이 원인이 되어 부부 싸움을 벌였다. 저녁에는 시원하게 천둥과 폭우가 몰아치며 멋진 북소리처럼 들리는 우박을 동반한 소나기가 잠시 내렸다. 오스카의 피로해진 양철은 휴식을 취하며 그 소리를 들을 수가 있었다.

쇼윈도

상당히 오랫동안, 정확히 말하자면 1938년 11월까지 나는 북을 가지고 연단 밑에 쭈그려 앉아 많든 적든 성공을 똑똑히 보고, 시민 집회를 와해시키며, 연설자가 말을 더듬게 하고, 행진곡이나 찬가를 왈츠나 폭스트롯으로 바꿔 버렸다.

정신병원의 환자인 오늘날, 모든 것은 이미 역사가 되어 여전히 뜨거워지는 일은 있어도 차가운 쇠로 곧 굳어 버리는 오늘날, 나는 연단 밑에서 북을 친 날의 일을 거리를 두고 바라볼 수가 있다. 예닐곱 차례 시민 집회를 엉망 진창으로 만들고, 서너 차례 행진과 분열식의 열을 내 북으로 와해시켰다고 해서 날 저항의 용사로 본다는 것은 얼토당토않은 일이다. 저항이란 말은 지나치게 유행을 탔다. 사람들은 저항 정신에 대해서, 저항 조직에 대해서 이야기한다. 게다가 저항을 내면화할 수도 있다고 한다. 그때 그것을 가리켜 국내 저항이라고 부른다. 전쟁 중 침실의 등화관제를 소홀히하여 방공 감시원으로부터 벌금형에 처해졌던 것을 핑계삼아 현재 저항의 용사, 저항의 사나이 등으로 자칭하고 있는 저 성서와 친한 신사들에 대한 얘기는 접어 두기로 하자.

우리는 다시 한 번 오스카의 연단 밑으로 시선을 돌릴까 한다. 오스카는 사람들 앞에서 북으로 무엇을 친 것인가? 그는 스승 베브라의 충고에 따라서 의식의 진행을 마음대로 하고, 연단 앞의 군중을 춤추게 하였던가? 그는 기지가 풍부하고 교활한 대관구 교육부장 뢰프자크의 계획을 엉망으로 만들었던가? 간소한 요리를 먹는 1935년 8월의 어느 일요일(나치스는 한 달에 한 번씩 간소한 점심 식 사로 절약한 돈을 구제사업에 충당했다)과 그 뒤 여러 차례에 걸쳐서 그는 붉은색과 흰색으로 돼 있으면서도 폴란드의 것이 아닌 양철북으로 갈색 시민 집회를 혼란에 빠뜨려 해산시켰던가?

모두 내가 한 일이다. 그것은 인정해 주어야 한다. 그렇다면 정신병원 거주자인 나는 저항의 용사인가? 나는 이 물음을 부정해야 한다. 그리고 정신병원 거주자가 아닌 여러분은 나를 괴짜 이상으로 보지 말기를 바란다. 나는 개인적인 또는 미적인 이유에서, 또 스승 베브라의 충고를 명심해서, 제복의 빛깔과 재단 방법, 연단에서 언제나 연주하는 음악의 리듬과 음성에 반대한 것이며, 그 때문에 단순한 어린아이 장난감을 두드려서 약간 저항했을 뿐이다.

그 무렵에는 아직 연단 위나 앞에 있는 사람들에게 초라한 북을 가지고 가까이 갈 수가 있었다. 그리고 이 무대에서의 장난은 원격 작용으로 유리를 파괴하는 노래와 마찬가지로, 완성의 경지에 이르렀다는 사실을 나는 덧붙여야겠다. 나는 단지 갈색 집회에 대해서만 북을 친 것은 아니었다. 오스카는 붉은 깃발이나 검은 깃발의 모임, 보이스카우트, PX의 시금치 빛깔 셔츠, 여호와의 증인, 키프호이저 동맹, 채식주의자들, 청년 폴란드의 오존 운동이라는 집회에서도 연단 밑에 앉아 있었다. 그들이 무엇을 노래하고, 불며, 기도하고, 알려 준다 할지라도 나의 북은 그것을 더 잘해 냈다.

내가 하는 일은 파괴적이었다. 내 북으로 안 되는 것은 나의 소리로 죽였다. 그리하여 나는 밝은 낮에는 연단의 좌우동형에 도전함과 아울러 밤의 행동도 개시했다. 즉 1936년에서 1937년에 걸친 겨울 동안 나는 유혹자의 역할을 했다. 동포를 유혹하는 최초의 가르침을, 나는 몹시 추운 겨울 랑푸르의 7일장에서 노점을 차린 할머니 콜야이체크에게서 배웠다. 그녀는 네 겹의 치마를 입고 가판대 뒤에 웅크리고 앉아서 장이 서는 날마다 애처로운 소리로 권하고 있었다. "신선한 달걀, 황금빛 버터, 거위도 있어요, 너무 살찐 것도 아니고 너무 마른 것도 아니에요." 매주 화요일은 장날이었다. 그녀는 경전철로 피레크에서 왔다. 랑푸르 조금 못 미쳐서, 전차 안에서 신고 있던 모피 슬리퍼를 벗고 볼썽사나운 고무신으로 갈아 신었다. 그러고는 바구니 두 개에 매달리다시피 하면서 역 앞 거리에서 자리를 찾아 '안나 콜야이체크, 비사우'라는 이름패를 달았다. 그 무렵 달걀 값이 얼마나 쌌는지! 1굴덴에 열다섯 개나 되었다. 카슈바이 버터는 마가린보다 쌌다. 할머니는 "넙치"라든가 "대구는 어때요"라고 소리치며 생선을 파는 두 여인 사이에 웅크리고 앉았다. 추워서 버터는 돌처럼 굳었고, 달걀은 언제나 신선함을 잃지 않았으며, 고기 비늘은 아주 얇은 면도날처럼 날카로워졌다. 그 덕택에 슈베르트페거라는 이름의 애꾸눈 사나이는 직업도 보수도 얻게 되었다. 그는 문밖의 숯불로 벽돌을 뜨겁게 달군 뒤 신문지에 싸서 시장 여인들에게 빌려 주었다.

내 할머니는 슈베르트페거에게 부탁해서 꼭 한 시간마다 뜨거운 벽돌을 네 겹의 치마 밑에 넣었다. 슈베르트페거는 그것을 긴 쇠갈고리로 밀어넣곤 했다. 그는 김이 나는 신문지 뭉치를 거의 부풀어 있지 않은 치마 천 밑에 밀어넣어서 그 속에다 내려놓고 싣는 동작을 했다. 그리고 나면 거의 식어버린 벽돌과 함께 슈베르트페거의 갈고리가 할머니의 치마 밑에서 얼굴을 내밀었다.

나는 이 신문지 속에서 열을 품었다 내놓는 벽돌을 얼마나 부러워했던가! 오늘날까지도 나는, 나 자신이 이렇게 뜨겁게 구워진 벽돌이 되어 할머니 치마 밑에 있을 수 있다면 얼마나 좋을까 생각해 본다. 오스카는 할머니의 치마 밑에서 무엇을 찾느냐는 질문을 받을지도 모른다. 그는 할아버지 콜야이체크를 본받아 노파를 범할 작정인가? 그는 망각과 고향과 궁극적 열반(涅

槃)을 찾고 있는 것인가?

오스카는 대답한다. 나는 치마 밑에서 아프리카를, 그리고 누구나 한 번쯤은 본 적이 있을 나폴리를 찾는다. 그곳에는 몇 개의 강이 합류했다. 그곳에는 분수선이 있었다. 그곳에는 특별한 바람이 불고 있었다. 그러나 바람이 잔잔할 때도 있었다. 그곳에는 비가 세차게 내렸다. 하지만 사람은 마른 곳에 앉아 있었다. 그곳에는 몇 척의 배가 매이거나 닻이 올려지기도 했다. 그곳에는 오스카와 나란히, 언제나 따뜻한 곳을 좋아하는 신(神)이 앉아 있었다. 그곳에서 악마는 망원경을 닦았다. 그곳에서 천사들은 술래잡기를 했다. 할머니의 치마 밑은 언제나 여름이었다. 크리스마스 트리에 불이 켜 있든, 또 내가 부활절 달걀을 찾든 만성절을 축하하든, 할머니의 치마 밑 말고는 그 어느 곳에서도 나는 더 안정적으로 달력대로 생활할 수 있는 장소를 찾지 못했다.

할머니는 매주 장날에는 절대로 허락하지 않았으나, 평소에는 내가 그녀 곁에 가까이 가는 것을 아주 드물게나마 허락해 주었다. 나는 그녀와 나란히 작은 상자 위에 웅크리고 앉아서, 열을 내는 대용품으로 그녀의 팔 속에 따뜻하게 안겼다. 그러고는 벽돌이 왔다가 다시 가는 것을 바라보며 할머니한테서 유혹의 수법을 배웠다. 빈첸트 브론스키의 낡은 지갑을 그녀는 끈 하나로 매어, 밟아서 단단해진 보도의 눈 위에 던졌다. 보도는 모래가 깔려 더러워져 있었기 때문에, 나와 할머니만이 매단 끈을 볼 수 있었다.

주부들이 오갔다. 전부 값이 싼데도 무엇 하나 사려고 하지 않았다. 그녀들은 선물로 받을 속셈이었을 것이다. 그 밖에 다른 것까지. 한 여인이 허리를 굽히고 빈첸트가 버려둔 지갑을 주우려고 이미 가죽에 손가락을 댔기 때문이다. 그때 할머니는 약간 당황한 귀부인이 걸려든 낚싯바늘을 당겨서, 옷을 잘 차려입은 그 물고기를 자기 상자가 있는 곳으로 꾀어냈다. 그러나 친절한 태도는 전혀 바꾸지 않고 말했다. "자, 부인, 버터 조금 어때요? 황금빛이에요. 달걀은? 1굴덴에 열다섯 개 드리겠어요."

이러한 방법으로 안나 콜야이체크는 자연의 산물을 팔았다. 나는 유혹의 마술을 이해했으나, 그것은 의사놀이를 하기 위해서 수지 카터와 함께 열네 살 개구쟁이들을 지하실로 유혹하는 방법은 아니었다. 악셀 미슈케와 누히 아이케가 혈청 제공자가 되고, 수지 카터가 여의사가 되며, 우리 아파트의 개구쟁이들이 나를 환자로 만들어, 벽돌 수프만큼 모래투성이는 아니었으나 썩은 생선의 뒷맛이 나는 약을 마시게 한 뒤로는 절대 그러한 일을 하지 않았다. 나의 유혹은 형체가 없었으며 상대와 거리를 유지하고 있었다.

어둠이 깔리고 한참 지나서, 가게가 닫힌 지 한두 시간 뒤에 나는 어머니와 마체라트의 집을 빠져나왔다. 그리고 겨울밤 속으로 숨어 들어갔다. 조용하고 거의 사람이 오가지 않는 큰길에서 바람을 막아 주는 건물 출입구의 움푹 들어간 곳에 몸을 숨기고, 나는 건너편 식료품점·잡화점 그리고 구두·시계·장신구, 즉 자그마하면서도 욕심나는 물건들이 진열되어 있는 가게의 쇼윈도를 눈여겨 보았다. 어느 유리창에도 불은 켜 있지 않았다. 나는 가로등에서 떨어진 희미한 어둠 속에 물건들이 진열되어 있는 가게를 좋아했다. 빛은 모든 사람을, 특히 평범한 사람까지도 끌어당기나, 희미한 어둠은 선택된 사람들을 멈추게 하기 때문이다.

나는 느릿느릿 걸으면서 화려한 쇼윈도의 물품보다도 가격표에 눈을 돌리는 사람들이나, 유리를 거울로 삼아 자기 모자가 비뚤어지지 않았는지를 확인하는 사람들에게는 관심이 없었다. 내가 기다리던 손님은, 건조하고 바람 없는 추위 속에서, 또는 눈이 많이 내린 날에, 또 소리도 없이 가늘게 내리는 눈이 쌓이는 가운데, 혹은 추위와 함께 점점 더 커지는 달 아래에서, 누군가가 쇼윈도 앞에 불러 세운 듯 멈추어 서서 오랫동안 진열장을 훑어 보지 않고 아주 짧은 시간에 살펴보거나 그 자리에서 바로 단 한 개의 진열품에 눈길을 멈추는 그런 손님이었다.

나의 의도는 사냥꾼의 그것이었다. 거기엔 인내와 냉철함과 자유롭고 확실한 눈이 필요했다. 이러한 조건이 모두 갖추어졌을 때, 비로소 피도 고통도 없이 야수를 넘어뜨리고 유혹하는 힘이 나의 소리에 더해졌다. 무엇을 위함인가?

훔치기 위해서이다.

나는 소리 없는 괴성으로 정확하게 제일 아래 진열품 높이 만큼만 쇼윈도의 유리를 잘랐다. 가능하면 목표로 삼은 물건을 향해서 둥글게 잘랐다. 그리고 극도로 소리를 높여서 쇼윈도의 절단면을 진열 상자 안에 밀어넣었다. 갑자기 숨이 끊기는 듯한 툭 하는 소리가 들렸으나 유리가 쪼개지는 소리는 아니었다—나에게는 그것이 들리지 않았다. 오스카는 훨씬 멀리 떨어져 서 있었기 때문이다. 그러나 안팎을 뒤집어 고친 것이 분명한 갈색 코트의 깃에 토끼 모피를 단 한 젊은 여자가 유리가 둥글게 잘리는 소리를 듣고, 토끼 모피 속까지 깜짝 놀라 눈밭으로 도망치려 했으나 움직이지 않았다. 아마도 눈이 내리고 있었기 때문이며, 또 눈이 내릴 때에는, 특히 잠시도 쉬지 않고 눈이 내릴 때에는 모든 것이 용서되기 때문이리라. 그래도 그녀는 주위를 살펴보고, 눈송이를 의심하며, 눈송이 뒤에 다른 눈송이가 없나 살피듯이 사방을 둘러보고, 계속해서 살펴보았는데, 그때 이미 그녀의 오른손은 똑같이 토끼 모피로 테를 두른 토시에서 미끄러져 나오고 있었다! 그리고 더는 주위를 살피지 않고 둥글게 뚫린 구멍으로 손을 넣어, 먼저 목표물이었던 진열품 위에 비스듬히 떨어져 있는 유리를 옆으로 밀어내고, 수수한 검정색 펌프스 한 짝을 구멍에서 꺼내고 다음으로 왼쪽을 꺼냈다. 구두 뒤축을 다치지도 않았으며 날카로운 절단면에 손을 다치지도 않았다. 구두는 외투 좌우 주머니 속으로 사라졌다. 한순간, 눈송이 다섯 개가 떨어지는 동안 오스카는 아름답고 천연덕스런 옆모습을 보고는 재빨리, 그녀가 슈테른펠트 백화점의 모델이며 아주 적당한 때 지나갔구나 하고 생각했다. 그때 그녀는 내리는 눈에 가려 사라졌다가 가로등의 노란빛을 받아 다시 한 번 모습을 뚜렷하게 나타냈으나, 광선의 테두리를 벗어나자 갓 결혼한 젊은 여자였든 해방된 모델이었든 어쨌든 사라져 버렸다.

　일을 끝마치자—기다리는 일, 들여다보는 일, 북을 칠 수 없는 일, 게다가 얼음 같은 유리에 대고 노래를 불러 유리를 자르는 일은 중노동이었다—나는 노획물도 없이, 그 여자 도둑과 함께 달아올랐다가 가라앉은 마음을 안고 집으로 돌아올 수밖에 없었다.

　위에서 설명한 모델의 경우처럼, 유혹의 기술이 항상 그렇게 확실하게 성공했던 것은 아니다. 나는 한 쌍의 남녀를 도둑으로 만들려는 야심을 품었다. 두 사람 다 훔치지 않으려고 할 때도 있었으며, 남자가 손을 내밀었을 때 여자가 그 손을 붙잡은 일도 있었다. 혹은 여자는 대담했으나 남자가 무릎꿇고 애원한 결과, 여자는 그것을 받아들이고 그때부터 그 남자를 경멸하게 된 적도 있었다. 또 어떤 때는 눈이 내리는 가운데 향수 가게 앞에서 유난히 젊어 보이는 연인을 유혹한 일도 있었다. 남자가 영웅 기질을 발휘하여 오 드 콜로뉴를 훔쳤다. 여자는 울먹이며 좋은 향수는 모두 단념할 생각이라고 했다. 그러나 남자는 여자에게서 좋은 냄새를 맡고 싶었기 때문에 다음 가로등에 다다를 때까지 자기 생각을 꺾지 않았다. 하지만 거기까지 가자, 마치 나를 약올리려는 것처럼, 보란 듯이 발끝을 세우고 여자가 남자에게 키스를 했다. 마침내 남자는 온 길을 되돌아가 오 드 콜로뉴를 쇼윈도에 도로 갖다 놓았다.

그런 비슷한 일이 중년 신사들에게도 몇 번인가 있었다. 겨울밤을 걸어오는 씩씩한 걸음 소리에, 나는 그 이상의 것을 기대했다. 그들은 담배 가게 진열장 앞에 서서 뚫어져라 보고 있었다. 아바나로 할까, 브라질로 할까, 브리사고 섬으로 할까 생각하고 있었던 것이다. 그때 내 소리가 유리를 크기에 맞게 잘라내서, 드디어 그 절단면이 '검은 지혜'의 작은 상자에 툭 부딪히자, 신사들 마음속에서도 잭나이프가 찰칵 하고 소리를 냈다. 그곳에서 그들은 뒤로 돌아서 지팡이를 손에 들고 노를 젓듯 길을 가로질러 나를 알아보지 못하고, 내가 있는 출입구 앞을 빠른 걸음으로 지나갔다. 오스카는 악마에게 홀린 듯한 그들의 혼란스러운 얼굴에 미소를 보내지 않을 수 없었으나, 그 미소엔 가벼운 걱정이 섞여 있었다. 왜냐하면 그들은 대개 나이가 많은 시가 흡연자들이었으므로 식은땀과 더운 땀을 흘리면, 특히 변덕스러운 날씨일 때는 감기에 들 염려가 있기 때문이었다.

보험 회사들은 그해 겨울, 우리가 사는 교외에서 도난 보험에 들어 있던 가게 대부분에 꽤 많은 보험금을 지불해야 했다. 나는 대형절도라 할 만한 짓은 하지 않았으며, 이따금 겨우 물건 한두 개를 진열장에서 훔칠 목적으로 유리를 약간 잘랐을 뿐이었다. 그러나 절도라고 할 만한 사건이 계속 발생했기 때문에 경찰은 거의 쉴 틈도 없었다. 그럼에도 무능한 경찰이라고 신문에 얻어맞았다. 1936년 11월부터 코크 대령이 바르샤바 국민 전선 정부를 만든 1937년 3월까지 이런 절도 사건이, 64회의 시도 중 28회가 같은 수법이었다고 기록되었다. 더욱이 이들 중년 부인, 점원, 가정부, 연금이 보장된 고등학교 교사들은 모두 광적인 도둑이 아니었기 때문에 훔친 일부의 물건은 경찰관이 되찾을 수 있었다. 또한 비전문가인 쇼윈도 파괴범들은 원하던 물품을 손에 넣은 덕분에 잠 못 이루고 밤을 지새운 다음 날, 경찰에 출두하여 이렇게 말했다. "아아, 용서해 주세요. 두 번 다시 그러지 않겠어요. 문득 보니 유리에 구멍이 뚫려 있었어요. 그래서 공포 속에서 반쯤 정신을 차리고 구멍 뚫린 쇼윈도에서 사거리를 세 번이나 지나쳐 왔을 때야 겨우 알게 되었어요. 아, 글쎄 놀랍게도 내 외투 왼쪽 주머니 속에, 그렇게 엄청나게 비싼 것은 아니지만 어쨌든 값비싼 가죽 장갑 한 켤레가 떠억하니 들어 있지 않겠어요."

경찰은 기적을 믿지 않기 때문에 체포된 사람도, 경찰에 자수한 사람도 모두 4주일에서 2개월까지 금고형을 치러야 했다.

나는 집에서 가택연금으로 이따금 고통스러워했다. 어머니는 스스로 인정하지도 않았으며 또한 현명하게도 경찰에게 자백하지도 않았으나, 유리를 깨뜨리는 나의 노래가 그 범행과 관계가 있음을 느끼고 있었던 것이다.

남달리 명예심이 강하다는 것을 보이기 위해서 심문을 하는 마체라트에게 나는 묵비권을 행사하고 점점 교묘하게 내 양철북 뒤로 숨어, 내가 영원히 성장이 중단된 세 살짜리 아이라는 사실을 방패로 삼았다. 이런 심문이 끝나면 어머니는 늘 이렇게 외쳤다. "모두 다 그 난쟁이 때문이에요. 오스카의 이마에 키스를 한 난쟁이 말이에요. 그 키스가 무슨 뜻인지 그때 바로 알았어요. 오스카는 그때부터 완전히 변해 버렸어요."

베브라의 영향이 희미하게나마 아직도 남아 있다는 것을 나는 인정한다. 왜냐하면 아무리 가택연금 처벌을 받아도, 나는 운 좋게도 이러쿵저러쿵 잔소리를 듣지 않는 한 시간 동안의 휴가를 얻어서 잡화점의 쇼윈도 유리에 노래를 불러 악명 높은 둥근 구멍을 뚫고, 그 가게의 물품을 마음에 들어하는 전도유망한 한 젊은이를 붉고 흰 실크 넥타이의 소유자로 만드는 일을 그만둘 수가 없었기 때문이다.

깨끗이 닦인 쇼윈도 유리에 손바닥 만한 구멍을 뚫음으로써 안 그래도 강한 유혹을 더욱 강하게 만들도록 오스카에게 명령한 것이 악(惡)이 아니겠냐고 질문한다면, 나는 그렇다고 대답할 수밖에 없다. 내가 어두운 출입구에 서 있었다는 이유만으로도 그것은 악이었다. 출입구라고 하는 곳은 아시다시피 악에게 가장 사랑받는 장소이다. 한편, 다른 사람을 유혹할 기회도 없고 또 그럴 기분도 내키지 않는 지금, 나는 내 행위의 사악함을 감출 필요 없이 나와 간호사 브루노에게 이렇게 말해야 한다. 오스카야, 너는 조용히 겨울 거리를 산책하다가 탐내던 물건에 홀딱 반해 버린 그 사람들의 크고 작은 욕망을 만족시켜 주었을 뿐만 아니라, 쇼윈도 유리 앞에서 사람들이 스스로를 인식하게끔 도와준 것이다. 우아한 부인들, 점잖은 아저씨들, 신앙에 매달려 언제까지라도 마음만은 젊은 노처녀들이, 그들 속에 도벽이 있었다는 사실을 결코 인식하지 못했을 터이다. 네 소리가 그들을 도둑질로 유혹하지 않았던들, 그래서 이전에는 풋내기 소매치기조차 저주받아 마땅한 위험스러운 악당으로 보던 시민들의 마음을 변화시키지 않았던들 말이다.

검사이자 상급재판소의 엄격한 고소인이었던 에르빈 숄티스 박사는, 내가 밤마다 잠복해서 그를 기다리는 동안 세 번씩이나 도둑이 되기를 거부하다가, 드디어 네 번째에 경찰에 발견되지 않게 도둑질을 하고 나서부터는 온후하고 관대하며 항상 인정이 넘치는 판결을 내리는 법관이 되었다. 그는 도둑들의 조그마한 반신(半神)인 나의 제물이 되어, 진짜 오소리털로 된 면도용 솔을 훔쳤던 것이다.

1937년 1월, 나는 추위에 떨면서 오랫동안 어느 보석상 건너편에 서 있었다. 단풍나무를 규칙적으로 심은 교외 가로수길의 조용한 장소에 있었음에도 평판이 좋고 이름 있는 가게였다. 야수 몇 마리가 장신구와 시계를 진열한 쇼윈도 앞에 모습을 나타냈다. 다른 진열장 앞, 즉 부인용 양말과 벨루어 모자라든가 리큐르 병 앞이었더라면, 나는 주저하지 않고 즉석에서 야수들을 쏘아 넘어뜨렸으리라.

사람이란 보석 앞에서는 으레 까다로워진다. 그들은 끝없는 고리로 된 목걸이에 시선을 집중하느라고 오랫동안 서성거려야 하기 때문에, 그 시간은 분(分)으로 측정하는 대신 진주의 햇수로 측정해야 한다. 진주 목걸이는 인간의 목보다 오래가며, 손목은 야위어도 팔찌는 야위지 않으며, 무덤 속에서 손가락이 없는 반지가 발견된다는 사실을 염두에 두고 본다면, 쇼윈도 안의 보석을 들여다보는 사람은 지나치게 허세를 부리는 듯하고, 또 어떤 사람은 보석을 몸에 걸치기에는 너무 하찮게 보이는 것이다.

반제머 보석상의 쇼윈도에는 물건이 그다지 많지 않았다. 골라서 진열해 놓은 시계 몇 개는 스위스의 정교한 세공품이다. 담청색 벨벳 위에는 한 쌍의 결혼반지, 그리고 진열대 중앙에는 예닐곱 개의 최고급품이 진열되어 있다. 여러 가지 빛깔의 금으로 되어 세 번 휘감긴 뱀도 있었는데, 세밀하게 갈고 다듬은 그 목은 토파즈 한 개와 다이아몬드 두 개로 되어 있고, 두 눈은 사파이어로 장식되어 있어 아주 비싸 보인다. 평소에 나는 검은 벨벳이 마음에 들지 않았으나 반제머 보석상의 뺨에게는 이 천이 잘 어울렸다. 매혹적이면서도 단순하고 균형잡힌 모양으로 시선을 끄는 은제 세공품들 아래에서 대조적으로 수수한 분위기를 만드는 잿빛 벨벳도 마찬가지였다. 너무도 사랑스러운 보석이 박힌 한 반지, 거기에는 그처럼 사랑스러운 부인의 손가락이 필요하리라. 그러면 반지도 더욱 사랑스러워져, 보석의 특권인 불멸의 단계에까지 이르리라. 형벌을 받은 자만이 몸에 걸칠 수 있는 작은 쇠사슬, 사람을 피곤하게 하여, 결국은 단순히 목 형태로 담황색 벨벳 쿠션 위에 사뿐히 놓여 있는 목걸이. 정교하게 짜였으나 보석을 박아넣은 부분이 점점 떨어져서 허물어져 가는 거미줄. 어떤 거미가 여섯 개의 작은 루비와 그보다 큰 루비 하나를 그 그물에 붙들어 매기 위해서 금실을 뽑아낸 것일까? 그리고 그 거미는 어디에 앉아서 무엇을 기다리고 있었을까? 더 많은 루비를 기다리지 않았음은 분명하다. 오히려 그물에 걸린 듯한, 응고된 피와 같은 루비에 사로잡혀 시선을 못 박듯이 고정할 사람을 기다리고 있었음이 틀림없다. 그렇다면 나는 나의 의도에, 혹은 금실을 뽑아내는 거미의 뜻에 따르려면 이 목걸이를 누구에게 선사해야 할까?

1937년 1월 18일 끝없이 눈이 내릴 것만 같은 밤, 모든 것을 눈에 맡기고 싶다고 생각하는 사람이 원하는 만큼 눈이 내릴 듯한 밤, 뽀드득뽀드득 밟아서 단단해진 눈 위에서, 나는 얀 브론스키가 내가 서 있는 곳의 오른편 위쪽 도로를 건너 한눈도 팔지 않고 보석상 앞을 지나치더니 잠시 망설이는 모습을, 아니 차라리 누가 불러 세운 듯이 가만히 멈추어 서 있는 모습을 보았다. 그는 방향을 바꿨다. 무엇인가가 그의 방향을 변경시켰다─그때 얀은 하얀 눈이 조용히 쌓이고 있는 단풍나무 사이 쇼윈도 앞에 서 있었다.

고상하고, 언제나 조금 가련해 보이며, 직업에서는 겸손하고, 애정에서는 야심차며, 어리석은 동시에 탐미적인 얀 브론스키. 내 어머니의 육체에 의해서 살고, 내가 오늘날까지 믿으면서도 의심하고 있듯이 마체라트의 이름으로 나를 낳은 얀, 그가 바르샤바의 양복점에서 지은 듯한 우아한 외투를 입고 서 있었다. 그 모습은 기념 동상처럼 보였다. 그는 화석처럼 굳어져 상징적인 모습으로 유리 앞에 서 있었다. 마치 눈 속에 서서 눈 속의 피를 본 파르치팔(영웅 서사시 '파르치팔'의 주인공)과 같이, 금목걸이에 붙은 루비를 주시하면서 말이다.

나는 그를 소리쳐 부를 수도 있었고, 북을 두드려서 부를 수도 있었을 것이다. 북은 물론 가지고 있었다. 외투 밑으로 그것이 느껴졌다. 단추를 하나만 풀면 되었다. 그러면 북은 저절로 추위 속으로 튀어나왔으리라. 외투 주머니에 손을 찌르기만 하면 북채를 쥘 수도 있었다. 사냥을 나간 후베르투스는 진귀한 사슴을 사정거리 안에 두고도 화살을 쏘지 않았다. 사울이 바울로 변한 것이다. 아틸라는 교황 레오 1세가 반지 낀 손가락을 들었을 때 뒤로 돌아섰다. 그러나 나는 쏘았다. 개심을 하지도, 뒤로 돌아서지도 않고, 사냥꾼 그대로, 오스카 그대로. 목적을 달성하려고 했다. 단추를 풀지 않았고, 북을 추위에 내놓지도 않았으며, 북채를 겨울의 흰 양철북 위에 교차시키지도 않았고, 1월의 밤을 북의 밤으로 삼지도 않았으며, 소리 없이 외쳤다. 마치 돌이 외치듯이, 혹은 물고기가 바다 밑에 대고 외치듯이. 처음에는 추위 속에 외쳤다. 그 때문에 마침내 새로 눈이 내리기 시작했을 정도였다. 다음에는 유리 속에 외쳤다. 정교한 유리 속에, 값비싼 유리 속에, 값싼 유리 속에, 투명한 유리 속에, 쪼개지기 시작한 유리 속에, 세계를 나누는 유리 속에, 처녀의 신비로운 유리 속에, 얀 브론스키와 루비 목걸이 사이를 막은 쇼윈도의 유리 속에 외쳐서, 익히 알고 있던 얀의 장갑 크기 만한 틈을 만들었다. 그리고 지하실 뚜껑처럼, 천국과 지옥의 문처럼 유리를 뻥 하고 뚫었다. 얀은 꼼짝도 하지 않았다. 외투 호주머니에서 고급 가죽 장갑을 낀 손이 나와 천국으로 미끄러져 들어갔다. 그러고는 장갑은 지옥을 떠나 천국인지 지옥인지에서 목걸이를 끄집어 냈다. 그 루비는 모든 천사에게도, 타락한 천사에게도 잘 어울릴 것이다—그리고 그는 루비와 금을 가득 움켜쥔 주먹을 호주머니에 다시 넣었다. 거기에 계속 서 있는 것은 위험한데도, 그는 여전히 입을 벌리고 있는 창 앞에 서 있었다. 이제 그곳에는 더 이상 그의 시선 또는 파르치팔의 시선을 강요하는 핏빛 루비가 없는데도 말이다.

오, 아버지와 아들과 성령이시여! 만일 아버지인 얀의 주위에서 무슨 일이 일어나지 않는다면, 마음속에서 무슨 일이 일어나야 했다. 아들인 오스카는 외투 단추를 끄르고 급히 북채를 준비하여 양철북을 쳐서 아버지, 아버지라고 불렀다. 마침내 얀 브론스키가 천천히 돌아보며, 좀더 천천히 길을 가로질러, 나 오스카가 출입구에 서 있는 것을 발견할 때까지 말이다.

얀이 여전히 굳은 채로, 하지만 곧 녹을 듯한 표정으로 나를 쳐다본 그 순간, 눈이 내리기 시작한 것은 얼마나 근사한 일인지. 루비에 닿았던 장갑이 아닌 다른 한쪽 손을 나에게 내밀고, 말없이 그러나 당황하지 않고 나를 집으로 데려갔다. 집에서는 어머니가 나를 걱정하고 있었으며, 마체라트는 실제로 그렇지는 않지만 습관적으로 짐짓 엄한 표정을 지으며 경찰서에 데리고 가겠다고 위협했다. 얀은 아무 설명도 하지 않았고 오래 머물지도 않았다. 마체라트가 맥주를 내놓고 스카트놀이를 하자고 권했으나 그것도 마다했다. 돌아갈 때 그는 오스카를 쓰다듬어 주었다. 그리고 오스카는 그것이 침묵을 요구하는 것인지, 우정의 표시인지 알 수 없었다.

얼마 안 있어 얀 브론스키는 어머니에게 그 목걸이를 선물했다. 어머니는 목걸이가 어디에서 났는지를 분명히 알고 있었으며, 자신을 위해서 그리고 얀 브론스키와 어쩌면 나를 위해서, 마체라트가 집에 없는 몇 시간 동안만 그것을 목에 걸었다.

전쟁이 끝난 뒤 오래지 않아 나는 뒤셀도르프의 암시장에서 그 목걸이를 열두 상자의 미제 담배 럭키스트라이크와 가죽 서류 가방으로 바꿨다.

기적은 없다

정신병원 침대에 누워 있는 지금, 나는 추위와 어둠을 뚫고서 성에를 녹이고, 쇼윈도를 열고, 도둑을 안내할 수 있었던 그 무렵의 재능이 이제 와서는 없어진 것을 깨닫고 때론 아쉽게 생각한다.

이를테면 이 방문 위쪽으로 3분의 1쯤 되는 곳에 있는 감시창의 유리를 깨뜨리고 싶은 생각이 얼마나 간절한지. 그렇게 되면 간호사 브루노는 나를 좀더 직접 관찰할 수 있을 텐데.

병원에 입원하기 전에 나는 내 소리가 무력해진 것을 얼마나 괴로워했던가. 밤거리에서 성공을 빌면서 소리를 질렀는데 (창유리 격파에) 성공하지 못했을 때, 폭력을 혐오하던 나는 돌을 주워 초라한 뒤셀도르프 교외의 어느 부엌 창을 겨누어 던졌다. 특히 나는 실내장식가 비틀라르에게 무엇인가 해 보이고 싶어서 견딜 수가 없었다. 쾨니히 거리의 신사 양품점, 또는 옛 음악당 근처 향수 가게의 쇼윈도 뒤쪽에 있는 그를 내가 본 것은 한밤중이 넘어서였다. 상반신은 커튼에 가려져 있었으나 쇼윈도 아래의 녹색과 빨간 면양말을 보고서 그인 줄 알았다. 물론 그는 내 제자이거나, 또 그럴지도 모르지만, 나는 그 앞에서 유리를 노래로 박살내고 싶었다. 왜냐하면 그때나 지금이나 나는 그를 유다라고 불러야 할지 요한이라고 불러야 할지를 모르기 때문이다.

비틀라르는 귀족이며 이름은 고트프리트라 한다. 내가 수치스럽게도 노래로 유리를 깨는 데 성공하지 못한 뒤, 멀쩡한 쇼윈도의 유리를 가볍게 두드려 이 실내장식가에게 내 존재를 알려 그가 15분 동안 거리로 나와서 나와 이야기하고 자신의 장식 기술을 헐뜯었을 때, 나는 그를 고트프리트라고 불러야 했다. 내 소리가 기적을 일으켜 그를 요한이나 유다라 부를 수 없었기 때문이다.

얀 브론스키를 도둑으로 만들고 어머니를 루비 목걸이의 주인으로 만든 보석상 앞에서의 노래가, 아마도 탐나는 물품이 진열되어 있던 쇼윈도 앞에서의 마지막 노래였던 모양이다. 어머니는 믿음이 깊어졌다. 무엇이 그녀의 믿음을 깊게 했을까? 얀 브론스키와의 접촉, 훔친 목걸이, 불륜녀의 달콤한 고통, 그것들이 그녀의 믿음을 깊게 했으며 성스러운 것을 열망케 했으리라. 죄를 범하는 것은 얼마나 쉬운 일인가. 목요일에 그들은 시내에서 만났다. 작은 오스카를 마르쿠스의 가게에 맡기고, 티슐러 거리에서 만족스러운 방법으로 체력을 소모하며, 그 후 카페 바이츠케에서 모카와 케이크로 기분을 상쾌하게 하고, 유대인한테서 아들을 넘겨받으며 약간의 칭찬과 함께 거의 선물이나 다름없는 값의 비단천을 받고서, 5번 전차를 탔다. 그녀는 미소짓고 전혀 있을 수 없는 일을 생각하면서, 올리바 문을 통과하여 힌덴부르크 거리로 가는 전차 속의 광경을 즐기고, 마체라트가 일요일 오전을 보내는 체육관 옆 '5월의 초원'에는 거의 신경도 쓰지 않았다. 전차가 체육관 옆 커브를 돌 때는, 근사한 일을 치른 뒤인데도 이 상자 모양 전차는 왜 이다지 불쾌할까 생각하며 참는 수밖에 없었다. 다시 왼편으로 커브를 돌자, 빨간 모자의 학생들이 있는 콘라트 학교가 먼지를 뒤집어쓴 나무들 뒤로 보였다— 오스카에게도 C라는 금박 문자가 붙은 그런 빨간 모자가 어울리면 얼마나 멋진 일이겠는가. 오스카도 정상이라면 열두 살 반으로 김나지움 _(독일의 중등 교육 기관. 수업 연한은 9년) 3학년이 되어 라틴어를 배우기 시작했을 것이며, 정말 조그맣고 근면하며 또 조금은 건방지면서 자부심이 강한 콘라트 학교 학생으로서 행세하고 있을 텐데.

독일인 거류지와 헬레네 랑게 학교로 향하는 입체교차로 아래를 지나서부터 아그네스 마체라트 부인의 콘라트 학교에 대한 생각과 아들 오스카의 입학 가능성에 대한 생각이 사라졌다. 다시 왼쪽으로 굽어서 공 모양의 탑이 있는 그리스도 교회를 지나 막스 할베 광장의 카이저 커피 상회 앞에 내려서, 상업 경쟁자들의 쇼윈도를 슬쩍 훑어본 다음, 마치 십자가를 짊어진 사람처럼 고통스러운 마음을 안고 라베스베크 거리를 걸어갔다. 싹트기 시작한 불쾌감, 그녀의 손목을 잡은 기형아, 양심의 가책, 양심을 되찾고 싶은 욕망, 이런 것들이 그녀를 괴롭혔다. 내 어머니는 마체라트에 대한 불만과 권태감, 혐오감과 동정심 때문에 갈등을 느끼면서, 나와 나의 새 북과 반은 선물로 받다시피 한 비단 꾸러미와 함께 라베스베크 거리를 지나 힘들게 가게로 돌아왔다. 납작보리, 청어 함지 옆 석유, 씨 없는 건포도, 건포도, 아몬드, 후추를 넣은 과자 향료, 외트커 박사표 베이킹파우더, 페르질 세제, 내가 좋아하는 우르빈 치즈, 마기 간장과 크노르 수프, 카트라이나 상추와 하크 커피, 비텔로와 팔민의 마가린, 퀴네의 식초와 네 가지 과일로 만든 잼, 다양한 음역(音域)으로 윙윙 소리 나는 두 개의 파리잡이, 그것들이 기다리는 가게로 어머니는 나를 데리고 돌아왔다. 달콤한 꿀이 발라진 파리잡이는 우리 가게 카운터 위에 매달려 있어 여름에는 이틀마다 바꿔야 했던 반면, 여름이나 겨울이나 1년 내내 높거나 낮게 신음하는 죄를 유혹하는, 꿀처럼 달콤한 영혼을 가진 어머니는 토요일마다 성심 교회로 가서 빙케 사제에게 죄를 고백해야 했다.

목요일에는 어머니가 나를 시내로 함께 데려갔다. 말하자면 공범자를 만든 것이다. 토요일에는 차가운 가톨릭식 타일이 깔려 있는 곳으로 통하는 정문을 지나서 나를 데리고 교회에 갔다. 어머니는 미리 북을 내 스웨터나 외투 밑에 집어넣었다. 북이 없으면 내가 외출을 하지 않기 때문이었다. 만일 배 앞에 양철북이 없으면 나는 절대 이마와 가슴과 어깨에 닿는 가톨릭식 성호를 긋지 않았을 것이며, 신을 신을 때처럼 무릎을 굽히지도 않았을 테고, 콧날 위에서 천천히 말라 가는 성수(聖水) 때문에 깨끗한 교회 의자 위에서 침착하게 앉아 있지도 못했을 것이다.

나는 성심 교회에 대한 것을 세례 때부터 쭉 기억하고 있다. 오스카라는 이름이 이교도적이라 하여 여러 가지 어려움이 있었으나 모두들 오스카라는 이름을 고집했다. 대부(代父)인 얀도 교회 문 앞에서 그 이야기를 했다. 그리고 빙케 사제가 내 얼굴에 세 번 입김을 불었다. 내 안에 있는 악마를 쫓아낸다는 것이다. 다음에 십자를 긋고, 손을 얹으며, 소금을 뿌리고, 다시 한 번 악마에 대항해 무언가를 행했다. 그는 교회 안 진짜 세례당 앞에 다시 멈춰 서서 나를 위해 사도신경과 주기도문을 바쳤으며, 그동안 나는 가만히 있었다. 그 뒤 빙케 사제는 적당한 시기를 가늠하여 다시 한 번 악마여 사라져라라고 말하고, 그가 오스카의 코와 귀를 만짐으로써 이미 무엇이나 다 알고 있던 나의 마음이 열린 거라고 생각했다. 그러고서 그는 또 한 번 분명하게 큰 소리로 대답시키고자 이렇게 물었다. "악마를 단념하겠는가? 모든 악마의 행위를? 악마의 모든 허식을?"

나는 고개를 흔들었을지도 모른다—나는 단념한다는 일을 생각한 적이 없었으니까—그러나 그 전에 얀이 나를 대신해서 세 번 말했다. "단념하겠습니다."

빙케 사제는 내 가슴 위와 어깨 사이에 성유(聖油)를 발라 주었으나 나와 악마의 관계를 끊을 순 없었다. 세례반(洗禮盤) 앞에서 다시 사도신경을 외고, 드디어 세 번 성수에 담갔다가 성유를 머리에 바르고, 더러움을 없애기 위해서 흰 옷을 입히고, 암흑의 나날을 위해서 촛불을 켜고, 이것으로 석방되었다—마체라트가 돈을 지불했다. 얀이 나를 성심 교회 문 앞으로 데리고 갔을 때, 그곳에는 맑았던 하늘이 흐려져 있었으며 택시가 기다리고 있었다. 그때 나는 내 안에 있는 악마에게 물었다. "모든 것을 잘 극복하였느냐?"

악마는 껑충껑충 뛰면서 속삭였다. "교회의 창을 보았니, 오스카? 전부 유리야, 전부 유리라고."

성심 교회는 프로이센-프랑스 전쟁 이후 포말회사가 무리를 짓던 시대에 세워졌기 때문에 양식은 확실히 신(新)고딕식이었다. 금방 검어지는 벽돌로 벽을 쌓고, 동(銅)을 입힌 첨탑은 특유의 푸른 녹이 슬기 때문에, 그 옛날 고딕식 벽돌로 만든 교회와 새로운 고딕식 교회 사이의 차이를 확실하게 구별할 수 있는 사람은 감식 전문가들뿐이었다. 오래된 교회에서나 새로운 교회에서나 사람들은 같은 방식으로 죄를 고해했다. 빙케 사제와 같은 다른 많은 사제들은 토요일에 관청이나 회사가 파한 뒤 고해실에 앉아서 광택이 나는 거무스름한 창살에 털이 많은 사제의 귀를 내밀었다. 그렇게 교구 사람들을 유혹해서, 사제 귀의 철사망에 그 죄의 실들을 꿰려고 했던 것이다. 그실에는 죄 많은 싸구려 보석이 진주처럼 한 알 한 알 이어져 있었다.

어머니가 저지른 죄와 게으름, 그녀의 생각과 말과 행실이 고해 절차에 따라 빙케 사제의 귀를 통과하여 가톨릭 교회의 최고 기관에 전달하고 있는 동안, 아무것도 고해할 것이 없는 나는 미끄러운 교회 의자에서 내려와 타일 바닥에 서 있었다.

가톨릭 교회의 타일 바닥, 가톨릭 교회의 냄새, 가톨릭 교회 전체가 오늘날에도 까닭 없이 나를 매혹하고 있음을 나는 인정할 수밖에 없다. 그것은 내가 빨간 머리를 다른 색으로 염색하고 싶은데도 빨간 머리 소녀에게 매혹당하는 것과 같다. 그리고 내가 모독적인 언사를 쓰는 것도 가톨릭 교회의 덕택임을 인정할 수밖에 없다. 그러한 언사는, 결국 아무런 쓸모가 없지만 어쨌든 가톨릭 세례를 받았다는 절대적 사실을 늘 새삼스럽게 드러내 준다. 나는 아주 평범한 일상적인 일을 하고 있는 도중에, 이를테면 이를 닦는다든가 심지어는 화장실에 앉아 있을 때에도 미사의 주석(注釋)을 중얼거리고 있는 것을 깨닫고 놀라는 일이 자주 있다. 바로 성스러운 미사에서는 그리스도의 피가 너를 깨끗하게 하기 위해서 새로 흐른다, 이것은 그리스도의 피의 성배(聖杯)다, 그리스도의 피가 흐를 때마다 포도주는 진짜 피가 된다, 그리스도의 진짜 피는 존재한다, 성스러운 피를 봄으로써 영혼에는 그리스도의 피가 흘러들어간다, 귀중한 피가 피에 의해서 씻긴다, 성변화(^{성찬의 빵과 포도주
가 그리스도의 몸과}_{피로 변
하는 일}) 때에 피는 흐른다, 피의 얼룩이 진 성체포(聖體布), 그리스도의 피의 목소리는 온 천국에 울려 퍼진다, 그리스도의 피는 하느님 앞에서 그윽한 향기를 발한다는 식이다.

여러분은 내가 가톨릭적 억양을 간직하고 있음을 인정해야 하리라. 시가 전차를 기다릴 때마다 성모 마리아만을 생각하던 시절도 있었다. 나는 성모 마리아를 자비롭고 은총이 넘치며 성스러운 축복을 받은 처녀 중의 처녀, 자애로운 어머니라고 불렀다. 그대 축복받은 여인, 그대 온갖 존경을 받을 수 있는 여인, 그리스도를 낳으신 어머니, 감미로운 어머니, 처녀인 어머니, 영광에 가득 찬 처녀시여, 예수의 이름으로 감미로움을 맛보게 해 주소서, 당신이 어머니의 마음으로 맛보신 것과 같이, 그것은 진실로 맛보아야 할 올바른 것, 온당하고 치유력이 있는 것입니다, 성스러운 축복을 받은 여인, 성스러운 축복을 받은 여인이여……

이 '성스러운 축복을 받은'이라는 말은 때때로, 특히 어머니와 내가 매주 토요일에 성심 교회를 찾아갔을 때마다 나를 황홀하게 했고, 나는 그 말에 중독되어 악마에게 감사했을 정도다. 왜냐하면 내 안의 악마가 세례를 이기고 나에게 해독제를 제공해 주었기 때문이다. 그 덕택에 나는 모독적인 언사를 쓰면서도 꿋꿋이 성심 교회의 타일 위를 활보할 수 있었다.

예수의 마음[聖心]이라는 것이 그 교회의 이름이었는데, 예수는 성사 때 말고도 십자가의 수난을 그린 여러 그림에서 몇 차례 평면적 자태를 보였다. 다양한 자세를 하고 있는 그의 모습을 입체적으로 채색한 조소품도 세 개가 있었다.

그중 하나는 채색된 석고상이었다. 긴 머리카락을 늘어뜨린 그는 프로이센풍의 푸른 상의를 입고, 발에는 샌들을 신고 금 대좌(臺座) 위에 서 있었다. 그는 가슴 위의 옷을 풀어헤치고, 대자연을 거역하듯이 토마토처럼 붉고 영광스러운, 말 그대로 피가 흐르고 있는 심장을 가슴 한복판에 드러내 보임으로써 이 교회의 이름을 장기의 이름을 따라 붙일 수 있게 한 것이다.

심장을 드러낸 예수의 모습을 처음 보았을 때, 나는 곧 대부이자 삼촌이며 또한 진짜 아버지로 추정되는 얀 브론스키와 구세주가 놀랄 만큼 닮은 사실을 확인할 수밖에 없었다. 순진하게 자의식으로 차 있는 공상가의 저 푸른 눈! 금방이라도 울음을 터뜨릴 듯한 저 활짝 피어나는 장밋빛 입술! 눈썹에 나타나 있는 사나이다운 고뇌! 얻어맞고 싶어하는 혈색 좋은 두 뺨. 두 사람 다 여성이 애무하지 않고는 견딜 수 없는 옆얼굴을 갖고 있었다. 그리고 연약하고 피로한 양손은 일하기 싫어하는 고운 손으로서, 궁정 전속 보석상의 걸작과 같은 성흔(聖痕)을 보이고 있었다. 예수의 얼굴에 그려진 그 눈, 나로 하여금 아버지로 오해하게 하는 브론스키의 눈은 나를 괴롭혔다. 사람들을 열광시킬 수는 있어도 설득할 수는 없는, 이와 똑같은 푸른 눈을 나도 지녔기 때문이다.

오스카는 오른편 측랑에 있는 예수의 심장에서 눈을 떼고, 예수가 십자가를 짊어진 최초의 '십자가의 길'에서 두 번째로 십자가 밑에 넘어진 제7의 십자가의 길로 서둘러 갔다. 그러고는 역시 석고로 만들어진 제2의 예수상이 걸려 있는 중앙제단으로 갔다. 예수는 너무 지쳤기 때문인지 아니면 정신을 더욱 집중하기 위해서인지 눈을 감고 있었다. 이 사나이의 근육은 얼마나

훌륭했는지! 이 10종 경기 선수는 곧 내게 성심 브론스키에 관한 것을 잊게
했으며, 어머니가 빙케 사제에게 고해할 때마다 나는 오로지 경건하게 중앙
제단 앞의 운동선수를 응시했다. 나도 기도드렸다는 것을 믿어주기를 바란
다! 나는 그를 상냥한 체조 선생, 운동선수 중의 운동선수, 1인치의 손톱만
으로 십자가에 매달리는 경기의 승자라고 불렀다. 그는 꼼짝도 하지 않았
다! 영원의 빛이 경련하듯이 움직였다. 그러나 그는 고행을 완벽히 끝마치
고 최고점을 획득했다. 초시계는 시간을 계속 쟀다. 그의 시간이 계산되었
다. 이미 성물납실(聖物納室)에서는 미사 시자(侍者)의 조금 지저분한 손가
락이 그에게 주어지는 금메달을 닦고 있었다. 하지만 예수는 메달을 얻기 위
해서 운동을 한 것은 아니었다. 내게 믿음이 생겨났다. 나는 무릎꿇고 북으
로 십자를 그으며, 성스러운 축복을 받았다든가 괴로워한다든가 하는 말들
을 제시 오엔스와 루돌프 하르비히, 그리고 작년 베를린 올림픽과 연결시키
려고 했다. 그것은 잘되지만은 않았다. 나는 두 도둑에 비해서 예수가 정정
당당하지 못하다고 말해야 했기 때문이다. 그리하여 나는 그를 실격시키고
고개를 왼편으로 돌려, 새로운 희망을 품고 성심 교회 안에 있는 천국의 운
동선수 세 번째 입체상을 그곳에서 보게 되었다.

"당신을 세 번 보고 비로소 기도하게 해 주십시오." 거기에서 이렇게 중얼
거리고 나서, 다시 신 밑바닥을 타일 바닥에 내리고, 체스판 모양의 마룻바
닥을 하나씩 밟아 왼편 제단에 이르렀다. 한 걸음마다, 그가 너를 보고 있
다, 성인들이 너를 보고 있다, 고개를 숙이고 십자가에 매달린 베드로가, X
자형 십자가에 못 박힌 안드레─그 때문에 안드레 십자가라고 한다─가 보
고 있다고 느꼈다. 그 밖에도 라틴 십자가 혹은 수난의 십자가와 나란히 그
리스 십자가가 있다. 이중 십자가, T자형 십자가, 계단형 십자가가 직물이
나 그림이나 책에 묘사된다. 갈고리형 십자가, 닻 모양의 십자가, 클로버형
십자가가 입체적으로 짝지어져 있는 것을 보았다. 창(槍) 모양의 십자가는
아름답고, 몰타 십자가는 인기가 있으며, 갈고리 십자가, 드골 십자가와 로
트링겐 십자가는 금지되었고, 안토니오 십자가는 해전(海戰) 때 T자형으로
도 불린다. 귀가 달린 십자가는 쇠사슬에 연결되며, 도둑 십자가는 보기 흉
하고, 교황 십자가는 교황다우며, 저 러시아 십자가는 또한 나사로 십자가라
고 불린다. 그리고 또 적십자가 있다. 금주동맹의 푸른빛은 청십자(靑十字)

를 긋는다. 황십자(黃十字)는 너를 해롭게 하고, 순양함은 침몰하며, 십자
군은 나를 회심(回心)케 하고, 십자거미(왕거미)는 서로 잡아먹으며, 십자
로에서 나는 너와 가로세로로 교차하여 반대 심문, 크로스워드퍼즐을 풀어
달라고 말한다. 허리가 펴지지 않는 나는 방향을 바꾸어 십자가를 뒤로했다.
또한 운동선수가 나를 십자가로 깔아뭉갤 위험을 무릅쓰고서 나는 십자가에
걸린 그에게도 등을 돌렸다. 내가 소년 예수를 오른편 넓적다리에 안고 있는
동정녀 마리아에게 다가갔기 때문이다.

오스카는 교회의 왼편 측랑 왼쪽 제단 앞에 서 있었다. 마리아는 그의 어
머니가 열일곱 살 나이로 트로일에서 장사를 하고 있을 무렵, 영화관에 갈
돈도 없어서 그 대신 아스타 닐젠의 영화 광고지를 홀린 듯이 바라보면서 지
었을 법한 표정을 짓고 있었다.

마리아는 예수에게 몰두하지 않고 오른쪽 무릎 옆에 있는 다른 소년을 보
고 있었다. 나는 오해를 피하기 위해서 바로 그 아이를 세례 요한이라고 이
름지었다. 두 소년은 나와 같은 키였다. 성서를 정확하게 대조해 보면 예수
는 요한보다 두 살 어렸는데도 예수가 2센티미터가량 컸던 모양이다. 세 살
짜리 구세주를 벌거벗겨 장밋빛으로 묘사한 것은 조각가의 장난이었다. 요
한은 훗날 사막으로 떠나기 때문에 텁수룩한 초콜릿색 모피를 몸에 걸치고
있어, 그의 가슴 절반과 배와 고추가 덮여 있었다.

오스카는 놀랄 만큼 그를 닮아, 나이에 어울리지 않게 내성적인 이 두 소
년 옆에 있는 것보다는 중앙제단 앞이나 고해실 바로 옆에 있는 편이 훨씬
나았으리라. 물론 그들은 푸른 눈에 오스카와 같은 밤색 머리를 하고 있었
다. 조각가인 이발사가 솔처럼 우스꽝스러운 두 오스카의 고수머리를 잘라
서 상고머리로 만들기만 했다면 오스카와 완벽히 닮았을 것이다.

'마당의 콩깍지는 깐 콩깍지인가 안 깐 콩깍지인가……'를 누가 먼저 주워
섬기는가를 헤아리려는 듯이, 왼쪽 집게손가락으로 소년 예수를 가리키고 있
는 소년 요한에 대해서는 그다지 길게 늘어놓고 싶지 않다. 그 따위 어린애
장난 같은 짓은 집어치우고, 예수의 이름을 걸고 말하건대 그는 나와 일란성
쌍둥이인 게 분명하다. 그는 나의 쌍둥이 형제일 수도 있다. 이 아이는 내 체
격과 그 무렵 물뿌리개로밖에 사용되지 않던 나의 고추를 가지고 있었다. 이
아이는 브론스키를 닮은 내 코발트블루의 눈으로 세상을 보았다. 그리고―이

것이 그의 가장 나쁜 점이라고 생각했는데―나의 몸짓을 흉내냈다.

내 닮은꼴인 이 아이는 양팔을 올리고 무엇인가를, 이를테면 나의 북채 같은 것을 무척 쥐고 싶어하는 모양으로 주먹을 쥐고 있었다. 만일 조각가가 그의 장밋빛 넓적다리 위에 나의 희고 빨간 양철북을 석고로 만들어 덧붙였더라면 그것은 바로 나였을 것이다. 마리아의 무릎에 안겨서 교구 사람들과 함께 북을 두드리고 있는 진짜 오스카였을 것이다. 이 세상에는―아무리 신성한 것일지라도―그대로 내버려 두어서는 안 되는 것들이 있다!

융단 한 장을 깔아 놓은 세 개의 계단을 올라가면 은록색(銀綠色) 의복을 걸친 마리아와, 요한의 텁수룩한 초콜릿색 모피와, 삶은 햄 빛깔의 소년 예수가 있는 곳이 나온다. 그곳에는 누렇게 된 양초와 여러 가지 가격대의 꽃들로 꾸며진 마리아의 제단이 있었다. 녹색 마리아와 갈색 요한과 장밋빛 예수의 뒤통수에는 접시 만한 후광이 붙어 있었다. 금박이 그 접시를 값비싼 것으로 보이게 했다.

제단 앞에 계단이 없었더라면 나는 결코 올라가지 않았을 것이다. 그 무렵에는 계단과 문 손잡이와 쇼윈도가 오스카를 유혹했다. 그리하여 병원 침대로 만족할 수밖에 없는 오늘날에도 그것들은 그를 무심하게 내버려 두지는 않는다. 그는 언제나 같은 융단 위에 서서 한 계단 한 계단 유혹받았다. 마리아의 제단을 둘러싼 그들은 오스카 바로 가까이에 있었다. 그들은 그의 손가락이 경멸적으로 또는 존경심을 담아 세 사람을 두들기는 것을 용서해 주었다. 그는 손톱으로 긁어서 색채 밑의 석고를 하얗게 드러나게 할 수 있었다. 마리아의 옷 주름은 곡선을 지어 가면서 구름 모양 받침대 위 발끝까지 늘어져 있었다. 간신히 분간할 수 있는 마리아의 정강이뼈는, 조각가가 먼저 살을 붙이고 나서 주름치마를 덮어씌웠음을 짐작케 해 주었다. 오스카가 실수로 할례를 받지 못한 소년 예수의 고추 구석구석까지 손을 대고 쓰다듬어 그것을 움직이려는 듯이 조심스럽게 눌렀을 때, 쾌감과 함께 자신의 고추에 야릇한 혼란감을 느꼈기 때문에 자신의 고추를 진정시키기 위해서 예수의 고추를 살짝 놓았다.

할례를 받았든 안 받았든 신경 쓰지 않고 나는 스웨터 밑에서 북을 꺼내어 내 목에서 풀어, 후광을 부수지 않도록 조심하면서 예수의 목에 걸었다. 내 키로는 힘든 일이었다. 예수가 대좌(臺座)를 대신하는 구름 발판 위에서 음악을 연주할 수 있게 해 주려면 내가 그 입상 위로 올라가는 수밖에 없었다.

오스카가 이 일을 한 것은 세례를 받고 나서 처음 교회를 방문했던 1936년 1월이 아니라, 같은 해 성주간(聖週間) 동안이었다. 어머니는 겨우내 얀 브론스키와의 관계를 차례차례로 고해하느라 고생하고 있었다. 그래서 오스카에게는 토요일에 그의 계획을 생각해 내고, 비판하며, 정당화하고, 수정하며, 그것을 또다시 여러 면에서 검토할 시간이 충분히 있었다. 마침내 이제까지의 모든 계획을 없었던 것으로 하고 차라리 성주간 월요일의 층계기도를 이용해서 직접 일을 실행에 옮기로 결심했다.

어머니는 부활제 장사가 아주 바빠지기 전에 고해를 원했기 때문에, 성주간 월요일 저녁에 내 손을 잡고 라베스베크 거리, 엘젠 거리의 신시장 모퉁이를 돌아 마리엔 거리를 지나고, 볼게무트 푸줏간 앞을 지나 클라인하머 공원에서 왼쪽으로 꺾어, 언제나 누렇고 구역질 나는 물방울이 맺혀 있는 철도 육교 밑을 지나서 선로 둑 건너에 있는 성심 교회로 들어갔다.

우리는 늦게 도착했다. 고해실 앞에서 차례를 기다리고 있던 사람은 두 노파와, 무엇인가 마음속에 응어리를 가지고 있는 듯한 젊은 남자뿐이었다. 어머니가 양심을 조사하는 동안—어머니는 엄지손가락을 핥으면서, 어떻게 소득을 속일까 장부를 뒤적거리는 것처럼 미사 전례서를 뒤적이고 있었다—나는 참나무 의자에서 살짝 내려와, 예수의 심장과 십자가 위의 운동선수에게 들키지 않고 왼쪽 제단으로 갔다.

서둘러야 했는데도 나는 입당송(미사의 첫 음 의식)을 생략하지 않았다. 층계기도를 세 번 송독(頌讀)했다. 인트로이보 아드 알타레 데이(Introibo ad altare Dei : 주님의 제단 앞에 제가 왔나이다). 어린 시절부터 나에게 기쁨을 주신 하느님 곁으로. 나는 목에서 북을 풀어, "주여 불쌍히 여기소서"라는 기도 구절을 길게 끌면서 구름 발판 위로 올라갔다. 고추가 있는 곳에서는 조금도 머뭇거리지 않고 바로 원광(圓光) 앞에서 후광을 다치지 않도록 조심하며 예수의 목에 양철북을 걸었다. 구름 발판에서 내려와서는 회개하고 사죄하며 용서를 빌어야겠지만, 먼저 적당히 벌린 예수의 양손에 북채를 쥐여 주고, 하나, 둘, 세 계단을 내려와 산을 올려다보며, 아직도 융단이 깔린 곳을 지나 마침내 타일 바닥이 있는 곳에 다다랐다. 그러자 그곳에 오스카를 위한 기도대가 있었다. 그는 방석 위에 무릎을 꿇고 북 치는 손을 얼굴 앞에서 모았다—글로리아 인 엑셀

지스 데오(Gloria in excelsis Deo : 높은 하늘에 계시는 하느님에게 영광 있어라)—모은 손을 지나 예수와 그의 북을 응시하면서 기적을 기다렸다. 예수는 북을 칠까, 아니면 치지 못할까, 그도 아니면 치도록 허락받지 못할까. 예수는 북을 치든가, 진짜 예수가 아니든가 둘 중 하나다. 그래도 그가 북을 치지 않을 때에는 오히려 오스카 쪽이 진짜 예수이다.

기적을 바랄 때에는 기다릴 수 있어야 한다. 그래서 나는 기다렸다. 처음에는 참을성 있게 기다렸으나 아주 참을성 있게 기다리지는 못했던 모양이다. "주여, 만인의 눈은 그대를 기다리고 있습니다"라는 성서 말씀을 반복하면서, 시선이 목표물을 향하고 귀를 쫑긋 세우고 있는 시간이 길어짐에 따라 기도대의 오스카는 더욱더 절망하게 되었기 때문이다. 물론 그는 주님에게 모든 기회를 주었다. 아직 솜씨가 서투를지도 모르는 예수가 북을 치겠다고 결심하도록 하기 위해서는, 쳐다보지 않는 편이 차라리 나을 수도 있다는 생각이 들어 눈을 감기도 했다. 그러나 결국 세 번째 사도신경이 끝나도록 소식이 없었다. 전능하신 천주 성부, 천지의 창조주를 저는 믿나이다. 그 외아들 우리 주 예수 그리스도를 성령으로 인하여 동정녀 마리아께 잉태되어 나시고, 본시오 빌라도 통치 아래서 고난을 받으시고, 십자가에 못박혀 돌아가시고 묻히셨으며, 저승에 가시어 사흗날에 죽은 이들 가운데서 부활하시고, 하늘에 올라 전능하신 천주 성부 오른편에 앉으시며, 그리로부터 산 이와 죽은 이를 심판하러 오시리라 믿나이다. 성령을 믿으며, 거룩하고 보편된 교회와 모든 성인의 통공(通共)을 믿으며, 죄의 용서와 육신의 부활을 믿으며 영원한 삶을 믿나이다…….

아니, 그때 나는 그에게서 단지 가톨릭 교회의 냄새를 맡았을 뿐이다. 신앙 따위는 생각도 안 했다. 냄새까지도 안중에 없었다. 무엇인가 다른 것을 얻고 싶었다. 내 양철북 소리를 듣고 싶었다. 예수가 나를 위해서 무엇인가를, 들릴락 말락 한 작은 기적을 내려주기를 바랐다. 보좌 신부 라스체이아가 놀라서 허둥거리고, 빙케 사제가 뚱뚱한 몸을 힘겹게 질질 끌며 기적을 보러 오거나, 올리바의 주교에게 보고서를 올리고 전문가의 감정을 바티칸으로 제출할 만큼 요란한 진동까지는 필요 없었다. 아니, 나는 그때 야심 따위는 티끌만큼도 가지고 있지 않았다. 오스카는 성인이라 불리고 싶지 않았다. 그는 그저 그가 듣고 볼 수 있으며, 그가 북을 치는 데 찬성할 것인가 반대할 것인가를 단 한 번이라도 확인할 수 있고, 파란 눈을 가진 일란성 쌍둥이 중 어느 쪽이 장래 예수라 할 수 있을지를 확실하게 보여 줄 만한 조그만 개인적인 기적을 바랐던 것이다.

나는 앉아서 기다리고 있었다. 그동안에 어머니는 고해실에 앉아, 아마 제6계명(戒命)을 이미 끝냈으리라. 나는 걱정이 되었다. 언제나 교회를 배회하는 노인이 중앙제단 근처를 어슬렁거리다가 마침내 왼편 제단을 지나 소년을 안고 있는 동정녀 마리아에게 인사를 했다. 아마도 북이 눈에 띄었겠지만 무엇인지는 몰랐으리라. 그는 다리를 질질 끌면서 갔다. 그 모습은 전보다 훨씬 나이 들어 보였다.

시간이 흘렀다고 나는 생각했다. 그러나 예수는 북을 치지 않았다. 위쪽 합창대 자리에서 그들의 목소리가 들렸다. 아무도 오르간을 치지 말아야 할 텐데, 나는 걱정했다. 부활제를 위한 연습 준비가 있겠지, 그러면 그들의 떠들썩한 노랫소리가 때마침 소년 예수가 치기 시작한 가냘픈 북 소리를 싹 지워 버리겠지.

그들은 오르간을 치지 않았다. 예수도 북을 치지 않았다. 기적은 일어나지 않았다. 내가 방석에서 몸을 일으키자 무릎 관절에서 뚝뚝 소리가 났다. 나는 짜증이 나고 기분이 우울해져 융단 위를 어정어정 걸으며 한 계단씩 올라갔다. 내가 잘 알고 있는 층계기도는 모두 생략했다. 석고로 된 구름을 올라가면서 중저가의 꽃을 뿌리고, 저능한 벌거숭이에게서 내 북을 빼앗으려고 했다.

나는 오늘까지도 계속해서 말한다. 그를 가르치려고 했던 것은 실패였다고. 어쩌다 그런 생각이 들었는지 모르지만, 나는 먼저 그에게서 북채를 빼앗고 양철북을 들어, 그 북채로 가짜 예수 앞에서 처음에는 조용하게, 다음에는 성급한 교사처럼 아무거나 한 곡을 시범으로 쳐 보이고, 다시 북채를 그의 손에 쥐어 주며, 오스카에게서 배운 대로 치게 하려고 했다.

내가 후광에 주의를 기울이지 않은 채, 모든 학생 중에 가장 뻣뻣한 이 학생에게서 북채와 양철북을 빼앗기 전에 이미 빙케 사제가 내 뒤에 서 있었다—내 북소리가 교회 안에서 높고 크게 울려 퍼진 것이다—보좌 신부 라스체이아도 뒤에 있었다. 어머니도 있었다. 노인도 있었다. 보좌 신부는 나를 잡아당겼고, 사제는 나를 찰싹 때렸으며, 어머니는 나 때문에 몹시 울었다. 사제는 나를 향해 뭐라고 중얼거리고, 보좌 신부는 무릎을 꿇었다가 올라가서 예수에게서 북채를 집어 북채를 든 채로 다시 한 번 무릎을 꿇고 나서 북이 있는 데까지 올라가서 북을 주워 들었으나 후광을 파삭 깨버렸다. 고추에 부딪치고 구름에도 약간 부서졌다. 그는 허둥거리며 내려와서는 다시 한 번 무릎을 꿇었으나, 나에게 북을 돌려 주려고는 하지 않았다. 내가 화내자 그는 더 화낼 만한 짓을 했으므로, 나는 사제를 걷어차고 물어뜯으며 꼬집었다. 그래서 이미 체면이 완전히 구겨진 어머니를 더욱 부끄럽게 했다. 그리고 나는 사제와 보좌 신부와 노인과 어머니한테서 몸을 뿌리치고 나와, 곧바로 중앙제단 앞에 가서 섰다. 내 안에서는 악마가 날뛰고 있었다. 세례 때처럼 악마의 소리가 들렸다. "오스카." 악마는 속삭였다. "주위를 봐, 온통 창뿐이야. 전부가 유리라고, 전부가 유리!"

꼼짝도 하지 않고 침묵을 지키고 있는 십자가 위 운동선수의 훨씬 위쪽, 파란 바탕에 빨강, 노랑, 초록으로 열두 사도를 나타낸 뒤편 높은 창을 향해서 나는 노래를 불렀다. 하지만 성 마가나 마태는 겨누지 않았다. 그들 머리 위에 서서 성령강림절을 축하하고 있는 비둘기를, 바로 성령을 겨냥했다. 나는 온몸을 떨면서 나의 다이아몬드로 그 새와 싸웠다. 나에게 잘못이 있었던가? 꼼짝도 하지 않고 있던 운동선수가 이의를 제기한 것인가? 아니면 아무도 이유를 알 수 없는 기적이었을까? 내가 떨면서 소리도 없이 뒤쪽 유리창을 향해 가는 것을 보고, 어머니를 제외한 다른 사람들은 내가 기도하고 있다고 생각했다. 그러나 나는 유리를 완전히 박살내 버리고 싶었다. 그런데 오스카의 소리는 말을 듣지 않았다. 아직 때가 오지 않은 것이다. 나는 타일 위에 쓰러져서 심하게 울었다. 예수의 손이 말을 듣지 않았기 때문에, 오스카의 소리가 말을 듣지 않았기 때문에, 사제와 라스체이아가 나를 오해하고, 곧 후회조로 바보 같은 소리를 했기 때문이다. 하지만 어머니는 생각한 대로였다. 그녀는 유리가 깨지지 않았기 때문에 기뻐해야 했음에도, 내 눈물을 이해해 주었다.

어머니는 나를 팔에 안고서 보좌 신부에게 부탁해 북과 북채를 돌려받았다. 그리고 부서진 곳은 수리하겠다고 사제에게 약속하고, 나 때문에 어중간해진 고해에 대해 사제에게 용서받았다. 오스카도 사제에게서 축복을 받았으나 각별한 의미가 있는 것은 아니었다.

어머니가 나를 성심 교회에서 끌고 나오는 동안에 나는 손가락으로 헤아렸다. 오늘은 월요일, 내일은 성 화요일, 수요일, 성 목요일, 그리고 성 금요일에 그와는 작별이다. 북을 치지도 못하며, 나에게 유리 파편도 주지 않고, 나를 닮았으나 가짜이며, 묘지로 돌아가야 하는 그와는 끝이다.

나는 북을 계속 칠 것이다. 그러나 이젠 더 이상 어떠한 기적도 요구하지 않으리라.

성 금요일의 식사

분열(分裂), 이것이 성 월요일과 성 금요일 사이의 내 감정을 표현하는 말이리라. 나는 북을 치려고 하지 않던 그 석고 소년 예수 때문에 화가 치밀긴 했으나, 그 북은 오로지 나만의 것이 되는 셈이다. 한편, 내 소리는 교회 창에는 아무 효력이 없었지만, 오스카는 성스러운 여러 색유리를 대할 때마다 더 많은 절망적인 모독적 언사를 퍼붓게 하는 그 가톨릭 신앙의 잔재를 간직하고 있었다.

그 밖의 분열이 있다면, 성심 교회에서 나와 집으로 돌아오는 도중 시험 삼아 어떤 다락방 창유리를 노래로 부수는 데 성공했는데, 세속의 물건에 대한 성공이 종교에서의 내 실패를 계속해서 깨우쳐 주었다는 점이다. 분열돼 있다, 나는 말한다. 이 모순은 회복되지 못한 채 남아 있다. 종교에도 세속에도 머무르지 못하고, 대신 정신병원이라는 변두리를 거처로 삼고 있는 현재에도 이 모순은 그대로이다.

어머니는 왼쪽 제단의 손해를 물어 주었다. 개신교인 마체라트의 희망에 따라 성 금요일에는 가게를 닫아야 했으나, 부활절에는 장사가 잘 되었다. 평소에는 언제나 자신의 의사를 관철하던 어머니도 성 금요일에는 가게를 닫기로 양보하는 대신, 성체 축일에도 식료품점을 닫기로 했다. 그리고 어머니는 쇼윈도 속에 있던 페르질 꾸러미와 하크 모조 커피를 조명을 비춘 색칠된 마리아상으로 바꾸고, 올리바에서의 성체 행렬에 참가할 가톨릭적 권리를 주장했다.

두꺼운 종이 한쪽에는 '성 금요일 휴업'이라고 써 있었으며, 뒷면에는 '성체 축일 휴업'이라고 적혀 있었다. 북을 빼앗기고 목소리도 빼앗겼던 성 월요일에 이은 성 금요일에, '성 금요일 휴업'이라고 쓴 두꺼운 종이를 마체라트가 쇼윈도에 매달고, 우리는 아침 식사 뒤 바로 시가전차로 브뢰젠에 갔다. 분열이라는 말에 대해 계속 생각해 보자. 라베스베크 거리에서는 '분열'이 눈에 띄었다. 개신교도들은 교회로 가고, 가톨릭 교인들은 유리창을 닦거나, 융단과 비슷하게 생긴 것이면 무엇이나 뒷마당에서 털어 댔다. 그 소리가 아주 세게 주위에 울려 퍼졌기 때문에, 성서에 나오는 하인들이 온 아파트 안뜰에서 복제한 예수상을, 또 복제한 십자가에 못 박고 있는 게 아닐까 생각될 정도였다.

그러나 우리는 그런 열정이 넘쳐흐르는 융단털이를 뒤로 하고 어머니, 마체라트, 얀 브론스키, 오스카라는 정해진 순서로 9번 시가전차에 앉아, 비행장, 구·신훈련장의 차례대로 브뢰젠 거리를 지나갔다. 그리고 자스페 묘지 옆 대피선(待避線)에서 노이파바서-브뢰젠 구간 전차를 기다렸다. 어머니는 막간을 이용해서 미소를 띤 채로 염세적인 생각을 말했다. 제대로 자라지 못한 해변 소나무 밑에 지난 세기의 묘석이 무성한 잡초에 싸인 채 비스듬히 서 있는, 돌보는 사람도 없는 이 작은 묘지를 그녀는 깨끗하고, 낭만적이며, 매력적이라고 말했다.

"언젠가 이곳에 잠들고 싶어요, 아직 자리가 남아 있다면 말이에요." 어머니는 넋 나간 듯이 말했다. 하지만 마체라트는 이곳 흙에 모래가 너무 많다고 생각했으며, 그곳에 무성하게 자라고 있는 엉겅퀴와 귀리 쭉정이에 욕을 퍼부었다. 얀 브론스키는 비행장 소음과 묘지에 인접한 시가전차 대피선이 목가적인 이 장소의 평화를 어지럽힐지도 모른다는 생각을 나타냈다.

우리를 태우러 온 전차는 대피선으로 들어오더니, 승무원이 두 번 벨을 울리자 자스페와 묘지를 뒤로 하고 브뢰젠을 향해 출발했다. 브뢰젠은 해수욕장으로, 거의 4월 말이었던 그때에는 정말 초라하고 황량한 모습을 하고 있었다. 가게에는 못질을 했고, 카지노는 덧문을 내렸으며, 해변로에는 깃발도 없고, 탈의장에는 이백오십 개나 되는 빈 방이 늘어서 있었다. 일기예보판에는 아직도 작년의 분필 흔적이 남아 있었다. 기온 20도, 수온 17도, 북동풍, 갠 뒤 흐림.

우리는 처음에는 모두 걸어서 글레트카우에 가기로 했는데, 의논도 없이 제방으로 가는 반대편 길을 택해서 걸어갔다. 발트 해는 넓은 해변을 느릿느릿 핥고 있었다. 하얀 등대와 항로 표지가 있는 제방 사이에 위치한 항구 어귀에 이르기까지 길에는 사람이 하나도 없었다. 전날 내린 비가 규칙적인 무늬를 모래에 새겨놓았는데, 맨발로 발자국을 남기면서 무늬를 없애고 가는 일은 즐거웠다. 마체라트는 굴덴 은화 크기의 매끄럽게 닦인 벽돌 조각으로 초록빛 수면에 물수제비뜨기를 하곤 자랑스러운 표정을 지었다. 그보다는 솜씨가 서툰 얀 브론스키는 돌던지기를 하고 있는 동안 호박(琥珀)을 찾아 —정말로 몇 조각과 앵두씨 만한 것을 한 개 발견하여—나를 따라 맨발로 걷고 있던 어머니에게 주었다. 그는 그녀의 발자국과 연애라도 하듯이 계속해서 두리번거리며 주위를 돌아보았다. 태양은 조심스럽게 빛나고 있었다. 공기는 차고, 바람은 잠잠하며, 맑게 갠 날이었다. 수평선에서 가늘고 기다란 선을 볼 수 있었는데, 그것은 헬라 반도였다. 두세 줄의 연기가 옆으로 꺾여 올라가며 사라져 가고 있었으며, 상선 윗부분이 수평선 위로 불쑥 머리를 내밀었다.

앞서거니 뒤서거니 저마다 간격을 두고, 우리는 화강암을 쌓아올린 맨 앞의 넓은 제방 토대에 도착했다. 어머니와 나는 다시 양말과 신발을 신었다. 어머니는 내가 끈을 매는 것을 도와주었다. 그동안에 벌써 마체라트와 얀은 울퉁불퉁한 제방 위 돌을 하나씩 넘으면서 넓은 바다를 향해 뛰어갔다. 텁수룩한 해조류가 제방 틈새에서 마구 자라나고 있었다. 오스카는 빗질을 해 주고 싶었다. 그러나 어머니는 내 손을 쥐고, 앞에서 초등학생처럼 놀고 있는 남자들 뒤를 쫓아갔다. 걸음을 옮길 때마다 북이 무릎에 부딪혔다. 여기 와서도 나는 북을 빼앗기고 싶지 않았던 것이다. 어머니는 산딸기 빛깔의 단을 두른 밝은 청색 봄 외투를 입고 있었다. 하이힐을 신고 화강암 위를 걷기란 힘든 일이었다. 나는 일요일이나 축제일이면 언제나 입는 금빛 닻 무늬 단추가 달린 해병 외투를 몸에 걸치고 있었다. 내 수병 모자에는 그레트헨 셰플러의 기념품 컬렉션에서 얻은 '제국 군함 자이틀리츠'라는 문구가 적힌 낡은 리본이 감겨 있어 바람이 불면 펄럭이게 되어 있었다. 마체라트는 갈색 외투 단추를 풀었다. 늘 고상한 얀은 번쩍번쩍 빛나는 벨벳 깃을 단 얼스터코트를 입고 있었다.

우리는 제방 끝에 있는 항로 표지까지 뛰어갔다. 표지 밑에는 부두 노동자 모자를 쓰고 솜이 든 상의를 입은 중년 남자가 앉아 있었다. 옆에 감자 부대가 놓여 있고, 그 속에서 무엇인가 계속 꿈틀꿈틀 움직이고 있었다. 아마도 브뢰젠이나 노이파바서에 집이 있는 듯한 이 남자는 빨랫줄 한쪽 끝을 쥐고 있었다. 그 줄의 다른 한쪽 끝은 해초와 엉켜서 바닷물이 섞인 모틀라우 강물 속으로 사라졌다. 모틀라우의 물은 하구에서는 훨씬 탁했는데, 파도의 도움 없이도 제방의 돌에 철썩이고 있었다.

우리는 부두 노동자 모자를 쓰고 보통 빨랫줄을 가진 이 사나이가 찌도 없이 왜 낚시질을 하고 있는지 알고 싶었다. 어머니는 악의 없는 반농담조로 그를 향해 아저씨라고 불렀다. 아저씨는 담배로 누레진 잇몸을 드러내며 웃고 나서, 아무 설명도 없이 타르와 기름으로 덮인 화강암 사이로 퍼지는 탁한 물속에 소금기가 섞인 침을 포물선을 그리며 뱉었다. 분비물은 오랫동안 물 위에서 흔들리고 있었으나, 갈매기 한 마리가 날아와서 돌을 교묘하게 피해 날면서 그것을 집어갔다. 다른 갈매기들이 끼룩거리면서 뒤를 따라갔다.

우리는 이제 그곳을 떠나고 싶었다. 제방 위는 춥고 태양도 전혀 도움이 되지 않았기 때문이다. 그때 부두 노동자 모자를 쓴 사나이가 빨랫줄을 잡아당기기 시작했다. 어머니는 그래도 가자고 했다. 그러나 마체라트는 그 자리에서 움직이지 않았다. 평소에는 어머니 뜻을 한 번도 거스른 적이 없는 얀도 이번에는 어머니의 말을 들으려고 하지 않았다. 오스카는 머무르든 떠나든 아무래도 좋았다. 하지만 모두가 안 가고 있었기 때문에 같이 보고 있었다. 그 부두 노동자가 규칙적으로 빨랫줄을 잡아당기며, 한 번 당길 때마다 해초를 벗겨내면서 빨랫줄을 양다리 사이에 모으고 있는 동안에, 나는 겨우 30분 전만 해도 윗부분만 수평선 위로 내밀고 있던 상선이 이제 물속 깊이 선체를 가라앉히고 방향을 바꾸어 항구로 향하고 있음을 확인했다. 선체가 깊숙이 가라앉아 있는 것을 보건대, 철광석을 실은 스웨덴 배일 거라고 오스카는 생각했다.

부두 노동자가 천천히 일어섰을 때, 나는 스웨덴 배에서 눈을 뗐다. "자, 이제 한 번 들여다보슈, 어떻게 되었는지." 그렇게 부두 노동자는 마체라트를 향해서 말했다. 마체라트는 영문을 몰랐으나 그래도 부두 노동자에게 고개를 끄덕였다. "자, 한번……"과 "들여다보슈……"라고 부두 노동자는 계속 반복하면서 빨랫줄을 감아올리고 있었으나 이제는 더욱 힘이 들었다. 그는 빨랫줄 맨 끝을 향해 돌을 붙잡고 기어 내려가—어머니는 제때 얼굴을 돌리지 못했다—팔을 벌려 화강암 사이의 부글부글 거품이 이는 바다 속에다 손을 집어넣고, 무엇인가를 더듬거리며 찾다가 마침내 붙잡고 다시 붙잡아서 끌어올렸다. 큰 소리로 물러서라고 말하면서 물이 뚝뚝 떨어지는 무거운 어떤 것을, 반짝이며 살아 있는 어떤 덩어리를 우리 사이에 던졌다. 그것은 말 대가리였다. 진짜 말 대가리였다. 갈기가 있는 검은 말 대가리, 그것은 어제나 그저께까지만 해도 높은 소리로 울었을 것이다. 그 대가리는 아직 썩지 않았으며, 악취도 나지 않았고, 겨우 모틀라우의 물 냄새가 날 뿐이었기 때문이다. 그러나 냄새는 제방 위로 온통 퍼졌다.

부두 노동자 모자를 쓴 사나이는—모자는 그때 그의 목덜미에 걸려 있었지만—이미 말 대가리 위로 다리를 넓게 벌리고 서 있었다. 말 대가리에서는 조그마한 담녹색 뱀장어가 난폭하게 꿈틀거리면서 나왔다. 사나이는 뱀장어를 잡는 데 애를 먹었다. 뱀장어는 평평한 데다 젖어 있는 돌 위에서 재빠르게 이리저리 몸을 비틀면서 꿈틀거렸기 때문이다. 갈매기가 곧 날아와서, 우리 머리 위에서 끼룩거렸다. 갈매기들은 급강하하여 세 마리나 네 마리씩 짝지어 작은 것부터 중간 크기까지의 뱀장어 중에서 한 마리를 놓고 다투고 있었는데, 쫓아도 도망가지 않았다. 제방은 갈매기 것이기 때문이다. 그래도 갈매기 떼 속에서 파닥파닥 두들기면서 뱀장어를 붙잡으려고 하던 부두 노동자는 스물네 개쯤은 족히 되는, 비교적 작은 뱀장어를 부대에 채워 넣을 수 있었다. 돕기를 좋아하는 마체라트는 선뜻 손을 내밀어 부대를 잡아 주었다. 그 때문에 그는 어머니 얼굴이 치즈빛이 되어, 처음에는 손을, 다음엔 머리를 얀의 어깨와 벨벳 깃에 기댄 것을 볼 수가 없었다.

하지만 작은 것과 중간 크기의 뱀장어를 부대에 채워넣는 도중에 모자가 머리에서 떨어진 부두 노동자가 이번에는 살찐 검은 뱀장어를 썩은 고깃덩이에서 잡아내기 시작했을 때, 어머니는 주저앉을 수밖에 없었다. 얀이 어머니의 머리를 돌리려고 했으나 그녀는 듣지 않고 커다란 황소 눈으로 깜박이지도 않으면서, 부두 노동자가 마치 회충 같은 뱀장어를 끄집어 내는 광경을 꼼짝 않고 지켜보았다.

"한번 보슈!" 그 사나이는 일하는 틈틈이 신음하듯 그 말을 반복했다. "자, 그럼 이제!" 그는 장화로 떠받쳐서 말 아가리를 벌리고, 막대기 한 개를 곧추세웠다. 그 때문에 말은 노란 입을 크게 벌리고 웃는 듯한 인상을 주었다. 그리고 부두 노동자—이제야 비로소 그의 머리가 벗겨져서 달걀 모양으로 보인다는 것을 알게 되었다—가 말 아가리 속에 두 손을 집어넣어서 적어도 팔뚝만큼 굵고 긴 놈 두 마리를 금방 잡아냈을 때, 어머니도 큰 입을 딱 벌렸다. 그녀는 아침에 먹은 것을 전부 토했다. 굳어진 달걀 흰자위와 실낱 같은 노른자위가 밀크 커피 속 흰 빵 덩어리에 섞여 전부 제방의 돌 위에 나왔다. 여전히 웩웩거리고 있었으나 이젠 아무것도 나오지 않았다. 그만큼 아침에 먹은 게 없었던 것이다. 그녀는 무거운 체중을 어떻게든 줄이려고 온갖 식이요법을 시도했다. 그러나 식이요법을 완벽하게 지키는 일은 드물었다. 숨어서 먹은 것이다. 그녀는 운동 가방을 들고 다니며 우스꽝스러운 멋을 부리는 사람들과 무리지어 파랗게 빛나는 운동복 차림으로 곤봉 체조를 해도 전혀 살이 빠지지 않았다. 그래서 얀이나 마체라트에게까지도 심한 웃음거리가 되었지만, 화요열의 부인회 체조만은 빠짐없이 출석했다.

이번에도 어머니는 기껏해야 반 파운드 정도를 돌 위에 토했을 뿐이다. 그녀는 되도록이면 많이 토하려고 했지만, 그 이상 체중을 줄일 수는 없었다. 녹색이 도는 점액 말고는 아무것도 나오지 않았다—거기에 갈매기가 날아왔다. 어머니가 토하기 시작했을 때 이미 와 있었던 갈매기들은 낮게 빙글빙글 돌다가 기름기가 흐르는 매끄러운 몸으로 어머니가 게워놓은 아침 식사에 달려들었다. 그들은 살찌는 일 따위는 조금도 걱정하지 않았다. 아무도 그들을 쫓아버릴 수 없었다—하긴 누가 쫓아버릴 수 있었으랴—얀 브론스키는 갈매기가 무서워서 양손으로 아름다운 파란 눈을 가리고 있었으니 말이다.

갈매기에게 대항하기 위해 이 하얀 것들을 향해서 하얗게 니스칠을 한 북을 북채로 계속 치고 있는 오스카에게도 그들은 귀를 기울이지 않았다. 아무리 두들겨도 헛일이었다. 기껏해야 갈매기 떼로 더욱 하얗게 될 뿐이었다. 한편, 마체라트에게 어머니 따위는 안중에도 없었다. 무딘 신경의 소유자인 그는 웃으면서 부두 노동자 흉내를 냈다. 부두 노동자는 작업을 거의 끝내고 마지막으로 말의 귀에서 커다란 뱀장어 한 마리를 끄집어 냈다. 뱀장어와 함께 말의 뇌수에서 하얀 오트밀이 뚝뚝 떨어졌을 때, 마체라트의 얼굴도 똑같이 치즈 빛깔이 되었으나 그래도 허세를 부리면서, 부두 노동자한테서 중간 크기의 뱀장어 두 마리와 큰 뱀장어 두 마리를 싼값으로 샀다. 그러고 나서도 그는 또 값을 깎으려고 흥정을 했다.

그때 나는 얀 브론스키를 칭찬했다. 그는 울음을 터뜨릴 듯한 얼굴을 하고 있었으나, 그래도 어머니가 일어서는 것을 도와서 한쪽 팔을 어머니 뒤에 두르고, 또 한쪽 팔은 앞으로 둘러 그녀를 데리고 갔다. 어머니가 뒷굽이 높은 조그만 구두를 신고 뒤뚱거리며 돌과 돌을 건너뛰어 바닷가로 가는 모습은 정말로 우스꽝스러웠다. 걸음을 옮길 때마다 그녀는 무릎을 떨었지만 그래도 복사뼈를 삐지는 않았다.

오스카는 마체라트와 부두 노동자 곁에 있었다. 다시 모자를 고쳐 쓴 부두 노동자가 실물을 보이면서, 감자 부대에 굵은 소금을 절반쯤 넣어두는 이유를 설명해 주었기 때문이다. 뱀장어는 소금 속에서 꿈틀거리면서 죽는다. 이 때 소금이 뱀장어의 표면과 내부에서 점액을 제거해주기 때문에 부대에 소금을 넣어두는 것이다. 다시 말해 뱀장어는 소금 속에 들어가서도 계속 움직이고 돌아다니기 때문에 움직이는 동안에 죽어 버리며, 소금 속에 뱀장어 점액이 남게 된다. 뱀장어를 훈제로 만들려면 이렇게 해야 한다. 이 방법은 경찰과 동물애호협회에서 금지하고 있으나, 뱀장어란 놈은 조금 움직이고 돌아다니게 해야 한다. 소금이 없다면 뱀장어와 그 내장에서 어떻게 점액질을 제거할 수 있겠는가. 죽은 뱀장어는 그 후에 건조된 토탄으로 깨끗이 닦여서, 너도밤나무 장작 위 훈증기에 매달려 훈제가 되는 것이다.

마체라트는 뱀장어를 소금 속에서 돌아다니게 하는 게 옳다고 생각했다. 뱀장어는 말 대가리 속에도 들어가기 때문이라는 것이다. 사람 시체 속에도 들어간다고 부두 노동자가 말했다. 특히 스카게라크 해협 해전 뒤에는 뱀장어가 눈에 띄게 살이 쪘다고 한다. 며칠 전에도 이 정신병원의 어느 의사는 살아 있는 뱀장어로 욕구를 채우려 했던 어느 부인에 대한 이야기를 해 주었다. 그러나 뱀장어가 꽉 물어뜯었기 때문에 부인을 병원으로 떠메고 가야 했으며, 그녀는 그 뒤로 아이를 못 낳게 되었다는 이야기였다.

부두 노동자는 소금과 뱀장어가 든 부대 주둥이를 묶고 평소처럼 가볍게 어깨에 메어 올렸다. 그리고 감아올린 빨랫줄을 목에 걸고 성큼성큼 걸어갔을 때, 노이파바서를 향해 상선이 들어왔다. 그 배는 대략 1천800톤 정도로, 스웨덴 배가 아니고 핀란드 배였다. 또한 싣고 있던 것도 철광석이 아니라 목재였다. 부대를 걸머진 부두 노동자는 핀란드 배 사람들 몇을 알고 있었던 모양이다. 그는 녹슨 배를 향해서 손짓을 하며 뭐라 외쳤다. 핀란드 배 사내들도 손짓을 하며 똑같이 외쳤다. 어째서 마체라트까지 손짓을 하며

"야호오" 바보 같은 소리를 질렀는지 나로서는 알 수가 없었다. 라인란트 출신인 사나이는 배에 대해 아무것도 알지 못하며, 핀란드인은 단 한 사람도 알 리가 없었기 때문이다. 하지만 상대가 손짓을 보내면 반드시 손짓으로 답하고, 상대가 외치거나 웃거나 손뼉을 치면 똑같이 외치거나 웃거나 손뼉을 쳐주는 것이 그의 버릇이었다. 그래서 아직 필요가 없는데도 비교적 빨리 입당해서, 아무런 소득도 없이 일요일 오전을 쓸데없이 낭비했던 것이다.

오스카는 마체라트와 노이파바서에서 온 사나이와 핀란드 배의 승무원 뒤를 따라 천천히 걸어갔다. 때때로 나는 뒤돌아보았다. 부두 노동자가 그 말 대가리를 항로 표지 밑에 내버려 두고 왔기 때문이다. 이미 말 대가리는 아예 보이지 않았다. 갈매기가 가루처럼 하얗게 그 위에 덮여 있었기 때문이다. 그것은 병 빛깔의 녹색 바다에 가볍게 뚫어놓은 하얀 구멍이었다. 언제라도 깨끗한 모습 그대로 공중으로 올라갈 수 있는 말끔히 씻은 그 구름은 크게 소리지르면서, 이제는 히힝 하며 우는 대신 끼룩거리고 있는 말 대가리를 덮고 있었다.

그 광경을 볼 만큼 본 뒤에 나는 갈매기와 마체라트를 떠나 한 걸음씩 뗄 때마다 주먹으로 양철북을 치면서, 짧은 파이프를 피우고 있던 부두 노동자를 앞질러 제방 어귀에 있는 얀 브론스키와 어머니에게로 갔다. 얀은 아까처럼 어머니를 안고 있었으나 한 손은 그녀의 외투 깃 밑에 숨겨져 있었다. 어머니도 한쪽 손을 얀의 바지 호주머니에 집어넣고 있었지만, 마체라트가 그것을 볼 수는 없었다. 그는 우리보다 훨씬 뒤처져서, 부두 노동자가 돌로 기절시킨 뱀장어 네 마리를 제방 돌 사이에서 주운 신문지 한 장으로 둘둘 말고 있었기 때문이다.

마체라트가 우리 가까이 왔을 때 그는 뱀장어 꾸러미를 흔들면서 이렇게 설명했다. "1굴덴 50을 달라고 했어. 하지만 1굴덴밖에 주지 않았지, 그것으로 충분했어."

어머니의 얼굴은 다시 좋아졌으며, 양손도 처음처럼 나란히 놓여 있었다. 어머니가 말했다. "내가 그 뱀장어를 먹을 거라고는 생각지 말아요. 생선은 이젠 안 먹어요. 뱀장어는 절대 안 먹을 거라고요."

마체라트는 웃었다. "그러는 당신이 우습군, 아가씨. 뱀장어를 이렇게 잡는다는 것은 당신도 알고 있었잖아? 게다가 당신은 날것도 잘 먹었어. 어디

두고 보자고. 양념이란 양념은 다 넣고 야채도 조금 섞어서 가장 훌륭한 요리를 만들 테니까."

마체라트에게 들키기 전에 어머니의 외투에서 손을 뺀 얀 브론스키는 아무 말도 하지 않았다. 나는 브뢰젠에 도착할 때까지 뱀장어 이야기가 또 시작되지 않게 북을 두들기고 있었다. 정류소에서도 전차 안에서도 어른 세 명이 그 이야기를 꺼내지 못하도록 방해했다. 뱀장어는 비교적 조용히 있었다. 갈아탈 전차가 이미 와 있었기 때문에 자스페에서는 전혀 기다리지 않았다. 마체라트는 비행장을 지나면서 내 북소리에도 아랑곳없이 배가 몹시 고프다는 말을 꺼냈다. 어머니는 아무 반응을 보이지 않았으며, 얀이 레가타 담배를 한 대 권할 때까지 우리 모두를 무시했다. 얀이 그녀에게 불을 붙여 주고, 그녀가 금종이로 싼 부분을 입술 사이에 물었을 때, 그녀는 마체라트를 향해서 미소지었다. 그는 아내가 남들 앞에서 담배 피우는 것을 싫어했기 때문이다.

우리는 막스 할베 광장에서 내렸다. 어머니는 내가 기대하던 얀의 팔이 아닌 마체라트의 팔을 잡았다. 얀은 나와 나란히 걸으면서 내 손을 잡고, 어머니가 피우다가 남긴 담배를 마지막까지 피웠다.

라베스베크 거리에서는 가톨릭 교회에 다니는 주부들이 여전히 융단을 털고 있었다. 마체라트가 집 자물쇠를 여는 동안, 나는 5층 트럼펫 연주자 마인의 이웃에 살고 있는 카터 부인이 층계를 올라오는 것을 보았다. 그녀는 푸르스름하게 붉은 억센 팔로, 둘둘 만 갈색 융단을 오른쪽 어깨에 걸머지고 있었다. 양쪽 겨드랑이 밑에는 땀이 말라 소금기가 도는 금빛 털이 불타오르고 있었다. 융단이 앞뒤로 구부러졌다. 그녀는 만취한 사내라도 어깨에 떠메고 나를 수 있을 것이다. 그러나 그녀의 남편은 이미 죽었다. 그녀가 검게 빛나는 태피터 치마로 감싼 그녀의 비곗덩어리를 이끌고 지나갔을 때, 그 체취가 내 코를 찔렀다. 암모니아, 오이 초절임, 카바이드 냄새였다─월경 중이었음이 틀림없다.

이윽고 안뜰에서 융단 두들기는 소리가 규칙적으로 들려왔다. 그 소리는 나를 집 안으로 몰아넣고 내 뒤를 쫓아왔기 때문에, 마침내 나는 침실 양복장 속으로 도망쳐 웅크리고 있었다. 그곳에 매달려 있는 겨울 외투가, 부활제 전에 들을 수 있는 소음 중에서 가장 불쾌한 소리를 막아 주었기 때문이다.

하지만 나를 옷장 속으로 도망치게 한 것은 융단을 두들기는 카터 부인만이 아니었다. 어머니, 얀과 마체라트가 외투도 벗기 전에 성 금요일의 식사 문제를 놓고 벌써 다투기 시작한 것이다. 싸움은 뱀장어 문제에서 그친 게 아니라 그 유명한 지하실 추락 사고까지 거론됨으로써 내 문제가 또다시 등장했다. "당신 책임이에요, 당신이 나빠요, 나는 뱀장어 수프를 만들 거야, 그렇게 고상한 척하지 마, 당신 좋을 대로 만들어요, 뱀장어만은 안 돼요, 지하실에 통조림이 잔뜩 있어요, 버섯을 갖다줘요, 그렇지만 뚜껑은 꼭 닫아요, 또 그런 일이 일어나면 곤란해요, 옛날 이야기는 하지 마, 뱀장어 얘기나 해, 우유와 겨자와 파슬리를 넣겠어, 소금물에 삶은 감자, 거기에 월계수 잎 하나랑 정향(丁香)도 조금, 그만두시오, 그녀가 원하지 않으면 그만두시오 알프레트, 당신은 간섭하지 마, 뱀장어는 공짜로 생긴 게 아니야, 내장은 깨끗이 들어냈고, 물로 깨끗이 씻은 거야, 안 돼, 안 돼, 곧 알게 돼, 식탁에 차려놓으면 말이야, 두고 보자고, 누가 먹고 누가 안 먹는지."

마체라트는 거실 문을 쾅 닫고는 부엌으로 사라졌다. 우리는 그가 일부러 요란스럽게 일처리를 하는 소리를 들을 수 있었다. 그는 대가리 뒤를 십자로 잘라서 뱀장어를 죽였다. 상상력이 너무나도 강했던 어머니는 소파에 주저앉을 수밖에 없었다. 그것을 계기로 얀 브론스키도 곧 어머니 옆에 앉았다. 두 사람은 이미 서로 손을 붙잡고 카슈바이 말로 속삭이고 있었다.

세 어른이 그런 식으로 집에서 갈라서 있을 때, 나는 이미 장롱에서 나와 거실에 함께 있었다. 타일을 붙인 난로 옆에 어린이용 의자가 있었다. 거기에 앉아 다리를 흔들거리고 있는 나에게서 얀은 눈을 떼지 않았다. 내가 두 사람에게 방해가 되는 모양이다. 모습은 보이지 않았지만 마체라트가 거실 벽 뒤에서 분명히 반죽음된 뱀장어를 채찍 휘두르듯이 위협하고 있었기 때문에 두 사람은 이상한 짓을 할 수가 없었을 텐데도, 역시 내가 거슬렸던 모양이다. 두 사람은 두 손을 서로 꼭 쥐고, 스무 개의 손가락을 꽉 쥐기도 끌어당기기도 하면서 뚜둑 하는 관절 소리를 냈는데, 그 시끄러운 소리는 나에게 마지막 일격이었다. 안뜰에서 울려오는 카터 부인의 융단 두들기는 소리가 충분치 못했던 걸까? 그 소리는 음량이 커지지 않았는데도 모든 벽을 뚫고 가까워지지 않았던가?

오스카는 의자에서 미끄러져 내려와 그의 도피가 쉽사리 눈에 띄지 않게

끔 타일을 붙인 난로 옆에 잠시 웅크리고 있다가 완전히 북에 몰두해서는, 급히 문지방을 넘어서 침실로 도망쳤다.

온갖 소음을 피하기 위해서 나는 침실 문을 반쯤 열어놓고, 아무도 내 뒤를 쫓아오지 않음을 확인하고 마음을 놓았다. 계속해서 나는 오스카가 침대 밑에 있는 편이 좋을지 옷장 속이 좋을지 생각해 보았다. 나는 장롱을 택했다. 침대 밑에서는 내가 입고 있는 근사한 짙은 남색 해군복을 더럽힐 우려가 있었기 때문이다. 마침 옷장 자물쇠에 손이 닿았다. 그것을 한 번 돌려서 거울이 붙은 문짝을 양쪽으로 열고, 북채를 가지고 한 줄로 늘어선 외투와 겨울 옷이 걸린 옷걸이를 한쪽으로 제쳤다. 이 무거운 옷들에 손을 뻗쳐 움직이기 위해서는 북 위로 올라가야 했다. 마침내 장롱 한가운데에 틈을 만들 수 있었는데, 물론 그렇게 넓지는 않았지만 오스카 한 사람이 기어올라가 그 속에 쪼그리고 앉기에는 딱 맞았다. 조금 애를 쓴 끝에 나는 거울이 붙은 문을 잡아당겨, 상자 구석에 있던 솔을 문짝을 고정시키는 가로대와 함께 문 사이에 끼울 수 있었다. 그래서 손가락 한 개가 들어갈 틈이 생겨 필요하면 밖을 내다볼 수도 있었으며 공기도 통했다. 나는 북을 무릎 위에 놓았으나 두들기지는 않았다. 슬쩍 건드리지도 않았다. 내 의지와 관계없이 겨울 외투 냄새가 나를 사로잡아 몸속에 스며드는 대로 내버려 두었다.

얼마나 좋은가. 옷장이 있고, 또 전혀 움직이지도 않는 무거운 옷들이 있어서, 내가 여러 생각을 하나의 다발로 묶어 나의 이상형에게 선사할 수 있었으니 말이다. 점잖은 태도로 은근히 기뻐해 준다면 그걸로 충분했다.

내가 여느 때처럼 정신을 집중해서 내 능력에 맞게 살 때, 나는 브룬스회퍼 거리의 홀라츠 박사의 환자가 되어, 매주 수요일마다 진찰을 받고 있었다. 그날은 내게 중요했다. 갈수록 나를 까다롭게 진찰하는 의사에 대해 생각할 기회는 조수인 잉게 간호사를 생각하는 데 비해 훨씬 적었다. 그녀는 내 옷을 벗기고 입힐 수 있었다. 오직 그녀만이 나의 키를 재고, 몸무게를 달며, 나를 검사할 수 있었다. 홀라츠 박사가 내게 하는 모든 실험을 잉게 간호사는 정확하게 수행하면서도 약간 투덜거렸다. 그녀가 조금 비꼬면서 실패라고 보고할 때마다, 홀라츠 박사는 일부 성공이라고 고치곤 했다. 나는 잉게의 얼굴은 별로 보지 않았다. 나의 시선과 북을 연주할 때 가끔 두근대는 내 심장은 풀기가 빳빳한 간호복의 정결한 백색, 사뿐히 눌러쓴 모자처럼 압박감을 느끼게 하지 않는 모습, 적십자 장식의 간소한 브로치 따위에만 머물러 있었다. 언제 보아도 신선한 그녀의 제복 주름에 시선을 쏟는다는 것은 얼마나 좋은지! 정말로 그 옷 밑에 그녀의 몸이 있는 걸까? 점점 나이를 먹는 그녀의 얼굴과 아무리 손질을 해도 형편없는 두 손은 잉게 간호사가 그래도 한 사람의 여성임을 느끼게 해 주었다. 어머니가 얀이나 마체라트에 의해 내 눈앞에서 벌거벗겨질 때 발산하는 그런 여자다운 체취는 물론 잉게 간호사에게 없었다. 그녀에게선 비누 냄새와 사람을 피로하게 만드는 약품 냄새가 풍겼다. 그녀가 병든 나의 조그마한 신체에 청진기를 대고 있는 동안, 나는 이따금 잠에 정복당하곤 했다. 흰옷의 치마 주름에서 생긴 가벼운 졸음, 석탄산으로 덮인 졸음, 때때로 그녀의 브로치가 가물거리며 확대되어 내가 알고 있는 풍경이 되는 경우를 제외하고는 꿈이 없는 잠이었다. 이유는 모르겠지만 꿈속에서 브로치는 깃발의 물결, 알프스의 석양, 개양귀비의 들판이 되고, 그 누구에겐가, 아니 인디언에 대해서, 버찌에 대해서, 코피에 대해서, 닭벼슬에 대해서, 적혈구에 대해서 반란을 일으킬 준비가 되면 마침내 온 시야를 덮는 붉은색이 그 정열의 배경이 된다. 나는 그때나 지금이나 그 정열을 확실히 느끼면서도 딱히 뭐라고 이름 붙일 수는 없다. '붉다'라는 단어만으로는 아무것도 설명할 수 없으며, 그렇다고 그걸 코피라고도 할 수도 없다. 깃발의 빛이 바래기 때문이다. 그래도 내가 그것을 받아들이고 '붉다'고 말하면 붉은색은 나를 혐오하며 망토를 뒤집어서 검은색이 된다. 검은 마귀할멈이 와서는 나를 노랗게 질리게 하고, 나를 속여 파란색으로 보이게 한다. 파란색을 나는 믿지 않는다. 그리고 나를 속여 녹색이 되게 하진 못한다. 녹색은 내가 풀을 뜯는 관(棺)이다. 녹색은 나를 덮는다. 녹색을 나는 흰색이라고 생각한다. 흰색은 나를 검다고 한다. 검은색은 나를 노랗게 질리게 하고, 노란색은 나를 속여 파랗게 보이려고 한다. 나는 파란색을 믿지 않으므로 녹색으로 변하며, 녹색은 꽃이 되어 붉게 핀다. 붉은색은 잉게 간호사의 브로치다. 그 브로치에는 적십자 무늬가 새겨져 있으며, 정확히 말해서 그녀의 제복 옷깃에 달려 있다. 그러나 꿈이란 영원히 지속되는 일이 좀체 드물다. 장롱 속에서 했던 모든 상념에 대한 이 단색 꿈도 마찬가지였다.

거실에서 울려오는 시끄러운 소음이 옷장 문짝에 부딪쳐서, 마침 시작된 잉게 간호사에게 바치는 선잠에서 나를 깨웠다. 나는 무릎에 북을 올려 놓은

채 여러 모양의 외투 사이에 썰렁하게 앉아 있었다. 마체라트의 제복 냄새가
났다. 검대(劍帶)·기총(騎銃)의 걸쇠가 달려 있는 가죽 견대(肩帶)가 가까
이에 있었다. 간호사의 하얀 치마 주름 같은 것은 전혀 볼 수 없었다. 모직
물이 떨어졌다. 털실이 늘어져 있다. 코르덴 옷감이 플란넬과 부딪쳤다. 머
리 위엔 지난 4년 동안 유행했던 모자가 있고, 발밑에는 구두, 작은 구두,
닦아놓은 가죽 행전, 징을 박은 뒤축과 박지 않은 뒤축도 있었다. 한 줄기
광선이 밖에서 들어와 모든 물건의 윤곽을 뚜렷하게 했다. 오스카는 거울이
붙은 문짝 사이에 틈을 벌려놓은 것을 후회했다.

　거실 사람들은 도대체 나에게 무엇을 보내준 걸까? 어쩌면 마체라트가 소
파의 두 사람을 불시에 덮쳤을지도 모르지만, 그런 일은 거의 있을 수 없었
다. 얀은 스카트놀이 때뿐 아니라 항상 조심했기 때문이다. 실제로도 그랬지
만, 내 생각으로는 마체라트가 죽여서 내장을 끄집어 내고, 물로 씻고 삶아
서 양념을 친 뒤에 맛을 본 뱀장어를 수프로 만들어, 소금을 섞어 찐 감자와
함께 커다란 수프 쟁반에 담아 거실 테이블에 늘어놓았을 것이다. 그리고 아
무도 자리에 앉으려고 하지 않았기 때문에, 그는 배합해 넣은 여러 가지 재
료를 일일이 헤아려 조리법을 설명하고, 굳이 자신의 요리를 선전했을 것이
다. 어머니는 소리질렀다. 그녀는 카슈바이어로 외쳤다. 마체라트는 그 말을
이해할 수도 참을 수도 없었지만, 어쨌든 그 소리를 틀림없이 들었으며 그녀
가 말하고자 한 바가 무엇인지도 알았으리라. 그것은 분명히 뱀장어에 대한
것만은 아니었다. 어머니가 소리지를 때면 언제나 그렇듯, 지하실 추락 사고
를 입 밖에 꺼냈다. 마체라트도 대꾸했다. 그들은 자기 역할을 알고 있었다.
얀이 반박했다. 그가 없으면 연극이 되지를 않았다. 마침내 제2막. 피아노
뚜껑이 꽝 하고 열리고, 악보도 없이 곡을 외워서 두 개의 페달에 발을 올려
놓고 친다. ‘마탄의 사수’ 중 ‘사냥꾼의 합창’이 사방팔방으로 메아리친다.
이 세상 무엇과 비유할 수 있으랴. 할라리(사냥물을 잡았 을 때 내는 신호)의 도중에 피아노 뚜껑
이 꽈당 울리는 소리가 섞였다. 페달에서 떠나간다. 피아노 의자가 넘어진
다. 어머니가 오고 있다. 벌써 침실로 왔다. 거울이 붙은 장롱 문짝을 한 번
쳐다본다. 그러고서 그녀는 몸을 던졌다. 나는 틈새로 보았다. 그녀는 파란
천장 아래 더블베드 위에 비스듬히 몸을 던지고 울었다. 마치 부부의 성
(城) 머리맡에 있는 금테 액자 속의, 속죄하는 막달라 마리아의 채색된 상

같은 모습으로, 손가락이 더 많은 두 손을 괴로운 듯이 비비면서 말이다.

한동안 어머니의 울음소리, 침대가 삐걱거리는 희미한 소리, 거실에서 들려오는 중얼거리는 소리밖에 들리지 않았다. 얀은 마체라트를 위로했다. 마체라트는 어머니를 위로해 달라고 얀에게 부탁했다. 중얼대는 소리가 사라졌다. 얀이 침실로 들어왔다. 제3막. 그는 침대 앞에 서서 어머니와 속죄하는 막달라 마리아를 번갈아 바라보며, 조심스럽게 침대 끝에 앉아서, 엎드려 누워 있는 어머니의 등과 엉덩이를 문지르며 카슈바이어로 위로의 말을 건넸다. 그리고 결국—말은 이미 소용없었기 때문에—그녀가 울음을 그칠 때까지, 손을 그녀의 치마 밑에 넣었다. 얀은 손가락이 많은 막달라 마리아에게서 눈길을 돌릴 수 있었다. 얀이 일을 마치고 일어서서 손가락을 손수건으로 살짝 닦고, 거실이나 부엌에 있을 마체라트가 알아들을 수 있도록 카슈바이어를 쓰지 않고 큰 소리로 한 마디 한 마디 강조해서 어머니에게 이야기하는 광경은 볼 만했다.

"자, 나가자, 아그네스. 이젠 그 이야기는 잊어버리기로 해. 알프레트는 벌써 뱀장어를 화장실에 내다 버렸어. 스카트놀이나 한 판 하자고. '4분의 1 페니히 스카트'라도 좋아. 그래서 이것저것 다 잊고 기분이 좋아지면, 알프레트는 계란을 풀어 버섯과 감자튀김을 만들어 줄 거야."

어머니는 아무 대꾸도 없이 노란 누비이불을 다시 잘 펴놓고, 장롱 거울 앞에서 가볍게 머리를 움직여 머리모양을 고치고는 얀의 뒤를 따라 침실을 나갔다. 나는 틈새에서 눈을 뗐다. 이윽고 카드를 섞는 소리가 났다. 나지막하고도 조심스러운 웃음소리가 들렸다. 마체라트가 카드를 섞고, 얀이 나누었다. 그들은 점수를 다투었다. 짐작컨대 얀이 마체라트를 이겼다. 벌써 23점을 넘었다. 다음에 어머니가 얀을 36점까지 밀어 올렸다. 그때 그도 낮은 패를 내고야 말았다. 그리고 어머니는 '그랑'을 시도하여 근소하게 졌다. 다음 '다이아몬드 싱글'은 얀이 압도적으로 이겼다. 한편, 어머니는 3회전의 '2 없는 하트의 손'을 겨우 이길 수 있었다.

가족 스카트놀이는 달걀을 푼 버섯과 감자튀김 때문에 잠시 중단되었으나, 밤까지 계속된 것은 확실했다. 나는 식후의 승부에는 거의 귀를 기울이지 않았다. 차라리 잉게 간호사와 잠을 부르는 그녀의 흰옷으로 돌아가고 싶었다. 그러나 나는 홀라츠 박사의 병원에 있어도 마음이 울적했다. 녹색과 청색과 황색과 검은색이 반복해서 적십자 브로치의 붉은 텍스트에 끼어들 뿐 아니라, 아침나절의 사건도 그 속에 끼어들었기 때문이다. 진찰실 문이 열릴 때마다 잉게 간호사의 깨끗하고 가벼운 흰옷이 아닌, 부두 노동자가 노이파바서 제방의 항로 표지 밑에서 물방울을 흘리며 꿈틀거리는 말 대가리로부터 뱀장어를 끄집어 내고 있는 모습이 보였다. 그리고 흰 것이라고 자처하는 것, 내가 잉게 간호사라고 생각하는 것은 실은 갈매기의 날개이며, 그것은 순간적으로 시선을 교란해서 썩은 고기와 썩은 고기 속 뱀장어를 감추었다. 그리하여 상처가 다시 벌어졌을 때 피는 흐르지 않았고 붉은색은 없었으며, 검은색은 말이었고, 바다는 병 빛깔과 같이 녹색이었다. 재목을 쌓은 핀란드 배는 화면에 약간 녹이 슬게 했다. 그리고 갈매기들은—이젠 더 이상 비둘기에 대해 말하지 않기를 바란다—희생물에게로 떼지어 모이더니 날개 끝을 낮추어, 뱀장어를 잉게 간호사에게 던져 보냈다. 그녀는 그것을 받아 찬사를 보내면서, 성령이 되는 일은 있어도 비둘기는 되지 않고, 갈매기가 되었다. 그녀는 갈매기라고 불리는 그 모습으로 변하여, 구름처럼 고깃덩이 위에 날아 내려와서 성령강림절을 축하했다.

이런 괴로운 생각은 집어치우고 나는 옷장에서 나왔다. 거울이 붙은 문짝을 마지못해 양쪽으로 열어젖히고 그 상자에서 밖으로 나왔다. 거울 앞에서 자신이 전혀 변하지 않았음을 알게 되었으나, 어쨌든 카터 부인이 이젠 융단을 두들기고 있지 않은 것이 기뻤다. 오스카에게 성 금요일은 끝났지만, 부활제 뒤에 마침내 수난의 시기가 시작되었다.

발끝으로 갈수록 좁게 만든 관

뱀장어가 꿈틀거리는 말 대가리로 뒤범벅된 성 금요일이 지나고, 브론스키 가족과 함께 시골인 비사우에 있는 할머니와 빈첸트 외삼촌 집에서 부활제를 보낸 뒤, 어머니에게도 역시 수난기가 시작되었다. 그것은 5월의 상쾌한 날씨로도 어쩔 도리가 없는 수난이었다.

마체라트가 어머니에게 강요해서 다시 생선을 먹게 했다는 것은 당치 않은 말이다. 그녀는 자발적으로, 그리고 수수께끼 같은 의지에 사로잡혀서, 부활제가 지난 지 겨우 두 주일 만에 생선을 먹기 시작했다. 그녀는 자신의 몸매 따위에 개의치 않고, 마체라트가 "그렇게 많이 먹지 마, 누가 강요하고 있는 것 같잖아"라고 말할 정도로 많이 먹었다.

　그녀는 올리브유에 절인 정어리로 아침 식사를 시작해서, 두 시간 뒤에는 이따금 가게에 손님이 없을 때 본자크의 청어가 들어 있는 작은 합판 상자를 뒤지기도 하고, 점심에는 구운 넙치나 겨자 소스를 친 대구를 찾으며, 오후에는 벌써 통조림 따개를 손에 들고 있었다. 뱀장어 젤리, 청어말이, 청어 튀김 깡통을 따는 것이다. 그리고 마체라트가 저녁 식사 때 다시 생선을 기름에 볶거나 찌기를 거부하면 그녀는 쓸데없이 떠들거나 불평하는 게 아니라, 유유히 식탁에서 일어나 가게에서 훈제 뱀장어를 한 조각 사왔다. 그녀가 나이프로 뱀장어 가죽 안팎에서 시작해 마지막 기름기까지 긁어내고 고기만 입에 가져가는 것을 보면, 우리 입맛이 다 달아날 정도였다. 하루에도 몇 번씩 그녀는 토하지 않고는 견디지 못했다. 마체라트는 어찌할 바를 모르고 걱정이 되어 물었다. "임신한 거 아니야? 아니면 왜 그래?"

　그러면 어머니는 대답했다. "그런 어리석은 소리 하지 말아요." 신선한 감자를 곁들인 녹색 뱀장어를 생크림에 띄워서 점심으로 내놓은 어느 일요일, 할머니 콜야이체크는 두툼한 손으로 쟁반을 두드리며 말했다. "아그네스, 얘기 좀 해 봐, 어떻게 된 거야? 먹고 싶지도 않으면서 왜 생선을 계속 먹어? 무슨 이유인지 말을 안 하는데, 꼭 미친 사람 같단 말이야!" 어머니는 그저 고개를 가로저을 뿐이었다. 감자는 옆으로 치우고 생크림에서 뱀장어를 집어 내서는, 마치 숙제를 끝내야 하는 것처럼 꼼짝도 않고 먹고 있었다. 얀 브론스키는 아무 말도 하지 않았다. 한 번은 내가 소파에 있는 두 사람과 뜻하지 않게 마주쳤는데, 두 사람은 늘 그렇듯이 손을 마주 잡고 옷매무새가 흐트러져 있었으나, 울어서 부은 얀의 눈과 어머니의 냉담한 태도가 기이한 느낌을 주었다. 그러나 그 무관심이 갑자기 거꾸로 뒤집어졌다. 그녀는 벌떡 일어나 나를 붙잡고 들어 올려서 꼭 껴안고는 나에게 끝없이 텅 빈 마음속을 보여 주었다. 그것은 그 무엇에 의해서도, 튀기거나 삶거나 소금으로 절이거나 훈제로 만든 많은 양의 생선으로도 채울 수 없을 만큼 큰 것이었다.

　며칠 뒤 나는 목격했다. 어머니가 부엌에서 그 지긋지긋한 올리브유에 절인 정어리에 덤벼들었을 뿐 아니라, 몇 개의 빈 깡통에 모아 둔 기름을 조그마한 소스용 프라이팬에 부어 정체를 알 수 없는 그 액체를 가스불로 데워서 마시는 것을. 부엌문에 서 있던 나는 북을 떨어뜨렸다.

그날 밤 어머니는 시립병원에 실려 가야 했다. 마체라트는 구급차가 오기 전에 울면서 부르짖었다. "도대체 왜 당신은 아이를 원치 않는 거야? 누구의 아이든 똑같아. 혹시 아직도 그 흉한 말 대가리 탓이라는 거야? 그런 곳에 가지 말았어야 했어! 다 잊어버려, 아그네스. 나는 일부러 그런 게 아니었어."

구급차가 와서 어머니를 실어 갔다. 근처의 어린이와 어른들이 길에 모여 있었다. 어머니는 옮겨졌다. 어머니는 제방도 말 대가리도 잊지 않았음이 분명했다. 그녀는 그 말을—그것이 프리츠라고 불리든 한스라고 불리든—계속 기억하고 있었던 게 분명했다. 그녀의 몸은 성 금요일의 산책을 뼈저릴 만큼 확실히 기억하고 있어, 몸도 마음도 그 산책이 되풀이되지 않을까 하는 두려움이 어머니를 죽인 것이었다.

홀라츠 박사는 황달과 생선 중독이라고 말했다. 병원에서 어머니는 임신 3개월임이 확인되어 일인실에 있게 되었다. 면회가 허락되자, 그녀는 4일간 구토증 때문에 고통으로 일그러진 얼굴을 우리에게 보여 주었으나, 토하면서도 이따금 나에게 미소지어 보였다.

요즈음 면회일에 찾아오는 친구들에게 내가 즐거워 보이려고 애쓰듯이, 어머니도 문병 오는 사람들을 조금이라도 만족시키려고 노력했다. 그러나 더 이상 토할 것이 없는데도 간헐적으로 일어나는 구토증이 서서히 쇠약해지는 그녀의 육체를 반복해서 파도치게 하는 것을 막을 순 없었다. 마침내 4일째에 그녀는 정말 기진맥진한 상태로 죽어 갔으며, 누구든 사망진단서를 얻으려면 마지막으로 내쉬어야 할 가느다란 숨을 거두었다.

그녀의 아름다움을 일그러뜨리는 구토증의 원인을 육체에서 이미 찾아낼 수 없게 되었을 때, 우리는 모두 한숨을 내쉬었다. 몸을 씻고 수의를 입혀 눕히자, 그녀는 친밀하고 몹시도 천진난만한 둥근 얼굴을 다시 우리에게 보였다. 수간호사가 어머니의 눈꺼풀을 감겨 주었다. 마체라트도 얀 브론스키도 울고 있어서 눈이 멀었기 때문이다.

남자들도, 할머니도, 헤트비히 브론스키도, 그리고 곧 열네 살이 될 슈테판까지도 울고 있었는데 나는 울 수 없었다. 실제로 어머니의 죽음에 나는 거의 놀라지 않았다. 어머니를 따라 목요일에는 구시가지에, 토요일에는 성심 교회에 다니던 오스카는 마치 어머니가 몇 년 전부터 삼각관계를 청산할 수 있는 가능성을 진지하게 찾고 있었던 것 같다고 생각했다. 그 해결 방법은 아마 그녀가 미워하고 있을 마체라트에게 자신의 죽음에 대한 책임을 지우는 한편, 얀 브론스키, 그녀의 얀에게는 '그녀는 나를 위해서 죽은 것이다. 내 출세를 방해하고 싶지 않아서 스스로를 희생한 것이다'라는 생각을 갖게 해서 폴란드 우체국에서 계속 근무할 수 있게 해 주는 것이다.

어머니와 얀, 두 사람은 사랑을 위한 잠자리를 마련하는 일을 철저한 계산으로 이루어지게 했으며, 아울러 로맨스의 재능까지 보여 주었다. 그리하여 사람들은 원하기만 하면 그들 속에서 로미오와 줄리엣을, 또는 물이 깊기 때문에 만나지 못했다는 왕자와 공주의 모습까지 찾아낼 수 있으리라. 제때에 병자성사(病者聖事)까지 받은 어머니가 싸늘하게 식어 가면서 사제의 기도문 아래서 조용히 굳어지는 동안, 나는 할 일이 없었기 때문에 대개 개신교도 간호사들을 태평하게 관찰했다. 그녀들은 가톨릭과는 다른 식으로 손깍지를 끼었다. 자존심이 아주 강하다고 나는 말하고 싶은데, 그녀들은 가톨릭의 원문과는 동떨어진 '우리 아버지시여'를 부르고, 할머니 콜야이체크나 브론스키 가족이나 내가 한 대로 십자를 긋진 않았다. 아버지 마체라트도—실제로 친아버지라고 생각하진 않았으나 때때로 나는 그를 아버지라고 부른다—개신교도인데, 그는 기도를 올릴 때 다른 개신교도들과는 달랐다. 왜냐하면 그는 양손을 가슴 앞에 마주 잡지 않고 음부 근처에서 경직된 손가락을 꼬아 하나의 종교에서 다른 종교로 옮아갔으며, 분명히 자신이 기도 드리는 모습을 부끄러워하고 있었기 때문이다. 할머니는 오빠인 빈첸트와 나란히 죽은 사람의 침대 앞에 무릎을 꿇고, 주위에 아랑곳없이 소리를 내어 카슈바이어로 기도하고 있었다. 한편 아마도 폴란드어로 기도하고 있는 듯한 빈첸트는 입술만 움직이고 있었지만, 그 대신 크게 뜬 눈에는 마음의 슬픔이 훨씬 그득했다. 나는 할 수만 있다면 북을 치고 싶었다. 결국 내가 빨갛고 하얀 양철북을 가지게 된 것은 불쌍한 어머니 덕이었다. 그녀는 마체라트의 소망에 균형을 이루는 저울추로서, 양철북을 사 주겠다는 약속을 그 저울 위에 올려놓았다. 특히 그녀의 아름다움은 체조가 필요 없을 정도로 날씬했던 무렵에는 이따금 내 북의 교본이 되었다. 나는 더 이상 참을 수가 없어서, 어머니가 죽은 방에서 다시 한 번 회색 눈을 한 아름다운 어머니의 이상적인 모습을 양철북으로 표현했다. 그러자 바로 수간호사가 잔소리를 했는데, 놀랍게도 마체라트가 그녀를 달래며 "그 아이를 내버려 두세요, 간호사 선생님. 두 사람은 일심동체였어요"라고 속삭이며 내 편을 들어 주었다.

어머니는 매우 명랑할 수 있었다. 어머니는 매우 소심할 수 있었다. 어머니는 곧 잊어버릴 수 있었다. 그런데도 어머니는 기억력이 좋았다. 어머니는 목욕물을 버리다가 나마저 버렸으나, 나와 한 욕조 속에 들어 있었다. 어머니는 때때로 나에게서 사라지기도 했으나, 나를 발견하는 능력도 갖고 있었다. 내가 노래로 유리를 깨면, 어머니는 접착제로 붙였다. 이따금 그녀는 주위에 의자가 있는데도 부정(不正) 위에 주저앉았다. 어머니는 자신의 옷 단추를 채울 때에도 나에게는 교육적이었다. 어머니는 틈새로 들어오는 바람을 두려워했으나 끊임없이 바람을 피웠다. 그녀는 호화롭게 지내면서도 세금 내는 것은 싫어했다. 나는 그녀를 둘러싼 껍질의 이면이었다. 그녀는 '하트의 손'으로 승부할 때 언제나 이겼다. 어머니가 죽었을 때, 내 북 몸통의 빨간 불꽃은 조금 바랬다. 그러나 하얀 부분은 훨씬 하얘져서, 오스카까지도 눈이 부신 나머지 눈을 감아야만 할 만큼 번쩍번쩍 빛났다.

어머니는 그녀가 이따금 말하던 자스페의 묘지가 아니라 브렌타우의 조그마하고 조용한 묘지에 묻혔다. 거기에는 1917년에 유행성 감기로 죽은 그녀의 의붓아버지인 화약 제조공 그레고르 콜야이체크도 잠들어 있었다. 사람들에게서 사랑받던 식료품상의 장례식답게 조문객들이 많았다. 고객들 얼굴뿐 아니라 여러 회사의 판매원과 바인라이히 식료품점이라든가 헤르타 거리 일용품점의 프로프스트 부인 같은 경쟁업자들의 얼굴도 보였다. 브렌타우 묘지 예배당은 이들 모두가 들어갈 수 없었다. 꽃 냄새와 검은 상복의 방충제 냄새가 났다. 뚜껑이 열린 관 속에서 불쌍한 어머니는 누렇게 쇠약해진 얼굴을 보이고 있었다. 야단스런 장례식을 치르는 동안에 나는 감정의 기복을 억제할 수 없었다. 금방이라도 어머니는 머리를 쳐들 것이다. 그녀는 다시 한 번 토하게 되리라. 몸속에는 아직도 남은 게 있어서 밖으로 나오려 하고 있다, 나처럼 어느 아버지에게 감사해야 좋을지 모르는 3개월 된 태아뿐만이 아니다, 밖에 나와서 오스카처럼 북을 욕심내는 것이 그 아이만은 아니다, 생선도 있다, 분명히 기름에 절인 정어리는 아니다, 나는 넙치에 대해 말하려는 게 아니다, 내가 말하고 있는 것은 한 마리 뱀장어에 대한 이야기다. 뱀장어 살에서 나온 담녹색 섬유 몇 가닥, 스카게라크 해전의 뱀장어,

노이파버서 제방의 뱀장어, 성 금요일의 뱀장어, 말 대가리에서 튀어나온 뱀장어, 어쩌면 뗏목 밑에 끼어들어 뱀장어 밥이 되었을 그녀의 아버지 요제프 콜야이체크에게서 나온 뱀장어, 당신 뱀장어의 뱀장어, 왜냐하면 뱀장어는 뱀장어가 되니까……

하지만 구토증은 일어나지 않았다. 그녀는 뱀장어를 숨기고 가서 땅 속에서 최후의 안식을 얻기로 작정한 것이다.

남자들이 관 뚜껑을 들어 올려 작정하고 토할 듯이 보이는 불쌍한 어머니의 얼굴을 덮으려고 했을 때, 안나 콜야이체크는 남자들 팔에 매달려 관 앞의 꽃을 짓밟으면서 그녀의 딸 위로 몸을 던지고 울면서, 하얀 값비싼 수의를 쥐어뜯으면서 카슈바이어로 크게 울부짖었다.

몇 년 뒤 많은 이들이, 할머니가 나의 추정상 아버지 마체라트에게 저주를 퍼부으며 딸을 죽인 것은 너라고 말했다고 한다. 또 지하실 계단에서 내가 떨어졌던 사건 얘기도 나왔다고 한다. 그녀는 어머니가 지어낸 이야기를 사실로 받아들였으며, 내 불행에 대한 마체라트의 책임을 그가 잊지 못하게 했다. 마체라트가 그녀의 모든 술수를 무시하고 자존심을 죽여 가면서까지 그녀를 존중하고, 전쟁 중에 설탕·인조꿀·커피·석유의 편의까지 보아 주었는데도 그녀는 반복해서 그를 몰아세웠다.

채소 장수 그레프와 여자처럼 높은 소리로 울고 있던 얀 브론스키가 할머니를 관에서 데리고 갔다. 남자들은 뚜껑을 닫았고, 관을 메는 사람들이 관 밑에 있을 때 짓는 표정을 겨우 지을 수 있었다. 반쯤은 시골 같은 브렌타우의 묘지에는 느릅나무 가로수길 양쪽에 대지가 있었고, 그리스도 탄생도(誕生圖) 배경에 있을 법한 조그만 예배당과 두레박 우물이 딸려 있었으며, 새들이 활기차게 놀고 있었다. 깨끗하게 쓸어놓은 가로수길을 행렬 맨 앞에 선 마체라트 바로 뒤에 붙어서 걸어갔을 때, 나는 처음으로 그 관의 모양이 마음에 들었다. 그 뒤부터 나는 때때로 최후의 목적을 위해서 사용되는 검은색과 갈색의 나무를 유심히 둘러볼 기회가 있었다. 불쌍한 어머니의 관은 검은색이었다. 그것은 놀라운 조화를 이루며, 발 쪽으로 갈수록 좁아졌다. 이 세상에 인체의 비율과 이만큼 잘 조화된 형태가 또 있겠는가.

침대도 그렇게 발끝으로 갈수록 좁아지면 좋았을 것을! 이참에 우리가 사용하는 보통 소파도 모두 확실하게 발끝으로 갈수록 좁게 만들었으면 싶다.

우리가 아무리 거만한 얼굴을 하고 있어도 결국 우리는 머리, 어깨, 몸통에서는 넓은 자재가 필요하다가 발끝으로 가면서 점점 좁아져 발에 딱 맞는 것은 좁은 공간뿐이다.

마체라트는 관 바로 뒤에서 걸어갔다. 그는 손에 실크해트를 들고 천천히 걸어야 했기 때문에, 깊은 슬픔에 잠겨 있음에도 무릎을 뻗는 데 애를 먹었다. 나는 그의 목덜미를 볼 때마다 그가 가여웠다. 그의 뒤통수가 튀어나와서, 두 개의 정맥이 그의 깃에서 머리털이 난 부분까지 솟아 있었다.

왜 그레트헨 셰플러나 헤트비히 브론스키가 아닌, 트루친스키 아주머니가 내 손을 잡고 있었을까? 아주머니는 우리 아파트 3층에 살고 있었고 이름은 없는 듯했으며, 어디서나 트루친스키 아주머니라고 불렸다.

관 앞에는 향을 들고 미사를 돕는 사람들과 함께 빙케 사제가 있었다. 내 시선은 마체라트의 목덜미에서 가로세로로 주름이 잡힌 관을 멘 사람들의 목덜미로 옮겨갔다. 강렬한 소망 하나를 억제해야 했다. 오스카는 관 위에 올라타고 싶었다. 그 위에 앉아서 북을 치고 싶었다. 오스카는 북채로, 양철이 아니라 관 뚜껑을 두들기고 싶었다. 그들이 불안정한 걸음걸이로 관을 운반해가는 동안 그 위에 타고 싶었다. 그 뒤 조문객들이 사제를 따라 기도를 올리는 동안 오스카는 그들 앞에서 북을 치고 싶었다. 그들이 구덩이 위에서 판자와 밧줄로 관을 내리는 동안 오스카는 뚜껑 위에서 의연하게 있고 싶었다. 기도, 미사의 종, 향연, 성수로 장례식이 진행되는 동안에, 그는 관 뚜껑 위에 적힌 라틴어를 두들기고 싶었다. 그리고 그들이 관과 함께 밧줄로 그를 내리는 동안 가만히 견뎌내려 했다. 어머니와 태아와 함께 오스카는 묘속에 들어가고 싶었다. 유족들이 손에 흙덩어리를 한 움큼씩 쥐고 던지는 동안, 오스카는 밑에서 올라오고 싶지 않았다. 그 관의 좁아진 발끝 쪽에서 북을 치며 앉아 있고 싶었다. 가능하다면 흙 속에서 치고 싶었다. 북채가 그의 양손에서 썩어 없어지고, 관 뚜껑이 북채 밑에서 썩으며, 어머니가 그를 위해서, 그가 어머니를 위해서, 누구든 다른 사람을 위해서 썩어 그 살이 대지와 주민들에게 다시 돌아갈 때까지 두들기고 싶었다. 작은 뼈를 북채 대신으로 삼아서 오스카는 태아의 부드러운 연골을 두들기고 싶었다. 만일 그것이 가능한 일이라면 말이다.

아무도 관 위에 앉아 있지 않았다. 관은 아무도 태우지 않고 비틀거리며 브렌타우 묘지의 느릅나무와 수양버들 밑을 지나갔다. 교회지기의 알록달록한 닭들이 무덤 사이에서 벌레를 쪼아먹고 있었다. 씨는 뿌리지도 않고서 거둬들이고 있었다. 양쪽에는 자작나무가 서 있었다. 나는 트루친스키 아주머니의 손에 이끌려 마체라트 뒤를 따르고, 바로 내 뒤에 할머니가 있었으며—그레프와 얀이 그녀를 부축하고 있었다—빈첸트 브론스키는 헤트비히 팔에 매달리고, 작은 마르가와 슈테판은 손을 잡고 셰플러 부부 앞을 걸어갔다. 그 뒤를 시계방 주인 라우프샤트, 하일란트 노인, 트럼펫 연주자 마인이 따랐는데, 그는 악기도 없었으며 평소처럼 취하지도 않았다.

　의식이 모두 끝나고 사람들이 애도의 이야기를 시작했을 때에야 나는 지기스문트 마르쿠스를 보았다. 그는 상복을 입고 있었는데, 마체라트와 나, 할머니, 브론스키 집안사람들에게 손을 내밀면서 무엇인가 중얼중얼 말하려고 하는 조문객들 뒤로 허둥거리면서 합세했다. 처음에는 알렉산더 셰플러가 마르쿠스에게 무슨 말을 하고 있는지 알 수 없었다. 그들은 얼굴은 알아도 말을 한 적은 거의 없었다. 마침내 음악가인 마인까지 장난감 가게 주인에게 대들었다. 그들은 이미 색이 바래고, 손가락으로 비비면 쓴맛이 나는 정원수로 만들어진 허리 높이의 산울타리 저쪽에 서 있었다. 카터 부인이 손수건으로 웃음을 감추고 있는, 갑자기 키가 자란 딸 수지를 데리고 마체라트에게 애도의 말을 건네고 있던 참이었다. 그들은 물론 내 머리를 쓰다듬는 일도 잊지 않았다. 산울타리 저편의 소리가 커졌으나, 여전히 무슨 말을 하고 있는지 알 수 없었다. 트럼펫 연주자 마인이 집게손가락으로 마르쿠스의 상복을 가볍게 두들기더니 그를 떠밀면서 지기스문트의 왼팔을 잡고, 셰플러가 오른팔을 잡았다. 두 사람은 뒷걸음질치는 마르쿠스가 무덤 경계석에 걸려 넘어지지 않도록 조심하면서, 중앙 가로수길로 끌고 가서 지기스문트에게 묘지의 문이 있는 방향을 가리켰다. 그는 안내받은 데에 감사하는 듯싶더니 출구 쪽으로 걸어가서 실크해트를 쓰고, 마인과 빵집 주인이 그를 배웅하고 있는 쪽을 두 번 다시 돌아보지 않았다.

　마체라트도 트루친스키 아주머니도 내가 그들과 조문객들 사이에서 빠져나간 것을 깨닫지 못했다. 오스카는 급히 가야 할 곳이 있다는 표정을 지으면서, 무덤을 파는 사람과 그 조수 곁을 뒷걸음질로 빠져나와 거기서부터 담쟁이덩굴 따위엔 신경도 쓰지 않고 달렸다. 느릅나무 가로수길에서 아직 문을 나서지 않은 지기스문트 마르쿠스를 붙잡았다.

"오스카!" 마르쿠스는 깜짝 놀랐다. "말해 주세요, 저 사람들은 마르쿠스에게 무슨 짓을 한 거죠? 무엇 때문에 그러는 거죠?"

나는 마르쿠스가 무슨 일을 했는지 몰랐다. 땀에 젖은 그의 손을 끌고, 쇠로 만든 열려 있는 묘지 문을 지나서 밖으로 데리고 나왔다. 우리 두 사람, 내 북을 지키는 자와 북을 치는 자인 나, 아니 어쩌면 그의 고수(鼓手)인 나는 그곳에서 우리와 똑같이 천국을 믿고 있는 슈거 레오를 만났다.

마르쿠스는 레오를 알고 있었다. 레오는 시내에서 유명한 인물이었다. 나는 슈거 레오에 대해서 들어본 적이 있었다. 내가 알고 있는 바로는, 레오가 아직 신학교에 다니던 무렵의 어느 화창한 날, 세계·성사·고해·천국과 지옥, 삶과 죽음이라는 것이 그의 정신을 완전히 미치게 만들었기 때문에, 그 뒤부터 그의 세계상(世界像)은 광기에 차 있긴 하지만 나무랄 데 없이 빛나고 있다는 것이다.

슈거 레오의 직업이란 언제나 매장 후에—그는 모든 장례식이 끝나는 시점을 알고 있었다—검게 윤이 나는 헌 옷을 몸에 걸치고 흰 장갑을 낀 채 조문객을 기다리는 일이었다. 마르쿠스와 나는 그가 직업상 지금 이곳 브렌타우 묘지의 문 앞에 서서, 애도 때문에 닳아 해어진 장갑을 끼고 물처럼 맑은 미친 사람 눈을 한 채, 언제나처럼 입에서 침을 흘리면서 장례 행렬을 맞이하고 있음을 알게 되었다.

5월 중순이었다. 태양이 찬란하게 빛나는 맑은 날이었다. 산울타리에도 나무에도 새가 앉아 있었다. 꼬끼오 우는 닭들은 그들의 알에 의해, 또 그들의 알과 더불어 불멸의 상징이었다. 공중에서는 벌들이 윙윙 울고 있었다. 새로 움튼 새싹들에는 먼지가 덮여 있지 않았다. 슈거 레오는 빛바랜 실크해트를 장갑 낀 왼손에 들고, 곰팡이가 핀 장갑의 다섯 손가락을 앞으로 내밀면서 가벼운 댄서와 같은 발걸음으로 마르쿠스와 나를 맞았다. 실제로 그는 춤 솜씨를 타고났다. 그러고서 그는 바람 한 점 없는 날에도 바람 속에 있는 것처럼 우리와 함께 비스듬하게 서서 고개를 숙이고 있었다. 마르쿠스가 레오가 내민 손을 보고 처음에는 머뭇거리다가 드디어 그의 맨손으로 힘차게 잡았을 때, 그는 실을 당기는 듯한 어조로 중얼거렸다. "좋은 날씨군요. 이제 그녀는 모든 것이 값싼 나라로 갔겠군요. 당신은 주님을 보셨습니까? 하베무스 아드 도미눔(Habemus ad Dominum : ^{주님은 우리}). 주님은 종종걸음으로
지나가셨습니다. 아멘."

우리는 아멘을 했고, 마르쿠스는 레오에게 좋은 날씨라고 맞장구치고는
주님을 보았다고 거짓말을 했다.

우리 뒤에서 묘지로부터 가까이 다가오는 조문객들의 웅성거리는 소리가
들렸다. 마르쿠스는 레오의 장갑에서 손을 떼고, 봉사료를 주는 데 약간 시
간을 보냈다. 그리고 마르쿠스는 특유의 시선으로 나를 보고 나서, 브렌타우
우체국 앞에서 그를 기다리고 있던 택시를 향해 쫓기듯 떠나갔다.

사라져 가는 마르쿠스를 둘러싼 자욱한 먼지를 바라보고 있을 때, 이미 트
루친스키 아주머니가 다시 내 손을 쥐고 있었다. 사람들은 삼삼오오 짝을 지
어 오고 있었다. 슈거 레오는 모든 사람에게 애도의 말을 하고, 조문객들에
게 좋은 날씨임을 주지시키며, 한 사람 한 사람에게 주님을 보았느냐고 물었
다. 그러고는 언제나와 마찬가지로 어느 정도 액수의 봉사료를 받았다. 돈을
못 받는 경우도 있었다. 마체라트와 얀 브론스키는 관을 멘 사람, 묘 파는
사람, 교회지기, 빙케 사제에게 돈을 지불했는데, 사제는 당황한 모습으로
한숨을 쉬면서 그 손에 슈거 레오의 키스를 받고, 천천히 흩어져 가는 조문
객들의 뒤에서 축복을 보내는 몸짓을 했다.

한편 우리, 즉 할머니, 그의 오빠 빈첸트, 아이들을 데리고 온 브론스키
부부, 부인 없이 온 그레프, 그레트헨 셰플러는 말 한 마리가 끄는 상자 모
양의 마차 두 대에 나누어 탔다. 우리는 골트크루크를 지나고 숲을 통과해,
폴란드 국경에 가까운 비사우 채석장에 도착했다. 문상객들을 대접하기 위
해서였다.

빈첸트 브론스키의 농원은 움푹 팬 곳에 있었다. 그 앞에 포플러가 늘어서
있어 번개를 피하도록 돼 있었다. 곡물 창고의 문짝이 경첩에서 빠져 재목을
켜는 모탕 위에 놓였으며, 그 위에 식탁보가 펼쳐졌다. 거기에 이웃 사람들
도 모여들었다. 식사에는 시간이 걸렸다. 우리는 곡물 창고 앞에서 잔치를
베풀었다. 그레트헨 셰플러가 나를 무릎에 안고 앉았다. 식사는 온통 기름지
거나 달았다. 감자로 담근 소주, 맥주, 거위 한 마리와 새끼 돼지 한 마리,
소시지가 딸린 과자, 식초와 설탕에 절인 오이, 요구르트를 뿌린 과일 푸딩.
해질녘에는 바람이 조금 불어서 열어놓은 곡물 창고를 스쳐 지나갔다. 쥐들

이 바스락 소리를 내고, 브론스키의 아이들도 동네 아이들과 같이 뜰을 점령했다.

석유램프와 함께 스카트놀이 카드가 식탁에 올랐다. 감자 소주는 식탁에 남았다. 집에서 만든 달걀 리큐어도 있었다. 모든 사람이 술로 기분이 좋아졌다. 술을 마시지 않는 그레프는 노래를 불렀다. 카슈바이 사람들도 노래를 불렀다. 마체라트가 맨 처음에 카드를 돌렸다. 얀이 두 번째이고, 벽돌 공장 견습공이 세 번째였다. 그제야 나는 불쌍한 어머니가 없다는 사실을 깨달았다. 게임은 밤까지 계속되었으나 남자들은 누구 한 사람도 '하트의 손'으로 이기는 자가 없었다. 얀 브론스키가 '4 없는 하트의 손'을 정말 이상스럽게도 놓쳤을 때, 나는 그가 낮은 소리로 마체라트에게 말하는 것을 들었다. "아그네스였다면 확실히 이겼을 텐데."

그때 나는 그레트헨 셰플러의 무릎에서 슬쩍 내려왔다. 밖에는 할머니와 오빠 빈첸트가 있었다. 그들은 마차 채에 걸터앉아 있었다. 빈첸트는 나지막하게 폴란드어로 별을 향하여 속삭였다. 할머니는 이젠 울 수가 없었다. 그녀는 나를 자신의 치마 밑에 넣어 주었다.

오늘 누가 나를 치마 밑에 넣어 주겠는가? 누가 나를 햇빛과 램프 빛으로부터 막아 주겠는가? 누가 나한테 노랗게 녹아 시큼한 버터 냄새를 맡게 해 주겠는가? 그 냄새를 할머니는 나를 위해서 치마 밑에 저장해 두었으며 묵히고 퇴적시켜, 내 식욕을 자극해서 그 냄새를 좋아하게끔 미리 나에게 나누어 주었다.

나는 네 겹 치마 밑에서 잠들었다. 나는 불쌍한 어머니가 나온 생명의 근원 바로 옆에 있었다. 그리고 발끝으로 갈수록 좁아진 관 속의 어머니처럼 호흡을 하지 않을 수는 없었으나, 어머니처럼 조용히 있었다.

헤르베르트 트루친스키의 등

그 무엇도 어머니를 대신할 수는 없다고들 말한다. 어머니의 장례식 뒤 머지않아 나는 불쌍한 어머니를 그리워하게 되었다. 목요일에 지기스문트 마르쿠스를 방문하는 일도 없어졌다. 이제는 아무도 잉게 간호사의 흰 옷이 있는 곳에 나를 데려가지 않았다. 특히 토요일은 어머니의 죽음을 뼈저리게 알려 주었다. 어머니는 더 이상 고해하러 가지 않았기 때문이다.

그래서 구시가지와 홀라츠 박사의 진찰실과 성심 교회는 이제 내게서 멀어지게 되었다. 시민 집회에서의 즐거움도 잃었다. 유혹자라는 직업조차도 오스카에게 따분하고 매력 없는 것이 되었으니, 쇼윈도 앞의 통행인들을 어떻게 유혹할 수 있겠는가? 시립극장의 크리스마스 동화극, 크로네 또는 부시의 서커스에 데리고 가 주던 어머니는 이제 없다. 나는 홀로 침울해 있었지만, 그러면서도 공부에 열중했다. 클라인하머 거리로 향하는 직선의 교외 길을 지나는 것은 지루했으나, 나는 그레트헨 셰플러를 방문했다. 그녀가 나치스 환희역행단을 따라 여행했던 백야(白夜)의 나라에 대해 이야기해 주는 동안, 나는 의연하게 괴테와 라스푸틴을 비교했다. 이 비교는 끝날 줄 몰랐으나, 대개는 역사 공부를 하면서 그 찬란하고 어두운 순환에서 멀어졌다. 《로마 쟁탈전》, 카이저의 《단치히 시 역사》, 퀼러의 《해군 연감》은 예전부터 내 공부의 표준이었는데, 그것들은 나에게 백과사전처럼 어설픈 지식을 주었다. 그래서 나는 오늘날도 스카게라크 해전에 참가하여 그곳에서 침몰했거나 손상을 입은 모든 함선의 장갑강판(裝甲鋼板), 장비, 진수, 완성, 승무원 정원에 대한 정확한 보고를 여러분에게 할 수 있다.

　　이윽고 나는 열네 살이 되었다. 고독을 사랑했으며 자주 산책을 나갔다. 북을 가지고 갔으나, 양철로 자신을 표현하는 일은 절제했다. 어머니가 없기 때문에 북이 망가지면 금방 새 북을 또 얻을 수 있을지 의문스러웠고, 또 실제로 그러한 상태가 계속되었기 때문이다.

　　1937년 가을이었나? 아니면 1938년 봄이었던가? 여하튼 내가 힌덴부르크 거리를 지나 시내 쪽으로 총총걸음으로 올라가서 카페 '사계(四季)' 근처까지 왔을 때, 잎이 떨어지고 있었는지 움트기 시작하고 있었는지 잘 모르지만, 어쨌든 자연 속에서 무엇인가가 움직이고 있었다. 거기서 나는 내 친구이자 스승인 베브라, 오이겐 왕자의 직계, 즉 루이 14세의 자손인 베브라를 만났다.

　　3년 동안이나 만나지 못했지만, 그래도 20보 떨어진 거리에서 우리는 서로를 알아볼 수 있었다. 그는 혼자가 아니었다. 아마 베브라보다 2센티미터가량 작고 나보다 손가락 세 개쯤 큰, 어여쁜 남국의 미인이 그의 팔에 매달려 있었다. 그는 나에게 이탈리아의 유명한 몽유병자인 '로스비타 라구나'라고 그녀를 소개했다.

베브라는 카페 '사계'에서 모카를 한 잔씩 마시자고 권했다. 우리가 수족 관처럼 생긴 그 가게에 앉자, 커피를 마시던 부인들이 서로 속삭였다. "저것 봐, 난쟁이 나라 사람들이야. 리스베트, 봤니? 크로네에 나오는 사람 아니야? 한번 가봐야 되겠어."

베브라는 내게 미소지었다. 그러자 보일 듯 말 듯한 엷은 주름살이 나타났다.

모카를 가져다준 웨이터는 키가 아주 컸다. 로스비타 부인이 그에게 타르트를 주문할 때, 그녀는 그 연미복 입은 사나이를 마치 탑처럼 올려다보았다.

베브라는 나를 바라보았다. "우리 유리 살해업자께서는 재미가 좋지 않은 모양이군. 뭐가 문제인가, 친구? 이젠 유리가 말을 안 듣는가? 그렇지 않으면 소리가 나오지 않는 건가?"

나는 젊고 성격이 급했으므로 여전히 기세가 꺾이지 않은 재주를 살짝 보여 주리라 생각했다. 주위를 두리번거리면서 수조의 열대어와 수중식물 앞의 커다란 유리를 주시했으나, 내가 노래를 부르기 전에 베브라가 말했다. "그만두게, 친구. 우리는 네 재주를 확실히 믿고 있어. 부수지 마, 홍수가 나고 고기가 죽으면 곤란하니까."

부끄러워진 나는 작은 부채를 꺼내서 신경질적으로 바람을 일으키고 있는 로스비타 부인에게 특히 용서를 빌었다.

"어머니가 돌아가셨어요." 나는 사정을 설명하려고 했다. "어머니는 그런 짓을 해서는 안 되었어요. 나는 그녀가 나빴다고 생각합니다. 사람들은 언제나 어머니는 무엇이든 알아차린다, 어머니는 무엇이든 느낀다, 어머니는 무엇이든 용서해 준다고 말하지요. 그런 말은 어머니날 표어에나 알맞아요! 어머니는 내 안에서 난쟁이를 보았어요. 할 수만 있었다면 어머니는 그 난쟁이를 죽였을 거예요. 그러나 죽일 수 없었어요. 아이들은 난쟁이일지라도 서류에 올려져 있어서 쉽게 죽일 수 없었기 때문입니다. 또한 내가 어머니의 난쟁이였기 때문이며, 나를 죽이면 어머니는 자신을 죽이는 셈이 되어 여러 가지 문제가 있었을 테니까요. 자기 자신이냐 난쟁이냐 어머니는 생각했고 결국 자신 쪽으로 결말을 지은 것입니다. 그래서 어머니는 생선만 먹었습니다. 신선한 고기가 아니었어요. 그리하여 어머니는 애인들과 작별했습니다. 지금 브렌타우에 잠들어 계시는데, 그녀의 애인들과 가게 손님들은 모두 이렇게 말하고 있어요. 난쟁이가 북을 쳐서 그녀를 무덤으로 데리고 갔다고요.

오스카 때문에 그녀는 더 살고 싶어하지 않았어요. 난쟁이가 어머니를 죽인 겁니다!"

나는 한껏 과장을 했다. 아마도 로스비타 부인에게 깊은 인상을 주려고 했을 것이다. 사람들 대부분은 어머니의 죽음에 대한 책임이 마체라트와 특히 얀 브론스키에게 있다고 말했다. 베브라는 나를 꿰뚫어 보았다.

"과장이 지나치군, 친구. 당신은 순전히 의심 때문에 죽은 어머니를 원망하고 있어. 어머니는 당신 탓이 아니라 오히려 그 짜증나는 애인들 때문에 무덤으로 갔고, 그래서 당신은 무시당했다고 생각하는 거야. 당신은 심술궂고 겉치장을 하는 사람이군. 정말 천재답군!"

그러고는 한숨을 한 번 쉬고서 로스비타 부인을 곁눈으로 보았다. "우리의 키를 유지하는 일은 쉽지 않습니다. 외면적인 성장 없이도 인간다움을 지켜 나가는 것, 그것이 우리의 과제이며 사명입니다!"

나폴리의 몽유병자인 로스비타 라구나는 매끄러우면서도 주름진 피부였다. 나는 그녀를 열여덟 살 정도로 보았는데, 그녀는 한숨을 내쉬며 여든 혹은 아흔 살 노인이라고 하여 나는 깜짝 놀랐다. 로스비타 부인은 베브라가 영국에서 지은 맵시 있는 맞춤양복을 매만지며 검은 버찌 같은 지중해의 눈을 내게로 돌렸다. 열매를 약속하는 그녀의 어두운 말소리는 나를 움직이고, 긴장시켰다. "카리시모 오스카넬로(친애하는 오스카), 그대의 슬픔은 잘 알아요. 안디아모(갑시다), 우리와 함께 가요. 밀라노, 파리, 톨레도, 과테말라로!"

나는 현기증이 날 것만 같았다. 나는 라구나의 싱싱하고도 나이 든 손을 잡았다. 지중해가 나의 해안으로 물결치며, 올리브나무가 내 귀에 속삭였다. "로스비타는 그대의 어머니처럼 될 것이다. 로스비타는 이해해 주리라. 위대한 몽유병자인 그녀는 모든 사람의 마음을 꿰뚫어 보고 인식한다. 다만 자기 자신만은 안 된단다. 맘마미아(세상에), 다만 자기 자신만은 안 된단다, 디오(하느님이시여)."

이상하게도, 라구나는 갑자기 무서운 기세로 그 손을 잡아뺐다. 그녀가 나를 간파하고, 몽유병자의 눈으로 투시하기 시작했을 때였다. 나의 열네 살 굶주린 마음이 그녀를 두렵게 했을까? 소녀든 노파든 로스비타는 로스비타라는 의식이 그녀에게서 눈을 뜬 걸까? 그녀는 나폴리 말로 속삭이고 떨면서, 마치 그녀가 내 마음에서 읽은 공포가 멈추지 않는 듯 몇 번이나 성호를 긋고서는 아무 말 없이 그녀의 부채 뒤로 사라졌다.

혼란스러워진 나는 설명을 요구하면서 베브라에게 한마디 해 달라고 부탁했다. 그러나 베브라조차도 오이겐 왕자의 직계답지 않게 이성을 잃고 더듬거리면서 몇 마디 했을 뿐이다. 나는 겨우 이해했다. "젊은 친구, 당신의 천재성이, 신성(神性)이, 또 그 천재 속의 악마적 속성이 로스비타를 약간 혼란스럽게 만든 거야. 나도 고백해야겠네. 당신에게는 특유의 폭발적인 무절제함이 있어. 내가 그것을 전혀 이해하지 못하는 바는 아니지만 조금 생소해. 어찌 되었든 좋아." 베브라는 갑자기 일어섰다. "당신의 성격이 어떻든 우리와 함께 가지. 베브라의 기적의 쇼에 나가지. 극기와 자제를 조금 배우면, 오늘날 정치 정세가 이렇다 해도 관객을 찾아낼 수는 있을 거야."

나는 곧 이해했다. 언제나 연단 위에 있고, 결코 연단 앞에는 서지 말라고 충고해 준 베브라는, 앞으로도 서커스에 등장할 수는 있어도 자신이 정당의 졸개가 되어 버린 것이다. 그래서 내가 그의 제의를 정중하게 거부했을 때 그는 전혀 실망하지 않았다. 그리고 로스비타 부인은 들릴 듯 말 듯 부채 뒤에서 한숨을 쉬며 다시 그 지중해의 눈을 보여 주었다.

그런데도 우리는 거의 한 시간을 이야기했다. 나는 웨이터에게 빈 컵을 가져오게 해서, 노래를 불러 거기에 하트형 구멍을 뚫고, 그 밑에 역시 노래로 덩굴 무늬 서명을 둥그렇게 조각했다. "로스비타를 위해서, 오스카." 그리고 그 컵을 그녀에게 선사하여 기쁘게 해 주었다. 베브라가 돈을 지불하면서 봉사료를 듬뿍 주었다. 우리는 밖으로 나왔다.

체육관 근처까지 두 사람은 나를 바래다 주었다. 나는 북채로 '5월의 초원' 저쪽 끝에서 벌거벗고 있는 연단을 가리키고—지금 생각났는데 그것은 1938년 봄이었다—그 아래에서 내가 일으켰던 사건을 스승 베브라에게 들려주었다.

베브라는 당혹스러운 미소를 지었으며, 로스비타는 엄숙한 표정이었다. 로스비타가 몇 걸음 떨어져 있을 때, 베브라는 작별을 고하면서 내 귀에 속삭였다. "나는 무능하네, 친구, 어떻게 내가 앞으로 당신의 선생이 될 수 있겠나. 오, 이 추악한 정치!"

그리고 그는 몇 년 전 곡마단 차 사이에서 만났던 때처럼 내 이마에 키스를 해 주었다. 로스비타 부인은 도자기 같은 손을 내게 내밀었다. 나는 열네 살이라기에는 아주 능숙할 정도로 정중하게 몽유병자의 손가락 위로 허리를 구부렸다.

"다시 만나지, 나의 아들!" 베브라는 한쪽 눈을 찡긋했다. "시대가 어떻게 변하든 우리 같은 인간이 사라지는 일은 없을 거야."

"당신 아버지들을 용서해 줘요!" 로스비타 부인이 나에게 충고했다. "독특한 당신의 존재 자체에 익숙해지도록 해요. 그러면 기분도 안정되고, 악마는 물러갈 거예요!"

나는 로스비타 부인에게 또 한 번 아무 쓸모없는 세례를 받은 듯한 기분이 들었다. 악마야 물러가라—그러나 악마는 물러가지 않았다. 나는 슬프고 허전한 기분으로 두 사람을 배웅하면서, 그들이 택시를 탈 때 눈으로 인사를 보냈다. 그들은 차에 오르자 완전히 사라졌다. 그 포드 자동차는 어른을 위해서 만들어졌기 때문이다. 그래서 차가 내 친구를 태우고 붕 소리와 함께 떠나 버렸을 때, 그것은 마치 빈 차로 손님을 찾고 있는 것처럼 보였다.

나는 마체라트에게 부탁해서 크로네 서커스에 데려가 달라고 했으나 그를 움직일 수는 없었다. 그는 한 번도 완전히 가져본 적이 없는 내 불쌍한 어머니를 위해 상복을 입고 있었다. 그러나 누가 어머니를 완전히 소유했던 걸까? 얀 브론스키도 아니다. 어쩌면 나였을지도 모른다. 어머니의 부재로 가장 피해를 입은 사람은 오스카이기 때문이다. 그 때문에 내 일상생활이 엉클어진 데다 그 존재까지 의문스럽게 되었으니 말이다. 어머니는 나를 말끔하게 해줬었다. 나의 두 아버지에게서는 그것을 전혀 기대할 수 없었다. 스승 베브라는 괴벨스 선전장관에게서 그의 스승을 발견했다. 그레트헨 셰플러는 겨울철 빈민구제사업에 열중하고 있었다. 누구 한 사람도 굶주려서는 안 되고, 누구 한 사람도 추위에 떨게 해서는 안 된다는 것이었다. 나는 북에 매달려서, 본디 흰색이었으나 두들기는 동안에 얇아진 양철로 외로움을 달래는 수밖에 없었다. 저녁 식사 때면 마체라트와 나는 마주 보고 앉았다. 그는 요리책을 뒤적거렸고, 나는 북에 대해 불평을 했다. 이따금 마체라트는 울며 머리를 요리책에 묻었다. 얀 브론스키가 집에 오는 일은 차츰 줄어들었다. 두 사람 모두 정치에 대해서는 주의를 게을리해서는 안 되며, 사태가 어떻게 진행될지 모른다고 생각했다. 언제나 얼굴이 바뀌는 제삼자를 끼워넣고 하는 스카트놀이도 점점 뜸해졌다. 어쩌다 하더라도 밤늦게, 정치적인 이야기는 절대 피하고 집 거실에 매달린 전등 밑에서 했다. 할머니 안나는 비사우에서 라베스베크 거리의 우리 집으로 오는 길을 잊어버린 모양이었다. 그녀는 마체라트를, 추측건대 나까지도 원망하고 있었다. 그녀가 이렇게 말하는 것을 들은 적이 있기 때문이다. "우리 아그네스가 죽은 것은 더 이상 북소리를 견딜 수 없었기 때문이야."

불쌍한 어머니의 죽음에 대한 책임이 내게 있다고 할지라도, 나는 모욕당한 북에 점점 더 절박하게 매달렸다. 북은 어머니처럼 쉽게 죽지는 않았으며, 새로 살 수도 있었고, 늙은 하일란트나 시계방의 라우프샤트에게 고쳐달랄 수도 있었으며, 나를 이해했고, 언제나 바른 대답을 해 주었으며, 내가북에 의지하듯이 북도 나에게 의지했기 때문이다.

그 무렵 나에게는 우리 집이 너무나 좁아지고, 내 나이 열네 살에 비해서시가지의 거리가 너무 짧거나 너무 길었을 때, 온종일 쇼윈도 앞에서 유혹자를 연기할 기회를 얻지 못했을 때, 그리고 해질녘에 유혹을 한다는 것이 그다지 달갑게 여겨지지 않고, 어두운 출입구에 서서 그럴싸한 유혹자의 역할을 연기할 기분이 들지 않을 때, 나는 116계단을 세면서 4층 위에까지 올라갔다. 그리하여 아무 층계에서나 멈춰 서서는 다섯 집의 문에서 새어 나오는냄새를 맡았다. 방이 둘밖에 없는 집은 나에게 그랬듯이 냄새를 풍기기에도너무 좁아져 버렸기 때문이다.

처음에는 그래도 이따금씩 트럼펫 주자 마인과 함께 행복할 때도 있었다.그는 술에 잔뜩 취하여 침대보 말리는 건조실에 드러누운 채 전에 없이 음악적으로 트럼펫을 불며 내 북을 위한 즐거움을 선사해 줄 수 있었다. 1938년5월에 그는 진을 끊고, 이제부터 새로운 인생이 시작된다고 모든 사람에게은밀히 알렸다. 그는 나치스 돌격대의 기마 군악대에 들어간 것이다. 그 뒤장화를 신고 가죽으로 된 안장을 든 그가 한꺼번에 다섯 계단씩 뛰어 올라가는 것을 보았다. 그는 아직도 고양이 네 마리—그중 한 마리의 이름은 비스마르크였다—를 기르고 있었다. 왜냐하면 그렇게 되어서도 때때로 그는 진에 만취해서 음악적으로 변할 때가 있었기 때문이다.

내가 라우프샤트의 시계방 문을 두드리는 일은 드물었다. 그는 많은 시끄러운 시계에 둘러싸여서 조용하게 살고 있었다. 그런 과도한 시간 소모는 나같으면 한 달에 한 번도 견딜 수 없었을 것이다.

하일란트 노인은 아직도 아파트 안뜰에 울적하게 생긴 오두막을 가지고 있었다. 여전히 그는 굽은 못을 두들겨서 바로잡고 있었다. 또 예전처럼 토끼와 토끼의 후손들도 있었다. 그러나 안뜰 악동들의 얼굴은 변했다. 그들은 이제 제복을 입고 검은 넥타이를 맸으며, 벽돌 가루 수프를 만들지 않았다. 그곳에서 자라 나보다 키가 커진 아이들의 이름을 나는 거의 몰랐다. 그 아이들은 다른 세대로서, 나의 세대는 이미 학교를 마치고 수습 생활을 하고 있었다. 누히 아이케는 이발사가 되었고, 악셀 미슈케는 시하우에서 용접공이 될 계획이었으며, 수지 카터는 슈테른펠트 백화점에서 수습사원으로 일했고 이미 약혼자가 있었다. 3, 4년 동안에 모든 것이 변해 버렸다. 물론 그 옛날의 융단을 말리는 장대는 여전히 남아 있어서 거주자 규칙에 따라 화요일과 금요일이 융단 터는 날로 정해져 있었으나, 지금은 매주 정해진 이틀에도 그 난감한 소리는 드물게 들릴 뿐이었다. 히틀러가 정권을 잡은 이래 가정에 진공청소기가 많이 늘어났기 때문이다. 그리하여 융단 말리는 장대는 고독에 빠졌으며 제비들이나 찾아올 뿐이었다.

그러므로 나에게 남겨진 장소는 계단과 다락방뿐이었다. 몇 번이나 읽은 책을 찾아서 나는 다락방으로 올라갔다. 사람이 그리워질 때면 3층 왼쪽의 맨 첫 문을 두드렸다. 트루친스키 아주머니가 언제나 문을 열었다. 그녀가 브렌타우 묘지에서 내 손을 끌고 불쌍한 어머니의 묘에 데리고 간 뒤로는, 오스카가 북채로 노크하면 항상 그녀가 열어 주었다.

"그렇게 세게 두들기면 안 돼, 오스카. 헤르베르트가 아직 자고 있어. 어젯밤에도 힘들었던 거야. 차에 실려서 돌아왔으니까 말이야." 그녀는 나를 거실로 데려가서 맥아 커피와 우유를 따라 주었다. 그리고 커피에 담그거나 핥을 수 있도록 실이 달린 갈색 얼음사탕 한 조각을 주었다. 나는 커피를 마시고 사탕을 빨면서, 북을 점잖게 놓아 두었다.

트루친스키 아주머니의 머리는 작고 둥글며, 엷어진 반백의 머리카락으로 성긋성긋 덮여 있어서 장밋빛 피부가 훤히 드러나 빛나고 있었다. 얼마 되지 않는 머리카락이 어처구니없게 튀어나온 뒤통수 한곳에 묶여 있었다. 틀어 올린 머리는 작았지만—당구공보다도 작았다—그녀가 뒤로 돌거나 옆으로 돌아 서도 어느 방향에서나 보였다. 틀어 올린 머리에는 뜨개바늘이 꽂혀 있었다. 웃으면 갖다붙인 것처럼 보이는 동그란 볼을 아주머니는 매일 아침 꽃

상추 포장지로 문질렀다. 포장지는 빨간색이었고 바래 있었다. 그녀의 눈은 쥐 같았다. 네 아이의 이름은 헤르베르트, 구스테, 프리츠, 마리아였다.

마리아는 나와 같은 나이로 초등학교를 갓 졸업하고 시틀리츠의 어느 관리 집에서 살면서 집안일을 배우고 있었다. 자동차 공장에서 일하고 있는 프리츠는 가끔 얼굴을 보일 뿐이었다. 그는 교대로 재워 주는 소녀가 두셋 있었으며, 그 소녀들과 오라의 '라이트반'으로 춤추러 갔다. 그는 아파트 안뜰에 '푸른 비엔나'라는 토끼를 기르고 있었는데, 돌봐 주는 사람은 트루친스키 아주머니였다. 프리츠는 여자친구들과의 교제로 바빴다. 구스테는 서른 살쯤 되는 얌전한 여자로, 중앙역 앞 에덴 호텔의 종업원이었다. 아직 미혼인 그녀는 그 일급 호텔의 다른 종업원들과 마찬가지로 에덴 빌딩 맨 위층에 살고 있었다. 마지막으로 맏이인 헤르베르트는 어머니와 함께 살고 있는 유일한 사람이었다—이따금 자고 가는 기계 조립공 프리츠를 제외하면 말이다. 그는 항구 도시 노이파바서에서 웨이터로 일하고 있었다. 여기서 그에 대해 이야기해야겠다. 그 이유는, 불쌍한 어머니가 죽은 뒤로 헤르베르트 트루친스키는 내 노력의 목표였기 때문이다. 비록 짧은 기간의 행복이었지만, 지금도 나는 그를 친구라 부르고 있다.

헤르베르트는 슈타르부슈네 가게의 웨이터였다. 슈타르부슈는 '스웨덴 집'이라는 선술집 주인의 이름이다. 그 가게는 개신교 선원(船員) 교회 건너편에 있으며, 가게 손님은—'스웨덴 집'이라는 이름에서 쉽게 짐작할 수 있듯이—대개 스칸디나비아인들이었다. 그러나 자유항에서 러시아인이나 폴란드인들도 왔고, 홀름의 부두 노동자들과 가끔 입항하는 독일 제국 군함의 수병들도 찾아왔다. 정말로 유럽적인 이 선술집에서 웨이터로 일한다는 것은 위험이 따르는 일이었다. 오로지 '라이트반, 오라'에서 쌓은 경험 덕분에—헤르베르트는 노이파바서에 오기 전에 그 삼류 댄스홀에서 웨이터로 일했다—'스웨덴 집'에서 소용돌이치는 여러 나라 말의 혼란을, 영어와 폴란드어가 조각조각 뒤섞인 그의 낮은 독일어 사투리로 처리할 수 있었다. 그래도 그의 의사와는 관계없이, 무료로 한 달에 한두 번은 구급차가 그를 집으로 실어왔다.

헤르베르트는 100킬로그램이나 나가는 거구여서 그때마다 엎드려 누워 고통스럽게 헐떡이면서 며칠 동안 침대에 부담을 주어야 했다. 그런 날이면 트루친스키 아주머니는 그를 약간 나무랐으나 쉬지 않고 그를 보살폈다. 그리고 병간호를 하면서 붕대를 바꾼 다음에는 반드시 그녀의 말아 올린 머리에서 빼낸 뜨개바늘 하나로, 그의 침대 맞은편에 걸려 있는 유리가 끼워진 초상(肖像)을 탁탁 두드렸다. 그것은 착실하고 고집 센 눈에 콧수염을 기른 남자의 수정된 사진이었다. 그 남자는 내 앨범 맨 처음 페이지에 붙어 있는 그 콧수염 남자와 어떤 부분은 닮아 보였다.

하지만 트루친스키 아주머니의 뜨개바늘이 가리킨 그 신사는 우리 가족이 아니고, 헤르베르트와 구스테와 프리츠와 마리아의 아버지였다.

"너도 네 아버지가 돌아가신 것처럼 죽을 테냐." 그녀는 괴로운 숨을 내쉬며 신음하고 있는 헤르베르트의 귀에 대고 싫은 소리를 했다. 그러나 그녀는 검게 니스칠한 액자 속의 그 남자가, 어디서 어떤 최후를 마쳤다거나 어떻게 죽어 갔는지 분명하게 말하지는 않았다.

"이번 상대는 누구였어?" 팔짱을 낀 잿빛 쥐는 알고 싶어했다.

"스웨덴과 노르웨이 자식들이야, 언제나 그렇지." 헤르베르트는 돌아누웠다. 침대가 삐걱거렸다.

"언제나 그래, 언제나! 언제나 그 자식들뿐이라고 말하지 마. 요전에는 해군 연습함(錬習艦) 놈들이었어. 그렇지 않니? 애야, 말해 봐. 응, '슐라게터'였어. 내가 무슨 얘기를 하고 있었더라? 그렇지, 너는 스웨덴과 노르웨이 놈들 이야기를 하고 있어."

헤르베르트의 귀는―나에게는 그의 얼굴이 보이지 않았다―뒤까지 새빨개졌다. "그 독일 놈들, 언제나 큰소리치면서 잘난 척한단 말이야!"

"내버려 두면 되잖니, 젊은 것들이야. 너하고 무슨 상관이 있니? 그 사람들이 외출했을 때 거리에서 만나면 언제나 단정하게 보이는데 말이다. 너 또 예전처럼 레닌 사상 따위를 이야기한 거 아니니? 그렇지 않으면 에스파냐 내란에 대해서 쓸데없는 소리라도 한 거 아니야?"

헤르베르트는 더 이상 대답하지 않았다. 트루친스키 아주머니는 맥아 커피를 가지러 다리를 끌면서 부엌에 갔다.

헤르베르트의 등이 낫자마자 나는 그의 등을 볼 수 있었다. 그때 그는 부엌 의자에 걸터앉아 있었는데, 바지 멜빵이 푸른 천을 감은 허벅지에 늘어져 있었다. 그는 마치 어려운 생각이 그를 망설이게 하는 것처럼 천천히 스웨터를 벗었다.

등은 둥글었으며 언제나 움직이고 있었다. 근육이 끊임없이 움직였다. 주근깨가 뿌려진 장밋빛 풍경이었다. 어깨뼈 밑에는 지방으로 메워진 척추 양쪽으로 갈색 털이 나 있었다. 곱슬거리는 털은 밑에까지 계속되어, 헤르베르트가 여름인데도 입고 있는 파자마 바지 밑으로 사라졌다. 파자마 바지의 위쪽부터 목 근육까지 훑어 보면, 등 전체가 부풀어오른 상흔으로 덮여 있었다. 그것은 털이 더 이상 자라지 못하게 하고, 주근깨를 없애 버렸으며, 주름이 잡혔고, 환절기에는 가려웠으며, 검푸른색에서 녹색이 섞인 흰색까지 여러 색이 섞인 흔적이었다. 그 상흔을 나는 손으로 만져볼 수 있었다.

나는 침대에 누워서 창밖을 바라본다. 나는 정신병원의 관리실과 저 너머에 자리잡은 오버라트 숲을 몇 달 전부터 관찰하고 있지만 더 구석구석 살펴본다. 내가 오늘날까지 헤르베르트 트루친스키의 등에 있는 상흔과 같이 단단하고, 그만큼 느끼기 쉬우며 혼란스러운 무엇인가를 만져 보았던 적이 있던가? 몇몇 소녀와 여자의 그 부분, 나 자신의 일부, 소년 예수의 석고 고추, 그리고 2년 전에 개가 호밀 밭에서 주워 와서 겨우 1년 전부터 보존해도 좋다고 허락받은 넷째손가락 정도이다. 그 손가락은 보존병 속에 넣어서 손대지 못하도록 되어 있으나 모양이 망가지거나 떨어져 나간 부분도 없기 때문에, 나는 지금도 북채를 잡기만 하면 그 손가락 관절을 하나하나 느끼고 헤아릴 수 있다.

나는 헤르베르트 트루친스키의 등을 생각할 때마다 항상 앉아서 북을 쳤다. 바로 손가락이 든 보존병 앞에서 기억을 확인하며 북을 쳤다. 드물기는 하지만, 여자의 육체를 탐할 때는 언제나 상처 자국과 비슷한 여자의 그 부분을 불충분하게나마 확인하면서 헤르베르트 트루친스키의 상흔을 상상했다. 그러나 이렇게 말하는 편이 나으리라. 친구의 넓적한 등에 생긴 부푼 상처 자국을 처음 만졌을 때, 그것은 사랑할 준비가 된 여자들에게 잠시 나타나는 그러한 긴장 상태를 가끔 즐겨도 좋다고 나에게 약속했던 것이다. 마찬가지로 헤르베르트 등의 그 표시는 넷째손가락의 발견을 예견했으며, 또한 헤르베르트의 상흔이 나에게 짐작케 하기 전에는 내 북채가 세 번째 생일부터 상흔과 생식기와 마지막으로 넷째손가락을 예견했던 것이다. 아니 그보다도 더 거슬러 올라가야겠다. 그러니까 오스카가 오스카로 불리지 않던 태아 시절에 이미 나의 탯줄과 놀았다는 사실은 북채, 헤르베르트의 상흔, 젊건 늙건 간에 시시때때로 벌어지는 여자들의 분화구, 마지막으로 넷째손가락을 차례차례로 예견해 줬던 것이다. 그리고 소년 예수의 고추 사건 이후로, 내가 변함없이 늘 달고 다니는 나의 성기, 즉 무기력하고 성장 가능성이 제한된 내 육체에 달린 변덕스러운 기념물은 끊임없이 예견되었다.

오늘 또다시 나는 북채를 손에 잡았다. 상처 자국, 부드러운 부분, 요즈음 와서는 머리를 쳐드는 일이 매우 드문 내 물건에 대한 기억이 언제나 북에 의존하는 간접적인 방법을 통해서 이루어진다. 나의 세 살 생일을 다시 한 번 축하하기 위해서는 내가 서른 살이 되어야 한다. 여러분이 추측하는 대로, 오스카의 목표는 탯줄로 돌아가는 일이다. 오직 그것만이 내가 이렇게 헤르베르트 트루친스키의 상흔에 대해 장황하게 이야기를 늘어놓는 이유이자 목적이다.

내가 다시 친구의 등을 묘사하고 설명하기 전에, 오라의 창녀가 남긴 왼쪽 정강이뼈의 물린 자국을 제외하고, 막강하면서도 거의 방어할 수가 없을 정도로 공격 목표의 범위가 넓은 그의 몸 앞부분에는 상처가 하나도 없다는 사실을 미리 말해 둬야겠다. 놈들은 뒤에서만 그를 향해서 달려든 것이다. 뒤에서만 습격을 당했기 때문에 등에만, 핀란드인과 폴란드인들의 나이프, 슈파이허 섬 부두 노동자들의 단도, 연습함 수습사관들의 잭나이프가 표시를 남겼다.

헤르베르트가 점심을 먹어치웠을 때—일주일에 세 번은 감자튀김이 나왔는데 트루친스키 아주머니만큼 얇고 기름을 적게 쓰면서도 그렇게 바삭바삭하게 구울 수 있는 사람은 아무도 없었다—다시 말해 헤르베르트가 접시를 옆으로 치웠을 때, 나는 〈새 소식지〉를 건네 주었다. 그는 바지 멜빵을 내리고 셔츠를 벗고 신문을 읽으면서, 그의 등에 대해서 내가 질문하도록 해 주었다. 트루친스키 아주머니도 이 질문 시간에는 대개 식탁에서 떠나지 않으며, 헌 양말의 털실을 풀면서 찬성하는 맞장구를 치기도 하고 반대하는 얘기를 덧붙이기도 하면서, 때때로 헤르베르트의 침대 맞은편 벽에 걸려 있는, 유리 액자 속의 수정된 사진의 남자—그가 무슨 생각을 하고 있든지 간에—가 겪은 무서운 죽음을 증거로 대는 것을 잊지 않았다.

질문은 상처 자국 하나를 손가락으로 두드리는 데서 시작되었다. 이따금 나는 북채로 두들기기도 했다.

"다시 한 번 눌러 보아라, 애야. 어느 것인지 모르겠구나. 그놈은 오늘 잠들어 있는 모양이다." 그러면 나는 다시 한 번 좀더 강하게 눌렀다.

"아아, 그거로군! 그건 우크라이나 놈이 찌른 거야. 그놈은 그딩겐 사내와 함께 마시고 있었지. 처음에는 형제처럼 한 테이블에 앉아 있었어. 그런데 그딩겐 사내가 놈더러 로스케(러시아 사람을 낮잡아 이르는 말)라고 불렀지 뭐야. 우크라이나 놈은 참을 수가 없었지. 다른 건 다 용서할 수 있지만 로스케라는 말은 참을 수 없다는 거야. 놈은 뗏목을 타고 바이크셀 강을 내려왔고, 또 그전에 다른 강도 두셋 거쳐서 내려왔기 때문에 장화 속에 돈이 잔뜩 들어 있었지. 그딩겐 사내가 로스케라고 말했을 때는 이미 슈타르부슈에서 한자리에 있던 놈들에게 장화의 반이나 털어 한턱을 썼던 거야. 나는 당장 두 사람을 떼어놓아야 했지. 아주 점잖게 말이야. 그게 내 방식이야. 헤르베르트의 양손은 그때까지 놈들을 잡고 있었지, 그때 우크라이나 놈이 나를 보고 바서폴라크(폴란드어를 쓰는 상부 실레지아 사람)라고 불렀어. 그러자 온종일 준설선(浚渫船)에서 진흙을 긁어모으던 폴란드 놈이 나더러 나치, 어쩌고저쩌고하더란 말이야. 응, 오스카야, 넌 이 헤르베르트 트루친스키를 알지? 준설선의 사나이는 화부같이 생긴 자식이었는데, 그 자리에서 엎어져서 화장실 앞에 뻗어 버렸어. 나는 바로 우크라이나 놈에게 바서폴라크와 단치히 시민은 다르다는 사실을 설명하려던 참이었는데, 그때 놈이 뒤에서 찔렸어—그게 그 상처야."

헤르베르트는 "그게 그 상처야"라고 강조해 말하면서 동시에 신문을 뒤적거렸는데, 나에게 다음 상처를 누르라고 하기 전에 한두 모금 맥아 커피를 마셨다.

"아아, 그! 그건 조금 스친 상처야. 2년 전이었던가, 필라우에서 온 수뢰정(水雷艇)이 이곳에 기항했을 때였지. 수병 놈들이 들먹거리면서 노는 사이에 계집애들의 얼이 쏙 빠져 버렸어. 그런 불량배가 어떻게 해군에 들어갔는지 나는 지금도 이해가 안 가. 드레스덴에서 왔단 말이야. 상상해 봐라, 오스카. 드레스덴에서 왔다는 거야! 그렇지만 너는 수병이 드레스덴에서 왔다는 것이 무슨 뜻인지 짐작도 못하겠지."

아름다운 엘베 강가의 드레스덴에서 너무나도 완고하게 서성거리고 있는 헤르베르트의 마음을 이끌어 내 다시 노이파바서에 데려오려면, 조금 스친 상처를 다시 한 번 가볍게 건드려야 했다.

"아, 무슨 얘기를 했더라? 놈은 수뢰정의 신호수였어. 배를 건(乾)독에 정박시킨 어느 침착한 스코틀랜드인에게 큰소리치면서 시비를 걸었던 거야. 체임벌린, 우산 따위가 원인이었지. 나는 놈에게 아주 점잖게 말해 줬어. 그 것이 내 방식이었으니까. 그런 이야기는 그만두라고 말이야. 특히 스코틀랜 드인은 한 마디도 못 알아듣고 여전히 소주로 테이블에 그림만 그리고 있었 어. 그래서 나는 그 젊은 놈더러 내버려 두고 돌아가라고 말했지. 넌 이런 동포가 있는 곳에는 있지 말고, 국제연맹에라도 가라고 말이야. 그랬더니 수 뢰정의 독일놈이 나더러 '독일 국적 약탈자'라고 말했어. 작센 지방 사투리 로 말이야. 알겠니? 내가 한두 대 먹였더니 놈은 조용해지더군. 30분쯤 지 나서 나는 책상 밑으로 굴러 떨어진 굴덴 은화를 찾으려고 등을 구부렸는데, 책상 밑이 어두워서 잘 보이지 않았어. 그때 작센 놈이 비수를 뽑아 재빨리 찌른 거야."

헤르베르트는 웃으며 〈새 소식지〉를 말면서 "그것이 그 상처야"라고 덧붙 이며, 중얼중얼 잔소리를 하고 있는 트루친스키 아주머니에게 신문을 내밀 고는 일어나려 했다. 헤르베르트가 화장실에 가기 전에—그가 어디를 가고 싶은지는 얼굴 표정으로 알았다—테이블 모서리에 벌써 엉덩이를 올려놓고 있었으나, 나는 재빨리 스커트의 카드 길이만큼 폭이 넓고, 꿰맨 흔적이 있 는 흑자색 상처를 가볍게 두드렸다.

"헤르베르트는 화장실에 가야 해. 꼬마야, 돌아오면 이야기해 주지." 그러 나 나는 다시 한 번 두드리고, 발을 동동 구르며 세 살 먹은 아이 흉내를 냈 다. 그것은 언제나 성공이었다.

"좋아 좋아, 가만히 있어 봐. 그렇지만 간단히 얘기할게." 헤르베르트는 다시 자리에 앉았다. "1930년 크리스마스 때였지. 항구에서는 아무 일도 일 어나지 않았어. 부두 노동자들은 거리 모퉁이를 하릴없이 거닐면서, 누가 멀 리 침을 뱉나 경쟁하고 있었지. 자정 미사가 끝난 뒤—우리가 마침 펀치를 다 만들었을 때였어—깨끗이 머리 손질을 하고, 푸른 옷에 에나멜화를 신은 스웨덴인과 핀란드인들이 건너편 선원 교회에서 쏟아져 나왔어. 그때부터 예감이 별로 좋지 않았어. 나는 가게 출입구 안에 서서, 특히 믿음이 깊은 얼굴을 보고 있었지. 놈들이 닻 모양을 새긴 단추로 무엇을 하고 노는가를 생각하면서. 그때 이미 시작되었어. 나이프는 길고 밤은 짧다는 말이지. 핀란드인들과 스웨덴 사람들은 예전부터 줄곧 서로 좋지 않게 생각하고 있었던 거야. 그런데 헤르베르트 트루친스키가 놈들에게 왜 쓸데없는 참견을 해야만 했는지는 악마만이 알고 있겠지. 나는 열중했어. 무슨 일이 일어나면 헤르베르트는 잠자코 있을 수가 없거든. 그 순간 나는 문에서 뛰어나갔지. 그래도 슈타르부슈는 소리쳤어. '조심해, 헤르베르트!' 나는 사명감을 느끼고 있었던 거야. 목사는 말이지, 조그맣고 젊은 사람인데 말뫼의 신학교를 갓 졸업해서, 같은 교회에서 핀란드인들이나 스웨덴인들과 함께 크리스마스를 보낸 경험 따위가 아직 없었어. 그 목사를 도우려고 했지. 무사히 집에 보내 줘야겠다고 생각하고 목사의 겨드랑이 밑에 손을 넣어서 도와주려고 했던 거야. 목사 옷을 붙잡으려는 찰나였지. 뭔가 엄청난 것이 뒤에서 푹 하고 들어왔어. 그때가 크리스마스이브였는데 '새해 복 많이 받으세요'라는 말을 생각하고 있었지. 정신이 들고 보니 가게 카운터 위에 누워 있었어. 내 깨끗한 피가 맥주잔 속으로 흐르고 있었지, 공짜로 말이야. 슈타르부슈가 적십자 고약 상자를 가지고 와서 임시로 붕대를 감으려고 하는 참이었지."

"도대체 왜 목사 따위가 마음에 걸렸다는 거냐?" 트루친스키 아주머니는 화를 내면서, 틀어 올린 머리에서 뜨개바늘 한 개를 뽑았다. "평소에는 교회에 간 적도 없으면서. 오히려 그 반대잖아!"

헤르베르트는 그녀의 불평을 손짓으로 제지하고, 셔츠를 늘어뜨려 바지 멜빵을 질질 끌면서 화장실에 갔다. 그는 무뚝뚝하게 걸어가면서 무뚝뚝하게 말했다. "그게 그 상처야." 그는 마치 교회와 교회에 결부된 칼부림에서 단연코 멀어지고 싶다는 듯이, 그리고 화장실이라는 곳은 한 인간이 명상가가 되거나 명상가로 머물러 있는 곳이라는 듯한 걸음걸이로 걸어갔다.

몇 주일 뒤 헤르베르트는 입을 열지도 않고 질문 시간을 주지도 않았다. 나는 그가 슬픔에 겨워 야윈 것 같다고 생각했으나, 항상 익숙했던 등의 붕대는 없었다. 게다가 완전히 보통 사람과 똑같이 거실 소파에 똑바로 누워서 자고 있었다. 그는 다쳐서 침대에 누워 있는 것도 아닌데 중상을 입은 듯이 보였다. 나는 헤르베르트가 한숨을 쉬면서 하느님과 마르크스와 엥겔스를 부르면서 저주하는 것을 들었다. 이따금 그는 허공에다 주먹을 휘두르고는 그것을 가슴에 얹고 또 한쪽 주먹을 그 위에 포갰다. 그러고는 메아 쿨파, 메아 막시마 쿨파(mea culpa, mea maxima culpa : 내 탓이오, 모두 내 탓이로소이다)라고 외치는 가톨릭 교도처럼 자기 가슴을 두들겼다.

헤르베르트는 라트비아인 선장을 때려죽인 것이었다. 분명히 재판소는 그에게 무죄판결을 내렸다—그의 직업상 그러한 일은 흔하며, 이번에도 정당방위였다. 그러나 무죄판결을 받아도 라트비아인은 다시 살아나지 않았다. 그 선장은 매우 약하고 더욱이 위장병을 앓고 있는 조그마한 사내였는데, 겨우 100파운드의 무게로 이 웨이터를 괴롭혔던 것이다.

헤르베르트는 이제 일하러 나가지 않았다. 사직서를 낸 것이다. 몇 번이나 가게 주인 슈타르부슈가 찾아와서 헤르베르트의 소파 옆에 앉거나 부엌 식탁의 트루친스키 아주머니 옆에 와서 앉았다. 그는 헤르베르트를 위해서 1900년산 슈토베 한 병을 서류 가방에서 꺼냈으며, 트루친스키 아주머니를 위해서는 자유항에서 구입한 커피콩 반 파운드를 내놓았다. 그는 헤르베르트를 설득해 보기도 하고, 트루친스키 아주머니에게 아들을 설득해 달라고 부탁하기도 했다. 하지만 헤르베르트는 언제나 빈둥대면서—세상 사람들 말을 빌리면—대답을 얼버무렸다. 그는 이미 노이파바서에서, 더구나 선원 교회 맞은편에서 웨이터 노릇을 할 생각은 없었다. 그럴 생각이 완전히 없어져 버린 것이다. 그는 더 이상 웨이터 일을 할 생각이 전혀 없었다. 웨이터로 일하면 찔린다. 그리고 찔린 사람은 어느 날 조그만 라트비아인 선장을 때려죽이게 된다. 오로지 선장을 자기 몸에서 떼어내기 위해서, 핀란드인, 스웨덴인, 폴란드인, 자유시 시민, 독일인 들이 헤르베르트 트루친스키의 등에 가로세로로 새겨놓은 칼자국들 옆에, 라트비아인의 칼이 또 다른 라트비아인의 칼자국을 새겨놓지 못하게 하기 위해서 말이다.

"또다시 웨이터 노릇을 하러 노이파바서에 가느니 차라리 세관으로 가겠어." 그러나 그는 세관으로도 가지 않았다.

니오베

1938년, 세금이 올랐고, 폴란드와 자유시 사이의 경계가 때때로 폐쇄되었다. 할머니는 더 이상 경편철도를 타고 매주 랑푸어에 올 수 없게 되었다. 그녀는 거리가게를 닫아야 했다. 그녀는 알을 까는 참다운 기쁨은 누리지 못하고 품고만 있었다. 항구에서는 청어 악취가 하늘까지 솟아올랐고, 화물은 산처럼 쌓였으며, 정치가는 회담을 열고 합의를 보았다. 다만 내 친구 헤르베르트만이 분열되어 직업도 없이, 소파에 누워서 타고난 고민형 인간처럼 이런저런 번뇌에 싸여 있었다.

더구나 세관은 급료와 빵을 내밀고 있었다. 녹색 제복과 경비해야 할 녹색 국경을 내밀고 있었다. 헤르베르트는 세관에 가지 않았다. 다시 웨이터가 될 생각도 없었다. 지금은 오직 소파에 드러누워서 고민만 하고 싶었다.

그러나 인간은 일을 해야 한다. 그렇게 생각하는 사람은 트루친스키 아주머니만이 아니었다. 그녀는 아들 헤르베르트가 노이파바서의 웨이터로 일을 하게끔 다시 한 번 설득해 보라는 선술집 주인 슈타르부슈의 부탁은 거절했지만, 헤르베르트를 소파에서 끌어 내는 데는 찬성이었다. 그도 방 두 칸 짜리 집에 슬슬 싫증이 나 있어서, 겉으로만 고민하고 있었다. 그래서 어느 날 임시 직업을 찾기 위해서 〈새 소식지〉며, 마음에도 없는 나치 신문 〈전초(前哨)〉의 구인란을 훑어 보기 시작했다.

나는 가능하다면 그를 도와주고 싶었다. 헤르베르트 같은 사나이가 교외 항구 거리에서 그에게 맞는 일자리가 아니라 입에 풀칠이나 하려고 다른 벌이를 찾을 필요가 있단 말인가? 그가 하역인부나 임시 고용원이 되거나 썩은 청어를 묻는 따위의 일을 해야 한단 말인가? 나는 갈매기에게 침을 뱉고 씹는 담배를 질겅대면서 모틀라우 다리 위에 있는 헤르베르트를 상상할 수 없었다. 나는 헤르베르트와 함께 장사를 시작하면 잘될지도 모른다는 생각이 들었다. 한 주에 한 번 또는 한 달에 한 번이라도 좋다. 두 시간만 집중해서 일하면 우리는 성공할 수 있으리라. 오스카는 오랜 경험으로 이 분야의 사정에 정통했기 때문에, 귀중한 물품이 있는 쇼윈도를 그의 변함없는 다이아몬드 같은 소리로 깨뜨리고, 헤르베르트는 망을 보게 해서 재빨리 손쓸 준비를 해 두는 것이다. 우리에게는 버너도, 여벌 열쇠도, 공구 상자도 필요 없었다. 우리는 주먹이나 총도 없이 외출했다. 죄수 호송차와 우리, 그것은 서로 소통할 필요가 없는 다른 두 세계였다. 도둑과 상업의 신 메르쿠리우스는 우리를 축복했다. 처녀좌의 별 아래에 태어난 나는 그 스탬프를 가지고 있어, 때때로 단단한 대상물에 도장을 찍었기 때문이다.

이 일화를 건너뛰는 건 의미가 없을 것이다. 그러므로 간단히 보고하겠는데, 그렇다고 해서 죄를 고백하지 않겠다는 뜻은 아니다. 헤르베르트와 나는 그가 직업이 없는 동안 식료품상에서 중간 정도의 강도질을 두 번 했으며,

모피 가게에서 멋지게 한 건 하기도 했다. 푸른 여우 목도리 세 개, 바다표범 가죽옷 하나, 페르시아제 토시 한 개, 불쌍한 어머니라면 기뻐하면서 입었으리라고 생각되는, 멋지지만 그렇게 비싸지 않은 플란넬 외투 한 벌, 그것이 수확물이었다.

우리가 강도질을 단념한 이유는 격에도 맞지 않고 때때로 죄책감에 사로잡혔기 때문이기도 하지만, 그보다는 오히려 훔친 물건을 파는 일이 점점 어려워졌기 때문이다. 헤르베르트는 물품을 잘 처분하기 위해서 또다시 노이파바서에 가야 했다. 그 교외의 항구 도시에만 솜씨 있는 거간꾼이 있었기 때문이다. 그러나 그 도시는 그에게 위장병으로 야윈 라트비아인 선장을 자꾸 연상시켰기 때문에 그는 시하우 거리, 하켈 공장 옆, 시민의 초원 등 여기저기에서 물건을 팔려고 했다. 다만 모피가 버터처럼 사라져 버리는 노이파바서에는 가지 않았다. 이렇게 수확물을 처분하는 데 시간이 걸렸기 때문에, 결국 식료품상의 물품은 트루친스키 아주머니의 부엌으로 흘러갔고, 페르시아제 토시도 그가 어머니에게 드렸다. 아니, 헤르베르트가 어머니에게 드리려고 했다는 편이 옳을 것이다.

트루친스키 아주머니는 토시를 보았을 때 농담을 멈췄다. 물론 식료품은 법률에 저촉되지 않을 정도의 절도라고 생각하고 잠자코 받았다. 하지만 토시는 사치를 의미했고, 사치는 경솔을 의미했으며, 경솔은 감옥을 의미했다. 트루친스키 아주머니의 생각은 단순하면서도 옳았다. 그녀는 쥐 같은 눈으로 틀어 올린 머리에서 뜨개바늘을 쏙 빼서 쥐고 말했다. "너도 네 아버지가 죽은 것처럼 죽게 될 거야!" 그러고는 아들 헤르베르트에게 〈새 소식지〉인가 〈전초〉인가를 내밀었다. 그녀에게는 어느 것이나 같은 신문이었다. 이제 너는 건실한 직업을 찾아야 한다, 인부 따위는 안 돼, 그렇지 않으면 밥을 주지 않겠다는 의미였다.

헤르베르트는 다시 일주일 동안 고민의 소파에 누워 있었다. 그는 심란했다. 그래서 상처 자국에 대해서 질문하는 일, 많은 수확물을 약속하는 쇼윈도를 방문하는 일 등은 생각도 할 수 없게 되었다. 나는 친구의 기분을 잘 이해할 수 있었기에 그 고뇌의 마지막 못까지 맛보도록 그를 내버려 두는 수밖에 없었다. 그래서 나는 시계방의 라우프샤트와, 시간을 빼앗고 있는 그의 시계 옆에서 시간을 보냈다. 그리고 음악가 마인과 다시 한 번 함께 지내려고 했다. 그러나 그는 더 이상 소주 한 방울도 마시지 않았고, 이제는 오직 트럼펫으로 돌격대 기마 군악대의 악보를 좇아가고 있었으며, 단정했고 활기에 차 있었다. 한편, 만취해 있기는 했으나 음악적으로 뛰어났던 시절의 유품인 고양이 네 마리는 비참한 대접을 받았기 때문에 점점 야위어 갔다. 나는 어머니가 살아 있을 무렵에는 친목을 위해서만 술을 마시던 마체라트가 이따금 밤늦게 무표정한 눈을 하고, 작은 잔을 앞에 놓고 앉아 있는 것을 발견했다. 그는 앨범을 뒤적거리면서, 지금 내가 앨범을 뒤적이고 있는 것처럼, 노출이 심한 것이든 적은 것이든 작은 네모꼴 속에 있는 불쌍한 어머니를 살려내서는 한밤중에 감회에 젖어 울음을 터뜨렸다. 그럴 땐 여전히 음험한 얼굴로 서로 쩨려보고 있는 히틀러나 베토벤을 '너'라는 친밀한 호칭을 써서 불렀다. 귀머거리 천재는 대답을 해 준 모양이었으나 금욕주의 총통은 대답하지 않았다. 시시한 주정뱅이 조직책인 마체라트 같은 사람은 하늘의 섭리에 어긋났기 때문이다.

어느 화요일—북 덕택에 나는 확실하게 기억하고 있다—사태는 완전히 달라졌다. 갑자기 헤르베르트가 옷을 차려입은 것이다. 그는 식은 커피가 묻은 위가 좁고 아래가 넓은 파란 나팔바지를 트루친스키 아주머니에게 솔질하게 하고, 고무 바닥 구두를 억지로 신었으며, 닻 모양 단추가 달린 윗옷에다 몸을 담고, 자유항에서 구입한 하얀 비단 목도리를 산뜻하게 목에 감았다. 또한 자유항의 세금 없는 거름흙에서 자란 오 드 콜로뉴를 뿌리고, 파란 차양이 달린 모자를 쓰고 당당하게 서 있었다.

"잠깐 일자리 좀 알아보고 올게요." 헤르베르트가 말했다. 그리고 하인리히 황태자를 연상케 하는 모자를 힘주어 왼쪽으로 굽히자 꽤나 뻔뻔스러운 모습이 되었다. 트루친스키 아주머니는 신문을 떨어뜨렸다.

다음 날 헤르베르트는 직장과 제복을 얻었다. 그는 짙은 회색 옷을 입었다. 세관의 녹색은 아니었다. 해양박물관의 수위가 된 것이다.

보존할 가치가 있는 다른 모든 것과 마찬가지로, 고스란히 보존할 가치가 있는 이 도시의 해양박물관의 귀중품은 어찌 되었든 박물관다운 옛 도시 귀족의 낡은 저택을 꽉 채우고 있었다. 건물 바깥쪽에는 돌로 만든 테라스와 도박으로 많이 떨어져 나갔지만 아직도 오롯이 달려 있는 정면 장식이 있었다. 안에는 검은 참나무에 조각이 되어 있고 나선계단이 있었다. 이 항구 도시의 역사는 정성들인 일람표로 표시되어 있었으나, 그 명성은 여러 강력한 국가들, 그러나 대체로 가난한 인접국 사이에 끼어서 퀴퀴한 채로 머무르게 된 것이다. 독일 기사단과 폴란드 여왕에게 사들여 상세한 증서로 작성된 저 특권들! 바이크셀 강 어귀의 해성(海城)을 포위 공격하는 장면이 다양하게 채색된 이 동판화들! 도시의 성벽 안에는 작센의 반란 왕에게서 방금 도망쳐 나온 불우한 스타니스라스 레스친스키가 머무르고 있다. 유화를 보면 그가 얼마나 공포에 떨고 있는지 분명하게 알 수 있다. 수좌대주교 포토키와 프랑스 공사(公使) 드 몽티도 두려워하고 있다. 라시 장군 휘하의 러시아군이 시를 포위했기 때문이다. 이 그림에는 모든 것이 상세하게 설명되어 있어서, 백합의 군기를 달고 정박 중인 프랑스 배의 이름까지도 읽을 수 있다. 화살표 하나가 가리키는 바에 따르면, 8월 3일에 시를 비워 주어야 했을 때 스타니스라스 레스친스키 왕은 이 배로 로트링겐으로 도주했다. 하지만 볼만한 진열품 대부분은 적에게서 빼앗은 것이다. 패전이 박물관에 수확물을 제공하는 일은 결코 없으며, 있어도 드문 일이기 때문이다.

그렇기 때문에 자랑스러운 수집품은 커다란 피렌체 범선의 선수상(船首像)이다. 그 배는 브루게를 모항으로 삼고 있었는데 피렌체 출신의 상인 포르티나리와 타니의 것이었다. 1473년 4월, 단치히의 해적들과 시장, 파울 베네케와 마르틴 바르데비크가 제란트 섬 해안에서 슬루이스 항 앞을 가로질러 나가고 있던 그 범선을 나포하는 데 성공했다. 나포하자마자 그들은 고급선원이나 선장뿐 아니라 많은 승무원을 모조리 칼로 베어 버렸다. 배와 화물은 단치히로 운반되었다. 화가 멤링이 그린 접이식 '최후의 심판'과 황금 세례반(洗禮盤)은—둘 다 피렌체인 타니의 주문으로 피렌체 교회를 위해서 완성됐다—마리아 교회에 진열되어 있다. '최후의 심판'은 내가 아는 한 오늘날도 폴란드 가톨릭 교도의 눈을 즐겁게 해 주고 있다. 선수상이 전후에 어떻게 되었는지는 확실치 않다. 그러나 그 무렵에는 해양박물관에 보존되어 있었다.

나무로 된 녹색의 여자 나체상이 양팔을 높이 쳐들고 손가락을 교차시키고 있었다. 그리고 뚜렷한 가슴 위로 호박(琥珀)을 박은 눈이 똑바로 내려다보고 있었다. 이 여인, 이 선수상이 불행을 초래한 것이다. 상인 포르티나리가 가까이 지내던 플랑드르 소녀의 치수에 맞추어, 선수상 조각으로 유명한 전문가에게 의뢰했다. 범선의 뱃머리 돛대 밑에 그 녹색 상을 매달자마자, 그 소녀는 당시 흔히 있었던 마녀 재판에 넘겨졌다. 그녀는 화형에 처해지기 전에 심한 문초를 당했고, 더욱이 여기에 그녀의 후원자인 피렌체 상인과 그녀의 치수를 정확하게 잰 조각가도 말려들게 되었다. 포르티나리는 불을 두려워한 나머지 스스로 목을 맸다고 한다. 조각가는 앞으로 마녀를 선수상으로 만들 수 없도록 재능 있는 양손이 잘렸다. 또 브루게에서 재판이 열렸는데, 포르티나리가 부자였기 때문에 사람들의 이목을 끌었다. 그동안 그 선수상을 매단 범선은 파울 베네케라는 해적의 손에 들어갔다. 또 한 사람의 상인 시뇨레 타니는 해적의 도끼에 맞아 죽었다. 다음은 파울 베네케의 차례였다. 몇 년 후 그는 고향의 도시 귀족들에게 미움을 사 슈토크 탑 안뜰에서 익사당했다. 베네케가 죽은 뒤 그 선수상을 뱃머리에 매단 배는 항구를 벗어나기도 전에 이미 불타 버렸으며 다른 배에까지 불이 옮겨 붙었다. 물론 그 선수상도 함께 불탔는데, 그것은 불에 강했다. 더구나 모양이 뛰어났기 때문에 선주들 사이에서 잇달아 애호가가 나타났다. 그러나 그 여인이 본디 있어야 할 장소에 놓이면, 그때까지 평화롭던 승무원들이 그녀 뒤에서 갑자기 폭동을 일으켜 많은 사상자가 나왔다. 1522년 유능한 에버하르트 페르버 지휘하에서 단치히 해군의 덴마크 원정은 실패로 끝났고, 페르버는 실각했다. 시에서는 피비린내 나는 반란이 일어났다. 물론 역사는 종교 투쟁에 대해서 설명하고 있다―1523년에 개신교 목사 헤게가 대중을 이끌고 시 교회 일곱 군데에서 성상을 파괴했다―하지만 우리는 언제까지나 이처럼 꼬리를 무는 불행이 이 선수상 탓이라고 생각한다. 이 조각상이 페르버의 뱃머리에 장식되었기 때문이다.

50년 후, 슈테판 바토리가 무익하게도 시를 포위 공격했을 때, 올리바 수도원장 카스파르 예슈케는 속죄 기도를 올리면서 이 선수상, 이 죄 많은 여인에게 책임을 지웠다. 시로부터 이 여인을 선물받은 폴란드 왕은 그녀를 싸움터로 데리고 갔다가 그릇된 조언을 받았다. 이 목각 여인이 시를 습격한 스웨덴 원정군에게 얼마나 영향을 끼쳤는지, 또한 다시 도시로 돌아온 이 녹색의 여인을 스웨덴과 공모하여 불태우자고 요구하다가 수년간 감금당한 종교적 광신자 에기디우스 슈트라우흐 박사에게 이 여인이 끼친 영향이 어느 정도였는지 우리로서는 알 수 없다. 좀 의심스러운 보고서에 따르면, 슐레지엔에서 도망쳐온 오피츠라는 이름의 시인이 이 도시에서 후대를 받다가 너무나도 싱겁게 죽어 버린 까닭은, 그가 이 위험한 조각을 어느 헛간에서 발견해 시로 읊으려 했기 때문이다.

폴란드가 분할된 18세기 말, 무력으로 이 도시를 지배해야 했던 프로이센이 비로소 '목각의 니오베'에 대한 프로이센 왕국의 금지령을 공포했다. 그때 처음으로 그녀는 문서에 이름이 기록되어 바로 슈토크 탑으로, 그 안뜰에서 파울 베네케가 익사당하고, 그 회랑에서 내가 원격 작용의 노래를 처음으로 시험해서 성공한 그 슈토크 탑으로 강제 철거되었다. 아니 감금당했다고 하는 편이 나을 것이다. 그곳에서 그녀는 인간 상상력의 가장 뛰어난 산물인 고문 기구들과 마주 보며, 19세기 내내 편안하게 잠들어 있었다.

내가 1932년에 슈토크 탑에 올라 나의 소리로 시립극장 휴게실 창문을 덮쳤을 때, 니오베—통상 '녹색의 소녀'라고 불리고 있었는데—는 이미 수년 전 고맙게도 탑 고문실에서 치워져 있었다. 그렇지 않았으면 그의 고전주의 건물에 대한 내 공격이 성공했을지 의문이다.

억류되었던 고문실에서 니오베를 끄집어 내어 자유시 건설 직후에 세운 해양박물관으로 옮긴 사람은, 여행이 잦아 사연을 모르는 박물관장이었음이 틀림없다. 그 뒤 오래지 않아 그는 패혈증으로 죽었는데, 지나치게 열심인 이 사나이는 설명문 위에 니오베라는 이름의 선수상이 장식되어 있음을 표시하는 이름패에 못질을 하고 있을 때 패혈증에 걸렸다. 그의 후임은 시의 역사에 밝은 신중한 사람이었기 때문에 니오베를 다시 철거하려고 했다. 그는 이 위험한 목각 소녀를 뤼베크 시에 증정하려고 했으나, 뤼베크 시는 이 선물을 받지 않았다. 그 때문인지, 트라베 강가의 그 작은 도시는 벽돌로 지은 교회를 제외하고는 이번 폭탄 전쟁을 비교적 상처 없이 치를 수가 있었다.

니오베 또는 '녹색의 소녀'는 이러한 사유로 해양박물관에 보관된 채, 박물관이 문을 연 지 겨우 14년이란 짧은 기간 동안 관장 2명의 목숨을 앗아갔으며—그 신중한 관장은 죽음을 당하지 않고 전임되었다—늙은 사제 한 명이 그녀의 발밑에서 죽고, 공대생 한 명과 대학 입학 자격을 갓 얻은 페트리 고등학교 최상급생 2명의 갑작스러운 죽음이 잇따라 일어났고, 대개는 결혼을 한 성실한 박물관 수위가 4명이나 죽고 말았다.

어느 사람이나, 공대생까지 밝은 얼굴로 죽어 있었으나, 가슴에는 해양 박물관에서만 볼 수 있는 예리한 물체가 박혀 있었다. 바로 선원용 나이프, 적선(敵船)을 낚아채는 닻, 작살, 섬세하게 조각한 황금 해안의 창끝, 돛천을 꿰매는 바늘 등이다. 단지 마지막이었던 고등학생만은 처음에는 자신의 주머니칼, 다음에는 컴퍼스에 찔려야 했다. 그가 죽기 직전에 박물관에 있던 예리한 물체는 모조리 쇠사슬에 매이거나 유리 상자에 보관됐기 때문이다.

살인 사건 전담 수사관은 어느 죽음이든 비극적인 자살이라고 발표했으나, 시내에서나 신문에서나 '녹색의 소녀가 자기 손으로 해치운 것'이라는 소문은 한결같았다. 니오베가 남자와 소년을 죽음으로 몰아넣었다고 진짜 의심을 받은 것이다. 사람들은 이러쿵저러쿵 의견이 많았고, 신문마다 특별히 니오베 사건을 위해 자유로운 의견 발표란이 만들어졌으며, 갖가지 불길한 사건이 화제가 되었다. 시대에 어울리지 않는 미신에 대해서 시 당국은 이야기하면서, 세상에서 말하는 무서운 사건이 정말로 발생했다고 증명되지 않는 동안은 경솔한 행동을 하지 않도록 당부했다.

녹색 목각상은 계속 해양박물관에 진열된 채 있었다. 올리바 주립박물관이나 플라이셔 거리의 시립박물관이나 아르투스호프의 경영자들이 남자에 미친 이 여인을 인수하기를 거절했기 때문이다.

박물관에는 수위가 모자랐다. 목각의 니오베를 지키기를 거부한 것은 수위들뿐만이 아니었다. 이곳을 방문하는 사람들도 호박 눈이 빛나고 있는 방을 피해서 지나다녔다. 사람과 같은 크기의 조각에 필요한 측면 광선을 비추고 있는 르네상스식 창 뒤는 오랫동안 조용했다. 먼지가 쌓였다. 이젠 청소부도 오지 않았다. 어떤 사진사가 그 선수상을 촬영한 직후, 확실히 자연사이긴 하지만 사진과 관련된 죽음이라고 단정짓기에 충분할 만큼 우연한 죽음을 당한 뒤로는, 전에는 그렇게 극성스럽던 사진사들도 죽음을 부르는 그 조각의 플래시 사진을 자유시, 폴란드, 독일 제국, 아니 프랑스 신문에조차 제공하지 못하게 되었다. 그들은 보관하던 니오베의 초상까지 없애고 나서 여러 대통령, 국가원수, 망명 국왕들의 도착과 출발 모습만을 촬영했으며, 가끔 계획대로 진행되는 조류 전시회, 전당대회, 자동차 경주대회, 봄철의 홍수 등을 찍는 수밖에 없었다.

그러한 이유로, 이미 웨이터가 될 생각도 없고 세관에서도 절대로 근무하지 않으려고 하는 헤르베르트 트루친스키가 박물관 수위의 회색 제복을 입고, 모두가 '소녀의 좋은 방'이라고 부르는 그 진열실 문 옆에 있는 가죽 의자를 차지할 때까지 이러한 상태가 계속됐다.

헤르베르트가 처음 일하러 나가는 날, 나는 막스 할베 광장의 시가전차 정류소까지 그를 뒤따라갔다. 그가 매우 걱정되었기 때문이다.

"집에 돌아가, 오스카. 널 데려갈 수는 없단다." 그러나 나는 북과 북채를 가지고, 내 친구에게 귀찮게 따라붙었다. "그럼 '높은 문'까지만 따라오너라. 거기에서 돌아가는 거야. 착하지." '높은 문'에서 나는 5번 선을 타고 돌아가지 않았다. 헤르베르트는 나를 하일리게가이스트 거리까지 데리고 가서, 이미 박물관 테라스 층계를 올라가기 시작하고 있었다. 그곳에서 다시 한 번 나를 떼어 놓으려 했으나, 하는 수 없다는 듯 한숨을 내쉬고 매표소에서 어린이 표를 샀다. 분명히 나는 이미 열네 살이었으니까 원칙적으로는 어른 요금을 지불해야 했지만, 그런 것은 상관없었다.

그날 우리는 우정이 넘치는 조용한 하루를 보냈다. 구경꾼도 없고 감독관도 없었다. 이따금 나는 반 시간 정도 북을 치고, 이따금 헤르베르트는 꼬박한 시간 동안 잠을 잤다. 니오베는 호박 눈으로 멍하니 앞을 바라보면서, 우리가 보지 못하는 어떤 목표를 향해서 두 가슴을 내밀고 있었다. 우리는 그녀에게는 거의 신경을 쓰지 않았다. "여하간 내가 좋아하는 유형은 아니야." 헤르베르트는 고개를 저었다. "저 올챙이배와 이중 턱 좀 봐."

헤르베르트는 고개를 갸웃하며 상상했다. "봐라, 저 엉덩이! 2인용 로커 같구나. 헤르베르트는 좀더 귀여운 여자가 좋아. 인형처럼 조그마한 여자 말이야."

나는 헤르베르트가 장황하게 이상형의 여자를 묘사하는 것에 귀 기울이며, 그가 큰 삽처럼 생긴 손으로 우아한 여성의 윤곽을 빚어내는 것을 보고 있었다. 그것은 오늘에 이르기까지 오랫동안 간호사의 흰 옷 아래에 감추어져 있어도, 내 여성의 이상적인 모습으로 남아 있다.

박물관 생활을 시작한 지 사흘째 되는 날, 청소를 한다는 핑계로 우리는 과감히 문 옆 의자에서 움직였다. 실제로 방 안은 지독한 상태였다. 우리는 먼지를 쓸고, 떡갈나무로 된 아랫부분의 판자에서 거미집과 수거미를 털어냈으며, 방을 문자 그대로 '소녀의 좋은 방'으로 만들면서 빛을 받아 그림자를 던지고 있는 목각상으로 다가갔다. 우리가 니오베에게 완전히 냉담했다고 말할 수는 없다. 그녀는 확실히 풍만하기는 하지만 세련되지 못한 아름다움도 아니었다. 우리가 그녀의 모습을 소유하려는 시선으로 바라본 것은 아니었다. 오히려 모든 것을 자세히 관찰하는 객관적인 감정가의 태도를 연습했다. 헤르베르트와 나, 냉정함을 잃지 않고 냉철하게 도취한 두 심미가는 엄지손가락을 세워 여인의 신체 비율을 재고, 고전적인 팔등신을 기준삼아 바라보았는데, 니오베는 약간 짧은 넓적다리를 제외하면 길이에서는 균형이 잡혀 있었다. 그러나 폭에 대해서 말하자면, 골반이나 어깨나 가슴이나 모두 그리스의 기준보다는 네덜란드의 기준을 적용할 필요가 있었다.

헤르베르트는 엄지손가락을 굽혔다. "침대에서는 이 여자가 나한테 너무 세겠어. 헤르베르트는 오라와 파바서 시절부터 레슬링을 잘 알고 있지. 그런 것을 위한 여자라면 난 필요 없어." 헤르베르트는 화상을 입은 아이였다. "응, 한 손으로 쥘 수 있는 여자 말이야. 허리가 가늘어서 조심조심 다뤄야 할 정도로 만지면 부서질 것 같은 여자라면 더없이 좋겠지."

물론 그것이 문제였다면 우리는 니오베에 대해서, 그리고 그녀의 레슬링 선수 같은 육체에 대해서 화내지 않았으리라. 헤르베르트는 여자가 나체든, 반나체든 간에 그의 바람에 따라 소극적이 되든가 적극적이 되는 것은 날씬함이나 우아함, 통통함, 풍만함 따위와는 아무 관계가 없다는 사실을 잘 알고 있었다. 잠시도 가만히 누워 있지 못하는 가냘픈 소녀가 있는가 하면, 나른한 운하의 물처럼 흐름을 거의 드러내지 않는 절구통 같은 여인도 있기 때문이다. 우리는 모든 것을 의도적으로 단순화하고 일치시켜, 니오베를 고의적으로 계속해서 용서할 수 없을 정도로 모욕했다. 헤르베르트는 팔로 나를 번쩍 안아 올려, 내가 두 개의 북채로 여인의 가슴을 두들기게 하여, 무수히 많으면서도 여기저기 흩어져 벌레가 살고 있지 않은 벌레 구멍에서 지독하게 자욱한 톱밥을 털어냈다. 내가 북채로 두들기고 있는 동안, 우리는 진짜 눈처럼 생긴 그 호박을 쳐다보았다. 그것은 전혀 움직이지 않았고, 깜박거리지 않았으며, 눈물도 보이지 않았고, 눈물이 넘쳐흐르지도 않았다. 위협적으로 눈을 가늘게 뜨고 증오의 시선을 던지는 일도 없었다. 붉은 기운보다는 누런 기운이 도는 잘 닦인 두 눈 위에, 그 전시장의 전시품들과 햇빛을 받고 있는 창의 일부가 일그러진 채 전부 반사돼 있었다. 호박이 우리를 속이고 있다는 사실은 모두가 안다. 우리도 역시 장식을 위한 이 출중한 수제품의 음흉한 수법을 알고 있었다. 그러나 여전히 일방적인 남자의 시각으로 여성적인 모든 것을 적극적인 것과 소극적인 것으로 나눈다면, 우리는 니오베의 무관심한 태도를 분명히 좋아한다고 말하고 싶다. 우리는 안전하다고 느꼈다. 헤르베르트는 심술궂게 킬킬거리면서 그녀의 무릎뼈에 못을 박았다. 두들길 때마다 나도 무릎에 아픔을 느꼈으나 그녀는 눈썹 하나 치켜뜨지 않았다. 불룩하게 솟은 녹색 목각상이 보는 앞에서 우리는 온갖 장난을 했다. 헤르베르트는 영국 제독의 망토 속에 기어들어가서 망원경을 손에 들고, 거기에 알맞은 제독 모자를 쓰고 자세를 취했다. 나는 빨간 조끼를 입고 머리가 드리워진 가발을 쓴 제독의 심부름꾼 아이가 되었다. 우리는 트라팔가 해전 놀이를 하고, 코펜하겐을 포격했으며, 나폴레옹 함대를 아부키르에서 박살 내고, 여러 곳을 두루 돌아다니며 역사상의 인물이 되고는, 또다시 네덜란드 마녀의 치수대로 만들어져 모든 것을 인정하든가 결코 인정하지 않는 선수상 앞에서 현대로 돌아왔다.

오늘 나는 모든 것이 우리를 보고 있으며, 무엇 하나 관찰되지 않는 것은 없고, 벽지까지도 인간보다 좋은 기억력의 소유자임을 알고 있다. 모든 것을 보고 있는 것이 신(神)만은 아니다! 부엌 의자, 다리미, 절반쯤 차 있는 재떨이, 니오베라는 이름의 나무로 만들어진 여인의 모상도, 온갖 행위의 잊을 수 없는 목격자가 될 충분한 자격이 있다.

2주 가량 우리는 해양박물관에 근무했다. 헤르베르트는 나에게 북을 사 주고, 트루친스키 아주머니에게는 위험 수당만큼 인상된 두 번째 주급을 가지고 돌아갔다. 박물관은 월요일이 휴일이었는데, 어느 화요일 나는 매표소에서 어린이 입장권과 입장을 거절당했다. 헤르베르트는 이유를 알고 싶어했다. 매표소 사내는 무뚝뚝하면서도 얼마쯤 호의적인 태도로, 앞으로 어린이의 출입을 허가하지 말라는 청원서가 제출되었다고 이야기해 주었다. 그리고 그는 한 소년의 아버지로서 내가 매표 옆에서 기다리는 것에는 이의가 없지만, 자신은 사무원이자 홀아비이기 때문에 '소녀의 좋은 방'에 들어가는 것은 책임질 수 없으므로 안 된다고 말했다.

헤르베르트는 양보하려고 했지만 나는 그를 떠밀며 찔러댔다. 그는 한편으로는 매표원의 말을 받아들이면서도 다른 한편으로는 나를 자신의 부적이

자 수호신이라고 말하면서, 자기를 지켜 줄 어린이의 순진무구함에 대해서 이야기했다. 헤르베르트는 매표원과 친해져서 매표원이 말하는 대로 오늘 하루만이라는 조건으로, 내가 해양박물관에 들어가는 것을 허락받았다.

이렇게 해서 나는 다시 한 번 큰 친구의 손에 이끌려 새로 기름칠한 나선 층계를 돌아 니오베가 놓여 있는 3층으로 올라갔다. 조용한 오전이었으며, 더욱 조용한 오후였다. 그는 반쯤 눈을 감고, 노란 못대가리가 붙은 가죽 의자에 앉아 있었다. 나는 그의 발밑에서 웅크리고 앉아 있었다. 북은 울리지 않았다. 우리는 뱃전이 높은 배, 프리깃함, 코르벳함, 다섯 돛대 범선, 갤리선, 소형 범선, 연안용 범선, 쾌속 범선을 눈을 가늘게 뜨고 쳐다보았다. 어느 배나 참나무 널벽 아래 걸려서 순풍을 기다리고 있었다. 우리는 모형 배를 이리저리 보면서 그 배와 함께 시원한 미풍을 기다리며, 이 좋은 방의 무풍 상태를 두려워했다. 이러한 짓을 한 것도 모두 니오베를 자세히 바라보거나 두려워하지 않기 위해서였다. 녹색 목각의 내부가 느리기는 하지만 의심할 여지도 없이 잠식되고 움푹 패여, 니오베가 쇠퇴해 가고 있다는 증거로 나무좀의 사각사각하는 작업 소음이 들렸다면, 우리는 무엇을 지불해도 아깝지 않았을 텐데! 그러나 사각사각하는 벌레 소리는 전혀 들리지 않았다. 목각이 벌레 먹지 않고 영구히 보존되도록 관리인이 조치한 것이다. 그래서 우리에게 남은 것은 어리석게도 순풍을 바라고 있는 모형 배뿐이었다. 우리는 니오베가 두려워서 터무니없는 소란이라도 떨 수밖에 없었지만, 실은 그 공포를 가슴속 깊이 간직한 채 억지로 모르는 체하고 있었을 뿐이다. 오후의 태양이 갑자기 정면에서 니오베의 왼쪽 호박 눈을 정확히 맞춰 불타오르게 하지 않았던들, 아마 우리는 그대로 니오베를 잊어버렸을지도 모른다.

그때 우리는 이 발화에 대하여 놀랄 이유가 전혀 없었다. 오후에는 해양박물관 3층에 햇볕이 든다는 사실을 알고 있었으며, 빛이 처마 돌림띠에서 떨어져 범선을 비출 때 시계가 몇 시를 쳤는지 또는 몇 시를 치는지 정도는 알고 있었기 때문이다. 사실 오른쪽 시가(市街)의 교회, 옛 시가의 교회, 후추나무 시가의 교회도 먼지를 춤추게 하는 햇볕의 진행 상태를 시계로 알리고, 역사적인 종소리로 우리의 역사적인 수집품을 보호한 것이다. 태양이 진열품에 골고루 스며들고 니오베의 호박 눈과 음험한 음모를 꾀함으로써 우리에게 태양마저 역사적인 것으로 생각하게 한다는 점은 얼마나 놀라운 일인가.

하지만 우리가 놀이에도, 도발적이고 무의미한 소란에도 흥미나 욕망을 완전히 잃게 된 그날 오후, 평소에는 둔감한 목각의 불타오르는 눈길이 두 배의 강도로 우리에게 쏟아졌다. 우리는 기분이 나빠져서, 더 견뎌 내야 할 30분이 빨리 지나가기를 기다렸다. 정각 5시에 박물관은 문을 닫았다.

다음 날 헤르베르트는 혼자서 일하러 나갔다. 나는 박물관까지 따라갔으나 매표소에서 기다릴 생각은 없어서, 도시 귀족의 저택 건너편에서 장소를 찾아냈다. 나는 북을 갖고 공 모양의 화강암 위에 앉았다. 그 뒤에는 어른들이 난간으로 이용하는 꼬리가 달려 있었다. 층계의 다른 한쪽 면은 똑같이 무쇠로 만든 꼬리가 달린 똑같은 모양의 둥근 것으로 감시당하고 있었음은 말할 나위도 없다. 나는 이따금 북을 쳤을 뿐이다. 그러나 칠 때에는 무섭도록 세게 쳐서, 지나가는 여자들에게 항의하고 그들을 조롱했다. 그들은 내 옆에 멈춰서서 내 이름을 묻고, 그 무렵 짧기는 했지만 약간 곱슬곱슬한 아름다운 내 머리카락을 땀이 밴 손으로 쓰다듬었다. 아침나절은 그렇게 보냈다. 하일리게가이스트 거리 끝에 있는 성 마리아 교회의 높이 솟은 녹색 탑 밑 흑갈색 벽돌 건물은 마치 알을 품고 있는 암탉 같았다. 비둘기들은 금이 가서 갈라진 탑의 벽에서 몇 번이고 곧장 날아와서 내 가까이 내려앉아 바보 같은 소리를 지껄였으나, 부화기(孵化期)가 얼마나 계속되는지, 무엇을 부화하는 것이 중요한지, 몇 세기 동안 계속되는 이 부화가 결국 자기 목적에 굴러 떨어지게 되는지, 이런 것들에 대해서는 아무것도 모르고 있었다.

정오가 되자 헤르베르트는 골목으로 나왔다. 트루친스키 아주머니가 뚜껑이 덮이지 않을 정도로 담아준 도시락에서, 그는 손가락 만한 선지 소시지가 든 버터빵을 내게 주었다. 기운을 북돋우려는 듯이 기계적으로 그는 나를 향해서 고개를 끄덕였다. 내가 먹으려 하지 않았기 때문이다. 마침내 나는 먹었다. 아무것도 먹지 않은 헤르베르트는 담배를 한 대 피웠다. 박물관에 돌아가기 전에 그는 브로트뱅켄 거리의 선술집으로 사라져서 진을 두세 잔 들이켰다. 그가 잔을 기울이는 동안에 나는 그의 울대뼈를 보고 있었다. 그가 진을 몇 잔이나 목구멍에 흘려 넣는 모습은 아무래도 내 마음에 들지 않았다. 그가 나선층계를 올라가고 내가 둥근 화강암 위에 앉고 나서 한참이 지나도록, 친구 헤르베르트의 울대뼈 움직임이 도저히 오스카의 눈에서 떠나지 않았다.

색이 바랜 다채로운 박물관 정면을 넘어서 오후가 살그머니 다가왔다. 오후는 처마 돌림띠를 돌아 님프와 풍요의 뿔에 걸터앉고, 꽃을 따려고 하는 살찐 천사를 삼키며, 가지가 휘어지게 그려진 포도송이를 더욱 휘어지게 하고, 시골 축제 한가운데에 뛰어들어 술래잡기를 하며, 흔들리는 장미 요람에 올라타고, 반바지를 입고 장사하는 시민들을 귀족 사이에 끼이게 하며, 개에게 쫓기는 사슴을 붙잡고, 그러고는 마침내 3층 그 창에 다다랐다. 창은 잠깐이지만 태양이 계속해서 한쪽 호박 눈을 비추게 했다.

나는 천천히 둥근 화강암에서 미끄러져 내려왔다. 북이 꼼짝 않고 있는 돌에 심하게 부딪쳤다. 북의 동체의 흰 니스칠과 불꽃 모양으로 칠한 부분이 몇 군데 벗겨져, 테라스로 통하는 층계 위에 희고 붉게 흩어졌다.

아마도 나는 무슨 소리를 지르며, 아래를 향해서 무엇인가를 빌고, 무엇인가를 헤아렸을 것이다. 그 후 곧 박물관 현관 앞에 구급차가 섰다. 행인들이 출입구를 에워쌌다. 오스카는 구급차 사나이들 틈에 휩쓸려 건물 안으로 용케 들어갈 수 있었다. 예전 사고로 박물관 내부 구조에 밝은 사나이들보다도 빨리 나는 층계를 뛰어 올라갔다.

헤르베르트를 보았을 때, 어찌 웃지 않을 수 있으랴! 그는 앞쪽에서 니오베에게 매달려 목각과 교미하려고 했던 것이다. 그의 머리는 그녀의 머리를 덮고 있었다. 그의 팔은 위로 올려서 깍지 낀 그녀의 팔에 얽혀 있었다. 그는 셔츠를 입고 있지 않았다. 문 옆 가죽의자 위에 깨끗이 개어놓은 것을 나중에 발견했다. 그의 등은 상처 자국이란 상처 자국은 모조리 드러내고 있었다. 나는 이 필적을 읽고 문자를 헤아렸다. 무엇 하나 빠진 게 없었다. 그러나 새로 쓰기 시작한 흔적도 찾을 수 없었다.

바로 내 뒤를 따라서 방으로 뛰어 들어온 응급요원들은 헤르베르트를 니오베에게서 떼어내는 데 애를 먹었다. 정욕에 눈이 먼 이 사나이는 양쪽에 날이 선 짧은 선원용 도끼를 안전 사슬에서 비틀어 떼내어, 한쪽 날은 니오베의 나무 속에 박고, 다른 한쪽 날은 여인을 자기 것으로 만들려고 발버둥치는 자기 몸속에 쑤셔 박았다. 상반신의 결합은 이것으로 완전히 성공했으나, 바지가 벗겨진 채 의연하게 굳어서 이성을 잃고 우뚝 솟아 있는 아래쪽에서는, 그는 닻을 내릴 장소를 찾아낼 수가 없었던 것이다.

'시립구급병원'이라는 이름이 새겨진 담요를 헤르베르트 위에 덮었을 때,

무엇인가를 잃었을 때마다 으레 그러듯이 오스카는 북 곁으로 돌아왔다. 그가 양철을 주먹으로 두들기자, 박물관 남자들이 그를 '소녀의 좋은 방'에서 데리고 나와서 층계를 내려와 경찰차에 태워 집에 보내 주었다.

나무와 살 사이의 사랑의 시도를 정신병원에서 회상하고 있는 지금, 그는 다시 한 번 헤르베르트 트루친스키의 부풀어오르고 울긋불긋한 등을, 즉 단단하고 느끼기 쉬우며 모든 것의 징조가 되어 모든 것을 먼저 얻고, 그 무엇보다도 단단하고 민감한 그 상흔의 미로를 방황하며 걷기 위해서는 주먹을 움직여야 한다. 장님처럼 그는 그 등의 문자를 읽는 것이다.

이제 겨우 헤르베르트가 그의 냉혹한 조각품에서 떨어진 참인데, 나의 간호사 브루노가 배처럼 생긴 머리를 설레설레 흔들며 다가온다. 그는 내 주먹을 북에서 살짝 떼어내고, 양철을 철제 침대 다리의 왼쪽 기둥에 걸고서, 이불을 반듯하게 고쳐 준다.

그는 내게 주의를 준다. "마체라트 씨, 언제까지나 그렇게 큰 소리로 북을 두들기면, 주위에 있는 모든 사람에게 다 들려요. 정말 귀에 거슬리는 북이라고 여길 거예요. 좀 쉰다든가 더 낮은 소리로 칠 수 없을까요?"

응, 브루노, 좀더 낮은 소리로 다음 한 장(章)을 나의 양철북에게 쓰게 해 보겠어. 그 주제야말로 굶주려서 짖어대는 오케스트라를 향한 것이겠지만.

믿음·소망·사랑

옛날 옛적에 한 음악가가 있었다. 그 사나이의 이름은 마인이었는데 트럼펫을 아주 잘 불었다. 그는 어느 아파트 지붕 밑 5층에 살면서 고양이 네 마리를 길렀는데, 그중 한 마리의 이름은 비스마르크였다. 그는 아침부터 밤까지 술병에 입을 대고 마셨다. 불행이 그에게 술을 마시지 못하게 할 때까지 오랫동안 술을 끊지 않았다.

오스카는 오늘날에도 징조라는 것을 그다지 믿으려 하지 않는다. 그래도 그 무렵 어떤 불행의 징조는 분명히 존재했다. 그것은 점점 큰 장화를 신고 더욱 큰 발걸음으로 점점 가까이, 불행을 나눠 주며 다가오고 있었다. 그때 내 친구 헤르베르트 트루친스키는 목각 여인에게서 받은 가슴의 상처가 원인이 되어 죽었다. 그 여인은 죽지 않았다. 봉인되어 수리한다는 명목으로 박물관 지하실에 보관되었다. 그러나 사람은 불행을 지하실에 가두어 둘 수 없다.

그것은 구정물과 더불어 하수도에 흘러들어가 가스관과 관계를 맺고 모든 가정에 찾아온다. 하지만 파란 불꽃 위에 수프 냄비를 올려놓는 사람치고, 불행이 조악한 식료품을 요리하러 올 거라고 예상하는 자는 아무도 없다.

헤르베르트가 랑푸어 묘지에 묻혔을 때, 나는 브렌타우 묘지에서 알게 된 슈거 레오와 두 번째로 만났다. 트루친스키 아주머니, 구스테, 프리츠, 마리아 트루친스키, 뚱뚱한 카터 부인, 축제 날 트루친스키 아주머니를 위해서 프리츠의 토끼를 잡아준 하일란트 노인, 자기의 배포를 과시하고자 장례 비용의 절반을 부담한 추측상의 내 아버지 마체라트, 헤르베르트와는 거의 모르는 사이였으나 개인 감정이 섞이지 않은 중립적인 묘지에서 마체라트를, 아마도 나를 다시 만나기 위해서 찾아온 얀 브론스키를 포함한 우리 모두에게, 슈거 레오는 침을 흘리며 곰팡이가 슨 떨리는 흰 장갑을 내밀면서, 기쁨인지 슬픔인지 구별되지 않는 애매모호한 애도의 말을 했다.

슈거 레오의 장갑이 반은 신사복, 반은 돌격대 제복 차림으로 찾아온 음악가 마인에게 흔들거렸을 때, 미래에 생겨날 불행의 징조가 나타났다.

레오의 빛 바랜 장갑은 놀라서 높이 날아올랐으며, 레오도 함께 무덤을 넘어서 사라졌다. 그가 외치는 소리가 들렸다. 그러나 애도의 말은 아니었다. 그의 비명 소리는 갈기갈기 찢긴 말이 되어, 묘지에 심어놓은 나무에 매달려 있었다.

아무도 음악가 마인 곁을 떠나지 않았다. 하지만 그는 조문객들 사이에서 홀로 쓸쓸히 서 있었기 때문에, 슈거 레오는 금방 그를 알아보았다. 마인은 울먹거리며 특별히 가져온 트럼펫을 만지작거리고 있었는데, 그것을 헤르베르트의 무덤 저편까지 들리도록 아주 훌륭하게 불었다. 훌륭했던 까닭은 마인이 그토록 오랫동안 끊었던 진을 마셨기 때문이며, 그와 같은 나이였던 헤르베르트의 죽음이 뼈저리게 다가왔기 때문이다. 그러나 헤르베르트의 죽음은 나와 내 북을 침묵하게 만들었다.

옛날 옛적에 한 음악가가 있었다. 그 사나이의 이름은 마인이었는데 트럼펫을 아주 잘 불었다. 우리 아파트 지붕 밑 5층에 살면서 그는 고양이 네 마리를 길렀는데, 그중 한 마리는 비스마르크라는 이름이었다. 그는 아침부터 밤까지 술병에 입을 대고 마셔대다가 마침내 1936년 말인가 1937년 초였으리라고 생각되는 때에 돌격대 기마 부대에 들어가 그곳 군악대의 트럼펫 주자가 되었다. 물론 실수는 훨씬 적어졌으나 더 이상 트럼펫을 훌륭하게 불지 못했다. 승마용 가죽 바지를 입은 그는 술병을 버리고, 지금은 맑은 정신으로 양철 악기에 숨을 불어넣어 큰 소리를 내고 있을 뿐이었다.

돌격대원 마인은 1920년대 초에는 공산당 청년 조직에서, 나중에는 붉은매(사회주의 청년운동)에서 자기와 함께 회비를 내던 젊은 날의 친구 헤르베르트 트루친스키가 죽어서 땅에 묻히려 할 때 트럼펫과 술병을 다시 잡았다. 말짱하지 않은 정신으로 멋지게 불고 싶었기 때문이다. 밤색 말을 타고 다니던 돌격대 시절에도 그는 음악가의 귀를 잃지 않았다. 그래서 그는 묘지에서 진 한 모금을 마시고, 트럼펫을 불 때는 평복 외투를 제복 위에 걸쳐 입었던 것이다. 본디 제모는 쓰지 않더라도, 갈색 제복 차림으로 묘지에 트럼펫 소리를 울려 퍼지게 할 생각이었지만.

옛날 옛적에 한 나치스 돌격대원이 있었다. 그 사나이는 젊은 시절의 친구 무덤에서 정말 훌륭하게, 진처럼 상쾌하게 트럼펫을 불었을 때 기마 돌격대의 제복 위에 외투를 걸쳤다. 어느 묘지에나 모습을 나타내는 슈거 레오가 조문객들에게 애도의 말을 꺼냈을 때, 모두가 슈거 레오의 애도의 말을 들었으나 단 한 사람 돌격대원만은 레오의 흰 장갑을 쥘 수 없었다. 왜냐하면 레오는 돌격대원을 알고 있었고, 그를 매우 무서워하며 큰 소리로 외치면서 장갑을 낀 손과 애도의 말을 피해 버렸기 때문이다. 돌격대원은 애도의 말을 듣지 못한 채 차가운 트럼펫을 안고 집으로 돌아갔다. 우리 아파트 지붕 밑 그의 방에서 그는 고양이 네 마리를 발견했다.

옛날 옛적에 한 나치스 돌격대원이 있었다. 그 사나이는 마인이라고 불렸다. 매일 진을 마시고 트럼펫을 굉장히 훌륭하게 불 무렵부터, 마인은 자기 집에서 고양이 네 마리를 길렀다. 그중 한 마리의 이름은 비스마르크였다. 돌격대원이 젊은 날의 친구 헤르베르트 트루친스키의 장례식에서 돌아와, 어떤 이가 그에게 애도의 말을 해 주지 않았기 때문에 술도 깨고 슬픔에 잠겨 있을 때, 그는 자신이 완전히 외톨이이고 집에는 네 마리 고양이밖에 없음을 깨달았다. 고양이들은 그의 승마용 장화에 몸을 비벼대고 있었다. 그래서 마인은 신문지에 가득 담겨 있는 청어 대가리를 그들에게 주었다. 고양이들을 장화에서 떼 버리기 위해서였다. 그날은 특히 방 안에서 네 마리 고양이 냄새가 강하게 났다. 모두 수고양이였는데 그중 한 마리는 비스마르크라는 놈으로, 하얀 발로 걸으면 주위가 검게 되었다. 마인은 집에 진을 놓아두지 않았다. 그래서 고양이 또는 수고양이의 냄새가 점점 강해졌다. 만일 그의 방이 지붕 밑 5층이 아니었다면 아마도 그는 우리 식료품 가게에 내려와 진을 샀을 것이다. 그는 층계가 무서웠으며, 이웃 사람들도 두려웠다. 그 사람들에게 그는 이따금, '음악가의 입술에 진을 단 한 방울도 대지 않겠습니다, 술기 없는 새 인생을 시작하겠습니다, 앞으로는 새로운 질서에 몸을 맡기고, 빈둥거리며 적당히 보낸 청춘 시절의 고주망태와 인연을 끊겠습니다'라고 맹세했기 때문이다.

옛날 옛적에 한 사나이가 있었다. 그 사나이는 마인이라 불렸다. 어느 날 그가 고양이 네 마리—그중 한 마리는 비스마르크란 이름이었는데—와 지붕 밑 방에 홀로 앉아 있었을 때, 수고양이의 냄새가 심하게 코를 찔렀다. 그는 오전에 쓰라린 체험을 했고, 집에는 진이 없었기 때문이다. 괴로운 마음과 갈증이 더해져서 수고양이의 냄새가 점점 강해졌을 때, 타고난 음악가이며 돌격대 기마 군악대 대원이었던 마인은 옆에 있던 싸늘한 부지깽이를 쥐고 수고양이들을 패기 시작했다. 마침내 비스마르크라는 이름의 수고양이를 포함한 네 마리 모두가 죽어서 뻗어 버렸다. 비록 방 안의 수고양이 냄새는 그의 어처구니없는 행동으로도 없어지지 않았지만.

옛날 옛적에 한 시계방 주인이 있었다. 라우프샤트란 이름의 그 사나이는 우리 아파트 2층에 두 칸짜리 집을 빌려 살고 있었다. 그 방의 창문은 안뜰을 마주 보고 있었다. 시계방 주인 라우프샤트는 독신인데 나치스 후생협회와 동물애호협회 회원으로서, 피로한 인간과 병든 동물과 부서진 시계의 후생에 힘쓰고 있었다. 어느 날 오후 시계방 주인이 그날 오전에 치러진 이웃 사람의 장례식을 생각하면서 창가에 앉아 있었을 때, 같은 아파트 5층에 방을 빌려 살고 있는 음악가 마인이 아래쪽이 젖어 있는 듯 물이 떨어지는, 절반쯤 채워진 감자 부대를 짊어지고 안뜰로 가서 쓰레기통 두 개 중 하나에 그것을 집어넣는 모습을 보았다. 쓰레기통이 4분의 3정도가 차 있었기 때문에 음악가는 뚜껑을 겨우 닫을 수 있었다.

옛날 옛적에 수고양이 네 마리가 있었다. 그중 한 마리는 비스마르크라는 이름이었다. 이 고양이들은 마인이라는 음악가가 기르고 있었다. 거세되지 않은 고양이들은 온 방에 심한 냄새를 풍겼기 때문에, 어느 날 특별한 이유로 그 냄새가 특별히 코를 찔러 견딜 수 없었던 음악가는 고양이 네 마리를 부지깽이로 때려 죽였다. 그리고 시체를 감자 부대에 넣어 4층 층계를 내려와서, 안뜰의 융단 말리는 장대 옆 쓰레기통에 그 보따리를 급히 밀어넣었다. 그 부대의 천은 올이 성겨서 이미 3층 근처에서부터 물이 떨어지기 시작했다. 그러나 쓰레기통이 거의 차 있었기 때문에, 음악가는 뚜껑을 닫기 위해 쓰레기와 그 부대를 억지로 밀어넣어야 했다. 그가 아파트를 떠나—고양이가 없는데도 냄새가 아직도 스며 있는 집으로 돌아갈 기분이 나지 않았던 것이다—거리 쪽으로 가려고 했을 때, 억지로 밀어넣었던 쓰레기가 다시 펴지기 시작하여, 그 부대와 함께 쓰레기통 뚜껑을 들어 올렸다.

옛날 옛적에 한 음악가가 있었다. 그 사나이는 기르고 있던 네 마리 고양이를 때려 죽여 쓰레기통에 버리고, 집을 나서서 친구들을 방문했다.

옛날 옛적에 한 시계방 주인이 있었다. 그 사나이는 창가에 앉아 생각에 잠겨, 음악가 마인이 절반쯤 찬 부대를 쓰레기통에 밀어넣고 그 길로 안뜰을 나가는 것을 보고 있었다. 그리고 마인이 떠난 지 몇 초도 지나지 않았을 때 쓰레기통 뚜껑이 들어 올려지고, 계속해서 조금씩 들어 올려지는 것을 보고 있었다.

옛날 옛적에 수고양이 네 마리가 있었다. 그들은 어느 특별한 날에 특별히 강하게 냄새를 풍겼기 때문에, 맞아 죽어 부대에 넣어져 쓰레기통에 묻혔다. 그중 한 마리는 비스마르크라는 이름이었는데, 고양이들은 아직 완전히 죽지 않았으니, 고양이라는 동물이 정말로 끈기가 강하듯이 끈기가 강했던 것이다. 그들은 부대 속에서 움직이고, 쓰레기통 뚜껑을 움직여, 여전히 생각에 잠긴 채 창가에 앉아 있는 시계방 주인 라우프샤트에게 물었다. 맞혀보세요, 음악가 마인이 쓰레기통에 처넣은 부대 속에는 무엇이 들어 있을까요.

옛날 옛적에 한 시계방 주인이 있었다. 그 사나이는 쓰레기통 속에서 무언가 움직이는 것을 보고 잠자코 있을 수 없었다. 그래서 그는 아파트 2층 집에서 나와 안뜰로 가서 쓰레기통 뚜껑과 부대를 열고, 엉망으로 두들겨 맞기는 했으나 여전히 살아 있는 수고양이들을 꺼내 간호해 주었다. 그러나 고양이들은 그날 밤 시계 수리공의 손가락 밑에서 죽었다. 그는 자신이 가입한 동물애호협회에 신고하여, 당의 명예를 훼손한 동물 학대에 대한 사실을 소관구 지도부에 보고할 수밖에 없었다.

옛날 옛적에 한 나치스 돌격대원이 있었다. 그 사나이는 수고양이 네 마리를 죽였는데, 고양이들이 완전히 죽지 않았기 때문에 고양이한테 배신당하여 어느 시계방 주인에게 고발되었다. 재판에 넘겨진 돌격대원은 벌금을 물어야 했다. 그리고 돌격대에서도 이 사건에 대해 함구령이 내려지고, 그 돌격대원은 품위 없는 행동 때문에 제명당할 수밖에 없었다. 그 돌격대원은 나중에 수정(水晶)의 밤이라고 불린 1938년 11월 8일에서 9일 사이의 밤, 특별히 용감한 활동을 하여 다른 몇 사람과 함께 미하엘리스 거리의 랑푸어 유대 교회에 불을 지르는 등 힘껏 협력했고, 다음 날 아침 미리 그에게 주어졌던 몇몇 임무를 수행했지만, 그의 그런 열성도 끝내 기마 돌격대로부터의 추방을 막을 수는 없었다. 비인간적인 동물 학대 때문에 그는 계급을 빼앗기고 대원 명부에서 지워졌다. 그리하여 1년 뒤에야 그는 무장 친위대에 흡수된 방위군에 간신히 입대할 수 있었다.

옛날 옛적에 한 식료품 상인이 있었다. 그 사나이는 11월의 어느 날, 시내에서 무슨 일이 일어났기 때문에 가게를 닫았다. 그리고 아들 오스카의 손을 끌고 5번 시가전차를 타고서 랑가세 문까지 갔다. 초포트나 랑푸어에서처럼 그곳의 유대 교회가 불탔기 때문이다. 유대 교회는 거의 완전히 타 버렸으며, 다른 집에 불이 옮겨 붙지 않도록 소방대원들이 경비하고 있었다. 폐허 앞에서 제복과 신사복 차림의 남자들이 책과 예배용 제구(祭具)와 특이한 천을 끌어모으고 있었다. 그러고는 그 더미에 불을 붙였다. 식료품 상인은 기회를 놓치지 않고, 이 모닥불 위에서 그의 손가락과 마음을 따뜻하게 했다. 아들 오스카는 아버지가 부지런히 일하며 불길에 얼굴이 달아오르고 있는 것을 보고 있었으나, 들키지 않게 인파에 섞여서 빠른 걸음으로 병기창 거리를 향하여 사라졌다. 그는 빨간색과 흰색으로 칠해진 양철북들이 걱정되었던 것이다.

옛날 옛적에 한 장난감 가게 주인이 있었다. 그 사나이는 지기스문트 마르쿠스라는 이름으로, 다른 장난감과 함께 흰색과 빨간색으로 구분해서 칠한 양철북을 팔고 있었다. 방금 이야기한 오스카는 이 양철북의 첫째가는 고객이었다. 그는 태어날 때부터 양철북을 쳤으며, 양철북 없이는 살 수도 살 생각도 없었다. 그래서 그는 불타는 유대 교회에서 병기창 거리로 서둘러 달려갔다. 그곳에는 북의 수호자가 살고 있었다. 그러나 그가 그 사나이를 발견했을 때 그 사나이는 앞으로, 아니 이 세상에서는 그에게 양철북을 팔 수 없는 상태에 있었다.

나, 즉 오스카가 조금 전에 빠져나온 것으로 믿었던 소방대원들은 나보다 먼저 마르쿠스에게 와서 붓을 물감 속에 집어넣어, 마르쿠스의 쇼윈도에 비스듬한 쥐테를린체로 '유대의 돼지'라고 써 놓았다. 그리고 그들은 아마 자기들의 글씨체에 만족하지 못했던지, 장화 뒷굽으로 쇼윈도의 유리를 부수고 와작와작 밟았다. 그 때문에 그들이 마르쿠스에게 붙인 이름은 짐작으로만 읽을 수 있었다. 문을 무시하고 그들은 파괴된 창을 넘어 가게로 뛰어들어, 이제는 노골적으로 아이들의 장난감을 가지고 놀았다.

내가 그들처럼 창문으로 들어갔을 때 그들은 여전히 놀고 있었다. 몇 사람은 바지를 내리고, 아직 절반밖에 소화되지 않은 콩이 확연히 섞인 갈색 소시지를, 범선과 바이올린을 켜는 원숭이와 나의 북에 갈겨대고 있었다. 그들은 모두 음악가 마인과 비슷하며 마인의 돌격대 제복을 입고 있었으나, 마인은 그곳에 없었다. 마치 그곳에 있으면서 다른 장소에는 없는 사람들처럼. 한 사람이 비수를 뽑았다. 그 사나이는 인형을 찢었는데 그때마다 탄력 있는 인형의 몸뚱이와 팔다리에서는 톱밥밖에 터져 나오지 않아서 실망하는 눈치였다.

나는 북들이 걱정되었다. 내 북들은 그들 마음에 들지 못했다. 양철북은 그들의 노여움을 가라앉힐 수 없었고, 조용하게 무릎을 꿇어야 했다. 그러나 마르쿠스는 그들의 노여움을 피했다. 그들이 사무실에 그와 면담을 하러 왔을 때 그들은 노크 따위는 하지도 않았으며, 자물쇠도 채워져 있지 않은 문을 밀어 부숴 버렸다.

책상 저편에 장난감 가게 주인이 앉아 있었다. 평소와 같이 어두운 회색의 평상복 소매에 토시를 끼고 있었다. 어깨 위의 비듬으로 보아, 그의 모발에 병이 있음을 알 수 있었다. 광대 인형을 손에 쥔 한 사람이 나무로 만든 할머니 인형으로 그를 찔러댔지만, 마르쿠스는 말대꾸를 하지도 화를 내지도 않았다. 그 앞의 책상 위에는 컵이 하나 있었는데, 그가 목이 말라 그것을 마실 수밖에 없었던 이유는, 가게의 쇼윈도 유리가 큰 소리를 내며 산산이 부서져 그의 입 안을 바싹 마르게 했기 때문이다.

옛날 옛적에 양철북을 치는 한 사람이 있었는데, 그는 오스카라고 했다.

사람들이 그를 장난감 가게에서 데리고 나가고 장난감 가게가 폐허가 되었을 때, 그는 자기 같은 난쟁이 양철북 연주자에게 고난의 시대가 시작되었음을 예감했다. 그리하여 그는 가게를 나올 때, 성한 북 한 개와 조금 망가진 북 두 개를 산더미 같은 잡동사니 속에서 골라 목에 걸었으며, 아마도 자기를 찾고 있을 아버지를 석탄 시장에서 찾기 위해 병기창 거리를 떠났다. 밖은 11월 정오에 가까운 시각이었다. 시가전차 정류소 근처 시립극장 옆에서는 신앙심이 깊은 부인네들과 지독하게 못생긴 소녀들이 종교 소책자를 돌리기도 하고 모금 상자를 내밀기도 하며, 〈고린도전서〉 13장의 인용구가 적힌 현수막을 두 개의 장대에 펼쳐 들고 있었다.

'믿음·소망·사랑'이라고 오스카는 읽을 수 있었는데, 그는 이 세 가지 말을 곡예사가 병을 다루듯 제멋대로 다룰 수 있었다. 즉 속기 쉽다, 호프만 씨의 물약, 사랑의 진주, 구테호프눙스 공장, 리브프라우엔밀히(포도주의 명칭), 채권자 회의, 너는 내일 비가 내린다고 생각하는가? 잘 속는 사람들은 모두 산타클로스를 믿는다. 그러나 산타클로스는 사실은 가스 설비공이었다. 내 생각에, 그것은 호두와 아몬드 냄새가 나는 듯하다. 하지만 그것은 가스 냄새였다. 이제 곧 우리는 강림절 제1주일(主日)을 맞이하게 된다 등등. 그리고 제1, 제2, 제4까지의 강림절 주일은 가스 마개를 비틀어 여는 것처럼 비틀어 열렸다. 확실히 호두와 아몬드 냄새가 나게 함으로써 호두를 까는 모든 사람이 안심하고 믿을 수 있도록 말이다.

왔다! 왔다! 대체 누가 왔느냐? 아기 그리스도냐, 구세주냐? 그렇지 않으면 언제나 칙칙 소리 나는 가스 미터를 겨드랑이에 낀, 천국의 가스 설비공이 온 것이냐? 그는 말했다. 나는 이 세상의 구세주이다, 내가 없으면 너희는 요리를 만들 수 없다. 그리하여 그는 자기를 믿게 한 다음, 저렴한 요금표를 제시하고, 깨끗이 닦은 가스 마개를 틀어 비둘기를 구울 수 있도록 성령을 내보내 주었다. 그러고는 그 자리에서 금방 쪼갠 호두와 아몬드를 나눠 주면서 성령과 가스를 흘려보냈다. 그 때문에 속기 쉬운 사람들은 짙고 푸르스름한 공기 한가운데, 백화점 앞 온갖 가스 설비공들 속에서 여러 가지 크기와 여러 가지 가격의 산타클로스와 아기 그리스도를 쉽게 볼 수 있다고 생각했다. 그들은 유일성성(唯一成聖: 가톨릭을 가리켜서 한 말)의 가스 회사를 믿었다. 그것은 오르락내리락하는 가스 미터로 운명을 보여 주고, 강림절에는 표준 가격으로 영업을 했다. 그 후의 크리스마스도 또한 그럴 것이라고 많은 사람들은 믿었으나, 강림절 주일에 살아남은 자는 아몬드와 호두가 넉넉하지 않을 것 같던 사람들뿐이었다—모두가 먹을 것이 충분하다고 믿고 있었는데 말이다.

그러나 산타클로스에 대한 신앙이 가스 설비공에 대한 신앙이라는 사실을 알게 된 후, 사람들은 〈고린도전서〉의 순서를 무시하고 사랑을 시험해 보았다. 나는 그대를 사랑한다, 오 나는 그대를 사랑한다고 말했다. 그대는 그대를 또한 사랑하는가? 그대는 나를 사랑하는가, 말해 다오, 그대는 진정 나를 사랑하는가? 나는 나를 또한 사랑한다, 그들은 순수한 사랑에서 서로를 붉은 순무라고 부르며, 붉은 순무를 사랑하고 서로 물어뜯는다. 하나의 무가 다른 하나의 무를 물어뜯는 것은 사랑 때문이었다. 그리고 그들은 붉은 순무 사이의 경이롭고 천국적이면서도 지상적이기도 한 사랑의 예들을 이야기하고, 서로 물어뜯기 직전에 생생하면서도, 굶주려 날카롭게 속삭였다. 붉은 순무야 말해 다오, 그대는 나를 사랑하는가? 나는 나를 또한 사랑하고 있다.

하지만 그들이 사랑한 나머지 서로 붉은 순무를 물어뜯고, 가스 설비공에 대한 신앙을 국교로 선언한 다음에는, 즉 신앙과 간섭하는 사랑이 있은 다음에는 오직 〈고린도전서〉 제3의 팔다 남은 찌꺼기, 희망만이 남아 있다. 그리고 그들은 계속 붉은 순무와 호두와 아몬드를 갉아먹어야 했던 동안에도, 새로 시작하든지 앞으로 나아갈 수 있도록 그것이 끝나기를 희망했다. 마지막 음악이 끝난 뒤, 아니 아직 피날레가 계속되는 동안에 마침표로 끝나기를 바라고 있었다. 그래서 그들은 무엇으로 끝나는가를 여전히 모르는 것이다. 곧 끝이 난다, 이제 내일이면 끝이 난다, 아마도 오늘 중으로는 끝이 나지 않을 것이다, 이렇게 희망하고 있을 뿐이었다. 도대체 그들은 음악이 갑작스럽게 끝나면 무엇을 시작할 것인가. 그리고 끝이 났을 때 그들은 희망에 차 재빨리 다시 시작했다. 이 세상에서 끝은 언제나 시작이며, 그 끝이 어떠하더라도, 심지어 결정적인 끝이라 해도 거기엔 희망이 있기 때문이다. 그러므로 이렇게 쓰여 있다. 인간은 희망을 가지고 있는 한, 희망에 찬 끝맺음과 함께 계속 반복해서 새로 시작하리라.

그러나 나는, 나는 모른다. 이를테면 오늘 산타클로스의 수염 밑에 누가 숨어 있는지 모른다. 산타클로스의 부대 속에 무엇이 있는지 모른다. 어떤 식으로 가스 마개를 막는지 모른다. 강림절에는 여전히 또, 아니 더욱·변함없이 흘러나올지 모른다. 시험해 보려 해도 누구를 위해 시험하는 것인지 모른다. 그들이 찢어지는 소리를 지르기 때문에 아마도 친절하게 가스 마개를 닦는다는 사실을 내가 믿을 수 있는지 없는지 모른다. 어느 날 아침, 어느 날 저녁에 닦는지 모른다. 아침·낮·밤을 가리지 않고 닦는지 어떤지 모른다. 사랑은 아침·낮·밤의 구별을 모른다. 그리고 희망에는 끝이 없다. 신앙은 한계를 모른다. 오직 안다는 것과 모른다는 것만이 시간과 한계에 묶여 있어서 대개는 시간이 되기 전에 수염이나 부대나 아몬드에서 이미 끝나는 것이다. 그래서 난 다시금 말해야 한다. 나는 모른다. 아아, 그들이 무엇으로 장(腸)을 채우는지, 장을 채우기 위해 누구의 내장이 필요한지 모른다. 상품(上品)이든 하품(下品)이든 채우는 물건의 값을 모두 읽을 수 있다 할지라도 무엇으로 채우는지 모른다. 그 값에 무엇이 포함되어 있는지 전혀 모른다. 채울 물건의 이름을 어느 사전에서 따오는지 모른다. 무엇으로 사전을, 장을 채우는지 모른다. 그것이 누구의 몸인지 모른다. 그것이 누구의 말인지 모른다. 즉 말에 의미가 있고 푸줏간 주인은 침묵을 지킨다. 나는 고기 조각을 자른다. 너는 책을 편다. 나는 내 입에 맞는 것을 읽는다. 너는 네 입에 맞는 것을 모른다. 장과 책에서 떼어낸 소시지 조각과 따옴말이다—나는 책을 큰 소리로 읽을 수 있기 위해 채우고, 밀어넣으며, 꽉 채우기 위해 누가 조용히 해야 했는지, 누가 침묵을 지켜야만 했는지 결코 알 수 없으리라. 나는 모른다. 다만 예감할 뿐이다. 사전과 장을 말과 소시지로 채우는 그러한 푸줏간 주인이 있다는 것을. 바울은 존재하지 않는다. 그 사내의 이름은 사울로, 한 사람의 사울이었다. 그는 사울로서 고린도의 사람들에게, 그가 믿음·소망·사랑이라고 이름지은 굉장히 값싼 소시지에 대해 조금 이야기해 주고 소화가 잘되는 것이라고 찬양했다. 그리고 그는 오늘도 끊임없이 변화하는 사울의 모습으로 그 싸구려를 사나이에게 팔러 온다.

하지만 그들은 나에게서 장난감 가게 주인을 앗아 갔으며, 그와 함께 세상에서 장난감을 없애 버리려고 했다.

옛날 옛적에 한 음악가가 있었다. 그의 이름은 마인으로, 트럼펫을 아주 잘 불었다.

옛날 옛적에 한 장난감 가게 주인이 있었다. 그의 이름은 마르쿠스로, 흰색과 붉은색을 칠한 양철북을 팔고 있었다.

옛날 옛적에 한 음악가가 있었다. 그의 이름은 마인으로, 고양이 네 마리를 기르고 있었다. 그중 한 마리의 이름은 비스마르크였다.

옛날 옛적에 양철북을 치는 한 사람이 있었다. 그의 이름은 오스카로, 장난감 가게 주인에 의지하고 있었다.

옛날 옛적에 한 음악가가 있었다. 그의 이름은 마인으로, 기르던 고양이 네 마리를 부지깽이로 때려 죽였다.

옛날 옛적에 시계방 주인이 있었다. 그의 이름은 라우프샤트로, 동물애호협회 회원이었다.

옛날 옛적에 양철북을 치는 한 사람이 있었다. 그의 이름은 오스카로, 그들은 그를 장난감 가게에서 떼어 놓았다.

옛날 옛적에 한 장난감 가게 주인이 있었다. 그의 이름은 마르쿠스로, 이 세상을 떠날 때 모든 장난감을 함께 가지고 가 버렸다.

옛날 옛적에 한 음악가가 있었다. 그의 이름은 마인으로, 죽지 않았다면 오늘도 살아서 여전히 훌륭하게 트럼펫을 불고 있을 것이다.

제2부

고철

면회일이다. 마리아가 나에게 새 북을 가져다주었다. 그녀가 북과 함께 장난감 가게의 영수증도 침대 격자 너머로 건네 주려고 했을 때, 나는 그것을 거절하고 침대 머리맡에 있는 벨을 눌렀다. 그러자 간호사 브루노가 들어왔다. 마리아가 푸른 포장지에 싼 새 양철북을 가져다줄 때면 으레 하는 일이다. 그는 포장한 끈을 풀어 포장지가 팔랑팔랑 떨어지는 대로 놔두고 엄숙하게 북을 꺼낸 뒤 종이를 깨끗이 접었다. 그제야 브루노는 새 북을 가지고 세면기가 있는 곳으로 성큼성큼 걸어가서―내가 이렇게 말할 때는 정말 큰 걸음으로 걷는 것을 의미한다―따뜻한 물을 틀어, 흰색과 붉은색 광칠이 긁히지 않도록 조심하면서, 북 가장자리에 붙어 있는 정가표를 떼냈다.

마리아는 그다지 긴장하지 않고 면회를 마친 뒤 바로 돌아갈 때면 내가 트루친스키의 등, 목각 선수상(船首像), 어쩌면 〈고린도전서〉에 대해서 조금 독단적인 해석을 하는 동안 두들겨 부순 헌 북을 가지고 갔다. 일부는 직업적인, 일부는 개인적인 목적에 쓰인 낡은 북을 집 지하실에 전부 늘어놓고 보관하기 위해서였다.

나가기 전에 마리아는 말했다. "저기, 지하실에는 더 이상 빈 자리가 없어요. 겨울 감자를 어디다 저장하면 좋을지 모르겠어요."

나는 미소를 지으면서 마리아의 주부 같은 불평을 흘려듣고는 헌 북에 검은 잉크로 순서대로 번호를 매기고, 내가 북 내력(來歷)에 관해서 종이쪽지에 적은 날짜와 간단한 메모를, 수년 전부터 지하실 문 안쪽에 매달려 있는 수첩에 옮겨 쓰도록 부탁했다. 그 수첩은 1949년부터 나의 북에 대해서는 무엇이든 다 알고 있다.

마리아는 고분고분하게 고개를 끄덕이며 나에게 키스를 해 주고 돌아갔다. 내 질서 감각을 그녀는 앞으로도 거의 이해하지 못할 것이며, 약간은 기분 나빠할지도 모른다. 오스카는 마리아의 의심을 잘 안다. 하긴 그 자신마저도 왜 그런 사소한 것에 얽매여 부서진 양철북 수집가가 되었는지 모르고 있으니 말이다. 게다가 빌크 거리에 있는 집의 감자 저장고에 쌓여 있는 그 고철 더미를 두 번 다시 보지 않게 되기를 그녀도 몹시 바라고 있다. 자식이란 아버지의 수집품을 경멸하게 마련이므로, 자기 아들 쿠르트도 언젠가 유산을 상속받는 날에는 이 비참한 북의 산더미에는 코빼기도 비치지 않으리라는 것을 그는 경험으로 알고 있었다.

그렇다면 왜 나는 3주에 한 번씩 마리아에게 이러한 희망을 말해야만 하는 걸까? 만일 마리아가 그 희망 사항을 다 들어 준다면 언젠가는 집 지하실이 가득 차서 겨울 감자를 넣을 장소가 없어질 텐데 말이다.

언젠가는 어떤 박물관에서 나의 부서진 악기에 흥미를 나타낼지도 모른다는 생각이 처음으로 내 머릿속에 떠오른 것은, 이미 꽤 많은 양철북이 지하실에 쌓였을 때였다. 물론 그 생각은 점점 횟수가 줄어들고 뜸해졌으므로, 그것이 내 수집욕의 원천을 이룬다고 말할 수는 없다. 오히려 내가 그 일에 대해서 정확하게 생각하면 할수록 더욱더 그럴듯하게 여겨지는 것은, 이 잡동사니 수집의 밑바탕에는 단순한 강박관념이 있다는 사실이다. 바로 어느 날 양철북이 이 세상에서 사라져 버리거나 진귀해지거나 또는 금지되거나 아주 없어질지도 모른다는 걱정이다. 언젠가 오스카가 심하게 부서지지 않은 양철북을 함석장이에게 수선을 맡겨야 할 처지가 될지도 모른다. 그래야만 수리된 헌 북으로 북 없는 황량한 시대를 견디어 나갈 수 있기 때문이다.

정신병원 의사들도 내 수집욕의 원인에 대해 비록 표현은 다를지라도 거의 비슷한 설명을 하고 있다. 여의사인 호른슈테터 박사는 더 나아가 내 강박관념이 생긴 날을 알고 싶어했다. 나는 그녀에게 1938년 11월 9일이라고 정확하게 가르쳐 줄 수 있었다. 그날 나는 지기스문트 마르쿠스, 나의 북 저장소 관리인을 잃었다. 불쌍한 어머니가 죽은 뒤, 목요일마다 병기창 거리를 방문하는 일은 당연히 없어지고 마체라트가 내 악기를 돌보아 주는 일도 거의 없었으며, 얀 브론스키가 집에 오는 일도 점점 뜸해졌기 때문에 새 북을 제때에 손에 넣기 어려웠다. 이런 나의 상황이 더욱 절망적으로 변해 버린 것은 장난감 가게가 엉망으로 파괴되고, 정돈된 서류 책상에 앉아 있는 마르쿠스의 모습이 나에게 다음 일을 분명히 알려 준 때였다. 마르쿠스는 이젠 너에게 북을 줄 수 없다. 마르쿠스는 이젠 장난감을 팔 수 없다. 마르쿠스는 이제 희고 붉은 광칠을 한 아름다운 북을 만드는 그 회사와 영원히 거래를 끊었다.

그러나 그때 나는 비교적 화려했던 옛 시절이 장난감 가게의 최후와 함께 끝나 버렸다고는 믿고 싶지 않았다. 오히려 폐허로 변한 마르쿠스의 가게에서 흠 없는 북 한 개와 가장자리만 찌부러진 북 두 개를 골라 그 수확물을 집에 가지고 돌아와서는, 이것으로 당분간은 안심이라고 생각했던 것이다.

나는 그것을 소중하게 다뤘다. 꼭 필요할 때 말고는 북을 치지 않았다. 오후 내내 북 치는 것도 그만두고, 정말 그러고 싶지 않았지만 그날 하루를 견디기 위해 아침 식사 때 북을 치는 일도 포기했다. 금욕 훈련을 하다가 수척해진 오스카는, 홀라츠 박사와 점점 뼈만 남게 된 조수 잉게 간호사에게 보내졌다. 그들은 달고 시며 쓰고 아무 맛도 나지 않는 약을 주면서 선병질(腺病質 : 림프샘 병질, 무력한 체질,)이 원인이라고 말했다. 홀라츠 박사는 선(腺)의 기능 촉진과 기능 저하가 되풀이되었기 때문에 내 건강이 나빠졌다고 했다.

홀라츠 박사에게서 도망치기 위해 오스카는 금욕을 누그러뜨려서 다시 체중을 불려, 1939년 여름에는 세 살 때의 오스카와 비슷해졌다. 그리고 마르쿠스에게서 산 마지막 북을 치다가 마침내 찌그러뜨렸을 때에는 볼살도 제 모습을 찾았다. 양철은 찢겨져 불안정하게 덜거덩거렸고, 희고 빨간 광칠은 벗겨져 녹이 슬어 맞지 않은 소리를 내면서 내 배 앞에 매달려 있었다.

마체라트는 천성적으로 사람 돕기를 좋아할 뿐만 아니라 친절한 사나이였지만, 그에게 도움을 청하는 일은 무의미했으리라. 불쌍한 어머니가 죽은 뒤 이 사나이는 오직 당의 잡무만을 생각했고, 소관구 좌담회에서 긴장을 풀었다. 아니면 한밤중에 술을 실컷 퍼마시고서 거실에 있는 검은 액자 속 히틀러와 베토벤의 사진과 큰 소리로 친한 척 이야기를 나누며, 천재에게서는 운명을, 총통에게서는 하느님의 섭리를 분명하게 들었다. 그리고 술을 마시지 않은 때는 겨울 빈민구제사업을 위한 모금을 하느님이 내린 자신의 운명으로 생각했다.

이 모금하는 일요일을 생각하면 불쾌해진다. 새 북을 손에 넣기 위해 헛수고를 한 적이 있기 때문이다. 아침나절에 큰길 영화관 앞이나 슈테른펠트 백화점 앞에서 모금활동에 참여한 마체라트는 낮에 집에 돌아와서 자신과 나를 위해 쾨니히스베르크 고기만두를 쪘다. 지금까지도 아주 맛있었다고 기억하는데—마체라트는 홀아비가 되고 나서도 정열적으로 음식 만들기를 좋아했고, 또 맛있는 음식을 만들었다—이 피로한 모금인은 식사가 끝난 뒤 소파에 누워서 잠깐 눈을 붙였다. 숨소리로 그가 잠들었음을 눈치챈 나는, 곧 피아노 위에 있던 절반쯤 찬 모금 상자를 내려서 통조림 깡통처럼 생긴 것을 가지고 나와 가게 카운터 밑에 숨었다. 그리고 양철 깡통 중에서도 가장 멍청해 보이는 그 깡통에 폭력을 가했다. 잔돈 몇 닢을 슬쩍하겠다는 생각을 한 것은 절대로 아니다! 어리석은 생각이 이 상자를 북 대신에 써보라고 명령한 것이다. 내가 아무리 두들겨도, 아무리 북채로 쳐도 나오는 답은 언제나 정해져 있었다. "겨울 빈민구제사업에 협력해 주십시오. 누구 한 사람 굶지 않고, 누구 한 사람 얼지 않도록 합시다. 겨울 빈민구제사업에 협력을!"

30분쯤 두들기다가 단념한 나는 가게 금고에서 잔돈 다섯 닢을 가져다가 겨울 빈민구제사업에 기부하고, 그만큼 돈이 불어난 모금 상자를 피아노 위에 도로 갖다놓았다. 마체라트가 그걸 가지고 겨울 빈민구제사업을 외치며 일요일의 남은 시간을 덜그럭거리며 낭비할 수 있도록 말이다.

이 시도가 실패한 덕분에 나는 두 번 다시 이 병에 걸리지 않았다. 그 뒤로 통조림 깡통, 뒤집은 양동이, 대야 밑바닥을 북 대신 이용하겠다고 진지하게 생각한 적은 결코 없었다. 그럼에도 내가 그 일을 저질렀을 때는 이 불명예스러운 일을 잊으려고 무던히도 애를 썼으며, 이 지면을 그것에 내어주지 않거나 될 수 있는 대로 줄이려고 했다. 통조림 깡통은 어쨌든 양철북이 아니다. 양동이는 양동이인 것이다. 그리고 대야는 몸을 씻거나 양말을 빨 때 쓴다. 오늘날에도 대용품이 없듯이 그 무렵에도 대용품은 없었다. 희고 붉은 톱니 모양의 양철북이 스스로 그것을 말하고 있기 때문에 거기에는 어떤 변명도 필요 없다.

오스카는 외톨이였고, 어려움에 처했다. 그에게 가장 필요한 북이 없다면 앞으로 세 살짜리 얼굴을 어떻게 간직할 수 있겠는가? 오랜 세월에 걸친 기만 작전, 이를테면 가끔 밤에 오줌을 싸거나, 매일 저녁 기도에서 어린애처럼 혀 짧은 소리를 내거나, 그레프가 분장한 산타클로스를 무서워하는 척하거나, 질리지도 않고 "자동차에는 왜 바퀴가 있나요?" 같은 세 살다운 어리

석은 질문을 하거나—어른들이 나에게 기대하는 이 모든 발작적인 행동을
북 없이 해야 하는 것이다. 자포자기 상태에서 나는, 내 아버지는 아니지만
나를 낳았을 가능성이 매우 짙은 그 사나이를 찾았다. 오스카는 링 거리의
폴란드인 거주지 근처에서 얀 브론스키를 기다렸다.

그동안 우체국 서기로 출세한 삼촌과 마체라트 사이의, 우정에 가깝던 관
계는 불쌍한 어머니의 죽음을 계기로 사라져 버렸다. 순식간에 없어진 것은
아니었지만 서서히 사라지고 말았다. 두 사람이 함께 나눈 아름다운 추억에
도 불구하고 정치적 상황이 점점 날카로워짐에 따라 결정적인 연결고리가
희미해져 갔다. 내 어머니의 야윈 영혼과 풍만한 육체의 파멸과 함께, 그 영
혼에 자신들을 함께 비추고 그 육체를 함께 즐기던 두 사나이의 우정도 무너
져 버렸다. 이 성찬(盛饌)과 볼록거울이 없어진 지금, 그들은 정치적인 대
립에도 같은 담배를 피운다는 사실에 만족하고 있다. 그러나 폴란드 우체국
도 셔츠 차림의 소관구협의회도, 간통은 했어도 정 많고 아름다운 여인의 대
용품이 될 수는 없다. 그리하여 신중에 신중을 기해서—마체라트는 가게 손
님과 당에 대해서 그리고 얀은 우체국 상사에 대해서 신경을 써야 했다—내
불쌍한 어머니의 죽음과 지기스문트 마르쿠스의 최후 사이의 짧은 기간 동
안, 그래도 내 아버지라고 추정되는 두 사나이는 만나고 있었다.

한 달에 두세 번쯤은 한밤중에 얀의 손가락이 우리 집 거실 유리창을 두드
리는 소리가 들렸다. 그럴 때 마체라트가 커튼을 젖히고 창을 조금 열면, 두
사람은 똑같이 한참을 당황하다가 결국 누가 먼저인지 모르게 다가서서 이
처럼 늦은 시간인데 스카트놀이나 하자고 제안하는 것이었다. 그레프를 채
소 가게에서 불러왔다. 그가 승낙하지 않을 때면, 얀 때문이거나 예전에 보
이스카우트 대장을 지낸 몸으로—그는 그 단체를 어느새 해산해 버렸다—
신중하게 처신해야 하는 데다가 스카트를 못해서 별로 할 마음이 안 난다고
승낙하지 않을 때면, 대개 빵집의 알렉산더 셰플러가 두 사람을 상대했다.
그 역시 삼촌 얀과 같은 탁자에 마주 앉는 것을 꺼렸으나, 마체라트가 물려
받은 유산 같은 내 불쌍한 어머니에 대한 까닭 모를 애착과 영세 상인들은
단결해야 한다는 셰플러의 신념 때문에, 다리가 짧은 빵집 주인은 마체라트
가 부르면 클라인하머 거리에서 곧장 달려왔다. 그리고 우리 집 거실 탁자에
자리를 잡고는, 벌레 먹은 밀가루를 반죽하는 창백한 손가락으로 카드를 섞

어서 굶주린 사람들에게 빵 배급하듯이 나눠 주었다.

이 금지된 놀이는 대개 한밤중에 시작해서 셰플러가 빵 굽는 방으로 돌아가야 될 새벽 3시에 끝났으므로, 내가 잠옷 바람으로 소리 나지 않게 침대를 빠져나와, 물론 북은 놔두고 그들의 눈에 띄지 않게 탁자 밑 그늘진 한쪽 구석에 다다르게 되는 일은 정말 드물었다.

이미 눈치챘겠지만 나는 예전부터 탁자 밑에서 모든 것을 관찰, 즉 비교하기를 가장 좋아했다. 그런데 불쌍한 어머니가 죽은 뒤로는 모든 것이 어찌나 변해 버렸는지! 얀 브론스키는 탁자 위에서는 신중하게 승부를 겨루면서도 계속 지고, 식탁 밑에서는 대담하게 구두를 벗고 양말 신은 발로 내 어머니의 넓적다리 사이를 점령하는 따위의 일을 이젠 못하게 되었다. 이 시절의 스카트놀이 탁자 밑에는 사랑은커녕 선정성조차 더 이상 존재하지 않았다. 화살의 오늬 모양처럼 넓게 벌린 각양각색의 바짓가랑이 여섯 개가, 맨살이거나 파자마를 입은 털이 제각각 난 다리 여섯 개를 덮고 있었다. 탁자 밑에서는 우연히라도 서로 부딪치지 않으려고 신경을 쓰는 한편, 위에서는 몸통·머리·팔뚝으로 단순하게 확대된 상체들이 정치적 이유로 금지되어야 했던 놀이에 열중해 있었다. 놀음에서 이기고 질 때마다 '폴란드가 대승(大勝)을 놓쳤다'느니 '단치히 자유시(市)가 독일 제국을 다이아몬드 하나로 압도적으로 밀어붙였다'는 식의 패배담과 개선가가 흘러나왔다.

모든 전쟁놀이란 것이 어느 날 끝을 맞이하고 전쟁에서는 드넓은 평원에서 생생한 현실로 변형되듯이, 이 전쟁놀이도 끝장을 볼 날이 오리라는 것을 쉽게 예상할 수 있었다.

1939년 초여름, 마체라트는 매주 열리는 소지구협의회에서 폴란드 우체국 직원이나 옛 보이스카우트 대장보다 더 안심할 수 있는 스카트 친구를 발견했다. 얀 브론스키는 어쩔 수 없이 자기가 속하게 될 진영이 어딘지를 깨닫고 우체국 사람들, 이를테면 불구자인 수위 코비엘라에 의지했다. 이 사나이는 피우수트스키의 전설적인 사단에 복무한 뒤부터 3, 4센티미터 짧아진 한쪽 다리로 서 있었다. 코비엘라는 절름발이였지만 유능한 수위로서 손재주까지 비상한 사나이였다. 그는 친절한 사람이어서 가끔 내 병든 북을 고쳐 주었다. 그런데 코비엘라가 있는 곳으로 가려면 얀 브론스키를 따라갈 수밖에 없었으므로, 나는 거의 매일 오후 6시쯤 되면 찌는 듯한 8월의 무더위 속에서도 폴란드인 거주지 가까이에 서서, 퇴근 후 대개 정확하게 귀가하는 얀을 기다렸다. 그는 오지 않았다. 나의 추정상 아버지는 근무가 끝난 뒤 무엇을 하는지 궁금해하지도 않고, 나는 때때로 7시나 7시 반까지 기다리곤 했다. 그래도 그는 오지 않았다. 헤트비히 숙모에게 갈까 하는 생각도 들었다. 어쩌면 얀은 아파서 열이 났든지 다리가 부러져서 깁스를 하고 있을지도 모른다. 오스카는 그 자리를 떠나지 않고 이따금 우체국 서기의 집 창문과 커튼을 쳐다보는 것으로 만족했다. 어떤 묘한 부끄러움 때문에 오스카는 헤트비히 숙모에게 가기를 주저했는데, 그녀는 따뜻한 어머니와 같은 황소 눈으로 그를 슬프게 만들었던 것이다. 또 그는 브론스키 부부의 아이들, 즉 그와 반쯤 형제라고 추정되는 아이들이 별로 마음에 들지 않았다. 그들은 그를 인형처럼 취급했다. 그들은 그를 데리고 놀면서 노리갯감으로 삼으려고 했다. 오스카와 거의 같은 또래인 열다섯 살 슈테판이 그에게 아버지와 같은 투로 말을 하고, 언제나 가르치는 투로 위에서 내려다보는 태도를 취할 권리가 있단 말인가? 동그랗게 살이 쪄 달처럼 생긴 얼굴로 머리를 둘로 땋은 열 살짜리 마르가도 마찬가지다. 오스카를 옷 입은 인형처럼 몇 시간이나 머리를 빗겨 주고, 솔질을 해 주며, 옷매무새를 고쳐 주고, 교육을 시킬 권리가 그녀에게 있단 말인가? 물론 두 사람은 내가 비정상적인 불쌍한 난쟁이이며, 자기들은 건강하고 장래가 촉망되는 어린이라고 생각했다. 유감스럽게도 나를 귀여운 손자라고 생각하기가 어려웠을 할머니 콜야이체크는 그들을 좋아했다. 나는 동화나 그림책으로는 거의 감당할 수 없는 아이였다. 내가 할머니에게 바랐던 것, 오늘날까지도 실제로 상세하게 마음에 그리고 있는 것은 정말 간단했기 때문에 아주 드물게 할 수 있었던 일이었다. 다시 말해 오스카는 할머니의 얼굴을 보기만 해도 할아버지 콜야이체크와 경쟁하여 할머니 밑에 기어들어가서, 가급적 바람이 들지 않는 그곳을 벗어나고 싶지 않았다.

할머니의 치마 밑으로 들어가기 위해서 나는 할 수 있는 일이라면 전부 다했다. 오스카가 기어들어갔을 때 그녀가 그것을 좋아하지 않았다고 할 수는 없다. 그녀는 다만 주저했을 뿐이며, 대개는 나를 거부했다. 아마도 절반이라도 콜야이체크를 닮은 사람이라면 누구에게나 숨을 장소로 제공했으리라. 다만 방화범의 손가락도, 언제나 품행이 나쁜 성냥도 없는 나만이 이 요새를 점령하기 위해서 트로이의 목마를 타야 했다.

오스카는 진짜 세 살짜리 어린아이처럼 고무공을 갖고 노는 자기 모습을 상상할 수 있었다. 그리하여 그 공을 우연인 듯이 치마 밑으로 굴려 보내고는 그럴듯한 핑계를 대서, 할머니가 계략을 알아차리고 공을 꺼내주기 전에 치마 밑으로 파고드는 것이다.

어른들이 그 자리에 있으면 할머니는 내가 오랫동안 치마 밑에 머무르는 것을 절대 허락하지 않았다. 어른들이 그녀를 빈정거리기도 했고 때로는 노골적인 말로 가을 감자밭에서 있었던 그녀의 약혼식을 떠올리게 해서, 창백하지도 않은 할머니 얼굴을 언제까지나 빨갛게 물들여 놓았기 때문이다. 그 색깔은 거의 백발이 된 60세 여성의 얼굴에 제법 잘 어울렸다.

그러나 할머니가 혼자만 있을 때는—그런 일은 드물었는데, 불쌍한 어머니가 죽고 나서부터는 더욱더 드물어졌으며, 매주 열리던 랑푸어 시장의 가게를 그만두게 된 뒤로는 거의 없어졌다—그녀는 오히려 자발적으로 내가 더 오래 감자 빛깔의 치마 밑에 들어 있도록 해 주었다. 들어가도록 허가받기 위해 멍청한 고무공과 어리석은 눈속임을 쓸 필요도 없었다. 북을 들고 마루를 기어가서 한쪽 다리는 굽혀 바닥에 깔고 다른 한쪽 다리는 가구에 기댄 채 할머니의 산(山) 쪽으로 몸을 움직여 발치에 다다르면 북채로 덮개 4장을 들어올린다. 그리고 할머니 밑으로 들어가서 커튼 4장을 동시에 내리고, 1분쯤 조용히 있으면서 모든 털구멍을 열어 숨을 쉬면 계절에 상관없이 언제나 그 네 겹 치마 밑에 가득한, 약간 썩은 버터의 강렬한 냄새를 만끽할 수 있었다. 그러고 나서야 오스카는 북을 치기 시작했다. 오스카의 할머니가 무엇을 듣고 싶어하는지 알고 있었기 때문에, 나는 10월의 빗소리를 쳤다. 콜야이체크가 급히 쫓기는 방화범의 냄새와 함께 그녀 밑으로 기어든 그때, 감자 굽는 모닥불 앞에서 그녀가 분명 들었을 빗소리와 비슷하게 쳤다. 비스듬히 내리는 가는 빗줄기를 나는 양철 위에 내리게 했다. 그러자 내 머리 위에서 한숨 소리와 기도문 외는 소리가 커졌다. 1899년에 할머니가 빗속에 앉고 콜야이체크가 마른 곳에 앉아 있었을 때에 커진 한숨 소리와 기도문 외는 소리를 여기에서 새삼 확인하는 일은 독자 여러분에게 맡기겠다.

1939년 8월, 나는 폴란드인 거주지 건너편에서 얀 브론스키를 기다리면서 때때로 할머니에 대해 생각하고 있었다. 아마 할머니는 헤트비히 숙모를 찾아갔을지도 모른다. 하지만 치마 밑에 앉아서 썩은 버터 냄새를 맡을 수 있다는 생각에 아무리 끌렸어도, 층계를 두 개 올라가서 얀 브론스키라는 문패가 달린 문의 벨을 울리지는 않았다. 오스카가 할머니에게 무엇을 보답할 수가 있었겠는가? 그의 북은 두들겨서 찌그러져 이제는 아무 소리도 나지 않는다. 그의 북은 감자잎을 태우는 모닥불 위에 비스듬히 가늘게 내리는 10월의 빗소리가 어떤 소리인지도 잊어버렸다. 게다가 오스카의 할머니에게 꼭 필요한 것은 가을비라는 음향 효과뿐이었기 때문에, 그는 링 거리에 서서 5번 선이 지나는 혜레스앙거와, 벨을 울리면서 오가는 시가전차를 바라보고 있었다.

나는 그때까지 얀을 기다리고 있었던가? 포기하는 데 어울리는 모습이 생각나지 않아서, 기다리는 걸 포기하지 않고 계속 그 장소에 서 있었던 걸까? 오랜 기다림은 교육적인 효과가 있다. 그러나 오래 기다리는 동안에 기다리는 사람을 만나면 어떻게 인사할까와 같은 세부적인 장면까지 상상하게 되므로, 기다리던 대상이 기다리고 있는 사람을 갑자기 놀라게 하기는 힘들다. 하지만 얀은 나를 깜짝 놀라게 했다. 나는 무방비 상태인 그를 발견하면 내 북의 잔해를 두들겨 불러보겠다는 야심에 사로잡혀 잔뜩 긴장해서 북채로 칠 자세를 갖추고 그 자리에 서 있었다. 장황한 설명 따위는 할 필요도 없이 다짜고짜 양철을 힘껏 두들겨 큰 소리를 내서, 나의 절망적인 상태를 분명하게 나타내리라 생각하면서, 이제 '전차를 다섯 대만 기다리자', '세 대만 기다리자', '이번 한 대만 기다리자'고 스스로에게 타일렀다. 나는 브론스키 가족이 얀의 희망에 따라 모들린이나 바르샤바로 전근간 건 아닌가, 그가 브롬베르크나 토른의 중앙우체국 서기가 된 건 아닌가 하는 불길한 생각이 들었다. 지금까지의 모든 맹세를 저버리고 전차를 한 대 더 기다려봐도 안 오면 집으로 돌아가겠다고 발길을 돌리려던 참이었다. 그때 오스카는 뒤에서 붙잡혔다. 어른 하나가 그의 눈을 가린 것이다.

나는 고급 비누 냄새가 나면서 부드럽고 기분 좋게 마른 남자의 손을 느꼈다. 나는 얀 브론스키를 느꼈다.

그가 손을 떼고 한층 높은 소리로 웃으면서 나를 돌려세웠을 때, 양철로 나의 숙명적인 상황을 나타내기에는 너무 늦었다. 그 때문에 나는 북채 두 개를 동시에 마직 반바지 멜빵 뒤로 치웠다. 그 무렵, 아무도 돌봐 주는 사람이 없었기 때문에 나는 호주머니가 해어진 더러운 반바지를 입고 있었다.

두 손이 자유로워진 나는 빈약한 끈으로 목에 매달고 있던 북을 높이 쳐들었다. 호소하듯 눈보다 높게, 빙케 사제가 미사를 올릴 때 성체를 받치듯이 높이 쳐들었다. 나는 '이것은 나의 살과 피입니다'라고 말할 수 있었을지도 모른다. 그러나 나는 한마디도 하지 않고 단지 알몸이 된 금속을 높이 쳐들기만 했을 뿐이다. 내가 요구한 것은 어떤 근본적이고 기적적인 변화가 아니었다. 내 북을 고쳐달라고 요구했을 뿐이었다. 다른 뜻은 전혀 없었다.

얀은 곧 신경질적으로 긴장된 웃음이라고 생각되는, 그에게 어울리지 않는 높은 웃음소리를 그쳤다. 그는 볼 수밖에 없는 내 북을 확인하고 너덜너덜 해어진 양철에서 눈을 떼고, 여전히 세 살로밖에 보이지 않는 반짝반짝 빛나는 나의 눈을 들여다보았다. 처음에는 무표정한 두 개의 푸른 눈동자와, 그 속에서 빛나고 있는 광채와 빛의 반사, 즉 눈 속에 압축되어 있는 모든 표정을 들여다보더니, 결국 내 눈이 거울처럼 비추고 있는 길거리의 더러운 웅덩이 물과 조금의 차이도 없다는 사실을 확인했다. 그러고는 자기의 모든 호의와 구체적인 추억을 끌어내 나의 두 눈에서 회색이면서도 내 눈과 닮았던 고운 어머니의 눈—여러 해 동안 그에 대한 호감에서 시작하여 정욕에 이르는 모든 감정을 반영했던—을 애써 재발견했음에 틀림없다. 하지만 내 눈 속에서 또한 자신의 모습을 보고 깜짝 놀랐는지도 모른다. 물론 그렇다고 해서 꼭 그것이 얀이 내 아버지, 정확하게 말해 나의 친아버지임을 의미하는 것은 아니다. 왜냐하면 우리 세 사람—얀, 어머니, 그리고 나—의 눈은 똑같이 천진스럽게 빛나는 백치미가 특징이기 때문이다. 그것은 거의 모든 브론스키 집안사람들의 특징이라고 할 수 있다. 슈테판도 그렇고, 마르가의 경우에는 덜하지만 대신 할머니와 그 오빠 빈센트에 이르면 더욱 분명해진다. 그러나 검은 속눈썹에 푸른 눈임에도 불구하고 나의 몸에 방화범 콜야이체크의 피가 흐르지 않는다고는 말할 수 없다. 유리를 파괴하는 내 노래만 보아도 알 수 있다. 내 얼굴에서 라인란트 출신인 마체라트의 특징을 찾아내려면 상당한 무리를 해야 하리라.

이야기를 슬쩍 돌리는 버릇이 있는 얀일지라도, 내가 북을 들어올려 그의 눈에 온갖 생각이 나게 한 그 순간 누군가 노골적으로 질문했다면 이렇게 인정해야만 했을 것이다. 이 아이의 어머니 아그네스가 나를 바라보고 있다. 어쩌면 나는 나 자신을 바라보고 있다. 이 아이의 어머니와 나는 너무나도 많은 공통점이 있었다. 하지만 아메리카나 바다 밑에 있을 나의 고모부 콜야 이체크가 나를 바라보고 있을지도 모른다. 여하튼 나를 바라보고 있는 사람은 마체라트는 아니다. 그것으로 좋다.

얀은 나한테서 북을 빼앗아 뒤집어 보고 가볍게 두들겼다. 연필도 제대로 깎지 못하는 이 실용성 없는 사나이가 마치 양철북 수선에 대해서 조금이라도 알고 있는 듯한 흉내를 내고, 이 사나이한테서는 좀처럼 보기 힘든 단호한 표정으로 내 손을 잡고—나는 깜짝 놀랐다. 왜냐하면 그는 그렇게 서두르는 법이 없었기 때문이다—링 거리를 가로질러 손을 잡은 채 헤레스앙거의 시가전차 정거장으로 갔다. 전차가 오자 나를 잡아끌어 5번 선의 흡연칸에 올라탔다.

오스카는 두 사람이 시내로 가고 있음을 어렴풋이 알아차렸다. 그는 헤벨리우스 광장 폴란드 우체국에 있는 수위 코비엘라를 방문할 것이다. 그는 오스카의 북이 몇 주 전부터 원하고 있던 그 수선 도구와 능력을 가지고 있다.

이 시가전차 여행을 한 날이 1939년 9월 1일 저녁이 아니었더라면 아무에게도 방해받지 않는 즐거운 여행이 될 수 있었을 것이다. 뒤에 흡연칸을 연결한 5번 선의 기동차는 막스 할베 광장에서, 브뢰젠 해수욕장으로부터 돌아와 지쳤으면서도 왁자지껄 떠드는 해수욕객으로 가득 차서 벨을 울리면서 시내로 향했다. 전투함 두 척—'슐레스비히'와 '슐레스비히 홀슈타인'—이 베스터 광장 맞은편 항구에 정박하지 않았던들, 그리하여 그들의 탄약 저장소를 단 붉은 벽돌로 쌓은 흉벽, 강철 선체, 2중 회전 포탑과 대포를 보이지만 않았던들, 우리는 북을 갖다준 뒤 카페 바이츠케에 앉아 빨대로 레모네이드를 마시며 얼마나 멋진 늦여름 오후를 보낼 수 있었을까! 방어 태세를 갖추기 위해 폴란드 우체국 내부가 이미 수개월 전에 장갑판으로 덮이고, 그디니아나 옥스회프트에서 태평하게 주말을 보내던 우체국 직원, 공무원, 서기, 우편집배원들이 요새 수비대로 배치되지만 않았던들, 우리는 우체국 수위의 숙소 벨을 눌러 순진한 어린이의 양철북을 코비엘라 수위에게 수선을 맡길 수도 있었을 테니 얼마나 좋았겠는가!

우리는 올리바 문에 가까이 가고 있었다. 얀 브론스키는 땀을 흘리면서 힌덴부르크 가로수길의 먼지를 뒤집어 쓴 녹색 나무들을 바라보며, 인색한 그에게 어울리지 않게 평소보다 많은 금테 담배를 피웠다. 오스카는 아버지로 추정되는 이 사나이가 어머니와 함께 소파에 앉아 있는 모습을 두세 번 보았을 때를 제외하고는 이렇게 땀을 많이 흘리는 것을 본 적이 없었다.

불쌍한 어머니는 오래전에 죽었다. 그런데 왜 얀 브론스키는 땀을 흘리는 걸까? 정거장이 가까워질 때마다 그가 내리고 싶은 충동에 들썩거리다가 곧 나와 내 북의 존재를 깨닫고 다시 자리에 앉는 것을 눈치채고 나서, 나는 얀이 땀을 흘리는 이유를 분명히 알게 되었다. 그가 국가공무원으로서 방위해야 할 폴란드 우체국 때문이었다. 그는 이미 그곳에서 도망쳐 나왔다. 그러나 링 거리의 헤레스앙거 구석에서 나와 내 부서진 북을 발견하고는 관리의 의무를 수행하러 다시 돌아가겠다고 결심한 것이다. 그러고는 관리도 아니고 우체국 방위에도 쓸모없는 나를 끌고 차에 타고 나서 땀을 흘리며 그때마다 담배를 피웠다. 왜 그는 내리지 않았을까? 그랬더라도 나는 분명히 방해하지 않았을 것이다. 그는 한창 일할 나이로 45세가 채 되지 않았다. 그의 눈은 푸르며, 머리는 밤색이고, 두 손은 손질이 잘되어 있었으며, 약간 떨고 있었다. 이처럼 불쌍할 정도로 땀을 흘리지 않았더라면, 아버지로 추정되는 사나이 곁에 앉아 있는 오스카의 코에 전달된 냄새는 식은땀 냄새가 아니라 오 드 콜로뉴 냄새였을 것이다.

우리는 재목 시장에 내려서 오래된 마을길을 따라 걸어 내려갔다. 바람도 없는 늦여름 저녁이었다. 옛 시가지의 종이 평소처럼 8시쯤 청동 소리를 내며 울려 퍼지면서 하늘을 가득 채웠다. 비둘기들이 날아올랐다. 종은 노래했다. "차가운 무덤 속에 들어갈 때까지 항상 성실하고 정직하라." 그 울림은 너무도 아름다워 울고 싶을 정도였다. 그러나 주변은 웃음소리로 가득 차 있었다. 글레트카우와 호이부데 해수욕장의 바닷물에서 갓 올라온 수많은 해수욕객들을 태우고 온 시가전차에서, 햇볕에 탄 어린이들을 거느린 부인네들, 모직으로 만든 해변 망토, 가지각색의 비치볼이며 범선들이 쏟아져 나왔다. 젊은 아가씨들은 졸린 눈을 하고서도 혀를 계속 움직여가며 딸기 아이스크림을 핥고 있었다. 열다섯 살쯤 된 한 소녀는 웨이퍼를 떨어뜨리고서 얼른 허리를 굽혀 흐물흐물한 크림을 주우려다가 주춤하더니, 녹아서 모양이 무너진 크림을 포장도로와 곧 지나갈 사람의 구두 밑바닥의 처분에 맡겼다. 이윽고 그녀도 어른이 되면 길거리에서 아이스크림을 핥는 일은 더 이상 없게 되리라.

슈나이더밀렌 골목에서 우리는 왼편으로 접어들었다. 골목길 끝에 있는 헤벨리우스 광장은 분대별로 흩어져 있는 친위대 향토방위대원들에 의해 폐쇄되었다. 젊은 사람도 있었으며, 팔띠를 두르고 보안경찰의 기관총을 든 가장(家長)도 있었다. 이 봉쇄를 피해 멀리 돌아서 렘 쪽에서 우체국을 찾아가면 쉬웠으리라. 얀 브론스키는 향토방위대원에게 다가갔다. 목적은 분명했다. 그는 그곳에서 제지당해서, 우체국 건물로부터 헤벨리우스 광장까지 감시하고 있는 그의 상관들 눈앞에서 쫓겨나기를 바라고 있었던 것이다. 그래야만 격퇴당한 영웅처럼 반은 체면을 유지한 채, 그를 이곳으로 싣고 온 5번 선 전차를 타고 집에 돌아갈 수 있기 때문이다.

향토방위대원들은 우리를 지나가게 해 주었다. 아마도 세 살짜리 소년의 손을 잡고 있는 말쑥한 신사가 우체국으로 가리라고는 전혀 생각지 못했을 터이다. 그들은 정중한 태도로, 우리에게 조심하라고 일러 주었다. 그리고 그들이 '정지' 하고 소리친 것은 우리가 이미 격자문을 지나 현관 앞에 다다랐을 때였다. 얀은 애매한 태도로 돌아섰다. 그때 무거운 문이 조금 열리더니 우리를 안으로 넣어 주었다. 우리는 폴란드 우체국의 어두컴컴하고 창구가 늘어서 있는 서늘한 홀에 서 있었다.

얀 브론스키는 동료들에게 별로 환영받지 못했다. 그들은 그를 믿지 않았으며 벌써 그를 단념한 듯했다. 더구나 우체국 서기 브론스키는 도망칠 생각이라는 의심을 또렷이 드러내고 있었다. 얀은 그러한 비난을 물리치기 위해 열심히 변명했다. 그러나 아무도 그의 이야기에 귀 기울이지 않았다. 그는 지하실에서부터 창구가 늘어선 홀 정면에 있는 창 앞까지 모래주머니를 나르는 일을 배정받은 사람들의 줄로 밀려 들어갔다. 이 모래주머니와 비슷한 잡동사니가 창 앞에 쌓였고, 서류장 같은 무거운 가구는 현관 근처로 옮겨졌다. 유사시에는 즉시 방어벽을 쌓아 출입구를 막겠다는 것이다.

내가 누군지 묻는 사람이 있었으나 얀의 대답 따위는 기다릴 틈이 없었다. 사람들은 흥분해서 큰 소리로 떠드는가 하면 극도로 신중해져서 갑자기 낮은 소리가 되곤 했다. 내 북과 내 북의 괴로움은 잊힌 듯했다. 내 배 앞에 매달린 고철 더미를 고쳐 줄 것으로 기대했던 코비엘라 수위의 모습은 전혀 보이지 않았다. 아마 홀에 있는 배달부나 창구직원과 마찬가지로, 우체국 2층이나 3층에서 탄환을 막을 수 있는 터질 듯한 모래주머니를 열심히 쌓고 있으리라. 오스카는 얀 브론스키에게 귀찮은 존재였다. 그래서 나는 다른 사람들이 미숑 박사라고 부르는 한 사나이로부터 얀이 명령을 받는 순간을 포착해서 붐비는 사람들 사이에 섞였다. 우체국장임이 틀림없는 폴란드 철모를 쓴 미숑의 눈을 조심스럽게 피해서 몇 번인가 찾은 끝에, 나는 2층으로 통하는 층계를 발견했다. 그리고 2층 복도의 거의 막다른 곳에서 중간 크기의 창 없는 방을 찾아냈다. 그 방에는 탄약 상자를 끌어당기고 있는 사나이도 없었으며 모래주머니도 쌓여 있지 않았다.

갖가지 우표가 붙은 편지를 가득 실은 바퀴 달린 세탁 바구니가 바닥에 잔뜩 늘어서 있었다. 그 방은 천장이 낮고 벽지는 갈색을 띤 오렌지색이었다. 고무 냄새가 조금 났다. 알전구 하나가 켜져 있었다. 오스카는 스위치를 찾기에는 너무 지쳐 있었다. 아주 먼 곳에서 성 마리아, 성 카타리나, 성 요한, 성 브리기테, 성 바바라, 성 삼위일체, 성체의 종이 재촉하고 있었다—9시에요, 오스카, 자야 할 시간이에요. 나는 어느 우편물 바구니에 누워서, 똑같이 지쳐 있는 북을 내 옆에 눕히고는 잠이 들었다.

폴란드 우체국

나는 편지가 가득 든 세탁 바구니 속에서 잠을 잤다. 로츠, 루블린, 르보프, 토른, 크라카우, 체스토호바에 갈 편지도 있었고, 로츠, 루블린, 렘베르크, 토른, 크라카우, 체스토호바에서 온 편지도 있었다. 그러나 나는 마트카 보스카 체스토호프스카의 꿈은 꾸지 않았으며, 검은 성모(聖母)의 꿈도 꾸지 않았다. 나는 꿈속에서 크라카우에 보존되어 있는 피우수트스키의 심장도, 토른 시를 유명하게 만든 후추 과자도 씹지 않았다. 여전히 수리 안 된 내 북도 꿈꾸지 않았다. 꿈도 꾸지 않으면서 바퀴 달린 세탁 바구니 속 편지 위에 누워서 오스카는 속삭이는 말도, 중얼거리는 소리도, 수다 떠는 소리도 듣지 않았으며, 많은 편지를 다발째 놓을 때에 큰 소리로 나올 법한 무의미한 소리도 듣지 않았다. 편지는 나에게 한 마디도 하지 않았다. 나에게 올 우편물은 하나도 없었다. 그 누구도 내게서 수취인이나 발신인의 표지를 찾아볼 수는 없었다. 나는 세상과 아무런 접촉 없이, 안테나를 안으로 집어넣은 채 우편물 더미 위에서 잠을 잤다. 그 산더미에 안테나만 세우면 얼마든지 정보를 얻을 수 있으니, 그것은 그대로가 곧 세계라고 할 수 있을 것이다.

따라서 바르샤바의 레히 밀레프치크라는 사나이가 단치히 시틀리츠에 사는 그의 조카에게 띄운 편지가 내 잠을 깨우지는 않았다. 그 편지는 천 년 묵은 거북이의 잠도 깨울 수 있을 정도로 경보를 울리고 있었는데도 말이다. 내 잠을 깨운 것은 가까이에서 나는 기관총 소리와 멀리 자유항에 정박 중인 전함의 이중 포탑에서 발포되어 굉음을 울리는 일제사격 소리였다.

그것을 기관총이라든가 이중 포탑이라고 기록하기는 쉬운 일이다. 그것을 억수로 퍼붓는 비, 우박 또는 내가 태어날 때의 폭풍우와 비슷한 늦여름 폭풍우의 기습이라고 할 수는 없었을까? 나는 잠이 와서 견딜 수 없었기 때문에 이런 쓸데없는 생각에 잠겨 있었는데, 소음을 귀에 담은 채 그 상황을 정확히 한 마디로 표현하자면 다음과 같다. 아아 그들이 지금 공격하고 있구나!

오스카는 세탁 바구니에서 기어 나와 샌들을 신으려고 비틀거리면서도 예민한 북의 안부를 걱정했다. 그는 하룻밤 숙소를 빌려 준 바구니 속에 들어 있는, 느슨하면서도 상자 모양으로 차곡차곡 쌓인 편지에 두 손으로 구멍을 팠다. 그러나 편지를 찢거나 접거나 파손하는 따위의 난폭한 짓은 하지 않았다. 오히려 나는 서로 엉겨 있는 우편물을 조심조심 풀어서, '폴란드 우체국'이라는 소인이 찍힌, 대개는 보랏빛인 편지와 엽서까지도 봉함이 열리지 않도록 주의했다. 모든 것을 급격하게 바꾸는 돌이킬 수 없는 사태에 직면해서도 우편의 비밀은 언제나 지켜져야만 하기 때문이다.

기관총의 포화가 심해지면서 편지로 가득 찬 세탁 바구니의 깔때기 모양 구멍도 넓어졌다. 결국 우편의 비밀을 충분히 지켰다고 생각했을 때 빈사 상태에 놓인 내 북을 편지를 꺼내 만든 침상에 누이고, 봉투를 그 위에 잔뜩 덮었다. 세 겹뿐만 아니라 열 겹, 스무 겹으로 마치 미장이가 벽돌을 튼튼하게 쌓아올리는 것 같은 방법으로 봉투를 엇갈리게 쌓아올렸다.

대포의 파편이나 총탄으로부터 내 북을 지키기 위한 이 예방 조치를 막 끝내자마자 헤벨리우스 광장에 있는 우체국 정면의, 창구가 늘어서 있는 홀 바로 근처에서 처음으로 대전차포 포탄이 폭발했다.

폴란드 우체국의 묵직한 벽돌 건물은 이 정도 포격이라면 몇 발쯤 끄떡없이 견뎌낼 수 있었다. 향토방위대원들이 짧은 교전만으로 정면 돌격에 필요한 돌파구를 뚫는 데 성공하리라는 걱정은 할 필요가 없었다.

나는 2층 사무실 세 개와 복도로 둘러싸인 안전하고 창이 없는 우편 발송 창고에서 나왔다. 얀 브론스키가 어떻게 되었는지 보기 위해서였다. 나는 추정상의 아버지 얀을 찾으면서도 더 욕심을 부려 절름발이 코비엘라 수위를 찾았다. 내가 어제 저녁밥도 걸러 가면서 전차를 타고 헤벨리우스 광장과, 평소에는 나와 관계없는 우체국까지 온 것은 내 북을 수리하기 위해서였기 때문이다. 만일 내가 적절한 시점, 즉 반드시 일어날 돌격에 앞서 수위를 찾아내지 못하면, 내 의지할 곳 없는 양철을 조심스럽게 보관해 놓았다 한들 별 의미가 없는 것이다.

그 때문에 오스카는 얀을 찾으면서도 코비엘라를 생각했다. 팔짱을 끼고, 타일을 깐 긴 복도를 몇 차례 왔다 갔다 했다. 그러나 아무리 걷고 있어도 여전히 혼자뿐이었다. 그는 분명히 우체국에서 발사되는 소총 한 발 한 발을, 계속 탄약을 낭비하는 향토방위대원의 사격과 구별했는데, 조심스러운 사수들은 사무실에서 쓰던 소인을, 똑같이 소인을 찍는 듯한 무기로 바꾸었음에 틀림없다. 복도에는 기회를 틈타 반격을 가할 준비라곤 전혀 되어 있지 않았다. 그곳을 단 한 사람 오스카가 순찰하고 있었다. 그는 역사가 만들어지는 길목에서 무기도 북도 없이 몸을 드러내놓고 있었다. 납덩이처럼 무거운 분위기만 자아낼 뿐 아무런 격식도 없는 너무 이른 아침이었다.

안뜰 옆 사무실에도 인기척 하나 없었다. 경솔하다는 생각이 들었다. 이 건물은 슈나이더뮐렌 골목 맞은편도 지켜야만 하는 것이다. 우체국 안뜰이나 소포를 싣고 내리는 곳과 단지 판자벽 하나로 경계를 이루고 있는 경찰 관구(管區)는 그림책에서나 볼 수 있을 성싶은 공격 지점을 형성하고 있었다. 나는 사무실, 등기우편물을 위한 방, 현금배달부 방, 회계과, 전보 접수구 등을 뛰어다녔다. 그곳에 그들은 누워 있었다. 장갑판과 모래주머니 뒤, 거꾸로 세워진 가구 뒤에 모여 엎드린 채 그들은 띄엄띄엄 총을 탕탕 쏘고 있었다.

거의 모든 방에서 이미 창유리 몇 장이 향토방위대의 기관총 세례를 받았다. 나는 그 장면을 슬쩍 보고서, 편안하게 호흡하던 평화로운 시절에 나의 다이아몬드 소리를 받고 깨진 그 창유리와 비교했다. 폴란드 우체국을 지키기 위해서 나의 도움을 필요로 하고 있는 지금, 전깃줄처럼 바싹 마른 미숑 박사가 우체국장으로서가 아니라 우체국 방위대장으로서 나에게 다가와 내 소리가 꼭 필요하다고 말하며 선서를 시킨 뒤 폴란드 방위 임무를 맡긴다면, 폴란드를 위해서 또 야생이면서도 언제나 열매를 맺는 폴란드의 경제를 위해서, 나는 기꺼이 유리를 깨뜨렸으리라. 헤벨리우스 광장 건너편 집 유리, 램 거리의 집 유리, 경찰 관구도 포함해서 슈나이더뮐렌 골목에 줄지어 있는 유리와, 이전보다 원격 작용의 힘을 강화해서 오래된 마을길과 리터 골목의 깨끗이 닦인 유리창을 몇 분 안에 바람이 잘 통하는 검은 구멍으로 만들었을 것이다. 그러면 향토방위대원들과 구경꾼들 사이에 대혼란이 일어나리라. 그것은 중기관총 몇 정과 같은 효과가 있으며, 전쟁의 시작에서 이미 기적의 병기를 믿게 할 것이다. 그러나 폴란드 우체국을 구할 수는 없으리라.

오스카는 출격하지 않았다. 우체국장의 머리 위에 폴란드 철모를 쓴 미숑 박사는 내가 창구가 늘어선 홀 층계를 달려 내려와 그의 다리 사이로 뛰어들었을 때, 나에게 선서를 시키기는커녕 따귀를 한 대 세게 때리고는 폴란드 말로 언성을 높여 욕설을 퍼붓고서 다시 방위 업무에 전념했다. 책임을 지고 있는 미숑 박사를 포함해서 사람들이 흥분하고 무서워하고 있었으니, 그것도 용서할 수 있었다.

홀의 시계가 4시 20분을 가리키고 있었다. 4시 21분이 되었을 때, 나는 첫 전투가 시계에는 아무런 손상도 입히지 않았음을 알 수 있었다. 시계는 움직이고 있었다. 그리고 시간의 이 무관심을 나쁜 징조라고 생각해야 할지 좋은 징조로 해석해야 할지 나로서는 알 수 없었다.

어쨌든 나는 먼저 창구가 있는 홀에 서서 얀과 코비엘라를 찾으면서 미숑 박사를 피했다. 삼촌도 수위도 보이지 않았다. 홀의 유리가 깨진 것을 확인하고, 현관 옆에 달린 장식이 갈라지고 보기 흉한 구멍이 몇 군데 뚫린 것도 확인했으며, 최초의 두 부상자가 운반되어 들어오는 것을 목격했다. 한 사람은 회색 머리를 조심스레 가른 중년 사나이였는데, 오른팔의 찰과상에 붕대를 감는 동안 흥분하여 끊임없이 중얼거렸다. 그는 가벼운 상처에 하얀 붕대가 감기자마자 바로 일어서서 무기를 잡고, 아무래도 방탄에 도움이 되지 않을 듯한 모래주머니 뒤에 다시 엎드리려고 했다. 그러나 다행스럽게도 심한 출혈이 원인인 가벼운 무력증이 그를 바닥으로 끌어당겨 휴식을 명했다. 중년이 되면 다친 뒤 곧바로 힘이 회복되지 않기 때문이다. 또한 철모를 쓰고 있으면서도 신사복 위 호주머니에 멋쟁이처럼 세모꼴 장식 손수건을 꽂은 자그마하고 튼튼하게 생긴 50대 남자가, 부상당한 중년 남자에게 폴란드의 이름으로 쉬도록 명령을 했다. 기사처럼 의젓하게 행동하는 이 관리는 박사로서 미숑이라 불리고 있었는데, 전날 밤 얀 브론스키를 엄중하게 심문했었다.

두 번째 부상자는 거친 숨소리를 내며 짚 이불 위에 누워 있었으며, 모래주머니가 있는 곳으로 되돌아가려고 하지 않았다. 일정한 간격을 두고 그는 부끄러움도 체면도 잊고 큰 소리를 질렀다. 그는 배를 관통당한 것이다.

오스카가 찾고 있던 두 사람을 어떻게 해서든 찾아내려고 모래주머니 뒤에 줄지어 있는 사나이들을 다시 한 번 살펴보려고 했을 때, 두 발의 유탄이 거의 동시에 현관 위와 옆에서 폭발하여 창구가 늘어선 홀을 뒤흔들었다. 현관 앞에 끌어다놓은 서류장은 튀어오르고 철한 서류 다발이 산산이 흩어졌다. 서류 다발은 정말로 높이 날아올라 제자리를 잃고 타일 바닥 위에 떨어져 내리며 미끄러져, 타당한 회계 처리였다면 절대 만나지 못했을 전표(傳票)와 마주쳐서 뒤덮였다. 남아 있던 유리창이 깨지고, 크고 작은 장식이 벽이며 천장으로부터 마구 떨어졌다. 다시 부상자 한 사람이 석고와 석회 구름 속을 지나서 방 가운데에 끌려왔다. 하지만 그때 철모 쓴 미숑 박사로부터 명령이 내려와 사람들은 층계를 밟고 2층으로 올라갔다.

오스카도 한 계단 한 계단 헐떡이면서 올라가는 우체국 직원과 함께 남자들 뒤를 쫓아갔다. 그를 불러 세우는 사람도, 묻는 사람도 없었다. 이젠 미숑처럼 울퉁불퉁한 남자 손으로 때리는 사람도 없었다. 특히 오스카는 우체국을 지키는 어른들의 가랑이 사이로 들어가지 않도록 조심했다.

천천히 층계를 올라가는 남자들의 뒤를 따라서 2층에 다다랐을 때 내 예감이 적중했음을 알았다. 사람들은 창이 없어서 안전한 우편물 발송 창고로 부상자들을 나르고 있었다. 애초에 그 방은 내가 나를 위해서 예약해 놓은 방이었다. 게다가 그 방에는 매트리스가 없기 때문에 그들은 우편물 바구니가 조금 짧긴 하지만, 부상자를 위한 부드러운 매트리스 대용이 되리라 생각했다. 나는 배달 불능 우편물로 가득 찬 바퀴 달린 세탁물 바구니 하나에 내 북을 입주시킨 일을 후회했다. 몸이 찢기고 관통당한 집배원과 창구직원의 피가 열 겹, 스무 겹으로 겹친 종이 다발을 통해 스며들어, 이제까지는 광철밖에 한 적이 없는 나의 양철에 색칠을 하지나 않을까? 내 북이 폴란드의 피와 무슨 관계가 있단 말인가! 자기네 서류와 압지(押紙)에나 그 액체로 물들일 것이지! 잉크병에서 푸른 잉크를 쏟아버리고 붉은 피로 다시 채우기나 할 것이지! 자기네 손수건이나 풀을 먹인 하얀 와이셔츠를 반은 빨갛게 물들여서 폴란드 국기를 만들면 될 게 아닌가! 결국 문제는 폴란드이지 내 북은 아무 상관도 없다! 폴란드가 패배하여 백(白)과 적(赤)을 잃는 일이 그들에게 중요하다고 해서 내 북도 본디 칠해진 빛깔이 의심을 받아 새로운 칠로 그 본색을 잃어야 한단 말인가.

폴란드 따위는 알 바 아니다, 중요한 것은 나의 일그러진 양철이다, 이런 생각이 조금씩 내 마음속에 자리를 잡았다. 얀이 나를 우체국으로 끌어들인 까닭은, 그곳 관리들에게 타오르는 봉화와 같은 폴란드로는 충분치 않아서, 불붙은 군기(軍旗)를 그들에게 가져다주기 위해서였다. 어젯밤 내가 바퀴 달린 우편물 바구니 속에서 구르지도 않고 꿈도 꾸지 않고 자는 동안에, 눈 뜨고 있던 우체국 직원들은 마치 암호처럼 이렇게 속삭였다. 어린아이의 죽어 가는 북이 숨을 곳을 찾아서 우리에게 왔다. 우리는 폴란드인이다. 우리는 이 북을 지켜야 한다. 특히 영국과 프랑스가 우리와 상호원조조약을 체결했으니까 말이지.

우편물 발송 창고의 반쯤 열린 문 앞에서 이런 무의미하고 추상적인 생각이 내 행동의 자유를 방해하고 있는 동안에 우체국 안뜰에서는 처음으로 기관총 소리가 요란스럽게 났다. 내 예상대로 향토방위대원은 그들의 첫 공격을 슈나이더뮐렌 골목에 맞닿은 경찰 관구 쪽으로부터 시작한 것이다. 우리는 곧 모두 엎드렸다. 향토방위대원들은 우편배달차 적하장 위쪽에 있는 소포실로 통하는 문을 폭파하는 데 성공했다. 그리고 곧바로 소포실에 들어가 소포 접수구를 점령했는데, 창구가 늘어선 홀 안으로 통하는 복도의 문은 이미 열려 있었다.

부상자를 끌어올리고, 내 북이 숨어 있는 우편물 바구니에 그들을 눕힌 사나이들이 돌격해 나갔다. 다른 사람들도 뒤를 따랐다. 요란한 소리를 들어보니 1층 복도에서 전투가 일어났으며, 소포 접수창구에서 싸우고 있는 듯싶었다. 향토방위대는 퇴각할 수밖에 없었다.

오스카는 처음에는 주저주저하다가 좀더 분명한 의식으로 우체국 창고에 발을 디뎠다. 부상자는 누르스름한 잿빛 얼굴에 이를 드러내고서 감은 눈꺼풀 뒤로 눈알을 움직이고 있었다. 침을 뱉자 피가 질질 흘렀다. 그러나 그의 머리는 우편물 바구니 밖에 나와 있었으므로 우편물을 더럽힐 염려는 없었다. 오스카는 바구니에 닿기 위해서 발돋움질해야 했다. 그 사나이의 엉덩이가 북이 묻혀 있는 장소를 묵직하게 점령하고 있었다. 오스카는 처음에 사나이와 편지를 다치게 하지 않으려고 조심하다가 나중에는 좀더 힘을 들여서 잡아당기고, 결국에는 봉투를 뜯고 찢으면서 신음하는 사나이 밑에서 봉투 여러 묶음을 꺼내는 데 성공했다.

오늘에서야 말하지만, 내 손가락이 북 테에 닿았을 때 사나이들이 층계를 뛰어올라 복도를 달려왔다. 그들은 향토방위대를 소포실에서 물리치고 돌아온 것이다. 어쨌든 처음에는 그들이 이겼고, 나는 그들의 웃음소리를 들었다.

나는 문 가까이 있는 우편물 바구니 뒤에 숨어서 사나이들이 부상자가 있는 곳에 다다를 때까지 기다렸다. 처음에는 요란한 몸짓을 하며 큰 소리로 이야기하고 있었으나 다음에는 낮은 소리로 욕을 퍼부으면서 부상자에게 붕대를 감아 주었다.

창구가 늘어선 홀 근처에서 대전차포 포탄 두 발이 폭발했다—다시 두 발, 그리고 조용해졌다. 베스터 광장 맞은편 자유항에 있는 전함에서 퍼붓는 일제사격의 포성이 멀리서 은은하면서도 규칙적으로 들려왔다—모두가 그것에 익숙해져 있었다.

부상자 옆에 있는 사나이들 눈에 띄지 않도록 조심하면서 나는 우편물 창고를 도망쳐 나왔다. 북을 위험 속에 내맡긴 채 다시 한 번 나의 추정상의 아버지이자 삼촌인 얀과 코비엘라 수위를 찾았다.

3층에 중앙우체국 서기 나찰니크의 관사가 있었다. 그는 적절한 시기에 가족을 브롬베르크나 바르샤바에 보낸 모양이었다. 처음에 나는 안뜰 쪽에 있는 창고를 몇 군데 뒤지다가 나찰니크의 관사 안 아이들 방에서 얀과 코비엘라를 발견했다.

그곳은 기분 좋게 밝은 방으로 유쾌한 벽지가 발라져 있었으나, 안타깝게도 여러 군데에 유탄 자국이 나 있었다. 평화로운 시절 같으면 두 개의 창 앞에 걸터앉아 헤벨리우스 광장을 바라보면서 즐거운 한때를 보낼 수 있었으리라. 아직 흠집 하나 없는 흔들목마, 여러 가지 공, 거꾸로 선 납으로 만든 보병 또는 기병으로 가득 찬 기사의 성, 철도 레일과 화차가 가득 든 뚜껑 열린 마분지 상자, 조금씩은 너덜너덜해진 인형 몇 개, 너저분해진 인형의 방, 이러한 장난감의 홍수는 중앙우체국 서기 나찰니크가 사내아이와 계집아이를 호사스럽게 키운 아버지임을 말해 주었다. 틀림없이 브론스키 남매와 비슷할 그 남매가 바르샤바로 피난한 덕분에 나와 만나지 않게 된 것은 정말로 다행스러운 일이었다. 중앙우체국 서기의 장난꾸러기가 납으로 만든 군대로 가득 찬 어린이의 천국에서 떠나야 했을 때 얼마나 쓰라렸을까를 상상하니 약간 고소했다. 아마도 그 아이는 창기병 여러 명을 바지 호주머니에 찔러넣었을 것이다. 훗날 모들린 요새를 둘러싼 싸움에서 폴란드 기병을 강화할 수 있도록 말이다.

오스카는 납으로 만든 군대 이야기를 너무 많이 한 듯싶지만, 그래도 이 사실만은 고백해야만 한다. 장난감과 그림책과 놀이판을 올려놓은 선반 제일 꼭대기에 작은 악기들이 늘어서 있었다. 벌꿀 빛깔의 트럼펫 하나가, 전투에 순종하느라고 포탄이 폭발할 때마다 작게 울리는 철금(鐵琴) 옆에 소리도 없이 서 있었다. 빛깔이 선명한 손풍금이 오른편 바깥쪽으로 완전히 펴진 채 비스듬히 걸려 있었다. 이 집 부모는 2세들에게 현 네 줄이 제대로 달린 작은 진짜 바이올린을 사줄 정도로 지나치게 사치스러운 인간들이었다. 바이올린 옆에는 굴러 떨어지지 않도록 받침대 몇 개로 막아놓은, 흰색과 빨간색으로 광칠한 양철북 하나가—아무도 믿으려고 하지 않겠지만—상처 없는 하얀 테를 뽐내며 놓여 있었다.

처음에 나는 북을 내 힘으로 선반에서 끌어내릴 생각은 하지 않았다. 오스카는 자신의 손이 닿는 범위가 좁다는 사실을 알고 있었기 때문에, 난쟁이 같은 자기 키로 깡충거려 보았자 별 도리가 없을 때는 자진해서 어른의 호의에 기대곤 했다.

얀 브론스키와 코비엘라는 방바닥까지 오는 창문의 아래쪽 3분의 1까지 숨겨주는 모래주머니 뒤에 엎드려 있었다. 코비엘라는 오른쪽에 있었다. 나는 지금 이 수위가, 피를 토하고 있는 부상자 밑에 눌려서 틀림없이 점점 찌부러지고 있을 내 북을 끄집어 내 수선할 틈이 없다는 것을 금방 알아차렸다. 코비엘라는 싸움에 몰두하고 있었다. 그는 일정한 간격을 두고 모래주머니 방벽 틈새로 헤벨리우스 광장 너머 슈나이더뮐렌 골목 쪽으로 조준하여 소총을 쏘았다. 그곳 라다우네 다리 바로 앞에는 대전차포가 진을 치고 있었다.

얀은 웅크리고 누워서 머리를 처박고 떨고 있었다. 그래도 그를 알아볼 수 있었던 것은 석회와 모래로 더러워지긴 했으나 짙은 회색의 고급 신사복 때문이었다. 똑같이 회색인 오른쪽 구두끈은 풀어져 있었다. 나는 허리를 굽혀 끈을 나비 모양으로 매주었다. 내가 끈을 꽉 졸라맸을 때 얀은 깜짝 놀라 지나치게 푸른 두 눈으로 왼쪽 소매 위에서 이쪽을 엿보며, 물기에 젖은 눈으로 의아스러운 듯 나를 바라보았다. 오스카가 대강 짐작한 대로, 그는 아무데도 다치지 않았는데도 숨죽여 울고 있었다. 얀 브론스키는 무서워하고 있었다. 나는 그가 훌쩍거리며 우는데도 나찰니크 아들의 양철북을 손가락으로 가리키며, 신중에 신중을 기하여 아이들 방의 구조물들을 이용해 선반에 다가가서 양철북을 가져오라고 분명한 손짓 발짓으로 얀에게 요구했다. 나의 삼촌은 나를 이해하지 못했다. 나의 추정상의 아버지는 나를 이해하지 못했다. 나의 불쌍한 어머니의 연인은 오직 불안에 사로잡혀서, 그에게 도움을 구하는 내 몸짓이 어떻든 더 불안해하고만 있었다. 오스카는 큰 소리로 그에게 외치고 싶었으나 자신의 소총에만 신경 쓰고 있는 코비엘라에게 들키지 않도록 조심해야 했다.

그래서 나는 모래주머니 뒤 얀의 왼쪽 옆에 엎드려 그에게 몸을 바싹 붙임으로써 내 몸에 있는 냉정한 기질의 일부를 불행한 삼촌이자 추정상의 아버지에게 나누어 주려고 했다. 그는 곧 조금 안정된 것같이 보였다. 나의 고르고 힘찬 호흡이 그의 맥박을 조금이나마 고르게 하는 데 성공한 것이다. 그리고 나는 얼른 그의 머리를 느릿느릿하면서도 부드럽게, 그러다가 결국 확실하게 장난감이 올려져 있는 나무 선반 쪽으로 돌려서 다시 나찰니크 아들의 양철북을 알아보게 했지만, 얀은 이번에도 나를 이해하지 못했다. 불안이 그를 발끝에서 머리끝까지 사로잡아 위에서 아래로 몰려가서는 밑부분에서, 아마도 가죽 깔개가 든 밑창 때문이겠지만, 심한 저항에 부딪쳤다. 그 때문에 불안이 그곳에서 한꺼번에 폭발하려다가 튀어 올라서 위, 비장, 간장을 살짝 스쳐 그의 빈약한 머릿속에 자리잡았다. 그리하여 그의 푸른 눈이 튀어나오고, 흰자위에 이리저리 얽혀 있는 정맥이 보였다. 오스카는 추정상의 아버지의 눈알이 그렇게 된 것을 이제까지 본 적이 없었다.

나는 삼촌의 눈알을 제자리에 복귀시키고, 심장 박동을 정상으로 돌리느라고 오랫동안 애를 썼다. 그러나 나의 모든 미학적 수고도 물거품이 되고 말았다. 향토방위대원들이 처음으로 중형 야전 유탄포를 망원경으로 조준하는 직접사격으로 발사하여 우체국 앞 철책을 없애 버렸기 때문이다. 그들은 고도의 훈련 경험을 과시하면서 놀랄 만한 정확성으로 벽돌 받침대를 차례차례 넘어뜨려 결국은 철책까지 엿가락처럼 휘게 했다. 불쌍한 얀 삼촌은 열 다섯 개에서 스무 개가량의 받침대가 넘어지는 것을 눈앞에서 볼 때마다 자신도 함께 쓰러지는 듯 몹시 허둥거렸다. 마치 대좌(臺座)만이 넘어지는 것이 아니라, 삼촌에게 있어서는 당연히 살아 있어야 할 친숙한 대좌 위의 상상 속 신상(神像)들이 대좌와 함께 넘어지는 듯했다.

얀은 유탄이 명중할 때마다 찢어지는 듯한 쇳소리를 냈는데, 그 소리에 의식적인 목표물이 있었다면 그것은 유리를 죽이는 내 비명처럼 유리를 자르는 다이아몬드의 미덕을 갖출 수도 있었을 것이다. 확실히 얀은 있는 힘을 다해서 외쳤지만, 되는 대로 내는 소리였기 때문에, 결과적으로는 코비엘라 수위가 뼈가 앙상한 불구의 몸을 우리 쪽으로 던지고, 속눈썹이 없는 새처럼 생긴 여윈 얼굴을 들고서, 구조를 바라는 우리 두 사람 위에서 그 글썽글썽한 잿빛 눈동자를 움직였을 뿐이었다. 그는 얀을 흔들었다. 얀은 흐느껴 울었다. 그는 얀의 셔츠를 벗기고, 서둘러 얀의 몸에서 상처를 찾았다―나는 하마터면 웃음을 터뜨릴 뻔했다―그러나 조그마한 찰과상 하나도 찾을 수 없었기 때문에, 이번에는 똑바로 눕혀놓고 턱뼈를 쥐고는 뚝뚝 소리가 나도록 눌러댔다. 코비엘라는 브론스키 집안의 푸른 눈을 물려받은 얀에게 억지로 물기어린 잿빛 눈의 깜박거림을 쳐다보게 하고는, 얀의 얼굴에 침을 튀겨 가며 폴란드 말로 비난을 퍼부었다. 그러고는 결국 특별히 작게 뚫은 총안 앞에, 얀이 이제까지 사용하지 않고 내버려둔 소총을 던져 주었다. 그 총은 안전장치도 풀지 않은 채였다. 개머리판이 그의 왼쪽 무릎에 맞아 건조한 소리를 냈다. 호된 정신적 고통을 겪은 뒤 처음으로 맛보는 가벼운 육체적 고통은 그에게 효과가 있는 것 같았다. 그는 총을 잡았다. 금속 부분의 찬 기운을 손가락, 그리고 곧 핏속으로 느꼈을 때 그는 두려움에 몸을 떨었다. 하지만 코비엘라에게 반은 비난조로, 반은 설득조로 격려를 받고 열의에 차서 총안(銃眼: 총을 쏠 수 있도록 벙커 등의 엄호물에 낸 구멍)으로 기어갔다.

나의 추정상의 아버지는 유연하고 풍부한 상상력에도 불구하고 전쟁에 대해 이처럼 현실적이고 정확한 관념을 가지고 있었기 때문에, 상상력의 결핍에서 용기가 생긴다는 따위의 일은 그에게는 있을 수도 없거니와 실제로도 불가능한 일이었다. 그는 할당된 총안으로 보이는 사격 범위를 확인하지도, 적당한 목표를 주의 깊게 찾지도 않고, 총을 비스듬히 몸에서 떼어 헤벨리우스 광장에 있는 집들의 지붕 위를 향해서 아무렇게나 탕탕 쏘아댔기 때문에 탄창은 금방 바닥났다. 그는 다시 맨손으로 모래주머니 뒤로 기어들어가 숨었다. 숨은 곳에서 동정을 구하는 눈길로 수위를 쳐다보는 얀의 모습은 숙제를 잊은 학생이 입을 삐죽 내밀고 몸을 비비 꼬면서 죄를 고백하고 있는 것 같았다. 코비엘라는 몇 번이나 아래턱을 실룩거리다가 참을 수 없다는 듯이 큰 소리로 웃어댔다. 그러다 불안해졌는지 갑자기 웃음을 그친 그는 상사인 우체국 서기 브론스키의 정강이를 서너 번 걷어찬 뒤에, 다시 발을 들어 올려 그 꼴사나운 목구두로 얀의 옆구리를 걷어차려고 했다. 그때 기관총의 포화가 어린이 방 위에 남아 있던 유리를 깡그리 부수고 천장에 벌집을 만들어 놓았다. 그는 붕대를 감은 발을 그대로 내리고 자기 총 뒤로 휙 엎드리더니, 얀과 실랑이하느라고 뺏긴 시간을 되찾기라도 하려는 듯 조급하게, 그리고 악을 쓰듯 쏘고 또 쏘아댔다—이것도 모두 제2차 세계대전 중의 탄약 낭비에 한몫하는 것이다.

수위는 나를 알아보지 못했을까? 그는 평소에는 너무도 엄해서 가까이할 수 없는 사람이었다. 마치 상이군인들이 그들 특유의 깍듯한 행동으로 거리감을 유지하려는 것처럼 말이다. 그날은 그가 나를 납 냄새가 풍기는 통풍이 잘되는 방에 있도록 내버려 두었다. 코비엘라는 여기가 아이들 방이므로 싸움을 하는 동안 오스카가 이곳에서 놀고 있어도 된다고 생각한 걸까?

우리가 얼마 동안 그렇게 엎드려 있었는지 모르겠다. 나는 얀과 방의 왼쪽 벽 사이에 있었고 두 사람은 모래주머니 뒤에 숨어 있었다. 코비엘라는 총 뒤에서 두 사람 몫을 쏘고 있었다. 10시쯤에 포화가 그쳤다. 파리가 윙윙거리는 소리가 들릴 정도로 조용해졌다. 헤벨리우스 광장에서 사람 목소리와 명령하는 소리가 들렸으며, 때로는 뱃도랑에 있는 전함에서 우레가 치듯 우르릉거리는 소리도 아득히 들려왔다. 9월 1일의 날씨는 개었다가 흐려졌다. 태양은 바랜 황금빛으로 주위를 물들이고 만물은 숨소리 같은 어슴푸레한 소리에 민감하면서도 귀가 어두웠다. 앞으로 며칠 후면 내 열다섯 번째 생일이다. 매년 9월에 나는 양철북을 사달라고 졸랐으며, 양철북 말고는 아무것도 탐나지 않았다. 이 세상 모든 보물을 단념하고, 내 생각은 오로지 변함없이 흰색과 빨간색으로 광칠한 양철북으로 향했다.

얀은 움직이지 않았다. 코비엘라는 규칙적으로 크게 숨을 쉬고 있었으므로 오스카는 그가 전쟁의 막간을 이용해서 잠깐 눈을 붙이고 있다는 것을 알았다. 결국 모든 인간은 때때로—영웅까지도—기분을 새롭게 해 주는 잠이 필요하다. 나만은 말짱한 정신과 내 나이에 어울리는 고집으로 양철북을 노리고 있었다. 고요함이 더욱 깊어지고 더위에 지친 파리 떼의 윙윙거리는 소리가 희미해지고 나서야 어린 나찰니크의 양철북이 내 머리에 떠오른 것은 아니다. 오스카는 전투가 한창일 때도, 전투의 소음이 주위를 점령하고 있을 때도 북에서 눈을 떼지 않았다. 그러나 이제 놓쳐서는 안 될 절호의 기회가 다가오고 있었다.

오스카는 천천히 일어나 유리 파편을 피하면서 장난감이 올려져 있는 선반을 향하여 조용히 다가갔다. 머릿속에서는 이미 어린이 의자에 나무 상자를 올려놓으면 받침대가 된다고 생각하고 있었다. 그렇게 하면 그를 완전히 새것인 양철북의 소유자로 만드는 데 충분한 높이와 안전을 확보할 수 있으리라. 그때 코비엘라의 소리가 나를 붙들었고, 곧이어 수위의 메마른 손이 나를 붙잡았다. 나는 낙심해서 손이 닿을 듯 말 듯 가까이 있는 북을 가리켰다. 코비엘라는 나를 잡아당겼다. 나는 두 팔을 뻗쳐서 양철북을 붙잡으려고 했다. 절름발이 사나이는 주저하다가 손을 내밀어 나를 행복하게 만들어 주려고 했다. 그때 기관총의 번쩍이는 불빛이 아이들 방으로 날아왔다. 현관 앞에서 대전차포 유탄이 폭발했다. 코비엘라는 나를 구석에 있는 얀 브론스키에게 밀치고 자신은 다시 소총 뒤에 엎드렸다. 내가 계속 양철북에서 눈을 떼지 않는 동안 그는 벌써 두 번째 탄창을 장전했다.

오스카는 그쪽으로 엎드렸다. 안짱다리에 속눈썹이 없는 젖은 눈을 가진 새 대가리처럼 생긴 사나이가 목표물에 거의 다다른 나를 구석의 모래주머니 뒤로 가볍게 내동댕이쳤을 때, 사랑스러운 푸른 눈을 가진 삼촌 얀 브론스키는 꿈쩍도 하지 않았다. 오스카는 눈물 따위는 흘리지 않았다. 노여움이 내 안에서 부풀어 올랐다. 살찌고 눈이 없는 푸르스름한 흰색 구더기들이 폴란드와는 아무런 상관이 없다는 듯이 번식하여 적절히 썩은 고기를 찾아 들끓었다. 폴란드, 그것은 무엇일까? 폴란드인은 폴란드인의 기사도를 가지고 있다! 그들은 말을 타고 달리면 된다! 그들은 귀부인의 손에 키스를 했다고 생각하고는, 그들이 키스한 것이 귀부인의 나른한 손이 아니라 야전 유탄포의 화장하지 않은 포구(砲口)임을 뒤늦게 깨닫는다. 그때는 이미 크루프 ^(독일에서 제일가는 군수 공업가) 집안의 귀한 딸이 발사되었던 것이다. 그녀는 입술을 쩝쩝거리며, 서투르기는 하지만 뉴스 영화에서 들을 수 있는 진짜 전투 소리를 흉내내면서 먹지 못하는 크래커 봉봉을 우체국 현관에다 던져 돌파구를 뚫으려고 했고, 사실 돌파구를 열어 파괴된 홀을 지나서 층계에 달라붙으려고 했다. 그곳을 점령하면 아무도 층계를 오르내릴 수가 없기 때문이다. 그래서 기관총 뒤에 있는 그녀의 수행원들, 또 '오스트마르크'라든지 '주데텐란트'라는 귀여운 이름이 쓰인 고급 장갑차에 탄 사람들은 충분한 전과를 올리지 못하고 장갑판을 덜커덩거리며 정찰하면서 우체국 앞을 우왕좌왕하고 있었다. 열심히 교양을 쌓고 있는 두 귀부인이 성을 시찰하려고 했으나 성은 닫혀 있었다. 언제나 어디든 들어가기를 바라는 응석받이 미인들은 안달이 났다. 그리하여 그녀들은 할 수 없이 같은 구경(口徑)의 꿰뚫어 보는 듯한 납빛 눈길을 그녀들이 엿볼 수 있는 모든 방에다 던져, 성주들의 방을 뜨겁고 차며 좁게 만들고 있었다.

마침 장갑차 한 대가—'오스트마르크'였다고 생각한다—리터 골목에서 다시 우체국을 향해 굴러왔다. 바로 그때, 오래전부터 살아 있지 않은 것 같았던 얀 삼촌이 오른편 다리를 엄호물 위로 내놓았다. 장갑차가 그것을 발견하고 사격해 주길 바라듯이 다리를 들었다. 혹은 유탄이 그것을 가엾게 여겨 종아리나 뒤꿈치를 스쳐 입힌 상처를 과장하여, 다리를 절름거리게 된 병사가 후퇴를 허락하기를 바란 행동일지도 모른다.

이렇게 다리를 내놓는 자세도 얀 브론스키로서는 오랫동안 유지하기가 힘들었을 것이다. 그는 때때로 중단할 수밖에 없었다. 그는 등을 밑으로 해서 몸을 뒤집었을 때라야 두 손으로 오금을 받침으로써, 마구 쏘거나 조준을 해서 쏘는 총탄 앞에 종아리와 뒤꿈치를 오랫동안 노출시키기가 훨씬 쉬울 뿐만 아니라 성공 가능성도 크다는 사실을 알았다.

나는 얀의 성격을 예나 지금이나 잘 알고 있다. 그러나 자기 상사인 우체국 서기 브론스키가 이와 같은 비열하고 자포자기적인 행위를 하는 것을 보았을 때 코비엘라가 느낀 분한 마음 역시 나는 잘 알 수 있었다. 수위는 단숨에 일어나 두 걸음째에 우리가 있는 곳으로 와서 순식간에 우리 위로 덮쳤다. 그리고 얀의 옷으로 얀을 붙잡아 그 애송이를 들어 올려 두들기고는 다시 붙잡아 옷에서 찌익 찢어지는 소리가 나게 하고, 왼손으로 때리고 오른손으로는 받치고, 오른손으로 받친 채 왼손으로 넘어뜨리고, 넘어지는 것을 다시 왼손으로 붙잡고, 오른편과 왼편 주먹을 동시에 쥐어 위협하고, 다음에는 그 큰 주먹을 휘둘러 얀 브론스키 삼촌, 오스카의 추정상의 아버지를 때리려고 했다―그때 덜걱덜걱 소리가 났다. 천사가 하느님의 명예를 위해서 덜걱덜걱 소리를 내듯이. 그때 노랫소리가 들렸다. 라디오에서 에테르가 노래 부르듯이. 그것은 브론스키가 아닌 코비엘라에게 명중했다. 한 발의 유탄이 우리를 보기좋게 조롱했다. 그때 벽돌이 웃으면서 계속 갈라져 파편은 먼지가 되었고 장식은 가루가 되었으며 목재는 도끼를 발견했다. 그때 우스꽝스러운 아이들 방 전체가 한쪽 다리로 폴짝폴짝 뛰었다. 그때 케테 크루제 인형이 쪼개져서 날아갔고, 흔들목마는 쏜살같이 지나갔기 때문에 기수가 타고 있었더라면 떨어졌을 것이다. 그때 메르클린 집짓기놀이 상자 속에서는 구조상의 결함이 폭로되었고, 폴란드 창기병은 동시에 방 네 구석을 모두 점령했다―그때 마침내 장난감을 올려놓은 선반이 넘어졌다. 철금은 부활제를 울리기 시작했고, 손풍금은 비명을 질렀으며, 트럼펫은 누군가를 위해서 무엇인가를 부는 듯했다. 모든 것이 동시에 소리를 냈다. 마치 오케스트라가 공연 전에 조율을 하는 것 같았다. 그것은 외치고, 튕기며, 울고, 사방에 울리며, 산산이 가루가 되고, 파열되며, 삐걱거리고, 쇳소리를 울리며, 높은 소리로 짹짹 재잘댔다. 그리하여 지반이 파헤쳐져 드러났다. 그러나 나에게는, 세 살짜리한테 어울리게 유탄이 날아드는 동안 창 바로 밑 아이들 방의 수호신이 위치하는 구석에 있던 나에게는 양철이, 북이 굴러 떨어졌다―북은 광칠이 아주 조금 벗겨졌을 뿐, 한 군데도 구멍이 뚫려 있지 않았다. 오스카의 새 양철북이었다.

내가 방금 손에 넣은, 다시 말해서 눈 깜짝하는 사이에 직접 발밑으로 굴러 들어온 소유물에서 눈을 들었을 때, 얀 브론스키를 도와야 할 일이 생겼다. 그는 수위의 무거운 몸을 자기 몸 위에서 밀쳐내려 했으나 잘될 성싶지 않았다. 처음에는 얀도 탄환을 맞은 줄 알았다. 그가 극히 자연스럽게 흐느껴 울고 있었기 때문이다. 우리가 정말로 자연스럽게 신음하고 있는 코비엘라를 옆으로 밀어냈을 때, 얀의 몸에 있는 상처는 별것 아니었다. 유리 파편으로 오른쪽 뺨과 한쪽 손등에 찰과상을 입었을 뿐이었다. 얼른 비교해봐도 내 추정상의 아버지 피가, 바지 입은 두 넓적다리 근처까지 흠뻑 적셔 꺼멓게 물들이고 있는 수위의 피보다 훨씬 적었다.

물론 얀의 고급 회색 웃옷을 잡아 찢고 뒤집은 사람이 누구인지는 알 수 없었다. 그것은 코비엘라였을까, 아니면 유탄이었을까? 옷은 어깨에서부터 갈기갈기 찢기고, 안감이 벗겨지고, 단추가 떨어지고, 솔기가 터지고, 호주머니가 뒤집어져 있었다.

나는 불쌍한 얀 브론스키를 대신해서 그를 너그러이 봐주기를 빈다. 그는 내 도움으로 코비엘라를 아이들 방에서 끌어내기 전에, 거친 태풍이 그의 호주머니에서 털어낸 것을 전부 긁어모으고 있었기 때문이다. 그는 다시 머리빗을 찾았다. 애인 사진도—내 불쌍한 어머니의 반신상이었다—찾아냈다. 지갑은 벌어지지도 않았다. 잡동사니를 혼자서 주워 모으는 일은 힘들었으며, 실제로 방어용 모래주머니 일부가 날아갔기 때문에 방 안에 흩어진 스카트 카드를 주워 모으는 일은 꽤 위험했다. 그는 32장을 전부 모으려 했고 32장째가 발견되지 않자 불안해했다. 그래서 오스카가 폐허가 된 두 인형집 사이에서 카드를 찾아내 건네 주었을 때, 그것이 '스페이드 7'이었음에도 그는 미소지었다.

우리가 코비엘라를 아이들 방에서 끌어내어 겨우 복도까지 나왔을 때 수위는 의식을 회복하여 얀 브론스키가 이해할 수 있는 말을 두세 마디 중얼거렸다. "전부 달려 있지?" 절름발이 사나이는 자신을 걱정했다. 얀은 노인의 바짓가랑이 사이에 손을 집어넣어 꽉 움켜쥐고는 코비엘라에게 고개를 끄덕였다.

우리는 모두 얼마나 행복했던지. 코비엘라는 자존심을 잃지 않아도 되었고, 얀 브론스키는 스페이드 7을 포함해서 스카트 카드 32장을 전부 찾았으며, 오스카는 새 양철북을 손에 넣었다. 한 걸음씩 걸을 때마다 북은 무릎에 부딪쳤는데, 그동안에 출혈로 인해서 초췌해진 수위는 얀, 그리고 얀이 빅토르라고 부르던 사나이의 도움을 받아 층계를 내려와 2층 우편물 창고로 옮겨졌다.

카드로 만든 집

빅토르 벨룬은 우리를 도와 출혈이 심해지는 데도 점점 무거워지는 수위를 옮겼다. 심한 근시인 빅토르는 그때까지는 안경을 쓰고 있었기 때문에 돌층계에서 발이 걸려 넘어지는 일은 없었다. 빅토르의 직책은 근시에 어울리지 않게 현금 등기 배달이었다. 요즈음 나는 빅토르가 화제에 오를 때마다 그를 불쌍한 빅토르라고 불렀다. 내 어머니가 가족과 함께 항구의 둑을 산책하면서 불쌍한 어머니가 되었듯이, 현금 등기 집배원 빅토르는 안경을 잃어버림으로써—다른 이유도 겹치기는 했지만—안경 없는 불쌍한 빅토르가 된 것이다.

"불쌍한 빅토르를 언제 또 만났나?" 나는 면회일에 친구 비틀라르에게 물었다. 그러나 플링게른에서 게레스하임으로 시가전차를 타고 간 이후—이 일에 대해서는 언젠가 이야기할 것이다—빅토르 벨룬은 우리 앞에서 사라져 버렸다. 한 가닥 희망이 있다면 그를 쫓는 불량배들도 그를 찾아낼 수 없으리라는 것과 그가 다시 그의 안경이나 그에게 맞는 안경을 발견해서, 옛날처럼 폴란드 우체국에서 근무하진 못하더라도 서부 독일 우체국의 현금 등기 집배원으로서, 근시이더라도 안경을 쓰고 갖가지 지폐와 경화로 사람들을 기쁘게 하고 있을지도 모른다는 사실이다.

"정말 끔찍하지 않아요?" 왼편에서 코비엘라를 잡고 있던 얀이 헐떡거렸다.

"영국인들과 프랑스인들이 오지 않는다면 어떻게 될까요?" 오른편에서 수위를 업고 있던 빅토르가 걱정했다.

"그렇지만 그들은 올 겁니다! 리츠 스미글리 대장이 어제도 라디오에서 말했어요. '우리는 보장받고 있다. 전쟁이 발발하면 전 프랑스는 하나가 되어 일어선다'고 말이죠."

얀은 끝까지 확신을 얻으려 애쓰면서 말했다. 그도 그럴 것이 껍질이 벗겨진 자신의 손등에 묻은 피를 보고, 그가 출혈로 죽을지도 모른다는 두려움이 생겼기 때문이다. 물론 폴란드와 프랑스의 방위조약을 의심하는 것은 아니지만, 전 프랑스가 하나가 되어 일어서서 해당 조약을 충실하게 지켜 지크프리트 선을 돌파하기 전에 말이다.

"틀림없이 그들은 이미 중간 지점까지 와 있어요. 게다가 영국 함대도 이미 발트 해 물결을 헤치면서 달려오고 있고요."

빅토르 벨룬은 공감을 불러일으키는 강한 표현을 좋아했다. 그리고 그는 층계 위에서, 오른쪽으로는 탄환을 맞은 수위의 몸을 붙잡고 왼쪽으로는 무대 위에서처럼 손을 높이 들어 다섯 손가락 전부에게 말을 시켰다.

"오라, 자랑스러운 영국인이여!"

두 사람이 천천히 폴란드·프랑스·영국의 관계를 연이어 이야기하면서 코비엘라를 임시 야전병원으로 옮기는 동안, 오스카는 머릿속에서 그레트헨 셰플러의 책을 팔락팔락 넘기며 이와 관계 있는 부분을 찾아보았다. 카이저의 《단치히 시 역사》에는 이렇게 씌어 있었다. "1870년에서 1871년의 독일과 프랑스 전쟁 중의 일인데 1870년 8월 21일 오후, 프랑스 함대 네 척이 단치히 만에 진입하여 앞바다를 순항하고, 이미 그 포구를 항구와 시가로 향하고 있었으나, 그날 밤 해군 소령 바이크만이 지휘하는 스크루 추진 코르베트 함 '님프'는 푸치거 비크에 정박 중인 함대를 퇴각시키는 데 성공했다."

나중에 확인된 일이지만, 우리가 2층 우편물 창고에 도착하기 조금 전에 다음과 같은 결론에 이르렀다. 즉 폴란드 우체국과 전 폴란드 평야가 적의 군대에 짓밟히고 있는 동안, 영국 함대는 어쨌든 방비를 굳히고 북스코틀랜드 피오르에 늘어서 있었으며, 프랑스 육군의 대부대는 아직 유유히 점심 식사 중이었고, 마지노선 근처에서 약간의 정찰 전투를 벌임으로써 폴란드·프랑스 간 상호방위조약의 의무를 다했다고 여기고 있었다.

창고 겸 임시 야전병원 앞에서 우리는 미숑 박사를 만났다. 그는 여전히 철모를 쓰고 기사의 손수건을 윗호주머니에 꽂은 채, 바르샤바에서 온 위원인 콘라트인가 하는 사람과 함께 있었다. 그때 얀 브론스키의 불안이 온갖 연주법으로 노래하기 시작했는데, 그것을 들으면 그가 상당한 중상자가 아닐까 하는 생각이 들 정도였다. 빅토르 벨룬은 아직 부상을 입지도 안경을 잃어버리지도 않았으므로, 유능한 저격병으로서 싸우기 위해 창구가 늘어선 아래층 홀로 내려가야 했다. 그동안 우리는 창이 없는 방으로 들어가도 좋다고 허락받았는데, 그 방은 단치히 시의 전기 회사가 폴란드 우체국에 대한 송전을 이미 중지했기 때문에 부득이 수지(獸脂) 촛불로 밝혀져 있었다.

미숑 박사는 얀의 부상을 보이는 대로 믿지는 않았으나, 그렇다고 우체국을 방위할 전투력이 있으리라고는 전혀 생각할 수 없었으므로 우체국 서기에게 임시 간호병으로서 부상자를 돌보도록 명령했다. 아울러 박사는 내 느낌으로는 자포자기가 되어 나를 살짝 쓰다듬은 다음, 어린아이는 전투 행위에 휩쓸리지 않도록 나에게서 눈을 떼지 말라고 얀에게 일렀다.

포탄이 홀 근처에서 작렬했다. 우리는 사방으로 흩어졌다. 철모 쓴 미숑과 바르샤바에서 파견된 콘라트와 현금 등기 집배원 벨룬은 그들의 부서로 뛰어갔다. 얀과 나는 일고여덟쯤 되는 부상자들과 함께 전투 소음을 무디게 하는 닫힌 방 안에 있었다. 촛불은 밖에서 유탄포가 극성을 부릴 때도 그다지 흔들리지 않았다. 신음 소리에도 주위는 조용했다. 아니 어쩌면 신음 소리 때문에 주위가 조용했는지도 모른다. 얀은 서투른 솜씨로 재빠르게 홑이불을 찢어서 코비엘라의 넓적다리에 붕대를 감고 곧 자신의 상처도 치료하려고 했다. 그러나 삼촌의 뺨과 손등은 이미 피가 멎어 있었다. 베인 상처에는 딱지가 앉아 침묵을 지키고 있었으나 아직도 아픈 모양이었으며, 그것이 천장이 낮아 숨이 막힐 듯한 이 방에 출구가 없다는 얀의 걱정을 한결 심하게 했다. 그는 부스럭부스럭 호주머니를 뒤져서 수(數)가 갖추어진 놀이 도구, 스카트 카드를 찾아냈다. 방위가 실패로 끝날 때까지 우리는 스카트놀이를 했다.

32장의 카드가 섞이고, 떼이고, 나누어지고, 승부가 시작되었다. 우편물 바구니는 전부 부상자들이 차지하고 있었으므로 우리는 코비엘라를 바구니 하나에 기대게 했으며, 이따금 넘어지려고 했기 때문에 다른 부상자의 바지 멜빵으로 그를 붙들어 매어 자세를 바르게 해서 카드를 떨어뜨리지 않게 했다. 스카트놀이를 하려면 꼭 코비엘라가 필요했기 때문이다. 스카트놀이에 필요한 세 번째 사나이가 없었다면 우리가 무엇을 할 수 있었겠는가? 우편물 바구니 속에 있는 사람들은 적색과 흑색을 구별하기도 어려웠다. 그들은 이미 스카트놀이 따위는 할 기분이 아니었다. 코비엘라도 스카트놀이엔 흥미가 없었다. 길게 눕고 싶었던 것이다. 수위는 모든 일을 제쳐놓고 싶었다. 손을 떨구고 속눈썹이 없는 눈을 감고서 마지막 노력을 기울여 세상과의 인연을 끊으려고 했다. 하지만 우리는 그와 같은 숙명론을 허용치 않았다. 그를 꼭 붙들어 매어 억지로 제3의 사나이 역을 맡긴 것이다. 물론 오스카가 제2의 사나이 역을 맡았다—난쟁이가 스카트놀이를 할 수 있는 것을 보고도 아무도 놀라지 않았다.

그렇다. 내가 처음으로 어른들의 말투를 쓰기 위해 내 목소리를 낮춰

"18"이라고 말하자, 얀은 카드에서 얼굴을 들어 이상하다는 듯이 잠시 푸른 눈으로 나를 쳐다보았지만 금방 고개를 끄덕였다. 내가 다음으로 "20은?" 하고 묻자, 얀은 주저 없이 "좋아, 좋아" 하며 응했다. 내가 "2는? 3은? 24는?" 하며 경쟁하듯 올리자 얀은 아깝다는 듯 "패스"라고 말했다. 그런데 코비엘라는? 그는 바지 멜빵으로 매여 있는데도 또다시 새우처럼 몸이 구부러졌다. 그러나 우리는 그의 몸을 꼿꼿하게 세우고, 우리의 놀이방으로부터 멀리 떨어진 문 밖에서 포탄이 터지는 소리를 기다렸다. 얀이 그 고요를 깨고 속삭였다. "24야, 코비엘라. 이 애가 도전하는 게 안 들려?"

수위가 어디서, 어느 심연에서 떠올랐는지 나는 모른다. 그는 잭으로 눈꺼풀을 들어 올려야만 눈을 뜰 수 있을 성싶었다. 마침내 그의 젖은 눈은 조금 전에 얀이 한 장씩 한 장씩 그의 손에 밀어붙인 카드 10장 위를 더듬었다.

"패스." 코비엘라는 말했다. 아니, 말을 하기에는 너무나 말라 있는 그의 입술에서 차라리 우리가 그 의미를 읽었다고 하는 편이 나으리라.

나는 클로버를 한 장 냈다. '콘트라'를 준 얀은 최초로 패를 털기 위해서 수위에게 소리를 지른 뒤에 친절하면서도 거칠게 옆구리를 찔러, 수위가 정신을 차리고 하던 일에서 정신을 놓지 않도록 해주어야 했다. 내가 두 사람에게서 맨 처음 뗀 패를 전부 회수하고 클로버의 킹을 희생했는데, 그것을 얀이 스페이드 잭으로 끊었다. 그러나 내겐 다이아몬드가 한 장도 없었으므로 얀이 다이아몬드 에이스로 끊고, 다시 내 차례가 되자 하트 잭을 내어 그가 하트 10을 내게 만들었다—코비엘라는 하트 9를 버렸으며, 그것으로 확실히 내 손에는 하트만 남게 되었다. 즉 1 플레이 2 콘트라 3 슈나이더 4회 클로버로 48 혹은 12페니히이다. 다음 게임에서는—나는 '2 없는 그랑'보다 위험한 모험을 했다—반대로 잭을 2장 가지고 있었으나 33까지밖에 올리지 않았던 코비엘라가 내 다이아몬드 잭을 클로버 잭으로 끊었다. 그러자 비로소 게임에 조금 활기가 돌았다. 그것으로 원기를 회복한 수위는 계속해서 다이아몬드 에이스를 내고, 나도 다이아몬드를 내야만 했다. 얀은 10을 던졌으며, 코비엘라는 끊고 킹을 가져왔다. 나는 끊어야 했으나 끊지 않고 클로버 8을 냈고, 얀은 가능한 모든 것을 짜내어 거기에 스페이드 10을 갖고 승부를 걸려 했다. 나는 거기에서 끊었으나 실패했으며, 코비엘라는 스페이드 잭을 냈고, 나는 그것을 잃거나 얀이 잡을 것이라고 생각했는데, 코비엘라가

잡았다. 나는 다시 끊고, 물론 이번에는 스페이드를 내면서 큰 소리로 웃으며 그걸 버려야만 했다. 얀은 가능한 모든 것을 짜내었고, 마지막에 그것들은 하트로 내 것이 되었는데 그때는 이미 아무런 소용도 없었다. 즉 나는 52를 헤아렸다. '2 없는 그랑' 3회로 60 지고 120 혹은 30페니히였다. 얀은 나한테서 잔돈으로 2굴덴을 빌렸다. 나는 지급했다. 코비엘라는 이겼지만 이미 또 고개가 고꾸라져서는 돈도 받지 않았다. 그 순간 대전차 포탄이 계단에서 폭발했으나, 수위는 아무런 반응도 나타내지 않았다. 그가 여러 해 동안 꾸준히 닦고 왁스를 칠한 계단이었는데도 말이다.

하지만 우리가 있는 우편물 창고의 문이 흔들렸을 때에 다시 얀은 불안한 생각에 사로잡혔다. 촛불의 작은 불꽃이 지금 무슨 일이 일어났는지, 자기들이 어느 방향으로 넘어지면 좋을지 몰랐다. 계단이 다시 비교적 조용해지고, 그 뒤 대전차 포탄이 멀리 떨어진 앞쪽에서 폭발했을 때에도 얀 브론스키는 미친 듯이 카드를 섞어 두 번씩이나 틀리게 나누었으나 나는 이제 아무 말도 하지 않았다. 포격이 계속되는 동안 얀은 아무리 말을 걸어도 알아듣지 못한 채 극도로 흥분하여 틀린 패를 냈으며, 심지어는 스카트를 버릴 줄도 몰랐다. 그리고 작고 예쁘장하며 통통한 육감적인 귀로 바깥 소리에 끊임없이 귀를 곤두세웠다. 한편 우리는 그가 게임에 따라오기를 초조하게 기다렸다. 얀이 점점 더 산만하게 스카트놀이를 계속했던 반면, 코비엘라는 몸을 구부리지 않고 누군가 옆구리를 찔러야 할 때를 빼놓고는 계속 게임에 빠져 있었다. 그는 보기보다 그렇게 서툴지 않았다. 그는 가까스로 게임에 이기거나, 얀이나 나에게 콘트라를 주어 그랑에 실패했을 때만 몸을 구부렸다. 이기든 지든 그는 이미 흥미를 갖지 않았다. 오직 게임을 위해서 게임을 한 것이다. 우리가 계산을 하고 한 번 더 계산하면 그는 빌린 바지 멜빵에 비스듬히 매달려, 목울대를 섬뜩하게 움직여 코비엘라 수위가 살아 있다는 표시를 나타낼 뿐이었다.

오스카도 3인조 스카트놀이가 지겨워졌다. 그렇다고 해서 우체국의 포위 공격과 방위 때문에 발생하는 소음과 진동이 나의 신경에 과도한 부담을 주었다는 뜻은 아니다. 오히려 그것은 일시적이나마 내 계획대로 내가 쓰고 있던 모든 가면을 벗어던질 수 있었던 최초의 계기가 되었다. 여태껏 나는 스승 베브라와 몽유병자인 그의 귀부인 로스비타에게만 꾸밈없는 자신의 모습을 보였지만, 이제 삼촌이자 추정상의 아버지와 절름발이 수위에게, 즉 나중에 어떤 경우에도 증인으로서 문제가 안 되는 사람들에게, 약간 무모하기는 하나 서투르지는 않게 스카트놀이를 할 줄 아는, 출생증명서대로 15살 반짜리 소년의 모습을 보인 것이다. 물론 나의 의지와 난쟁이로서의 기준에 따른 거였지만, 젖 먹던 힘까지 내었더니 겨우 한 시간 정도 스카트놀이를 했을 뿐인데 손발과 머리가 심하게 아팠다.

오스카는 그만두고 싶었다. 또한 간격을 두고 차례로 건물을 뒤흔든 두 발의 유탄이 터지는 사이라도, 그곳에서 탈출할 기회는 충분히 있었을 것이다. 그런데 나는 이제까지 경험한 적 없는 어떤 책임감 때문에, 유일하게 효력이 있는 스카트놀이라는 약으로 내 추정상의 아버지의 불안에 끈기 있게 대처한 것이다.

그래서 우리는 게임을 하면서 코비엘라가 죽지 못하게 했다. 그는 죽지 않았다. 카드가 계속 돌게끔 내가 신경을 썼기 때문이다. 계단에서 포탄이 폭발해서 수지 촛불이 넘어져 작은 불꽃이 꺼졌을 때도, 침착하게 얀의 호주머니에서 성냥을 끄집어 내어 다시 세상을 밝힌 것도 나였다. 나는 그때 얀의 금테 두른 담배도 함께 꺼냈는데, 얀을 위해서 그의 마음을 안정시키는 레가타 담배 한 대에 불을 붙여 주고, 코비엘라가 어둠을 이용해 게임에서 빠져나가기 전에 초에 작은 불꽃을 차례차례 옮겨 어둠을 밝혔다.

오스카는 촛불 두 자루를 새 북 위에 세워 언제든지 담배에 불을 붙일 수 있도록 했다. 그러나 자신이 피울 생각은 털끝만큼도 없었다. 계속 얀에게 한 대씩 건네 줬을 뿐이다. 그리고 코비엘라의 일그러진 입에도 한 대 물려 주었다. 사태는 호전되어 게임이 활기를 띠었다. 담배는 사람의 마음을 위로하고 편안하게 해 주었다. 하지만 얀이 자꾸만 지는 것을 막을 수는 없었다. 그는 땀을 흘렸고, 무슨 일에 열중할 때는 으레 그렇듯이 혀끝으로 윗입술을 핥고 있었다. 그는 흥분해서 나를 알프레트라든지 마체라트라고 불렀으며, 코비엘라를 게임 친구였던 나의 불쌍한 어머니로 생각할 정도로 열중해 있는 것 같았다. 그리하여 누군가가 복도에서 "콘라트가 당했다!"고 외쳤을 때, 야단을 치듯이 나를 쳐다보면서 말했다. "알프레트, 부탁이야, 라디오를 꺼. 내가 하는 말도 안 들려!"

우편물 창고 문이 거칠게 열리면서 죽음을 향한 여행 준비를 완전히 마친 콘라트가 끌려 들어왔을 때, 불쌍한 얀은 정말로 화를 냈다.

"문 닫아, 바람 들어와!" 그는 항의했다. 정말 틈새로 바람이 들어왔다. 촛불은 깜박거리며 꺼질 듯했으나, 콘라트를 방구석에 내동댕이친 사나이들이 문을 닫고 나가자 비로소 안정을 되찾았다. 우리 세 사람은 기괴한 모습을 하고 있었다. 촛불이 밑에서 우리를 비췄기 때문에 우리는 무엇이나 할 수 있는 마법사처럼 보였다. 그리고 나서 코비엘라가 2 없는 하트로 유혹하며 "27, 30" 하고 말했다. 아니, 목구멍을 그르렁거렸다. 그러면서 그는 끊임없이 눈알을 굴리며 오른쪽 어깨에서 무언가 벗겨지려는 것을 추스르고 몸을 파르르 떨더니 마침내 동작을 그쳤다. 또다시 머리를 앞으로 기울여 바지 멜빵이 없는 시체와 편지로 가득 찬, 그가 묶여 있는 세탁물 바구니를 넘어뜨렸을 때, 얀이 힘껏 한 번 밀어서 코비엘라를 세탁물 바구니와 함께 일으켰다. 사지로 향하다가 다시 방해받은 코비엘라가 마침내 "하트의 수"라고 가느다란 소리로 말하고, 얀이 "콘트라"라고 응하자 코비엘라는 "더블 콘트라"라고 겨우 소리를 낼 수 있었다. 바로 그때 오스카는 폴란드 우체국 방어가 성공했고, 공격해 오던 놈들이 여러 전투에서 패배한 사실을 알았다. 앞으로 놈들이 알래스카와 티베트, 동방의 섬들과 예루살렘을 점령한다 하더라도 여하튼 이곳에서는 진 것이다.

다만 한 가지 안된 일은 얀이 압도적으로 이길 수 있는 4가 붙은 멋진 그랑의 수, 슈나이더슈바르츠를 선언하면서 끝까지 끌고 가지 못한 일이었다.

그는 클로버의 수로 시작했고 이젠 나를 아그네스라 불렀으며, 코비엘라에게서 연적 마체라트를 보았다. 그러고는 모른 체하고 다이아몬드 잭을 빼고—그런데 나는 그가 나를 마체라트보다는 차라리 나의 불쌍한 어머니로 생각하는 편이 좋았다—이어서 다이아몬드 잭을 냈으며—죽어도 마체라트 같은 사람이 되고 싶지 않았다—마침내 현실에서는 절름발이 수위 코비엘라라는 이름의 그 마체라트가 패를 버릴 때까지 안절부절못하고 기다렸다. 그러나 시간이 걸렸기 때문에 얀은 하트 에이스를 바닥에 내리쳤다. 그는 이해할 수도 없었고 이해하려고도 하지 않았다. 실제로 그는 절대 제대로 이해할 수 없는 사나이였다. 언제나 푸른 눈을 하고 오 드 콜로뉴 냄새를 풍기고 있을 뿐으로, 이해력이라고는 없는 사나이였다. 그래서 왜 코비엘라가 갑자기 카드를 전부 손에서 떨어뜨렸는지도 이해하지 못했다. 편지와 시체를 담은 세탁물 바구니가 기우뚱거리다가 처음에는 시체가, 다음에는 편지가 한 다발 쏟아지고, 결국 깨끗이 짠 바구니 전체가 몹시 흔들리면서 편지의 홍수가 우리를 덮쳤다. 그것은 마치 우리가 편지의 수취인이며, 카드를 옆으로 밀치고 편지를 읽으면서 우표를 수집할 차례라고 말하는 듯싶었다. 하지만 얀은 읽으려고도 모으려고도 하지 않았다. 그는 어렸을 때 너무나도 많은 우표를 모았던 것이다. 그는 게임을 계속하기를 원했다. 그랑의 수를 끝까지 내서 이기기를, 승리하기를 원했다. 그래서 그는 코비엘라를 일으키고 바구니도 일으켜 세웠으나, 죽은 사람은 누운 채로 내버려 두고 편지도 바구니에 쓸어 담지 않았다. 따라서 바구니에 충분한 무게가 없히지 않았으므로 코비엘라가 가볍게 움직이는 바구니에 매달린 채 가만히 앉아 있지 못하고 차츰차츰 몸을 앞으로 숙이게 된 것은 당연한 일인데도 얀은 놀란 표정을 지었다. 뿐만 아니라 코비엘라를 향해서 소리치기까지 했다. "알프레트, 부탁이야. 게임을 엉망으로 만들지 말아 줘. 내 말 들려? 이 게임만 하고 집으로 돌아가자. 부탁한다."

오스카는 지쳐서 일어났다. 점점 심해지는 손발과 머리의 통증을 참으면서 그는 작지만 힘이 센 고수(鼓手)의 손을 얀 브론스키의 어깨에 놓고 나지막하면서도 절박한 목소리로 말을 걸었다. "그를 내버려 두세요, 아빠. 그는 죽었어요. 이제는 못해요. 아빠가 하고 싶으면 '66 놀이'는 할 수 있잖아요."

나에게 아빠라고 불린 얀은 수위의 시체를 떼어놓고, 넘칠 듯이 푸르고 푸른 눈으로 나를 바라보며, 아니야 아니야 아니야 하며 울었다……. 나는 그를 쓰다듬어 주었으나, 그는 여전히 아니야 아니야를 그만두지 않았다. 나는 의미심장하게 그에게 키스했다. 그러나 그는 끝내지 못한 그랑의 수에 대해서만 생각하고 있었다.

"나는 그를 이길 수 있었어, 아그네스. 확실하게 해낼 수 있었다고." 이렇게 그는 불쌍한 어머니의 대역인 나에게 호소했다. 그래서 나는—그의 아들은—어머니의 대역을 맡아, 맹세코 당신은 확실히 이겼을 것이다, 당신은 이긴 거나 다름없다, 당신은 그걸 믿기만 하면 된다, 당신의 아그네스가 하는 말을 듣기만 하면 된다고 동조했다. 하지만 얀은 내가 말하는 것도, 어머니가 말하는 것도 믿지 않았다. 처음에는 호소하듯 큰 소리로 울더니 나중에는 일정한 톤의 낮은 소리로 흐느꼈다. 그리고 싸늘해진 코비엘라의 산 밑에서 스카트 카드를 끄집어 내고, 다리 사이를 파헤치거나 편지 더미를 여러 군데 들추어 32장을 전부 손에 쥘 때까지 얀은 안정을 되찾지 못했다. 그는 코비엘라의 바지에서 떨어지는 찐득찐득한 액체로 더러워진 카드를 한 장 한 장 공들여 깨끗이 닦고, 전부 뒤섞어서 다시 나누려고 했다. 그러다가 마침내 그는 절대 낮지는 않으나 너무도 매끈해서 뚫고 들어갈 수 없는 이마의 피부 뒤에서, 스카트를 위한 제3의 사나이가 이 세상에는 더 이상 존재하지 않는다는 사실을 알게 되었다.

우편물 창고 안은 매우 조용해졌다. 밖에서도 마지못해 최후의 스카트놀이 형제, 제3의 사나이를 추모하는 시간이 이어지고 있었다. 오스카는 문이 조용히 열린 듯한 느낌을 받았다. 저승에서 온 유령일지도 모른다고 생각하면서 어깨너머로 보니, 맹인과 같다고 해도 좋을 빅토르 벨룬의 매끈한 얼굴이 눈에 들어왔다. "안경을 잃어버렸어요, 얀. 아직도 이곳에 있나요? 우리는 도망쳐야 해요. 프랑스는 오지 않고, 와도 이미 늦었어요! 나와 함께 가요, 얀. 나를 데리고 가줘요, 안경을 잃어버렸어요!"

아마 불쌍한 빅토르는 방을 잘못 찾았다고 생각했으리라. 대답도 없고, 안경도 없으며, 언제든지 도망칠 준비도 안 된 얀이 팔을 내밀어 주지도 않았기 때문이다. 그는 안경이 없는 얼굴을 빼내고 문을 닫았다. 나는 빅토르가 안개를 헤치듯 손으로 더듬어 가면서 몇 걸음 도망치는 발소리를 들었다.

얀의 작은 머릿속에 어떤 조그마한 실마리가 생겼는지, 처음에 그는 낮은 소리로 울다가 나중에는 즐거운 듯이 큰 소리로 웃음을 터뜨렸다. 애정이라면 종류를 가리지 않고 예민해지는 그는 장밋빛 신선한 혀를 움직여 가며 스카트 카드를 위로 던졌다가 받고, 드디어는 침묵한 사나이들과 편지로 덮인 방이 일요일처럼 고요해졌을 때, 계속 신중하게 생각하고 있다는 몸짓으로 호흡을 멈추고 굉장히 정교한 카드 집을 세우기 시작했다. 스페이드 7과 클로버 퀸이 토대가 되었다. 그 2장을 다이아몬드 킹이 덮었다. 그는 하트 9와 스페이드 에이스로 기초를 만들고 그 위에 클로버 8로 지붕을 덮어 제1의 토대와 나란히 제2의 토대로 삼았다. 이 토대 두 개를 세로로 세운 10과 잭, 비스듬히 세운 퀸과 에이스로 연결해서 모두가 서로 떠받치도록 했다. 거기서 그는 2층 위에 3층을 세우기로 하고 마법사와 같은 손놀림으로 그 일을 했다. 비슷한 의식(儀式)을 하는 이러한 손놀림을 불쌍한 어머니는 알고 있었음에 틀림없다. 그리고 그가 하트 퀸을 붉은 하트 킹에 기대어 세웠을 때도 건물이 무너지지 않았다. 아니, 그 건물은, 호흡을 멈춘 죽은 사람들과 호흡을 계속하는 산 사람들로 가득 찬 그 방 안에서 예민하게, 가볍게 숨 쉬면서 공중에 떠올라 서 있었다. 우리가 팔짱을 끼고 가만 내버려 둬도 될 정도였다. 그리고 카드로 만든 집을 구조역학에 따라서 검사하고 있는 회의적인 오스카까지도 고약한 연기와 악취를 잊었다. 우편물 창고 문틈으로 조금씩 스며들어 카드 집이 있는 방문 밖에는 지옥이 있는 게 아닐까 하고 생각케 하는 그 지독한 악취를 말이다.

그들은 화염방사기를 배치하고, 정면공격을 피해 최후의 방위대를 연기로 그슬려 몰아내려고 했다. 그들은 공격에 성공했으며, 마침내 미숑 박사는 철모를 벗고, 깔개를 쥐는 걸로도 모자라 그의 기사적인 손수건까지 동원해 두 가지를 함께 흔들며 폴란드 우체국의 양도를 제의했다.

그리하여 화상을 입고 반 봉사가 된 30명의 방위대원은 팔을 올려 목덜미에 깍지를 끼고 왼편 출입구로 우체국 건물을 나와 안뜰 담장 앞에 늘어서서, 천천히 다가오는 향토방위대원들을 기다렸다. 나중에 들은 이야기로는 방위대가 안뜰에 정렬하고, 공격군이 아직 안뜰에 도착하지 않은 그 짧은 시간에 3명인가 4명이 도망쳤다고 한다. 우체국 차고를 넘어 가까운 경찰서의 차고를 지나, 공습을 피해 비어 있는 렘 거리의 집으로 달아났다고 한다. 그곳에서 그들은 몸을 씻고, 당의 배지까지 달린 옷을 찾아 탈출하기 위해 깨끗이 수선해 입은 뒤 한 사람씩 인파 속으로 피했다고 한다. 그중 한 사람은 구시가에서 안경점을 찾아 우체국 전투에서 잃어버린 안경을 새로 손에 넣었다고 한다. 새 안경을 쓴 빅토르 벨룬—그는 틀림없이 빅토르 벨룬이기 때문이다—은 재목 시장에서 맥주를 한 잔 마시고, 화염방사기 때문에 목이 말라서 한 잔을 더 들이켠 뒤, 눈앞의 안개를 어느 정도 들여다볼 수는 있으나 예전 안경만큼 선명하게 볼 수는 없는 새 안경을 쓰고, 오늘에 이르기까지 계속되고 있는 도주의 길에 올랐다고 한다. 그를 쫓고 있는 자들은 그만큼 집념이 강했다.

다른 사람들—도망칠 결심이 서지 않았던 30명 가량의 사람들—은 이미 출입구 옆 담장을 따라 서 있었는데, 마침 얀이 하트 퀸을 하트 킹에 붙이고 즐거운 듯 두 손을 끌어당겼을 때였다.

새삼 무슨 말을 더 해야 한단 말인가? 그들은 우리를 발견했다. 그들은 난폭하게 문을 열고 "나와!"라고 소리 지르면서 바람을 일으켜 카드로 만든 집을 무너뜨렸다. 그들은 건축을 위한 예민한 감각 따위는 갖추고 있지 않았다. 그들은 콘크리트를 믿었다. 그들은 영원한 것만을 세웠다. 그들은 모욕당해서 분개한 우체국 서기 브론스키의 얼굴 같은 것은 문제삼지도 않았다. 얀이 끌려나가기 전에 다시 한 번 카드에 손을 찔러 몇 장을 쥐었으나 그들은 거들떠보지도 않았다. 그들은 나 오스카가 새로 손에 넣은 북에서 타다 남은 양초를 떼서 버리는 것도 아는 체하지 않았다. 그들은 너무 밝게 비추는 손전등 때문에 우리가 눈이 부셔서 문을 잘 찾지 못한다는 사실도 깨닫지 못했다. 그들은 길쭉한 손전등과 앞으로 내민 소총 뒤에서 소리쳤다. "나와!" 얀과 내가 복도에 나간 뒤에도 여전히 소리치고 있었다. "나와!" 그들의 "나와!"라는 말은 코비엘라와 바르샤바에서 온 콘라트와 보베크, 그리고 살아 있는 동안 전신기 앞에 앉아 있던 키 작은 비슈네프스키를 향한 것이었다. 방위대원들이 "나와!"라고 소리칠 때마다 나는 큰 소리로 웃었는데, 그들은 나와 얀이 웃는 이유를 깨닫고 나서야 비로소 "아, 그런가"라고 말하며 우리를 30명이 있는 안뜰로 데려갔다. 우리는 모두 팔을 올려 양손을 목 뒤로 깍지 낀 채 갈증을 참으면서, 주간 뉴스의 취재를 받았다.

우리가 옆문으로 끌려 나오자마자 주간 뉴스 취재진은 승용차 위에 고정한 카메라를 돌려 우리를 짧은 필름에 담았다. 그것은 훗날 어느 영화관에서 상영되었으리라.

나는 담장 앞에 서 있는 사람들의 무리에서 격리당했다. 오스카는 자신이 난쟁이임을 의식하고, 세 살짜리는 무슨 짓을 해도 상관없을 거라고 생각했다. 그러자 또다시 손발과 머리에 지독한 통증을 느끼며 북과 함께 넘어졌다. 반은 발작을 참고 반은 발작을 가장하면서 몸부림을 쳤으나, 발작 중에도 북을 손에서 놓지는 않았다. 나치스 친위대 방위대원들이 오스카를 붙잡아 공무수행 차량에 밀어넣었다. 차가 움직이기 시작하여 그를 시립병원으로 데려가려고 했을 때, 얀, 불쌍한 얀이 행복한 듯 수줍은 미소를 짓는 것이 보였다. 그는 위로 올린 손에 스카트 카드를 들고, 왼손에 든 한 장의 카드—그것은 하트의 퀸이었다고 생각한다—로 멀어져 가는 아들 오스카에게 신호를 보내고 있었다.

자스페에 잠들다

　방금 나는 마지막 문단을 다시 한 번 훑어 보았다. 설사 만족스럽지 못하더라도 그럴수록 오스카의 문체이다. 오스카의 문체는 때로는 의식적으로 요약한 논문과 같은 의미에서, 거짓말은 하지 않을지라도 짧게 간추려서 과장할 수가 있었기 때문이다.

　그러나 나는 어디까지나 진실을 지키고 싶다. 오스카 문체의 이면을 쓰고 싶다. 그리하여 여기에서 이렇게 보고하고 싶다. 첫째로 얀이 슬프게도 끝마칠 수도, 이길 수도 없었던 최후의 게임은 그랑의 수가 아니라 2 없는 다이아몬드 한 장이었다. 둘째로 오스카는 우편 창고를 떠날 때, 새 양철북뿐 아니라 바지 멜빵이 없는 시체와 편지와 함께 세탁물 바구니에서 굴러 떨어진 부서진 북도 같이 손에 넣었다. 거기다 덧붙일 말이 또 있다. 방위대원의 "나와!" 하는 소리와 길쭉한 손전등과 소총에 밀려 얀과 내가 우편물 창고에서 나오자마자, 오스카는 보호를 요청해 삼촌처럼 친절하게 대해 주는 2명의 방위대원 사이에서 슬픈 듯이 우는 흉내를 내고, 그 불쌍한 사나이를 고발하는 듯한 손짓으로 가리키며 악인으로 만들었다. 이 사나이가 순진한 아이를 폴란드 우체국으로 끌고 가서 폴란드식 비인도적인 방법으로 총알받이가 되게 했다고 말한 것이다.

　오스카는 흠 없는 북과 부서진 북 때문에 이런 유대인과 같은 연기를 하면서, 그의 말이 옳다는 얘기를 듣고 싶어했다. 그 결과 방위대원들은 얀의 엉덩이를 발길질하고 개머리판으로 때렸으나, 내 두 개의 북에는 손대지 않았다. 그리고 힘들게 가장 노릇을 하느라 코와 입 언저리에 간간해 보이는 주름이 잡힌, 이미 중년에 접어든 방위대원이 내 뺨을 쓰다듬어 주고, 계속 웃고 있어서 전체가 완전히 드러나지 않는 찢어진 눈을 가진 하얀 피부의 금발 사나이도 나를 안아 주었으나, 오스카는 어쩐지 거북한 생각이 들었다.

　나는 지금도 이따금 이 파렴치한 행위가 부끄러워질 때가 있는데, 그럴 때마다 이렇게 스스로 위로한다. 그러니까 얀은 그때까지 카드 생각을 하느라 내가 한 짓을 미처 깨닫지 못했으며, 그 뒤에도 카드에서 생각이 떠나지 않아 그 무엇도, 심지어는 방위대원의 악마같이 짓궂은 착상조차도 그를 스카트 카드로부터 떼어 놓을 수는 없었다고. 얀이 이미 영원의 제국에 있는 카드 집에 가서 행복을 믿는 집에서 행복하게 머무르고 있는 동안, 방위대원과 나는—오스카는 자신을 방위대의 일원으로 포함시키고 있었다—벽돌벽 사이, 타일을 깐 복도 위, 회반죽의 처마 돌림띠가 둘린 천장 아래에 서 있었다. 천장은 벽이나 칸막이벽과 부자연스럽게 얽혀 있었는데, 건축술이라고 하는 날림 작업이 이런저런 이유 때문에 그 결합을 포기할지도 모를 최악의 사태가 생각날 정도로 두려웠다.

내가 이것을 이해한 것은 훨씬 뒤의 일이지만 그렇다고 내 죄를 용서받을 수 있는 것은 아니다. 건축 중인 건물을 볼 때마다 그것을 파괴하는 일을 상상하는 내가, 유독 카드로 된 집만큼은 인간답게 살 수 있는 유일한 주거 공간이라고 믿게 된 까닭은 이것과 어느 정도 관계가 있다. 거기에 가족관계로 인한 부담감이 한몫을 더한다. 그날 오후 나는 얀 브론스키에게서 단순히 삼촌이 아닌, 또 추정상의 아버지가 아닌 진짜 아버지를 분명히 느꼈다. 그에게는 마체라트로서는 도저히 넘볼 수 없는 미덕이 있었다. 왜냐하면 마체라트는 내 아버지이거나 전혀 상관없는 사람이었기 때문이다.

1939년 9월 1일—내 생각으로는, 독자 여러분도 그 불행한 오후 동안 카드놀이를 했던 행복한 남자 얀 브론스키를 나의 아버지로 인정할 수 있었으리라—그날부터 나의 커다란 두 번째 죄가 시작되었다.

나는 울먹이는 목소리로 이 일을 말할 수밖에 없다. 나의 북, 아니 나 자신, 북 치는 오스카는 맨 처음에 내 불쌍한 어머니를, 다음에 삼촌이자 아버지인 얀 브론스키를 무덤에 보낸 것이다.

그러나 무엇으로도 쫓아버릴 수 없는 집요한 죄책감이 병실 침대의 베갯머리까지 찾아와 나를 괴롭히는 날에는, 난 여느 사람처럼 모든 죄를 내 무지 탓으로 얼버무렸다. 그 시절에는 무지라는 것이 유행했고, 오늘날에도 멋진 모자처럼 많은 사람들의 얼굴에 어울리니까 말이다.

교활하게도 무지를 가장한 오스카, 야만적인 폴란드인의 순진한 희생양을 가장한 오스카는 열과 신경과민 때문에 시립병원으로 보내졌다. 그리고 마체라트에게 그 소식이 전해졌다. 내가 그의 소유라는 사실이 그때까지도 여전히 확실치 않았음에도, 그는 전날 밤에 내가 행방불명되었다고 신고했던 것이다.

그런데 얀을 포함한 30명의 사나이들은 팔을 올려 두 손을 목덜미에 깍지 낀 채 주간 뉴스의 취재를 받은 뒤, 먼저 공습으로 텅 빈 빅토리아 학교에 연행되었다가 시스슈탕게 교도소에 수감되어 결국 10월 초순, 무너지고 황폐해진 자스페 묘지의 담 너머 부드러운 모래 속에 묻혔다.

　오스카는 그 사실을 어떻게 알았는가? 나는 그것을 슈거 레오에게서 들었다. 어느 모래 위, 어느 담 뒤에서 31명의 사나이가 사살되었으며, 어느 모래 속에 31명이 파묻혔는지는 물론 공식적으로 알려지지는 않았다.

　헤트비히 브론스키는 먼저 링 거리에 있는 집에서 떠나라는 지시를 받았다. 그 집은 어느 고위층 공군 장교의 가족에게 할당되었다. 그녀가 슈테판의 도움을 받아 짐을 싸서 람카우로 이사할 준비를 하고 있을 때—그곳에 그녀는 몇 헥타르의 밭과 숲, 그리고 소작인의 집을 가지고 있었다—한 통의 미망인 통지서가 배달되었다. 세상의 슬픔이 스쳐가도 꿰뚫어 보지 못하는 그녀의 눈은, 그녀를 공식적인 미망인으로 만든 그 의미를 아들 슈테판의 도움을 받고서야 가까스로 해독할 수 있었다.

　　다음과 같이 통보함
　　에버하르트군 군사재판 기록, St. L. 41/39—
　　초포트, 1939. 10. 6.
　　헤트비히 브론스키 부인
　　얀 브론스키는 불법 군사 활동 죄로 군법회의에서 사형을 언도받아 처형되었기에 이를 통보함

　　　　　　　　　　군법회의 재판장 첼레브스키

　보다시피 자스페에 대해서는 한 마디도 언급하지 않았다. 유족들을 생각해 준 것이다. 터가 너무 넓고 조화(弔花)가 낭비되는 공동묘지에 대한 유족들의 관리비를 아끼게 해 주려는 친절한 마음에서 당국이 자스페의 모래땅을 고르고, 탄피는 하나만 남겨두고—하나는 으레 남게 마련이므로—모두 주워모아 묘지 관리와 이장(移葬)까지 책임진 것이다. 설사 그것이 더 이상 사용되지 않는 묘지일지라도 탄피가 여기저기 널려 있으면 경관이 손상되기 때문이다.

그런데 으레 하나 정도는 남기 마련인 그 탄피 하나가 문제가 되었다. 다시 말해서, 하나 남은 그 탄피를 슈거 레오가 발견한 것이다. 아무리 비밀리에 행해지는 매장일지라도 그는 꼭 냄새를 맡고야 만다. 불쌍한 어머니와 상처투성이였던 내 친구 헤르베르트 트루친스키의 매장 이래로 나와 알고 지내는 그는, 내가 물어 보지는 않았지만 지기스문트 마르쿠스가 묻힌 곳도 확실히 알고 있다. 그가 11월 말에—마침 내가 병원에서 막 나왔을 때다—비밀을 간직하고 있는 그 탄피를 나에게 가져왔을 때, 그는 행복해하면서 뛸 듯이 기뻐했다.

어쩌면 틀림없이 양의 몸 속에 숨은 납제 탄환이 남겼을지도 모르는, 약간 산화된 그 탄피를 들고 슈거 레오를 앞세워서 여러분을 자스페 묘지로 안내하기 전에, 나는 단치히 시립병원 소아과와 이곳 정신병원의 철제 침대를 서로 비교해야 한다. 두 침대는 모두 흰 니스가 칠해져 있지만 서로 다르다. 소아과에 있는 침대는 길이는 확실히 짧지만, 격자를 자로 재보면 높이가 높다. 물론 1939년에 내가 사용하던 짧고 높은 격자 침대가 좋긴 하지만, 요즈음 내가 쓰고 있는 성인용 침대에서도 나는 별 욕심 없이 마음의 평온을 찾게 되었다. 그래서 나는 몇 달 전부터 좀더 높고 광칠이 된 철제 격자로 바꿔달라는 나의 청원을 들어 주든 말든 병원 당국의 처사에 맡겨 버렸다.

오늘날 내가 거의 무방비 상태로 문병객들의 손에 맡겨지는 데 비해, 소아과에 있을 때는 높이 솟은 울타리가 면회일에 문병을 오는 마체라트나 그레프 부부, 셰플러 부부로부터 나를 격리해 주었다. 또한 퇴원 날짜가 다가올 무렵에 찾아와 걱정스러운 듯 깊은 한숨을 내쉬며 네 벌의 치마를 겹쳐 입은 움직이는 산과 같은 안나 콜야이체크 할머니의 모습을 그 격자는 여러 부분으로 나누어 놓았다. 그녀는 와서 한숨을 쉬고, 때때로 주름투성이인 큰 손을 들어올려 여기저기 갈라진 장밋빛 손바닥을 드러내 보이고는 힘 없이 축 늘어뜨려 자기의 넓적다리를 두들겼다. 그 토닥거리는 소리는 지금도 내 귀에 쟁쟁하지만 내 북으로는 가까스로 비슷하게 흉내낼 수 있을 뿐이다.

처음 면회 때부터 그녀는 오빠인 빈첸트 브론스키를 함께 데리고 왔다. 그는 침대 격자를 붙잡고, 나지막하면서도 잘 트인 소리로 쉼 없이 폴란드 여왕, 동정녀 마리아에 대해서 이야기하거나 노래했고, 또는 노래하는 것처럼 이야기했다. 오스카는 두 사람 옆에 간호사가 있으면 기뻤다. 두 사람이 나를 비난했기 때문이다. 브론스키 두 사람의 특유한 맑은 눈이, 폴란드 우체국에서 했던 스카트놀이 후유증인 신경열(神經熱)을 극복하느라 심하게 고생하고 있는 나를 향했다. 그들은 불안과 스카트 카드 사이를 오가며 얀이 보낸 마지막 몇 시간에 대한 보고나 위로의 말을 내가 한 마디라도 해 주기를 기대한 것이다. 그들은 얀을 변호하는 한 마디 고백이 듣고 싶었던 것이다. 마치 그의 변호가 내 손에 달려 있으며 나의 증언이 무게와 설득력을 가질 수 있는 것처럼 말이다.

9월 1일 저녁에 내가 집으로 돌아오는 얀 브론스키를 기다렸다는 사실과, 얀 브론스키는 폴란드 우체국을 방어할 마음이 없어서 떠났는데 내가 북을 고쳐달라고 해서 다시 그를 그곳으로 데려갔다는 사실을, 나 오스카 마체라트가 인정한다고 치자. 그러나 그 증언이 에버하르트 군사재판에 무슨 영향을 주었겠는가?

오스카는 증언을 하지 않았다. 그의 추정상의 아버지를 변호하지 않았다. 그가 확실하게 증언하려고 결심하자 갑자기 심한 경련이 일어나, 수간호사의 요구로 면회 시간이 제한되어 할머니 안나와 그의 추정상의 할아버지 빈첸트의 면회도 금지될 정도였다.

두 노인은—비사우에서부터 걸어온 그들은 사과를 가져다주었다—시골 사람들이 으레 그러하듯이 지나치게 조심스럽고 어쩔 줄 모르는 태도로 소아과 병실에서 나갔다. 그때 할머니의 살랑거리는 네 겹의 치마와 그 오빠의 쇠똥 냄새가 나는 검은 나들이옷이 멀어져 가자 내 안에서 죄책감, 너무나도 강한 죄책감이 점점 커졌다.

한꺼번에 여러 가지 일이 생겼다. 내 침대 앞에 마체라트, 그레프 부부, 셰플러 부부가 잇달아 과일이며 과자를 가지고 왔다. 노인네들이 비사우에서 골트크루크와 브렌타우를 거쳐 걸어서 나에게 온 까닭은 카르타우스와 랑푸어 사이의 철도가 계속 폐쇄되어 있었기 때문이다. 흰 옷을 입은 간호사들이 마취를 시키고 병원 특유의 수다를 재잘거리면서 소아과 병실에서 천사의 대역을 하고 있다. 그동안 폴란드는 아직 패배하지 않았다. 이윽고 유명한 18일간의 저항 뒤에 마침내 패했다. 그 뒤 얼마 되지 않아 폴란드가 여전히 건재하다는 사실이 곧 밝혀졌지만. 마치 오늘날 슐레지엔과 동프로이센의 애국 단체들의 노력과 관계 없이 폴란드가 아직 패배하지 않은 것처럼 말이다.

　오, 광기에 찬 기병대여! ―말 위에서 블루베리를 게걸스럽게 먹고 있다. 백색과 적색의 작은 기를 단 창을 들고 있다. 기병 중대의 우울과 전통. 그림책에나 나올 법한 공격. 로츠와 쿠트노의 들판을 넘어서 간다. 요새를 대신하는 모들린. 오, 타고난 질주. 언제나 저녁노을을 기다리고 있다. 전경(前景)과 후경(後景)이 장관을 이룰 때 비로소 기병대는 습격을 하고, 전투는 그림이 된다. 죽음은 화가에게 체중이 실린 다리와 체중이 실리지 않은 다리로 서 있는 모델이다. 그러고선 그것은 블루베리를 먹으면서 넘어진다. 들장미 열매, 그것은 굴러 터져 가려움증을 일으킨다. 가렵지 않으면 기병대는 달리지 않는다. 창기병들도 벌써 또 가려워져서, 볏가리 근처에서―이것도 한 폭의 그림이 된다―말 머리를 돌려 에스파냐에서 돈키호테라 불리는 기사 뒤로 집합한다. 그러나 그는 판키호테라는 이름을 가진 슬프고 고귀한 모습의 순수한 폴란드인으로서, 그를 따르는 창기병 전원의 손에 말 위에서 키스를 한다. 거기에서 그들은, 이제 다시 죽음의 손에 우아하게 키스를 한다―마치 귀부인의 손인 것처럼. 하지만 그들은 그 전에 집합을 끝냈다. 저녁노을을 등지고―그 같은 빛깔이 그들의 예비군 역할을 한다―앞쪽에는 독일 전차, 볼렌과 할바하의 크루프 공장 종마장(種馬場)에서 태어난 수말들이 있다. 좀더 고귀한 말을 탄 사람은 없었다. 그러나 에스파냐의 피와 폴란드의 피가 반반씩 섞여 분수에 맞지 않게 죽음으로 뛰어든 그 기사는―천부의 재주를 타고난 판키호테, 그는 너무나 뛰어났다―백색과 적색의 작은 기가 달린 창을 나부끼며, 부하들이 자신의 손에 키스를 하도록 권하고 있다. 그리고 저녁놀이 지붕 위 백색과 적색의 황새처럼 부리로 딱딱 소리를 내며 앵두 씨를 뱉어내고 있을 때, 그 기병대를 향해서 소리친다. "말 위의 고귀한 폴란드인 제군들, 저것은 강철로 된 전차가 아니라 풍차, 아니면 양 떼일 뿐이다. 제군들은 어서 내 손에 키스하길 바란다."

　이리하여 기병 중대는 회녹색 강철의 옆구리를 향해서 말을 달려, 저녁놀에 더욱 붉은빛이 감돌게 했다. 오스카가 이 야전을 묘사할 때 각운(脚韻)을 따라 시적으로 표현해도 좋으리라. 만일 내가 폴란드 기병대의 사상자 수를 인용하여, 폴란드 전쟁의 전체 통계 자료를 제시한다면 아마 더욱 정확하리라. 하지만 요구에 따라 작은 별표를 붙인 주석을 달아 시를 그대로 놓아

두는 것도 용서받을 수 있을 것이다.

9월 20일 무렵까지 나는 병원 침대에 누워서 예슈켄탈과 올리바 숲 속 높은 곳에 진을 친 포병대의 포성을 들었다. 그러고서 마지막 저항 거점이었던 헬라 반도가 함락되었다. 한자동맹의 단치히 자유시는 그 고딕 벽돌과 대독일 제국과의 합병을 축하했고, 검은 메르세데스에 서서 지치지 않고 거의 쉴 새 없이 팔을 직각으로 올려 인사하는 제국 총통 아돌프 히틀러의 푸른 눈을 사람들의 환성 속에서 볼 수 있었다. 그 눈은 어떤 성공, 즉 여자에 대한 성공이라는 점에서 얀 브론스키의 푸른 눈과 공통점을 지니고 있었다.

10월 중순 즈음에 오스카는 시립병원에서 해방되었다. 간호사들과 헤어지는 일이 나에게는 괴로웠다. 한 간호사가—그녀는 베르니인가 에르니라는 이름이었을 것이다—하여튼 에르니 아니면 베르니라는 간호사가 내 북 두 개를, 즉 나를 죄인으로 만든 부서진 북과 폴란드 우체국을 방어하는 도중에 손에 넣은 흠 없는 북을 나에게 돌려 주었을 때, 나는 그 몇 주 동안 북 생각을 전혀 하지 않았다는 사실과 나에게는 이 세상에 양철북 말고도 간호사가 존재한다는 사실을 의식했다.

힘차게 악기를 울리며 새로운 지식을 터득한 나는 마체라트의 손에 이끌려 시립병원을 나와서, 아직도 약간 비틀거리는 영원한 세 살짜리의 다리로 라베스 거리에 돌아와 일상생활에, 일상생활의 권태로움에, 전쟁 첫 해의 더욱 권태로운 일요일에 몸을 맡겼다.

11월 말의 어느 화요일—나는 몇 주 동안 요양하고 나서 처음으로 시내에 나갔다—오스카는 막스 할베 광장과 브뢰젠 거리 모퉁이에서 습하고 추운 날씨에도 아랑곳하지 않고 우울하게 멍하니 북을 두들기고 있었다. 그때 예전의 신학교 학생 슈거 레오와 마주쳤다.

우리는 잠시 당황해서 미소를 지은 채 마주 보고 서 있었다. 레오가 프록코트 호주머니에서 윤기 나는 가죽 장갑을 꺼내서 피부 비슷한 누르스름한 덮개를 손가락과 손바닥에 끼었을 때야 비로소 나는 마주친 사람이 누구인지, 그리고 이 만남이 내게 무슨 일이 일어나게 할지 이해했다—그래서 오스카는 무서워졌다.

우리는 잠시 황제 커피 상회의 쇼윈도를 들여다보고, 막스 할베 광장에서 교차하는 5번과 9번의 시가전차를 바라보았다. 그리고 브뢰젠 거리에 있는

똑같이 생긴 집들을 따라 광고탑을 몇 번 돌아 단치히 굴덴과 독일 마르크의
교환을 알리는 게시문을 읽었다. 그러고 나서 페르질 비누의 광고를 벗겨 하
얀색과 푸른색 아래에 붉은색이 약간 있는 것을 발견하고는 만족하여 다시
광장으로 돌아가려고 했다. 그때 슈거 레오는 오스카를 장갑 낀 두 손으로
어느 집 출입구에 밀어넣고, 처음에는 왼쪽 손가락으로 자신의 뒤를 더듬더
니 나중에는 손을 외투 자락 속에 넣고 바지 호주머니에서 꾸물꾸물 뒤적여
무엇인가를 찾았다. 찾은 것을 여전히 호주머니 속에서 확인하고는 그것으
로 만족했는지, 주먹을 쥔 채로 주머니에서 꺼내고 외투 자락을 다시 내렸
다. 그러고는 장갑 낀 주먹을 천천히 앞으로 내밀어 오스카를 출입구 벽에다
밀어붙이고 점점 세게 눌렀다—그러나 벽이 꺼져 들어가지는 않았다. 드디
어 그의 긴 팔이 다섯 손가락의 피부를 펴려고 했을 때 나는 생각했다. 저
긴 팔이 그의 어깨 관절에서 튀어 나와 저절로 내 가슴을 치고, 가슴을 관통
하여 어깨뼈 사이를 지나 다시 밖으로 나와, 이 곰팡내 나는 계단통의 벽 속
으로 들어가지나 않을까—그렇게 되면 오스카는 레오가 무엇을 쥐고 있는지
볼 수 없으리라. 기껏해야 여기서 알 수 있는 사실은 라베스베크 거리 거주
자 수칙의 조문과 별 차이가 없는 브뢰젠 거리 거주자 수칙의 조문뿐이다.

레오는 내 해군 외투 바로 앞에서 닻 모양의 단추를 누르면서 장갑을 재빨
리 폈다. 뚜두둑 울리는 그의 손가락 관절 소리가 들릴 정도였다. 그의 손
안쪽을 보호하는, 곰팡내를 풍기며 반짝거리는 가죽 위에 탄피가 올려져 있
었다.

레오가 다시 주먹을 쥐었을 때, 나는 그를 따를 준비가 되어 있었다. 조그
만 쇠붙이가 나에게 직접 말을 건 것이다. 오스카가 레오의 왼쪽에 서서 우
리는 나란히 브뢰젠 거리를 내려갔다. 어느 쇼윈도 앞에서도, 어느 광고탑
앞에서도 멈추지 않고 마그데부르크 거리를 가로질러 밤에 이착륙하는 비행
기를 위해서 경계등이 켜지는, 브뢰젠 거리 맨 끝의 상자 모양을 한 높은 건
물 두 채를 뒤로 하고, 처음에는 울타리를 두른 비행장 언저리를 뚜벅뚜벅
걸었으나 결국 더 마른 아스팔트 도로로 길을 바꾸어, 브뢰젠을 향해서 달리
고 있는 9번 시가전차의 선로를 따라갔다.

우리는 한 마디도 하지 않았다. 그러나 레오는 여전히 장갑 속에 탄피를
쥐고 있었다. 내가 우물쭈물하며 습기와 추위 때문에 돌아가려고 할 때마다

그는 주먹을 펴 조그만 쇠붙이를 손바닥 위에 춤추게 하여, 백 걸음만 또 백 걸음만 하고 나를 유혹했다. 내가 자스페의 시유지(市有地)에 거의 다 와서 정말로 되돌아가려고 결심했을 때는 음악까지도 동원했다. 그는 뒤꿈치로 한 바퀴 빙글 돌아서 탄피 구멍을 위로 올리더니 침 묻은 아랫입술을 삐죽 내밀어, 피리를 부는 것처럼 그 구멍에 대고 날카로우면서도 이내 안개로 덮인 듯한 쉰 소리를 점점 세차게 쏟아지는 빗소리에 뒤섞었다. 오스카는 오싹해졌다. 탄피로 연주하는 음악이 그를 오싹하게 했을 뿐만 아니라 그 소리를 위해 일부러 주문한 것 같은 엉망인 날씨가 한몫을 했다. 그래서 딱할 정도로 떨고 있는 내 모습을 감추려고 애써 보았으나 헛일이었다.

도대체 무엇이 나를 브뢰젠으로 유혹했던가? 그렇다, 피리 대신 탄피를 불고 있는 유혹자 레오 때문이다. 하지만 나를 향해 피리를 부는 것이 또 있었다. 11월의 짙은 안개 저편에 펼쳐진 앞바다 정박지나 노이파바서, 기선의 사이렌이나 스코틀랜드, 셀뮐, 독일 식민지를 지나서 출항하고 입항하는 수뢰정의 굶주린 포효가 우리가 있는 곳까지 울려 퍼져, 레오가 추위에 떠는 오스카를 안개 피리와 사이렌과 탄피 피리로 꾀는 일쯤은 누워서 떡 먹기였다.

비행장을 신(新)연병장과 경계호(境界壕)로부터 구분짓는 철조망이 펠론켄 쪽으로 구부러지는 부근에서, 슈거 레오는 멈춰 서서 잠시 고개를 기울여 탄피에 침을 흘리면서, 찬 바람에 부들부들 떨고 있는 내 몸을 바라보았다. 그는 탄피를 빨아들여 아랫입술로 받치고 무슨 착상이라도 실행하려는 듯 팔을 크게 휘저으며 옷자락이 긴 프록코트를 벗어서, 축축한 흙냄새가 나는 무거운 옷을 내 몸과 어깨 위에다 던져서 걸쳐 주었다.

우리는 다시 걷기 시작했다. 오스카가 오싹한 한기를 덜 느끼게 되었는지 나는 모른다. 때때로 레오는 다섯 걸음쯤 앞서 달려가서 멈춰 서곤 했는데, 꾸깃꾸깃하면서도 놀랄 만큼 흰 셔츠 차림으로 서 있는 그의 모습은 슈토크 탑과 같은 중세의 감옥에서 목숨을 걸고 탈출한 것 같기도 하고, 정신병자들이 즐기는 의상이 어떤 것인지를 보여 주는 것도 같았다. 레오는 프록코트를 입고 아장아장 걷고 있는 오스카를 보면서 계속 폭소를 터뜨렸는데, 그 폭소는 항상 날개를 퍼덕이며 까악까악 우는 큰 까마귀처럼 어깨를 들썩이며 끝이 났다. 정말로 나는 큰 까마귀 또는 까마귀와 비슷한 우스꽝스러운 새를 닮았음에 틀림없다. 특히 프록코트 자락이 질질 끌리면서 치맛자락처럼 아스팔트 위를 쓸고 다녔다. 나는 넓고도 당당한 발자국을 뒤에 남겼는데, 오스카는 어깨너머로 거듭 그것을 본 것만으로도 자랑스러웠다. 그 발자국은 그의 안에 잠들어 아직 완전히 성숙하지 않은 비극을, 상징까지는 아니더라도 암시하고 있었다.

이미 나는 막스 할베 광장에서 레오가 나를 브뢰젠이나 노이파바서로 데리고 가는 것이 아님을 어슴푸레 느끼고 있었다. 이 행진의 목적지는 처음부터 자스페 묘지와 바로 근처에 보안경찰의 최신식 사격장이 있는 경계호뿐이었다.

9월 말에서 4월 말까지 해안선 시가전차는 35분 간격으로 운행되었다. 우리가 랑푸어 교외의 마지막 집을 지났을 때, 연결차가 없는 전차 한 대가 우리에게 다가왔다. 그러자 곧 마그데부르크 거리의 대피선에서 반대 방향 전차를 기다려야 하는 전차가 우리를 추월했다. 자스페 묘지 바로 못 미쳐서 두 번째 대피선이 마련돼 있는 곳 근처에 이르러서야 비로소 종소리가 들리더니 전차가 우리를 추월했다. 상당히 먼 거리에서 시계(視界)가 나빠 누래서 눅눅해 보이는 전조등이 앞을 비추는 전차가 나타났다. 그 전차는 짙은 안개를 뚫고 우리에게 다가왔다.

오스카는 맞은편에서 오는 전차 운전사의 펑퍼짐하고 침울한 얼굴에서 눈길을 거두기도 전에, 슈거 레오에게 이끌려 아스팔트 도로에서 사박거리는 모래장으로 접어들었다. 해변의 모래언덕이 가까이 있음을 쉽사리 느낄 수 있었다. 정사각형 모양의 담장이 묘지를 에워싸고 있었다. 남쪽을 향해 나 있는 덩굴무늬가 새겨진 작은 문은 완전히 녹이 슨 채 닫혀 있었으나, 그것은 허울뿐인지라 우리는 안으로 들어갈 수 있었다. 대개 뒷면과 옆면은 거칠게 깎였지만 앞면은 반질반질한 스웨덴산(産) 검은 화강암이나 휘록암으로 된 묘석들은, 거의 쓰러질 정도로 기울었거나 이미 윤기를 잃고 있었는데, 안타깝게도 레오는 그것들을 하나하나 살펴볼 틈을 주지 않았다. 말라비틀어진 구불구불한 소나무 대여섯 그루가 묘지의 관상목을 대신하고 있었다. 어머니는 살아 있을 때 시가전차에서 이 황폐한 땅을 보고 다른 어떤 조용한 장소보다도 좋아했다. 지금 그녀는 브렌타우에 잠들어 있다. 그곳 땅은 좀더 비옥해서 느릅나무와 단풍나무가 자라고 있다.

황폐한 묘지에 발을 멈출 틈도 없이 레오는 북쪽 담장에서 격자 없이 열린 샛문을 통해 묘지 밖으로 나를 안내했다. 우리는 담장 바로 뒤의 평평한 모래땅에 섰다. 수프처럼 걸쭉한 안개 속에서도 금작화, 소나무, 들장미들이 해변 쪽으로 뻗어 있는 모습이 아주 뚜렷이 보였다. 묘지로 눈을 돌리자, 북쪽 벽 한 군데에 새로 칠해진 회반죽이 금방 눈에 띄었다.

레오는 자기의 구겨진 셔츠처럼 눈이 부실 정도로 하얗게 빛나는 새로 칠한 벽 앞에서 바쁘게 움직이고 있었다. 그는 애써 큰 걸음으로 걸으면서 걸음 수를 헤아리는 것 같았다. 오스카는 오늘까지도 그가 큰 소리로 헤아리던 말이 라틴어였다고 생각한다. 그는 또한 신학교에서 배운 듯한 성서 구절도 중얼거렸다. 담장에서 10미터쯤 떨어진 곳을 점으로 표시하더니, 내 생각에는 수리를 한 듯한 회반죽 칠한 부분 바로 앞에 나뭇조각 하나를 놓았다. 이 모든 일을 그는 왼손으로 했다. 오른손은 탄피를 쥐고 있었기 때문이다. 마지막으로 꽤 오랫동안 찾고 재고 하더니 나뭇조각에서 조금 떨어진 곳에 속이 비고 앞쪽이 약간 좁은 그 금속을 놓았다. 그 금속은 누군가가 집게손가락을 구부려 방아쇠를 당기기 전에, 납으로 된 탄환에게 어떤 근거지를 알려주면서, 죽음을 부를 이사를 명령할 때까지 그 납에게 숙소를 빌려 주었던 것이다.

우리는 계속 서 있었다. 슈거 레오의 입에서 침이 흘러나와 실처럼 늘어졌다. 그는 장갑 낀 두 손을 합장하고 또 무언가 알 수 없는 라틴어로 잠시 중얼거리다가 거기에 힘차게 응할 수 있는 사람이 아무도 없었으므로 입을 다물어 버렸다. 레오는 방향을 바꾸어 화가 나는 듯 안절부절못하며 담 너머로 브뢰젠 국도를 둘러보았으며, 대개는 텅 빈 시가전차들이 대피선에 정차하여 벨을 울리면서 서로 엇갈려 멀어져갈 때면 언제나 머리를 그 방향으로 돌렸다. 틀림없이 레오는 문상객들을 기다리고 있는 것이다. 그러나 장갑을 낀 그가 애도의 말을 건넬 수 있는 사람은 걸어서도 전차를 타고서도 아무도 나타나지 않았다.

머리 위에서 한 차례 착륙 태세로 들어간 비행기 소리가 들렸다. 우리는 위를 올려다보지 않았다. 그리고 날개 끝에 눈부신 불을 켠 세 대의 JU 52 편 비행기들이 착륙 준비를 하고 있는 사실을 확인할 생각도 없이 엔진의 소음을 듣기만 했다.

엔진 소리가 멀어지자—그 정적은 우리 맞은편의 하얀 벽과 마찬가지로 숨이 막혔다—슈거 레오는 셔츠 속에 손을 집어넣어 무엇인가 꺼내 들고는 바로 내 옆으로 와서, 오스카의 어깨에서 까마귀처럼 생긴 외투를 빼앗아서 금작화와 들장미와 소나무가 있는 해안 쪽으로 달려갔다. 뛰면서 누군가가 반드시 발견해 주기를 기대하는 듯한 자세로 그 무언가를 떨어뜨렸다.

레오의 모습이 완전히 보이지 않게 되었을 때야—그는 땅 위를 기어가는 우윳빛 안개 속에 완전히 삼켜질 때까지 그 빈터를 유령처럼 방황했다—내가 빗속에서 혼자가 되었을 때 비로소 모래에 묻힌 두꺼운 종이 한 장을 손에 넣었다. 그것은 스카트 카드의 스페이드 7이었다.

자스페 묘지에 들른 지 며칠 뒤에, 오스카는 할머니 안나 콜야이체크를 랑푸어의 시장에서 만났다. 비사우의 관세 경계와 국경이 철폐된 뒤로, 그녀는 다시 달걀, 버터, 그리고 양배추와 사과까지 시장으로 가져올 수 있었다. 손님들은 기뻐하며 많이 샀다. 생활필수품 배급 제도가 곧 실시될 예정이어서 사재기를 할 필요가 있었기 때문이다. 오스카는 물건 뒤에 구부리고 있는 할머니를 본 바로 그 순간에, 외투와 스웨터와 민소매 밑 자신의 맨살에서 스카트 카드를 느꼈다. 맨 처음에 나는 스페이드 7을 찢어 버리려고 했다. 전차 승무원이 공짜로 태워다 주겠다고 해서 자스페에서 막스 할베 광장으로 돌아왔을 때에 말이다.

오스카는 그 카드를 찢지 않았다. 그는 그것을 할머니에게 주었다. 양배추 뒤에 있던 할머니는 그것을 보자 간이 떨어지는 듯한 표정을 지었다. 아마 그녀는 오스카가 무언가 좋은 것을 가져올 리가 없다고 생각했으리라. 그러나 그녀는 생선 바구니 뒤에서 얼굴을 반쯤 내밀고 있는 세 살짜리에게 가까이 오라는 눈짓을 했다. 오스카는 우물쭈물하면서 처음에는 젖은 해초 위에 놓여 있는 1미터나 되는 살아 있는 대구를 자세히 들여다보다가, 오토민 호수에서 잡힌 은행게 수십 마리가 조그만 바구니 속에서 아직도 열심히 게걸음을 연습하고 있는 쪽으로 눈길을 돌리려고 했다. 오스카도 그 걸음걸이를 연습하여 해군 외투의 등을 보이며 할머니가 물건을 벌여놓은 곳으로 다가가다가, 그녀에게 금빛 닻 모양의 단추를 보이며 휙 돌아섰다. 그때 그만 진열품 밑의 나무 받침대를 걷어차서 사과들이 데굴데굴 굴러갔다.

슈베르트페거가 신문지로 싼 뜨거운 벽돌을 가져와서 할머니 치마 밑에 밀어넣고, 예전처럼 자루가 긴 삽으로 식은 벽돌을 끄집어 냈으며, 목에 걸린 석판에 표시를 한 다음 다른 가게로 옮겨갔다. 할머니는 나에게 반들반들 윤기가 도는 사과를 주었다.

오스카는 사과를 받았을 때 그녀에게 무슨 보답을 할 수 있었을까? 그는 먼저 스카트 카드를 건네 주고, 다음에 자스페에 같이 잠들게 할 수 없었던 탄피도 넘겨 주었다. 안나 콜야이체크는 너무나도 다른 두 물건을 오랫동안 물끄러미 들여다보았다. 그래서 오스카는 그녀의 두건 밑에 숨어 있던 말랑말랑한 노파의 귀에다 입을 대고는 주위를 두리번거렸다. 그리고 조그마하면서도 통통한 양의 장밋빛 귀와 길고 예쁘장한 귓불을 생각하면서 속삭였다. "자스페에 잠들어 있어요." 이렇게 속삭인 오스카는 등에 짊어지는 양배추 바구니를 뒤엎고는 토끼처럼 재빨리 달아났다.

마리아

역사가 큰 소리로 특별 성명들을 발표하면서 기름을 잘 친 차량처럼 유럽의 도로·수로·하늘로 나아가고 파도를 가르고 날면서 정복하고 있는 동안, 광칠한 어린아이의 양철북을 두들겨대고만 있으면 되는 나의 작업은 별 진척도 없이 매우 더디었으며, 도대체 전혀 나아지지를 않았다. 역사의 주역들이 값비싼 금속을 주위에 뿌리면서 낭비하고 있는 동안에 내 양철북이 또다시 못쓰게 되었다. 물론 오스카는 폴란드 우체국에서 거의 흠 없는 새 북을 손에 넣어 우체국 방어전에 하나의 의미를 부여할 수 있었지만, 전성기에는 양철을 고철로 바꾸는 데 겨우 8주밖에 걸리지 않던 나 오스카에게 나찰니크 씨 아들의 양철북이 무슨 의미가 있었단 말인가!

시립병원을 퇴원한 뒤 나는 간호사들과 헤어진 것을 슬퍼하며 마구 두들기면서 작업에 열중하고, 작업을 하면서 마구 두들기기 시작했다. 자스페 묘지에서의 그 궂은 오후는 내 작업을 안정시키지 못했다. 반대로 오스카는 방위대원들 앞에서 자기가 저지른 부끄러운 행위의 마지막 목격자인 북을 두들겨 부수기 위해서 긴장을 몇 배로 늘려 온 힘을 기울였다.

그러나 북은 저항을 하고, 나에게 말대꾸를 하며, 내가 두들기면 비난하듯 되받아 퉁겼다. 나의 과거 중에서 특정한 시기를 지워 없애는 것만이 목적이었던 이런 연타를 날리는 동안에도, 이상하게 현금 등기 집배원 빅토르 벨룬이 자꾸 내 의식에 떠오르는 것이었다. 그는 근시였으므로 나에게 불리한 증언을 할 리가 없는데도 말이다. 하지만 근시라는 약점에도 그는 어찌어찌 도망을 쳤다. 어쩌면 근시가 다른 사람들보다 더 잘 볼지도 모르므로, 내가 보통 불쌍한 빅토르라고 부르는 벨룬도 검은 실루엣의 움직임 같은 내 표정을 읽고 유다와 같은 내 행위를 식별하여, 오스카의 비밀과 치욕을 간직한 채 도주해서 온 세계에 퍼뜨리고 있는 것은 아닐까?

12월 중순이 되어서야 내 목에 걸려 있는 광철한 붉은 불꽃 모양의 양심의 고발이 겨우 그 설득력을 잃었다. 광철한 부분이 갈라지고 벗겨진 것이다. 그리고 양철은 얄팍해지고 물러져, 훤히 비치기 시작하면서 갈라졌다. 어떤 것에 고통스러운 종말이 가까워지는 것을 보면 그 고통을 옆에서 지켜보는 목격자는 고통을 줄여 주기 위해 종말을 더욱 빨리 오게 해 주고 싶어 하는 법이다. 강림절의 마지막 2주 동안 오스카는 마체라트와 이웃들이 머리를 싸맬 정도로 북을 두드렸다. 서둘러 작업을 해서 크리스마스 이브까지 결말을 보려고 했다. 크리스마스에는 흠 없는 새 북을 갖고 싶었기 때문이다.

나는 해냈다. 12월 24일 하루 전, 나는 충돌한 자동차를 연상케 하는, 너덜너덜하고 끊임없이 덜거덕거리는 녹슨 그 물체를 내 육체와 영혼에서까지 떨쳐버릴 수 있었다. 비로소 내가 바라던 대로 폴란드 우체국 방위는 완전히 격파된 것이다.

어떤 인간도—만일 여러분이 나를 한 인간으로 받아들일 생각이 있다면—오스카만큼 기대에 어긋난 크리스마스를 경험한 적은 없으리라. 오스카도 크리스마스 트리 밑에 선물이 있었는데, 그 선물에는 없는 것 없이 다 있었으나 단 하나 양철북만 없었다.

거기에는 집짓기 장난감 상자가 있었지만 나는 절대 열지 않았다. 흔들거리는 백조는 자신이 특별한 선물임을 자랑하며 나를 백조의 기사 엔그린으로 만들려고 했다. 그림책 서너 권을 선물 탁자에 일부러 올려놓은 사람이 있었는데, 그것은 나를 정말로 화나게 했다. 그러나 장갑과 반장화와 그레트헨 셰플러가 짠 빨간 스웨터는 쓸모가 있을 성싶었다. 오스카는 휘둥그레진 눈을 집짓기 장난감 상자로부터 백조에게로 돌렸다가 온갖 악기들을 앞발로 들고 있는 그림책 속의 우스꽝스러운 장난감 곰들을 물끄러미 바라보았다.

거기에는 귀엽게 생긴 야수 한 마리가 북을 안고 있었는데, 마치 북을 칠 수 있는 것 같기도 했고, 지금이라도 북의 간주곡을 시작할 듯싶었으며, 이미 한창 북을 치고 있는 것 같기도 했다. 그런데 나에겐 백조는 있었으나 북은 없었다. 분명히 천 개가 넘는 집짓기 토막이 있었으나 단 하나의 북도 없었다. 추운 밤에 낄 장갑은 있었으나 장갑을 끼고서 쥘 것은 아무것도 없었다. 둥글고 매끈매끈하며 얼음처럼 차가운 광칠한 양철북만 있다면 겨울 밤중에 갖고 나가서 극심한 추위에도 무엇인가 뜨거운 것을 들려 줄 수 있을 텐데!

오스카는 생각했다. 마체라트는 양철북을 감추어 두었을 것이다. 어쩌면 우리 집 크리스마스 요리인 거위를 먹어 치우려고 남편인 빵집 주인과 함께 온 그레트헨 셰플러가 깔고 앉아 있을지도 모른다. 그들은 먼저 백조나 집짓기 장난감이나 그림책을 보고 기뻐하는 내 모습을 마음껏 즐긴 다음에야 진짜 보물을 불쑥 내밀 속셈이리라. 나는 그대로 따랐다. 속으로는 메스꺼운 걸 꾹 참고, 적어도 30분은 바보처럼 그림책을 뒤적이기도 하고 백조의 등에 훌쩍 뛰어올라 흔들거리기도 했다. 그리고 방 안이 너무 더운데도 스웨터를 껴입고, 그레트헨 셰플러의 도움을 받아 반장화에 발을 밀어넣었다. 그러는 동안 그레프 부부도 도착했다. 거위는 6인분이 준비되었으니까. 마체라트가 마른 과일을 채워넣어 솜씨를 발휘한 거위를 완전히 먹어 치우고서 후식 시간에—자두와 배가 나왔다—책은 이미 네 권이나 있는데, 그레프가 그림책을 또 한 권 보태서 나는 맥이 풀렸다. 수프, 거위, 붉은 양배추, 삶은 감자, 자두, 배를 먹고 나서, 더울 정도로 뜨거운 난로의 열기를 받으며 우리는 모두 노래를 불렀다—오스카도 함께 불렀다. 크리스마스 캐럴을 한 곡, 다시 기쁘다 구주 오셨네를 한 절, 해마다 오 전나무야 오 전나무야라는 노래 후반에 징글벨을 불렀다. 그리고 이제야말로—밖에서는 이미 사방에서 울리는 종소리가 모든 사람에게 방해가 되고 있었다—나는 북을 갖고 싶었다—음악가 마인이 예전에 소속되어 있었던 만취한 관악대가 창문 밖 처마 가장자리에서 고드름이 녹아 떨어질 정도로 악기를 불어대고 있는데…… 나는 북을 갖고 싶었다. 그러나 그들은 주지 않았다. 그것을 꺼내서 건네 주지 않았다. 오스카는 '줘요!' 다른 사람들은 '싫어!'였다—그때 나는 소리를 쳤다. 나는 벌써 오래전부터 비명을 지르지 않았다. 그래서 나는 얼마간 시간을 둔 뒤에 다시 한 번 목소리를 갈고닦아서 유리를 갈라지게 하는 날카로운 악기로 만들었으나, 꽃병이나 맥주잔이나 전구 따위는 죽이지 않았으며, 유리 진열장을 깨뜨리지도 않았고, 안경에게서 시력을 빼앗지도 않았다—차라리 내 소리는 축제 기분을 없애고 흩뜨리는 전나무에서 빤짝빤짝 빛나는 둥근 공과 작은 종, 부서지기 쉬운 은빛 비누 거품, 크리스마스 트리 끝 부분 등과 맞섰다. 쨍그랑쨍그랑하고 소리를 내며 크리스마스 트리 장식이 가루가 되었다. 전나무 잎도 쓰레받기에 여러 번 넘칠 정도로 떨어졌다. 하지만 촛불은 성스럽고 조용하게 계속 타고 있었다. 오스카는 이 소동에도 불구하고 양철북을 얻지 못했다.

마체라트는 통찰력이라고는 전혀 없는 사람이었다. 그가 나를 가르치려고 그랬는지, 아니면 그저 적당한 때에 북을 많이 줄 생각이었는지는 나도 모르겠다. 모든 일은 파멸로 나아갔다. 가까이 다가온 내 몰락과 때를 같이해서, 식료품 가게도 예사로이 숨길 수 없을 정도로 점점 어수선해지고 있었다. 오직 그 때문에 나와 가게는 어려울 때에는 다들 그렇게 하듯이 죽이 잘 맞아 서로 도울 수 있었다.

오스카는 가게 카운터 뒤에 서서 흑빵이나 마가린이나 인조 꿀을 팔 수 있을 만큼 키가 크지도 않고 또 그럴 마음도 없었으므로, 내가 귀찮아서 다시 아버지라고 부르던 마체라트는 내 불쌍한 친구 헤르베르트의 막내 누이동생 마리아 트루친스키를 가게에 고용했다.

그녀는 이름이 마리아일 뿐만 아니라 실제로 마리아 같은 여자였다. 그녀 덕분에 몇 주 동안에 우리 가게가 평판을 회복한 것은 말할 나위도 없으며, 그처럼 친절하고 빈틈없는 상술—마체라트는 기꺼이 그 방식에 따랐다—말고도 그녀는 내 처지까지 생각하여 꽤 명민한 판단을 내렸다.

마리아가 가게 카운터 뒤에 자리를 잡기도 전에, 그녀는 배 앞에 못쓰게 된 북을 매달고 백 개도 넘는 층층대를 비난하듯이 쿵쿵거리면서 오르락내리락하고 있는 나에게 헌 대야를 대용품으로 제공해 준 적이 있다. 그러나 오스카는 대용품이라면 모조리 맘에 들지 않았다. 그래서 대야 밑바닥을 두들기는 것을 완강하게 거부했다. 마리아는 우리 가게에서 기반을 잡자 마체라트의 뜻을 거슬러 가면서까지 내 희망을 고려해 주었다. 물론 나는 그녀와 나란히 장난감 가게에 들어가는 것이 영 내키지 않았다. 갖가지 장난감이 가득 늘어선 가게에 들어가게 된다면, 어쩔 수 없이 지기스문트 마르쿠스의 짓

밝힌 가게와 비교하게 되어 분명 서글픈 기분이 들었을 것이다. 상냥하고 유순한 마리아는 나를 밖에 세워놓고는 혼자서 물건을 샀고, 필요에 따라서 4주일이나 5주일마다 새 양철북을 내게 사 주었다. 그리고 양철북까지 부족해져서 배급제가 된 전쟁 말기에는, 내 양철북을 카운터 밑에서 암거래 물자로 넘겨받기 위해 장난감 가게에 설탕이나 진짜 커피 16분의 1파운드를 제공해야만 했다. 그녀는 이런 일들을 한숨을 쉬지도, 머리를 절레절레 흔들지도, 또한 눈을 흘기지도 않고 해냈다. 오히려 깨끗이 빨아서 손질을 잘한 바지며 양말이며 윗도리를 내게 입히는 것만큼이나 지극히 당연한 일로 여기면서 아주 열심히 했다. 그 후 수년 동안 마리아와 나의 관계는 끊임없는 변화를 겪었으며, 오늘에도 아직 안정되지는 않았지만, 그녀가 나에게 북을 구해 주는 방법은 같았다. 물론 어린이용 양철북 값은 1940년에 비해서 훨씬 비싸지기는 했지만.

요즈음 마리아는 어느 패션 잡지를 정기 구독하고 있다. 면회일마다 그녀의 옷차림은 점점 세련돼지고 있다. 그런데 그 무렵은?

마리아는 예뻤을까? 그녀의 얼굴은 깨끗이 씻은 동그란 얼굴로, 코 윗부분에 이어진 힘차고 짙은 눈썹 밑에는 짧고 숱 많은 속눈썹이 조금 튀어 나온 잿빛 눈 위를 덮고 있었다. 그 눈빛은 싸늘하기는 해도 쌀쌀맞지는 않았다. 두드러지게 튀어나온 광대뼈는 날씨가 몹시 추운 날에는 살갗이 푸르스름하게 부풀어 올라 아프게 텄으나, 어떻게 보면 애교 있게 조그마하면서도 밉지 않게 생겼고, 심지어 잘생긴 편인 코가 펑퍼짐한 얼굴 구조에 안정감을 주었다. 그녀의 이마는 좁고 둥근데, 이미 어렸을 때부터 생각에 잠기면 콧마루 위에 세로로 주름이 졌다. 지금도 젖은 나무줄기 같은 광택이 나는 약간 곱슬곱슬한 그녀의 갈색 머리는 관자놀이를 둥글게 덮고서, 어머니인 트루친스키 아주머니와 마찬가지로 머리 뒷부분을 거의 드러내지 않은 채 한 줌밖에 안 되는 조그만 머리뼈 위를 팽팽하게 졸라매고 있었다. 마리아가 하얀 작업복을 입고 우리 가게 카운터 뒤에 섰을 때도 그녀는 여전히 많은 머리를 혈색 좋은 건강한 귀 뒤로 늘어뜨리고 있었으나, 귓불은 유감스럽게도 혼자 서 있지를 못하고 곧장 아래턱의 살 속으로 꺼져 들어가듯 묻혀 버렸기 때문에 마리아의 개성을 잘 살리지는 못했다. 나중에 마체라트가 그녀에게 파마를 해 보라고 권한 결과 두 귀는 다시 볼 수 없게 되었다. 요즈음 마리아는 유행에 맞춰 짧게 잘라 헝클어뜨린 머리 밑으로 찌부러진 귓불만을 드러내고 있지만, 그 조그만 미적 결함을 조금은 고상하지 못한 큰 귀걸이로 감추고 있다.

도톰한 뺨, 두드러지게 튀어나온 광대뼈, 거의 눈에 띄지 않을 만큼 작은 코, 그 양쪽에 붙은 큰 눈을 담고 있는, 한 줌에 잡힐 듯한 마리아의 머리통과 마찬가지로, 중간 키보다 오히려 작은 편인 그녀의 몸에는 조금 넓은 양어깨와 겨드랑이 밑에서부터 솟아오른 불룩한 젖가슴, 골반에 어울리는 풍만한 엉덩이가 붙어 있었다. 그런 반면 엉덩이를 받치고 있는 것은 치모(恥毛) 아래로 사이가 벌어질 정도로 날씬하게 뻗은 힘찬 두 다리였다.

그 무렵 마리아는 약간 안짱다리였던 것 같다. 또 그녀의 손은 항상 빨갰는데, 이미 다 자라 균형잡힌 몸매와는 달리 어린아이 손처럼 보였으며 손가락은 언제나 소시지를 연상시켰다. 그녀는 이 어린애 같은 손과 지금까지 완전히 인연을 끊을 수 없었다. 그러나 그 당시엔 형편없는 운동화를 신다가, 조금 뒤에는 발에 맞지도 않는 내 불쌍한 어머니의 말쑥한 구식 구두를 억지로 신고 있던 그녀의 발은, 비위생적인 낡은 구두에도 지지 않고 차츰차츰 어린아이 같은 붉은 기와 우스꽝스러운 모양이 없어져, 서부 독일이나 심지어는 이탈리아제의 도시적인 구두가 잘 어울리게 되었다.

마리아는 말이 많은 편은 아니었지만 그릇을 씻을 때나 설탕을 1파운드짜리 파란색 부대나 반 파운드짜리 부대에 넣을 때는 곧잘 노래를 불렀다. 가게를 닫은 뒤 마체라트가 계산을 하고 있을 때나, 일요일이나, 또 30분이라도 틈이 생기면, 그녀는 오빠 프리츠가 소집되어 그로스 보슈폴의 병영에 입대할 때 물려주고 간 하모니카를 손에 들었다.

마리아는 하모니카로 무엇이든 연주했다. 독일여자청년단 집회소에서 배운 방랑의 노래, 라디오나 1940년 부활제에 며칠 동안 공무 출장으로 단치히에 왔었던 오빠 프리츠에게서 귀담아 들은 오페레타의 멜로디와 유행가들을. 오스카는 마리아가 혀로 내는 소리로 '빗방울'을 연주하고, 차라 레안더의 흉내를 내지 않고도 '바람은 나에게 노래를 불러 주었다'를 하모니카로 연주하던 일을 기억하고 있다. 하지만 마리아는 근무 중에는 절대 그녀의 '호너' 하모니카를 꺼내지 않았다. 손님이 없을 때도 음악은 삼갔으며 어린아이 같은 둥근 글씨로 가격표와 재고 목록을 만들었다.

장사를 맡아서 한 사람도 그녀이고, 내 불쌍한 어머니가 죽은 뒤 경쟁 가게에 빼앗겼던 손님을 일부나마 되돌아오게 하여 단골로 만든 사람도 그녀라는 것은 무시할 수 없는 사실이었다. 그런데도 그녀는 비굴하게 굴지는 않았지만 마체라트에게 항상 깍듯이 대했다. 덕분에 늘 자신을 지나치게 믿고 있는 마체라트가 당황한 적은 한 번도 없었다.

　　"내가 이 아가씨를 가게로 데리고 와서 가르쳤다." 이것이 채소 가게의 그레프와 그레트헨 셰플러한테서 싫은 소리를 듣게 되었을 때 그가 하는 변명이었다. 이 사나이의 사고방식은 이렇게 단순했다. 처음부터 그는 좋아하는 일, 즉 요리를 하고 있는 동안만 사람이 변하여 예민해지고 눈여겨볼 만한 인간이 되었다. 그 점은 오스카도 인정할 수밖에 없는데, 그의 초절임 양배추를 곁들인 돼지갈비 소금구이, 겨자 소스를 친 돼지 콩팥, 비엔나식 포크 커틀릿, 그리고 무엇보다도 생크림과 무를 곁들인 잉어는 모양으로 보나 향기로 보나 맛으로 보나 두말할 나위가 없었다. 그는 가게에 있는 마리아를 별로 도와줄 수 없었다. 왜냐하면 첫째로 그녀는 소자본 장사에 천부적인 감각을 타고났으며, 둘째로 마체라트는 카운터에서의 거래에 대해서는 거의 아무것도 모르고 기껏해야 도매 시장에서의 물품 구입에나 적성이 맞았기 때문이다. 그러나 그는 그 대신 삶고 굽고 찌는 일 등으로 마리아를 도왔다. 실제로 그녀는 시틀리츠 공무원의 집에서 2년 동안이나 가정부 노릇을 했다는데도, 처음 우리 집에 와서는 물도 제대로 끓이지 못했다.

　　마침내 마체라트는 내 불쌍한 어머니가 살아 있을 때와 마찬가지로 행동할 수 있었다. 다시 말해 그는 부엌을 지배하고 일요일마다 불고기를 부지런히 구우면서 몇 시간이고 행복하게 그릇을 씻으며 만족할 수 있었다. 게다가 전쟁 동안에 점점 어려워진 물자 구입, 예약, 정산 때문에 도매상과 배급처를 바쁘게 오락가락해야 했으며, 얼마간 약삭빠르게 세무서와 편지를 교환하거나, 2주마다 서투르지 않고, 오히려 공상과 취미를 살려 쇼윈도에 장식을 하거나 책임감을 갖고 당의 잡무를 처리했다. 마리아가 카운터 뒤에 든든하게 서 있었기 때문에, 그는 정말로 바빴다.

　　여러분께서는 질문을 하시리라. 이와 같은 전제, 즉 젊은 처녀의 골반, 눈썹, 귓불, 손과 발을 그토록 세밀하게 검토할 필요가 뭐냐고. 여러분의 편에 선다면 나도 이런 방법의 인간 묘사는 받아들일 수 없다. 오스카는 이제까지 마리아의 모습을 왜곡되게 묘사했다는 점을 인정한다. 물론 완전히 틀린 표현은 아니지만. 그래서 마지막으로 모든 것을 확실하게 밝혀 줄 한 구절을 덧붙여두겠다. 이름도 모르는 간호사들을 제외하면 마리아는 오스카의 첫사랑이었다.

이 사실을 깨달은 것은, 어느 날 내가 자신의 북에 귀를 기울이고 있을 때였다. 내가 그런 것은 퍽 드문 일이었다. 그때 오스카가 얼마나 새롭게, 얼마나 강렬하게, 그러면서도 주의 깊게 양철북에 그의 정열을 전하고 있었는지 나는 분명히 깨달을 수 있었다. 마리아는 이 북소리를 호의적으로 받아들였다. 그러나 그녀가 하모니카를 손에 들고, 하모니카 위에서 이마에 보기 흉한 주름살을 모으고 내 곡에 맞춰 반주를 하려고 했을 때, 그것이 그다지 좋지는 않았다. 하지만 이따금 그녀는 양말을 깁거나 설탕을 부대에 넣고 있던 두 손을 축 늘어뜨리고 완전히 가라앉은 표정으로 주의 깊게 내 북채 사이를 바라보다가, 다시 구멍난 양말을 집어들기 전에 부드럽고 나른한 동작으로 짧게 깎은 내 상고머리를 쓰다듬어 주곤 했다.

평소에는 누가 다정하게 쓰다듬는 것조차 참지 못하는 오스카도 마리아의 손은 싫지 않았으므로 그 손길에 몸을 맡겼다. 그래서 그가 가끔씩 애무를 구하는 리듬을 일부러 몇 시간이고 양철북 위에 두들겨 대면, 마침내 마리아의 손이 복종해서 그를 기분 좋게 해 주었다.

마리아는 매일 밤 나를 침대로 데려다 주게 되었다. 그녀는 내 옷을 벗기고, 손발을 씻어 주며, 잠옷으로 갈아입는 것을 도와주고, 잠들기 전에 다시 한 번 요강을 비우도록 명령하며, 개신교도임에도 나와 함께 〈하늘에 계신 우리 아버지〉를 한 차례, 〈그대에게 인사하는 마리아〉를 세 차례 외고, 때로는 〈예수님 당신을 위해서 나는 살고 예수님 당신을 위해서 나는 죽습니다〉를 외웠다. 그리고 마지막으로 피로하게 하는 친절한 얼굴로 나를 덮었다.

불을 끄기 전의 이 몇 분 동안은 정말 근사했다—나는 〈하늘에 계신 우리 아버지〉와 〈예수님 당신을 위해서 나는 삽니다〉를 조용히 외고 있는 동안, 차츰차츰 〈바다의 별이여 나는 그대에게 인사하네〉와 마리아를 바꾸어 버렸다. 이처럼 매일 밤 편한 잠자리를 위해 준비하는 일이 나에게는 곤혹스러웠다. 자칫하면 자제심을 잃을 뻔했다. 평소에는 어떤 경우에도 얼굴빛이 변하지 않는 나도, 계집애나 고민이 많은 젊은이처럼 얼굴이 눈에 띄게 붉어지는 건 어쩔 수 없었다. 오스카는 마리아가 그녀의 손으로 내 옷을 벗기고, 함석 대야에 나를 넣고, 수건과 솔과 비누로 고수(鼓手)의 하루 동안의 먼지를 피부에서 샅샅이 씻어낼 때마다, 즉 열여섯 살이 다 된 내가 실오라기 하나 걸치지 않은 벌거벗은 모습으로 곧 열일곱 살이 되는 소녀를 마주 보고 설 때마다 오랫동안 온몸이 빨갛게 달아올랐음을 인정한다.

그러나 마리아는 내 피부색의 변화를 눈치채지 못한 듯했다. 그녀는 수건 과 솔이 나를 그렇게 빨갛게 만들었다고 생각했을까? 오스카를 그렇게 뜨겁 게 하는 것이 건강에 좋다고 자신을 설득하고 있었을까? 아니면 마리아는 내가 매일 밤 그렇게 빨개지는 것을 알면서도 모르는 체할 만큼 수줍음 많으 면서도 약삭빠른 여인이었을까?

지금도 나는 갑자기 빨개져서, 어떻게 해도 감추지 못하고 때로는 그 상태 가 5분 또는 그 이상 계속될 때가 있다. 나와는 아무런 상관이 없는 사람이, 밤마다 대야 속에서 수건과 솔로 씻기는 어린아이에 대한 이야기를 내 앞에 서 할 때면, 나는 성냥이라는 말만 들어도 빨갛게 달아오르는 할아버지, 방 화범 콜야이체크처럼 혈관 속의 피가 끓어 올랐다. 그러면 오스카는 인디언 처럼 그곳에 우뚝 서 있다. 주위 사람들이 이미 미소를 띠고 나를 가리켜 변태라든가 심지어는 미쳤다고까지 말한다. 그들은 작은 아이를 비누 거품 투성이로 만들어 샅샅이 문지르며, 수건으로 가장 은밀한 곳을 방문하는 따 위의 일을 아무렇지도 않게 여기는 것이다.

하지만 자연의 아이인 마리아는 내 눈앞에서 서슴지 않고 참으로 대담한 짓을 해치웠다. 그녀는 늘 거실이나 침실 바닥을 닦기 전이면 마체라트가 선 물한 양말을 아끼려고, 치마를 넓적다리까지 올리고는 그것을 벗었다. 어느 토요일 가게를 닫은 뒤에—마체라트는 소관구 본부에 볼일이 있어 가게에는 우리 둘뿐이었다—마리아는 치마와 블라우스를 벗고, 초라하지만 깨끗한 속 옷 차림으로 거실 책상 내 옆에 서서 치마와 인조견 블라우스의 얼룩 몇 군 데를 벤젠으로 문지르기 시작했다.

마리아가 웃옷을 벗은 다음, 벤젠 냄새가 증발하자마자 마리아의 몸에서 아늑하면서도 소박하며 정신을 몽롱하게 하는 바닐라 냄새가 난 것은 어찌 된 일이었을까? 그녀는 바닐라 뿌리로 몸을 문질렀을까? 그와 똑같은 냄새 를 풍기는 값싼 향수가 있었을까? 아니면 그 냄새가 그녀의 몸에 밴 것일까? 카터 부인이 암모니아 냄새를 풍기고, 내 할머니 콜야이체크가 치마 밑에서 약간 썩은 버터 냄새를 풍기는 것처럼? 무엇이든지 근본까지 파헤쳐야 만족하는 오스카는 바닐라 냄새도 추적했다. 마리아가 그것을 몸에 문지른 게 아니다. 마리아에게서 그 냄새가 났다. 그렇다, 나는 오늘날도 확신하건대 그녀는 자신의 몸에 밴 그 냄새를 전혀 의식하지 못했다. 일요일에 집에서 버터로 버무린 으깬 감자와 콜리플라워를 곁들인 송아지 불고기를 먹은 다음에, 바닐라 푸딩이 식탁 위에서 떨고 있던 것은 내가 장화로 식탁 다리를 차고 있었기 때문인데, 그때 오트밀 과일쿠키라면 사족을 못 쓰는 마리아는 바닐라 푸딩은 조금, 그것도 억지로 먹었을 뿐이었다. 오스카는 오늘까지 온갖 푸딩 중에서도 가장 단순하고 어쩌면 가장 흔해 빠진 이 바닐라 푸딩에 푹 빠져 있는데 말이다.

1940년 7월, 프랑스 전선에서의 번개 같은 승리의 경과를 알리는 특별 성명이 있고 나서, 곧 발트 해의 해수욕 철이 시작됐다. 이제 상병이 된 마리아의 오빠 프리츠가 파리에서 처음으로 그림엽서를 보내왔을 무렵, 마체라트와 마리아는 바다 공기가 오스카의 건강에 좋으니 꼭 바다에 가야겠다고 결정했다. 마리아가 낮 휴식 시간에—가게는 1시에서 3시까지 닫았다—나를 데리고 브뢰젠 해안에 가게 되었다. 그리고 마체라트는, 자기가 이따금씩 카운터 뒤에 서서 기꺼이 손님들을 맞을 테니 마리아가 4시까지 돌아오지 않아도 된다고 말했다.

오스카를 위해서 위에 닻을 꿰매 붙인 푸른 수영복을 샀다. 마리아는 이미 가장자리에 빨간 장식이 달린 녹색 수영복을 갖고 있었다. 언니인 구스테가 견진성사(堅振聖事)의 축하 선물로 준 것이었다. 어머니가 살아 있을 때부터 있던 해수욕 손가방 속에 역시 어머니가 남긴 하얀 모직으로 된 비치가운을 집어넣고 거기에 작은 양동이, 작은 삽, 모래놀이를 위한 두세 가지 장난감들까지 꽉꽉 채워 넣었다. 마리아가 손가방을 들고 나는 북을 들고 갔다.

오스카는 시가전차를 타고 자스페 묘지 옆을 지나기가 두려웠다. 조용하면서도 의미심장한 묘지를 보면 그렇잖아도 별로 들뜨지 않는 해수욕 기분마저 완전히 잡쳐버릴 테니 어찌 두렵지 않으랴? 오스카는 자신에게 물었다. 얀의 암살자가 가벼운 여름옷을 입고 시가전차로 묘지 옆을 벨을 울리며 지나갈 때, 얀 브론스키의 영혼은 어떤 태도를 보일까?

9번 선이 정차했다. 차장이 자스페 역이라고 외쳤다. 나는 긴장되어 마리아에게서 브뢰젠 쪽으로 눈길을 돌렸다. 그쪽에서 반대 방향으로 가는 전차가 천천히 모습을 크게 드러내면서 다가왔다. 눈을 돌려서는 안 된다. 그곳에서 무엇이 보였는가! 초라한 소나무, 덩굴무늬 녹슨 격자, 난잡하게 널려 있는 불안정한 묘석. 그 비명(碑銘)은 엉겅퀴와 야생 귀리만이 읽을 수 있으리라. 그래서 그는 열린 창으로 밖을 보다가 기꺼이 눈을 들어 위를 올려다보았다. 거대한 JU 52기가 몇 대 붕붕거리며 날고 있었다. 마치 3발 비행기나 살찐 파리만이 구름 없는 7월 하늘을 붕붕 날아다닐 수 있다는 듯이.

벨을 울리면서 우리가 탄 전차가 출발했다. 건너편에서 온 전차가 우리 시야를 가렸다. 연결차가 지나가자 내 머리는 바로 그곳을 향해 꺾였다. 황폐한 묘지가 한눈에 들어왔다. 북쪽 벽 일부도 보였다. 회반죽이 칠해져 있던 부분은 그늘져 있었지만 그래도 가슴 아플 정도로 희게 보였다…….

그곳을 지나 우리는 브뢰젠에 가까워졌다. 나는 다시 마리아를 보았다. 그녀의 가벼운 꽃무늬 여름옷은 터질 것 같았다. 희미하게 윤이 나는 둥근 목둘레의 살집 좋은 쇄골 위에는 나무로 만든 빨간 앵두 목걸이가 걸려 있었다. 모두 같은 크기인 나무 앵두는 익어서 터지지는 않을까 하고 착각할 정도였다. 단지 그렇게 느껴졌을 뿐일까, 아니면 정말로 냄새가 난 걸까? 오스카는 약간 고개를 숙여—마리아가 바닐라 냄새를 발트 해까지 가지고 온 것이다—그 향긋한 냄새를 깊이 들이마시고, 곰팡내 나는 얀 브론스키를 곧 지워 버렸다. 폴란드 우체국 방어전은 방위대원의 뼈에서 살이 떨어지기 전에 이미 역사가 되어 버린 것이다. 살아남은 오스카는, 한때는 멋쟁이였으나 지금은 썩어 버린 그의 추정상의 아버지에게서 예전과는 전혀 다른 냄새를 맡았다.

브뢰젠에서 마리아는 앵두 1파운드를 사고, 내 손을 잡았다—그녀는 오스카가 그녀하고만 손을 잡는다는 것을 알고 있었다—그리고 해안의 솔밭을 빠져나와 탈의장으로 갔다. 나는 열여섯 살이 다 되었지만—해수욕장 관리인은 보고 있지 않았다—여자 탈의장에 들어갈 수 있었다. 수온 18도, 기온 26도, 동풍, 맑음 등의 글귀가 인명구조협회 게시물과 나란히 칠판에 적혀 있었다. 그 협회는 서투른 구식 그림을 곁들여 심폐소생술의 보급을 위해 여러 가지로 노력하고 있었다. 그림 속에서 익사자는 모두 줄무늬 수영복을 입고, 구조자는 콧수염을 길렀으며, 밀짚모자가 위험한 물 위에 음산하게 떠 있었다.

탈의장에서 일하는 소녀가 맨발로 앞장서서 걸었다. 그녀는 속죄하는 여자처럼 몸에 밧줄을 칭칭 감고 있었는데, 그 밧줄에는 모든 탈의장을 열 수 있는 큰 열쇠가 매달려 있었다. 판자를 깐 통로. 통로와 잇닿은 난간. 탈의장 앞에는 야자 섬유로 만든 깔개가 쭉 깔려 있었다. 우리는 53호실에 도착했다. 탈의장의 나무는 따뜻하게 말라 있어서, 내가 눈먼 색이라고 부르고 싶은 자연 그대로의 옅은 갈색이었다. 창 옆에 거울이 걸려 있었으나 더 이상 자신을 있는 그대로 비추지 않는 거울이었다.

먼저 오스카가 옷을 벗어야 했다. 나는 벽을 보고 옷을 벗으면서 마지못해 도움을 받았을 뿐이다. 다음에 마리아가 사무적으로 힘을 주어 나를 휙 돌려 세워서는 새 수영복을 내주면서 아무 거리낌 없이 너무나 꼭 끼는 모직 수영복에 나를 밀어넣었다. 그녀는 멜빵 단추를 채우자마자, 방 뒤쪽 벽 옆에 있는 나무 벤치에 나를 세워놓고, 내 다리 위에 북과 북채를 갖다 주고는, 자신도 빠르고 힘있게 움직여 옷을 벗기 시작했다.

나는 처음에는 가볍게 북을 치면서 바닥 판자의 마디 구멍을 세어 보았다. 그러다가 세는 것도 두들기는 것도 그만두었다. 마리아가 구두를 벗으면서 왜 우스꽝스럽게 입을 비죽거리고 휘파람을 불었는지 나로서는 알 수 없었다. 그녀는 높고 낮게 두 음으로 휘파람을 불면서 양말을 벗고, 맥주를 나르는 마부처럼 휘파람을 불면서 꽃무늬 옷을 벗고, 휘파람을 불면서 페티코트를 웃옷 위에 걸치며 브래지어를 벗고, 여전히 멜로디가 되지 않는 소리를 열심히 휘파람으로 불면서, 운동복이었는데 무릎까지 내려와 발목까지 저절로 미끄러져 똘똘 말린 속바지를 가랑이로부터 빼내어 왼발로 그것을 방구석에 밀어붙였다.

마리아의 털이 난 세모꼴이 오스카를 깜짝 놀라게 했다. 여자의 하복부가 불모지가 아님은 불쌍한 어머니의 것을 보고 알고는 있었으나, 마리아는 그에게 어머니가 마체라트나 얀 브론스키에 대해 여자임을 증명했던 것과 같은 의미에서의 여자는 아니었다.

이제야 나는 그녀가 무엇인지 알아차린 것이다. 격노, 수치, 흥분, 환멸, 그리고 반은 우스꽝스럽게, 반은 고통스럽게 나의 고추가 수영복 밑에서 빳빳하게 일어서기 시작하여, 나는 새로 자라난 막대기 하나 때문에 북과 두 개의 북채를 잊게 되었다.

오스카는 훌쩍 뛰어올라 마리아에게 몸을 던졌다. 그녀는 그녀의 털로 그를 받아들였다. 그의 얼굴은 묻혀 버렸다. 그의 입술 사이에서 그것은 커졌다. 마리아는 웃으면서 그를 떼내려고 했다. 그러나 나는 그녀의 것을 더욱 많이 내 안에 집어넣었다. 바닐라 냄새의 실마리가 잡혔다. 마리아는 여전히 웃고 있었다. 더구나 내가 그녀의 바닐라에 있게 놔두었다. 그것이 그녀에게는 즐거움인 듯했다. 그녀는 웃음을 그치지 않았으니까. 내 다리가 미끄러지며 그녀를 아프게 했을 때—미끄러지면서도 내가 그녀의 털을 놓지 않았거나 그녀의 털이 나를 놔주지 않았기 때문인데—바닐라가 내 눈에 대고 눈물을 흘렸을 때야 비로소, 내가 맛본 것이 더 이상 바닐라가 아니라 살구버섯인지 뭔지 어떤 강렬한 것이 되었을 때야 비로소, 마리아가 바닐라 배후에 감춰 두었던 그 찝찔한 흙냄새가, 얀 브론스키가 묻혀 있는 썩은 흙냄새를 연상시켜 내가 영원한 허무의 맛으로 물들었을 때야 비로소 나는 그녀로부터 떨어졌다.

오스카는 탈의장의 눈먼 색깔 판자 위로 미끄러졌다. 그리고 다시 웃고 있는 마리아가 그를 일으키고 팔로 안아 쓰다듬으며, 그녀가 몸에 걸치고 있는 유일한 장신구인 나무 앵두 목걸이로 그를 눌렀을 때도 그는 여전히 울고 있었다.

고개를 저으면서 그녀는 내 입술에서 털을 모으며, 어처구니없다는 표정으로 이렇게 말했다. "너는 내게 아직 어린애야. 넌 처음이기 때문에 뭐가 뭔지 몰라. 그러니까 아직 울고 있는 거야."

비등산

여러분은 이것을 알고 계신지? 예전에 이것은 사계절 내내 납작한 봉지에 들어 있었다. 내 어머니는 가게에서 구토에 잘 듣는, 녹색 작은 봉지에 든 선갈퀴^(꼭두서닛과에 속하는 약초) 비등산(沸騰散)을 팔고 있었다. 설익은 오렌지 빛깔의 그 작은 봉지에는 오렌지 맛 비등산이라고 적혀 있었다. 딸기 맛 비등산도 있다. 맑은 수돗물을 부으면 쏙 하면서 끓는 것처럼 거품이 이는 비등산은 거품이 가라앉기 전에 마시면 희미한 레몬 맛이 나고, 컵에는 빛깔이 남는다.

좀더 자세히 말하면, 아무래도 독소가 있어 보이는 인공 착색의 노란빛이 남는 비등산도 있었다.

그 작은 봉지에는 맛에 대한 것 말고 무엇이 쓰여 있었는가? 거기에는 천연산—전매특허—습기 엄금—이라고 적혀 있고, 점선 밑에는 뜯는 곳이라고 되어 있었다.

이 비등산을 또 어디에서 살 수 있었는가? 내 어머니의 가게에서만이 아니라 어느 식료품 가게에서나—황제 커피 상회와 소비조합은 제외하고—위에서 말한 가루를 살 수 있었다. 그러한 곳이나 청량음료를 파는 일반 가게에서도 비등산 한 봉지는 3페니히였다.

마리아와 나는 비등산을 공짜로 얻었다. 우리는 집에 돌아갈 때까지 참지 못할 경우에만 식료품 가게나 일반 가게에서 3페니히, 때로는 6페니히를 지불해야 했다. 한 봉지로는 만족하지 못하고 두 봉지가 필요할 때도 있었기 때문이다.

어느 쪽이 먼저 비등산을 시작했던가? 연인들 사이에 예전부터 말다툼이 벌어지는 문제이다. 나는 마리아가 시작했다고 말한다. 마리아는 오스카가 먼저였다고는 절대 말하지 않았다. 그녀는 이 문제에 대답을 하지 않았는데, 꼭 대답을 하라고 한다면 아마 이렇게 말했으리라. "비등산이 먼저 시작했지."

물론 누구든지 마리아의 말이 옳다고 인정하리라. 오스카만은 이 판정에 만족할 수 없었다. 소매가격으로 한 봉지에 3페니히 하는 비등산에 오스카가 유혹당했다는 사실을 인정할 수는 없다. 나는 그 무렵 열여섯 살이었으므로 나 자신이나 어쩌면 마리아에게 책임이 있을지언정 습기 엄금의 비등산에는 책임이 없다는 것에 중점을 두어 말했다.

그것은 내 생일 며칠 뒤부터 시작되었다. 절기로 보면 해수욕 철이 끝났을 때였다. 그러나 날씨는 9월이 되어도 아랑곳하지 않았다. 비가 많은 8월이 지나고야 여름다운 여름이 온 것이었다. 해수욕장 관리실에 못으로 박아놓은 인명구조협회 게시물과 나란히 때늦은 여름의 결실을 칠판에서 읽을 수 있었다. 기온 29도, 수온 20도, 남동풍—대체로 맑음.

공군 상병이 된 프리츠 트루친스키가 파리, 코펜하겐, 오슬로, 브뤼셀에서 엽서를 보내오고 있는 동안에—이 사나이는 언제나 공무 여행 중이었다—

마리아와 나는 햇볕에 갈색으로 조금 탔다. 7월에 우리는 남녀공용 해수욕장에서 일광욕을 하기 위하여 쌓아놓은 벽 앞에 단골 자리를 하나 빌렸다. 그곳에서 마리아는 빨간 바지를 입은 콘라트 고등학교 1, 2학년생들에게서 야비한 희롱을 당하기도 하고, 페트리 고등학교의 어떤 2학년생에게 싫증이 날 정도로 과장된 사랑 고백을 듣기도 했다. 그래서 8월 중순에 우리는 남녀공용 해수욕장을 단념하고 여성전용 해수욕장의 물가에서 훨씬 조용한 장소를 찾아냈다. 그곳에서는 짧은 발트 해의 파도처럼 숨결이 거친 뚱뚱한 여자들이 오금에 정맥류를 일으킬 정도로 파도와 장난을 치고 있었다. 또 버릇이 나쁜 아이들은 벌거벗은 채 운명에 도전을 하고 있었다. 그들은 끊임없이 무너지는 모래성을 쌓아올리고 있었던 것이다.

여성전용 해수욕장. 여자들은 자기들끼리 있을 때 다른 사람들이 보지 않는다고 생각하면, 소년—오스카는 자기 안에 그 무렵 소년이 숨어 있음을 알고 있었다—이 차마 눈 뜨고는 볼 수 없을 만큼 꼴사나운 모습을 보이곤 했다. 소년은 여자들의 이 뻔뻔스러운 꼴을 실수로라도 보지 않도록 주의해야 했다.

우리는 모래 위에서 뒹굴고 있었다. 마리아는 빨간 테두리가 달린 녹색 수영복을, 나는 푸른 수영복을 입고 있었다. 모래는 잠자고 있었다. 바다도 잠자고 있었다. 조개껍데기는 짓밟혀 귀를 기울이지 않았다. 잠을 자지 않는다는 호박(琥珀)은 어딘가 다른 장소에 있었다. 일기예보 판에 의하면 남동쪽에서 불어오는 바람은 천천히 잠들고, 분명 무리하게 노력을 거듭해 온 넓은 하늘 전체는 벌써 하품하는 것도 그만두었다. 마리아도 나도 조금 지쳐 있었다. 이미 한바탕 해수욕을 하고 난 뒤였다. 헤엄치기 전이 아니라 헤엄친 후에 식사를 했다. 젖어 있던 앵두 씨가 벌써 하얗게 말라서 가벼워진 지난해의 씨와 나란히 모래 위에 잠들어 있었다.

오스카는 이토록 많은 덧없는 모습을 보고서 일 년 전의, 천 년 전의, 그리고 아직 새파랗게 젊은 앵두 씨가 섞인 모래를 자기 북 위에 사르르 떨어뜨렸다. 다시 말해 모래시계를 만들어 뼈와 장난을 치면서 죽음의 역할에 대한 생각에 잠기려고 했다. 마리아의 따뜻하고 졸린 듯한 살 아래에서 확실하게 깨어 있는 골격들의 몇몇 부분을 나는 떠올렸다. 그리고 척골(尺骨 : 자뼈, 팔뚝의 안쪽 뼈)과 요골(撓骨 : 노뼈, 팔뚝의 바깥쪽 뼈) 사이를 즐겁게 엿보고, 그녀의 척추를 기어

올라갔다 내려갔다 하면서 숫자놀이를 하고, 궁둥이뼈의 두 구멍에 손가락을 찔러 넣고, 검상돌기(劍狀突起)를 즐겼다.

내가 모래시계와 함께 죽음을 생각하며 온갖 심심풀이 놀이를 즐기고 있었음에도 마리아는 몸을 움직였다. 내가 남은 모래를 마지막 앵두 씨와 함께 반쯤 모래에 파묻힌 북에 덮고 있는 동안에 그녀는 손가방에 손을 넣어 목적도 없이, 손가락만 움직여 무엇인가를 찾고 있었다. 마리아는 틀림없이 하모니카를 찾고 있었는데, 찾지 못해 가방을 뒤집었다. 그러자 목욕용 수건 위에 굴러 떨어진 것은 하모니카가 아니라 자그마한 선갈퀴 비등산 봉지였다.

마리아는 놀라는 척했다. 어쩌면 정말로 놀랐는지도 모른다. 나는 정말 깜짝 놀라 자신에게 거듭 물었다. 지금도 궁금해하고 있을 정도다. 어떻게 해서 이 작은 비등산 봉지가, 제대로 된 레몬수를 살 돈이 없는 실업자나 부두 노동자의 아이들만이 사는 이 값싼 물건이, 이 팔다 남은 물건이 우리 가방에 들어 있었을까?

오스카가 아직 이것저것 생각하고 있는 동안에 마리아는 목이 말랐다. 나도 의지와는 상관없이 생각을 멈추고, 정말 목이 말라 견딜 수 없다고 고백해야만 했다. 가까이에 컵은 없었다. 또한 음료수가 있는 곳까지 가려면 마리아의 발로 적어도 서른다섯 걸음은 걸어야 했다. 내가 가면 쉰 걸음은 걸어야 했으리라. 해수욕장 관리인에게서 컵을 빌려 관리실 옆 수도꼭지를 틀기 위해서는, 니베아 유(油)를 바르고 반드시 누워 있거나 엎드려 있는 살덩이 사이로 몹시 뜨거운 모래를 견디면서 지나야 했다.

우리는 둘 다 가기를 망설이며 작은 봉지를 목욕용 수건 위에 그대로 놓아두었다. 마침내 마리아가 그것을 집어들려고 하자 내가 먼저 집었다. 그러나 오스카는 마리아가 그것을 집을 수 있도록 다시 수건 위에 놓았다. 마리아는 집지 않았다. 그래서 내가 집어서 마리아에게 건네 주었다. 마리아는 오스카에게 돌려 주었다. 나는 고맙다고 하고 그것을 그녀에게 선물했다. 하지만 그녀는 오스카에게 어떤 선물도 받으려고 하지 않았다. 나는 다시 수건 위에 올려놓았다. 그것은 잠시 수건 위에 손대지 않은 채로 놓여 있었다.

숨 막히는 시간이 흐르고 나서 그 작은 봉지를 집어든 사람이 마리아였다는 사실을 오스카는 분명히 알고 있다. 그러나 집어든 것만으로는 충분하지 않았다. 마리아는 그 종이의 점선 밑에 뜯는 곳이라고 적혀 있는 부분을 정확히 일직선으로 찢었다. 그리고 나에게 입을 연 그 봉지를 내밀었다. 이번에는 오스카가 고맙다고 하면서 사양했다. 그것은 마리아의 기분을 상하게 했다. 그녀는 열린 봉지를 단호히 수건 위에 놓았다. 이제 나로서는 모래가 봉지에 들어가기 전에 그것을 집어 마리아에게 내밀 수밖에 없었다.

또다시 손가락을 유혹하는 봉지 입에 손가락 하나를 집어넣었다가 다시 끄집어 내서 수직으로 세워 "손가락 끝에 파랗게 묻은 게 보이지? 이게 비등산이야" 하며 보여 준 사람이 마리아였다는 사실을 나는 분명히 기억한다. 그녀는 나에게 손가락을 내밀었다. 물론 나는 그 손가락을 쥐었다. 냄새는 코를 쿡 찔렀지만, 그 좋은 맛은 내 얼굴에 드러났다. 마리아는 손바닥을 오목하게 오므렸다.

오스카는 그녀의 장밋빛 그릇에 비등산을 조금 쏟았다. 그녀는 그 가루 더미를 어떻게 해야 좋을지 몰랐다. 손바닥 위의 언덕은 그녀에게 너무나 새롭고 신기한 것이었다. 그때 나는 몸을 앞으로 굽혀 입속의 침을 모두 모아서 비등산에 흘렸다. 다시 한 번 되풀이했다. 그리고 더 이상 침이 안 나오게 되었을 때야 비로소 몸을 일으켰다.

마리아의 손 안에서 쉭쉭 거품이 일기 시작했다. 그것은 어느 국민의 녹색 분노였는지도 모른다. 그때 마리아에게는 아직 본 적이 없는, 또 결코 느낀 적이 없는 어떤 일이 일어났다. 그녀의 손은 바르르 떨면서 날아가 버릴 듯했다. 선갈퀴가 그녀를 깨물고 선갈퀴가 그녀의 피부에 스며들며 선갈퀴가 그녀를 흥분시켜, 그녀에게 어떤 느낌이, 어떤 느낌이 왔기 때문이다⋯⋯.

녹색이 점점 진해질수록 마리아는 붉어졌다. 그녀는 손을 입으로 가지고 가서, 기다란 혀로 손바닥을 핥기 시작했다. 그 짓을 몇 번이나 반복하는 모습이 너무도 절망적이어서, 그녀를 그토록 흥분시킨 그 선갈퀴의 느낌을 혀가 없애는 게 아니라 모든 느낌에 있기 마련인 절정까지, 아니 어쩌면 그 이상까지 끌어올리고 있다고 믿고 싶을 정도였다.

이윽고 그 느낌은 가라앉았다. 마리아는 킬킬거리면서 선갈퀴의 목격자가 없었는지 주위를 돌아보았으며, 주변에서 수영복을 입고 숨을 쉬고 있는 바다소들이 니베아 유를 바른 채 갈색으로 변해 무관심하게 떼지어 있는 것을 보자 목욕용 수건 위에 드러누웠다. 이윽고 하얀 평면 위에서 부끄러운 붉은 기운이 그녀로부터 천천히 사라져갔다.

겨우 30분이 지났을 때 마리아가 다시 몸을 일으켜 절반이 남아 있는 비등산 봉지에 과감하게 손을 뻗치지 않았더라면, 아마도 그날 낮의 해수욕장 날씨는 오스카를 잠들게 하기에 충분했을 것이다. 그녀가 그 남은 가루를 이미 선갈퀴의 효력에 익숙해진 손바닥에 붓기 전에 이런저런 고민을 했는지 안 했는지는 모른다. 그녀는 단지 왼손에 봉지를 들고 오른손을 장밋빛 그릇으로 만든 뒤 꼼짝도 하지 않은 채, 안경을 닦는 데 필요한 시간만큼 망설이고 있었을 뿐이다. 그녀가 눈길을 봉지나 오목하게 오므린 손에 둔 일은 없었다. 그 눈길은 반쯤 들어 있는 것과 비어 있는 것 사이에서 방황하지 않았다. 마리아는 봉지와 손 중간을 엄숙하고 음울한 눈길로 바라볼 뿐이었다. 그러나 엄숙한 눈길이 반쯤 찬 봉지보다 더 약하다는 사실이 드러났다. 봉지는 오목하게 오므린 손으로 가까이 다가갔으며, 손은 봉지를 마중했다. 눈길은 우수가 넘치는 엄숙함을 잃고, 호기심이 넘쳐 끝내는 탐욕으로만 가득 찼다. 마리아는 겨우 평정을 되찾으면서 무더위에도 땀기가 없는 살집 좋은 손바닥에 선갈퀴 비등산의 나머지를 살살 붓고는, 봉지와 마음의 평정을 버리고 빈손을 가득 찬 손 아래에 포개어, 회색 눈을 잠시 그 가루에 멈추었다가 나를 향했다. 그녀는 무언가를 요구하는 듯한 회색 눈으로 나를 쳐다보았다. 그녀는 나의 침을 원했던 것이다. 왜 그녀는 자기 것을 쓰지 않을까, 오스카의 침은 거의 말라 버렸다. 오히려 그녀가 더 많이 가지고 있으리라. 침이라는 것이 그토록 빨리 솟아나지는 않으니까 제발 그녀가 자기 것을 사용하면 좋을 텐데. 그녀의 침이 더 좋지는 않아도 그보다 못하지는 않을 텐데. 어쨌든 그녀가 나보다는 많이 갖고 있을 텐데. 나는 그토록 빨리 만들 수는 없고, 또 그녀는 오스카보다 키가 크니까 말이다.

　　마리아는 나의 침을 원했다. 분명 내 침밖에 원하지 않는 것이다. 그녀는 요구에 찬 그 눈빛을 나에게서 떼지 않았다. 나는 그녀가 이토록 잔혹할 만큼 고집이 센 까닭은, 늘어져 있지 않고 살에 파묻혀 버린 귓불 때문이라고 생각했다. 하지만 그 요구를 받아들인 오스카는 평소 입에 수분을 모으던 것을 이것저것 떠올렸다. 그런데 해풍 때문에, 소금 바람 때문에, 소금기를 머금은 해풍 때문에 내 침샘은 말을 듣지 않았다. 나는 마리아의 눈길에 재촉을 당해 일어서서 걸어야만 했다. 오스카는 앞만 똑바로 보면서 쉰 걸음 이상 뜨거운 모래 위를 걸어 더욱 뜨거운 층계를 지나 관리실까지 올라가서,

수도꼭지를 틀고, 얼굴을 위로 하고서 벌린 입을 그 밑에 대고, 물을 마셔 입을 헹구고, 다시 마셔야 했다. 이것은 오로지 침을 다시 만들기 위해서였다.

내가 해수욕장 관리실과 우리 흰 수건 사이의 거리를—그 길은 끝없이 멀고 끔찍한 광경으로 이어져 있었지만—극복하고 돌아왔을 때, 마리아는 배를 깔고 누워 있었다. 그녀는 팔짱 긴 팔 사이에 얼굴을 맡기고 있었다. 땋아 늘어뜨린 머리카락이 나른하게 둥근 등 위에 자리잡고 있었다.

나는 그녀를 쿡쿡 찔렀다. 이제 오스카는 침이 괴었기 때문이다. 마리아는 움직이지 않았다. 다시 한 번 쿡쿡 찔렀다. 그녀는 꼼짝도 하지 않았다. 나는 슬쩍 그녀의 왼손을 폈다. 그녀는 내가 하는 대로 가만히 있었다. 손은 비어 있었다. 마치 선갈퀴 같은 것은 본 적도 없다는 듯이. 나는 그녀의 오른손 손가락을 똑바로 폈다. 손바닥은 장밋빛이고 손금은 젖은 채 뜨거웠으며 텅 비어 있었다.

마리아는 나를 기다릴 수 없어서 억지로 자신의 침으로 해결한 걸까? 아니다. 그녀는 비등산을 불어 날려서 그녀가 느끼기 전에 그 느낌을 없애고, 목욕용 수건에 손을 문질러 깨끗이 닦아 버렸으리라. 그리하여 마리아의 친숙한 손이 약간 미신적인 달 속의 산과 기름진 수성과 활짝 핀 금성의 띠와 함께 제 모습을 드러낸 것이다.

우리는 그날 곧장 집에 돌아왔다. 마리아가 그날 비등산을 두 번째로 거품이 일게 했는지 또는 비등산과 내 침을 섞는 짓이 며칠 뒤에야 반복되어 그녀에게나 나에게나 죄악이 되었는지, 오스카는 결코 알 수 없었다.

단순한 우연인지 아니면 우리의 소원을 들어 준 우연인지는 몰라도, 해수욕을 한 그날 저녁—우리는 블루베리 수프를 먹은 뒤 감자튀김을 먹었다—마체라트는 마리아와 나에게 자기가 지구당 내의 조그만 스카트 클럽 회원이 되었으며, 일주일에 두 번씩 새로운 스카트놀이 친구들, 즉 모두가 조직책인 친구들을 밤에 슈프링거의 식당에서 만나기로 했고, 신임 지구당 위원장인 젤케도 가끔 올 거라고 했다. 그래서 유감이지만 우리를 집에 남겨두고 갈 수밖에 없다고 거드름을 피우며 늘어놓았다. 그러면서 스카트놀이를 하는 날 밤에는 오스카를 트루친스키 아주머니 집에서 재우는 게 좋겠다고 말했다.

트루친스키 아주머니는 동의했다. 더욱이 이 해결 방법은 전날, 마체라트가 마리아에게 상의하지 않고 아주머니에게 말한 제안보다도 훨씬 그녀의 마음에 든 것이었다. 전날의 제안이란, 내가 트루친스키 아주머니 집에서 밤을 지내는 게 아니라, 마리아가 일주일에 두 번씩 우리 집에 와서 소파에서 잤으면 한다는 것이었다.

그때까지 마리아는 예전에 내 친구 헤르베르트가 상처투성이인 등을 눕혔던 넓은 침대에서 자고 있었다. 그 무거운 가구는 비교적 작은 구석방에 있었다. 트루친스키 아주머니의 침대는 거실에 있었다. 구스테 트루친스키는 여전히 호텔 '에덴'의 작은 뷔페식당에 근무하면서 그곳에 살고 있었다. 휴일이면 이따금 왔지만 자고 가는 일은 드물었다. 잔다고 해도 소파에서 잤다. 그러나 휴가를 얻은 프리츠 트루친스키가 선물을 갖고 먼 나라에서 집으로 돌아왔을 때는, 이 휴가병 혹은 공무 여행자가 헤르베르트의 침대에서 자고, 마리아는 트루친스키 아주머니의 침대에서 자며, 노파는 소파에 잠자리를 마련했다.

이 질서가 내 요구 때문에 깨졌다. 처음에 나는 소파에서 자도록 되어 있었다. 이 모욕적인 제안을 나는 적당히, 하지만 완강하게 거절했다. 다음에 트루친스키 아주머니가 노파용 침대를 내게 양보하고 자신은 소파에서 자겠다고 했다. 그때 마리아가 여러 불편한 일로 나이 많은 어머니의 잠을 방해할까 봐 이의를 제기하면서, 헤르베르트의 옛날 웨이터 시절의 침대를 나와 함께 써도 좋다며 그 이유를 장황하지 않게 설명했다. 그녀는 이렇게 표현했다. "오스카와 같은 침대를 써도 괜찮아요. 이 아이는 보통 사람의 8분의 1밖에 되지 않으니까요."

이렇게 해서 마리아는 다음 주부터 일주일에 두 번씩 내 침구를 1층인 우리 집에서 3층으로 들고 와서, 나와 내 북을 위해 그녀의 왼쪽에 잠자리를 마련했다. 마체라트가 처음 스카트놀이를 하러 간 밤에는 정말 아무 일도 없었다. 내게는 헤르베르트의 침대가 아주 크게 느껴졌다. 먼저 내가 누워 있으면 나중에 마리아가 왔다. 그녀는 부엌에서 설거지를 끝내고 나서 우스꽝스럽도록 길고 각진 구식 잠옷을 입고 침실에 들어왔다. 오스카는 벌거벗어 털이 드러난 그녀의 모습을 기대하고 있었으므로 처음에는 실망했으나, 증조할머니의 장롱에서 나온 그 잠옷이 가볍고 기분 좋게 스치면서 간호복의 하얀 치마 주름을 연상시켰으므로 곧 만족했다.

장롱 앞에 서서 마리아는 머리를 풀면서 휘파람을 불었다. 마리아는 옷을 입거나 벗을 때, 땋아 늘어뜨린 머리를 묶거나 풀 때면 언제나 휘파람을 불었다. 빗질을 할 때도 그녀는 싫증을 내지 않고 이 두 가지 소리를 삐죽 내민 입술 사이로 불어댔으나, 결코 멜로디가 되지는 않았다.

　　마리아가 빗을 옆으로 치우는 것과 동시에 휘파람도 멎었다. 그녀는 돌아서서 다시 한 번 머리카락을 털고, 두세 번 손을 움직여 장롱 위를 정리했다. 정리하는 동안에 그녀는 아주 유쾌해졌다. 그녀는 흑단(黑檀)으로 만든 사진틀에 든 콧수염이 긴 아버지의 수정된 사진에 손키스를 하고, 침대 속으로 힘차게 뛰어들어 몇 번 몸을 퉁기다가 침대가 잠잠해질 때 이불을 끌어올려 그 산 밑에 몸을 턱까지 파묻었다. 나도 같이 퉁기면서 옆에 누워 있었는데도 그녀는 나를 전혀 건드리지 않고, 다시 잠옷 소매가 올라간 둥근 팔을 가벼운 새털 이불에서 내밀어, 머리맡에 있는 불 끄는 끈을 찾아내어 찰칵하고 껐다. 그러고서야 어둠 속에서 아주 큰 소리로 나에게 말했다. "잘 자."

　　마리아는 곧 쌔근쌔근 숨소리를 냈다. 아마도 그녀는 숨소리만 그렇게 낸 것이 아니고 실제로 금방 잠들었으리라. 그녀의 하루하루의 고된 일 뒤에는 항상 똑같은 충분한 수면이라는 일만을 계속할 수 있었고, 또 그것만이 계속될 수 있었던 것이다.

　　오스카에게는 잠깐 잠을 방해하는 조그마한 환영들이 아른거렸다. 벽과 창문의 차단지(遮斷紙) 사이에 가득 찬 어둠 속에서 금발의 간호사들이 헤르베르트의 상처투성이 등을 들여다보고 있고, 슈거 레오의 꾸깃꾸깃한 흰 셔츠로부터 선명하게 갈매기 한 마리가 나타나서 날아가고 또 날아가다가 새로 석회를 바른 것처럼 보이는 묘지의 울타리 벽에 부딪쳐 산산이 가루가 되는 따위의 환영이었다. 점점 짙어지며 피로를 몰고 오는 바닐라 냄새가 잠들기 전의 환영을 깜박거리게 하다가 드디어 완전히 꺼 버렸을 때에야 비로소 오스카도 마리아가 진작부터 내고 있는 것과 같은 편안한 숨소리를 내게 되었다.

　　마리아는 사흘 뒤에도 여전히 예의바른 소녀답게 침대에 들어가는 모습을 나에게 연출했다. 그녀는 잠옷 차림으로 들어와 머리를 풀면서 휘파람을 불고, 빗질을 하면서도 휘파람을 불고, 빗을 옆으로 치우고는 휘파람을 그치고, 장롱 위를 정리하고, 사진에 손으로 키스를 보내고는 힘차게 뛰어들어 몸을 뒹기고 이불을 끌어올렸다. 그러다가 그녀는—나는 그녀의 등을 바라보고 있었다—작은 봉투를 보았다—나는 그녀의 길고 아름다운 머리카락에 감탄했다—그녀는 이불 위에서 푸른색을 띤 무언가를 발견했다—나는 눈을 감고 그녀가 작은 비등산 봉지를 바라보는 데 익숙해질 때까지 기다리려고 했다—그때 마리아가 몸을 뒤척였기 때문에 침대 용수철이 큰 소리를 냈다. 그때 찰칵하고 소리가 났다. 그 소리로 내가 눈을 떴을 때, 오스카는 자신이 짐작했던 일을 확인할 수 있었다. 즉 마리아가 불을 찰칵하고 끈 것이다. 그녀는 어둠 속에서 고르지 못한 숨을 내쉬었다. 작은 비등산 봉지를 보고 태연할 수가 없었던 것이다. 그러나 그녀에게 명령을 받은 어둠이 비등산의 존재 가치를 높였는지, 선갈퀴를 꽃피게 하고 거품이 이는 소다의 밤을 위해 처방을 했는지 안 했는지는 여전히 의문스러웠다.

나는 어둠이 오스카의 편에 섰다고 간신히 믿게 되었다. 몇 분 뒤에—캄캄한 방 안에서도 분이라는 시간 단위까지 말할 수가 있다면—이미 침대 머리맡에서 무엇인가 움직이고 있음을 알았기 때문이다. 마리아가 끈을 더듬어 찾고 있었다. 그녀가 끈을 잡고 난 뒤에 바로, 나는 다시 마리아에게 잘 어울리는 잠옷 위로 길게 드리워진 아름다운 머리칼을 보고 감탄했다. 램프에 씌워진 주름잡힌 갓 너머의 전구가 얼마나 한결같이, 그리고 노랗게 침실을 비추고 있었던가. 이불은 손도 닿지 않은 채 침대 발치에 여전히 둥그렇게 놓여 있었다. 그 산 위의 작은 봉지는 어둠 속에서 굳이 움직이려고도 하지 않았다. 마리아의 증조할머니 옷이 스치는 소리를 냈으며, 잠옷 한쪽 소매가 거기에 달려 있는 손과 함께 위로 올라갔다. 그리고 오스카는 입 안에 침을 모았다.

우리 두 사람은 그 후 몇 주에 걸쳐 열두 개가 넘는 비등산을 언제나 같은 방법으로 비웠다. 대개는 선갈퀴 맛이 나는 비등산을, 끝내 선갈퀴가 다 팔리고 없을 때는 레몬이나 딸기 맛이 나는 비등산을 내 침으로 거품을 일으켜서 마리아가 점점 더 높이 평가하게 된 그 느낌을 촉진했다. 나는 침을 모으는 일에 얼마간 능숙해졌다. 꾀를 부려 빨리, 그리고 담뿍 내 입안에 수분을 모아서, 곧 한 봉지의 비등산 알맹이와 함께 마리아가 열망하여 마지않는 느낌을 차례로 세 번이나 전할 수 있게 되었다.

마리아는 오스카에게 만족하고 있었다. 비등산을 즐긴 뒤에는 이따금 꼭 껴안고는, 두세 번씩 그의 얼굴 어딘가에 키스를 해 주었다. 오스카는 어둠 속에서 잠시 마리아가 이 가는 소리를 들었으나, 그러다가 그녀는 금방 잠들어 버렸다.

나는 잠들기가 점점 어려워졌다. 나는 열여섯 살이었고, 꿈틀거리는 정신과 잠을 방해하는 욕망에 사로잡혔다. 그 욕망이란 비등산 속에 잠들어 있다가 내 침의 부추김을 받아 언제나 같은 느낌을 일으키는 것과는 전혀 다른, 생각지도 못할 만큼 엉뚱한 가능성을 마리아에 대한 나의 사랑과 결합하고 싶다는 욕망이었다.

오스카는 불을 끄고 난 뒤에만 생각에 잠기는 건 아니었다. 온종일 나는 북 뒤에서 생각에 잠기고 이미 여러 번 읽은 라스푸틴의 발췌본을 훑어 보았으며, 예전에 그레트헨 셰플러와 불쌍한 어머니 사이에서 일어났던 교육 중의 큰 소란을 기억해 내고, 내가 라스푸틴과 같이 《친화력》의 발췌로 알고 있던 괴테와도 상의했다. 말하자면 건강 지도자의 본능을 취해서, 온갖 세계를 담고 있는 시성(詩聖)의 자연 감정으로 그 본능을 닦고, 어떤 때는 마리아에게 러시아 여제의 풍모나 아나스타샤 공주의 얼굴 생김새를 부여하며, 귀족성을 벗어난 라스푸틴의 귀족 수행원 중에서 귀부인을 골라내고는, 너무나도 강한 정욕에 반감을 느끼고, 오틸리에의 천사와 같은 청초함 속에서 또는 샤를로테의 정숙하면서도 억제된 정열의 이면에서 마리아를 본 것이다. 그리고 오스카는 차례로 자신을 인간 라스푸틴이나 그의 살해자로, 때로는 대위로, 드물게는 샤를로테의 변덕스러운 남편으로 간주해 보기도 했다. 한 번은—솔직하게 말하자면—잠든 마리아의 곁에서 망설이고 있는 괴테의 저 유명한 주인공의 모습을 한 천재로 간주하기도 했다.

나는 이상하게도 벌거벗은 실제 생활보다는 문학에서 더 많은 자극을 기대했다. 그래서 얀 브론스키가 불쌍한 어머니의 살을 여기저기 주물러 대는 것을 싫증이 날 정도로 보아왔으나, 그러한 그에게서는 거의 영향을 받지 않았다. 어머니와 얀 또는 마체라트와 어머니 사이에서 교대로 이루어졌던, 한숨 쉬고 자신의 모든 것을 소모하며 결국 지친 신음을 내고 실을 끌어내면서 붕괴하는 그 얽힘이 사랑을 뜻한다는 사실을 알고 있었음에도, 오스카는 사랑이 사랑임을 믿으려 하지 않았다. 그래서 사랑에서 다른 사랑을 찾다가 그때마다 이 사랑의 얽힘으로 되돌아왔으나, 그가 그 사랑을 연습하게 될 때까지는 사랑을 증오하고 있었다. 그리고 그 뒤에는 이것이 유일한 가능성이 있는 참된 사랑임을 인정하고, 그것이 자신의 몸에서 떨어져 나가지 않게 지켜야 했다.

　마리아는 누운 채 비등산을 손에 쥐었다. 가루에 거품이 일기 시작하면 그녀는 으레 다리를 꿈틀대며 허우적거렸기 때문에, 처음 느낌이 온 뒤에 잠옷이 그녀의 넓적다리 근처까지 자주 말려 올라갔다. 두 번째로 일어나는 거품으로 잠옷은 대개 배를 넘어 그녀의 가슴까지 둘둘 말려 올라갔다. 괴테나 라스푸틴을 읽으면서 미리 이런 가능성을 고려했던 것은 아니며 자연스레 그렇게 되었던 것인데, 나는 몇 주일 동안인가 딸기 비등산으로 그녀의 왼손을 가득 채우다가, 어느 날 밤 나머지 비등산을 마리아의 배꼽에 부었다. 그리고 그녀가 저지하기 전에 내 침을 그곳에다 흘려넣었다. 분화구에서 끓어오르기 시작하자, 마리아는 저항하는 데 필요한 모든 논거를 잃어버렸다. 끓어오르면서 거품이 이는 배꼽은 손바닥보다도 훨씬 좋았던 것이다. 물론 똑같은 비등산이었으며, 내 침도 똑같은 침이었고, 느낌도 다르지 않았으나 훨씬 더 강렬했다. 그 느낌은 마리아가 거의 참을 수 없을 만큼 극단적으로 고조되었다.

　그녀는 허리를 굽혀 혓바닥으로 배꼽 냄비 속에서 거품이 일고 있는 딸기를 제거하려고 했다. 선갈퀴가 그 책임을 다하면, 오므린 손바닥에 있는 그것을 으레 혓바닥으로 없애곤 했듯이. 그러나 그녀의 혀는 그토록 길지는 않았다. 그녀의 배꼽이 그녀에겐 아프리카나 푸에고 섬보다도 멀었다. 하지만 나에게 마리아의 배꼽은 바로 옆에 있었으므로 나는 혀를 그 속에 깊숙이 넣어 딸기를 찾았고, 점점 더 많은 양을 찾아내서 모으는 데 열중했다. 그러는 동안에 나는 어느덧 딸기 채집 허가증의 제시를 요구하는 산림 감독관이 없는 구역까지 가 버렸다. 나는 딸기를 하나도 남기지 않고 모을 의무를 느꼈으므로 내 눈, 감각, 심장, 귀에는 이젠 딸기 말고는 아무것도 없었고, 딸기 냄새만을 맡았다. 이렇게 딸기만 쫓고 있는 사이에 오스카는 뭔가를 깨달았다. 마리아는 내가 열심히 모으고 있는 데 만족했던 것이다. 그래서 그녀는 불을 껐다. 그리하여 그녀는 안심하고 잠에 몸을 맡긴 채 나에게는 더 찾아도 좋다고 허락했다. 마리아는 딸기를 많이 가지고 있으니까 말이다.

　더 이상 찾을 수 없게 되었을 때, 우연하게도 다른 장소에서 살구버섯을 발견했다. 그것은 이끼 밑 훨씬 깊숙이 숨어 있었기 때문에 내 혀로는 어찌할 수 없었다. 그래서 나는 열한 번째 손가락을 자라나게 했다. 열 개의 손가락도 모두 소용이 없었기 때문이다. 이렇게 해서 오스카는 세 번째 북채를 손에 넣었다─그것을 사용할 수 있을 만큼 충분히 나이를 먹은 것이다. 나는 양철을 두들기는 대신 이끼를 두들겼다. 그리고 그 이상의 것은 알지 못했다. 거기서 북을 치고 있는 사람은 나인가? 아니면 마리아인가? 내 이끼일까, 그녀의 이끼일까? 이끼와 열한 번째 손가락은 다른 누군가의 것이며, 살구버섯만이 나의 것일까? 저 밑에 있는 신사는 자기 머리를, 자기 의지를 가지고 있는 걸까? 아이를 만든 사람은 그 오스카일까, 아니면 나일까?

마리아는 위에서는 잠을 자고, 밑에서는 그 장소에 출석했다. 그녀는 순진한 바닐라이며, 이끼 밑은 향이 강한 살구버섯이었다. 기껏해야 그녀가 바란 것은 비등산이었지 그것은 아니었다. 나 또한 그것을 바라지는 않았다. 그것은 스스로 생겼다. 그것은 스스로 머리를 갖고 있음을 증명했다. 그것은 내가 불어넣지도 않은 것을 내보였다. 그것은 내가 누워 있는데도 일어섰다. 그것은 나와 다른 꿈을 꾸고 있었다. 그것은 읽지도 쓰지도 못하면서 나 대신 서명했다. 그것은 오늘날도 자신의 길을 걷고 있다. 그것은 내가 처음으로 그것을 확인한 그날 이미 내게서 떠나 버렸다. 그것은 내가 되풀이해서 동맹을 맺어야만 하는 나의 적이다. 그것은 나를 배신하고 내가 괴로워하는 모습을 보고만 있다. 나는 그것을 배신하고 그것을 팔고 싶다. 나는 그것을 부끄러워한다. 나는 그것에 싫증이 났다. 나는 그것을 씻지만 그것은 나를 더럽힌다. 그것은 아무것도 보지 못하면서 무엇이든지 느낀다. 그것은 내가 '당신'이라고 부르고 싶을 정도로 낯선 존재다. 그것은 오스카와는 전혀 다른 기억을 갖고 있다. 오늘 마리아가 내 방에 들어오고 브루노가 조심스럽게 복도로 사라질 때, 브루노는 내 방에 들어온 사람이 마리아인지 누구인지 다시 알아보지 못한다. 알려고도 하지 않으며 그럴 능력도 없다. 매우 냉담하게 행동하고 있다. 그동안에 오스카의 심장은 고동치면서 내 입에게 이런 말을 시키는 것이다. "들어봐, 마리아. 살뜰히 제안해 보는데 말이지. 나는 컴퍼스를 살 수 있어. 그래서 우리 주위에 원을 그리는 거야. 같은 컴퍼스로 당신 목의 기울기를 측정하지. 측정하는 동안 당신은 책을 읽거나 바느질을 하거나 지금처럼 내 휴대용 라디오를 틀고 있어도 좋아. 라디오는 그대로 놓아둬. 내 살뜰하게 하나 제안해 본다니까. 나는 눈에 주사를 접종해서 다시 눈물을 흘릴 수도 있어. 이웃 푸줏간의 고기 저미는 기계로 오스카는 자신의 심장을 저미도록 할 수도 있지. 그대가 그대의 영혼을 똑같이 저미도록 한다면 말이지. 우리는 봉제 동물 인형을 사도 좋아. 그것을 영원히 우리 두 사람 사이에 가만히 놓아두자. 만일 내가 벌레가 되고, 그대가 참을성 있는 사람이 된다면 우리는 낚시를 가서 훨씬 행복해질 수 있지. 아니면 그때의 비등산이 좋으려나, 당신은 기억하는지? 그대는 나를 선갈퀴라고 부른다. 나는 거품이 인다. 그대는 더욱 탐을 낸다. 나는 남은 것을 그대에게 준다— 마리아, 비등산이야, 내 살뜰한 제안이지!

왜 그대는 라디오를 돌리고 있는 거야? 왜 라디오에만 귀를 기울이고 있는 거야? 마치 뉴스 속보가 듣고 싶어서 안달이 난 사람처럼 말이야."

뉴스 속보

내 북의 하얀 원판 위에 실험을 해도 잘되지를 않는다. 그 사실을 나는 알고 있어야만 했다. 나의 양철은 언제나 같은 목재를 요구한다. 그것은 두들기면서 질문을 받고 두들기면서 대답하고 싶어한다. 또는 연타로 서슴없이 지껄이면서, 질문과 대답을 내버려 두기를 바란다. 내 북은 인위적으로 가열시켜 날고기를 깜짝 놀라게 하는 프라이팬도 아니고, 자신들이 한 몸인지 아닌지 모르는 한 쌍의 남녀를 위한 댄스홀도 아니다. 그래서 오스카는 혼자서 매우 고독할 때도, 비등산을 북 위에 뿌리고 침을 섞어 한바탕 연극을 한다든지 하는 일은 절대 하지 않았다. 그런 연극을 그는 이미 수년 전부터 본 일이 없었다. 나는 그것이 아주 섭섭했다. 물론 오스카는 비등산 가루로 하는 실험을 완전히 단념할 수 있었던 건 아니지만, 좀더 직접적으로 나아가서 북을 팽개쳐 둔 것이다. 나는 스스로를 웃음거리로 만들었다. 북이 없으면 난 언제나 웃음거리이다.

먼저 비등산을 손에 넣기가 어려웠다. 나는 브루노에게 그라펜베르크의 식료품 가게들을 이 잡듯이 뒤지게 하고, 전차로 게레스하임에도 다녀오게 했다. 또한 시내에 나가서 찾아보도록 그에게 부탁했다. 그러나 시가전차의 종점에 흔히 있는 청량음료 가게에서도 브루노는 비등산을 손에 넣을 수 없었다. 비교적 어린 점원들은 비등산을 전혀 몰랐고, 중년의 가게 주인은 말로만 기억하고는—브루노의 보고에 따르면—골똘히 생각하며 이마를 긁적이면서 말했다. "세상에, 뭘 찾으시는 거예요? 비등산이라고요? 그건 아주 옛날 물건인데요. 빌헬름 시대부터 팔기 시작해서 아돌프 시대까지도 팔았지요. 상당히 오래되었군요. 레몬수나 코카콜라는 어때요?"

그리하여 간호사는 내 돈으로 레몬수와 코카콜라를 두세 병 마시고 내가 요구한 건 구해 주지 않았다. 그렇지만 오스카는 도움을 받을 수 있었다. 브루노는 끈기 있는 모습을 보였다. 어제 그는 나에게 아무것도 씌어 있지 않은 하얀 봉지를 가져다주었다. 정신병원의 여자 약사 클라인 양이 호의적으로 발 벗고 나서 준 것이다. 그녀는 깡통과 서랍과 조제책을 열고 여기에서 몇 그램, 저기에서 몇 그램 하는 식으로 떠서, 마지막에는 몇 번의 실험을 거쳐 비등산을 마련했는데, 브루노의 말에 따라 거품이 일고, 쿡쿡 쑤시며, 녹색을 띠고, 희미하게 선갈퀴 맛까지 나게 그것을 조제했다는 것이다.

오늘은 면회일이었다. 마리아가 왔다. 그런데 맨 처음에 클레프가 왔다. 우리는 약 45분 동안 시시콜콜한 이야기를 하고 함께 웃었다. 나는 조심해서 클레프와 그의 레닌주의적 감정을 건드리지 않았으며, 현실 문제로 화제를 돌리지 않았다. 그래서 나의 작은 휴대용 라디오로 들었던—마리아가 몇 주 전에 선물한 것이다—스탈린의 죽음을 알리는 그 뉴스 속보에 대해서는 아무것도 말하지 않았다. 그러나 클레프는 그 일을 알고 있는 듯했다. 그의 체크무늬 갈색 외투 소매에는 상장(喪章)이 서투르게 꿰매져 있었기 때문이다. 클레프가 일어서자 이번에는 비틀라르가 들어왔다. 두 친구는 또 싸움을 한 모양이다. 비틀라르는 클레프에게 웃음을 던지고 손가락으로 도깨비 뿔을 만들면서 인사했다. "스탈린이 죽었다니 놀랐어. 오늘 아침 면도하면서 들었거든." 그는 놀리면서 클레프가 외투를 입는 것을 도왔다. 클레프는 넓은 얼굴에 짐짓 경건함을 띠고 외투 소매의 검은 상장을 펄럭거렸다. "그러니까 상복을 입고 있는 거야." 그는 한숨을 짓고 암스트롱의 트럼펫을 흉내 내면서, 뉴올리언스 펑션의 처음 몇 소절을 흥얼거렸다. 트라 트라다다 트라다다 다다다—그리고 그는 문을 빠져나갔다.

비틀라르는 남았다. 그는 앉으려고도 하지 않고 거울 앞에서 촐싹거리고 있었다. 우리는 15분쯤 스탈린에 대해서는 입도 벙긋하지 않은 채 서로 이해할 수 있다는 미소를 지었다.

나는 비틀라르를 말 상대로 삼으려고 했는지, 내쫓을 생각이었는지 모르겠다. 나는 그에게 침대에 앉으라고, 귀를 내밀라고 눈짓했다. 그리고 숟가락처럼 큰 그의 귓불에다 속삭였다. "비등산을 알고 있나, 고트프리트?" 비틀라르는 깜짝 놀라 튀어 일어나면서 내 격자 침대에서 떨어졌다. 그는 항상 그렇듯 열정적인 연극배우같이 집게손가락으로 나를 가리키며 속삭이듯 말했다. "어째서 네 악마가 비등산으로 나를 유혹하려는 거야? 내가 천사라는 사실을 너는 아직 모르나?"

비틀라르는 천사처럼 날개를 파닥거리면서, 세면대 위의 거울을 보며 다시 한 번 옷맵시를 고치고는 나가 버렸다. 정신병원 밖에 있는 젊은이들은 정말 이상하다. 그리고 지나치게 점잔을 부린다.

그러고 나서 마리아가 왔다. 그녀는 새로 지은 봄옷을 입고 있었다. 거기에 세련된 넓은 밀짚 빛깔의 장식이 달린 고상한 쥐색 모자를 쓰고 있었는데, 병실에 들어와서도 그 예술품을 벗지 않았다. 그녀는 나에게 총총히 인사를 하며 볼을 내밀곤 곧 휴대용 라디오를 틀었다. 그것은 그녀가 나에게 선사한 것이지만 자신이 사용하기로 한 모양이다. 이 추악한 플라스틱 상자는 면회일에 우리의 대화 일부를 대신한다. "오늘 아침 방송 들었어? 굉장해, 안 그래?" "그래, 마리아." 나는 참을성 있게 대답했다. "스탈린의 죽음을 내게 비밀로 하지는 않았어. 부탁인데 라디오 좀 꺼줘."

마리아는 잠자코 내 말에 따랐으며, 여전히 모자를 쓴 채로 의자에 앉았다. 우리는 평소처럼 어린 쿠르트에 관해 이야기했다.

"생각 좀 해 봐, 오스카. 그 아이는 이젠 긴 양말은 신지 않겠다는 거야, 3월인데. 또 추워진대, 라디오에서 그랬어." 나는 라디오 방송을 듣지 못했으나 긴 양말 건에 대해서는 쿠르트의 편을 들었다. "그 애는 벌써 열두 살이지, 마리아. 학교 친구들 앞에서는 털실 양말이 창피할 거야."

"그렇지만 나는 아이의 건강이 더 중요해. 부활절까지는 신길 거야."

너무나도 단호하게 그 기한을 정했기 때문에 나는 신중하게 방침을 바꾸었다. "그렇다면 스키 바지를 사줘. 긴 털실 양말은 사실 싫을 거야. 그 나이 때의 당신을 생각해 봐. 우리가 라베스베크 거리 안뜰에서 놀던 때 말이야. 부활절까지 늘 긴 양말을 신던 어린 케제에게 모두가 무슨 짓을 했지? 줄곧 크레타 섬에 있는 누히 아이케나 전쟁이 끝나기 전까지만 해도 네덜란드에서 건강하게 지내던 악셀 미슈케나, 그리고 하리 슐라거가 어린 케제에게 무슨 짓을 했지? 그 긴 털실 양말에 타르 칠을 했잖아. 그게 달라붙어서 어린 케제를 병원으로 데려가야만 했어."

"그건 수지 카터 탓이지 양말 탓이 아니야." 마리아는 화가 나서 소리를 높였다. 수지 카터는 전쟁이 시작되자마자 통신대에 들어가 조수가 되었다가 나중에 바이에른에서 결혼했다는데, 마리아는 몇 살인가 나이가 많은 수지에게 끊임없이 앙심을 품고 있었다. 어린 시절의 반감을 할머니가 될 때까지 유지할 수 있는 것은 여자들뿐이다. 그러나 어린 케제의 타르 칠한 털실 양말을 끄집어 낸 일은 어느 정도 효과가 있었다. 마리아는 쿠르트에게 스키 바지를 사 주겠다고 약속했다. 우리는 화제를 바꾸었다. 우리 쿠르트의 훌륭한 점이 보고되었다. 켄네만 선생이 얼마 전 학부모 회의에서 침이 마르도록 칭찬을 했던 것이다. "생각해 봐, 그 아이는 반에서 2등이래. 거기에다 내 일도 도와주고, 정말 나무랄 데 없다니까."

나는 알았다는 듯이 고개를 끄덕이고, 식료품 가게의 최근 물품 구입 사정을 들었다. 그리고 오버카셀에 지점을 내도록 마리아를 격려했다. 시기가 좋다고 나는 말했다. 호경기는 계속된다―이는 라디오에서 얼핏 들었던 이야기다―그리고 나는 이제 벨을 눌러 브루노를 부를 때라고 생각했다. 그는 들어와서 나에게 비등산이 든 하얀 봉지를 건네 주었다.

오스카는 계획을 충분히 짜놓았다. 아무런 설명도 없이 나는 마리아에게 왼손을 내밀도록 일렀다. 맨 처음 그녀는 오른손을 냈다가 바꿨는데, 고개를 흔들고 웃으면서 왼손의 등을 내밀었다. 아마도 손에 키스를 하리라고 생각했으리라. 내가 그 손을 뒤집어 달의 산과 금성의 산 사이에 봉지의 가루를 살살 부었을 때 그녀는 깜짝 놀란 표정을 지었지만, 내가 하는 대로 내버려 두었다. 오스카가 그녀 손 위에 몸을 구부리고 비등산 위에 침을 듬뿍 쏟아 놓았을 때는 처음으로 정말 놀란 것처럼 보였다.

"어머나, 바보 같은 짓 하지마, 오스카!" 그녀는 분개하여 펄쩍 뛰어오르더니, 잠시 뒤 어안이 벙벙해서는 끓어올라 녹색 거품이 이는 가루를 쳐다보았다. 마리아 얼굴이 이마에서부터 점점 붉어졌다. 나는 그러길 바라고 있었다. 그때 그녀는 세 걸음에 세면대로 걸어가서, 물을, 불길한 물을, 처음에 차고 점점 따뜻해지는 물을 비등산에 부어서, 두 손을 내 비누로 씻어냈다.

"너는 가끔 정말 참을성이 없어, 오스카. 뮌스터베르크 씨가 우리를 어떻게 생각하겠어?" 그녀는 나를 관대하게 봐달라는 듯 브루노를 바라보았다. 그는 내가 시험을 하고 있는 동안 내내 침대 끝에 서 있었다. 마리아가 더 이상 부끄러워하지 않게 나는 간호사를 방에서 내보내고, 문이 꼭 닫히자마자 다시 한 번 마리아에게 내 침대로 오도록 부탁했다. "기억 안 나? 기억해 봐. 비등산 말이야. 한 봉지에 3페니히였지. 기억해 봐. 선갈퀴와 딸기 맛, 얼마나 아름답게 거품이 일면서 끓어올랐는지, 그리고 그 느낌, 마리아, 그 느낌 말이야!"

마리아는 기억하지 못했다. 그녀는 어리석게도 불안해하고, 약간 몸을 떨면서 왼손을 숨기고 느닷없이 다른 화제를 찾으려고 했다. 그리고 다시 한 번 쿠르트의 학교 성적, 스탈린의 죽음, 마체라트 식료품 가게의 새 냉장고, 오버카셀에 지점을 낼 계획에 대해서 말했다. 그러나 나는 비등산에 충실했다. 비등산이라고 나는 말했다. 그녀는 일어섰다. 비등산, 나는 끈질기게 보챘다. 그녀는 지체 없이 작별을 고하고 모자를 고쳐 썼지만, 가야 할지 말아야 할지 망설이고 있었다. 그리고 라디오의 다이얼을 돌렸다. 라디오가 지지직거리자 나는 라디오에 뒤질세라 소리쳤다. "비등산이라고, 마리아, 기억해 봐!"

그녀는 문 옆에 서서 고개를 저으며 울고 있었다. 그러고는 조심스럽게 문을 닫고, 지지직 삑—삑— 소리를 내는 휴대용 라디오와 나만 남겨두고 밖으로 나갔다. 마치 죽어 가는 사람을 버리고 떠나듯 말이다.

이제 마리아는 비등산을 기억하지 못하는 것이다. 하지만 나에게 있어서는, 내가 숨을 쉬고 북을 칠 수 있는 한, 비등산은 거품이 이는 것을 그만두지 못하리라. 1940년 늦여름에 선갈퀴와 딸기한테 생기를 주고, 감각을 눈뜨게 하고, 내 육체를 탐험에 내보내고, 나를 살구버섯이나 그물버섯 또는 이름은 알 수 없으나 똑같이 먹을 수 있는 다른 버섯의 채집가로 만들고, 나를 아버지로 만든 것은 나의 침이었다. 그렇다, 아버지다. 어린 아버지, 침으로 아버지가 된 것이다. 감각을 눈뜨게 하고, 채집하며, 아이를 만드는 아버지가 된 것이다. 11월 초까지만 해도 의심할 여지가 없었다. 마리아는 임신을 했다. 임신 2개월이었다. 그리고 나 오스카가 아버지였던 것이다.

그것을 나는 오늘도 믿고 있다. 왜냐하면 훨씬 뒤에 마체라트와의 사건이 일어났기 때문이다. 그것은 내가 그녀의 상처투성이 오빠 헤르베르트의 침대에서 그녀의 막내오빠인 상병에게서 온 군사우편을 앞에 놓고, 어두운 방에서 벽과 차단지에 둘러싸여 자고 있는 마리아를 임신시키고 나서 꽤 오랜 시간이 지난 뒤의 일이었다. 아니 2주 뒤, 아니 열흘 뒤의 일이었다. 나는 잠든 게 아니라 거칠게 숨을 내쉬며 헐떡이고 있는 마리아를 우리 집 소파 위에서 발견했다. 그녀는 마체라트 밑에 누워 있었다. 그리고 마체라트는 그녀 위에 누워 있었다.

다락방에서 생각에 잠겨 있던 오스카는 북을 들고 그곳을 내려와, 현관을 지나 거실로 들어갔다. 두 사람은 내가 들어온 사실을 알아채지 못했다. 그들은 도기 난로 쪽으로 머리를 두고 있었으며 옷을 다 벗고 있지는 않았다. 마체라트의 팬티는 오금 근처에 걸려 있었다. 바지는 융단 위에 뭉쳐져 있었다. 마리아의 옷과 속치마는 브래지어를 넘어서 겨드랑이 밑에까지 걷어올려져 있었다. 팬티는 그녀의 오른발에 걸린 채 흔들리고, 그 오른발은 보기 흉하게 휘어져 다리와 함께 소파 아래로 드리워져 있었다. 왼쪽 다리는 마치 관계가 없다는 듯, 무릎이 꺾여 소파 등받이 위에 올려져 있었다. 그 다리 사이에 마체라트가 있었다. 오른손으로 그녀의 고개를 뒤로 젖히고, 다른 한쪽 손으로 그녀의 갈라진 곳을 벌려서 그가 궤도에 오를 수 있도록 돕고 있었다. 마체라트의 벌린 손가락 사이로 마리아는 융단 위를 곁눈질하고 있었다. 융단의 무늬를 책상 밑까지 쫓고 있는 듯했다. 그는 벨벳으로 씌운 쿠션을 입에 물고 있었으나 서로 이야기할 때는 벨벳에서 입을 뗐다. 이따금 그들은 작업을 중단하지 않은 채 이야기를 주고받았다. 다만 시계가 45분을 쳤을 때는, 음향 장치가 의무를 다하고 있는 동안 두 사람의 동작을 멈추었다가, 다시 시계가 울리기 전과 같은 동작에 힘쓰며 그가 말했다. "벌써 45분이야." 그는 어떻게 했을 때 그녀가 쾌감을 느끼는지 듣고 싶어했다. 그녀는 몇 번인가 질문에 좋아요라고 대답했으며, 조심하도록 부탁했다. 그는 그녀에게 충분히 조심하고 있다고 약속했다. 그녀는 그에게 안 돼요라고 명령하고, 오늘은 특별히 조심하도록 간절하게 부탁했다. 그리고 그는 그녀가 곧 절정에 도달하게 되는지 어떤지 물었다. 그녀는 곧이라고 말했다. 그때, 소파 아래로 드리워져 있던 그녀의 발이 경련을 일으켰다. 그녀는 허공에 발을 내뻗었다. 그러나 팬티는 발에 걸린 채로 있었다. 그때 그는 또다시 벨벳 쿠선을 물었다. 그녀는 나와 하고 소리쳤다. 그도 그녀로부터 나오려고 했다. 그러나 그때 그는 더 이상 나올 수가 없었다. 그가 내려가기 전에 오스카가 두 사람 위에 있어서, 내가 그의 허리 근처에 북을 놓고 두 개의 북채로 양철북을 치고 있어서, 나는 빼라든지 나오라든지 하는 말을 들을 수 없었기 때문이다. 내 양철이 그녀의 빼요라는 말보다도 큰 소리를 내서, 얀 브론스키가 언제나 어머니 위에서 내려가던 것과 똑같이 그가 내려가도록 내가 내버려 두지 않았기 때문이다. 어머니는 언제나 얀에게 내려가요, 마체라트에게도 내려가요라고 말했던 것이다. 그러고서 그들은 따로따로 떨어져서는 콧물 같은 것을, 그 근처 어딘가에 있는 그것을 위한 특별한 천에 흠뻑 흘리거나, 천에 손이 안 닿을 때는 소파 위나 융단 위에 흘렸으리라. 하지만 나는 그것을 볼 수 없었다. 결국 나도 빼지 않았던 것이다. 나는 빼지 않았던 최초의 사내이다. 그렇기 때문에 내가 아버지며, 끝까지 늘 내 아버지라고 스스로 믿고 있던 그 마체라트는 아버지가 아니다. 그때에도 아버지는 얀 브론스키였다. 그리고 나는 마체라트보다 먼저 빼지 않은 사람이며, 그 속에 머물러 그 속에 쏟았는데, 그것은 얀에게서 이어받은 것이다.

그러니 나온 것은 나의 자식이지 그의 자식은 아니었다! 그는 자식 같은 것을 두지 못했다. 그는 절대로 진짜 아버지가 아니었다. 설사 그가 불쌍한 어머니와 열 번 결혼을 해도, 또 마리아가 임신을 해서 그녀와 결혼을 해도 아버지일 수는 없다. 아파트 사람이나 시내 사람들이 두 사람에 대해 분명히 입방아를 찧어대리라고 그는 생각했다. 물론 그들은 마체라트가 마리아를 임신시켜서, 그녀가 열일곱 살 반이고 그가 마흔다섯이 되려는 참인데도 서로 결혼했다고 생각하고 있었다. 그러나 그녀는 나이에 비해서 훌륭했다. 조그마한 오스카도 그 의붓어머니가 와주어서 기뻤다. 마리아는 불쌍한 어린아이에게 의붓어머니처럼 대하지 않고 진짜 엄마처럼 대해 주었다. 오스카의 머리가 전혀 명석하지 못하고, 그가 질버하머나 타피아우에 있는 수용소에 있어야 할 그런 아이인데도 말이다.

마체라트는 그레트헨 셰플러의 충고를 받아들여 나의 연인과 결혼하기로 결심했다. 그리하여 내가 내 외견상의 아버지인 그를 아버지라고 부른다면, 나의 아버지는 내 미래의 아내와 결혼한 셈이며, 훗날의 내 아들 쿠르트를 자기 자식이라고 부른 것이다. 그리고 자기의 손자를 나의 이복동생으로, 또 바닐라 향기를 풍기는 사랑하는 나의 마리아를 그의 생선알 썩는 냄새 나는 침대에서 자는 의붓어머니로 인정하라고 내게 요구한 셈이다. 하지만 사실 대로 말한다면 이렇다. 마체라트는 결코 너의 외견상의 아버지조차 아니다. 이 사나이는 전혀 상관없는 남으로서 동정할 가치도 미워할 가치도 없는 사나이다. 그는 요리를 잘할 뿐이며, 불쌍한 어머니가 그를 너에게 남기고 갔기 때문에 이제까지 정직하게 대신 아버지가 되어 솜씨 있는 요리를 만들면서 너를 보살펴 준 것이다. 그는 지금 모든 사람이 보는 앞에서 너에게서 최고의 아내를 가로채고 너를 결혼식 입회인으로 해서, 5개월 뒤에는 유아세례의 입회인으로 만든다. 다시 말해 네가 주인공이 되어야 훨씬 어울리는 두 가지 가족 축하 모임에서 너를 손님으로 만든다. 사실은 네가 마리아를 호적 사무소에 데리고 가야 하며, 네가 유아세례 입회인을 정해야 한다. 이렇게 내가 이 비극의 주역임을 인식하면서 잘못된 배역으로 이 연극이 연출되고 있음을 인정해야만 했을 때, 나는 극장이라는 것에 절망했다. 참된 연기자인 오스카에게 없어도 될 만한 단역이 배정되었기 때문이다.

내가 내 아들에게 쿠르트라는 이름을 붙여주기 전에, 내가 절대 그렇게 불러서는 안 될 이름으로 그를 부르기 전에—나는 이 사내아이에게, 그의 진짜 할아버지 빈첸트 브론스키의 이름을 붙여주고 싶었다—즉 내가 쿠르트라는 이름으로 만족하기 전에, 오스카가 마리아의 임신 중에, 곧 다가올 출산에 대해 얼마나 저항했는지를 꼭 이야기해야 한다.

내가 소파에 있는 두 사람을 불시에 습격해서, 마체라트의 땀투성이 등 위에 앉아 북을 치면서 마리아가 조심해 달라는 요구를 방해한 그날 밤에, 나는 연인을 되찾으려는 절망적인 시도를 감행했다.

마체라트가 겨우 나를 흔들어 떼어냈을 때는 이미 늦었다. 그래서 그는 나를 때렸다. 마리아는 오스카를 감싸며 마체라트가 조심하지 않았기 때문이라고 그를 비난했다. 마체라트는 늙은이처럼 자기변호만 했다. 마리아가 나쁘다고 그는 변명을 늘어놓았다. 그녀가 한 번으로 만족하면 될 일을 좀처럼 만족하지 못했기 때문이라고. 그러자 그녀는 울면서 자기는 아무리 잘 넣었다 뺐다 해도 마체라트처럼 그렇게 빨리 되지를 않으니, 그게 싫다면 그는 다른 여자를 찾아야 할 거라고 말했다. 자기는 정말 경험이 없지만, '에덴'에 있는 자기 언니 구스테는 그걸 잘 알고 있다고 했다. 구스테는 그건 그렇게 빨리 되는 게 아니라고 하면서, 세상에는 단지 콧물 쏟는 것만을 일삼는 남자들이 있는데 그, 즉 마체라트는 그러한 부류 중 하나일 가능성이 많으니 조심하라고 자기에게 일러 주었다고 했다. 어떻든 자기는 지금과 똑같이, 앞으로도 늘 절정에 이르러야만 한다, 그러나 어쨌든 그는 자기에게 그 정도는 배려해 줄 수 있도록 조심해야 할 게 아니냐고 말하면서, 여전히 소파에 앉아 울고 있었다. 마체라트는 팬티 바람으로 그런 개소리는 더 이상 참을 수 없다고 소리쳤다. 그러고 나서는 곧 분노를 터뜨려서 미안하다고 말하면서 다시 그녀에게 덤벼들었다. 바꿔 말해서 아직 벌거벗고 있는 그녀의 옷 밑을 애무하려고 했다. 그리고 그것이 마리아를 분노하게 만들었다.

오스카는 그녀의 그런 모습을 한 번도 본 적이 없었다. 빨간 얼룩이 그녀의 얼굴에 나타나고, 잿빛 눈은 점점 흐려졌다. 그녀는 바지에 손을 뻗쳐 바지를 입고 단추를 채우는 마체라트를 겁쟁이라고 불렀다. 걱정 말고 조직책들한테나 내빼보라고, 어차피 그놈들도 하나같이 속사포일 거라고 마리아는 소리쳤다. 마체라트는 웃옷을 들고 문손잡이를 잡더니 이렇게 단언했다. 자기는 이제부터 태도를 바꾸겠다, 이제 암컷들한테는 신물이 날 대로 났다, 그녀가 그토록 음탕하다면 차라리 외국인 노동자나 프랑스 놈을 하나 낚는 게 낫지 않겠느냐, 그놈들은 맥주도 가지고 와서 틀림없이 더 잘해 줄 게 아니냐고 말했다. 마체라트, 그는 사랑에 대해 단순한 음란 행위와는 다른 것을 생각하고 있다, 그는 지금 스카트를 하러 가는 것이다, 거기에서 무엇이 그를 기다리고 있는지를 그는 알고 있다고 했다.

이렇게 해서 나는 마리아와 둘만 거실에 남게 되었다. 그녀는 이제 울음을 그치고 생각에 잠긴 채 아주 작게 휘파람을 불면서 팬티를 입었다. 오랫동안 그녀는 소파 위에 두었던 옷의 구김살을 폈다. 그러고서 라디오를 켜고, 바이크셀 강과 노가트 강의 수위에 대한 보도를 가만히 듣고 있었다. 그러다 모틀라우 하류의 수위가 보고된 다음에 왈츠 음악의 예고가 있고 나서 음악이 실제로 흘러나왔을 때, 갑자기 또 팬티를 벗더니 부엌으로 가서 그릇을 덜그럭거리며 물을 틀었다. 가스에 불붙는 소리가 들렸으므로, 나는 마리아가 뒷물을 할 셈이라고 생각했다.

그다지 유쾌하지 못한 그 추리에서 벗어나기 위해 오스카는 왈츠 음악에 귀를 기울였다. 나는 확실히 기억하고 있는데, 그때 슈트라우스 음악 몇 소절을 북으로 치면서 근심을 없앴다. 그러다 방송국의 왈츠 음악이 중단되고 뉴스 속보의 예고가 있었다. 오스카는 대서양에 관한 뉴스일 거라고 예상했으며, 사실 그대로였다. 잠수함 여러 척이 아일랜드 서쪽에서 수천 톤의 배를 일고여덟 척 격침하는 데 성공했다. 게다가 다른 잠수함들도 대서양에서 거의 같은 톤수의 배를 격침하는 데 성공했다. 특히 눈부셨던 것은 세프케 대위 지휘하의 잠수함이—크레츄마르 대위였을지도 모른다—아무튼 그 어느 쪽이거나, 아니면 제3의 유명한 대위이건 간에 가장 많은 톤수를 격침했을 뿐 아니라, 더 나아가 XY급의 영국 구축함까지도 침몰시켰다는 사실이다.

내가 뉴스 속보에 이어지는 영국 행진곡을 북으로 변주해서 거의 왈츠로 바꾸었을 무렵, 마리아가 목욕 수건을 팔에 걸고 거실로 들어왔다. 낮은 소리로 그녀는 말했다. "들었어, 오스카, 또 뉴스 특보야! 만일 이대로 간다면……." 이대로 간다면 어떻게 될 것인지를 오스카에게 설명하지 않은 채 그녀는 의자에 걸터앉았다. 마체라트는 그 의자의 등받이에 언제나 웃옷을 걸치곤 했다. 마리아는 젖은 수건을 비틀어 짜서 순대처럼 만들고는 꽤 높은 음으로, 그리고 정확하게 영국 행진곡에 맞추어 휘파람을 불었다. 라디오에서는 벌써 끝나 버렸는데도, 그녀는 마지막 부분을 다시 한 번 반복하고, 그릇장 위의 상자 모양 라디오가 다시 조금 전의 왈츠 음악을 큰 소리로 연주하기 시작하자 스위치를 꺼 버렸다. 그 순대처럼 생긴 수건을 그녀는 탁자에 팽개쳐둔 채 의자에 앉아 두 손을 넓적다리 위에 놓았다.

거실은 아주 조용해졌으며 대형 탁상시계만이 점점 소리를 높였다. 마리아는 라디오를 다시 켜는 게 낫지 않을까 생각하고 있는 듯했다. 하지만 그 때 그녀는 다른 결심을 했다. 그녀는 테이블 위에 놓인 순대처럼 생긴 수건에다 머리를 처박고, 팔을 무릎에서 융단 쪽으로 늘어뜨린 채, 소리를 죽여 흑흑 흐느껴 울었다.

내가 그처럼 곤란한 경우에 처해 있던 그녀의 허를 찔렀기 때문에, 마리아가 부끄러워하는 게 아닌가 하고 오스카는 스스로에게 물었다. 나는 그녀의 기운을 북돋워 주기로 결심하고, 살짝 거실을 나와서 어두운 가게의 푸딩 포장과 기름종이 옆에 있는 조그마한 봉지를 찾아냈다. 어슴푸레한 복도에 나와서 확인하니 그것은 선갈퀴 비등산 봉지였다. 오스카는 제대로 집었다며 기뻐했다. 마리아가 다른 어떤 맛보다도 선갈퀴를 좋아했던 것 같은 생각이

들었기 때문이다.

거실로 돌아왔을 때, 마리아의 오른쪽 뺨은 여전히 순대처럼 비튼 수건 위에 올려져 있었다. 그녀의 팔도 전과 마찬가지로 기댈 곳 없이 흔들흔들 넓적다리 사이에 늘어져 있었다. 오스카가 왼쪽에서 가까이 다가섰을 때 그녀의 눈이 감겨 있고 눈물도 나지 않고 있음을 보고 맥이 풀렸다. 나는 속눈썹이 맞붙어 있는 그녀의 눈꺼풀이 살짝 위로 올라갈 때까지 참을성 있게 기다리다가 봉지를 내밀었다. 그러나 그녀는 선갈퀴를 보지 못하고, 봉지와 오스카를 지나쳐서 딴 곳을 보고 있는 듯했다.

눈물 때문에 앞이 보이지 않는 거라고 마리아를 용서하고 속으로 잠시 생각한 끝에, 좀더 직접적인 공격을 하기로 결심했다. 오스카는 탁자 밑으로 기어들어가서 안쪽으로 약간 휘어진 그녀의 다리 밑에 웅크리고 앉아서, 손가락이 거의 융단에 닿을 듯한 왼손을 잡아 손바닥을 위쪽으로 돌려놓고, 이로 봉지를 찢어 내용물의 절반을 힘없이 늘어진 그 접시에 쏟은 뒤 거기에다 침을 보태서 막 끓어오르기 시작하는 비등산을 바라보고 있었다. 그때 마리아가 오스카의 가슴을 세게 걷어차서 융단 위의 오스카는 거실 탁자 밑 한가운데까지 날아갔다.

아픔을 참고 나는 곧 일어서서 탁자 밑에서 빠져나왔다. 마리아도 똑같이 서 있었다. 우리는 씩씩거리며 마주 보고 서 있었다. 마리아는 수건을 쥐어 왼손을 깨끗이 닦고, 닦은 천을 내 발밑에 던지며, 나를 성난 돼지, 독을 품은 난쟁이, 정신 나간 난쟁이, 덜컹거리는 물레방아에 처넣을 놈이라고 욕했다. 그러고서 나를 붙잡아 뒤통수를 치며, 나 같은 말썽꾸러기를 이 세상에 낳았다는 이유로 불쌍한 어머니까지 욕하는 것이었다. 그리하여 내가 거실과 전세계의 유리라는 유리는 모조리 표적으로 겨누어서 소리치려고 했을 때, 그녀는 내 입을 그 수건으로 틀어막았다. 그것은 입에 물자 쇠고기보다도 단단했다.

오스카의 얼굴빛이 붉으락푸르락해졌을 때야 그녀는 나를 놓아 주었다. 이제 나는 쉬이 모든 유리를, 유리창을, 그리고 다시 한 번 대형 탁상시계의 문자판을 덮은 유리를 비명 소리로 산산이 부술 수 있게 되었다. 그러나 나는 소리치지 않고 증오가 내 마음을 점령하도록 했다. 미움은 그 뒤에도 계속 풀리지 않아서, 지금도 마리아가 내 방에 들어오면 그때 이 사이에 있던 수건처럼 미울 정도다.

마리아는 변덕스러웠기 때문에 나에게서 떨어지자 기분 좋게 웃고, 라디오를 다시 켜고 왈츠에 맞추어 휘파람을 불면서, 늘 내가 좋아하던 대로 화해하려고 머리카락을 쓰다듬기 위해서 내게로 다가왔다.

오스카는 그녀가 바로 옆에까지 오도록 해놓고서 두 주먹으로 그녀를 밑에서 위로, 즉 그녀가 마체라트를 들어오게끔 한 장소를 향해서 치고 달려들었다. 그녀는 두 번째 타격을 받기 전에 내 주먹을 붙잡았기 때문에, 나는 그 저주받은 같은 장소를 꽉 물고 늘어져 그녀와 함께 소파 위로 넘어졌다. 라디오에서 뉴스 속보를 예고하고 있었으나, 오스카에게 그런 것이 들릴 턱이 없었다. 그러므로 누가 무엇을 얼마만큼 격침했는지 여러분에게 보고할 수는 없다. 심하게 흐느껴 우는 소리가 들렸기 때문에 나는 깨물은 이에 힘을 뺐다. 나는 마리아 위에 꼼작도 하지 않고 누워 있었다. 그녀는 아픔 때문에 울고 있었으나, 오스카는 미워서 울고 있었다. 애정 때문에 울었다. 그 사랑은 납과 같은 무기력함으로 변했으나, 그래도 사라지지는 않았다.

그 무기력함을 그레프 부인 곁으로 가지고 가다

나는 그레프라는 사나이를 좋아하지 않았다. 그레프도 나를 싫어했다. 그 뒤 그가 북 장치를 만들어 주었을 때도 역시 좋아지지 않았다. 계속 반감을 가지는 것도 어지간한 끈기가 아니고는 힘든 일이지만, 오스카는 지금도 마음이 내키지 않으며, 여전히 그가 그다지 좋아지지 않는다. 그 그레프가 이미 이 세상 사람이 아닌데도 말이다.

그레프는 채소 장수였다. 그렇지만 착각해서는 안 된다. 그는 감자도 오그라기양배추도 믿지 않았지만, 채소 재배에 대해서만큼은 박식해서 원예가라느니, 자연 애호가라느니, 채식가라느니 하며 뽐냈다. 그러나 엄밀히 말하면 그는 고기를 먹지 않았으므로 제대로 된 채소 장수가 아니었다. 그가 농작물에 관하여 이야기하는 것을 들으면, 농작물이 농작물이 아닌 듯했다. "이 잘 생긴 감자를 잘 살펴보세요." 그는 이런 식으로 손님에게 곧잘 이야기했다. "터질 것처럼 부풀고 계속 새로운 형태를 만들어 내는, 더군다나 순결하고 깨끗한 이 열매살. 나는 감자가 좋아요. 감자는 내게 말을 걸어오니까요." 말할 것도 없이 진짜 채소 장수라면 이런 이야기로 손님을 현혹할 리 없으리

라. 내 할머니 안나 콜야이체크는 감자밭에서 나이를 먹은 여인이었지만, 감자가 대풍년인 해에도 "그래, 올해 감자는 작년보다 약간 큰 것 같구나" 정도의 말밖에 꺼내지 않았다. 사실 채소 장수 그레프보다는 오히려 안나 콜야이체크나 오빠 빈첸트 브론스키가 감자 수확에 더 의존해야 할 형편이었다. 채소 장수는 감자가 흉작인 해에는 자두에 풍작이 들어 알맞게 벌충되기 때문이다.

그레프가 하는 일은 모두 과장되어 있었다. 그렇지 않다면야 가게에서 초록빛 앞치마를 두르고 있을 필요가 있겠는가? 시금치 빛 앞치마를 여봐란듯이 싱글싱글 웃으면서 손님에게 보이며 "이것은 하느님의 원예용 초록빛 앞치마지요"라고 말할 정도라니, 정말 그 뻔뻔스러움에 질릴 뿐이었다. 또한 그가 보이스카우트와 인연을 끊지 못한 것도 곤란한 일이었다. 물론 이미 1938년에 그 클럽은 해체되었지만—소년들이 갈색 셔츠와 몸에 잘 어울리는 검은 겨울 제복을 분배받고 있던 참이었다—그 뒤에도 신사복을 입거나 새 제복을 입은 옛날 대원들이 규칙적이면서도 자주 옛 상관인 그에게로 몰려와서 합창을 시작했다. 그러면 그는 하느님에게서 빌린 원예용 앞치마를 입고 기타를 손끝으로 퉁기면서 함께 아침의 노래, 석양의 노래, 방랑의 노래, 용병의 노래, 수확의 노래, 마리아의 노래, 국내외 민요 등을 모조리 노래하는 것이었다. 그레프는 때마침 나치스 자동차 부대의 대원이 된 데다가 41년 이래로 채소 장수라는 간판 말고도 방공 감시인이라는 직함도 갖고 있었으며, 거기에 이전 대원 중 두 사람이 히틀러청소년단 소년부에서 한 사람은 분대장, 또 한 사람은 소대장이라는 중책을 맡아 그의 후원자 역할을 하고 있었다. 따라서 그레프의 감자 저장실에서 열리는 노래의 밤은 히틀러청소년단 지부가 묵인하고 있었다. 또 그레프는 지구당 교육부장인 뢰프자크에게 의뢰받아 옌카우 교육원에서의 훈련 기간 중에 노래의 밤을 열기도 했다. 40년 초에는 그레프와 어느 초등학교 교사가 위탁을 받아 《함께 노래하자!》라는 제목의 청소년 노래집을 단치히—서프로이센 지구당을 위해 편집했다. 이 책은 대성공을 거두었다. 채소 장수는 베를린에서 제국 청소년 지도 총감의 서명이 든 편지를 받고 베를린 노래 지도자 집회에 초대되었다.

확실히 그레프는 유능한 사람이었다. 그는 온갖 노래의 가사를 알고 있었으며, 천막을 칠 줄도 알고, 모닥불을 피우거나 끄는 요령도 뛰어나 산불 걱정 따위는 할 필요가 없었다. 나침반에만 의지해서 행진을 하여 목적지에 실수 없이 도착했으며, 눈에 보이는 별 이름을 모두 말할 수 있었다. 유쾌한 이야기며 모험담을 재미있게 들려 주기도 했고, 바이크셀 유역의 전설도 알고 있었다. '단치히와 한자동맹'이라는 제목으로 저녁 집회에서 강연도 했으며, 중세 기사단장들의 이름을 연대별로 열거하고, 그것만으로는 부족하여 다시 기사단 영토 내에서의 독일 사명에 대해 많은 것을 설명하여 들려 주기도 했다. 그러면서도 보이스카우트 냄새가 짙은 교훈을 이야기에 섞는 일은 아주 드물었다.

그레프는 젊은이들을 좋아했다. 소녀들보다는 소년들을 좋아했다. 본디 그는 소녀들을 좋아하지 않았고 소년들만 좋아했다. 함께 노래를 부르는 것만으로는 자신의 감정을 다 표현할 수 없을 정도로 소년들이 좋아질 때도 가끔 있었다. 그것은 그레프 부인 탓인지도 모른다. 그는 언제나 찌든 브래지어와 구멍투성이 팬티를 입은 단정치 못한 여인 곁에서 빠져나와, 몸차림이 깨끗하고 억센 사내아이들 속에서 한층 청결한 사랑의 척도를 구하려고 했는지도 모른다. 아니 어쩌면 그것뿐이 아니리라. 그레프 부인의 더러워 보이는 속옷이 사시사철 가지에 꽃피우는 그 나무에는 또 다른 뿌리가 숨겨져 있으리라. 생각건대 그레프 부인이 단정하지 못하게 되어 버린 이유는, 채소 장수 겸 방공 감시인이 아내의 무디면서도 약간 백치와 같은 풍만함을 충분히 감상할 눈을 가지지 못했기 때문이었다.

그레프는 뻣뻣한 것, 근육이 있는 것, 단련된 것을 좋아했다. 그가 자연이라고 말하는 경우, 그것은 동시에 고행을 의미했다. 그가 고행이라고 하는 경우에는 일종의 독특한 체육을 의미했다. 그레프는 자기 육체를 잘 알고 있었다. 그는 자신의 육체를 정성껏 단련했다. 육체에 열을 가하기도 하고, 특별히 연구해서 한기를 쐬기도 했다. 오스카가 유리를, 가까이 있는 것이나 멀리 있는 것이나 노래의 위력으로 산산조각을 내고, 때로는 유리창의 성에와 고드름을 녹여서 떨어뜨리는 데 비해, 채소 장수는 작은 연장을 사용해서 얼음을 공격했다.

그레프는 얼음에 구멍을 뚫었다. 12월, 1월, 2월에 그는 손도끼로 얼음에 구멍을 냈다. 아직 날이 새지 않은 어두운 새벽에 지하실에서 자전거를 꺼내고, 얼음 깨는 도끼를 양파 부대에 싼 뒤, 자스페를 지나서 브뢰젠으로, 브뢰젠에서 눈에 파묻힌 해안 산책길을 따라 글레트카우를 향해 자전거를 몰았다. 브뢰젠과 글레트카우의 중간에서 자전거에서 내려, 주위가 점점 밝아오는 동안 양파 부대에 싼 도끼를 실은 자전거를 끌면서 얼어붙은 해안을 지나, 다시 꽁꽁 얼어붙은 발트 해 위로 2, 300미터나 끌고 나갔다. 해안 일대가 안개로 덮여 있었기 때문에 누구에게도 눈에 띌 염려는 없었다. 그레프는 자전거를 옆에다 놓고 양파 부대에서 도끼를 꺼낸 뒤 잠시 엄숙한 표정으로 가만히 서 있으면서, 정박지에서 얼음에 갇힌 화물선의 안개 속 고동 소리를 듣고 있었으나, 이윽고 점퍼를 벗어 버리고 가볍게 몸을 푼 다음에, 안정된 자세로 힘차게 도끼질을 해서 발트 해에 둥근 구멍을 뚫기 시작했다.

그레프가 이 구멍을 뚫는 데는 적어도 45분은 걸렸다. 어떻게 그걸 내가 알고 있는가는 묻지 말아주기를 바란다. 오스카는 그 무렵 대부분의 일에 대해 알고 있었으니까. 그러니 그레프가 얼음판에 구멍을 뚫는 데 시간이 얼마나 걸렸는지도 알고 있었던 것이다. 그는 땀을 흘렸으며, 그 찝찔한 땀은 혹처럼 불쑥 나온 이마에서 하얀 눈 속으로 떨어졌다. 그는 훌륭한 솜씨로 깊숙이 도끼질을 하면서 둥근 모양을 만들었다. 원형을 완성하자 다음은 장갑도 끼지 않은 맨손으로 두께 약 20센티미터의 얼음 덩어리를 헬라 반도와 스웨덴까지 계속될 것 같은 광대한 얼음판에서 들어냈다. 구멍 속의 바닷물은 태곳적부터 잿빛이었고, 거기에 얼음 덩어리들이 흩어져 있었다. 김이 약간 오르고 있었으나 온천은 아니었다. 구멍으로 고기들이 모여들었다. 얼음 속의 구멍은 고기들을 끌어모은다고들 한다. 칠성장어라든지 20파운드나 나가는 대구를 그레프는 낚을 수도 있었을 것이다. 그러나 그는 낚시질을 하지 않았을 뿐 아니라 옷을 벗기 시작해서 알몸이 되어 버렸다. 대개 그레프가 옷을 벗을 때는 완전히 벗어 알몸이 되었다.

오스카는 여러분의 등골에 겨울의 오한을 끼얹을 생각은 없다. 그래서 간단히 보고하겠다. 채소 장수 그레프는 겨울 3개월 동안에 매주 두 번씩 발트 해에서 냉수욕을 했다. 수요일에는 이른 새벽에 혼자서 냉수욕을 했다. 6시에 출발해서 6시 반에 현장에 도착, 7시 15분까지 구멍을 뚫고 과장된 몸짓으로 척척 옷을 벗어던지고, 눈으로 온몸을 문지른 뒤에 구멍으로 뛰어들어 그 속에서 소리를 지르거나 때로는 노래를 부르기도 했다. '기러기가 밤을 날아'라든지, '우리는 폭풍우를 좋아한다……'를 불렀다. 2분 혹은 3분쯤 냉수욕을 하고 큰 소리를 지른 다음, 단숨에 뛰어올라 빙판에 떠오른 것은 게처럼 빨개져서 김이 서리는 살 덩어리였는데, 그 살 덩어리는 구멍 주위를 여전히 소리지르면서 뛰어다니고, 화끈하게 달아오르면 마침내 옷 속으로 들어가 자전거 위에 올라탔다. 8시가 채 못 되어 라베스베크 거리로 돌아와서 그레프는 8시 정각에 채소 가게의 문을 열었다.

두 번째 냉수욕을 하는 날은 일요일로, 이때에는 소년들 몇 명을 데리고 갔다. 오스카는 이 냉수욕을 직접 보았다고는 말하지 않겠다. 또 분명히 본 기억도 없다. 그런데 나중에 모두가 그 이야기를 했다. 음악가 마인은 채소 장수에 대해 여러 이야기를 알고 있으면서, 이웃을 향해 이 이야기를 모조리 트럼펫으로 불어댔는데, 이 트럼펫 주자의 말에 따르면, 몹시 추운 겨울 수개월 동안 일요일마다 그레프는 여러 명의 소년을 함께 데려가서 냉수욕을 했다. 하지만 채소 장수가 소년들에게까지 자기와 똑같이 벌거벗고 얼음 구멍으로 뛰어들도록 강요했다고는 마인도 주장하지 않았다. 소년들의 단단하고 탄력 있는 육체들이 반라 또는 전라에 가까운 모습으로 얼음 위를 이리 뛰고 저리 뛰면서 눈으로 서로 마사지를 한 것만으로 그레프는 만족했다는 것이다. 그뿐만이 아니라 눈 속의 소년들을 보는 것만으로도 매우 기분이 좋아져서, 그는 냉수욕 전후에 몇 번이나 함께 뛰놀며 이 아이 저 아이의 마사지를 도와주고, 아이들 모두에게 자기 몸을 마사지하도록 허락했다고 한다. 놀랍게도 알몸인 그레프가 노래하고 큰 소리로 떠들면서 벌거벗은 제자 2명을 잡아당겨서 끌어안고, 알몸과 알몸이 포개졌다가는 금방 고삐 풀린 삼두마차가 되어 소리를 지르면서 발트 해의 두꺼운 얼음 위를 폭주해 가는 모습을, 해안에 안개가 끼어 있었으나 글레트카우의 해안 산책로에서 목격할 수 있었다고 음악가 마인은 주장했다.

짐작했겠지만, 그레프는 어부의 아들은 아니었다. 브뢰젠과 노이파바서에는 그레프라는 성을 가진 어부가 많긴 해도 말이다. 채소 장수 그레프는 티겐호프 출신이지만, 결혼 전의 성이 바르쥬인 리나 그레프는 프라우스트에서 남편을 만나게 되었다. 그는 그곳에서 사업을 좋아하는 젊은 신부를 도와서 가톨릭 장인(匠人)조합 일을 보고 있었다. 리나 또한 그 신부의 심부름으로 매주 토요일 교구청에 드나들고 있었다. 틀림없이 그레프의 아내가 나에게 주었던 사진 한 장이 아직도 내 앨범에 붙어 있는데, 그것을 보면 그때

20세였던 리나는 토실토실하게 살이 쪄 튼튼하고 명랑하며 성품이 좋고 덜 렁대며 감각이 둔한 것같이 보였다. 그녀의 아버지는 장크트 알브레히트에서 꽤 크게 원예업을 하고 있었다. 그녀는 스물두 살 때 신부의 권유로 그레프와 결혼을 했는데, 그 무렵 그녀는 남자를 전혀 모르는 숫처녀였다고 나중에 두고두고 이야기를 했다. 결혼 뒤 그들은 아버지에게 자금을 얻어서 랑푸어에 채소 가게를 열었다. 상품의 대부분, 특히 과일은 전부라고 해도 좋을 만큼 아버지의 원예장에서 값싸게 들여왔으므로 장사는 번창하여, 그레프가 조금 실수를 해도 문제는 없었다.

이 교외는 어린이들이 많기도 하지만 근처에 경쟁 상대도 없는 아주 유리한 장소였기 때문에, 가게 경영으로 돈방석에 올라앉기는 그리 어렵지 않았으리라. 그런데도 이 채소 장수는 무엇에든지 잔꾀를 부리고 싶어하는 아이 같은 나쁜 버릇이 있었다. 그 때문에 서너 번 도량형검정국의 직원이 모습을 나타내어 채소 저울을 검사해서 저울추를 압수하고, 저울도 차압해서 그레프에게 크고 작은 벌금을 부과하게 되었다. 이 때문에 고객의 일부가 빠져나가 주말마다 서는 시장에서 물건을 사게 되었다. 그들 말에 따르면, 그레프의 가게 물건은 확실히 일등품으로 갖추어져 있고 값도 결코 비싸지는 않으나 아무래도 눈금을 속이고 있는 듯했다. 그 증거로 검정국 직원들이 자주 모습을 보였다는 것이다.

이 사건에 대해서 나는 확신하는데, 그레프는 속일 생각 같은 것은 하지 않았다. 큰 감자 저울은 이 채소 장수가 잔손질을 한 뒤에 오히려 그에게 손해가 되도록 작용했다는 것이 사건의 진실이었다. 그래서 그는 전쟁 직전에 이 저울에 오르골을 끼우기까지 했다. 감자 무게에 따라서 노래를 들려 주는 것이다. 말하자면 감자가 20파운드일 때는, 손님은 덤으로 '잘레 강의 밝은 기슭'을 들을 수 있었고, 50파운드일 때는 '언제나 정직하고 성실하게'가 울려 퍼졌으며, 100파운드의 겨울 감자 같으면 '타라우의 엔헨'의 소박하고도 매혹적인 음조를 들을 수 있었다.

이 음악 유희가 검정국의 뜻에 어긋나는 것임은 알고 있었으나, 오스카는 채소 장수의 변덕을 이해할 수 있었다. 리나 그레프도 남편의 이러한 기발한 방법에 대해 이러쿵저러쿵 시비를 걸지 않았다. 어쨌든 그레프 부부의 경우에는 서로 상대의 변덕을 모두 묵인한다는 규칙이 있었기 때문이다. 그러니까 그레프 부부의 결혼 생활은 원만했다고 할 수 있다. 채소 장수는 부인을 때리지 않았으며, 부인을 속이고 다른 여자에게 마음을 두지도 않았고, 술주정꾼도 난봉꾼도 아니며, 오히려 몸가짐이 바른 유쾌한 남자였다. 또한 대인 관계가 원만하고 남을 잘 돕는 성격이었으므로, 젊은 친구들 사이에서 인기가 있는 것은 물론이고, 감자를 사고서 음악까지 들을 수 있었던 고객들 사이에서도 평판이 좋았다.

한편 부인 리나는 나이와 더불어 더욱 악취를 풍기는 칠칠치 못한 여자가 되었으나, 그레프는 이것을 잠자코 관대하게 보아 넘기고 있었다. 그에게 호의를 가진 사람들이 리나를 단정치 못한 여자라고 심히 비난했을 때도 그가 싱글벙글 웃고 있는 모습을 나는 보았다. 마체라트가 그레프 부인에 대해서 화를 내면, 그레프는 감자를 다루는 손치고는 제법 깨끗한 두 손에 입김을 불어 비비면서 곧잘 이렇게 이야기하곤 했다. "확실히 당신 말대로야, 알프레트. 그 사람은 약간 단정치가 못해, 우리 착한 리나는 말이야. 그렇지만 말이지, 당신이나 나라고 해서 완전무결하다고 할 수 있을까?" 마체라트가 그래도 양보를 하지 않으면 그레프는 그와 같은 토론은 딱 잘라서, 그러나 조용하게 결말을 지었다. "당신 말은 다 옳아. 하지만 그 여자는 좋은 사람이야. 누가 뭐라고 해도 리나에 대해서는 내가 제일 잘 알아."

그의 말처럼 그는 그녀를 알고 있다고 말할 수 있으리라. 그러나 그녀는 그를 거의 알지 못하고 있었다. 이를테면 항상 찾아오는 청년들과 그레프와의 관계를 그녀는 어떻게 보고 있었을까. 그녀도 이웃 사람들이나 고객들과 마찬가지로, 그는 정열적인 청소년의 친구이며, 젊은이들도 단지 청소년 교육가에 대한 감동을 표시하는 것에 지나지 않는다고 단순하게 생각했을 것이다.

그레프는 나를 감동시킬 수도 가르칠 수도 없었다. 도대체가 오스카는 그레프가 좋아하는 유형이 아니었다. 만일 내가 성장하겠다고 결심했더라면 그런 유형이 됐을지도 모른다. 사실 내 아들 쿠르트는 지금 열세 살밖에 안 됐지만, 뼈대가 굵고 키가 큰 그 아이의 체격은 바로 그레프가 좋아하는 유형이었다. 다만 그 아이는 마리아를 쏙 뺐고, 나를 닮은 구석은 별로 없으며, 마체라트는 전혀 닮지 않았을 뿐이었다.

마리아 트루친스키와 알프레트 마체라트의 결혼식이 치러졌을 때, 휴가를 받아 돌아왔던 프리츠 트루친스키와 함께 그레프도 입회인이 되었다. 마리아도 남편도 모두가 개신교도였으므로 호적 사무소에 가기만 하면 되었다. 때는 12월 중순이었다. 마체라트는 당(黨) 제복 차림으로 결혼 선서를 했다. 마리아는 임신 3개월이었다.

내 연인의 배가 불러옴에 따라 오스카의 증오도 점점 커졌다. 임신 자체에 대해서 항의를 할 생각은 없었으나, 자신이 만든 사랑의 결정체에 머지않아 마체라트라는 이름을 붙이게 된다는 사실은 대를 이을 아들이 태어날지도 모른다는 기쁨을 나에게서 모조리 빼앗아 버렸다. 그래서 나는 마리아가 임신 5개월째가 되었을 때, 물론 이미 늦었다고는 생각했으나 최초의 낙태를 시도했다. 마침 사육제 기간이었다. 가게 카운터 위쪽의 놋쇠 꼬챙이에는 소시지와 베이컨이 매달려 있었는데, 마리아는 이 꼬챙이에 종이 리본 몇 개와 주먹코 광대 가면 두 개를 붙이려고 했다. 보통 때 선반에 걸칠 때는 언제나 안정되어 있던 사다리가 카운터에 기대자 불안하게 흔들거렸다. 마리아는 위쪽에서 두 손 가득히 리본을 안고 있고, 오스카는 아래쪽에서 사다리 발을 누르고 있었다. 나는 내 북채를 지렛대 대신으로 이용해서, 어깨와 굳은 의지의 도움을 빌려 사다리의 다리를 들어 옆으로 넘어뜨리려고 했다. 마리아는 종이 리본과 광대 가면 사이에서 악 하고 놀라면서 작은 소리를 질렀으나, 이미 사다리는 흔들리고 있었다. 오스카가 재빨리 비켜서자, 바로 그 옆에 오색 종이 리본과 소시지와 베이컨과 함께 마리아가 떨어졌다.

겉보기와 다르게 사태는 심각하지 않았다. 그녀는 발을 삐었기 때문에 누워서 조심해야 했을 뿐, 다른 데는 아무 상처도 없었다. 그녀는 계속해서 점점 꼴사납게 되었으나, 누구 때문에 발을 삐었는지 마체라트에게 고자질하지는 않았다.

이듬해 5월, 출산 예정일 3주쯤 전에 나는 두 번째 낙태를 기도했는데, 이때에는 그녀도 남편인 마체라트에게 상의를 했다. 그러나 미주알고주알 모두 털어놓지는 않았다. 식사 때, 나도 있는 자리에서 그녀는 말했다. "오스카가 요즘 아주 장난질이 심한 데다 가끔 내 배를 두들기곤 해서 난감해. 아기를 낳을 때까지 우리 집 어머니한테 맡기면 어떨까. 거기 같으면 방도 넉넉하니."

마체라트는 이 이야기를 진지하게 받아들였는데, 사실 살인의 발작이 나와 마리아 사이에 엉뚱한 사건을 빚어냈던 것이다.

그녀는 정오의 휴식 시간에 소파에 누워 있었다. 마체라트는 점심 식사 뒤 접시를 씻고 가게로 나가서 쇼윈도에 장식을 하고 있었다. 거실은 조용했다. 파리 한 마리가 윙윙거리고 있었던 듯싶다. 언제나 똑같은 시계 소리가 났으며, 라디오가 낮은 소리로 낙하산 부대의 크레타 섬 하강 성공을 보도하고 있었다. 내가 라디오에 귀를 기울인 것은 위대한 복서, 막스 슈멜링이 이야기를 했을 때뿐이었다. 분명하지는 않지만, 이 사나이는 크레타의 바위투성이 땅에 낙하했을 때 세계 챔피언의 발을 삐었기 때문에, 얼마 동안은 조심해서 누워 있어야 했다. 그것은 마치 마리아가 사다리에서 떨어져 자리에 누워야 했던 상황과 비슷하다. 슈멜링은 침착하고 신중하게 말했다. 다음으로 무명의 낙하산 부대원들이 수다를 떨었으나, 오스카는 이미 귀를 기울이지 않았다. 조용했다. 파리가 한 마리 있는 듯했고, 시계 소리는 여전했으며, 라디오는 아주 낮은 소리였다.

나는 창 앞 작은 의자에 걸터앉아 소파 위 마리아의 몸을 지켜보고 있었다. 그녀는 괴로운 듯이 헐떡이면서 눈을 감고 있었다. 이따금 나는 부아가 치밀어서 내 양철을 두들겼다. 하지만 그녀는 꼼짝도 하지 않았다. 한방 안에서 그렇게 하고 있자니 그녀의 배에 맞추어 숨을 쉬어야만 할 것 같은 기분이 들었다. 분명히 이 방에는 시계가 있었고, 유리창과 커튼 사이에 파리가 있었으며, 돌멩이투성이 크레타 섬을 배경으로 하는 라디오 방송도 있었다. 그런데 이 모든 것은 순식간에 내 앞에서 사라지고 어느덧 그 배만이 눈에 들어올 뿐이었다. 둥글게 부른 이 배가 어느 방에 있는지도 누구의 배인지도 몰랐고, 또 이 배를 그토록 크게 만들어 버린 사람이 누구였는지도 알 수 없었다. 다만 소원 하나는 확실했다. 저 뱃속에 있는 것을 처치해야만 한다, 저것은 잘못이다, 저것은 너의 앞길에 방해가 된다. 너는 일어나 뭔가를 해야 한다! 나는 일어섰다. 자, 어떻게 해야 좋을지 생각하자. 나는 배가 있는 곳으로 다가갔으며, 가는 길에 무엇인가를 손에 쥐었다. 조금만이라도 바람이 통하게 해야겠다. 이렇게 부풀어 있는 건 좋지 않다. 그래서 나는 가는 길에 손에 쥔 것을 들어 올려, 배 위에서 함께 숨쉬고 있는 마리아의 손과 손 사이를 겨누었다. 자, 단숨에 해치워라, 오스카. 우물쭈물하고 있으면 마리아가 눈을 뜬다. 이때 난 벌써 그녀가 나를 쳐다보고 있는 것을 느꼈으나, 그 자세 그대로, 가늘게 떨고 있는 마리아의 왼손을 응시했다. 더욱이 그녀가 오른손을 뻗쳐 무엇인가를 하려는 것도 확실히 눈치채고 있었다. 그래서 마리아의 오른손이 오스카의 주먹 쥔 손을 비틀어 가위를 빼앗은 순간에도, 오스카는 그다지 놀라지는 않았다. 빈손이 된 오스카는 그 뒤로 2, 3분 동안 주먹을 치켜들고 꼼짝하지 않았다. 그러고서 시계 소리와 파리 소리, 크레타 섬의 보도가 끝났음을 알리는 아나운서의 목소리를 들었다. 이윽고 나는 뒤로 돌아서서 다음 프로—2시에서 3시까지의 경음악—가 시작하기도 전에 거실에서 나왔다. 방을 꽉 채우고 있는 몸뚱이 때문에 거실마저 좁게 느껴졌기 때문이다.

이틀 뒤, 나는 마리아에게서 새로운 북을 받고 3층에 있는 트루친스키 아주머니의 대용 커피와 감자튀김 냄새가 나는 집으로 옮겨졌다. 맨 처음에 나는 소파에서 잤다. 헤르베르트의 옛날 침대가 있었으나 여전히 마리아의 바닐라 냄새가 배어 있을지도 모르므로, 거기에서 자기를 거부한 것이다. 일주일이 지나서 하일란트 노인이 나의 어린이용 나무 침대를 아래층에서 끌어올려 왔다. 나는 이전에 나와 마리아와 비등산 밑에서 잠자코 있었던 그 침대 옆에 이 나무 침대를 나란히 놓도록 했다.

트루친스키 아주머니 집에서 지내는 동안에 오스카는 훨씬 조용해졌다. 또는 무심해졌다고 해도 좋다. 이젠 그 배를 보지 않아도 됐다. 마리아가 계단을 오르락내리락하는 것을 피했기 때문이다. 나는 1층 살림집에도 가게에도 거리에도 안뜰에조차도 나가지 않았다. 안뜰에서는 점점 어려워진 식량 사정 때문에 다시 토끼를 기르고 있었다.

오스카는 프리츠 트루친스키 하사관이 파리에서 보냈거나 직접 가져온 엽서들을 앞에 놓고 앉아 있는 일이 많았다. 나는 파리 거리를 이리저리 상상해보았다. 그리고 트루친스키 아주머니가 에펠탑 그림엽서를 주었을 때는, 이 대담한 철골 건축을 주제삼아 파리를 북으로 연주하기 시작했다. 그것은 일종의 뮈제트(프랑스 춤 곡의 하나)였는데, 사실 나는 그때까지 뮈제트를 들은 적이 없었다.

6월 12일, 내 계산으로는 2주 일찍 태어난 셈인데, 쌍둥이자리의 별 아래 —내 계산으로는 게자리이다—나의 아들 쿠르트가 태어났다. 아버지는 목성의 해이고, 아들은 금성의 해였다. 아버지는 처녀자리 수성의 영향을 받아서 의심이 많고 변덕스럽다. 아들도 수성에 지배되었지만 쌍둥이자리이기 때문에 냉정하고 노력하는 지성을 부여받았다. 내 경우에는 성위(星位)에 천칭자리 금성이 있어서 부드러워졌으나, 아들의 경우에는 그곳에 양자리가 있어서 나빠졌다. 나는 양자리의 화성을 추적하는 운명이었다.

트루친스키 아주머니는 흥분해서, 한 마리 생쥐처럼 그 소식을 내게 물어다주었다. "알겠니, 오스카. 황새가 귀여운 남동생을 데려다 주었단다. 나도 말이지, 계집애가 아니기를 바랐단다. 계집아이는 나중에 힘이 드니까 말이야." 그동안에도 나는 에펠탑과 갓 도착한 개선문의 그림엽서를 앞에 놓고 거의 쉴 새 없이 북을 치고 있었다. 트루친스키 아주머니도 나에게 할머니가 된 축하의 말을 기대하는 것 같지는 않았다. 일요일도 아닌데 아주머니는 연지를 조금 바르고 싶은 기분이 들어, 몇 번이나 실험한 바 있는 치커리 포장지를 쥐고 뺨을 문질러 화장을 했다. 그리하여 생기가 도는 얼굴로 방을 나서서, 곧 아버지로 불리는 마체라트를 돕기 위해 아래층으로 내려갔다.

이 일이 있었던 것은, 앞에서도 말했듯이 6월이었다. 위선의 달이다. 어느 전선에서나 전과를 올리고 있었는데—발칸 반도에서의 전과를 전과에다 넣을 계획이라면 말이지만—이를 대신하여 동부 전선에서 더욱 큰 전과를 앞두고 있었다. 엄청난 대군이 행동을 시작했다. 철도는 아주 분주했다. 이제까지는 파리에서 더할 나위 없이 편안하게 지내던 프리츠 트루친스키도 동부로 떠나게 되었다. 어지간해서 끝나지 않을 듯한 긴 여행이었으며, 휴가 여행과는 분명히 다른 것이었다. 그러나 오스카는 번쩍번쩍 빛나는 엽서를 앞에 놓고 침착하게 앉아서 조용한 초여름의 파리에 머무르면서 〈세 명의 젊은 고수〉를 가볍게 쳤다. 독일 점령군과는 아무 관계도 없었으므로, 게릴라가 그를 센 다리에서 밀쳐내 떨어질 걱정도 없었다. 뿐만이 아니라 나는 완전한 평복 차림으로 북을 든 채 에펠탑 위에 올라 전망을 적당히 즐기고 몹시 만족하여, 고지의 유혹을 뿌리치지 못해 달콤쌉쌀한 자살 욕구에 빠지는 일도 없었다. 그리하여 에펠탑 밑에 내려와 94센티미터의 키로 섰을 때에야 다시, 자신의 아들이 태어난 사실을 의식했다.

'아들이라니' 하고 나는 생각했다. 세 살이 되면 양철북을 사 주리라. 우리는 결국 알고 싶어할 것이다. 이 아이의 아버지가 누구인지—저 마체라트인지, 그렇지 않으면 나, 오스카 브론스키인지를.

무더운 8월이었다—스몰렌스크의 포위전이 끝나고, 또다시 대성공을 거두었다는 보도가 있던 무렵이라고 생각하는데—이 무렵 내 아들은 쿠르트라는 세례명을 받았다. 그런데 내 할머니 안나 콜야이체크와 오빠인 빈첸트 브론스키가 세례식에 초대된 것은 어떤 이유에서였을까? 물론 얀 브론스키가 내 아버지이고, 점점 이상하게 되어 가는 과묵한 빈첸트가 친할아버지가 된다는 설명을 여기에서 끄집어 낸다면 초대의 이유로 충분하리라. 마침내 나의 조부모가 내 아들 쿠르트의 증조부모가 된 것이다.

물론 초대를 한 당사자인 마체라트로서는 이와 같은 논증은 꿈에도 생각할 수 없는 일이었다. 이 사나이는 아무리 스스로에게 자신감이 없는 순간이라도, 가령 스카트놀이에서 집 한 채를 잃었다고 하더라도 자기가 낳고 기른 아버지이다, 즉 이중의 아버지라는 사실을 의심치 않았다. 오스카는 그의 조부모를 다른 이유로 다시 만날 수 있었다. 이 두 노인은 독일인이 되어 있었다. 그들은 이제 폴란드인이 아니라 단지 꿈속에서만 카슈바이어를 사용했다. 그들은 국외 독일인 또는 민족의 제3집단이라고 불렸다. 그리고 얀의 미망인 헤트비히 브론스키는 람카우 지구 농민장을 지내고 있는 발트 지방의 독일인과 재혼을 했다. 이미 접수된 신청 허가가 나오면 마르가와 슈테판 브론스키는 의붓아버지 엘러스의 이름을 이어받을 수 있을 것이다. 열일곱 살인 슈테판은 자원해서 그로스 보슈폴 연병장에서 보병 훈련을 받고 있으며, 유럽 전쟁의 무대를 방문하게 될 가능성이 충분했다. 한편 오스카는 곧 징집 연령이 되기는 하지만, 여전히 북을 앞에 매달고 육군이나 해군, 어쩌면 공군에서라도 세 살짜리 양철북 고수가 필요해질 때까지 기다려야만 했다.

지구 농민장인 엘러스가 맨 처음에 왔다. 세례가 있기 2주 전에, 그는 쌍두마차의 마부석에 헤트비히와 나란히 앉아서 라베스베크 거리로 왔다. 그는 안짱다리였으며 위장병 환자로서 얀 브론스키와는 비교가 되지 않았다. 얀보다도 분명히 머리 하나는 작은 그가 거실 테이블에 소 같은 눈을 가진 헤트비히와 나란히 앉아 있었다. 그의 모습을 보고 마체라트까지도 놀랐다. 이야기가 활기를 띨 것 같지 않았다. 날씨에 대한 이야기가 나왔고, 동부 전선에서 온갖 일이 일어나고 있으며 굉장한 진격 태세라는 것을 확인했다. 1915년 당시보다도 더욱 신속하다고, 1915년 거기에 참가한 경험이 있는 마체라트가 회상했다. 얀 브론스키에 대한 이야기는 하지 않기로 모두 세심하게 주의하고 있었으나, 내가 그들의 침묵을 소용없게 만들어 주었다. 철없이 익살스러운 입 모양으로 몇 번이나 큰 소리로 오스카의 삼촌 얀을 불러댄 것이다. 마체라트가 마음을 다잡고, 옛 친구이자 연적이었던 사나이에 대해 무엇인가 호의적이고 의미심장한 말을 했다. 엘러스는 자신의 전임자를 만난 일도 없는 주제에, 마체라트의 이야기에 바로 동의하며 맞장구를 쳤다. 헤트비히의 눈에서는 이때 진실된 눈물 방울 몇 개가 천천히 뚝뚝 떨어지기까지 했으나, 마침내 얀의 이야기에 대해 헤트비히는 다음과 같이 끝을 맺었다. "참으로 좋은 사람이었어요. 파리도 죽이지 못하는 사람이었죠. 그렇게 되리라고 누가 생각이나 했겠어요. 거짓말도 전혀 할 줄 모르는 숙맥이었는데."

이 말이 끝나자 마체라트는 뒤에 서 있는 마리아를 시켜서 병맥주를 가져오게 했다. 그러고서 엘러스에게 스카트놀이를 할 줄 아느냐고 물었다. 엘러스는 할 줄 모른다며 매우 유감스러워했으나, 마체라트는 아량을 베풀어 이 지구 농민장의 작은 결점을 눈감아 주었다. 게다가 잔에 맥주가 채워지자, 어깨까지 다독거리며 스카트를 몰라도 괜찮다고 하면서 틀림없이 사이좋게 지낼 수 있다고 장담을 했다.

이리하여 헤트비히 브론스키는 헤트비히 엘러스가 되어 다시 우리 집에 나타났는데, 내 아들 쿠르트의 세례를 위해 남편인 지구 농민장 말고도 전시아버지인 빈첸트 브론스키와 그 누이인 안나도 함께 데리고 온 것이다. 마체라트는 사정을 잘 알고 있는 듯했다. 그는 이웃집 창 밑으로 난 길을 걸어오고 있는 두 노인에게 큰 소리로 공손하게 인사를 하고, 거실로 들어와서 내 할머니가 넉 장의 치마 밑에 손을 넣어 세례 축하 선물로 통통하게 살찐 거위를 내놓았을 때 이렇게 말했다. "어머니, 이러지 않으셔도 되는데. 아무것도 가져오시지 않아도, 와주신 것만으로도 기뻐요." 그러나 이 말투는 오히려 할머니의 마음에 들지 않았다. 할머니는 자기가 가지고 온 거위의 가치를 인정받고 싶었던 것이다. 살찐 거위를 손바닥으로 두들기면서 그녀는 불평을 했다. "그렇지만 보통 거위와는 달라, 알프레트. 하기야 이것은 카슈바이 거위라고 하지 않고, 이제는 국외 독일의 거위라고 하지만. 맛은 전쟁 전과 조금도 다르지 않아!"

이것으로 민족 문제는 완전히 해결되었지만 아직도 몇 가지 문제가 남아 있었다. 막상 세례 때가 되자, 오스카가 개신교 교회 안으로 들어가기를 거부했기 때문이다. 모두가 내 북을 택시에서 가지고 나와 이 양철을 미끼로,

개신교 교회에는 북도 마음대로 가지고 들어갈 수 있다고 몇 번이나 보증하기도 했으나, 나는 여전히 완고한 가톨릭 교도이기를 포기하지 않았다. 개신교 세례의 설교를 듣느니 차라리 빙케 사제의 귀에 모든 일을 요약해서 고해하고 싶었다. 마체라트가 양보했다. 아마도 내 소리와 내 소리가 일으킬 손해 배상 청구를 두려워했으리라. 그래서 나는 교회 안에서 세례가 진행되는 동안, 택시 안에 남아서 운전사의 뒤통수를 관찰하고, 뒷거울에 비친 오스카의 얼굴 모습을 음미하며, 이미 몇 년 전 내 세례식 때 빙케 사제가 성수로 세례를 받는 오스카에게서 악마를 쫓아내려고 했던 온갖 시도를 떠올렸다.

세례가 끝나자 우리는 테이블을 두 개 붙여놓고 식사를 했다. 맨 처음이 송아지 수프였다. 숟가락이 접시 가장자리에 닿았다. 시골 사람들은 입으로 홀짝홀짝 마셨다. 그레프는 새끼손가락을 치켜들고 있었다. 그레트헨 셰플러는 수프를 씹었다. 구스테는 숟가락을 든 채로 큰 입을 벌리고 히죽거리고 있었다. 엘러스는 숟가락을 입에 댄 채 말을 걸었다. 빈첸트는 떨려서 숟가락을 사용하지 못하고 있었다. 노부인들, 즉 안나 할머니와 트루친스키 아주머니만이 숟가락에 온 마음을 쏟고 있었다. 그동안 오스카는 숟가락을 놓고, 아직 모두가 숟가락질하고 있는 사이에 그곳을 빠져나와 침실에서 내 아들의 요람을 찾았다. 오스카는 아들에 대해 잘 생각해 보고 싶었던 것이다. 그런 반면, 다른 사람들은 숟가락으로 수프를 몸속에 계속 부어넣고 있었는데, 점점 더 아무 생각 없이 헛되이 숟가락으로 수프 접시를 비우는 것이었다.

얇은 하늘색 비단 포장이 유모차 바구니 위에 펼쳐져 있었다. 바구니 테가 너무 높았기 때문에 처음에는 약간 찡그린 불그죽죽한 얼굴만 보일 뿐이었다. 나는 북을 딛고 올라서서, 자면서도 신경질적으로 꿈틀꿈틀 움직이고 있는 아들을 관찰할 수가 있었다. 오, 아버지의 자랑, 거기에는 언제나 훌륭한 말이 필요하다! 하지만 나는 이 젖먹이를 보면서, 이 아이가 세 살이 되면 북을 사주리라는 문구밖에 떠오르지 않았기 때문에—또 아들은 자기의 정신세계를 전혀 설명해 주지 않았고, 나는 이 아이가 나처럼 귀가 예민한 아이이기를 바라는 기대밖에 없었으므로, 세 살이 되는 날에 양철북을 선사하겠다고 새삼 다짐했다. 그러고서 양철북에서 내려와 거실에 있는 어른들을 다시 한 번 시험해 보기로 했다.

마침 사람들이 송아지 수프를 다 먹었을 때였다. 마리아가 버터에 녹인 달콤한 녹색 완두콩 통조림을 가져왔다. 마체라트는 돼지불고기에 책임감을 느끼고 있었으므로, 접시를 일일이 나눠 주었다. 그러고는 웃옷을 벗어부치고 와이셔츠 차림으로 고기를 한 조각 한 조각 썰면서 걸쭉한 국물이 가득한 고기를 보며 빙글빙글 무절제한 미소를 지었기 때문에 나는 눈길을 돌려야만 했다.

채소 장수 그레프를 위해서는 특별 요리가 나왔다. 아스파라거스 통조림, 완숙 달걀, 생크림을 얹은 무를 내놓았는데, 그가 채식주의자라서 고기를 먹지 않기 때문이었다. 그러나 그는 다른 사람들과 마찬가지로 으깬 감자 한 조각을 자기 접시에 담았다. 잘게 다진 고기 소스는 안 되기 때문에 눈치 빠른 마리아가 그를 위해 부엌에서 프라이팬을 칙칙거리면서 볶은 버터를 가져와서 접시에 부었다. 다른 사람들이 맥주를 마시는 동안, 그레프에게는 과즙을 따라 주었다. 키예프 포위전 이야기가 나왔으며 모두 손가락으로 포로의 수를 헤아렸다. 발트 출신인 엘러스가 특히 뛰어난 재주를 보여 10만 명마다 손가락을 하나씩 펴더니 100만 명이 되어 두 손의 손가락이 전부 펴지자, 이번에는 한 개씩 손가락을 꼽으면서 계속 헤아렸다. 러시아인 포로 수가 계속 늘어나서 점점 셀 가치가 없어져 재미없어지자 이 화제에 끝을 내고, 셰플러가 고텐 항의 잠수함에 관하여 이야기를 했다. 마체라트가 내 할머니 안나의 귀에 대고 시하우에서는 매주 잠수함 두 척을 진수하고 있다고 속삭였다. 이때 채소 장수 그레프가 세례식의 손님 전원을 향해서 잠수함은 배의 뒷부분이 아닌 옆부분부터 먼저 진수해야 한다는 것을 설명했다. 그는 구체적으로 설명하기 위해 모든 것을 손동작으로 나타내려고 했으며, 잠수함의 매력에 사로잡혀 있던 일부 손님들은 서투른 손짓으로 열심히 흉내냈다. 빈첸트 브론스키는 왼손으로 잠수함이 가라앉는 모습을 흉내내려다가 맥주를 엎질렀기 때문에 할머니에게 잔소리를 듣게 되었다. 그러자 마리아가 할머니를 달래면서 말했다. 그런 건 마음 쓰지 마세요. 식탁보는 어차피 내일 빨 거니까요. 세례 축하연에서 얼룩이 지는 거야 당연한 일이지요. 이때 트루친스키 아주머니가 재빨리 행주를 가지고 와서 엎질러진 맥주를 닦아냈다. 왼손에 든 커다란 유리공예 접시에는 아몬드를 넣은 초콜릿 푸딩이 수북이 담겨 있었다.

아아, 초콜릿 푸딩에 다른 소스를 쳤더라면, 아니면 소스를 아예 치지 않았더라면 좋았을 것을! 하지만 바닐라 소스가 뿌려져 있었다. 흐물흐물한 노란 액체 바닐라 소스. 참으로 평범하고 흔해 빠진 것이지만, 유일무이한 바닐라 소스. 이 세상에 바닐라 소스만큼 기쁜 것도 없고, 또 이것만큼 슬픈 것도 없으리라. 은은하게 바닐라 향이 감돌면서 점점 나를 마리아 속에 에워 쌌다. 모든 바닐라의 장본인인 마리아는 마체라트와 나란히 손을 잡고 앉아 있었으나, 나는 더 이상 그녀를 보고 있을 수 없었다.

어린이용 의자에서 미끄러져 내려온 오스카는 그레프 부인의 치마에 착 달라붙어서, 식탁 위에서 숟가락을 젓고 있는 그녀의 발밑에 누워 리나 그레 프가 뿜어내는 독특한 냄새를 처음으로 맡았다. 그것은 순식간에 바닐라를 꼼짝 못하게 하며, 들이마시고, 남김없이 죽여 버리는 냄새였다.

코를 쿡 찌르긴 했으나 나는 끝까지 새로운 냄새 쪽으로 얼굴을 돌리고 버 텼다. 그러자 바닐라에 얽힌 기억이 모두 마비되는 듯했다. 천천히, 소리도 경련도 없이, 맥없는 구토증이 나를 엄습했다. 내 입에서는 송아지 수프, 돼 지불고기 조각, 거의 소화되지 않은 완두콩 통조림, 그리고 바닐라 소스가 발린 초콜릿 푸딩이 두어 숟가락 흘러나왔는데, 그동안에 나는 나 자신의 무 기력을 이해했으며 그 무기력함에 잠기게 되었다. 오스카의 무기력은 리나 그레프의 발밑에 퍼졌다—그리고 나는 이제부터 날마다 나의 무기력함을 그 레프 부인한테 가지고 가기로 결심했다.

75킬로그램

브야츠마와 브란스크^(모스크바 서 폭의 격전지). 그리고 수렁의 시기가 시작되었다. 오스카 도 1941년 10월 중순에는 수렁 속을 온통 헤집기 시작했다. 중앙 군단의 수 렁 전과와 내가 리나 그레프 부인에게서 얻은 전과를 비교하는 것을 너그러 이 보아 주기 바란다. 리나 부인 역시 길도 둑도 없는 완전한 수렁 지대와 같았으니까. 모스크바를 눈앞에 두고 전차와 트럭이 수렁에 빠져 버린 것처 럼, 나도 옴짝달싹을 못하게 되었다. 물론 그 전선에서는 아직도 차바퀴가 헛돌면서 진흙을 튀기고 있었고, 나 또한 항복은 하지 않았다—나는 문자 그대로 그레프 부인의 수렁 속에서 거품을 내는 데 성공했다—그러나 모스 크바 바로 앞에서도, 그레프 집안의 침실에서도 적진을 점령했다는 애기는 없었다.

아직 나는 이 비교를 그만두고 싶지 않다. 미래의 전략가들은 그때의 이 수습 불가능한 수렁 작전에서 교훈을 배웠겠지만, 나 또한 그레프 부인이라는 자연현상에 대한 전투에서 깨달은 바가 많다. 그러므로 이번 세계대전에서 내가 고향의 전선에서 직접 해 보았던 여러 가지 시도를 가볍게 여겨서는 안 된다. 오스카는 그때 열일곱 살이었는데, 아직 어린 나이에도 리나 그레프라는 심술궂은 요령부득의 연병장에서 한 사람의 남자로서 단련되었다. 군사 비교는 이 정도로 마치고, 이번에는 오스카의 진보를 예술적인 개념으로 측정해 본다면 이러하다. 마리아가 순수하면서도 유혹적인 바닐라의 안개 속에서 나에게 짧은 시의 유형을 이해시키고, 비등산이나 버섯 채취 같은 서정시의 맛에 나를 익숙해지게 만들었다고 하면, 그레프 부인의 코를 찌르는 복잡한 냄새의 영역 안에서 나는 광대한 서사시의 공기를 호흡할 수 있었다. 그러므로 지금 전선의 전과도, 침대의 전과도 한 문장으로 설명할 수 있다. 음악이다! 감상적이면서도 달콤한 마리아의 유치한 하모니카로부터 단숨에 오케스트라 지휘자의 보면대로 날아오른 것이다. 정말이지 리나 그레프는 폭으로 보나 깊이로 보나 바일로이트라든지 잘츠부르크에서만 볼 수 있는 오케스트라를 내게 제공했다. 여기에서 나는 금관악기나 목관악기를 불고 타악기를 치며 현악기를 켜고 뜯는 법을 배웠으며, 통주저음(通奏低音)이든 대위법이든, 12음 음악이든 9음 음악이든 제대로 습득했고, 스케르초의 시작이라든지 안단테의 속도 같은 것도 알게 되었으며, 자신의 정열을 엄격하고 메마르게 또는 부드럽게 넘치듯이 표현할 수도 있었다. 요컨대 오스카는 그레프 부인으로부터 최대한의 것을 끌어냈는데, 그 점에서 오스카는 실망하지는 않았으나 그렇다고 만족한 것도 아니었다. 진정한 예술가가 언제나 그러하듯 말이다.

우리 식료품 가게에서 그레프의 채소 가게까지는 거의 스무 걸음 정도밖에 안 되었다. 약간 비스듬히 마주 보고 있어서 알맞은 위치였다. 클라인하머 거리의 빵집인 알렉산더 셰플러의 집보다 오가기가 훨씬 편했다. 나는 스승인 괴테와 라스푸틴에 관한 공부보다 여성 해부학 공부에서 오히려 진보를 보였는데, 그것은 그레프의 가게가 더 알맞은 장소에 있었기 때문인지도 모른다. 오늘날까지 계속되고 있는 이 교양상의 모순은 아마도 나의 두 여교사의 유형적 차이로 설명하거나 해명할 수 있을 것이다. 리나 그레프는 적극적으로 가르치려고는 하지 않고, 그녀의 풍요로움을 시청각 교재와 실험 재료로서 솔직하고 수동적인 자세로 내 손에 맡겼다. 그에 비해서 그레트헨 셰플러는 교사라는 직무를 너무나도 진지하게 생각했다. 그녀는 성과를 확인하고 싶어했다. 나한테 소리를 내서 책을 읽히려고 하고, 북 치는 내 손가락이 깨끗하게 글씨를 쓰고 있는지 들여다보려고 하며, 나를 올바른 문법과 사이좋게 만들어서 자신도 이익을 얻으려고 했다. 그러나 오스카가 조금이라도 나아지는 기색을 보이기를 거부했으므로 그레트헨 셰플러는 마침내 손을 들어 버렸는데, 어쨌든 7년 동안이나 계속된 수업을 불쌍한 어머니가 죽자마자 바로 집어치우고는 예전과 같이 자수에 전념하게 되었다. 그래도 빵집 주인과의 사이에서 여전히 아이가 생기지 않았으므로 그녀는 이따금이기는 했으나, 특히 큰 축제일에는 손으로 짠 스웨터나 양말, 벙어리장갑 따위를 내게 선사했다. 괴테와 라스푸틴은 더 이상 우리 사이에서 화제에 오르지 않았다. 두 스승의 작품에서 베낀 그 발췌만은 여전히 여기저기에, 대개 아파트 건조실에 보관해 두었는데, 오스카가 이 방면의 연구도 완전히 등한시하지 않을 수 있었던 것은 그 덕분이었다. 나는 스스로를 교육하여 자기 의견을 갖기에 이른 것이다.

하지만 병약한 리나 그레프는 침대에 붙들어 매여 있어서 나를 피하거나 나로부터 도망칠 수 없었다. 오랫동안 시름시름 앓으면서도 그다지 중병은 아니었으므로, 나의 선생 리나는 나와 작별을 하고 곧장 저세상으로 갈 수도 없었다. 그러나 이 지구상에는 영원한 것은 하나도 없는 법이므로, 그의 연구가 완성되었다 싶었을 때 오스카는 누워만 지내는 이 여인에게서 곧 떠나 버렸다.

앞으로 어른으로서 살아가기 위한 무기를 식료품 가게와 빵집과 채소 가게에서 주워모아야 했다니, '그렇게 좁은 세계에서 그 젊은이가 얻어 배운 게 얼마나 되겠어' 하고 여러분은 말할지도 모르겠다. 오스카가 매우 중요한 여러 첫 인상을 참으로 곰팡내 나는 소시민적 환경에서 모았다는 사실은 나도 인정하나, 마지막으로 또 한 사람, 세 번째 교사가 있었다. 오스카에게 세상을 보는 눈을 뜨게 하고 오스카를 오늘날의 오스카로 만든 것은 그 사람의 힘이었다. 오늘날의 오스카가 어떤 인물인지는 아무리 해도 적절한 표현을 찾을 수 없지만, 임시로 세계 시민이라는 직함으로 불러두겠다.

제3의 교사가 누구냐 하면, 여러분 중에서 눈치 빠른 분은 이미 눈치를 챘겠지만, 바로 나의 교사이면서 스승인 베브라를 말한다. 오이겐 왕자의 직계로서 루이 14세 가문 출신인 난쟁이 광대 배우 베브라에 대해서 이야기하겠다. 내가 베브라라고 말할 때는, 물론 그의 옆에 붙어 있는 그 부인까지도 포함해서의 이야기이다. 위대한 몽유병자 '로스비타 라구나', 영원한 미녀. 마체라트에게 나의 마리아를 빼앗긴 그 어두운 세월 동안, 나는 몇 번이고 이 부인을 생각하지 않을 수 없었다. 도대체 몇 살일까, 그 부인은? 나는 스스로에게 물었다. 꽃다운 열아홉이나 스물일까? 아니면 백 년이 지나도 영원한 청춘의 사랑스러움을 조그만 몸에 여전히 간직하고 있는 99세의 가련한 늙은이일까?

　내 기억이 맞다면, 나는 친척 같은 이 두 사람을 불쌍한 어머니가 죽은 직후에 만났다. 우리는 카페 사계에서 함께 모카커피를 마셨다. 그로부터 우리의 노선은 갈라져 버렸다. 정치적 의견 차이가 있었기 때문인데, 그 차이는 역시 무시할 수 없었다. 내가 금세 눈치챈 바로는, 베브라는 제국선전성(帝國宣傳省)에 접근하여 괴벨스와 괴링의 개인방에 드나들고 있었던 모양이며, 이 탈선 경위를 여러 방식으로 설명하고 변명하려고 했다. 그는 중세의 궁정 광대들이 차지하던 영향력 있는 위치를 예로 들면서 에스파냐 화가들의 복제화를 내게 보여 주었다. 그 그림에는 필립인지 카를로스인지 신하들과 함께 그려져 있었는데, 그 위엄 있는 자리 한가운데에 주름잡힌 옷깃과 고깔모자와 헐렁한 옷을 입은 2, 3명의 광대 모습을 찾아볼 수 있었다. 겨우 베브라나 나 정도의 키인 듯했다. 나는 이 그림들이 마음에 들었지만—어쨌든 오늘에 나는 천재 화가 디에고 벨라스케스의 열렬한 팬이라고 자처할 정도다—베브라의 설명을 순순히 받아들이려고 하지 않았다. 그래서 베브라도 에스파냐 필립 4세의 궁정에 있던 난쟁이들의 상황과, 갑자기 출세한 라인 지방 출신 요제프 괴벨스의 측근인 자신의 지위를 비교하기를 멈추었다. 그러고서 그는 시대의 어려움을 말하면서 약자는 당분간 몸을 숨기고 있어야 한다고 말했다. 그래도 가슴속에는 남모르는 저항의 꽃이 피어 있노라고도 했다. 요컨대 그 무렵의 말로 '국내 망명'이라는 것이었다. 그 때문에 오스카의 길과 베브라의 길은 서로 엇갈리게 되었다.

　내가 이 스승을 미워했다는 뜻은 아니다. 그로부터 몇 년 동안 나는 광고탑을 볼 때마다 가까이 가서 극장이나 서커스 광고지에 베브라의 이름이 실려 있는지 찾아보았다. 사실 두 번쯤 그의 이름이 라구나 부인의 이름과 함께 실려 있는 것을 보았으나, 이 친구들과 다시 만날 수 있을 법한 일은 모두 피했다.

나는 우리의 만남을 우연에 맡기고 있었지만, 우연은 그것을 허락하지 않았다. 베브라의 길과 나의 길이 이듬해를 기다리지 않고 1942년 가을에 교차되었더라면, 오스카는 리나 그레프의 학생이 되지 않았을 것이며, 베브라 스승의 제자가 되었으리라. 그렇게 되지 않았기 때문에 나는 매일, 때로는 아침 일찍부터 라베스베크 거리를 가로질러서 채소 가게로 들어갔다. 처음 30분 정도는 수공에 열중하면서 점점 괴팍스러워지고 있는 채소 장수 옆에 앉아서, 방울처럼 울리기도 하고 윙윙거리기도 하며 쇳소리를 내기도 하는 변덕스러운 기계들을 그가 조립하고 있는 모습을 바라보면서, 손님이 가게에 들어서면 쿡쿡 찔러서 그에게 알려 주었다. 그 무렵 그레프는 세상일에 전혀 관심을 갖지 않았기 때문이다. 무슨 일이 일어난 것일까? 옛날 그토록 개방적이면서 언제나 농담을 즐기던 정원사이자 청소년들의 친구인 그를 도대체 무엇이 이렇게 벙어리로 만들어 버렸을까? 무엇이 그를 이렇게 고독하게 해서 무심한 초로의 기인(奇人)으로 만들었을까?

젊은 친구들은 이제 오지 않았다. 이 무렵의 젊은이들은 그를 알지 못했다. 보이스카우트 시대 이후 그 주변에 있던 사람들은 전쟁 때문에 저마다 전선으로 흩어져 버렸다. 전선에서 편지가 왔다. 그러다가 엽서밖에 오지 않게 되었다. 그러던 어느 날 그레프는 그의 마음에 들었던 호르스트 도나트가 전사했다는 소식을 간접적으로 들었다. 보이스카우트 출신으로 나중에 히틀러 청년단 소대장을 지낸 적도 있는 이 젊은 중위는 도네츠 강변에서 전사한 것이다.

이 소식을 들은 날부터 그레프는 완전히 늙어 버려 몸차림엔 개의치 않고 수공예에 몰두하게 되었다. 그래서 그의 가게에서는 감자나 양배추 같은 채소보다도 방울 소리나 윙윙 소리를 내는 기계 설비가 더 많이 눈에 띄었다. 물론 전반적인 식량 사정 탓도 있다. 가게에는 드물게 불규칙적으로 채소류가 겨우 배급되었다. 게다가 그레프는 마체라트처럼 도매 시장에서 연줄을 잡아 싸게 물건을 사들이지도 못했다.

가게는 초라해졌다. 그러므로 그레프의 쓸모없는 소음 기계가 우스꽝스럽기는 하나, 어쨌든 요란스럽게 가게를 채워 주고 장식하고 있었던 것은 기뻐해야 될 일이었으리라. 기계 도락가인 그레프의 더욱 복잡해진 두뇌에서 튀어나오는 제품이 나는 마음에 들었다. 요즘 내 간호사 브루노가 끈을 맺어 만드는 작품을 볼 때마다 나는 그레프의 진열품이 생각난다. 그 예술적 잡동사니에 내가 싱글벙글하면서 진지한 관심을 나타내는 모습을 보고 브루노가 즐거워하는 것과 마찬가지로, 그레프도 내가 이런저런 음악 기계를 즐기는 모습을 보고 바보처럼 기뻐했다. 몇 년 동안 내게 관심도 없던 그가, 이제 와서는 작업장으로 변한 그의 가게에 내가 30분 정도 있다가, 그의 부인인 리나 그레프를 방문할 차례가 되면 실망하는 빛을 보였다.

누워만 지내는 이 여인을 방문했을 때의 상황을 여러분에게 어떤 식으로 이야기해야 좋을까. 그것은 대개 두 시간에서 두 시간 반쯤 걸렸다. 오스카가 안에 들어서면 그녀는 침대에서 손짓을 했다. "어머, 오스카구나. 이리 와서 이불 속으로 들어오너라. 이 방은 춥거든, 그레프 아저씨가 너무 불을 안 때줘서 말이야." 그러면 나는 새털 이불 밑 그녀의 옆으로 파고들어가 북과, 그 무렵 쓰고 있던 두 자루의 북채를 침대 앞에 놓고, 사용한 지 오래되어 좀 단단해진 제3의 북채만 나와 함께 리나를 방문하도록 했다.

리나의 침대로 가기 전에 나는 옷을 벗거나 하지는 않았다. 양털과 벨벳으로 된 옷을 입고 가죽신을 신은 채 들어갔다. 그리고 꽤 오랜 시간을 힘들여 열이 나는 작업을 하고서도, 거의 하나도 흐트러지지 않은 처음 복장 그대로 헝클어진 새털 이불에서 빠져나왔다.

리나의 침대를 빠져나오자마자, 그녀의 냄새가 아직 몸에 남아 있는 채로 나는 채소 장수를 다시 찾아갔는데, 몇 번인가 그렇게 한 뒤로는 언제부터인지 어떤 습관이 생겼다. 내가 대환영할 만한 습관이었다. 아직 내가 그레프 부인의 침대 속에 있으면서 훈련의 마무리를 하고 있는 동안에, 채소 장수는 더운물을 가득 담은 세면기를 가지고 침실로 들어와서 그것을 의자 위에 올려놓고 그 옆에 수건과 비누를 놓고는, 침대 쪽은 쳐다보지도 않고 아무 말 없이 나가는 것이었다.

보통 오스카는 그에게 온기를 제공한 둥지에서 과감하게 뛰쳐나오면 세면기가 있는 곳으로 가서 손이며 얼굴, 그리고 침대 속에서 효과를 발휘한 예전부터 쓰던 북채를 정성들여 깨끗이 씻었다. 그레프가 마누라의 냄새를 싫어해서, 다른 사람이 간접적으로 그 냄새를 전할 때에도 참지 못한다는 사실을 나는 이해할 수 있었기 때문이다.

깨끗이 몸을 씻은 나를 이 초보 발명가는 환영해 주었다. 자신이 조립한 기계를 모조리 보여 주면서 여러 소리를 들려 주었다. 아직도 이해가 되지 않는 점은, 오스카와 그레프의 사이가 늦게나마 이렇게 친밀해졌는데도 어찌 된 일인지 우정이라는 감정은 생기지 않았다는 사실이다. 그레프는 내게 여전히 남이었고, 관심 정도는 갖는다 해도 그를 동정하는 일은 끝내 없었다.

1942년 9월에―나는 마침 열여덟 번째 생일을 조용하게 지낸 뒤였으며, 라디오에 의하면 제6군(軍)이 스탈린그라드를 점령했다―그레프는 북 장치를 조립했다. 그는 감자를 넣어서 같은 무게로 만든 접시 두 개를 목제 뼈대에 걸었다. 그러고서 왼쪽 접시에서 감자를 하나 집어내자 저울 균형이 깨져 빗장이 풀리면서, 뼈대 위에 붙어 있는 북 장치가 움직이기 시작했다. 북을 연타하기도 하고, 탕 하고 강타하기도 하면서, 드르르 쾅쾅 하고 두들겼다. 거기에 덧붙여 심벌즈가 울리고 징 소리가 울려 퍼졌다. 마지막에 그것들은 모두 함께 섞여서 비극적으로 불협화음을 울리는 요란한 피날레가 되었다.

나는 이 기계가 마음에 들었다. 계속해서 나는 그것을 그레프에게 연주케 했다. 그것은 조립에 열중한 채소 장수가 이 기계를 오스카 때문에 오스카를 위해서 발명하여 조립한 것이라고 생각했기 때문이다. 그러나 얼마 안 있어 내가 잘못 생각했다는 사실을 너무나도 확실하게 알게 되었다. 그레프가 나에게서 자극은 받았을지 모르나 어쨌든 이 기계는 그레프 자신을 위한 것이었다. 이 기계가 연주하는 피날레는 그레프 자신의 피날레였기 때문이다.

어느 맑게 갠 10월의 이른 아침이었다. 이처럼 상쾌한 아침을 무료로 가져다주는 것은 북동풍 말고는 없으리라. 나는 때맞추어 트루친스키 아주머니 집을 나섰다. 도로에 나왔을 때 마침 마체라트는 가게 출입구 덧문을 말아 올리는 중이었다. 녹색 칠을 한 나무 덧문을 말아 올리고 있는 그의 옆에 서자, 먼저 식료품 가게의 냄새가 코를 찔렀다. 밤새껏 가게 안에 갇혀 있던 냄새였다. 마체라트는 나를 보고 아침 키스를 해 주었다. 마리아의 모습이 나타나기 전에 나는 라베스베크 거리를 가로질렀다. 포석 위에 내 그림자가 서쪽으로 길게 꼬리를 끌었다. 그것은 오른쪽, 동쪽 막스 할베 광장 상공에 태양이 높이 솟아 있기 때문이었다. 이때 태양이 사용한 속임수는 뮌히하우젠 남작 (동화에 나오
는 허풍쟁이)이 자신의 변발을 붙잡고 수렁으로부터 기어 나왔을 때에 이용한 기법과 같은 것임에 틀림없으리라.

　채소 장수 그레프라는 인물을 나처럼 잘 아는 사람이라면, 그의 가게 쇼윈도와 문짝이 이 시간에 여전히 커튼을 내린 채로 닫혀 있는 모습을 보고 놀랐을 것이다. 그레프는 확실히 요 몇 년 동안에 점점 이상해지기는 했다. 하지만 문 여는 시간만큼은 이제까지 언제나 정확했다. 혹시 병이 났을지도 모른다고 오스카는 생각했으나, 곧 다시 이 생각을 쫓아 버렸다. 지난 겨울에도 예전처럼 정기적은 아니지만 여전히 발트 해의 얼음에 구멍을 뚫고 냉수욕을 한 그레프라는 자연인이, 노화 현상이 좀 왔다고 해서 다음날까지 앓고 있다는 것은 생각할 수도 없는 일이었기 때문이다. 침대를 지키는 특권은 부인이 아주 열심히 행사하고 있었다. 게다가 그레프는 부드러운 침대를 경멸했으며, 야영용 침대의 단단한 판자 위에서 잠을 잔다는 사실도 나는 알고 있었다. 어떤 병일지라도 이 채소 장수를 침대에 붙들어 맬 수는 없을 것이다.

　나는 닫혀 있는 채소 가게 앞에 선 채 우리 가게 쪽을 돌아보고 마체라트가 가게 안에 있다는 사실을 확인했다. 그러고 나서야 겨우 나는 그레프 부인의 민감한 귀를 상대로 신중하게 양철북을 두세 소절 두들겨 보았다. 약간 소리를 냈을 뿐인데 금방 출입구 오른쪽 두 번째 창이 열렸다. 그레프 부인이 잠옷 차림으로, 머리에는 온통 컬 클립을 달고 가슴에는 베개를 안고서 솔잎채송화 화분 위로 모습을 보였다. "어머, 들어와, 오스카. 그런데서 뭐 하고 있어. 밖은 춥지 않아?"

　나는 까닭을 설명하면서 북채로 쇼윈도의 양철 덧문을 두들겼다.

　"알브레히트!" 그녀는 불렀다. "알브레히트, 어디 있어요? 도대체 어떻게 된 거예요?" 계속 남편을 부르면서 그녀는 창가를 떠났다. 방문들이 차례로 여닫히는 소리를 냈다. 가게 안에서 그녀가 덜그럭거리는 소리가 들렸다. 그녀가 비명을 지른 것은 그 직후였다. 비명 소리는 지하실에서 났는데 그녀가 왜 그러는지 나로서는 확인할 길이 없었다. 지하실에는 채광창이 있어서, 전쟁 중이라 점점 뜸해지기는 했지만 배급날에는 그곳으로 감자를 쏟아넣었다. 그 채광창도 닫혀 있었다. 내가 이 창 앞의 타르 칠한 두꺼운 판자에다 얼굴을 대고 들여다보자, 지하실에 전등이 켜져 있는 것이 보였다. 지하실 계단 윗부분에 무엇인가 하얀 게 놓여 있었는데, 그것은 아마도 그레프 부인의 베개일 것이다.

　그녀는 층계에서 베개를 떨어뜨렸음에 틀림없었다. 지하실에서 그녀의 모습은 이미 보이지 않았고, 다시 가게에서, 그러고는 곧 침실에서 외침이 들렸기 때문이다. 그녀는 수화기를 들고 소리지르면서 다이얼을 돌리더니 전화통 속에 고함을 쳐댔다. 그러나 오스카는 무슨 일인지 알 수 없었다. 사고가 났다는 소리만 주워들을 수 있었다. 라베스베크 거리 24라는 주소를 그녀는 몇 번이나 큰 소리로 반복했다. 그러고서 수화기를 놓자마자 잠옷 차림 그대로 다시 고함치며 창문 위까지 닿도록 벌떡 일어섰다. 베개는 없어졌지만 머리 컬 클립은 그대로 둔 채 나에게는 낯익은, 두 개로 갈린 가슴의 저장품을 솔잎채송화 화분 위로 불쑥 드러내놓고 두 손을 살구색의 엷고 붉은 풀꽃 속에 찔러넣고서, 내 머리 위에서 한길이 좁다고 고함을 쳐댔다. 그래서 틀림없이 그레프 부인도 목소리로 유리를 깰 모양이라고 오스카가 생각할 정도였다. 하지만 유리는 하나도 깨지지 않았다. 사방에서 창문이 열리고 이웃 사람들이 얼굴을 내밀었다. 여자들은 서로 묻고, 남자들은 곧 달려왔다. 시계방의 라우프샤트는 겉옷 소매에 팔을 반쯤 꿰었을 뿐이었다. 거기에다 하일란트 노인, 라이스베르크, 양복점의 리비셰프스키, 바로 이웃집 문에서는 에슈, 또 이발사가 아니라 석탄 가게의 프로브스트가 아들을 데리고 왔다. 흰 작업복을 입고 마체라트가 바람처럼 뛰어왔다. 마리아는 쿠르트를 팔에 안고 식료품 가게의 문 앞에 서 있었다.

　흥분한 어른들의 인파 속에 숨어들어, 나를 찾고 있는 마체라트에게 들키지 않는 것은 손쉬운 일이었다. 마체라트와 시계방의 라우프샤트 두 사람이 맨 처음 행동을 취하려고 했다. 창문을 통해 집 안으로 들어가려고 했던 것이다. 그러나 그레프 부인은 아무도 기어오르지 못하게 했다. 하물며 안으로 들어간다는 것이 통할 리 없었다. 그녀는 꼬집기도 하고 때리기도 하고 물어뜯기도 하면서, 이 기회를 이용해 더욱더 큰 소리로 고함을 쳤는데, 더러는 알아들을 수 있는 대목도 있었다. 먼저 구급차를 불러야 한다, 전화를 걸었으니까 아무도 지금 전화를 걸 필요는 없다, 이럴 때 어떻게 해야 하는지는 나도 잘 알고 있다, 모두 자기네 가게 일이나 걱정해라, 여긴 더 이상 신경 쓰지 마라, 모두가 천한 호기심뿐이지 호기심, 불행할 때야말로 누가 진실한 친구인가를 알 수 있다, 따위의 말들이었다. 울부짖고 있는 동안에 그녀는 문득 창 앞의 군중 속에서 내 모습을 발견했음에 틀림없다. 갑자기 남자들을 쫓는 시늉을 하고는 내 이름을 부르며 허옇게 드러난 두 팔을 내게로 내밀었다. 그리고 누군가가—시계방의 라우프샤트였다고 오스카는 지금까지도 생각하고 있지만—나를 들어 올려서 마체라트의 반대를 무릅쓰고 나를 창 안으로 밀어넣으려고 했다. 솔잎채송화 화분에 닿을락 말락 했을 때, 마체라트의 손이 나를 거의 잡을 뻔했다. 하지만 그때는 이미 리나 그레프가 나를 잘 붙잡아서 그녀의 따뜻한 속옷에 끌어안았다. 그러자 고함을 그치고 다만 높은 소리로 흐느껴 울면서 가쁜 숨을 몰아쉬었다.

조금 전까지만 해도 그레프 부인의 울부짖음이 이웃 사람들을 흥분시켜 부끄러움을 모르는 태도로 몰아갔듯이, 이제 가냘프면서 높은 그녀의 흐느낌은 창 밑 군중을 당황케 하여 넋을 잃고 안절부절못하게 만들었다. 그리하여 그들은 우는 여인의 얼굴을 감히 바라볼 엄두를 못 내고, 이제는 모든 희망과 흥미와 관심을 곧 오게 될 구급차에 쏟고 있었다.

그레프 부인의 흐느낌은 오스카에게도 그다지 유쾌한 것은 못 되었다. 비탄에 잠긴 그녀의 소리에서 조금이라도 멀어지기 위해서 나는 좀더 밑으로 기어들려고 했다. 그래서 그녀의 목을 벗어나 반쯤 화분에 걸터앉을 수가 있었다. 그러나 마리아가 어린것을 안고 가게 출입구에 서 있는 사실을 알고서 오스카는 주위 시선을 꽤나 의식하게 되었다. 그래서 화분에서 내려왔지만 몸 둘 바를 모르고 안절부절못했는데, 마음에 걸린 사람은 마리아뿐으로 이웃 사람들 따위는 안중에도 없었다. 나는 그레프 해안에서 떠났다. 그것은 요동이 너무 심했으므로, 나에게 침대를 연상시켰다.

리나 그레프는 내가 빠져나간 사실을 깨닫지 못했거나 꽤 오랫동안 그녀를 위해서 열심히 구멍을 메워주던 이 작은 육체를 잡아둘 힘이 이미 없어졌는지도 모른다. 어쩌면 리나는 오스카가 그녀의 팔에서 영원히 미끄러져나가 버린 것을 예감했으리라. 그리고 그녀의 울부짖음과 함께 어떤 소음이 생겨 이것이 한편으로는 줄곧 누워만 지내는 여인과 고수(鼓手) 사이를 소리의 벽이 되어 가로막고, 또 한편으로는 마리아와 나 사이에 있던 벽을 없앤 것을 말이다.

나는 그레프 집의 침실에 서 있었다. 북이 내 몸에 비스듬히 불안정하게 매달려 있었다. 이 방은 오스카에게는 친숙한 곳이었다. 암녹색 벽지를 세로로나 가로로나 눈 감고도 설명할 수 있었다. 의자 위에는 전날의 회색 비눗물이 담긴 채로 세면기가 아직 놓여 있었다. 모든 것이 평소대로였으나, 긁혀 버리고 닳아 빠지고 상하고 어긋난 가구들이 꼭 새로 만든 것이거나, 아니면 적어도 새로 수선한 것처럼 여겨졌다. 마치 다리를 뻗치고 벽에 기대어 서 있는 모든 것이 놀라울 만큼 차가운 빛을 새로 얻기 위해 처음에는 리나 그레프의 울부짖음이, 그러고는 그녀의 드높은 흐느낌이 필요했던 것 같았다.

가게로 통하는 문은 열린 채였다. 오스카는 마른 흙과 양파 냄새가 나는 그곳으로 어쩔 수 없이 빨려 들어갔다. 창문 틈으로 스며드는 햇빛이 그 방을 먼지가 꿈틀거리는 줄무늬 모양으로 물들이고 있었다. 그레프의 소음 기계와 음악 기계는 대부분 어두컴컴한 곳에 숨겨져 있고, 빛이 닿아서 보이는 것이라고는 몇 가지 자잘한 물건들과 방울, 나무 받침대, 북 장치의 밑부분 정도였다. 그리고 여전히 균형을 유지하고 있는 감자도 내 눈에 들어왔다.

지하실로 통하는 뚜껑문은 우리 가게와 마찬가지로 카운터 뒤에 있었는데, 열린 채였다. 두꺼운 그 판자 뚜껑은 그레프 부인이 고함을 지르면서 황망한 가운데 열어놓은 모양인데, 아무런 버팀목도 없었다. 거기에다 카운터 구멍에는 갈고리도 걸어놓지 않았다. 그래서 오스카가 슬쩍 밀기만 해도, 뚜껑이 콰당 하고 닫혀 지하실을 폐쇄해 버렸을 것이다.

나는 꼼짝 않고 먼지와 곰팡이 냄새를 내뿜는 두꺼운 판자 바로 뒤에 서서, 층계 일부와 지하실 콘크리트 바닥 한구석을 갈라놓고 있는 눈부시게 빛나는 사각형을 응시했다. 이 직사각형의 오른편 위쪽에 층층대가 붙은 연단처럼 생긴 것이 삐죽이 나와 있었는데, 그레프가 새로 사들인 게 틀림없었다. 이 지하실에는 전에도 이따금 드나들었으나 이러한 단을 본 적은 없었기 때문이다. 그런데 오스카가 못 박은 듯 줄곧 이 지하실 안으로 눈길을 보낸 것은 연단 때문만은 아니었다. 액자 그림의 오른편 위쪽 구석에 이상스럽게 짧아진, 속이 가득 채워진 털양말과 검은 반장화 두 개가 튀어나와 있었기 때문이다. 신 바닥까지는 보이지 않았으나 그레프의 하이킹용 신발이라는 사실을 곧 알아차렸다. 하이킹 준비를 마치고 거기에 서 있는 게 그레프의 모습일 리는 없다고 나는 속으로 생각했다. 그 신발은 서 있는 것이 아니라, 단 위 공중에 떠 있었기 때문이다. 구두 밑창이 아래쪽으로 쭉 뻗어 바닥에 살짝이라도 닿는다면 이야기는 달라지지만. 나는 순간 발돋움을 하고 서 있는 그레프의 모습을 상상해 보았다. 우습기도 하지만 꽤 힘이 들 그런 연습은 그레프와 같은 체육가이자 자연인에게는 있을 수 있는 일이라고 생각되었기 때문이다.

내 상상이 틀림없는지 확인해 보고, 또 경우에 따라서는 채소 장수를 한껏 놀려 주려고 나는 가파른 층계를 조심조심 내려갔다. 그리고 내 기억이 틀림없다면, 그때 공포를 일으켜서 공포를 쫓는 노래를 북으로 친 듯하다. '검은 마녀는 있느냐? 있다있다있다'라고.

오스카는 콘크리트 바닥에 완전히 닿고 나서야 한 바퀴 둘러보았다. 빈 양파 부대 다발과 층층이 쌓여 있는 빈 과일 상자 위를 거쳐 그의 시선은 마침내 이전에는 결코 본 적이 없는 대들보를 지나, 그레프의 하이킹용 신발이 걸려 있든지 발끝으로 서 있음에 틀림없는 그 장소로 다가갔다.

물론 그레프가 매달려 있다는 것을 나는 알고 있었다. 신이 매달려 있었고, 또 올이 성긴 암녹색 양말도 매달려 있었다. 양말 위에 남자 무릎이 드러나 있었으며, 그 위로는 바짓가랑이 있는 곳까지 털이 난 넓적다리였다. 이때 찌르는 듯한 통증이 일어났다. 그것은 내 생식기에서 시작되어 엉덩이를 지나 마비 상태의 등을, 척추를 따라 기어올라 목덜미에서 멈추고는 뜨겁고 차게 강타했고, 그곳에서 다시 다리 사이로 되돌아와 두말할 나위 없이 작은 내 주머니를 오그라들게 만들고서, 구부러진 등을 뛰어넘어 다시 목덜미에서 자리를 잡고, 거기서 간신히 가라앉았다—오늘날도 오스카는 빨래를 매다는 이야기일지라도 자기 앞에서 누가 매다는 이야기를 하면, 금방 뭔가가 그를 찌르고 목을 조르는 듯한 느낌이 들었다—거기에는 그레프의 하이킹용 신발이나 털양말이나 무릎이나 반바지뿐 아니라 그레프의 온몸이 목에서부터 매달려 있었다. 밧줄 위에서 그는 긴장된 얼굴을 하고 있었으나, 그것은 무대에서 자세를 취하고 있는 느낌이 들었다.

놀랍게도 몸을 마디마디 부수던 통증이 금방 가라앉았다. 그레프의 모습도 흔히 있는 일로 보이게 되었다. 결국 목을 매단 사나이의 자세도 물구나무를 서서 걷고 있는 사나이나 머리로 서 있는 사나이, 말이라는 네발짐승에 올라타려고 몹시 꼴사나운 모습을 하고 있는 사나이들의 자세와 마찬가지로 조금도 이상하거나 부자연스럽지 않았다.

다음으로 무대장치였는데, 이제 와서야 오스카는 그레프가 부렸던 사치를 겨우 이해했다. 매달려 있는 그레프를 에워싼 둘레의 테는 최고의 사치품이라 해도 좋았다. 채소 장수는 그에게 알맞은 죽음의 형식을 찾았는데, 그건 무게를 정확하게 단 죽음이었다. 그는 살아 있을 때 도량형검정국 관리들과 몇 번이나 분쟁을 일으켜서 불쾌한 편지를 주고받았다. 관리들은 여러 차례 그의 저울과 추를 차압하고, 과일과 채소의 계량이 부정확하다고 하면서 그에게 벌금을 물렸다. 그래서 그는 자신의 몸과 감자를 1그램도 틀리지 않게 균형을 잡은 것이다.

비누칠을 했는지 희미하게 반짝이는 밧줄은, 그가 자신의 마지막 날을 위해서 특별히 가설무대에 조립해 놓은 각목 두 개 위의 도르래로 조정되게끔 돼 있었다. 이 가설무대도 결국은 그의 마지막 무대가 되는 것이 유일한 목적이었으리라. 최고의 건재를 사용한 사치스러움으로 미루어 볼 때, 채소 장수는 되도록이면 호화롭게 하려고 생각한 모양이다. 건축 자재가 부족한 전시(戰時)에 각목이나 판자를 손에 넣기는 어려웠을 것이다. 그레프는 틀림없이 미리 물물교환을 했으리라. 청과물을 주고 재목을 손에 넣은 것이다. 그래서 이 가설무대에는 장식을 위한 여분의 받침대까지 사용되었다. 3단으로 되어 있는 연단은—그 일부를 오스카는 가게에서 보았다—전체적인 구성을 거의 숭고한 영역으로까지 높여 주고 있었다.

지금 생각하면 이 기계 조립광이 모델로 사용한 것으로 짐작되는 그 북 장치와 같은 요령으로, 그레프와 그에 대응하는 추가 무대 안쪽에 매달려 있었다. 그와 똑같이 허공에 떠 있는 밭작물 사이에 놓여 있는 깨끗한 녹색의 작은 사다리가, 하얗게 칠한 네 귀퉁이의 각목과 묘한 대조를 이루고 있었다. 그는 보이스카우트 특기인 교묘한 매듭 방식으로 감자 바구니를 중앙의 밧줄에 묶어 놓았다. 하얗게 칠해진 광도가 강한 전구 네 개가 무대 안쪽을 비추고 있었기 때문에, 오스카는 그 엄숙한 단상에 올라 신성을 더럽히지 않고도 감자 바구니 위에서 보이스카우트 매듭에 철사로 고정되어 있는 두꺼운 종이에 75킬로그램(마이너스 100그램)이라고 적힌 글자를 읽을 수 있었다.

그레프는 보이스카우트 대장의 제복을 입고 매달려 있었다. 그는 마지막 날을 맞으면서 다시 전쟁 전 시절의 제복으로 돌아간 것이다. 그러나 그에게는 옷이 작아서 거북해 보였다. 윗단추 두 개와 허리띠가 풀어져 있었는데,

그것이 예전의 단정했던 복장에 불쾌감을 주고 있었다. 그레프는 보이스카우트의 습관에 따라 왼손의 손가락 두 개를 교차시키고 있었다. 목매 죽은 이 사람은 목을 매달기 전에 보이스카우트 모자를 자신의 오른 손목에 묶어 놓았다. 스카프는 단념해야만 했다. 반바지도 그랬고, 셔츠의 깃도 윗단추를 채우지 못했기 때문에 옷섶 사이로 곱슬곱슬한 검은 가슴털이 삐죽 나와 있었다.

연단의 계단 위에는 과꽃 몇 송이와 어떻게 된 까닭인지 파슬리 줄기가 흩어져 있었다. 아마도 이곳에 뿌릴 꽃이 없었던 모양이다. 무대의 네 구석 기둥에 걸어놓은 네 개의 초상을 장식하기 위해서 과꽃 대부분과 장미도 조금 써 버렸기 때문이다. 왼쪽 앞에는 유리 너머로 보이스카우트 창설자 베이든 포엘 경이 액자 속에 걸려 있었다. 왼쪽 뒤에는 액자 없이 고상한 성 게오르크가, 오른쪽 뒤에는 유리 없이 미켈란젤로의 다비드 두상이, 그리고 오른쪽 앞 기둥에는 유리를 끼운 액자 속에 열일곱 살 정도의 놀랄 만큼 아름다운 소년의 사진이 미소짓고 있었다. 도네츠 강변에서 중위로 전사한 애(愛)제자 호르스트 도나트의 옛날 사진이었다.

더불어 각 층계 위에 과꽃과 파슬리에 섞여서 흩어져 있던 넉 장의 종이쪽지에 대해서도 설명해 두는 게 좋으리라. 쉽사리 이어 붙일 수 있게 흩어져 있었으므로 오스카는 그렇게 해 보았다. 판독해 보니 법원 소환장 같았으며, 보안경찰의 날짜 도장이 몇 개 찍혀 있었다.

또 보고해야 할 것이 있다. 구급차의 시끄러운 사이렌 소리가 채소 장수의 죽음에 대한 고찰을 하고 있는 나를 깨웠다. 순식간에 사람들이 쿵쾅거리면서 층계를 내려와, 단상으로 올라가 매달려 있는 그레프에 손을 댔다. 하지만 그들이 채소 장수의 몸을 들어 올리자 이것과 균형을 이루고 있던 감자 바구니가 굴러 떨어졌다. 균형을 잃은 그 장치는 그레프가 무대 천장에 베니어판을 입혀서 교묘하게 숨겨둔 북 장치를 두들기기 시작했다. 밑에서는 감자가 단상 위를 데굴데굴 굴러서 콘크리트 바닥으로 떨어졌으며, 천장에서는 양철이, 목재가, 청동이, 유리가 두들겨지고 있었다. 알브레히트 그레프의 타악기 오케스트라는 속박을 벗어나 장대한 피날레를 연주했다.

감자 사태—그것으로 벌이를 한 위생병도 있었다—의 소리와 그레프가 만든 북 장치의 조직적인 소음을 양철북 위에 울려 퍼지게 하는 일은, 오늘날 오스카에게 가장 어려운 과제 중 하나이다. 내 북이 그레프의 죽음에 결정적 영향을 미친 탓인지, 나는 때때로 그레프의 죽음을 주제로 한 곡을 오스카의 양철 위에 칠 때가 있다. 친구들이나 간호사 브루노가 곡 이름을 물으면, 나는 75킬로그램이라고 대답한다.

베브라의 전선 위문극단

1942년 6월 중순, 나의 아들 쿠르트는 한 살이 되었다. 아버지인 오스카는 그의 생일을 대수롭지 않게 보내고 생각했다. '앞으로 2년이다'라고. 1942년 10월에 채소 장수 그레프가 그토록 형식적으로 완성된 교수대에서 목을 매달았기 때문에, 나 오스카는 그 뒤로 자살을 숭고하게 죽는 방법의 하나로 생각하게 되었다. 1943년 1월에는 스탈린그라드라는 도시의 이름이 곧잘 화제에 올랐다. 이 도시의 이름을 마체라트가 이전에 진주만이라든지 토브루크라든지 됭케르크를 강조한 것과 같은 식으로 강조했으므로, 나도 이 먼 도시에서 일어난 사건에 대해서 뉴스 속보를 통해 귀에 익은 도시들에 못지않은 관심을 기울이고 있었다. 어쨌든 오스카에게 있어서 국방군 발표와 뉴스 속보는 지리 수업과 같은 것이었다. 사실 이러한 일이 아니면 쿠반이라든지 미우스라든지 돈 같은 강들이 어디를 흐르고 있는지 내가 알 턱이 없다. 알류샨 열도의 아투, 키스카, 아다크 같은 섬의 지세를 극동의 전황에 대한 상세한 라디오 방송 이상으로 나에게 설명할 수 있는 게 있었겠는가? 이렇게 해서 나는 1943년 1월에 스탈린그라드라는 도시가 볼가 강변에 있음을 알았다. 그렇지만 그 무렵 나에게는 제6군 따위보다도 가벼운 유행성 감기에 걸린 마리아가 더 걱정스러웠다.

마리아의 유행성 감기가 차츰 나아지고 있는 동안 라디오는 여전히 지리 수업을 계속하고 있었다. 르제프라든지 데미얀스크라는 마을 같으면 지금도 오스카는 어떤 소비에트 지도 위에서도 눈 감은 채로 바로 찾아낼 수 있다. 마리아가 나았는가 싶더니 이번에는 나의 아들 쿠르트가 백일해에 걸렸다. 튀니지 전선에서 격전이 일어나고 있는 두세 곳의 매우 어려운 오아시스 이름을 내가 외려고 노력하는 동안에, 아프리카 사단과 함께 쿠르트의 백일해도 끝이 났다.

오, 환희의 달 5월. 마리아와 마체라트와 그레트헨 셰플러는 쿠르트의 두 번째 생일 준비를 하고 있었다. 오스카도 이번 생일에는 커다란 관심을 갖고 있었다. 1943년 6월 12일이 되면 앞으로 겨우 1년밖에 남지 않기 때문이다. 그러니까 내가 쿠르트의 두 번째 생일에 있었더라면 내 아들의 귀에 '조금만 기다려. 너도 곧 북을 치게 될 거다'라고 속삭일 수 있었을 텐데. 그러나 운 나쁘게도 오스카는 1943년 6월 12일에는 단치히-랑푸어가 아니라 로마인이 세운 옛 도시 메츠에 머물게 되었다. 뿐만 아니라 그의 부재가 너무나 길어졌기 때문에 1944년 6월 12일 쿠르트의 세 번째 생일을 함께 축하하기 위해서, 여전히 폭격의 피해에서 벗어나 있는 그리운 고향에 겨우 제시간에 도착하는 것이 고작이었다.

어떤 일이 나를 데려갔던 것인가? 단도직입으로 말하겠다. 공군 병영 근처에 있는 페스탈로치 학교 앞에서 나는 스승인 베브라를 만났다. 하지만 베브라 혼자였다면 나를 설득해서 여행에 데리고 갈 수는 없었을 것이다. 베브라의 팔에 라구나가 매달려 있었던 것이다. 로스비타 부인, 위대한 몽유병자가.

오스카는 클라인하머 거리에서 오고 있었다. 그레트헨 셰플러를 방문하고 돌아오는 길이었다. 그녀의 집에서 《로마 쟁탈전》을 조금 읽고, 그 벨리사리우스 시대에도 이미 영고성쇠가 세상의 섭리였다는 사실을 발견했다. 그 무렵에도 광대한 지역에 걸쳐서 도하 작전이며 도시 공방전으로 승리를 축하하기도 했고 패배를 참고 견디기도 했던 것이다.

프뢰벨 평야는 지난 몇 년 동안 토트협회(토트가 조직한 건설 부대)의 숙영지가 되어 있었는데, 이곳을 통과하면서 내 마음은 멀리 타지나로 날고 있었다. 552년에 이 땅에서 나르세스 장군이 고트 왕 토틸라를 격파했다. 그러나 내 마음이 이 위대한 아르메니아인 나르세스 곁에 머문 것은 단순히 그가 이겼기 때문만은 아니다. 오히려 그 장군의 풍채가 나를 매혹했다. 나르세스는 불구이며 꼽추였다. 나르세스는 작았다. 나르세스는 꼬마였고 난쟁이였으며 동화 속 소인이었다. 오스카보다 간신히 어린아이 머리 하나쯤 컸을지도 모른다고 생각하면서 나는 페스탈로치 학교 앞에 섰다. 그 장군과 비교하면서 나는 무럭무럭 키가 자란 공군 장교들 몇 명의 훈장을 쳐다보며 가만히 속삭였다. 나르세스는 훈장 같은 것은 달지 않았다. 그런 것은 필요하지 않았다. 그런데 학교 정면 현관 한가운데에 바로 그 대장군이 서 있지 않은가? 한 부인이 그의 팔에 매달려 있었다—나르세스가 부인과 팔짱을 낀다고 해서 이상

할 것은 없으리라—그들은 내게로 왔다. 공군의 거인들과 나란히 서자 유달리 작게 보이지만, 그래도 대장군은 역사의 구름이 감싸고 있는 중심인물로서, 이제 갓 자란 공군의 영웅 제군과는 다른 관록이 붙어 있다—토틸라와 테야, 즉 키다리 동고트 사람들이 이 병사를 가득 채울 만큼 다발이 되어도, 나르세스라는 이름의 아르메니아인 난쟁이 한 사람을 이길 수는 없었다—그리고 나르세스는 작은 발걸음으로 한 걸음 한 걸음 가까워지자 오스카에게 신호를 보냈다. 팔짱을 끼고 있던 부인도 인사를 했다. 베브라와 로스비타 라구나 부인이 나에게 인사를 하고 있었다—공군들은 정중하게 우리에게 길을 비켜 주었다—나는 베브라의 귀에 입을 대고 속삭였다. "선생님, 난 당신이 틀림없이 대장군 나르세스가 아닌가 하고 생각했습니다. 그 힘센 벨리사리우스보다도 훨씬 위대한 장군이라고 항상 생각하고 있습니다."

베브라는 겸손하게 내 인사를 제지했다. 그러나 라구나는 그런 비교에 대해 기뻐했다. 그녀가 말할 때의 입 모습은 얼마나 아름다운지. "어머, 베브라, 이 어린 친구가 하는 말이 그렇게도 이상해요? 당신 혈관에는 오이겐 왕자의 피가 흐르고 있지 않아요? 게다가 루이 14세의 피도? 그는 당신의 조상 아니에요?"

베브라가 내 팔을 붙잡고 옆으로 끌고 갔다. 공군들이 경탄의 눈초리로 우리를 계속 바라보고 있는 것이 귀찮아졌기 때문이다. 마침내 중위를 따라서 하사관 2명이 베브라 앞에서 부동자세를 취했고—어쨌든 스승은 제복에 대위 계급장을 달고 소매에는 선전반의 표시가 붙은 팔띠를 두르고 있었다—훈장으로 장식을 한 그 젊은이들이 라구나에게 사인을 부탁하여 받았다. 그러고 나서 베브라는 관용차를 불렀고 우리는 차에 올라탔다. 차가 달리기 시작했을 때는 공군의 열광적인 박수까지 감수해야 했다.

우리는 페스탈로치 거리, 마그데부르크 거리, 헤레스앙거를 지났다. 베브라는 운전석 옆에 앉아 있었다. 마그데부르크 거리에 들어섰을 때 참을성 없게도 라구나가 내 북을 이야깃거리로 말을 시작했다. "여전히 당신의 북한테 충실한가요?" 그녀는 지중해의 목소리로 속삭였다. 오랜만에 듣는 소리였다. "다른 일에는 얼마나 충실했었나요?" 오스카는 그녀에게 대답해야 했지만 따분한 여자 편력 이야기를 할 수도 없는 일이었으므로, 그 위대한 몽유병자가 먼저 그의 북에 손을 뻗어서, 약간 힘주어 양철을 붙잡고 있는 그의 두 손을 쓰다듬기 시작한 것을 미소지으면서 놔두었다. 그것은 점점 남국적인 애무로 변했다.

우리 차가 헤레스앙거 쪽으로 꺾어들어 5번 시가전차 선로를 따라 달리기 시작했을 때, 나는 그녀의 애무에 응답했다. 그녀의 오른손이 나의 오른손을 애무하고 있는 동안에, 나는 왼손으로 그녀의 왼손을 쓰다듬은 것이다. 차는 이미 막스 할베 광장을 지나쳤으므로 오스카는 이제 내릴 수도 없었다. 그때 승용차 뒷거울 속에서 우리의 애무놀이를 관찰하고 있는 베브라의 영리하고 관록 있는 연갈색 눈을 보았다. 친구이자 스승인 한 사나이의 마음을 생각하고 나는 라구나에게서 손을 떼려고 했으나, 그녀가 내 두 손을 놓지 않았다. 베브라는 뒷거울 속에서 미소짓더니 눈길을 돌려 운전사와 이야기를 시작했다. 그러자 로스비타도 두 손으로 뜨겁게 누르기도 하고 쓰다듬기도 하면서 지중해의 어조로 이야기를 시작했다. 그 이야기는 달콤하게 직접적으로 나를 향해서 오스카의 귓속으로 흘러들어가나 싶더니, 다음에는 또 사무적으로 변했고, 그 뒤에는 그만큼 더 달콤하게 내 분별심과 도망치려던 시도를 막아 버렸다. 우리 차는 독일인 거주지에 들어가 산부인과 병원 쪽으로 달렸다. 라구나가 오스카에게 고백을 했다. 그녀는 지난 몇 년 동안 계속 오스카를 생각해 왔고, 카페 사계에서 내가 헌정(獻呈)의 말과 함께 노래로 박살낸 유리 조각을 아직도 보존하고 있으며, 베브라는 훌륭한 친구로서 우수한 동료이기는 하지만 결혼 같은 것은 생각할 수 없다는 것이었다. 내가 여기서 끼어들어 질문하자 그녀는 대답해 주었다. 베브라는 혼자 있어야 한다. 그녀는 그에게 모든 자유를 허용하고 있다. 베브라도 전에는 대단한 질투쟁이였는데 몇 해가 지나자 라구나를 속박해 둘 수 없음을 이해했다. 게다가 선량한 베브라는 전선 위문극단의 지도자이기 때문에 결혼의 의무를 지려 해도 그럴 틈이 없다. 그 대신 위문극단만큼은 일류로서, 그의 프로그램은 평상시에는 '빈터가르텐'이나 '스칼라' 극장에 내놓아도 부끄럽지 않다. 나 오스카도 한번 해 보지 않겠는가. 그 천부적인 재능도 써먹지 않아 이대로는 그냥 사라질 판이다. 이제 내 나이라면 충분히 할 수 있다, 수습 기간도 있다. 잘되리라는 것은 그녀가 보증하겠다. 그런데 오스카에게는 어떤 다른 의무가 있는지? 아무것도 없다고? 그렇다면 좋다. 출발은 오늘이다, 단치히-서프로이센 군관구(軍管區)에서 마지막 오후 상연이 있던 참이다, 이제부터 로트링겐으로 가서 일이 끝나면 프랑스이다, 동부 전선에는 당분간은 가게 될 걱정은 없다, 마침 운 좋게 금방 공연을 끝냈으니까, 오스카는 참으로 운이 좋다, 동부가 끝나고 이번에는 파리로 가니까. 파리로 가는 게 틀림없다. 오스카는 지금까지 파리 여행을 한 적이 있느냐 없느냐, 좋다, 그렇다면 굳은 고수의 마음을 이 라구나가 유혹하지 못한다면 파리가 유혹할 것이다, 자 함께 갑시다 하는 등등의 이야기였다.

위대한 몽유병자가 이렇게 말을 끝낸 순간 차가 멈추었다. 같은 간격을 두고 프로이센식으로 힌덴부르크 거리의 푸른 나무들이 늘어서 있었다. 우리가 내리자 베브라는 운전수에게 기다리라고 했다. 나는 카페 사계에는 들어가고 싶지 않았다. 조금 혼란해진 내 머리가 신선한 공기를 요구했기 때문이다. 그리하여 우리는 슈테픈 공원을 산책했는데 베브라는 내 오른쪽에서, 로스비타는 왼쪽에서 걸었다. 베브라는 선전반의 의의와 목적을 나에게 설명했다. 로스비타는 선전반의 일상생활에 있던 일화를 이야기했다. 베브라는 전쟁 화가와 종군 기자와 그의 위문극단에 대해 이것저것 설명해 주었다. 로스비타의 입에서 지중해의 먼 도시의 이름들이 튀어나왔다. 라디오 뉴스 속보에서 시끄럽게 떠들던 이름들이다. 베브라는 코펜하겐에 대한 이야기를 했다. 로스비타는 팔레르모에 대한 것을 속삭였다. 베브라는 벨그라드의 일을 노래했다. 로스비타는 비극의 여배우같이 아테네의 일을 탄식했다. 그러나 다시 파리 이야기가 나오자, 두 사람은 모두 열을 올리며 지금 열거한 도시들이 한 묶음이 되더라도 파리를 능가할 수는 없다고 보증했다. 드디어 베브라는 거의 공식적인 말투로, 위문극단의 지도자 겸 대위로서의 모든 형식을 갖추어 나에게 제안했다. "젊은이, 우리와 같이 일하게나. 북을 쳐서 울리고, 맥주잔과 전구를 노래로 깨보지 않겠나! 아름다운 프랑스에 있는, 영원한 젊음의 파리에 있는 독일 점령군이 자네에게 감사와 환호를 보낼걸세."

오스카는 순전히 형식적으로 잠시 생각할 여유를 달라고 했다. 꼭 30분 동안 나는 라구나로부터, 그리고 친구이자 스승인 베브라로부터 떨어져, 신록이 우거진 숲을 걸었다. 생각하면서 괴로워하는 시늉도 하고, 이마를 닦기도 하며, 전에 없이 숲 속의 새소리에 귀를 기울이기도 하고, 울새에게서라도 정보와 충고를 기대하고 있는 듯한 흉내를 내기도 했다. 그리고 녹음 속에서 무엇인가가 특히 큰 소리로 뚜렷하게 지저귄 것을 기회로 이렇게 말했다. "존경하는 스승이여, 선량하고도 현명한 자연이 당신의 제안을 받아들이라고 충고하고 있습니다. 앞으로는 나도 당신의 위문극단의 일원이라고 생각해 주십시오."

그러고서 우리는 사계 안으로 들어가서 엷은 핏빛 모카커피를 마시면서 나의 도주에 대한 세부적인 내용을 협의했다. 하지만 우리는 그것을 도주라고는 하지 않고 출발이라고 불렀다.

카페 앞에서 우리는 다시 한 번 실행 계획을 구체적으로 확인했다. 그러고서 나는 라구나와 선전반의 베브라 대위와 작별했다. 베브라는 나에게 관용차를 쓰라고 하고서는 자기는 타려고 하지 않았다. 두 사람은 시내를 향해서 힌덴부르크 가로수길을 느릿느릿 걸어갔고, 한편 나는 대위의 차로 랑푸어를 향해 귀로에 올랐다. 운전사는 이미 중년에 접어든 상병이었다. 나는 막스 할베 광장으로 돌아가자고 했다. 라베스베크 거리까지 들어갈 생각은 없었으며, 또 그럴 수도 없었다. 오스카가 국방군 관용차를 타고 도착하기라도 했다면 때 아닌 진풍경이 벌어졌으리라.

나는 시간이 부족했다. 곧바로 마체라트와 마리아에게 고별 방문을 했다. 꽤 오랫동안 나는 내 아들 쿠르트의 칸막이 침대 옆에 서 있었다. 기억이 틀리지 않았다면 부정(父情)마저 끓어올랐던 것 같다. 그래서 금발의 사내아이를 쓰다듬어 주려고 했는데 쿠르트 녀석이 싫어했다. 그 대신 마리아가 기뻐했다. 그녀는 몇 년 만에 나의 뜻밖의 애정을 보고 조금 놀란 모양이나, 어쨌든 내 호의를 받아들이고 상냥하게 답해 주었다. 마체라트와의 이별은 이상하게도 어려웠다. 이 사나이는 부엌에 서서 콩팥을 겨자 소스로 조리하고 있었는데, 큰 숟가락에 완전히 열중해 있어 아마도 행복한 기분에 잠겨 있었으리라. 그래서 나는 그를 방해하고 싶지 않았다. 그러던 중 그가 뒤로 손을 뻗어 조리대 위에서 무엇인가를 더듬어 찾기 시작했을 때에야 비로소 오스카는 손을 내밀어, 잘게 썬 파슬리를 쌓아놓은 도마를 그보다 먼저 손으로 들어 그에게 건네 주었다. 지금도 나는 생각하는데, 그때 마체라트는 내가 부엌을 나간 뒤에도 잠시 동안은 잘게 썬 파슬리 도마를 든 채로 깜짝 놀라서 멍청하게 서 있었을 것이다. 그때까지는 오스카가 마체라트를 위해 무엇인가를 집어 주거나, 들고 있거나, 주워 준 적이 한 번도 없었으니까 말이다.

나는 트루친스키 아주머니 집에서 식사를 하고, 몸을 씻긴 뒤에 침대로 갔다. 나는 그녀가 새털 이불 속으로 들어가서 가볍게 피리를 부는 것처럼 코를 골기 시작할 때까지 기다렸다. 그러고는 슬리퍼를 신고 옷을 안았다. 회색 머리털을 가진 쥐가 피리를 불고 코를 골면서 점점 늙어가는 방을 지나, 자물쇠 때문에 고생했지만 복도에서 마침내 빗장을 벗겼다. 여전히 맨발인 채 잠옷 차림으로 옷 묶음을 끌어안고, 건조실로 통하는 층계를 기어 올라갔다. 사람들이 방공 규칙을 어기면서까지 암키와를 쌓아올린 것과 신문지를 다발지어 놓은 곳 뒤가 내가 숨는 장소였는데, 그곳에서 나는 방화용 모래 더미와 방화용 들통에 걸려 넘어지면서 번쩍번쩍 빛나는 새 북을 발견했다. 마리아 모르게 내가 감춰둔 것이다. 그리고 오스카의 교과서도 거기 있었다. 라스푸틴과 괴테를 한 권으로 합해 놓은 것이다. 나는 나의 애독서를 가지고 가야 하나?

오스카는 옷과 구두 속으로 자기 몸을 밀어넣고, 북을 어깨에 매단 뒤 북채를 바지 멜빵 뒤에 끼우면서 그의 신인 디오니소스와 아폴로에게 동시에 상의했다. 의식을 잃은 도취의 신은 책 따위는 절대 가지고 가서는 안 되며, 꼭 그러고 싶다면 라스푸틴 한 묶음을 가져가라고 나에게 충고했다. 그런데 어디까지나 빈틈이 없고 너무나도 아는 체를 하는 아폴로는, 프랑스 여행을 전면적으로 중지시키려 했지만, 그래도 오스카의 결심이 굳은 것을 알자, 이번에는 여행 가방의 내용물을 완전하게 하라고 우겼다. 그래서 괴테가 몇 백 년 전에 뱉어놓은 예의바른 하품을 나는 남김없이 가지고 가야 했다. 그러나 《친화력》에는 성 문제를 모두 해결할 힘이 없다는 사실쯤은 알고 있었으므로, 그 밖에 라스푸틴과 알몸에 검은 양말을 신은 그의 여자들도 데려가기로 마음먹었다. 아폴로가 조화를, 디오니소스가 도취와 혼돈을 추구한 데 비해, 오스카는 혼돈을 조화시키고 이성을 도취 상태로 만드는 작은 반신(半神)이었다. 오랜 옛날에 결정된 모든 완전한 신들과 비교하면, 이 반신에게는 죽어야 할 운명 말고도 하나의 장점이 있었다. 즉 오스카는 무엇이든지 마음에 드는 것을 읽을 수 있는 반면, 신들은 스스로 검열의 눈을 번쩍이는 것이다.

아파트 생활, 세 든 열아홉 세대의 밥 짓는 냄새에 어떻게 잘도 익숙해질 수 있을까. 층계 하나 하나에, 한 층 한 층에, 이름패가 붙은 한 집 한 집의 출입구에 나는 이별을 고했다. 오, 음악가 마인, 이 사나이는 병역에 부적당하다고 해서 되돌아왔으나, 트럼펫을 불고 진을 마시면서 다시 소집될 날을 기다리고 있었다—사실 그는 나중에 소집되어 갔으나 트럼펫을 가지고 갈 수는 없었다. 오, 꼴사나운 카터 부인, 그녀의 딸 수지는 통신대의 조수가 되었다. 오, 악셀 미슈케, 너는 그 말채찍을 무엇하고 바꿨지? 보이부트 부부, 이 사람들은 언제나 사탕무를 먹고 있었다. 하이네르트 씨는 위장병을 앓고 있었다. 그래서 보병이 되지 못하고 시하우에서 일을 했다. 이웃에는 하이네르트의 부모님이 살고 있는데, 아직도 하이모프스키라는 이름을 쓰고 있었다. 오, 트루친스키 아주머니, 이 쥐는 출입구 저쪽에서 편안하게 자고 있었다. 판자문에 귀를 대자 그녀가 피리 부는 소리가 들렸다. 사실 레첼이 라는 이름의 케제는, 지금은 중위가 되었다. 어렸을 때는 언제나 긴 털양말을 신고 있었는데. 슐라거의 아들은 죽었다. 아이케의 아들도 죽었다. 콜린의 아들도 죽어 버렸다. 하지만 시계방의 라우프샤트는 지금도 건장하여 죽은 시계를 되살리고 있었다. 하일란트 노인도 건강해서 여전히 구부러진 못을 두들겨 바로잡고 있었다. 슈베르빈스키 부인은 병중이었다. 슈베르빈스키 씨는 건강했으나 부인보다 먼저 죽어 버렸다.

그리고 그 맞은편 1층, 그곳에는 누가 살고 있었는가? 그곳에 살고 있는 사람은 알프레트와 마리아 마체라트 부부, 그리고 곧 두 살이 되는 쿠르트라는 이름의 아기이다. 그리고 한밤중에 괴로운 듯 숨을 쉬는 대형 아파트를 떠난 사람은 누구인가? 그것은 쿠르트의 아버지 오스카였다. 어두워진 거리로 그는 무엇을 가지고 나갔는가? 북과 그가 본보기로 삼고 있는 위대한 책이다. 방공 규칙을 충실히 지켜서 어두워진 집 중에서도 특별히 방공 규칙을 충실하게 지킨 어떤 컴컴한 집 앞에 그가 멈추어선 것은 무엇 때문인가? 그곳에는 그레프 미망인이 살고 있었기 때문이다. 그는 이 부인에게서 교양을 받은 기억은 없으나, 어떤 종류의 예민한 손끝 재주는 이 부인 덕택이다. 컴컴한 이 집 앞에서 그는 왜 모자를 벗었는가? 채소 장수 그레프가 생각났기 때문이다. 고수머리와 매부리코를 한 그 사나이, 자기 몸을 저울에 달고 목을 맨 사나이, 목을 맨 뒤에도 여전히 고수머리와 매부리코를 하고 있었지만, 평소 같으면 움푹 들어간 안쪽에서 명상에 잠겨 있을 갈색 눈이 긴장한 나머지 툭 튀어나온 사나이. 오스카가 바람에 나부끼는 리본이 달린 해군 모자를 고쳐 쓰고, 곧장 그곳에서 큰 걸음으로 떠나간 것은 무엇 때문인가?

랑푸어 화물역에서 서로 만나기로 했기 때문이다. 그는 만나기로 한 장소에 때맞춰 도착했는가? 그렇다, 도착했다.

나는 겨우 시간에 맞춰서 브룬스회퍼 거리의 육교 근처에 있는 철도 둑에 도착했다. 가까이에 있는 홀라츠 박사의 진료소 앞에서 멈추진 않았다. 물론 마음속으로 잉게 간호사에게 작별을 고하고 클라인하머 거리의 빵집에 인사를 보내기는 했으나, 이러한 일은 모두 걸으면서 처리했다. 성심 교회의 현관만이 나에게 휴식을 강요하여 하마터면 지각할 뻔했다. 현관은 닫혀 있었다. 그러나 내 마음에는 성모 마리아의 왼팔에 안겨서 알몸을 장밋빛으로 물들인 소년 예수의 모습이 너무도 선명하게 떠올랐다. 그때 불쌍한 내 어머니가 다시 나타났다. 고해실에서 무릎을 꿇고 빙케 사제의 귀에 식료품 가게 주부의 죄를 깡그리 부어넣고 있었는데, 그것은 그녀가 푸른 1파운드 봉지나 반 파운드 봉지 속에 설탕을 쏟아넣는 솜씨와 비슷했다. 오스카는 왼쪽 옆 제단 앞에 무릎꿇고 소년 예수에게 북 치는 방법을 가르쳐 주려고 했다. 하지만 이 꼬마는 북을 치지 않았다. 나에게는 기적을 보여 주지 않았다. 오스카는 그때 맹세한 것이다. 그리고 이제 또 닫힌 교회의 현관 앞에서 새로이 맹세를 했다. 나는 언젠가 그에게 북을 치게 만들겠다, 오늘이 아니면 내일이라도!

그렇지만 긴 여행을 앞두고 있었으므로 모레로 미루고서 나는 교회 현관 쪽으로 고수의 등을 돌렸다. 예수가 나에게서 도망쳐 버리는 일은 없으리라 확신하고 있었다. 그러고서 육교 근처의 둑을 기어 올라갔다. 그때 괴테와 라스푸틴을 좀 잃어버렸으나, 그래도 나의 교양 재산 대부분을 둑 위 선로 사이에 운반해 올렸다. 그리고 부르면 들릴 만한 나머지 거리를, 굄목과 자갈 위를 발이 걸려 넘어지며 달려갔는데, 나를 기다리고 있던 베브라와 부딪쳐서 하마터면 그를 넘어뜨릴 뻔했다. 그만큼 어두운 밤이었다.

"양철북의 명인이 오셨군!" 음악 광대인 대위가 소리쳤다. 그러고서 우리는 서로 조심하면서 레일과 교차점을 더듬으며 건너가는 동안에 편성 중인 화물열차 사이에서 길을 잃었으나, 마침내 휴가병 열차를 발견했다. 이 열차 안에 베브라의 위문극단을 위한 특별실이 준비되어 있었다.

오스카는 이미 여러 번 전차를 타봤지만 이번에야 비로소 철도 여행을 하게 되었다. 베브라가 나를 객실 칸 속으로 밀어넣자, 무엇인가 바느질을 하고 있던 라구나가 눈을 들어 미소지으며 내 볼에 키스했다. 미소를 지으면서도 바느질하는 손은 계속 쉬지 않고, 나에게 위문극단의 곡예사 펠릭스와 키티를 소개했다. 벌꿀색 머리카락에 약간 회색빛 살갗을 가진 키티는 애교가 많았고, 라구나 부인과 비슷한 몸집이었다. 말투에 가벼운 작센 사투리가 있는 것이 오히려 그녀의 매력을 더해 주었다. 곡예사 펠릭스는 위문단원 중에서 가장 키가 컸다. 138센티미터는 충분히 됐으리라. 가장 불쌍한 이 사나이는 자신이 눈에 띄게 큰 것을 걱정하고 있었다. 94센티미터인 나의 출현으로 그는 더욱 열등감을 느꼈다. 게다가 이 곡예사의 옆얼굴은 고도로 조련된 경주용 말의 옆얼굴과 같았으므로, 라구나는 그를 '카발로'〔馬〕 혹은 '펠릭스 카발로'라고 놀려댔다. 곡예사는 상병 계급장을 달고 있었지만 베브라 대위와 똑같은 카키색 군복을 입고 있었다. 여자들도 여행복으로 재단한 카키색 군복을 입고 있었는데 전혀 어울리지 않았다. 라구나가 손가락을 놀리며 꿰매던 것도 알고 보니 역시 카키색 천이었다. 이것이 나중에 내 제복이 되었는데, 펠릭스와 베브라가 천을 구해 오고 로스비타와 키티가 교대로 그것을 꿰매서, 윗옷과 바지와 전투모가 나에게 꼭 맞을 때까지 카키색 천을 계속 잘랐다. 그러나 오스카에게 꼭 맞는 신은 국방부의 어느 창고에서도 조달하지 못했다. 그래서 나는 내가 신고 있던 보통 반장화로 만족하는 수밖에 없었으며, 군용 장화는 얻지 못했다.

내 서류가 위조되었다. 곡예사 펠릭스는 세심한 주의를 요하는 이 작업에서 뛰어난 솜씨를 발휘했다. 순전히 예의상으로도 나는 항의를 할 수가 없었는데, 위대한 몽유병자는 나를 그녀의 오빠로 둔갑시켜 버렸다. 오스카넬로 라구나, 1912년 10월 21일, 나폴리 출생. 나는 오늘날까지 여러 이름을 사용했다. 오스카넬로 라구나라는 것도 그중 하나인데, 확실히 듣기 거북한 이름은 아니다.

그러고 나서 우리는 출발하게 되었다. 우리는 슈톨프, 슈체친, 베를린, 하노버, 쾰른을 거쳐서 메츠로 향했다. 베를린에서는 거의 아무것도 보지 못했다. 5시간 정차하는 동안 공교롭게도 공습경보가 있었기 때문이다. 우리는 지하의 토마스 주점으로 피신했다. 둥근 천장 아래에 휴가병들이 정어리처럼 뒹굴고 있었다. 헌병대의 한 사람이 우리를 통과시키려고 했을 때 누군가가 "이봐" 하며 불렀다. 동부 전선에서 온 병사들 중에는 전에 위문공연에서 베브라의 일행을 본 자들이 있었던 모양이다. 박수와 휘파람 소리가 울렸다. 라구나가 키스를 던졌다. 모두가 우리에게 연기하라고 하면서 이전에 맥주홀이었던 지하실 한구석을 순식간에 무대로 만들었다. 베브라는 쌀쌀맞게 안 된다고 할 수 없었다. 게다가 이 사람들을 부디 조금이라도 즐겁게 해 달라는 어떤 공군 소령의 간곡하면서도 과장된 몸짓의 부탁을 받기도 했기 때문이다.

오스카는 난생처음으로 무대 출연을 하게 되었다. 준비는 얼마간 되어 있었으나—열차에 타고 있는 동안에 내가 맡은 역할을 베브라와 함께 몇 차례 연습했다—무대 공포증이 나를 엄습해 왔다. 그래서 라구나가 재빨리 내 손을 문지르면서 안정시켰다.

우리의 장사 도구를 넣은 짐꾸러미가 뒤따라오자—병사들은 아주 열심이었다—곧 펠릭스와 키티가 곡예를 부리기 시작했다. 두 사람 모두 고무 인간이 되어 서로의 신체가 끈처럼 결합이 되고, 몇 번이나 서로 엉켰다가는 떨어지고 서로 휘감겼다가는 떨어지고 서로가 얽혀서 손이며 발을 교환했다. 입을 쩍 벌린 채로 밀고 밀리는 구경꾼들은 관절과 근육에 며칠 동안 계속될 심한 통증과 경화증을 느끼게 되었다. 펠릭스와 키티가 아직도 결합되었다가 떨어졌다가 하는 동안에, 음악 광대 베브라가 등장했다. 속이 가득 차 있는 것부터 비어 있는 것까지 병을 여러 개 늘어놓고는 두들기면서 전시의 히트곡들을 연주했다. '에리카'와 '마마치, 나에게 망아지를 보내다오'를 연주하고, '고향의 별들'을 병 주둥이에서 화려하게 울리게 했으나 그다지 반응이 좋지 않자, 애창곡인 정겨운 멜로디를 치기 시작했다. '호랑이 지미'가 병 속에서 사납게 날뛰었다. 이 연주는 휴가병들의 마음에 들었을 뿐 아니라 이미 익숙해진 오스카의 귀마저 솔깃하게 했다. 그리고 베브라가 우스꽝스러우면서도 멋들어진 마술을 몇 가지 한 뒤에, 위대한 몽유병자 로스비타 라구나와 유리를 파괴하는 고수 '오스카넬로 라구나'의 등장을 알렸을 때, 구경꾼들은 적절히 흥분해 있었으므로 로스비타와 오스카넬로는 금방 성공을 거두었다. 나는 가벼운 북 연타로 우리의 연기를 시작해서, 클라이맥스는 높아지는 연타로 준비하여, 연기가 끝날 때마다 크고 교묘하게 북을 울려 박수를 불러일으켰다. '라구나'는 관객 중에서 임의로 병사 한 명과 장교까지 불러냈다. 산전수전 다 겪은 고참 상병과 겁먹은 듯하면서도 우쭐해 있는·수습 사관을 자기 앞에 앉히고, 그들의 마음을 차례차례 들여다보았다—그녀는 이러한 일도 할 수 있었다—상병이나 수습 사관들의 신분증명서 발급일을 틀리지 않고 정확하게 맞힌 것 말고도, 그들 사생활의 비밀 몇 가지를 일동에게 폭로했다. 그녀의 솜씨는 세련되어서 비밀을 폭로할 때도 재치가 있었다. 완전히 폭로당한 사나이에게 그녀는 마지막으로 맥주를 통째로 한 병 선사했다. 구경꾼들은 답례의 선물이거니 여겼다. 그런데 그녀는 이 선물을 받은 사나이에게 병을 높이 쳐들어서 모든 사람이 확실히 볼 수 있도록 해 달라고 부탁한 뒤, 오스카넬로에게 신호를 보냈다. 높아지는 북의 연타 소리가 '쨍' 하는 소리와 함께 그 맥주병을 박살냈다. 내 소리는 더 큰 일이라도 할 수 있다. 맥주병 따위는 아이들 장난에 속한다. 맥주를 흠뻑 뒤집어쓴 닳고 닳은 상병과 새파란 수습 사관의 얼굴이 뒤에 남았다—그러고서 언제까지고 그치지 않은 박수갈채가 있었고, 여기에 제국 수도를 맹렬하게 폭격하는 폭음 소리가 섞였다.

우리 연기는 세계적인 수준이라고는 할 수 없어도 어쨌든 사람들을 즐겁게 했고, 전선도 휴가도 잊게 했다. 연기는 사람들이 폭소를 터뜨리게 했으며, 그 웃음은 그칠 줄 모르고 계속되었다. 우리 머리 위에 폭탄이 떨어져 지하실을 통째로 뒤흔들고 흙모래로 뒤덮고 전등도 비상등도 모두 꺼지고, 모든 것이 혼란에 빠져 버렸을 때도 여전히 폭소는 숨 막히게 어두운 관 속에 울리고 있었다. "베브라!" 그들은 소리쳤다. "좀더 들려다오!" 사람 좋은 불멸의 베브라는 큰 소리로 이름을 대더니 어둠 속에서 광대놀이를 하고, 산 채로 땅속에 묻힌 집단으로부터 웃음의 일제사격을 받았다. 모든 사람이 라구나와 오스카넬로를 요구하자, 베브라는 나팔 소리처럼 높은 목소리로 대답했다. "라구나 부인은 매우 지쳐 있습니다. 강철 군인 여러분. 작은 오스카넬로도 대독일 제국과 최후의 승리를 위해서 잠시 잠을 자야만 합니다!"

그러나 로스비타는 내 옆에 누워서 무서워하고 있었다. 오스카는 무서워하지는 않았으나 어쨌든 라구나 부인 옆에 누워 있었다. 그녀의 공포와 나의 용기가 손을 마주 잡게 만들었다. 나는 그녀의 공포를 더듬어 찾고 그녀는 내 용기를 더듬어 찾았다. 마침내 내가 조금 무서워졌을 때 그녀가 용기를 얻었다. 그리고 내가 처음으로 그녀의 공포를 쫓고 그녀에게 용기를 불어넣었을 때, 남자로서의 용기가 빠르게 다시 머리를 들었다. 나의 용기가 남자다운 18세에 도달하는 동안, 대체 그녀가 몇 살인지, 그녀가 교묘하게 내 용기를 불러일으키는 이런 식의 공포에 몇 번이나 몸을 맡겼는지 나는 몰랐다. 치수는 짧지만 그래도 갖출 것은 다 갖춘 그녀의 육체도 얼굴과 마찬가지로 시간의 흔적을 조금도 담고 있지 않았기 때문이다. 시간을 초월하여 용기를 내고, 시간을 초월하여 두려워하면서 로스비타 부인은 내게 몸을 맡겼다. 그리고 수도 대공습이 벌어지고 있는 동안, 흙모래에 파묻힌 지하의 토마스 주점 안에서 방공대원들이 꺼내 줄 때까지, 나의 용기 아래에서 차츰 공포를 잊어간 그 소인국 여인이 열아홉 살인지 아흔아홉 살인지는 어느 누구도 알 수 없는 수수께끼이리라. 오스카의 신체 치수에 알맞은 최초의 진정한 포옹을 용감한 노파가 한 것인지, 아니면 공포에 사로잡혀 몸을 맡긴 소녀가 한 것인지는 자기 자신도 잘 모르기 때문에 오스카는 아무래도 입을 다물 수밖에 없다.

콘크리트 견학 또는 신비적·야만적 권태

3주 동안 우리는 수비대가 주둔하고 있는 로마 시대 이래의 도시 메츠가 오랜 자랑으로 삼는 성곽 안에서 밤이면 밤마다 연기했다. 똑같은 프로그램을 우리는 낭시에서 2주 동안 선보였다. 살롱쉬르마른 시는 우리를 일주일 동안 정중하게 대접해 주었다. 벌써 몇 마디 프랑스어가 오스카의 입에 오르내리게 되었다. 랭스에는 제1차 세계대전으로 인한 피해의 흔적이 아직도 남아 있어 눈길을 끌었다. 세계적으로 유명한 사원의 동물 석상들은 인류의 소행에 구역질이 났는지, 끊임없이 물을 포석 위로 토해내고 있었다. 다시 말해 랭스에서는 날마다 비가 내렸다. 밤에도 비가 내렸다. 그 대신 파리에서는 상쾌하고 따뜻한 9월을 보냈다. 나는 센 강변을 로스비타와 팔짱을 끼고 산책하면서 나의 열아홉 번째 생일을 축하할 수 있었다. 나는 이 수도를 하사관 프리츠 트루친스키의 엽서로 벌써 알고 있었으나 직접 본 파리는 나를 조금도 실망시키지 않았다. 로스비타와 내가 처음으로 에펠탑 밑에 섰을 때, 그리고 우리가—나는 94센티미터, 그녀는 99센티미터였다—탑을 올려다보았을 때, 손에 손을 마주 잡은 우리 두 사람은 처음으로 우리의 키가 다시없이 희귀함을 깨달았다. 우리는 큰길에서 거리낌 없이 키스를 했는데, 이러한 일은 파리에서는 특별히 눈길을 끌지 못했다.

　오, 예술과 역사의 장엄한 체험! 내가 여전히 로스비타와 팔짱을 낀 채 상이군인 수용소를 방문하여 위대하기는 하나 키는 크지 않고, 우리 두 사람과 가까운 사이인 그 황제를 떠올렸을 때, 나는 나폴레옹의 말을 인용했다. 나폴레옹은 그 옛날 그와 마찬가지로 크지 않았던 프리드리히 2세의 무덤 앞에 서서 말했다. "이 사람이 아직 살아 있다면 우리는 여기 서 있지는 않을 것이다." 이것을 본따서 나도 로스비타의 귀에 정답게 속삭였다. "이 코르시카 사람이 아직 살아 있다면 우리는 여기 서 있지는 않을 것이다. 파리의 다리 밑이나 강가나 보도에서 우리가 키스를 하는 일은 없었을 것이다."

　우리는 다른 그룹과 공동으로 대규모 프로그램에 참가해서 플라이엘 극장과 사라 베른하르트 극장에 출연했다. 오스카는 대도시의 무대 사정에 금방 익숙해져서, 파리 점령군의 사치스러운 취미에 맞게 그의 공연을 세련되게 바꾸었다. 즉 나는 독일에 흔히 있는 단순한 맥주병을 노래로 쪼개는 일은 그만두고, 이번에는 프랑스의 저택에서 가져온 아름다운 곡선이 새겨져 있고 입김처럼 얇게 만들어진 정교한 꽃병이나 과일 접시를 노래로 쪼개서 가루로 만들었다. 내 프로그램은 문화사적인 관점에서 구성되었다. 먼저 루이 14세 시대의 유리잔을 시작으로 해서, 다음에는 루이 15세 시대의 유리 제품을 가루로 만들었다. 불행한 루이 16세와 분별없는 마리 앙투아네트의 다리가 긴 잔을 나는 혁명 시절을 회상하면서 격렬하게 해치웠다. 루이 필립을 잠깐 상대한 뒤, 마지막으로 나는 프랑스 유겐트 양식의 환상적인 유리 제품과 대결했다.

　무대 정면 관람석 및 각 층의 카키색 집단은 내 연출의 역사적 흐름을 따라오지 못하고, 이 유리 조각들에 대해 보통 파편과 다름없는 박수를 보낼 뿐이었으나, 그래도 때로는 제국의 참모 장교나 언론인들 중에서 유리 조각 말고도 나의 역사적 감각을 찬미하는 자가 있었다. 사령부를 위한 특별 공연 뒤에 우리는 군복을 입은 학자같이 생긴 사나이에게 소개되었는데, 이 사나이는 내 기술을 온갖 말로 칭찬했다. 오스카가 특히 고맙게 생각한 사람은 제국의 선도적인 신문의 프랑스 주재 특파원이었다. 이 사나이는 센 도시에 살고 있었는데 프랑스 문제의 전문가임을 자처하면서, 내 프로그램 중에 양식의 모순은 아니지만 두세 가지 사소한 결함이 있다는 사실을 나에게 살짝 귀뜸해 주었다.

우리는 그해 겨울 내내 파리에 있었다. 일류 호텔에서 묵었다. 그리고 솔직히 말하자면, 그 긴 겨울 동안 로스비타는 내 곁에서 프랑스 침대의 장점을 거듭거듭 실험하고 증명했다. 오스카는 파리에서 행복했을까? 그는 마리아, 마체라트, 그레트헨과 알렉산더 셰플러 같은 사랑하는 고향 사람들을 잊었을까? 오스카는 아들 쿠르트를, 할머니 안나 콜야이체크를 잊어버렸던 걸까?

나는 그들을 잊어버린 것은 아니지만, 가족 중 누가 특별히 그립다고 생각하지는 않았다. 그래서 군사우편 엽서 한 장도 집에 보내지 않았고 내가 살아 있다는 증거를 그들에게 보여 주려고도 하지 않았으며, 오히려 1년 동안 나와 관계없이 생활할 수 있는 가능성을 그들에게 제공했다. 고향을 떠날 때 다시 돌아오리라 결정하고 떠났지만, 고향 사람들이 내가 없는 동안에 어떻게 해 나가는지는 매우 흥미로운 일이었기 때문이다. 거리에서는 물론이고 공연 중에도 나는 이따금 군인들 가운데 아는 얼굴이 없을까 하고 찾았다. 혹시 프리츠 트루친스키나 악셀 미슈케가 동부 전선에서 파리로 전속되었을지도 모른다고 오스카는 생각하기도 했다. 사실 한두 번 보병들 가운데서 마리아의 명랑한 오빠를 본 듯한 생각이 들었으나, 그것은 그가 아니었다. 카키색이 일으킨 착각이었다.

오직 에펠탑만이 내 마음속에 향수를 불러일으켰다. 내가 탑에 올라서 원경에 유혹되어 특별히 고향 쪽에 참을 수 없는 그리움을 느낀 것은 아니다. 오스카는 이미 엽서나 머릿속에서 몇 번이나 이 탑에 올랐기 때문에 실제로 올라가봤자 결국은 실망하여 내려올 뿐이었으리라. 에펠탑 밑에 섰다. 대담하게 뒤로 젖혀진 이 금속 건축의 발단부(發端部) 밑에서 혼자 섰다가 웅크렸다가 했을 때, 틈새는 있으나 규칙적으로 그물코를 친 그 둥근 천장이 모든 것을 덮어서 감추는 할머니 안나의 둥근 천장으로 보였다. 나는 에펠탑 밑에 앉아 있으면서 동시에 할머니의 네 겹 치마 밑에 앉아 있었던 것이다. 연병장이 내 눈에는 카슈바이 감자밭처럼 보였다. 파리의 10월의 비가 비사우와 람카우 사이에 쉬지 않고 비스듬히 내렸다. 이런 날에는 파리 전체가, 지하철까지도 약간 썩은 버터 냄새를 풍겼다. 나는 말이 없어지고 생각에 잠겼다. 로스비타는 이럴 때면 나를 조심스럽게 대하여 내 슬픔을 존중해 주었다. 그녀는 그토록 섬세한 신경의 소유자였다.

1944년 4월에—전 전선의 축소에 성공했다는 보도가 있었다—우리는 곡예사의 짐꾸러미를 꾸려서 파리를 떠나, 대서양의 요새를 베브라 위문극단으로 위로하게 되었다. 우리의 순회공연은 르아브르에서 시작했다. 베브라는 어쩐지 말이 없어지고 멍청해진 것처럼 느껴졌다. 출연 동안에는 실수 같은 것은 하지 않았으나, 돌처럼 계속 굳어진 표정이었다. 처음에 나는 그가 질투심에 사로잡힌 게 아닌가, 좀더 나쁘게 해석하면 나의 젊음 앞에 무릎을 꿇은 게 아닌가 하고 생각했다. 그러나 로스비타의 이야기를 듣고서 내가 오해했음을 알았다. 로스비타도 정확한 사정을 알고 있지는 못했지만, 공연이 끝난 뒤 베브라와 밀담을 하고 있는 장교들이 있는 곳을 살짝 가르쳐 준 것이다. 스승은 국내 망명에 마침표를 찍고 무엇인가 직접적인 일을 계획하고 있는 듯했으며, 그의 몸속에서 조상 오이겐 왕자의 피가 반응하기 시작한 모양이다. 그의 계획이 그를 우리로부터 멀리 떼어놓고 너무나 광범위한 관계 사이로 데리고 가 버렸기 때문에, 과거의 여인 로스비타와 오스카가 친밀한 관계가 되었어도 주름잡힌 그의 얼굴에는 지친 듯한 엷은 웃음이 떠오르는 게 고작이었다. 그것은 트루빌에서의 일이었다. 우리는 온천 호텔에 묵고 있었는데, 공동 분장실 융단 위에서 나와 그녀가 엉겨 있는 장면을 그에게 들켰다. 우리가 떨어지려고 하자 그는 제지하고, 화장 거울로 얼굴을 향한 채 말했다. "좋아, 좋아. 키스든 얼마든지 해 두게. 내일은 콘크리트 구경이다. 모레는 벌써 입술 사이에서 콘크리트가 으적거려 키스의 기쁨을 너희에게서 빼앗아 버릴 테니까!"

1944년 6월이었다. 우리는 그때까지 비스케이 만에서 네덜란드까지의 대서양 요새들을 달리기는 했으나, 대개는 내륙에 있었기 때문에 전설적인 벙커들을 별로 보지 못했다. 트루빌에서 처음으로 우리는 직접 해안에서 공연을 했다. 대서양 해안의 시찰을 제의받은 베브라가 동의를 한 것이다. 트루빌에서 마지막 공연을 마치고 우리는 밤에 바방 마을로 이동했다. 그곳은 해안 모래언덕에서 4킬로미터 떨어진 칸 시 근처의 작은 마을이다. 우리는 농가에 묵게 되었다. 목장과 산울타리와 사과나무가 많았다. 이곳에서는 칼바도스라는 사과주가 생산된다. 우리는 그것을 마신 뒤에 잠을 푹 잤다. 찬 기운이 창으로 스며들고, 늪에서는 개구리가 날이 샐 때까지 울었다. 그중에는 북을 칠 줄 아는 개구리도 있었다. 잠결에 그 소리를 듣고 나는 자신을 일깨웠다. 오스카야, 너는 고향으로 돌아가야 한다, 너의 아들 쿠르트가 곧 세 살이 된다, 너는 그 아이에게 북을 갖다 줘야 한다, 약속이니까 말이지! 오 스카는 자신을 일깨우는 이 말에 괴로운 부성애가 눈을 떠 시간마다 잠을 깼 으나, 그때마다 옆으로 손을 뻗어 로스비타가 있음을 확인하고 그녀의 냄새 를 맡았다. 라구나 부인의 몸에서는 조금이지만, 계피 냄새와 닮은 정향나무 향내와 육두구(肉荳蔲)의 향내도 났다. 그녀는 크리스마스 전에 쓰이는 케 이크용 향신료 냄새를 풍겼으며, 이 냄새를 여름에도 몸에 간직하고 있었다.

아침이 되자 농가 앞에 장갑차 한 대가 왔다. 문 앞에서 우리 일행은 잠시 몸을 떨었다. 이른 아침이어서 서늘했다. 바다에서 불어오는 바람을 마주 하 고서 우리는 이야기하며 차에 올라탔다. 베브라, 라구나 부인, 펠릭스, 키 티, 오스카 말고도 헤르초크 중위가 있었는데, 그는 카부르 서쪽의 포병 진 지로 우리를 안내했다.

노르망디를 푸르다고 말하면, 그 희고 갈색인 얼룩소를 잊은 셈이 된다. 이 소들은 똑바로 뻗은 국도 양옆의 이슬에 젖어 약간 안개가 낀 목장에서 그들의 임무인 반추 작용에 열중하고 있었는데, 우리 장갑차를 아주 태연하 게 마중했기 때문에, 위장용 칠을 해 두었기에 망정이지 그렇지 않았더라면 장갑판이 오히려 부끄러워 빨개졌을 것이다. 미루나무 가로수 산울타리, 엎 드려 있는 수풀, 그 속에 꼴사나운 해변 호텔이 처음 나타났다. 텅 빈 채 덧 창이 덜컹덜컹 울리고 있었다. 산책길로 돌아서 우리는 차에서 내렸다. 안내 를 맡은 중위는 조금 경박해 보였지만 부동자세로 베브라 대위에게 경의를 표했으며, 이 중위의 뒤를 따라서 모래언덕을 넘어 부서지는 파도 소리와 모 래 섞인 바람을 향해서 우리는 큰 걸음으로 걸어갔다.

그것은 짙은 녹색을 띠고 소녀처럼 흐느껴 울면서 나를 기다리는 평온한 발트 해는 아니었다. 그곳에서는 대서양이 예전부터의 연습을 반복하고 있 었다. 밀물과 더불어 쳐들어와서는 썰물과 더불어 퇴각하는…….

거기에서부터 콘크리트가 나타났다. 우리는 이것을 신기한 듯이 어루만졌 으나 상대는 그대로 가만히 있었다. '차렷!' 하며 콘크리트 속에서 소리가 났다. 그러고는 곧 이 벙커에서 키다리가 튀어나왔다. 벙커는 위가 평퍼짐한 거북 모양을 하고 두 개의 모래 언덕 사이에 있었다. '도라 7호'라는 이름이 붙어 있고, 포문과 조망을 위한 길고 좁은 창과 기관총의 총신(銃身)들이 밀려오고 밀려가는 파도를 지켜보고 있었다. 튀어나온 사나이는 랑케스라는 이름의 상병으로서, 헤르초크 중위와 베브라 대위님께 보고를 했다.

랑케스 : (경례를 붙이면서) 도라 7호, 상병 1명, 병사 4명. 이상 없음.

헤르초크 : 수고한다! 편히 쉬어, 랑케스 상병. —들으신 대로입니다, 대위님. 별다른 이상 없습니다. 수년 이래 언제나 이상 없습니다.

베브라 : 있는 것은 끊임없는 조수의 간만! 자연의 연기!

헤르초크 : 그렇습니다. 그것 때문에 부하들은 바쁩니다. 그것 때문에 우리는 계속해서 벙커를 만들고 있습니다. 벙커끼리 서로 사정거리 안에 있도록 만들고 있습니다. 곧 두세 개소의 벙커를 폭파해서, 새로이 콘크리트로 다시 만들도록 되어 있습니다.

베브라 : (콘크리트를 두들기고 있다. 단원 일동도 그의 흉내를 낸다) 그래서 중위는 콘크리트를 믿고 있소?

헤르초크 : 그것은 아마도 적절한 말은 아닐 겁니다. 이곳에 있는 사람들은 대개 이제는 아무것도 믿지 않습니다. 어떤가, 랑케스?

랑케스 : 그렇습니다. 중위님. 이제는 아무것도 믿지 않습니다.

베브라 : 그러나 그들은 뒤섞기도 하고 눌러서 찌그러뜨리기도 하고 있지요.

헤르초크 : 여기에서만 하는 이야깁니다만, 모두가 저렇게 하면서 경험을 쌓고 있는 것입니다. 저도 이전에는 건축 일에 대해서 아무것도 몰랐습니다. 학교에서 제대로 공부도 마치기 전에 전쟁이 일어났으니까요. 지금은 시멘트 가공에 관해서 얻은 지식을 전쟁이 끝난 뒤에 써먹을 수 있으리라고 기대하고 있습니다. 고향에 가면 모든 것을 재건해야만 하니까 말이지요. —잠깐 보세요. 그 콘크리트입니다. 바로 그 옆의 것 말입니다. (베브라와 일행은 그 콘크리트에 얼굴을 가까이 댔다) 무엇인가 보이지 않아요? 조개껍데기입니다! 바로 이 근처에 풀어져 있으니까요. 그것을 주워서 섞기만 하면 됩니다. 돌이든 조개껍데기든 모래든 시멘트이든…… 사실, 대위님은 예술가이고 배우시니까 알고 계실 줄 믿습니다만, 랑케스! 우리가 벙커 속에 무엇을 파묻는지, 일단 자네가 대위님께 말씀드리게.

랑케스 : 알겠습니다, 중위님! 저희가 벙커 속에 무엇을 파묻는지 대위님께 말씀드리겠습니다. 저희는 강아지들을 콘크리트 속에 파묻고 있습니다.

어느 벙커의 토대에든 강아지를 한 마리씩 파묻어 놓았습니다.

베브라의 일행 : 강아지라니!

랑케스 : 좀더 지나면 칸에서 르아브르까지의 모든 전쟁터에 강아지가 한 마리도 남지 않게 됩니다.

베브라의 일행 : 개가 없어지다니!

랑케스 : 저희는 분발하여 노력했습니다.

베브라의 일행 : 분발 노력이라니!

랑케스 : 오래지 않아 새끼고양이를 붙잡아야만 할 겁니다.

베브라의 일행 : 야옹!

랑케스 : 하지만 고양이는 강아지만큼 충분한 가치는 없습니다. 그러므로 저희는 여기에서도 천천히 시작되지 않을까 기대하고 있습니다.

베브라의 일행 : 특별 프로그램이! (일동 갈채한다)

랑케스 : 연습은 충분히 했습니다. 게다가 강아지의 씨가 말라 버리면…….

베브라의 일행 : 오오!

랑케스 : 저희는 이제 더 이상 벙커를 만들 수도 없습니다. 고양이로는 좋지 않습니다.

베브라의 일행 : 야옹, 야옹!

랑케스 : 아직도 대위님은 저희가 왜 강아지를 그렇게 하는지 이상하게 생각하실지 모르겠습니다만…….

베브라의 일행 : 강아지들을!

랑케스 : 사실 저희도 어리석은 짓이라고 생각합니다.

베브라의 일행 : 어머나!

랑케스 : 그런데 이곳 전우들은 대개 이 지방 출신들로서, 이 근처 시골에서는 집이나 창고나 시골 교회를 지을 때 아직도 이러한 짓을 합니다. 아무 것이나 산짐승을 집어넣어야만 합니다. 그리고…….

헤르초크 : 이제 됐네, 랑케스. 편히 쉬어. ─대위님, 들으신 대로이며, 이 대서양의 요새에서는 저어, 미신 같은 것이 널리 퍼져 있습니다. 마치 여러분들이 극장에 출연할 경우, 첫 공연 전에 휘파람을 불어서는 안 된다든지, 개막 전에 배우들이 서로의 어깨너머로 침을 뱉는다든지 하는 것과 같은 일입니다마는…….

베브라의 일행 : 페페페펫! (서로의 어깨너머로 침을 뱉는다)

헤르초크 : 저, 농담입니다만, 부하들의 즐거움을 허용해 줘야만 합니다. 요즘은 떼지어서 벙커 출입구에 간단한 조개껍데기 모자이크와 콘크리트 장식을 붙이는 일에 흥미를 가지기 시작했는데, 이것도 최고 명령에 의해서 너그럽게 봐 주도록 하고 있습니다. 부하들은 바쁘고 싶은 것입니다, 우리 상관은 이 콘크리트의 소용돌이가 마음에 걸리는 모양입니다만, 저는 언제나 말씀드리고 있습니다. 소령님, 머릿속의 소용돌이보다 콘크리트의 소용돌이가 훨씬 낫습니다라고. 독일인은 원래 세공에 능했습니다. 어떻습니까!

베브라 : 자, 그러면 우리도 대기 중인 대서양 연안 수비대의 기분전환을 위해서 한번 하기로 하자…….

베브라의 일행 : 베브라의 위문극단이 여러분을 위해서 노래하고, 여러분을 위해서 연극하며, 여러분이 최후의 승리를 거두도록 돕겠습니다!

헤르초크 : 지당하십니다. 당신을 비롯해서 일행 여러분의 견해는 옳습니다. 그러나 극장만으로는 역시 안 됩니다. 대개의 경우, 우리가 의지할 수 있는 것은 우리 자신뿐입니다. 그러므로 내 몸을 위해서 최선을 다하는 것입니다. 안 그런가, 랑케스?

랑케스 : 그렇습니다. 중위님! 내 몸을 위해서 최선을 다하는 것입니다!

헤르초크 : 들으신 대로입니다, 대위님. 그런데 대위님께 실례가 안 된다면, 저는 도라 4호와 도라 5호에도 가봐야 하니까 천천히 벙커를 구경하고 계십시오. 볼 만할 겁니다. 랑케스가 빠짐없이 보여드릴 것입니다…….

랑케스 : 빠짐없이 보여드리겠습니다. 중위님! (헤르초크와 베브라는 군대식 인사를 나눈다. 헤르초크, 오른편으로 퇴장. 라구나 부인과 오스카와 펠릭스와 키티는 그때까지 베브라 등 뒤에 숨어 있다가 이제야 뛰어나온다. 오스카는 양철북을 들고 있고, 라구나 부인은 군량이 든 바구니를 들고 있으며, 펠릭스와 키티는 벙커의 콘크리트 지붕에 기어올라 곡예 연습을 시작함. 오스카와 로스비타는 벙커 옆 모래 속에 있던 양동이와 삽을 가지고 놀면서, 서로 반한 사이인 듯한 모습으로 환성을 올리며 펠릭스와 키티를 놀린다)

베브라 : (벙커를 사방팔방으로 관찰한 후에 따분하다는 듯) 이봐, 랑케스 상병, 원래 자네 직업은 무엇인가?

랑케스 : 화가입니다, 대위님. 그렇지만 이미 옛날 일이죠.

베브라 : 페인트장이 말인가?

랑케스 : 페인트 칠도 했습니다만, 오히려 그림쟁이 쪽입니다, 대위님.

베브라 : 그렇다면 자네는 저 위대한 렘브란트를 선망한다는 말이겠는데, 그렇지 않으면 벨라스케스 쪽인가?

랑케스 : 저는, 두 사람의 중간 정도입니다.

베브라 : 이건 놀라운데! 그런데 자네는 콘크리트를 섞고, 콘크리트를 밟아서 굳히고, 콘크리트를 지켜야 한다 이 말이군? —자네는 선전반에 필요한 사람이야. 우린 전쟁 화가가 없어서 어려움을 겪고 있는 중이니까.

랑케스 : 저는 그런 일을 할 주제가 못 됩니다, 대위님. 제 그림은 오늘날의 사고방식을 완전히 무시하고 있습니다. —그런데 대위님, 담배 한 대 주실 수 있으십니까? (베브라가 담배를 한 개비 건네 준다)

베브라 : 무시한다는 말은, 현대적이라는 의미인가?

랑케스 : 현대적이란 것은 어떤 의미일까요? 저 사람들이 콘크리트 작업을 시작하기 전에는 무시하는 것을 현대적이라고 본 시기가 있었습니다.

베브라 : 그래?

랑케스 : 예.

베브라 : 자네는 물감을 짙고 두텁게 칠하는 모양이군. 주걱 같은 걸 사용하나?

랑케스 : 그것도 합니다. 그러고서 엄지손가락을 완전히 기계적으로 찔러, 그 사이에 못과 단추를 붙입니다. 33년 이전의 한때, 저는 주홍빛 위에 가시철망을 놓은 일이 있었습니다. 평판이 좋았었지요. 지금은 비누 공장을 경영하고 있는 스위스인 수집가 집에 걸려 있습니다.

베브라 : 이 전쟁, 이것이 나쁜 거야. 그 때문에 자넨 오늘 밤 콘크리트를 밟아서 굳히고 있단 말야! 자네의 천재성을 진지 공사에 빌려주고 있어! 물론 그 옛날 레오나르도나 미켈란젤로도 같은 일을 하기는 했어, 마돈나의 주문이 없을 때는 군사 기계를 설계하기도 하고, 요새를 세우기도 했지.

랑케스 : 아니, 아닙니다! 어디엔가 빠져나갈 길은 있습니다. 참다운 예술가는 자기를 표현하지 않고서는 못 배깁니다. 대위님이 벙커 출입구에 있는 장식을 보아 주신다면 아실 겁니다. 그것은 제가 만들었습니다.

베브라 : (철저하게 들여다본 후에) 놀랍군! 이 얼마나 풍부한 형식, 얼마

348 양철북

나 엄밀한 표현력인지!

랑케스 : 조직 구조라고나 이름 붙일 수 있는 양식입니다.

베브라 : 이 작품은 돌을새김이라고 해야 할지 그림이라고 해야 할지 모르겠으나, 여기에 제목이 있나?

랑케스 : 지금 말씀드린 대로 구조입니다. 사체(斜體) 구조라고나 할까요? 새 양식으로서 아직 아무도 시도한 적이 없습니다.

베브라 : 어쨌든 자네가 창시자니까, 자네는 이 작품에 혼동이 되지 않을 제목을 붙여두는 게 좋을 거야…….

랑케스 : 제목 따위가 무슨 소용이 있겠습니까? 그러한 것은 전시회 목록을 만들 때나 필요할 뿐입니다.

베브라 : 멋진 말이야, 랑케스 군. 나를 예술의 벗으로 봐 주게. 대위로서가 아니고 말이야. (랑케스가 손을 내민다) 담배 말인가? 그래서?

랑케스 : 좋습니다, 대위님 생각이 그러시다면―랑케스는 이렇게 생각했습니다. 이번 전쟁이 끝나면, 어차피 이번 전쟁은 끝나게 되어 있으니까 말입니다, 나중에는 벙커가 남습니다. 다른 것이 모두 망가져버려도 벙커만은 여전히 남을 테니까요. 그리하여 그때부터 시대가 도래하는 것입니다! 여러 세기가 올 겁니다. ―(조금 전에 얻은 담배를 감추며) 대위님, 혹시 담배를 한 대 더 가지신 게 있으면, 정말 감사합니다! ―수세기가 아무 일도 없이 이 위로 왔다가는 또 지나가겠지요. 그러나 벙커는 계속 서 있을 것입니다. 마치 피라미드가 지금까지 계속 서 있는 것처럼, 그리고 그 후에 어느 맑게 갠 날, 고대 연구가가 찾아와서 가만히 생각합니다. 제1차와 제7차 세계대전 사이에는 얼마나 예술 빈곤 시대였는지. 둔중한 회색 콘크리트. 때때로 벙커 출입구 위에 시골 양식의 서투른 소용돌이 무늬―그러고서 그는 도라 4호, 도라 5호, 도라 6호, 도라 7호에 부딪쳐 저의 사체 조직 구조를 보고 중얼거립니다. 보라, 재미있다, 아니 마술적이고 위협적이면서, 강렬한 정신성을 갖추었다고 말하고 싶을 정도다. 여기에서 한 천재가, 아니 20세기 유일한 천재가 분명하게, 모든 시대를 위해서 자기를 표현해 보인 것이다―이 작품에는 제목이 있을까? 서명이 있으면 거장의 이름을 알 수 있을 텐데 하고 말입니다. 대위님께서 잘 보시면, 머리를 기울이고 보시면 그 꺼칠꺼칠한 사체 구조 사이에 틀림없이 있습니다만…….

베브라 : 먼저 안경부터 쓰고. 어디 랑케스 군, 보여 주게나.

랑케스 : 말씀드려도 되겠습니까. 이렇게 써 있어요. 헤르베르트 랑케스. 서기 1944년. 제목—**신비적·야만적 권태**

베브라 : 그것으로 당신은 우리 세기에 제목을 붙인 셈이군.

랑케스 : 네, 그렇습니다!

베브라 : 혹시 5백 년이나 천 년 후 수리 작업 때에 개뼈다귀 몇 개가 콘크리트 속에서 발견될지도 모르겠군.

랑케스 : 그것도 제 제목을 보증할 수 있다는 이야기입니다.

베브라 : (흥분해서) 시대란 무엇인가, 우리는 무엇이란 말인가, 응, 자네, 만일 우리가 하는 일이…… 그런데 보게나. 펠릭스와 키티, 우리 일행인 곡예사야. 콘크리트 위에서 체조를 하고 있어.

키티 : (이미 한참 전부터 로스비타와 오스카, 그리고 펠릭스와 키티의 두 그룹 사이에서 종이쪽지 한 장을 주고받으면서 거기에 무엇인지 서로 써넣고 있다. 키티가 가벼운 작센 사투리로) 잠깐, 베브라 씨. 보세요, 콘크리트 위에서도 제대로 돼요. (물구나무서서 걸어 보이고 있다)

펠릭스 : 공중회전을 콘크리트 위에서 한 사람은 없어요. (재주넘기를 해 보인다)

키티 : 이런 무대에서 하는 게 진짜일지 모르겠군.

펠릭스 : 다만 이 위에는 약간 바람이 있군.

키티 : 그 대신 그다지 덥지는 않아요. 게다가 영화관처럼 이상한 냄새도 나지 않아요. (그녀는 손발을 휘감기게 했다)

펠릭스 : 게다가 이 위에 있으니 우리 마음에 시까지 떠올랐어요.

키티 : 어머, 우리라니 무슨 소리야! 시를 생각해 낸 사람은 오스카넬로와 로스비타 라구나 부인이야.

펠릭스 : 그렇지만 제대로 운이 맞지 않아서 우리가 지혜를 빌려 주었다는 거야.

키티 : 앞으로 한 마디야. 이것만 정해지면 완성이야.

펠릭스 : 그 해변에 있는 막대기가 무엇인지 오스카넬로가 궁금해하고 있어.

키티 : 시 속에 집어넣어야 하니까.

펠릭스 : 이것을 빼서는 안 되지.

키티 : 저, 군인 아저씨, 가르쳐 주세요, 저 막대기는 도대체 뭐예요?

펠릭스 : 아마 가르쳐 줄 수 없을 거야. 적의 귀에 들어가면 안 되니까 말이지.

키티 : 우리는, 절대 아무한테도 말하지 않아요.

펠릭스 : 오로지 예술을 이루기 위해서만.

키티 : 저토록 공을 들였어요, 오르카르넬로가.

펠릭스 : 게다가 그는 글씨를 참으로 깨끗하게 쓰는군. 쥐테를린체야.

키티 : 어디서 배웠는지 알고 싶네요.

펠릭스 : 저 막대기 이름만은 그도 몰라.

랑케스 : 대위님이 허락해 주신다면…….

베브라 : 중대한 비밀이 아닐까?

펠릭스 : 오스카넬로가 꼭 알고 싶어하는데.

키티 : 그걸 모르면 시가 제대로 되지 않는대요.

로스비타 : 우리 모두가 이렇게 알고 싶어하는데.

베브라 : 그러면 내가 자네에게 직무 명령을 내리지.

랑케스 : ―좋습니다. 저것은 전차나 상륙용 보트가 공격해 왔을 때를 대비해서 만든 것입니다. 아스파라거스와 비슷하기 때문에 저희들은 롬멜 아스파라거스라고 부릅니다.

펠릭스 : 롬멜…….

키티 : ……아스파라거스? 어때, 잘 맞을까, 오스카넬로.

오스카 : 맞아, 맞아! (그 단어를 종이에 써넣고, 벙커 위에 있는 키티에게 그 시를 건네 준다. 그녀는 손발을 더욱 꼬았으나, 학생과 같은 투로 다음 시구를 낭독한다)

키티 : **이대서양의 요새에서**

무기를 갖추고 이를 감추어
콘크리트 굳게 다진 롬멜 아스파라거스
슬리퍼의 나라는 벌써 저기에
이 나라는 주일엔 소금 넣은 삶은 감자
그리고 금요일엔 생선에 달걀부침

비더마이어로 우리는 간다.

우리가 잠드는 곳 철조망 한가운데
변소 구덩이에 폭탄을 떨어뜨리고
게다가 꿈에 보는 정원의 정자
구주희 놀이친구 사이 좋은 산비둘기
냉장고와 용모가 아름다운 물받이 홈통
비더마이어로 우리는 간다.

몇몇은 아직도 풀을 씹으며
뭇 어미의 마음을 갈기갈기 찢으리
죽음은 통비단 낙하산 타고
의복에는 나풀나풀 주름이 지고
공작과 백로의 날개를 달고
비더마이어로 우리는 간다.

(모두 박수갈채, 랑케스까지)

랑케스 : 자, 썰물이 되었습니다.

로스비타 : 그러면 곧 아침 식사 시간이에요! (그녀는 리본과 조화의 장식
이 달려 있는 군량 바구니를 흔든다)

키티 : 그렇군요, 야외에서 소풍합시다.

펠릭스 : 우리의 식욕을 북돋우는 것, 그것은 자연이다!

로스비타 : 오오, 신성한 식사 준비! 아침 식사 동안은 너의 힘으로 모든
민족이 결합되는구나.

베브라 : 콘크리트 위에서 식사하기로 하자. 이곳 같으면 토대가 꼭 알맞
다! (랑케스를 제외하고 모두 벙커 위로 기어오른다. 로스비타가 꽃무늬 있
는 밝은 식탁보를 펼친다. 그녀는 무엇이든 다 들어 있는 마법 바구니에서
술 장식이 달린 작은 쿠션을 꺼낸다. 분홍색과 옅은 녹색이 섞인 파라솔을
펼치고, 스피커가 붙은 축음기를 놓는다. 작은 접시, 작은 숟가락, 나이프,
달걀 그릇, 냅킨을 나누어 준다)

펠릭스 : 간 페이스트를 조금 먹고 싶구나!

키티 : 우리가 스탈린그라드에서 구해 낸 캐비어는 아직 남아 있을까!

오스카 : 로스비타! 덴마크 버터는 그렇게 두껍게 바르는 게 아니야.

베브라 : 아들아, 네가 그녀의 몸매에 신경쓰는 것은 마땅하다.

로스비타 : 그렇지만 나는 이게 좋고, 또 건강에도 좋아요. 오오! 코펜하겐의 공군에서 서비스해 준 생크림 쇼트케이크가 생각나는군요!

베브라 : 보온병에 들어 있는 네덜란드 초콜릿은 아직 따뜻해.

키티 : 나는 아메리카 깡통에 든 쿠키에 완전히 미쳐 버렸어.

로스비타 : 그렇지만 남아프리카산 생강 마멀레이드를 발라야 해요.

오스카 : 이제 그만 해요, 로스비타.

로스비타 : 당신도 보기 흉하게 영국제 콘 비프 커다란 걸 먹고 있잖아요!

베브라 : 자, 군인 아저씨. 살구잼 바른 얇은 포도빵도 있어.

랑케스 : 저는 근무 중입니다, 대위님······.

로스비타 : 그렇다면 이분에게 직무 명령을 내리세요!

키티 : 그렇고 말고요, 직무 명령이에요!

베브라 : 그래. 그러면 랑케스 상병, 나는 자네에게 직무 명령을 내리겠네. 프랑스제 살구잼이 딸린 포도빵 한 개, 덴마크 반숙 달걀 한 개, 소비에트의 캐비어, 진짜 네덜란드 초콜릿 한 잔을 섭취할 것!

랑케스 : 알겠습니다. 대위님! 받들겠습니다. (다른 사람들과 같이 벙커 위에 앉는다)

베브라 : 이 군인에게 빌려드릴 여분의 쿠션은 없는가!

오스카 : 내 걸 써도 좋아요. 나는 북 위에 앉겠어요.

로스비타 : 그렇지만 감기 조심해요, 당신! 콘크리트는 방심할 수가 없어요. 당신은 아직 잘 모르겠지만 말이에요.

키티 : 내 쿠션을 사용하세요. 나는 잠깐 몸을 꼬고 있겠어요. 이렇게 하는 편이 벌꿀빵을 소화시키는 데 좋을 테니까요.

펠릭스 : 그것도 좋지만 식탁보 위에서 먹어요. 콘크리트에 벌꿀 얼룩을 만들면 안 되니까. 국방군을 붕괴시키는 일이 생기면 큰일이다! (모두 킬킬거리며 웃음)

베브라 : 아아, 바닷바람은 얼마나 기분 좋은지.

로스비타 : 바닷바람은 정말로 기분이 좋아요.

베브라 : 가슴이 넓디넓어진다.

로스비타 : 정말 그래요.

베브라 : 마음의 엷은 막이 벗겨진다.

로스비타 : 엷은 막이 벗겨져요.

베브라 : 영혼이 낡은 껍질을 벗고 다시 태어난다.

로스비타 : 바다 앞에 서면 다들 얼마나 아름다워지는지!

베브라 : 시야를 막는 것도 없고, 탁 트인…….

로스비타 : 탁 트인…….

베브라 : 바다 저쪽, 끝없는 바다 저쪽으로 떠내려가다……. 잠깐, 랑케스 상병, 저쪽 바닷가에 무언지 검은 것이 다섯 개 보이는 것 같은데.

키티 : 내게도 보여요. 우산이 다섯 개 있군.

펠릭스 : 여섯 개야.

키티 : 다섯 개야! 하나, 둘, 셋, 넷, 다섯!

랑케스 : 저것은 리지외의 수녀들이에요. 보육원도 함께 이곳으로 옮겨왔습니다.

키티 : 그렇지만 키티 눈에는 어린아이들 모습은 보이지 않아! 우산이 다섯 개 보일 뿐인데.

랑케스 : 개구쟁이들은 바방 마을에다 두고 왔습니다. 저 수녀들은 썰물 때는 자주 찾아와서, 롬멜 아스파라거스에 걸려 있는 조개와 게를 줍고 있습니다.

키티 : 가엾은 사람들!

로스비타 : 저분들에게 콘 비프와 깡통에 든 쿠키를 좀 주면 어떨지 몰라.

오스카 : 나는 살구잼을 바른 포도빵이 좋다고 생각해요. 오늘은 금요일이니까 수녀들에게 콘 비프는 안 돼요.

키티 : 어머, 달리기 시작했군! 우산을 쓰고 마치 미끄러지듯이 달려간다!

랑케스 : 많이 모은 뒤에는 언제나 저렇습니다. 저렇게 해서 놀기 시작합니다. 더욱이 예비 수녀인 아그네타는 서쪽과 동쪽도 구분할 줄 모르는 철부지 소녀이니까—미안하지만 대위님, 담배를 한 대 더 얻을 수 없을까요? 정말 고맙습니다! —그리고 저쪽 뒤에 뚱뚱해서 따라가지 못하는 분이 수녀원

장인 스콜라슈티카입니다. 저 여자는 바닷가에서 노는 걸 싫어합니다. 수녀원 규칙에 저촉될지도 모른다는 겁니다. (우산을 든 수녀들이 달려가는 모습이 배경으로 보인다. 로스비타가 축음기를 튼다. 페터스부르크의 '썰매타기'가 울려 퍼진다. 수녀들은 이에 맞추어 춤추며, 환성을 올린다)

아그네타 : 저 보세요! 원장님!

스콜라슈티카 : 아그네타, 아그네타 수녀!

아그네타 : 얏 호ㅡ, 스콜라슈티카 원장님!

스콜라슈티카 : 돌아와요, 네! 아그네타 수녀!

아그네타 : 안 돼요! 저절로 달려가게 돼요!

스콜라슈티카 : 그럼, 기도하세요, 수녀. 회심을 위해서.

아그네타 : 고뇌에 가득 찬 회심을 위해서?

스콜라슈티카 : 은총에 가득 찬 회심을 위해서!

아그네타 : 기쁨에 가득 찬 회심을 위해서?

스콜라슈티카 : 기도하세요, 아그네타 수녀!

아그네타 : 진작부터 계속 기도드리고 있어요. 그래도 안 돼요. 점점 끌려가요!

스콜라슈티카 : (소리를 죽이고) 아그네타, 아그네타 수녀!

아그네타 : 저 보세요! 스콜라슈티카 원장님!

(수녀들의 모습이 사라짐. 때때로 배경에 그녀들의 우산이 떠오를 뿐. 레코드가 끝난다. 벙커 출입구 옆에 있는 야전 전화가 울린다. 랑케스가 벙커 지붕에서 뛰어내려 수화기를 든다. 다른 사람들은 식사를 계속한다)

로스비타 : 이곳까지, 이 끝없는 자연의 한가운데까지, 전화가 없으면 안 되는 걸까?

랑케스 : 여기는 도라 7호. 랑케스 상병입니다.

헤르초크 : (수화기와 전선을 들고 오른쪽에서 천천히 다가온다. 이따금 멈추며 수화기에 말을 한다) 잠을 자고 있나, 랑케스 상병! 도라 7호 전방에서 무엇이 움직이고 있다. 확실해, 틀림없어!

랑케스 : 저것은 수녀들입니다, 중위님.

헤르초크 : 수녀들이 이런 곳에 올라올 리가 없어, 만일 수녀가 아니면 어떻게 할 텐가?

랑케스 : 아니, 수녀들입니다. 틀림없습니다.

헤르초크 : 자네는 위장이라는 것도 모르나? 제5열도 몰라? 영국인들이 이미 몇 세기 전부터 하고 있는 짓이야. 성서를 가지고 들어온다고 안심하고 있으면 그 뒤에서 돌연 폭발이다!

랑케스 : 저 사람들은 게를 줍고 있습니다, 중위님.

헤르초크 : 지금 당장 해안을 소탕하라! 알겠나?

랑케스 : 예, 알겠습니다. 중위님. 그러나 저 사람들은 정말로 게를 잡고 있을 뿐입니다만.

헤르초크 : 자네는 기관총 사격을 시작하는 거야. 랑케스 상병!

랑케스 : 그렇지만 저 사람들은 정말 게를 찾고 있을 뿐입니다. 썰물이 되어, 보육원 아이들을 위해서……

헤르초크 : 직무 명령이다.

랑케스 : 알겠습니다, 중위님! (랑케스가 벙커 안으로 사라지고 헤르초크는 전화기를 들고 오른쪽으로 퇴장한다)

오스카 : 로스비타, 귀를 막고 있어요. 뉴스 영화와 같은 사격이 시작돼요.

키티 : 오오, 무서워! 좀더 몸을 휘감자.

베브라 : 어쨌든 무슨 소리가 들려올 듯하군.

펠릭스 : 또 축음기를 틀까. 마음이 초조하니까 말이지. (축음기를 튼다. 더 플라터즈가 '더 그레이트 프리텐더'를 노래한다. 비극적으로 끝을 빼는 느릿한 음악에 맞추어 기관총이 울부짖는다. 로스비타가 귀를 막는다. 펠릭스는 물구나무선다. 배경에 우산을 든 5명의 수녀들이 춤추며 하늘로 올라가는 것이 보인다. 레코드는 바늘이 앞으로 나가지 않고, 같은 곳만을 되풀이하다가 이윽고 조용해진다. 펠릭스가 물구나무서기를 그친다. 키티가 손발을 푼다. 로스비타는 식탁보 위에 먹다 남은 음식을 급히 바구니 속에 담는다. 오스카와 베브라가 그녀를 돕는다. 모두 벙커 지붕에서 내려온다. 랑케스가 벙커 출입구에 모습을 나타낸다)

랑케스 : 대위님, 죄송하지만 담배 한 대 더 주실 수 없을까요?

베브라 : (다른 일행들은 베브라 뒤에서 불안한 모습) 이 군인은 담배를 너무 피우는군.

베브라 일행 : 너무 많이 피워요!

랑케스 : 그것은 콘크리트 때문입니다, 대위님.

베브라 : 그렇다면 언젠가 장래에 콘크리트가 없어져 버리면?

베브라 일행 : 콘크리트가 없어져 버리면?

랑케스 : 콘크리트는 불멸입니다. 우리와 담배만이……

베브라 : 알았다, 알았어. 연기와 더불어 우리는 사라지는 것이다.

베브라 일행 : (천천히 일어서면서) 연기와 더불어!

베브라 : 그와 반대로 이 콘크리트는 천 년 후에도 구경꾼들을 불러들일 것이다.

베브라 일행 : 천 년 후에도!

베브라 : 개뼈다귀가 발견될 것이다.

베브라 일행 : 개뼈다귀가.

베브라 : 거기에 자네의 콘크리트제 사체 구조도 말이지.

베브라 일행 : **신비적인, 야만적인 권태!** (담배를 피우고 있는 랑케스가 홀로 남는다)

오스카는 콘크리트 위에서의 아침 식사 동안 제대로 입을 열지 않았으나, 대서양 요새에서의 대화는 적어 두어야만 했다. 어쨌든 적의 습격 전날 밤의 대화였으니까. 이 콘크리트 화가인 랑케스 상병을 우리는 얼마 뒤에 다시 만나게 되는데, 그것은 전쟁 뒤에, 비더마이어 양식이 한창 온갖 말로 찬양받는 시대가 되어서였다.

해안 산책로에는 여전히 장갑차가 우리를 기다리고 있었다. 헤르초크 중위는 자신이 보호해야 될 우리에게로 급히 달려왔다. 숨을 헐떡거리면서 그는 조금 전의 작은 사건을 베브라에게 변명했다. "출입 금지 지역은 절대로 출입 금지입니다!" 그는 이렇게 말하고, 부인들이 차에 타는 것을 돕고는, 운전사에게 두서너 가지 지시를 했다. 이렇게 해서 차는 바방으로 되돌아왔다. 우리는 서둘러야 했다. 점심 먹을 시간도 제대로 없었다. 2시에 공연이 예고되어 있었기 때문이다. 장소는 마을 어귀 미루나무 숲 사이에 있는, 저 노르망디인의 우아한 성 안의 기사 홀에서였다.

조명 조절을 위해서는 아직도 30분이 남아 있었다. 그러고서 오스카의 북소리와 함께 막이 올랐다. 우리는 하사관과 병사들을 위해서 연기를 했다.

꾸밈없는 웃음소리가 계속 솟아올랐다. 우리는 마음껏 과장을 했다. 나는 유리로 만든 요강 속에 겨자를 친 비엔나 소시지를 두 개 넣고, 그것을 노래로 산산조각냈다. 짙게 화장한 베브라가 깨진 변기에 눈물을 흘리며 파편 사이에서 소시지를 집어들어 겨자를 발라 냠냠 먹어 버리자, 카키색 집단은 완전히 열광케 날뛰었다. 키티와 펠릭스는 얼마 전부터 가죽 반바지와 지방 모자로 몸차림을 하도록 되어 있었는데, 이것이 그들의 곡예 연기에 빛을 더하고 있었다. 몸에 꼭 맞는 은빛 옷을 입은 로스비타는 옅은 녹색의 긴 장갑을 끼고, 참으로 작은 발에는 금실 무늬의 샌들을 신고, 약간 푸른빛을 띤 눈꺼풀을 내리깔고, 꿈꾸는 듯한 지중해 소리로 장기인 마술을 보여 주었다. 오스카에게 분장이 소용없다는 사실은 이미 말했던가? '제국 군함 자이틀리츠'라고 수놓은, 고급의 낡은 해군 모자를 쓰고 짙은 남색 셔츠 위에는 닻이 새겨진 금단추가 달린 겉옷을 걸쳤다. 그 밑으로 반바지가 보이고 말려 내려간 긴 양말이 헌 목구두 속에 쑤셔박혀 있었다. 거기에 희고 붉은 광칠한 양철북. 내 짐 속에는 똑같이 만든 북이 다섯 개나 예비로 준비되어 있었다.

저녁에 우리는 장교들과 카부르 지역 정보부의 여성 전신 조수들을 위해 공연을 되풀이했다. 로스비타는 조금 초조해하고 있었다. 실패한 것은 아닌데, 연기 도중에 푸른 테 선글라스를 쓰자마자 기가 완전히 변해서 노골적으로 예언을 했다. 이를테면 한 여성 전신 조수에게 상관과 좋아하는 사이가 됐다는 식으로 말해서 그녀를 당황케 하고 헬쑥하게 만들었다. 이 계시가 나에게는 불쾌했으나 일동을 크게 웃겼다. 분명히 그 조수 옆에 상관이 앉아 있었기 때문일 것이다.

공연 뒤에 이 성에 숙박하고 있던 연대 참모 장관들이 또 한 차례 잔치를 열었다. 베브라, 키티, 펠릭스는 그 자리에 남았으나, 라구나 부인과 오스카는 눈에 띄지 않게 빠져나와 자리에 들자마자 파란 많던 하루의 피로로 금방 잠이 들었고, 아침 5시에 적의 습격 개시로 겨우 잠을 깼다.

이 습격에 대해서 무엇을 보고하면 좋을지. 오른 하구 부근의 우리 구역에 캐나다군이 상륙했다. 바방에서 철수해야만 했다. 우리는 벌써 짐을 다 실었다. 연대 사령부와 함께 후퇴할 예정이었다.

성 안뜰에는 김이 오르는 야전 식당차가 정차하고 있었다. 로스비타는 커피를 한 잔 얻어 달라고 나에게 부탁했다. 아직 아침 식사를 하지 못 했던 것이다. 나는 마지막 트럭을 놓칠까 걱정되고 약간 신경이 날카로워져서 그녀의 부탁을 거절했다. 게다가 조금 난폭한 태도를 취하기까지 했다. 그러자 그녀는 직접 차에서 뛰어내려, 그릇을 들고 하이힐을 신은 채 식당차를 향해 달려가서 따뜻한 아침 커피를 얻었는데, 그와 동시에 마침 날아온 함포 사격의 탄환까지 얻게 되었다.

오오, 로스비타, 그대가 몇 살이었는지 나는 모른다. 알고 있는 사실은 오직 그대가 99센티미터였다는 것, 그대의 입을 빌려 지중해가 말을 했다는 것, 그대에게서는 계피 냄새와 육두구 향내가 났다는 것, 그대는 모든 사람의 마음을 꿰뚫어 보았다는 것, 그것뿐이다. 단지 그대는 자신의 마음만은 꿰뚫어 보지 못했다. 그렇지 않다면 그대는 내 곁을 떠나서 그토록 뜨거운 커피를 얻으러 가지는 않았으리라!

리지외에 도착한 뒤 베브라는 우리를 위해서 베를린으로 행군 명령을 얻는 데 성공했다. 사령부 앞에서 우리와 합류했을 때, 그는 처음으로 로스비타의 죽음에 대해서 말했다. "우리 소인이나 광대는 콘크리트 위에서 춤을 추어서는 안 된다. 그것은 큰 사나이들을 위해 밟아서 굳혀놓은 것이다! 아무도 모르게 연단 밑에 숨어 있었으면 좋았는데 말이야."

베를린에서 나는 베브라와 헤어졌다. "로스비타가 없어졌으니, 이제 방공호에 들어간들 네가 무얼 하겠나!" 그는 보일 듯 말 듯한 미소를 띠우고 이렇게 말하며 내 뺨에 키스하고, 키티와 펠릭스에게 공용 여권을 주어 단치히역까지 나를 데려다 주게 했다. 짐 속에 들어 있던 여분의 북 다섯 개도 내게 주었다. 이러한 배려를 받아 내 책도 잊지 않고, 나는 1944년 6월 11일, 고향에 도착했다. 내 아들의 세 번째 생일 전날이었다. 시내는 예전과 똑같이 폭격도 당하지 않은 채 중세의 모습이 감돌고 있었다. 시간마다 여러 다른 높이의 교회탑에서 갖가지 크기의 종들이 시끄러운 소리를 내고 있었다.

그리스도의 모방

이제는 귀향! 저녁 8시 4분에 휴가병 전용 열차가 단치히 역에 도착했다. 펠릭스와 키티가 나를 막스 할베 광장까지 데려다 주었다. 헤어질 때 키티는 눈물을 머금었다. 그리고서 그들은 호흐슈트리스의 선전 본부를 방문했다. 그리고 오스카는 저녁 9시 조금 전에 짐을 들고 라베스베크 거리를 천천히 걷고 있었다.

귀향, 오늘날엔 이상스러운 풍토가 퍼져서, 이를테면 소액의 어음을 위조한 결과로 외인부대에 들어가 있던 젊은이가 2, 3년 지난 뒤에 약간 나이가 들어 귀향하여 체험담을 이야기하거나 하면 갑자기 현대판 오디세우스가 되어 버린다. 가끔 얼이 빠져 열차를 잘못 타고서 프랑크푸르트로 가야 되는 것을 오버하우젠으로 가 버려 도중에서 얼마간 체험을 한다—흔히 있는 일이다—그러면 돌아오자마자 키르케라든지 페넬로페라든지 텔레마코스라는 신화적인 이름을 퍼뜨리고 싶어한다.

오스카의 경우는 다르다. 돌아왔지만 아무것도 변하지 않았다는 사실만으로도 오디세우스가 될 수 없었다. 그가 사랑하는 마리아, 그가 오디세우스라면 페넬로페라고 불러 마땅한 그녀는 음탕한 구혼자들에게 들볶이고 있지 않았다. 여전히 마체라트와 함께 살고 있었는데, 그 남자에게로 가겠다고 그녀가 결심을 한 것은 오스카가 여행을 떠나기 훨씬 전의 일이었다. 교양 있는 독자들은 불쌍한 로스비타가 옛날 몽유병자 특유의 직업에 종사했다고 해서 남자를 속이는 키르케로 생각하지는 말기를 바란다. 마지막으로 내 아들 쿠르트는 어떤가 하면, 이 아이는 아버지를 위해서 손가락도 까딱하지 않았다. 오스카는 깨닫지 못했을지도 모르나 어쨌든 텔레마코스와 같은 아이는 아니었다.

어차피 비교한다면—귀향자로서 비교를 감수해야만 하는 것쯤은 나도 알고 있다—나는 여러분을 위해서 성서에 나오는 방탕자이고 싶다. 사실 마체라트가 문을 열고 나를 맞아들였는데, 그것은 외견상의 아버지 같지가 않은 진짜 아버지의 태도였다. 그렇다, 그는 오스카의 귀향을 마음속으로부터 기뻐했다. 말없이 흘린 눈물은 진실 바로 그 자체였다. 그래서 나는 그날 이후 한결같이 오스카 브론스키라는 이름을 대는 것을 중지하고, 때로는 오스카 마체라트라는 이름을 대기도 했다.

마리아는 태연하게 나를 맞이했으나 무뚝뚝하지는 않았다. 그녀는 탁자 앞에 앉아서 배급청에 제출할 식료품 배급권을 붙이고 있었는데, 보조탁자 위에는 쿠르트의 생일 선물 두세 개가 포장된 채로 쌓여 있었다. 그녀는 실천형이었으므로, 먼저 나의 건강을 걱정해서 내 옷을 벗겨 예전처럼 나를 목욕시키고, 내가 빨갛게 되는 것도 상관치 않고 잠옷을 입혀서 식탁 앞에 앉혔다. 거기에는 마체라트가 달걀부침과 감자튀김을 차려놓았다. 나는 우유도 마셨다. 그리고 내가 마시고 먹고 하는 동안에 질문이 시작되었다. "도대체 어디에 갔었어요? 얼마나 찾았다구. 경찰도 미친 듯이 찾아다녔어요. 우리는 법정에서 당신을 버리지 않았다고 선서까지 했어요. 어쨌든 돌아와서 다행이에요. 그렇지만 이제부터 또 귀찮은 일이 생기겠어요. 당신에 대해 다시 보고해야 하니까요. 수용소에 들어가지 않으면 좋으련만. 당신이 나빠요. 한 마디도 없이 가 버리다니!"

마리아는 선견지명이 있었다. 역시 귀찮은 일이 생겼다. 보건성 직원이 찾아와서 마체라트와 밀담을 시작했는데, 마체라트가 큰 소리로 화를 냈기 때문에 모두가 듣고 말았다. "그것은 말도 안 되오. 나는 아내가 죽을 때 약속했소. 아버지는 나지, 보건 경찰이 아니오!"

그리하여 나는 수용소로 가지 않아도 되었다. 그러나 이날부터 2주마다 마체라트의 서명을 요구하는 공문서가 날아들었는데, 마체라트는 서명하려 하지 않았다. 그래서 그의 얼굴에는 걱정으로 주름살이 늘었다.

오스카는 이 일이 마음에 걸렸다. 이젠 마체라트 얼굴에서 주름살을 없애 주어야 했다. 어쨌든 내가 돌아온 날 밤, 그의 얼굴은 빛났다. 마리아처럼 여러 가지 일을 생각하지도 묻지도 않았으며, 내가 무사히 돌아왔다는 사실만으로 만족했다. 말하자면 진짜 아버지 같은 태도였다. 약간 어이없는 얼굴을 한 트루친스키 아주머니 집으로 자러 갔을 때 그는 이런 말까지 했다. "쿠르트가 정말 기뻐할 거야. 다시 형이 생겼으니까 말이지. 게다가 내일은 쿠르트의 세 번째 생일이다."

내 자식인 쿠르트는 생일 축하 식탁 위에서 촛불을 세 개 꽂은 케이크 말고도 여러 가지 물건을 발견했다. 그레트헨 셰플러가 손으로 짠 진보랏빛 스웨터엔 전혀 관심을 나타내지 않았다. 기분 나쁜 노란 고무공을 발견하자 그것을 깔고 앉아서 타고 놀며, 마지막에는 식칼로 그것을 찔렀다. 그리고 그 고무 구멍에 입을 대고, 부풀게 한 공 속에 흔히 들어 있는 메슥거리고 달착지근한 액체를 빨았다. 바람이 꺼져 공이 쭈글쭈글해지자, 쿠르트는 이번에는 범선 분해를 시작하여 마침내 난파선으로 만들어 버렸다. 팽이와 팽이채도 손 닿는 곳에 있어서 어떻게 되나 걱정했는데, 그것에는 손도 대지 않았다.

이미 오래전부터 자식의 생일을 마음에 두고, 대를 이을 자식의 세 살 생일에 늦지 않으려고 서둘러서 온 오스카, 그는 옆에 서서 이 파괴 활동을 지켜보면서, 이 방약무인한 소년을 놀란 눈으로 바라보며, 자기 몸 치수와 자식의 치수를 비교해 보았다. 그리고 얼마간 감개에 젖어 나는 자신에게 다음과 같이 일렀다. 쿠르트는 네가 없는 동안에 너의 키를 넘어 버렸다. 17년 전 너의 세 살 생일 이후로 너는 94센티미터의 키를 지켜왔는데, 그것을 이 애는 벌써 2, 3센티미터 초과해 버렸다. 이제야말로 그를 양철북치기로 만들 때다. 이 빨라진 성장에 큰 소리를 지르며 "거기까지!"라고 불러 세울 때이다.

위대한 교양서와 함께 건조실 기와 그늘에 감추어 두었던 순회공연용 짐 꾸러미에서 나는 반짝거리는 새 양철북을 꺼냈다. 그리하여 내가, 세 살 생일을 맞았을 때 불쌍한 어머니가 약속대로 나에게 준 것과 같은 기회를—어른들이 하려고 하지 않는 이상—내 자식에게 주려고 생각했던 것이다.

한때 나에게 장사를 물려주려고 했다가 포기한 마체라트가, 쿠르트를 장차 식료품 장수로 만들 생각을 하고 있으리라는 것은 쉽게 짐작할 수 있는 일이었다. 나는 당장에 이렇게 말하고 싶었다. 그것은 당치도 않은 일입니다. 그렇다고 해서 오스카가 소매업을 감정적으로 싫어한다고는 생각하지 않기를 바란다. 나, 또는 나의 자식에게 공장 콘체른의 경영자 지위를 약속해 주었어도 혹은 왕국과 거기에 속한 식민지의 상속권까지 부여해 주었어도, 나는 똑같은 기분을 느꼈으리라. 오스카는 무엇이든 물려받는 것을 싫어한다. 그러므로 자식에게도 비슷한 행동을 취하게 하고 싶은 것이다. 그래서 자식을—그리고 여기에 바로 내 논리의 결함이 있는데—영원히 세 살짜리 양철북 고수로 만들겠다고 생각했다. 따라서 나는 앞길이 창창한 어린아이에게 양철북을 물려주는 것은 식료품 가게를 물려주는 것만큼 메스꺼운 일은 아닐 거라고 생각했다.

오스카는 오늘도 그렇게 생각하고 있다. 그러나 그 당시 그의 소원은 단 하나였다. 북을 치는 아버지 옆에 북을 치는 자식을 두는 일이고, 둘이서 북을 치면서 밑에서 어른들을 구경하는 일이며, 영속하는 고수 왕조(鼓手王朝)를 확립하는 일이었다. 누가 뭐래도 내가 할 일은 붉은빛과 흰빛으로 광철을 한 양철을 두들기면서 한 세대에서 다음 세대로 전달해야만 하는 것이다.

어떤 생활이 우리를 기다리고 있을까? 우리는 어떤 식으로 북을 칠 수 있을까? 어깨를 나란히 하고서인가, 각기 다른 방에서인가? 두 사람이 함께인가, 혹은 그는 라베스베크, 나는 루이제 거리, 그는 지하실에서, 나는 지붕 밑 다락방, 쿠르트는 부엌에서, 오스카는 화장실에서 하는 식으로, 아버지와 자식이 장소를 달리해서 때로는 함께 양철북을 칠 수도 있었으리라. 잘하면 내 할머니이고 그의 증조할머니가 되는 안나 콜야이체크의 치마 밑으로 둘이 함께 미끄러져 들어가서는, 그곳에 앉아 북을 치면서 썩은 버터 냄새를 맡을 수 있을지도 모른다. 그러고는 그녀의 입구 앞에 쭈그리고 앉아서 쿠르트에게 이렇게 말할 수도 있었을 게다. "애, 들여다보아라, 아가야. 저기서 우리가 나왔단다. 네가 착하게만 굴면 한 시간 정도는 저 속으로 되돌아가서, 그곳에서 기다리고 있는 모든 사람을 만나 볼 수도 있을 것이다."

그러면 쿠르트는 치마 밑에서 허리를 굽혀 감탄하는 표정으로 기웃거리며 아버지인 나에게 예의바르게 질문을 던져 설명을 구했으리라.

"저 아름다운 여인은 말이지" 하며 오스카는 속삭였을 것이다. "응, 한가운데에 앉아서 고운 손을 만지작거리고 있는, 저기 눈물이 날 만큼 고운 달걀 모양의 얼굴을 하고 있는 사람, 저분이 바로 불쌍한 어머니, 그러니까 너한테는 마음씨 고운 할머니가 되는 분이란다. 장어 수프 요리 때문에, 아니면 마음이 너무나 고와서 죽은 것이란다."

"그리고? 아빠, 그리고?" 쿠르트는 재촉했으리라. "저 수염이 긴 할아버지는 누구?"

나는 복잡한 사정이 있는 듯 소리를 죽였을 것이다. "저분은 너의 증조할아버지인, 요제프 콜야이체크라는 분이야. 보아라, 저 부리부리한 방화범의 눈이며, 폴란드인의 엄숙한 자부심과 카슈바이인의 현실적인 영악스러움을 엿볼 수 있는 저 눈언저리를. 거기에 말이지, 그의 발가락 사이에는 물갈퀴가 붙어 있단다. 콜럼버스호가 진수하던 13년 그는 뗏목에서 떨어져서 오랫동안 헤엄쳐야 했는데, 아메리카로 건너가서 백만장자가 되었단다. 그렇지만 이따금 그는 바다로 나가서 헤엄을 쳐 돌아와 이곳으로 오는 일이 있단다. 이곳은 방화범이었던 그가 처음으로 숨어서 그의 일부를 내 어머니에게 물려준 장소란다."

"그러면 저 곱게 생긴 남자는? 지금까지 내 할머니라는 분 뒤에 숨어 있었는데, 보아요, 지금 할머니 옆에 앉아서 할머니 손을 쓰다듬고 있죠? 저 사람, 아빠와 똑같은 푸른 눈을 하고 있네!"

됨됨이가 나쁜 반항아인 나는 이때 온몸의 용기를 불러일으켜서 사랑스러운 자식에게 대답했으리라. "쿠르트야, 너를 바라보고 있는 저 눈은 말이지, 브론스키 집안의 꿈꾸는 듯한 푸른 눈이란다. 너는 회색 눈을 갖고 있는데 그것은 엄마에게서 물려받은 거야. 그렇지만 너도 저쪽에서 내 불쌍한 어머니의 손에 키스하고 있는 얀이나 그의 아버지인 빈첸트와 마찬가지로 어디까지나 몽상가이면서 카슈바이적인 현실성도 갖추고 있는 브론스키의 일원이란다. 언젠가는 우리도 그곳으로 되돌아간단다. 약간 신맛이 나는 버터 냄새를 퍼뜨리고 있는 근원으로 말이야. 기쁘지!"

그 당시의 내 사고방식대로 하면 참다운 가족 생활이 실현될 수 있는 장소는 할머니 콜야이체크의 내부, 즉 내가 장난삼아 버터통이라고 이름 붙인 할머니의 그것 말고는 달리 없었을 것이다. 오늘날에는 모든 것이 달라졌다. 이젠 내가 손가락 하나만 까딱해도 하느님 아버지와 그의 독생자 예수와 더욱 중요한 성령까지도 내가 넘어서지는 못해도 맞먹을 수 있게 됐다. 하긴 그리스도를 모함하는 일도, 다른 모든 천직과 마찬가지로 나에게는 마음 내키지 않는 의무가 되어 버렸다. 지금은 내 할머니로 향하는 문만큼 내 손에서 멀리 떨어져 있는 것도 없지만, 그래도 내가 가장 아름다운 가족 장면이라고 여기는 것은 내 조상들이 모두 한자리에 모인 광경이다.

특히 비가 오는 날이면 나는 이렇게 상상해 본다. 할머니가 초대장을 내서 우리 모두가 그의 내부로 모이는 것이다. 얀 브론스키가 오고 있다. 이 폴란드 우체국 방위대의 전사(戰士)는 가슴의 탄환 자국에 카네이션을 꽂고 있다. 내 추천으로 초대를 받은 마리아는 조심조심 나의 어머니에게로 다가가서 비위를 맞추려고, 어머니가 시작해서 마리아가 흠잡을 데 없이 계속하고 있는 그 장부를 보인다. 그러자 어머니는 가장 카슈바이 사람다운 웃음소리를 내면서 내 연인을 끌어당겨, 볼에 키스를 하고 눈짓을 하면서 말한다. "참으로 이상한 일이야. 우리 두 사람 모두 마체라트와 결혼해서 브론스키를 기른 셈이군!"

얀이 씨를 뿌려서 콜야이체크 할머니의 뱃속에 있는 내 어머니가 임신한 끝에 그 버터통에서 한 아기가 태어난다는 식으로 생각의 가지를 뻗어가는 것은 그만두어야 한다. 그런 생각은 으레 꼬리에 꼬리를 물고 계속되게 마련이기에. 이를테면 생각의 가지를 뻗치다 보면 역시 우리 가문의 일원인 나의 이복형제 슈테판 브론스키가 마리아를 보자마자 브론스키 집안 특유의 엉큼한 생각에서 자꾸 눈독을 들이지 말란 법도 없는 것이다. 따라서 내 상상력을 죄 없는 가족 모임에 한정하는 게 좋겠다. 그리고 제3, 제4의 고수에 대한 생각도 그만두자. 오스카와 쿠르트면 충분하다. 지금으로서는 모인 이들에게 단지 이국에서 나에게 할머니의 역할을 해 주던 에펠탑에 대한 이야기를 북을 두들겨서 들려 줄 생각이나 하자. 주빈인 안나 콜야이체크를 포함한 모든 손님이 우리의 북 소리를 들으며 흥에 겨워서 무릎을 치며 박자를 맞춘다면 내 기분은 무척 좋아질 텐데.

자기 할머니 뱃속에 세상사 및 거기에 관련된 일들을 집어넣고 평범한 사실을 요리조리 돌려보는 것도 재미있는 일이겠지만, 오스카 역시 마체라트와 마찬가지로 추정상의 아버지에 지나지 않는 이상, 이제는 또 1944년 6월 12일의 일, 즉 쿠르트의 세 번째 생일에 대한 이야기로 되돌아가야겠다.

다시 한 번 반복하면, 그 녀석은 스웨터 한 벌과 공 하나와 돛단배 그리고 팽이와 팽이채를 받았다. 게다가 나한테서 붉은빛과 흰빛으로 광칠한 양철북까지 얻게 됐다. 녀석이 돛단배의 해체를 끝내자마자 오스카는 양철 선물은 등 뒤에 감추고, 자신이 쓰고 있는 양철북을 목에 걸어 배 밑에 늘어뜨린 채 다가갔다. 우리는 한 발쯤 떨어져서 마주 보고 섰다. 한쪽은 난쟁이인 오스카, 다른 한쪽은 이쪽보다 2센티미터 큰 난쟁이 쿠르트이다. 그는 사납고 심술궂은 표정을 짓고 있었다. 아마도 돛단배를 아직 덜 부순 것이리라. 내가 북을 높이 들어 내민 바로 그 순간에, 그는 돛단배 파미르 호의 마지막 돛대를 부러뜨려 버렸다.

쿠르트는 난파선을 내던지고 북을 손에 들어 휙 뒤집었는데, 여전히 긴장된 표정이었으나 조금 부드러워졌다. 이제야말로 그에게 북채를 내밀 때였다. 그러나 유감스럽게도 그는 내 두 손의 행동을 오해하여 위협을 느꼈다. 그래서 양철 테로 그 북채를 때려 내 손에서 떨어뜨렸다. 내가 북채를 줍기 위해서 허리를 굽힌 동안에 그는 뒤에서 뭔가 집어들었다. 내가 북채를 주워서 다시 그에게 내밀자, 그는 손에 들고 있던 생일 선물로 나를 때렸다. 팽이가 아닌, 나 오스카를 때렸다. 때리라고 홈을 파놓은 팽이를 치지 않고 그는 아버지를 붕붕 신음 소리를 내게 하여 돌리려고 생각한 것이다. 나를 팽이채로 치면서 마음속에 생각했으리라. 잠깐만 참으세요 형님, 곧 잘 돌아갈

거예요 하면서. 카인이 아벨을 매질하면서도 이러했으리라. 처음에는 비틀
비틀 돌던 아벨의 몸이 점점 빨리 그리고 정확하게 돌기 시작하면서, 처음의
둔탁한 신음 소리가 쌩쌩 울리는 팽이의 노랫소리로 변했으리라. 카인의 매
는 점점 높은 소리로 나를 이끌었다. 내 목소리는 믿음에 부응하여 테너의
아침 기도가 흘렀다. 은세공으로 돋을새김한 천사들의 노래도, 빈 소년 합창
단이나 거세하여 훈련시킨 가수들의 합창도 이러하리라고 생각되었다. 아마
아벨도 이처럼 노래하다가 쓰러졌는지도 모른다. 나도 노래하다가 쿠르트
녀석의 매 아래 쓰러졌다.

내가 비참한 신음 소리를 내면서 뻗어 버린 것을 보고도 아이의 팔은 아직
도 직성이 덜 풀렸는지 방 안 공기를 몇 번이나 헛매질했다. 북을 요리조리
살펴보면서도 그는 어딘가 수상하다는 듯 나를 감시하고 있었다. 처음에 그
는 적백색으로 광칠된 부분을 의자 모서리에 부딪치더니 이내 그 선물을 방
바닥에 떨어뜨렸다. 쿠르트는 좀 전의 커다란 돛단배의 동체를 찾아냈다. 이
목재로 그는 북을 쳤다. 북을 친 게 아니라 두들겨 부순 것이다. 그의 손은
아주 단순한 리듬마저도 시험해 보려 하지 않았다. 그는 몹시도 사나운 얼굴
을 하고서 한결같이 단조로운 동작으로 양철을 때려 부쉈다. 양철은 설마 이
런 고수가 나타나리라고는 생각지도 못했으리라. 가벼운 북채의 연타라면
얼마든지 견딜 수 있겠지만 울퉁불퉁한 난파선의 동체로 두들겨 맞고는 버
틸 수 없었다. 북은 찍 하고 소리를 내면서 찢어져 적백색 광칠을 단념하고,
회청색 양철이 되어 동정을 구하며 동체로부터 몸을 빼내어 빠져나가려 했
다. 그러나 아들은 아버지의 선물에 대해서가 가차 없는 태도를 보였다. 그래
서 아버지가 다시 한 번 중재를 하기 위해 몸 여기저기가 한꺼번에 쑤시는
것을 참고 융단 위를 엉금엉금 기어서 아들이 있는 방바닥 쪽으로 손을 뻗치
려고 하자, 또다시 그 사이에 채찍이 끼어들었다. 지칠 대로 지친 팽이는 이
채찍 부인의 성질을 잘 알고 있었으므로, 신음 소리를 내면서 도는 것을 단
념했다. 그러자 북도 역시 힘차면서도 난폭하지 않은 솜씨로 북채를 다루며
연타하는 섬세한 고수를 결국 단념했다.

마리아가 들어왔을 때 북은 고철이 되어 있었다. 그녀는 나를 안아 올려
부어오른 눈과 찢어진 귀에 키스를 하고, 피가 흐르며 부어오른 두 손을 핥
았다.

아아, 마리아는 학대당한 발육부진의 불쌍한 이상아(異常兒)에게 키스를 베풀어 준 셈이다. 나를 두들겨 맞은 아버지로서 인정하고 하나하나의 상처에서 연인의 애틋함을 발견했으면 좋으런만! 그랬더라면 그 뒤의 암울한 수 개월 동안 나는 그녀에게 얼마나 위안이 되고, 내밀(內密)하면서도 진실한 남편이 될 수가 있었을까.

첫째로—마리아에게는 별 관계가 없지만—내 이복형제가 북극해 전선에서 갑자기 전사한 사건이 일어났다. 슈테판 브론스키, 이미 당시에는 의붓아버지의 성(姓) 엘러스를 따르고 있었다. 슈테판은 막 소위로 승진한 참이었는데, 그의 장교 경력은 영원히 어둠에 묻히고 말았다. 슈테판의 아버지 얀은 폴란드 우체국을 지키다가 자스페 묘지에서 사살당할 때, 셔츠 밑에 스카트 카드를 한 장 가지고 있었는데, 소위의 경우는 2등 철십자 훈장과 보병 돌격대 휘장, 이른바 냉동육 훈장(冷凍肉勳章)이 그 겉저고리 가슴께를 장식하고 있었다.

6월 말에 트루친스키 아주머니는 가벼운 졸도 발작을 일으켰다. 우체부가 나쁜 소식을 전해 주었기 때문이다. 하사관 프리츠 트루친스키가 세 가지를 위해서 전사한 것인데, 총통과 민족과 조국을 위해서였다. 중부 전선에서의 일이었다. 전해진 트루친스키의 서류 봉투 속에는 하이델베르크, 브레스트, 파리, 크로이츠나하 온천, 잘로니키 출신의 예쁜 소녀들이 대개 미소를 띠고 있는 사진이 들어 있었다. 그 밖에 1등, 2등의 철십자 훈장, 무엇인지 잘 모르겠으나 온갖 상이군인 휘장, 접근전(接近戰) 청동 버클, 대전차포의 파편 두 개, 거기에 몇 통의 편지를 카나우어라는 이름의 대위가 중부 전선에서 직접 랑푸르의 라베스베크 거리로 보내 주었다.

마체라트는 정성껏 간호했다. 트루친스키 아주머니는 완쾌되지는 않았으나 어쨌든 꽤 좋아졌다. 창가 의자에 가만히 앉아서, 나에게서 또는 하루에 두세 차례 음식을 가지고 올라오는 마체라트에게서 캐내려고 했다. '중부 전선'이라는 것은 도대체 어디에 있는가, 먼 곳인가, 일요일 하루 동안에 기차로 갈 수 있는가 등을.

마체라트는 아무리 가르쳐 주고 싶어도 아는 게 없었다. 그리하여 뉴스 특보나 국방군 발표에서 지리적 교양을 쌓은 내가 이 역할을 맡아서, 오후 시간 내내 가만히 앉아서 머리만 흔들고 있는 트루친스키 아주머니에게 유동

적 상황이 점점 더 심해지는 중부 전선에 대한 것을 북을 사용해서 설명해
주었다.

　그런데 마리아는 잘생긴 프리츠를 매우 좋아했었는지 신앙심이 깊어졌다.
처음 7월 한 달 동안은 지금까지 그녀가 배워온 종교를 찾아, 여전히 일요일
마다 그리스도 교회의 헤히트 목사에게로 갔다. 이따금 마체라트가 따라간
적도 있었으나, 그녀는 혼자 가고 싶어했다.

　그러는 동안 마리아는 개신교의 예배로는 마음에 차지 않게 되었다. 주중
에—목요일이었는지 금요일이었는지 분명치는 않으나—아직 가게 문을 닫
을 시간이 되지 않았는데도 마체라트에게 가게를 맡기고, 마리아는 가톨릭
교도인 내 손을 잡고서 신(新)시장 쪽으로 걸어갔다. 그곳에서 엘젠 거리를
돌아 마리앤 거리로 들어가, 볼게무트 푸줏간 옆을 지나서 클라인하머 공원
쪽으로 향했다. 랑푸르 역 쪽으로 가는 걸 보니 혹시 카슈바이의 비사우로
잠깐 여행을 하는 게 아닌가 하고 오스카는 지레짐작했다. 그러나 우리가 왼
쪽으로 돌아 철도 육교 밑에서 미신에 따라 화물열차를 하나 보낸 후에, 기
분 나쁘게 물방울이 뚝뚝 떨어지는 육교 밑을 빠져나와서는 똑바로 영화관
으로 향하지 않고 왼쪽 철도 둑을 따라서 걸어갔을 때, 나는 그녀가 나를 브
룬스회퍼 거리의 홀라츠 박사한테 끌고 가는 길이거나, 아니면 개종할 속셈
으로 성심 교회로 가는 길일 거라고 생각했다.

　교회 출입구는 철로 둑을 향하고 있었다. 우리는 철로 둑과 열려 있는 현
관 사이에 멈춰 섰다. 8월의 늦은 오후였다. 대기 속에 벌레 우는 소리가 담
겨 있었다. 우리 등 뒤에서는 선로 사이 자갈 위에서 하얀 두건을 쓴 동부의
여자 노동자들이 곡괭이질과 삽질을 하고 있었다. 우리는 서늘한 공기에 싸
여 있는 어두운 교회 안을 몰래 들여다보았다. 맨 안쪽에 교묘하게 관심을
끌면서 맹렬하게 타오르는 하나의 눈—영원의 빛이 있었다. 우리 등 뒤의
둑 위에서는 우크라이나 여자들이 삽질과 곡괭이질을 멈추었다. 기적이 울
리고 열차가 가까워지고 있다, 오고 있다, 왔다, 지나가고 있다, 아직 계속
간다, 아직 간다, 이제는 지나쳤다. 다시 기적이 울렸다. 우크라이나 여자들
이 삽을 들기 시작했다. 마리아는 아직도 어느 쪽 다리를 먼저 내밀어야 할
지 망설이고 있었다. 그래서 구원을 얻게 하는 유일한 교회인 가톨릭 교회와
태어나서 세례를 받았을 때부터 친밀해진 나에게 책임을 지우기로 했다. 이

렇게 해서 마리아는 비등산과 애정으로 가득 찼던 2주 동안의 사건 이래, 수 년 만에 다시 오스카가 이끄는 대로 따른 것이다.

우리는 선로 둑과 그곳의 소음과 8월과 그 윙윙거림을 밖에 남겨둔 채 교회 안으로 들어섰다. 약간 수심에 잠겨, 하지만 표정은 흐뜨리지 않고 태연한 채로 웃옷 밑에 매달린 북을 손 끝으로 만지작거리면서, 나는 불쌍한 어머니를 따라와서 참석했던 미사, 주교 집전, 저녁 미사, 토요일의 고해 같은 것을 떠올리고 있었다. 어머니는 죽기 직전, 얀 브론스키와의 교제에 지나치게 열을 올린 반동으로 믿음이 깊어져, 토요일마다 가볍게 고해를 했으며, 일요일에는 성찬으로 힘을 얻어 안도하고 용기가 생겨, 다음 목요일에는 가벼운 마음과 강해진 마음으로 가구점 골목에서 얀과 밀회를 가진 것이었다. 그 무렵의 주교는 누구더라? 빙케였다. 그는 아직도 성심 교회의 사제로 있는데, 듣기 좋은 저음으로 무슨 뜻인지 알 수 없는 설교를 했다. 그리고 사도신경을 아주 가냘픈 울음소리로 노래했다. 그 덕인지 당시 내 마음에까지도 무엇인지 신앙 같은 것이 스며들었다. 성모 마리아와 소년 예수와 세례 요한의 상을 모신 그 왼쪽 옆 제단 덕택만은 아니었다고 생각한다.

그러나 햇볕에서부터 현관으로, 다시 타일을 밟고 신자들이 앉는 자리로 마리아를 이끌도록 나를 재촉한 것은 바로 그 제단이었다.

오스카는 여유 있게 마음을 먹고, 참나무 의자에 마리아와 나란히 침착하게 앉아 있었는데, 기분은 점점 냉담해졌다. 이미 몇 년이 지났는데도 나에게는 여전히 옛날 그대로의 사람들이 참회서의 책장을 차례차례로 넘겨 계획을 다듬으면서, 빙케 사제의 귀를 기다리고 있는 듯한 생각이 들었다. 우리는 사람들과 조금 떨어져서 성당의 가운데 복도 쪽에 앉아 있었다. 어떻게 할 것인가를 마리아에게 선택하도록 하고, 될 수 있는 한 결정하기 쉽도록 피해 주었다. 한편 그녀에게는 고해실이 그다지 가깝지 않았으므로 허둥지둥할 필요는 없었고, 따라서 남몰래 개종하는 것도 가능했으며, 다른 한편 고해 전에 남들이 준비하는 모습을 목격할 수 있었으므로 그것을 관찰하는 동안에 결심이 굳어져, 청문석에 있는 사제의 귀 가까이 가서 구원을 얻을 수 있는 유일한 종교로 개종함에 대해서 세세한 일을 상의하는 것도 가능했다. 특유의 향기·먼지·모르타르 아래에서, 물결치는 듯한 육체의 천사들과 굴절하는 광선 아래에서, 경직된 성자들 사이에서, 달콤한 슬픔에 가득 찬

가톨릭에 둘러싸여 그녀가 무릎을 꿇고, 난생 처음 가톨릭식 성호를 그으려고 했을 때, 그 모습이 너무도 앙증스럽고 어색해서 가여운 생각까지 들었다. 오스카는 마리아를 살짝 찔러 성호를 바르게 긋는 법을 가르쳐 주었다. 그리고 이 초심자에게 그녀의 이마 뒤 어딘가에, 가슴속 어딘가에, 정확하게 표현하여 양어깨 어딘가에, 성부와 성자와 성령이 살고 있다는 사실과 아멘을 하면 어떤 식으로 손을 모아야 하는가를 알려 주었다. 마리아는 가르쳐 준 대로 두 손을 모아서 아멘을 하고, 아멘을 한 뒤에 기도를 시작했다.

처음에는 오스카 또한 이미 고인이 된 사람들을 생각하며 그들을 위해서 기도하려고 했다. 그런데 로스비타를 위해서 주님에게 빌고, 그녀를 위해서 영원한 안식과 천국의 기쁨에 들 수 있는 허락을 빌려고 했을 때, 그는 지상의 사소한 일들에 마음을 빼앗겨 버리고, 결국 영원의 안식과 천국의 기쁨이 어느 사이엔지 파리의 호텔로 이주해 버리고 말았다. 그래서 나는 서문경(序文經) 속으로 도망쳤다. 그렇게 되면 속박당하지 않아도 되기 때문이다. 그리고 영원에서 영원으로, 수르숨 코르다 리그눔 에트 유스툼(마음을 들어라, 그것은 합당하고 옳은 일이다)을 외웠다—그것은 어울리고 옳은 일이다. 나는 그것만으로 만족하고 옆에서 마리아를 지켜 보고 있었다.

가톨릭의 기도는 마리아에게 어울렸다. 그녀가 한마음으로 기도하고 있는 모습은 사랑스러워서 그림에 담고 싶었다. 기도하는 동안 속눈썹은 길어 보이고 눈썹은 먹으로 그린 듯이 뚜렷해지며, 뺨은 붉어지고 이마는 심각해지며, 목은 나긋나긋해지고 콧방울은 떨고 있었다. 마리아의 고통스럽게 피어나는 얼굴을 보고 있는 동안에 나는 말을 걸고 싶은 유혹에 사로잡혔다. 그러나 기도하는 사람을 방해해서는 안 되며, 기도하는 사람을 유혹하는 일도, 유혹당하는 일도 없어야 하는 법이다. 물론 타인의 눈을 끌고 있다는 사실은 기도하는 사람한테도 기분 좋은 일이며 기도 그 자체를 위해서도 유익한 일이겠지만.

그리하여 나는 반질반질하게 닦은 의자에서 미끄러져 내려왔다. 두 손은 웃옷을 부풀게 한 양철북 위에 얌전하게 놓여진 채였다. 오스카는 마리아에게서 빠져나와 타일 위로 옮겨 양철북과 함께 왼쪽 복도에 있는 십자가의 길 앞을 발소리를 죽이며 지나갔다. 성 안토니우스가 있는 곳에서는 미안하게도 멈추지 않았다. 우리는 지갑도 열쇠도 떨어뜨린 기억이 없기 때문이다.

우리는 옛 프로이센 사람들에게 맞아 죽은 프라하의 성 아달베르트 또한 왼쪽에 둔 채 지나쳐서, 장기판처럼 늘어서 있는 타일을 차례차례로 건너, 마침내 융단이 있는 곳까지 왔다. 그곳에는 왼쪽 옆면 제단으로 통하는 층계가 있었다.

신고딕식 벽돌 건물인 성심 교회 안의 왼쪽 옆면 제단 주변도 역시 모든 것이 예전대로였음을 믿어도 좋다. 장밋빛 벌거벗은 소년 예수는 여전히 성모의 왼쪽 넓적다리 위에 앉아 있었다. 나는 성모 마리아라고는 부르지 않겠다. 바로 지금 개종 중인 나의 마리아와 혼동할 우려가 있기 때문이다. 성모의 오른쪽 무릎에 아직도 몸을 기대고 있는 것은 초콜릿 빛깔의 텁수룩한 털가죽으로 필요한 부분만 가리고 있는 소년 세례자였다. 성모는 옛날 그대로 오른손 집게손가락으로 예수를 가리키면서 눈은 요한을 쳐다보고 있었다.

몇 년 만에 보는데도 오스카의 관심을 끈 것은 성모에게 나타나 있는 어머니의 자랑이 아니라, 오히려 두 소년의 상태였다. 예수는 세 살 생일을 맞이한 아들 쿠르트와 키가 거의 같았으며, 따라서 오스카보다 2센티미터가 컸다. 기록에 의하면 요한은 나사렛 출신 예수보다 나이가 많은데 키는 나와 같았다. 두 사람 모두 세 살짜리인 나에게서 흔히 볼 수 있는 것과 같은 조숙한 표정을 보이고 있었다. 모든 것이 옛날 그대로이다. 몇 년 전에 내가 불쌍한 어머니를 따라서 성심 교회에 드나들 때도 이 두 사람은 역시 이와 같은 교활한 눈짓을 하고 있었던 것이다.

융단이 깔린 층계를 올라갔다. 그렇다고 해서 서문경을 왼 것은 아니다. 주름을 일일이 살펴보고 나서 나는 벌거벗은 두 소년을 색칠한 석고상을, 손가락 열 개를 합한 것보다도 예민한 북채로 천천히 그리고 살살이 쑤셔 보았다. 허벅지, 배, 팔 할 것 없이 주름살과 움푹 패인 곳을 셌다. 이것이야말로 오스카의 몸매 그대로였다. 나의 건강한 살집, 힘세고 약간 비만한 무릎, 뭉툭하면서도 근육이 알찬 북치는 팔, 이런 것들을 이 아이도 가지고 있었다. 그는 성모의 넓적다리 위에 앉아서 두 팔과 주먹을 치켜들고 있었다. 마치 양철을 두들기기라도 하려는 듯이, 고수는 예수이지 오스카가 아니라는 듯이. 그리고 내 양철을 한결같이 기다리고 있는 것처럼. 이번에야말로 성모와 요한과 나를 위해서 매력이 가득 찬 리듬을 양철북에 실어보겠다는 듯한 진지한 모습이었다.

나는 몇 년 전과 마찬가지로 내 배에서 북을 벗겨서 예수에게 시험해 보았다. 색칠한 석고를 상하지 않도록 조심하면서 나는 그의 장밋빛 넓적다리 위에 오스카의 적백으로 얼룩진 북을 내밀었다. 그러나 이것은 어디까지나 자기 만족을 얻기 위한 짓이며, 기적을 기대하는 따위의 어리석은 생각은 없고 오히려 석고상의 무능을 확인해 보고 싶었다. 왜냐하면 그가 아무리 그런 식으로 앉아서 두 주먹을 치켜들고 있다고 해도, 또 나 정도의 키와 나처럼 튼튼한 몸을 갖고 있다고 해도, 또 내가 하려면 몹시 자제해야 겨우 될까 말까 할 세 살 짜리의 표정을 그가 석고라는 이점을 이용해서 쉽사리 짓고 있다고 해도 그가 북을 친다는 것은 어림도 없는 일이며, 칠 수 있을 듯한 시늉을 지어 보는 것이 고작이었기 때문이다. 마치 나도 북만 있다면 칠 수 있을 텐데 하고 생각하는 성싶었다. 그래서 나는 말해 주었다. 자, 북이다, 칠 수 있으면 쳐 보아라! 나는 배꼽이 빠지게 웃으면서 두 개의 북채를 그의 소시지 같은 열 개의 손가락 사이에 끼워 주었다—자, 쳐보시지, 귀여운 예수님! 채색된 석고상의 양철북 연주다. 오스카는 층층대를 세 개 내려와서 융단에서 타일 위로 자리를 옮겼다. 자 해 보아요, 예수 아가야. 오스카는 좀더 뒤로 물러섰다. 훨씬 떨어져서 그는 배꼽이 빠지게 웃었다. 예수는 그대로 앉은 채 북을 치지 못하고 있었기 때문이다. 치고 싶겠지만 안 되는 것이다—차츰차츰 싫증이 짐승의 두꺼운 털가죽처럼 나를 들볶기 시작했다—그때 그가 두들겼다, 북을 두들겼다!

주위가 모두 꼼짝도 안 하고 있는 가운데 그는 왼손 오른손을 차례로 내려서, 양쪽 북채를 교차시키면서 북을 친다. 한결같지 않은 연타, 진지한 연주에 더욱이 변화가 풍부한 복잡한 리듬도 거뜬히 해 냈으나 역시 단순한 리듬에 더 능숙했다. 다른 놀이는 모두 빼놓고 양철북에만 매달렸다. 종교적이거나 야비한 군인 같은 느낌 없이 순수하게 음악적인 인상을 주었으며, 유행가도 경멸하지 않았다. 그중에서도 특히 당시 모르는 사람이 없는 곡 '모든 것은 지나가다'와 '릴리 마를렌'까지 연주했다. 천천히 목에 약간 힘을 주고 푸른 브론스키의 눈을 한 고수머리 얼굴을 내게로 돌려 아주 의기양양하게 미소 지으면서, 이번에는 오스카의 마음에 드는 곡을 접속곡으로 들려 주었다. '유리, 유리, 유리 조각'을 시작으로 '시간표'에 이어졌다. 이 아이는 나와 똑같이 라스푸틴과 괴테를 경쟁시켰다. 나와 함께 슈토크탑에 올라가고, 연단 밑에 들어가며, 항구 방파제에서 뱀장어를 잡고, 내 불쌍한 어머니의 관(棺) ─ 그 관은 발끝으로 갈수록 좁아졌다 ─ 뒤에서 나와 나란히 걷고 있었다. 무엇보다도 어처구니없는 일은, 내 할머니 안나 콜야이체크의 네 겹의 치마 속으로 점점 기어들어가던 일이다.

이때 오스카는 가까이 갔다. 무엇인가가 그를 끌어당긴 것이다. 융단 위로 가고 싶었다. 이젠 타일 위에 서 있을 수가 없었다. 나는 층층대를 하나 올라갔다. 사실은 상대가 내려올 때까지 기다리고 싶었지만. "예수!" 하고 나는 낼 수 있는 소리를 다 짜냈다. "이제 적당히 해 다오. 내 북이야, 돌려다오. 너는 십자가가 있으니까 그것으로 되지 않나!" 그는 서두르는 기색이 없이 연주를 끝내고는, 몹시 조심하는 시늉으로 북채를 양철 위에서 교차시키고 나서, 오스카가 경솔하게 빌려 주었던 물건을 별 말대꾸도 없이 나에게 건네 주었다.

나는 인사도 하지 않고 급히 층층대를 뛰어내려 가톨릭 교회에서 떠나려고 했다. 그때 거만하면서도 그다지 싫게 느껴지지 않는 소리가 내 어깨에 닿았다. "나를 사랑하고 있나, 오스카?" 돌아보지도 않고 나는 대답했다. "내가 알 게 뭐야." 그러자 그는 소리를 높이지도 않고 같은 어조로 되풀이했다. "나를 사랑하고 있나, 오스카?" 화가 치밀어서 나는 쏘아붙였다. "미안하지만, 그런 일은 없는 것 같은데!" 그러자 그는 세 번째로 추근거렸다. "오스카야, 너는 나를 사랑하고 있나?" 나는 예수 쪽으로 돌아섰다. "너 같은 건 싫다. 이 자식아! 너도, 너의 축제 소동도, 모두 싫다!"

기묘하게도 나의 비난은 그의 소리에 승리의 울림을 주게 되었다. 그는 마치 초등학교 여교사처럼 집게손가락을 세워서 나에게 지시했다. "오스카, 너는 반석이다. 이 반석 위에, 나는 나의 교회를 세우리라. 나를 따르도록 하라!" 나의 격분한 모습을 상상할 수 있으리라. 분노한 나머지 피부가 수프 속 닭껍질처럼 되었다. 석고 발가락 하나를 잘라냈는데도 그는 꿈쩍도 하지 않았다. "다시 한 번 말해 봐." 오스카는 속삭였다. "너의 빛깔을 벗겨 주겠다!"

더 이상 목소리는 들리지 않았다. 보이는 것은 예전처럼 이 교회 저 교회를 다리를 끌면서 돌아다니는 노인의 모습뿐이었다. 왼쪽 옆면 제단을 향하여 기도하던 노인은 나의 존재를 전혀 깨닫지 못하고 다리를 끌면서 걸어가, 이미 프라하의 성 아달베르트에게로 가 있었다. 나도 층층대를 구르듯이 내려와 융단에서 타일 위로 올라서, 뒤돌아보지도 않고 장기판 무늬를 건너서 마리아에게로 갔다. 그녀는 내가 가르쳐 준 그대로 정확하게 가톨릭식으로 성호를 긋고 있는 중이었다.

나는 그녀의 손을 잡고 성수대(聖水臺)가 있는 곳으로 데려갔다. 교회당 한가운데쯤에서 다시 한 번 중앙제단 쪽을 향해서 성호를 긋게 했다. 모든 것을 그녀에게만 시켰으며 나는 하지 않았다. 그녀는 이어서 무릎을 꿇으려고 했으나 나는 그녀를 밖의 햇빛 속으로 끌어 냈다. 차츰 석양이 지고 있었다. 철도 둑 위에서 일하던 여자 노동자들은 이미 없었다. 그 대신 랑푸르 교외 정거장 조금 앞에서 화물차의 입환(入換) 작업이 이루어지고 있었다. 모기들이 포도송이처럼 떼지어 공중에 걸려 있었다. 위쪽에서 종소리가 울렸고, 그 소리는 화차가 부딪치는 소리와 엇갈렸다. 모기들은 그대로 떼지어 있었다. 마리아의 얼굴은 눈물에 젖어 있었다. 오스카는 소리지르고 싶었다. 예수란 녀석을 어떻게 해 주어야 좋을까? 나는 자신의 소리에 이 임무를 지우고 싶었다. 그의 십자가 따위가 나와 무슨 상관이 있단 말인가? 그러나 내 소리가 그의 교회 창에서는 아무런 힘을 발휘하지 못한다는 사실을 나는 충분히 알고 있었다. 그로 하여금 앞으로 계속 페트루스(베드)라든지 페트리라든지, 동프로이센에서는 페트리카이트라고 불리는 무리들 위에 그의 교회를 세우도록 내버려 두자. "이봐, 이봐, 오스카. 교회의 창은 내버려 두어라!" 내 속에 있는 악마가 이렇게 속삭였다. "그놈은 너의 소리까지도 못 쓰게 만들어 버린다." 그래서 나는 슬쩍 눈을 들어 신고딕 양식의 창을 재어 보기만 하고 그곳을 떠났다. 노래도 부르지 않고, 그의 뒤를 따르지도 않으며, 마리아와 나란히 역 앞 거리에 있는 육교를 향해서 터덜터덜 걸었다. 물방울이 뚝뚝 떨어지는 터널을 지나 클라인하머 공원으로 통하는 길을 올라가다가, 마리엔 거리 쪽을 오른편으로 돌아, 볼게무트 푸줏간 옆을 통과해서, 엘젠 거리 쪽을 왼편으로 돌아, 슈트리스 시내를 건너 신시장으로 향했다. 마침 그곳에서는 방화용 연못을 파고 있었다. 라베스베크 거리는 멀었으나 그래도 마침내 돌아왔다. 오스카는 마리아와 헤어져 아흔 개의 계단을 올라 다락으로 갔다. 그곳에는 깔개가 널려 있었고 깔개 뒤에는 방화용 모래가 산더미같이 쌓여 있었다. 그리고 모래와 들통과 신문지 다발과 암키와 더미 저쪽에 전선 극장 시대 이래의 내 책과 예비용 북이 있었다. 신발 상자 속에는 낡긴 했으나 여전히 배 모양을 한 몇 개의 전구가 있었다. 그중에서 오스카는 먼저 한 개를 꺼내서 노래로 깨뜨렸다. 두 번째 것을 집어들어 가루로 만들었다. 세 번째 것은 완전히 두 동강내 버렸다. 네 번째 것에는 '예수'라고 쥐테를린체로 써 놓고, 유리와 글자를 동시에 가루로 만들었다. 다시 한 번 하려고 했으나 이미 전구는 남아 있지 않았다. 나는 지쳐서 방화용 모래 더미에 쓰러졌다. 오스카의 소리는 아직도 건재했다. 예수는 어쩌면 제자를 발견한 것인지도 모른다. 하지만 내 최초의 사도는 먼지떨이들이 되도록 해주자.

먼지떨이들

제자들을 모으는 게 감당하기 어렵다는 사실만으로도 오스카는 그리스도의 후계자로서 적합치 못하기도 하나, 그래도 그때에 주신 말씀이 우여곡절 끝에 결국 내 귀에 들어와 나를 후계자로 만들었다. 물론 그렇다고 해서 내가 나의 선배를 믿고 있다는 뜻은 아니다. 그러나 의심하는 자는 믿고, 안 믿는 자는 가장 오래 믿는다는 법칙대로, 나는 도저히 성심 교회 안에서 나에게만 은밀히 나타난 조그마한 기적을 의심과 함께 파묻어 없애지 못했으며, 오히려 예수에게 북 연주를 반복시키려고 시도했다.

이따금 오스카는 마리아 없이 혼자서, 앞서 말한 벽돌 건축의 교회로 갔다. 몇 번이나 오스카는 트루친스키 아주머니 옆을 빠져나왔다. 그녀는 의자에 가만히 앉아 있을 뿐이지 나를 붙잡거나 하지를 못했으니까. 예수가 나에게 무엇을 준다는 것인가? 어째서 나는 교회의 본당 왼쪽 통로에서 하룻밤의 절반을 버티다가 교회지기에게 감금당했던가? 왜 오스카는 왼쪽 옆면 제단 앞에서 귀가 유리처럼 딱딱해지고 손발이 뻣뻣하도록 서 있었던가? 그것은 내가 이가 갈릴 만큼 굴욕감을 맛보고, 또 그에 못지않게 이가 갈리는 모독을 퍼부어 주었는데도 내 북소리도 예수의 목소리도 들리지 않았기 때문이다.

비참하도다! 내 삶에서 한밤중의 성심 교회 타일 바닥 위에서만큼 이가 덜덜 떨려 본 적은 일찍이 없었다. 어떤 광대가 오스카보다 더 나은 딸랑이를 본 적이 있을까? 그때 나는 사치스럽게도 기관총 소리로 가득 찬 전선지대를 흉내낸 것이다. 그렇지 않으면, 여사무원과 타이프라이터로 가득 찬 보험 회사를 위턱과 아래턱 사이에서 관리했던 것이다. 그것은 이곳저곳으로 울려 반향과 갈채를 받았다. 이때 원기둥들은 몸을 떨고, 둥근 천장에는 소름이 끼쳤다. 나의 기침은 외발로 장기판 무늬의 타일 위를 뛰어서, 십자가의 길을 뒷걸음질쳐서 신자들이 앉는 자리에서 높이 올라서, 성가대석으로 너울거리며 올라가 예순 번이나 기침을 했다—이 바하협회는, 노래는 부르지 않았으나 오히려 기침을 하는 데는 익숙해져 있었다. 오스카의 기침이 오르간 파이프 속에 스며들어 일요일의 성가 때에 나오면 좋겠다고 생각하기 시작했을 때에—이번에는 성구(聖具) 보관소에서 기침 소리가 나고, 그 직후에는 설교단에서, 그리고 중앙제단 뒤에서 숨막힐 듯이 몹시 기침을 하면서, 십자가가 걸려 있는 운동선수의 등에서 숨이 끊어졌다—그의 영혼을 기침과 함께 토해 냈다. 이것으로 완료되었다고 나의 기침이 말을 했다. 그렇지만 아무것도 완료된 것은 없었다. 소년 예수는 굳어진 손에 뻔뻔스러운 태도로 나의 북채를 들고, 내 양철을 장밋빛 석고 표면에 올려놓은 채 두들기려고 하지도, 나의 계승권을 보증하려고 하지도 않았다. 오스카는 이 자신이 명령받은 '그리스도의 모방'을 문서로 보증받고 싶은 심정이었다.

이때부터 나에게는 하나의 습관 또는 악습이 몸에 붙어 버렸다. 교회나 아주 유명한 대성당을 보러갈 때면 한 걸음 타일 위에 발을 딛자마자, 몸 상태는 건강한데도 끊임없이 기침이 나오는 것이다. 기침은 교회의 건축 양식, 높이, 넓이에 따라서 고딕식이든지 로마네스크식이든지 또는 바로크식으로 전개된다. 몇 년 뒤에는 울름의 대성당이나 슈파이어의 성당에서 내 기침을 오스카의 북 위에 반향시킬 수도 있다고 믿어질 정도였다. 그러나 내가 8월 중순에 묘석처럼 차가운 가톨릭교를 마음속 깊이 느끼던 무렵에는, 교회 참관을 위한 단체 여행으로 먼 나라들을 돌아다닌다는 것은 꿈 같은 이야기였다. 단지 생각할 수 있다면 계획적인 물러나기에 제복을 입고 참가하여 몸에 지니고 다니는 수첩에 우연히 이렇게 적는 경우가 고작이리라. "오늘 오르비에토 철수. 교회 정면이 화려함. 전쟁이 끝나면 모니카와 함께 좀더 잘 보러 오리라."

교회 단골이 되는 일은 나에게는 쉬웠다. 집에는 나를 붙잡는 사람이 아무도 없었기 때문이다. 물론 마리아가 있었다. 하지만 마리아에게는 마체라트가 있었다. 내 아들 쿠르트도 있었다. 그렇지만 이 꼬마는 점점 다루기 힘들어졌다. 내 눈 속에 모래를 던지기도 하고 아버지인 내 살 속에서 손톱이 꺾어져 버릴 만큼 심하게 나를 할퀴기도 했다. 그러고도 아들놈은 두 주먹을 나에게 내밀었다. 너무나 흰 마디가 뚜렷한 주먹이었다. 전투 준비를 갖춘 이 두 주먹을 보기만 해도 벌써 내 코에서는 피가 쏟아져 나왔다.

이상한 일은, 마체라트가 어색하면서도 진심에서 우러나온 몸짓으로 나를 싸고 도는 것이었다. 오스카는 놀라면서도 이 호의를 받아들였다. 이제까지 오스카에게 무관심했던 사내가 어찌된 까닭인지 그를 무릎에 올려놓고 껴안고 얼굴을 들여다보면서, 한 번은 키스까지 하고 눈물을 머금으면서, 마리아를 향해서라기보다는 혼잣말처럼 중얼거리는 것이다. "그런 일은 할 수가 없어, 자기 자식을 그런 식으로 하다니. 그가 몇 번을 되풀이하든, 모든 의사가 같은 말을 되풀이하더라도 싫다. 그 사람들은 간단히 그런 말을 써 보내지만, 그 사람들은 자식을 안 키워 본 모양이야."

마리아는 테이블에 앉아서 여느 날 저녁때처럼 식료품 배급권을 펼친 신문지 위에 붙이고 있다가 눈을 들고 말했다. "좀 진정하세요, 알프레트. 제가 전혀 걱정하지 않는다는 투로 말하는군요. 하지만 요즘에는 모두가 그렇게 해야 한다고들 말하잖아요. 저로서는 어떻게 하는 게 좋을지 모르겠어요."

마체라트는 집게손가락으로 피아노를 가리켰다. 불쌍한 어머니가 죽은 뒤부터 이 피아노가 음악을 연주한 일은 없었다. "아그네스라면 그런 일은 절대로 있을 수도 없고 용서하지도 않았을 거야!"

마리아는 피아노에 눈길을 던지고 어깨를 추켜올렸다가, 이야기를 시작할 때에야 비로소 어깨를 제대로 내렸다. "그건 그래요. 그분은 어머니잖아요. 이 아이가 잘되도록 언제나 빌고 있었어요. 그렇지만, 어때요? 결국은 안 되잖았어요? 이 아이는 어디를 가나 들볶이기만 하니, 살 수도 없고 죽을 수도 없어요!"

피아노 위에는 여전히 베토벤의 초상화가 걸려 있고, 그가 음침한 히틀러를 음침한 눈초리로 흘끔흘끔 쳐다보고 있었다. 마체라트는 이 초상화에서 힘을 얻은 걸까? ―"안 돼!" 그는 소리쳤다. "절대!" 그리고 주먹으로 테이블을 쳤다. 테이블 위에 있는 젖어서 끈적끈적한 신문지 종이를 쳤다. 마리아한테서 수용소 소장의 편지를 빼앗아 읽고, 읽고, 또 읽은 뒤에 발기발기 찢어서 그 종이쪽지들을 빵 배급권, 지방(脂肪) 배급권, 식품 배급권, 여행할인권, 중노동자 할인권, 중노동자 초과 할인권, 임산부 및 수유부 할인권

사이에 던져 버렸다. 오스카는 마체라트 덕택으로 의사들 손에 넘어가지는 않게 되었으나, 그 뒤 오늘에 이르기까지 마리아의 모습을 보기만 하면 갑자기 그는 더없이 깨끗한 산의 공기 속에 싸인 굉장히 아름다운 병원을 머릿속에 그리고, 그 병원 안에 있는 아늑하고 밝은 현대식 수술실을 생각하곤 한다. 그 수술실의 쿠션이 달린 두꺼운 문 앞에서 수줍어하면서도 신뢰를 담은 미소 띤 마리아가 1급 의사들에게 나를 맡긴다. 의사들은 보기에도 믿음직스러운 미소를 지으면서, 소독한 흰 가운 위로 믿음직스럽고 효과가 금방 나타날 1급 주사기를 손에 들고 있다.

이렇게 해서 온 세계가 나를 단념해 버렸다. 마체라트가 제국보건성 공문서에 서명하려고 할 때마다 그 손가락에 매달려서 그것을 마비시킨 것은 오로지 불쌍한 어머니의 그림자였다. 또한 버림받은 내가 오히려 이 세상을 여러 번 버리려 할 때마다 그것을 방해한 것도 역시 어머니의 그림자였다.

오스카는 스스로 복이 없다고 여기고 싶지는 않았다. 내게는 아직 복이 있었다. 게다가 내 목소리도 남아 있었다. 특히 유리에 대한 나의 전과를 빠짐없이 알고 계시는 여러분에게 내 목소리는 별다른 새로운 맛도 주지 못하고, 변화를 좋아하는 많은 분을 싫증나게 하는 것이 고작이리라—그러나 내게 있어서는 오스카의 소리야말로 북 이상으로 내 존재를 실증하는 영원히 신선한 증거물이었다. 말하자면 내가 노래로 유리를 산산조각 내는 한 나는 존재하고 있었던 것이며, 내가 겨눈 호흡이 유리의 숨통을 끊는 한 내 속에는 아직 생명이 존재하고 있었다.

오스카는 그 무렵 노래를 많이 불렀다. 자포자기에 빠져 노래를 불러댔다. 성심 교회에서 늦게 돌아올 때면 으레 무엇인가를 노래로 파괴했다. 돌아오면서 특별히 무엇을 찾아서 돌아다니는 게 아니라 눈에 띄는 것, 이를테면 빛이 강하게 드는 다락방이라든지 규칙적으로 푸르게 칠한 가로등 따위를 골랐다. 교회에서 집으로 돌아올 때마다 나는 다른 길을 택했다. 어떤 때는 안톤 밀러 거리를 지나서 마리엔 거리로 나왔다. 또 어떤 때는 우파겐 거리를 큰 걸음으로 올라가서, 콘라트 학교를 돌면서 현관 유리를 산산이 조각내고, 독일인 거주지를 지나 막스 할베 광장으로 나왔다. 8월 말 어느 날, 교회에 너무 늦게 도착해서 현관이 이미 닫혀 있었으므로 나는 평소보다도 멀리 돌아서 울분을 풀기로 결심했다. 가로등을 세 번째 것마다 해치우면서 역 앞 거리를 달려 올라갔다. 영화관 뒤에서 오른편으로 돌아 아돌프 히틀러 거리로 들어가, 왼편의 보병대 병영 유리는 내버려 두고, 그 대신 올리바어 쪽에서 이쪽을 향해서 오는 거의 텅 비다시피 한 시가전차에 내 울분을 쏟아 어둡게 흐려진 왼쪽 유리를 모조리 깨 버렸다.

오스카가 성공을 확인하자마자, 브레이크가 삐걱거리면서 시가전차가 멈추더니 사람들이 내려와서 투덜거리다가 다시 올라탔다. 오스카는 그의 분노 때문에 후식을 찾아 헤맸다. 과자를 보기가 무척이나 힘이 드는 이 시대에 과자가 탐났다. 그래서 그의 발이 목구두 속에서 겨우 정지되었을 때는 랑푸르 교외 변두리에 다다라 있었다. 그곳에는 비행장의 광대한 바라크 진지 앞쪽으로 베렌트 가구상회와 이웃한 발틱 초콜릿 공장 본관이 달빛 속에 길게 누워 있는 것이 보였다.

그러나 이제는 분노가 많이 잠잠해졌으므로, 나는 이 공장에서 옛날부터 해 오던 식으로 대뜸 자기소개를 하지는 않았다. 오히려 느긋하게 자리잡고, 달이 미리 헤아린 유리 매수를 다시 헤아려 보면서 달의 계산이 틀림없음을 확인했다. 그리고서 천천히 자기소개를 시작할까도 생각했으나 그전에 알아 두고 싶은 것이 있었다. 조금 전부터 미성년자 한 무리가 무엇 때문인지 내 뒤를 따라오고 있었다. 호흐슈트리스에서부터 혹은 그보다 전에 역 앞 거리의 밤나무 가로수길에서부터 이미 내 뒤를 따랐는지도 모른다. 호엔프리트 베르크 거리의 시가전차 정류소 옆에 있는 대합실 앞과 그 안에는 6, 7명밖에 안 되지만, 그 밖에도 5명 정도의 아이들이 초포트로 향하는 큰길 가로수 뒤에 숨어 있음을 알았다.

나는 초콜릿 공장 방문을 뒤로 미루고 이 아이들을 피하기로 했다. 길을 돌아서 비행장 옆 철교를 건너 녹지대를 빠져나가 클라인하머 거리의 맥주 양조주식회사 쪽으로 빠져나갈 속셈이었다. 그때 다리 쪽에서는 무리들이 미리 정해 놓은 신호의 휘파람 소리가 들려왔다. 이제는 의심의 여지가 없었다. 이 행진의 목표는 바로 나였던 것이다.

분명히 추적자들이 뒤에서 쫓고 있는데도 사냥이 아직 시작되지 않은 광경에 처하면, 사람은 누구나 그 짧은 시간의 여유를 즐기려는 듯 마지막 구조의 가능성을 이리저리 곰곰이 헤아려 보게 되는 법이다. 그때 오스카는 큰 소리로 엄마 아빠를 부를 수도 있었으리라. 그렇지 않으면 다른 것은 다 그만두고라도 북을 쳐서 경찰을 부를 수도 있었을 것이다. 그러나 오스카는 때때로 고집을 부렸다. 지나가는 어른들의 도움이나 경찰의 간섭을 받지 않기로 했다. 그리하여 호기심과 자부심에 자극되어 운을 하늘에 맡기기로 하고, 참으로 어리석은 짓을 저질러 버렸다. 나는 초콜릿 공장 주변의 타르 칠한 담에 틈새가 없을까 하고 찾아보았으나 하나도 없었다. 미성년자들이 정류소 옆 대합실과 초포트 거리의 나무 그늘을 떠나는 것이 보였다. 오스카는 담을 따라서 걸어갔다. 그 무리들은 다리 쪽에서도 다가왔다. 판자담에는 여전히 구멍 하나도 없었다. 무리들은 서두르는 기색도 없이, 차라리 따로따로 떨어져서 산보라도 하듯 슬슬 걸어오고 있었다. 아직 오스카에게는 찾을 틈이 약간 있었다. 그러다가 마침내 한 장의 판자가 떨어져 나간 것을 발견하고 바지 뒷주머니가 걸려서 찢기면서도 그 틈새를 빠져나갔다. 그런데 웬일인지 담 저쪽에도 바람막이 웃옷을 입은 4명의 소년들이 두 손을 스키용 바지 호주머니에 찌른 채 나를 기다리고 서 있었다.

끝장이라는 사실을 깨달은 나는 먼저 내 옷에서 찢긴 구멍을 찾아보았다. 담 틈새를 빠져나올 때 찢어진 것이다. 그것은 바지 오른쪽 엉덩이에 나 있었다. 두 손가락을 펴서 재보니 화가 치밀 만큼 컸다. 그러나 나는 태연한 태도로 얼굴을 들었다. 기다리고 있는 동안에 시가전차 정류소와 큰길과 다리 쪽에서 아이들이 무리지어 다가와 담을 타고 넘었다. 담장의 뚫린 곳은 그들이 빠져나올 만큼 크지 않았기 때문이다.

이것은 8월 말에 일어난 일이었다. 달은 때때로 구름 뒤로 숨었다. 이럭저럭 20명 가까운 아이들을 나는 헤아렸다. 가장 어린 아이가 열네 살쯤, 가장 나이 많은 아이가 열여섯 살이나 열일곱 살쯤 돼보였다. 1944년의 여름은 건조하고 무더웠다. 나이 많은 아이들 가운데 4명이 공군 보조원 제복을 입고 있었다. 그 해는 앵두 풍년이 든 해였다고 기억한다. 그들은 오스카 주위에 떼지어 모여들어 서로 낮은 소리로 말을 주고받았다. 은어를 썼으므로 나는 애써 알려고도 하지 않았다. 게다가 그들은 서로를 묘한 이름으로 불렀는데, 그 일부만을 내가 들은 대로 적어 보기로 하자. 이를테면 약간 흐린 노루 눈을 가진 열다섯 살 정도의 아이는 리츄하제라고 하거나 때로는 드레슈하제라고 불렸다. 그 옆에 있는 아이는 모두가 푸테라고 불렀다. 키는 제일 작지만 그렇다고 나이마저 가장 어려 보이진 않는, 윗입술을 삐죽 내밀고 소곤대는 아이는 콜렌클라우라고 불렸다. 공군 보조원의 한 사람을 모두가 미스터라고 불렀다. 또 한 사람은 주펜훈(숲프의)이라는 안성맞춤의 이름이었다. 역사상의 이름도 있었다. 뢰벤헤르츠(사자)가 있었고, 창백한 얼굴을 한 아이는 블라우바르트(푸른수염)라고 불렸다. 토틸라 또는 테야처럼 내게 낯익은 이름도 나왔다. 뿐만이 아니라 뻔뻔스럽게도 벨리사리우스나 나르시스를 자칭하는 아이도 있었다. 그중에 진짜 벨루어 모자를 집오리를 못에 띄운 듯한 모양으로 비스듬히 쓰고, 레인코트를 질질 끌면서 입고 있는 소년이 있었다. 유명한 해적 이름을 따서 슈퇴르테베커라고 자칭하고 있었는데, 나는 특히 이 아이를 열심히 관찰했다. 고작 열여섯 살인데 이 그룹의 우두머리였다.

녀석들은 오스카 따위는 안중에도 없는 것 같았다. 오스카를 제풀에 지치게 하려는 속셈인 모양이었다. 그때 나는 아이들의 이와 같은 모험놀이에 걸려든 자신이 조금 재미있기도 하고 한편으로는 화가 나면서도 다리가 피로했기 때문에 내 북 위에 걸터앉아 보름달에 가까운 달을 바라보면서, 내 생각의 일부분을 성심 교회 안으로 돌려보려고 했다.

어쩌면 그는 오늘 북을 쳐서 무슨 말 한 마디를 할 생각이었는지도 모른다. 그런데 상대인 나는 발틱 초콜릿 공장 뜰에 앉아, 기사와 도둑놀이의 한 패가 되었다. 어쩌면 그는 나를 기다리고 있을 것이다. 북으로 짧은 전주(前奏)를 두드린 뒤에 다시 입을 열어 나에게 그리스도의 모방을 설명하려고 계획하고 있었으리라. 그래서 내가 가지 않았기 때문에 실망하고 틀림없이 화가 나서 눈썹을 치켜세우고 있을 것이다. 예수 같으면 이 아이들을 어떻게 생각했을까? 예수의 모습을 닮았고, 후계자이며, 대리인인 오스카는 이 떼거리를 어떻게 다루어야 할까? 푸테라든지 드레슈하제라든지 블라우바르트라든지, 콜렌클라우라든지 슈퇴르테베커라고 가칭하고 있는 이 무리들을 향해서 "아이들로 하여금 내 곁으로 오게 하라!"라는 예수의 말씀을 가지고 말을 거는 일이 오스카에게 가능할까?

슈퇴르테베커가 다가왔다. 그의 오른쪽에 콜렌클라우가 붙어 있다. 슈퇴르테베커가 말했다. "일어섯!"

눈길은 여전히 달을 향하고 생각은 여전히 성심 교회의 왼쪽 옆면 계단으로 쏠린 채 오스카는 일어설 엄두를 내지 않았다. 그러자 슈퇴르테베커의 눈짓을 받고 콜렌클라우가 내 엉덩이 밑의 북을 걷어찼다.

북을 더 이상 다치지 않게 하려고 나는 일어서서 북을 주워 웃옷 밑에 감추었다.

슈퇴르테베커는 귀엽게 생긴 친구로군 하고 오스카는 생각했다. 두 눈이 약간 들어갔으며, 너무 가깝기는 하나 입언저리는 재기가 넘치고 있었다.

"너 어디서 왔어?"

마침내 심문 개시다. 나는 이 작자가 마음에 들지 않아서 아직도 둥근 달에 얼굴을 돌린 채, 이 달을—달은 무엇이나 감수해 준다—북으로 여기고서 나의 죄 없는 과대망상에 대하여 무의식 중에 미소지었다.

"이 새끼, 실실거리고 있어, 슈퇴르테베커."

콜렌클라우는 내 태도를 보고, 그의 두목에게 '먼지떨기'라는 행동을 취하자고 건의했다. 뒤쪽에 대기하고 있는 다른 무리들, 즉 여드름투성이의 뢰벤헤르츠, 미스터, 드레슈하제, 푸테 등도 먼지떨기에 찬성했다.

여전히 달을 쳐다보면서 나는 가슴속 깊이 먼지떨기라는 문자의 철자를 확인했다. 꽤 멋진 말인 듯하면서도 분명히 그다지 유쾌한 일을 의미하는 것 같지는 않았다.

"언제 먼지떨기를 하는가는 내가 정한다!" 슈퇴르테베커는 이렇게 말하며 패거리들의 웅성거림을 제지하고, 또다시 나에게 화살을 겨누었다. "너의 행동거지는 역 앞 거리에서 이미 몇 차례나 보아왔다. 거기에서 무엇을 하고 있었나? 어디서 왔지?"

한 번에 두 가지 질문이었다. 오스카가 이 자리를 벗어나려면 적어도 한쪽 질문에는 대답할 결심이 필요했다. 그래서 나는 달에서 얼굴을 돌려 영향력이 풍부한 나의 푸른 눈으로 슈퇴르테베커를 쳐다보면서 조용하게 말했다. "교회에서 왔다."

슈퇴르테베커의 레인코트 등 뒤에서 잠깐 웅성거리는 소리가 내 대답을 보충했다. 내가 말하고 있는 교회가 성심 교회라는 사실을 콜렌클라우가 알아차렸다.

"이름은?"

당연한 질문이었다. 첫 만남에 있어서는 늘 붙어다니는 것이다. 이 질문은 인간의 대화 중에서 중요한 자리를 차지하고 있다. 크고 작은 극 작품은 이 질문에 대한 대답에 따라 성립되었다. 오페라 또한 그렇다—로엔그린을 보라.

그런데 나는 두 개의 구름 사이로 달빛이 비치는 것을 기다려서, 수프를 세 숟가락 떠 마실 만한 시간 동안 내 눈의 푸른빛에 담긴 빛을 슈퇴르테베커 위에 작용시킨 뒤 입을 열었다. 내 말이 일으킬 효과를 생각하니 부끄럽고도 미운 생각이 들었다—오스카라는 이름으로는 틀림없이 폭소를 자아내는 게 고작이리라—그래서 오스카는 "내 이름은 예수다"라고 자칭했던 것이다. 이 고백은 꽤 오랜 정적을 가져왔으나, 이윽고 콜렌클라우가 헛기침을 하고서 말했다. "두목, 역시 먼지를 떨어야겠어요."

먼지떨기에 찬성하는 사람이 콜렌클라우만은 아니었다. 슈퇴르테베커가 손가락을 탁 퉁기며 먼지떨기를 허가했다. 그러자 콜렌클라우는 나를 붙잡고 내 오른쪽 위팔을 주먹으로 꽉 눌러서, 팔이 뜨겁고 아프게 될 정도로 사정 없이 급격히 쑤셔댔다. 그동안에 슈퇴르테베커가 다시 손가락을 퉁겨서 중지를 명령했다—바로 이것이 먼지떨기라는 것이었다!

"자, 이름을 대라!" 벨루어 모자를 쓴 두목은 싫증이 났는지 오른손으로 복싱 흉내를 냈다. 레인코트의 너무나 긴 소매가 말려 올라가고, 달빛에 그의 손목시계가 보였다. 그리고 왼쪽에서 나에게 속삭였다. "1분간의 여유를 주마. 그동안에 말하지 않으면, 슈퇴르테베커가 끝장을 알리겠다."

오스카는 어쨌든 1분 동안 마음놓고 달을 바라보며 이 분화구에서 빠져나갈 길을 찾고, 그리스도의 후계자라고 한 번 굳힌 결의를 다시 고려해 볼 수 있게 되었다. 나는 끝장이라는 말이 마음에 들지 않았거니와 이런 풋내기들에게 시간상의 지시 같은 것을 결코 받고 싶지 않았기 때문에, 오스카는 35초쯤 지난 뒤에 말했다. "나는 예수다."

이후에 일어난 일은 효과 만점이었으나 내가 연출한 것은 아니었다. 내가 다시 그리스도의 모방을 고백한 직후, 슈퇴르테베커가 손가락을 탁 퉁겨서 콜렌클라우에게 먼지떨기를 시키기 전에—공습경보가 발령된 것이다.

오스카는 "예수다"라고 말하고, 다시 숨을 들이마셨다. 근처 비행장의 사이렌, 호흐슈트리스 보병 창사 본관의 사이렌, 랑푸르 숲 바로 앞에 있는 호르스트베셀 실업고등학교 지붕의 사이렌, 슈테른펠트 백화점의 사이렌, 저 멀리 힌덴부르크 거리 쪽에서는 공과대학의 사이렌이 차례차례로 내 말을 실증했다. 얼마 지나자 이 교외의 모든 사이렌이 긴 호흡을 지닌 정력적인 대천사들처럼 내가 고지(告知)한 복음을 받아들여, 밤을 부풀게 했다가 가라앉히고, 꿈을 불타오르게 했다가 산산이 깨 버리며, 잠든 자들의 귓속으로 들어가고, 빛을 가릴 수 없는 천체가 가지는 무서운 의미를 초연하게 있는 달에 부여한 것이다.

오스카가 이 공습경보를 완전히 자기 편이라고 생각한 것과는 달리, 슈퇴르테베커는 이 사이렌에 안절부절못했다. 그의 부하들 몇몇은 이 경보와 동시에 곧장 근무에 들어가야 했다. 먼저 4명의 공군 보조원들이 담을 넘어 시가전차 차고와 비행장 사이에 있는, '8, 8' 포병 진지로 가게 되었다. 벨리사리우스를 포함한 3명의 부하들 또한 콘라트 학교에서 방공 감시의 임무를 맡기 위해서 곧장 달려갔다. 15명쯤 되는 나머지 놈들을 슈퇴르테베커가 모아 놓았으나 하늘에선 아직 아무런 기척이 없었으므로 다시 심문을 시작했다. "그러니까 너는 예수라 그 말이지. —좋다. 다른 질문을 하겠다. 너는 어떻게 가로등이나 유리창을 그런 식으로 만드느냐? 발뺌은 안 된다. 우리는 분명히 알고 있다!"

이 자식들이 분명히 알고 있다니, 당치도 않은 말이다. 겨우 내 소리의 성과를 이것저것 관찰했을 뿐이다. 오스카는 이 미성년자들, 혹은 요즘 같으면 간단하게 '불량소년'이라고 부르기에 딱 알맞은 패거리들을 얼마간 너그러이 보아 주기로 했다. 뻔뻔스럽기도 하며 약간 졸렬하기도 한 그들의 목적 추구를 용서해 주리라 맘 먹고, 나는 온화하고 냉정한 태도를 취했다. 그러고 보니 이 패거리들은 수주일 동안 온 시내 바닥을 소란스럽게 하던 악명 높은 먼지떨이들이었다. 그리고 수사 경찰대와 히틀러청소년단 순찰대에 쫓기는 몸들이었다. 나중에 밝혀진 바에 의하면, 이 일당은 콘라트 학교와 페트리 고등학교, 호르스트베셀 고등학교의 학생들이었다. 그리고 노이파르서에는 먼지떨이들의 제2그룹이 있어서, 지도자는 물론 고등학생이지만, 전 단원의 3분의 2는 시하우조선소와 차량공장의 수습공으로 채워져 있었다. 두 그룹이 공동으로 활동하는 일은 좀처럼 없으며 원칙적으로 특수한 경우, 즉 시하우 거리에서 슈테펜스 공원이나 밤의 힌덴부르크 가로수길에 걸쳐 잠복하여, 야간 훈련을 끝내고 비쇼프스베르크의 숙사에서 돌아오는 여자청년단 간부들을 노릴 때에 국한되어 있었다. 두 그룹 사이의 분쟁을 피하기 위해서 상호간의 행동 범위는 엄밀하게 구분되어 있었다. 슈퇴르테베커는 노이파르바서단의 지도자를 맞수라기보다는 친구로 보고 있었다. 그 먼지떨이들은 모든 것에 대해 싸움을 걸었다. 히틀러청소년단 사무실을 쑥밭으로 만드는가 하면 연인과 공원에서 사랑을 속삭이고 있는 휴가병의 훈장이나 계급장을 노리거나 공군 보조원으로 근무하고 있는 친구들의 도움을 받아 고사포부대에서 무기, 탄약, 가솔린 따위를 훔쳐내기도 했는데, 맨 처음부터 노리고 있던 것은 배급청에 일대 공격을 가하는 일이었다.

　오스카는 먼지떨이들의 조직과 계획에 대해서 아무것도 몰랐었는데, 당시 모두에게서 버림받은 듯한 마음이 들어 비참한 생각을 하고 있었으므로, 이 미성년자들에게 둘러싸여 있는 동안에 도리어 안도감 비슷한 것이 스며드는 기분이 들었다. 이미 나는 마음속 깊이 이 젊은이들과 손잡고 있었다. 나이가 너무 차이난다는 핑계―나는 스무 살이 되려는 참이었다―는 개의치 않고 자신을 이렇게 질책했다. 왜 너는 이 젊은이들에게 너의 재주를 실증해 보이지 않느냐? 젊은 패들은 언제나 호기심이 왕성한 법이다. 너도 열다섯, 열여섯 살일 때가 있었을 것이다. 한 예를 들어 실연해 보여 주어라. 그들은 감탄해서 어쩌면 앞으로 너의 명령에 복종하게 될지도 모른다. 너는 여러 가지 경험을 쌓아서 풍부해진 영향력을 그들에게 미칠 수도 있을 것이다. 자, 이제야말로 너의 천직을 따를 때다. 젊은이들을 규합하여 그리스도의 모방의 길로 발을 내디뎌라.

　내가 깊은 생각에 잠겨 있는 데는 그럴 만한 이유가 충분히 있다는 사실을 슈퇴르테베커가 알아차린 듯했다. 생각할 여유를 나에게 준 것이다. 나는 그가 고마웠다. 8월 말, 달밤에 구름이 엷게 끼었다. 공습경보. 해안에는 두세 개의 탐조등. 정찰기가 침입한 모양이다. 파리에서 철수한 것도 이 무렵의 일이었다. 내 앞쪽에는 발틱 초콜릿 공장의 창이 많이 달린 본관이 있었다. 퇴각을 계속한 중앙 방면 군대는 바이크셀 강에서 머무르고 있었다. 발틱은 이미 소매업자를 위해 조업하고 있는 게 아니라 공군용 초콜릿을 생산하고 있었다. 오스카도 패튼 장군의 군인들이 미군 제복을 입고 에펠탑 밑을 산책하고 있는 그림에 익숙해져야만 했다. 그것은 내게 괴로운 일이었다. 그래서 오스카는 북채를 휘둘렀다. 로스비타와 함께 보낸 얼마 동안의 시간. 슈퇴르테베커는 내 행동을 주목하면서, 북채를 따라 초콜릿 공장 쪽으로 눈길을 돌렸다. 태평양의 작은 섬에서는 멀쩡한 대낮부터 일본군들이 소탕되고 있었는데, 이곳에서는 공장의 모든 유리창에 달빛이 머무르고 있었다. 오스카는 듣는 귀를 가진 모든 사람에게 말했다. "예수가 지금 저 유리를 노래로 부수 겠다."

처음으로 3장의 유리를 해치우기 전에 나는 머리 위에서 비행기 한 대가 윙윙 소리를 내고 있는 것을 깨달았다. 다음 2장이 달빛을 단념하는 동안에 나는 생각했다. 저 비행기는 이젠 틀렸구나, 저렇게 큰 소리로 윙윙거리고 있으니. 나는 내 소리로 공장 맨 위층의 나머지 유리창을 모조리 검게 칠해 버렸다. 그리고 몇 대의 탐조등이 빈혈증에 걸려 있음을 확인하고서, 나루비 크 진지 옆 고사포 부대에서 나오는 듯한 빛의 반사를 중간층과 아래층의 여 러 장의 유리창에서 제거했다. 맨 처음에 해안의 고사포 진지가 사격을 시작 했다. 그때 나는 중간층의 나머지 유리를 해치웠다. 이어서 곧 구(舊)스코 틀랜드와 펠롱켄과 셸뮐의 고사포 부대가 사격 허가를 얻었다. 1층에 3장의 유리창이 남아 있었다. 전투기가 비행장에서 날아올라 공장 위를 거의 닿을 정도로 날아갔다. 내가 1층을 해치워 버리기 전에 고사포는 사격을 중지하 고, 올리바 상공에서 세 대의 탐조등에 동시에 축복을 받고 있는 네 발 장거 리 폭격기를 격추시키는 역할은 전투기에게 맡겼다.

처음에는 오스카도 조금 걱정되었다. 인상적인 방공(防空) 전투와 자신의 연기가 동시에 이루어졌기 때문에, 젊은이들의 주의가 분산되어 공장에서 밤하늘로 마음을 빼앗기지 않았을까 우려되었다.

내가 모두 해치워 버린 뒤에도 패거리들은 창이 없어진 초콜릿 공장에 넋 이 빠져 있었으므로 나는 더욱 놀랐다. 이때 근처 호엔프리트베르크 거리에 서 마치 극장에서와 같은 만세 소리와 박수갈채가 요란스럽게 들려왔다. 폭 격기에 탄환이 명중하여 불길에 싸인 채, 예슈켄탈 숲 속으로 격추되어 사람 들을 기쁘게 했기 때문이다. 이 소란 속에서도 유리가 없어진 공장에서 떠나 간 사람은 푸테를 포함한 극소수의 단원들뿐이었다. 그러나 슈퇴르테베커나 콜렌클라우는 비행기 격추 따위는 거들떠보지도 않고 유독 나에게만 관심을 쏟았다.

이제 하늘에는 조금 전과 다름없이 달과 작은 별들이 흩어져 있을 뿐이었 다. 전투기들이 착륙했다. 꽤 먼 곳에서부터 소방차 소리가 들려왔다. 이때 슈퇴르테베커는 돌아서서, 늘 경멸하는 것같이 씰룩거리는 입을 보이며 아 까처럼 복싱 흉내를 내고, 너무나 긴 레인코트 소매 속에 숨어 있던 손목시계를 풀어 내게 건네 주었다. 입은 다물었으나 숨을 헐떡이고 있었다. 그리고 무슨 말을 하려고 했으나, 경보 해제를 알리는 사이렌이 울렸으므로 그칠 때까지 기다려야만 했다. 그러고서 그는 부하들의 동의를 얻어 나에게 고백했다. "좋다, 예수. 네가 원한다면 너는 우리와 한패가 되어 행동을 같이해도 좋다. 우리는 먼지떨이다, 알겠나?"

오스카는 손에 든 손목시계의 무게를 가늠하는 듯하다가, 야광 바늘이 0시 23분을 나타내고 있는 이 정교한 물건을 콜렌클라우 소년에게 주었다. 소년은 뜻을 묻는 것처럼 대장을 쳐다보았다. 슈퇴르테베커는 고개를 끄덕여서 동의를 표시했다. 그리고 오스카는, 북 위치를 귀로에 오르기에 편안한 자세로 고치면서 말했다. "예수가 너희의 맨 앞에 서겠다. 나를 따르라!"

그리스도 탄생극

그 무렵 비밀 병기니 최후의 승리니 하는 말들이 자주 화제에 올랐다. 우리 먼지떨이들은 어느 것에 대해서도 입에 올리지 않았으나, 비밀 병기는 제대로 가지고 있었다.

오스카가 30 내지 40명의 회원을 헤아리는 한패의 지휘를 맡게 되었을 때, 나는 슈퇴르테베커에게 먼저 노이파르바서 그룹의 대장을 소개받았다. 열일곱 살의 절름발이 모르케네는 노이파르바서 수로 안내소 관리의 아들이었는데, 신체 장애 때문에—그의 오른쪽 다리는 왼쪽 다리보다 2센티미터가 짧았다—공군 보조원도 신병도 되지 못했다. 모르케네는 일부러 눈에 띄게 다리를 절었지만, 사실은 내성적인 성격으로서 작은 소리로 말을 했다. 언제나 교활한 엷은 웃음을 띠고 있었는데, 이 젊은이는 콘라트 학교의 최상급생으로서 가장 우수한 학생이었으며 —러시아군이 반대만 하지 않는다면—고등학교 졸업시험을 모범적인 성적으로 통과할 가망이 충분히 있었다. 모르케네는 철학 지망생이었다.

슈퇴르테베커가 나를 존경한 것과 마찬가지로, 절름발이 청년도 무조건 나를 먼지떨이의 선두에 설 예수로 인정했다. 두 사람은 즉시 오스카에게 저장품과 현금을 보여 주었다. 두 그룹은 약탈 행위의 수확을 같은 지하실에 모아 두었다. 이 지하실은 랑푸르의 예슈켄탈 거리 옆에 자리잡은 조용한 귀족 별장 안에 있으며, 습기도 없고 널찍했다. 푸테의 부모인 폰 푸트카머 부부의 별장으로, 기울기가 가파르지 않은 언덕의 목장에 의해서 큰길과 격리된 곳에 있으며, 온갖 덩굴식물들이 엉겨 붙어 있었다. 주인인 폰 푸트카머는 포머른, 폴란드, 프로이센의 피를 잇는 기사 십자훈장 소지자로서, 그 무렵 아름다운 프랑스에 주둔하는 군단을 지휘하고 있었다. 이와 반대로 부인인 엘리자베드 폰 푸트카머는 병중이어서, 이미 수개월 전부터 남부 바이에른에 머무르며 요양하고 있었다. 먼지떨이들에게 푸테라고 불리는 볼프강 폰 푸트카머가 이 별장을 마음대로 사용했다. 이 젊은 주인의 신변을 돌보기 위해서 여자 하인이 있었으나, 나이가 많아 귀가 먼 데다 위층에 살고 있었기 때문에 세탁장을 지나서 지하실에 드나들던 우리는 한 번도 그녀 눈에 띄지 않았다.

저장실에는 통조림과 담배와 몇 뭉치의 낙하산용 비단 천이 쌓여 있었다. 한 선반에는 군용 시계가 스물네 개나 걸려 있었다. 슈퇴르테베커의 명령으로 이 시계들을 언제나 정확한 시간으로 맞추어 두는 게 푸테의 임무였다. 게다가 그는 자동권총 두 자루와 기관총, 권총 같은 것들을 닦아 두어야만 했다. 바주카포 1문과 기관총 탄환과 수류탄 스물다섯 개도 보여 주었다. 이 모든 무기와 가솔린 통은 배급청을 습격할 때 쓸 것들이었다. 그때 예수의 이름으로 내가 내린 최초의 명령은 이러했다. "무기와 가솔린은 뜰에 묻어라. 총포의 공이치기는 예수에게 넘기도록. 우리의 무기는 다른 것이다!"

젊은이들은 사방에서 훔쳐온 훈장이며 기장(紀章)이 가득 들어 있는 잎담배 상자를 꺼내 보였으나, 나는 미소 띠고서 이러한 장식품의 소유를 그들에게 허락했다. 그러나 낙하산 대원용 나이프는 젊은이들 손에서 빼앗아두었어야 했다. 그렇지 않았기 때문에 나중에 젊은이들이 나이프를 휘두른 사태가 일어났던 것이다. 자루에 들어 있는 아름다운 자태를 보고 있으면 누구나 잠깐 써 보고 싶어지는 법이다.

현금이 운반되어 왔다. 오스카는 그것을 계산하도록 하고, 다시 한 번 확인한 뒤 2천420마르크를 기록하게 했다. 그것은 1944년 9월 초의 일이었다. 1945년 1월 중순에 콘예프와 슈코프가 바이크셀 강 돌파를 감행했을 때, 우리는 지하 저장실에 숨겨둔 현금을 포기할 수밖에 없는 사태에 빠졌다. 푸테가 자백해 버린 것이다. 그리하여 고등법원 책상 위에 3만 6천 마르크의 현금이 쌓였다.

내 성격상, 오스카는 그룹 활동 중에 그다지 표면에 나서지 않도록 했다. 낮이면 대개 혼자서, 아니면 슈퇴르테베커하고만 야간 공세에 적당한 목표를 찾아다녔다. 그것을 발견하면 실제 지휘는 슈퇴르테베커나 모르케네에게 맡기고, 나는 따로 비밀 무기의 위력을 발휘시켰다. 즉 트루친스키 아주머니 집을 나서지 않고도 예전보다 더욱 원격 작용의 힘을 강화시킨 노래로 파괴한 것이다. 밤늦게 침실 창을 열고, 여러 곳에 있는 당 지부의 계단밑 유리창을 부수고, 식료품 배급권 인쇄소의 안뜰 창을 깼다. 어느 때에는 고등학교 교사 사택의 부엌 창을 부순 일도 있는데, 이것은 패거리들이 이 교사에게 보복하고 싶다고 해서, 마음이 내키지 않았지만 그들의 요구를 들어 준 것이었다.

벌써 11월이었다. V1호와 V2호가 영국 본토로 날아갔다. 그리고 내 소리도 랑푸르를 넘어서 힌덴부르크 거리에 줄지어 서 있는 가로수를 따라 중앙 정거장, 구시가, 오른쪽 시가를 뛰어넘어 푸줏간 골목의 박물관을 찾아, 이 안에 소년들을 침입시켜 목각의 니오베 선수상을 찾도록 했다.

결국 그 선수상은 찾아내지 못했다. 옆방에서는 트루친스키 아주머니가 의자에 가만히 앉아서 머리를 흔들고 있었으나, 나와 공동 태세를 취했다고 할 수 있다. 오스카가 먼 곳을 겨누어 노래를 불렀을 때, 그녀 또한 먼 곳을 겨누고 생각을 달리고 있었기 때문이다. 그녀는 아들 헤르베르트를 찾아 천국을 헤맸으며, 아들 프리츠를 찾아서 중부 전선을 뛰어다녔다. 1944년 초에 라인란트로 시집 간 맏딸 구스테를 찾아 머나먼 뒤셀도르프의 시내도 찾아 헤매야 했다. 그 도시에 지배인 쾨스터의 집이 있었기 때문이다. 쾨스터는 당시 라트비아 남부에 머무르고 있었다. 구스테가 그를 자기 옆에 붙잡아 놓고 정답게 살도록 허용된 것은 겨우 2주간의 휴가 동안뿐이었다.

매일 밤이 평화로웠다. 오스카는 트루친스키 아주머니 발치에 앉아서 북으로 얼마간 공상을 펼쳐 보았으나, 이윽고 타일로 덮인 난로 구멍 속에서 구운 사과를 꺼내어, 노파와 아이가 먹기에 알맞은 주름투성이 과일을 가지고 어두운 침실 속으로 사라졌다. 등화관제 종이를 들어 올리고 창을 조금 열고서 밤의 찬 기운을 약간 들어오게 했다. 그리고 겨냥을 해서 그의 원격 작용의 노래를 내보냈다. 그러나 반짝이는 별을 향하여 노래한 것도 아니며 은하수 위에서 무엇인가를 찾으려고 한 것도 아니고 빈터펠트 광장이 목표였다. 그렇지만 그곳에 있는 방송국 건물이 아니라 그 건너편에 있는 사각형 건물인데, 이 속에는 히틀러청소년단 지부의 사무실이 문을 나란히 하고 있었다.

날이 개어 있을 때, 내 일은 1분도 걸리지 않았다. 일을 하는 동안 창을 열어 놓았으므로 구운 사과는 약간 식어 있었다. 이것을 씹으며 나는 트루친스키 아주머니와 북이 있는 곳으로 돌아와, 곧 침대 속으로 들어가면서 확신할 수 있었다. 오스카가 잠을 자고 있는 동안에 먼지떨이들이 예수의 이름으로 당의 자금이며 식량 배급권, 더욱 중요한 공용 소인, 인쇄된 서식 용지라든지, 히틀러청소년단 순찰대원 명부 따위를 훔쳐내리라는 사실을.

슈퇴르테베커와 모르케네는 위조한 증명서를 사용하여 여러 가지 어리석은 짓을 저지르곤 했는데, 나는 이것을 너그러이 눈감아 주었다. 이 패거리의 숙적은 뭐니뭐니해도 순찰대였다. 그러므로 이 상대를 마음 내키는 대로 붙잡아서 먼지를 떨어 주는 것―담당자인 콜렌클라우의 표현을 빌려서 말하자면―그들의 불알을 닦아 주는 것은 당연한 일이었다.

그러나 이와 같은 공격은 전주곡에 지나지 않고 또 진짜 계획과는 전혀 관계가 없었으므로, 나는 방관자의 태도를 취했다. 그래서 1944년 9월에 우는 아이도 눈물을 그친다는 헬무트 나이트베르크를 포함한 순찰대 고관 2명을 묶어서, 다리 상류의 모틀라우 강에 가라앉힌 것이 먼지떨이들의 소행이었는지 아닌지는 나로서는 딱 잘라 말할 수가 없다.

먼지떨이들과 라인 강변 쾰른의 에델바이스 해적단 사이에 유대가 있었다는 둥, 투흘러 하이데 지역의 폴란드인 빨치산들이 우리 활동에 영향을 미쳤을 뿐 아니라 지도까지 했다는 둥 나중에 나돈 풍문에 대해, 오스카 겸 예수로서 이 일당을 이중으로 대표하고 있는 나는 이에 반박하고 그러한 풍문들을 전설의 나라로 추방해야 했다.

재판 때는 7월 20일의 히틀러 암살 음모 사건 공모자들과의 관계까지 심문당하는 형편이었다. 롬멜 장군과 아주 친한 사이였던 푸테의 아버지인 아우구스트 폰 푸트카머가 자살을 했기 때문이다. 전쟁 중에 계급장이 늘 바뀐 아버지를 네다섯 번 정도밖에 만나보지 못한 푸테는 우리 재판 때에야 비로소 자세한 사실을 알게 되었다. 우리에게는 아무래도 상관없는 이 장교의 신상에 대한 이야기를 듣고, 푸테는 부끄러움도 체면도 없이 큰 소리로 울음을 터뜨렸기 때문에 옆에 있던 콜렌클라우가 재판관들 앞에서 그에게 먼지떨기를 해야만 했다.

우리가 행동하는 동안, 단 한 번 어른들이 접촉을 요청해 온 일이 있었다. 조선소의 노동자들이었는데—공산당계임을 나는 바로 깨달았다—그들은 우리 동료인 시하우조선소의 수습공들에게 영향을 미쳐 우리를 적색 지하 운동으로 끌어들이려고 꾀했다. 수습공들은 귀가 솔깃해졌다. 그러나 고등학생들은 정치적 경향을 띤 모든 것에 반발했다. 공군 보조원으로 있는 미스터는 먼지떨이단에서 제일가는 풍자가이자 이론가였는데, 그룹 회합 때 그의 견해를 다음과 같이 공식화했다. "우리는 본디 정당 같은 것과는 전혀 관계 없다. 우리는 부모를 비롯한 모든 기성세대에게 싸움을 거는 것이다. 그들이 무엇에 가세하고, 무엇에 반항하는가 하는 것은 아무래도 전혀 상관없는 일이다."

미스터의 표현에는 과장이 다분했지만, 고등학생들은 모두 그의 의견에 동의했다. 이리하여 먼지떨이들 사이에 분열이 일어났다. 그 결과 시하우의 수습공들은 별도의 단체를 결성하여—그들은 모두 유능하였으므로 정말로 애석한 일이었다—슈퇴르테베커와 모르케네의 항의를 무시하고 그 후에도 먼지떨이단이라고 자칭했다. 그들의 그룹도 우리 그룹과 동시에 검거를 당했는데, 재판에서는 조선소 구내에서 일어난 U보트 모선(母船) 방화 사건의 혐의를 받고 있었다. 그때 훈련을 하고 있었던 U보트 승무원과 사관 후보생이 100명 이상이나 비참한 죽음을 당했다. 갑판 위에서 화재가 일어났으므로, 갑판 밑에서 자고 있던 잠수함 승무원들은 선원실을 빠져나올 수가 없었다. 열여덟 살 또래의 사관 후보생들은 뱃전의 창을 통하여 바다 속으로 뛰어들려고 했으나, 허리뼈가 걸려서 나갈 수가 없었다. 등 뒤에서 불길이 재빨리 덮쳐와서 그들의 비명이 처절하게 계속되어 그치지 않았으므로, 선재 모터보트에서 사살해야 할 정도였다.

우리는 불을 지르지는 않았다. 시하우조선소의 수습공들이 범인이었을지도 모르지만, 어쩌면 베스터란트조합의 패거리였는지도 모른다. 어쨌든 먼지떨이들은 결코 방화하지 않았다. 그들의 정신적 지도자인 내가 할아버지 콜야이체크로부터 방화범의 소질을 이어받았을지도 모르지만.

나는 지금도 그 기계 조립 기사를 기억하고 있다. 킬의 독일 공장에서 시하우조선소에 배속되어 온 사내로, 먼지떨이단이 분열되기 직전에 우리를 찾아왔었다. 푸크스발의 부두 노동자 피츠거의 아들인 에리히와 호르스트 형제가 이 사내를 푸트카머 별장 지하실에 있는 우리에게 데리고 온 것이다. 이 사내는 세밀하게 우리의 저장실을 둘러본 뒤에 우리에게 알맞은 무기가 없다고 탄식하면서도 어쨌든 적당한 칭찬의 말을 찾고 있었는데, 이 한패의 우두머리가 누구냐고 질문했을 때에 슈퇴르텐베커는 곧바로, 그리고 모르케네는 주저하면서 나를 가리켰다. 그러자 그 사내는 웃음을 터뜨렸다. 몹시 건방진 웃음이 그치지 않고 계속 이어졌으므로, 자칫하면 오스카의 명령하에 먼지떨기 형(刑)에 처해질 뻔했다.

"저 난쟁이는 도대체 누구냐?" 그는 모르케네를 향해 말하면서 엄지손가락으로 어깨너머 나를 가리켰다.

모르케네가 조금 당황해서 엷은 웃음을 띠며 대답하려고 하자, 재빨리 슈퇴르테베커가 기분 나쁘게 조용한 소리로 대답했다. "그는 우리의 예수다."

발타라는 이름의 그 기계 조립 기사는 이 말이 비위에 거슬린 듯 우리 본 거지에서 용감하게도 화를 내기 시작했다. "뭐라고? 이봐, 너희는 정치를 위해서 단결하고 있는 거냐, 아니면 교회 합창대라도 된 것처럼 크리스마스에 공연할 그리스도 탄생극 연습을 하는 거냐?"

슈퇴르테베커는 지하실 문을 열고 콜렌클라우에게 눈짓을 하여, 윗도리 소맷부리로 낙하산 대원용 나이프의 칼날을 내보이면서, 기계 조립 기사를 향해, 그보다 모든 동료를 향해 말했다. "우리는 합창대다. 크리스마스를 위해 그리스도 탄생극 연습을 하고 있는 거야."

그러나 기계 조립 기사는 별로 혼이 나지도 않았다. 눈을 가리고 별장에서 쫓아냈을 뿐이다. 그 뒤 곧 우리는 시하우조선소의 수습공들과 서로 헤어졌다. 그들은 기계 조립 기사의 지도 아래 별도의 조직을 결성한 것이다. 그래서 나는 U보트 모선을 불태운 장본인은 그들이었다고 확신하고 있다.

나는 슈퇴르테베커의 대답 방법이 옳았다고 생각한다. 우리는 정치에 무관심했다. 이 무렵에는 히틀러청소년단 순찰대도 위축되어 근무실을 거의 나가려고 하질 않고 중앙역에서 태평스러운 소녀들의 신분증명서를 검사하는 게 고작이었으므로, 우리는 활동 범위를 교회 안으로 옮겨 극좌파 기계 조립 기사의 말대로 그리스도 탄생극 연습을 하기 시작한 것이다.

먼저 유능한 시하우 수습공들이 탈퇴한 뒤의 구멍을 메워야 했다. 10월 끝무렵 슈퇴르테베커가 성심 교회 합창단원 2명에게 가입 선서를 시켰다. 펠릭스 렌반트와 파울 렌반트 형제로서, 슈퇴르테베커가 이 두 사람에게 접근할 수 있었던 것은 그들의 누이인 루치 덕이었다. 아직 열일곱 살도 채 안 된 소녀였는데, 내가 말렸음에도 결국 선서하는 자리에 참석했다. 렌반트 형제는 왼손을 내 북 위에 올려놓고 먼지떨이단 선서를 복창해야 했다. 지나치게 긴장한 소년들의 눈에는 내 북도 일종의 상징으로 비친 모양이었다. 그런데 선서의 문장은 주문을 모은 듯이 정말 터무니없는 것이어서, 나는 뭐가 뭔지 전혀 알 수 없었다.

오스카는 그들이 선서를 하는 동안 루치의 모습을 관찰했다. 어깨를 추켜올리고 있었는데, 왼손에 쥔 샌드위치가 발발 떨렸으며, 아랫입술을 깨물었고 여우같이 생긴 뾰족한 얼굴이 굳어진 채, 빛나는 눈은 슈퇴르테베커의 등으로 쏟아지고 있었다. 나는 먼지떨이단의 장래에 의심을 품었다.

우리는 지하실 내부의 모양을 바꾸기 시작했다. 트루친스키 아주머니의 집에서 나는 합창대의 협력 아래 필요한 비품 조달을 지휘했다. 성 카타리나 사원에서는 먼저 16세기 작품인 요제프의 반신상을 가져왔는데, 이것은 나중에 진품으로 밝혀졌다. 게다가 촛대 몇 개, 미사 용품 약간, 성체 제기(聖體祭旗)가 있었다. 밤중에 트리니타티스 교회를 방문했을 때의 선물은 예술적으로 보잘것없는 목조로 된 '나팔 부는 천사'와 벽 장식용으로 알맞는 고블랭천이었다. 이것은 원본을 모방한 복제품이었는데, 점잔을 빼며 거동하는 한 부인이 일각수라는 이름의 유순한 가공의 짐승을 거느리는 모습을 나타내고 있었다. 슈퇴르테베커가 지적한 바에 따르면, 이 고블랭직 위에 짜서 나타낸 소녀의 미소에는 루치의 그 여우 같은 얼굴에 감돌고 있는 미소와 똑같은 잔학한 교태가 있다. 확실히 그렇긴 하나, 내 오른팔인 간부가 그 전설상의 일각수처럼 유순해지지 않기를 나는 기대했다. 이제까지는 '검은 손'이니 '해골'이니 하는 쓸모 없는 여러 가지 것들이 그려져 있던 지하실 정면 벽에 벽걸이가 매달려 마침내 일각수라는 주제가 우리 회의를 지배하게 되었을 때, 나는 스스로에게 물었다. 오스카, 왜 너는 짜서 만든 제2의 루치까지 이곳으로 데려오느냐? 이곳에 드나들면서 네 등 뒤에서 숨죽여 웃고 있는 루치를. 루치가 너의 간부들을 일각수로 만들어 버릴 것이다. 아니, 살아 있는 루치도 벽걸이 루치도 결국 너를 노리고 있다. 어쨌든 오스카야, 정말로 전설적인 것은 너뿐이니까. 뛰어난 소용돌이 모양의 뿔을 가진 독특한 짐승은 너뿐이니까 말이야.

다행히도 곧 강림절이 다가왔다. 나는 근처에 있는 교회에서 가져온 실물 크기의 소박한 그리스도 탄생의 조각상으로 벽걸이를 모두 가릴 수가 있었으므로, 그 우화를 흉내내려고 하는 주제넘는 일도 더 이상 없게 되었다. 12월 중순에 룬트슈테트가 아르덴 산맥 공격을 개시할 무렵, 우리도 대공세 준비를 끝마쳤다.

마체라트가 걱정할 만큼 완전히 가톨릭 신자가 되어 버린 마리아의 손을 잡고, 나는 몇 주일 동안 계속해서 일요일마다 10시 미사에 참석하고 먼지떨이단 일동에게도 교회에 다니도록 명령했다. 이렇게 해서 교회 안 사정을 완전히 파악한 뒤에, 우리는 12월 18일에서 19일 사이의 한밤중에 성심 교회에 잠입했다. 미사를 지낼 때 사제를 돕는 렌반트 형제가 안내했으므로 오스카가 노래로 유리를 부술 필요는 없었다.

눈이 내렸으나 쌓일 정도는 아니었다. 우리는 손수레 세 대를 성구실 뒤에 대기시켜 두었다. 동생 렌반트가 정면 현관 열쇠를 가지고 있었다. 오스카가 앞장 서서 젊은이들을 성수반(聖水盤)이 있는 곳으로 데리고 가서는 자리에서 한 사람 한 사람 중앙제단을 향해서 무릎 꿇게 했다. 그러고서 성심 예수상에 노동봉사단의 담요를 덮도록 명령했다. 예수의 푸른 눈이 우리 작업에 방해가 될지도 모르기 때문이다. 작업 도구는 드레슈하제와 미스터가 왼쪽 옆면 제단 앞에 운반해 두었다. 먼저 말구유 조각품과 상록수를 신도석으로 옮겨야 했다. 양치기며 천사며 양이며 당나귀며 소 따위는 우리도 이미 많이 갖고 있었다. 그래서 우리 지하실에는 조연들만 많이 모이게 되었다. 나머지는 주역을 기다릴 뿐이었다. 벨리사리우스가 제단에 놓인 꽃을 치웠다. 토틸라와 테야가 융단을 걷었다. 콜렌클라우가 도구를 꺼냈다. 그러나 오스카는 기도대 뒤에서 무릎을 꿇고 이 해체 작업을 감시하고 있었다.

처음에는 초콜릿 빛 모피를 걸친 세례 요한을 톱으로 썰었다. 강철톱을 가지고 있었기에 참으로 편리했다. 석고 내부에서 손가락 두께의 금속막대가 세례자와 구름을 연결하고 있었다. 콜렌클라우가 톱질을 했다. 고등학생답게 솜씨가 서툴렀다. 시하우조선소의 수습공들을 잃은 것이 새삼 아쉬웠다.

슈퇴르테베커가 콜렌클라우와 교대를 했다. 솜씨가 약간 나은 듯싶었다. 30분쯤 소란을 피운 뒤에 세례 요한을 뉘어 담요에 싸니, 심야 교회의 정적을 절실히 몸에 느낄 수 있었다.

소년 예수는 엉덩이 전체가 성모의 왼쪽 넓적다리에 닿아 있었기 때문에 떼어내는 데 더욱 시간이 걸렸다. 40분 내내 드레슈하제와 렌반트 형제와 뢰벤헤르츠가 거기에 매달렸다. 모르케네는 왜 아직 오지 않을까? 그는 부하들을 데리고 노이파르바서에서 곧바로 이곳으로 와 교회 안에서 우리와 합류하기로 했다. 그렇게 하는 것이 사람 눈에 띄지 않기 때문이다. 슈퇴르테베커는 기분이 언짢아서인지 초조해 보였다. 그는 몇 번이나 렌반트 형제에게 모르케네에 대해서 물었는데, 마침내 우리 모두가 예기하고 있었던 바와 같이 루치라는 말이 튀어나오자, 슈퇴르테베커는 그 이상의 질문을 그만두고 사자왕의 서투른 손에서 톱을 빼앗아 성난 것처럼 맹렬한 동작으로 소년 예수에게 일침을 가했다.

이 예수상을 눕히다가 후광이 파손되었다. 슈퇴르테베커는 내게 용서를 빌었다. 나는 어쩐지 초조해지는 것을 가까스로 참고, 금박이 붙은 석고 접시 파편을 두 모자 안에 주워 담게 했다. 접착제를 사용하면 이 파편을 고칠 수 있다고 콜렌클라우가 말했기 때문이다. 잘라낸 예수상에 이불을 덮고 다시 담요 2장으로 쌌다.

우리 계획은 성모의 허리 윗부분을 톱으로 썰고, 발바닥과 구름 사이를 자르는 것이었다. 구름은 교회 안에 남겨두기로 하고, 결국 두 개로 나눈 성모와 예수상은 말할 것도 없고 가능하면 세례 요한도 우리의 푸트카머 저택 지하실로 운반할 생각이었다. 그런데 석고상의 무게가 예상보다 가벼웠다. 속은 모두 비어 있는 데다 석고 두께도 기껏해야 손가락 두 개 굵기밖에 되지 않았으며, 쇠로 된 골격만 번거로울 뿐이었다.

소년들 중에서도 특히 콜렌클라우와 사자왕이 지쳐 있었다. 잠깐의 휴식이 필요했다. 다른 아이들은 톱질을 하지 못했기 때문이다. 렌반트 형제도 마찬가지였다. 모두는 교회 벤치에 우두커니 기대앉아 떨고 있었다. 슈퇴르테베커만이 선 채로, 교회에 들어올 때 벗었던 벨루어 모자를 구겨 쥐고 있었다. 어색한 공기가 흘렀다. 무언가 조처를 취해야 했다. 소년들은 공허한 밤의 성당 건물 밑에서 참고 견디고 있었다. 모르케네가 오지 않았다는 사실도 불안의 원인이었다. 렌반트 형제는 슈퇴르테베커가 무서운 양, 옆으로 떨어져서 작은 소리로 말을 주고받다가 슈퇴르테베커에게 주의를 받고 입을 다물었다.

나는 한숨을 쉬면서 천천히 기도대에서 일어서서, 아직 자리에 남아 있는 성모 쪽으로 똑바로 걸어간 것을 기억한다. 요한을 쳐다보고 있던 성모의 눈이 이제는 석고 가루투성이인 제단의 층계 위를 향하고 있다. 조금 전까지 예수를 가리키고 있던 오른쪽 집게손가락은 허공을 가리키고 있다. 아니, 오히려 어두운 왼쪽 옆면 복도를 가리켰다. 나는 제단의 층계를 한 단 한 단 올라가면서 뒤돌아보고 슈퇴르테베커의 움푹 들어간 눈을 찾았다. 그의 눈은 얼이 빠져 있었으나, 콜렌클라우가 쿡쿡 찔러서 나의 요구를 받아들여주었다. 그는 나를 쳐다보았다. 그러나 평소와는 다르게 불안한 눈치였다. 처음에는 내 뜻을 전혀 알아차리지 못하다가 나중에야 겨우 알아차리고는 천천히, 애가 탈 만큼 천천히 다가왔다. 하지만 층계만큼은 단숨에 뛰어올라, 성모의 하얀 왼쪽 넓적다리 위에 나를 올려놓았다. 내가 올라앉은 그 자리에는 엉성한 톱질로 생긴 비뚜름한 자국이 소년 예수의 엉덩이 모양을 대부분 남겨 놓았다. 슈퇴르테베커는 금세 돌아서서 곧장 타일 위로 걸어 내려와서는 또다시 사색에 잠겼다. 그러다가 고개를 돌리더니, 달라붙을 듯이 가까운 두 눈을 가늘게 뜨고서 이리저리 번쩍거리며 살폈다. 예수 자리에 너무도 자연스럽고 성스러운 모습으로 앉아 있는 나를 보고, 교회 벤치에 있는 다른 패거리들과 마찬가지로 감동을 느꼈다.

이렇게 해서 그는 바로 내가 의도한 바를 알아차렸을 뿐 아니라, 내가 의도하던 이상의 것을 해 주었다. 그는 나르시스와 푸른 수염이 해체 작업을 하는 동안 사용했던 군대용 손전등 두 개를, 나와 성모 쪽으로 곧바로 향하게 했다. 내가 눈부셔 하자 적색 광선을 사용하라고 일렀다. 그리고 렌반트 형제에게 가까이 오라고 눈짓을 하더니 뭐라고 소곤거렸다. 그렇지만 형제는 그의 말을 들으려 하지 않았다. 슈퇴르테베커의 신호를 기다리지 않고 콜렌클라우가 두 사람에게 다가가서 먼지떨기로 다져진 주먹을 내보였다. 그리하여 형제는 뜻을 굽히고, 콜렌클라우와 공군 보조원인 미스터를 따라서 성구실로 모습을 감추었다. 오스카는 북의 모양새를 고치면서 태연하게 기다렸다. 키다리 미스터가 사제의 옷을 걸치고, 렌반트 형제는 미사를 지낼 때 붉은빛과 흰빛으로 이루어진 복사의 제복을 입고 되돌아왔으나 오스카는 조금도 놀라지 않았다. 보좌 신부의 옷을 절반만 걸친 콜렌클라우가 미사에 필요한 물건을 모두 가지고 와서 구름 위에 쌓아놓고 다시 퇴장했다. 형 렌반트는 향로를 들고, 동생은 방울을 들고 있었다. 빙케 사제의 옷이 미스터에게는 헐렁헐렁했으나, 썩 잘 흉내내고 있었다. 처음에는 고등학생답게 장난조로 시작했으나, 그러는 동안에 성서 구절과 의식에 완전히 도취되어 우리 모두를 위해서, 그중에서도 특히 나를 위해서 부질없는 흉내가 아닌 정식미사를 베풀어 주었다. 나중에 법정에서 문제가 되었을 때에도 당시 일은 항상 미사라는 이름으로 불렸다. 물론 검은 미사를 의미하는 것이었지만.

세 젊은이는 층계송(層階誦)부터 시작했다. 벤치와 타일 위에 있는 같은 패거리들은 무릎을 꿇어 성호를 긋고, 미스터는 숙련된 복사의 도움을 받아겨우 문구를 틀리지 않고 미사를 노래하기 시작했다. 입당송이 시작될 때 나는 재빨리 양철 위에 대고 정성껏 북채를 두들겼다. '주여 불쌍히 여기소서' 하는 기도 문구가 나올 때는 더욱 힘을 들여 반주했다. 하늘 높은 곳에서는 천주께 영광—나는 양철 위에서 칭송하고 일동을 기도로 이끌어, 주간 미사의 사도서간 대신에 꽤 긴 북 연주를 집어넣었다. 할렐루야의 시구가 나오는데서는 특히 연주를 잘했다. 사도신경 차례가 되었을 때, 나는 모두가 나를 믿고 있음을 간파했다. 봉헌 시간에는 양철을 삼가고, 미스터가 빵을 바치고 포도주를 물과 섞어 성배(聖杯)와 나를 향해 향을 피우는 것을 감수했으며, 미스터가 두 손을 씻을 때의 동작을 지켜보았다. 나는 빨간 손전등 불빛 속에서 '형제들이여 기뻐하라'를 북으로 두들겨 성변화(聖變化)로 이끌었다. 이것은 나의 몸이다. 나의 엄숙한 명령을 받고 미스터가 '기도하자'를 노래했다. 자리에 앉아 있던 젊은이들은 나를 향해서 각기 다른 두 종류의 주기도문을 바쳤다. 그러나 미스터는 영성체로 신교도들과 가톨릭 교도들을 하나로 통합하는 방법을 알고 있었다. 그들이 성찬을 계속하는 동안 '나는 고백하오니'를 북으로 들려 주었다. 성모의 손가락은 북 연주자 오스카를 가리키고 있었다. 내가 그리스도의 후계자가 된 것이다. 미사는 막힘 없이 진행되었다. 미스터의 소리가 높아졌다가는 또 낮아졌다. 정말 멋진 목소리로 그는 감사 기도를 했다. 면제와 면죄와 용서를 빌면서. 그리고 그가 마침내 맺는 말 '이테, 미사 에스트'—가라, 미사는 끝났다—를 성당 안에 남겼을 때 정말로 정신의 해방이 일어났다. 신앙을 굳건히 하고 오스카와 예수의 이름으로 강해진 먼지떨이들에게 세속의 체포가 덮쳤다.

미사를 올리고 있는 동안에 내 귀에는 자동차 소리가 들렸다. 슈퇴르테베커도 귀를 기울이고 있었다. 그래서 우리 두 사람만은 정면 현관과 성구실과 오른쪽 현관에서 소란스러운 소리가 들리고, 장화 뒷굽이 교회의 타일을 울리기 시작했을 때도 별로 놀라지 않았다.

슈퇴르테베커가 나를 성모의 넓적다리에서 안아 올리려고 했으나, 나는 못하게 했다. 그는 오스카의 생각을 이해하고 고개를 끄덕이면서, 모두에게 무릎을 꿇은 채 경찰을 기다리도록 명령했다. 소년들은 그대로 있었다. 물론 벌벌 떨기도 하고, 개중에는 두 무릎이 붙어버린 자도 많이 있었으나, 어쨌든 모두는 말없이 기다렸다. 그러는 동안 경찰대는 왼편 복도와 신도석과 성구실을 통해 우리에게 다가와서 왼쪽 옆면 제단을 포위했다.

많은 손전등들이었다. 빨간빛으로 바꾸지 않아서 눈이 부셨다. 슈퇴르테베커가 일어서서 성호를 긋고 전등빛에 몸을 드러내, 여전히 무릎을 꿇은 채 있는 콜렌클라우에게 벨루어 모자를 넘겨 주었다. 레인코트를 입은 슈퇴르테베커의 모습이, 전등을 들지 않은 채 잔뜩 부어 있는 그림자를 향해서 다가갔다. 빙케 사제였다. 이 그림자 뒤에서 슈퇴르테베커는 괴로움에 몸부림치는 홀쭉한 것을 불빛 속으로 끌어냈다. 루치 렌반트였다. 베레모 아래에서 찌푸리고 있는 소녀의 세모진 얼굴을 슈퇴르테베커가 한참 때렸다. 결국 한 경찰관이 손바닥으로 쳐서 그를 벤치 사이로 나자빠지게 했다.

"이봐, 예슈케. 저 아이는 서장의 아들이야!" 한 경찰관이 소리치는 것을 나는 성모의 넓적다리 위에서 들었다. 우리의 유능한 간부가 경찰서장의 아들이었다니, 오스카도 얼마간 유쾌했다. 그리고 불량배들에게 유괴당하여 울상짓는 세 살짜리 아이의 역할을 연기하면서 점잖게 보호받는 대로 몸을 맡겼다. 빙케 사제가 나를 안아올린 것이다.

떠들고 있는 것은 경관들뿐이었다. 소년들이 끌려 나갔다. 빙케 사제는 현기증이 나서 어쩔 수 없이 나를 타일 위에 내려놓고는 옆 벤치에 주저앉았다. 내가 서 있는 곳 옆에는 우리의 작업 도구가 있었다. 끌과 망치 너머로 식료품 바구니가 보였다. 침입 전에 드레슈하제가 열심히 만든 샌드위치가 가득 담겨 있었다.

이 바구니를 들고서, 나는 얇은 외투를 입은 채 떨고 있는 루치의 야윈 모습을 향해서 다가가, 그녀에게 샌드위치를 내밀었다. 그녀는 나를 안아 올려 오른손으로 나를 껴안고 왼손으로 소시지가 든 것을 찾아내서, 한 개를 손가락 사이에 쥐자마자 이 사이에 물었다. 나는 두들겨 맞아서 빨갛게 부어오른 그녀의 얼굴을 들여다보았다. 검게 찢어진 눈의 깊은 곳에서 바쁘게 움직이는 두 눈, 팽팽한 피부, 우물거리고 있는 세모꼴 인형 모양의 검은 여자 마술사가 빵 사이에 긴 소시지를 탐하고 있었다. 탐식하면 탐식할수록 점점 야위어 가고 배고팠으며, 더욱 세모꼴 인형처럼 보였다—내 눈 속 깊이 또렷하게 이 광경이 새겨졌다. 누가 내 머릿속에서 이 세모꼴을 지워 줄 것인가? 빵껍질을, 소시지를, 인간을 우물우물 씹는 모습은 언제까지나 내 머릿속에서 지워지지 않고, 이 세모꼴과 일각수를 길들이는 벽화 속의 여인만이 지을 수 있는 미소를 영원히 지으리라.

슈퇴르테베커가 두 경찰관에게 연행되면서 피범벅이 된 얼굴로 루치와 오스카를 바라보았을 때, 나는 모르는 체하고 눈길을 돌렸다. 그러고서 샌드위치를 탐하고 있는 루치의 팔에 안긴 채 5, 6명의 경찰들에게 둘러싸여, 조금 전까지만 해도 내가 인솔하던 먼지떨이들의 뒤를 따랐다.

뒤에 남겨진 것은 무엇일까? 빙케 사제 말고는 우리가 썼던 손전등 두 개가 여전히 적색 광선을 빛내고 있었다. 그리고 사제 주변에는 급하게 벗어 던진 복사의 제복과 사제복이 남겨져 있었다. 제단 층계 위에는 성배와 성체 현시대가 놓여 있었다. 우리의 푸트카머 지하실에서 부인과 일각수가 그려진 벽화와 대조를 이루어야 마땅한 성모 옆에는 톱으로 잘린 요한과 예수가 있었다.

어찌됐든 오스카는 심판의 자리로 보내졌다. 지금도 나는 이것을 예수에 대한 제2의 심판이라고 부르고 있거니와, 이 심판은 결국 나의 무죄 석방, 즉 예수의 무죄 석방으로 끝맺었다.

개미 거리

짙은 쪽빛 타일을 붙인 수영장을 상상해 주기 바란다. 수영장 안에는 운동을 즐기는, 햇볕에 탄 사람들이 헤엄을 치고 있다. 수영장 가장자리의 탈의실 앞에도 운동을 즐기는, 햇볕에 탄 남녀들이 걸터앉아 있다. 확성기에서는 조용하게 음악이 흐르고 있을지도 모른다. 건강한 권태, 손쉬우며 번거롭지도 않은, 터질 듯한 수영복 차림의 연애. 타일은 매끄러우나 미끄러지는 사람은 없다. 무언가 금지하는 표찰이 약간 눈에 띈다. 그러나 이런 것도 사실은 필요 이상의 것이다. 손님들은 단지 두 시간 동안만 수영을 즐기기 위해서 온 것이며, 금지 사항에 있는 것은 모두 수영장 밖에서 하고 있으니까. 때때로 3미터 높이의 다이빙대에서 몸을 날리는 사람도 있지만, 헤엄치고 있는 사람들의 눈길을 끌지도 못하거니와 누워 있는 수영객들의 눈을 그림이 담긴 신문에서 떼어 낼 수도 없다—그런데 갑자기 미풍이 일어났다! 아니, 미풍이 아니다. 천천히 목표를 향해서, 사다리 한 단 한 단에 손을 뻗으면서 10미터 높이의 다이빙대를 올라가는 젊은이가 있다. 유럽과 해외의 르포르타주를 실은 잡지들이 아래로 빠르게 떨어져 사람들의 시선은 그 젊은이와 함께 상승하고, 누워 있는 사람들은 목을 점점 길게 뺀다. 한 젊은 부인은 손으로 이마를 가린다. 자기가 생각하던 일을 잊어버린 자도 있다. 상대편에게 하던 말이 그대로 묵살된다. 갓 시작된 사랑의 속삭임도 중간에서 중단된다—방금 그 젊은이가 체격이 좋은 힘찬 모습으로 다이빙대 위에 나타났기 때문이다. 풀쩍 뛰어오르면서 둥그스름한 활 모양 강철 난간에 기대어 따분하다는 듯이 밑을 내려다보고는, 엉덩이를 고상하게 흔들면서 난간에서 떨어져, 튀어나온 발판을 향한다. 발을 한 걸음 내밀 때마다 구름판이 휘청거린다. 젊은이가 밑을 바라보자, 그의 눈길은 저절로 무섭도록 작은 짙은 쪽빛 수영장에 빨려들어간다. 그 수영장에는 빨강, 노랑, 초록, 하양, 빨강, 노랑, 초록, 하양, 빨강, 노랑의 여자 수영모들이 한없이 뒤섞여 있다. 그중에는 아는 여자들도 앉아 있음에 틀림없다. 도리스 쉴러와 에리카 쉴러 자매뿐만 아니라 유타 다니엘스도 남자친구를 데리고 와 있다. 그녀에게는 어울리지 않는 사내다. 그녀들이 신호를 보낸다. 유타도 신호를 하고 있다. 몸의 중심을 잃지 않도록 조심하면서 그도 신호를 보낸다. 그녀들은 소리친다. 어떻게 하라는 것일까? 그에게 앞으로 가라고 그녀들이 소리친다. 유타는 그에게 뛰어들라고 소리친다. 그러나 그는 그럴 생각이 털끝만큼도 없었다. 다이빙대 위에서 잠시 바라보고, 그것이 끝나면 또 천천히 한 계단 한 계단 붙잡으면서 내려올 생각이었다. 그런데 그녀들은 소리친다. 모든 사람에게 들릴 만큼 큰 소리로 뛰어요! 자, 빨리! 뛰어내려요!

다이빙대 위에 서면 그만큼 천국에 더 가까운지도 모르지만, 이것이 못마땅한 상황임에는 이론이 없으리라. 수영철은 아니나 1945년 1월에 먼지떨이단의 일행과 내 몸에는 그와 똑같은 일이 일어났다. 우리는 용감하게도 사다리를 기어올라 다이빙대 위에서 떠들어 대고 있었다. 밑에서는 물 없는 수영장 주위에 말굽 모양으로 여러 명의 판사, 배심원, 증인, 재판소 직원이 엄숙하게 앉아 있었다.

이때 슈퇴르테베커는 난간 없는 구름판 위로 나갔다.

"뛰어라!" 판사들이 한꺼번에 소리쳤다.

하지만 슈퇴르테베커는 뛰어내리지 않았다.

그때 아래 증인석에서 홀쭉한 모습의 소녀가 일어섰다. 베르히테스가덴식의 윗옷과 회색 주름치마를 입고 있었다. 창백하면서도 윤곽이 또렷한 얼굴—세모꼴을 하고 있었다고 나는 지금도 주장한다—을 그녀는 번쩍번쩍 빛나는 표적지처럼 들어 올렸다. 그리고 루치 렌반트는 소리치지 않고 중얼거렸다. "뛰어라, 슈퇴르테베커, 뛰어라!"

그러자 슈퇴르테베커는 뛰었다. 루치는 다시 증인석의 나무 벤치에 앉아 베르히테스가덴식으로 짠 윗옷 소매를 끌어내려 두 주먹을 감추었다.

모르케네가 절름거리면서 구름판으로 향했다. 판사들이 그에게 뛰어들라고 강요했다. 그러나 모르케네는 뛰려고 하지 않고 당황해서 시선을 손끝에 떨군 채 웃음짓고 있었다. 마침내 루치가 소매를 추켜올려서 양털옷에서 두 주먹을 드러냈으며, 눈을 가늘게 뜨고 있는 검은 테를 두른 세모꼴을 그에게 보였다. 그는 기다렸다는 듯이 이 세모꼴을 겨냥하여 뛰었으나, 명중은 하지 못했다.

콜렌클라우와 푸테는 사다리를 오르는 동안에도 벌써 험악한 모습이었으나 구름판 위에서 마침내 충돌했다. 푸테는 먼지떨기를 당했고 뛰어내릴 때도 콜렌클라우는 푸테를 놓아주지 않았다.

긴 명주 같은 속눈썹을 가진 드레슈하제는 그 하염 없이 슬픈 사슴 눈을 뛰기 전에 감았다.

공군 보조원은 뛰기 전에 제복을 벗어야만 했다.

렌반트 형제는 미사의 찬양대로서 구름판에서 천국으로 뛰어내리는 것이 허용되지 않았다. 낡아빠진 대용 양털옷을 입고 증인석에 앉아 도약 경기 진행을 맡고 있던 누나 루치가 절대로 그렇게 두지 않았다.

역사적인 사실과는 반대로, 처음에 벨리사리우스와 나르시스가 뛰고 그 후에 토틸라와 테야가 뛰었다.

푸른 수염이 뛰고 사자왕이 뛰어내렸으며 먼지떨이단의 졸개인 나제, 부슈만, 윌하펜, 파아퍼, 퀴넨젠프, 야타간, 파스빈더가 뛰었다.

슈투헬도 뛰어내렸다. 이 깜짝 놀랄 만큼 사팔뜨기인 고교 2학년생은 사실 우연히 먼지떨이들과 행동을 같이했을 뿐 정식 단원은 아니었다. 그런데 이 아이가 뛰고 나서는 예수만이 홀로 구름판 위에 남았다. 판사들이 한꺼번에 오스카 마체라트로서 뛰어들 것을 강요했으나 예수는 이 말에 따르지 않았다. 증인석에서는 양 어깨 사이에 가늘디가는 모차르트 머리를 한 엄한 루치가 일어서서, 편물 웃저고리 소매를 추켜올리고, 비뚤어진 입을 움직이지 않은 채 "뛰어요, 사랑스런 예수, 뛰어요!" 하고 속삭였다. 이때 난 10미터 높이의 구름판이 가지고 있는 유혹적인 성질을 이해했다. 이때 회색 새끼고양이가 나의 오금에서 굴러다니고, 고슴도치가 내 발바닥에서 교미를 했으며, 제비가 나의 겨드랑이 밑에서 새끼를 까고, 유럽을 넘어 전세계가 내 발밑에 펼쳐졌다. 이때 미군과 일본군은 루손 섬에서 횃불 춤을 추고 있었다. 그때 눈이 가늘고 긴 패와 눈이 둥근 패가 모두 그들의 제복 단추를 잃어버렸다. 그때 스톡홀름의 한 재단사는 같은 시각에 고상한 무늬의 야회복에 단추를 꿰매 달고 있었다. 그때 마운트바텐은 버마의 코끼리들에게 온갖 구경(口徑)의 총포탄을 쏘고 있었다. 이와 똑같은 때에, 리마의 한 미망인은 그녀의 앵무새에게 '카람바'라는 말을 흉내내게 하고 있었다. 이때 태평양 한가운데에서는 고딕식 성당처럼 장식한 두 척의 거대한 항공모함이 접근하면서 서로 비행기를 발진시켜 상대를 물리쳤다. 그러나 비행기들은 내릴 장소를 잃어버리고 난처해져서, 천사처럼 하늘을 돌고 폭음을 울리면서 그들의 연료를 소비하고 있었다. 하지만 이 일은 마침 일과를 끝낸 스웨덴 하파란다 시내의 전차 승무원을 조금도 방해하지 않았다. 그는 프라이팬에 달걀을 깨뜨려 넣었다. 두 개는 자신을 위해서, 다른 두 개는 그의 약혼자를 위해서. 그는 미소를 짓고 이것저것 마음속으로 다짐하면서 그녀가 도착하기를 기다렸다. 물론 콘예프와 슈코프의 군대가 또다시 행동을 개시할 기미를 보이고 있다는 사실도 예측할 수 있었다. 아일랜드에 비가 내리고 있는 사이에, 그들의 군대는 바이크셀 강을 돌파하고, 바르샤바를 뒤늦게나마 점령했으며, 쾨니히스베르크를 재빠르게 빼앗았지만, 자식 다섯과 한 남편을 가진 파나마의 부인이 불에 올려놓은 우유를 검게 태우는 것을 방해할 수는 없었다. 당연한 일이지만, 사건의 실마리들은 표면적으로 여전히 탐욕에 얽히고설켜 역사를 만들고 있었으나, 내면은 이미 역사 속의 씨줄과 날줄로 엮였다. 또 내가 기이하게 느끼는 점은 싫증이 나거나 낯을 찡그리거나 고개를 떨구거나 악수하거나 애를 낳거나 위조지폐를 찍거나 사진을 만들거나 이를 닦거나 사살하거나 빨래를 널거나 하는 따위의 행위들이 같은 솜씨는 아니더라도 곳곳에서 행해지고 있다는 사실이었다. 이처럼 목적에 알맞은 많은 행위들이 나를 어지럽게 했다. 그리하여 내 눈길은 다이빙대 밑에서 이루어지고 있는 재판 쪽으로 다시 향했다. "뛰어요, 사랑스런 예수, 뛰어요." 조숙해 보이는 증인 루치 렌반트가 이렇게 속삭였다. 그녀는 악마의 무릎에 앉아 있었다. 그것이 그녀의 처녀다움을 한층 두드러지게 했다. 악마는 그녀에게 샌드위치를 건네 주어 기쁘게 해 주려 했다. 그녀는 입에 물었으나 순결은 잃지 않았다. "뛰어요, 사랑스런 예수!" 그녀는 샌드위치를 씹으면서 나에게 속삭였고, 그 상처 없는 세모꼴을 보였다.

나는 뛰어내리지 않았으며 앞으로도 다이빙대에서 뛰는 일은 절대로 없을 것이다. 그것은 오스카의 최후의 심판이 아니었기 때문이다. 이제까지 몇 번이나 나를 뛰어내리게 하려는 유혹이 있었다. 아주 최근에도 있었다. 먼지떨이단의 재판 때와 똑같은 넷째손가락 재판 때에도—이것을 나는 차라리 예수에 대한 제3의 심판이라고 부르고 싶다—물이 없는 감색 타일의 수영장 가장자리에 많은 관중이 모여들었다. 증인석에 앉은 그들은 나의 재판을 즐기고 이야깃거리로 삼으려고 했던 것이다.

그러나 나는 오른쪽으로 돌아서, 겨드랑이 밑에서 깃털이 난 새끼제비를 질식시키고 내 발바닥에서 결혼식을 올리고 있는 고슴도치를 짓밟았으며, 나의 오금에 있는 회색 새끼고양이들을 굶기고—그리고 도약의 기쁨을 경멸하면서, 완강하게 난간을 향해 걸어가 사다리로 훌쩍 옮겨 기어 내려왔다. 한 계단 한 계단 붙잡고 내려오면서, 다이빙대라는 것은 올라갈 때만이 아니라 뛰지 않고 다시 내려올 때도 이용된다는 사실을 확인했다.

밑에서 마리아와 마체라트가 나를 기다리고 있었다. 빙케 사제는 부탁도

하지 않았는데 나를 축복해 주었다. 그레트헨 셰플러는 나를 위해서 겨울 외투와 케이크까지 가져다주었다. 쿠르트 녀석은 굉장히 많이 자랐는데, 나를 아버지로서도 이복형제로서도 인정하려고 하지 않았다. 내 할머니 콜야이체크는 그녀의 오빠 빈첸트의 손을 잡고 있었다. 이 빈첸트는 세상 물정에 훤한 사람으로 무언가 알아들을 수 없는 이야기를 하고 있었다.

우리가 법원 건물을 나오자, 사복 차림의 공무원 한 사람이 마체라트에게 다가와서 서류 한 장을 건네 주면서 말했다. "마체라트 씨, 다시 한 번 잘 생각해 보세요. 이 아이는 이 마을에서 멀리 내보내야 합니다. 아셨지요? 이런 불쌍한 아이는 내버려 두면 곧 나쁜 친구들이 눈독을 들이게 돼요."

마리아는 울면서 나의 목에 내 북을 걸어 주었다. 재판을 하는 동안에 빙케 사제가 맡아 두었던 것이다. 우리는 중앙역 근처 시가전차 정류소로 갔다. 마지막에는 마체라트가 나를 잠깐 업어 주었다. 나는 그의 어깨 위에서 뒤돌아보며, 군중 속에서 세모꼴의 얼굴을 찾았다. 그녀도 다이빙대 위로 올라가야 했는지, 그래서 슈퇴르테베커와 모르케네의 뒤를 따라 뛰었는지, 아니면 나처럼 사다리의 제2의 가능성을 깨닫고 내려왔는지를 알고 싶었기 때문이다.

오늘날까지도 나는 길거리나 광장에서 너무 여위어 아름답지도 밉지도 않으나, 태연하게 남자들을 죽이는 처녀를 두리번거리면서 찾는 버릇을 버릴 수가 없다. 정신병원 침대 속에서까지도, 브루노가 나에게 타인의 방문을 알리면 나는 깜짝 놀란다. 이때 내가 경악하는 이유는, 루치 렌반트가 찾아와서, 요괴이자 검은 마녀가 이번에야말로 나를 뛰어내리게 만들 거라고 생각하기 때문이다.

마체라트는 그 서류에 서명을 해서 보건성으로 보낼 것인가 말 것인가를 두고 열흘 동안이나 머리를 싸맸다. 열하루째에 그가 서류에 서명을 해서 발송했을 때, 시내는 이미 포병대의 포격 아래에 있어서 이 서류가 무사히 배달될지 어떨지조차 의문이었다. 로코소프스키 원수가 이끄는 선봉 장갑부대가 엘빙까지 진출해 왔다. 바이스 휘하의 제2군단은 단치히 주변 언덕 위에 진을 치고 있었다. 지하실 생활이 시작되었다.

아시다시피 우리 지하실은 가게 밑에 있었다. 복도 화장실 건너편에 있는 출입구로부터 열여덟 계단을 내려가면 지하실이었다. 하일란트와 카터네의 지하실 뒤쪽이며, 슬라거의 지하실 앞쪽이었다. 하일란트 노인은 아직 이 곳에 버티고 있었다. 그러나 카터 부인을 비롯해 시계방의 라우프샤트와 아이케 집안, 슬라거 집안은 간단하게 짐을 꾸려 도망가고 없었다. 그들과 그레트헨과 알렉산더 셰플러에 대해서 나중에 들은 풍문에 의하면, 그들은 마지막 순간에 옛 환희역행단의 배를 가까스로 타고 출발했는데, 슈테틴이나 뤼베크에 도착했거나 기뢰(機雷)에 부딪쳐서 박살났는지도 모른다. 어쨌든 주택과 지하실의 절반 이상은 사람이 없었다.

우리 지하실은 제2의 출입구가 있다는 이점이 있었다. 또한 우리 모두가 알고 있는 바와 같이, 이 출입구는 가게 카운터 뒤에 있는 널빤지 뚜껑이다. 그러므로 마체라트가 무엇을 지하실 속으로 운반하고 무엇을 지하실에서 가지고 나오는지 아무도 볼 수가 없었다. 그렇지 않았더라면 마체라트가 전쟁 중에 사재기한 물건들이 무사했을 리가 없었다. 건조되어 따뜻한 방 안에 콩류, 면류, 설탕, 인조 벌꿀, 밀가루, 마가린 같은 생활필수품들이 가득 채워져 있었으며, 야자유 상자 위에 검은 빵 상자가 놓여 있었다. 바지런한 마체라트가 몸소 벽에 나무못을 박아서 만든 선반 위에는 자두, 완두콩, 아몬드 따위의 통조림과 함께 라이프치히풍 야채 통조림이 가지런히 놓여 있었다. 전쟁이 한창일 때 그레프의 권고로 지하실 천장과 콘크리트 바닥 사이에 박아놓은 몇 개의 원목 자재가 이 식료품 창고에 기존의 튼튼한 방공호와 같은 안정성을 갖게 해 주었다. 마체라트는 몇 번이나 이 자재를 다시 떼내려고 했다. 잠시 동안 단치히에는 산발적인 공격 말고는 별다른 폭격이 없었기 때문이다. 방공 감시원 그레프의 경고를 더 이상 들을 수 없게 되자, 이번에는 마리아가 이 버팀목의 보존을 그에게 당부했다. 그녀는 쿠르트를 위해서, 때로는 나를 위해서 안전을 요구해 주었다.

1월 말 최초의 공습 무렵에는, 하일란트 노인과 마체라트가 협력해서 트루친스키 아주머니를 앉아 있던 의자와 함께 우리 지하실 속으로 옮겼다. 그 이후에는 아주머니의 희망에 따라, 어쩌면 운반하기가 힘들다는 이유로 공습이 있어도 아주머니를 방 안 창가에 그대로 두었다. 중심가에 대공습이 있고 나서, 마리아와 마체라트는 이 노파가 아래턱을 축 늘어뜨리고, 작은 날파리가 눈 속에 들러붙었다는 듯이 흰자위를 드러내고 있는 모습을 발견했다.

그리하여 침실로 통하는 문을 뜯어냈다. 하일란트 노인이 창고에서 도구와 상자를 부순 두꺼운 판자를 몇 장 가지고 왔다. 마체라트에게서 얻은 더비 담배를 피우면서 그는 치수를 재기 시작했다. 오스카는 그의 일을 도왔다. 다른 사람들은 지하실로 사라졌다. 언덕에서 포격이 다시 시작되었기 때문이다.

그는 빨리 완성할 생각으로 끝을 좁히지 않은 단순한 정사각형 상자를 조립하려고 했다. 그러나 오스카는 전통적인 관 모양이 좋아서 가만있지 않고, 그의 통 밑으로 판자를 억지로 들이밀었기 때문에 그도 마침내는 손을 들고 관의 발끝 쪽을 좁히기로 했다. 인간의 시체는 모두가 이런 대우를 받을 권리가 있는 것이다.

완성이 되고 보니 아주 정성을 들인 훌륭한 관이었다. 그레프 부인이 트루친스키 아주머니의 시체를 씻기고, 세탁해 둔 잠옷을 장롱에서 꺼내 입혔으며, 손톱을 잘라 주고, 머리 매듭을 풀어서 뜨개바늘 세 개로 적당히 붙들어 맸다. 요컨대 그레프 부인은 트루친스키 아주머니가 죽은 뒤에도 그녀를 회색 쥐처럼 만든 것이다. 이 쥐는 살아 있을 때 대용품 맥아 커피를 즐겨 마시고 고구마케이크를 즐겨 먹었다.

그런데 이 쥐는 폭격 중에 의자에 앉은 채 굳어버려 관 속에서도 무릎을 굽힌 채 누우려고 했으므로, 하일란트 노인은 마리아가 쿠르트를 안고 몇 분 동안 방을 나가 있는 동안에, 쥐의 두 다리를 눌러 꺾어야만 했다. 관에 못을 박기 위해서였다.

유감스럽게도 우리에게는 노란색 페인트가 있을 뿐이었고 검은색은 없었다. 그래서 색은 칠하지 않았지만 발끝을 좁게 만든 트루친스키 아주머니의 관은 방을 나와 계단으로 옮겨졌다. 오스카는 북을 들고 뒤를 따랐다. 그리고 관 뚜껑에 써 있는 문자를 읽어 보았다—비델로 마가린—비델로 마가린—비델로 마가린—이라고 같은 간격으로 적혀 있어 트루친스키 아주머니의 취미를 보충해서 설명하고 있었다. 그녀는 살아 있을 때 최고급 버터보다도 순식물성 고급 비델로 마가린을 즐겼다. 그 마가린은 항상 신선하여 건강에 좋고 영양이 풍부하며, 기운을 내게 하기 때문이다.

하일란트 노인이 채소 장수 그레프의 짐수레에 관을 싣고, 루이제 거리와 마리엔 거리를 지나서 안톤 묄러 거리—여기에선 집 두 채가 불타고 있었다—를 지나 산부인과 병원 쪽을 향해 끌고 갔다. 쿠르트는 우리 집 지하실에 그레프 미망인과 함께 남아 있었다. 마리아와 마체라트는 수레의 뒤를 밀고, 오스카는 수레 위에 앉아 있었다. 관 위로 기어오르고 싶었으나 허락되지 않았다. 거리에는 동프로이센과 강 하류 지역에서 온 피난민으로 붐볐다. 체육관 앞 철도 육교는 거의 통과할 수 없을 지경이었다. 마체라트는 콘라트 학교 마당에 구덩이를 파자고 제안했다. 마리아는 반대했다. 트루친스키 아주머니와 같은 나이인 하일란트 노인 또한 반대의 몸짓을 했다. 나도 교정에는 반대였다. 시립묘지는 물론 단념해야 했다. 왜냐하면 체육관에서 그 앞쪽 힌덴부르크 거리는 군용차 말고는 통행이 금지돼 있었기 때문이다. 그래서 우리는 이 쥐를 그녀의 아들 헤르베르트 곁에 묻어 줄 수 없었다. 그 대신 그녀를 위해서 시립묘지 건너편 슈테펜스 공원 안에 있는 오월의 초원 뒤쪽에 장소를 골라 주었다.

땅은 얼어 있었다. 마체라트와 하일란트 노인이 교대로 곡괭이질을 하고, 마리아가 돌 의자 옆에서 담쟁이덩굴을 뽑는 동안에 오스카는 제멋대로 곁을 떠나 어느 틈에 힌덴부르크 거리의 가로수 사이에 있었다. 얼마나 엄청난 교통량이었는지! 언덕과 강 하류 지역으로부터 퇴각해 오는 전차가 서로 끌어당기는 것처럼 지나갔다. 주위의 수목에는—분명히 보리수였다고 기억하는데—의용병들과 군인들이 매달려 있었다. 제복 윗옷 가슴에 붙어 있는 마분지의 표찰을 읽어보니, 이 나무들에 매달려 있는 자들은 배반자라는 것이었다. 목을 맨 이들 중 몇 사람의 경직된 얼굴을 들여다보면서 나는 보통 사람들, 특히 목을 매고 죽은 채소 장수 그레프와 비교를 했다. 다시 나는 한 무리의 소년들이 헐렁헐렁한 제복을 입고 매달려 있는 것을 목격하고 몇 번이나 슈퇴르테베커가 아닌가 하고 생각했다. 그러나 매달려 있는 소년들은 모두가 비슷한 얼굴을 하고 있었다—마침내 나는 자신에게 타일렀다. 그놈들이 슈퇴르테베커를 매달아 버린 것이다—그런데 놈들은 루치 렌반트의 목도 달아 맸을까?

이 생각은 오스카를 북돋웠다. 그는 좌우의 수목에 여윈 소녀가 매달려 있지 않은가 하고 찾아 돌아다녔다. 전차 사이를 빠져나가 가로수길을 가로질러서 반대편으로 건너가 보았으나, 여기에서도 군인과 늙은 의용병과 슈퇴르테베커를 닮은 소년들밖에는 보이지 않았다. 나는 실망을 하고 가로수길을 따라 반쯤 무너진 카페 '사계' 부근까지 지친 다리를 질질 끌면서 걸어갔다가 마지못해 되돌아왔다. 트루친스키 아주머니의 묘 옆에 서서, 마리아와 함께 담쟁이덩굴이며 나뭇잎을 봉분 위에 뿌리고 있을 때도 여전히 매달려 있는 루치의 모습을 속속들이 훤히 머릿속에 그리고 있었다.

그레프 미망인의 짐수레를 우리는 다시 채소 가게 안으로 가져가지는 않았다. 마체라트와 하일란트 노인이 짐수레를 조각조각 분해해서 카운터 앞에 두었다. 그리고 식료품 가게 주인은 노인의 호주머니에 더비 담배를 세 갑 넣어 주면서 말했다. "어쩌면 이 수레가 또 필요하게 될지도 모르니 이곳에 두는 편이 안전할 거예요."

하일란트 노인은 아무 말도 하지 않았으나, 몇 꾸러미의 국수와 두 봉지의 설탕을 거의 텅 비어 버린 선반에서 꺼냈다. 그리고 그는 매장할 때나 돌아오는 길에서도 신고 있던 펠트 슬리퍼를 질질 끌며 가게를 나가서, 얼마 되지 않는 나머지 물품을 선반에서 지하실로 옮기는 일을 마체라트에게 맡겼다.

우리는 이제 구멍에서 나가는 일이 거의 없어졌다. 러시아 군대가 이미 지간켄베르크와 피츠겐도르프로 진입하고, 시틀리츠 앞에까지 다다라서 언덕 위에 진을 치고 있는 게 틀림없다. 왜냐하면 곧바로 시내에 포격을 가해 왔으니까. 레히트슈타트, 알트슈타트, 페퍼슈타트, 보르슈타트, 융슈타트, 노이슈타트, 너더슈타트 등 700년 이상에 걸쳐 세워진 전 시내가 3일만에 불타 사라졌다. 그러나 이것은 단치히 시 최초의 화재는 아니었다. 지금까지 이미 포메라니아, 브란덴부르크, 게르만족의 기사단, 폴란드, 스웨덴, 다시 한 번 스웨덴, 프랑스, 프로이센, 러시아, 게다가 작센 사람들까지 거의 20, 30년마다 역사를 만들면서 이 도시의 소각 가치를 발견해온 것이다—그리고 이번에는 러시아인, 폴란드인, 독일인, 영국인이 공동으로 고딕식 건축의 벽돌들을 백 번째로 불태운 것이다. 그렇다고 해서 그들에게 비스킷이 굴러든 것도 아닌데 말이다. 헤커 거리, 랑 거리, 브라이트 거리, 크고 작은 볼베버 거리를 모두 불태웠으며, 토비아스 거리, 훈데 거리, 알트슈타트 거리, 노이슈타트 거리, 보르슈타트 거리, 성벽, 긴 다리가 불에 탔다. 크란 문(門)은 목조였으므로 더욱 아름답게 타올랐다. 옷가게 거리에서는 값비싼 바지 몇 벌의 치수를 어마어마한 불길이 재고 있었다. 마리아 성당은 내부에서부터 타고 있었으므로, 첨두창(尖頭窓) 위에 축제 분위기의 조명 효과가 나타났다. 아직 옮겨지지 않은 종이 성 캐서린, 성 요한, 성 브리기트, 바르바라,

엘리자베스, 베드로, 바울, 성삼위일체, 성체 등의 성당에 남아 있었으나, 이 종들은 종루에서 녹아 노래도 못 하고 소리도 못 내고 방울져 떨어졌다. 큰 제분소에서는 붉은 밀이 갈려서 가루로 변하고 있었다. 푸줏간 골목에서는 일요일에 고기 굽는 냄새가 났다. 시립극장에서는 두 가지 의미를 갖는 단막극 '방화범의 다양한 꿈'이 초연되었다. 레히트슈타트에 있는 시청에서는 소방대원의 급료를 화재 뒤에 소급해서 올려주기로 결의했다. 성령 골목은 성령의 이름으로 불탔다. 기쁜 듯이 프란치스크 수도원이 성 프란치스크의 이름으로 불타 올랐다. 분명히 그는 불을 사랑하고, 불을 예찬한 사람이었다. 부인 골목은 아버지와 자식을 위해 동시에 타올랐다. 목재 시장과 석탄 시장과 건초 시장이 남김없이 타 버린 것은 자명한 일이다. 빵집 골목의 가마에서는 더 이상 빵이 나오지 않았다. 우유통 골목에서는 우유가 끓어 넘쳤다. 서프로이센 화재보험 건물만은 순전히 상징적인 이유에서 불타지 않았다.

오스카는 화재에 대해서 별로 신경쓰지 않았다. 그래서 나는 마체라트가 다락에서 불길이 솟고 있는 단치히를 바라보기 위해서 계단을 뛰어올라갔을 때도 사실은 지하실에 남아 있고 싶었다. 내가 경솔하게도 마침 그 다락에 매우 타기 쉬운 물건 몇 개를 숨기지만 않았다면 그대로 있었을 것이다. 하지만 전선극단 시절의 양철북 중 남아 있는 마지막 북 한 개와 괴테 및 라스푸틴을 구출할 필요가 있었다. 게다가 나는 책갈피 사이에 아주 얇고 연한 색깔의 부채를 보관해 두었다. 로스비타 라구나 부인이 살아 있을 적에 우아하게 흔들어 부치던 것이다. 마리아는 지하실에 남았다. 그러나 쿠르트 녀석은 나와 마체라트를 따라 다락으로 불구경을 가고 싶어했다. 나는 아들 녀석의 억제하지 못하는 흥분에 화가 나기도 했으나, 한편으로는 자신에게 타이르기도 했다. 이 아이가 이러는 까닭은, 아이의 증조할아버지이자 내 할아버지가 되는 방화범 콜야이체크에게서 물려받은 것이리라고. 마리아는 쿠르트를 잡아 두었다. 나에게는 마체라트와 함께 위에 올라가는 것을 허락했다. 나는 내 일곱 개의 북을 집어들고 나서, 건조실 창을 통해 오래되고 거룩한 이 도시가 분기해서 이와 같은 불들을 흩뜨리는 활력을 과시하고 있음을 감탄하며 바라보았다.

유탄이 근처에 떨어지기 시작했기 때문에 우리는 건조실을 떠났다. 나중에 마체라트가 다시 한 번 위에 올라가고 싶어했으나 마리아가 가로막았다. 그는 그녀의 말에 따랐으나, 밑에 남아 있는 그레프 미망인에게 화재 상황을 상세하게 묘사해야 했을 때는 눈물을 흘렸다. 그는 다시 한 번 거실을 다녀오고서 라디오를 켰다. 하지만 더 이상 아무것도 들리지 않았다. 불타오르는 방송국의 화염 소리조차도 들리지 않았다. 뉴스 속보도 들릴 리 없었다.

앞으로도 산타클로스를 믿어야 할지 어떨지를 모르는 어린아이처럼 겁에 질리고만 마체라트는 지하실 한가운데에 서서 바지 멜빵을 잡아당기면서, 그로서는 처음으로 최후의 승리에 대해 의심하기 시작했다. 그레프 미망인의 권고에 따라 당 배지를 윗옷 깃에서 떼어 냈는데, 그것을 어디에 어떻게 두어야 할지 주체하지 못했다. 지하실은 콘크리트 바닥이었으며, 그레프 부인도 그 배지를 인수할 뜻은 없었고, 마리아는 겨울 감자 속에 묻으면 된다고 했으나, 마체라트에게는 그다지 안심이 되지 않았다. 그렇다고 해서 위로 올라간다는 것은 그에게는 도저히 불가능했다. 놈들이 이미 쳐들어왔거나, 아직 오지 않았다고는 해도 곧 나타날 게 틀림없었기 때문이다. 마체라트가 아직 다락에 있을 때 이미 브렌타우와 올리바에서 전투를 하고 있었기 때문이다. 그는 이 배지를 위쪽 방화용 모래 속에 숨겨둘 걸 그랬다고 몇 번이나 후회했다. 이 지하실에서 그가 배지를 손에 들고 서 있는 것이 발각된다면 어떻게 될까—갑자기 그는 배지를 콘크리트 바닥에 내던지고 그것을 짓밟아 흉악한 사내 역을 연출하려고 했으나, 쿠르트와 내가 동시에 배지를 주우려고 달려들었으며, 내가 먼저 집어 계속 지니고 있었다. 쿠르트는 무언가 손에 넣고 싶을 때면 항상 그렇듯이 때리면서 달려들었다. 그러나 나는 내 아들에게 그 배지를 주지 않았다. 자식을 위험에 빠뜨리고 싶지 않았던 것이다. 러시아인들에게는 농담이 안 통하니까. 라스푸틴을 읽은 이래 오스카는 그 점을 잘 알고 있었다. 그래서 나는 쿠르트가 나에게 덤벼들고 마리아가 우리를 갈라놓으려고 하는 동안 이런저런 생각을 해 보았다. 오스카가 자기 자식의 구타에 굴복한다면 마체라트의 배지를 쿠르트의 몸에서 발견하는 사람은 누구일까? 백(白)러시아인일까? 대(大)러시아인일까? 카자흐인일까? 게오르지아인일까? 칼뮈크인일까? 크리미아 타타르인일까? 루테니아인일까? 우크라이나인일까? 아니면 키르기즈인일까?

마리아가 그레프 미망인의 도움을 받아 우리를 갈라놓았을 때, 나는 그 배지를 득의양양하게 왼쪽 주먹에 쥐고 있었다. 마체라트는 그의 배지가 없어져서 기뻐하고 있었다. 마리아는 울부짖는 쿠르트에게 매달려 있었다. 내 손바닥이 열린 핀 끝에 찔렸다. 나는 역시 그 물건이 좋아지지 않았다. 하지만 나는 마체라트의 겉옷 바로 뒤에 그의 배지를 다시 달아놓으려고 했다—그의 당 같은 것은 나에게 아무 상관도 없었다—그때 마침 놈들이 우리 머리 위의 가게 안으로 들어왔다. 부인들의 새된 비명 소리로 미루어 틀림없이 근처 지하실에도 나타난 모양이다.

그들이 널빤지를 들어 올렸을 때 배지의 핀은 여전히 나를 찌르고 있었다. 나에게 남아 있는 유일한 길은 마리아의 떨고 있는 무릎 앞에 웅크리고 앉아서 콘크리트 바닥 위의 개미를 뚫어져라 보는 일 말고는 아무것도 없었다. 개미의 행진은 겨울 감자로부터 지하실을 비스듬히 가로질러 설탕 부대로 통하고 있었다. 오스카는 혼혈의 느낌이 별로 없는 지극히 평범한 러시아인들이리라 짐작했지만, 지하실 층계 위로 예닐곱 사내가 침입해서, 자동 권총을 겨누며 이쪽을 매섭게 쏘아보았다. 비명으로 소란스러웠으나 개미들이 러시아군의 등장에도 동요하지 않은 덕분에 사태가 진정되었다. 개미들은 감자와 설탕만을 마음에 두었던 것이다. 그런데 자동 권총을 겨누고 있는 놈들은, 먼저 당장 다른 점령을 목표삼아 있었다. 어른들이 두 손을 든 것은 내게도 이해가 갔다. 이런 모습은 뉴스나 영화에서 본 적이 있다. 폴란드 우체국의 방위전 때에도 비슷하게 체념적인 장면이 벌어졌었다. 그러나 왜 쿠르트까지도 어른 원숭이 흉내를 내고 있었는지 나는 이해가 되지 않았다. 녀석은 차라리 아버지인 나를 보고 따랐어야 할 게 아닌가—아버지가 아니라도 개미들을 본받았으면 좋았을 텐데—네모진 제복을 입은 패거리 가운데 3명이 곧바로 그레프 미망인에게 흥미를 가졌기 때문에 딱딱한 자리가 조금 술렁였다. 그처럼 오랜 과부 생활과 그보다 앞선 금욕의 사순절 이래, 이처럼 활발하게 몰려들리라고는 기대하지 못했던 그레프 부인은, 처음에는 너무 놀란 나머지 비명을 질렀으나 거의 잊고 지내던 자세에 어느새 익숙해졌다.

러시아인은 어린아이를 좋아한다는 사실을 나는 이미 라스푸틴에서 읽었다. 그런데 우리 지하실에서 이것을 체험하게 되었다. 마리아는 이유 없이 떨고 있었으나, 그레프 부인에게 손을 대지 않은 4명이 쿠르트를 그녀의 무릎에 앉힌 채로, 자기들이 아기 대신 그곳에 자리를 잡지 않고, 오히려 쿠르트의 머리를 쓰다듬으면서 아다다라고 어르기도 하고, 그의 뺨에 이어서 마리아 뺨까지 어루만지는 것이 무슨 까닭인지 마리아로서는 전혀 이해되지 않았다.

나와 내 북을 누군가가 콘크리트 바닥에서 안아 올렸다. 그래서 계속 여러 가지 생각을 해 보면서 개미의 움직임을 관찰하고 개미들의 근면성을 기준으로 시대의 사건을 재는 것을 방해받았다. 내 양철은 나의 배에 매달려 있었다. 그리하여 커다란 곰보 자국이 있는 건장한 사내가 두툼한 손가락으로 북을 잠깐 쳐보았다. 어른치고는 그다지 서투르지 않아서 거기에 맞추어 춤도 출 수 있을 만한 연주였다. 오스카는 기꺼이 맞받아 응해 주고 싶었다. 사실 두세 곡 정도 양철에 실어서 연주해 주고 싶었지만 할 수가 없었다. 그의 왼손바닥을 여전히 마체라트의 당 배지가 찌르고 있었기 때문이다.

우리의 지하실 안은 평화롭고 화기애애하다고 해도 좋았다. 그레프 부인은 점점 조용해지면서 교대로 세 사내 밑에 몸을 뉘었다. 이 세 사내 가운데 한 사내가 만족했을 때, 오스카는 좀전의 재능 있는 고수의 손에서 땀이 밴 사내의 손으로 옮겨졌다. 이 사내는 약간 눈초리가 째진 것으로 보아서 칼뮈크인인 듯하다고 우리는 생각했다. 그는 나를 왼팔로 재빨리 안으면서 오른손으로 바지 단추를 채웠다. 그리고 그의 선임자인 그 고수가 그와 반대의 동작을 취해도 별로 화를 내지 않았다. 그러나 마체라트에게는 아무런 변화도 생기지 않았다. 그는 여전히 라이프치히풍의 야채 요리가 담긴 하얀 양철 통조림이 놓여 있는 선반 앞에 서서, 두 손을 높이 든 채, 손금을 모두 보이고 있었다. 하지만 그의 손금을 보아 주는 사람은 한 사람도 없었다. 이와 반대로 여자들의 상황 판단 능력은 놀랄 만하다는 사실이 입증되었다. 마리아는 난생처음으로 러시아 말을 두세 마디 암기하고, 이제는 무릎을 덜덜 떨지도 않았을 뿐 아니라 웃기까지 했으며, 손에 쥐여 주기만 하면 하모니카도 불 것처럼 보였다.

그러나 그토록 간단히 환경 변화에 적응할 수 없는 오스카는 개미의 변화에 집중하다가 칼뮈크인의 깃 가장자리에서 꾸물거리고 있는 몇 마리의 넓적한 회갈색 생물을 관찰하기에 이르렀다. 가능하다면 그 이를 잡아서 조사해 보고 싶었다. 그것은 내 독본(讀本)에도 이에 대한 언급이 나오기 때문이다. 괴테의 경우는 그렇지도 않으나, 라스푸틴의 경우는 매우 빈번하게 나온다.

하지만 한 손으로는 이를 잡을 수가 없을 듯싶어서 먼저 배지를 손에서 버리려고 했다. 이때의 내 행동을 자세히 설명해야만 한다. 칼뮈크인은 벌써 여러 개의 훈장을 가슴에 달고 있었으므로, 나를 찌르며 이 잡기를 방해하는 그 배지를 내 옆에 서 있는 마체라트 쪽으로 손에 쥔 채 내밀었다.

이 경우, 내가 그런 짓을 하지 않은 편이 나았으리라는 사람도 있을 테고, 또 마체라트는 그런 것을 받을 필요가 없었다고 하는 사람도 있을 것이다.

그는 손을 뻗쳤다. 나는 배지를 그의 손에 놓았다. 마체라트는 차츰 놀라는 기색을 보였다. 그의 당 배지를 손가락 사이로 보았기 때문이다. 겨우 두 손이 모두 자유롭게 된 나는 마체라트가 배지를 어떻게 하든 상관하고 싶지 않았다. 멍하니 있다가 이를 쫓지 못했기 때문에 오스카는 다시 개미들에게 신경을 집중하려고 했다. 그러나 마체라트의 급격한 손놀림이 잇따라 눈에 띄었다. 당시 오스카가 무슨 생각을 했는지 그 자신도 몰랐다. 마체라트는 그 다채롭고 둥근 배지를 그대로 태연하게 손에 쥐고 있는 편이 현명했으리라.

그런데도 그는 그것을 감추려고 생각했다. 그래서 이미 요리사로서 또한 식료품 가게 쇼윈도 장식가로서 여러 차례 증명한 바 있는 풍부한 상상력에도 불구하고 목구멍 말고는 숨길 장소를 발견하지 못했다.

그와 같은 미미한 손놀림이 얼마나 중대한 일을 초래하게 되었는지! 손에서 입으로의 단순한 동작이 마리아의 좌우에 조용하게 앉아 있던 2명의 이반을 깜짝 놀라게 하여 방공호의 임시 침대에서 펄쩍 뛰어 일어나게 하기에 충분했다. 그들은 자동 권총을 겨냥하고 마체라트 앞으로 다가갔다. 마체라트가 뭔가를 삼키려고 애쓰는 것은 누가 봐도 분명했다.

그가 미리 세 손가락으로 배지의 핀을 잠가 두었더라면 좋았을 것이다. 그것을 조심하지 않았기 때문에, 이제 와서 부피가 커진 배지가 그의 목구멍에 걸려, 그는 얼굴이 빨갛게 되어 눈을 튀어나올 듯이 드러내고 칵칵거리면서 울고불고 난리를 쳤다. 그리고 이처럼 한꺼번에 여러 감정이 밀려와 이미 두 손을 들고 있을 수도 없었다. 그러나 이반들은 용서하지 않았다. 그들은 떠들면서 다시 그의 손바닥을 보고 싶어했다. 하지만 마체라트는 완전히 그의 목구멍에 마음을 빼앗기고 있었다. 이제는 기침조차도 제대로 나오지 않았다. 그 대신 춤추듯 팔을 휘두르면서 라이프치히풍 야채 요리가 담긴 흰 양철 통조림을 두세 개 선반에서 굴러 떨어지게 했다. 그래서 이때까지 가늘게 째진 눈으로 점잖게 바라보고 있던 칼뮈크인이 나를 가만히 내려놓고, 뒤로 손을 뻗었는가 했더니 무엇인가를 수평으로 겨누어 허리 근처에서 쏘았다. 탄창이 빌 때까지 쏘았다. 마체라트가 질식사하길 기다리지 않고 쏘아 댄 것이다.

운명이 끼어들면 우리는 생각지도 못한 일을 저지르게 된다. 내 친아버지인지 의심스런 아버지가 당(黨)을 꿀꺽 삼키고 죽었는데, 나는 그동안 그것을 깨닫지 못하고, 아니 깨달으려고도 하지 않고, 칼뮈크인의 옷에서 방금 잡은 이를 손가락 사이에서 눌러 죽이고 있었다. 마체라트는 개미의 진로를 가로막고 쓰러져 있었다. 이반들은 지하실 계단을 올라가서 가게 쪽으로 나갔는데, 가는 길에 인조 벌꿀 봉지를 두세 개 가지고 갔다. 칼뮈크인이 맨 뒤에 있어서 그는 인조 벌꿀을 한 봉지도 갖지 못했다. 새 탄창을 자동 권총 속에 끼우는 데 시간이 걸렸기 때문이다. 그레프 미망인은 풀어 헤쳐진 옷차림으로 미친 사람처럼 마가린 상자 사이에서 꼼짝 않고 있었다. 마리아는 쿠르트를 마치 눌러 죽이기라도 할 것처럼 꼭 껴안고 있었다. 순간 괴테에게서 읽은 한 구절이 내 머릿속에 번뜩였다. 개미들은 상황의 변화를 감지했다. 그러나 돌아가는 길을 마다하지 않고 구부리듯 쓰러져 있는 마체라트의 옆을 우회해서 군사 도로를 구축했다. 부대의 찢어진 틈에서 조금씩 쏟아지는 그 설탕은, 로코소프스키 원수의 군대가 단치히 시를 점령하고 있는 동안에도 단맛을 조금도 잃지 않았기 때문이다.

해야 할 것인가, 하지 말아야 할 것인가

맨 처음 도착한 사람은 루기인이었다. 그리고 고트인과 게피트인이, 그 후에 오스카의 직계 조상이 되는 카슈바이인이 왔다. 곧 폴란드인이 아달베르트 폰 프라크라는 사람을 보냈다. 이 사내는 십자가를 가지고 왔는데, 카슈바이인인가 프루츠인에게 도끼로 살해당했다. 이 사건은 한 어촌에서 일어났으며, 그 마을 이름은 기다니츠였다. 기다니츠는 단치크로 또 단치크는 단치히가 되어, 그 뒤로 단치히라고 쓰이게 되었는데 이제 단치히는 그다니스크라 불리고 있었다.

하지만 이와 같은 철자로 씌어지기 전에, 카슈바이인을 뒤따라 포메라니아의 영주들이 기다니츠로 왔다. 이 공작들의 이름은 수비슬라우스, 삼보르,

메스트빈, 스반토폴크 등이었다. 마을은 도시로 탈바꿈했다. 그리고 난폭한 프루츠인이 닥쳐와 시내를 파괴하고 이번에는 브란덴부르크인이 멀리서 쳐들어와 야금야금 파괴해 갔다. 폴란드인은 보레스라브도 조금 파괴하기를 원했고, 기사단도 똑같았으며, 겨우 아물어 가던 상처가 기사의 칼 아래 다시 분명하게 베어지려 했다.

그 후 몇 세기 동안 포메라니아 영주, 기사단장들, 폴란드 왕과 대립왕(對立王), 브란덴부르크 백작, 보스아베크 주교 등이 번갈아 가며 파괴와 재건의 유희를 즐겼다. 건축과 철거 청부인의 이름은 오토와 발데마르, 보구사, 하인리히 폰 프로스케와 디트리히 폰 알텐베르크가 있는데, 이 마지막 사람이 기사의 성을 세운 장소는 나중에 헤벨리우스 광장이 되고, 20세기에는 폴란드 우체국 방위전의 무대가 된 것이다.

얀 후스의 신봉자들이 쳐들어와서 사방에 불을 지르고 퇴각했다. 그리고 도시인들은 기사단의 기사들을 시내 밖으로 추방하고 성을 파괴했다. 시내에 성 따위를 모셔두고 싶어하지 않았기 때문이다. 다음에는 폴란드령이 되었는데 이번에는 비교적 진행이 잘되었다. 이것을 달성한 왕은 카치미에르츠라는 이름으로, 대왕이라고 불리며 블라디슬라프 1세의 아들이었다. 그 후에 루드비히가 왔고 루드비히의 뒤에는 딸 헤트비히가 왔다. 그녀는 리투아니아의 야기엘로와 결혼했다. 그리하여 야기엘로 왕가의 시대가 열렸다. 블라디슬라프 2세에 이어 블라디슬라프 3세가 계승을 하고, 또다시 카치미에르츠라는 이름의 왕이 되었으나, 이 왕은 정말로 싸울 생각이 없었는데도, 기사단과의 전쟁을 13년 동안이나 지루하게 끌며 계속 단치히 상인의 돈을 몽땅 거덜냈다. 요한 알브레히트는 이와 반대로 터키인들과 싸워야만 했다. 알렉산더 다음에는 지기스문트 노왕(老王)이라든지 지기스문트 슈타리라고 불리는 왕이 계속 나왔다. 역사 책에서는 지기스문트 아우구스트를 다루는 장(章) 다음에 스테판 바토리에 관한 장이 이어지는데, 폴란드의 원양 항로 기선에는 이 사람과 관련된 이름이 곧잘 붙여진다. 이 왕은 이 도시를 둘러싼 뒤 공격해 들어가면서 꽤 오랜 기간에 걸쳐서 포격했으나—그렇게 책에 씌어 있다—결국 점령하지는 못했다. 그러고는 스웨덴 사람들이 와서 같은 짓을 했다. 이들은 도시를 포위하는 것에 꽤 재미가 들렸는지, 그 후에도 몇 번을 더 반복했다. 또 그 무렵 네덜란드나 덴마크 그리고 영국 사람들은 단치히 항(港)이 매우 마음에 들었던 모양으로, 단치히 앞바다를 순항한 외국 선장들은 대개 영웅이 되었다.

올리바의 평화—그 얼마나 아름답고 평화롭게 들리는 말인가. 그 땅에서 열강은 처음으로 폴란드의 땅이 분할하는 데 매우 적합하다는 사실을 깨달았다. 스웨덴, 스웨덴, 다시 한 번 스웨덴—스웨덴 요새, 스웨덴 음료, 스웨덴 교수대. 그리고 나서 러시아인들과 작센인들이 닥쳐왔다. 이 도시에 불쌍한 폴란드 왕 시타니슬라프 레스친스키가 숨어 있었기 때문이다. 단 한 사람의 왕 때문에 1천800채의 가옥이 파괴되었다. 그리하여 불쌍한 레스친스키는 프랑스로 빠져나갔다. 거기에 그의 사위 루드비히가 살고 있었기 때문이다. 그러나 단치히 시민들은 그 때문에 엄청난 돈을 지불해야만 했다.

그 후에 폴란드는 세 번 분할되었다. 프로이센 사람들은 부르지도 않았는데 들어와서는 시의 모든 성문에서 폴란드의 검독수리 문장 위에 그들의 새를 그려넣었다. 학교 교사 요하네스 팔크가 크리스마스의 노래 '오오, 기쁜 ……'의 작사를 겨우 끝냈을 때 프랑스인들이 몰고 들어왔다. 나폴레옹이 보낸 라프라는 이름의 장군이었다. 이 장군에게 단치히 시민은 포위당하여 혼쭐이 난 후에 2천만 프랑의 돈을 지불해야만 했다. 프랑스인이 지배한 시대는 무서운 시대였음이 틀림없다. 의심할 여지가 없는 일이다. 하지만 이 지배는 7년 정도에 머물렀다. 이번에는 러시아와 프로이센에서 쳐들어와 곡물 창고가 있는 스파이커 섬을 사격하여 불태웠다. 나폴레옹이 고안한 공화국도 이것으로 끝을 맺었다. 프로이센인들은 다시 그들의 새를 시내의 성문 곳곳에 그리며 돌아다닐 기회를 얻어 열심히 그 일을 수행했다. 그리고 먼저 프로이센식으로 제4근위 연대, 제1포병 여단, 제1공병 대대, 제1근위 경기병 연대를 시내에 배치했다.

단치히에 일시적으로만 주둔한 부대로는 제30보병 연대, 제18보병 연대, 제3보병 근위 연대, 제44보병 연대, 제33경보병 연대가 있었다. 이와는 대조적으로 유명한 제128보병 연대는 1920년에야 비로소 철수했다. 조금도 빠뜨리지 않고 보고하면, 프로이센 시대에 제1포병 여단이 확대되어 제1동프로이센 포병 연대의 제1요새 대대와 제2보병 대대가 되었다. 다시 포메른인의 제2보포병(步砲兵) 연대도 가세했다. 그런데 이것은 후에 제16서프로이센 보포병 연대와 교대했다. 제1근위 경기병 연대는 제2근위 경기병 연대가 인계받았다. 이와 반대로 제8창기병 연대는 짧은 기간 동안 시의 성벽 안에 주둔했다. 그 대신 성벽 밖의 교외 랑푸르에는 제17서프로이센 병참 대대가 병사(兵舍)를 짓고 머물렀다.

부르크하르트, 라우닝, 그라이저의 공화국에는 이 자유시에 녹색 보안경찰이 있을 뿐이었다. 1939년 포르스터 아래에서는 사정이 많이 달라졌다. 벽돌로 만든 모든 병사에 또다시 갖가지 무기를 조종하고 밝게 웃는 제복의 사내들로 가득 찼다. 여기에서 1939년부터 1945년 사이에 단치히 및 그 주변에 주둔한 부대와 단치히에서 승선하여 북극해 전선을 향해서 떠난 부대 이름을 빠짐없이 열거하는 것도 가능하다. 그러나 오스카는 그것을 그만두고 우리가 체험한 바와 같이 로코소프스키 원수가 왔다는 사실만 간단히 말하겠다. 이 장군은 이 신성한 도시를 보았을 때 그의 위대한 국제적 선배들을 떠올리고, 먼저 포격에 의해서 전 시가를 불타오르게 하여 그의 뒤에 오는 자들이 재건을 하는 데 광분하도록 만든 것이다.

이상하게도 이번에는 러시아의 뒤를 따라 프로이센, 스웨덴, 작센, 프랑스 사람 그 누구도 오지 않고, 들이닥친 것은 폴란드인이었다.

폴란드인들이 모든 짐을 꾸려 빌나, 비알리스톡, 렘베르크로부터 몰려와서 자기들이 살 집을 찾았다. 우리 집에는 파인골트라는 신사가 왔다. 그는 혼자뿐이었는데도 언제나 자기 주변에 많은 가족들이 있어서, 그들에게 여러 가지 지시를 해야만 하는 것처럼 행동했다. 파인골트 씨는 곧 식료품 가게를 넘겨받아 그의 아내인 루바에게 십진법으로 표시하는 천칭, 석유 탱크, 놋쇠로 만든 소시지 꼬챙이, 빈 금고, 그리고 크게 기뻐하며 지하실로 내려가 저장품들을 보여 주었다. 그런데 그녀는 여전히 모습도 보이지 않았으며 아무런 대답도 없었다. 그는 마리아를 금방 점원으로 고용해서 환상 속의 아내 루바에게 열심히 추천했다. 마리아는 이 파인골트 씨에게 우리의 마체라트를 보였다. 천막으로 덮인 채 지하실에 있는 지도 벌써 3일이나 되었다. 왜냐하면 많은 러시아 병사가 이르는 곳마다 길거리에서 자전거며 재봉틀이며 여자들을 음미하고 있었기 때문에 그를 매장하지 못했던 것이다.

파인골트 씨는 우리가 똑바로 눕혀놓은 시체를 보는 순간 정말로 놀랐다는 듯이 두 손을 머리 위로 올려 손뼉을 쳤다. 이와 똑같은 행동을 오스카는 몇 년 전 그 장난감 가게의 지기스문트 마르쿠스에게서 본 적이 있다. 그는

제2부 417

아내 루바뿐만이 아니라 가족 모두를 지하실에 불러들였다. 그리고 진짜로 모든 사람이 오고 있다고 생각한 모양이다. 왜냐하면 그는 루바, 레브, 야쿠브, 베레크, 레온, 멘델, 소냐 등의 이름을 한 사람씩 불러, 여기에 죽어서 누워 있는 사람이 누구인가를 설명했다. 그러고 나서는 우리를 향해서, 방금 자기가 부른 사람들도 트레브린카 화장터의 가마 속에 들어가기 전에는 죄다 이런 식으로 누워 있었다. 게다가 그의 처제와 다섯 아이를 거느린 그녀의 형부뻘 되는 남자도 같은 꼴을 당했다. 모두 죽었는데 그, 즉 파인골트 씨만이 살아남을 수 있었던 것은 그들의 시체 위에 소독제를 뿌려야 했기 때문이다.

그는 마체라트를 계단에서 가게로 운반해 올리는 것을 도와주었다. 그런데 여전히 그의 가족들을 주위에 거느리며 부인인 루바에게 마리아가 시체 씻는 것을 도와주도록 부탁했다. 그러나 루바는 돕지 않았으며, 파인골트도 저장품들을 지하실에서 가게 안으로 옮기고 있었기 때문에 그 이상 거기에 신경 쓰지 않았다. 그 밖에 트루친스키 아주머니를 앞장서서 씻어 준 그레프 부인도 이번에는 우리에게 손을 빌려 주지 않았다. 그녀의 주택은 러시아 군인들로 가득 차서 그녀의 노랫소리까지 들려오는 형편이었다.

하일란트 노인은 점령 초부터 재빠르게 구두 수선 일을 발견하여 행군 중에 닳아 버린 러시아 병사의 장화 창갈이를 하고 있어 처음에는 관 짜는 일을 맡으려고 하지 않았다. 하지만 파인골트가 그와 교섭해서, 하일란트 할아버지의 창고에 치워둔 전동기와 우리 집 가게의 더비 담배를 바꿔 주었으므로 그는 장화를 치우고 다른 연장과 챙겨 두었던 상자의 판자들을 가지고 왔다.

우리가 결국 그곳에서도 쫓겨나서 파인골트의 동정으로 지하실로 내려가기 전에는 아직 트루친스키 아주머니 집에 살고 있었다. 이 집은 이웃 사람들과 닥쳐온 폴란드 사람들 탓에 완전히 황폐해졌다. 하일란트 노인은 부엌에서 거실로 통하는 문짝을 떼어 냈다. 거실에서 침실로 통하는 문은 트루친스키 아주머니의 관을 만드는 데 써 버렸기 때문이다. 아래쪽 안뜰에서 그는 더비 담배를 피우며 상자를 짜고 있었다. 우리는 위쪽 방에 남아 있었다. 나는 단 하나 남아 있는 의자를 가지고 가서, 유리가 산산조각 난 창을 밀어젖히고 노인이 일하는 모습을 바라보며 화를 냈다. 그가 정식대로 아래쪽을 좁게 만들지 않고 아무렇게나 상자를 짜고 있었기 때문이다.

오스카는 마체라트의 모습을 더 이상 볼 수 없었다. 그의 관을 그레프 미망인의 짐수레에 실었을 때는 이미 비델로의 마가린 판자에 못질되어 있었기 때문이다. 살아 있는 동안 마체라트는 마가린을 먹지 않았을 뿐 아니라 요리에 쓰는 것조차 싫어했었는데도 말이다.

마리아는 거리의 러시아 군인들이 무서워 파인골트 씨에게 동행을 부탁했다. 카운터 위에 다리를 꼬고 쪼그려 앉아서, 종이컵의 인조 벌꿀을 수저로 떠먹던 파인골트 씨는 처음에는 자기 아내 루바가 오해하지나 않을까 하고 주저했으나, 이윽고 부인에게 동행 허가를 얻은 모양이다. 그 증거로 그는 카운터에서 미끄러져 내려와 나에게 인조 벌꿀을 넘겨 주었다. 나는 그것을 쿠르트에게 건넸다. 녀석은 이것을 남김없이 먹어치웠다. 그동안에 파인골트 씨는 마리아의 도움을 받아, 회색 토끼의 털가죽이 달린 길고 검은 외투를 몸에 걸쳤다. 그는 가게를 닫고 자기 아내에게 누가 와도 문을 열어 주지 말도록 이르기 전에, 아주 작은 실크해트를 머리에 썼다. 그것은 마체라트가 살아 있을 때 온갖 장례식이나 혼례식 때 쓰고 다니던 것이었다.

하일란트 노인은 짐수레를 시립묘지까지 끌고 가는 것은 거절했다. 밑창을 대야 할 장화들이 있다면서 서둘러 해치워야 한다는 것이었다. 막스 할베 광장의 파괴된 건물에서는 아직도 연기가 오르고 있었는데, 여기서 노인은 브뢰젠 거리를 향해 왼쪽으로 돌았다. 자스페 쪽으로 가는 것이라고 나는 짐작했다. 러시아 병사들이 집 앞에 앉아 2월의 빈약한 햇볕 아래 손목시계와 회중시계를 분류하기도 하고, 모래로 은수저를 닦기도 하며, 브래지어를 귀마개로 이용하기도 하고, 자전거를 타고 곡예를 부리기도 하고 있었다. 유화며 탁상시계며 목욕통이며 라디오며 모자걸이 등으로 방어벽을 만들어 놓고는 그 사이를 8자와 소용돌이 모양과 나선 모양을 그리면서 달렸고, 창에서 날아오는 유모차며 매다는 램프 같은 장애물들을 침착하게 피하여 뛰어난 핸들 조종 솜씨로 갈채를 받고 있었다. 우리가 지나가는 동안 경기는 몇 초가량 중단되었다. 제복 위에 여자 속옷을 뒤집어쓴 몇 명이 우리를 도와 수레를 밀어 주었는데, 잇따라서 마리아에게도 손을 뻗치려고 했다. 그런데 러시아 말도 할 줄 알고 증명서도 가지고 있는 파인골트 씨가 그들을 꾸짖었다. 부인 모자를 쓴 한 병사가 우리에게 새장을 하나 주었다. 그 안의 횃대에는 잉꼬가 한 마리 앉아 있었다. 수레 옆을 뛰다가 걷다가 하던 쿠르트가 곧 이 현란한 깃털을 붙잡아 쥐어뜯으려고 했다. 마리아는 일부러 준 선물을 도로 돌려줄 수도 없어서 쿠르트의 손이 닿지 않는 짐수레 위에 앉은 나에게 올려 주었다. 오스카는 잉꼬의 현란한 빛깔이 성미에 맞지 않아서 새가 들어 있는 새장을 마체라트의 거대한 마가린 상자 위에 올려놓았다. 나는 맨 뒤에 걸터앉아 다리를 흔들면서 파인골트 씨의 얼굴을 쳐다보고 있었다. 그 얼굴은 주름이 잡혀 사색적이다 못해 침울한 인상을 주었다. 아무래도 이 신사는 머릿속에서 잘 풀리지 않는 복잡한 계산을 반복하고 있는 것 같았다.

나는 내 양철을 잠시 두들겼다. 명랑하게 쳐서 파인골트 씨의 침울한 생각을 내쫓아 주려고 했다. 그러나 그는 여전히 이맛살을 찌푸리고 있었다. 그는 어딘지 모르나 아마도 먼 갈리치아에라도 시선을 쏟고 있었으리라. 내 북 따위는 아예 그의 눈에 띄지도 않았다. 그래서 오스카도 단념을 하여, 이제는 오직 짐수레의 바퀴 소리와 마리아의 울음소리만이 높이 울리고 있었다.

랑푸르의 늘어선 집들에 질렸을 때 즈음, 나는 얼마나 평온한 겨울인가 하고 생각하며 잉꼬도 잠시 관찰해 주었다. 잉꼬는 비행장 위에 걸려 있는 오후의 태양을 향해 날개를 파닥이고 있었다.

비행장에는 경비병이 서 있고 브뢰젠으로 통하는 도로는 폐쇄돼 있었다. 한 장교가 파인골트 씨와 이야기를 했다. 파인골트 씨는 이야기를 나누는 동안, 펼친 손가락 사이에 실크해트를 들고 적갈색의 옅은 머리카락을 바람에 나부끼고 있었다. 장교는 잠깐 조사하는 듯 마체라트의 상자를 두들기고 잉꼬를 손가락으로 놀리면서 우리의 통행을 허가했다. 하지만 너무나 작은 군모와 너무나 큰 자동 권총을 몸에 지닌 기껏해야 열여섯 살 될까 말까 한 소년 2명을 감시 겸 경호로 딸려 보냈다.

하일란트 노인은 단 한 번도 뒤돌아보지 않고 수레를 끌었다. 게다가 수레를 세우지 않고도 한 손으로 담배에 불을 붙이는 비결도 알고 있었다. 하늘에는 비행기가 떠 있어 엔진 소리가 아주 뚜렷하게 들렸다. 2월 말이나 3월 초 무렵에는 뚜렷하게 들리는 법이다. 태양 주변에만 작은 구름이 두세 조각 떠돌고 있었으나 차츰 사라졌다. 폭격기는 헬라로 향하는 것과 헬라 반도에서 되돌아오는 것이 있었다. 그곳에서는 아직 제2군의 잔류 부대가 싸우고 있었다. 날씨와 엔진 소리가 내 기분을 슬프게 했다. 비행기의 높고 낮은 엔진 소리로 가득 찬 구름 없는 3월의 하늘. 이보다 더 싫증나는 일은 없으며 이보다 더 권태롭게 하는 것도 없으리라. 거기에다 동행하는 2명의 러시아 소년들은 도중에 계속 보조를 맞추려는 부질없는 노력을 되풀이하고 있었다.

자갈이 깔린 도로와 폭탄 구멍으로 여기저기 파인 아스팔트 길을 달리느라고 즉석에서 만든 관의 판자 두세 개가 도중에 느슨해진 모양이다. 게다가 우리가 바람을 거슬러서 가는 탓에 마체라트의 시체 냄새가 났다. 그래서 오스카는 일행이 자스페 묘지에 닿았을 때 마음이 놓였다.

우리는 철책 난간이 있는 곳까지 수레를 댈 수는 없었다. 왜냐하면 불에 탄 T-34 전차가 묘지 바로 앞에서 도로를 가로막고 있었기 때문이다. 다른 전차들은 노이파르바서 방면으로 나가기 위해서 길을 돌아가야만 했을 것이며, 실제로도 도로 왼쪽의 모래 속에 바퀴 자국을 남기고 묘지의 담 일부를 무너뜨려 놓았다. 파인골트 씨는 하일란트 노인에게 수레를 뒤로 돌리라고 부탁했다. 그들은 한가운데가 약간 휘어진 관을 전차 바퀴 자국을 따라 운반하여 고심 끝에 무너진 담을 넘었다. 그리고 마지막 힘을 짜내서 쓰러진 묘석과 쓰러져 가는 묘석 사이에 겨우 운반했다.

하일란트 노인은 굶주린 듯이 담배를 빨아들여 그 연기를 관 끝에 뿜어 냈다. 나는 잉꼬가 앉아 있는 새장을 들고 왔다. 마리아는 삽을 두 자루 끌고 왔다. 쿠르트는 곡괭이를 가져왔다. 그는 곡괭이를 들고 휘두르며, 묘지에서 스스로 위험에 처하게 하면서 회색 화강암을 두들기고 있었다. 마침내 마리아가 그에게서 곡괭이를 빼앗았다. 그녀는 건강했으므로 묘를 파는 2명의 남자들을 도왔다.

나는 이곳이 모래땅이라 얼지 않은 것을 다행으로 여기며 북쪽 벽 뒤에 가서 얀 브론스키의 무덤을 찾았다. 여기였는지 저기였는지 정확한 곳은 더 이상 확인할 수 없었다. 전에는 그렇게도 선명하던 흰 페인트 칠이 세월이 흐르는 동안에 어느덧 자스페 묘지의 다른 담장 빛깔처럼 볼품 없는 회색이 된 것이다.

나는 뒤쪽 격자문을 통해 다시 돌아왔다. 말라비틀어진 소나무를 올려다 보고는 헛된 일들에 마음을 뺏기지 않으려고 생각을 집중했다. 이젠 마체라트마저 땅에 묻혀야 하기 때문이다. 이곳에 나의 가엾은 어머니가 묻힌 것은 아니지만, 스카트놀이를 즐기던 브론스키와 마체라트가 모래땅에 묻히게 된 것에 의미를 두어 생각하니 어느 정도 의미가 있어 보였다.

매장이란 언제나 다른 매장을 생각나게 한다.

모래땅은 쉽사리 항복하려고 하질 않았다. 마치 좀더 숙련된 무덤 파는 인부의 손을 원하기라도 하는 것처럼. 마리아는 잠시 가쁜 숨을 몰아쉬면서 곡괭이에 기대고 있었으나 쿠르트의 모습이 눈에 들어오자 또다시 울기 시작했다. 녀석은 멀리 떨어진 곳에서 새장의 잉꼬를 향해서 돌을 던지고 있었다. 돌은 너무 멀리 날아 명중하지 않았다. 마리아는 진심으로 흐느껴 울었다. 그것도 무리는 아니다. 그녀는 마체라트를 잃었다. 내가 보기에 그녀는 마체라트를 얼마간 과대평가했다. 그러나 그녀의 마음속에는 그것이 영원한 사랑으로 남게 될 것이었다. 파인골트 씨는 위로의 말을 하면서 이 기회를 이용하여 일손을 멈추었다. 무덤 파기는 그에게 너무 힘겨운 일이었다. 하일란트 노인은 금덩이라도 찾는 듯이 여전히 변함없는 속도로 삽질하여, 퍼낸 흙을 등 뒤로 던지면서 담배 연기도 일정한 간격으로 뱉어냈다. 조금 떨어진 곳에 2명의 러시아 소년이 묘지 담에 걸터앉아 바람을 향해 이야기를 하고 있었다. 그 밖에 비행기와 차츰 따사로워지는 태양이 보였다.

그들이 1미터쯤 파낸 모양이었다. 오스카는 오래된 화강암과 말라비틀어진 소나무 사이에, 마체라트 미망인과 쿠르트 사이에 하릴없이 어찌할 바를 모르고 서 있었다. 녀석은 여전히 잉꼬를 향해서 돌을 던지고 있었다.

나는 해야 할 것인가 말아야 할 것인가? 너는 스물한 살이다, 오스카. 너는 할 것이냐 안 할 것이냐? 너는 고아이다. 너는 역시 해야 할 것이다. 너의 불쌍한 어머니가 없어진 뒤에 너는 이미 절반은 고아였다. 그 무렵에 이미 너는 결심했어야 했다. 그러고서 그들은 너의 아버지로 추정되는 얀 브론스키를 땅껍질 바로 밑에 뉘였다. 너는 거의 완전한 고아가 되어, 자스페라고 불리는 이 모래 위에 서서 약간 녹슨 탄피를 쥐고 있다. 비가 내리고 있었으며, JU-52 한 대가 착륙 중이었다. 그때 이미 빗소리 속에서 아니면 착륙 중인 수송기의 엔진 소리 속에서, 이 '해야 할 것인가, 말아야 할 것인가?'의 물음이 분명히 들리지 않았던가? 이것은 비다, 저것은 엔진 소리다, 너 자신에게 일렀다. 그와 같은 단조로운 소리라면 어떠한 해석이라도 억지로 끌어낼 수 있다. 그런데 너는 추정이 아니라 보다 더 분명한 형태로서 듣고 싶어했다.

나는 해야 할 것인가, 말아야 할 것인가? 지금 그들은 너의 제2의 아버지로 추정되는 마체라트를 위해서 구멍을 파고 있다. 네가 아는 한, 이젠 더 이상 아버지로 추정되는 이는 존재하지 않는다. 그런데 도대체 왜 너는 해야 할 것인가, 말아야 할 것인가라는 두 개의 푸른 유리병으로 곡예를 하고 있느냐? 도대체 너는 이 시기에 누구에게 질문을 하겠다는 것인가? 스스로를 어딘가 수상하게 생각하고 있는 저 말라비틀어진 소나무를 향해서인가?

이때 가느다란 쇠로 만든 십자가가 내 눈에 띄었다. 소용돌이 무늬 장식이 너덜너덜하게 떨어지고 부스럼 딱지처럼 된 문자는 마틸데 쿤켈─혹은 룬켈이라고 써 있었다. 이때 나는 발견했다─나는 해야 할 것인가, 말아야 할 것인가─엉겅퀴와 뗏장풀 사이의 모래 속에─나는 해야 할 것인가─서너 개의─안 해야 할 것인가─접시만한 크기의 녹슬고 부서진 금속제 화환을, 이전 이것들은─나는 해야 할 것인가─아마도 떡갈나무 잎이나 월계수를 나타내고 있었으리라─나는 해서는 안 된다는 것인가─나는 그것들의 무게를 손으로 달고─나는 역시 해야 할 것인가─겨누었다─나는 해야 할 것인가─튀어나온 십자가의 끝은─혹은 안 해야 할 것인가─지름이─나는 해야 할 것인가─약 4센티미터이다─안 해야 할 것인가─나는 자신에게 2미터의 간격을 명령했다─나는 해야 할 것인가─그리고 던졌다─안 해야 할 것인가─빗나갔다─다시 해야 할 것인가─그 철십자가 너무 기울어져 있었다─나는 해야 할 것인가─마틸데 쿤켈 혹은 룬켈이라고 하는 이름이었다─룬켈이라고 불러야 할 것인가, 쿤켈이라고 불러야 할 것인가─여섯 번째로 던졌다. 일곱 번째까지는 던져도 괜찮았다. 그런데 여섯 번째까지는 모두 해서는 안 된다는 것이었다. 그래서 일곱 번째를 던졌다─해야 한다. 화환이 십자가에 걸렸다─화환을 건 마틸데─해야 한다─쿤켈 양을 위한 월계관─해야 할 것인가, 나는 젊은 부인 룬켈에게 질문했다─그렇습니다라고 마틸데는 대답했다. 그녀는 매우 일찍 죽었다. 겨우 스물일곱 살의 청춘으로 1868년생이었다. 여기 있는 나는 스물한 살이다. 그리고 지금 내가 일곱 번째 고리 던지기에 성공한 것이다. 이로써 나는 해야 할 것인가, 말아야 할 것인가?는 증명되고, 꽃으로 장식되며 목표가 되고, 획득된 '나는 해야 한다!'라는 형태로 간단명료해졌다.

그래서 오스카가 이 새로운 '나는 해야 한다!'를 혀 위에 올려놓고 '나는 해야 한다!'를 마음속에 품고 무덤 파는 사람들 옆으로 곧장 다가가자, 잉꼬가 깍깍 하고 울었다. 쿠르트 녀석의 돌이 명중한 것이다. 잉꼬의 푸르고 노란 털이 빠져 떨어졌다. 도대체 무슨 의문이 내 아들의 가슴속에서 꿈틀거렸길래 마지막 명중탄이 대답을 줄 때까지 그토록 오랫동안 잉꼬를 향해 조그만 돌을 던진 것일까 하고 나는 스스로에게 물었다.

그들은 약 1미터 20센티 되는 깊이의 묘혈 가장자리까지 관을 밀었다. 하일란트 노인은 서두르고 있었으나 잠시 기다릴 수밖에 없었다. 왜냐하면 마리아가 가톨릭 기도를 시작했으며, 파인골트 씨는 파인골트 씨대로 실크 해트를 가슴에 대고 눈은 갈리치아 쪽으로 보내고 있었기 때문이다. 쿠르트도 이제 가까이 왔다. 아마도 그는 돌이 명중되어 무엇인가 결심을 굳힌 것이리라. 그래서 이 무덤에 가까이 온 것은 나름의 이유가 있어서겠지만, 결심이 굳어졌다는 점은 오스카와 같았다.

이 불확실함이 나를 괴롭혔다. 지금 무엇인가에 대해서 찬성할지 반대할지 결심을 굳힌 것은 결국 내 아들이었으니까. 그는 지금에서야 나를 유일한 진짜 아버지로 인정하고 사랑하기로 결심한 걸까? 그는 뒤늦게나마 이제부터 양철북과 함께할 결심이라도 한 것일까? 아니면 그는 아버지들에게 이미 질렸다는 이유만으로, 추정상의 자기 아버지인 마체라트를 당 배지로 죽인 추정상의 아버지 오스카에게 죽음을 선사하리라 결심한 걸까? 그도 역시 아버지와 아들 사이에 바람직하다 여겨지는 순수한 애정을 살인으로밖에는 표현할 수 없었던 것일까?

하일란트 노인이, 마체라트와 그의 기도(氣道)에 걸려 있는 당 배지와 그의 뱃속에 들어 있는 러시아제 자동 권총의 탄환이 한꺼번에 들어 있는 관을 무덤 속에 내던지듯이 내려놓았을 때, 오스카는 아무리 생각해도 마체라트가 자기의 아버지로 추정되는 것이 아니라 진짜 아버지였는지도 모른다는 이유로, 자기가 고의로 마체라트를 죽인 듯한 생각이 들었다. 게다가 그는 앞으로 평생 아버지라는 사람에게 질질 끌려다녀야 한다는 사실을 지긋지긋하게 여겼기 때문이다.

따라서 내가 콘크리트 바닥에서 배지를 주워 들었을 때 배지의 핀이 이미 풀려 있었다는 것도 사실이 아니다. 사실은 꼭 움켜쥔 내 손바닥 속에서 처음으로 핀이 풀린 것이다. 부착용 배지의 핀을 풀어 뾰족하게 만들어서 마체라트에게 건네 준 것이다. 러시아인들이 그에게서 그 배지를 발견할 수 있도록. 그리고 그가 당을 위해서, 나를 위해서, 아들을 위해서 혓바닥 위에 당을 올려놓고 그것 때문에 질식할 수 있도록. 왜냐하면 그와 나와의 관계를 계속한다는 것은 질색이었기 때문이다.

하일란트 노인이 삽질을 시작했다. 쿠르트도 서투른 솜씨나마 열심히 노인을 도왔다. 나는 마체라트를 사랑한 적이 한 번도 없었다. 가끔 그가 좋아진 적은 있다. 그는 아버지로서보다는 요리사로서 나를 보살펴 주었다. 그는 훌륭한 요리사였다. 오늘날 내가 마체라트가 없어 때때로 쓸쓸함을 느끼는 이유는 오직 그의 요리 솜씨 탓이다. 그의 고기만두, 초를 친 돼지 콩팥 요리, 무와 크림을 얹은 잉어 요리, 그 밖에 채소를 곁들인 장어 수프, 소금에 절인 양배추를 곁들인 돼지갈비 절임, 게다가 일요일마다 잊지 않고 꼬박꼬박 만드는 불고기들은 지금도 내 혓바닥과 이 사이에 그 맛이 남아 있을 정도다. 감정을 수프로 바꾸어 버리는 그 사람을 위해서 관에 요리 주걱을 넣어주는 것을 깜빡 잊어버렸다. 스카트 카드를 넣는 것도 깜박했다. 그의 스카트놀이 솜씨는 요리만큼 뛰어나지는 못했으나, 얀 브론스키보다는 잘 했고, 불쌍한 어머니와 같은 정도의 솜씨였다. 이것이 그의 능력이며 비극이었다. 마리아에 대한 일만큼은 나는 그를 절대로 용서할 수 없었다. 물론 그는 그녀를 아꼈고 때린 적도 없었으며 그녀 쪽에서 싸움을 걸어도 대개는 그가 양보하기는 했지만. 그리고 또 그는 나를 제국 보건성에 넘기는 것을 거부하고, 우편 수송이 불가능하게 된 후에야 비로소 서류에 서명을 했었다. 전등 밑에서 내가 태어났을 때 그는 나에게 그의 가게를 잇게 할 생각이었으나, 나는 카운터 뒤에 서 있기가 싫어서 17년이 넘는 긴 시간 동안, 적백으로 나눠 칠한 양철북을 거의 백 개나 소모해 왔다. 지금 마체라트는 누워서 다시는 일어설 수 없게 되었다. 하일란트 노인이 그의 위에 모래를 뿌리며 마체라트의 더비 담배를 피우고 있었다. 본래대로라면 이제야말로 오스카가 가게를 이어받아야 될 것이다. 그런데 어느새 눈에 보이지 않는 많은 가족을 거느린 파인골트 씨가 가게를 인수해 버렸다. 그 나머지만이 오스카의 것이 되었다. 바로 마리아와 쿠르트와 그리고 이 두 사람을 지키는 책임만이.

마리아는 울며 여전히 정성을 다해서 가톨릭 기도를 올리고 있었다. 파인골트 씨는 아직 갈리치아에서 서성거리고 있거나, 복잡한 계산 문제를 풀고 있는 것 같았다. 쿠르트는 피곤한 모양인데, 기운을 잃지 않고 삽을 움직이고 있었다. 묘지의 담 위에는 러시아 소년 2명이 걸터앉아 이야기를 나누고 있었다. 내내 기분이 좋지 않은 듯한 하일란트 노인은 자스페 묘지의 모래를 마가린 상자의 판자 위에 퍼붓고 있었다. 비델로라는 말의 세 자모(字母)를 오스카는 아직 읽을 수 있었다. 이때 그는 목에 건 양철을 빼내 더 이상 '해야 될 것인가 말아야 될 것인가!'라고 말하지 않고 '해야만 된다!'라고 말하며 이미 충분히 모래가 쌓여 있어 소리가 나지 않는 곳을 겨냥해 관 위로 북을 던졌다. 나는 내친 김에 북채도 던졌다. 북채는 모래 속에 계속 꽂혀 있었다. 방금 던진 것은 먼지떨이 시절부터 쓰던 나의 북이었다. 전선 위문극단의 예비비품 중의 하나였다. 베브라가 내게 선물로 준 것이었다. 스승은 이 행위를 어떻게 판단할까? 예수가 그 양철을 두들겼다. 상자처럼 각진 몸에 커다란 곰보 자국이 있던 러시아 병사도 그것을 두들겼다. 그 북의 남은 수명도 이젠 얼마되지 않는다. 그러나 모래 한 삽이 북 표면에 떨어지자, 북은 그래도 소리를 냈다. 두 번째 삽에도 약간 소리를 냈다. 세 번째에는 더 이상 소리를 내지 않고 다만 희게 칠한 양철을 조금 드러내고 있을 뿐이었다. 마침내 모래가 그것마저도 다른 모래 부분과 똑같이 만들어 버리고 더욱더욱 모래가 던져져, 내 북 위의 모래가 불어나고 쌓이고 성장했다―그러자 나도 성장하기 시작했다. 심한 코피가 그 증거였다.

쿠르트가 맨 처음 피를 보았다. "피가 흘러, 피가!" 그가 소리쳐 파인골트 씨를 갈리치아에서 되돌아오게 하고 마리아를 기도에서 돌아오게 했다. 여전히 담 위에 걸터앉아 브뢰젠 쪽을 향해 이야기하던 러시아의 두 소년까지도 깜짝 놀라서 잠시 이쪽을 돌아볼 정도였다.

하일란트 노인은 삽을 모래 속에 꽂아둔 채, 곡괭이를 들어 내 목덜미를 그 검푸른 쇠 위에 댔다. 찬 기운이 효과를 발휘해서 코피가 약간 멎었다. 벌써 하일란트 노인은 다시 모래를 퍼붓고 있다. 무덤 옆 모래는 얼마 남지 않았다. 코피는 완전히 멎었다. 하지만 성장은 아직 계속되어, 안에서 삐그덕, 와글와글, 우두둑거리고 있음을 나는 알았다.

하일란트 노인은 무덤을 완성하자, 다른 무덤에서 비명(碑銘)이 없는 썩은 나무 십자가를 뽑아와서, 갓 생긴 둔덕 위 마체라트의 머리와 파묻힌 내 북 중간쯤에 꽂았다. 노인은 "이것으로 됐어!"라고 말하고는 빨리 걸을 수 없는 오스카를 팔에 안았다. 그리고 다른 일행과 자동 권총을 든 러시아 소년들을 이끌고 묘지를 빠져나와 붕괴된 담을 넘고 전차 바퀴 자국을 따라서 짐수레가 있는 곳으로 돌아왔다. 그곳에는 시가전차의 선로 위에 여전히 전차가 옆으로 쓰러져 있었다. 나는 어깨너머로 자스페 묘지 쪽을 돌아보았다. 마리아는 잉꼬 새장을 들고 있었으며 파인골트 씨는 연장을 들고 있었다. 쿠르트는 아무것도 들고 있지 않았다. 2명의 러시아인은 너무 작은 모자와 너무 큰 자동 권총을 몸에 지니고 있었다. 해안의 소나무는 휘어서 구부러져 있었다.

모래땅에서 아스팔트 도로로 접어들었다. 전차 잔해 위에 슈거 레오가 걸터앉아 있다. 상공에는 헬라에서 돌아오는 비행기들과 헬라 쪽으로 가는 비행기들이 날고 있다. 슈거 레오는 불탄 T34 때문에 장갑이 검댕으로 더러워지지 않도록 조심했다. 태양은 부풀어오른 구름에 싸여 초포트 근방의 타워가 있는 산 위로 가라앉았다. 슈거 레오는 전차에서 미끄러져 내려와 똑바로 섰다.

슈거 레오의 모습을 본 하일란트 노인은 쾌활해졌다. "참으로 이상스러운 사내군! 세계가 멸망해도 이 슈거 레오를 때려눕힐 수는 없을 거야." 노인은 비어 있는 한쪽 손으로 검은 프록코트 등을 두들기면서 파인골트 씨에게 신이 나서 설명했다. "이 사람은 우리와 친한 슈거 레오입니다. 우리를 동정해서, 인사의 악수를 하러 온 것입니다."

사실 그랬다. 레오는 장갑을 펄럭이면서, 모두에게 늘 그렇듯 침을 흘리면서 애도의 말을 하곤 물었다. "주님을 보았습니까?" 주님을 보았습니까? 아무도 본 사람은 없었다. 마리아는 무슨 까닭에서인지 잉꼬가 든 새장을 레오에게 주었다.

하일란트 노인의 손으로 짐수레 위에 있던 오스카에게 슈거 레오가 다가왔을 때, 그의 얼굴은 일그러져 있었다. 바람이 그의 옷을 부풀렸다. 한 가닥 춤이 그의 다리를 스쳐 지났다. "주님이다, 주 예수다!" 그는 이렇게 외치며 새장의 잉꼬를 흔들었다. "보라! 주님을! 보라, 주님이 자라고 있다!"

그 순간, 그의 몸은 새장과 함께 공중으로 던져졌다. 그는 달리고 뛰고 춤추고 비틀거리고 넘어질 듯하면서, 날카로운 소리를 지르는 작은 새와 함께 사라져 버렸다. 자신도 한 마리의 새가 되어, 마침내 날개를 펴 파닥거리면서 들판을 가로질러 관개수로가 있는 밭 쪽으로 날아갔다. 그리고 그의 외침이 두 자루의 자동 권총 소리와 함께 들려왔다. "주님이 자란다, 자란다!" 러시아의 두 소년이 탄환을 다시 장전할 때도 그의 외침은 여전히 들렸다. "자란다!" 다시 자동 권총 소리가 울리고, 오스카가 이미 점점 강해져 모든 것을 삼켜버리는 실신 상태 속으로, 층계 없는 계단을 통하여 빠져 내려갔을 때에도, 나는 아직 그 소리를, 그 까마귀 소리를, 레오가 알려주고 간 그 소리를 듣고 있었다. "자란다, 자란다……."

소독약

여러 가지 어수선한 꿈이 어젯밤 나를 찾아왔다. 마치 내 면회일에 친구들이 찾아올 때와 같은 소란이었다. 꿈은 차례차례 문을 열고 들어와서는 하고 싶은 말을 하고는 다시 나갔다. 같은 일의 반복과 독백 등 정말 터무니없는 이야기뿐이었지만, 그렇다고 해서 흘려들을 수도 없었다. 왜냐하면 서푼짜리 배우 같은 제스처를 섞어가며 매우 끈질기게 말했기 때문이다. 나는 이 이야기들을 아침 식사 때 브루노에게 말해 주려고 했으나 이야기를 간추릴 수가 없었다. 왜냐하면 죄다 잊어버렸기 때문이다. 오스카에게 꿈을 기억하는 재능은 없었다.

브루노가 아침 식사를 치우고 있는 동안에 틈틈이 물어 보았다. "이봐요, 브루노. 도대체 내 키가 정확히 얼마나 되지요?"

브루노는 작은 잼 접시를 커피 잔 위에 놓고 슬퍼했다. "아니, 마체라트 씨. 당신은 또 잼에 손도 대지 않았군요."

똑같은 잔소리를 한다. 아침 식사 후면 항상 듣는 잔소리였다. 그도 그럴 것이 브루노가 매일 아침 언제나 이 질리는 딸기잼을 가져오면 나는 종이나 신문지를 지붕처럼 접어서 잼 위에 덮어 금세 감추어 버린다. 나는 잼이라면 보기도 싫고 먹기도 싫다. 그래서 브루노의 잔소리쯤은 태연하면서도 단호하게 막았다. "이봐, 브루노. 내가 잼을 얼마나 싫어하는지 알고 있지 않나—그것보다 가르쳐 주게. 내 키가 얼마나 되는지."

브루노는 죽은 문어 같은 눈을 하고 있다. 그는 무엇을 생각할 때는 이 태고의 시선을 반드시 천장에 두고, 대개 그 천장을 향해 말을 건다. 따라서 오늘 아침에도 그는 천장을 향해서 말했다. "그렇지만 딸기잼이에요." 꽤 오랫동안 쉬었다가—내가 침묵을 지키고 있는 동안에도 나는 오스카의 키에 대한 질문을 취소한 것은 아니기 때문인데—브루노의 시선이 천장에서 되돌아와 내 침대의 철제 격자 위에 얽혔을 때에야 겨우 나는 내 키가 1미터 21센티미터라는 것을 들을 수 있었다.

"이봐, 브루노. 혹시 모르니 다시 한 번 재어 주지 않겠소?"

브루노는 시선을 움직이지 않은 채 바지 뒷주머니에서 접자를 꺼낸 뒤, 야만스러울 정도로 거칠게 내 이불을 벗겨내고, 말려 올라간 내 잠옷을 끌어내리고는 1미터 78센티미터 언저리에서 접혀 있는 눈부시게 노란 자를 펴서 내 몸에 댔다 이리저리 옮겨가며 두 손으로 엄밀하게 재어 주었으나 시선은 여전히 중생대(中生代)에 가 있었다. 곧 눈금을 읽는 시늉을 하면서 내 몸에 대었던 자를 정지시켰다. "역시 1미터 21센티미터군!"

자를 접을 때는 물론, 아침 식사의 설거지를 할 때도 어째서 이 남자는 이렇게 소리를 내는 걸까? 내 키가 마음에 들지 않는 것일까?

브루노는 아침 식사 쟁반을 들고, 달걀 노른자 빛깔의 접자를 자연스러운 색을 띄는 역겨운 딸기잼 옆에 올리고 방을 나갔다. 그는 다시 복도에서 한 번 문짝의 들여다보는 구멍에 눈을 댔는데—그 시선은 나를 그의 태고의 세계로 끌고 들어갔다. 이윽고 그는 1미터 21센티미터만을 남기고 방을 떠났다.

오스카가 그렇게 크다! 난쟁이라고 하기에는 조금 크기는 하다. 내 로스비타였던 라구나 부인은 키가 어느 정도였을까? 오이겐 왕자의 피를 이은 베브라 스승은 어느 정도의 높이를 유지할 수 있었을까? 키티와 펠릭스도 오늘의 나라면 굽어볼 수 있으리라. 더욱이 지금 내가 이름을 열거한 자들은 모두 옛날에는 오스카를 부러운 듯이 따뜻하게 내려다보았었다. 오스카는 스물한 살 때까지 94센티미터밖에 되지 않았으니까.

자스페 묘지에서 마체라트를 묻을 때 돌이 내 뒤통수에 명중하고서부터 비로소 나는 성장하기 시작했다.

오스카는 돌이라고 했다. 말해 버린 이상 어쩔 수 없이 묘지에서의 사건에 대해서 약간 보충 설명을 하기로 하자.

나에게는 이제 '해야 될 것인가, 말아야 될 것인가?'는 없고 오직 '해야 된다, 하지 않으면 안 된다, 할 것이다'가 있을 뿐이란 사실을 놀이를 하면서 발견한 뒤—나는 북을 몸에서 풀어 북채와 함께 마체라트의 무덤 안에 던져 버리고 성장의 결의를 굳혔다. 그러자 곧 귓가에서 윙하는 소리가 점점 커져 고통스러웠다. 호두만한 크기의 자갈이 내 뒤통수에 날아왔다. 내 아들 쿠르트가 네 살 반의 힘으로 던진 것이었다. 나는 이 명중탄에 그다지 놀라지는 않았다―아들이 나에게 무슨 짓을 하려는지 예감하고 있었기 때문이다―그런데도 나는 마체라트의 묘혈 안의 내 북 위로 추락했다. 하일란트가 시들어 빠진 노인의 손으로 구멍에서 나를 끌어냈다. 북과 북채는 그 밑에 그대로 남겨 둔 채 코피를 심하게 흘리는 내 목덜미에 곡괭이의 쇠 끝을 갖다댔다. 아시다시피 코피는 금방 그쳤다. 그러나 성장은 그치지 않았다. 물론 워낙 조금씩이었으므로 다른 사람은 미처 깨닫지 못했으나, 슈거 레오만은 이것을 알아보고 큰 소리를 지르고, 참새처럼 몸을 날리며 알리고 돌아다닌 것이다.

보충 설명은 이 정도지만 사실은 이것도 지나친 설명이다. 왜냐하면 성장은 내가 돌을 맞고 마체라트의 묘혈에 추락하기 이전에 이미 시작되고 있었으니까. 하지만 마리아와 파인골트 씨가 보기에는 그들이 병이라고 생각한 내 성장의 원인은 오직 한 가지, 바로 뒤통수에 돌을 맞고 무덤 속으로 추락한 것밖에는 없었다. 마리아는 이미 묘지에서 쿠르트 녀석을 심하게 때렸다. 나는 쿠르트가 불쌍했다. 그가 나를 도와 내 성장을 촉진시키기 위해 돌을 던졌는지도 모르기 때문이다. 아마 그도 결국은 성장한 진짜 아버지를 갖고 싶었거나 마체라트의 대신이라도 좋으니 아버지를 갖고 싶었는지도 모른다. 그가 나를 아버지로 인정한다든지 존중한 적이 한 번도 없었기 때문이다.

내 성장이 거의 1년이나 계속되는 동안에 던져진 돌과 불운한 추락에 책임을 넘겨씌운 의사는 많이 있었다. 그들은 그렇게 말하고 나의 병력에 다음과 같이 적어 넣었다. '오스카 마체라트는 불구의 오스카인데, 그 원인은 그의 후두부에 돌을 맞았기 때문이다 등등.'

여기에서 내 세 번째 생일을 상기해 주기 바란다. 어른들은 나의 특수한 이야기를 시작할 때 어떠한 보고를 했던가? 세 살 때 오스카 마체라트는 지하실 계단에서 콘크리트 바닥 위에 떨어졌다. 이 때문에 그의 성장은 중단됐다 운운······.

어떤 기적이라도 증명하려는 당연한 인간의 욕망을 이 설명 속에서 발견할 수 있으리라. 오스카는 자백하지만, 그도 또한 기적을 만나면 늘 믿을 수 없는 망상으로 여겨 멀리하기 전에 아주 엄밀하게 조사한다.

자스페 묘지에서 돌아와 보니 트루친스키 아주머니 집에 새로운 세입자가 와 있었다. 여덟 식구의 폴란드 가족이 부엌과 방 두 개를 차지했다. 좋은 사람들이었다. 우리가 다른 방을 얻을 때까지는 같이 지내도 좋다고 했다. 그러나 파인골트 씨가 이 집단 주거에 반대하면서 우리에게 침실을 돌려 주고 자기는 당분간 거실에서 지내겠다고 했다. 그러자 이번에는 마리아가 반대했다. 독신 남자와 사이 좋게 나란히 옆방을 쓴다는 사실이 갓 과부가 된 자기에게 좋지 않다고 생각한 것이다. 파인골트 씨는 자기가 혼자 사는 홀아비라는 사실을 아직 의식하지 못하고 있었는데, 언제나 뜨거운 마누라의 눈을 등 뒤로 느끼고 있었으므로, 마리아가 말하는 뜻을 모르는 바도 아니었다. 예의상으로나 마누라인 루바를 위해서나 동거는 어려웠다. 하지만 그 대신 우리를 위해서 지하실을 비워 주기로 했다. 또한 지하 창고의 정비를 도와주기도 했다. 그러나 내가 함께 지하실로 옮겨가는 것은 끝까지 반대했다. 나는 가엾은 환자였으므로, 거실에 있는 나의 가엾은 어머니의 피아노 옆에 나를 위한 비상 침대가 설치되었다.

　　의사를 구하는 일이 가장 힘들었다. 서프로이센 의료보험 기금이 1월에 이미 서쪽으로 흩어져 버리고 나서는 환자라는 개념도 많은 의사들에게 있어서는 비현실적인 것이 돼 버렸기 때문에 의사들 대부분은 군대 수송 때 함께 마을을 떠났다. 수소문 끝에 파인골트 씨가 헬레네 랑게 학교에서 한 여의사를 찾아냈다. 당시 이 학교에는 국방군과 적군의 부상자가 사이 좋게 베개를 나란히 하고 있었는데, 엘빙 출신의 그 여의사는 여기에서 외과 치료를 하고 있었다. 그녀는 들러주기로 약속한 지 4일 만에 찾아와서는 내 병상 옆에 걸터앉아 진단을 하면서 담배를 피웠다. 서너 대를 연거푸 피웠는데, 그녀는 네 대째를 피우다가 잠이 들어 버렸다.

　　파인골트 씨는 그녀를 깨우려고 하지는 않았다. 마리아가 그녀를 조심조심 흔들어 보았다. 그러나 여의사는 다 타버린 담배가 그녀의 왼쪽 집게손가락까지 타들어갔을 때에야 겨우 제정신으로 돌아왔다. 그녀는 후다닥 일어서서 꽁초를 융단 위에 밟아 꺼 버리고, 신경질적인 목소리로 짧게 말했다. "용서해 주세요. 지난 3주 동안 계속 한숨도 못 잤어요. 케제마르크에서는 동프로이센의 어린이 수송대와 함께 나루터에 도착했어요. 하지만 아이들은 건너지 못했어요. 군인들뿐이에요. 4천 명 가까이 되었기 때문에 그 아이들 모두가 당해 버렸어요." 그러고서 그녀는 죽어 간 아이들에 대해 말할 때의 어조와 같은 간결함으로 성장 중인 어린아이 같은 내 뺨을 재빨리 토닥거리고 다시 새 담배를 한 대 피워 물었다. 그리고 왼쪽 소매를 걷어 올리더니 가방에서 앰풀을 꺼내 자신의 팔에 강장제 주사를 놓으며 마리아를 향해서 말했다. "이 아이가 어떻게 된 건지 나로서는 전혀 짐작이 가지 않아요. 어쨌든 입원해야겠어요. 그렇지만 여기에서는 안 돼요. 어떻게 해서든지 여기를 떠나서 서쪽으로 가세요. 무릎과 손과 어깨의 관절이 부었어요. 틀림없이 머리도 부을 거예요. 냉찜질을 해 주세요. 알약을 놓고 갈 테니, 통증이 심해서 잠을 자지 못할 때 사용하세요."

나는 이 간결한 여의사가 마음에 들었다. 그녀는 내 몸에 무슨 일이 일어나고 있는지 몰랐으나 모른다는 것을 숨기려고도 하지 않았다. 마리아와 파인골트 씨는 그 후 몇 주일 동안 나에게 몇백 번도 넘게 냉찜질을 해 주었다. 그것은 효력이 있기는 했으나, 무릎과 손과 어깨의 관절 및 머리가 계속해서 부어올라 아프게 하는 것을 막을 수는 없었다. 마리아와 파인골트 씨가 특히 놀란 것은 내 머리가 점점 커졌기 때문이다. 마리아가 내게 그 알약을 주었는데, 그것도 곧 떨어져 버렸다. 파인골트 씨는 자와 연필로 체온 곡선을 그리는 실험을 본격적으로 시작했는데, 큰맘 먹고 계획한 커다란 표에 내체온을 적어 넣었다. 체온은 그가 암시장에서 인조 벌꿀과 교환한 체온계로 매일 다섯 번씩 쟀다. 이렇게 해서 파인골트 씨의 표 위에는 지독히 험한 산맥과 같은 모양이 만들어졌다—나는 알프스 산맥과 안데스 산맥의 눈 덮인 고개를 연상했다. 사실 내 체온에는 얼마간 조마조마한 부분이 있었다. 아침에는 대개 38.1도였는데, 저녁에는 39도까지 올랐다. 내 성장 기간의 최고 체온은 39.4도였다. 당시 나는 열에 시달리며 여러 가지를 보고 들었다. 나는 회전목마를 타고 있었다. 내리려 해도 내릴 수 없었다. 많은 아이들과 함께, 나는 소방차며 속이 텅 빈 백조, 개·고양이·돼지·사슴 같은 것을 타고 돌고 돌고 또 돌았다. 내리고 싶었지만 내릴 수가 없었다. 그러자 다른 아이들도 모두 울기 시작했다. 그들도 나와 똑같이 소방차와 속이 빈 백조 속과 고양이와 개와 사슴과 돼지로부터 내리고 싶었던 것이다. 이제는 회전목마가 멈춰 주기를 바랐다. 그러나 소용없었다. 이때 바로 하늘에 계신 아버지께서 회전목마 감시인 옆에 서서 우리를 위해 다시 한 번 회전 요금을 낸 것이다. 그것을 보고 우리는 빌었다. "아아 우리 아버지시여. 당신께서는 잔돈을 많이 가지고 계십니다. 당신께서는 우리를 위해서 회전목마가 언제까지나 돌기를 원하고 계십니다. 이 세상이 빙글빙글 도는 것임을 우리에게 실제로 보여 주시려는 생각이시군요. 부디 지갑을 넣어 주세요. 말씀해 주세요. 스톱, 정지, 완료, 작업 끝, 이제는 충분하다, 내려라, 가게 닫는다라고—우리 아이들은 가엾게도 어지러워하고 있습니다. 우리 4천 명은 바이크셀 강변의 케제마르크로 수송되어 왔습니다. 그렇지만 우리는 건널 수가 없습니다. 왜냐하면 당신의 회전목마가, 당신의 회전목마가……"

하지만 우리 아버지이신 하느님은 회전목마의 감시인이 되어, 책에 있는 것과 같이 상냥하게 미소지으며 지갑에서 동전을 또 한 닢 꺼냈다. 오스카를 포함한 4천 명의 어린아이들을 소방차와 속이 텅 빈 백조, 고양이, 개, 돼지, 사슴에 태운 채 계속 빙글빙글 회전시키기 위해서. 그리고 내가 탄 사슴이—나는 사슴 위에 올라타고 있었다고 지금도 생각하고 있다—나를 우리 아버지이신 감시인 곁으로 데리고 갈 때마다 그는 다른 얼굴을 하고 있었다. 맨 처음 그 얼굴은 라스푸틴이었는데, 다음 번 회전을 위한 동전을 웃으면서 치료 주문을 외는 이 사이에 깨물고 있었다. 그것은 다시 시성(詩聖) 괴테가 되어 아름답게 수놓은 지갑에서 몇 개의 동전을 꺼냈다. 그 동전 표면에는 하늘에 계신 우리 아버지의 옆얼굴이 새겨져 있었다. 그러고서 다시 술취한 라스푸틴이 되고 다음에는 온건한 폰 괴테가 되었다. 라스푸틴에게는 광기가 감돌고 다음의 괴테에게는 합리성의 냄새가 난다. 라스푸틴 주위에는 과격론자가 모여들고 괴테 주위에는 질서를 존중하는 보수세력이 모여든다. 라스푸틴 주위에서 폭동을 일으키는 군중, 달력에 적힌 괴테의 격언으로 냉정해져…… 마침내 굴복해 버렸다—열이 내렸기 때문이 아니라 언제나 누군가가 엎드려 열을 식혀 주면서 나의 열 속에 엎드렸다—파인골트 씨가 엎드려 회전목마를 정지시켰다. 그는 소방차와 백조, 사슴을 멈추게 하고, 라스푸틴의 동전을 무효화했으며, 괴테를 여인들 곁으로 쫓아보내고, 어질어질해진 4천 명의 아이를 케제마르크로 보내 거기에서 바이크셀 강 너머 천국으로 날려 보냈다—그러고는 오스카를 열병으로 뒤덮인 잠자리에서 일으켜 앉혀 리졸의 구름 위에 태웠다. 그는 나를 소독시킨 것이다.

그것은 처음에는 이[虱]와 관련이 있었는데 마침내 습관이 되었다. 그는 쿠르트의 몸에서 이를 처음 발견하고, 이어서 나와 마리아와 자신의 몸에서도 발견했다. 아마 마리아에게서 마체라트를 빼앗은 그 칼뮈크인이 놓고 간 선물이었으리라. 이를 발견했을 때 파인골트 씨의 소동이란 이루 말할 수 없었다. 그는 마누라와 아이들의 이름을 부르고 가족 모두에게 이 독충을 옮아 왔다며 나무랐다. 그래서 갖가지 소독약을 인조 벌꿀이며 납작보리와 교환해서 손에 넣어, 자신과 그의 전 가족과 쿠르트와 마리아와 나와, 거기에 내 병상까지 날마다 소독하기 시작했다. 연고를 우리 몸에 바르고 물약을 뿜고, 가루약을 뿌렸다. 그가 뿜고 뿌리고 바르고 하는 동안 내 열은 최고에 이르렀으나, 그의 이야기는 마침내 물 흐르듯 흘러, 나는 카르볼이며 클로르며 리졸을 가득 실은 화물차 이야기를 들었다. 그는 트레블링카 수용소에서 소독계에 근무하고 있을 무렵, 이러한 소독약들을 뿜고 뿌리고 끼얹었던 것이다. 매일 오후 2시에는 수용소 복도와 바라크와 샤워실과 소각로와 옷 뭉치와, 샤워 차례를 기다리는 무리와 샤워를 끝낸 후 바닥에서 뒹구는 무리, 소각로에서 나온 모든 것과 소각로에 넣을 모든 것에 마리우츠 파인골트는 소독계원으로서 날마다 리졸 액을 끼얹었다. 모두의 이름을 알고 있었던 그는 일일이 이름을 들었다.

그의 이야기로는, 빌라우어라는 사내는 이 소독계원을 항해서 8월의 무더운 어느 날 트레블링카 수용소의 통로에 리졸 액 대신 석유를 뿌리자고 권고했다. 파인골트 씨는 시키는 대로 했다. 그런데 빌라우어는 성냥을 갖고 있었다. 그리고 ZOB ^{(유대인 지하} _{투쟁 조직)}의 채프 쿠를란트 노인이 모든 사람에게 서약을 시켰다. 기사인 갈레프스키가 무기고를 몰래 열었다. 빌라우어가 돌격대장인 쿠트너를 사살했다. 츠툴바하와 바린스키가 치제니스에게 덤벼들었다. 다른 동료들이 트라프니키에서 온 위병(衛兵)들을 향해 덤벼들었다. 또 다른 동료들은 철조망을 자르고 자신들은 쓰러졌다. 친위대 하사관인 쇠프케는 포로들을 샤워실로 데리고 갈 때는 언제나 농담을 하는 사내였는데, 이때 수용소 문 옆에 서서 발포했다. 그러나 아무 소용이 없었다. 갑자기 한 떼가 그에게 달려들었기 때문이다. 그것은 아데크 카베, 모델 레비트, 헤노흐 레러, 헤르츠 로트블라트, 레테크 차기엘, 토시아스 바란과 그의 아내 데보라였다. 그리고 롤레크 베겔만이 소리쳤다. "파인골트, 함께 가자. 비행기가 오기 전에, 자, 빨리!" 하지만 파인골트 씨는 아직 그의 아내 루바가 오기를 기다리고 있었다. 그러나 그의 아내는 그 무렵 이미 그가 불러도 오지 못할 몸이 되었다. 이때 그는 두 팔을 붙잡혔다. 왼팔은 야쿠프 겔레른터에게, 오른팔은 모르데하이 츠바르크바르트에게. 그리고 그의 앞에는 키 작은 아틀라스 박사가 달리고 있었다. 이 사내는 트레블링카 수용소에 있을 때부터 그랬는데, 그 후 빌나 근교의 숲 속에서도 리졸을 많이 뿌리도록 권했다. 리졸은 생명보다도 중요하다고 그는 주장했다. 그래서 파인골트 씨는 이 일을 확증할 수 있었다. 왜냐하면 그는 죽은 사람들에게 리졸을 뿌렸으니까. 죽은 사람 한 명이 아니라 죽은 사람들이 말이다. 정확한 숫자 같은 것은 아무래도 상관없다. 어쨌든 죽은 사람들이 많이 있어서, 그는 이들에게 리졸을 뿌렸다는 것이다. 그는 그 무리의 이름을 알고 있었다. 지겨울 만큼 많은 이름이었다. 그래서 리졸 액으로 목욕하다시피 한 나에게는 생명이, 생명이 아니라면 죽음이, 파인골트 씨의 소독약으로 적절한 시기에 충분히 소독됐는가의 여부가 10만이나 되는 이름들의 생사 문제보다 더욱 중요하게 여겨졌다.

그 뒤 나의 열은 내리고, 4월이 되었다. 그러자 또 열이 높아져 회전목마가 돌고, 파인골트 씨가 죽은 자와 산 자 위에 리졸을 뿌렸다. 그 뒤 또 열이 내리고 4월 말이 되었다. 5월 초에 내 목이 짧아졌다. 가슴이 넓어져 밀려 올라왔다. 그래서 나는 고개를 숙이지 않고도 턱으로 오스카의 빗장뼈를 비빌 수가 있었다. 다시 한 번 약간의 열과 약간의 리졸이 왔다. 다시 나는 리졸 속에서 떠다니는 마리아의 속삭임을 들었다. "이 아이, 기형적으로 성장하지 않아야 하는데. 꼽추가 되지 않아야 하는데. 뇌수종만 아니라면 얼마나 좋을까!"

그러나 파인골트 씨는 마리아를 위로하면서 자기가 아는 사람 중에 꼽추나 뇌수종이면서도 훌륭하게 출세한 사람들의 이야기를 들려 주었다. 그의 이야기로는, 로만 프리드리히라는 사람은 꼽추의 몸으로 아르헨티나로 건너가 그곳에서 재봉틀 가게를 열었는데, 나중에 이 가게가 크게 번창을 해서 유명해졌다.

성공을 거둔 꼽추 프리드리히에 대한 보고는 마리아의 마음을 위로하지 못하고, 오히려 이야기를 한 당사자인 파인골트 씨를 크게 감격시켜 버렸다. 그 결과 그는 우리 식료품 가게의 겉모습을 새롭게 하기로 결심했다. 전쟁이 끝난 직후인 5월 중순에는 가게에 새로운 품목이 등장했다. 재봉틀과 재봉틀 부속품을 처음으로 선보였다. 하지만 식료품도 당분간은 가게 안에 남아서 과도기의 곤란을 극복하는 데 협조했다. 목가시대(牧歌時代)였다! 현금 거래는 거의 이루어지지 않았다. 교환한 물건을 다시 다른 물건과 바꿨다. 인조 벌꿀, 납작보리, 거기에 외트커 박사가 남긴 베이킹파우더, 설탕, 밀가루, 마가린 따위가 자전거 몇 대로 재빨리 바뀌고, 이 자전거와 자전거 부속품이 전동기가 되고, 이 전동기가 연장이 되고, 이 연장들이 모피 제품이 되고, 그리고 이 털가죽을 파인골트 씨의 마법이 재봉틀로 바꾸었다. 쿠르트는 이 물물교환 놀이에 도움이 되었다. 손님을 데리고 와서 거래를 알선했다. 마리아보다 훨씬 빨리 이 새로운 일에 숙달했다. 마체라트 시대와 같았다. 마리아는 카운터 뒤에 서서 아직 끊어지지 않은 옛 단골 손님의 시중을 들기도 하고, 새로 온 손님들의 희망을 서투른 폴란드 말로 들으려고 애썼다. 쿠르트는 어학의 천재였다. 그는 어디든지 출몰했다. 파인골트 씨는 쿠르트에게 의지했다. 아직 만 다섯 살도 안 됐지만 손색없는 전문가였다. 그래서 역 앞 거리의 암시장에 늘어서 있는 백 대나 되는 2, 3급품 중에서, 1급품의 싱거 재봉틀이며 파프 재봉틀을 찾아냈다. 파인골트 씨도 쿠르트의 지식을 인정했다. 5월 말, 내 할머니 안나 콜야이체크가 비사우에서 브렌타우를 거쳐 랑푸르까지 걸어서 우리를 방문하여 헐떡이면서 벤치에 몸을 던졌을 때, 파인골트 씨는 쿠르트를 몹시 칭찬하고, 이어서 마리아도 칭찬했다. 또 할머니에게 내 병에 대한 설명을 장황하게 늘어놓으면서 그의 소독약의 효력도 빼놓지 않고 언급할 때는 오스카를 칭찬했다. 내가 워낙 온순하고 착해서 병중에 한 번도 소리내어 울지 않았기 때문이다.

할머니는 석유를 탐냈다. 왜냐하면 비사우에는 이제 전등이 없기 때문이다. 파인골트 씨는 할머니에게 트레블링카 수용소에서 겪은 석유에 얽힌 온갖 이야기를 들려 주고, 수용소 소독계원으로서 자기의 여러 임무에 대해서도 이야기한 뒤 마리아에게 2리터들이 병에 석유를 담으라고 시키고, 인조 벌꿀 한 상자와 소독약들도 주었다. 그리고 할머니가 비사우와 비사우 채굴장에서 전쟁 중에 소실된 것들을 죄다 늘어놓기 시작하자, 그는 건성으로 고개를 끄덕이면서 흘려들었다. 피레크는 지금에 와서는 다시 옛날처럼 피로가로 불리게 되었는데, 그 피해 상황도 할머니는 잊지 않고 보고했다. 비사우도 지금은 전쟁 전과 같이 비세보라 부르게 되었다. 이때 엘러스의 이야기가 나왔다. 이 사내는 이전에 랑카우 지구 농민위원장에 취임하여 유능한 역량을 발휘했는데 할머니 오빠의 며느리, 즉 우체국에서 목숨을 잃은 얀의 미망인 헤트비히와 결혼을 했다. 이 사내를 농부들이 그의 본부 앞에서 목을 매달았다는 것이다. 그리고 헤트비히까지도 자칫 목을 매달릴 뻔했다. 그녀가 폴란드 영웅의 아내로서 지구 농민위원장 같은 사람과 재혼했거니와, 슈테판은 중위가 되었고, 마르가가 나치스의 여자청년단원이었으니 그 죄는 당연하다는 이유였다.

"그렇지만 말이지." 할머니는 말했다. "슈테판에 대해선 그들도 이미 별도리가 없었지. 북극해에서 전사했으니까 말이야. 그래서 마르가를 끌고 가서 수용소에 처넣으려고 했었지, 그런데 그때 빈첸트가 입을 열어 한바탕 연설을 했던 거야. 그렇게 말을 잘하리라고는 생각지도 못했어. 그래서 결국지금은 헤트비히도 마르가도 우리와 함께 있으면서 밭일을 도와주고 있어. 그런데 빈첸트는 그 연설을 한 덕에 혼이 나서 말이야, 이제 얼마 살지도 못할 거야. 이 할머니는 말이지, 심장도 몸 여기저기도 모두 좋지 않아, 머리도 말이지. 그 바보 새끼들에게 맞은 데가 말이야. 그렇지만 그 녀석들은 그렇게 해도 된다고 생각했던 거야."

이렇게 한탄하면서 안나 콜야이체크는 자신의 머리를 눌러보고서 성장 중인 내 머리를 쓰다듬었는데, 쓰다듬으면서 속 깊은 견해를 밝히기에 이르렀다. "카슈바이인은 이렇게 당했던 거야, 오스카. 언제나 머리를 두들겨 맞기만 하고. 그래도 너희들은 좀더 살기 좋은 땅으로 가면 좋겠는데. 할머니는 남겠지만 말이야. 카슈바이인은 이주라는 것을 할 수가 없어. 언제까지나 고향에 살면서 다른 무리들에게 두들겨 맞기 위해 머리를 내밀어야만 하지. 어쨌든 우리는 진짜 폴란드인도 아니고 진짜 독일인도 아니야. 카슈바이인은 독일인이 될 자격도, 폴란드인이 될 자격도 없는 거야. 아무튼 그 무리는 엄격하게 생각하고 싶어하니까 말이야!"

할머니는 큰 소리로 웃으며 석유병과 인조 벌꿀과 소독약을 4장의 치마 밑에 넣었다. 그 치마는 치열한 전쟁과 정치와 세계사적인 사건을 거쳐왔는데도 여전히 감자 빛깔을 잃지 않고 있었다.

그녀가 나가려고 하자 파인골트 씨는 잠깐만 기다려달라고 부탁했다. 할머니에게 그의 마누라인 루바를 비롯해서 가족들을 소개하고 싶어서였다.

그러나 루바가 나오지 않자, 안나 콜야이체크는 말했다. "괜찮아요, 나도 언제나 부르고 있어요. 아그네스야! 딸애야! 잠깐 와다오! 빨래 짜는 것 좀 도와다오! 라고 말이지. 그렇지만 딸은 더 이상 오지 않아요. 당신의 루바와 같아요. 그리고 빈첸트라는 분은 내 오빠인데, 이분도 한밤중에 아픈 몸을 이끌고 문 밖에 나가 큰 소리로 아들인 얀을 불러대어, 이웃 사람들이 모두 잠을 깨는 형편이에요. 아무리 불러도 우체국에서 죽음을 당한 그 아들이 돌아올 리가 없는데 말이지."

할머니는 이미 문 밖에 나가서 어깨걸이를 걸쳤다. 이때 내가 침대에서 불렀다. "바브카! 바브카!" 즉 할머니! 할머니! 라고. 그러자 할머니는 뒤돌아보고, 치마를 약간 치켜들어 그 밑에 나를 넣고 데려가려는 시늉을 했으나—아마 석유병과 인조 벌꿀과 소독약이 먼저 그 장소를 차지한 것이 생각났으리라—그대로 나가 버렸다. 나를, 오스카를 데리고 가지 않고 그곳에서 나가 버렸다.

6월 초에 최초의 수송 열차가 서쪽을 향해서 출발했다. 마리아는 아무 말도 하지 않았지만 나는 눈치채고 있었다. 그녀도 이때 가구와 가게와 아파트와 힌덴부르크 가로수길 양쪽에 있는 무덤과 자스페 묘지의 둔덕을 떠나기로 마음먹은 것이다.

그녀는 쿠르트를 데리고 지하실로 내려가기 전에 저녁이면 곧잘 내 침대 옆에 있는 나의 불쌍한 어머니의 피아노를 마주 보고 앉아서, 왼손으로 하모니카를 들고 오른손 손가락 하나로 피아노 반주를 했다.

파인골트 씨는 그 연주를 그만두라고 큰 소리로 부탁했다. 그러나 마리아가 하모니카를 입에서 떼고 피아노 뚜껑을 닫으려고 하자, 좀더 들려달라고 부탁했다.

그동안 그는 그녀에게 구혼을 했다. 오스카는 이렇게 되리라 예상하고 있었다. 파인골트 씨는 아내 루바를 좀처럼 부르지 않게 되었는데, 파리들이 윙윙거리는 어느 여름 밤, 루바의 부재를 확인한 후 그는 마리아에게 청혼을 했다. 그녀와 병중인 오스카까지 두 아이 모두를 맡아서 돌보겠다는 것이다. 그녀에게 이 집을 주고 가게의 공동 운영권도 제의했다.

마리아는 그 무렵 스물두 살이었다. 이제까지 그녀의 앳되고 순진한 아름다움은 그저 우연인 듯했지만, 그것이 지금은 굳어졌다. 굳어졌다는 말이 좋지 않게 들린다면, 고정된 느낌이 있었다. 모처럼 마체라트 덕으로 한 파마 웨이브가 전쟁 말기부터 전쟁이 끝난 뒤 수개월 동안 풀려 버렸다. 나와 친했던 때처럼 뒤로 묶어 늘어뜨린 머리는 아니었으나, 그래도 머리카락이 그녀의 어깨 위로 기다랗게 드리워져, 어쩐지 약간 융통성이 없고 성미가 까다로운 소녀 같은 인상을 주었는데—이 소녀는 '아니요'라고 파인골트 씨의 구혼을 물리쳤다. 이전에 우리 것이었던 융단 위에 서서, 마리아는 쿠르트를 왼손으로 안은 채 오른손 엄지손가락으로 타일 난로 쪽을 가리켰다. 파인골트 씨와 오스카가 들은 그녀의 이유는 이러했다. "안 돼요. 이제 이곳 생활은 끝이에요. 우리는 라인란트에 있는 내 언니 구스테한테 가겠어요. 언니는 호텔 지배인과 결혼했어요. 쾨스터라는 사람인데, 우리를 당분간 돌보아 줄 거예요. 우리 세 사람 모두."

다음 날 일찍 그녀가 절차를 밟아 사흘 뒤에 우리 여권이 나왔다. 파인골트 씨는 더 이상 아무 말 않고, 가게를 닫은 채 마리아가 짐을 꾸리는 동안 어두운 가게 카운터 위 저울 옆에 앉아 있었으나 이젠 인조 벌꿀을 핥으려고도 하지 않았다. 마리아가 그에게 작별 인사를 했을 때에야 겨우 그의 자리에서 미끄러져 내려와 수레를 단 자전거를 끌고 와서 우리를 정거장까지 배웅해 주겠다고 했다.

오스카와 짐은—우리는 1인당 50파운드를 가져가도록 허가받았다—2륜 고무 타이어 수레에 실었다. 파인골트 씨가 자전거를 밀었다. 마리아는 쿠르트의 손을 잡아끌고 있었는데 엘젠 거리의 모퉁이를 왼쪽으로 꺾을 때 다시 한 번 뒤돌아보았다. 나는 더 이상 라베스베크 쪽을 돌아볼 수가 없었다. 고개를 움직이면 아팠기 때문이다. 따라서 오스카의 머리는 양어깨 사이에 가만히 놓여 있을 뿐이었다. 할 수 없이 나는 그나마 움직일 수 있는 두 눈으로 마리엔 거리와 슈트리스바하와 클라인하머 공원과, 여전히 음침하게 물방울이 떨어지는 역 앞 거리로 빠져나가는 육교와 파괴를 면한 성심 교회와 랑푸르 교외역(驛)과 작별했다. 랑푸르는 이제 브르체스츠라고 불렸는데, 꽤 발음하기 힘든 이름이었다.

우리는 한참 동안 기다려야 했다. 겨우 들어온 열차는 화물열차였다. 탈 사람은 많이 있었다. 특히 아이들이 많았다. 짐 검사를 하고, 저울로 무게를 달았다. 군인들이 화차 칸마다 짚 다발을 던졌다. 음악은 울리지 않았다. 비도 내리지 않았다. 맑은 하늘에는 구름이 걸려 있었고, 동쪽에서 바람이 불어 왔다.

우리는 뒤에서 네 번째 칸에 탔다. 파인골트 씨는 가늘고 붉은 머리카락을 바람에 나부끼며 우리 아래쪽 선로 위에 서 있었는데, 덜컹하고 충격이 있은 뒤에 기관차가 연결된 것을 알자 바로 옆으로 다가와서, 마리아에게 마가린 세 상자와 인조 벌꿀 두 상자를 건네 주고, 폴란드어의 명령과 외침과 울음소리가 출발을 알리자, 건넸던 여행용 식량에 더 보태서 한 꾸러미의 소독약을 주었다—리졸은 생명보다 중요하다는 것이다—이렇게 해서 우리는 떠나고 파인골트 씨를 뒤에 남겼다. 열차가 출발할 때 으레 그렇듯이, 붉은 머리카락을 휘날리며 서 있는 그의 모습은 점점 작아져서 손을 흔드는 것만 보이다가 마침내 전혀 보이지 않게 되었다.

화물열차 안에서의 성장

그 아픔은 아직도 나를 덮쳐온다. 지금도 너무 아파서 나는 머리를 베개에 묻었다. 발과 무릎 관절이 신경 쓰여 나는 이를 빠드득 갈았다—오스카는 관절 마디 속에서 자신의 뼈가 삐걱거리는 소리를 듣지 않으려면 이를 빠드득거리는 수밖에 없었기 때문이었다. 나는 자신의 열 손가락을 바라보고, 이 손가락들이 부어오른 것을 인정해야 했다. 어떻게든 북을 두들겨 보려고 안간힘을 썼지만 결국 오스카의 손가락은 그저 조금 부은 것이 아니라 당분간이 직무에도 부적격이라는 사실을 알았다. 북채가 손가락에서 빠져나가기 때문이다.

이제는 만년필도 내 말을 듣지 않는다. 나는 냉찜질을 브루노에게 부탁해야만 한다. 그리고 손, 발, 무릎에 냉찜질을 시키고 이마에 찬 수건을 얹은 채, 간호사인 브루노에게 종이와 연필을 줄 것이다. 자신의 만년필을 다른 사람에게 빌려 주기가 싫기 때문이다. 그런데 브루노에게 내 이야기를 제대로 알아들을 의지와 능력이 있을까? 1945년 6월 12일에 시작된 그 화물열차 여행의 기록을 그에게 맡겨도 좋을까? 브루노는 아네모네 그림이 걸린 벽 쪽에 놓인 작은 테이블에 앉았다. 이제 그가 고개를 돌려 얼굴을 내게로 보이고, 전설에 나오는 동물과 같은 두 눈으로 내 좌우 양옆을 스쳐 시선을 던진다. 그가 얄팍하게 오므린 입 위에 연필을 비스듬히 가누고 있는 모습은, 마치 기다리는 듯 보였다. 하지만 그가 정말로 내 말, 즉 받아쓰기 시작하라는 신호를 기다리고 있다고 해도—그의 마음은 노끈 작품의 주위를 빙글빙글 돌고 있었다. 그는 노끈을 맺고 싶었겠지만, 이 오스카의 임무는 나의 뒤엉킨 경력을 능숙한 말씨로 풀어 나가는 데 있다. 브루노는 드디어 쓰기 시작한다.

나, 브루노 뮌스터베르크는 자우어란트의 알테나 출신으로서, 미혼이며 자식도 없다. 이곳 정신병원 개인 병동의 간호사이다. 1년 넘게 입원 중인 마체라트 씨는 나의 환자이다. 나는 다른 환자도 맡고 있으나 여기에서는 관계가 없으므로 생략한다. 마체라트 씨는 내가 담당하고 있는 환자 중에서 가장 돌보기가 쉽다. 다른 간호사들을 불러야만 할 정도로 난폭해지는 일은 결코 없다. 그는 무엇을 쓰거나 북을 치는 횟수가 약간 많을 뿐이다. 그가 오늘은 손가락을 너무 혹사한 탓에 나에게 대필을 의뢰했는데, 단 노끈을 맺어서 작품을 만들지 말라고 한다. 그러나 나는 호주머니 속에 노끈을 감추고 있으므로, 그가 이야기를 하는 동안 한 인물의 다리에서부터 시작하기로 한다. 이 인물을 나는 마체라트 씨의 이야기 줄거리를 따서 '동쪽에서 온 피난민'이라고 부르겠다. 내가 이 환자의 이야기에서 끄집어 낸 인물상(像)은 이것이 처음은 아니다. 이제까지 나는 그의 할머니를 맺어서 '네 겹 치마 속의 사과'라고 부른다. 그리고 그의 할아버지인 뗏목꾼도 노끈으로 맺어 조금 과장은 되었지만 '콜럼버스'라고 이름지었다. 나의 노끈으로 그의 불쌍한 어머니는 '아름다운 생선 탐식가'가 되었으며, 그의 두 아버지 마체라트와 얀 브론스키를 맺어서 '2명의 스카트 광(狂)'이라는 한 쌍을 만들어 냈다. 또 그의 친구 헤르베르트 트루친스키의 상처투성이 등짝도 노끈으로 엮어서 그 돈을새김을 '울퉁불퉁 길'이라고 이름지었다. 다시 하나하나의 건물, 이를테면 폴란드 우체국, 슈토크탑, 시립극장, 병기창, 아케이드, 해양박물관, 그레프 채소 가게 지하실, 페스탈로치 학교, 브뢰젠 해수욕장, 성심 교회, 카페 '사계', 발티크 초콜릿 공장, 대서양 연안의 몇 군데 벙커, 파리의 에펠탑, 베를린의 슈테틴 역, 랭스의 대성당 그리고 마체라트 씨가 이 세상의 빛을 처음으로 본 아파트까지 나는 차례차례로 노끈으로 맺어서 묘사했고, 자스페 묘지와 브렌타우 묘지의 격자와 묘석이 내 노끈에 장식을 제공해 주었으며, 나는 또 노끈과 노끈을 엮어서 바이크셀 강과 센 강을 흐르게 하고, 발트 해의 파도와 대서양의 큰 파도를 노끈 해안에서 부서지게 했으며, 노끈을 카슈바이의 감자밭과 노르망디의 목장으로 바꾸어 이루어진 지역—그것을 나는 간단하게 '유럽'이라고 부르기로 하는데—에 나는 다음과 같은 인물들을 살게 했다. 즉 우체국 방위대원, 식료품 가게 주인, 연단 위의 사람들, 종이 주머니를 든 초등학생들, 죄다 죽어서 대를 이을 수 없는 박물관의 수위들, 크리스마스를 준비하는 범죄 소년들, 석양 노을 앞에 둔 폴란드 기병대, 역사를 만드는 개미, 하사관과 병졸들을 위한 전선 극장, 트레블링카 수용소에서 소독을 당하며 서 있는 사람들과 누워 있는 사람들이다. 그리고 지금 나는 동부 피난민의 인물상을 만들기 시작하는데, 이 작품은 결국 한 때의 동부 피난민으로 변할 것이다.

마체라트 씨는 1945년 6월 12일 오전 11시경, 당시 이미 그다니스크라고 불리던 단치히 시를 출발했다. 그의 동반자는 마리아 마체라트라는 미망인인데, 내 환자의 설명에 따르자면 이 여인은 이전에 그의 연인이었다. 게다가 내 환자는 쿠르트 마체라트를 자기 아들이라고 한다. 그 밖에 화물열차 안에는 32명의 사람들이 타고 있었다고 하며, 그 속에는 성 프란체스코 수도회의 옷을 입은 수녀 4명과 두건을 쓴 소녀가 하나 있었는데, 이 소녀는 루치 렌반트라는 아가씨임에 틀림없다고, 오스카 마체라트 씨는 주장했다. 그러나 내가 몇 번인가 확인하자 나의 환자는 그 소녀 이름은 레기나 레크였음을 인정했다. 그러면서도 세모진 여우 얼굴의 이름은 대지 않고 이야기를 계속하여, 결국 다시 이름을 부를 차례가 되면 루치라고 했다. 하지만 그런 것은 별로 상관이 없다. 나는 여기에 사실대로 그 소녀를 레기나 양으로 기록해 두겠다. 레기나 레크는 부모와 조부모와 병든 숙부와 함께 여행하는 중이었다. 숙부는 그의 가족뿐만 아니라 악성 위암을 가지고 서쪽 지방으로 여행을 시작했는데, 그는 말이 많았으며, 열차가 출발하자마자 자기가 예전에 사회민주당원이었음을 밝혔다.

내 환자가 기억하는 한, 이 여행은 4년 반 동안 고텐하펜으로 불리던 그디니아에 닿을 때까지는 아무런 방해도 받지 않았다. 올리바의 여성 2명과 여러 아이들과 랑푸르의 나이 든 신사가 초포트를 통과할 때까지 울었다고 한다. 한편 수녀들은 기도에 몰두했다고 한다.

그디니아에서 열차는 다섯 시간 동안 정차했다. 6명의 아이들을 거느린 두 여자가 이 칸에 할당되었다. 사회민주당원이 여기에 항의했다. 그는 몸이 아픈 데다가 전쟁 전부터 누리던 사회민주당원으로서의 특별 대우를 요구한 것이다. 그러나 이 수송을 지휘하던 폴란드 장교는 사회민주당원이 자리를 비키지 않자 뺨을 한 대 갈겼다. 그리고 자기는 사회민주당원이 무엇인지 전혀 모른다, 자기는 전쟁 중에 독일 여러 곳에 주둔했으나, 그동안 사회민주당원이라는 말은 한 번도 들어본 적이 없다고 아주 유창한 독일어로 타일렀다. 위장병이 있는 사회민주당원은 그 폴란드 장교에게 독일 사회민주당의 의의와 본질과 역사를 설명하기에는 이미 때가 늦었다. 왜냐하면 그 장교는 차량을 나가 문을 닫고 밖에서 빗장을 질러 버렸기 때문이다.

나는 사람들이 짚 위에 앉아 있거나 누워 있었다는 말을 쓰는 것을 잊었다. 열차가 오후 늦게 출발했을 때, 여러 여자가 소리쳤다. "우리는 다시 단치히 쪽으로 돌아가요." 하지만 이것은 착각이었다. 열차가 전철(轉鐵) 작업을 했을 뿐이며, 그것이 끝나자 다시 서쪽으로 슈돌프 쪽을 향해서 달리기 시작했다. 슈돌프까지는 나흘이나 걸렸다. 빨치산 잔당과 폴란드 청년단이 출몰하여, 들판 한가운데서 열차를 몇 차례 세웠기 때문이다. 젊은이들은 차량 미닫이문을 열어 신선한 공기를 약간 들이고, 그 대신 탁한 공기와 여행짐의 일부를 밖으로 들어냈다. 젊은이들이 마체라트 씨의 차량을 점거할 때마다, 4명의 수녀들은 수녀복에 매달고 있는 십자가를 높이 쳐들었다. 이 네 개의 십자가는 젊은이들에게 큰 감명을 주었다. 그래서 그들은 여행자들의 배낭이며 트렁크를 선로 위에 내던지기 전에 성호를 그었다.

사회민주당원은 젊은이들에게 종이 한 장을 내밀었다. 그것은 아직 단치히 또는 그다니스크에 있을 때 폴란드 당국으로부터 받은 것으로, 그가 1931년부터 37년까지 사회민주당의 납세 당원이었음을 증명한 종이쪽지였다. 그러나 젊은이들은 성호를 긋지 않고 손에서 그 종이쪽지를 빼앗았으며, 그의 짐가방 두 개와 그의 아내의 배낭을 빼앗았다. 그뿐만 아니라 사회민주당원이 밑에 깔고 누워 있던 커다란 체크 무늬의 고급 겨울 외투까지도 신선한 포메라니아 주의 공기 속으로 운반해 버렸다.

하지만 오스카 마체라트 씨의 주장에 의하면, 적어도 그는 이 젊은이들에게 규율이 엄격하고 좋은 인상을 느꼈다. 그는 이것을 젊은이들이 지도자의 영향을 받기 때문이라고 믿었다. 이 지도자는 겨우 16세로서 이미 뛰어난 인물이었다. 이 인물을 만난 순간 마체라트 씨는 희비가 교차되는 추억, 즉 먼지떨이단의 우두머리였던 슈퇴르테베커를 떠올렸다.

그런데 이 슈퇴르테베커를 닮은 젊은이가 마리아 마체라트 부인의 손에서 배낭을 뺏으려 하면서 정말 빼앗았을 때, 마체라트 씨는 운 좋게 제일 위에 있던 가족 앨범을 재빠르게 빼냈다. 처음 그 지도자는 화를 내려고 했다. 그러나 내 환자가 그 앨범을 열어 젊은이에게 할머니 안나 콜야이체크의 사진을 보이자, 젊은이는 자기 할머니 생각이 났는지 마리아 부인의 배낭에서 손을 뗐다. 그리고 모가 난 폴란드 모자에 두 손가락을 대고 경례를 하며, 마체라트 가족을 향해 '도 비트체니아^(안녕히 계세요)!'라고 인사했다. 나가면서 마체라트의 배낭 대신 다른 여행자의 짐가방을 빼앗아 부하들을 데리고 열차에서 사라졌다.

앨범 덕으로 가족의 손에 남은 그 배낭에는 약간의 속옷 말고도 식료품 가게 장부와 판매 납세증서, 저금통장, 루비 목걸이 등이 들어 있었다. 이 목걸이는 마체라트 씨 어머니의 유물로서, 내 환자는 이것을 소독약 봉지에 숨겨놓았던 것이다. 그리고 라스푸틴의 발췌와 괴테의 저작을 반반씩 섞어놓은 교양서도 서쪽으로의 여행에 함께하고 있었다.

내 환자의 주장에 의하면, 그는 여행 내내 대개는 앨범을, 때때로 교양서를 무릎 위에 놓고 뒤적거렸다. 이 두 책은 아무리 심하게 팔다리가 아플 때도, 그에게 많은 즐거움과 또 벗 생각에 잠기게 하는 시간까지 갖게 해 준 것이다.

내 환자가 거듭 말하고 싶어하는 것은 차량의 흔들림, 전철기와 교차점을 넘을 때의 충격, 화물열차의 끊임없이 진동하는 앞 차축 위에 계속 누워 있었던 일이 그의 성장을 촉진시켰다는 점이다. 이제까지처럼 옆으로 커지는 것은 정지되고 그 대신에 키가 자랐다. 염증을 일으키지 않았는데도 부어 올랐던 관절이 느슨해진 느낌이었다. 듣기로는 그의 귀와 코와 생식기까지 화물열차의 진동 때문에 성장했다는 것이다. 수송이 순조롭게 진행되는 동안에는 확실히 통증을 느끼지 않았다. 다시 빨치산과 청년단의 방문을 받아 열차가 정차했을 때에만 그는 찌르고 잡아당기는 듯한 아픔을 느꼈으며, 앞서 말했듯이 진통 작용을 하는 그 앨범으로 이를 견뎌 냈다.

폴란드의 슈퇴르테베커 말고도 여러 명의 청년 도적과 늙수그레한 빨치산도 그 가족사진에 흥미를 나타냈다고 한다. 심지어 한 노전사는 아예 주저앉아서 담배까지 한 대 피워 물고는 사진을 한 장도 빠뜨리지 않고 앨범을 차근차근 넘겨 가며, 콜야이체크 할아버지의 사진에서부터 마리아 마체라트 부인이 한 살짜리, 두 살짜리, 네 살짜리의 쿠르트와 함께 찍은 순간 사진에 이르기까지 한 집안의 현저한 발전을 쭉 훑어 보았다. 내 환자는 목가적인 가정의 적잖은 사진을 바라보며 미소짓는 그를 보기도 했다. 다만 죽은 마체라트 씨의 옷과 우체국 방위대 얀 브론스키의 미망인과 결혼한 랑카우 지구 농민위원장 엘러스 씨의 윗옷 깃에, 한 눈에 알 수 있는 당 배지가 달려 있는 사진이 있어서 이를 본 빨치산은 감정이 상했다. 환자는 이 비판적인 사내의 눈앞에서 아침 식사용 나이프 끝으로 사진에 찍힌 배지를 긁어내어 환심을 샀다는 것이다.

이 빨치산은—마체라트 씨가 가르쳐 준 바에 의하면—많은 어정뜬 빨치산들과는 달리 진짜 빨치산이었다고 한다. 마체라트 씨가 주장하는 이유를 들어 보면 이렇다. 빨치산은 절대로 일시적으로 빨치산일 수는 없고, 언제나 영원한 빨치산이며, 말에서 떨어진 행정부를 안장 위에 올려놓는가 하면, 이번에는 빨치산의 도움을 받아 안장 위에 오른 행정부를 밀어 떨어뜨린다는 것이다. 어디까지나 마체라트 씨의 주장이긴 하지만, 자신의 결함을 늘 바로잡아 고치는 빨치산이야말로—나는 그럭저럭 이해할 수 있을 성싶은데—정치를 지향하는 모든 인간 중에서 예술적으로 가장 유능한 자라고 말할 수 있다. 왜냐하면 이 사람들은 자신들이 금방 만든 것을 바로 박차버리기 때문이다.

하긴 내 경우에도 그와 비슷한 얘기를 꺼낼 수 있으리라. 노끈 작품을 석고에 담가 굳히기가 무섭게 주먹으로 부숴 버린 적이 얼마나 자주 있었던가? 몇 달 전에 내 환자가 주문한 그 작품만 해도 그렇다. 단순한 노끈을 엮어서 러시아의 영매 라스푸틴과 독일의 시성 괴테를 결합한 인물을 만들라는 것이다. 게다가 내 환자는 주문자인 자신과 아주 비슷하게 닮게 하라고 요구했다. 이 양극단을 그럴듯한 하나의 모습으로 엮어내기 위해 몇 킬로미터의 노끈을 헛되이 썼는지. 오른손으로 엮은 것을 왼손으로 풀고, 왼손으로 만들어 낸 것을 오른손 주먹으로 부수느라고 나도 마체라트 씨가 칭찬한 그 모범적인 빨치산과 마찬가지로 휴식을 모르고 만족을 몰랐다.

그런데 마체라트 씨도 자기 이야기를 일관성 있게 끌고 나가지 못했다. 이를테면 그 4명의 수녀들에 대한 이야기만 해도 그렇다. 그는 처음에는 그녀들을 프란체스코 수도회의 수녀들이라고 했다가, 나중에는 빈첸트파 수녀들이라고 했다. 그런데 더욱 곤란한 일은, 사람은 하나인데 이름이 둘인 세모꼴의 여우 얼굴을 한 젊은 여자의 이야기이다. 그의 보고는 자꾸자꾸 풀어져서 기록자인 나는 동쪽에서 서쪽으로 향한 여행에 두세 가지의 다른 의견을 적어야 한다. 그러나 그런 일은 나의 성미에 맞지 않으므로 나는 사회민주당원에 대한 이야기나 계속하기로 했다. 이 사람은 여행 중에 얼굴 표정을 바꾸는 일이 없었으며, 그뿐만이 아니라 내 환자의 진술에 의하면, 슈톨프에 도착하기 직전까지 동승자 모두를 향해서, 자기도 1937년까지는 빨치산의 일원으로서 광고지 붙이기에 헌신하다가 건강을 해치고 자유로운 시간을 희생당했는데, 그도 그럴 것이 자기는 비 오는 날에도 광고지를 붙이고 다닌, 보기 드물게 열정적인 사회민주당원의 한 사람이었기 때문이라는 얘기를 몇 번이고 설명했다고 한다.

슈톨프 직전에서 또다시 대규모 청년단이 방문하여 몇 번째인지는 모르지만 어쨌든 또 수송이 늦어졌을 때도 그는 역시 이러한 어조로 이야기하고 있었다고 한다. 하지만 이미 짐은 거의 남아 있지 않았으므로, 젊은이들은 방침을 바꿔 여행자의 옷을 벗기기 시작했다. 당연한 일이지만, 젊은 무리들은 신사들의 웃옷만을 대상으로 삼았다. 그런데 사회민주당원에게는 이 일이 이해되지 않았다. 솜씨가 좋은 재단사라면 수녀들의 헐렁헐렁한 수녀복으로 여러 벌의 고급 웃옷을 만들 수 있다고 생각했기 때문이다. 이 사회민주당원은 자신이 엄숙하게 알린 바에 따르면 무신론자였다. 그런데 젊은 도둑들은 그다지 엄숙하게 공표하지는 않았으나 가톨릭 교회의 편이었던지 품이 넉넉한 수녀들의 모직물에는 손을 대지 않고, 무신론자가 입고 있던 펄프가 약간 섞인 싱글브레스트를 탐냈다. 그러나 무신론자는 웃옷과 조끼와 바지를 벗기보다는 오히려 사회민주당의 광고지를 붙이던, 짧지만 혁혁한 자신의 경력에 대해 이야기하기를 선택했다. 그래서 이야기를 멈추지 않고 웃옷 벗기를 거부하는 태도를 보이자, 그는 옛 국방군의 장화로 위(胃) 근처를 채였다.

사회민주당원은 계속 심한 구토를 하다가 마침내는 피를 토했다. 그는 자기 옷 따위는 걱정할 겨를이 없었다. 따라서 그 젊은 친구들은 드라이클리닝을 해야 겨우 제 모습을 찾을 토사물로 뒤덮인 웃옷에 완전히 흥미를 잃어버렸다. 신사복은 단념했으나 그 대신 마리아 마체라트 부인의 하늘색 인조견 블라우스와 루치 렌반트가 아닌 레기나 레크라는 소녀의 바이에른식으로 짠 웃옷을 벗겼다. 그리고 나서 그들은 차량의 미닫이문을 닫았는데, 제대로 닫히지 않았다. 열차는 움직이기 시작했으며, 그동안에 사회민주당원은 죽음에 다가가고 있었다.

슈톨프까지 앞으로 2, 3킬로미터를 남겨 놓고, 수송열차는 대피선에 밀려 밤새껏 그곳에 정차했다. 별은 밝게 빛났으나 6월의 날씨로는 싸늘한 밤이었다고 한다.

이날 밤 사회민주당원이 죽었다. 마체라트 씨의 이야기로는 점잖치 못하게 큰 소리로 신을 저주하고, 노동계급에게 궐기를 호소하며, 마지막 말로—흔히 영화에 나오는 바와 같이—자유 만세를 외치고 마침내 차 안을 공포로 가득 채운 구토 발작에 굴복해서, 그 싱글브레스트에 집착하던 사회민주당원은 죽었다.

비명은 한 마디도 없었다고 내 환자는 말한다. 차 안은 한없이 조용한 채였다. 마리아 부인만이 이를 덜덜 떨고 있었다. 블라우스는 빼앗기고 남겨두었던 속옷은 아들인 쿠르트와 오스카 씨에게 입혔으므로 추웠던 것이다. 새벽녘에 2명의 용감한 수녀가 미닫이문이 조금 열려 있는 것을 발견하고 차 안을 청소하여 습기에 젖은 짚이며, 어른과 아이들의 똥이며, 사회민주당원의 토사물을 선로 위에 버렸다.

슈톨프에 도착하자 열차는 폴란드 장교의 검열을 받았다. 그와 동시에 따뜻한 수프와 볶은 보리 커피 비슷한 마실 것이 배급되었다. 마체라트 씨가 탄 열차 안의 시체는 전염병의 위험을 고려해서 압수되어 위생병이 판자에 싣고 운반해 갔다. 수녀들의 주선으로 고위 장교 가족들이 짧은 기도를 드리도록 허락받았다. 또한 죽은 사내의 시체에서 구두, 양말, 옷을 벗기는 것도 허락했다. 내 환자는 이 벗기는 장면이 계속되는 동안 계속—그 후에 시체는 판자 위에 놓여 빈 시멘트 부대로 덮였다—벌거벗기는 사내의 조카를 관찰하고 있었다. 이 어린 소녀의 이름은 레크였는데, 그녀를 보고 있노라면 심한 혐오감과 매력을 동시에 느끼게 되는 것이, 꼭 루치 렌반트를 연상시킨다는 것이다. 내가 루치 렌반트의 모습을 노끈으로 묘사한 작품을 나는 샌드

위치를 먹는 여인이라고 불렀다. 차 안에서의 그녀는 벗겨지는 숙부를 앞에 두고, 물론 소시지를 끼운 빵을 들고 껍질까지 먹어치우지는 않았지만, 오히려 자기도 벗기는 일에 참가하여 숙부의 옷 중에서 조끼를 물려받아 빼앗긴 뜨개 윗옷 대신 입고는, 그래도 제법 어울리는 새 의상을 손거울에 비춰 보았다. 그러다가—이 장면을 생각하면 내 환자는 지금도 오싹해지는 공포가 엄습한다고 한다—그녀는 손거울 속에서 누워 있는 내 환자를 포착하고는 세모난 얼굴 속의 째진 눈으로 쳐다보더라는 것이다.

슈톨프에서 슈테틴까지의 여행은 이틀이 걸렸다. 여전히 불시의 정차가 이따금씩 생겨, 낙하산 대원용 나이프와 자동 권총으로 무장한 미성년자들의 방문도 횟수가 거듭되면서 차츰 익숙해졌으나 방문 시간은 점점 짧아졌다. 그도 그럴 것이 여행자에게는 더 이상 빼앗길 것이 거의 남아 있지 않았기 때문이다.

내 환자의 주장에 의하면 그의 키는 단치히-그다니스크에서 슈테틴까지의 여행 중에, 즉 일주일 동안에 9내지 10센티미터나 컸다. 특히 허벅지와 종아리가 자랐다. 그러나 가슴과 머리는 거의 자라지 않았다고 한다. 그 대신 환자는 여행 중 등을 밑으로 하고 누워 있었는데도, 등의 약간 왼쪽 위편에 생긴 혹이 커지는 것을 막을 수 없었다. 또한 마체라트 씨가 확인한 바에 의하면, 슈테틴 이후—여기까지 오는 동안에 독일 철도 직원의 손에 이 수송은 인계되었다—고통이 심해져 그저 가족 앨범을 뒤적거리는 정도로는 견딜 수가 없게 되었다. 그는 몇 번이나 끊임없이 소리쳐야만 했다. 그는 그 소리로 어느 역의 유리창에도 피해를 주지는 않았다—마체라트는 이제 자기 소리는 유리를 깨뜨릴 힘이 없다고 말했다—하지만 그의 외침은 4명의 수녀들을 그의 침상 앞으로 모이게 하는 효과를 발휘하여 그녀들이 한없이 기도를 하게 했다.

슈베린에서 동승자들의 반이 조금 넘게 이 수송열차에서 내렸다. 그 속에는 죽은 사회민주당원의 가족도 있었다. 물론 레기나 양도 함께 내렸다. 마체라트 씨는 이것을 매우 섭섭하게 생각했다. 그는 이 소녀의 얼굴을 보는 것이 습관이 되어 안 보고는 견딜 수 없었다. 그래서 그녀가 가 버린 뒤에 고열과 심한 경련성 발작이 그를 엄습하여 몸을 떨었을 정도였다. 마리아 마체라트 부인의 진술에 의하면, 그는 절망적으로 루치라는 이름을 부르기도

하고 스스로를 우화에 나오는 동물인 유니콘이라고 부르면서, 10미터 높이의 다이빙대에서 뛰어내리는 것에 대한 두려움과 뛰어내리고 싶다는 욕구를 동시에 나타냈다.

뤼네부르크에서 오스카 마체라트 씨는 병원에 입원했다. 그곳에서 그는 열에 시달리면서도 몇 명의 간호사와 친숙해졌으나, 곧 하노버 대학병원으로 옮겨졌다. 그곳에서 다행히 열이 내렸다. 마체라트 씨는 마리아 부인과 아들 쿠르트를 아주 가끔씩만 만날 수 있었으나, 그녀가 청소부로 병원에서 일하게 되면서부터 다시 매일 만나게 되었다. 그러나 병원 안이나 근처에는 마리아 부인과 쿠르트가 살 방이 없었으며, 게다가 피난민 수용소 생활도 점점 참기 힘들어—마리아 부인은 매일 세 시간씩 만원 열차 안이나, 때로는 열차 승강대 위에서 시달리며 통근해야 했는데, 병원과 수용소는 그만큼 멀리 떨어져 있었다—의사들은 상당히 주저한 끝에 환자를 뒤셀도르프의 시립병원에 넘겨 주기로 동의했다. 특히 마리아 부인이 이주 허가서를 가지고 있었으므로 그럴 생각이 든 것이다. 말하자면 뒤셀도르프에는 전쟁 중에 그곳 지배인과 결혼한 언니 구스테가 있고, 남편인 지배인이 러시아의 포로가 되어 방이 비어 있었으므로, 두 칸 반짜리 집에서 방 한 칸을 마체라트 부인에게 제공해 주었다.

그 집은 좋은 위치에 있었다. 빌크 역에서 베르스핀과 벤라트 방면으로 가는 시가전차를 타면 갈아타지 않고도 편하게 시립병원에 닿을 수 있었다.

마체라트 씨는 1945년 8월부터 46년 5월까지 그 병원에 있었다. 그는 나에게 몇 사람의 간호사에 대한 이야기를 벌써 한 시간 이상이나 계속 하고 있다. 이야기에 나오는 간호사는 모니카, 헬름트루트, 발부르가, 일제, 게르트루트라는 이름들이다. 그는 병원 안의 기나긴 이야기를 기억하고 있으며, 제복을 비롯해서 간호사 생활과 연관되는 모든 것에 과장된 가치를 두고 있다. 내 기억으로는 당시의 병원 식사가 조잡하다든지, 난방이 불충분한 병실에 대한 것 등은 한 마디도 하지 않았다. 화제는 오직 간호사에 대한 것이며, 간호사와 관계된 사건과 지겹기 짝이 없는 간호사의 환경 이야기뿐이었다. 이를테면 간호사인 '일제'가 수간호사에게 일러바쳤다는 소문이 돌았다고 생각되자, 그 수간호사가 점심 직후 수습 간호사들의 숙소를 검사하는 일이 생겼다. 또 도난 사건이 생겨 도르트문트 출신의 한 간호사가—분명 게르트루트라고 말했다고 생각하는데—아무 까닭 없이 죄를 뒤집어썼다. 그리고 담배 배급권을 목적으로 간호사들을 유혹한 의사들의 이야기도 그는 자세하게 해 주었다. 간호사가 아닌 어느 여자 약제사가 단독인지 혹은 인턴의 손을 빌려서인지 자기 몸에 낙태를 꾀했다고 해서 문초를 받은 일도, 그는 이야기할 가치가 있다고 믿고 있다. 나는 이러한 통속적인 일들로 정신을 낭비하는 내 환자의 마음을 알 수가 없다.

마체라트 씨는 지금 나에게 그의 이야기를 기록하라고 한다. 나는 기꺼이 이 희망에 따르겠지만, 간호 업무를 담당하고 있으므로 과장되고 지루한 간호사 이야기의 일부는 생략해야겠다.

내 환자는 키가 1미터 21센티미터이다. 그의 머리는 정상적인 어른의 경우보다 클 정도이다. 그것이 두 어깨 사이의 약간 굽은 듯한 목 위에 올라 있다. 그 밑으로 가슴과 꼽추라고 불러야 할 등이 나타난다. 그는 강렬한 빛을 내며 영민하게 움직이고, 때때로 몽상적으로 느껴지는 푸른 눈을 가지고 있다. 그의 머리는 숱이 많고 약간 곱슬곱슬한 갈색이다. 그가 보여 주고 싶어하는 것은 다른 부분에 비해서 강한 두 팔이며—그 자신이 말하는 대로—손이 또한 아름답다. 특히 오스카 씨가 북을 칠 때에는—이곳 원장은 하루에 서너 시간까지는 북을 쳐도 좋다고 그에게 허락하고 있다—그의 손가락은 따로 독립해서, 제대로 발육된 다른 육체의 일부가 된 것처럼 움직인다. 마체라트 씨는 레코드로 아주 부자가 되었으며, 지금도 레코드로 돈을 벌고 있다. 재미있는 사람들이 그의 면회일에 찾아온다. 그의 재판이 시작되기 전부터, 그가 우리에게 인도되기 전부터 나는 그의 이름을 알고 있었다. 어쨌든 오스카 마체라트 씨는 걸출한 예술가기 때문이다. 개인적으로 나는 그의 무죄를 믿고 있으며, 그가 계속 우리와 함께 지내게 될는지, 아니면 다시 한 번 세상에 나가서 예전과 같이 성공을 거두게 될는지는 딱히 뭐라고 말할 수 없다. 지금 나는 다만 그의 키를 재는 역할을 맡고 있다. 이틀 전에 쟀을 뿐이지만—

내 간호사 브루노의 기록을 다시 읽는 일은 귀찮으니까 그만두기로 하고 나, 오스카가 다시 펜을 잡기로 했다.

브루노가 방금 그의 접자로 나를 재어 주었다. 자를 내 몸 위에 놓아둔 채, 그는 잰 결과를 큰 소리로 알리며 방에서 나갔다. 내가 이야기하고 있는 사이에 그가 몰래 만들던 노끈 작품도 떨어뜨리고 갔다. 여의사 호른슈테터 박사를 부르러 갔으리라 생각한다.

그러나 그 여의사가 와서 브루노가 잰 결과를 확인하기 전에, 오스카는 여러분들에게 말하겠다. 간호사에게 내가 자라온 이야기를 한 이 3일 동안에 나는 충분히 2센티미터의 키를—그것이 획득이라고 할 수 있다면—획득한 것이다.

따라서 오스카는 오늘부터 1미터 23센티미터이다. 그건 그렇고, 이제부터 그가 보고하는 것은 전쟁 후에 그의 몸이 변해 가는 과정이다. 그는 말을 하게 되고, 서툴긴 하지만 쓸 수 있게 되며, 유창하게 읽을 수 있고, 꼽추이기는 하나 다른 점에서는 꽤나 건장한 젊은이로서, 뒤셀도르프 시립병원을 퇴원했다. 퇴원할 때면 누구나 그렇듯이, 나도 이제는 성인으로서 새 생활을 시작할 수 있다고 기대한다.

제3부

부싯돌과 묘석

졸려 보이는 선량한 비곗덩어리, 구스테 트루친스키는 구스테 쾨스터가 되고도 사람이 달라질 틈이 없었다. 그녀는 남편이 북극해 전선으로 출발하기 2주 전에 약혼했고, 그 뒤 그가 휴가로 돌아왔을 때 결혼을 했는데, 그녀가 쾨스터의 영향을 받은 것은 그 짧은 기간에 지나지 않으며, 더구나 시간의 대부분은 방공호의 침대에서 지냈을 뿐이었다. 쿠를란트군의 항복 후 쾨스터의 소식은 알 길이 없었는데, 구스테는 누가 남편에 대해서 물으면 엄지손가락으로 부엌문 쪽을 가리키면서 딱 잘라 대답했다. "그이는 바다 저쪽에서 이반의 포로가 되었어요. 그이가 돌아오면 이 집은 모든 게 달라질 거예요."

쾨스터를 기다리느라 미뤄 두고 있는 빌크 거리 가정의 변화란 마리아에 대한, 즉 쿠르트의 품행에 대한 빈정거림이었다. 내가 병원에서 퇴원하게 되어 간호사들에게 이따금 들르겠다고 약속하면서 이별을 고한 다음, 시가전차를 타고 빌크 거리에 사는 자매와 내 아들 쿠르트 곁으로 돌아와 보니, 4층부터 꼭대기까지 모조리 타 버린 아파트 3층에서 마리아와 내 아들은 암거래 가게를 열고 있었다. 여섯 살배기 꼬마 쿠르트도 손가락으로 계산을 하면서 어머니를 도왔다.

성실한 마리아는 암거래를 하면서도 여전히 마체라트를 잊지 못해 인조 벌꿀을 취급하고 있었다. 레테르도 없는 양동이에서 그녀는 꿀을 떠서 저울에 달았는데, 내가 거기에 발을 들여놓고 그 좁은 방 상태에 익숙해지기도 전에 나를 붙잡고 4분의 1파운드씩 포장하도록 명령했다.

쿠르트는 비누 상자 카운터 뒤에 앉아 있었다. 그는 회복해서 돌아온 아버지를 쳐다보기는 했으나, 언제나 겨울처럼 회색인 그 눈은 사실 나를 지나서 다른 흥미로운 관찰 대상에 정신을 빼앗기고 있었다. 그는 종이 한 장을 눈앞에 떠올리고, 그 위에 가상의 숫자를 몇 자리나 써 놓고는 셈에 몰두했다.

겨우 6주 동안 학교에 다니면서 난방도 제대로 안 되는 아이들로 꽉 찬 교실에서 공부를 했을 뿐인데도, 그의 얼굴에는 사색가와 노력가의 모습이 엿보였다.

구스테 쾨스터는 커피를 마시고 있었다. 그녀가 내게 한 잔 내밀었을 때, 나는 그것이 진짜 커피임을 깨달았다. 내가 인조 벌꿀을 포장하는 동안, 그녀는 동생 마리아에게 얼마간의 동정을 느끼면서 힐끔힐끔 내 등의 혹을 바라보았다. 가만히 앉아서 내 혹을 쓰다듬지 못하는 것이 그녀에게는 고통스러웠다. 왜냐하면 여인들에게는 혹을 쓰다듬는 일이 행운을 뜻하기 때문이다. 구스테에게 행운이란 모든 일을 단박에 바꿔 줄 쾨스터의 귀환이다. 그러나 그녀는 꾹 참고, 그 대신 행운과는 무관한 커피잔을 만지작거리면서, 그때부터 수개월 동안 내가 날마다 들어야 했던 그 불평을 늘어놓았다. "거짓말이 아니야. 쾨스터가 돌아오면 이 집은 모든 게 달라질 거야. 순식간에!"

구스테는 암거래를 비난했다. 하지만 인조 벌꿀 덕택에 손에 넣은 진짜 커피는 기꺼이 마셨다. 손님이 오면 그녀는 거실을 나와 쿵쿵 슬리퍼 소리를 내며 부엌으로 가서 접시를 덜그럭거리면서 항의의 뜻을 나타냈다.

손님은 많았다. 9시에 아침 식사가 끝나기 무섭게 초인종이 울리기 시작했다. 짧게, 길게, 짧게. 밤 10시쯤이 되면 구스테는 초인종 스위치를 끊어 버려, 학교에 가느라고 작업 시간의 절반밖에 이용할 수 없는 쿠르트에게서 언제나 항의를 받았다.

손님들은 말했다. "인조 벌꿀 있어요?"

마리아는 조용히 고개를 끄덕이면서 물었다. "4분의 1입니까, 절반입니까?" 개중에는 인조 벌꿀을 원하지 않는 손님도 있었다. 이 사람들은 이렇게 물었다. "부싯돌 있나요?" 그럴 때면 오전·오후 교대제로 통학하는 쿠르트가 예의 기다란 숫자에서 고개를 들고, 스웨터 밑 헝겊 주머니를 더듬더듬 찾아, 도전적인 아이의 쩡쩡한 목소리로 거실 공기 속에 숫자를 외쳤다. "세 개 드릴까요, 네 개 드릴까요? 그렇지만 다섯 개 정도는 사두는 게 좋을 겁니다. 곧 적어도 24로 올라요. 지난주에는 18이었는데, 오늘 아침에는 20이 되어 버렸어요. 두 시간 전, 내가 학교에서 돌아왔을 때만 해도 21이면 되었는데."

쿠르트는 세로로 네 개, 가로로 여섯 개 구역을 아우르는 이 일대에서 부 싯돌을 취급하는 유일한 상인이었다. 그는 돌의 출처를 쥐고 있었지만 그것 을 절대로 밝히지 않았다. 그러면서도 몇 번이나, 때로는 잠들기 전의 기도 대신으로까지 부르짖었다. "나는 출처를 알아."

나는 아버지로서 자기 자식이 쥐고 있는 출처를 알 권리를 주장해도 좋으 리라고 생각했다. 그래서 그가 숨기려 들기는커녕 자랑스럽게 "나는 출처를 알아" 하고 말할 때마다 물어 보았다. "어디서 돌을 가져오느냐? 자, 말해. 어디냐?"

그 몇 달 동안, 내가 출처를 추궁할 때마다 마리아의 말은 이렇게 정해져 있었다. "그 애 좀 내버려 둬요, 오스카. 첫째로, 당신하고는 상관없는 일 아니에요? 둘째로, 질문해야 할 필요가 있을 때는 내가 묻겠어요. 셋째로, 이 아이의 아버지 노릇은 안 했으면 좋겠어요. 석 달 전까지만 해도 아—라 는 말도 하지 못한 주제에!"

그래도 내가 그만두지 않고 쿠르트가 쥐고 있는 출처를 끈질기게 추궁하 자, 마리아는 몹시 화를 내며 손바닥으로 인조 벌꿀 양동이를 두들기면서 나 와 때때로 내 추궁을 지지해 주던 구스테를 동시에 공격했다. "정말 훌륭한 소리를 하는군요! 이 아이의 장사를 망쳐 놓으려고 말이에요. 그러면서도 당신들은 이 아이가 버는 돈으로 먹고살잖아요. 오스카가 이틀이면 먹어치 우는 고칼로리 환자식을 생각하면 정말 화가 치밀어요. 그런데도 나는 웃고 지내잖아요?"

오스카는 인정해야만 했다. 그 무렵 나는 왕성한 식욕을 자랑하고 있었다. 오스카가 조잡한 병원 식사와 이별한 뒤에 다시 체력을 회복할 수 있었던 것 은 인조 벌꿀보다 더 큰 수입을 올리는 쿠르트의 물자 원천 덕택이었다.

그래서 아버지는 부끄러워져서 입을 다물어야만 했다. 그리고 쿠르트가 순진하게 또박또박 베풀어 준 용돈을 듬뿍 가지고 빌크 거리 집에서 되도록 자주 외출했다. 부끄러운 꼴을 보이고 싶지 않았기 때문이다.

오늘날 여러 훌륭한 신분의 사람들이 경제 기적을 비판하고 옛날을 그리 워한다. 전쟁 직후의 기억이 희미해지면 희미해질수록 그에 대한 향수도 감 동을 더해 간다. "그때는 아직 통화개혁 전의 광기의 시대였다! 그 무렵에 는 아직 무엇인가가 일어나고 있었다! 사람들은 뱃속이 텅 비었는데도 극장 매표구 앞에 줄을 섰다. 소주잔을 나누는 즉흥 술잔치는 지금으로서는 상상도 할 수 없는 일이지만, 이 또한 샴페인과 코냑으로 축하하는 오늘날의 파티보다 훨씬 더 멋있었다."

잃어버린 시간을 아쉬워하는 몽상가들은 이런 식으로 말하는 법이다. 나도 사실은 그와 같이 탄식해야 한다. 왜냐하면 쿠르트의 부싯돌이 샘솟아 올랐던 몇 년 동안, 나는 전쟁 중에 뒤처졌던 것을 만회하고 교양을 얻으려는 많은 사람의 모임 속에서 거의 무료로 교양을 쌓을 수 있었으며, 성인 학교 과정에 참가했고, '브뤼케(독일어로 다리(橋)라는 뜻)'라고 불리던 영국 문화센터의 단골이 되었으며, 가톨릭 교도들과 신교도들과 더불어 국가가 잘못을 저질렀을 때 개인이 지는 책임 문제에 대해서 토의하면서 공동의 죄책감을 느꼈기 때문이다. 그들은 모두 이런 생각을 갖고 있었다. 지금 변상을 끝내자, 그래야만 세상 형편이 좋아지기 시작할 때 양심의 가책을 느끼지 않아도 된다.

여하튼 내가 대단치도 않은 데다가 결함투성이인 교양을 쌓게 된 것은 성인 학교 덕분이다. 나는 그 무렵 많은 독서를 했다. 이미 성장한 나는 라스푸틴과 괴테로 양분된 단순한 세계와, 1904년부터 1916년까지의 쾰러 해군연감이 제공해 준 지식만으로는 만족할 수 없었다. 그때 읽은 책들을 일일이 기억할 수는 없지만 화장실에서도, 극장표를 사기 위해서 몇 시간씩 줄을 서 있을 때도, 모차르트식 변발을 늘어뜨리고 독서하는 소녀들 사이에 끼어서도 읽었다. 쿠르트가 부싯돌을 팔고 있는 동안에도 읽었으며, 인조 벌꿀을 포장하면서도 읽었다. 정전이 되었을 때는 수지 촛불 밑에서 읽었다. 쿠르트의 원천 덕택으로 수지 초를 살 수 있었던 것이다.

부끄러운 이야기지만 그때 읽은 내용은 내 속에 남지 않고 그냥 지나쳐 가버렸다. 몇 마디 말과 경구들이 겨우 기억날 뿐이다. 극장은? 배우 이름이 생각난다. 호페, 페터 에서, 플리켄실트의 독특한 R 발음, 실험 극장 무대에서 플리켄실트의 R 발음을 고쳐 주려던 여배우 연습생 등이 생각난다. 그리고 타소 역을 하면서 검은 옷을 입었지만, 괴테가 지시한 월계관의 녹색 잎이 머리를 볼품없게 만든다는 이유로 그것을 가발에서 벗겨 버린 그륀트겐스, 그는 햄릿으로 분장할 때도 역시 검은 옷을 입었다. 여배우 플리켄실트는 햄릿이 살이 쪘다고 주장했다. 또한 요리크 쉐델도 인상에 남는다. 그륀트겐스가 그 남자에 대해 정말 인상적인 말을 했기 때문이다. 그들은 난방도 안 된 극장에서 감동한 관객들을 상대로 〈문 밖에서〉를 상연하고 있었는데, 망가진 안경을 쓴 베크만이라는 사나이가 꼭 구스테의 남편 쾨스터처럼 여겨졌다. 고향에 돌아오기만 하면 모든 일을 바꿔 놓아, 내 아들 쿠르트의 부싯돌의 원천을 막아 버릴 거라고 구스테가 말하는 그 사나이 말이다.

그러한 일들도 이제는 옛일이 되어 버렸다. 나는 알고 있다. 전후의 열광이란 결국 한낱 일시적인 도취에 지나지 않으며, 어제까지만 해도 우리 손으로 자행된 생생하고도 잔인한 범죄와 비행들을 오늘은 모두 역사로 돌려 버리는 희미한 목소리의 수고양이(숙취)가 뒤따른다는 사실을. 이를 경험하고 깨달아 버린 지금은, 환희역행단의 기념품들과 자수 편물들 사이에서 행해진 그레트헨 셰플러의 교육을 나는 더 높이 평가하고 싶다. 지나치지 않을 정도의 라스푸틴, 적당한 수준의 괴테, 요점만 간추린 카이저의 《단치히 시 역사》, 오래전에 침몰한 전투함의 장비, 그 밖에 펠릭스 단의 《로마 쟁탈전》에 나오는 벨리사리우스, 나르세스, 토틸라, 테야 등등.

1947년 봄에 나는 성인 학교, 영국 문화센터, 니묄러 목사 따위들과 연을 끊고, 여전히 햄릿을 연기하던 구스타프 그륀트겐스에게도 3층석에서 작별을 고했다.

내가 마체라트의 무덤에서 성장을 결심한 지 아직 2년이 채 못 됐다. 그런데도 이미 어른들의 생활이 단조롭게 느껴졌다. 오히려 이제는 돌이킬 수 없는 세 살짜리 키가 그리워졌다. 내 친구 베브라보다 작고, 죽은 로스비타보다도 작은 94센티미터로 돌아가고픈 마음이 간절했다. 오스카는 북이 그리워졌다. 멀리 나간 산책길에서 어느새 시립병원 근처에 와 있는 일이 흔히 있었다. 그렇지 않아도 그는 한 달에 한 번씩 이르델 교수를 방문해야 했다. 교수는 그의 병을 재미있는 경우라고 했다. 그래서 그는 낯익은 간호사들도 곧잘 찾아갔다. 간호사들은 그를 상대해 줄 틈이 없었지만, 회복 또는 죽음을 약속하면서 바쁘게 돌아다니는 흰옷 옆에 있으면 기분이 좋아지고 행복한 느낌마저 들었다.

간호사들은 나를 환영하고 악의 없는 순수한 방법으로 내 혹을 놀리며 맛있는 음식물을 내놓았다. 그리고 끝없이 얽히고설킨 병원 휴게실 잡담의 유쾌한 피로 속으로 나를 끌어넣었다. 나는 거기에 귀를 기울였고 충고를 했으며, 사소한 언쟁이 벌어질 때면 중재를 맡기도 했다. 왜냐하면 나는 수간호사의 신임이 두터웠으니까. 오스카는 흰옷으로 몸을 감싼 2, 30명이나 되는 처녀들 속의 유일한 남성이었으므로 약간 색다른 의미에서 인기만점이었다.

앞서 브루노도 말했듯이, 오스카는 표현력이 풍부한 아름다운 두 손과 곱슬곱슬한 부드러운 머리털과 한없이 푸르고 사람을 끌어당기는 브론스키의 눈을 갖고 있다. 내 등의 혹과 턱 밑에서 시작해서 부풀어 있는 비교적 좁은 가슴이 도리어 내 손과 눈의 아름다움과 머리털의 사랑스러움을 돋보이게 해 주는지도 모르지만, 어쨌든 내가 자리잡고 앉은 방의 간호사들은 곧잘 내 두 손을 쥐고 손가락들을 만지작거렸으며, 머리도 정답게 쓰다듬어 주다가, 나가는 길에는 서로 속삭이곤 했다. "저이의 눈을 들여다보고 있노라면 다른 일은 완전히 잊어버린다니까요."

나는 이렇게 해서 내 혹을 이겨냈는데, 내가 그때도 여전히 북을 지니고 있었다면, 그리하여 이미 충분히 실증(實證)한 고수로서의 힘에 아직 자신이 있었다면, 나는 틀림없이 병원 안을 정복할 결심을 했을 것이다. 부끄럽게도 육체적 반응 능력에 자신이 없었던 나는, 그처럼 정다운 서막(序幕) 후에 본론에 들어가는 것을 피하고 병원을 나와 기분전환을 위해 뜰과 철망 울타리 주위를 산책했다. 병원 대지에 둘러쳐진 똑같은 구멍이 뚫린 철망을 보고 있는 동안에 내 마음도 가라앉았으며 휘파람이 입에서 흘러나왔다. 베르스텐과 벤라트행 시가전차를 바라보거나 자전거 길과 나란히 있는 산책로를 걸으면서 나는 유쾌한 권태로움에 빠져, 예정대로 꽃봉오리를 불꽃처럼 벌어지게 하여 봄을 연출하고 있는 자연의 노력에 미소를 보냈다.

건너편에서는 우리 모두의 하늘에 계시는 일요화가가 하루하루 점점 많은 녹색을 튜브에서 짜내어 베르스텐 묘지의 수목에 색칠을 하고 있었다. 묘지들은 늘 내 마음을 끌었다. 그것은 손질이 잘돼 있어 모호한 구석이 없으며 논리적이고 남성적이며 활기가 있다. 묘지에 있으면 용기와 결의가 용솟음친다. 묘지에서야말로 비로소 인생이 윤곽을 얻는다―그렇다고 무덤 주위의 윤곽을 말하는 것은 아니다―그리고 그런 마음이 되면 인생이 의미를 가져온다.

이 묘지 북쪽에는 담을 따라서 비트 거리라는 가로수길이 나 있으며, 일곱 집의 묘석 가게가 그곳에서 서로 경쟁하고 있었다. C. 슈노크라든지 율리우스 뵈벨과 같은 대기업이 있는가 하면, 거기에 섞여서 R. 하이덴라이히라든지, J. 부아라든지, 퀸 & 뮐러라든지, P. 코르네프라는 이름의 작은 가게들이 있었다. 어느 가게나 막사와 작업장으로 되어 있고, 지붕에는 그린 지 얼마 안 됐거나 아직은 글자가 흐려지지 않은 커다란 간판이 걸려 있으며, 거기에는 가게 이름 밑에 여러 가지 글자가 적혀 있었다. 묘석업(墓石業)—묘석과 돌 울타리—자연석과 인조석—묘석예술, 이런 것들이다. 코르네프의 가게 간판을 골라서 읽어 보면 P. 코르네프, 석공 겸 묘석 조각가라고 씌어 있었다.

작업장과 대지를 둘러싼 철망 울타리 사이에, 확실하게 계단 모양을 이룬 단층 대좌(臺座)와 2층 대좌 위에 1인용 묘석에서 4인용 가족 묘석에 이르기까지 온갖 묘석들이 늘어서 있었다. 울타리 바로 뒤편에는 맑은 날씨 때문에 만들어진 철망의 다이아몬드 모양을 달게 받아들이면서, 그다지 고급을 원하지 않는 사람들을 위한 조개껍데기 석회석 대좌, 야자나무 가지를 본뜬 부분을 제외하고는 모두 문질러 윤을 낸 휘록암, 약간 흐린 슐레지엔산(産) 대리석으로 만든 높이 80센티미터의 어린이용 표준형 묘석이 자리하고 있다. 이러한 어린이용 묘석은 주변에 홈이 패어 있고, 위쪽 3분의 1 가량에는 대개 꺾인 장미덩굴 모양이 돋을새김돼 있었다. 그리고 규격 제품인 붉은 마인 사암(砂巖)들이 한 줄로 늘어서 있었는데, 이것들은 폭격으로 파괴된 은행이나 백화점 정면에서 이리로 옮겨져 부활을 축하하고 있었다. 하긴 묘석을 두고 부활 어쩌고저쩌고하는 게 쑥스럽긴 하지만. 이러한 진열품 한가운데에 두드러지게 눈길을 끄는 게 있었다. 세 개의 대석(臺石)과 두 개의 측면, 그리고 많은 홈이 새겨진 하나의 커다란 암벽으로 된 묘표인데, 그 석재는 푸른 기가 도는 하얀색 티롤산 대리석이었다. 정면 벽에는 석공들이 코르푸스(성체)라고 부르는 것이 엄숙하게 솟아올라 있었다. 이 코르푸스는 머리와 무릎을 왼쪽으로 기울이고, 가시면류관과 세 개의 못을 나타내며, 수염은 없고 두 손을 벌린 모습으로, 가슴의 상처에서 흐르는 피는 일정한 양식에 따라 부조되어 있었는데 분명히 다섯 방울이었다.

비트 거리에는 왼쪽으로 기울어진 코르푸스를 새긴 묘석이 넘칠 만큼 많았지만—봄 초엔 이와 같은 묘석이 10개도 넘게 팔을 벌리고 주문을 기다리는 일이 자주 있었다—나는 특히 이 코르네프의 예수 그리스도에 마음을 빼앗겼다. 왜냐하면 이 부조 석상이 근육운동을 하면서 가슴을 벌리고 있는 모습은 성심 교회 중앙제단 위에 있는 우리 운동선수를 가장 많이 닮았기 때문이다. 나는 몇 시간이나 그 울타리 옆에서 보냈다. 구멍이 뚫린 철망을 막대기로 붕붕 울리면서 이것저것 소원을 빌어 보기도 하고, 모든 일을 생각하는 듯 아무것도 생각하지 않았다. 코르네프는 좀처럼 모습을 나타내지 않았다. 작업장 창 밖으로 한 개의 연통이 불쑥 나와 몇 번이나 꺾인 끝에 단층 지붕 위로 빠져나가 있었다. 싸구려 석탄의 노란 연기가 알맞게 솟아올랐다가는 지붕 종이 위에 떨어져, 창이며 낙수받이를 따라 방울져 떨어지고, 아직 가공하지 않은 돌이며 깨지기 쉬운 라인산(産) 대리석판 사이로 사라졌다. 작업장 미닫이문 앞에는 마치 저공비행 공격에 대비한 위장처럼 몇 장의 방수포를 둘러씌운 삼륜 오토바이 한 대가 대기하고 있었다. 작업장에서 들려오는 소리—나무는 쇠를 두들기고, 쇠는 돌을 쪼고 있었다—로 석공들이 일하고 있음을 알았다.

5월에 와서 보니, 이때는 삼륜 오토바이의 방수포가 없어졌고 미닫이문이 열려 있었다. 나는 작업실을 들여다보았다. 온통 회색인 가운데 절단대 위에 올려놓은 돌, 연마기 기둥, 석고 모형을 늘어놓은 선반 따위들이 눈에 띄었으며, 드디어 코르네프의 모습이 보였다. 그는 무릎을 굽히고 꾸부정하게 걸었다. 머리는 뻣뻣하게 앞으로 기울어져 있었다. 이제는 검게 더러워진 분홍빛 고약이 목덜미에 비스듬히 붙어 있었다. 코르네프는 갈퀴를 들고 나와서 봄이 되어 진열해 놓은 묘석 사이로 갈퀴질을 했다. 그는 정성들여 갈퀴질을 했다. 자갈 위에 지그재그로 갈퀴 자국을 남기고, 묘석에 조금 붙어 있는 지난해의 마른 잎도 긁어모았다. 울타리 바로 앞에까지 와서 갈퀴를 조개껍데기 석회판과 휘록암판 사이로 신중하게 움직이면서 그는 갑자기 내게 말을 걸었다. "웬일이냐, 얘야. 집에 안 돌아가니? 아니면……."

"아저씨 집 묘석이 아주 마음에 들어요." 나는 칭찬했다.

"그런 말은 큰 소리로 하는 게 아냐, 재수없는 말이니까. 혹시 묘석에 올라타고 싶으냐?"

이렇게 말하고서야 그는 뻣뻣한 목덜미를 간신히 굽혀 나보다는 차라리 내 등의 혹을 곁눈질하면서 물었다. "어쩌다 이렇게 됐니, 그래 가지고 잠자는 데 방해가 되지 않으냐?"

나는 그가 웃도록 내버려 뒀다가 한참 뒤에 찬찬히 설명을 했다. 혹도 꼭 방해되는 것만은 아니다, 나는 혹을 어느 정도 극복하고 있다, 세상에는 혹을 동경하고 혹이 있는 남자의 특수한 상태 및 가능성에 적응하기도 하며, 심지어는 이러한 혹을 즐거움으로 삼는 부인이며 소녀들도 있다는 것을.

코르네프는 갈퀴 자루에 턱을 괴고 생각에 잠겨 있다가 말했다. "그럴 수도 있지, 나도 들은 일이 있으니까."

그리고 그는 자기가 아이펠 지방에 살던 무렵의 이야기를 했다. 현무암을 자르는 곳에서 일하고 있었던 그는 한 여인과 관계를 맺었다. 이 여인의 한쪽 다리는, 분명히 왼쪽이었다고 기억하는데, 나무 의족이라서 떴다 붙였다 할 수가 있었다. 그는 이 의족을 내 혹과 비교해서 말했다. 물론 내 '상자'는 떴다 붙였다 할 수 없지만 말이다. 이 석공은 자세하고 길게 추억담을 꽃피웠다. 나는 초조하게 기다렸다. 마침내 그의 이야기가 끝나고 그 여자가 다시 다리를 붙였을 때, 나는 그에게 작업장을 보여달라고 부탁했다.

코르네프는 철망 울타리 중앙에 있는 양철문을 열고, 열린 채로 있는 미닫이문 쪽을 갈퀴로 가리키면서 안내해 주었다. 나는 자갈을 바스락바스락 밟으면서 걸어갔는데, 곧 유황과 석회 냄새, 그리고 눅눅한 냄새가 나를 에워쌌다.

거칠게나마 이미 네모나게 잘린 평평한 돌들 위에 위가 뭉개진 서양배 모양의 무거운 나무망치들이 놓여 있었는데, 언제나 똑같은 망치질을 말해 주듯 망치 섬유질에 움푹 팬 구멍들이 나 있었다. 초련질을 위한 끌, 나무 자루가 달린 끌, 새로 달구었다가 담금질하여 아직도 서슬이 퍼런 톱니 모양의 끌, 대리석용의 길고 탄력 있는 동판용 끌과 망치 모양 끌, 청대리석 선반 위의 짧막하고 날이 널찍한 끌, 네모진 절단대에 말라붙은 연마용 진흙, 언제든 굴릴 수 있는 목제 굴대 위에 거꾸로 세워진 채 말끔하게 닦여 은은한 빛을 발하는, 트래버틴 널돌로 만들어진 두껍고 구멍이 많은 노란 치즈빛 2인용 묘석.

"이것은 돌 깨는 망치, 이것은 손가락 모양의 끌, 이것은 연마기, 그리고 이것은" 하면서 코르네프는 넓이가 손바닥만하고 길이는 세 걸음쯤 되는 판자를 주워 들어 모서리들을 이리저리 보면서 계속 말했다. "이것은 직각자인데 말이지, 나는 어린 점원들이 말을 안 들으면 이것으로 때려 준단다."

나는 약간 무례한 질문을 했다. "그러면 제자도 쓰고 있나요?"

코르네프는 어려움을 털어 놓았다. "5명 정도 일을 시키고 싶은데, 한 사람도 달라붙지를 않아. 요즘 젊은 애들은 암거래만 생각하고!" 나와 똑같이 이 석공도 전도유망한 많은 젊은이들이 정상적인 직업을 배우지 못하게 만드는 암거래를 못마땅하게 생각하고 있었다. 코르네프가 나에게 거친 것에서부터 매끄러운 것까지 여러 가지 카보런덤석(石)을 선보이고 그 연마 효과를 졸른호프 석판 위에서 보여 주는 동안에, 나는 순간적으로 다른 생각을 하고 있었다. 부석(浮石)이 있다, 초벌로 윤을 내는 데 초콜릿빛의 셀락 석을 쓴다, 거기에 더욱 윤을 내기 위해 트리폴리 연마제를 문지른다, 나는 여전히 나의 조그만 생각을 굴리고 있다, 생각이 아까보다 더 선명해진 듯하다. 코르네프는 여러 가지 글자들의 견본을 나에게 보여 주면서 돋을새김 문자와 오목새김 문자, 그리고 문자의 도금에 대해서 이야기해 주었다. 도금이라는 것은 사람들이 생각하듯이 그렇게까지 굉장한 일은 아니라고 했다. 옛날에 쓰던 진짜 금화 하나만으로도 말과 기수를 몽땅 도금할 수 있을 거라는 말을 듣는 순간, 단치히의 건초 시장에 있는 빌헬름 황제 기념상이 생각났다. 모래 채취장 쪽으로 말 머리를 향하고 있는 이 상에 이번에 폴란드 기념물 보존회가 도금하려고 한 까닭을 알 성싶었다.

그러나 금박을 입힌 말과 기수 이야기를 들으면서도 여전히 번뜩이는 나의 조그만 상념은 사라지기는커녕 더욱 무게를 더해 갔다. 그래서 코르네프가 조각용 삼각 점각기(點刻機)를 설명하고, 십자가에 매달린 예수의 왼쪽 또는 오른쪽의 다양한 석고 모형을 손마디로 톡톡 두드렸을 때 나는 재빨리 생각을 간결하게 표현했다. "그렇다면 제자를 고용할 계획이군요?" 내 사소한 생각이 마침내 둑을 넘었다. "당신은 제자를 구하고 있는 것처럼 보이는데요?" 코르네프는 목덜미 종기 위에 붙인 고약을 문질렀다. "혹시 괜찮다면, 나를 제자로 삼아주시겠습니까?" 이 질문은 서툴렀기 때문에 나는 즉시 고쳐서 말했다. "내 힘을 너무 얕잡아 보지 마세요, 코르네프 씨! 내 다리가 조금 약한 건 사실이에요. 그렇지만 팔 힘은 누구한테도 뒤지지 않아요!" 자신의 결단력에 감격해서 완전히 흥분해 버린 나는 왼쪽 팔뚝을 드러내서, 작지만 소처럼 강인한 근육을 코르네프에게 만져보게 했다. 하지만 그가 만지려 하지 않아서, 이번에는 조개껍데기 석회석 위에 있는 돋을새김용 끌을 집어, 그 육각기둥 금속을 테니스 공만큼 솟아오른 내 근육 위에서 튀게 했다. 내가 이 시위를 여간해서 중지하지 않을 듯하자, 코르네프는 연마기의 스위치를 켜서 2인용 판석을 올려놓는 트래버틴 받침대 위에서 청회색 카보런덤 원반을 찍찍 회전시키기 시작했는데, 마침내 눈은 기계를 향한 채 연마 소리를 능가하는 큰 소리로 외쳤다. "집에 돌아가서 한숨 자고 다시 잘 생각해 봐. 쉬운 일이 아니다. 그래도 생각이 변하지 않으면 다시 오너라. 수습이라도 해 보면 좋겠지."

석공의 말대로 나는 그 조그만 생각을 일주일 동안이나 곱씹으면서 날마다 쿠르트의 부싯돌과 비트 거리의 묘석을 비교했다. 마리아에게서 "당신은 우리 집 식객이에요, 오스카. 뭐라도 시작해 보는 게 어때요! 차나 코코아나 분유라도!" 하는 잔소리를 들었으나 그래도 나는 아무것에도 손을 대지 않았다. 암거래에 관심이 없는 나를 구스테는 크게 칭찬하면서, 외지에 있는 쾨스터를 본받으라고 부추겼다. 그런데 나를 가장 화나게 한 것은 아들 쿠르트였다. 그는 내 존재를 완전히 무시하고 일련의 숫자를 날조해서 종이에 써넣고 있었는데, 이는 마치 내가 여러 해에 걸쳐 마체라트를 무시해 온 것과 같은 식이었다.

우리는 점심을 먹고 있었다. 구스테는 초인종을 끊어 버렸다. 베이컨을 넣은 달걀볶음을 먹는 도중에 손님들에게 방해받고 싶지 않았기 때문이다. 마리아가 말했다. "이봐요 오스카. 이렇게 맛있는 음식을 먹을 수 있는 게 누구 덕인지 알아요? 우리가 팔짱을 끼고 있지 않기 때문이에요." 쿠르트가 한숨을 쉬었다. 부싯돌이 18로 떨어져 버린 것이다. 구스테는 묵묵히 마구 먹어댔다. 나도 이에 따랐다. 맛있다고는 생각했으나, 대용 건조 달걀 가루를 사용한 탓인지 비참한 기분이 들었다. 베이컨에 든 연한 뼈를 씹으면서, 갑자기 행복해지고 싶다는 욕구를 귀 끝까지 느꼈다. 모든 분별을 넘어 나는 행복을 원했다. 어떠한 회의도 행복에 대한 욕구를 잠재울 수는 없었다. 미칠 듯이 행복해지고 싶었다. 그래서 다른 사람들이 아직 자리에 앉은 채로 달걀 가루에 만족하고 있는 동안에 나는 일어서서 벽장으로 달려갔다. 마치 거기에 행복이 준비되어 있기라도 한 것처럼. 그리고 벽장을 뒤져서 나는 찾아냈다. 행복은 아니지만, 앨범 뒤의 교양서 밑에서 파인골트 씨의 소독약 두 봉지를. 그중 한 봉지 속에서 손가락으로 찾아낸 것은, 역시 행복은 아니었지만 철저하게 소독이 된 루비 목걸이였다. 불쌍한 어머니의 목걸이, 몇 년 전 어느 눈 내리는 겨울밤에 얀 브론스키가 쇼윈도에서 꺼낸 목걸이다. 그때는 아직 행복했고 노래를 불러 유리를 깨뜨릴 힘을 가졌던 오스카가, 그 직전에 노래로 쇼윈도에 둥근 구멍을 뚫어 놓았던 것이다. 나는 목걸이를 가지고 집을 나섰다. 이것이 행복으로 가는 첫걸음이라고 생각하며, 행복을 향해 출발하기로 하고, 중앙역행 전차를 탔다. 나는 생각했다. 이번 일이 잘되면……. 오랫동안 교섭하는 동안에도 내 생각은 변하지 않았다. 그러나 외팔이 사나이와 모든 사람이 판사라고 부르는 작센인이 불쌍한 어머니의 목걸이 대신 진짜 가죽으로 만든 서류 가방과 미제 담배 럭키 스트라이크 열다섯 상자를 주었을 때, 그들은 내 물건의 가치만 알아보았을 뿐 내가 행복해질 기회가 얼마나 무르익었는지는 깨닫지 못했다.

오후에 나는 다시 빌크 거리의 가족 곁으로 돌아왔다. 나는 열다섯 개의 담배 상자를 풀어 놓았다. 스무 갑씩 들어 있는 럭키 스트라이크. 상당히 큰 재산이다. 그들은 놀랐다. 나는 금빛으로 포장된 담배 더미를 그쪽으로 밀어주면서 말했다. 이것을 당신들에게 주겠다, 그러니까 오늘부터는 나를 내버려 두길 바란다, 이만한 담배가 있으면 아마도 나를 가만히 놓아둘 수가 있을 것이다, 그리고 오늘부터는 날마다 점심 도시락을 싸줬으면 한다, 그것을 이 서류 가방에 넣어서 매일 작업장으로 가져가고 싶다. 당신들은 인조 벌꿀과 부싯돌로 행복해지면 된다고, 나는 전혀 화내거나 비난하는 기색 없이 말했다. 내 방식은 약간 다르다, 내 행복은 앞으로 묘석 위에 쓰이거나 좀더 전문적으로 말해 묘석 안에 새겨질 것이다.

코르네프는 나를 월 100마르크에 수습직공으로 고용했다. 거저와 다름없는 금액이었으나 그래도 어쨌든 벌이는 되었다. 일주일 만에 나는 석공의 거친 일을 내 힘으로 감당할 수 없음을 알았다. 나는 갓 채석한 벨기에산 화강암을 4인용 묘석으로 만들기 위한 초벌깎기를 지시받았으나, 고작 한 시간이 지난 뒤 끌은 간신히 쥐고 있었지만 망치를 든 손은 이미 감각이 없었다. 거칠게 깎는 일도 코르네프에게 맡겨야만 했으나, 그 대신 솜씨를 보여서 세밀한 세공이나 톱니 모양을 만드는 일, 두 개의 자로 평면을 재서 절단용 줄을 긋거나 백운석(白雲石) 가장자리를 일일이 깎아내는 일은 내가 도맡았다. 수직으로 세운 사각기둥 위에 T형으로 판자를 놓은 뒤 그 위에 앉아서 오른손으로 끌을 움직이고, 나를 오른손잡이로 만들고 싶어하는 코르네프의 충고를 외면한 채 왼손으로 배 모양의 나무망치며 곤봉이며 쇠망치며 돌 깨는 망치를 두들겼고, 돌 깨는 망치의 예순네 개 이빨을 단번에 박아넣어서 돌을 깨뜨렸다. 행복, 그것은 분명히 나의 북은 아니었다. 대용품에 지나지 않는 행복이었다. 그러나 행복은 대용품으로도 얼마든지 존재할 수 있다. 어쩌면 행복은 대용품으로만 존재할지도 모른다. 행복이란 언제나 행복의 대용품이다. 그 행복은 주위에 쌓여 있었다. 대리석의 행복, 사암(砂巖)의 행복, 엘베 사암, 마인 사암, 다인 사암, 운저 사암, 키르히하임의 행복, 그렌츠하임의 행복. 단단한 행복은 푸른 대리석, 구름이 낀 부서지기 쉬운 행복은 설화석고. 비디아가 휘록암을 행복하게 관통한다. 백운석은 녹색의 행복. 부드러운 행복은 응회암. 라인석의 다채로운 행복. 구멍투성이 행복은 현무암. 아이펠석의 식은 행복. 화산과 같은 행복이 분출되었고, 가루로 변해 여기저기 흩어졌으며, 내 이 사이에서 어석어석 소리를 내고 있었다.

내가 가장 행복한 솜씨를 보인 것은 비명(碑銘)을 새길 때였다. 나는 코르네프까지도 넘어섰다. 그래서 조각 작업의 장식 부분을 담당했다. 아칸서스의 잎, 어린이 묘석용 꺾인 장미 덩굴, 종려나무 가지, PX나 INRI와 같은 그리스도교 상징, 홈파기, 구슬 장식, 달걀과 화살촉 장식, 모서리 깎기, 이중 모서리 깎기 등이다. 오스카는 가격에 상관없이 어떤 묘석에나 온갖 장식을 해 주었다. 나는 잘 닦아놓은 휘록암판에 여덟 시간에 걸쳐서 몇 번이나 입김을 불며 비명을 새겨 넣었다. 하느님의 팔에 안겨 나의 남편 여기에 잠들다―줄 바꿈―우리의 선량한 아버지, 형, 숙부―줄 바꿈―요제프 에서―줄 바꿈―1885년 4월 3일 탄생, 1946년 6월 22일 사망―죽음은 삶으로 통하는 문이로다. 나는 이들 문자를 마지막으로 쭉 훑어 보고 대용의 행복을 맛보았다. 말하자면 기분 좋은 행복감을 맛본 것이다. 나는 61세의 나이로 죽은 요제프 에서와, 내 비문 조각용 끌 앞에 놓인 휘록암의 녹색 구름에 거듭 감사하고, 묘비명 속 다섯 개의 'O'자에 특별히 정성을 들임으로써 그 마음을 표현했다. 그래서 오스카가 특히 좋아하는 문자인 'O'는 반듯하고 이음매가 없는 훌륭한 모양으로 완성됐으나 모두 약간 크게 되어 버렸다.

5월 말에 나의 석공 수습이 시작되었는데, 10월 초에는 코르네프에게 새로운 종기가 두 개 생겼다. 이 무렵에 우리는 헤르만 베프크네히트와 엘제 베프크네히트(결혼 전의 성은 프라이타크)를 위한 트래버틴 판석을 남부 묘지에 설치하게 되었다. 그때까지도 내 힘을 믿지 못하던 이 석공은 나를 묘지로 데려갈 생각을 전혀 하지 않았다. 묘석을 설치할 때 그를 돕는 사람은 율리우스 뵈벨 상회의 조수였는데, 귀머거리였으나 능력이 있는 사람이었다. 그 대신 8명이나 고용하고 있는 뵈벨 상회에 일손이 모자랄 때에는 코르네프가 도우러 갔다. 나는 묘지 작업을 돕겠다고 몇 차례나 제의했으나 헛일이었다. 아무런 결정도 없었으나, 하여튼 묘지에 꼭 가 보고 싶었다. 다행히 10월 초엔 뵈벨 상회가 대단한 호경기여서, 서리가 내릴 무렵까지는 한 사람의 손도 놀릴 수 없는 형편이었다. 그래서 코르네프는 나한테 의지했다.

우리 두 사람이 달라붙어 트래버틴 판석을 삼륜 오토바이 꽁무늬 위로 들어올려 단단한 통나무에 얹어 짐칸에 굴려서 넣고 그 옆에 받침돌을 밀어넣었다. 빈 종이 부대를 귀퉁이마다 대고 거기에 연장이며 시멘트며 모래며 자갈이며, 내릴 때 쓸 통나무와 상자도 실었다. 나는 차 뒷문을 꼭 닫았다. 코르네프는 벌써 운전석에 앉아서 시동을 걸고 있었는데, 이때 머리와 종기가 난 목덜미를 옆 창으로 내밀고 소리쳤다. "자, 오너라. 도시락을 가지고 차에 타거라!"

시립병원 주위를 천천히 달렸다. 중앙 현관 앞은 간호사들의 흰옷 구름이었다. 그중에 친숙한 간호사 게르트루트가 있었다. 내가 손을 흔들자 그녀도 손을 흔들어 답했다. 행복하다는 생각이 들었다. 새로운 행복이든 묵은 행복이든 여하튼 나는 행복했다. 언젠가 그녀를 초대해야겠다고 생각하는 동안에 그녀의 모습은 이미 보이지 않았다. 차가 라인 강 쪽으로 향했기 때문이다. 어디론가 초대하자. 차는 카페스 함 쪽으로. 영화나 아니면 그륀트겐스의 연극이라도 보러 갈까? 노란 벽돌 건물이 벌써 나타났다. 꼭 연극일 필요는 없지만. 반쯤 잎이 떨어진 나무들 위로 화장터의 연기가 솟아오르고 있다. 저기 게르트루트, 처음 가는 곳에 가 보지 않겠어요? 다른 묘지, 다른 묘석 가게. 중앙 현관 앞에서 게르트루트 간호사에게 경의를 나타내며 한 바퀴. 보이츠 & 크라니히, 포트기서의 자연석, 뵘의 묘석예술, 묘지 조경업 고켈른, 출입구에서의 검문. 묘지로 들어가는 것도 그리 쉬운 일은 아니다. 묘지의 제모(制帽)를 쓴 관리인. 2인용 트래버틴 묘석, 79호, 제8구역, 베프크네히트, 헤르만, 관리인이 모자에 손을 댄다. 도시락을 데우기 위해 화장터에 맡긴다. 그러자 납골당 앞에 슈거 레오가 서 있다.

나는 코르네프에게 물었다. "저쪽에 흰 장갑을 낀 사나이 이름이 슈거 레오 아닌가요?"

코르네프는 목 뒤의 종기에 손을 대면서 말했다. "저자는 자버 빌렘이야. 슈거 레오라니 당치도 않아. 저자는 이 동네 사람이야."

내가 어찌 이 말에 만족할 수 있었겠는가? 누가 뭐라 해도 나는 이전에 단치히에 살았고 지금은 뒤셀도르프에 살고 있지만, 내 이름이 오스카라는 사실은 변함없지 않은가. "우리 고향 묘지에 있던 사나이가 저 사람과 똑같이 생겼는데 슈거 레오라는 이름이었어요. 맨 처음 레오라는 이름만 쓸 적에는 신학교에 다니고 있었는데요."

코르네프는 왼손을 종기에 댄 채 오른손으로 화장터 앞에서 삼륜 오토바이의 방향을 바꾸면서 말했다. "그런 일이 있을지도 모르겠구나. 나도 비슷한 경우를 많이 알고 있어. 처음에는 신학생이었는데 지금은 묘지에서 일하면서 다른 이름을 쓰고 있지. 여기에 있는 친구는 자버 빌렘이야!"

우리는 자버 빌렘 옆을 지나갔다. 그 사나이는 흰 장갑으로 경례를 했다. 나는 이 남부 묘지에서 고향에 있는 듯한 편안한 기분을 느꼈다.

10월 묘지의 가로수길, 세계의 머리털과 이빨이 빠진다. 다시 말해 끊임없이 노란 잎이 위에서 밑으로 떨어져 내려간다. 고요함, 참새들, 산책하는 사람들, 삼륜 오토바이의 엔진 소리. 목적지인 제8구역까지는 아직 상당한 거리가 남은 듯싶다. 여기저기에 물뿌리개를 들고 손자의 손을 끌고 있는 할머니들의 모습, 검은 스웨덴 화강암 위의 태양, 오벨리스크, 상징적으로 그렇게 만든 것인지 아니면 정말 전쟁으로 파괴된 것인지 모르지만 금이 가서 갈라진 기둥, 주목(朱木) 아니면 그 비슷한 나무 그늘 아래에서 녹색으로 흐려져 있는 천사. 한 여인이 자신의 대리석 때문에 눈이 부신지 대리석 손으로 눈을 가리고 있다. 돌로 만든 샌들을 신은 그리스도가 느릅나무들을 축복하고 있다. 그리고 제4구역에 있는 다른 그리스도는 자작나무 한 그루를 축복하고 있다. 제4구역과 제5구역 사이 가로수길에서 나는 아름다운 상념에 잠겨 들었다. 바다다. 해안으로 밀려오는 물건들 중에 시체 하나가 섞여 있다. 초포트 잔교(棧橋) 쪽에서 바이올린 소리가 들리고, 눈먼 상이군인을 위한 불꽃놀이가 서서히 시작되고 있다. 나는 세 살짜리 아이인 오스카가 되어 그 표류물을 들여다보며, 그것이 마리아이든가 언젠가 초대할 예정인 게르트루트이기를 기대했다. 그러나 클라이맥스에 이르는 불꽃의 빛에 의지해 자세히 보니 그것은 아름다운 루치, 새파란 루치이다. 거기에다 그녀는 짓궂은 장난을 칠 때 으레 그러듯이 베르히테스가덴식(式)의 뜨개 웃옷을 입고 있다. 털실이 흠뻑 젖어 있어서 나는 그것을 벗긴다. 뜨개 웃옷 밑에 입은 옷도 똑같이 젖어 있다. 다시 한 번 베르히테스가덴식 뜨개옷이 나타난다. 맨 나중에 불꽃도 힘을 다 써버리고 오직 바이올린 소리만이 들릴 즈음, 나는 양털, 또 양털, 또 양털 밑에서 독일 여자 청년단의 셔츠에 감겨 있는 그녀의 심장을, 루치의 심장을, 차고 작은 묘석을 발견한다. 그 위에 기록되어 있는 문자는, 이곳에 오스카 잠들다―이곳에 오스카 잠들다―이곳에 오스카 잠들다……. "잠들면 안 돼!" 코르네프가 바다에서 밀려 올라와 불꽃의 조명을 받고 있는 나의 아름다운 생각을 중단시켰다. 우리는 왼쪽으로 꺾었다. 그러자 제8구역이 나왔다. 나무도 없고, 묘석도 조금밖에 없는 새로운 구역이 배를 곯으며 미끈하게 우리 앞에 펼쳐져 있었다. 아직 손질이 덜 된 무덤들이 단조롭게 늘어서 있는 가운데서도 최근 만들어진 다섯 개의 무덤이 두드러지게 눈에 띄었다. 비에 젖어 빛바랜 리본이 달린, 썩어가는 갈색의 화환 더미들.

79호는 바로 찾을 수 있었다. 4열 맨 처음이며 바로 이웃에는 제7구역이 있는데, 이쪽은 쭉쭉 자라나는 어린 나무가 조금 심어져 있고, 주로 슐레지엔 대리석으로 만든 메타석이 비교적 가지런하게 늘어서 있었다. 우리는 79호 뒤로 가까이 가서 연장, 시멘트, 자갈, 모래, 대석(臺石), 거기에다 약간 기름지게 빛나고 있는 트래버틴 판석을 내려놓았다. 우리가 통나무를 사용해서 돌덩어리를 차 짐칸에서 나무 상자 위로 굴려 떨어뜨렸을 때 삼륜차가 튀어 올랐다. 무덤 머리 쪽에 임시로 만든 나무 십자가가 서 있고, 그 가로대에는 H. 베프크네히트와 E. 베프크네히트라고 쓰여 있었다. 코르네프는 십자가를 뽑아낸 다음 내게 드릴을 가져오도록 해서, 콘크리트 받침대를 세우기 위해 묘지의 규정에 따라 1미터 60센티미터 깊이의 구멍을 두 군데 뚫기 시작했다. 그동안 나는 제7구역에서 물을 길어 와서 콘크리트를 만들기 시작해, 그가 1미터 50센티미터를 파고 이제 다 되었다고 말했을 때는 이미 콘크리트를 완성해 놓았다. 그러고 나서 나는 두 구멍을 콘크리트로 굳히기 시작했다. 한편 코르네프는 헐떡거리며 트래버틴 석판에 앉아서 뒤로 손을 돌려 종기를 만졌다. "이제 무르익은 모양이구나. 부어올라서, 고름이 터질 때는 정확히 알 수 있단 말이야." 나는 콘크리트를 밟아 굳히면서 거의 무념무상이었다. 제7구역으로부터 신교도의 장례식 행렬이 다가와서 제8구역을 지나 제9구역 쪽으로 갔다. 그들이 우리 3열 앞쪽을 지나칠 때, 코르네프는 트래버틴 석판에서 미끄러져 내려왔다. 우리는 목사를 비롯해서 가까운 친척들이 완전히 지나갈 때까지 묘지 규정에 따라 모자를 벗고 있었다. 관 뒤로 검은 옷을 입은 단 한 사람, 자그마한 여인이 몸을 굽히고 걷고 있었다. 이 여인을 따라가는 사람은 훨씬 크고 튼튼하게 보였다.

"입을 열지 마라." 코르네프가 내 옆에서 웅얼거렸다.

"아무래도 나올 것 같구나. 이 돌을 세울 때까지 못 버틸 것 같다."

그러는 동안에 제9구역에서 매장이 시작되었다. 일동이 모이고, 오르락내리락하는 목사의 소리가 울리기 시작했다. 콘크리트가 슬슬 굳고 있어서 이젠 기초 위에 대석을 올려놓아도 좋을 성싶었다. 그러나 코르네프는 트래버틴 석판에 배를 깔고 엎드려서 이마와 돌 사이에 모자를 떨어뜨리고, 목덜미를 드러내기 위해서 겉옷과 셔츠의 깃을 뒤로 잡아당기고 있었다. 그동안에도 죽은 사람의 일생을 알려주는 자세한 설명이 제9구역에서부터 제8구역의 우리에게까지 들려왔다. 나는 트래버틴 석판에 기어오른 것만으로는 부족해서 코르네프의 등에 올라탔는데, 그제서야 겨우 그 선물의 전부를 이해했다. 두 개가 나란히 있었다. 지각한 사람이 큰 화환을 들고, 설교가 점점 끝나가는 제9구역을 향해서 곧장 걸어간다. 나는 고약을 단숨에 떼낸 후에 너도밤나무 잎으로 이히티올 연고를 닦아냈다. 그러자 같은 크기로 부어오른 두 군데의 피부가 흑갈색에서 노란색으로 변했다. "모두 함께 기도합시다." 제9구역으로부터 소리가 흘러왔다. 나는 이것을 신호삼아 머리를 옆으로 기울인 채 너도밤나무 잎 위에 엄지손가락을 올려놓고 눌러서 짰다. "하늘에 계신 우리 아버지……." 코르네프는 이를 부드득 갈았다. "빨아내라, 누르면 안 돼." 나는 빨았다. "아버지의 이름을 거룩하게 하시며……." 코르네프도 함께 기도할 수가 있었다. "아버지의 나라가 오게 하시며……." 여기에서 나는 일부러 눌러 짰다. 빨아내려고 해도 안 되었기 때문이다. "뜻이…… 이루어지게 하소서!" 터지지 않는 게 이상한 일이었다. 다시 한 번 시작됐다. "오늘도 우리에게……." 코르네프도 따라 외었다. "……우리 죄를 용서하여 주시고 우리를 시험에 빠지지 않게 하시고……." 생각보다 고름이 많았다.
"나라와 권능과 영광이……." 마지막으로 온갖 색깔로 뒤범벅된 나머지를
짜냈다. "영원히…… 아멘!" 내가 다시 한 번 짜내고 있는 동안에 코르네프
가 "아멘"이라고 했고, 또 한 번 눌러 짜는 동안에 또 "아멘"이라고 했다.
제9구역에서는 이미 추도사가 시작되고 있었다. 코르네프는 또 "아멘" 소리
를 끙끙거렸다. "대석에 쓸 콘크리트가 남았느냐?"고 묻기도 했다. 나는 남
겨두었고 그는 말했다. "아멘."

나는 두 받침대 사이를 연결하려고 남은 콘크리트를 몇 삽 가득히 부어넣
었다. 그러자 코르네프는 반질반질한 비면(碑面)에서 미끄러져 내려왔다.
오스카는 가을빛이 감도는 다채로운 너도밤나무 잎과, 두 군데의 뽀루지에
서 나온 비슷한 빛깔의 내용물을 보여 주었다. 우리는 모자를 똑바로 고쳐
쓰고서 돌에 손을 대고는, 헤르만 베프크네히트와 결혼 전의 성이 프라이타
크인 엘제 베프크네히트의 묘석을 세웠다. 한편 제9구역에서는 매장이 끝나
고 사람들이 흩어졌다.

포르투나 노르트

그 시절에는 귀중한 것을 지상에 남기고 간 사람들만이 묘석을 요구할 수
있었다. 그렇다고 해서 그게 다이아몬드나 진주 목걸이일 필요는 없었다. 감
자 다섯 부대만 있으면 그렌츠하임 조개껍데기 석회로 된 훌륭한 메타석을
손에 넣을 수 있었다. 조끼까지 갖춘 양복 두 벌분의 천이 있으면 삼중 대석
에 올려놓은 벨기에 화강암 2인용 묘석을 손에 넣을 수 있었다. 옷감을 제공
한 양복집 미망인은, 백운석 무덤 울타리를 만들어 주면 그 천으로 양복을
지어 주겠다고 말했다. 그녀는 아직 직공 한 사람을 데리고 있었던 것이다.

그리하여 코르네프와 나는 어느 날 밤 작업을 끝낸 뒤 슈토쿰행 10번선
전차를 타고 렌네르트 미망인을 방문해서 두 사람이 함께 치수를 쟀다. 그때
오스카는 마리아가 고쳐 만들어 준 전차 대원복을 입고 있었다. 옷옷 단추도
바꾸어 달았으나, 독특한 내 몸매 때문에 제대로 채워지지 않았다.

렌네르트 미망인이 안톤이라 부르는 직공은 가는 세로 줄무늬가 있는 짙
은 남색 양복천으로 내 몸에 맞게 양복을 지었다. 싱글이고 안감은 회색, 어
깨에는 눈에 띄지 않게 적당히 패드를 넣었으며, 등의 혹은 감추려 하지 않

고 오히려 보기 좋게 강조했다. 바지는 끝단을 접었고, 통이 너무 넓지 않게 했다. 결국 여전히 베브라 스승이 내 복장의 표본이었다. 따라서 허리띠 고리는 필요 없었고, 대신 바지 멜빵용 단추를 달았다. 조끼 뒤쪽은 반드르르한 감을 대었고 앞쪽은 수수한 빛으로, 그리고 안감은 어두운 장밋빛으로 했다. 전부 완성할 때까지 다섯 차례나 시침질을 했다.

양복점 직공이 코르네프의 더블 양복과 내 싱글 양복을 짓고 있는 동안에, 신발 파는 사나이가 1943년에 폭탄으로 죽은 마누라를 위해서 메타석을 구하러 왔다. 처음에 이 사나이는 우리에게 물품구매권을 내놓으려고 했다. 그러나 우리는 현물을 원했다. 슐레지엔산 대리석을 사용하고 인조석 울타리까지 설치해 주기로 하고, 그 대가로 코르네프는 짙은 갈색 단화 한 켤레와 가죽 밑창 슬리퍼 한 켤레를 받았다. 내 몫은 구식이긴 해도 아주 부드러운 검은 목구두 한 켤레로 결정되었다. 사이즈는 35. 이 신발은 내 약한 발을 단단하고 우아하게 지탱해 주었다.

셔츠는 마리아가 마련해 주었다. 나는 마르크 지폐 한 다발을 인조 벌꿀을 다는 저울 위에 놓고 말했다. "이걸로 나에게 흰 와이셔츠 두 벌과 가느다란 줄무늬가 있는 것을 하나, 연한 회색 넥타이와 밤색 넥타이를 사 주지 않겠어? 남은 돈은 쿠르트나 당신에게 줄게. 여보, 마리아. 당신도 딴 사람 시중만 들지 말고 때로는 자기 것도 좀 사."

한 번은 완전히 호기를 부려서 구스테에게 진짜 뿔로 만든 자루가 달린 우산과 새것이나 다름없는 알텐부르크의 스카트용 카드 한 벌을 선물했다. 그녀는 카드 점치기를 좋아해서 쾨스터의 귀환을 점치고 싶었지만 그때마다 이웃집에 빌리러 가기가 쑥스러웠던 것이다.

마리아는 내가 부탁한 것을 서둘러 마련해 주었고, 꽤 많은 돈이 남았으므로 자신의 레인코트와 쿠르트의 합성피혁 가방을 샀다. 가방은 조잡했지만 당분간은 쓸만 했다. 내 물건으로는 와이셔츠와 넥타이 말고도 회색 양말 세 켤레가 딸려 있었다. 나는 깜빡 잊고 양말을 주문하지 못했던 것이다.

코르네프와 오스카가 양복을 찾으러 갔을 때, 두 사람은 양복집 작업장 거울 앞에 서서 매우 당황했으나 그래도 서로 상대의 모습에서 감명을 받았다. 코르네프는 목덜미의 움푹 팬 종기 자국 탓인지, 목을 거의 움직이지 않았다. 어깨를 늘어뜨리고 양팔을 앞에 드리운 채 안짱다리를 똑바로 펴려고 애쓰고 있었다. 한편 내가 불룩 솟은 가슴 위에 팔짱을 끼어 상체를 옆으로 크게 늘어 보이고, 왼쪽 다리는 힘을 뺀 채 허약한 오른쪽 다리에 몸의 중심을 두었을 때, 유달리 마력적인 지성 같은 것이 새 양복에서 풍겼다. 코르네프의 놀란 얼굴을 즐기면서 나는 거울로 다가가 좌우가 반대인 내 영상이 지배하는 평면 바로 앞에 섰다. 키스라도 할 만큼 가까운 거리였다. 하지만 내 모습에다 입김을 불며 이렇게 말하는 것으로 그쳤다. "오, 오스카! 이젠 넥타이핀이 있어야겠구나."

내가 일주일 뒤 일요일 오후에 시립병원으로 가서 간호사들에게 잘 차려 입은 내 모습을 자랑스럽게 보였을 때는, 나는 이미 진주가 달린 은제 넥타이핀의 소유자였다.

순진한 소녀들은 간호사실에 걸터앉은 내 모습을 보고 깜짝 놀라서 말문이 막힌 모양이었다. 1947년 늦여름의 일이었다. 이미 재미를 본 방식대로, 나는 양복 입은 팔을 가슴 위까지 들어 팔짱을 끼고 가죽 장갑을 만지작거렸다. 나는 이미 1년 넘게 석공 수습생으로 일해서 홈파기 분야에서는 명인(名人)이었다. 또한 나는 다리를 포갰으나 바지 주름에는 주의를 기울였다. 사람 좋은 구스테는 이 맞춤 양복을 잘 손질해 주었다. 마치 이것이 집으로 돌아와 모든 것을 바꿔 놓을 쾨스터를 위해서 지어놓은 양복이라도 되는 양. 헬름트르투 간호사가 양복천을 만져 보고 싶다기에 허락했다. 47년 봄에 우리는 쿠르트의 일곱 살 생일을 집에서 만든 달걀술과 카스텔라—만드는 방법은 여러분 자유! —로 축하했는데, 나는 이때 쥐색 모직 망토를 쿠르트에게 사 주었다. 간호사들 사이에는 게르트루트도 끼어 있었는데, 나는 그녀들에게 초콜릿 과자를 내놓았다. 휘록암 덕으로 20파운드의 붉은 설탕과 함께 손에 넣은 것이다. 내가 보기에 쿠르트는 학교에 다니기를 너무 좋아했다. 그의 담임인 여교사는 아직 늙지 않았으며 슈폴렌하우어 선생과는 전혀 딴판이었는데, 그녀가 쿠르트를 칭찬한 바에 따르면 쿠르트는 영리하긴 하나 좀 심각한 데가 있다. 간호사들에게 초콜릿 과자를 주자 그녀들이 얼마나 기뻐했는지! 간호사실에서 잠시 게르트루트와 단둘이 되었을 때 나는 그녀더러 언제 일요일에 시간이 있느냐고 물어 보았다.

"글쎄요, 오늘도 5시부터는 한가해요. 그렇지만 시내에 나가도 별수가 없는걸요." 게르트루트는 체념한 말투였다.

어쨌든 시험해 봐야 된다는 것이 내 의견이었다. 처음에 그녀는 시내에 나갈 마음은 전혀 없었으며, 차라리 방에서 잠을 자는 편이 낫다고 생각했다. 그래서 나는 좀더 단도직입적으로 초대를 했으나, 그녀는 여전히 망설이고 있었으므로 의미심장한 말투로 말을 맺었다. "잠깐 모험하는 셈 쳐요, 게르트루트! 청춘은 두 번 다시 오지 않아요. 과자 상품권도 꼭 준비해 둘 테니까." 이렇게 말하면서 나는 가슴 호주머니의 손수건을 약간 뽐내듯이 두들기고 그녀에게 초콜릿을 한 개 더 주었는데, 나와는 정반대인 이 체격 좋은 베스트팔렌 아가씨가 약장 쪽을 향해 대답했다. "그래요, 당신이 그렇게 말한다면 좋아요. 6시로 해요. 그렇지만 이곳은 안 돼요. 코르넬리우스 광장에서 만나요." 순간 나는 이상하게도 가벼운 놀라움을 느꼈다.

게르트루트더러 병원 출입구 홀이나 현관에서 기다리라고 할 생각은 내게도 전혀 없었다. 6시에 나는 코르넬리우스 광장 표준시계 밑에서 그녀를 기다리고 있었다. 그 무렵만 해도 이 시계는 아직 전화(戰禍)를 입은 채 복구되지 않아 시간을 알려주지 못했다. 내가 몇 주 전에 손에 넣은 그리 대단치도 않은 회중시계에 따르면 그녀는 정확한 시간에 왔다. 나는 그녀를 알아보지 못했다. 하긴 그녀가 50보쯤 떨어진 건너편 전차 정거장에 내려 미처 나를 알아보기 전에 내가 먼저 그녀를 보았더라면, 나는 실망한 나머지 슬그머니 도망쳤을 것이다. 게르트루트 간호사는 적십자 브로치가 달린 흰옷의 간호사 게르트루트로서가 아니라 함이나 도르트문트, 아니면 도르트문트와 함 사이의 어느 곳에서 온 초라한 사복을 입은 평범한 처녀 게르트루트 빌름 양으로서 나타났기 때문이다.

그녀는 내 불만을 알아차리지 못한 채 하마터면 지각할 뻔한 이유를 설명했다. 수간호사가 심술궂게 5시 직전까지 일을 시켰다고 한다.

"자, 그러면 게르트루트 양, 내 제안을 들어 주겠어요? 먼저 빵집에서 느긋하게 쉬기로 하고, 그 다음에는 당신 뜻대로 합시다. 이를테면 영화도 좋고요. 극장은 이미 표를 살 수 없을지도 모르겠는데, 아니면 춤추러 가는 건 어때요?"

"아, 그거 좋네요. 우리 춤추러 가요!" 그녀는 신이 나서 떠들었다. 그러다가 그녀의 댄스 상대인 내가 옷은 그럴듯하게 입었지만 아무래도 볼썽사납게 보일 거라는 사실을 나중에야 깨닫고는 낭패한 기색을 감추지 못했다.

당황한 그녀 모습을 보고 약간 고소해하면서—그녀는 왜 내가 좋아하는 평소의 간호사 옷을 입고 오지 않았을까—나는 그녀가 일단 받아들인 계획을 정식으로 확정했다. 본디 상상력이 부족한 그녀는 이 충격을 곧 잊어버리고 나와 함께 식사를 했다. 틀림없이 시멘트가 섞여 있는 케이크였는데 나는 한 조각, 그녀는 세 조각을 먹었다. 내가 과자 상품권과 현금으로 셈을 치른 뒤, 그녀는 나와 함께 코흐 암 베어한에서 게레스하임행 전차를 탔다. 코르네프가 그라펜베르크 아래쪽에 댄스홀이 있다고 했다.

마지막 고갯길을 우리는 천천히 걸어갔다. 시가전차가 그 너머까지는 가지 않았기 때문이다. 흔히 책에 나올 법한 9월의 저녁이었다. 보급 제한품이 아닌 게르트루트의 나무 샌들이 개천의 물레방아처럼 철벅철벅 소릴 냈다. 그 소리를 듣노라니 즐거워졌다. 언덕길을 내려오던 사람들이 우리를 뒤돌아보았다. 게르트루트 양에게는 괴로운 일이었지만 나는 그런 일에는 익숙해져서 별로 신경 쓰이지도 않았다. 어쨌거나 퀴르텐 제과점에서 그녀가 시멘트가 든 케이크를 세 개나 먹을 수 있었던 것은 내 과자 상품권 덕이었으니까.

베디히란 이름의 그 댄스홀은 뢰벤부르크라고도 했다. 매표구에서부터 벌써 킥킥 웃음소리가 일어났다. 우리가 안으로 들어가자 모두 일제히 쳐다보았다. 게르트루트 간호사는 사복을 입어서 침착성을 잃었는지, 웨이터와 내가 그녀를 부축하지 않았더라면 접의자에 걸려서 넘어졌을 것이다. 웨이터는 우리를 플로어 근처의 테이블로 안내했다. 나는 찬 음료 2인분을 주문하고 나서 웨이터에게만 들리도록 작게 한 마디 덧붙였다. "브랜디를 조금 섞어 주시오."

하나의 큰 홀이 뢰벤부르크 중심부를 이루고 있었다. 이전에는 승마 학교가 사용하던 홀이다. 폭격으로 심하게 파손된 천장은 지난번 카니발 때 쓰인 종이 테이프와 화환으로 장식돼 있었다. 어두컴컴했다. 그 속을 채색된 조명등이 빙글 돌면서, 우아하게 차려입은 사람도 섞여 있는 암거래 장사꾼 젊은이들의 착 달라붙은 머리털과 소녀들의 태피터 블라우스 위에 반사광을 던졌다. 소녀들은 모두 서로 아는 사이 같았다.

브랜디를 섞은 찬 음료가 나오자, 나는 웨이터에게서 미제 담배를 열 개비 사서, 게르트루트 간호사에게 한 개비 주고 웨이터에게도 한 개비 주었는데 그는 그것을 자신의 귀 뒤에 꽂았다. 나는 내 짝에게 불을 붙여주고 나서 오스카의 호박(琥珀) 파이프를 꺼내 카멜을 간신히 절반쯤 피웠다. 우리 옆 테이블들은 다시 조용해졌다. 게르트루트는 결심을 한 듯 얼굴을 들어올렸다. 그리고 내가 절반밖에 피우지 않은 카멜 꽁초를 재떨이에 비벼 꺼서 그대로 놓아 두자, 게르트루트는 사무적인 손짓으로 꽁초를 슬쩍 주워 그녀의 방수포제 핸드백 옆 주머니에 넣었다.

"도르트문트에 있는 약혼자에게 줄 거예요." 그녀는 말했다. "그이는 담배에 미친 사람이니까."

나는 즐거웠다. 그녀의 약혼자가 되지 않아도 된다는 사실이. 게다가 때마침 음악이 시작된 것도.

5인조 밴드가 '나를 가두지 말아요(Don't fence me in)'를 연주했다. 고무 밑창 구두를 신은 사나이들이 서로 부딪치지도 않고 바쁘게 플로어를 가로질러 가서 소녀들을 능숙하게 낚아 올렸다. 신청을 받은 소녀들은 일어서면서 자기 핸드백을 친구들에게 맡겼다.

배운 대로 정확히 유연하게 춤추는 쌍도 몇 쌍이 보였다. 껌을 씹는 사람들이 많았으며, 젊은이들 중에는 몇 소절 동안 춤을 멈추고 초조하게 제자리걸음을 하고 있는 소녀들의 팔을 붙잡은 채 영어가 섞인 라인 사투리로 흥정하고 있는 이들도 있었다. 이러한 쌍들은 다시 춤추기 전에 작은 물건을 주고받았다. 진짜 암거래 상인에게 휴식이란 없는 법이다.

우리는 이 첫 번째 댄스 곡을 걸렀다. 다음 폭스트롯도 그대로 넘겼다. 오스카는 남자들의 다리를 이따금 쳐다보았는데, 밴드가 '로자문데'를 연주하자 어쩔 줄 몰라하고 있는 게르트루트에게 춤을 신청했다.

얀 브론스키의 댄스 기술을 떠올리면서 나는 서투른 원스텝을 과감하게 내디뎠다. 게르트루트보다 거의 머리 두 개쯤 작은 나는 우리의 우스운 꼴을 인식하고 있었지만, 한편으로는 이 우스꽝스러움을 강조하고픈 심정이었다. 그래서 체념한 채 몸을 맡기고 있는 그녀를 잡아 그녀의 블라우스에 뺨을 대고, 손바닥은 바깥으로 돌려 그녀의 엉덩이 위에 올려놓아 양털이 30퍼센트 섞인 천을 만지면서 그녀의 커다란 몸 전체를 밀어붙였다. 그리고 그녀의 두 다리 사이에 끼어 쭉 뻗은 왼팔로 장애물을 헤치면서 홀의 이 구석 저 구석으로 그녀를 밀고 다녔다. 기대 이상으로 잘되었다. 이번에는 응용을 해 보았다. 뺨은 블라우스에 그대로 대고 있었으나, 왼손과 오른손은 재빨리 바꿔가면서 그녀의 허리에 대고, 원스텝의 고전적인 자세를 유지하며 그녀 주위를 돌며 춤췄다. 여자가 밀려서 금방 넘어질 듯이 뒤로 젖히고, 남자도 그런 여자 위로 넘어질 듯이 덮치지만, 그래도 두 사람은 넘어지지 않았다. 그래서 보는 이들로 하여금 원스텝의 명수가 아닐까 하는 인상을 불러일으켰다.

마침내 모든 사람의 눈이 우리에게 집중되었다. 외침 소리가 들렸다. "저것 봐, 지미잖아! 자, 봐요, 지미를! 안녕, 지미! 이리 와, 지미! 함께하자, 지미!"

유감스럽게도 나는 게르트루트의 얼굴을 볼 수가 없었다. 그래서 나는 그녀가 이 박수갈채를 젊은이들의 호의적인 환영으로 당당하게 받아들였으면 하고 바라는 수밖에 없었다. 병원에서 간호사로 일하다 보면 때로 환자들의 어색한 어리광을 태연하게 받아들여야 할 때가 있듯이 말이다.

우리가 자리에 앉은 뒤에도 박수는 그치지 않았다. 5인조 밴드는 특히 드럼 연주자가 뛰어났는데, 그들이 팡파르를 울렸다. 한 번, 두 번, 세 번. "지미" 하고 외치는 소리가 들렸다. "저 두 사람 봤어?" 하는 소리도 들렸다. 이때 게르트루트가 일어서서 화장실에 간다고 우물우물 말하더니, 도르트문트의 약혼자에게 줄 꽁초가 든 핸드백을 들고 얼굴이 새빨개진 채 여기저기 부딪치면서 테이블과 의자 사이를 뚫고 매표구 옆에 있는 화장실 쪽으로 단숨에 달려나갔다.

그녀는 돌아오지 않았다. 나가기 전에 그녀가 찬 음료수 잔을 꿀꺽 비운 것은 작별의 표시라고 보기에 충분했다. 게르트루트는 나를 버리고 간 것이다.

그러면 오스카는? 미제 담배를 호박 파이프에 끼우고, 간호사가 밑바닥까지 다 마시고 간 잔을 조용히 치우고 있던 웨이터에게 찬 음료가 딸리지 않은 브랜디만을 주문했다. 아무리 값이 비싸도 오스카는 미소지었다. 가슴은 아프지만 그래도 미소지으며, 위로는 팔짱을 끼고 아래로는 바짓가랑이를 포개고 앉아 치수가 35인 검은 고급 목구두를 흔들면서, 버림받은 남자의 우월감을 즐겼다.

뢰벤부르크의 단골인 젊은이들은 좋은 사람들이었다. 그들은 플로어에서 스윙을 추면서 내 옆을 지날 때 내게 눈짓을 했다. "안녕" 하고 젊은이들은 소리쳤고 소녀들은 "편히 계세요!" 하고 속삭였다. 나는 파이프를 들어 이

참된 휴머니티의 대표자들에게 감사하고, 드럼 연주자가 화려하게 악기를 두드려서 재미있던 옛 무대 시절을 나에게 상기시켰을 때에도 관대한 미소를 그칠 줄 몰랐다. 드럼 연주자는 드럼, 팀파니, 심벌즈, 트라이앵글 등으로 독주곡을 연주했는데, 그때부터는 여자 쪽이 상대를 골라도 좋다고 했다.

밴드는 열을 올려 '호랑이 지미'를 연주했다. 이 곡은 어쩐지 내게 바치는 것 같았다. 물론 뢰벤부르크에 있는 어느 누구도 연단 아래에서 북을 치던 내 경력을 알 까닭이 없었지만. 어쨌든 나를 상대로 고른, 헤나처럼 빨간 머리를 헝클어뜨린 젊고 경박한 여자는 껌을 질겅질겅 씹다 말고 골초같이 쉰 소리로 "호랑이 지미"라고 내 귀에 속삭였다. 그리고 우리가 정글과 정글의 위험을 떠올리며 재빨리 지미 춤을 추던 10분 동안, 우리는 호랑이 발로 뛰어다닌 호랑이였다. 또다시 팡파르, 박수갈채, 또 한 번의 팡파르가 터졌다. 내가 혹 위에 좋은 옷을 걸친 데다가 민첩한 두 다리로 호랑이 지미에 손색 없는 모습을 연출했기 때문이다. 나는 내게 호의를 보인 숙녀를 내 테이블에 초대했다. 그러자 헬마—이게 그녀의 이름이었다—는 친구인 하넬로레도 함께 데려오고자 했다. 하넬로레는 말이 없고 엉덩이가 무거우며 술을 잘 마셨다. 헬마는 술보다 미제 담배 쪽을 좋아했다. 그래서 나는 웨이터에게 추가 주문을 해야만 했다.

환상적인 밤이었다. 나는 '헤바베리바', '인 더 무드', '구두닦이'를 추었고, 그 사이사이에는 이야기를 나누면서 다루기 쉬운 두 아가씨들을 상대했다. 그녀들의 이야기로는 두 사람 모두 그라프 아돌프 광장의 전화교환국에 근무하며, 매주 토요일과 일요일에는 전화교환국 아가씨들이 더 많이 베디히의 뢰벤부르크에 모인다고 한다. 두 사람은 당번일 때만 빼놓고는 주말마다 여기에 온다고 했다. 그래서 나도 가끔 들르겠다고 약속했다. 헬마와 하넬로레는 멋있는 아가씨들이며, 또 전화교환원들하고는—여기서 내가 농담을 한 마디 했더니 둘 다 금방 알아들었다—직접 마주 앉아서도 얘기가 잘 통한다는 식으로 이유를 늘어놓았다.

나는 한동안 병원에 가지 않았다. 그 뒤에는 이따금 가긴 했으나 그때엔 이미 게르트루트는 부인과 병동에 배치되어 있었다. 이후로 나는 그녀를 한 번도 만나지 않았다. 단 한 번 멀리서 잠깐 보고 인사한 적은 있었지만. 뢰벤부르크에서 나는 환영받는 단골이 되었다. 아가씨들은 나에게 몰려들었지만 지나친 행동은 하지 않았다. 그녀들을 통해서 나는 영국 주둔관계자 두셋을 알게 되어 영어 단어를 백 개쯤 얼핏 귀에 익혔고, 뢰벤부르크 악단의 멤버 두세 명과는 단순한 우정을 뛰어넘어 너나들이 하는 관계까지 맺었다. 그러나 드럼 연주만은 자제하여 타악기 뒤에는 절대로 앉지 않았으며, 코르네프 석공 가게에서 묘비명을 조각하는 작은 행복에 만족하며 지냈다.

1947년에서 48년에 걸친 몹시 추운 겨울 동안, 나는 전화교환국 아가씨들과 교제를 계속하면서, 말이 없고 엉덩이가 무거운 하넬로레와 더불어 그다지 돈 들이지 않고도 몇 차례 몸을 데울 수 있었다. 그때 우리는 이럭저럭 거리를 유지하며 어디까지나 가벼운 손장난을 즐겼다.

겨울이면 석공은 여러 가지 정비에 힘쓴다. 연장을 달구어서 고쳐야 하고, 두세 개 남아 있는 돌덩이를 깎아서 비명을 새길 수 있는 면으로 만들어야 하며, 모서리를 깎아서 다듬어 홈을 파야 한다. 코르네프와 나는 가을 동안 완전히 비어버린 묘석 적치장을 다시 가득 채우고, 조개껍데기 석회석 부스러기를 굳혀 인공석을 몇 개 만들어 냈다. 또 나는 점각기를 사용해서 비교적 간단한 조각을 해 보았다. 천사들의 머리와 가시면류관을 쓴 그리스도의 머리, 그리고 성령의 비둘기를 나타낸 돈을새김을 만들었다. 눈이 내리면 눈을 치웠으며, 눈이 안 내리면 연마기로 수도관의 얼음을 녹였다.

1948년 2월 말—카니발로 완전히 여위어 버려서 나는 아마 조금 이지적으로 보였으리라. 그 증거로 뢰벤부르크에서 두세 명의 아가씨들이 나를 '박사'라고 불렀다—재(灰)의 수요일 직후에 라인 강의 왼쪽 강변에서 농부들의 선발대가 찾아와 우리 묘석 적치장을 돌아 보았다. 코르네프는 그 자리에 없었다. 그는 연중행사인 류머티즘 치료를 하러 뒤스부르크로 가서 그곳 용광로 앞에서 일하고 있었다. 2주 뒤 그가 바싹 마른 몸에 종기도 없이 돌아왔을 때는 이미 내가 3인용 묘석을 포함한 세 개의 돌을 좋은 값으로 판 후였다. 코르네프는 또 두 개의 키르히하임산 조개껍데기 석회석을 팔았고, 3월 중순에 우리는 묘석 설치를 시작했다. 슐레지엔산 대리석은 그레벤브로이히로 간다. 두 개의 키르히하임산 메타석은 노이스 근교 마을 묘지에 서 있다. 내가 천사 머리를 새긴 붉은색 마인 사암은 오늘도 슈토믈러의 묘지에서 볼 수 있다. 3월 말에 우리는 가시면류관을 쓴 그리스도가 새겨진 휘록암의 2인용 묘석을 차에 싣고 천천히 달렸다. 조금 과하게 실었기 때문에 속력은 내지 않았다. 먼저 카페스 함 쪽으로 진로를 잡고, 노이스의 라인 다리를 건넜다. 노이스에서 그레벤브로이히를 지나 롬머스키르헨으로, 거기에서 베르크하임 에르프트로 가는 오른쪽 길로 돌아 라이트, 니더아우쎔을 뒤로하고, 차축(車軸)이 꺾이는 일 없이 묘석과 대석을 무사히 오버아우쎔의 묘지로 운반했다. 묘지는 언덕 위에 있어 마을을 향해서 완만하게 기울어져 있었다.

훌륭한 전망! 발 아래로 에르프틀란트의 갈탄 광구(鑛區)가 펼쳐져 있다. 하늘로 연기를 뿜고 있는 포르투나 공장의 여덟 개의 굴뚝. 금방이라도 폭발할 것같이 쉭쉭 소리를 내고 있는 포르투나 노르트의 발전소. 운반용 케이블이 통해 있는 광재(鑛滓) 더미의 산. 3분마다 코크스를 가득 실은 전동차 또는 비어 있는 전동차가 달린다. 발전소에서 오는 차와 발전소로 가는 차가 있다. 그것이 장난감처럼 자그마하게 보인다. 그리고 거인들의 장난감, 그것은 묘지의 왼쪽 구석을 뛰어넘은 세 줄의 전력선이다. 고압 전류를 싣고 윙윙거리면서 쾰른 방면으로 달리고 있다. 다른 전력선은 지평선 너머 벨기에와 네덜란드 쪽으로 달린다. 세계가 이곳에서 결합되고 있다—우리는 플리스 집안의 휘록암 판을 새웠다—전기가 생기는 것이다……. 무덤 파는 사람이 슈거 레오 역할을 하는 조수와 함께 연장을 가지고 왔다. 고압 전류 지역에 우리는 서 있었다. 무덤 파는 사람이 우리보다 세 줄 밑에서 이장 작업을 시작했다—이 전류는 배상을 위해서 제공되고 있었다—너무 빨리 개장할 때의 전형적인 냄새를 바람이 우리에게 실어왔다—아니, 구역질은 나지 않는다. 때가 3월이었으니만큼. 3월의 밭이 코크스 산들 사이로 보인다. 무덤 파는 사람은 끈을 매단 안경을 쓰고, 작은 소리로 슈거 레오와 말다툼을 하고 있었는데, 그러는 동안 포르투나의 사이렌이 1분에 걸쳐 숨을 내쉬어, 이장당하는 여성은 물론이고 우리까지도 숨이 끊겼다. 고압 전류만이 여전히 버티고 있었다. 그러자 사이렌은 비틀거리더니 뱃전을 넘어 공중제비를 돌면서 물속으로 사라졌다—그동안 마을의 슬레이트 빛 슬레이트 지붕에서 한낮의 연기가 모락모락 솟아오르고, 이어 교회 종이 울려 퍼졌다. 기도하라, 그리고 일하라—공업과 종교가 서로 손을 잡았다. 포르투나에서는 근무 교대가 시작된다. 우리는 베이컨을 끼운 버터빵을 꺼냈다. 그러나 이장하는 사람에겐 한순간의 휴식도 허용되지 않는다. 고압 전류도 쉴 새 없이 승전국으로 가는 길을 서두른다, 네덜란드를 밝히기 위해서. 그런데도 이곳은 계속

정전이다—하지만 그 부인은 마침내 밝은 데로 나왔다!

코르네프가 기초 공사를 위해 1미터 50센티미터 깊이로 구멍을 파고 있는 동안 그녀는 지상의 신선한 공기 속으로 옮겨졌다. 그녀가 어두운 땅속에 묻힌 것은 겨우 지난 가을부터인데도, 지상의 곳곳에서 행해진 개선(改善)에 못지않게 빠른 진전이 그녀에게서도 이루어져 있었다. 라인이나 루르 지방에서 공장 해체 작업이 한창 진척된 겨울 동안—그동안 나는 뢰벤부르크에서 빈둥거렸지만—이 여인은 갈탄 광구의 꽁꽁 언 땅 밑에서 자기 자신과 처절하게 싸워 왔다. 그리고 지금 우리가 콘크리트를 다져서 대석을 설치하고 있는 동안에 조금씩 설득되어 이장을 하게 된 것이다. 그러나 아주 작은 부분이라도 잃어버리면 안 되므로 아연 상자가 준비되었다—마치 프링스 추기경이 설교단에서 "내가 너희에게 진실로 이르노니 석탄을 훔치는 것은 죄가 아니로다" 하고 말했다 하여, 포르투나에서 연탄을 수북하게 실은 트럭 뒤를 아이들이 쫓아가면서 떨어지는 연탄을 빠짐없이 주워 모을 때처럼. 하지만 이 여인에게는 더 이상 난방이 필요 없었다. 속담 그대로 신선한 3월의 대기 속에서 그녀가 얼어 있으리라곤 믿어지지 않았다. 무엇보다도 그녀의 피부는 여전히 팽팽했다. 물론 군데군데 구멍이 숭숭 나서 내용물이 새어 나오기는 했어도, 그 대신 천 조각과 머리털이 그대로 남아 있었다. 머리털은 아직도 파마로 구불구불했다—하긴 그래서 파마라고 부르는 거겠지만, 관에 들어 있는 쇠붙이들도 그대로 이장에 쓸 수 있을 성싶었다. 작은 널조각들까지도 함께 새 묘지에 따라가고 싶어했다. 이번 묘지는 농부들이나 포르투나의 광부들 무덤 따위는 하나도 없는, 언제나 무슨 일이 일어나며 열아홉 개의 영화관이 동시에 상영하고 있는 대도시에 위치한 것이다. 그 묘지에 이 부인은 돌아가고 싶어했다. 무덤 파는 사람의 말에 따르면 그녀는 피난민으로 이곳 사람이 아니었기 때문이다. "이 사람은 쾰른 사람인데 말이지, 앞으로 라인 저쪽 기슭의 뮐하임으로 운반될 거야." 이렇게 그는 말하고 좀더 여러 이야기를 하고 싶어했으나, 이때 다시 1분 동안 사이렌이 울렸다. 나는 이 사이렌을 이용해서 이장을 위한 발굴 장소로 다가간다. 나는 사이렌 효과를 줄이기 위해 길을 돌아서 발굴하는 장면을 보려고 했다.

조금 뒤에 아연 상자 옆에서 뭔가를 손에 집어들었는데, 알고 보니 삽이었다. 특별히 도울 생각은 없었으나, 모처럼 주운 삽이니 바로 움직여서 옆에 떨어져 있는 것을 삽 끝으로 떠올려 보았다. 이 삽은 제국 노동봉사단이 쓰던 것이었다. 내가 이 노동봉사단의 삽에 떠올린 것은 과거의 가운뎃손가락, 아니 현재의 가운뎃손가락이었다. 그리고—나는 지금도 그렇게 생각하고 있다.—피난민인 이 부인의 반지 끼는 손가락은 양쪽 모두 자연히 떨어진 게 아니라 감정이라고는 눈곱만큼도 없는 무덤 파는 사람에 의해서 잘린 것이다. 이 손가락들은 살아 있을 적에 꽤 아름답고 유능했으리라 생각되었다. 부인의 머리는 이미 아연 상자 속에 있었으나, 이것에서도 같은 인상을 받았다. 머리는 알다시피 몹시 추웠던 1947년에서 48년에 걸친 전후의 겨울을, 균형을 잃지 않고 견뎌내고 있었다. 그래서 비록 쇠락한 아름다움이기는 하나, 어떻든 아름답다고 말할 수가 있었던 것이다. 또 나에게는 이 부인의 머리와 손가락이 포르투나 노르트 발전소가 지닌 아름다움보다도 한층 친밀하고 인간적으로 생각되었다. 나는 이 공업 지대의 정열을, 이를테면 예전에 구스타프 그륀트겐스의 연극을 즐겼을 때와 같은 기분으로 맛보았는지도 모른다. 게다가 나는 아무리 예술적이라 해도 그와 같은 외적인 아름다움은 믿을 수가 없었다. 나는 이 부인과 같이 극히 자연스럽게 작용하는 것에만 친밀감을 느낀다. 물론 고압 전류도 나에게 괴테를 대할 때와 똑같은 세계감정을 불러일으키기는 했으나, 역시 이 부인의 손가락에는 마음을 직접 움직이는 뭔가가 있었다. 이 부인이 남자였더라도 사정은 마찬가지다. 남자인 편이 나로서는 결심을 굳혀 비교해 보는 데 더 좋으니까. 이 비교에서 나는 요리크가 되고, 이 부인—절반은 아직 지하에, 절반은 아연 상자 속에 있는—이 남성인 햄릿이 된다. 물론 햄릿을 남자로 보았을 때의 얘기지만. 그런데 나 요리크, 5막 제1장에 나오는 광대, "호레이쇼, 나는 이 사나이를 알고 있소." 이 세상의 모든 무대에서—"아아, 불쌍한 요리크!"—자기 두개골을 햄릿에게 빌려 주는 나, 그리고 햄릿 역의 그륀트겐스나 로렌스 올리비에 경에게 "그 무렵의 네 익살은 지금 어디에 있느냐? 춤은?" 하고 감동을 말하게 하는 나—그런 나는 그륀트겐스가 연기하는 햄릿의 손가락을 내 노동봉사단 삽 위에 올려놓은 채, 니더라인 갈탄 광구의 단단한 대지 위에서 광부와 농부, 그 가족들의 무덤 사이에 서서, 오버아우쎔 마을의 슬레이트 지붕을 내려다보며 이 묘지를 세계의 중심으로 삼고, 포르투나 노르트 발전소를 반신적(半神的)인 공경의 대상으로 간주했다. 밭은 덴마크의 밭이었고 에르프트는 벨트 해협이었다. 여기에서 부패한 것은 나의 덴마크 왕국에서 부패한 것이다—나는 요리크이다. 고압 전류를 싣고 탁탁 소리를 내며 누군가가 내 머리 위에서 노래를 부른다. 나는 천사 이야기를 하고 있는 게 아니다. 그러나 고압 전류 천사가 세 줄이 되어 지평선으로 노래 부르면서 날아갔다. 그곳에는 쾰른과 중앙정거장이 고딕의 전설적인 동물을 거느리고 누워 있었다. 그리고 순무밭 상공에 있는 가톨릭 상담소에도 전류를 공급했다.

대지는 갈탄뿐만 아니라 요리크가 아닌 햄릿의 시체를 제공했다. 하지만 연극과 관계없는 다른 시체는 영원히 지하에 묻혀 있어야만 했다—"그들은 갈 데까지 갔다—남은 것은 침묵"—그리고 묘석을 짊어지고 있어야 했다. 방금 우리가 3인용 휘록암을 무겁게 올려놓은 플리스 집안처럼. 그러나 이 몸, 오스카 마체라트, 브론스키, 요리크에게는 하나의 새로운 시대가 시작된 것이다. 나는 새 시대를 의식하자마자 그 시대가 가기 전에, 재빨리 나의 삽 끝에 얹혀 있는 햄릿 왕자의 잘린 손가락을 관찰했으며—"그는 너무 살쪄서 숨을 헐떡이고 있다"—3막 제1장에서 그륀트겐스에게 죽느냐 사느냐 하고 물었다가 이 어리석은 질문을 취소하고, 차라리 구체적인 것을 늘어놓았다. 이를테면 내 아들과 내 아들의 부싯돌, 내가 추정하는 이 세상과 천국의 내 아버지들, 내 할머니의 치마 4장, 사진에 모습을 남긴 내 불쌍한 어머니의 아름다움, 헤르베르트 트루친스키의 등에 있는 미로(迷路)와 같은 상흔, 폴란드 우체국의 피를 빨아들인 우편물 바구니, 아메리카—아아, 아메리카는 브뢰젠 행 9번선 시가전차와는 비교할 바가 못 된다—나는 언제까지나 변함없이 이따금 피어오르는 마리아의 바닐라 향기를, 루치 렌반트를 닮은 소녀의 세모꼴 얼굴의 환각을 향해서 감돌게 하고, 죽음도 소독하는 파인골트 씨에게 부탁해서 마체라트의 목구멍 속으로 들어간 채 발견되지 않은 당 배지를 찾아냈다. 드디어 나는 코르네프를 향해서, 아니 그보다는 차라리 고압 전신주를 향해서 말했다—나는 차츰 결심을 굳혔는데, 하지만 결심을 하기 전에 햄릿을 의심하고, 나인 요리크를 참다운 시민으로서 칭찬하는 질문을 할 필요를 느꼈기 때문에—코르네프를 향해서 나는 말했다. 이때 코르네프는 나를 불러 대석 위에 휘록암 판을 세우자고 했는데, 나는 마침내 한 시민이 될 수 있다는 희망에 들떠서 작은 소리로 말했다—물론 그륀트겐스가 요리크 역을 할 리는 없지만, 하여튼 그의 흉내를 조금 내서—나는 삽 끝 너머로 말했다. "결혼을 하느냐 마느냐, 그것이 문제로다."

포르투나 노르트를 마주한 이 묘지에서의 전환 이래로 나는 베디히의 뢰벤부르크 댄스홀에 다니는 것을 그만두었으며, 재빨리 만족스러운 관계를 맺는 게 특기인 전화교환국 소녀들과의 모든 교제도 끊어 버렸다.

5월에 나는 마리아와 나를 위해서 극장표를 샀다. 영화가 끝난 뒤 우리는 식당으로 들어가 꽤 맛있게 밥을 먹었다. 그리고 나는 마리아와 이야기를 나누었다. 그녀에게는 여러 가지 걱정거리가 있었다. 쿠르트의 부싯돌 원천이 바닥나고, 인조 벌꿀 장사도 잘되지 않았기 때문에—그녀도 말했듯이—최근 몇 개월 동안 부족하나마 내가 집안 살림을 꾸려온 것이다. 나는 마리아를 위로했다. 오스카는 기꺼이 그 일을 하고 있으며, 큰 책임을 짊어질 수 있다는 사실은 무엇보다 기쁜 일이라고. 더 나아가 그녀의 용모를 칭찬하고 나서 마지막으로 대담하게 구혼했다.

그녀는 잠시 생각할 여유를 달라고 했다. 이 요리크의 질문에 그녀는 몇 주 동안 아무런 대답도 없었다. 아니, 대답을 피했다고 말하는 게 옳을 것이다. 그러다가 드디어 통화개혁이 시행되었고, 이로 인해 대답이 나왔다.

마리아는 산더미 같은 이유를 늘어놓으면서도 내 소맷자락을 만지작거리며 나를 '친애하는 오스카'라고 불렀다. 내가 이 세상에서 분에 넘칠 만큼 선량하다고도 말하면서 양해를 구했고, 앞으로도 티 없는 우정이 유지되길 바라며 석공이라는 내 직업과 다른 모든 일이 잘되기만을 빌겠다고 했다. 그러나 가장 중요한 결혼에 대해서는, 부끄러움을 무릅쓰고 거듭 부탁해 보았으나 승낙하지 않았다.

이리하여 요리크는 시민이 되지 못하고 미친 햄릿이 되어 버렸다.

마돈나 49

통화개혁이 뜻밖에 빨리 실시되어 나는 미쳐 버리고, 오스카의 화폐 또한 개혁을 피할 수 없었다. 앞으로 나는 혹이 달린 등으로, 이익을 남기지는 못할지라도 최소한 내 생계비는 벌어야 한다는 사실을 깨달았다.

사실 내가 미치지 않았더라면 선량한 시민 역할을 해 낼 수도 있었을 것이다. 통화개혁 후의 시대는—우리가 오늘날 알고 있는 바와 같이—현재 전성기를 누리고 있는 비더마이어(소시민적/생활양식)를 위한 모든 전제를 내포하고 있었으므로 오스카의 소시민적인 기질도 촉진할 수 있었을 터이다. 남편으로서, 또 소시민으로서 나는 재건에 참가했으리라. 그래서 지금쯤은 중간 규모의 석공업을 경영하면서 30명의 직공, 인부, 수습공들에게 임금과 빵을 주고, 온갖 신축 사무실 빌딩이며 보험 회사의 바깥벽을 인기 있는 조개껍데기 석회석이나 트래버틴으로 장식하는 잘나가는 장사꾼이 되었을 것이다. 사업가, 소시민, 가장—그러나 마리아는 나에게 퇴짜를 놓았다.

그래서 오스카는 등의 혹을 자각하고 예술에 몸을 바쳤다! 묘석에 의존하고 있던 코르네프의 생활도 통화개혁 때문에 위태로워졌으므로, 코르네프가 해고하기 전에 내가 자진해서 그만두었다. 나는 구스테 쾨스터의 부엌 딸린 거실에서 빈둥거리거나 아니면 거리로 나갔다. 우아한 맞춤 양복도 차츰 낡아서 볼품없게 되었다. 마리아와 다투는 일은 전혀 없었지만, 그렇게 될까 봐 두려워서 대개 아침 일찍 빌크 거리의 집을 나서서, 먼저 그라프 아돌프 광장의 백조들을 보러 가고 다음으로 호프가르텐의 백조를 방문한 뒤 공원 벤치에 웅크리고 앉아서 명상에 잠겼는데, 그렇다고 해서 특별히 불쾌한 시간을 보내지는 않았다. 뒤셀도르프에는 직업안정소와 미술대학이 나란히 있는데, 공원은 이들 건물과 비스듬히 마주 보고 있다.

이런 공원 벤치에 앉아 있노라면 마지막에는 자신도 나무가 되어 버려 생각하고 있는 것을 모조리 말하고 싶어지는 법이다. 날씨에 좌우되는 노인, 재잘거리는 소녀로 천천히 되돌아가는 노파, 그때그때의 계절, 검게 더러워진 백조, 소리지르면서 서로 쫓아다니는 아이들이 있다. 그리고 사람들이 부러워하는 연인들은 예상한 바와 같이 마지막 순간에는 헤어져야만 한다. 종이를 버리고 가는 사람들이 많다. 종이는 잠시 하늘거리면서 굴러다니다가 시청에서 고용한 모자 쓴 사나이에 의해 끝이 뾰족한 막대기에 찔린다.

오스카는 능숙하게 양쪽 바짓가랑이를 무릎으로 적당히 부풀리면서 앉았다. 분명히 조금 전부터 나는 2명의 여원 청년과 안경 쓴 소녀 일행에 정신을 빼앗기고 있었는데, 마침내 가죽 망토에 옛날 국방군용 벨트를 맨 살찐 그 소녀가 내게 말을 걸어왔다. 내게 말을 걸자는 생각은 아마도 무정부주의자라도 되는 양 검은 옷을 입은 청년들에게서 나온 듯했다. 그들은 겉으로는 꽤 불온해 보였으나 실은 부끄러움이 많아서, 뭔가 위대한 것을 감추고 있는 듯 보이는 꼽추인 나에게 직접 말 걸기가 망설여져, 가죽 망토를 입은 뚱뚱한 소녀를 설득한 것이다. 소녀는 다가오자마자 기둥 같은 두 다리를 크게 벌리고 서서 횡설수설 지껄이기 시작했으나, 내가 앉으라고 권하자 겨우 걸터앉았다. 라인 강에서 피어오른 증기가 마치 안개처럼 자욱하여 그녀의 안경알이 뿌옇게 되었지만 그녀는 계속 지껄였다. 나는 참을 수 없어서 그녀에게 부탁했다. 먼저 안경을 닦고, 그 다음에 그녀의 희망을 나도 알 수 있도록 간결하게 이야기하라고. 그러자 그녀는 그 음침하게 생긴 청년들을 가까이 오도록 했다. 청년들은 내가 묻기도 전에 자기소개를 했다. 그들은 그림을 그리고 조형을 하는 예술가인데 지금 모델을 찾기 위해 왔다고 했다. 마침내 그들은 상당한 정열을 쏟아 나에게 자기들의 생각을 이해시켰다. 요컨대 내가 모델로 안성맞춤이라는 것이다. 내가 엄지손가락과 집게손가락으로 날쌘 동작을 취하자, 그들은 바로 미술대학의 모델 보수가 얼마쯤 되는지도 설명했다. 미술대학에서 지불하는 금액은 시간당 1마르크 80페니히이며, 누드일 때는—그렇지만 지금은 그것을 생각할 필요 없다고 뚱뚱한 소녀가 말했다—2마르크였다.

왜 오스카는 승낙했는가? 내 마음을 끈 것은 예술인가? 보수인가? 예술과 보수가 내 마음을 끌어 오스카로 하여금 승낙하게 만든 것이다. 나는 일어서서 공원 벤치와 공원 벤치가 지닌 온갖 가능성을 영원히 뒤에 남기고 당당하게 걸어가는 안경 낀 소녀와, 마치 자신들의 재주를 짊어지고 있는 것처럼 앞으로 허리를 구부리고 걸어가는 두 청년을 따라갔다. 직업안정소 옆을 통과해 아이스켈러베르크 거리로 들어가, 부분적으로 전화(戰禍)를 입은 미술대학 건물 안으로 들어갔다.

쿠헨 교수—검은 수염, 석탄같이 검은 눈, 눈에 띄게 차양이 넓은 검은색 중절모, 손톱 아래의 검은 테두리—를 보면서 나는 어린 시절의 그 검은 찬장을 떠올렸다—이 교수 또한 제자들이 공원 벤치에 걸터앉아 있던 나를 보고 생각했듯이 나를 훌륭한 모델로 인정했다.

그는 꽤 오랫동안 석탄처럼 검은 눈을 굴리며, 콧구멍에서 검은 가루가 나올 것같이 거칠게 숨을 내쉬면서 내 주위를 빙빙 돈 후에, 검은 손톱으로 보이지 않는 적의 목을 죄면서 말했다. "예술은 고발과 표현과 정열이다! 예술, 그것은 백지 위에서 부서지는 검은 목탄이다!"

나는 이 분쇄적 예술의 모델로서 일했다. 쿠헨 교수는 나를 제자들의 아틀리에로 데려가서 직접 회전대 위에 올려놓고 돌렸다. 나를 어지럽게 하려는 속셈이 아니고, 오스카의 신체적 균형을 사방에서 확실히 알게끔 하기 위해서였다. 열여섯 개의 삼각대가 오스카의 윤곽을 향해서 다가왔다. 목탄 가루를 코에서 불어내는 교수의 짧은 강의가 또 한 번 있었다. 그가 원한 것은 표현이었다. 표현이라는 한 마디가 전부였다. 절망적인 칠흙의 표현. 그의 주장에 따르면, 나 오스카는 인간의 파괴된 모습을 고발하고 도전하면서 초시간적으로, 더욱이 우리 세기의 광기를 드러내면서 표현하고 있다고 했다. 삼각대 위에 다시 우레가 울려 퍼졌다. "이 사람을, 이 혹을 그리라는 게 아니다. 이 사람을 죽여라. 이 사람을 십자가에 매달고, 이 사람을 목탄으로 종이 위에 못질하는 것이다!"

이것이 아마도 시작 신호였으리라. 열여섯 개의 목탄이 동시에 삼각대 저쪽에서 소리내어 부스러지며 비명을 지르고, 제 몸을 문질러서 닳게 하여 나를—결국 내 혹을—표현하려고 애쓰면서 내 혹을 시커멓게 그리다가 실수를 했다. 왜냐하면 쿠헨 교수의 제자들은 모두 너무 짙은 검은 선으로 나를 표현하려다가, 지나치게 극단적이 되어 내 혹의 크기를 과대평가했기 때문이다. 그래서 더 큰 종이를 사용해야 했으나 그래도 내 혹을 다 그리지는 못했다.

이때 쿠헨 교수가 16명의 목탄 분쇄자들에게 좋은 충고를 해 주었다. 너무도 강렬한 표현을 요구하는 내 혹의 윤곽은 어떤 크기의 종이에도 담기 어려우므로, 혹의 윤곽부터 시작할 게 아니라 화면 위쪽 5분의 1 이내에서 가능한 한 왼쪽에 먼저 내 머리부터 검게 칠하라고 했다.

내 아름다운 머리는 짙은 갈색으로 빛나고 있다. 그런데 그 친구들은 나를 텁수룩한 머리의 집시로 만들어 버렸다. 16명의 미술학도 중 누구 한 사람도 오스카가 푸른 눈을 가지고 있다는 사실을 알아차리지 못했다. 휴식 시간 동안—모델은 45분간 자세를 취한 뒤에는 반드시 15분 동안 쉬도록 돼 있었다—화지 16장의 5분의 1쯤 되는 윗부분을 들여다보았을 때, 나는 어느 곳에나 한결같이 수심에 찬 야윈 내 얼굴에 사회적 고발이 담겨 있는 것을 보고 깜짝 놀랐지만, 내 푸른 눈의 광채가 없는 사실이 섭섭하다 못해 약간 어처구니없기까지 했다. 본디 내 푸른 눈이 매력적으로 반짝반짝 빛나야 할 자리에서는, 시커먼 목탄의 흔적이 윤곽을 그리면서 오므라들고 부서져 나를 찌르고 있었다.

나는 예술의 자유를 마음속에 두고서 스스로에게 말했다. 이 젊은 뮤즈의 아들들과 예술의 포로가 된 소녀들은 물론 네 속에 있는 라스푸틴을 찾아냈다. 하지만 그들이 네 영혼 속에서 잠자고 있는 괴테를 발견하고 깨워서, 목탄이 아니라 연필 끝으로 종이 위에 경묘하고도 부드럽게 표현할 수 있겠는가? 재능이 뛰어난 16명의 학생들도, 비할 데 없이 훌륭한 쿠헨 교수의 목탄 선(線)도, 결국 오스카의 초상화를 제대로 후세에 남기는 데 실패했다. 그렇지만 나는 많은 돈을 벌었으며, 정중한 대접을 받고 매일 여섯 시간씩 회전대 위에 서서 자세를 취했다. 언제나 막혀 있는 세면기 쪽으로 얼굴을 돌리는 일도 있었고, 날에 따라서 회색이기도, 푸른 하늘빛이기도, 가볍게 흐려 있기도 한 아틀리에의 창 쪽으로 코를 돌리는 일도 있었으며, 때로는 병풍 쪽으로 향하는 일도 있었다. 여하튼 이렇게 해서 표현을 제공하고, 그 대가로 시간당 1마르크 80페니히의 보수를 받았다.

2, 3주 지나자 학생들은 그런대로 괜찮은 그림을 그리게 되었다. 그들은 검게 표현하면서도 약간 온건해졌으며, 이젠 내 혹의 크기를 터무니없이 과장하지도 않았다. 때때로 머리끝에서 발끝까지, 다시 말해 웃옷 단추에서 가슴을 거쳐 내 혹이 가장 많이 튀어나온 부분에 이르기까지 빠짐없이 종이에 담았다. 많은 화지 위에서는 이제 배경을 그릴 여백까지도 찾아낼 수 있었다. 이 젊은이들은 통화개혁의 시대에 살면서도 여전히 전쟁의 인상을 강렬하게 느끼고 있는 듯했다. 그래서 내 등 뒤에 고발하듯 꺼멓게 아가리를 벌린 폐허의 창 구멍을 그려넣기도 했고, 나를 시든 나무 그루터기 사이에 있는 절망적인 영양실조 피난민으로 묘사하기도 했다. 그뿐인가, 나를 체포해 놓고 검은 목탄으로 그 뒤에 무서운 가시 철조망 울타리를 둘렀으며, 배경의 위협적인 감시탑을 통해 나를 감시했다. 나는 빈 양철 그릇을 들고 서 있었다. 감옥의 창들이 내 등 뒤와 머리 위에서 판화적인 매력을 나타내고 있었다—게다가 오스카에게 죄수복까지 입혀 놓았다—이러한 모든 것은 예술적 표현이라는 이름 아래 행해졌다.

그러나 이 예술은 나를 검은 머리의 집시 오스카로서 검게 칠해 놓고, 나로 하여금 푸른 눈이 아니라 석탄같이 검은 눈으로 이 모든 참상을 바라보게 했으므로, 나는 가시 철조망을 그려넣는 것이 부당하다는 사실을 알면서도 모델로서 가만히 있을 수밖에 없었다. 그래도 조각가들이 나를 모델로, 그것도 누드 모델로 삼았을 때는 기뻤다. 알다시피 조각가들이란 시대적 배경 없이 작품을 제작하는 사람들이 아닌가.

이번에는 학생이 아니라 선생이 직접 내게 말을 걸어왔다. 마룬 교수는 목탄 교수인 쿠헨 선생과 친했다. 어느 날 나는 쿠헨의 개인 아틀리에로 불려가 액자에 끼운 목탄화로 가득 찬 음산한 방 안에 가만히 앉아서, 수염이 텁수룩한 그가 비길 데 없는 붓놀림으로 나를 화폭에 담는 일을 돕고 있었다. 그때 그를 찾아온 사람이 마룬 교수였다. 먼지투성이 베레모가 그의 예술가 신분을 실증해 주지 않았던들, 흰 가운을 입은 뚱뚱하고 짤막한 50대 남자 마룬 교수의 모습은 틀림없이 외과 의사로 보였을 것이다.

마룬은 고전 형식의 애호자임을 한눈에 알 수 있었다. 그는 적의에 찬 시선으로 내 몸매를 훑어 보더니 자기 친구를 비난했다. "자네는 이제까지 집시 모델만 그려서 예술가들 사이에서 집시 쿠헨(과자)이라고 불릴 정도인데, 이제는 그것으로도 성이 안 찬단 말인가? 그래서 이번에는 기형을 그리겠다는 거야? 그 집시 시리즈는 성공해서 꽤 팔린 모양인데, 이번엔 난쟁이 시리즈를 꺼멓게 그려서 성공하여 더 벌겠다는 계획인가?"

쿠헨 교수는 친구에게 놀림을 받아 화풀이하듯 시커먼 목탄 자국을 거칠게 남겼다. 이것은 그가 이제까지 그린 오스카의 초상화 중에서 제일 검은 그림이었다. 애당초 이것은 내 광대뼈, 코, 이마, 그리고 두 손 위에 나타난 약간의 밝은 빛을 빼놓고는 온통 검은색이었다. 쿠헨은 특히 손을 그릴 때는 언제나 목탄을 마구 휘두르면서 손마디가 툭툭 불거진 모습으로 강렬하게 표현했다. 그런데 나중에 전람회에서 선보이게 된 이 그림을 보니 내 눈이 푸르게, 즉 어둡지 않게 반짝거렸다. 오스카는 이것을 표현 위주의 목탄광(狂)이 아닌 고전파 조각가인 마룬의 영향이라고 생각한다. 그는 내 눈의 괴태적인 투명한 빛을 인식한 것이다. 따라서 본디 조화만을 사랑하던 조각가 마룬을 유혹해서 나를 그의 조각 모델로 택하게 한 것도 오스카의 시선이었으리라.

마룬의 아틀리에는 먼지가 춤추는 밝은 곳이었는데 거의 텅 비다시피 해서, 완성된 작품이 하나도 보이지 않았다. 그러나 도처에 계획 중인 작품의 뼈대가 서 있었는데, 그것들은 주도면밀한 준비 과정을 거쳤기 때문에 시험

삼아 점토를 바르지 않아도 철사, 쇠, 구부러진 연관(鉛管) 따위만으로 완성되었을 때의 조화가 엿보였다.

나는 이 조각가를 위해서 매일 다섯 시간씩 누드 모델 일을 하며 시간당 2마르크를 받았다. 그는 분필로 회전대 위에 한 점을 표시하고, 앞으로는 여기에 오른발을 놓고 다리를 세우도록 지시했다. 세운 다리의 안쪽 뼈에서 위를 향해 그은 수직선이 마침 쇄골 사이의 움푹 팬 곳을 통과했다. 왼쪽 다리는 쉬는 다리라고 했다. 하지만 그것은 사실과 달랐다. 무릎을 살짝 굽히거나 옆으로 조금 움직이는 정도는 괜찮지만 다리를 옮겨놓거나 쓸데없이 움직여서는 안 되었다. 쉬는 다리 역시 분필 표시에 의해서 회전대 위에 고정되었다.

내가 조각가 마룬의 모델로 일한 몇 주일 동안, 그는 내 양팔을 위해서는 두 다리의 경우처럼 적절한 부동자세를 찾아낼 수 없었다. 그래서 나는 왼팔을 축 늘어뜨리고 오른팔을 머리 위에서 구부려 보기도 했으며, 때로는 양팔을 가슴 앞에 가져와 팔짱을 끼거나 등의 혹 밑으로 돌려 모으거나 양옆으로 내밀어야 했다. 수많은 가능성이 있었다. 그래서 조각가는 내 신체와 그리고 유연한 연관으로 된 팔다리를 붙인 철제 뼈대로 이 모든 가능성을 충분히 음미했다.

그는 한 달 동안 부지런히 자세를 연구한 끝에 마침내 두 손을 깍지 껴서 뒤통수로 가져간 모습이나, 팔이 전혀 없는 토르소의 모습을 점토로 빚으려고 마음먹었다. 그러나 앞서 뼈대를 만드는 과정에서 몇 번이나 뜯어고치느라고 그는 너무 지쳐 버렸다. 그 때문에 그는 점토 상자에서 점토를 한 줌 쥐어 작업을 시작하려다가도, 형태를 이루지 못한 우중충한 빛깔의 점토를 다시 상자 속에 철썩 떨어뜨리고 말았다. 그러고는 뼈대 앞에 쭈그리고 앉아서 나와 내 뼈대를 찬찬히 들여다보며 절망한 듯이 손가락을 바르르 떨었다. 뼈대는 너무도 완벽했다!

그는 체념한 듯이 한숨을 쉬며 골치가 아프다고 하면서도 오스카에게는 아무 불평도 하지 않았다. 작품을 포기한 그는 고정된 다리와 쉬는 다리, 치켜든 연관 팔뚝, 쇠로 된 목 뒤에서 깍지 낀 철제 손가락 따위들과 함께 꼽추 뼈대를, 완성된 다른 뼈대들이 있는 구석으로 가져갔다. 불쑥 튀어나온 내 혹의 뼈대 속에서 본디 점토의 무게를 감당했어야 할 가로목—나비라고도 부른다—들이, 비웃기는커녕 오히려 자신들이 아무런 쓸모가 없어서 애석하다는 듯이 흔들거렸다.

그러고 나서 우리는 차를 마시면서 한 시간쯤 이야기를 나누었는데, 조각가는 이 한 시간도 모델로서의 근무 시간과 똑같이 계산해서 보수를 지급해 주었다. 그것은 옛이야기였다. 그가 아직 젊은 미켈란젤로로서 점토를 100파운드씩이나 써서 뼈대에 몽땅 붙여 인물 모형을 완성하던 무렵의 이야기였다. 그때의 인물 모형은 대개 전쟁 때 파괴되었다고 한다. 나는 그에게 오스카가 석공 및 비명 조각 일을 하던 시절에 대해서 이야기했다. 우리는 약간 전문적인 이야기에 치우쳤다. 그는 나를 자신의 학생들이 있는 곳으로 데리고 가서, 그들에게 나를 모델로서 바라보고 오스카의 신체를 본떠 뼈대를 만들라고 지시했다.

마룬 교수의 학생 10명 가운데 머리털의 길이로 성별을 판단한다면 6명이 소녀임을 알 수 있었다. 6명 중 4명은 용모가 추했으나 유능했다. 2명은 예쁘고 수다스러웠다. 그러니까 진짜 아가씨들이었다. 나는 누드 모델로서 별로 부끄러워하지 않았다. 그러기는커녕 예쁘고 수다스러운 조소과 여학생들이 처음으로 나를 회전대 위에 올려놓고, 꼽추여서 키가 볼품없이 작은 오스카의 치부에 정상적인 남성의 물건 못지않은 성기가 달린 것을 보고 약간 당황했을 때, 오스카는 그들의 놀란 모습을 즐길 정도로 여유가 있었다.

마룬 선생의 제자들은 선생의 경우와는 조금 달랐다. 이틀 뒤에 그들은 벌써 뼈대를 세워놓고, 서두르느라 대충 붙여 둔 연관들 사이에 점토를 철썩철썩 빠르게 붙이는 천재적인 작업 솜씨를 보여 주었지만, 내 뼈대의 혹 속에 붙인 목제 나비가 충분치 못했던 모양이다. 아니나 다를까 젖은 입김을 뱉어내는 무거운 점토가 오스카에게 험한 산과 같은 풍채를 부여하면서 뼈대에 매달린 순간, 새로 태어난 오스카는 열이면 열이 모두 기울기 시작했다. 내 머리는 발 사이로 떨어졌고, 점토는 연관에서 풀썩 떨어졌으며, 등의 혹은 오금 속으로 미끄러져 떨어졌다. 이제 와서 나는 마룬 선생의 진가를 알게 되었다. 그가 만드는 뼈대는 우수했기 때문에 뼈대 위에 값싼 천을 붙일 필요가 전혀 없었다.

못생겼지만 유능한 조소과 여학생들은 점토 오스카가 뼈대 오스카로부터 떨어졌을 때 눈물까지 흘렸다. 예쁘고 수다스러운 학생들은 내 뼈에서 살이 무엇인가를 상징하듯이 천천히 떨어지는 모습을 보고 웃었다. 그러나 몇 주가 지나는 동안에 이 제자들 사이에도 얼마간 훌륭한 인물 모형이 만들어지기 시작했다. 그들은 학기말 전시회를 위해 먼저 점토로 상을 만들고, 그 다음에 석고와 인공 대리석을 사용해서 인물 모형을 만들었다. 이 기간에 나는 못생겼지만 유능한 아가씨들과, 예쁘지만 수다스러운 아가씨들을 몇 번이나 되풀이해서 비교할 기회를 얻었다. 못생기긴 했어도 예술적인 재능이 있는 처녀들은 내 머리와 팔다리와 등의 혹을 만들 때는 참으로 정성을 들였지만, 내 성기를 만들 때는 놀랄 만큼 수줍어져서 소홀히 다루든지 우스꽝스럽게 단순화하든지 둘 중 하나였다. 한편 예쁘고 눈이 크며 아름다운 손가락을 가졌으면서도 손재주가 없는 처녀들은 내 육체의 각 부분의 균형 따위에는 거의 주의를 기울이지 않으면서도, 위풍당당한 내 생식기만은 모든 열의를 다해서 세밀하게 본떠 만드는 것이었다. 이 점에 관해선 4명의 청년 조각가들에 대해서도 빼놓지 않고 말해 둬야겠다. 이 친구들은 나를 추상화하고, 홈이 파인 판자로 두들겨 네모로 만들었으며, 못생긴 처녀들이 소홀히하고 예쁜 처녀들이 살덩어리 그 자체처럼 훌륭하게 완성한 그 물건을 남자의 메마른 오성(悟性)으로써 파악했다. 그래서 그것을 네모진 나무토막으로 표시하고, 마치 집짓기놀이에 나오는 장난감 임금님의 성기가 발기했을 때처럼 크기가 같은 두 입방체 위에 그 물건을 튀어나오게 했다.

어느 날 매력적인 여류 조각가들을 찾아온 젊은 화가들이 내 푸른 눈 때문인지 혹은 벌거벗은 오스카의 주위에 조각가들이 설치해 놓은 전기난로 때문인지는 몰라도, 어쨌든 내 푸른 눈과 열을 받아 게처럼 빨갛게 달아오른 내 피부에서 회화적인 매력을 발견했다. 그리하여 그들은 조소와 판화 아틀리에가 있는 1층에서 나를 위층 화실로 데려가, 그때부터 나를 모델로 삼아 그림물감을 갤판 위에 섞었다.

처음에는 화가들에게 내 푸른 눈동자의 인상이 지나치게 강렬했던 모양이다. 화가들의 붓은 내 몸을 온통 푸르게 덮어 버리려고 했다. 오스카의 건강한 피부도, 그의 곱슬곱슬한 갈색 머리도, 혈색 좋은 생생한 입술도 죽은 사람의 푸르뎅뎅한 빛깔로 바래 버렸다. 때로는 여기저기서 부패 작용을 촉진하려고, 다 죽어 가는 푸르스름한 빛과 구역질나는 누르무레한 빛이 푸르뎅뎅한 나의 살 조각 사이로 스며들었다.

미술대학 지하실에서 일주일 동안 열린 카니발에서, 오스카가 울라를 발견하여 화가들에게 그녀를 뮤즈로서 소개한 뒤에야 비로소 그는 다른 빛으로 표현될 수 있었다.

그것은 장미의 월요일이었던가? 그래, 그것은 장미의 월요일이었다. 내가 카니발을 함께 축하하기 위해서 가장을 하고, 가장한 오스카를 군중 속에 섞이게 하기로 결심한 것은.

마리아는 거울 앞에 서 있는 나를 보고 이렇게 말했다. "그냥 집에 있어요, 오스카. 기껏해야 짓밟히기밖에 더하겠어요." 그러면서도 그녀는 내 가장을 도와 헝겊 조각을 재단해 주었다. 그것을 그녀의 언니 구스테가 곧 수다스런 바늘로 광대 의상으로 만들었다. 처음에 내가 생각한 것은 벨라스케스 스타일이었다. 그 밖에 나르세스 장군이나, 경우에 따라서는 오이겐 왕자의 분장도 나쁘지는 않다고 생각했다. 드디어 내가 전쟁 때에 비스듬히 갈라져 영상이 약간 일그러져 보이는 큰 거울 앞에 서자, 빛깔이 요란하고 헐렁헐렁하며 찢긴 자국이 있고 방울도 달려 있는 분장의 전체 모습이 확실해졌다. 이 모습을 본 아들 쿠르트 녀석이 갑자기 웃음을 터뜨리다 기침까지 해댔다. 나는 아무래도 흥이 나지 않는 기분으로 가만히 자문했다. 이봐, 오스카. 너는 광대 요리크야. 그런데 네가 놀려 줄 임금님은 어디에 있지?

나를 미술대학 근처 라팅거 문(門)까지 실어다 줄 시가전차에 탔을 때 이미 나는 깨달았다. 카우보이나 에스파냐 무용수로 분장하고 사무실이나 카운터 따위를 잊고 떠나려던 군중이 나를 보고 웃기는커녕 무서워한다는 사실을 말이다. 모두가 나를 피했기 때문에 만원 전차였으나 자리를 잡을 수 있었다. 미술대학 앞에서는 경찰들이 가장용이 아닌 진짜 고무 경찰봉을 휘두르고 있었다. '뮤즈의 연못'—미술학교 학생들의 축제는 그렇게 불리고 있었다—은 초만원이었다. 그래도 군중은 건물로 돌진하려고 했고, 일부는 피까지 흘리며 경찰과 몸싸움을 벌였다.

오스카가 왼쪽 소매에 매달린 작은 방울을 울리자 군중은 길을 열었다. 한 경찰관은 직업적으로 내가 거물임을 간파하고는 내려다보며 인사를 했다. 내 희망을 듣자 그는 경찰봉을 휘두르면서 나를 축제 장소인 지하실로 안내했다—그곳에서는 이미 잔치가 벌어져 있었으나 아직 절정에까지는 이르지 못했다.

그런데 예술가가 주최한 가장무도회를 예술가가 축하하는 행사라고 생각해서는 안 된다. 미술대학 학생들 대부분은 화장은 했지만 그 얼굴은 진지하고 긴장되어 있었다. 그들은 약간 흔들거리는 독특한 식탁 뒤에 서서 맥주, 샴페인, 비엔나 소시지를 팔고, 서투른 솜씨로 브랜디를 따르면서 부수입을 올리고 있었다. 이 예술가의 잔치를 정말로 지배하는 것은 일반 시민들로서, 그들은 1년에 한 번쯤 돈을 아낌없이 쓰면서 예술가처럼 살고 요란하게 즐기려고 했다.

　　나는 한 시간 가량 계단 위와 구석진 테이블 밑을 찾아다니며, 불편한 환경 속에서도 자극을 구하고 있는 연인들을 깜짝 놀라게 해 주다가, 2명의 중국 아가씨와 친해졌다. 중국 아가씨들이라고는 해도 그녀들의 혈관 속에는 그리스인의 피가 흐르고 있음에 틀림없었다. 왜냐하면 그녀들은 먼 옛날 그리스의 레스보스 섬에서 찬미되었던 사랑을 실행하고 있었기 때문이다. 두 사람은 서로 손가락을 꽉 낀 채 얽혀 있었으나, 결정적인 순간이 되자 나 따위는 거들떠 보지도 않았다. 그러나 그 둘은 부분적으로 아주 재미있는 광경을 나에게 보여 주었다. 우리는 심하게 뜨거운 샴페인을 함께 마셨다. 그리고 그녀들은 내 승낙을 받아 내 등에 있는 혹의 뾰족한 부분을 손으로 만지면서 감촉을 확인했다. 그러면서 아마 행복을 손안에 받아들였으리라—그것은 혹이 여성에게 행복을 가져다준다는 나의 명제를 다시 한 번 입증한 셈이다.

　　하지만 여자들과의 이런 교제가 길어지면 길어질수록 나는 슬퍼졌다. 여러 가지 생각이 내 마음을 흔들었다. 정치가 나를 불안하게 만들었다. 나는 샴페인으로 책상 위에 베를린 시의 봉쇄와 항공 수송 광경을 그렸고, 결국은 하나가 되지 못한 두 중국 아가씨를 바라보고 있는 동안에 독일의 재통일에 절망했으며, 나답지도 않은 일을 했다. 바로 오스카가 요리크가 되어 인생의 뜻을 탐구한 것이다.

　　나의 숙녀들은 더 이상 대단한 것을 보여 줄 수 없을 듯했다—그녀들은 눈물을 흘렸고, 그것이 화장을 한 중국 사람의 얼굴에 맨살을 드러내는 자국을 남겼다. 그래서 나는 찢긴 자국이 있는 헐렁헐렁한 옷의 방울을 울리며 일어섰다. 마음속 3분의 2는 집으로 돌아가고 싶었지만, 나머지 3분의 1은 카니발의 체험을 한 가지쯤 더 해 보고픈 생각이었다. 이때 내 눈에 띈 사람은—아니 저쪽에서 내게 말을 걸어왔지만—랑케스 상병이었다.

여러분께서 아직 기억하고 계실는지? 우리는 1944년 여름 대서양의 요새에서 그를 만났었다. 그는 그곳에서 콘크리트 경비를 서고 있었다. 그리고 내 스승 베브라의 담배를 피웠다.

많은 사람들이 빽빽이 끼어 앉아 시시덕거리고 있는 층계를 올라가면서 나는 담배에 불을 붙였다. 그때 누군가가 나를 쿡쿡 찔렀다. 그리고 지난 대전 때 상병이었던 사나이가 말을 걸어왔다. "오, 친구. 담배 한 대 주지 않겠소?"

상대가 전투복을 입은 탓도 있어서, 이 말을 듣자마자 내가 그 정체를 알아낸 건 전혀 놀랍지 않은 일이었다. 그러나 상병 겸 콘크리트 화가가 자신의 전투복 무릎 위에 뮤즈를 올려놓고 있지 않았던들 나는 옛 우정을 새삼스럽게 깨우치지는 않았을 것이다.

먼저 이 화가와 잠시 이야기를 하고 나서 뮤즈에 대해 말하겠다. 나는 그에게 담배를 주었을 뿐 아니라 내 라이터로 불까지 붙여 주고, 그가 한 모금 피우기를 기다렸다가 말했다. "기억하나요, 랑케스 상병? 베브라의 위문극단을? 신비롭고 야만적이고 권태로운?"

화가는 깜짝 놀랐다. 내 말을 듣는 순간, 담배는 떨어뜨리지 않았으나 뮤즈를 그의 무릎에서 떨어뜨려 버렸다. 나는 다리가 긴 만취된 아이를 들어서 그에게 돌려 주었다. 우리 두 사람, 랑케스와 오스카는 여러 가지 추억을 서로 주고받았다. 랑케스는 헤르초크 중위를 미친 사람이라고 말하면서 욕했다. 내 스승 베브라의 이야기가 나왔다. 그때 롬멜 아스파라거스 사이에서 게를 찾고 있던 수녀들도 화제에 올랐다. 이러한 추억담을 나누면서 나는 뮤즈의 출현에 놀라움을 느꼈다. 그녀는 천사 분장을 하고 있었다. 수출용 달걀 포장에 사용될 듯싶은 울룩불룩한 보드지로 만든 모자를 쓰고 있었는데, 몹시 취했으며 가엽게도 날개마저 부러졌으나, 그래도 여전히 하늘에 사는 여인 특유의 조금은 미술품적인 사랑스러움을 나타내고 있었다.

"이 아이는 울라입니다." 화가 랑케스가 내게 가르쳐 주었다. "이 아이는 본디 양재 공부를 했습니다만, 지금은 예술가가 되고 싶다는군요. 나는 당치도 않은 이야기라고 말리고 있어요. 양재로는 돈을 벌 수 있지만 예술로는 안 되니까요."

이 이야기를 듣고 오스카는 자기도 예술로 좋은 벌이를 하고 있으므로 양재사 울라를 모델 겸 뮤즈로서 미술대학의 화가들에게 소개하자고 제안했다. 내 제안에 크게 감격한 랑케스는 얼른 내 담뱃갑에서 세 개비의 담배를 빼내고, 그 답례로 자신의 아틀리에로 나를 초대하고 싶다고 말했다. 단, 그곳까지 가는 택시 요금은 내가 부담한다는 조건을 바로 덧붙였다.

우리는 카니발을 뒤로하고 차를 탔다. 내가 택시 요금을 냈다. 랑케스는 지타르트 거리에 아틀리에를 가지고 있었는데, 그곳에서 우리를 위해 알코올 버너에 커피를 끓여 주었다. 커피를 마시자 뮤즈는 다시 기운을 차렸다. 그녀는 내 오른쪽 집게손가락의 도움으로 위 속의 것을 토해 버린 뒤에는 거의 취기가 가신 모양이었다.

이제야 겨우 깨달았는데, 그녀의 물빛 눈동자는 언제나 무엇에 놀란 듯한 모습을 하고 있었다. 그녀의 목소리도 들었다. 작은 새가 지저귀는 것 같기도 하고, 양철 깡통 소리와도 비슷한 느낌이었으나, 어쨌든 마음을 움직이는 매력이 있었다. 화가 랑케스가 그녀에게 내 제안을 설명하고 미술대학에서 모델로 일할 것을 제안했다기보다는 차라리 명령했을 때, 처음 그녀는 이를 거부하고, 미술대학의 모델이나 뮤즈가 되기보다는 오직 화가인 랑케스의 것이 되기를 원했다. 그러나 랑케스는 유능한 화가가 흔히 그러듯이, 무표정한 얼굴로 말도 없이 큰 손바닥으로 그녀의 뺨을 두세 번 때리고서 다시 한 번 그녀에게 물었다. 그녀가 천사와 똑같은 모습으로 흐느껴 울면서 미술대학 화가들을 위해서 돈벌이가 되는 모델이 되고, 경우에 따라서는 뮤즈도 되겠다고 분명히 말하자, 그는 이내 아까처럼 선량한 표정으로 되돌아가 만족스럽게 웃었다.

기억해 두기를 바라거니와, 울라는 1미터 78센티미터쯤 되는 키에 아주 호리호리하며 사랑스럽고 마치 부서질 듯한 느낌을 주며, 보티첼리와 크라나흐를 동시에 연상시키는 데가 있다. 우리 두 사람은 함께 누드 자세를 취했다. 부드러운 솜털로 덮여 있는 그녀의 길고 매끄러운 육체의 빛깔은 왕새우의 살과 비슷했다. 그녀의 머리털은 굳이 말하자면 숱이 적은 편이었지만, 밀짚과 같은 긴 금발이었다. 치모는 곱슬곱슬하고 붉은빛이 돌았으며, 작은 세모꼴을 이루고 있을 뿐이었다. 울라는 겨드랑이 털을 매주 깎고 있었다.

예상대로 보통 학생들은 우리를 충분히 활용하지 못했다. 그녀의 팔을 턱

없이 길게 늘리거나 내 머리를 턱없이 크게 키우는 초심자의 잘못을 범했다. 다시 말해 그들은 우리 두 사람을 화지 속에 다 넣지 못했다.

우리가 치게와 라스콜리니코프의 눈에 띄었을 때 비로소 뮤즈와 오스카에게 어울리는 그림이 탄생했다.

그녀가 잠자고 있는데 내가 놀라게 한다. 목신(牧神)과 님프다.

나는 웅크리고 앉아 있고, 그녀는 언제나 살짝 흔들리고 있는 작은 유방을 내보이며 내 위에 몸을 구부려 내 머리를 쓰다듬고 있다. 미녀와 야수다.

그녀가 누워 있고, 나는 그녀의 긴 두 다리 사이에서 뿔이 하나 달린 말〔馬〕의 가면을 쓰고 장난치고 있다. 미녀와 일각수(一角獸)이다.

이와 같은 그림은 모두 치게나 라스콜리니코프의 양식으로 그려졌다. 어떤 때는 다채로운 빛으로, 또 어떤 때는 고상한 단색조로. 어떤 때는 가는 붓으로 세밀하게, 또 어떤 때는 치게 방식의 천재적인 주걱 사용법으로 그림 물감을 이겨 발랐다. 또 어떤 때는 울라와 오스카의 윤곽을 신비롭게 그리는 데 그쳤다. 그리고 그때부터 우리의 협력 아래 초현실주의의 길로 발을 디딘 것은 라스콜리니코프였다. 그의 손길로 오스카의 얼굴은 예전에 우리집 탁상시계에서 볼 수 있었던 벌꿀빛 문자판이 되었다. 내 등의 혹 속에는 태엽처럼 생긴 덩굴장미가 피어 있었으며 이것을 울라가 땄다. 다른 그림에서 나는, 위로는 미소짓고 아래로는 긴 다리를 지닌 울라의 절개된 동체 사이에 앉아 있었다. 나는 그녀의 비장과 간장 사이에 웅크리고 앉아서, 한 권의 그림책을 뒤적거리고 있었다. 또 그들은 우리에게 여러 가지 분장을 시키고 싶어했다. 울라를 콜룸비네(연극에 등장하는 광대의 연인)로 만들고, 나를 흰 분을 칠한 슬픈 어릿광대로 만들어 버렸다. 마지막으로 라스콜리니코프에게 남은 일은—라스콜리니코프라는 명칭은 그가 항상 죄와 벌에 대한 이야기만을 했기 때문이다—아주 큰 그림을 그리는 일이었다. 나는 울라의 솜털이 보송보송 난 왼쪽 넓적다리 위에 앉았다—벌거벗은 꼽추 아이—그녀는 마돈나 역을 맡았다. 오스카는 예수 대신 조용히 앉아 있었다.

이 그림은 후에 많은 전람회를 돌아다녔다. 제목은 '마돈나 49'—이 그림은 광고지로서 효과를 발휘하는 바람에 선량한 시민인 마리아의 눈에 띄어 가정에 한바탕 불화를 일으켰는데, 정해진 금액으로 팔려 라인 지방의 어느 실업가 손에 넘어갔다—아마 오늘도 고층 건물 회의실에 걸린 채 중역들에게 영향을 끼치고 있으리라.

내 혹과 내 몸매에 더해진 그 재능 있는 무질서 덕분에 나는 생계를 유지할 수 있었다. 게다가 운 좋게도 여기저기서 울라와 나를 찾았으므로 우리는 같이 누드로 작업할 경우 시간당 2마르크 50페니히를 받을 수 있었다. 울라는 누드 작업을 즐거워했다. 매운 손을 가지고 있던 화가 랑케스는 그녀가 꼬박꼬박 돈을 벌어오게 된 뒤부터 그녀를 소중하게 대접했다. 이제 그녀에게 손찌검하는 일은 그의 천재적인 추상화가 그의 성난 손을 요구할 때에만 국한되었다. 그러므로 그녀는 순전히 시각적인 모델로서 이용된 일은 없지만, 이 화가에게도 어떤 의미에서는 일종의 뮤즈였다고 할 수 있다. 왜냐하면 그가 그녀에게 가한 그 손찌검만이 화가로서의 그의 손에 참다운 창조력을 부여했으니까.

확실히 천사의 강인성이 밑바닥에 깔려 있는 울라의 그 울보 같은 섬약한 기질 때문에 때로는 나까지도 난폭한 행동을 취하고픈 유혹을 느꼈다. 그러나 나는 늘 스스로를 억제할 수 있었다. 매질하고 싶은 충동을 강하게 느낄 때에는 그녀를 다과점으로 데려갔다. 또 예술가들과의 교제에서 생긴 가벼운 속물근성을 발휘하여, 난쟁이인 나는 진귀한 식물처럼 훤칠하게 큰 그녀와 나란히 번잡한 쾨니히스알레를 산보하며 구경꾼들의 놀란 시선을 즐기기도 했고, 산책 도중에 그녀에게 연보랏빛 스타킹과 장밋빛 장갑을 사주기도 했다.

화가 라스콜리니코프는 달랐다. 그는 울라에게 별로 접근하지 않고도 그녀와 매우 친밀한 교제를 했다. 즉 그는 회전대 위의 그녀에게 두 다리를 크게 벌린 자세를 취하게 하고서, 그림을 그리지는 않고 두세 걸음 떨어진 둥근 의자 위에서 그녀의 치부를 마주 보고 앉아 죄와 벌에 대해서 인상적으로 속삭이면서 그것을 주시했다. 그러자 이윽고 뮤즈의 치부는 물기를 띠며 열렸다. 라스콜리니코프도 그저 이야기하면서 바라보기만 함으로써 똑같이 만족스러운 결과에 다다랐다. 그리고 둥근 의자에서 벌떡 일어나 삼각대 위의 '마돈나 49'에 화필로 웅대한 붓질을 했다.

다른 이유이기는 하지만, 라스콜리니코프는 나도 이따금 주시했다. 내게 뭔가 부족하다고 생각한 것이다. 그는 내 두 손 사이가 진공이라고 말하더니 내 손가락 사이에 차례차례로 여러 가지 물건을 끼웠다. 그는 나름의 초현실적인 상상력을 발휘해서 넘치도록 많은 것을 생각해 냈다. 이를테면, 그는 오스카를 권총으로 무장시켜 예수인 나에게 성모 마리아를 겨누게 했다. 또 나는 모래시계나 거울을 그녀 쪽에 내밀어야 했는데, 이 거울은 볼록거울이어서 그녀의 얼굴이 무섭게 비틀어져서 비쳤다. 가위, 생선뼈, 수화기, 해골, 모형 비행기, 탱크, 원양어선 따위들도 두 손에 들고 있어야 했다. 그래도—라스콜리니코프는 곧 깨달았지만—그 진공은 역시 채울 수가 없었다.

오스카는 이 화가가 나한테 어울리는 유일한 물체를 가져올 날을 두려워했다. 그리고 마침내 그가 북을 가지고 왔을 때 나는 소리쳤다. "싫어!"

라스콜리니코프, "북을 들어라, 오스카. 나는 자네를 알고 있다!"

나, 떨면서 "두 번 다시 싫다. 그것은 끝난 일이다!"

그, 침울하게 "무슨 일이나 끝나는 법은 없다. 모든 일은 되풀이된다. 죄, 벌, 그리고 또 죄!"

나, 마지막 힘을 짜내서 "오스카는 개심했다. 북만은 제발 치워달라. 뭐든지 들겠다. 그렇지만 북만은 싫다!"

나는 울었다. 그러자 뮤즈인 울라가 내 위에 허리를 구부렸다. 나는 눈물로 앞이 보이지 않았기에 저항도 못하고 그녀에게 키스를 당했다. 나에게 뮤즈가 거친 키스를 한 것이다—언젠가 뮤즈의 키스를 받은 적이 있는 분들이라면 반드시 이해해 주시겠지만, 오스카는 뮤즈의 키스가 그를 도장처럼 누르자 바로 북을, 그 양철을 다시 집어들었다. 수년 전에 추방해서 자스페 묘지 모래 속에 묻어 버린 그것을.

그러나 나는 북을 치지는 않았다. 단지 잠깐 자세를 취하고—정말 운 나쁘게도—북 치는 예수가 되어 마돈나 49의 벌거벗은 왼쪽 넓적다리 위에 그려졌을 뿐이다.

이리하여 마리아는 미술 전람회 광고지에서 내 모습을 발견하게 되었다. 그녀는 내가 모르는 사이에 그 전람회에 가서, 아마 오랫동안 그 그림 앞에 서서 분노를 삼킨 모양이다. 그녀가 나를 몰아세울 때 내 아들 쿠르트가 학교에서 쓰는 자를 가지고 나를 때릴 정도였으니까. 그녀는 몇 달 전부터 상당히 큰 식료품 가게에서 돈을 받고 일하고 있었다. 처음에는 점원이었지만 곧 재능을 인정받아 출납계가 되었다. 그녀는 이제 서부에 훌륭하게 귀화한 사람으로서 나를 대했다. 그녀는 더 이상 암거래 장사로 밤낮을 보내는 동부에서 온 피난민이 아니었다. 그래서 눈 하나 깜박하지 않고 나를 돼지, 포주, 상놈이라고 부를 수 있었다. 게다가 그녀는 내가 난잡한 짓을 해서 벌어오는 더러운 돈은 두 번 다시 받고 싶지도 않을 뿐더러, 내 꼴도 다시는 보고 싶지 않다고 소리치기까지 했다.

마리아는 이 마지막 말을 곧 취소했으며, 2주 후에는 내 모델료의 적지 않은 부분을 다시 옛날처럼 가계비 속에 집어넣게 되었다. 하지만 나는 마리아나 그녀의 언니 구스테나 내 아들 쿠르트와의 공동생활을 단념하기로 결심했다. 실은 아주 먼 곳으로 가고 싶었다. 함부르크나, 가능하다면 해변 도시로 다시 가고 싶었다. 그러나 마리아는 내 이사 계획을 바로 이해해 주긴 했어도 멀리 가는 데에는 반대했다. 그녀가 자신과 쿠르트가 있는 곳에서 가까운 장소에, 다시 말해서 결국 뒤셀도르프 시내에 방을 구해야 한다고 나를 설득하자 그녀의 언니 구스테까지 옆에서 거들었다.

고슴도치

만들고 벌채하며 없애고 끼워넣으며 불어서 날려 버리고 나중에 느끼곤 했다. 즉 셋방살이를 하게 된 오스카는 비로소 북으로 과거를 불러내는 방법을 배운 것이다. 방뿐만이 아니라 고슴도치, 안뜰의 관 보관소, 뮌처 씨도 내게 힘을 빌려 주었다. 간호사 도로테아도 자극제가 되었다.

파르치팔을 아시는지? 나도 그를 특별히 잘 알지는 못한다. 다만 하얀 눈에 떨어진 세 방울의 핏자국 이야기만은 마음속에 남아 있다. 이 이야기는 나와 꼭 닮았으므로 진실된 것이다. 어떤 관념을 가진 사람이라면 누구에게나 어울리는 이야기이다. 그러나 오스카는 자신의 이야기를 쓴다. 따라서 이 이야기는 거의 의심스러울 정도로 오스카의 체험과 똑같이 쓰인 것이다.

분명히 나는 예전처럼 예술에 종사하고 있었다. 나를 파랑, 초록, 노랑, 흙빛으로 칠하게 하고 흑색으로 그리게 하며, 온갖 배경 앞에 서서 미술대학의 겨울 학기 내내 뮤즈인 울라와 함께 제작 활동을 재촉하는 동안—이어서 여름 학기에도 뮤즈의 축복을 부여했지만—눈은 이미 내리고 있었다. 눈에는 그 세 방울의 피가 떨어지고, 피는 우직한 파르치팔과 마찬가지로 내 시선도 고정시켰다. 그리고 우직한 오스카는 파르치팔에 대해서 거의 모르기 때문에 거리낌 없이 자신을 파르치팔과 동일하다고 느낄 수가 있었다.

내 비유는 서투르기는 하나 충분히 명백하리라. 눈은 간호사의 제복이다. 도로테아도 그렇지만, 간호사 대부분의 옷깃을 붙들어 매는 브로치 한가운데에 들어 있는 적십자가 내 눈에는 세 방울의 피 대신으로 보였다. 지금 나는 거기에 앉아서 눈을 뗄 수가 없었다.

하지만 나는 차이들러 씨가 이전에 욕실로 사용하던 방에 자리잡기 전에, 먼저 이 방을 찾아야만 했다. 마침 겨울 학기가 끝나서 몇몇 학생들은 방을 내놓았다. 부활제에 귀향하여 다시 돌아오지 않는 학생들도 있다. 내 동료인 뮤즈 울라가 방 찾는 일을 도와 함께 학생회에 가 주었다. 그곳에서는 나에게 몇 군데 주소와 미술대학의 추천서 한 통을 주었다.

나는 이 주소의 집들을 찾아 나서기에 앞서 오랜만에 석공 코르네프를 만나려고 비트 거리 그의 작업장으로 갔다. 그리움이 나를 이 길로 이끌었겠지만 동시에 학기말 휴가 동안 할 일을 찾고 싶기도 했다. 왜냐하면 나 혼자 또는 울라와 함께 교수 2, 3명의 개인 모델을 서게 될 얼마 안 되는 시간 근무만으로는 앞으로 6주일 동안 겨우 먹고살 돈밖에 되지 않았으며, 거기에다 가구가 딸린 방세도 내야 했기 때문이다.

코르네프는 여전히 나아가는 종기 두 개와 아직 곪지 않은 하나를 목덜미에 붙인 채 벨기에 화강암 판 위에 몸을 구부려, 거칠게 깎은 그 돌을 날이 넓은 끌로 조심스럽게 깎고 있었다. 우리는 잠시 이야기를 했다. 그리고 나는 의미심장하게 글자 새기는 끌을 이것저것 만지작거리기도 하고, 깨끗이 문질러져서 이제는 비명이 새겨질 차례만 기다리고 있는 돌들을 돌아보기도 했다. 조개껍데기 석회석 두 개와 2인용 슐레지엔 대리석 한 개는 이미 팔려서 숙련된 조각가의 손길을 기다리고 있는 것처럼 보였다. 나는 이 석공의 성공을 기뻐했다. 그도 통화개혁 후 잠깐 고통스러운 시간을 보냈다. 우리 두 사람은 그 무렵 미리 앞을 내다보며 서로 위로했다. 통화개혁이 아무리 활개치는 시절이라도 사람이 죽어 묘석을 주문하는 일마저 막을 수는 없지 않겠느냐고.

우리가 예상했던 대로 되었다. 사람들은 죽어서 묘석을 샀다. 게다가 통화개혁 이전에는 없었던 주문까지도 생겨났다. 이를테면 푸줏간은 가게 정면뿐만이 아니라 가게 안까지 색색의 라인 대리석을 입혔으며, 수많은 은행이나 백화점의 파손된 사암과 응회암들은 다시 제 모습을 갖추기 위해 고쳐져야 했다.

나는 코르네프의 근면함을 칭찬한 다음에 물어 보았다. 이렇게 많은 일을 정말로 혼자서 해낼 수 있는지를. 처음에 그는 대답을 피했다. 그러나 곧 네 사람 정도의 일손이 필요할 때도 가끔 있다고 자백했으며, 마지막에는 나에게 다음과 같은 제안을 했다. 내가 반나절씩 글자를 새겨 주면 그 답례로서, 설형문자의 경우 석회암은 한 자당 45페니히, 화강암·휘록암은 55페니히를 지급하고, 돋을새김 문자의 경우에는 각각 60페니히와 75페니히의 비율로 준다는 것이었다.

나는 즉시 조개껍데기 석회암에 달려들어 금방 요령을 생각해 내고는 설형문자를 새겼다. 알로이스 퀴퍼, 1887년 9월 3일 출생, 1946년 6월 10일 사망, 이라는 30자를 꼭 네 시간에 걸려 완성하고서 돌아갈 때 약속대로 13마르크 50페니히를 받았다.

이것은 내가 예정하고 있던 1개월분 방세의 3분의 1에 상당했다. 40마르크 이상은 지불할 수도, 지불할 생각도 없었다. 왜냐하면 오스카는 앞으로도 빌크 거리의 마리아, 아들, 구스테 쾨스터의 생활비를 조금이라도 보태는 것을 자신의 의무로 생각했기 때문이다.

대학생과의 친절한 사람들이 내게 준 네 군데의 주소 중에서 나는 차이들러, 율리히 거리 7번지라는 주소에 우선권을 주었다. 그 집이 미술대학에서 가장 가까웠기 때문이다.

5월 초, 무덥고 안개 낀 라인 하류 지방 특유의 날씨였다. 나는 충분한 현금을 가지고 외출했다. 마리아가 내 옷을 단정하게 손질해 주어서 나는 예의 바른 인물로 보였다. 목표삼은 건물은 먼지투성이 밤나무 뒤편에 칠이 벗겨진 모습으로 서 있었다. 이 건물 4층에 있는 방 세 칸짜리 집에 차이들러가 살고 있다. 율리히 거리는 반쯤 폐허였으므로, 이웃에나 건너편에나 집이라고 할 만한 게 없었다. 왼쪽에 야채며 민들레가 무성히 자란 동산이 있었는데, 군데군데 녹슨 T형의 도리가 남아 있는 것으로 보아, 이전에는 그곳에 차이들러의 집과 붙어서 5층 건물이 존재했음을 추측할 수 있었다. 오른쪽에는 일부가 부서진 건물이 3층까지 수리되어 있었다. 그러나 돈이 부족했던 모양이다. 몇 겹으로 금이 가 틈이 생긴 반질반질한 검은 스웨덴 화강암 정면은 수리가 덜 돼 있었다. '장의사 쇼르네만'이라는 글자 가운데 몇 개가 떨어져 있었다. 어느 글자였는지 지금은 기억이 안 난다. 운 좋게도 여전히 거울처럼 매끄러운 화강암에 쐐기꼴로 새겨진 종려나무 잎이 양쪽 모두 무사했기 때문에, 손상을 입은 이 가게가 꽤 경건한 겉모습을 유지하는 데 도움이 되었다.

이미 75년째 영업을 하고 있는 이 가게의 관 보관소는 안뜰에 있었다. 내 방의 창은 안뜰로 나서, 그 관 보관소는 언제나 나의 관찰 대상이 될 운명에 있었다. 나는 그곳에서 일하는 사람들을 곧잘 구경했다. 그들은 날씨가 좋을 때는 두세 개의 관을 창고에서 굴려 가지고 나와 받침대 위에 올려놓고, 다른 것과 같이 밑으로 갈수록 좁게 만들어 놓은 상자들을 닦아서 갖가지 방법으로 광을 냈다.

내가 초인종을 누르자 차이들러가 직접 문을 열었다. 그는 뚱뚱하며 키가 작은 데다가 고슴도치 같은 머리를 하고, 헐떡이면서 문간에 서 있었다. 렌즈가 두꺼운 안경을 쓴 얼굴 아래 절반은 솜털 같은 비누 거품으로 뒤덮은 채, 오른손에 든 브러시를 볼에 대고 있었다. 어쩐지 술꾼 같고, 말투로 보아 베스트팔렌 사람 같았다.

"방이 마음에 들지 않으면 바로 말해줘요. 나는 수염을 깎는 중이고, 또 발도 씻어야 하니까."

차이들러는 겉치레 인사를 좋아하지 않았다. 나는 방을 들여다보았다. 마음에 들 리가 없었다. 그것은 본디 욕실로 사용하던 방으로, 벽 절반쯤에는 녹색 터키 타일이 붙어 있었으며, 나머지 부분에는 안정감이 없는 벽지가 발라져 있었기 때문이다. 그렇지만 나는 방이 마음에 들지 않는다고 말하지는 않았다. 차이들러의 비누 거품이 마르는 것도, 그가 발을 씻고 싶어하는 것도 상관치 않고, 나는 목욕통을 두드리면서 물어 보았다. 목욕통을 뜯어버릴 수는 없는가, 어차피 배수관도 없으니까.

차이들러는 미소를 지으며 회색 고슴도치 머리를 흔들었다. 그리고 면도용 브러시로 거품을 내려고 했으나 잘 되지를 않았다. 그것이 그의 대답이었다. 그래서 나는 목욕통이 붙은 이 방을 월 40마르크에 빌리기로 했다.

우리는 다시 어둠침침한 전등이 켜진 관처럼 좁고 기다란 복도로 나왔다. 일부는 유리가 끼어 있는 문들이 복도에 잇닿아 있었다. 나는 차이들러의 집에 또 누가 살고 있는지 알고 싶었다.

"내 아내와 세입자들입니다."

나는 복도 가운데에 있는 우윳빛 유리문을 가볍게 두드렸다. 거실 문에서 한 걸음쯤 떨어진 곳이었다.

"그곳에는 간호사가 살고 있어요. 당신과는 전혀 관계없는 일이지만요. 어쨌든 당신은 그 사람을 만날 기회가 없을 겁니다. 그녀는 여기에서 잠만 잘 뿐이고, 항상 오는 것도 아니니까요."

나는 오스카가 '간호사'라는 말을 듣고 놀랐다고는 말하고 싶지 않다. 그는 고개를 끄덕였을 뿐, 나머지 방에 대해서는 더 이상 물으려 하지 않고 목욕통이 붙은 그의 방 위치를 확인했다. 방은 오른쪽에 있었는데, 복도 막다른 곳에 문이 있었다.

차이들러는 내 웃옷의 접은 옷깃을 가볍게 찌르면서 말했다. "방에서 밥을 지어도 괜찮아요. 알코올램프를 가지고 있으면 말입니다. 부엌도 이따금 사용하고요. 다만 화덕이 당신한테는 약간 높지 않을는지."

이것이 그가 오스카의 키를 언급한 최초의 말이었다. 그는 미술대학의 추천장을 쭉 훑어 보았는데, 이 추천장은 역시 나름의 효력을 발휘했다. 학장 로이저 교수의 서명이 있었기 때문이다. 나는 그가 주의하라고 일러 주는 일에 대해서는 모두 동의했고, 부엌이 내 방 왼쪽 옆에 있다는 점을 기억했으며, 세탁물은 다른 데서 빨겠다고 약속했다. 김이 올라 욕실 벽지가 상할까 봐 그가 두려워한 탓도 있지만, 내가 얼마쯤 확신을 가지고 약속할 수 있었던 것은 마리아가 내 속옷을 빨아 주기로 했기 때문이다.

이제 내가 이 집을 나가 짐을 가져오고, 전입신고서에 글을 적어넣을 차례였다. 그러나 오스카는 그렇게 하지 않았다. 오스카는 그 집을 떠날 수 없었다. 그는 별 이유도 없이 미래의 집주인에게 화장실이 어딘지 가르쳐 달라고 말했다. 상대는 전쟁 때부터 전후에 걸친 수년간을 생각나게 하는, 합판으로 만든 문을 엄지손가락으로 가리켰다. 오스카가 화장실을 이용하려는 기색을 보이자 얼굴의 비누 거품이 말라붙어 근질근질한 모양인 차이들러가 그곳 스위치를 탁 하고 넣어서 전등을 켜 주었다.

안에 들어가자 나는 화가 났다. 오스카는 전혀 욕구를 느끼지 못했기 때문이다. 그래도 버티고 기다리는 동안에 찔끔 물을 낼 수가 있었다. 방광의 압력이 작은 데다가 나무로 된 변기의 걸터앉는 테에 내가 너무 가까이 위치한 탓도 있어, 나로서는 이 나무 테와 좁은 바닥의 타일을 적시지 않고 볼일을 보기가 어려웠다. 내 손수건은 오래 사용해서 닳은 테 위의 젖은 자국을 닦아내고, 오스카의 신 바닥은 운 나쁘게 타일에 떨어진 두세 방울을 문질러 없애야 했다.

얼굴의 비누 거품이 말라붙어 불쾌할 터인데도, 차이들러는 내가 화장실에 들어가 있는 동안 손거울도 더운물도 찾지 않고 그대로 복도에서 기다리고 있었다. 아마 나한테 열중해 있었으리라. "묘한 사람이군. 계약도 맺기 전에 화장실에 가다니 말이야!"

차디찬 부스럼 딱지처럼 된 면도용 브러시를 손에 든 채 그는 나에게 다가왔다. 틀림없이 무슨 농담을 할 셈이었으리라. 하지만 결국 더 이상 나에게 상관하지 않고 현관문을 열어 주었다. 오스카는 고슴도치 옆을 빠져나와, 고슴도치를 잠깐 훔쳐 보면서 바깥 계단으로 물러났는데, 그때 나는 화장실 문이 부엌문과 그 우윳빛 유리문 중간에 있다는 사실을 알았다. 그리고 그 우윳빛 유리문 뒤에서는 때때로, 즉 불규칙적으로 한 간호사가 밤잠을 자고 있었던 것이다.

오스카가 오후 늦게 마돈나 화가 라스콜리니코프의 선물인 새 양철북을 붙들어 맨 짐을 들고 다시 차이들러 집의 초인종을 눌러 전입신고서를 흔들어 보이자, 그동안에 발도 물론 닦았겠지만 깨끗이 면도한 고슴도치가 나를 차이들러 집 안 거실로 맞아들였다.

거실에선 꺼진 엽궐련 연기 냄새가 났다. 몇 번이나 불을 붙인 엽궐련 냄새였다. 게다가 방구석에 뭉쳐서 쌓아 올려놓은 값비싸 뵈는 여러 장의 융단이 내뿜는 냄새도 섞여 있었다. 또 낡은 달력 냄새도 났다. 그러나 달력은 하나도 눈에 띄지 않았다. 알고 보니 달력 냄새라고 생각한 것은 융단 냄새였다. 기묘하게도 폭신한 가죽 의자에선 냄새가 나지 않았다. 그래서 나는 실망했다. 지금까지 가죽 의자에 앉아본 적이 없지만 그러면서도 오스카는 의자 가죽은 냄새가 나는 법이라고 믿었기 때문에, 차이들러 집 안의 소파나 의자 가죽을 인조피혁으로 의심했다.

훗날 밝혀진 바에 따르면 진짜 가죽으로 만든, 이 매끄럽고 냄새가 없는 안락의자 중 하나에 차이들러 부인이 앉아 있었다. 그녀는 활동적으로 보이는 몸에 꼭 맞는 회색 드레스를 입고 있었다. 치마가 무릎 위까지 올라가 손가락 세 개 폭만큼 속옷이 내다보였다. 그녀는 올라간 옷을 고치지도 않았으며—오스카가 느낀 바로는—울어서 눈이 부어 있었으므로, 나는 자기소개를 하고 인사하는 것을 삼갔다. 나는 말없이 머리를 숙였다가 들면서 바로 차이들러 쪽으로 돌아섰다. 이 사나이가 엄지손가락의 움직임과 짧은 헛기침으로 그의 아내에게 미리 나를 소개했던 것이다.

그 방은 크고 정사각형이었다. 집 앞에 서 있는 밤나무가 방을 침침하게 했는데, 그 그림자의 상태에 따라서 방이 커 보이기도 하고 작아 보이기도 했다. 나는 짐 가방과 북을 문 옆에 놓고, 전입신고서를 손에 들고서 창과 창 사이에 서 있는 차이들러에게 다가갔다. 오스카에겐 자신의 발소리가 들리지 않았다. 그것은 그가—나중에 세어봤는데—4장의 융단 위를 걸었기 때문이다. 4장의 융단이 크기 순으로 밑에서부터 겹쳐져 있었는데, 술이 달리거나 안 달린 각기 다른 빛깔의 끝단들이 화려한 계단을 형성하고 있었다. 그 맨 아래쪽 계단은 적갈색으로 벽 바로 가까이에서 시작되고 있었다. 녹색에 가까운 그 다음 계단은 묵직한 찬장과 세트로 갖추어진 술잔들로 가득 찬 유리 진열장과 넓적한 부부 침대 등의 가구들 밑에 대부분 감추어져 있었다. 세 번째 융단은 푸른빛으로 무늬가 들어 있는데, 이 끝단은 구석에서 구석까지 방해받는 일 없이 일직선으로 달리고 있었다. 네 번째 융단은 붉은 포도주 빛깔의 비로드 융단으로, 이것에는 임무가 주어져 있었다. 바로 방수포를 씌운 접이식 둥근 테이블과 금속 대갈못을 잘 박은 가죽 쿠션 의자의 네 다리를 받치는 일이었다.

그 밖에도 본디 벽걸이가 아닌 융단이 몇 장이나 벽에 걸려 있었고, 또 둥글게 말아서 구석에 쌓아놓은 융단도 있었으므로 오스카는 이렇게 추측했다. 이 고슴도치는 통화개혁 전에는 융단을 팔고 있었는데 개혁 후에는 팔리지 않아 그대로 갖고 있는 거라고.

창이 있는 벽에는 동양적인 융단 사이에 유일한 그림이 걸려 있었다. 재상 비스마르크의 초상화를 유리 액자에다 넣은 것이다. 고슴도치는 가죽 안락의자에 파묻혀 재상 밑에 앉아 있었는데, 이 재상과 친척 같은 유사성을 드러내고 있었다. 그는 내 손에서 전입신고서를 받아 그 공식 서류의 양면을 주의 깊게, 그리고 초조하게 살피고 있었는데, 이때 그의 아내가 뭐 잘못된 거라도 있느냐고 속삭이자 그의 화가 폭발했다. 화를 내자 그는 더욱더 철혈

재상을 닮게 됐다. 의자가 그를 뱉어냈다. 4장의 융단 위에 선 그는 신고서를 옆에 놓고, 그의 뺨과 조끼를 공기로 부풀리는가 싶더니, 단숨에 첫 번째와 두 번째 융단 위로 옮겨 가서 어느새 바느질을 시작한 아내에게 갑자기 퍼부어 댔다. "묻지도 않았는데 종알거리는 사람이 어디 있어? 쓸데없는 소리나 하고. 그냥 내 말대로 하고 있으란 말이야! 더 이상 이러쿵저러쿵하지 마!"

차이들러 부인은 꿈쩍도 않고 한 마디 말도 없이 바느질을 계속할 뿐이어서, 어쩔 바를 모르고 융단 위를 왔다갔다하는 이 고슴도치는 어떻게든 울화를 풀어야 했다. 그는 단숨에 유리 찬장 앞까지 달려가 덜커덕덜커덕 소리내면서 그것을 열더니, 손가락을 벌려 여덟 개의 술잔을 조심스럽게 붙잡아서 손에 가득 쥔 것을 다치지 않게 찬장 밖으로 꺼냈다. 살금살금 걸어서—솜씨를 보여 7명의 손님을 접대하려는 주인처럼—녹색 타일을 붙인 난로로 다가간 순간, 갑자기 지금까지의 신중함은 다 집어치우고 깨지기 쉬운 그 운반물을 차가운 주철 난로의 문을 향해서 내던졌다.

놀랍게도 고슴도치는 이 장면에서 목표물을 겨냥하는 일만도 상당히 어려웠을 터인데, 한편으로 그의 아내가 일어나 오른쪽 창가로 가서 바늘에 실을 꿰려고 하는 것을 안경 너머로 정확히 보고 있었다. 그가 유리컵을 전부 깨뜨려 버린 1초 뒤에 그녀도 침착한 손놀림을 증명이라도 하듯이 그 어려운 일에 성공했다. 차이들러 부인은 아직도 온기가 남아 있는 안락의자로 돌아가서 또다시 조심성 없이 앉았기 때문에, 치마가 조금 전과 같이 올라가 손가락 세 개 폭만큼의 속옷이 선명한 분홍빛을 드러내 보였다. 고슴도치는 그의 아내가 창가로 가서 실을 꿰고 다시 의자에 돌아갈 때까지의 과정을 심술궂으면서도 체념한 듯한 시선으로 쭉 관찰하고 있었다. 그녀가 의자에 앉은 순간, 그는 난로 뒤로 손을 뻗어 쓰레받기와 비를 찾아내어 유리 조각을 쓸어 모아서 신문지 위에 옮기려고 했다. 그 신문지는 이미 절반쯤이나 술잔 파편으로 채워져 있어서, 세 번째 화가 폭발해 또 술잔을 깨뜨리더라도 더이상 담아낼 여지가 없을 듯했다.

그런데 오스카가 이 유리를 파괴하는 고슴도치로부터 자신을, 즉 오랫동안 노래로 유리를 부숴온 오스카의 모습을 확인했으리라고 독자 여러분이 상상하더라도, 나로서는 그것이 오해라고 단언할 수는 없다. 옛날에는 나도 분노를 유리 파편으로 바꾸기를 즐겼었다—그렇지만 그 무렵 내가 쓰레받기와 비를 잡는 것을 본 사람은 아무도 없었다!

차이들러는 자신의 노여움의 부스러기들을 치워 버리고 안락의자로 돌아갔다. 오스카가 그에게 다시 한 번 신고서를 건네 주었다. 조금 전에 고슴도치가 두 손을 유리 찬장 속에 집어넣을 때 부득이 떨어뜨린 것이었다.

차이들러는 신고서에 서명한 다음 내게 주의를 줬다. 이 집에서는 규율을 지키면서 지내야 한다, 안 그러면 아마 좋지 않을 거다, 자기는 15년 전부터 이발기 판매원으로 활동했으니까. 그러고는 내게 물었다. "이발기가 뭔지 잘 알겠죠?"

오스카는 이발기가 어떤 것인지 알고 있었으므로 방의 공기를 가르며 손짓으로 시늉을 해 보였다. 그것을 보고 차이들러는 내가 이발기에 대해 속속들이 알고 있다고 짐작한 모양이다. 브러시처럼 단정하게 깎은 그의 머리는 판매원으로서 안성맞춤이었다. 그는 나에게 자기 일정표를 설명하고 나자—그는 항상 일주일 간 여행하고 나서 이틀은 집에서 쉰다고 했다—오스카에 대한 모든 흥미를 잃은 듯싶었다. 그저 고슴도치다운 머리를 흔들어 가죽 쿠션에서 삐걱삐걱 소리를 내고 안경알을 번쩍거리면서 이유야 있건 없건 건성으로 네네네네 하고 대답할 뿐이었다. 나는 방을 나올 수밖에 없었다.

오스카는 먼저 차이들러 부인에게 작별 인사를 했다. 부인의 손은 차고 뼈 없이 메말라 보였다. 고슴도치는 안락의자에서 답례를 하고 손짓으로 나를 문 쪽으로 재촉했다. 문 옆에는 오스카의 짐이 놓여 있었다. 내가 두 손에 짐을 들었을 때 그의 소리가 들렸다. "가방에 매달아 놓은 것은 도대체 무엇인가요?"

"내 양철북입니다."

"그럼 여기에서 북을 칠 셈인가요?"

"아뇨, 치려는 게 아닙니다. 전에는 곧잘 쳤습니다만."

"나는 상관없어요. 어차피 평소에는 집에 없으니까."

"앞으로 북을 치는 일은 아마 없으리라 생각합니다."

"그런데 당신은 왜 키가 크지를 않나요?"

"운 나쁘게도 높은 데서 떨어지는 바람에 성장에 지장이 있었지요."

"무슨 말썽이 생기지만 않으면 좋겠는데요. 발작이라든가!"

"지난 몇 년 동안 내 건강 상태는 점점 좋아지고 있습니다. 한번 보세요, 이 활동적인 모습을."

이렇게 말하고 오스카는 차이들러 부부 눈앞에서 뛰었다가 달렸다가 한끝에 위문극단 시절에 익힌 곡예 흉내까지 냈기 때문에, 부인은 킬킬거리면서 웃음을 터뜨렸고 고슴도치도 무릎을 치며 웃기 시작했다. 내가 복도로 나가 간호사의 우윳빛 유리문, 화장실문, 부엌문 앞을 지나서, 내 짐과 북을 내 방으로 옮긴 뒤에도 웃음소리는 그치지 않았다.

그것은 5월 초의 일이었다. 그날 이후 간호사라는 신비로운 존재가 나를 유혹하고 점령하며 정복했다. 간호사에 대한 내 감정은 병적이었다. 아마 고칠 수 없을 정도로 병적이었다. 그 증거로서 모든 것이 먼 옛날 일이 되어버린 오늘에도, 나는 내 간호사인 브루노의 솔직한 주장에 반대한다. 브루노의 주장은 이렇다. 남자만이 진정한 간호사가 될 수 있다, 환자들이 간호사에게 간호받고 싶다는 욕구를 품는 것이 벌써 병의 징후이다, 남자 간호사는 환자를 열심히 간호하며 자주 회복시킨다, 그런데 간호사는 여자의 길을 간다, 즉 여자 간호사는 환자를 회복시키기도 하지만 때로는 에로티시즘으로 가볍게 양념해서 맛있게 만든 죽음으로 유혹한다는 것이다.

나의 간호사 브루노는 이렇게 말하지만, 나는 그의 말을 기꺼이 받아들일 생각은 없다. 나처럼 2, 3년마다 간호사의 손에 생명을 맡겨본 사람은 감사하는 마음이 뿌리 깊어서, 순전히 직업적인 시기심에서 환자의 마음을 간호사들에게서 멀어지게 하려는 남자 간호사의 음흉한 시도를 그대로 받아들일수는 없기 때문이다.

그 일은 내가 세 번째 생일에 지하실 계단에서 떨어졌을 때부터 시작되었다. 그녀는 로테라는 이름의 간호사로서 프라우스트 출신이었다고 기억된다. 홀라츠 박사 밑에서 일하던 잉게 간호사는 몇 년이나 나와 함께 있었다. 폴란드 우체국 방위전 후에는, 나는 한꺼번에 여러 명의 간호사 손을 거쳤다. 그중 한 명의 간호사 이름만이 마음에 남아 있다. 분명히 에르니인지 베르니였을 것이다. 뤼네부르크, 다음에는 하노버 대학의 이름 모를 간호사들. 그리고 뒤셀도르프 시립병원의 간호사들, 특히 게르트루트. 그러나 이번에는 내가 병원에 찾아가지 않아도 간호사가 직접 찾아왔다. 건강한데도 오스카는 한 사람의 간호사 손에 걸린 것이다. 그녀는 차이들러의 집에 오스카와 똑같이 셋방살이를 하고 있었다. 이날부터 나의 세상은 간호사들로 가득 찼다. 내가 이른 아침 일터로, 그러니까 코르네프의 작업장으로 글자를 새기러 갈 때의 전차 정거장 이름은 '마리아 병원'이었다. 병원의 벽돌로 만든 현관 앞과 꽃으로 가득한 앞뜰에는 언제나 오가는 간호사들의 모습이 있었다. 힘든 근무를 마친 자들과 이제부터 해야 할 근무를 기다리고 있는 자들이다. 그 사이에 전차가 왔다. 나는 때때로 지쳐 있거나 적어도 긴장이 풀린 표정을 짓고 있는 간호사들과 같은 차에 걸터앉거나 같은 플랫폼에 서는 일을 피할 수 없었다. 처음에는 그녀들의 냄새가 싫었다. 하지만 이윽고 나는 그녀들의 냄새를 찾아 일부러 옆에 앉기도 하고 그녀들의 제복과 제복 사이에 자리하기도 했다.

그리고 비트 거리. 화창한 날이면 나는 문 밖에 진열된 묘석들 사이에서 글자를 새겼다. 그러면 그녀들이 자유 시간에 삼삼오오 짝지어 팔짱을 끼고 재잘거리며 산보하는 모습을 볼 수 있었다. 그럴 때면 오스카는 저도 모르게 휘록암에서 눈을 떼어 자기 일을 등한시할 수밖에 없었다. 한 번 눈을 뗄 때마다 20페니히의 손해를 감수해 가면서.

영화 광고지. 독일에서는 이제까지 간호사에 대한 영화가 많이 제작되었다. 마리아 셸이 나를 영화관으로 유혹했다. 그녀는 간호사 제복을 걸치고, 웃기도 하고 울기도 하며, 헌신적으로 간호하는가 하면 간호사 모자를 쓴 채 미소 지으며 진지한 음악을 연주하기도 하고, 자기 잠옷을 금방이라도 찢을 듯이 절망하여 자살을 꾀했다가도 그녀의 사랑—상대는 의사인 보르셰—을 희생하면서까지 직무에 충실하여 끝까지 제모와 적십자 브로치를 지켰다. 오스카의 소뇌와 대뇌는 이 영화를 보면서 웃기도 하고, 또 필름 속에 끊임없이 음란한 장면을 끼워넣기도 했지만, 한편으로 그의 눈은 눈물로 젖어 있었다. 나는 흰 옷을 입은 이름 모를 사마리아 여인들로 가득 찬 사막에서 반봉사가 되어 도로테아 간호사를 찾아 헤매고 있었다. 그녀에 대해서 아는 거라곤 차이들러 집의 우윳빛 유리문이 달린 방에 세들고 있다는 사실뿐인데도.

나는 이따금 야근을 마치고 돌아오는 그녀의 발소리를 들었다. 밤 9시쯤 낮 근무를 끝내고 돌아올 때에도 발소리가 났다. 오스카는 간호사의 발소리가 복도에서 들려왔을 때 언제나 의자에 앉아 있기만 하지는 않았다. 그는 흔히 문 손잡이를 만지작거리곤 했다. 그럴 때 가만히 참고 있을 사람이 어디 있겠는가? 누군가가 자기 옆을 지나갈 때 흘끗 쳐다보고 싶지 않은 사람이 어디 있겠는가? 더구나 그 사람은 자기가 봐주길 바라면서 지나가는지도 모르는데. 가만히 앉아 있는 사람을 벌떡 일어나게 하려는, 순전히 그러한 의도밖에 없을 것 같은 소리가 바로 가까이에서 들려올 때 그냥 의자에 눌러앉아 있을 사람이 어디 있겠는가?

더욱 좋지 않은 것은 바로 고요함이다. 우리는 이것을 조용하고 수동적인 목각 선수상에서 체험했다. 먼저 제1의 미술관 직원이 피에 젖어 넘어졌다. 니오베가 그를 죽였다는 소문이 돌았다. 관장은 새 수위를 구했다. 미술관을 닫을 수는 없었기 때문이다. 두 번째 수위도 죽어 버렸을 때 모두가 떠들었다. 니오베가 그를 죽였다고. 미술관장은 여러 방면으로 노력하여 세 번째 수위를 찾아냈다―어쩌면 벌써 열한 번째였을지도 모르지만, 몇 번째였는가는 아무래도 좋다! 어쨌든 어느 날, 애써서 찾아낸 이 수위도 죽어 있었다. 모두가 떠들었다. 니오베가 죽였다, 녹색으로 칠한 니오베, 호박(琥珀) 눈동자로 지켜보는 니오베, 니오베는 목각 나체로서 떨지 않고, 얼지 않으며, 땀 흘리지 않으며, 숨도 쉬지 않고, 나무좀까지도 먹지 않았다. 역사적인 귀중품이라 거기에 구충제를 뿌려놓았던 것이다. 이 목각상 때문에 한 마녀가 화형을 당했다. 이를 만든 조각가의 유능한 손이 잘렸다. 배가 몇 척이나 침몰되었으나 이 목각상은 헤엄을 쳐서 구조되었다. 니오베는 목각이면서도 불에 타지 않았다. 사람을 몇 씩이나 죽이고도 귀중하게 보관되어 있었다. 고교생, 대학생, 늙은 사제, 한 떼의 미술관원들을 니오베는 그녀의 침묵으로 조용하게 만들었다. 내 친구 헤르베르트 트루친스키는 그녀와 교미를 하다 숨을 거두었다. 그러나 니오베는 여전히 마른 채로 있으면서 한층 더 조용해졌다.

새벽 6시 무렵, 간호사가 그녀의 방을 나와 복도를 지나 고슴도치의 집을 나가면 그 뒤로는 아주 조용해졌다. 물론 그녀는 방에 있을 때에도 전혀 소음을 내지 않았지만. 어쨌든 오스카는 이 온전한 정적을 견뎌내기 위해서 때때로 자기 침대를 삐걱거리거나 의자를 움직이거나 사과를 목욕통 쪽으로 굴려야만 했다.

8시 무렵에 부스럭부스럭 소리가 났다. 우편집배원이 편지와 엽서를 대문

우편 투입구를 통하여 마룻바닥에 떨어뜨리고 가는 소리다. 오스카뿐만 아니라 차이들러 부인도 이 소리를 기다리고 있었다. 그녀는 9시가 되기를 기다려 만네스만사(社)의 비서일을 시작했는데, 편지를 집으러 갈 우선권을 나에게 양보했다. 따라서 부스럭 소리가 난 후에 맨 먼저 그곳에 가는 사람은 오스카였다. 나는 조용히 행동했다. 물론 내가 내는 소리가 어차피 그녀에게 들린다는 것은 알고 있었지만. 나는 복도 전등을 켜지 않아도 되도록, 내 방문을 열어놓고서 우편물 전부를 한꺼번에 집었다. 그중에 마리아의 편지가 있으면 그것을 잠옷 호주머니에 찔러넣는다. 마리아는 일주일에 한 번씩, 자신과 아들과 구스테 언니에 대해서 정성스럽게 보고하는 편지를 내게 보내 주었다. 그리고 나서 나는 나머지 우편을 쭉 조사했다. 차이들러 집안으로 온 것이나, 복도 반대쪽 구석에 살고 있는 뮌처 씨에게 온 것은, 일어서지 않고 허리를 굽힌 채 전부 그대로 다시 마루에 살짝 밀어놓았다. 간호사 앞으로 온 편지가 있으면 오스카는 뒤집어 보면서 냄새를 맡고, 촉감을 즐기며, 물론 보낸 사람의 이름도 확인했다.

도로테아 간호사에게는 별로 편지가 오지 않았으나 그래도 내게 오는 것보다는 많았다. 그녀의 정식 이름은 도로테아 쾬게터다. 하지만 나는 그냥 도로테아 간호사라고 부른다. 이따금 그녀의 성(姓)이 무엇인지 잊어버리기도 했는데, 간호사에게 성이란 사실상 그만큼 있으나 마나 한 것이다. 힐데스하임에 있는 그녀의 어머니로부터 그녀는 우편물을 받았다. 편지와 엽서가 서부 독일의 여러 병원에서 왔다. 간호학교 시절의 동기생들이 보낸 것이었다. 아직도 그녀는 너절하게 어찌어찌 엽서를 씀으로써 옛 친구들과의 관계를 유지하고 있었고, 이런 답장도 받고 있었던 것이다. 그러나 오스카가 쭉 훑어 본 바로는 내용도 없는 시시한 답장 엽서들뿐이었다.

그래도 내가 도로테아의 과거에 대해서 어느 정도나마 알 수 있었던 것은, 겉쪽에 대개 덩굴이 감긴 병원 건물 정면이 나타나 있는 엽서들 덕택이었다. 그녀는 잠시 쾰른의 빈첸트 병원에 있었고, 그 뒤 아헨의 개인병원으로 옮겼으며, 힐데스하임에서도 근무를 했다. 어머니의 편지는 지금도 역시 힐데스하임에서 왔다. 따라서 그녀는 니더작센 출신이든지, 아니면 오스카처럼 동부에서 온 피난민으로서 전쟁 직후 니더작센으로 피난했던 것이리라. 또한 내가 안 바로는, 도로테아 간호사는 바로 근처의 마리아 병원에 근무하고 있으며, 베아테라는 간호사와 친하게 지내고 있음에 틀림없었다. 왜냐하면 많은 엽서가 그들의 우정을 언급하고 있고, 베아테에 대한 인사도 들어 있었기 때문이다.

이 여자친구의 출현이 내 마음을 들뜨게 했다. 오스카는 이 여자친구의 존재에 대해서 생각했다. 나는 여러 통의 편지를 베아테에게 써 보았다. 한 편지에서는 도로테아와 자기 사이를 중개해 달라고 부탁했는데, 다음 편지에서는 도로테아에 대해선 말하지 않았다. 먼저 베아테에게 접근하고, 그 다음에 친구 쪽으로 옮길 생각이었다. 대여섯 통을 써서 그 가운데 두세 통은 봉투에 넣어서 우체통 옆까지 갔으나 결국 한 통도 부치지 못했다.

그러나 나는 그때 상당히 광기를 띠고 있었으므로, 언젠간 베아테에게 보내는 편지를 부쳤을지도 모른다. 그렇게 되지 않은 까닭은 어느 월요일에—그 무렵 마리아는 그녀가 일하는 가게 주인 슈텐첼 씨와 관계를 맺기 시작했으나, 나는 그것을 알고도 이상스럽게 냉정해질 뿐이었다—사랑을 품은 내 정열을 질투로 일그러뜨린 그 편지가 마루에서 발견되었기 때문이다.

봉투에 인쇄된 발신인의 이름으로 나는 알았다. 이것은 마리아 병원의 에리히 베르너 박사가 도로테아 간호사에게 쓴 편지였다. 화요일에 두 통째가 왔다. 세 통째는 목요일이었다. 그 목요일은 어땠는가? 오스카는 자기 방으로 돌아와서 비치된 부엌 의자에 털썩 걸터앉아, 마리아의 정기적인 편지를 잠옷 호주머니에서 꺼냈다—새로운 숭배자를 얻고 나서도 마리아는 꼬박꼬박 정중하게 사소한 일도 빼놓지 않고 계속 적어 보냈다—봉투까지 찢었지만 읽을 마음이 안 들었다. 차이들러 부인이 복도로 나오는 발소리가 났다. 곧 그녀의 목소리가 들렸다. 그녀는 뮌처 씨를 부른 것이다. 상대는 대답하지 않았다. 그렇지만 틀림없이 방에 있었다. 그 증거로 차이들러 부인이 방문을 열고 그에게 우편물을 건네 주면서 무엇인지 싫은 소리를 하고 있었다.

차이들러 부인은 아직 말을 하고 있었으나, 내게는 그녀의 말소리가 들리지 않게 되었다. 나는 벽지 망상에 자신을 맡겼다. 수직선의 망상, 수평선의 망상, 대각선의 망상, 곡선의 망상, 천 배로 불어난 망상에. 나는 마체라트가 된 듯한 기분이 들어, 그와 같이 아내를 빼앗긴 남자라면 누구라도 먹게 될지 모를 영양분이 많은 빵을 먹었다. 나는 얀 브론스키를 잠깐 악마처럼 싸구려 화장을 한 유혹자로 쉽사리 변장시킬 수가 있었다. 그는 벨벳 깃을 단 전통적인 외투를 입은 모습으로 한 번 등장했다. 다음으로 홀라츠 박사의 흰 가운을 입고서, 곧이어 베르너 박사의 외과 의사 모습으로 나타나서 유혹하고 타락시키며 모욕하고 상처 입히며 때리고 괴롭혔다. 다시 말해 유혹자가 언제까지나 유혹자로서의 신용을 떨어뜨리지 않기 위해서 해야 할 일을 모조리 실천했다.

오늘 나는 미소지으며 그때의 생각을 떠올릴 수 있지만, 그것은 그 무렵 오스카를 질투로 미치게 하여 벽지와 같이 미친 사람으로 만들어 버렸다. 나는 그때 의학을 공부하고 싶다고 생각했다, 그것도 가능한 한 빨리 의사가 되고 싶었다, 그것도 마리아 병원의 의사가. 베르너 박사를 내쫓고 싶었다, 그를 웃음거리로 만들고 싶었다. 그의 엉터리 솜씨를 꾸짖고, 후두(喉頭) 수술 중 과실치사로 그를 고소하고 싶었다. 베르너 씨가 정규 과정을 밟은 박사가 아니었다고 밝혀진다면 얼마나 좋을까. 전시에 그는 야전병원에서 일했는데, 거기에서 얼마간 지식을 익혔을 뿐이다. 이 사기꾼을 추방하라! 그리고 오스카가 원장이 된다. 이토록 젊으면서 책임 있는 지위에. 신임 자우어브루흐 같은 의사가, 수술 간호사 도로테아를 데리고 흰 옷의 수행자들에게 둘러싸인 채 소리가 울리는 복도를 걸으며 회진하고, 최악의 경우에는 수술 결정을 내린다—정말 이와 같은 영화가 촬영되지 않아서 얼마나 다행인지!

양복장 속에서

오스카의 삶이 오직 간호사들을 위해서만 존재한다고는 생각하지 말기를 바란다. 어쨌든 나에게는 직업이 있었으니까! 미술대학의 여름 학기가 시작되었다. 휴가 중에 하던 비명 새기는 부업을 나는 단념해야만 했다. 이번에는 좋은 보수 대신 가만히 있어야만 했다. 옛날 양식법은 그와 마주 앉아서 참된 가치를 입증해야 했고, 새로운 양식법은 나와 뮤즈인 울라를 실마리 삼아 그 효과를 확인했다. 그들은 우리의 구체성을 폐기하고 우리를 단념하고 부정하며 직선·사각형·나선형 등, 고작 벽걸이 디자인에나 쓰일 법한 완전히 추상적인 것을 화포나 화지 위에 옮겼다. 그리고 단 하나 중요한 오스카와 울라가 존재하지 않는, 따라서 신비한 긴장 관계가 존재하지 않는 이 새로운 실용 무늬들에 실로 거창하고 겉만 번지르르한 제명을 붙였다. '위쪽으로의 편성', '시대를 초월하는 노래', '새 공간 속의 적(赤)'.

이러한 짓은 특히 아직 스케치 방법도 제대로 모르는 어린 신입생들이 많이 저질렀다. 쿠헨 교수나 마룬 교수 주위에 있는 오랜 친구들이나 우수한 학생인 치게나 라스콜리니코프는 검은색과 그 밖의 색을 참으로 풍부하게 사용했기 때문에, 황량한 소용돌이라든지 빈혈증 걸린 직선 같은 빈곤함을 가지고 찬가를 노래하는 따위의 짓은 하지 않았다.

그러나 뮤즈 울라는, 그녀가 지상의 존재가 되었을 때는 공예미술적인 취미를 그대로 드러내서 새로운 벽걸이들에 열중했다. 그리하여 그녀는 자신을 버린 화가 랑케스를 쉽사리 잊어버리고, 나이가 지긋한 마이텔이라는 화가가 제작한 다양한 크기의 장식을 아름답고 즐거우며 재미있고 공상적이며 어마어마하고, 심지어는 세련됐다고까지 생각했다. 그녀가 부활제 달걀과 같이, 지나치게 감미로운 형식을 좋아하는 이 예술가와 금방 약혼했다는 사실은 별로 떠들 만한 일은 못 된다. 그녀는 그 뒤에도 몇 번이나 약혼할 기회가 있었기 때문이다. 그리고 지금에 이르러서는—그녀가 엊그제 나와 브루노를 위해 사탕을 사들고 와서 나에게 털어 놓은 바로는—어떤 사람과 진지한 결합을 이루기 직전이라고 한다. 물론 이것은 그녀가 늘 하는 말이지만.

학기 초에 울라는 뮤즈로서, 그때까지 전혀 깨닫지 못하고 있었던 새로운 방향으로만 시선을 돌리려고 했다. 그녀의 부활제 달걀 화가인 마이텔이 그녀에게 싫은 소리를 했기 때문이다. 그는 약혼 선물로 어떤 단어들을 그녀에게 가르쳐 주었는데, 이것을 그녀는 나와의 예술 대담에서 충분히 써먹었다. 그녀는 온갖 상호 관계에 대해 이야기했다. 별자리에 대해서, 악센트에 대해서, 원근법에 대해서, 흐르는 구조에 대해서, 색채 융합 과정에 대해서, 부식 현상에 대해서 이야기를 했다. 온종일 바나나만 먹고 토마토 주스만 마시던 그녀가 원세포에 대해서 말하고, 색의 원자(原子)에 대해서도 이야기했는데, 이 색의 원자는 역장(力場) 안에서 역학적인 탄도(彈道)의 수정 경과에 따라 그의 자연적인 위치를 찾을 뿐 아니라 장 밖으로 뛰쳐 나가기도 한다는 것이다……. 이러한 것을 울라는 모델 휴식 시간에 나와 이야기했다. 때로는 라팅거 거리에서 커피를 마시면서 이야기하기도 했다. 그 역학적인 부활제 달걀 화가와의 약혼을 취소하고 한 여성과 짤막한 동성연애를 한 뒤,

쿠헨 교수의 어느 제자와 관계를 맺으면서 다시 구상(具象)의 세계로 돌아와서도, 그녀는 여전히 그 단어들을 버리지 않았다. 그 단어들을 입에 올릴 때 그녀의 작은 얼굴은 긴장되었으며, 어딘가 광신자 같은 날카로운 두 개의 잔주름이 그녀의 뮤즈 입가에 홈을 파곤 했다.

여기에서 확인해 두고 싶거니와 뮤즈 울라를 간호사로서 오스카 옆에 세워 그린다는 착상은 라스콜리니코프가 혼자서 생각해낸 것은 아니다. 마돈나 49 다음에 그는 우리를 '유럽의 유괴'라고 해서 그렸다—황소가 나였다. '유괴'라는 그림을 두고서 얼마간의 논쟁이 있은 직후에 '바보가 간호사를 치료하다'라는 그림이 완성되었다.

나의 한 마디가 라스콜리니코프의 공상에 불을 당긴 것이었다. 음침한 붉은 머리인 그는 교활한 표정으로 생각에 잠기면서 화필을 완전히 씻어 버리더니, 울라를 응시하며 죄와 벌의 이야기를 했다. 바로 이때 나는 그에게 조언을 했다. 내 속에서 죄를 보고 울라 속에서 벌을 보면 어떠냐고, 내 죄는 노골적인 것이 좋겠고 벌한테는 간호사 옷이라도 입혀보는 것이 어떻겠느냐고.

이 훌륭한 그림이 훗날 사람을 미혹하는 듯한 묘한 이름으로 불리게 된 것은 라스콜리니코프의 탓이었다. 나 같으면 그 그림을 '유혹'이라고 이름 붙였을 것이다. 왜냐하면 그림 속 내 오른손이 문손잡이를 잡아 돌려 간호사가 서 있는 방 안을 훔쳐보고 있었기 때문이다. 아니면 라스콜리니코프의 그림을 노골적으로 '문손잡이'라고 부르는 것도 좋으리라. 가령 누가 나더러 유혹에 새로운 이름을 붙이라고 한다면 문손잡이라는 말을 권할 것이다. 손으로 잡을 수 있는 그 돌기 자체가 유혹을 암시하니까. 고슴도치 차이들러가 여행 중이고, 간호사는 병원에서 근무 중이며, 차이들러 부인이 만네스만의 사무실에서 일하는 날이면, 도로테아 간호사 방의 우윳빛 유리문에 달린 문손잡이가 늘 나를 유혹하듯이.

그럴 때에 오스카는 배수관이 없는 목욕통이 딸린 자기 방을 나서서, 차이들러 집 안 복도로 나온 뒤 간호사 방 앞으로 가서 그 문의 손잡이를 잡았다.

6월 중순까지 나는 이 실험을 거의 매일 해 보았지만, 그 문은 말을 듣지 않았다. 이미 나는 이 간호사가 책임이 무거운 직업 덕택으로 매우 빈틈없이 자란 인간이라고 생각하기 시작했던 터라, 그녀가 무심코 문단속을 깜빡했기를 기대하지 않는 편이 현명하다고 생각했다. 그래서 어느 날, 막상 그 문에 자물쇠가 걸리지 않은 것을 발견했을 때, 나는 성급히 문을 다시 닫아 버리는 우둔하고도 기계적인 반응을 나타내고 말았다.

오스카는 틀림없이 몇 분 동안 피부를 최고로 긴장시키고 복도에 서 있었을 것이다. 그리고 참으로 여러 가지 근거에서 한꺼번에 생겨나는 여러 가지 생각 때문에, 그의 마음은 습격에 알맞은 계획을 정하는 데 애먹었다.

그동안에 나는 가까스로 나와 내 생각을 다른 관계로 옮겨 갈 수 있었다. 마리아와 그녀를 숭배하는 사나이의 관계였다. 나는 생각했다. 마리아는 숭배자를 거느리고 있다, 숭배자는 마리아에게 깡통에 든 커피를 선사했다, 숭배자와 마리아는 토요일에 아폴로에 간다, 마리아는 일이 끝난 뒤가 아니면 숭배자에게 정답게 말을 하지 않는다, 근무 시간에 마리아는 정중하게 말을 한다, 가게 주인이니까—이런 식으로 마리아와 숭배자를 온갖 각도에서 고찰해 보았을 때, 나는 비로소 내 모자란 머릿속에서 생각을 정리할 단서를 잡을 수 있었다. 그리고 나는 우윳빛 유리문을 열었다.

나는 이미 오래전부터 이 방은 창이 없을 거라고 생각해 왔다. 왜냐하면 문 위쪽의 불투명한 유리 부분에 한 줄기 햇살도 비친 적이 없었기 때문이다. 오른쪽을 더듬자 내 방과 똑같이 전등 스위치가 있었다. 방이라고 하기에는 너무나 좁았는데, 이 정도 넓이라면 40와트 전구로도 충분했다. 갑자기 거울에 비친 상반신이 눈앞에 나타나자 나는 질색을 했다. 그러나 오스카는 좌우가 뒤바뀐, 그렇다고 딱히 특별하지도 않은 자기 영상을 피하려 들지는 않았다. 왜냐하면 거울 앞에 그것과 같은 폭으로 놓여 있는 화장대 위의 여러 가지 물건들이 나를 강하게 끌어당겨, 오스카를 발돋움하게 했기 때문이다.

세면대의 흰 에나멜은 군데군데 검푸르게 벗겨져 있었다. 세면대가 위쪽 가장자리까지 완전히 파묻혀 있는 대리석 화장대도 여기저기 파손되어 있었다. 대리석판의 왼쪽 구석은 떨어져 나갔는데, 그 조각이 거울 앞에 놓인 채 거울을 향해 줄무늬를 보이고 있었다. 파손된 부분에 벗겨진 접착제 자국은 서투른 수리 솜씨를 말해 주었다. 석공으로서의 내 손가락이 근질근질했다. 나는 코르네프가 직접 만든 대리석 접착제를 생각했다. 그 접착제는 아주 조각조각 부서진 라인 대리석까지도 영구적인 정면 장식판으로 만들어, 커다란 푸줏간 정면을 장식했던 것이다.

낯익은 석회암과 사건 덕으로 불량품 거울에 비친 나의 비틀어진 모습을 떨쳐버린 나는, 비로소 오스카가 방에 들어온 순간 이상하게 느낀 그 냄새를 제대로 맡을 수 있는 여유도 생겼다.

그것은 식초 냄새였다. 나중에, 최근 2, 3주 전까지만 해도 내가 코를 쿡 찌르는 이 냄새를 어쩔 수 없는 것이라고 생각한 까닭은 이렇게 추측했기 때문이다. 이 간호사는 전날 머리를 감은 모양이다. 이 냄새는 머리를 감기 전 그녀가 물에 탄 식초 냄새이리라. 물론 화장대 위에 식초병은 보이지 않았다. 다른 레테르가 붙어 있는 용기 속에도 역시 식초는 없는 듯했다. 게다가 도로테아 간호사는 마리아 병원에 가면 최신식 목욕실을 이용할 수 있을 텐데, 구태여 차이들러 집 부엌에서 차이들러의 양해를 얻으면서까지 물을 데워 그녀의 조그마한 방에서 불편하게 머리를 감을 리가 없을 텐데 하고 나는 몇 번이나 되뇌었다. 어쩌면 수간호사나 병원 당국의 일반명령으로, 간호사들은 병원 안의 어떤 위생 시설도 이용할 수 없는지도 모른다. 그래서 도로테아도 부득이 이곳의, 이 에나멜 세면기 속에서 엉터리 거울을 앞에 놓고 머리를 감게 되었는지도 모른다.

화장대 위에 식초병은 보이지 않았으나, 그 좁은 대리석판 위에 작은 병과 깡통들이 가득 놓여 있었다. 탈지면 뭉치와 반쯤 비어 있는 생리대 뭉치 등이, 그때 오스카에게서 깡통 내용물을 조사할 용기를 빼앗아 버렸다. 그러나 지금도 내 생각은 똑같은데, 그 깡통 내용물은 화장품이든지 아니면 아무 문제없는 연고였으리라.

이 간호사는 머리빗을 빗통 속에 꽂아 놓았다. 나는 약간 주저하다가 마침내 그 빗을 빗통에서 뽑아 자세히 들여다보았다. 그것은 정말 잘한 일이었다. 왜냐하면 이 순간에 오스카는 극히 중대한 발견을 했기 때문이다. 이 간호사는 금발 머리였다. 혹시 회색이 도는 금발이었을지도 모른다. 하지만 빗에 걸려 있는 죽은 모발에서 결론을 내는 데는 신중해야 한다. 그러므로 여기에서는 도로테아 간호사가 금발 머리임을 확인하는 데에서 그치자.

또한 의심스러울 만큼 많은 머리카락이 빗에 붙어 있는 것으로 보아 이 간호사는 탈모증으로 고생하는 모양이었다. 틀림없이 여성의 마음을 불쾌하게 만들 이 괴로운 병을 나는 간호사 모자 탓으로 돌렸다. 그렇지만 그 모자를 비난하지는 않았다. 어쨌든 제대로 된 병원에서는 제모 없이 지낼 수 없으니까.

오스카는 식초 냄새는 질색이었다. 그러나 도로테아 간호사의 머리털이 빠지는 사실을 안 이상, 내 마음엔 동정으로 다듬어진 걱정스러운 사랑 말고는 아무것도 끓어오르지 않았다. 이때의 내 마음 상태를 단적으로 나타내는 것은 다음 사실이다. 즉 효험이 있다고 소문난 몇 가지 발모제가 당장 떠올라, 기회를 봐서 이 약들을 간호사에게 줘야겠다고 생각했다. 이처럼 그녀를 만날 일을 벌써부터 생각하며—오스카는 따뜻하고 바람이 없는 여름 하늘 아래 물결치는 밀밭에서의 밀회를 생각했다—나는 빗에서 빠진 머리카락을 뽑아서 한 묶음으로 만 다음, 이 묶음에서 먼지와 비듬을 떨어 내고는, 내 지갑 안 한 칸을 급히 비우고 그 속에 조심스럽게 집어넣었다.

지갑을 건드리느라 오스카가 잠시 대리석판 위에 놓아 두었던 조금 전의 빗을, 나는 지갑과 훔친 물건을 웃옷 호주머니에 넣은 뒤에 다시 한 번 집어 들었다. 나는 이 빗을 알전구에 대고 비춰 보았다. 그리고 촘촘한 정도가 다른 빗살들의 두 무리를 살피다가 빗살이 성긴 무리에서 이가 두 개 빠진 것을 발견했다. 나는 촘촘한 빗살의 머리를 왼쪽 집게손가락 손톱으로 드르륵 긁고 싶은 충동을 억누를 수가 없었다. 그리하여 오스카가 이 장난을 계속하는 동안, 의심을 받지 않으려고 일부러 남겨놓은 몇 올 안 되는 머리카락이 번쩍거려 그를 기쁘게 했다.

드디어 빗을 빗통 속에 도로 꽂아 놓았다. 그리고 나를 너무 한쪽으로만 쏠리게 한 화장대에서 물러났다. 간호사의 침대로 가다가 나는 부엌에서 쓰는 의자에 부딪쳤는데, 거기에는 브래지어가 걸려 있었다.

너무 빨아서 테두리가 닳고 색이 바랜 그 브래지어의 움푹 들어간 두 구덩이를 오스카는 자기 주먹 말고 다른 것으로는 채울 수가 없었다. 그러나 두 주먹만으로는 채워지지 않았다. 두 개의 밥그릇 속에서 주먹들이 불편한 듯 굳어진 채 신경질적으로 꿈틀거렸지만, 아주 막연하게만 느껴졌고 성에 차지를 않았다. 그 그릇에 무슨 죽이 들어 있는지는 몰라도 날마다 퍼냈으면 좋겠다는 생각이 들었다. 죽이란 건 때때로 구토제가 될 수 있으므로 여러 번 구역질이 날 수도 있을 게다. 하지만 구역질 뒤에는 다시 달콤한 쾌감이 찾아올 것이다. 너무 달콤해서 다시 구역질이 날지도 모른다, 진정한 사랑이 시련에 부딪치는 것이다.

나는 베르너 박사 일이 생각나서 두 주먹을 브래지어에서 뺐다. 금세 베르너 박사는 마음에서 사라졌다. 그리고 나는 도로테아 간호사의 침대 앞에 서게 되었다. 간호사의 침대! 이제까지 몇 번이나 오스카는 그것을 마음에 그려 왔던가. 그런데 지금 실제로 보니, 그것은 나의 편안한 잠과 때때로 찾아오는 불면증에 대하여 갈색으로 칠한 테두리를 제공해 주는 내 침대와 똑같이 보기 흉한 침대였다. 나는 놋쇠 매듭과 매우 경쾌한 종류의 격자가 달린, 하얀 래커칠이 된 금속 침대가 그녀의 것이기를 바랐었다. 그런데 이렇게 투박하고 볼품없는 침대라니. 머리는 무거워지고 정열도 끓어오르지 않으며 질투심마저 느끼지 못한 채, 나는 잠시 꼼짝도 하지 않고 이 잠자는 제단 앞에 우두커니 서 있었다. 침대 위 가벼운 새털 이불까지도 화강암으로 만들어진 것처럼 보였다. 그래서 나는 뒤로 돌아서서 이 불쾌한 광경으로부터 눈을 돌렸다. 간호사 도로테아가 이처럼 불길한 묘혈에서 잠자는 모습 따위를 오스카는 결코 상상하고 싶지 않았다.

연고가 들어 있을 듯한 깡통을 열어보고픈 마음에서였는지, 나는 다시 화장대로 돌아가려고 했다. 그 도중에 재빨리 옷장의 명령이 내게 내려졌다. 이 옷장의 넓이에 주목하라, 이 칠이 짙은 갈색임을 확인하라, 이 장식 테두리의 윤곽을 시선으로 더듬어라, 그리고 자, 이것을 열어라. 어쨌든 옷장이란 어느 것이나 열리기를 바라게 마련이다.

이 옷장 문에는 자물쇠가 없었으며 대신 못이 걸려 있었다. 그 못을 나는 수직으로 비틀었다. 그러자 갑자기 나무 문이 한숨을 쉬면서 저절로 양쪽으로 열리어 실로 광대한 풍경을 펼쳐 보였으므로, 나는 팔짱을 끼고 냉정하게 관찰할 수가 없어 두어 걸음 후퇴해야만 했다. 오스카는 화장대를 볼 때처럼 자질구레한 것에 정신을 빼앗기지도, 침대를 마주했을 때처럼 선입관에 사로잡혀 판단을 내리지도 않겠다고 생각했다. 천지창조의 날과 같이 전혀 새로운 기분으로 옷장을 대하고 싶었다. 옷장 또한 두 팔을 벌리고 그를 환영해 주고 있었으니까 말이다.

그렇지만 철저한 탐미주의자인 오스카는 비평을 완전히 단념할 수는 없었다. 어느 엉터리가 그랬는지 덤벙거리다가 옷장 다리를 대충 톱으로 잘라냈기 때문에, 바닥에 수평으로 놓는다고 해도 옷장이 기우뚱할 수밖에 없었다.

가구 안의 정돈 상태는 흠잡을 데 없었다. 오른쪽의 깊은 3층 칸막이 속에는 속옷과 블라우스가 쌓여 있었다. 흰색과 분홍색뿐 아니라 빨아도 빛이 바래지 않을 듯한 밝은 청색도 있었다. 빨간색과 녹색의 바둑판 무늬 방수포 가방 두 개가 서로 묶인 채, 오른쪽 문 안의 속옷 선반 가까이에 매달려 있었다. 위쪽 가방에는 잘 기운 양말이, 아래쪽 가방에는 아직 전염병을 앓는 양말이 정리되어 있었다. 마리아가 고용주 겸 숭배자인 남자에게서 선물받아 신고 있던 그 양말과 비교하면, 이 방수포 가방에 들어 있는 양말은 올이 굵진 않아도 더 촘촘해서 질길 것 같았다. 옷장 안 넓은 왼쪽 부분에는 풀을 빳빳하게 먹여 약간 번쩍거리는 간호사 제복이 옷걸이에 걸려 있었다. 그 위쪽 모자 선반에는 연약해서 초보자의 손길을 꺼리는 듯한 모양새로, 소박하고 아름다운 제모들이 나란히 놓여 있었다. 나는 속옷 선반 왼쪽에 걸려 있는 평상복에는 슬쩍 눈길을 던졌을 뿐이다. 값싼 것을 적당히 갖추어 놓은 느낌으로, 나의 숨은 기대를 확인해 주었다. 말하자면 도로테아 간호사는 이런 옷차림에는 그다지 관심이 없었던 것이다. 모자 선반의 제모들 옆에는 밥그릇 모양의 모자 서너 개가 모자마다 달린 우스꽝스러운 조화를 서로 짓누르며 아무렇게나 쌓여 있어서 전체적으로 잘못 만든 케이크처럼 보였는데, 거기서도 비슷한 인상을 받았다. 또한 모자 선반에는 열두 권 정도의 얇은 책들이 여러 빛깔의 등을 보이며, 남은 털실을 채워놓은 구두 상자에 기대어 있었다.

오스카는 고개를 한껏 들고 좀더 다가가서야 책 제목을 읽을 수 있었다. 관대하게 미소 지으면서 나는 머리를 다시 반듯하게 세웠다. 선량한 도로테아 간호사는 탐정소설 애독자였다. 그러나 이 양복장 속의 사적인 부분에 대한 이야기는 이 정도로 그치자. 그런데 문제는 이 책들 때문에 옷장으로 다가간 내가 이 안성맞춤의 장소를 떠나려 하지 않았다는 사실이다. 그뿐인가, 나는 옷장 속에 머리를 들이밀었다. 이 옷장의 일부가 되고 싶다는 욕구가 점점 높아졌다. 도로테아 간호사의 적지 않은 모습을 떠맡고 있는 이 옷장의 내용물이 되고 싶다는 욕구에 나는 더 이상 저항할 수가 없었다.

꼼꼼하게 닦여 외출을 기다리며 옷장 바닥에 놓여 있는 굽 낮은 실용적인 스포츠화를 옆으로 치울 필요도 없었다. 마치 처음부터 초대할 예정이었던 듯 옷장 속은 잘 정돈되어 있었으므로, 오스카는 걸려 있는 옷 하나 밀어젖히지 않고도 옷장 한가운데에 신을 신은 채 들어가 쪼그리고 앉아 마음 놓고 숨어 있어도 될 성싶었다. 그리하여 나는 기대에 부풀어 안으로 들어갔다.

하지만 곧바로 진정되지는 않았다. 오스카는 방 안 가구와 전구에 감시당하고 있는 듯한 기분이 들었다. 옷장 속에 좀더 편히 있으려고, 나는 옷장문을 잡아당겨 닫으려고 했다. 아주 어려운 일이었다. 문 쇠고리가 닳아서 아무리 애써도 문 위쪽이 입을 벌리기 때문이었다. 그래서 옷장 속까지 빛이 들어왔으나 방해가 될 정도는 아니었다. 그 대신 냄새가 강해졌다. 오래된 듯하면서도 청결한 냄새가. 이젠 식초 냄새는 나지 않고 대신 방충제 냄새가 났다. 좋은 냄새였다.

옷장 속에 앉아서 오스카는 무엇을 했는가? 그는 가장 가까이에 있는 도로테아의 제복에 이마를 댔다. 그것은 소매가 달린 앞치마로 목 부분이 죄여있었는데, 여기에 이마를 대고 있으려니 갑자기 병원 안 모든 전문과의 문이 열리는 것처럼 느껴졌다—이때 내 오른손이 의지할 대상을 찾아 헤맸다. 뒤로 뻗어 사복 옆을 지나서 우물우물 중심을 잃었다가 뜻밖에 무엇인지 미끄럽고 부드러운 것을 잡았다. 그리고 간신히—아직 그 미끄러운 것을 손에 쥔 채—받침대를 발견하고, 그 위에 수평으로 못 박힌 채 나와 옷장 뒤쪽 벽을 지탱해 주는 가로대를 따라서 손을 움직였다. 이미 오스카는 그 손을 다시 몸의 오른쪽으로 가져왔다. 이것으로 됐다고 생각했다. 그러고는 뒤쪽에 손을 뻗었을 때 잡은 물건을 쳐다보았다.

검은 에나멜 벨트였다. 그러나 다음 순간 그것은 에나멜 벨트 이상의 것으로 보였다. 양복장 속은 어두컴컴했기 때문에, 내가 손에 든 에나멜 벨트가 다른 것으로 보인다고 해도 이상한 일은 아니었다. 그것이 에나멜 벨트가 아니라 다른 어떤 미끄럽고 길게 뻗은 물건, 이를테면 내가 단호한 세 살짜리 양철북 고수로서 노이파르바서 항의 방파제에서 목격한 것이라고 생각했어도 별 문제는 없었던 것이다. 그때는 나무딸기 빛깔의 소매 장식이 달린 밝은 청색 스프링코트를 입은 내 불쌍한 어머니와, 갈색 외투를 입은 마체라트, 벨벳 깃을 단 옷을 입은 얀 브론스키와 오스카가 함께 있었고, 오스카의 수병 모자에는 '제국 해군 자이틀리츠'라는 금빛 문자가 수놓인 리본이 매달려 있었다. 갈색 외투와 벨벳 깃이 돌을 따라서 폴짝폴짝 뛰며 항로 표지가 있는 곳까지 가고, 나와 어머니는 그 뒤를 따라서 걸었다. 어머니는 하이힐을 신고 있었으므로 뛰지를 못했던 것이다. 항로 표지 밑에서 그 낚시꾼이 빨랫줄과 감자 부대를 옆에 놓고 앉아 있었다. 부대 속에는 소금과 무엇인가 꿈틀거리는 것이 한가득 들어 있었다. 그런데 그 부대와 밧줄을 본 우리는 이 사나이가 표지 아래에서 빨랫줄 같은 것으로 낚시질을 하고 있는 이유를 알고 싶었다. 하지만 노이파르바서나 브뢰젠에서 왔을 성싶은 그 사나이는 웃으면서 갈색 덩어리를 물 속에 뱉었다. 그것은 언제까지나 방파제 옆에서 흔들거리면서 사라질 것 같지 않았으나, 결국 갈매기가 물어 갔다. 실제로 갈매기라는 새는 무엇이나 개의치 않고 물어 간다. 그 점이 민감한 비둘기와는 다르며 간호사와도 크게 다르다—이 보기에서도 알 수 있듯이 흰 것을 걸친 존재를 모두 똑같이 취급하는 것은 너무 단순한 듯하다. 검은 것에 대해서도 같은 말을 할 수 있다. 그 무렵 나는 아직 '검은 여자 마술사'를 무서워하지 않았기 때문에 두려움 없이 옷장 속에 앉아 있었으며, 그 이후로는 두 번 다시 그 옷장 속에 앉는 일은 없었다.

마찬가지로 두려움 없이, 바람이 자고 파도가 잔잔한 날에 노이파르바서의 방파제에 서서, 여기에서는 에나멜 벨트를 쥐고 저기에서는 검고 미끈미끈하면서도 결코 벨트는 아닌 다른 무엇을 쥐고 있었다. 나는 양복장 속에 앉아 있었으므로 어떤 비교를 해 보았다. 옷장이 그리도록 강요했다. 나는 비교를 위해서 '검은 여자 마술사'의 이름을 불렀으나 그것은 그 무렵 아직 내 피부 속까지 스며들지 않은 상태였고, 나는 오히려 흰 것에 대해서 훨씬 환하게 알고 있었다. 갈매기와 도로테아 간호사의 차이를 거의 구별할 수는 없었으나, 비둘기라든지 그와 비슷한 쓸데없는 것은 멀리할 수 있었다. 더구나 우리가 브뢰젠으로 전차를 타고 갔다가 나중에 걸어서 방파제까지 간 것은 성령강림절이 아니라 성(聖) 금요일의 일이었다—물론 노이파르바서의 사나이가 빨랫줄을 갖고 앉아서 침을 뱉던 그 항로 표지 위에 비둘기 같은 것은 없었다. 그리고 그 브뢰젠의 사나이는 밧줄을 끝까지 당기면서 모틀라우의 짠물 속에서 밧줄을 끌어올리는 것이 왜 그렇게 어려웠는가를 몸소 보여 주었다. 불쌍한 어머니는 그동안 얀 브론스키의 어깨와 벨벳 깃 위에 손을 올려놓고는 완전히 파랗게 질려서 돌아가고 싶어했으나, 결국 그 사나이가 하는 일을 직접 눈으로 봐야만 하는 딱한 처지에 놓여 버렸다. 사나이는 끌어올린 말 대가리를 돌 위에 내동댕이쳤다. 그러자 몸집이 조그마한 어두운 녹색 뱀장어들이 말갈기에서 떨어졌다. 검은빛을 띤 큼직한 놈을 그가 나사 감듯이 썩은 고기에서 비틀어 떼냈다. 누군가가 새털 이불을 찢어 발겼다. 갈매기들이 습격했다는 뜻이다. 갈매기는 세 마리 이상이 짝을 짓고 있을 때에는 작은 뱀장어쯤 힘들이지 않고 해치워 버린다, 큰 것은 좀 감당하기가 어려운 모양이지만. 그런데 그때 사나이는 말 아가리를 억지로 벌리고 막대를 곧추세웠다. 그 때문에 말은 웃는 얼굴이 되었다. 그런 다음 사나이는 털이 북슬북슬한 팔을 아가리 속에 집어넣고 손으로 더듬어서 잡아 냈다. 마치 내가 양복장 속에서 손으로 더듬어 잡듯이. 내가 에나멜 벨트를 쥔 것과 같이 그도 또한 잡아 끌어 냈다. 두 마리를 한꺼번에. 그리고 그것을 공중에서 휘돌려 가지고 돌 위에 내려쳤다.

마침내 불쌍한 어머니의 얼굴에서 아침 식사가 튀어나왔다. 그 내용물은 밀크 커피, 달걀 흰자위와 노른자위, 약간의 마멀레이드와 흰 빵 덩어리로, 양도 아주 많았기 때문에 갈매기들이 곧바로 선회해서 급강하하여 발톱을 펼치고 공격을 시작했다. 그 외침 소리가 얼마나 굉장했는지는 새삼스럽게 말하지 않겠다. 갈매기 눈에 독기가 서린 것은 잘 알려진 사실이다. 거기에다 여간해서는 쫓아버릴 수가 없다. 얀 브론스키 같은 사람은 절대 감당할 수가 없었다. 어쨌든 그는 갈매기가 무서워서 그 푸르고 부리부리한 눈알을 두 손으로 덮고 있는 형편이었으니까. 갈매기들은 내 북소리에도 귀를 기울이지 않고 허겁지겁 먹고 있었다. 이것을 본 나는 분하기도 하고 열광하기도 하여 수많은 새 리듬을 두들겼다. 그러나 불쌍한 어머니로서는 그런 일은 모두 아무래도 좋았다. 그녀는 토해 내느라고 바빴다. 하지만 더 이상 아무것도 나오지 않았다. 어머니는 평소에 그다지 많이 먹지를 않았기 때문이다. 어머니가 살을 빼고 싶어했던 탓이다. 그래서 일주일에 두 번씩 부인회의 체조에 참가하기도 했다. 그렇지만 모든 것이 별로 도움이 되지 않았던 모양이다. 그녀는 몰래 간식을 먹으면서, 살빼기에서 빠져나갈 조그만 구멍을 늘 마련해 두었던 것이다. 노이파르바서에서 온 사나이의 경우도 마찬가지였다. 누가 봐도 더는 나오지 않는다고 구경꾼 모두가 생각했는데, 마지막에 그는 말 귀에서 뱀장어를 한 마리 더 끄집어 낸 것이다. 이 뱀장어는 하얀 오트밀로 온몸이 범벅이 되어 있었다. 말의 뇌(腦) 속을 탐험하고 있었기 때문이다. 그러나 공중에서 마구 휘둘리는 동안에 오트밀이 떨어지고 뱀장어 본연의 에나멜을 나타내어 에나멜 벨트처럼 빛이 났다. 요컨대 내가 여기에서 하고픈 말은, 도로테아 간호사가 적십자 브로치를 떼내고 사사로운 외출을 할 때는 이와 같은 에나멜 벨트를 매고 간다는 것이다.

우리는 슬슬 돌아가기 시작했다. 그런데 마체라트는 좀더 남아 있고 싶어 했다. 1천800톤 정도의 핀란드 선박이 입항해서 파도를 일으키고 있었기 때문이다. 그 사나이는 말 대가리를 방파제 위에 놓았다. 그러자 갑자기 그 말은 하얗게 질려 소리 높이 울었다. 하지만 말 울음소리와는 달랐다. 차라리 흰 구름이 외치는 소리 같았다. 하얗고 시끄럽고 허기져 헐떡거리면서 말 대가리를 덮고 있는 구름이. 그때는 그편이 결과적으로는 기분 좋았던 것이다. 왜냐하면 그 구름의 광기 밑에 무엇이 숨어 있는지 생각할 수는 있어도 이미 말 대가리는 보이지 않았기 때문이다. 그 핀란드 선박도 우리의 관심을 말에서 벗어나게 해 주었다. 그것은 재목을 싣고 있었으며, 자스페 묘지의 문살문처럼 녹슬어 있었다. 불쌍한 어머니는 핀란드 선박도 갈매기도 돌아보지 않았다. 완전히 질렸던 것이다. 예전에는 우리 집 피아노로 '작은 갈매기가 헬골란트로 날다'를 쳤을 뿐 아니라 입으로 흥얼거리기도 했는데, 그 뒤로는 이 노래를 결코 부르지 않게 되었다. 실은 노래 자체를 부르지 않게 되었지만. 이 사건 직후에는 생선도 먹으려 하지 않았다. 그런데 어느 갠 날에 그녀는 기름기 많은 그 생선을 마구 먹기 시작해서 더 이상 먹을 수 없게 되고, 아니 먹고 싶지 않을 때까지 먹었다, 싫증이 날 때까지. 뱀장어에 대해서만이 아니라 인생에 대해서, 특히 남자들에 대해서, 그리고 어쩌면 오스카에 대해서 싫증이 날 때까지. 어쨌든 그녀는 평소에는 무슨 일이나 단념할 수가 없는 사람이었는데, 갑자기 욕심이 없어지고 얌전해져서 브렌타우에 묻혔다. 그런데 나도 이런 경향을 어머니한테서 물려받은 모양이었다. 나는 아무것도 단념하려고 하지 않으면서도 아무것 없이도 견딜 수 있었으니 말이다. 다만 아무리 값이 비싸도 훈제 뱀장어만은 내 삶에 없어서는 안 될 물건이다. 뱀장어 말고 도로테아 간호사에 대해서도 같은 말을 할 수가 있었다. 물론 나는 그녀를 만난 일도 없고 그녀의 에나멜 벨트가 그렇게까지 마음에 들지도 않았으나—그런데도 나는 그 벨트에서 떨어지를 못했다. 그 벨트의 마력은 사라지기는커녕 오히려 점점 증가되었다. 나는 빈손으로 바지 단추를 끌렀는데, 에나멜처럼 생긴 많은 뱀장어와 입항 중인 핀란드 선박 때문에 흐릿해진 그 간호사의 모습을 다시 한 번 마음속에 떠올리기 위해서였다.

몇 번이나 항구의 방파제로 내몰렸던 오스카는 드디어 갈매기들의 도움을 받아 임자는 없지만 매력적인 그녀의 제복들의 숙소인 이 양복장의 한구석에서 도로테아 간호사의 세계를 재발견할 수 있었다. 마침내 그녀의 모습이 분명해지고 얼굴의 세세한 부분들이 뚜렷하게 떠올랐을 때, 닳아빠진 쇠고리가 벗겨졌다. 불쾌한 소리를 내면서 옷장 문이 양쪽으로 열렸다. 급작스러운 빛이 나를 흥분시켰다. 그래서 오스카는 바로 옆에 걸려 있는 도로테아 간호사의 소매 달린 앞치마에 얼룩이 지지 않도록 애써야만 했다.

양복장 속에 있는 동안 뜻하지 않게 고조되었던 흥분을 가볍게 풀어 주고 기분전환도 할 겸, 나는 바짝 마른 옷장의 뒷벽을 북 삼아서—실로 몇 년 만에—능숙한 솜씨로 즉흥적인 곡조를 몇 곡 두드렸다. 그러고는 양복장에서 나와 다시 한 번 옷장 속이 흐트러지지 않았는지 쭉 휘둘러 보았다. 문제는 없을 듯했다. 에나멜 벨트조차도 광택을 잃지 않았다. 아니 두어 군데 흐려지긴 했지만 입김까지 불어가며 문질렀더니, 나 어릴 적에 노이파르바서 방파제에서 잡혔던 뱀장어를 연상시키는 본모습을 되찾았다.

나 오스카는 나의 방문을 줄곧 지켜보던 40와트짜리 전구의 스위치를 끄고 나서 도로테아 간호사의 방을 나왔다.

클레프

나는 잿빛 금발 머리털 묶음을 지갑에 넣은 채 복도에 서서, 그 묶음을 지갑의 가죽 너머로 웃옷 안감과 조끼와 셔츠와 속옷을 통해서 느끼려고 1초쯤 노력해 보았다. 그러나 나는 심히 지쳤고 게다가 기분 나쁠 만큼 야릇한 방법으로 만족을 채운 터라, 그 방에서 훔쳐온 물건은 고작 빗이 긁어모은 폐물이 아니겠느냐는 생각이 들었다.

여기서 처음으로 오스카는 고백하건대, 사실 그는 전혀 다른 보물을 찾고 있었다. 베르너 박사가 이 방 어딘가에 흔적을 남겼음에 틀림없다. 적어도 낯익은 봉투 한 장쯤은 분명히 어딘가에 놓아 두었을 거라고 생각했으며, 도로테아의 방에 있는 동안 그것을 실증하고 싶었다. 그런데 아무것도 발견되지 않았다. 봉투는 물론이고 편지지 한 장 없었다. 사실을 말하면, 오스카는 도로테아의 탐정소설을 모자 선반에서 한 권 한 권 빼내서 헌사(獻辭)나 책갈피가 없는지 조사했고, 그 김에 사진도 찾아보았다. 왜냐하면 오스카는 마리아 병원의 의사 같으면 대개 이름은 몰라도 얼굴은 잘 알고 있었기 때문이다—하지만 베르너 박사의 사진은 한 장도 보이지 않았다.

그 사나이는 도로테아의 방에 온 일이 없었던 모양이다. 설사 왔었다 할지라도 방 안에 흔적을 남기는 데 성공하지 못했던 것이다. 그러므로 오스카는 기뻐해도 좋을 듯싶었다. 내가 그 의사보다는 꽤 유리하지 않겠는가? 그 의사의 흔적이 없다는 사실은 의사와 간호사 사이의 관계가 병원 안에서만의 일, 즉 업무상의 관계에 불과하든지, 그게 아니라면 일방적인 관계에 지나지 않는다는 증거가 아니겠는가?

그러나 오스카의 질투는 동기를 갖고자 했다. 베르너 박사의 흔적이 조금이라도 발견되었더라면 나는 크게 충격을 받았겠지만, 한편 그와 맞먹는 만족감도 얻었을 것이다. 이 만족감은 양복장 안에 머무르면서 얻은 사소하고 덧없는 성과와는 비교가 되지 않았으리라.

나는 그 뒤에 어떻게 해서 내 방으로 돌아왔는지 이미 잊어버렸다. 한 가지 기억하는 것은, 복도 반대쪽 끝에 있는 뮌처라고 하는 사람의 방문 너머에서 주의를 끌려고 일부러 지어낸 듯한 기침 소리가 들려왔다는 사실이다. 뮌처 씨가 대체 나랑 무슨 상관인가? 나로서는 고슴도치 집에 세든 여자만으로도 충분한 터에, 뮌처(위조지폐를 만드는 사람)라는 작자—그의 이름 뒤에 무엇이 숨어 있는지 누가 알랴? —와의 귀찮은 관계까지 떠맡아야 한단 말인가? 그래서 오스카는 뭔가를 요구하는 이 기침 소리를 흘려 버렸다. 아니, 사나이가 내게 무엇을 요구하는지 몰랐다고 말하는 편이 옳을 것이다. 내 방으로 돌아왔을 때에야 겨우 모든 것이 분명해졌다. 내가 알지도 못하고 또 알 생각도 없는 뮌처 씨가 기침을 한 것은, 나 오스카를 그의 방으로 끌어들이려는 속셈이었다.

확실히 나는 기침 소리에 대꾸하지 않은 것을 잠시 후회했다. 막상 내 방으로 돌아오니 어쩐지 답답하면서도 산만한 기분이 들어, 차라리 기침을 한 그 뮌처 씨와 아무리 귀찮고 부자연스러운 대화라도 나누는 편이 나았을 거라는 생각이 들었기 때문이다. 그렇다고 해서 복도로 나가 다시 한 번 조금 전과 같은 기침 소리를 끌어내서 복도 저쪽 끝 문 뒤에 있는 사람과의 관계를 뒤늦게나마 맺을 용기도 없었다. 그래서 나는 풀이 죽어서 내 방에 있는 두

드러지게 네모진 부엌용 의자에 몸을 맡겼다. 그러자 의자에 앉아 있을 때의 평소 버릇대로 어쩐지 안절부절못하겠다는 기분이 들었다. 그래서 의학 전서를 침대에서 집어 들기는 했으나 모델료로 애써서 산 그 값비싼 책을 그대로 떨어뜨리는 바람에 책은 엉망이 되었다. 그래 놓고 이번에는 라스콜리니코프의 선물인 양철북을 테이블에서 집어 들어 잡아보기는 했으나, 이 양철에 북채를 댈 수도 눈물을 흘릴 수도 없었다. 최소한 눈물이라도 나면 하얗게 칠한 원판 위에 그것이 떨어져 율동적이지는 않아도 어떻든 마음을 풀어주었을 터인데.

여기서 잃어버린 순결이라는 문제에 대해 논문을 쓰기 시작할 수도 있으리라. 북을 치는 영원한 세 살짜리인 오스카를, 소리도 눈물도 북도 갖지 않은 꼽추인 오스카와 나란히 세워볼 수도 있을 것이다. 그러나 이는 사실에 어울리지 않는 방법이리라. 오스카는 아직 북을 치는 오스카였을 시절에도 몇 번이나 순결을 잃고, 그것을 되찾기도 하며, 재생시키기도 했던 것이다. 왜냐하면 순결이란 무성하게 자라나는 잡초에도 비교할 수 있는 것이기 때문이다—세상의 순결한 할머니들에 대해 생각해 보라. 이 할머니들도 예전에는 증오에 가득 찬 불결한 젖먹이였다—아니, 죄와 순결의 장난이 오스카를 부엌용 의자에서 벌떡 일어나게 한 것은 아니었다. 북을 제자리에 두고 자기 방과 복도와 차이들러의 집을 나서서 미술대학을 찾아가도록 나에게 명령한 것은, 오히려 간호사 도로테아에 대한 사랑이었다. 쿠헨 교수는 오후 늦게 오면 된다고 했지만.

오스카가 덤벙거리며 방을 나와서 복도를 지나 요란하게 현관문을 열었을 때, 나는 순간 뮌처 씨의 문 쪽으로 귀를 기울여보았다. 하지만 그는 기침을 하지 않았다. 그리하여 내가 차이들러의 집을 나와 마침내 율리히 거리의 그 건물을 나섰을 때는 창피하기도 하고 화가 치밀기도 하며, 충만감과 공복감, 인생에 대한 권태감과 열망이 뒤섞여, 이곳저곳에서는 웃고 싶고 다른 곳에서는 울고 싶은 기분이 들었다.

며칠 뒤 나는 오랫동안 마음속에 간직해 오던 계획을 실행에 옮겼다. 그 계획을 철저히 준비하려면 실행을 미루는 게 최선의 방법이긴 했지만. 그날 나는 오전 내내 일이 없었다. 오후 3시에 오스카와 울라는 라스콜리니코프의 모델이 될 예정이었다. 그는 상상력이 풍부한 화가였다. 이번 그림에서 나는, 귀향하여 자기 아내 페넬로페에게 등의 혹을 선물로 주는 오디세우스역을 맡았다. 나는 이 착상을 중지시키려고 노력했으나 헛일이었다. 그때 그는 그리스 신화에 나오는 신(神)과 반신(半神)들에게 모조리 손을 대서 성공을 거두고 있었다. 울라는 신화를 연출하는 것을 좋아했다. 그래서 나도 양보하여 이제까지 불카누스가 되기도 하고 페르세포네를 데리고 있는 플루토스가 되기도 했는데, 마침내 이날 오후에 꼽추인 오디세우스가 되어 그려진 것이었다. 그러나 나한테는 아침나절에 있었던 일을 기술하는 것이 더 중요하다. 따라서 오스카는 여러분에게 뮤즈 울라의 페넬로페 흉내에 대해 이야기하기보다는 차이들러의 집이 다시 조용해졌다는 이야기를 시작하겠다. 고슴도치는 이발기를 가지고 출장 중. 도로테아 간호사는 낮 근무가 있고, 따라서 6시부터 이미 집에는 없었다. 차이들러 부인은 8시가 조금 지나서 우편물이 왔을 때 아직 이부자리 속에 있었다.

나는 바로 우편물을 검사했다. 나에게 온 것은 한 통도 없었다—마리아의 편지는 불과 이틀 전에 받았다—하지만 나는 첫눈에 봐도 시내에서 보냈음이 틀림없는 봉투에서 베르너 박사의 필적을 발견했다.

나는 일단 이 봉투를 뮌처 씨와 차이들러 집안으로 온 다른 우편물과 함께 놓아 두고 내 방에 돌아와서 기다렸다. 그러자 이윽고 차이들러 부인이 복도로 나와서 하숙인 뮌처에게 온 편지를 가져다주고, 그 뒤 부엌으로 갔다가 마지막에 다시 침실로 돌아가서, 정확히 10분 후에 집을 나서서 건물을 떠났다. 9시에 만네스만에서의 업무가 시작되기 때문이었다.

오스카는 만일을 위해서 잠시 기다렸다가 일부러 천천히 옷을 입고, 아주 침착하게 손톱을 깎고 나서야 비로소 결연히 행동을 개시했다. 나는 부엌으로 가서 세 개가 나란히 있는 가스버너 중에서 가장 큰 것을 골라 거기에 물을 반쯤 넣은 알루미늄 냄비를 올려놓았다. 처음에는 불꽃을 크게 했다가 김이 나기 시작하자 곧 밸브를 가장 약하게 내려놓았다. 그리고서 잡념을 떨치고 동작 하나하나에 충분히 조심하면서 두 걸음으로 도로테아의 방 앞까지 갔다. 그리고 차이들러 부인이 우윳빛 유리문 밑에 반쯤 밀어넣은 봉투를 쥐고 부엌으로 돌아와서, 충분한 시간을 들여 신중하게 봉투 뒷면에 김을 쐬었다. 그리하여 마침내 종이에 손상 없이 열 수가 있었다. E. 베르너 박사의 편지를 냄비 위에 고정하기 전에, 오스카는 당연히 밸브를 잠갔다.

나는 이 의사의 편지를 부엌이 아니라 내 침대에 드러누워서 읽었다. 처음에는 실망했다. 왜냐하면 편지 내용에 있는 호칭에서나 끝을 맺는 의례적인 문구에서나, 의사와 간호사 사이의 특별한 관계를 엿볼 만한 게 아무것도 없었기 때문이다.

'친애하는 도로테아 양!'으로 시작해서 'E. 베르너 드림'으로 끝나는 편지였다.

내용을 읽어 보아도 특별히 정다운 말은 한 마디도 없었다. 베르너는 전날 남자 전용 병동으로 통하는 쌍여닫이 문 앞에서 도로테아 간호사를 보았는데 얘기를 나누지 못한 것을 섭섭하게 생각하고 있었다. 의사가 도로테아의 친구인 베아테 간호사와 이야기를 나누고 있는 모습을 도로테아 간호사가 보고서 깜짝 놀라 돌아선 일이 베르너 박사로서는 이해가 안 된다고 했다. 어쨌든 베르너 박사는 설명을 요구했다. 그와 베아테 간호사의 대화는 순전히 업무상의 일이었으니까. 도로테아도 잘 알고 있듯이, 그는 조금 제멋대로인 베아테와 거리를 두느라 상당히 애먹고 있다는 것이다. 그것이 쉬운 일이 아니라는 것쯤은, 도로테아도 베아테를 잘 알고 있으므로 이해해 줘야만 한다. 베아테라는 간호사는 이따금 생각도 없이 감정을 드러내니까. 그렇지만 물론 베르너 박사가 여기에 응하는 일은 결코 없다는 얘기들이다. 맺는 문장은 이러했다. "부디 내 말을 믿어 주오. 당신에게는 언제든지 나와 대화할 수 있는 가능성이 주어져 있습니다." 여기에는 지나치게 형식적이고 냉담하며 오만한 태도까지 담겨 있었지만, 그래도 E. 베르너 박사의 편지 스타일의 가면을 벗기고, 이 편지의 정체를 열렬한 연애편지라고 단정짓기는 그리 어려운 일이 아니었다.

나는 편지를 기계적으로 봉투에 넣고 나서, 베르너 박사의 혀가 닿았을지도 모른다는 사실을 그만 깜빡 잊고 고무풀 칠한 부분에 오스카의 혀로 침을 발랐다. 그리고 웃음을 터뜨린 나는, 이내 손바닥으로 이마와 뒤통수를 번갈아 두드려 가며 웃어 댔다. 한참을 그러다가 우연히 오른손을 이마에서 방문 손잡이로 옮겨놓게 되었다. 그래서 나는 문을 열고 복도로 나가 베르너 박사의 편지를 도로테아의 방 앞으로 가지고 가서, 나에게 친숙한 그 방을 회색 판자와 우윳빛 유리로 막아놓은 문 밑으로 절반쯤 밀어넣었다.

내가 쭈그려 앉아 손가락 한두 개를 편지 위에 댄 채로 있을 때였다. 내 귀에 복도 반대편 끝 방에서 뮌처 씨의 소리가 들려왔다. 받아쓰기라도 시키는 양 느릿하고 과장된 발음이었으므로 나는 한마디 한마디 알아들었다. "아, 저기, 미안하지만 물을 좀 가져다주지 않겠어요?"

나는 일어서서 생각했다. 저 사람은 아픈 모양이라고. 그러나 나는 즉각 깨달았다. 저 문 너머에 있는 사람은 실은 아픈 게 아니라 그저 아픈 체하여 오스카가 물을 가지고 갈 핑계를 만들었을 뿐이다. 아무런 까닭도 없이 그저 부름을 받았다는 이유만으로 내가 전혀 모르는 사람의 방에 들어갈 리는 없기 때문이다.

처음에는 알루미늄 냄비에 남아 있는 아직 식지 않은 물을 가져다주려고 했다. 의사의 편지를 개봉할 때에 나를 도와준 물이었다. 하지만 마음을 고쳐먹고 한 번 사용했던 그 물을 개수대에 쏟아 버리고는, 냄비에 새 물을 담아 냄비와 물을 들고 문 앞으로 갔다. 나와 물을, 아니 어쩌면 물만을 요구했을지도 모를 그 음성의 주인공인 뮌처 씨가 살고 있는 방이었다.

오스카는 노크를 하고 안으로 들어섰다. 그 순간 클레프의 특유한 냄새에 부딪혔다. 그 냄새를 신 냄새라고 단정한다면 그에 못지않은 강도로 발산되는 달콤한 냄새를 무시하는 결과가 되리라. 클레프가 풍기는 냄새는 간호사 방의 시큼한 냄새와는 전혀 달랐다. 시고 달다고 해도 역시 거짓말이 되리라. 뮌처 씨, 또는 요즘 내가 클레프라고 부르는 이 사나이는 뚱뚱보에다가 게으름뱅이인데 그렇다고 둔감한 편은 아니며, 조금씩 땀을 흘리고, 미신을 믿으며, 언제나 좀 더러워져 있으나 썩지는 않았고, 죽을 것같이 보이나 여간해서 죽지 않는 플루트와 재즈 클라리넷 연주자였다. 이 사나이는 시체 냄새를 예나 지금이나 풍기고 있다. 더욱이 이 시체는 담배를 피우거나 박하사탕을 빨거나 마늘 먹는 일을 그만두지 못한다. 그 무렵에도 그는 그런 냄새를 풍기고 있었지만, 오늘도 이는 변함없다. 삶의 즐거움과 과거를 냄새 속에 지닌 채 그는 면회일에 나를 습격한다. 그리고 그가 다시 오기로 약속하고 위엄 있게 퇴장하면, 브루노는 이내 창과 문을 열어젖히고 환기를 하느라고 부산을 떤다.

오늘날에 와서는 오스카가 자리에 누운 몸이 되었지만, 당시 차이들러의 집에서는 클레프가 침대의 폐허 속에 틀어박혀 있었다. 그는 아주 기분 좋게 빈둥거리면서 지냈다. 고풍스런 바로크 양식 분위기가 감도는 알코올램프,

열두 개쯤은 될 듯한 스파게티 꾸러미, 깡통에 든 올리브유, 튜브에 든 토마토 페이스트, 신문지 위에서 습기가 차서 굳어진 소금, 병맥주 한 상자가 손이 닿는 곳에 있었다. 그런데 이 맥주병 속의 내용물은, 나중에 밝혀진 바로는 미적지근한 맥주였다. 빈 맥주병 속에 그는 누운 채 소변을 본 것이다. 한 시간쯤 지나서 털어 놓은 이야기로는, 그는 대개 가득 찰 만큼 용량이 꼭 알맞은 그 녹색 유리병에 소변을 본 다음에 마개로 막고, 그것들을 다시 진짜 맥주가 들어 있는 병과 엄중하게 구별해서 저장해 두고 있었다. 침대에서만 지내는 이 사나이가 맥주를 마시고 싶어졌을 때 병을 잘못 집기라도 하면 큰일이기 때문이다. 그의 방에는 수도가 있었지만—그러므로 조금이라도 마음만 있으면 세면기에 소변을 볼 수도 있었으리라—그는 아주 게을러서, 아니 그보다도 몸을 일으키기가 아주 귀찮아서, 심히 고심한 끝에 들어간 침대에서 내려와 스파게티 냄비에 깨끗한 물을 넣어 가지고 올 수 없었던 것이다.

클레프, 즉 뮌처 씨는 스파게티 면을 언제나 같은 물로 정성껏 삶았다. 따라서 이미 몇 번이나 스파게티를 삶아서 점점 끈적끈적해진 죽 같은 국물을 몹시 소중하게 보관해 놓기 때문에, 그는 빈 맥주병 예비품만 있으면 침대에 알맞은 수평 자세로 누운 채 나흘 이상이나 견딜 수 있었다. 문제는 스파게티 국물이 바싹 졸아서 짜디짜고 끈적끈적한 찌꺼기가 되었을 때였다. 물론 그런 경우 클레프는 그냥 굶어 죽을 수도 있었을 것이다. 그러나 그때 그에게는 아직 그럴 만한 관념적인 근거도 없었거니와 또한 그의 금욕도 애당초 4, 5일 정도의 기간이 적당했던 모양이다. 정말이지 그에게 우편물을 가져다 주는 차이들러 부인을 번거롭게 하든지 또는 좀더 큰 스파게티 냄비와 스파게티 예비품에 알맞은 물통을 준비했다면, 그는 좀더 오랫동안 주위로부터 독립될 수 있었을 것이다.

오스카가 통신의 자유를 침해했을 때 클레프는 닷새째 침대에 누워서 독립 생활을 해오던 참이었다. 스파게티를 삶아낸 국물로는 광고탑에 광고지를 붙일 수 있을 정도였다. 바로 그때 복도에서 도로테아 간호사와 그녀에게 온 편지에 열중한 나의 살금거리는 발소리를 그가 들었던 것이다. 그는 뭔가를 요구하는 듯한 지어낸 기침 소리에는 오스카가 반응하지 않는다는 사실을 이미 경험했으므로, 내가 베르너 박사의 냉정한 듯하면서도 정열적인 연애편지를 읽은 그날은 그의 음성을 써 본 것이다. "아, 저기, 미안하지만 물을 좀 가져다주지 않겠어요?"

그래서 나는 냄비를 들어 미적지근한 물을 버리고, 수도꼭지를 틀어 냄비에 반나마 물을 받아 그 신선한 물을 그에게로 가지고 갔다. 나는 그의 기대에 부응한 것이다. 나는 석공 겸 문자 전문 조각가 마체라트라고 소개를 했다.

그도 정중하게 윗몸을 조금 일으키고, 재즈 음악가 에곤 뮌처라고 이름을 댔다. 다만 그의 아버지도 뮌처이므로 클레프라는 이름으로 불러 주기 바란다고 했다. 나는 그의 소망을 너무나도 잘 이해할 수 있었다. 나도 평소에는 콜야이체크라든지 간단하게 오스카라는 이름을 댔으며 예의를 차릴 때에만 마체라트라는 이름을 썼는데, 오스카 브론스키라고 소개하려면 웬만한 용기가 아니고서는 힘들었기 때문이다. 그래서 나는 그곳에 누워 있는 뚱뚱한 젊은 사나이—서른 살이라고 했으나 실은 좀더 젊었다—를 아무런 망설임도 없이 클레프라고 불렀다. 그쪽에서도 나를 오스카라고 불렀는데, 콜야이체크라는 이름이 그에게는 발음하기 힘들었기 때문이다.

우리는 대화에 몰두했으나 처음에는 좀처럼 마음이 편하질 않았다. 우리의 이야기는 극히 간단한 주제에 그쳤다. 이를테면 나는 그에게 우리의 운명이 변하지 않는다고 생각하느냐고 물었다. 그는 그렇다고 생각했다. 그리고 인간은 모두 죽어야 한다는 사실을 어떻게 생각하느냐고 오스카는 물었다. 그는 모든 인간은 결국 죽는다는 것을 믿고 있었으나, 인간이 반드시 태어나야만 하는가에 대해서는 확신이 없었다. 그리고 그 자신은 잘못 태어난 존재라고 말했다. 여기에서 오스카는 다시 그에게 친근감을 느꼈다. 또 우리 두 사람 모두 천국의 존재를 믿었다—더욱이 그는 천국이라는 말을 입에 담았을 때, 약간 천한 웃음소리를 내며 이불 속에서 자기 몸을 쥐어뜯기까지 했다. 클레프는 살아 있는 동안 점잖지 못한 일을 계획해 놓고, 천국으로 가서 그것을 실행할 모양이라고 생각케 하는 거동이었다. 화제가 정치로 바뀌자 그는 참으로 흥분해서, 300명이 넘는 독일 귀족의 이름을 들면서 이들에게 즉시 지위와 봉토와 권력을 부여하기를 원했다. 하노버 주변은 대영제국에 양도해야 된다고 했다. 내가 예전의 자유시 단치히의 운명을 묻자, 그는 유감스럽게도 그 도시가 어디에 있는지 몰랐으나, 태연하게 베르크 지방 출신의 한 백작 이름을 들었다. 그의 말에 따르면 얀 벨렘의 직계라고 하는 이

백작을 그는 안타깝지만 자기가 모르는 그 도시의 영주로 추천했다. 마지막에—우리가 마침 진실이라는 개념의 정의를 내리려 애쓰고 또 얼마간 진보도 보이고 있을 때였는데—대화 도중 내가 교묘하게 질문해서 들은 대답에 의하면, 클레프 씨는 이미 3년 전부터 하숙인으로서 차이들러에게 방세를 내고 있었다. 우리는 좀더 일찍 서로 알지 못한 점을 유감스럽게 생각했다. 나는 그것을 고슴도치 탓으로 돌렸다. 누워서만 지내는 이 사나이에 대해서 충분히 가르쳐 주지 않은 것은 그의 잘못이니까. 그러고 보니 고슴도치는 간호사에 대해서도 자세하게 알려 주질 않았다. 우윳빛 유리문 저쪽에 간호사가 살고 있다는 간단한 소개를 빼놓고는.

오스카는 뮌처 씨, 아니 클레프를 만나자마자 부담을 주고 싶지는 않았다. 그래서 나는 간호사에 대한 얘기는 한 마디도 꺼내지 않고 먼저 그에 대해서 마음을 썼다. "그런데" 하고 나는 입을 열었다. "어디가 아픈가요?"

클레프는 또다시 상체를 조금 일으키고 90도로 세우려 했으나, 그것이 안 되는 것을 알자, 다시 똑바로 몸을 뉘고 나서 나에게 가르쳐 주었다. 설명에 따르면 그가 침대에 계속 누워서만 지내는 진짜 이유는 자신의 건강 상태가 좋은지 보통인지 나쁜지를 알기 위해서이다. 앞으로 2, 3주 후에는 건강이 보통이 되기를 기대하고 있다고 했다.

그러다가 내가 두려워하던 일이 벌어졌다. 오랫동안 여러 가지 문제를 이야기하다 보면 피할 수 있으리라고 생각했던 일이. "아 참, 우리 스파게티를 같이 먹읍시다." 이리하여 우리는 내가 가지고 온 새 물로 스파게티를 끓여 먹었다. 사실 그 지저분한 냄비를 개수대로 가져가 깨끗이 씻었더라면 좋았겠지만, 말할 엄두가 나지 않았다. 클레프는 몸을 옆으로 비튼 채 몽유병자에게서 볼 수 있는 확실한 솜씨로 묵묵히 요리를 만들었다. 그는 남은 국물을 상당히 큰 빈 깡통에 조심스럽게 옮기고, 상체의 자세를 눈에 띄게 흐트리지도 않고 침대 밑으로 손을 뻗쳐 토마토 페이스트가 말라붙은 기름기가 번질번질한 접시를 끄집어 냈다. 잠시 망설이는 듯하더니, 다시 한 번 침대 밑에 손을 넣고 이번에는 꼬깃꼬깃 뭉쳐진 신문지를 꺼냈다. 그 종이로 접시를 돌려가며 닦은 후에 종이는 다시 침대 밑에 밀어넣었다. 그리고 그는 그 얼룩투성이 접시에 입김을 불었다. 마지막 남은 작은 먼지마저 날려버리려는 모양이었다. 그러고서 그는 이 세상의 접시라는 접시 중에서 가장 기분 나쁜 그 접시를 거의 귀족과 같은 몸짓으로 내게 주면서 사양 말고 먹으라고 권했다.

나는 나중에 먹고 싶어서 먼저 먹으라고 했다. 그는 나에게 기름이 번질번질해서 손가락에 쩍쩍 들러붙는 조악한 포크와 숟가락을 건네 준 다음, 다른 포크와 숟가락을 사용해서 상당한 양의 스파게티를 내 접시에 덜어 주었다. 그러고는 우아한 솜씨로 기다란 튜브에서 토마토 페이스트를 짜내어 엉겨 있는 스파게티 위에 장식을 하고, 다시 거기에 깡통에 든 기름을 넘칠 정도로 뿌렸다. 냄비에 든 스파게티에도 같은 일을 되풀이하고는 양쪽에 후추를 쳤으며, 냄비에 있는 자기 몫을 휘저으면서 내게도 똑같이 하도록 눈짓을 했다. "가루 치즈가 없어서 미안하지만, 자, 먹어 보시죠."

그때 어떻게 해서 숟가락과 포크를 사용할 용기가 생겼는지 오스카는 지금까지도 알 수가 없다. 요리는 신기하게도 맛이 있었다. 그 클레프식(式) 스파게티는 나한테 맛있는 음식에 대한 기준이 되기까지 했다. 그리고 그날 이후 나는 내 앞에 나오는 메뉴를 모두 이 기준에 따라 평가했을 정도다.

식사하는 틈틈이, 나는 누워서 지내는 이 사나이의 방을 눈치채지 않게 자세히 조사했다. 이 방에서 맨 먼저 눈에 띈 것은 천장 바로 밑에서 입을 둥그렇게 벌리고 있는 연통 구멍이었다. 그것은 벽에서 검은 숨을 토해내고 있었다. 두 개의 유리창 밖에서는 바람이 불고 있었다. 어쨌거나 이따금 그을음을 연통 구멍으로 클레프의 방 안에 불어넣은 것은 돌풍의 짓인 듯싶었다. 그을음의 구름은 관 위에 뿌리는 흙처럼 가재 도구 위에 골고루 퍼져 나갔다. 가구라야 방 한가운데에 놓여 있는 침대와 둘둘 말아 포장지로 싸놓은 차이들러의 것인 듯한 융단 두세 개가 전부였다. 그러므로 이 방에서 가장 검어진 것은 예전에는 희었을 침대보, 클레프의 머리 밑 베개, 그리고 한 줄기 바람이 그을음을 방 안에 불어넣을 때마다 누워서만 지내는 사나이가 언제나 얼굴 위에 펼치는 손수건이라고 단정해도 좋았다.

이 방 양쪽 창은 율리히 거리 맞은편에 있는 차이들러의 거실 겸 침실의 창과 비슷했다. 좀더 정확히 말하자면, 이 아파트 앞에 서 있는 그 밤나무의 회녹색 잎들을 내려다보는 창과 비슷했다. 이 방을 장식하는 유일한 그림으로는 그 창과 창 사이에 압핀으로 꽂아 놓은, 주간지에서나 오려낸 듯한 영국 여왕 엘리자베스의 컬러사진이 있었다. 사진 밑 벽걸이에는 백파이프가 걸려 있는데, 꺼먼 그을음이 덮여 있었지만 타탄체크 무늬를 알아볼 순 있었다. 그 컬러사진을 보는 동안에도 나는 엘리자베스와 필립 공에 대한 생각보다는 도로테아 간호사 생각에 사로잡혀 있었다. 오스카와 베르너 박사 사이에 끼어서 그녀가 자포자기할지도 모른다는 생각이 들었다. 한편으로 클레프는 자기가 영국 왕실의 충실하고도 열렬한 지지자이며, 그래서 지금 영국 주둔군의 스코틀랜드 연대로 백파이프 취주를 배우러 다닐 정도이고, 특히 엘리자베스가 이 연대의 지휘를 맡고 있다는 점이 매력적이라고 설명하면서, 자기는 엘리자베스가 위에서부터 아래까지 타탄체크 무늬인 스코틀랜드 옷을 입고 이 연대를 열병하는 모습을 뉴스 영화에서 보았다고 했다.

기묘하게도 이때 내 안에 깃들어 있는 가톨릭주의가 고개를 들었다. 나는 엘리자베스가 과연 백파이프 음악을 조금이나마 이해하고 있는지를 의심했다. 또 가톨릭 신자 마리아 슈투아르트의 굴욕적인 최후에 대해서 약간의 소견을 밝혔다. 요컨대 오스카로서는 엘리자베스를 비음악적이라고 간주한다는 사실을 클레프에게 알렸다.

물론 나는 이 왕당파의 노여움이 폭발할 것을 각오하고 있었다. 그런데 상대는 신랄한 미소를 짓고 나에게 설명을 요구했다. 그것으로써 잘하면 이 꼬마—나를 이 뚱뚱한 사나이는 이렇게 불렀다—의 음악 문제에 대한 식견 수준을 확인할 셈이었다.

꽤 오랫동안 오스카는 클레프를 쳐다보았다. 그는 나에게 말을 걸었지만, 그것이 내 안의 무엇을 자극했는지 알 까닭이 없었다. 내 머리에서 등의 혹에 이르기까지 번갯불이 달렸다. 그것은 내가 찢어서 못 쓰게 만든 낡은 양철북 전체의 최후의 심판 같았다. 이제까지 내가 고철 더미로 만든 천 개가 넘는 양철북과 자스페 묘지에 파묻힌 그 양철북, 이것들이 전부 다시 살아나서 완전히 부활을 축하하고 소리를 울려 내 몸속을 가득 채웠다. 나는 무의식중에 침대 구석에서 벌떡 일어나 클레프에게 잠깐 실례하겠다고 말한 다음, 방을 나오자마자 도로테아 간호사의 우윳빛 유리문이 있는 작은 방 앞을 질풍같이 지나서—여전히 봉투 귀퉁이가 반쯤 가려진 채 마룻바닥에 놓여 있었다—자신의 방으로 달려가 그 북 앞에 섰다. 그것은 화가 라스콜리니코프가 마돈나 49를 그렸을 때 내게 준 것이었다. 나는 그 북을 들고 다시 두 개의 북채까지 손에 쥐자 돌아서서, 아니 돌려 세워져서 자신의 방을 나와 그 금단의 작은 방 앞을 지나, 오랜 방황 끝에 살아 돌아온 사람처럼 클레프의 스파게티 요리실로 뛰어들었다. 나는 이것저것 살필 겨를도 없이 곧장 침대 끝에 걸터앉아 적백으로 칠해진 북의 위치를 바로잡고 먼저 북채를 공중에서 놀려 보았다. 조금 어색한 기분이 남아 있었다. 어리둥절해 있는 클레프에게 눈길을 돌리고 나서 우연인 것처럼 북채를 양철 위에 내려놓았다. 아아, 그러자 양철이 오스카에게 대답을 했다. 오스카는 곧장 제2의 북채로 뒤를 쫓았다. 이리하여 나는 차례대로 북을 치기 시작했다. 맨 처음부터 시작했다. 다시 말해 나방이 전구 사이에서 퍼드덕거리던 나의 출생부터 북으로 치기 시작했다. 19단으로 이루어진 지하실 계단을 북 가락에 싣고, 전설적인 세 번째 생일에 계단에서 추락했을 때의 일도 북채로 두들겼다. 페스탈로치 학교의 시간표를 북으로 불러냈고, 북과 함께 슈토크 탑에 올라갔으며, 북과 함께 정치 연설의 연단 밑에 앉았고, 뱀장어와 갈매기 그리고 성 금요일의 융단떨이를 북으로 연주했으며, 불쌍한 어머니의 발 쪽이 좁아진 관 위에 북을 치면서 앉았고, 그러고는 헤르베르트 트루친스키의 상처투성이 등을 북의 교본으로 삼았다. 나는 헤벨리우스 광장의 폴란드 우체국 방위(防衛)를 내 양철북으로 두드렸을 때, 내가 걸터앉아 있는 침대 머리끝 쪽에서 무엇인가 움직이는 것을 깨달았다. 나는 클레프가 일어난 것을 곁눈으로 확인했다. 그는 베개 밑에서 우스꽝스럽게 생긴 플루트를 꺼내 입에 대고 소리를 냈는데, 그것이 또한 굉장히 감미롭고 신비로우며 또 내 북과도 어울리는 음색이었기 때문에, 나는 그를 자스페 묘지의 슈거 레오에게로 데려 갈 수 있었고, 슈거 레오가 춤추고 난 다음에는 클레프 앞에서 그를 위해, 그리고 그와 함께 내 첫사랑의 비등산에 거품을 일게 할 수 있었다. 리나 그레프 부인의 밀림 속까지 그를 데리고 갔으며, 채소 장수 그레프의 75킬로그램 저울의 대규모 북 장치를 풀어 헤쳤고, 클레프를 베브라의 위문극단에 채용하기도 했다. 내 북 위에서 예수에게 말을 걸고 슈퇴르테베커를 비롯한 먼지떨이단 일동이 다이빙대에서 뛰어내리는 것을 연주했는데, 그 대 밑에는 루치가 앉아 있었다. 나는 또 개미 떼와 러시아 병사들이 내 북을 점령하도록 허락했다. 그러나 마체라트가 묻힌 뒤 내가 내 북을 던져넣은 자스페 묘지로 클레프를 다시 한 번 데려가는 대신, 나의 웅대하고도 무한한 주제를 두드리기 시작했다. 카슈바이의 감자밭, 그 위에 내리는 10월의 비, 그곳에는 할머니가 네 벌의 치마를 입고 앉아 있다. 그리고 클레프의 플루트에서 10월의 비가 내리고, 클레프의 플루트가 비와 네 벌의 치마 밑에서 방화범인 내 할아버지 요제프 콜야이체크를 발견하며, 또 이 플루트가 불쌍한 우리 어머니의 씨가 내려진 것을 축하하고 증명하는 것을 들었을 때 오스카의 마음은 돌이 되는 듯했다.

우리는 몇 시간에 걸쳐서 연주했다. 할아버지가 뗏목을 건너서 도망칠 때의 일을 마음껏 변주하고서, 우리는 조금 지치기는 했으나 만족감에 사로잡혀 이 콘서트를, 행방불명된 방화범이 기적적으로 구조될지도 모른다는 사실을 암시하는 찬가로 끝냈다.

플루트 소리가 채 사라지기도 전에 클레프는 틀어박혀 있던 침대에서 뛰쳐 나왔다. 시체 냄새가 그를 따라서 나왔다. 하지만 그는 창을 활짝 열고 신문지로 연통 구멍을 막고는, 엘리자베스 여왕의 컬러사진을 짝짝 찢어 절대왕권 시대의 종결을 선언하고, 수도꼭지에서 개수대로 물이 힘차게 쏟아지게 해서 몸을 씻기 시작했다. 그는 씻고 또 씻었다. 모든 것을 씻어 내려는 기세였다. 그것은 단순히 씻는 게 아니라 일종의 목욕재계였다. 몸을 깨끗이 씻은 그는 수도꼭지를 떠나, 살이 찐 벌거벗은 몸에서 물방울을 떨어뜨리면서 볼썽사나운 성기를 축 늘어뜨린 채 거의 돌진하듯이 다가와 내 앞에 우뚝 서서 나를 안아 올렸다. 두 팔을 뻗쳐서 안아 올렸다—오스카는 그때나 지금이나 몸무게가 가벼웠으니까—그러고는 그의 체내에 웃음이 폭발하여 몸 밖으로 튀어나와 천장을 쳤다. 그 순간 나는 깨달았다. 지금 부활한 것은 오스카의 북만이 아니었다. 클레프까지도 부활한 것이다. 그래서 우리는 서로 축하하며 상대의 뺨에 키스했다.

그날—우리는 저녁에 외출해서 맥주를 마시고 선지 소시지에 양파를 곁들여 먹었는데—클레프가 내게 제안을 했다. 함께 재즈 악단을 만들지 않겠느냐고. 그 자리에서 나는 일단 생각할 여유를 달라고 말했으나, 오스카는 그때 이미 결심이 서 있었다. 석공 코르네프 밑에서 글자를 새기는 직업뿐만 아니라, 뮤즈 울라와 함께하는 모델 일까지도 전부 버리고 재즈 밴드의 드러머가 되겠다는 결심이.

야자 섬유 융단 위
이렇게 해서 오스카는 그 무렵 친구 클레프에게 부활의 이유를 제공했다.

그는 아주 기뻐서 그 썩어가는 이불에서 뛰쳐나와 물을 몸에 묻히기까지 하고는, 뼛속까지 이 세상은 멋있다고 생각하는 남자가 되어 버렸다. 오스카가 누워 지내는 몸이 된 오늘날, 나는 이렇게 주장하고 싶다. 클레프는 내게 복수를 하고 싶은 것이다, 내게서 이 정신병원의 격자 침대를 빼앗아 버릴 셈이다, 그에게서 그 스파게티 요리실의 침대를 빼앗은 사람이 바로 나였으므로.

일주일에 한 번씩 나는 그의 방문을 참아내야 했다. 그가 재즈에 대해서 늘어놓는 실로 낙천적인 장광설, 그 음악적 공산주의 선언을 들어야만 한다. 그는 자리에 누워 있을 때는 충실한 왕권주의자를 연기하여 영국 왕실의 편이었던 주제에, 내가 그에게서 침대와 백파이프를 든 엘리자베스를 빼앗은 순간부터는 독일 공산당의 당비를 내는 당원이 되어 버렸다. 그리고 지금도 비합법적인 취미로 그 활동을 계속하고 있다. 이를테면 그는 맥주를 마시고 선지 소시지를 먹으면서, 스탠드에 기대서 병에 붙은 레테르를 연구하고 있는 죄 없는 사람을 붙잡아 가지고는, 대활약 중인 재즈 밴드와 소비에트의 콜호스 사이의 바람직한 공통점을 열거하는 것이다.

오늘날에는 잠자리에서 쫓겨난 몽상가가 갈 수 있는 길이 그리 많지 않다. 계속 누워 있던 침대와 일단 멀어지자 클레프는 당원이 될 수 있었다―비합법적이어서 더 매력이 있었다. 재즈에 대한 열광이 그에게 제공된 제2의 신앙이었다. 또한 본디 신교도인 그가 개종해서 가톨릭이 될 수도 있었으리라.

선택은 클레프에게 맡겨야 한다. 이러한 모든 신앙 고백으로 통하는 길이 그의 앞에 열려 있다. 다만 주의할 점이 있었다. 육중하고 빛나는 그의 육체와 갈채를 양식 삼아 살아가는 그의 유머가, 마르크스의 교의와 재즈의 신화를 그 나름의 교활한 원칙에 따라 혼합한 약을 그에게 처방해 주었다는 사실이다. 언젠가 노동자 신부 유형의 약간 좌익적인 신부를 만나게 된다면, 게다가 그 신부가 딕실랜드 재즈 레코드의 수집가라면, 그날부터 재즈에 미친 한 마르크스주의자가 일요일의 의식에 참여하여 앞서 말한 그의 체취를 신고딕식 대성당 안에서 풍기는 냄새와 혼합하게 될 것이다.

내게도 이와 똑같은 일이 일어나도록 하는 데 있어 내 침대가 방해된다고 생각한 클레프는, 여러 가지 따뜻한 약속을 하면서 나를 침대에서 끌어내리려고 한다. 그는 법원에 거듭거듭 청원서를 제출하고, 나의 변호사와 짜고 운동을 하면서 재심을 요구하고 있다. 그는 오스카의 무죄 석방을 원한다. 오스카의 자유—우리의 오스카를 수용소에서 석방하라—를 클레프가 원한 까닭은, 오직 나를 침대에 맡겨놓고 싶지 않은 그의 욕심 때문이었다!

그렇지만 내가 차이들러의 집에 세 들어 사는 동안, 누워만 있던 친구를 일어서기도 하고 돌아다니기도 하며 가끔 뛰어다니기도 하는 친구로 변모시킨 것은 역시 잘한 일이라고 생각한다. 도로테아 간호사에게 바치던 그 심각한 고뇌의 시간을 빼놓고는 나는 별 근심 없는 생활을 누릴 수가 있었다. "여, 클레프!" 나는 그의 어깨를 쳤다. "함께 재즈 밴드를 만들자." 그러자 그는 내 등의 혹을 슬슬 쓸었다. 그는 자신의 배와 거의 똑같이 내 혹도 사랑했다. "오스카와 내가 손잡고 재즈 밴드를 만든다!" 이렇게 클레프는 세상에 알렸다. "이제 밴조까지 다룰 줄 아는 본격적인 기타 연주자만 있으면 될 텐데."

사실상 북과 플루트 말고도 또 하나의 멜로디 악기가 필요했다. 저음 현악기도 보기에는 괜찮을 듯한데, 베이스 주자는 그 무렵 여간해선 구할 수 없었다. 그래서 우리는 기타 주자를 열심히 찾았다. 우리는 곧잘 영화를 보러 갔다. 그리고 맨 처음에 보고한 대로 일주일에 두 번씩 우리 사진을 찍었다. 맥주를 마시고 선지 소시지나 양파를 먹으면서 여권 사진으로 여러 가지 바보 같은 속임수를 저질렀다. 그즈음 클레프는 붉은 머리 일제와 알게 되었는데, 경솔하게도 자기 사진을 그녀에게 선사했기 때문에 그녀와 결혼할 처지에 놓였다—그러나 기타 주자만은 좀처럼 찾아낼 수 없었다.

뒤셀도르프 구시가의 원반 유리, 겨자가 딸린 치즈, 맥주 냄새, 니더라인 지방 특유의 야단법석 따위는 나도 미술대학에서 모델 일을 한 관계로 얼마간 알고 있었으나, 이 도시를 참으로 알게 된 것은 역시 클레프와 함께 다니게 된 뒤부터였다. 우리는 기타 주자를 구하기 위해 람베르투스 교회 주위를 돌고 선술집을 이 잡듯이 찾아다녔는데, 특히 라팅거 거리의 술집 '일각수'에는 자주 갔다. 그 가게에서는 보비가 댄스음악을 연주하고 있었는데, 그는 우리의 플루트와 양철북에 이따금 반주하면서 내 양철북 연주에 찬사를 보내주곤 했기 때문이다. 보비 자신도 우수한 드럼 연주자였으나 애석하게도 오른손 손가락이 하나 없었다.

우리는 '일각수'에서도 기타 주자를 찾아내지 못했지만, 나는 얼마간 숙달

되어 위문극단 시절의 감각을 되찾을 수 있었다. 그러므로 도로테아 간호사가 때때로 나의 노력을 그르치지 않았던들 나는 머지않아 훌륭하게 널리 쓰일 드럼 연주자가 되었으리라.

내 마음의 절반은 언제나 그녀 곁에 있었다. 그렇지만 나머지 절반이나마 온전하게 내 양철북 가까이 있어 주었다면 그래도 견딜 만했을 것이다. 그러나 실제로는 북 연주와 함께 시작된 생각은 도로테아 간호사의 적십자 브로치에 대한 생각으로 끝나는 형편이었다. 그것을 눈치채고 자기의 플루트로 능숙하게 사태를 수습해 주던 클레프는 오스카가 그런 식으로 절반은 딴생각에 잠겨 있는 모습을 볼 때마다 걱정했다. "자네 배고픈 거 아닌가, 선지 소시지를 주문해 줄까?"

클레프는 이 세상 모든 슬픔의 배후에서 이리의 굶주림을 찾아냈다. 따라서 그는 어떠한 슬픔도 한 사람 몫의 선지 소시지로 치유할 수 있다고 믿었다. 그 무렵 오스카는 굉장히 많은 양의 신선한 소시지를 고리 모양으로 썬 양파와 함께 먹고 맥주를 마셨는데, 그것은 그의 친구 클레프가 오스카의 슬픔은 배고픔 때문이지 도로테아 간호사 때문이 아니라고 믿게 하기 위해서였다.

우리는 대개 아침 일찍 율리히 거리의 차이들러 집을 나와 구시가에서 아침 식사를 했다. 미술대학에 가는 것은 영화값이 필요할 때 정도였다. 뮤즈 울라는 이럭저럭하는 동안에 화가 랑케스와 세 번째인지 네 번째의 약혼을 하고 그 옆에만 붙어 있었다. 랑케스는 그때 어떤 회사로부터, 그로서는 최초로 큰 위탁을 받았기 때문이다. 뮤즈 없이 혼자서 모델 일을 하는 것은 오스카로서는 재미가 없었다—모두가 또다시 그를 그리고 무서울 정도로 시커멓게 칠했다. 그래서 나는 완전히 친구 클레프와 어울리기로 했다. 마리아와 쿠르트 곁에서도 나는 편히 있을 수가 없었다. 그곳에는 매일 밤 그녀의 주인이자 숭배자인 슈텐첼이, 아내도 있는 주제에 눌러앉아 있었다.

1949년 초가을의 어느 날, 클레프와 내가 각자의 방을 나와서 복도의 우윳빛 유리문 근처에서 만나 악기를 가지고 집을 나서려고 했을 때, 차이들러가 우리에게 말을 걸었다. 그의 거실 겸 침실 문이 살짝 열려 있었다.

그는 폭은 좁지만 두껍게 만 융단을 우리 쪽으로 굴려 가지고 와서, 그 융단을 깔아서 고정하는 일을 도와달라고 했다. 그것은 좁고 긴 야자 융단이었다. 길이는 8미터 20센티미터였다. 그런데 차이들러 집의 복도는 7미터 45센티미터밖에 되지 않았으므로 클레프와 나는 그 융단을 75센티미터 잘라내야만 했다. 우리는 앉아서 그 작업을 했다. 야자수 섬유를 절단하는 일이 매우 힘들다는 사실을 알았기 때문이다. 나중에 재보니 2센티미터를 더 잘라냈다. 이 융단은 마루의 폭과 꼭 같았는데, 차이들러는 허리를 굽힐 수 없으니 우리 두 사람이 협력해서 복도의 융단을 못질해 깔아달라고 부탁했다. 오스카의 착상으로 못질을 하면서 융단을 펼쳐 나가기로 했다. 이 방식이 성공한 덕분에 2센티미터의 빈틈은 거의 아무도 모를 정도로 메울 수 있었다. 우리는 크고 납작한 대가리가 붙은 못을 박았다. 대가리가 작은 못은 성기게 짜인 야자 융단을 고정하는 데에 도움이 되지 않았을 것이다. 오스카도 클레프도 자기 손가락을 치는 실수를 하지 않았다. 물론 두세 개의 못을 구부려뜨리기는 했지만 그것은 못의 질이 나쁜 탓이었다. 왜냐하면 차이들러가 예비로 모아둔 통화개혁 이전의 물건이었으니까. 야자 융단을 반쯤 마루에 빈틈없이 고정하고 나서 우리는 망치를 서로 교차시켜 놓고, 우리 작업을 감독하고 있던 고슴도치의 얼굴을 재촉이라고까지는 할 수 없어도 기대하는 눈짓으로 쳐다보았다. 그는 알았다는 듯이 거실 겸 침실 안으로 들어가서 리큐어 컵 세 개에 브랜디 병까지 들고 되돌아왔다. 우리는 야자 융단의 내구성을 위하여 건배했다.

그 뒤에도 우리는 다시 재촉을 한다기보다는 기대하는 표정으로 말했다. 야자 섬유의 목이 마르다고. 고슴도치의 리큐어 컵들은 아마도 기뻐했을 것이다. 고슴도치가 평소 버릇대로 노여움을 폭발시켜 유리컵들을 부수기 전에 몇 번이나 계속해서 브랜디가 유리컵 속에 부어졌으므로. 클레프가 일부러 빈 유리컵을 야자 융단 위에 떨어뜨렸으나 유리컵은 깨지지 않았고, 전혀 소리도 나지 않았다. 우리 모두가 그 야자 융단을 칭찬했다. 거실 겸 침실 문에서 우리 작업을 바라보던 차이들러 부인도 우리와 똑같이, 유리컵을 떨어뜨려도 깨지지 않게 해 주는 야자 융단을 거듭 칭찬했다. 그러자 고슴도치가 벌컥 화를 냈다. 그는 아직 고정하지 않은 융단을 짓밟고 빈 리큐어 컵 세 개를 손에 쥐고는 그대로 거실 겸 침실 안으로 사라졌다. 유리 찬장이 덜그럭거리는 소리가 들렸다―그는 유리컵 세 개만으로는 부족해서 더 꺼낸 것이다―그 직후 오스카는 친숙한 음악을 들었다. 오스카의 심안(心眼)에 차이들러의 난로가 떠올랐다. 리큐어 컵 여덟 개가 깨져서 난로 옆에 뒹굴고 있었다. 그리고 차이들러가 쓰레받기와 비 쪽으로 몸을 굽혀 고슴도치로 깨뜨린 유리 조각을 이번에는 차이들러로서 쓸어모았다. 그러나 차이들러 부인은 등 뒤에서 쨍강쨍강 소리가 나고 있는데도 태연하게 문 옆에 서 있을 뿐이었다. 그녀는 우리 작업에 큰 흥미를 느끼고 있었다. 고슴도치가 화냈을 때 마침 우리는 또 망치를 들었으므로 그녀는 눈을 떼고 싶지 않았던 것이다. 고슴도치는 되돌아오지 않았으나 브랜디 병은 우리가 있는 곳에 놓아둔 채였다. 우리는 교대로 그 병을 입에 댔는데, 차이들러 부인이 보고 있었기 때문에 처음에는 쑥스러워했다. 그녀는 우리를 기분 좋게 이해해 주었다. 그럼에도 우리는 그녀에게 병째로 한 모금 마시도록 제공할 기분은 별로 내키지 않았다.

어쨌든 우리는 열심히 작업을 계속하여 못 하나하나를 야자 융단에 박아 나갔다. 오스카가 간호사의 작은 방 앞의 야자 융단을 못질할 때에는 망치질을 할 때마다 우윳빛 유리가 덜커덩거리는 소리를 냈다. 그것은 그의 가슴을 아프게 했다. 그래서 그 아픔을 견디지 못한 순간에는 망치를 든 손을 잠시 내려놓아야만 했다. 하지만 도로테아의 우윳빛 유리문 앞을 지나치자, 그도 망치도 다시 원기를 회복했다.

무슨 일에나 언젠가는 끝이 오듯이, 야자 융단을 못질하는 작업도 마침내 끝이 났다. 구석에서 구석까지 넓적한 대가리가 붙은 못의 줄이 달리고 있었다. 못은 목까지 복도에 파묻혀서, 분방하게 소용돌이쳐 흐르는 야자 섬유 위로 겨우 대가리가 걸려 있었다. 우리는 만족을 느끼고 융단의 길이를 즐기면서 복도를 왔다 갔다 걸어보았다. 그러고는 자신들의 일솜씨를 칭찬하고, 아침 식사 전에 빈속으로 야자 융단을 깔고 못질을 해서 고정하는 일이 쉽지 않다는 것을 은근히 내비쳤다. 그러자 그게 효력을 나타내어 드디어 차이들러 부인이 처녀와 같이 순결한 새 야자 융단 위에 모습을 나타내고, 그 위를 지나 부엌으로 가서 우리를 위해 커피를 끓이고 달걀부침을 만들어 주었다. 우리는 내 방에서 식사를 했다. 차이들러 부인은 서둘러서 나갔다. 만네스만의 사무실로 가야 했기 때문이다. 우리는 방문을 연 채로 놓아 두었다. 조금 지쳤으나 입을 우물거리면서 우리의 작업 성과를 바라보았다. 우리를 향해서 야자 섬유의 물결이 밀려왔다.

고작 통화개혁 전에 약간의 교환 가치를 지녔을 뿐인 싸구려 융단에 대해서 왜 그토록 많은 말을 소비하는가? 오스카의 귀에는 이 당연한 질문이 들려온다. 그러므로 미리 이 질문에 대답해 두기로 하자. 사실 이 야자 융단 위에서 나는 다음 날 밤 비로소 도로테아 간호사를 만났다.

　한밤중 가까이 되어서, 나는 맥주와 선지 소시지로 배를 가득 채우고 집에 돌아왔다. 클레프는 구시가에 남겨두고 왔다. 그는 기타 주자를 찾고 있었던 것이다. 나는 순조롭게 차이들러 집의 열쇠 구멍을 찾아내 복도 융단 위에 올라서서 어두운 우윳빛 유리문 앞을 지나 내 방으로 들어갔다. 침대로 들어가기 전에 입고 있던 옷을 벗었는데, 유감스럽게도 파자마만은 보이지를 않았다. 세탁을 위해서 마리아에게 보냈기 때문이다. 그러나 파자마 대신, 너무 길어서 우리가 잘라낸 75센티미터 야자 융단 조각을 찾아냈다. 나는 그 조각을 침대 앞에 바닥에 펴놓고 침대에 들어갔다. 그런데 잠이 오지 않았다.

　오스카가 잠을 이루지 못하면서 무엇을 생각하고 있었는지, 또는 무엇을 멍청하게 머릿속에서 굴리고 있었는지, 그것은 지금 여러분에게 이야기할 필요조차 없으리라고 생각한다. 오늘 나는 그때 잠을 이루지 못했던 원인을 발견한 기분이 든다. 그때 나는 침대에 들어가기 전에 맨발로 그 새로운 야자 섬유 매트 위에 올라섰다. 야자 섬유가 맨발을 통해서 나의 피부를 지나 혈액 속으로 침입했다. 따라서 나는 침대에 누워 상당한 시간이 지났는데도 여전히 야자 섬유 위에 서 있는 것과 같았고, 그래서 잠들 수가 없었던 것이다. 왜냐하면 야자 섬유 매트 위에 맨발로 서는 일만큼 사람을 흥분시키고 잠을 쫓아버리며 사고를 촉진하는 것은 없기 때문이다.

　오스카는 한밤중이 지나 새벽 3시가 다 되도록 여전히 잠들지 못한 채 침대에 누워 있으면서 동시에 매트 위에 계속 서 있었다. 그때 복도에서 문소리가 나고, 다시 한 번 문소리가 났다. 클레프로구나 하고 나는 생각했다. 기타 주자는 어차피 못 찾았겠지만 선지 소시지를 듬뿍 뱃속에다 집어넣고 돌아왔으리라고 생각했다. 그러나 복도에서 문을, 이어서 좀더 큰 문을 움직인 사람이 실은 클레프가 아니라는 사실을 나는 알고 있었다. 다시 나는 생각을 계속했다. 잠을 자지 못하고 발바닥에 야자 섬유를 느끼고 있을 바에는 차라리 침대에서 나가 버리는 게 어떨까. 그리고 기분상으로만이 아니고 실제로 침대 앞 야자 섬유 매트 위에 몸을 올려놓는 것이 어떨까. 오스카는 그렇게 해 보았다. 그러자 그것이 또 묘한 효과를 발휘했다. 내가 매트 위에 선 순간, 그 75센티미터의 자투리가 내 발바닥을 통해서 그 원천인 복도의 7미터 43센티미터짜리 야자 융단을 상기시킨 것이다. 내가 잘라낸 야자 섬유 조각을 동정했기 때문이었는지, 아니면 내가 방금 복도의 문소리를 듣고 클레프의 귀가를 상상하면서도 그것을 믿지 않았기 때문이었는지…… . 여하간 오스카는 아까 침대에 들어갈 때 파자마를 찾아내지 못했던 터라, 허리를 굽혀 침대용 요의 두 귀퉁이를 두 손으로 각각 쥐고, 두 발을 크게 벌려 매트 위에서 방바닥 위로 옮기고 매트를 두 다리 사이로 끌어올려, 75센티미터의 길이로 그의 1미터 21센티미터의 나체 앞을 가렸다. 이렇게 해서 그의 벌거벗은 몸을 교묘하게 감추기는 했지만, 이제 그는 쇄골에서 무릎에 이르기까지 야자 섬유의 영향을 받게 되었다. 이 영향력은 오스카가 그 야자 섬유제 옷으로 앞을 가린 채 어두운 자기 방에서 역시 어두운 복도로, 결국 야자 융단 위로 나갔을 때 한층 더 높아졌다.

이런 식으로 융단의 섬유가 닥쳐온 이상, 내가 걸음을 빨리해서 발밑의 영향력에서 벗어나 자신을 구출하려고 야자 섬유가 깔려 있지 않은 장소, 즉 화장실로 단숨에 달려갔다고 해서 무엇이 이상하겠는가.

그런데 화장실은 복도나 오스카의 방과 같이 어두웠는데도 누군가가 사용 중이었다. 여자의 작은 외침이 들려서 그것을 알 수 있었다. 거기에 또 나의 야자 섬유 모피가 앉아 있는 사람의 무릎에 닿았다. 나는 화장실에서 나가려고 하지 않았다—왜냐하면 내 뒤에서는 야자 융단 섬유가 나를 위협하고 있었으니까. 그러자 내 앞에 앉아 있는 여자가 나를 화장실에서 내쫓으려고 했다. "누구세요? 무슨 일이에요? 나가 주세요!" 내 앞에서 말소리가 들렸다. 그것은 아무리 생각해도 차이들러 부인의 소리가 아니었다. 조금 가련한 목소리였다. "누구세요?"

"글쎄요, 도로테아 간호사. 한번 알아맞혀 보세요." 나는 대담하게 농담을 했다. 그렇게 함으로써 우리가 묘한 장소에서 마주쳐 생겨난 약간의 긴장감을 누그러뜨리려고 했던 것이다. 그러나 그녀는 알아맞힐 생각은 없이 일어서서 어둠 속에서 손을 뻗쳐 나를 화장실에서 복도 융단 위로 밀어내려고 했다. 하지만 손 위치가 너무 높기 때문에 내 머리 위에서 헛손질을 했다. 다음에는 손을 내려서 더듬었다. 그러나 나를 붙잡지는 못하고 내 야자 섬유

앞치마를 붙잡아 또다시 비명을 질렀다—여자는 언제든지 바로 비명을 지르게 되어 있다—어쩐지 나를 다른 사람으로 착각한 모양이었다. 그 증거로 "아아, 악마!" 하고 도로테아 간호사는 부들부들 떨면서 중얼거렸다. 이 소리를 듣고 나는 무의식중에 킬킬대고 웃고 말았다. 물론 악의가 있어서 웃은 건 아니었다. 그런데도 그녀는 그것을 악마가 킬킬거리는 것으로 해석했다. 나는 악마라는 말이 싫었다. 그래서 그녀가 이제는 완전히 겁을 집어먹고 다시 "누구세요?" 하고 물었을 때 오스카는 대답했다. "나는 사탄이다. 도로테아 간호사를 만나러 왔다!" 그러자 그녀는 물었다. "오, 맙소사. 그렇지만 도대체 무슨 일로?"

나는 이 배역에 서서히 빠져들었고 내 안에 깃들인 사탄을 후견인 삼아 말했다. "사탄은 도로테아 간호사를 좋아한다." "싫어, 싫어, 나는 싫어요!" 그녀는 여전히 팔을 내밀고 탈출을 꾀했으나, 또다시 내 야자 의상의 악마같은 섬유에 손을 부딪치고 말았다—그녀의 잠옷은 매우 얇은 듯했다—게다가 그녀의 열 손가락이 유혹적인 밀림의 포로가 되어 버렸기 때문에 그녀는 기운이 빠져 정신을 잃었다. 도로테아 간호사가 앞으로 고꾸라진 것은 확실히 가벼운 실신 탓이었다. 나는 내 몸에서 떼내어 높이 치켜든 그 털가죽을 이용해 쓰러지는 여자를 받치고 상당히 오랫동안 그대로 버티고 있었는데, 그동안에 사탄 역에 어울리는 결심을 굳힐 수 있었다. 그래서 나는 조금 물러서서 그녀에게 무릎을 꿇을 수 있게 해 주었다. 그녀의 무릎이 화장실의 차가운 타일이 아니라 복도의 야자 융단에 닿도록 조심하고, 그녀의 몸을 위로 쳐다보게 했으며, 머리를 서쪽, 즉 클레프의 방 쪽으로 향하게 하여 기다랗게 융단 위에 뉘었다. 그녀의 뒷면은 적어도 1미터 60센티미터에 걸쳐 야자 섬유에 닿아 있었으므로, 나는 그녀의 앞면도 같은 섬유로 덮어 주었다. 그렇지만 75센티미터의 길이밖에 마음대로 쓸 수가 없었다. 처음에는 75센티미터의 매트를 그녀의 턱 밑에 대어 보았으나, 그러면 반대쪽 끝이 아무래도 넓적다리보다 훨씬 밑에까지 내려간다. 그래서 이번에는 그 매트를 10센티미터쯤 위로 끌어올려 그녀의 입 위에까지 가지고 갔다. 그러나 도로테아의 코는 덮지 않았으므로 호흡에 지장은 없었다. 오스카 또한 매트 위에 누워 매트의 많은 섬유를 떨게 했을 때 그녀는 숨을 거칠게 쉬었다. 나는 도로테아 간호사와 직접 살을 대지는 않고 먼저 야자 섬유의 힘을 쓰기로 했으며, 더 나아가 도로테아와의 대화도 다시 시작했다. 그녀는 여전히 반실신 상태에서 속삭였다. "오, 하느님. 오, 하느님." 그러고는 되풀이해서 오스카의 이름과 신분을 물었다. 내가 사탄을 자칭하고, 사탄이라는 말을 악마적인 귀엣말로 소곤거리며, 온갖 대사로 나의 거처인 지옥을 이야기해 줄 때마다 그녀는 야자 융단과 야자 매트 사이에서 오들오들 떨었다. 나는 그런 말을 속삭이면서 매트 위에서 열심히 체조를 하여 매트를 계속 움직였다. 왜냐하면 야자 섬유가 도로테아 간호사에게 어떤 감정을 일으키는 것을 내 귀가 흘려 버리지 않았기 때문이다. 그것은 훨씬 이전에 비등산이 그리운 마리아에게 일으킨 감정과 비슷했다. 비등산의 경우에는 충분히 잘 행동하여 만족스러운 결과에 도달할 수가 있었는데, 이 야자 매트 위에선 치욕적인 실패를 겪었다. 나는 닻을 내리는 데 성공하지 못했다. 비등산 시절 이후로는 줄곧 단단해져서 목적을 달성할 수 있었던 그것이 이 야자 섬유 속에서는 고개를 숙여버리고, 그럴 기분도 내켜하지 않으면서 작은 모습 그대로였다. 겨냥을 하려고 하지도, 어떠한 유혹에 기대려고 하지도 않았다. 나의 순수하고 지적인 설득 기술도 효과를 나타내지 못했으며, 도로테아 간호사의 탄식도 소용이 없었다. 그녀는 그곳에 누운 채 속삭이고 신음하며 흐느껴 울었다. "자, 사탄, 자, 어서 와요!" 그래서 나는 그녀를 진정시키고 달래야만 했다. "사탄은 곧 온다. 조금만 기다려." 이처럼 나는 참으로 악마처럼 속삭이면서 내 세례 때 이후 내 안에 깃들어 있던—지금도 여전히 그곳에 깃들어 있다—그 사탄과 대화를 나누었다. 모처럼의 일을 방해할 수가 있느냐, 사탄! 하고 화내고, 부탁이니 창피를 당하지 않게 해다오! 하고 애원하며, 오늘은 너 좀 이상하다, 생각해 봐라, 마리아를. 아니 그레프 미망인 쪽이 나을까, 아니면 예쁜 로스비타를. 밝은 파리에서는 우리 둘이서 그녀를 여러 모로 놀려주지 않았느냐! 하고 꼬드겨 보기도 했다. 그러나 그는 불쾌하게 몇 번이나 같은 대답을 할 뿐이었다. 기분이 나지를 않는다, 오스카. 사탄이 기분이 나지 않는다면 승리를 거두는 건 도덕 쪽이다. 결국 사탄이라 할지라도 가끔은 기분이 안 날 때도 있는 법이니까.

이처럼 그는 나를 지지하기를 거부하고 이것저것 비슷한 달력의 격언을 부르짖었다. 그동안 나는 천천히 힘을 잃으면서도 야자 섬유 매트를 계속 움직여 불쌍한 도로테아 간호사의 피부를 문질러 괴롭혔다. 마지막에는 그녀가 갈망하면서 속삭였다. "자, 사탄, 오, 와 주어요, 부탁이에요!" 그 소리에 재촉당한 나는, 자포자기해서 아무런 동기도 없는 무의미한 돌격을 야자섬유 밑 쪽에 감행했다. 탄환을 재지 않은 권총으로 표적의 중심을 명중시키려고 했다. 그녀도 사탄에 협력하려고 두 손을 야자 매트 밑에서 내밀어 나를 끌어안으려고 했고, 그리고 사실 나를 끌어안았다. 하지만 그 순간 야자섬유질의 피부가 아닌 인간의 따뜻한 기운을 가진 나의 혹을 발견하고는, 그녀가 원하고 있던 사탄이 없다는 사실을 깨달았다. 그녀는 이미 "자 사탄, 와 주어요!"라고 속삭이기를 그만두고, 기침을 한 차례 하더니 딴 사람 같은 목소리로 맨 처음 질문을 거칠게 들이댔다. "도대체 누구예요, 당신은? 무슨 일이죠?" 일이 이쯤 되자 나로서는 움츠러들어 대답할 수밖에 없었다. 나는 호적상으로는 오스카 마체라트라고 하며, 그녀의 이웃에 살고 있고, 그녀를 마음속 깊이 뜨겁게 사랑하고 있다는 것을.

아마도 심술궂은 사람이라면 도로테아 간호사가 저주의 말과 주먹으로 나를 야자 융단 위에 난폭하게 내동댕이쳤다고 생각하겠지만, 여기서 오스카는 비애감과 함께 약간의 만족을 느끼면서 보고할 수가 있다. 도로테아 간호사는 천천히 생각하고 또 생각하며 두 손과 두 팔을 망설이듯 내 혹에서 뗐을 뿐이라고. 그것은 말하자면 무한히 슬픈 애무와 비슷했다. 그리고 그녀는 이내 흐느껴 울기 시작했으나 귀를 때릴 정도로 요란한 소리는 아니었다. 그녀가 나와 야자 매트 밑에서 몸을 옆으로 움직여 내게서 빠져나가, 잇따라서 내 몸을 미끄러져 내리게 했다고 깨달았을 때는, 벌써 복도에 깔아놓은 물건이 그녀의 발소리를 빨아들인 뒤였다. 문 여는 소리가 들렸다. 열쇠를 돌리는 소리가 났다. 그러자 곧 도로테아 간호사의 작은 방 우윳빛 정방형 유리 여섯 개가 안쪽에서 빛과 현실을 받아들였다.

오스카는 누운 채 매트로 몸을 덮었다. 매트에는 악마적인 장난을 했을 때의 온기가 아직 조금은 남아 있었다. 내 두 눈은 불이 켜진 사각형에 못 박혀 있었다. 때때로 그림자 하나가 우윳빛 유리 위에 비쳐 움직였다. 지금 그녀는 양복장 있는 데로 갔다, 이번에는 장롱이 있는 곳으로 갔다고 나는 자신에게 일렀다. 오스카는 개처럼 행동해 보고 싶었다. 나는 매트를 덮은 채 융단 위를 기어서 그녀의 방문 앞까지 가서 문의 나무를 할퀴고, 조금 몸을 일으켜 계속 빌면서, 한쪽 손을 밑에 있는 2장의 유리 위에 어른거리게 했다. 그러나 도로테아는 문을 열지 않았고, 싫증도 내지 않았으며, 양복장과 거울이 붙은 옷장 사이를 왔다 갔다 했다. 나는 알고 있었으나 인정하지를 못했다. 도로테아 간호사는 짐을 꾸려 내게서 도망친다는 사실을.

그녀가 방을 나갈 때 최소한 그 얼굴을 전등 불빛으로 볼 수는 있을 거라는 희미한 기대마저 나는 묻어 버려야 했다. 처음에는 우윳빛 유리 저쪽이 어두워지고, 이어서 열쇠 소리가 들렸으며, 문이 열려 야자 융단 위에 신발이 나타났다—내가 그녀 쪽으로 뻗친 손은 짐 가방과 양말을 신은 다리에 부딪쳤다. 그러자 그녀는 양복장 속에 있던 그 튼튼한 하이킹화로 내 가슴을 걷어차서 나를 융단 위에 넘어뜨렸다. 오스카가 벌떡 일어나서 다시 한 번 "도로테아 양" 하고 애원했을 때는 이미 현관문이 닫히고 있었다. 한 여성이 나를 버린 것이다.

여러분과 내 슬픔을 이해해 주실 모든 사람은 여기에서 이렇게 말할 것이다. 침대로 가거라, 오스카. 그와 같은 굴욕적인 일이 있었는데, 그 이상 또 무엇을 복도 위에서 구하겠다는 말인가. 새벽 4시다. 벌거벗은 채로 너는 야자 융단 위에 누워 있다. 섬유질 매트로 간신히 몸을 덮고 있을 뿐이다. 손과 무릎이 벗겨지지 않았는가. 너의 심장은 피를 흘리고 있다. 너의 성기는 아픔을 호소하고 있다. 너의 치욕은 하늘을 향해서 소리치고 있다. 너는 차이들러 씨의 잠을 깨워 버렸다. 그리고 그는 아내를 깨웠다. 그들이 나온다. 거실 겸 침실의 문을 열고 너를 발견하게 되리라. 침대로 가거라, 오스카. 이제 곧 5시다!

이와 똑같은 권고를 나 자신도 융단 위에 누워 있던 그때의 나에게 했다. 나는 추위에 떨면서 그대로 누워 있었다. 나는 도로테아 간호사의 육체를 다시 불러오려고 했다. 하지만 느껴지는 것이라고는 야자 섬유뿐이었다. 이 사이에까지 야자 섬유가 끼어 있었다. 그러던 중 한 줄기 빛이 오스카 위에 떨어졌다. 차이들러의 거실 겸 침실 문이 조금 열려 차이들러의 고슴도치 머리가 보이고, 그 위에서는 금속제 컬 클립을 잔뜩 단 머리가 내다보고 있었는데, 차이들러 부인이었다. 그들은 가만히 응시하고 있었다. 그는 기침을 하고, 그녀는 킬킬거렸다. 그가 나를 불렀으나 나는 아무 대꾸도 하지 않았다. 그녀는 계속 킬킬거리며 웃었다. 그가 그것을 막았다. 그녀는 내가 어디가 아픈지 알고 싶어 했다. 그는 안 되겠다고 말했으며, 그녀는 이 집은 완고한 집안이라고 말했다. 그는 방을 나가달라고 위협했다. 그런데도 내가 잠자코 있었던 것은 그 정도로는 아직 부족했기 때문이다. 그러자 차이들러 부부가 문을 열고, 그가 복도의 전등 스위치를 켰다. 그러고서 그들은 내게로 다가왔다. 조그마한 눈은 화가 나서 심술궂은 눈초리를 하고 있었다. 이번에는 자신의 노여움을 리큐어 컵으로 발산하지는 않을 셈인 듯했다. 그는 내 위에 다리를 벌리고 섰다. 오스카는 고슴도치의 화가 떨어질 것을 기대하고 있었다—그러나 차이들러는 화를 낼 수 없었다. 때마침 계단 쪽이 떠들썩해지더니, 열쇠를 든 손이 불확실하게 현관문 위를 더듬다가 마침내 열쇠 구멍을 찾아냈기 때문이다. 그리고 클레프가 들어왔다. 동행이 한 사람 있었는데, 그도 똑같이 잔뜩 취해 있었다. 숄레라는 이름의 사나이였다. 간신히 기타 주자를 찾아낸 것이다.

두 사람은 차이들러 부부를 달랜 다음 오스카 위에 허리를 굽혀 아무것도 묻지 않고, 나를 붙잡아 내 몸과 사탄의 야자 매트를 내 방 안에 옮겨놓았다.

클레프는 몸을 문질러 따뜻하게 해 주었다. 기타 주자는 내 옷을 가져다주었다. 둘이서 내게 옷을 입히고 내 눈물을 닦아 주었다. 흐느낌. 아침은 창 앞에까지 이르렀다. 참새들. 클레프가 내 북을 목에 걸어 주고 그의 조그만 플루트를 꺼내서 보여 주었다. 흐느낌. 기타 주자는 자신의 기타를 어깨에 멨다. 참새 소리. 친구들은 나를 한가운데 두고 에워싸듯 하고, 흐느끼면서 시키는 대로 따르는 오스카를 차이들러 집에서, 그리고 율리히 거리의 그 건물에서, 참새들이 노래하는 문 밖으로 데리고 나갔다. 오스카를 야자 섬유의 영향에서 떼어내고 나와 함께 아침 거리를 지나서, 호프가르텐을 가로질러 플라네타륨이 있는 라인 강변까지 걸었다. 라인 강은 잿빛을 띠고 네덜란드로 흐르며, 강에 떠 있는 배 위에는 세탁물이 휘날리고 있었다.

그 안개 짙은 9월의 아침 6시부터 9시까지 플루트 주자 클레프와 기타 주자 숄레와 드럼 주자 오스카는 라인의 오른쪽 물가에 앉아 음악을 연주했다. 한참 연습을 하다가 한 모금 마시고는 맞은편 기슭의 포플러 가로수에 눈길을 돌렸다. 그리고 뒤스부르크에서 석탄을 싣고 온 여러 척의 배가 흐르는 강물을 힘겹게 거슬러 나아가고 있는 쪽을 향해서 미시시피의 빠르고 경쾌한 음악과 느리고 슬픈 음악을 보냈다. 그리고 금방 결성한 이 재즈 밴드의 이름을 찾았다.

햇볕이 조금 비쳐 아침 안개를 밝게 물들이고, 음악이 계속 미뤄지고 있는 아침 식사에 대한 욕구를 불러일으켰을 때, 자신과 전날 밤 사이를 북으로 단절시킨 오스카는 일어서서 윗옷 호주머니에서 돈을 꺼내어 아침 식사를 알리고, 친구들에게 이 신생 악단의 이름을 발표했다. '더 라인 리버 스리 (The Rhine River Three)'라고 이름 붙이고 아침을 먹으러 갔다.

양파 켈러에서

우리가 라인의 목장을 사랑했듯이, 요리점 주인 페르디난트 슈무도 뒤셀도르프와 카이저스베르트 사이의 라인 오른쪽 기슭을 사랑했다. 우리는 곡 연습을 대개 슈토쿰 위쪽에서 했다. 한편 슈무는 소구경 총을 들고 기슭의 제방 울타리와 수풀 속으로 참새를 쫓아다녔다. 그것이 그의 취미로, 그렇게 하고 있으면 그는 기분이 상쾌해졌다. 가게에서 재미없는 일이 있으면 슈무는 아내에게 메르세데스를 운전하게 했다. 그들은 기슭을 따라서 차를 몰아 슈토쿰 위쪽에 주차했다. 그는 평발인데 총구를 밑으로 내린 채 걸어서 목장을 지나서, 차에 남아 있고 싶어하는 아내를 끌고 가, 강가의 앉기 편한 돌 위에 아내를 남겨두고 울타리 사이로 모습을 감추었다. 우리는 '래그타임'을 연주하고 그는 수풀 속에서 총을 쏘았다. 우리가 음악에 몰두하는 동안 슈무는 참새를 잡았다.

숄레는 클레프와 똑같이 구시가의 요리점 주인을 모두 알고 있었는데, 녹음 속에서 총성이 나자 곧바로 말했다.

"슈무가 참새를 잡고 있군."

그런데 지금은 슈무가 살아 있지 않기 때문에, 이쯤에서 먼저 그에 대한 추도사를 해도 좋으리라. 슈무는 사격 솜씨가 좋았다. 그뿐만 아니라 사람도 좋았다. 슈무가 참새를 잡을 때 윗옷 왼쪽 호주머니에는 물론 탄약이 들어 있었지만, 오른쪽 호주머니는 참새 모이로 가득 차 있었다. 그는 그 모이를 사격 전에 사용하는 것이 아니고, 사격이 끝난 뒤에 참새들 사이에 널리 뿌렸다. 그는 하루에 열두 마리 이상은 절대 잡지 않았다.

슈무가 아직 살아 있을 때의 일이었다. 1949년 11월의 어느 추운 아침, 우리가 이미 몇 주에 걸쳐 라인 강변에서 연습을 하고 있자, 그가 아주 큰 소리로 말을 걸어왔다. "당신들이 연주를 해서 새를 쫓아 버리니, 내가 여기에서 어떻게 새를 잡을 수 있겠소!"

"오" 하고 클레프는 사과하면서 플루트로 받들어총을 했다. "당신은 참으로 음악적인 분이군요. 우리의 리듬에 정확하게 맞춰 수풀 속에서 쏘고 계시니 말입니다. 경의를 표합니다, 슈무 씨!"

슈무는 클레프가 자기 이름을 말하자 기뻐하면서 어떻게 알고 있느냐고 물었다. 클레프는 짐짓 화가 난 표정을 짓고 슈무를 모르는 사람이 어디 있느냐고 말했다. 거리에 나가면 언제나, 저기 슈무가 간다, 저기 슈무가 온다, 방금 슈무를 보지 못했나요, 슈무가 오늘은 어디에 갔지, 슈무는 참새를 잡으러 갔어 하는 말들이 귀에 들리는데.

클레프 덕분에 인기인이 되어 버린 슈무는 담배를 주면서 우리의 이름을 물었다. 그리고 우리의 연주곡목 중에서 한 곡 듣고 싶어했기 때문에 '타이거 래그'를 들려 주자, 그는 아내를 불렀다. 그때까지 털가죽을 두르고 돌 위에 앉아서 라인 강의 물결을 바라보면서 생각에 잠겨 있던 그녀가 외투 차림으로 다가왔다. 우리는 다시 연주를 해야 했다. 이번에는 분발하여 '하이 소사이어티'를 연주했다. 연주가 끝나자 털가죽 외투를 입은 그녀가 말했다. "이봐요, 페르디, 마침 잘됐어요. 가게에 이런 사람들이 필요하죠?" 그도 같은 의견인 모양이며 겨우 찾아냈다는 심정인 것 같았으나, 처음에는 심사숙고하는 듯했다. 아마도 머릿속에서 주판알을 굴렸으리라. 납작한 자갈 두세 개를 기막힌 솜씨로 라인 강의 수면에 물수제비로 날린 뒤에 느릿하게 제안했다. 양파 켈러(지하 술집)에서 저녁 9시부터 새벽 2시까지 연주하면, 하루 저녁 일인당 10마르크, 아니 12마르크를 주겠다고 했다. 클레프는 17마르크를 제안했다. 그렇게 하면 슈무가 15마르크라고 말할 거라는 예상에서였다—그러나 슈무는 14마르크 50페니히라고 말했다. 그래서 우리는 계약을 했다.

거리에서 보면 양파 켈러도 새로 생긴 많은 술집과 비슷했다. 새로운 술집들이 기존 술집과 다른 점은 값이 비싸다는 것이다. 왜 비싸냐 하면, 대개 예술가 클럽이라고 불리는 그 장소의 실내장식이 사치스러운 데에도 이유가 있겠지만, 그들 술집에 붙여진 이름만 들어 봐도 짐작할 수 있으리라. 즉 고상하고 단정한 '라비올리 클럽', 신비하고 실존주의적인 '터부', 맹렬하고 불꽃 같은 '파프리카', 거기에다 '양파 켈러' 같은 식이다.

양파 켈러라는 문자와 소박한 인상을 주는 양파 그림이 일부러 꾸민 서투른 솜씨로 에나멜판 위에 그려져서 출입구 앞 덩굴무늬 모양의 주철봉에 걸려 있는 것은 전통적인 독일식이었다. 맥주병 같은 녹색을 띤 둥근 볼록 유리가 단 하나뿐인 창에 끼어 있었다. 붉은빛으로 칠한 철문은 전시에 방공호의 문 역할을 했던 모양인데, 이 문 앞에 촌스러운 양가죽 옷을 입은 안내인이 서 있었다. 이 양파 켈러에 아무나 들여보내서는 안 되었다. 특히 일주일치 급여가 맥주 값으로 탈바꿈하는 휴일에는, 양파 켈러보다도 싼 곳이 알맞으리라 생각되는 구시가의 대중을 못 들어가게 하는 것이 안내인의 임무였다. 일단 안내인을 통과해서 안으로 들어온 사람은 붉은빛 문짝 뒤에서 다섯 개의 콘크리트 층계를 발견한다. 그것을 내려가면 사방 1미터 정도의 조그만 층계참이 있는데, 피카소 전시회 광고지가 붙어 있어 이런 층계참까지 훌륭한 특색이 있는 것으로 보인다. 다시 계단을 내려간다. 이번에는 네 개이다. 그러자 바로 눈앞에 휴대품 보관소가 있다. '요금은 후불입니다!'라고 두꺼운 종이에 써 놓았다. 카운터 저쪽에 있는 젊은이는—보통 수염을 기른 미대생인데—절대 선금을 받지 않았다. 어쨌든 양파 켈러는 비싸기는 했지만 양심적인 가게였으니까.

주인이 직접 한 사람 한 사람 손님을 맞았다. 눈썹을 과장스럽게 움직이면서 새로운 손님들에게 비밀놀이를 전해 주겠다는 듯한 몸짓을 보였다. 주인의 이름은 아시다시피 페르디난트 슈무. 그는 이따금 참새를 잡고, 또 통화개혁 이후 다른 도시보다도 상당히 빠르게 발전한 뒤셀도르프 사교계와 느리게나마 발전하는 다른 곳의 사교계에 대한 감각을 가지고 있었다.

정말로 양파 켈러—여기서도 이 번창하는 나이트클럽의 양심적인 면이 인정되거니와—는 진짜 켈러로서 조금 습기마저 느껴졌다. 발밑의 차갑고 기다란 파이프에 비교해도 좋다. 넓이는 4미터에서 18미터 정도로서, 역시 독창적인 원통형 철제 난로 두 개로 난방을 하게끔 돼 있었다. 물론 켈러라고는 하지만 결국 보통 지하실과는 구조가 달랐다. 천장을 헐어서 1층까지 넓혔다. 그러므로 이 양파 켈러의 유일한 창도, 실은 지하실 창이 아니라 이전에는 1층 창문이었던 것이다. 이것이 번창하는 이 나이트클럽의 양심적인 면을 조금 손상시키고 있었다. 그러나 그 둥근 볼록 유리 덕으로 창에서 밖이 보이지 않았고, 또 확장한 위쪽 공간에는 회랑을 설치해서 매우 독창적인 가파른 사다리로 올라가도록 되어 있었으므로, 이 양파 켈러는 그래도 양심적인 나이트클럽이라고 말할 수 있는지도 모른다. 물론 진짜 켈러는 아니었지만, 그렇다고 진짜가 아니면 안 될 이유도 없으리라.

오스카가 깜빡하고 보고하지 않은 게 있다. 사실 회랑으로 올라가는 가파른 사다리도 본디 사다리가 아니라 오히려 현문(舷門) 비슷한 것이었다. 왜냐하면 위험할 정도로 가파른 그 사다리 좌우에 아주 독특한 빨랫줄 난간이 붙어 있었기 때문이다. 그것이 약간 흔들려 배를 탄 여행을 연상시켰으며, 양파 켈러의 요금을 비싸게 했다.

갱부가 들고 다닐 법한 카바이드램프가 양파 켈러를 비추면서 카바이드 냄새를 풍기고―이것으로 또 요금이 비싸졌다―손님을 지하 950미터의 칼리 채굴장의 갱도 속으로 데리고 갔다. 웃통을 벗어부친 갱부가 암석과 씨름하면서 광맥을 열고 있었다. 몇몇 광부들이 돌소금을 긁어내고, 권양기는 요란한 소리를 내면서 광산차를 채운다. 저 멀리 갱도가 프리드리히 홀 2번 쪽으로 커브를 도는 근처에서 빛이 흔들린다. 갱부 감독이다. 가까이 와서 "조심해요!"라고 말하고는 카바이드램프를 흔든다. 그 카바이드램프와 똑같이 생긴 것이 아직 색을 칠하지 않고 임시로 석회를 발라놓은 양파 켈러의 벽에 걸려 있어, 주위를 비추고 냄새를 발산하며 요금을 높이고 독특한 분위기를 만들고 있었다.

좌석 설비는 조잡했다. 보통 나무 상자에 양파 부대를 씌운 것이었다. 나무 테이블은 깨끗이 닦여서 광이 났고, 채굴장에서 온 손님을 영화에 자주 나오는 평화스러운 농부의 방으로 이끌었다.

이것으로 전부다! 그런데 목로는? 목로는 없다. 웨이터, 메뉴를 보여 주세요! 메뉴도 없거니와 웨이터도 없다. 우리 '더 라인 리버 스리'를 지명할 수 있을 뿐이다. 클레프와 숄레와 오스카는 현문 같은 사다리 밑에 자리를 잡았다. 9시에 와서 악기를 꺼내 10시 무렵부터 음악을 시작했다. 그러나 아직 9시 15분밖에 되지 않았으므로 우리에 대해선 좀더 나중에 이야기하면 된다. 당장은 이따금 소구경 총을 쥐는 슈무의 손가락을 주목할 필요가 있다.

양파 켈러가 손님으로 가득 차면―반쯤 차면 만원으로 간주했다―주인 슈무는 바로 숄을 어깨에 걸쳤다. 이 숄은 코발트블루의 비단으로 만들어졌으며 무늬가 있었는데, 특별한 모양이었다. 이런 것을 일부러 강조하는 까닭은 숄을 걸치는 일이 의미를 지니고 있었기 때문이다. 무늬는 황금빛 양파였다.

슈무가 이 숄을 걸쳤을 때 비로소 양파 켈러는 개점했다고 할 수 있었다.

손님들은 실업가, 의사, 변호사, 예술가, 무대 배우, 언론인, 영화인, 유명한 운동선수, 정부나 시청의 고관들이었다. 요컨대 오늘날 인텔리로 자처하고 있는 모든 사람이 부인이나 여자친구나 여비서나 여성 공예가, 때로는 남자 정부까지 데리고 와서 조잡한 천이 깔린 상자에 걸터앉아, 슈무가 황금빛 양파가 그려진 숄을 걸칠 때까지의 시간을 소리 죽여, 오히려 고생스러울 정도로 가라앉은 상태로 서로 이야기를 하고 있었다. 모두들 대화를 나누려고 해 보았으나 헛일이었다. 아무리 애를 써도 이야기가 문제의 핵심을 벗어나 버렸다. 울적한 마음을 풀고 싶어도, 속을 터놓고 이야기하고 싶어도, 생각하고 있는 것을 숨김없이 큰 소리로 말하며, 사소한 일로 고민하지 않고 피가 흐르는 진실을, 벌거벗은 인간을 보이고 싶어도 그게 안 되었던 것이다. 여기저기서 실패의 경력이라든지 파괴된 부부 생활의 윤곽만이 암시되고 있었다. 슬기롭게 보이는 큰 머리와 부드러우며 사랑스럽다고 해도 좋을 손을 가진 저쪽에 있는 신사는 아무래도 아들과 사이가 좋지 않은 모양이다. 아버지의 과거가 아들의 마음에 들지 않은 것이다. 카바이드램프 불빛을 받아 매력적으로 보이는 부인 2명이 밍크코트를 입고 앉아 있는데, 그녀들은 신앙을 잃었다고 말하고 있다. 그렇지만 무엇에 대한 신앙을 잃었는지는 아직 분명치 않다. 마찬가지로 우리는 머리 큰 신사의 과거에 대해서 아무것도 모르며, 또 아들이 아버지의 과거 때문에 아버지에게 어떤 어려움을 주고 있는지도 듣지 못했다. 그것은—오스카에게 이 비교가 허락된다면—알을 낳기 직전과 같은 것이다. 괴로움을 겪고, 괴로움을 겪고……

모두 양파 켈러 안에서 오랫동안 쓸데없이 괴로움을 겪고 있는데, 이윽고 특제 숄을 걸친 주인 슈무가 잠깐 모습을 나타내 손님들의 "이야" 하는 환성에 감사의 뜻을 담아 답하고, 2, 3분 동안 양파 켈러 구석에 있는 커튼 뒤로 모습을 감추었다. 그 한구석에는 화장실과 창고가 있었는데, 잠시 후에 그는 그곳에서 되돌아왔다.

그런데 이 주인이 다시 손님들 앞에 모습을 나타내자 웬일인지 전보다 더욱 기쁜 듯한, 반쯤은 구원받은 듯한 "이야" 하는 소리가 그를 맞이하는 것이었다. 그러자 경기가 좋은 나이트클럽의 소유자가 커튼 뒤로 사라져 창고에서 무엇인가를 들고 나와서, 그곳에 걸터앉아 주간지를 읽느라고 열중해 있는 화장실 담당자에게 목소리를 낮추어 잔소리를 한 뒤, 다시 커튼 앞으로 걸어 나와 구세주처럼 또는 진실로 위대한 기적을 보이는 사람처럼 환호성으로 마중을 받는 것이었다.

슈무는 바구니 하나를 팔에 걸치고 손님들 사이로 다가왔다. 이 바구니에는 청색과 황색의 바둑판무늬 천이 덮여 있었다. 그 천 위에는 돼지와 물고기 모양을 한 작은 도마가 잔뜩 올려져 있었고, 깨끗하게 닦아놓은 이 판자 조각을 주인 슈무가 손님들에게 나누어 주면서 돌아다녔다. 나누어 주면서 멋있게 인사하는 모습을 보면, 그가 젊었을 때 부다페스트나 비엔나에서 지낸 사나이임을 짐작할 수 있었다. 슈무의 미소는 진품이라 여겨지는 모나리자를 모사한 작품을 다시 모사한 미소와 비슷했다.

한편 손님들은 그 판자 조각을 진지한 태도로 받아 들었다. 손에 든 판자 조각을 서로 교환하는 사람도 꽤 있었다. 돼지 옆얼굴을 좋아하는 사람이 있는가 하면, 평범한 돼지보다는 신비스러운 물고기를 좋아하는 남자들과 여자들—부인들의 경우—도 있었다. 그들은 판자 조각의 냄새를 맡고, 그것을 주거니 받거니 했다. 주인 슈무는 회랑에 있는 손님들에게도 나누어 주고 나서 판자 조각이 각자 앞에 놓이기를 기다렸다.

그러고서 모든 사람이 가슴을 죄며 기다리는 가운데 그는 마술사를 연상케 하는 손놀림으로 덮인 천을 들어 냈다. 그러자 또 하나의 천이 바구니를 덮고 있었다. 그 천 위에는 식칼이 많이 놓여 있었는데, 얼핏 보아서는 알아볼 수 없었다.

판자 조각을 나누어 주었을 때와 같은 요령으로 슈무는 그 식칼을 나누어 주고 다녔다. 그러나 이번에는 걸음을 빨리해서 긴장감을 높이고 그 덕택에 요금도 올릴 수 있었는데, 이제는 인사 같은 것은 하지 않았으며, 식칼을 서로 교환할 틈도 주지 않았다. 일종의 잘 계산된 성급함이 그의 동작에 작용하고 있었다. "자, 그러면 시작하겠습니다!" 그는 소리치더니 바구니 덮은 것을 벗겨내고, 바구니를 속에 손을 넣었다가 분배를 했다. 민중에게 뿌리는 마음씨 착한 자선가처럼, 그는 손님들에게 나누어 주고 다녔다. 그들에게 양파를 준 것이다. 그의 솔 위에 약간 추상화되어 황금빛 무늬로 염색돼 있는 듯한 양파, 같은 알뿌리라도 튤립 알뿌리 같은 것이 아니라 가정주부가 사들이는 보통 양파, 채소 가게 할머니가 파는 양파, 농가에서 심어 수확하는 양파, 네덜란드의 클라인마이스터 ^(뒤러의 영향을 받은 일파) 화가들의 정물화에 많든 적든 충실하게 묘사되어 있는 것과 같은 양파. 그러한 양파를 주인 슈무는 손님들 사이에 나눠 주었다. 모두에게 양파가 주어졌다. 들리는 것이라고는 원통형 철제 난로의 타오르는 소리와 카바이드램프의 노랫소리뿐이었다. 양파 분배가 있은 뒤에는 그만큼 조용해졌다—그러자 페르디난트 슈무가 "하세요, 여러분!" 하고 소리치면서 솔의 한쪽 끝을 마치 스키 선수가 출발 전에 하는 것같이 왼쪽 어깨에 걸어 올렸다. 이것이 신호였다.

모두들 양파 껍질을 벗겼다. 양파에는 껍질이 7장 있다고 한다. 신사 숙녀들은 식칼을 가지고 양파 껍질을 벗겼다. 그들은 양파에서 제1 껍질, 제3 껍질, 황금색 껍질, 붉은 녹색 껍질, 요컨대 양파색 껍질을 벗겼다. 그러자 마지막에 양파는 유리처럼 푸르고 흰빛을 띠며 눅눅하고 진득진득하며 축축해졌다. 그리고 냄새가 났다. 양파 냄새가 났다. 그들은 보통 양파를 썰 때처럼 이 양파를 썰었다. 돼지 모양과 물고기 모양을 한 도마 위에서 능숙하게 또는 미숙하게 여러 가지로 썰었다. 거침없이 썰었다. 그 때문에 즙이 튀고, 양파 위의 공기 속으로 퍼져 나가기도 했다—식칼을 잘 다루지 못하는 나이가 지긋한 신사들은 손가락을 베지 않도록 조심해야만 했다. 아니나 다를까 손가락을 다친 사람이 많았으나, 열중했기 때문에 깨닫지 못했다—그 대신 부인들은 아주 잘했다. 전부가 그렇다고 할 순 없으나, 적어도 가정에서 주부의 임무를 다하고 있던 부인들은 솜씨가 좋았다. 그녀들은 양파를 써는 방법을 여러 가지로 알고 있었다. 이를테면 튀김 감자에 곁들일 때 써는 방식, 사과와 둥글게 썬 양파가 딸린 간 요리에 사용할 때 써는 방식 등이다. 그러나 두 요리 모두 슈무의 양파 켈러에는 없었다. 대개 먹을 것은 아무것도 없었다. 뭔가 먹고 싶은 사람은 다른 가게, 예컨대 '피실'에라도 가야만 했다. 양파 켈러에 와봤자 소용없었다. 왜냐하면 이 가게에서는 그저 양파를 썰 뿐이기 때문이다. 그것은 또 무슨 까닭인가? 이 지하 술집의 이름이 그렇고, 특별한 술집이었기 때문이다. 그리고 양파라는 것은, 이 썬 양파를 잘 살펴보면…… 아니, 슈무의 손님들은 이미 아무것도 보지 못했다. 그것이 지나친 말이라면 몇몇 손님은 이미 아무것도 보지 못했다. 눈물이 앞을 가린 때문이지 가슴이 벅차올랐기 때문은 아니었다. 가슴이 벅차오른다고 해서 바로 눈에도 눈물이 가득 찬다고는 단언할 수 없다. 사람들 대부분은 결코 그렇게 되지 않는다. 특히 과거 수십 년 동안 그랬다. 그러므로 우리의 세기는 장래 '눈물 없는 세기'라고 이름 붙여질 것이다. 눈물의 씨앗이 되는 슬픔은 도처에 수두룩하게 굴러다니는데도. 그래도 슬퍼할 능력이 있는 사람들은 바로 이 눈물이 없다는 이유 때문에 슈무의 양파 켈러에 와서 도마—돼지나 물고기—와 식칼을 80페니히에 빌리고, 밭에서 자라는 보통 양파를 12마르 크에 나누어 받고서, 그것을 잘게, 더 잘게 썰었다. 그 즙이 눈물을 흘리게 해 줄 때까지 썰었다. 그 즙은 무엇을 이루어 주었는가? 그것은 이 세상과 세상의 슬픔이 달성하지 못한 것을 이루어 주었다. 즉 인간의 동그란 눈물을 자아낸 것이다. 이리하여 모두는 울었다. 마침내 또다시 울었다. 조심스럽게 울었다. 끝없이 울었다. 염치없이 울었다. 눈물은 흘러 떨어져 모든 것을 씻어 내렸다. 비가 왔다. 이슬이 내렸다. 오스카는 열린 수문을 생각해 냈다. 봄장마에 의한 제방의 붕괴였다. 그런데 해마다 범람하고, 정부에서 손을 댈 수 없는 그 강의 이름은 무엇이었던가? 그리고 이 자연현상을 12마르크 80 페니히로 체험한 뒤에 마음껏 눈물을 흘린 인간이 이야기를 하는 것이다. 여 전히 망설이면서 자신의 적나라한 말에 놀라면서 양파 켈러의 손님들은 양 파를 즐긴 후, 조잡한 천을 간 불편한 상자에 걸터앉은 이웃 사람들에게 마 음을 털어 놓았다. 어떠한 질문에도 대답을 하고, 마치 망토를 뒤집듯이 자 신을 뒤집어 보였다. 그런데 오스카는 클레프나 숄레와 함께 눈물 없이 사이 비 사다리 밑에 앉아 있었는데, 그러한 조심성을 그대로 지키고 싶다. 그래 서 여러 가지 솔직한 이야기, 자책, 참회, 폭로, 자백 같은 것들 중에서 하 나만 말하겠다. 그것은 피오호 양의 이야기인데, 이 여성은 애인인 폴머에게 몇 번이나 버림을 받았기 때문에 마음은 돌과 같이 되고, 눈에서는 눈물이 말라 버렸다. 그래서 그녀는 몇 번이나 몇 번이나 슈무의 비싼 양파 켈러에 다녀야 했다.

피오호 양은 눈물을 흘리고 나서 이야기를 시작했다. 우리는 전차 안에서 만났어요. 나는 가게에서 돌아가는 길이었습니다—그녀는 훌륭한 서점을 경 영하고 있다—전차는 만원이어서, 빌리가—폴머 씨를 말한다—내 오른발을 심하게 밟았어요. 나는 더 이상 서 있을 수 없었습니다. 그리고 우리는 첫눈 에 서로 반했어요. 내가 걸을 수 없게 된 탓도 있고 해서, 그는 나를 부축해 집까지 데려다 주었습니다. 차라리 운반해 주었다고 하는 편이 맞겠지요. 그날부터 그는 자기에게 밟혀 검푸르게 변해 버린 내 발톱을 정답게 돌봐 주었습니다. 발톱 말고도 그는 나에 대한 사랑을 아끼지 않았습니다. 그러나 그것도 오른발 엄지발톱이 빠지고, 새로운 발톱이 아무 거리낌 없이 자라기 시작하자 끝장이 났습니다. 마비되었던 발톱이 빠진 그날부터 그의 애정도 식어 버렸습니다. 우리 두 사람 모두 이 사랑의 사라짐을 괴로워했습니다. 빌리는 여전히 나에 대한 애착이 남아 있었으며, 게다가 우리에게는 두 사람이 같이해야 할 일이 아주 많이 있었기 때문에 무서운 제안을 한 겁니다. 내 왼발 엄지발톱이 자주색이 되고 다시 검푸르게 될 때까지 밟자는 것이었습니다. 나는 허락했습니다. 그리고 그는 그렇게 했습니다. 곧바로 나는 그의 사랑을 충분히 받을 수 있게 되었으며, 그 사랑을 즐겼습니다. 그렇지만 그것도 왼쪽 엄지발톱이 마른 잎처럼 떨어질 때까지 뿐이었습니다. 또다시 우리 사랑은 가을을 맞이한 겁니다. 그러자 이번에 빌리는 겨우 자라난 내 오른발 엄지발톱을 밟고 싶어했습니다. 다시 한 번 나를 사랑으로 섬길 수 있도록 말이지요. 하지만 나는 허락하지 않았습니다. 말해 주었어요. 만일 당신의 사랑이 정말로 크고 진실하다면 발톱 따위와 사라져선 안 될 거라고. 그는 내 말을 이해해 주지 않고 내 곁을 떠났습니다. 몇 달이 지난 뒤 우리는 콘서트홀에서 만났습니다. 중간 휴식이 끝나자, 그는 부르지도 않았는데 내 옆에 와 앉았습니다. 마침 빈자리였습니다. 교향곡 제9번이었는데, 합창이 시작되었을 때 나는 오른발을 그에게 내밀었습니다. 신은 미리 벗어놓았습니다. 그는 밟았습니다. 그렇지만 나는 콘서트에 방해될 일은 하지 않았습니다. 7주 뒤에 빌리는 또 내 곁을 떠났습니다. 그 후 두 번, 우리는 몇 주일 동안 함께 지낼 수 있었습니다. 한 번은 왼쪽 엄지발가락을, 다음에는 오른쪽 엄지발가락을 내가 내밀었기 때문입니다. 지금은 양쪽 발가락이 모두 이상한 모양이 되어 버렸습니다. 이제는 발톱이 자랄 것 같지 않습니다. 이따금 빌리가 찾아와서 내 융단 위에 앉아, 우리 사랑에 희생되어 발톱을 잃어버린 두 발가락을 가만히 바라보고는 충격을 받아 나와 자신을 깊이 동정하곤 했는데, 그러면서도 애정은 느끼지 않았으며 눈물도 흘리지 않는 겁니다. 곧잘 나는 그에게 이렇게 말합니다. 이봐요 빌리, 슈무의 양파 켈러에 가요, 마음껏 울어 봅시다. 그러나 지금 그는 여기에 오려고 하지 않아요. 그러니까 가엾은 그 사람, 눈물이라는 위대한 위안물이 있다는 사실을 전혀 몰라요.

그 후—오스카가 이것을 밝히는 까닭은 호기심이 강한 몇몇 독자 여러분을 만족시키기 위한 것에 지나지 않는다—폴머 씨도 우리 술집을 찾아왔다. 이 기회에 말해 두는데, 그는 라디오 상인이다. 그와 그녀는 함께 울었다. 그리고 클레프가 어제 면회 시간에 나에게 보고하기를, 두 사람은 최근 결혼했다고 한다.

인간 존재의 진짜 비극이 화요일부터 토요일까지—일요일에 양파 켈러는 문을 닫았다—양파의 향수로 완전히 분명해진 것인데, 가장 비극적이진 않을지언정 가장 심하게 우는 역은 월요일의 손님들을 위해서 간직해 두었다. 월요일은 다른 날보다 요금이 쌌다. 이날 슈무는 반값으로 양파를 청년들에게 제공했다. 대부분이 의학도들과 여학생들이었는데 미술대학 학생들, 그 중에서도 특히 앞으로 미술 교사가 되고자 하는 학생들도 그들 장학금의 일부를 양파를 위해서 지출했다. 하지만 나는 지금도 이상하게 생각하거니와 고등학교 상급반 남녀 학생들이 양파 살 돈을 도대체 어디서 구했을까?

청년들은 노인들과는 다른 방식으로 운다. 청년들은 완전히 다른 문제를 끌어안고 있다. 그것은 일상적인 시험이나 고등학교 졸업시험 걱정만이라고는 할 수 없다. 물론 양파 켈러에서도 아버지와 아들 간의 이야기나 어머니와 딸 사이의 비극이 화제가 되기도 했다. 그러나 청년들은 부모들의 몰이해를 느껴도, 특별히 그것을 슬퍼해야 할 일로는 생각지 않았다. 청년들이 여전히 성애 때문만은 아닌 사랑을 위해서 울 수 있다는 사실을 오스카는 기쁘게 생각했다. 게르하르트와 구드룬. 그들은 처음에는 언제나 층계 아래에 앉아 있었으나, 이윽고 회랑에 앉아서 함께 울게 되었다.

그녀는 키가 크고 억센 핸드볼 선수였으며 화학을 전공하고 있었다. 머리는 뒤로 크게 묶었다. 눈은 잿빛이었는데, 마치 전쟁이 끝날 즈음 몇 년 동안 부인회 광고지에서 흔히 볼 수 있었던 어머니 같은 눈길을 하고 있었다. 그리고 어디까지나 깨끗하게, 대개는 똑바로 앞을 바라보고 있었다. 둥그스름한 그녀의 이마는 우윳빛이며 매끄럽고 건강하게 보였으나, 그녀 얼굴에는 불행이 또렷하게 나타나 있었다. 후두에서부터 둥글고 딱 벌어진 턱에 걸쳐서 양쪽 볼에까지, 남자 같은 수염이 불쾌한 자국을 남기고 있었던 것이다. 이 불행한 아가씨는 일 년 내내 그 수염을 깎으려고 노력했으나 부드러운 피부가 면도날에 견디지를 못했으리라. 빨갛게 짓물러서 부스럼이 생기고, 그곳에서 여자의 수염이 몇 번이고 다시 자라났다. 그 불행을 구드룬은 슬퍼했다. 게르하르트는 늦게서야 양파 켈러에 오기 시작했다. 이 두 사람은 피오호 양과 폴머 씨의 경우처럼 전차 안이 아닌 열차 안에서 알게 되었다. 마주 보고 앉아 있었다. 두 사람 다 방학을 끝내고 대학으로 돌아오는 길이었다. 그는 그녀가 금방 좋아졌다, 수염이 나 있는데도. 한편 그녀는 자신의 수염을 생각하면 그를 좋아할 용기가 나지 않았지만, 게르하르트의 어린아이와 같은 매끄러운 턱—이것이야말로 그의 불행이었다—을 찬탄했다. 이 젊은이에게는 수염이란 것이 나지 않았다. 그 때문에 그는 젊은 아가씨들 앞에 나서기가 부끄러웠다. 그래도 게르하르트는 구드룬에게 말을 걸었다. 그리고 뒤셀도르프 중앙역에 내렸을 때에는, 그들은 이미 적어도 우정 관계를 맺고 있었다. 그들은 그날 이후 날마다 만났다. 이것저것 이야기를 나누며 서로의 생각을 교환하기도 했다. 그러나 한쪽은 나지 않는, 다른 한쪽은 깎아도 깎아도 자라나는 수염은 터부로 되어 있었다. 사실 게르하르트는 구드룬을 아꼈기에 키스를 한 번도 하지 않았다. 그녀의 피부가 가혹하게 비난받고 괴로워하는 것을 보고 있었기 때문이다. 그래서 둘의 사랑은 순결했으나, 그렇다고 두 사람이 모두 순결을 그토록 소중하게 생각하고 있었던 건 아니다. 왜냐하면 그녀는 화학에 흥미를 가진 인간이며 그는 의사가 될 생각까지 하고 있었으니까.

어느 날 두 사람이 다 아는 한 친구가 양파 켈러를 권해 주었는데, 그들은 의학도와 화학 전공 여학생답게 일단 회의를 품고 어리석은 일이라고 비웃었다. 하지만 결국 두 사람이 다 오게 되었다. 단, 연구를 하기 위한 목적임을 서로 다짐하고서였다. 오스카는 젊은 사람이 그렇게 우는 것을 본 적이 없다. 그들은 여러 차례 왔다. 밥값을 아껴 모은 6마르크 40페니히를 들고 와서는 나지 않는 수염과, 처녀의 부드러운 피부를 거칠게 만드는 수염을 슬퍼하면서 울었다. 그들은 이따금 양파 켈러에서 멀어지려고 노력하여 실제로 어느 월요일에는 모습을 보이지 않았다. 그러나 다음 월요일이면 다시 나타나 양파 썬 것을 손가락으로 으깨고 울면서 이렇게 털어 놓았다. 6마르크 40페니히를 아끼려고 시험해 본 것이다. 두 사람은 그녀의 하숙집에서 싼 양파로 해 보았다. 그렇지만 양파 켈러에서 하는 것같이 되지 않았다. 청중이 필요했다. 많은 친구들과 함께하는 편이 훨씬 울기가 쉬웠다. 좌우에서 그리고 층계 위 회랑에서 학부의 동창생들이나 미술대학의 학생들과 고교생들까지 눈물을 짜내고 있는 모습을 보면 진정한 연대감이 솟아올랐다.

게르하르트와 구드룬의 경우에도 눈물을 흘림으로써 모든 일이 차츰 좋은 방향으로 나아갔다. 아마도 눈에서 흘러나오는 물이 그들의 장애를 씻어내린 것이리라. 들은 바에 따르면 그들은 서로 더욱 가까워졌다. 그는 그녀의 거칠어진 피부에 키스를 하고, 그녀는 그의 매끄러운 피부를 애무했다. 어느 날 그들은 더 이상 이 양파 가게에 오지 않았다. 그럴 필요가 없어진 것이다. 오스카는 몇 달 뒤 쾨니히스알레에서 그들을 만났는데, 두 사람 모두 완전히 변해 있었다. 매끈하던 게르하르트는 턱에서부터 볼에 걸쳐 얼굴 전체에 적갈색 수염이 와글거렸다. 부스럼투성이였던 구드룬은 오직 윗입술 위에 희미하게 솜털이 보일 뿐이었으며, 그것도 오히려 그녀의 얼굴에 잘 어울렸다. 구드룬의 턱과 볼은 수염이 자취를 감추고 매끄럽게 빛나고 있었다. 두 사람은 이제 흠잡을 데 없는 학생 부부라고 할 수 있었다—오스카의 귀에는 그들이 50년 뒤 자손들에게 이야기하는 것이 들려오는 듯싶었다. 구드룬이 말한다. "그 무렵에 너희 할아버지는 아직 수염이 나지를 않아서 말이지." 그러자 게르하르트가 말한다. "그 무렵에 너희 할머니는 수염이 잔뜩 나서 곤란해 가지고 말이야. 우리 둘이서 월요일에는 반드시 양파 켈러에 갔단다."

아마도 여러분은 궁금하실 것이다. 도대체 왜 3명의 악사들은 여전히 현문이나 사다리 밑에 앉아 있는가? 이렇게 모든 사람이 울기도 하고, 짖기도 하며, 이를 갈기도 하는데 양파 가게에 굳이 전속 악사의 본격적인 음악이 필요했을까?

우리는 손님들이 마음껏 울고 지껄였다고 생각되면 곧 악기를 손에 들고 일상적인 대화에 어울리는 음악적 이행을 제공하여, 손님들이 이 양파 켈러를 떠나기 쉽게 해 주었다. 그래야 새로운 손님이 자리를 잡을 수 있기 때문이다. 클레프, 숄레, 오스카 세 사람은 양파가 싫었다. 게다가 슈무와의 계약에는, 손님들과 같은 방식으로 양파를 향수해서는 안 된다는 조항이 있었다. 사실 우리에게는 양파가 필요 없었다. 기타 주자인 숄레는 탄식할 이유 따위는 전혀 없었다. 그는 언제나 행복하며 만족하고 있는 듯 보였다. 래그타임을 연주하다가 밴조 줄 두 개가 갑자기 탁 끊겼을 때도 그의 표정은 변하지 않았다. 내 친구 클레프의 경우에는 운다는 개념과 웃는다는 개념이 아직 완전히 구별되지 않은 상태다. 우는 것을 그는 즐겁다고 생각한다. 그의 숙모라는 분이 있어서 그가 결혼할 때까지 셔츠며 양말을 빨아 주었는데, 이분의 장례식 때처럼 그가 크게 웃는 것을 나는 본 적이 없다. 그런데 오스카는 어떠했던가? 오스카는 울 이유는 충분하리라. 도로테아 간호사와 길고 허무한 밤을 기다란 야자 융단 위에서 보낸 추억을 좀더 씻어낼 필요가 있지 않은가? 그리고 나의 마리아, 그녀는 나에게 탄식할 실마리를 주지 않았던가? 그녀가 근무하는 가게 주인인 슈텐첼이 빌크 거리의 집에 드나들지 않았는가? 내 아들 쿠르트는 식료품 가게를 경영하는 한편 카니발에 정신을 빼앗긴 그 사나이를 향해서 처음에는 "슈텐첼 아저씨", 다음에는 "슈텐첼 아빠"라고 부르지 않았는가? 나의 마리아 말고도, 저 멀리 자스페 묘지의 부드러운 모래땅과 브렌타우 묘지의 진흙땅 밑에는 불쌍한 어머니와 어리석은 얀 브론스키, 그리고 감정을 수프로밖에 표현할 줄 모르던 마체라트가 누워 있지 않은가? —그들은 모두 눈물을 흘리기에 충분한 이유였다. 그러나 오스카는 아직 양파 없이도 눈물을 흘릴 수 있는 얼마 안 되는 행복한 사람들 중 한 사람이었다. 내 북이 힘을 빌려 주었다. 특별한 박자로 조금 두들기기만 하면 오스카의 눈에 눈물이 넘쳐흘렀다. 그것은 양파 켈러의 값비싼 눈물보다 나으면 나았지 못하진 않은 눈물이었다.

주인 슈무도 절대 양파에 칼을 대려고 하지 않았다. 그의 경우에는 한가할 때 산울타리나 수풀에서 잡은 참새들이 양파와 똑같은 역할을 했다. 슈무가 총을 쏘아서 잡은 열두 마리 참새를 신문지 위에 늘어놓고는 아직 따뜻한 새털 묶음을 바라보며 눈물을 짜내고, 울면서 새 모이를 라인의 목장이나 기슭의 자갈 위에 뿌리는 일이 실제로 자주 일어나지 않았던가? 양파 켈러에서도 그가 슬픔을 없앨 만한 또 하나의 가능성이 있었다. 일주일에 한 번 화장실 담당 여인을 욕지거리로 야단치는 일. 더러운 년, 쌍년, 암컷, 나쁜 년, 빌어먹을 년 등등 참으로 진부한 표현으로 그녀를 불러대는 것이 그의 습관이었다. "나가!" 슈무의 찢어지는 소리가 들렸다. "당장 꺼져, 이 괘씸한 것!" 그는 화장실 담당을 차례차례 해고하고 새 사람을 고용했다. 하지만 시간이 좀 지나자 이것도 그리 간단한 일이 아니었다. 새 사람이 나타나지를 않았던 것이다. 그래서 마지못해 이전에 한 번도 아니고 두 번, 세 번씩 쫓아냈던 여자들에게 교섭을 하게 된다. 여인들은 좋아하면서 양파 켈러의 화장실 담당으로 복귀를 했는데, 무엇보다도 슈무의 야단치는 소리가 대부분 그녀들에게 이해되지 않았기 때문이고, 또한 양파 켈러에선 벌이가 좋았기 때문이다. 운다는 것이 다른 음식점보다 많은 손님들을 밀실로 몰아넣었는데, 알다시피 울고 있는 인간은 메마른 눈을 한 인간보다도 후한 법이다. 특히 눈물이 앞을 가려 빨갛게 퉁퉁 부운 얼굴을 하고 '약간 안쪽으로' 사라진 신사들은 지갑을 열고 분발했다. 게다가 화장실 담당 여인들은 양파 켈러의 손님들에게 그 유명한 양파 무늬가 든 손수건을 팔았다. 손수건의 대각선 위에 '양파 켈러에서'라는 문구가 인쇄되어 있었다. 이 손수건은 보기가 좋아서 눈물을 닦는 데 뿐만 아니라 스카프로도 사용했다. 양파 켈러에 오는 신사들 중에는 선명한 빛깔의 그 손수건으로 페넌트를 만들게 해서 그것을 승용차 뒤의 창 한가운데에 걸고, 휴가 때 슈무의 양파 켈러를 파리로, 코트다쥐르 해안으로, 로마로, 라벤나로, 리미니로, 그리고 멀리 에스파냐까지 가져갔다.

또 하나 다른 임무가 우리 악사의 음악에 부여되어 있었다. 때때로 특히 몇몇 손님들이 연달아 두 개씩 양파를 썰었을 때, 양파 켈러 안은 폭발 상태에 가까워져 당장에라도 큰 소동이 벌어질 성싶었다. 슈무는 이 극단적인 무궤도 상태를 좋아하지 않았기 때문에, 몇 명의 신사가 넥타이를 풀고 몇 사람의 부인이 블라우스를 풀어헤치기 시작하면 곧 우리에게 음악을 연주하도록 지시하여 갓 시작된 파렴치한 행위에 음악으로 대항케 했다. 그러나 다른 한편으로는, 특히 민감한 손님들에게 처음의 양파 직후에 또 하나의 양파를 제공함으로써 그들을 큰 소란이 일어나는 일정한 한계점까지 이르게 한 사람은 언제나 슈무 자신이었다.

양파 켈러가 체험한 폭발 중에서 내가 아는 한 가장 큰 것은, 오스카에게 있어서 인생의 전환점이라고까지는 말할 수 없어도 여하튼 참으로 뼈에 사무치는 경험이 되었다. 슈무의 아내인 쾌활한 빌리는 술집에 별로 나오지 않았다. 올 때에는 남자친구들과 함께 왔는데, 슈무는 그 사나이들의 얼굴을 보고 싶어하지 않았다. 어느 날 밤 그녀는 음악 비평가인 보데와 건축 기사로서 파이프 애호가인 바클라이를 데리고 왔다. 두 신사는 양파 켈러의 단골이었는데 참으로 싫증나는 근심을 질질 끌고 있었다. 보데는 종교적인 이유 때문에 울었다. —그는 개종하고 싶었든지 이미 개종을 했든지 벌써 두 번이나 개종을 했든지, 그중 하나이다—파이프 애호가 바컬라이는 20년대에 무책임한 어느 덴마크 여인의 말주변에 속아 교수 지위를 버린 일을 후회하며 울었다. 그런데도 그 덴마크 여인은 다른 남자, 바로 어느 남미 사나이를 골랐고, 그 남자와의 사이에 6명의 아이를 낳았다. 그것이 바컬라이의 마음을 아프게 했으며, 그의 파이프를 언제나 차갑게 만들었다. 슈무의 아내를 설득해서 그녀에게 양파를 썰게 만든 사람은 약간 심술궂은 보데였다. 그녀는 양파를 썰어 눈물을 흘리게 되자 모조리 털어 놓기 시작하여, 주인인 슈무를 놀림감으로 만들고는 오스카가 여기에서 밝히고 싶지 않은 일까지 말했다. 그러자 슈무가 아내에게 달려들려고 해서, 이것을 말리는 데 건장한 남자가 몇 사람이나 필요했다. 왜냐하면 테이블마다 식칼이 놓여 있었으니까. 모두가 달라붙어 몹시 화가 난 이 사나이를 있는 힘을 다해서 막고 있는 동안에, 경망스러운 빌리는 보데와 바컬라이를 데리고 사라져 버렸다.

슈무는 흥분하고 당황했다. 그 증거로 황급히 두 손을 움직여서 양파 무늬 숄을 몇 번이나 고쳐 두르는 것을 나는 보았다. 몇 번이나 커튼 뒤로 모습을 감추어 화장실 담당 여인에게 야단을 치다가, 마침내 가득 찬 바구니를 들고 나와 부자연스럽게 들뜬 상태로 손님들에게 말했다. 자기는 지금 관대한 기분이 들어 이곳에 준비한 양파를 무료로 주겠다고. 그렇게 말하고 곧 양파를 나눠 주었다.

클레프라는 사나이는 본디 인간의 상태라는 것을 모두, 아무리 괴로운 상태일지라도 근사한 농담처럼 맛보고 있었는데, 이때만은 그도 심각하다고까지는 말할 수 없어도 꽤 긴장해서 일이 돌아가는 형편을 바라보면서 언제든 플루트를 불 준비를 하고 있었다. 이처럼 민감하고 섬세한 무리에게 연속으로 두 번씩이나 마음껏 울 수 있는 기회를 제공한다는 사실이 얼마나 위험한 일인지를 우리는 알고 있었기 때문이다.

슈무는 우리가 악기를 손에 든 것을 보고는 음악을 금지했다. 각 테이블에서는 이미 식칼이 세분화 작업을 시작했다. 맨 위에 있는 참으로 아름다운 자줏빛 껍질이 거침없이 계속 벗겨졌다. 담녹색 줄이 있는 유리처럼 생긴 양파의 살이 칼날 아래 쓰러졌다. 기묘하게도 맨 처음 울기 시작한 것은 부인들이 아니었다. 나이도 지긋한 신사들, 이를테면 큰 제분소 주인, 옅게 화장한 남자친구들을 데리고 있는 호텔 경영자, 귀족 출신의 회사 사장, 때마침 간부회의에 참석하기 위해 시내에 머무르고 있던 신사복 제조업자들로 구성된 한 테이블 전원, 울 때는 이를 갈기 때문에 이갈이라는 이름으로 통하고 있는 대머리 배우—이러한 사람들이 전부 맨 먼저 눈물을 흘리기 시작했으며, 부인들은 그들의 뒤를 따라 한패가 되었다. 그러나 이들 신사 숙녀들은 첫 번째 양파의 경우와 같이 구제의 눈물을 흘린 게 아니라 신경질적인 흐느낌에 엄습당했다. 그 이갈이는 무서울 정도로 이를 갈아, 관객 전부가 함께 이를 갈지 않고는 견딜 수 없게 이끄는 역할을 했다. 큰 제분소 주인은 손질이 잘 된 잿빛 머리를 몇 번이나 테이블 위에 찧었다. 호텔 경영자는 그 흐느낌을 동행한 연약한 청년의 경련과 혼합했다. 계단 옆에 서 있던 슈무는 숄을 늘어뜨리고 찌푸린 얼굴을 보이면서도 전혀 마음이 끌리지 않는 것은 아니라는 표정으로, 차츰 미친 듯이 날뛰기 시작한 일동을 바라보고 있었다. 그러자 이번에는 한 중년 부인이 사위가 보는 앞에서 자기 블라우스를 찢었다. 호텔 경영자와 함께 온 청년은 조금 이국적인 얼굴이라서 아까부터 주목을 끌고 있었는데, 갑자기 일어서서는 타고난 갈색 상반신을 드러내고 이 테이블 위, 저 테이블 위로 건너다니면서 동양식 춤을 추었다. 이것이 큰 소동의 시작이었다. 단, 이 소동은 처음에는 터무니없이 화려했으나, 착상 부족으로 아이들 장난 같은 당찮은 일의 반복이 되었기 때문에 상세하게 묘사할 가치는 없다.

실망한 사람은 슈무만이 아니었다. 오스카도 싫증이 나서 눈썹을 추켜세웠다. 귀여운 스트립쇼 장면도 두셋 볼 수 있었다. 신사들은 부인의 속옷을 입고 여장부들은 넥타이나 바지 멜빵을 손에 들고 이곳저곳에서 두 사람씩 테이블 밑으로 모습을 감추었다. 이갈이 또한 그 이름에 어울리게 브래지어를 물어 찢고 질겅질겅 씹으면서 그 일부를 삼키기까지 했다.

아무런 의미도 없이 꺅—꺅—와—와— 소리치기만 하는 부질없는 소란에 정이 떨어지고, 게다가 경찰이 출동하는 사태가 벌어질까 봐 두려웠는지, 슈무는 계단 옆 자리에서 일어섰다. 사다리 밑에 앉아 있는 우리를 향해 그는 몸을 굽히더니 먼저 클레프를 쿡 찌르고 나서 나를 찌르면서 귀에 속삭였다. "음악! 빨리 부탁하네! 음악으로 이 부질없는 소란을 끝장내게!"

그러나 정말 욕심이 적은 클레프는 이것으로도 만족하며 즐기고 있었다.

웃음으로 몸이 떨려 도저히 플루트를 불 수가 없었다. 숄레는 클레프를 스승으로 받들어 언제나 그를 따랐기 때문에 역시 똑같이 배꼽 빠지게 웃고 있었다. 따라서 남은 것은 오직 오스카 한 사람이며, 슈무도 나를 의지할 수밖에 없었다. 나는 양철북을 의자 밑에서 꺼내어 태연하게 담배에 불을 붙여 물고 두들기기 시작했다.

아무런 계획 없이 양철에 내 기분을 맡겼다. 틀에 박힌 카바레 음악을 나는 모두 잊어버렸다. 그러므로 오스카는 재즈를 연주하지 않았다. 도대체 나는 사람들이 나를 열광적인 드럼 주자라고 생각하는 게 싫었다. 물론 나는 숙달된 드럼 주자의 태도를 보이기는 했으나 특별히 순수한 재즈 음악가는 아니었다. 나는 재즈 음악도 좋아하며 비엔나 왈츠도 좋아한다. 나는 어느 것이나 연주할 수 있었다. 왈츠는 연주할 기회가 없었을 뿐이다. 슈무가 북을 치라고 나에게 지시했을 때, 나는 배워서 익힌 곡이 아니라 마음에 깊이 스며들어 있는 곡을 연주했다. 오스카는 그 옛날 세 살짜리 오스카의 손에 북채를 쥐어 줄 수 있었다. 내 북의 음조는 옛길을 오락가락했다. 세 살짜리의 눈에 비친 대로 세계를 재현했다. 먼저 진짜 큰 소동에 이르지도 못하는 전후의 군중을 속박하고 나서, 나는 그들을 포사도브스키 거리에 있는 카우어 아주머니의 유치원으로 데리고 갔다. 벌써부터 그들은 아래턱을 늘어뜨리며 서로 손잡고 손톱 끝을 안쪽으로 살짝 옮긴 채 유괴범인 나를 기다리고 있었다. 그때 나는 사다리 밑의 자리에서 일어나 지휘를 맡아, 신사 숙녀 여러분에게 시험적으로 '구워라, 구워라, 과자'를 가르쳤고, 그것이 성공해서 장내 가득히 순진한 명랑성이 넘쳐흘렀다고 여기게 되자, 이번에는 그들의 마음에 커다란 공포심을 불어넣어 '검은 마녀는 있느냐?'를 연주했다. 나도 예전에 이따금 무섭게 생각한 적이 있으며 오늘날은 점점 더 무서워지는 검은 마녀, 거대하고 시커먼 그녀를 나는 양파 켈러 안에서 미친 듯이 날뛰게 하여, 주인 슈무가 겨우 양파로 얻은 성과를 양파 없이 획득했다. 다시 말해 신사 숙녀 여러분은 어린아이처럼 둥글고 큰 눈물방울을 쏟으면서 무서워하고 벌벌 떨면서 나에게 불쌍히 여겨달라고 빌었다. 그래서 나는 그들을 안심시키기 위해서, 또 그 벨벳이며 비단옷이며 속옷을 입는 것을 도와주기 위해서, '녹색, 녹색, 녹색, 내 옷은 모두가 녹색'이며, '빨강, 빨강, 빨강, 내 옷은 모두가 빨강'이며, '파랑, 파랑, 파랑……'이며, '노랑, 노랑, 노랑…

…'을 북으로 연주하고 그 밖에 모든 색과 중간색을 대충 연주했다. 그 보람이 있어, 내 앞엔 다시 예의바른 복장을 한 신사 숙녀가 만들어졌다. 그러고서 나는 이 원아들을 행진 대열로 서게 하고 이 줄을 이끌어 양파 켈러 안을 걸었다. 마치 예슈켄탈 거리를 지나 에르프스 산을 오르는 기분이다. 음산한 구텐베르크 기념비를 돌자 요하니스 목장에는 진짜 데이지꽃이 활짝 피어 있었고, 원아인 신사 숙녀들은 순진하게 환성을 지르면서 그것을 딸 수가 있었다. 이어서 나는 주인 슈무도 포함한 출석자 전원에게, 함께 지낸 유치원의 오후를 기념해서 오줌 싸는 것을 허락했다. 우리가 어두운 악마의 골짜기로 가까이 가서 너도밤나무 열매를 주워 모았을 때 나는 북으로 말했다— 자, 해도 좋아요. 그러자 모두는 유아의 욕구를 충족시키면서 오줌을 쌌다. 신사 숙녀 모두가 오줌을 쌌다. 슈무도 오줌을 쌌다. 내 친구 클레프와 숄레도 오줌을 쌌다. 멀리 떨어진 화장실을 담당하는 여인까지도 오줌을 쌌다. 모두가 쏴쏴 하고 해치웠다. 모두가 팬티를 적셔가며 웅크리고 앉아서 오줌 싸는 소리를 열심히 들었다. 이 음악이 끝나기를 기다렸다가—오스카는 이 어린이 오케스트라에 가벼운 마찰음으로 반주했을 뿐이다—나는 점점 큰 소리로 두들겨 자유롭고 쾌활한 분위기로 이끌었다. 제멋대로.

　　유리, 유리, 유리 조각
　　맥주도 없이 설탕뿐
　　홀레 할머니는 창을 열고
　　피아노를 차네……

　이렇게 두들기며 나는 환성을 올리고, 숨죽여 웃고, 아이들처럼 입을 벌려 재잘거리는 일동을 먼저 휴대품 보관소로 데리고 갔다. 수염 난 학생이 어안이 벙벙해서는 천진한 슈무의 손님들에게 외투를 내주었다. 그러고서 나는 인기가 있는 '부지런한 세탁부를 만나고 싶은 사람은'을 연주하면서 신사 숙녀들을 콘크리트 계단에 오르게 하여, 양가죽 옷을 입은 안내인 옆을 지나 문 밖으로 끌어냈다. 마침 동화에 나올 듯한 별이 아로새겨진 상쾌한 1950년의 봄 밤하늘 아래에서, 나는 신사 숙녀를 해방했다. 그들은 그 뒤로도 여전히 구시가에서 천진하고 난폭한 행동을 하며 경찰관들의 심문 덕으로 자

신의 나이와 지위와 자기 집 전화번호를 기억해 낼 때까지 집에 돌아가는 것
도 잊고 있었다.

그러나 나 오스카는 킬킬거리고 웃으면서 양철을 가볍게 두들기며 양파
켈러로 돌아왔다. 슈무는 여전히 젖은 바지를 입은 채 안짱다리를 하고 손뼉
을 치면서 사다리 옆에 서 있었다. 그는 카우어 아주머니의 유치원이 무척
마음에 든 모양이었다. 어린 슈무가 참새 잡는 라인의 목장과 마찬가지로.

대서양 요새에서, 혹은 벙커는 콘크리트를 버릴 수 없다

그때 나는 양파 켈러 주인 슈무를 도와주려고 했을 뿐이다. 하지만 그는
나의 양철북 독주를 용서할 수 없었다. 하긴 돈 잘 내는 그의 단골 손님들을
혀도 안 돌아가고 바지에다 오줌도 싸며, 게다가 눈물까지 흘리는, 그것도
양파 없이 눈물 흘리는 어린애들로 힘 안 들이고 바꿔 버렸으니까.

오스카는 슈무의 심정을 이해하려고 한다. 그가 나를 경쟁자로 경계하는
건 당연하지 않았을까? 손님들이 오래전부터 사용해 오던 눈물의 양파를 밀
어젖히고 오스카를 불러, 양철북 위에 어떤 손님의 유년 시절이라도—가령
아무리 나이가 많을지라도—불러낼 수 있는 나의 수완에 기대를 했으니 말
이다.

슈무는 이제까지 예고 없는 해고를 화장실 담당 직원에게만 국한해 왔는
데, 이번에는 우리 악사들을 자르고 바이올린 주자를 고용했다. 이 사나이는
조금만 주의해서 보면 집시임을 알 수 있었다.

그러나 우리를 쫓아낸 뒤에 적지 않은, 더구나 최고급 손님들이 양파 켈러
에 오지 않게 될 낌새가 보였으므로, 슈무는 몇 주일도 지나지 않았는데 부
득이 다시 타협을 해 왔다. 일주일에 세 번은 그 바이올린 주자가, 나머지
세 번은 우리가 연주하게 되었다. 교섭 결과 우리는 임금 인상에 성공했다.
하루 저녁에 20마르크였다. 게다가 우리 호주머니에 들어가는 봉사료도 점
점 많아졌다. 그리하여 오스카는 저금통장을 만들어 이자가 붙는 것을 즐기
는 신분이 되었다.

이 저금통장은 머지않아 나를 가난에서 구해 주게 되었다. 왜냐하면 죽음
의 신이 찾아와 우리에게서 가게 주인인 페르디난트 슈무를 빼앗아 가고, 또
일과 수입도 앗아가 버렸기 때문이다.

슈무가 참새를 잡는다는 것에 대해서는 훨씬 전에 말했다. 그는 자주 우리를 메르세데스에 태우고 가서 참새 잡는 것을 보여 주었다. 슈무와 나는 내 북 때문에 이따금 싸우기도 했고, 또 그럴 때는 클레프나 솔레도 내 편을 들어 덩달아 손해를 보기는 했으나, 그래도 슈무와 악사들 사이는 역시 친구 관계라고 해도 좋았으며, 이것은 앞서 말한 대로 죽음의 신이 찾아올 때까지 계속되었다.

우리는 차에 올라탔다. 슈무의 아내가 여느 때처럼 핸들을 잡았다. 클레프가 그녀 옆에 앉았다. 슈무는 오스카와 솔레 사이였다. 슈무는 소구경 총을 무릎에 올려놓고 이따금 만지작거렸다. 카이저스베르트 직전까지 차로 갔다. 라인 강 양쪽 기슭에는 무대배경처럼 가로수가 있었다. 슈무의 아내는 차 안에 남아서 신문을 펼쳤다. 클레프는 미리 사 놓은 건포도를 상당히 규칙적으로 입에 넣고 있었다. 솔레는 기타 주자가 되기 전에 대학에 다닌 일이 있어서 라인 강을 노래한 시를 여럿 암송하는 재주를 보였다. 라인 강에는 확실히 시적인 면이 있어서, 달력상으로는 여름인데도 강 위에는 일반적인 예인선 말고도 가을 낙엽이 떠서 뒤스부르크 쪽으로 한들한들 떠내려가고 있었다. 만일 슈무의 소구경 총이 때때로 조그맣게 울리지 않았더라면 카이저스베르트 하류의 오후는 평화스러운 오후라고 불러도 지장이 없었을 것이다.

클레프가 건포도를 먹어치우고 손가락을 풀로 닦았을 때, 슈무도 마침 사격을 끝냈다. 신문지 위에 나란히 놓여 있는 열한 개의 차디찬 새털 공 옆에 그는 열두 번째의, 그의 이야기로 아직 꿈틀꿈틀 움직이고 있는 참새를 보탰다. 사수는 재빨리 자기의 획득물을 종이로 쌌다—슈무는 자기가 쏘아 잡은 획득물을 어떻게 할 셈인지 몰라도 꼬박꼬박 집으로 가져갔다—이때였다. 우리 바로 옆에 파도에 밀려 올라온 나무뿌리가 있었는데, 그 위에 참새 한 마리가 내려앉았다. 너무도 눈에 확 띄게 내려앉은데다가, 또 그 잿빛이 마침 참새 중의 참새 같은 느낌이 들었으므로 슈무도 참을 수 없었으리라. 하루에 열두 마리 이상은 절대로 잡지 않던 그가 열세 번째 참새를 쏜 것이다—쏘지 않았으면 좋았을 텐데.

그가 열세 번째 참새를 열두 마리와 합해서 우리와 함께 돌아갔을 때, 슈무 부인은 검은빛 메르세데스 안에서 자고 있었다. 제일 먼저 슈무가 조수석으로 올라탔다. 그리고 숄레와 클레프가 뒷좌석에 올라탔다. 나도 탔어야 했을지 모르나, 타지 않고 말했다. 나는 좀더 산책하고서 전차로 돌아갈 터이니 부디 염려하지 말라고. 그래서 그들은 현명하게도 승차하지 않은 오스카를 남겨놓고 뒤셀도르프 방향으로 출발했다.

나는 어슬렁어슬렁 뒤따라 걸어갔다. 얼마 걷지 않아서 도로 공사 때문에 멀리 돌아가야 했다. 그 우회로는 자갈 채굴장 옆을 지났다. 그런데 길바닥보다 7미터쯤 밑의 자갈 채굴장에 차 바퀴를 위로한 채 검은 메르세데스가 드러누워 있었다.

채굴 노동자들이 부상자 3명과 슈무의 시체를 차에서 막 끌어내는 참이었다. 구급차도 곧 도착할 예정이었다. 나는 채굴장으로 기어 내려갔는데, 곧 신발 속이 자갈투성이가 되었지만 그보다도 다친 사람들이 더 걱정되었다. 그들은 아픔을 참고 물었으나, 나는 슈무가 죽은 사실은 말하지 않았다. 그는 눈을 크게 뜨고, 거의 전체가 구름으로 덮인 하늘을 바라본 채로 있었다. 그가 오후에 얻은 획득물을 싼 신문지가 차 밖에 뒹굴고 있었다. 내가 세어 보니 열두 마리까지는 분명히 있었으나 열세 마리째가 보이지 않았다. 열중해서 찾고 있는 동안에 벌써 구급차가 자갈 채굴장 속으로 밀고 들어왔다.

슈무 부인과 클레프와 숄레는 가벼운 상처를 입었다. 타박상으로 기껏해야 늑골이 두세 개 부러진 정도였다. 나중에 내가 병원으로 클레프를 찾아가서 사고 원인을 묻자, 그는 놀라운 사실을 이야기했다. 그들의 차는 자동차 바퀴 자국이 나 있는 길을 따라 조심하면서 천천히 자갈 채굴장 옆을 지나갔다고 한다. 그런데 돌연 수백 마리까지는 아니어도 적어도 백 마리는 돼보이는 참새가 산울타리며 수풀이며 과일나무 사이에서 구름처럼 솟아올라 메르세데스를 덮고 방풍 유리에 부딪쳐 슈무 부인을 놀라게 하여, 고작 참새의 힘만으로 이 사고와 가게 주인 슈무의 죽음을 초래했다는 것이다.

클레프의 이야기를 어떻게 받아들이느냐는 여러분의 자유이나, 오스카는 아무래도 믿을 마음이 들지를 않는다. 실제로 슈무의 장례식 때도 남부 묘지의 참새를 주의해 보았으나, 수년 전 오스카가 석공 겸 문자 조각가로서 이곳 묘석 사이에서 일했을 무렵과 비교해서 수가 증가한 것 같지는 않으니까. 그 대신 빌린 실크해트를 쓰고 장례 행렬에 섞여 관 뒤를 따라갔을 때, 나는 제9구역에서 석공 코르네프의 모습을 볼 수 있었다. 그는 그곳에서 내가 모르는 조수와 함께 2인용 휘록암 묘석을 설치하고 있는 중이었다. 가게 주인 슈무의 관이 이 석공 옆을 통과해서 신설된 제10구역에 옮겨졌을 때 그는 묘지의 규칙에 따라 모자를 벗었으나, 아마도 실크해트를 쓰고 있었던 탓인지 나를 알아보지 못했다. 그러나 여전히 자신의 목덜미를 만지고 있는 것으로 보아, 종기가 곪기 시작했든지 한껏 곪아 있든지 했던 모양이다.

매장! 나는 이제까지 여러분을 이미 여러 번 마지못해 묘지로 안내했으며, 또 어디에선가 "매장은 언제나 다른 매장을 생각나게 한다"고도 말했다—그래서 이번에는 슈무의 매장에 대해서도, 매장 중에 오스카가 회상한 일에 대해서도 보고하지 않겠다—슈무는 정해진 대로 별다른 이상 없이 땅속에 묻혔다—다만 딱 하나 말해 둘 게 있다. 미망인이 병원에 남아 있었기 때문에 묘지에서는 모두가 비교적 마음 가볍게 행동한 탓도 있어, 매장이 끝나자 되슈 박사라고 자칭하는 신사가 내게 말을 걸어왔다.

되슈 박사는 음악 사무소를 운영하고 있었다. 그렇지만 음악 사무소는 그의 것이 아니었다. 되슈 박사는 이전에 양파 켈러의 손님이었다고 다시 자신을 소개했다. 나는 그를 본 기억이 없었으나 내가 슈무의 손님들을 혀가 돌지 않는 행복한 젖먹이로 만들었을 때에 그도 그 자리에 있었다고 한다. 그가 털어 놓은 바로는, 자신도 내 양철북의 영향 아래 행복한 어린 시절로 돌아갔었다. 그래서 그는 지금 나와—그의 표현에 따르면—나의 '기묘한 솜씨'를 널리 선전해서 상품화하기를 원했다. 그는 나와 계약을 맺는다는, 엄청난 일의 전권을 위임받은 상태였다. 바로 계약서에 서명해 주면 좋겠다는 것이었다. 뒤셀도르프에서는 자버 빌렘으로 통하는 슈거 레오가 흰 장갑을 끼고서 조문객들을 기다리던 그 화장터 앞에서, 되슈 박사는 종이쪽지 한 장을 꺼냈다. 그것에 따르면 막대한 돈을 계약금으로 받는 대신, 나는 '북 치는 오스카'로서 대극장의 2천 내지 3천의 청중을 앞에 놓고 무대에서 단독 공연할 의무를 져야 했다. 내가 서명하기를 망설이자 되슈는 크게 실망하는 눈치였다. 나는 슈무의 죽음을 핑계삼아 이렇게 대답했다. 나는 슈무가 살아 있을 때 그와 매우 친하게 지냈기 때문에 아직 묘지에 있으면서 곧바로 새로운 고용주를 찾는다는 것은 불가능한 일이다, 그러나 어떻든 잘 생각해 보겠다, 혹시 잠깐 여행을 할지도 모르는데, 그 후에 당신을 찾아가서 경우에 따라서는 이 고용 계약서에 서명하겠노라고.

나는 묘지에서는 계약서에 서명하지 않았다. 하지만 되슈 박사가 자기 차를 세워놓은 묘지 밖 앞뜰에서 점잖게 봉투 속에 계약금을 넣어 자기 명함과 함께 내밀었을 때, 오스카는 자신의 불안정한 재정 상태를 생각하여 어쩔 수 없이 그것을 받아 주머니에 넣었다.

그러고서 나는 여행을 했다. 같이 다닐 사람도 구했다. 사실 나는 클레프와 함께 여행을 하고 싶었다. 그러나 클레프는 입원 중이었으며, 늑골이 네 개나 부러졌기 때문에 제대로 웃지도 못하는 상태였다. 마리아를 길동무로 삼으면 그것도 괜찮을 텐데 하고 생각했다. 아직 여름 방학이었으므로 쿠르트도 함께 데리고 갈 수 있을 테니까. 하지만 마리아는 그녀의 고용주 슈텐첼과의 관계를 여전히 유지하고 있었고, 슈텐첼은 쿠르트로부터 '슈텐첼 아빠'라 불리고 있었다.

그래서 나는 화가 랑케스와 함께 여행을 했다. 아시다시피 전쟁 때 상병이었으며, 지금은 이따금 뮤즈 울라의 약혼자가 되는 그 랑케스 말이다. 나는 계약금과 저금통장을 호주머니에 넣고 슈타르트 거리에 있는 화가 랑케스의 아틀리에를 방문했다. 이전의 작업 동료인 울라를 만나고 싶었다. 뮤즈와 함께 여행을 하고 싶었기 때문이다.

울라는 화가와 함께 있었다. 그녀가 출입구에서 내게 털어 놓은 바에 따르면 두 사람은 2주일 전에 약혼을 했다. 한스 크라게스와는 더 이상 순조롭지 못해서 또 파혼하게 되었다고 했다. 그러고는 크라게스를 아느냐고 물었다.

오스카는 얼마 전까지 울라의 약혼자였던 사람을 몰랐기 때문에 매우 유감스럽게 생각했다. 그리고 마침내 인심 좋은 여행 제안을 한 것인데, 어찌된 일인지, 끼어든 화가 랑케스는 울라가 승낙을 하기 전에 재빨리 자신이 오스카의 길동무가 되겠다고 나서면서 이 다리가 긴 뮤즈에게 손찌검을 했다. 그녀가 집을 지키기 싫다며 울었기 때문이다.

왜 오스카는 저항하지 않았던가? 뮤즈와 함께 여행하고 싶으면서도 왜 뮤즈 편을 들지 않았던가? 늘씬하게 키가 크고 엷은 솜털이 난 울라와 나란히 여행하는 모습을, 나는 얼마나 아름답게 마음속에 그렸던가. 그러나 나는 뮤즈와 너무나 가까이 지내는 공동생활로 들어가는 것이 두려웠다. 뮤즈와는 거리를 두고 접촉해야 한다고 자신에게 타일렀다. 안 그러면 모처럼의 뮤즈와의 키스도 평범한 일상적인 습관이 되어 버린다. 그러므로 차라리 뮤즈가 키스를 하려는 순간 두들겨 패는 화가 랑케스와 함께 여행하기로 하자고.

여행 목적지에 대해서는 별로 의논하지도 않았다. 노르망디에 가기로 두 사람의 생각이 일치했기 때문이다. 캉과 카부르 사이의 벙커를 찾아가기로 했다. 왜냐하면 우리 두 사람은 전쟁 중에 그곳에서 알게 되었으니까. 비자를 받을 때 다소 귀찮았으나, 그 일에 대해서는 말하지 않겠다.

랑케스는 구두쇠였다. 질 나쁜 화포 위에 싸구려이거나 빌린 물감을 칠할 때는 굉장히 헤펐지만, 지폐나 동전에 대해서는 지독히 알뜰살뜰했다. 그는 한 번도 스스로 담배를 산 적이 없으면서도 끊임없이 담배를 피웠다. 그의 인색함이 계획적인 것임을 밝히기 위해서 간단히 이야기해 보자. 그는 누구에게 담배를 한 대 얻으면 곧 바지 왼쪽 호주머니에서 10페니히 동전을 하나 꺼내 잠시 바람을 쐰 다음 그것을 오른쪽 호주머니에 집어넣는다. 이런 식으로 하루 동안 상당한 동전이 이동한다. 그는 되도록 열심히 담배를 피우며, 어느 날 기분이 좋을 때 나에게 이렇게 털어 놓았다. "나는 날마다 어림잡아 2마르크어치 담배를 피우고 있다네!"

랑케스는 1년 전쯤에 베르슈텐에 있는 전쟁으로 황폐해진 땅을 샀는데, 이것은 말하자면 가까운 사람들이나 먼 친구의 담배로 산 것, 아니 차라리 얻어 가진 것이었다.

랑케스와 오스카는 노르망디로 여행을 했다. 우리는 급행열차를 탔다. 랑케스는 차라리 히치하이크라도 하고 싶었을 것이다. 하지만 내가 돈을 내고 권유하는 데는 그도 양보하지 않을 수 없었다. 캉에서 카부르까지는 버스를 탔다. 포플러 가로수길을 달렸다. 가로수 저편에는 울타리를 친 목장이 펼쳐져 있고, 갈색과 흰색으로 얼룩진 소 떼가 있어 밀크 초콜릿 광고에 나오는 풍경처럼 보였다. 물론 광고지에 그릴 때는 전쟁의 참화 같은 것은 생략하게 마련이지만, 로스비타를 잃어버린 바방 촌을 포함해서 어느 마을이든 전쟁의 흔적이 또렷이 남아 있어 보기에도 참혹했다.

카부르에서 우리는 해안을 따라서 오른 강의 어귀를 향해서 걸었다. 비는 내리지 않았다. 르 옴의 하류에 닿았을 때 랑케스가 말했다. "자, 집에 돌아왔네! 담배 한 대 주게." 그는 동전을 호주머니에서 호주머니로 옮기면서, 언제나 앞으로 내밀고 있는 이리 머리로 모래언덕 속에 그대로 있는 무수한 벙커 중 하나를 가리켰다. 그는 팔을 뻗어 자신의 배낭과 야외용 이젤과 화판용 집게 1다스를 왼손으로 쥐고, 남은 오른손으로 내 손을 붙잡고는 그 콘크리트를 향해서 끌고 갔다. 오스카의 짐은 작은 여행용 가방과 북이 전부였다.

우리는 벙커 '도라 7호' 안에 들어갔다. 바람에 밀려온 모래를 쓸어 냈고, 이곳을 밀회 장소로 사용했던 연인들의 불쾌한 추억을 정리했으며, 상자와 침낭을 이용하여 겨우 지낼 만한 곳을 마련했다. 그런데 대서양 해안에 머문 지 사흘째 되는 날, 랑케스가 아주 통통한 대구 한 마리를 해안에서 가지고 왔다. 어부가 그에게 줬다는 것이다. 그가 보트를 그려 주었더니 답례로 대구를 억지로 떠맡겼다고 한다.

우리는 이 벙커를 여전히 도라 7호라고 불렀기 때문에 오스카가 생선 내장을 빼내면서 도로테아 간호사를 생각한 것은 조금도 이상하지 않았다. 물고기의 간장과 이리(물고기 수컷 뱃속에 있는 정액 덩어리)가 오스카의 두 손에 넘쳤다. 나는 햇볕을 쬐면서 비늘을 벗겼는데, 랑케스는 이 기회를 이용해서 단숨에 수채화를 완성했다. 우리는 바람을 피해서 벙커 뒤에 앉아 있었다. 8월의 태양이 콘크리트 지붕 위에 물구나무를 서고 있었다. 나는 물고기에다 마늘쪽을 끼워넣기 시작했다. 지금까지 이리와 간장 등 내장이 차 있던 곳에 나는 양파와 치즈와 백리향을 집어넣었다. 이리나 간장도 버리지 않았다. 그러기는커녕 레몬을 끼워 억지로 벌려놓은 고기 입에다 그 두 가지 음식을 집어넣었다. 랑케스는 주위를 뒤지고 다녔는데, 도라 4호, 3호, 그리고 더 먼 곳의 벙커까지 점령하더니 그 안으로 사라졌다. 그는 판자 조각이라든지 꽤 큰 판지를 가지고 돌아왔다. 판지는 그림 그리는 데 이용하기로 했으며, 판자 조각은 불태웠다.

이런 불을 온종일 꺼뜨리지 않는 일은 어렵지 않았다. 해변에는 두 걸음 정도의 간격으로 파도에 밀려온 재목이 새털처럼 말라 꽂혀서 변덕스러운 그림자를 던지고 있었기 때문이다. 랑케스가 빈 별장에서 뜯어온 발코니 철제 격자의 일부를 나는 활활 타는 숯불 위에 걸쳐 놓았다. 올리브유를 물고기에 바른 뒤 그것을 똑같이 기름칠한 뜨거운 석쇠 위에 올려놓았다. 나는 지글거리고 있는 대구 위에 레몬을 짜서 뿌리고 천천히 알맞게 굽기 시작했다—뭐니뭐니해도 생선을 굽는 데 초조함은 금물이니까.

우리는 빈 양동이 여러 개 위에 몇 겹으로 접은 커다란 타르지 한 장을 놓아 테이블을 만들었다. 우리는 포크와 양철 접시를 가지고 갔다. 랑케스는 마치 굶주린 갈매기처럼 허기진 모양새로 천천히 구워지고 있는 생선 주위를 돌기 시작했으므로, 나는 그의 기분을 돌리기 위해 벙커 속에서 내 북을 가지고 나왔다. 나는 북을 모래 위에 눕혀 놓고 부서지는 파도 소리와 밀려오는 조수를 해방시키듯 바람에 대항하여 끊임없이 변주하면서 계속 두들겼다. 돌이켜보면 베브라의 위문극단이 이 콘크리트를 견학했던 적이 있다. 카슈바이에서 노르망디로 가는 길이었다. 펠릭스와 키티 두 곡예사는 이 벙커 위에서 몸이 서로 엉겼다가는 떨어지고, 바람에 맞서—마치 지금 오스카가 바람에 맞서 북을 치고 있듯이—시를 낭독했다. 그 후렴은 전쟁이 한창일 때 즐거운 시대가 다가옴을 알리는 것이었다. "……그리고 금요일에는 생선에 달걀부침, 우리는 비더마이어를 향해 간다." 작센 사투리로 키티가 이렇게 낭독했다. 그리고 베브라, 나의 현명한 베브라, 선전반의 대위인 베브라는 고개를 끄덕거렸다. 그리고 로스비타, 지중해에서 온 나의 라구나는 소풍 바구니를 집어 들고 도라 7호 콘크리트 위에 식탁을 준비했다. 랑케스 상병도 흰 빵과 초콜릿을 먹고, 베브라 대위의 담배를 피웠다…….

"이봐, 오스카!" 화가 랑케스가 내 몽상을 깨뜨렸다. "나는 그림을 그리고 싶은데 말이야. 자네가 북을 치는 것 같은 분위기로 말이지. 그러니까 한 대 주지 않겠나!" 나는 북 치는 것을 멈추고, 내 길동무에게 담배 한 개비를 건네 주었다. 그리고 고기의 상태를 보니 제대로 구워진 듯했다. 연하고 희고 느슨하게 생선의 눈이 부풀어 있었다. 대구 껍질은 알맞게 탄 곳도 있었고, 갈라 터진 곳도 있었다. 그 위에 마지막 남은 레몬을 천천히 짜서 골고루 떨어뜨렸다.

"배고파!" 랑케스의 소리가 들렸다. 그는 길고 누런 이를 드러내며, 원숭이처럼 두 주먹으로 체크무늬 셔츠 위로 자기 가슴을 두들겼다.

"머리로 하겠어, 꼬리로 하겠어?" 나는 생각할 기회를 주고, 타르지 위에 테이블보 대신 펴놓은 황산지 위로 생선을 옮겼다. "자네 같으면 어느 쪽을 권하겠나?" 이렇게 말하면서 랑케스는 담배를 비벼 끄고는 그 꽁초를 호주머니에 집어넣었다.

"친구로서라면 나는 꼬리를 먹으라고 하겠네. 요리사로서라면 단연코 머리를 권하겠어. 하지만 생선광이었던 내 어머니라면 이렇게 말했을 거야. 랑케스 씨 꼬리를 드세요. 먹어 보면 알아요. 반대로 내 아버지 같으면, 의사는 언제나……."

"의사 같은 건 관계없어." 랑케스는 나를 믿지 않았다.

"홀라츠 박사는 내 아버지에게 언제나 대구라면 머리 말고는 먹어선 안된다고 충고했어."

"그렇다면 나는 꼬리로 하겠어. 속이려고 해 봤자 소용없어!" 랑케스는 여전히 의심을 풀지 않았다.

"그편이 오스카로서도 다행이지. 머리는 절대로 버릴 수 없으니까."

"그렇다면 역시 머리로 하겠어. 자네가 그토록 열심이라면."

"정말로 마음이 아프군, 랑케스!" 난 이제 적당히 끝내고 싶었다. "그럼, 머리가 자네 몫이고, 나는 꼬리야."

"어때, 이걸로 내가 득을 본 거겠지? 응?"

오스카는 랑케스가 이득을 보았다는 점을 인정했다. 나는 알고 있었기 때문이다. 그가 나보다 득을 보았다는 확신을 생선과 함께 이 사이로 씹을 때에야 비로소 생선을 맛있게 먹을 수 있으리란 사실을. 나는 그를 사납고 교활한 개라고 불렀으며, 행운아라고 말해 주었다—그러고 나서 우리는 생선구이에 달려들었다.

그는 머리 쪽을 집었고, 나는 남은 레몬즙을 꼬리 쪽의 하얗게 흐물흐물해진 살 위에 짜내고는, 살 속에서 버터처럼 물렁해진 마늘쪽을 떼냈다.

랑케스는 이와 이 사이로 생선뼈를 발라내며 나의 대구 꼬리 쪽을 힐끔힐끔 쳐다보면서 말했다. "그쪽 것도 조금만 맛을 보여 주게." 나는 동의했다. 그는 먹어 보더니 의아스러운 표정을 지었다. 그래서 오스카가 머리 쪽을 맛본 다음에, 역시 그가 좋은 쪽을 가졌다고 다시 인정해 주자 겨우 안심했다.

우리는 생선을 먹으면서 보르도산 적포도주를 마셨다. 나는 안타까웠다. 사실은 백포도주를 커피잔에 담고 싶었다. 랑케스는 내 후회를 씻어내기 위해 경험담을 말했다. 상병 시절, 이 도라 7호 안에서는 모두가 항상 적포도주만을 마셨다고 한다. 그리고 마침내 적의 침입이 시작되었다. "어이 이봐, 우리는 적이 이곳으로 쳐들어왔을 때에도 잔뜩 취해 있었어. 코발스키, 세르바하, 꼬마 로이트홀트. 지금 그 친구들은 모두 카부르 저쪽 같은 묘지에 잠들어 있는데, 어쨌든 이곳에 적이 쳐들어왔을 때 아무도 전혀 알아차리지 못했던 거야. 저 너머 아로망슈에는 영국군이, 그리고 우리 구역에는 캐나다군이 떼로 들이닥쳤지. 아무튼 우리가 바지 멜빵을 어깨에 걸치기도 전에 놈들은 벌써 닥쳐와서 '하우 아 유(How are you?)' 하는 거야."

그는 포크로 허공을 찌르고 뼈를 뱉어 내면서 말을 계속했다. "그나저나 오늘 카부르에서 헤르초크를 만났어. 그 미치광이 말이야. 자네도 이곳에 견학왔을 때 봐서 알고 있을 거야. 중위였던 사나이."

오스카는 분명히 헤르초크 중위를 기억하고 있었다. 랑케스가 생선을 먹으며 들려 준 이야기에 의하면, 헤르초크는 해마다 카부르에 지도와 측량기구를 가지고 찾아온다. 벙커 일을 생각하면 한잠도 제대로 자지 못하기 때문이다. 그는 도라 7호에도 들러서 측량할 계획이라고 했다.

우리는 여전히 생선을 발라 먹고 있었다. 생선의 큰 뼈가 점점 드러났다. 그러자 거기에 헤르초크 중위가 나타났다. 카키색 반바지를 입고 통통한 종아리 밑에는 즈크화를 신었으며, 암갈색 털이 마직 노타이셔츠 밖으로 드러나 있었다. 물론 우리는 그대로 앉아 있었다. 랑케스는 나를, 그의 친구이며 동료인 오스카로서 퇴역 중위 헤르초크에게 소개했다.

퇴역 중위는 곧 도라 7호를 세밀하게 조사하기 시작했다. 처음엔 콘크리트의 바깥쪽부터 살펴보았으므로, 여기에는 랑케스도 불평을 하지 않았다. 중위는 표에 자세하게 기록하고, 게다가 쌍안경까지 가지고 있어서 주위의 풍경과 밀려오는 파도 쪽으로 집요하게 시선을 던졌다. 우리 바로 옆에 도라 6호의 총구멍이 있었는데, 그는 이것을 마치 마누라에게 어떤 좋은 일을 해줄 때처럼 정답게 어루만졌다. 그가 우리 별장인 도라 7호를 안쪽에서 살피려고 하자 랑케스가 막았다. "이봐요, 헤르초크. 도대체 지금 와서 무엇을 하겠다는 거요? 이 콘크리트 주위를 어슬렁거리고 다니다니. 그때에는 그것도 현실적인 일이었겠지만, 이제는 이미 다 지난 일입니다."

지난 일이라는 말은 랑케스가 즐겨 쓰는 말이다. 그는 세계를 현실과 과거의 일로 나누곤 했다. 그러나 퇴역 중위의 생각은 달랐다. 지나가 버린 일이란 없다. 결제는 아직 끝나지 않았다. 나중에 몇 번이든지 반복하여 역사 앞에서 변명해야만 한다. 따라서 지금 그는 도라 7호 안을 살펴보고 싶은 것이다. "알아들었나, 랑케스!"

이미 헤르초크는 우리의 식탁과 생선 위에 그림자를 던지고 있었다. 우리 옆을 지나 그 벙커에 들어가려는 것이다. 출입구에는 여전히 콘크리트 장식이 남아 있어, 조형 미술가 랑케스 상병의 솜씨를 말해 주었다.

헤르초크는 식탁 옆을 통과할 수 없었다. 랑케스가 포크를 쥔 채, 그래도 포크는 사용하지 않고 주먹으로 밑에서 어퍼컷을 한 방 먹여 퇴역 중위 헤르초크를 모래사장 위에 내동댕이쳤기 때문이다. 랑케스는 모처럼의 생선 요리 식사가 중단되어 안타깝다는 듯 머리를 흔들면서 일어나, 왼손으로 중위의 마직 셔츠 앞자락을 움켜쥐고 일정한 발자국을 남기면서 옆으로 끌고 가 모래언덕 저쪽에다 그를 던져 버렸다. 덕분에 그의 모습은 보이지 않게 되었으나 소리는 여전히 들렸다. 헤르초크는 랑케스가 나중에 던져 준 측량기구를 주위 모아 욕설을 퍼부으면서 사라졌다. 랑케스가 조금 전에 과거의 일로 단정한 역사의 유령을 모조리 불러대면서.

"저 녀석 말도 아주 틀린 건 아니군, 헤르초크 자식. 저놈이 미치광이인 것은 분명하지만. 우리가 그때 그렇게 취해 있지만 않았다면 말이지, 여기로 쳐들어왔을 때 말이야, 그랬더라면 캐나다 군인들은 어떻게 되었을지 누가 알겠나."

나는 고개를 끄덕이며 동의하는 수밖에 없었다. 나는 바로 전날 썰물 때 조개껍데기와 게껍데기 사이에서 틀림없는 캐나다군 제복 단추를 발견했다. 오스카는 그 단추를 지갑에 집어넣고, 좀처럼 찾아볼 수 없는 에트루리아 동전을 발견한 듯한 행복감을 맛보았다.

헤르초크 중위의 방문은 아주 짧은 시간으로 끝나기는 했으나 여러 가지 추억을 되살아나게 했다. "기억하고 있나, 랑케스. 우리가 위문극단을 만들어서 자네들의 콘크리트를 견학했을 때의 일을. 이 벙커 위에서 아침 식사를 했지. 바람이 조금 불고 있었어. 꼭 오늘처럼 말이야. 그러자 갑자기 수녀들 6, 7명이 나타나 롬멜 아스파라거스 사이에서 게를 찾기 시작했지. 그리고 랑케스 자네는 명령을 받고 해변을 치워야만 했어. 기관총이라는 살인 도구로 자네는 그것을 실행했지."

랑케스도 생선뼈를 열심히 빨면서 그 시절을 회상하여 수녀들의 이름까지 기억해 냈다. '스콜라슈티카 수녀, 아그네타 수녀' 하고 그는 늘어놓으면서, 완전히 검은빛으로 둘러싸인 수녀의 장밋빛 얼굴을 내 마음속에 뚜렷하게 그려 보았다. 덕분에 언제나 내 마음속에서 떠나지 않는 세속의 간호사 도로테아의 모습이 완전히 사라진 건 아니지만 그래도 부분적으로는 엷어졌다.

이 경향은 더욱 강해졌다. 그로부터 몇 분도 지나지 않아—나는 별로 놀라지 않았으며, 기적이라고 생각하지도 않았다—카부르 쪽에서 젊은 수녀 한 사람이 모래언덕 위를 바람에 날려 뛰어왔다. 장밋빛 얼굴이 온통 검은빛으로 둘러싸여 있었으므로 잘못 볼 리는 없었다.

그녀는 중년 신사들이 들고 다니는 검은 우산을 펴서 태양을 가리고 있었다. 이마에는 너무 짙어서 보기 흉한 녹색 셀룰로이드 차양이 아치를 이루어 마치 할리우드의 인기 있는 영화 감독처럼 보였다. 저기 모래언덕 쪽에서 그녀를 부르는 소리가 들렸다. 그녀 말고도 많은 수녀들이 와 있는 모양이었다.

"아그네타 수녀!" 하고 부르는 소리가 들렸다. 그리고 또 들렸다. "아그네타 수녀, 도대체 어디 있어요?"

그러자 젊은 수녀 아그네타는 점점 뼈를 드러내고 있는 우리의 대구 위쪽에서 대답했다. "여기에요, 스콜라슈티카 수녀님. 여기는 바람이 없어요!"

랑케스는 씩 웃더니 만족스러운 듯이 이리 같은 머리를 끄덕거렸다. 마치 자기가 이 가톨릭 행진을 불러들인 것처럼. 그리고 이 세상일 치고 자기 예상에서 벗어나는 일은 하나도 없다는 듯이.

젊은 수녀는 우리를 알아차리고 벙커 왼쪽 옆에 섰다. 둥근 콧구멍이 두 개 뚫린 장밋빛 얼굴이었다. 약간 튀어나왔지만 고른 이와 이 사이에서 "오!" 하는 소리가 났다.

랑케스는 상체는 움직이지 않고 고개와 머리만 돌려 말했다. "오, 수녀님. 산책하시나요?"

곧바로 대답이 되돌아왔다. "우리는 해마다 한 번씩 바다에 옵니다. 그렇지만 나는 바다를 처음 봐요. 정말 크네요!"

여기에는 이의를 달 수가 없었다. 오늘까지 바다를 묘사하는 여러 가지 말을 들었으나, 적절하다고 생각되는 것은 이 표현뿐이다.

랑케스는 친절을 베풀어, 내 몫의 고기에서 일부를 떼어 권했다. "생선 좀 드시지 않겠어요, 수녀님? 아직 뜨뜻합니다."

그의 유창한 프랑스 말에 나는 깜짝 놀랐다. 그리고 오스카도 똑같이 그 외국어를 실험해 보았다. "사양하실 것 없어요, 수녀님. 오늘은 금요일이니까 말이에요."

그러나 이 암시도 그녀를 구속하는 엄격한 규율에는 힘을 쓰지 못했다. 그래서 수녀복에 교묘하게 몸을 감춘 이 소녀를 설득하여 우리의 식사에 참가시킬 수는 없었다.

"당신들, 언제나 여기에 살고 계세요?" 그녀의 호기심이 알고 싶어했다. 그녀는 우리 벙커를 깨끗하다고도, 또 조금은 우스꽝스럽다고도 생각하는 듯했다. 이때 유감스럽게도 수녀원장 말고도 5명의 수녀가 검은 우산을 들고 녹색 차양을 두른 채 모래언덕 저쪽에서 나타났다. 아그네타는 재빨리 우리 옆에서 뛰어갔는데, 동풍 때문에 토막토막이 되어 들려오는 말의 대강을 이어 맞춰 보니 심한 꾸중을 당하는 모양이었다. 그러고는 그녀들의 한가운데로 끌려 들어갔다.

랑케스는 꿈을 꾸고 있었다. 그는 포크를 거꾸로 입에 물고서 모래언덕 위로 바람에 날려가는 그룹을 응시하고 있었다. "저것은 수녀들이 아니다. 저것은 범선이다."

"범선 같으면 흰색이겠지." 나는 다시 생각해 보라고 했다.

"저것은 검은 범선이야." 랑케스와는 토론이 되지 않았다. "저 왼쪽 끝이 기함(旗艦)이야. 아그네타는 소형 쾌속정이라고나 할까. 바야흐로 순풍. 단종진(單縱陣)을 이루고, 뱃머리에서 뱃고물에 이르기까지, 뒷돛대에도 주돛대에도 앞돛대에도 전부 돛을 펼치고 수평선 저 너머 영국으로. 생각해 봐, 내일 아침 영국군들이 눈을 뜨면 창 밖으로 무엇을 보게 될지. 2만 5천 명의 수녀들이 마스트 꼭대기에까지 기를 휘날리고, 그러고는 벌써 현측포대 일제 발사……."

"새로운 종교전쟁이야!" 나는 그의 말을 받아서 말했다. 기함의 이름은 마리아 슈투아르트라든지, 드 발레라라든지, 아니면 차라리 돈 후안이라 하는 게 좋으리라. 한층 기동력을 강화한 새로운 무적함대가 트라팔가르의 복수를 하는 것이다! "모든 청교도에게 죽음을!" 이것이 구호다. 이번에는 영국 진영에 넬슨은 없을 터이다. 적의 본토에 침입이 개시되리라. 그리하여 영국은 섬이 아니게 된다.

랑케스는 이야기가 너무 정치적으로 흘렀다고 생각한 듯싶다. "마침내 출항이구나, 저 수녀들." 이렇게 그는 보고했다.

"출범이야!" 내가 바로잡았다.

그런데 출범이든 출항이든 그녀들은 카부르 방향으로 바람에 밀려갔다.

자신과 태양 사이에 우산을 받쳐든 채. 한 사람만이 조금 뒤떨어져서 두세 걸음 걷다가는 허리를 굽혀 뭔가를 줍기도 하고 버리기도 하고 있었다. 그 뒤떨어진 배 한 척은—화면에서 사라지고 싶지 않기 때문에—천천히 바람을 향해서 지그재그 코스를 따라 무대의 배경인, 불타서 무너진 해변 호텔 쪽으로 겨우겨우 가까이 왔다.

"저것은 닻을 잘못 던졌거나 키가 고장난 모양이군." 랑케스는 여전히 선원의 말을 고집했다. "이봐, 저것은 소형 쾌속정 아그네타가 아닌가?"

소형 쾌속정인지 프리깃함인지 모르지만, 조개껍데기를 줍기도 하고 던지기도 하면서 다가온 것은 분명히 수녀인 아그네타였다.

"도대체 무얼 줍고 있나요, 수녀님?" 랑케스의 눈에 이상은 없었다.

"조개껍데기예요!" 이 말을 그녀는 아주 인상적으로 발음하고는 다시 몸을 굽혔다.

"그런 짓을 해도 돼요? 그건 지상의 보물이잖아요?"

나는 아그네타 수녀의 편을 들었다. "그건 아니지, 랑케스. 조개껍데기 따위가 지상의 보물일 리 있나."

"그렇다면 해변의 보물이라고 해도 좋아. 하여튼 보물임에는 틀림이 없어. 그리고 수녀들은 보물을 소유할 수 없지. 첫째도 둘째도 가난, 가난, 또 가난이야! 그렇지요, 수녀님?"

아그네타는 튀어나온 이를 드러내고 웃었다. "난 조개껍데기를 정말 조금만 가지고 갈 뿐이에요. 보육원에서 쓸 거예요. 아이들은 조개껍데기놀이를 아주 좋아하는데, 아직 바다에 온 일이 없어요."

아그네타는 벙커 출입구에 서서 안에 눈길을 던졌다.

"어때요, 우리 집이?" 나는 아첨하듯 말했다. 랑케스는 좀더 노골적인 말을 했다. "자, 한번 이 별장을 둘러 보세요. 보는 건 공짜예요, 수녀님!"

그녀는 튼튼한 천으로 만든 치마 밑의 끝이 뾰족한 편상화로 땅바닥을 문질렀다. 이따금 모래땅을 걷어차기까지 했기 때문에, 그 모래가 바람에 날려 우리 생선 위에 떨어질 정도였다. 약간 마음이 흔들린 그녀는 더욱 또렷해진 밤색 눈동자로 우리와 우리 사이에 있는 식탁을 살펴보았다. "그건 아무래도 안 돼요"라고 하여, 그녀는 우리의 반론을 불러일으켰다.

"오, 무슨 말씀이세요!" 화가는 온갖 곤란을 물리치고 일어섰다. "전망이 좋아요, 이 벙커는. 총구로 해안 전체가 다 보이거든요."

그녀는 여전히 주저하고 있었다. 틀림없이 구두에 모래가 잔뜩 들어갔으리라. 랑케스는 손을 벙커 출입구 쪽으로 뻗었다. 그의 콘크리트 장식이 뚜렷한 모양의 그림자를 던지고 있었다. "안쪽도 깨끗해요!"

이 수녀가 벙커 안에 들어갈 마음이 내킨 것은 화가의 안내하는 몸짓 탓이었는지도 모른다. "그럼, 잠깐만!" 이것이 결심을 나타내는 말이었다. 랑케스에 앞서서 그녀는 훌쩍 벙커 안으로 들어갔다. 랑케스는 두 손을 바지에 닦고—화가의 전형적인 행위이다—그리고 사라지기 전에 내게 다짐을 했다. "내 생선 먹으면 안 돼!"

하지만 오스카는 이제 생선에 싫증이 났다. 나는 식탁을 떠나서, 모래를 날아오는 바람과 늙은 거인 같은 조수(潮水)의 엄청난 포효 소리에 몸을 맡겼다. 나는 발로 북을 끌어당겨 북을 두들기면서 이 콘크리트 풍경으로부터, 이 벙커의 세계로부터, 롬멜 아스파라거스라는 이름의 이 야채로부터 도망칠 길을 찾기 시작했다.

맨 처음 이것은 그다지 성공을 거두지 못했으나, 나는 사랑으로써 도망을 시도했다. 예전에 나 또한 한 사람의 자매님(그리스도교에서 여자 교우를 이르는 말)을 사랑한 적이 있다. 단, 수녀가 아닌 간호사였다. 차이들러의 집 우윳빛 유리문 너머에 그녀가 살고 있었다. 그녀는 매우 아름다웠다. 그렇지만 나는 그녀를 한 번도 본 적이 없다. 야자 융단이 있어 그것이 두 사람 사이에 끼어들었다. 차이들러의 복도는 너무나 어두웠다. 그래서 나는 도로테아 간호사의 육체보다도 야자 융단을 더 확실히 느끼는 형편이 됐다.

이 주제는 금방 야자 융단 위에서 숨이 끊어져 버렸기 때문에, 이번에는 더욱 거슬러 올라가서 마리아에 대한 내 사랑을 리듬에 실어, 급속하게 뻗어나는 덩굴식물처럼 콘크리트 위에 마구 퍼뜨리려고 했다. 그런데 또다시 도로테아 간호사가 마리아에 대한 나의 사랑을 방해하고 가로막았다. 바다에서 석탄산 냄새가 흘러왔다. 갈매기가 간호복 차림으로 손을 흔들었다. 태양은 내 눈에 적십자 브로치가 되어 빛나고 있었다.

오스카는 북 치는 것을 방해당했을 때 사실은 기뻤다. 수녀원장 스콜라슈티카가 수녀들 5명과 되돌아온 것이다. 그녀들은 지쳤는지 우산을 축 기울이고 있었다. "당신, 젊은 수녀를 보지 못했나요? 우리 수녀원의 예비 수녀인데요. 그 아이는 아직 정말로 어린애예요. 바다를 보는 게 처음이지요. 틀림없이 길을 잃어버렸을 거예요. 도대체 어디에 있나, 아그네타 수녀?"

내게 남은 길은 오직 하나였다. 이 선대(船隊)의 돛에 이번에는 순풍을 주어 오른 강 어귀 아로망슈 방향으로, 예전에 영국 사람들이 바다를 메워 만든 항구 포트 윈스턴 방향으로 향하게 하는 수밖에 없었다. 이만한 사람 수를 한꺼번에 우리 벙커에 받아들일 순 없었으리라. 물론 순간적으로 이 방문을 화가 랑케스에게 알려주고 싶은 생각도 들었지만, 그 뒤에 곧 우정과 불만과 심술이 한데 뭉쳐서 나로 하여금 엄지손가락으로 오른 강 어귀 쪽을 가리키게 했다. 수녀들은 내 엄지손가락의 지시에 따라 모래언덕 위에서 바람에 밀려 점점 작아져 가는 여섯 개의 흑점으로 변했다. 그리고 "아그네타 수녀! 아그네타 수녀!" 하는 가련한 목소리도 점점 바람에 지워져 마침내 모래 속에 파묻혔다.

랑케스가 먼저 벙커에서 나왔다. 그림쟁이의 전형적인 버릇대로 바지 무릎에 두 손을 문지른 다음 햇빛을 받으며 벌러덩 누워, 나한테 담배를 한 대 달래서 셔츠 호주머니에 집어넣더니 이미 식어 버린 생선을 다시 뜯으러 달라붙었다. "정말 배가 고파." 그는 슬며시 변명을 하고는 내 몫이었던 꼬리 쪽을 빼앗았다.

"그녀는 지금쯤 분명히 불행해졌겠군." 나는 랑케스를 비난하면서 불행이라는 말의 맛을 즐겼다.

"왜? 그녀가 불행해질 이유는 하나도 없어."

랑케스는 그의 교제 방법이 때로는 사람을 불행하게 만든다는 생각을 전혀 하지 못하는 듯했다.

"도대체 그녀는 지금 뭘 하고 있나?" 이렇게 내가 물었는데, 실은 좀더 다른 것을 물을 생각이었다.

"바느질을 해." 랑케스는 포크를 든 채로 대답했다. "수도복이 약간 찢어져서 고치고 있어."

침모가 벙커에서 나왔다. 나오자마자 곧 다시 우산을 펴고 가볍게 중얼거렸는데, 그러면서도—내 귀로 듣기에는—조금 긴장한 듯했다. "정말로 아름답군요, 이 벙커에서 보니까. 해변이 다 보이고 바다도 잘 보여요."

우리의 생선 잔해 앞에 그녀는 멈추어 섰다.

"괜찮을까요?"

우리 두 사람이 동시에 머리를 끄덕였다.

"바닷바람을 마시면 배가 고파지니까요." 내가 그녀를 부추기자 이번에는 그녀가 머리를 끄덕였다. 그리고 수녀원 일의 고통스러움을 암시하는 빨갛게 튼 두 손으로 우리의 생선을 뜯어 입으로 가져가서, 진지하게 긴장한 채 생각하면서 먹었다. 마치 생선을 먹기 전에 맛본 것을 생선과 함께 다시 한번 씹고 있는 것처럼.

나는 그녀의 두건 밑을 들여다보았다. 그녀는 깜빡하고 녹색 차양을 벙커 안에다 두고 나온 것이다. 같은 크기의 작은 땀방울이 그녀의 매끄러운 이마 위에 송글송글 맺혀 있었다. 하얀 풀을 먹인 끝단을 댄 탓에 성모와 같은 인상을 주는 이마이다. 그러나 랑케스는 그런 것에는 관심 없이 담배를 또 한 대 청했다. 조금 전의 것도 아직 피우지 않은 주제에. 나는 갑째로 던져 주었다. 그러자 그는 세 개비를 셔츠 호주머니에 집어넣고 네 개비째를 입술 사이에 물었다. 그러고 있는 동안에 아그네타 수녀는 빙그르 돌아서서 우산을 팽개치고—이때 처음 알았는데 그녀는 맨발이었다—모래언덕을 달려 올라가 물결이 치는 곳으로 사라져 갔다.

"내버려 둬." 랑케스가 신탁을 내리셨다. "돌아오고 싶으면 돌아오겠지."

나는 잠시 잠자코 있으면서 화가가 담배 피우는 모습을 쳐다보았다. 그러다가 점점 초조해져서 벙커 위로 올라가 밀어닥치는 파도에 밀려 뒤로 밀려 나는 해안을 바라보았다.

"어때?" 랑케스가 알고 싶어했다.

"그녀가 옷을 벗고 있어." 그는 내게서 더 이상의 보고는 들을 수가 없었다. "아마도 더워서 미역을 감을 생각이겠지."

나는 밀물 때인 데다가 식사 직후여서 위험하다고 생각했다. 그녀는 이미 무릎까지 잠겨 있었고, 둥그런 등을 보이며 점점 몸을 가라앉혔다. 8월 말이라 틀림없이 물은 그렇게 뜨뜻하지 않을 터인데도 그녀는 떨지 않았다. 그녀는 헤엄을 쳤다. 헤엄을 썩 잘 쳤다. 여러 가지 형으로 연습하고, 물속에 잠겨 파도를 헤쳤다.

"헤엄치게 놔두고 그만 벙커에서 내려오지 그래!" 뒤돌아보니 랑케스는 길게 누워서 뻐끔뻐끔 담배를 피우고 있었다. 대구의 앙상한 뼈가 햇빛을 받아 하얗게 반짝이며 테이블 위를 다스리고 있었다.

내가 콘크리트에서 뛰어내렸을 때 랑케스는 화가의 눈을 뜨고 말했다. "이건 재미있는 그림이 되겠어. 밀물에 떠오른 수녀들. 아니면 밀물 때의 수녀들."

"어처구니없는 사나이군!" 나는 소리 질렀다. "그녀가 물에 빠지면 어쩔 건가?"

랑케스는 눈을 감았다. "그때는 그림 제목이 물에 빠진 수녀들이 되지."

"그렇다면 그녀가 돌아와 자네 발밑에 쓰러지면?"

눈을 뜬 채 화가는 판단을 내렸다. "그렇게 되면, 그녀와 그 그림을 쓰러진 수녀라고 부르면 되겠지."

그에게는 모든 일이 저것이냐 이것이냐였다. 머리냐 꼬리냐, 물에 빠지느냐 쓰러지느냐였다. 그는 내게서 담배를 빼앗고, 중위를 모래언덕 저쪽에 던졌으며, 내 생선을 먹고, 본디 천국의 사람이어야 할 아이에게 우리 벙커 안을 보였으며, 그녀가 바다로 헤엄쳐 나가고 있는 동안에 뼈가 툭툭 불거진 큼직한 발로 공중에 그림을 그려, 금방 화면의 형태를 정해서 제목까지 붙였다. 밀물에 떠오른 수녀들. 밀물 때의 수녀들. 물에 빠진 수녀. 쓰러진 수녀. 2만 5천의 수녀들. 가로형 화면은 트라팔가르 언덕의 수녀들. 세로형 수녀들, 넬슨 경을 무찌르다. 앞바람을 안고 있는 수녀들. 순풍을 타는 수녀들. 바람을 안고 지그재그로 나아가는 수녀들. 검은 물감을 흠뻑 사용하고, 얼음을 배경으로 칙칙한 흰 물감과 푸른 물감을 둔 그림은 침공 또는 신비롭고 야만적인 권태—옛 전쟁 때 그의 콘크리트 예술의 주제이다. 이러한 세로형과 가로형의 그림은 모조리 우리가 라인란트에 돌아온 뒤 화가 랑케스가 그린 것들이다. 수녀 시리즈를 완성해서, 수녀화에 열심인 미술품 상인을 찾아내 43점의 수녀화를 전시하여 17점을 수집가와 사업가와 미술관과 미국인에게까지 팔았고, 비평가에게 랑케스를 피카소와 비교할 기회를 주었다. 그 성공은 무언중에 나를 설득해서 콘서트 매니저 되슈 박사의 명함을 찾아낼 마음을 갖게 했다. 왜냐하면 그의 예술뿐만 아니라 나의 예술 또한 빵을 열망하고 있었기 때문이다. 전쟁 전과 전쟁 동안 세 살짜리 양철북 고수 오스카가 겪은 수많은 체험을, 전쟁이 끝난 지금 양철북에 의해서 땡그랑 소리가 나는 순금으로 바꿀 필요가 있었던 것이다.

넷째손가락

"이봐요." 차이들러가 말했다. "당신들 이제 일할 생각 없어요?" 클레프와 오스카가 클레프의 방이나 오스카의 방에 모여서 빈둥거리고 있었기 때문에 차이들러는 화를 낸 것이다. 슈무의 장례 때 되슈 박사가 남부 묘지에서 계약금 조로 준 돈을 죄다 털어서 두 사람의 10월분 방세는 겨우 냈지만, 11월은 재정적인 면에서도 음울한 11월이 될 성싶었다.

그렇지만 일자리는 얼마든지 있었다. 여기저기 댄스홀이나 나이트클럽에서, 우리가 하려고만 했으면 재즈를 연주할 수 있었을 것이다. 그러나 오스카는 이제 재즈는 연주하고 싶지 않았다. 클레프와 나는 서로를 미워했다. 나는 양철북 치는 방법을 바꾸었다. 그의 설명을 빌린다면, 새로운 이 연주법은 재즈와는 전혀 관계가 없다. 나는 별로 반박하지 않았다. 그러자 그는 나를 재즈 음악의 이념에 대한 배신자라고 불렀다.

클레프는 11월 초에 새로운 드럼 주자를 찾아냈다. '일각수'의 보비니까 실력은 확실했다. 그와 짝을 짓자 구시가의 가게와 계약도 맺게 되었고, 그 뒤로 우리는 다시 친구처럼 서로 이야기를 나누게 되었다. 하긴 클레프는 이 무렵부터 이미 독일 공산당에 빠져 깊이 생각하기 시작했지만—아니, 말로 떠벌리기 시작했다고 말하는 편이 옳을 것이다.

내 앞에 열려 있는 것은 이제 되슈 박사의 콘서트 중개소 문뿐이었다. 마리아한테는 돌아갈 수도 없었거니와 돌아갈 마음도 없었다. 그녀의 숭배자 슈텐첼이 아내와 이혼하고 마리아를 마리아 슈텐첼로 만들려 하고 있었기 때문에 더욱 그랬다. 나는 이따금 비트 거리의 코르네프 작업장에서 묘비명을 새기기도 했고, 때로는 미술대학에 가서 열정적인 예술 사도들의 손으로 시커멓게 추상화되기도 했으며, 정말 가끔 아무런 딴 마음 없이 뮤즈 울라를 찾아가기도 했다. 그녀는 우리가 대서양 연안 여행에서 돌아온 직후에 화가 랑케스와의 약혼을 취소해야만 했다. 왜냐하면 랑케스는 이제 값비싼 수녀 화만을 그리는 데다가, 뮤즈 울라를 때리는 일조차 그만두었기 때문이다.

그러나 되슈 박사의 명함은 주제넘게도 욕조 옆 내 테이블 위에 조용히 자리잡고 있었다. 나는 되슈 박사와 관계를 맺고 싶지 않았기 때문에 어느 날 그 명함을 찢어 버렸는데, 정말 놀랍게도 나는 그 콘서트 중개소의 전화번호뿐만이 아니라 정확한 주소까지도 시를 암송하듯 욀 수 있다는 사실을 확인해야만 했다. 사흘 동안 전화번호가 자꾸 머릿속에 떠오르는 바람에 귀찮아서 잠을 잘 수가 없었다. 그래서 나흘째에 전화부스로 가서 번호판을 돌려 되슈를 수화기 앞으로 불러냈다. 그는 내 전화를 초조하게 기다리고 있었던 것 같은 말투로, 그날 오후에 가게로 와달라고 부탁했다. 나를 지배인에게 소개하고 싶다, 지배인이 마체라트 씨를 기다리고 있다는 것이다.

콘서트 중개소 '베스트(鲁)'는 신축 빌딩 9층에 있었다. 나는 승강기에 타기 전에 스스로에게 물어 보았다. 이 중개소의 이름 뒤에 불길한 정치성이 숨어 있는 건 아닌가 하고. 콘서트 중개소 '베스트'가 있으면 이와 같이 생긴 빌딩에 반드시 중개소 '오스트(鲁)'도 있음에 틀림없다. 여간 좋은 이름을 고른 게 아니다. 왜냐하면 나도 곧 중개소 '베스트'에 우선권을 주었으며, 9층에서 승강기를 내렸을 때도 자신이 지금 올바른 중개소를 찾아가는 길이라는 기쁨을 느꼈을 정도니까. 쫙 깔려 있는 융단, 많은 놋쇠, 간접조명, 방마다 돼 있는 방음장치, 조화가 이루어진 칸막이. 다리가 긴 여비서들이 옷 스치는 소리를 내면서 지배인의 담배 냄새를 풍기며 내 앞을 지나갔다. 나는 자칫 중개소 '베스트'의 사무실에서 달음질쳐 나올 뻔했다.

되슈 박사는 팔을 벌려 나를 맞이했다. 그러나 정말로 끌어안진 않았기 때문에 오스카는 안심했다. 녹색 스웨터를 입은 처녀가 치고 있던 타자기는 내가 방에 들어선 순간 침묵을 지키다가, 곧 나 때문에 뒤진 부분을 회복했다. 되슈는 나를 지배인에게 안내했다. 오스카는 붉은 안락의자의 왼쪽 앞 6분의 1쯤 되는 자리를 차지했다. 쌍여닫이가 열리고, 타자기가 다시 숨을 죽였다. 나는 빨려 들어가듯 쿠션에서 몸을 뗐다. 문들이 내 뒤에서 닫혔다. 융단은 밝은 홀을 지나서 죽 깔려 있었다. 그 융단이 나를 데리고 가서는 마침내 철제 가구가 있는 곳에 닿았다. 그 가구는 지금 오스카가 지배인의 책상 앞에 서 있음을 가르쳐 주었다. 꽤 묵직해 보이는 책상이었다. 나는 푸른 눈을 들어 끝없이 텅 빈 떡갈나무 책상 표면 건너편에서 지배인의 모습을 찾았다. 그리고 치과의사의 의자처럼 위아래로 높이가 조절되고 왼쪽 오른쪽으로 돌아가는 자유로운 휠체어에서, 지금은 눈과 손가락으로 살고 있는 내 친구이며 스승인 불구자 베브라의 모습을 발견했다.

그렇다, 그의 목소리도 여전히 그대로였다! 그 목소리가 베브라의 입을 통해서 말했다. "또 만나게 됐군, 마체라트 씨. 몇 해 전 당신이 세 살짜리

아이로서 이 세계를 마주 보려 했을 때 내가 말하지 않았던가? 우리 같은 자들은 단결해야만 한다고 말이야. 그렇지만 유감스러워. 당신은 몸을 심하게 바꿔 버렸군. 완전히 소용없게 되지 않았나. 그 무렵에는 분명히 꼭 94센티미터였지?"

나는 고개를 끄덕였다. 거의 울음을 터뜨릴 뻔했다. 스승의 휠체어는 전기 모터로 움직이기 때문에 언제나 같은 울림 소리를 내고 있었는데, 그 뒷벽에 방을 장식하는 유일한 그림으로 바로크식 액자에 둘러싸인 위대한 라구나, 나의 로스비타의 반신상이 실물 크기로 걸려 있었다. 내 눈길을 더듬지 않고도 목표를 알아차린 베브라는 거의 입을 움직이지 않고 말했다. "아아, 그래. 착한 로스비타야! 그녀에게 새로운 오스카가 마음에 들까? 아마도 아닐 거야. 그녀가 관심을 가졌던 사람은 다른 오스카니까. 볼살이 토실토실한 세 살짜리 아이이자 사랑에 열 올리는 오스카 말이야. 그녀는 그를 사랑했었지. 이건 그녀가 나한테 고백, 아니 선언한 사실이야. 그러나 그는 어느 날 그녀에게 커피를 가져다주려고 하질 않았어. 그래서 그녀는 직접 커피를 가지러 가서, 그 때문에 목숨을 잃은 거야. 내가 알고 있는 바로도, 볼살이 찐 오스카가 저지른 살인은 이거 하나만이 아니야. 자기의 불쌍한 어머니를 북으로 묘혈 속에 인도한 것도 자네가 아니었던가?"

나는 수긍을 했다. 그리고 다행스럽게도 울 수가 있었고, 눈물이 괸 눈을 로스비타에게 고정하고 있었다. 이때 베브라는 재빨리 다음 타격을 가하려고 태세를 취했다. "그리고 세 살짜리 오스카가 추정상의 아버지라고 부르기를 좋아한 우체국 직원 얀 브론스키의 경우는 어떠했던가? ─오스카는 그를 저들 권력의 개한테 맡겨서 그의 가슴에 총을 쏘게 했어. 모습을 바꾸고 등장하신 오스카 마체라트 씨, 당신은 그 세 살짜리 양철북 고수의 두 번째 추정상의 아버지인 식료품상 마체라트가 어떻게 되었는지 내게 가르쳐 줄 수 있나?"

그때 나는 이 살인도 자백했고 그로써 마체라트의 손에서 내 몸을 해방시켰음을 인정했다. 내 손이 야기한 그의 질식해 죽는 모습을 묘사했으며, 더 이상 비겁하게 그 러시아 병사의 자동 권총 그늘에 숨지 않고 솔직하게 말했다. "베브라 선생님, 접니다. 해치운 것은 접니다. 그 죽음을 야기한 사람은 접니다. 그 죽음에서도 또한 저는 결백하지 않습니다─가엾이 여기소서!"

베브라는 웃었다. 무엇이 우스웠는지 모른다. 그의 휠체어가 떨리고, 얼굴 전체에 가득한 잔주름 위에 덮여 있는 난쟁이의 백발이 바람에 흩날렸다.

나는 다시 한 번 간절히 연민을 빌었다. 그 효과를 익히 알고 있는 내 목소리에 일부러 감미로움을 섞고는, 역시 의식적으로 내 아름다운 두 손으로 얼굴을 감싸고 말했다. "가엾이 여기소서, 베브라 선생님! 가엾이 여기소서!"

그러자 내 재판관이 되어 그 역을 훌륭하게 연기하고 있던 그는, 무릎과 두 손 사이에 가지고 있던 상아색 배전반의 단추를 눌렀다.

내 뒤의 융단이 녹색 스웨터를 입은 아가씨를 데리고 왔다. 그녀는 서류철을 가지고 있었는데, 그것을 떡갈나무 책상 위에 펴놓았다. 복잡한 철제 파이프 다리가 붙은 책상은 높이가 나의 쇄골 높이쯤 되었으므로, 나는 스웨터를 입은 아가씨가 무엇을 펼쳤는지 확인할 수가 없었다. 그녀는 내게 만년필을 건네 주었다. 베브라의 연민을 서명으로 사들일 필요가 있었던 것이다.

그러나 나는 휠체어를 향해서 굳이 질문했다. 매니큐어를 칠한 손톱이 지시하는 곳에 무턱대고 서명한다는 것은 나로서는 할 수가 없는 일이었다.

"그건 노동 계약이야." 베브라가 대답했다. "당신의 풀 네임이 필요해. 오스카 마체라트라고 적으십시오. 우리의 계약 상대가 누구인지 분명해져야 하니까."

내가 서명한 직후에 전기모터의 울림 소리는 5배로 커졌다. 내가 만년필에서 눈길을 들고 보니, 쾌속의 휠체어가 점점 작게 접혀서 조각 나무로 세공한 마루를 넘어 옆문으로 사라지는 모습이 보였다.

그런데 많은 사람은 내가 서명한 두 통의 계약서가 내 혼을 매수했던가 아니면 오스카에게 무서운 범죄 행위의 의무를 짊어지웠다고 생각할지도 모른다. 그러나 그것은 쓸데없는 걱정이다. 나는 되슈 박사의 도움을 받아 대기실에서 이 계약서를 검토해 보았는데, 오스카는 혼자서 북을 들고 청중 앞에 서기만 하면 임무가 끝난다는 사실을 곧바로 쉽게 알아낼 수 있었다. 나는 세 살짜리였을 때 했고, 얼마 전 슈무의 양파 술집에서 다시 한 번 했던 것처럼 북을 쳐야만 했다. 콘서트 중개소 측에서 짊어지는 의무는 내 연주 여행 준비를 하고, '고수 오스카'가 양철북을 가지고 등장하기 전에 먼저 선전의 북을 치는 일이었다.

선전이 이루어지는 동안 나는 콘서트 중개소 '베스트'에서 받은 두 번째 선급금으로 생활했다. 때때로 나는 빌딩을 방문하여 신문기자들과 인터뷰를 하기도 하고 사진을 찍기도 했다. 한번은 빌딩에서 길을 잃은 적이 있었는데, 그 빌딩은 어느 곳이나 같은 냄새가 나고 같은 광경이어서, 마치 무한히 늘어나면서 모든 것을 격리하는 콘돔으로 덮여 있기라도 한 듯이 외설한 감촉이 느껴졌다. 되슈 박사와 스웨터를 입은 아가씨는 나를 친절하게 대해 주었으나, 베브라 스승만은 그 후 한 번도 만날 수가 없었다.

사실 나는 첫 번째 연주 여행을 떠나기 전에도 좀더 좋은 거처를 빌릴 만한 여유가 있었다. 그러나 클레프 때문에 차이들러의 집에 참고 머물러 있었다. 내가 매니저들과 접촉하는 것을 오해하고 못마땅해하는 내 친구를 달래 보려고 했지만 결국 타협하지 못했다. 그래서 그와 함께 구시가에 가는 일도 없어졌고, 맥주도 마시지 않았으며, 양파가 딸린 신선한 선지 소시지도 먹지 않았다. 이젠 앞으로의 철도 여행을 연습할 셈으로 정거장의 비싼 식당에서 식사를 하게 되었다.

오스카는 여기서 자기의 성공을 장황하게 늘어놓는 것은 적절하지 않다고 생각한다. 순회공연이 시작되기 일주일 전에 그 부끄러운 효과를 나타내는 광고지가 처음으로 나타났다. 그것은 나의 성공을 준비하여 나의 등장을 마법사, 기도사, 구세주의 등장으로서 광고한 것이었다. 먼저 나는 루르 지방의 도시들을 방문해야 했다. 내가 출연한 홀은 1천500명에서 2천 명이 넘는 청중을 수용했다. 무대 위 검은 벨벳 벽 앞에 나는 혼자서 웅크리고 있었다. 스포트라이트가 내게 쏟아졌다. 나는 턱시도를 입고 있었다. 나는 북을 쳤다. 그러나 젊은 재즈 팬들은 내 편이 아니었다. 45세 이상의 어른들이 내 연주에 귀를 기울이고 내 편이 되어 주었다. 좀더 정확하게 말한다면, 45세에서 55세까지의 사람들이 내 청중의 4분의 1쯤을 차지했다고 말할 수 있다. 그들은 내 편 중에서는 젊은 층이었다. 다음 4분의 1은 55세에서 60세까지의 사람들이었다. 남녀 노인들이 내 청중의 약 절반을 차지했는데, 이들이야말로 정말로 고마운 지지자들이었다. 고령자들에게 내가 말을 걸면 그들은 내게 대답했다. 내가 세 살짜리의 북에게 말을 시키면, 그들도 입을 다물고 있지는 않았다. 오스카가 그들에게 놀라운 라스푸틴의 놀라운 생활 가운데 어떤 이야기를 연주해 주면 그들은 기뻐하면서 환성을 올렸다. 물론 노인의 말로써가 아니라 천진한 세 살짜리의 돌지 않는 혀로 "라슈, 라슈, 라슈!"라고 하는 것이었다. 그러나 청중 대부분에게 라스푸틴은 얼마간 몹시 귀찮았으리라. 내가 라스푸틴의 경우보다 더 많은 결실을 얻은 것은 특별한 줄거리 없이 다만 상태를 묘사할 뿐인 주제에 의해서였다. 이들 상태에 대해서 나는 다음과 같은 제목을 붙였다. 최초의 젖니―악성 백일해―기다란 울 양말을 할퀴다―불나는 꿈을 꾸고 잠자리를 적시다.

이것은 노인들의 마음에 들었다. 그들은 완전히 공감해 버렸다. 그들은 아팠다, 젖니가 났기 때문에. 2천 명의 고령자들이 악성 기침을 했다, 내가 백일해를 폭발시켰기 때문에. 그들은 필사적으로 다리를 긁었다, 내가 그들에게 긴 울 양말을 신겼기 때문에. 수많은 노부인과 노신사가 속옷과 좌석을 적셨다, 내가 아이들에게 큰 화재가 나는 꿈을 보여 줬기 때문에. 부페르탈에서였는지 보훔에서였는지 아니면 레클링하우젠에서였는지 잘 기억나지 않지만, 나는 나이 많은 갱부들 앞에서 연주를 했다. 광업회사 측에서 이 공연을 후원해 준 것이다. 이때 나는 속으로 생각했다. 이 늙은 갱부들은 오랫동안 검은 석탄과 접촉했으므로 사소한 검은 놀라움에는 지지 않을 거라고. 그리하여 오스카는 '검은 마녀'를 연주했다. 그러자 가스 폭발이며 갱내 매몰 사고며 파업이며 실직 같은 것을 이미 많이 경험했을 1천500명의 갱부들이, 사악한 '검은 마녀'로 인하여 놀랍게도 일제히 무서운 비명을 질렀다. 그래서 이 식장의 두꺼운 커튼 뒤에 있던 많은 유리창들이 이 비명에 희생되었다― 그래서 내가 이 이야기를 꺼낸 것이지만. 이렇게 우회적인 방법을 거쳐 나는 다시 내 유리 파괴의 소리를 찾아냈지만, 그것을 함부로 사용하지는 않았다. 왜냐하면 나는 모처럼의 사업을 헛일로 만들고 싶지 않았기 때문이다.

사실 내 연주 여행은 훌륭한 사업이었다. 나는 돌아와서 되슈 박사와 대차(貸借) 청산을 해 보았다. 그리고 내 양철북이 금광과 똑같은 것임을 알았다.

나는 베브라 스승에 대해서 특별히 물어 보지도 않았다. 나는 그와 다시 만나리란 기대를 이미 단념하고 있었다. 그런데도 되슈 박사는 내게 알렸다. 베브라가 나를 만나고 싶어한다고.

스승을 두 번째 방문했을 때는 맨 처음 방문 때와는 조금 상태가 달랐다. 오스카는 이번에 철제 가구 앞에 설 필요가 없었다. 그의 치수에 맞춰 만들어 전기장치로 자유롭게 조종할 수 있는 휠체어가 스승의 의자와 마주 보고 놓여 있음을 발견했다. 우리는 오랫동안 걸터앉아서 입을 다문 채, 오스카의 북 예술에 대한 언론의 보도에 귀를 기울였다. 되슈 박사가 테이프에 담아온 것을 우리 앞에서 틀어준 것이다. 베브라는 만족한 눈치였다. 나한테 언론인들의 평판은 오히려 귀찮은 일이었다. 그들은 나를 숭배하고 내 북이 치료 효과가 있다고 찬양했으며, 그중에서도 기억력 감퇴에 특효가 있다고 했다. '오스카니즘'이라는 말이 처음으로 등장하고, 마침내 유행어가 될 운명에 놓였다.

그 뒤 스웨터를 입은 아가씨가 내게 차를 내주었다. 스승의 혓바닥 위에 그녀는 작은 알약 두 개를 올려놓았다. 우리는 이야기를 나누었다. 그는 이제 나를 비난하지 않았다. 여러 해 전에 우리가 카페 사계에서 이야기했을 때와 같은 분위기였다. 다만 로스비타 부인이 없었다. 베브라 스승은 내가 오스카의 과거를 약간 장황하게 서술하는 동안에 잠들어 버렸다. 그래서 나는 처음 15분 동안 내 전기 휠체어를 가지고 장난을 했다. 윙윙 소리를 내면서 조각 나무 세공을 한 마루 위를 달려 돌아다니기도 하고 좌우로 회전해 보기도 하며, 높이 올리기도 하고 낮게 움츠려 보기도 했다. 그리고 죄 없는 장난을 얼마든지 생각해 낼 수 있을 듯한 이 만능 가구와 헤어지기가 무척 힘들었다.

내 두 번째 순회 공연은 마침 강림절 시기였다. 나는 강림절에 맞추어 프로그램을 짜서 가톨릭과 개신교 신문으로부터 일제히 칭찬을 받았다. 왜냐하면 나는 돌처럼 단단하게 굳어진 늙은 죄수들을, 가냘프고 감동적으로 강림절 노래를 부르는 젖먹이로 만드는 데 성공했기 때문이다. "예수님 당신을 위해서 나는 살고, 예수님 당신을 위해서 나는 죽는다"고, 2천500명의 인간들이 노래했다. 이와 같이 순수한 신앙심을 가졌으리라고는 좀처럼 믿기 어려운 늙은 인간들이.

세 번째 순회 공연은 카니발 시기와 겹쳤기 때문에, 이 또한 그것에 따른 프로그램으로 연주했다. 이른바 어린이 카니발 중 그 무엇도 내 공연에서처럼 즐겁고 마음 편하게 거행된 일은 없었을 것이다. 내 곁에 모여든 손이 떨리는 노파들은 모두 우스꽝스러울 만큼 소박한 도둑의 신부들로 탈바꿈했으며, 다리가 떨리는 노인들은 모두 마구 쏘아대는 도둑 대장으로 탈바꿈했다.

카니발 이후 나는 레코드 회사와의 계약서에 서명했다. 녹음은 방음장치가 되어 있는 스튜디오에서 행해졌는데, 처음에는 살풍경한 분위기 때문에 아무리 해도 잘 되지를 않았다. 생각 끝에 양로원이나 공원 벤치 같은 곳에서 볼 수 있는 노인들의 대형 사진을 스튜디오 벽에 잔뜩 걸도록 하여, 비로소 많은 사람의 따뜻한 입김 가운데서 공연할 때와 똑같이 효과적으로 연주할 수가 있었다.

그 레코드들은 날개 돋친 듯이 팔려나갔다. 오스카는 부자가 되었다. 그래서 나는 차이들러의 집 욕실을 개조한 초라한 방에서 이사를 했던가? 그러지 않았다. 무엇 때문인가? 친구 클레프 때문에, 그리고 이전에 도로테아 간호사가 호흡하던 우윳빛 유리 달린 빈방 때문에 나는 이사할 마음이 들지 않았다. 그러면 오스카는 그 많은 돈을 어디에 썼는가? 그는 마리아에게, 그의 마리아에게 하나의 제안을 했다.

나는 마리아에게 말했다. 만일 당신이 슈텐첼과 인연을 끊고, 그와 결혼하지 않을 뿐 아니라 그를 완전히 쫓아낸다면, 나는 당신을 위해서 번창하고 있는 최신식 식료품 가게를 사주겠다, 친애하는 마리아, 당신은 틀림없이 장사를 하기 위해서 태어난 것이지 근본도 없는 놈인 슈텐첼 씨를 위해서 태어난 것은 아닐 거라고.

마리아를 보는 나의 눈에 착오는 없었다. 그녀는 슈텐첼과 헤어져 내 재력으로 프리드리히 거리에 일급 식료품 가게를 세웠다. 그리고—마리아가 어제 기쁨과 감사의 뜻을 감추지 못하면서 나에게 보고한 바로는—일주일 전에 오버카셀에 이 상점의 지점을 열게 되었다고 한다. 문을 연 지 3년 만에 지점을 연 것이다.

일곱 번째, 아니 여덟 번째 순회공연을 마치고 돌아올 때였던가? 가장 더운 7월의 일이었다. 나는 중앙역에서 택시를 불러 곧바로 사무소가 있는 빌딩으로 달렸다. 중앙역에서도 그랬지만, 이 빌딩 앞에도 귀찮게 사인을 조르는 무리가 기다리고 있었다—손자를 돌보고 있으면 좋을 듯한 연금생활자 노인과 노파들이었다. 나는 곧바로 지배인에게 안내를 받았다. 쌍여닫이가 열려 있었다. 융단을 따라 철제 가구 앞에 도착했다. 그러나 책상 건너편에 스승은 앉아 있지 않았다. 휠체어는 나를 기다리고 있지 않았다. 그 대신 되슈 박사의 미소가 나를 기다리고 있었다.

베브라는 죽은 것이다. 몇 주 전부터 스승 베브라는 이미 이 세상 사람이 아니었다. 그의 용태가 악화되었지만 베브라의 희망에 따라 내게 알리지 않았다고 한다. 어떤 일이 있더라도, 다시 말해서 그가 죽더라도 나의 순회공연을 중단시켜서는 안 된다고 했다는 것이다. 사후에 곧 유언장을 개봉한 결과 나는 상당한 재산과 로스비타의 반신상을 상속받았다. 하지만 동시에 심한 재정상의 손실도 입었다. 이미 계약했던 남부 독일과 스위스에서의 두 차례 순회공연을 취소했기 때문에, 계약 위반으로 고소당했던 것이다.

수천 마르크의 유산은 별문제로 하고, 베브라의 죽음은 나에게 충격을 주어 그것이 언제까지나 꼬리를 물었다. 나는 양철북을 걷어치우고 거의 외출도 하지 않게 되었다. 게다가 친구인 클레프가 그 무렵 결혼을 했다. 상대는 붉은 머리의 담배 파는 처녀였다. 그가 언젠가 자기 사진을 그녀에게 주었기 때문이다. 나는 식에도 초대되지 않았는데, 결혼 직전에 그는 방을 해약하고 슈토쿰으로 이사했으므로, 오스카는 차이들러 집에 남아 있는 단 한 사람의 하숙인이 되어 버렸다.

나와 고슴도치의 관계는 조금 달라졌다. 거의 모든 신문이 내 이름을 머리기사로 인쇄하게 된 뒤부터 그는 나한테 경의를 표했고, 나에게 상당한 금액을 받고 도로테아 간호사의 빈방 열쇠를 주기까지 했다. 그러나 나중에 결국나는 그 방을 빌렸다. 다른 사람이 빌리면 곤란했기 때문이다.

이리하여 나의 비애에 일종의 코스가 생겼다. 나는 양쪽 방문을 열고, 내방 목욕통에서 출발해 복도의 야자 융단을 지나서 도로테아의 작은 방으로 들어가 그곳에서 빈 양복장 속을 응시하고, 화장대 거울에게 비웃음을 사고 이불보를 깔지 않은 묵직한 침대 앞에서 절망하고는, 복도로 탈출하여 야자 섬유가 무서워서 내 방으로 도망쳐 들어왔다. 그리고 그곳에서도 안절부절 못하는 것이었다.

마주렌에서 부동산을 잃어버린 수완 좋은 동프로이센 사람이 율리히 거리 근처에 가게를 하나 냈다. 그 이름은 간단하고 알기도 쉽게 '개 대여점'이었는데, 고독한 인간들을 고객으로 계산에 넣었던 게 틀림없다.

이 가게에서 나는 룩스를 빌렸다. 억세 보이고 약간 살이 찐 편이며 검은 빛이 나는 로트와일러였다. 이 개와 함께 나는 산책을 나갔다. 차이들러의 집에서 내 목욕통과 도로테아 간호사의 빈 양복장 사이를 왔다 갔다 하는 것보다는 그게 낫겠다 싶어서.

룩스는 가끔 나를 라인 강변으로 데려갔다. 그곳에서 그는 배를 보고 짖어 댔다. 룩스는 곧잘 나를 라트에 있는 그라펜베르크 숲으로 데리고 갔다. 그곳에서 그는 연인들을 보고 짖어댔다. 1951년 7월 말에 룩스는 나를 게레스하임으로 데려갔다. 뒤셀도르프 시의 교외이다. 그곳은 몇몇 공장과 대규모 유리 공장 때문에 어쩔 수 없이 농촌다운 목가적 풍경을 잃어 가고 있었다. 그래도 게레스하임 바로 뒤에는 채소밭들이 있고, 채소밭들 주위에는 온통 울타리 쳐진 목초지들이 있어, 호밀이라고 생각되는 보리밭이 물결치고 있었다.

이미 말했는지 모르지만, 룩스가 나를 게레스하임으로 데리고 가서 다시 게레스하임을 빠져나가 호밀밭과 채소밭 사이로 안내한 것은, 어느 무더운 날의 일이었다. 교외의 집들을 다 지나온 뒤에 비로소 나는 룩스를 줄에서 풀어 주었다. 그러나 그는 여전히 내 옆을 졸졸 따라왔다. 충실한 개였다. 특별히 충실한 개였다. 개 대여점의 개인 만큼 많은 주인에게 충성을 바쳐야만 하기 때문이리라.

다른 말로 표현하면 이 로트와일러 룩스는 내게 복종했다. 닥스훈트 따위와는 딴판이었다. 나는 이 개의 순종하는 정도가 지나치다고 생각했다. 도리어 뛰어다니는 모습을 보고 싶었다. 그래서 뛰어다니도록 을러서 쫓아보기도 했다. 하지만 그는 염치가 없다는 듯 그 근처를 어슬렁거렸을 뿐, 또다시 매끄러운 검은 목을 늘어뜨린 채 속담대로 충실한 개의 눈을 내게로 향하는 것이었다.

"저리 가, 룩스!" 나는 명령했다. "저리 가!"

룩스는 몇 번인가 이 요구에 따랐지만 금세 또 돌아왔다. 그래서 그가 밭 속으로 사라져 꽤 오랫동안이나 돌아오지 않았을 때, 나는 유쾌한 충격을 받았다. 그곳은 호밀밭이어서 바람 사이사이로 보리 이삭이 물결치고 있었다. 아니, 바람 사이사이라니—그날은 바람이 없고 뇌우라도 내릴 듯한 무더운 날이었다.

룩스가 토끼라도 쫓는 모양이라고 나는 생각했다. 아니면 그도 혼자 있으면서 개로 되돌아가고 싶다고 잠시 생각했는지도 모른다. 마치 오스카가 개와 떨어져서 잠시나마 인간으로 돌아가고 싶다고 생각한 것처럼.

나는 주위 경치에는 전혀 주의를 기울이지 않았다. 채소밭도 게레스하임도, 그 너머로 안개에 싸여 펼쳐져 있는 뒤셀도르프의 시가도 내 눈을 끌지 못했다. 본디 케이블이 감겨 있었던 굴대가 녹슬어 구르고 있었으므로 나는 거기에 걸터앉았다. 케이블 굴대지만 여기에서는 케이블 북이라고 불러야만 하리라. 왜냐하면 오스카는 이 녹슨 쇠 위에 걸터앉자마자 곧 손가락 관절로 케이블 북을 두들기기 시작했기 때문이다. 무더웠다. 내 옷은 무거워서 답답했다. 아주 가벼운 여름옷이 아니었으니까. 룩스는 어디로 갔는지 돌아오지 않았다. 이 케이블 북은 물론 내 양철북을 대신할 수 없었으나, 어쨌든 나는 천천히 과거 속으로 미끄러져 들어갔다. 그러나 도중에 자꾸 걸려버려 지난 몇 년 동안 병원 생활과 관련된 여러 가지 이미지가 몇 번이나 몇 번이나 반복될 뿐이고 그 이상 진전이 없었기 때문에, 나는 말라서 시든 막대기 두 개를 주위 자신에게 일렀다. 잠깐 기다려라, 오스카. 네가 어떤 사람이고 어떤 내력을 지녔는지 이제부터 더듬어 보자. 그러자 재빠르게 그것이 빛을 냈다, 내가 태어났을 때 있었던 60와트 전구 두 개가. 나방이 그것들 사이를 어지럽게 날고, 먼 곳에서 폭풍우가 무거운 가구를 흔들었다. 마체라트의 말소리가 들렸으며, 곧 어머니의 소리가 들렸다. 그는 내게 가게를 물려줄 약속을 하고, 어머니는 내게 장난감을 줄 약속을 했다. 세 살이 되면 내게 양철북을 주겠다는 것이다. 그래서 오스카는 되도록이면 빨리 세 살이 되려고 했다. 나는 먹고 마시고 배설하고 체중을 불렸다. 몸무게를 달게 하고, 기저귀를 채우게 하며, 몸을 씻기게 하고, 솔질을 해 주게 하며, 파우더를 바르게 하고, 종두를 놓게 하며, 칭찬을 해 주게 하고, 이름을 부르게 하며, 희망에 따라서 방긋방긋 웃고, 환성을 올리며, 시간이 되면 잠을 자고, 정각에 눈을 뜨며, 어른들이 천사의 얼굴이라고 이름지은 그 표정을 짓고 잠을 잤다. 때로는 설사를 하고, 가끔 감기에 걸리고, 백일해에 걸리고, 그것이 얼마 동안 계속되다가 겨우 나았을 무렵에는, 나는 백일해의 어려운 리듬을 터득하여 그것을 영원히 손목에 보존할 수가 있었다. 그 증거로서 아시다시피 '백일해'라는 곡이 내 연주 목록에 포함되어 있었다. 그래서 오스카가 2천 명의 인간 앞에서 백일해를 북으로 연주하자, 2천 명의 어린아이로 돌아간 노인들이 기침을 한 것이다.

룩스가 내 앞에서 킁킁거리면서 내 무릎에 몸을 비벼댔다. 이 개를 나는 내 고독이 시키는 대로 개 대여점에서 빌려왔다! 그는 지금 네 발로 서서 꼬리를 흔들고, 매우 개답게 개의 시선으로 쳐다보며, 침을 흘리고 있는 코끝에는 무엇을 물고 있었다. 나뭇조각이나 돌멩이나, 하여간에 개에게는 흥미로운 것이리라.

천천히 내 마음속에서부터 그 귀중한 나의 유년기가 미끄러져 사라져 갔다. 젖니가 나는 증거인 구강의 통증이 점차 누그러졌다. 피곤해서 나는 등을 기댔다. 지금은 성인이 된 꼽추 사나이인 나. 두껍게 입는 것을 조금 싫어하기는 하나, 어떻든 단정한 복장을 하고 손목시계를 차고, 신분증과 지폐한 다발을 지갑에 준비하고 있는 나다. 그런 나는 이미 담배를 입에 물고 성냥으로 불을 붙이며, 내 입안에서 분명한 어린 시절의 미각을 쫓아내는 일을 담배에 맡겼다.

그리고 룩스는? 룩스는 내게 몸을 비벼댔다. 나는 그를 밀어젖히고는 그에게 담배 연기를 뿜었다. 그것은 그가 싫어하는 짓이었다. 그런데도 그는 그대로 거기에 있으면서 내게 몸을 비벼댔다. 그의 눈길이 나를 핥았다. 나는 가까이 있는 전신주 사이의 전선에서 제비의 모습을 찾아내어 그 치근치근한 개를 쫓아버릴 수단으로 사용하려고 생각했다. 그러나 제비는 한 마리도 없었다. 그리고 룩스를 쫓아버릴 수는 없었다. 그의 코끝은 내 바지의 두 다리 사이에 있는 그곳을 정말로 정확하게 찔렀다. 동프로이센에서 온 그 개 대여점 주인이 이렇게 길들였는지도 모른다.

내 구두 뒷굽이 그를 두 번 걷어찼다. 그는 순간 펄쩍 물러서서 네 다리를 떨면서 멈춰 서 있었는데, 하지만 여전히 완고하게 나뭇조각인지 돌멩이인지를 물고 있는 코끝을 내게 내밀었다. 마치 그가 물고 있는 것이 나뭇조각이나 돌멩이가 아니라 내 지갑이나 손목시계라도 되는 것 같은 시늉이었다. 그러나 내 지갑은 윗옷 호주머니에 분명히 들어 있었으며, 내 손목시계는 내 손목에서 확실히 시간을 새기고 있었다.

그렇다면 도대체 그는 무엇을 물고 있었는가? 무엇인데 그토록 열심히 보이고 싶어했는가?

이미 나는 그의 따뜻한 이빨 사이에 손을 뻗어 그 물건을 바로 손에 넣었다. 그리고 내가 손에 들고 있는 것이 무엇인가를 알아차렸다. 하지만 나는 룩스가 호밀밭에서 찾아온 이 습득물을 표현할 말을 찾고 있는 듯한 시늉을 했다.

인간 육체의 여러 부분 중에는 잘라내어 중심부에서 제거하는 편이 훨씬 간편하고 또 정확하게 관찰할 수 있는 것이 있다. 그것은 손가락이었다. 여자 손가락. 넷째손가락. 여자의 넷째손가락, 고상한 반지를 낀 여자 손가락이었다. 손바닥뼈와 넷째손가락 첫째 마디 사이, 반지의 약 2센티미터 밑에서 그 손가락은 절단되어 있었다. 청결해서 확실하게 알 수 있는 부분에는 손가락의 폄근이 붙어 있었다.

그것은 금방이라도 움직일 듯한 아름다운 손가락이었다. 반지의 보석은 여섯 개의 금 갈고리로 고정돼 있었는데, 나는 이 돌을 그 자리에서 에메랄드라고 이름 붙였다. 그리고 이것은 나중에 사실로 밝혀졌다. 반지 그 자체는 어떤 부분이 아주 얇아져서 부스러질 정도로 낡아 있었다. 그래서 나는 이 반지를 선조 대대로 내려온 가보라고 생각했다. 손톱 밑에는 때라기보다는 흙이 반원형을 이루고 있었다. 아마도 이 손가락이 땅바닥을 할퀴거나 파헤쳤기 때문에 이렇게 되었을 것이다. 그러나 그 점을 제외하면 손톱이 뿌리 박고 있는 부분과 손톱면은 손질이 잘 되었다는 인상을 주었다. 이 기회에 말하면, 내가 개의 체온이 통하고 있는 코끝에서 이 손가락을 받았을 때 그 것은 차가운 감촉이었다. 게다가 그 손가락 특유의 노란빛이 도는 창백한 빛깔만 보아도 아주 차가운 느낌이 들었다.

오스카는 몇 달 전부터 삼각형 머리를 내민 손수건을 신사처럼 가슴 왼쪽 주머니에 찌르고 다녔다. 이 비단 헝겊을 끄집어 내어 펼쳐서 거기에 이 넷째손가락을 옆으로 뉘었을 때, 그는 그 손가락 안쪽에 제3관절까지 선들이 나타나 있는 것을 보았다. 그러한 선들은 이 손가락의 열심과 노력의 흔적이 아닌가 생각되었으며, 또 야심적인 고집의 흔적이 아닌가 여겨지기도 했다.

나는 그 손가락을 손수건에 싼 다음 케이블 굴대에서 일어나 룩스의 목을 쓰다듬어 주고, 손수건과 거기에 싼 손가락을 오른손에 들고 출발했다. 게레스하임을 거쳐서 집에 돌아가려고 생각했다. 그리고 이 습득물의 이용 방법을 여러 가지로 계획하고 있었다. 이윽고 근처 채소밭 울타리가 있는 곳까지 왔다—그때 비틀라르가 내게 말을 걸어왔다. 사과나무의 큰 가지가 갈라진 곳에 엎드려서, 나와 그리고 습득물을 운반해 오는 개를 관찰하고 있었던 것이다.

마지막 전차 또는 보존병 숭배

첫째로 그의 목소리부터 싫었다. 건방지고 멋을 부리는 코맹맹이 소리였다. 그는 사과나무 가지가 갈라진 곳에 엎드린 채로 말했다. "여보시오! 당신은 쓸모 있는 개를 데리고 있군요!"

나는 약간 당황해서 대꾸했다. "당신은 그런 사과나무 위에서 뭐 하고 있습니까?" 그러자 그는 나뭇가지가 갈라진 곳에서 정색을 하고 그의 긴 상체를 맥없이 늘어뜨리고서 대답했다. "단순한 요리용 사과예요. 아무쪼록 두려워하지 마시길."

그때 나는 그를 비난하지 않을 수 없었다. "당신의 요리용 사과가 나랑 무슨 관계가 있습니까? 무엇을 두려워한단 말이오?"

"아니" 하고 그는 혀를 날름날름 움직였다. "당신이 나를 낙원의 뱀으로 착각하면 안 된다고 생각해서 말이오. 그 시절에도 요리용 사과는 틀림없이 있었으니까."

나는 화가 났다. "시시한 비유군!"

그는 더없이 교활한 어조로 말했다. "그럼 뭡니까, 후식용 사과가 아니면 죄가 되지 않는다고 생각합니까?"

이미 나는 걸음을 떼려 했다. 뭐니뭐니해도 이 순간에 낙원의 과실 종류에 대해서 논쟁을 펴는 것만큼 견딜 수 없는 일은 없었으리라. 그러자 그는 더욱 노골적으로 나왔다. 나뭇가지가 갈라진 곳에서 훌쩍 뛰어내려 훤칠한 몸을 건들거리며 울타리 옆에 서 있었다. "당신 개가 호밀밭에서 가지고 온 물건은 도대체 무엇이었습니까?"

웬일인지 나는 그만 대답했다. "돌멩이를 가져왔어요."

마침내 심문이 되어 버렸다. "그래서 당신은 그 돌멩이를 호주머니에 넣은 겁니까?"

"난 돌멩이를 호주머니에 넣어두는 걸 좋아합니다."

"내가 보기엔 개가 당신에게 물어다 준 것이 막대기같이 보였는데요."

"역시 돌멩이입니다. 당신이 아무리 막대기라고 해도, 나는 그렇게 생각하지 않아요."

"아무래도 역시 막대기 같은데요?"

"내 알 바 아니에요. 막대기든 돌멩이든 요리용 사과든 후식용 사과든."

"구부릴 수 있는 막대기죠?"

"개가 돌아가고 싶어하니까 가겠어요!"

"살빛 막대기죠?"

"사과 걱정이나 하시죠! —가자, 룩스!"

"반지를 낀 살빛의 구부릴 수 있는 막대기죠?"

"도대체 나더러 뭘 어쩌란 겁니까? 나는 산책을 나온 거요. 그래서 개도 빌렸고."

"오호. 나도 빌리고 싶은 게 있는데요. 어때요, 1초라도 좋으니까, 그 아름다운 반지를 내 새끼손가락에 껴보게 해 주지 않겠어요? 그러니까 당신의 막대기에서 빛나는, 막대기를 넷째손가락으로 만든 그거 말예요—비틀라르 입니다, 내 이름은. 고트프리트 폰 비틀라르. 우리 집안에서 유일하게 살아 남은 사람입니다."

이렇게 해서 나는 비틀라르와 알게 되었고, 그날로 우정을 맺고는, 오늘날 도 그를 나의 친구라고 부르고 있다. 그래서 며칠 전에—그가 나를 찾아왔을 때—그에게 말한 것이다. "응, 고트프리트. 나는 그때 잘 알지도 못하는 어떤 놈이 아니라 친구인 자네 손으로 경찰에 고발당한 것을 기쁘게 생각하네."

이 세상에 천사가 있다면 틀림없이 폰 비틀라르와 같은 모습을 하고 있으리라. 키가 크고 늘씬하며 활발하고 융통성이 많은 사나이. 게다가 무엇에나 달라붙는 온순한 처녀보다도 가로등 중에서 가장 거친 것을 껴안기를 좋아하는 사나이.

비틀라르가 있다는 사실을 바로 깨닫지 못할 때가 많다. 그는 환경에 따라 실이 되기도 하고, 허수아비가 되기도 하며, 옷걸이가 되기도 하고, 수평 상태의 나뭇가지가 되기도 했다. 그러므로 내가 케이블 북 위에 앉아서, 사과나무 위에 누워 있는 그를 발견하지 못한 것도 무리는 아니었다. 개조차도 그를 보고 짖거나 덤비지 않았다. 개라는 동물은 천사를 냄새 맡을 수도 없고, 볼 수도 없으며, 짖고 덤빌 수도 없기 때문이다.

"고트프리트, 저기, 혹시 괜찮다면" 하고, 난 그저께 그에게 부탁했다. "고소장 사본을 내게 보내 주지 않겠나. 자네가 2년 전쯤에 작성해서 나를 심문받게 한 바로 그것 말이야."

여기에 나는 그 사본을 갖고 있다. 그럼 법정에서 나한테 불리하게 진술한 그의 말에 귀를 기울여 보자.

나, 고트프리트 폰 비틀라르는 그날 사과나무 가지가 갈라진 곳에 누워 있었습니다. 그 나무는 우리 어머니의 채소밭에 있고, 매년 저장병 일곱 개에 사과 소스를 가득 채울 수 있을 만큼 많은 요리용 사과가 열리는 나무입니다. 가지가 갈라진 곳에 나는 누워 있었습니다. 옆으로 누워서 가지가 갈라진 곳의 가장 깊숙하고 약간 이끼가 낀 곳에 왼쪽 엉덩이를 올려놓고 있었습니다. 두 발은 게레스하임의 유리 공장 쪽을 향하고 있었습니다. 나는 눈길을 주고 있었습니다. 어느 쪽을 보고 있었을까요? 똑바로 앞쪽에 시선을 쏟고 있었던 것입니다. 그리고 무엇인가가 시야에 들어오기를 기대하고 있었습니다.

피고는 현재 나의 친구입니다만, 그가 이때 내 시야에 들어왔습니다. 개 한 마리가 그를 따르고 있었으며, 그의 주위를 돌면서 정말 개답게 행동하고 있었습니다. 나중에 피고로부터 들은 이야기입니다만, 이 개의 이름은 룩스이며, 로트와일러로서 로후스 교회 근처 개 대여점에서 빌려온 것이었습니다.

피고는 전쟁이 끝나갈 무렵부터 우리 어머니 알리스 폰 비틀라르의 것인 채소밭 앞, 버려진 빈 케이블 북 위에 걸터앉았습니다. 법정에서도 보다시피 피고의 체격은 작고, 또한 불구자라고도 할 수 있습니다. 그것이 나의 주목을 끌었습니다. 그보다도 더욱 기이한 느낌을 준 것은, 작고 옷차림이 훌륭한 이 신사의 거동이었습니다. 그는 마른 나뭇가지 두 개로 케이블 북의 녹슨 면을 두들겼습니다. 그러나 여기에서 고려해 주실 점은, 피고의 직업이 드럼 주자라는 사실, 실증한 바와 같이 그는 어디에 가거나 어디에 있거나 드럼 주자라는 직분을 다한다는 사실, 게다가 케이블 북, 이렇게 불리는 데도 이유가 있습니다만, 이 케이블 굴대를 보게 되면 누구든지, 설령 문외한이라도 무의식중에 북처럼 두들기고 싶어진다는 사실입니다. 이러한 점들을 염두에 두면 다음 진술은 조금도 이상하게 생각되지 않을 겁니다. 피고 오스카 마체라트는 어느 무더운 여름날, 알리스 폰 비틀라르 부인의 채소밭 앞에 있는 케이블 북 위에 자리잡고 앉아서 길이가 서로 다른 마른 버드나무 가지 두 개로 율동적으로 짜맞춘 소음을 낸 것입니다.

다시 말씀드린다면, 개 룩스는 이제 수확할 때가 된 호밀밭으로 한참 동안 모습을 감췄습니다. 시간의 길이에 대한 질문에 나는 대답할 수 없습니다. 나는 사과나무 가지가 갈라진 곳에 누우면 곧 시간의 길고 짧음에 대한 감각을 완전히 잃어버리기 때문입니다. 그래도 나는 개가 한참 동안 모습을 감추었다고 말씀드렸습니다. 이는 개가 보이지 않자 내가 섭섭해 하였다는 증거입니다. 사실 나는 그 개의 검은 털과 처진 귀가 마음에 들었습니다.

그러나 피고—이렇게 말씀드려도 상관없으리라고 생각합니다만—는 개가 없어져도 그다지 개의치 않는 듯했습니다.

개 룩스가 잘 익은 호밀밭에서 돌아온 것을 보니 무언가 입에 물고 있었습니다. 개가 무엇을 물고 있었는지 내가 알았던 건 아닙니다! 나무 막대기나 돌멩이일 거라고 생각했습니다. 설마 통조림이나 숟가락은 아닐 거라고 생각했습니다. 나는 피고가 그 증거물을 개 코끝에서 빼앗았을 때에야 비로소 그것이 무엇인지 확실히 알아차렸습니다. 하지만 개가 그 물건을 문 채로 피고의 바지 왼쪽 다리—나는 그렇게 생각합니다만—에 코끝을 비벼댄 순간부터 피고가 손을 뻗어 습득물을 붙잡은 순간까지 얼마나 길었는지는, 유감스럽게도 지금에 와서는 확실하게 말할 수 없습니다만, 아마도 몇 분쯤 지났을 것입니다.

개는 열심히 자기를 빌린 주인의 주의를 환기하려고 노력했습니다만 주인은 그러한 일에는 아랑곳없이, 마치 아이들이 하듯 단조로운 인상을 주면서도 흠잡을 데 없는 솜씨로 계속 북을 두들겼습니다. 개는 할 수 없이 무례한 수단을 써서 피고의 두 다리 사이에 젖은 코끝을 디밀었습니다. 그러자 피고는 겨우 버들가지를 내리고—나는 정확하게 기억하고 있습니다만—오른발로 개를 걷어찼습니다. 개는 몸을 반쯤 반달 모양으로 오그리고 비굴하게 떨면서 다시 가까이 가서 습득물을 문 코끝을 내밀었습니다.

피고는 일어나지 않고 앉은 채로—이번에는 왼손으로—개의 이빨과 이빨 사이에 손을 뻗었습니다. 습득물을 입에서 빼낸 룩스는 안심을 했는지 몇 미터나 걸었습니다. 그러나 피고가 앉은 채로 주운 물건을 손에 들고, 그 손을 오므렸다 펴고, 또 오므리고, 그리고 또 손을 폈을 때, 주운 물건의 일부분이 반짝 빛났습니다. 피고는 이런 식으로 그 습득물을 잘 바라본 다음, 이번에는 그것을 엄지손가락과 집게손가락으로 눈 가까이까지 수직으로 들어올렸습니다.

　그제서야 나는 마음속에서 남몰래 그 습득물을 손가락이라고 불렀습니다. 그리고 빛나는 것으로 보아서 더욱 범위를 좁혀 넷째손가락이라고 말했습니다. 그 결과 우연히, 전후에 가장 흥미로운 재판 중 하나에 이름을 붙이게 되었습니다. 요컨대 나 고트프리트 폰 비틀라르는 넷째손가락 재판의 가장 중요한 증인이라고 불리게 된 것입니다.

　피고가 침착하게 있었으므로 나도 침착하게 있었습니다. 그렇습니다, 그의 침착성이 내게도 전염된 것입니다. 피고가 가슴 호주머니에 신사처럼 꽂고 있던 손수건으로 반지 낀 손가락을 꼼꼼하게 쌌을 때, 나는 케이블 북 위의 그 인간에게 공감을 느꼈습니다. 예의바른 신사라고 나는 생각했습니다. 이러한 사람과 아는 사이가 되고 싶다고.

　그래서 나는 그가 빌린 개를 데리고 게레스하임 방향으로 떠나려고 했을 때 말을 걸었습니다. 하지만 그는 처음에는 불쾌하게 거만하다고 할 수 있는 반응을 보였습니다. 어째서 내가 사과나무 위에 있었다는 이유만으로, 피고가 나를 뱀이라는 상징으로 보려고 했는지 지금도 이해가 가지 않습니다. 더구나 그는 우리 어머니의 요리용 사과에도 혐의를 걸고, 그것들이 낙원에 있는 사과와 같은 종류임에 틀림없다고 말했습니다.

　나뭇가지 갈라진 곳에서 잠자기를 좋아한다는 사실은 정말 악마의 습관 가운데 하나인지도 모르겠습니다. 그러나 나를 재촉해서 매주 몇 번씩이나 사과나무 위 잠자리를 찾아가게 한 것은 내가 사로잡히기 쉬운 권태로움 이외에 아무것도 아니었습니다. 물론 어쩌면 권태라는 게 이미 그 자체로 악일지도 모르겠습니다. 그렇다면 피고를 뒤셀도르프 시의 교외로 내쫓은 것은, 무엇이었을까요? 그를 내쫓은 것은, 그가 나중에 나에게 고백한 바로는 고독이었습니다. 하지만 고독이라는 것도 권태로움의 다른 이름이 아닐까요? 이렇게 여러 가지로 숙고하는 까닭은 모두가 피고에 대한 것을 분명하게 하기 위해서이며, 그를 난처하게 만들고픈 생각은 전혀 없습니다. 그렇지만 내가 그에게 공감을 느끼게 되고, 그로 인해 그에게 말을 걸고, 그와 우정을 맺게 된 것은 다름 아니라 그가 악(惡)을 연주하는 방법, 악을 율동적으로 해방하는 북 연주 때문이었습니다. 나를 증인으로서, 그를 피고로서 고등법원 법정에 소환하고 있는 그 신고도 사실은 우리가 발명한 놀이입니다. 차라리 우리의 권태로움과 고독을 없애거나 키우기 위한 사소한 수단에 지나지 않습니다.

내 부탁을 듣고 피고는 조금 망설이다가, 간단하게 뺄 수 있었던 넷째손가락 반지를 내 왼쪽 새끼손가락에 끼웠습니다. 그것은 잘 어울렸으므로 나는 기뻐했습니다. 당연한 일이지만, 나는 반지를 시험해 보기 전에 누워 있던 나뭇가지에서 내려와 있었습니다. 우리는 울타리 저쪽과 이쪽에 서서 통성명을 했고 정치 문제를 조금 언급하면서 이야기를 나눴으며, 그러고서 그는 내게 반지를 넘겨줬습니다. 손가락은 그가 가지고 있었습니다. 소중하게 가지고 있었습니다. 우리는 그것이 여자 손가락이라는 점에서 의견이 일치했습니다. 내가 반지를 끼고 그것에 햇볕을 비추며 즐기고 있는 동안에 피고는 비어 있는 왼손으로 울타리에 댄스풍의 밝고 쾌활한 리듬을 두들기기 시작했습니다. 그런데 우리 어머니의 채소밭 나무 울타리는 그다지 튼튼하지 않았으므로, 피고의 드럼 주자다운 욕구에 달각달각 흔들리면서 목재에 어울리는 방법으로 응했습니다. 얼마나 오랫동안 우리가 그런 식으로 선 채 눈과 눈으로 이야기를 주고받았는지는 모르겠습니다. 우리가 이처럼 천진난만한 놀이에 흥을 돋우고 있는데 비행기 한 대가 중간 정도의 고도에서 엔진 소리를 냈습니다. 아마도 로우하우젠에 착륙하려는 비행기 같았습니다. 물론 우리 두 사람은 쌍발인지 4발인지 잘 몰라도 그 비행기가 과연 착륙 태세로 들어갈지 무척 궁금해했습니다만, 우리는 서로 눈을 떼지도 않고 비행기에 대해 말을 걸지도 않았습니다. 그 뒤에도 우리는 이따금씩 이 놀이를 할 기회를 얻어, 그때마다 이 놀이에 슈거 레오의 금욕이라는 이름을 붙였습니다. 피고에게는 여러 해 전에 그러한 이름의 친구가 있었는데, 그와 함께 주로 묘지에서 이 놀이를 했다는 것입니다.

비행기가 착륙하고 나서—쌍발인지 4발인지는 아무래도 확실치가 않습니다—나는 반지를 돌려 주었습니다. 피고는 그것을 그 넷째손가락에 끼우고, 포장하기 위해서 손수건을 다시 이용했으며, 나더러 함께 가자고 권했습니다.

그것은 1951년 7월 7일의 일이었습니다. 게레스하임에서 우리는 전차의 종점으로 갔습니다만, 전차가 아니고 택시를 탔습니다. 피고는 그 뒤에도 자주 내게 호기를 보였습니다. 우리는 시내로 들어가, 로후스 교회 옆 개 대여점 앞에 택시를 기다리게 해 놓고 룩스를 돌려 주고는 다시 택시를 탔습니다. 택시는 시내를 가로질러서 빌크, 오버빌크를 지나 베르스텐 묘지로 우리를 데리고 갔습니다. 거기서 마체라트 씨는 12마르크 이상을 지불했습니다. 마침내 우리는 석공 코르네프의 묘석 가게를 방문한 것입니다.

그곳은 매우 더러웠기 때문에, 석공이 내 친구의 주문을 한 시간 걸려 완성했을 때 나는 마음을 놓았습니다. 친구는 나에게 상세하고 친절하게 도구며 여러 가지 돌의 종류를 설명해 주었습니다만, 그동안 코르네프 씨는 어떻게 된 손가락인가를 물으려고도 하지 않고, 반지를 빼낸 그 손가락의 석고 주형을 만들기 시작했습니다. 나는 그가 작업하는 모습을 한쪽 눈으로나마 지켜보고 있었습니다. 먼저 준비부터 했습니다. 즉 손가락에 유지를 바르고, 손가락 윤곽을 따라 노끈을 감은 뒤에 비로소 석고를 발랐습니다. 그리고 석고가 굳어지기 전에 노끈으로 주형을 두 개로 잘랐습니다. 나는 직업이 실내 장식가이므로 석고형 뜨는 것이 하나도 신기하지는 않았지만, 이상하게도 석공이 그 손가락을 쥐는 순간, 그 손가락이 어쩐지 추악하게 보였습니다. 이 추악함은 주형 제작이 제대로 되어 피고가 손가락을 다시 받아 들고 유지를 닦아 그의 손수건 속에 치웠을 때에야 겨우 사라졌습니다. 내 친구는 석공에게 돈을 지불했습니다. 석공은 처음에는 한 푼도 받으려고 하질 않았습니다. 그는 마체라트 씨를 동료로 생각했기 때문입니다. 그는 또한 오스카 씨가 이전에 자기 종기를 짜주었을 때도 보수를 한 푼도 요구하지 않았다고 말했습니다. 석고가 굳어지자 석공은 주형을 열고 원형을 본뜬 석고 손가락을 보여 주었습니다. 그리고 며칠 내에 이 주형으로 더 많은 석고 손가락을 만들어 놓겠다고 약속하고는, 묘석 진열장을 지나서 비트 거리까지 우리를 바래다 주었습니다.

두 번째 택시는 우리를 중앙역으로 데리고 갔습니다. 역에 도착하자 피고는 약간 산뜻한 역내 식당으로, 늦은 저녁 식사에 나를 초대했습니다. 웨이터들과 친하게 이야기하는 모습을 보고, 나는 마체라트 씨가 이 식당의 단골임에 틀림없다고 짐작했습니다. 우리는 신선한 무를 곁들인 암소 갈비에 라인 강의 연어를 먹고, 마지막으로 치즈를 먹었으며, 그러고는 샴페인을 한 병 마셨습니다. 다시 손가락 이야기가 나오자 나는 피고에게 충고했습니다. 그 손가락을 다른 사람의 소유물로 간주하고 넘겨 주어야 하며, 특히 이미 석고 손가락이 있으므로 더욱 그래야 한다고. 그러자 피고는 단호하게 선언했습니다. 그는 자신을 그 손가락의 정당한 소유자로 본다는 것이었습니다. 이유는 이렇습니다. 그는 이미 태어날 때부터 북채라는 완곡한 표현을 통해서 이와 같은 손가락을 약속받았다. 게다가 그의 친구인 헤르베르트 트루친스키의 등에 새겨진 손가락 길이 만한 상처 자국도 이번 넷째손가락을 예언한 것이라고 볼 수 있다. 또한 자스페 묘지에서 발견한 그 탄피 또한 크기로 보아 장래의 넷째손가락을 암시한 게 틀림없다.

나는 새로 사귄 친구가 차례차례 증거를 대자, 처음에는 웃어 주고픈 기분이었지만 그러면서도 어쩐지 인정할 수밖에 없었습니다. 감수성이 풍부한 사람이라면 틀림없이 북채, 상흔, 탄피, 넷째손가락이라는 연결을 쉽게 받아들일 수 있으리라는 사실을 말입니다.

세 번째 택시는 저녁 식사 후 나를 집으로 데려다 주었습니다. 우리는 미리 약속을 하고 헤어졌습니다. 사흘 뒤 약속대로 나는 피고를 방문했습니다. 이때 피고는 나를 깜짝 놀라게 할 준비를 하고 있었습니다.

먼저 그는 나에게 그의 집을 보여 주었습니다. 집이라고는 하지만 결국엔 방인 셈이었습니다. 왜냐하면 마체라트 씨는 하숙인이었으니까요. 처음에 그는, 이전에 욕실이었던 정말 초라한 방 하나만을 빌려 쓰고 있었다고 합니다. 나중에 그의 북 예술이 그에게 명성과 재산을 가져다주게 되자 그는 도로테아 간호사의 방이라고 부르는 창이 없는 작은 방의 몫도 지불하게 되었으며, 이어서 음악가이자 피고의 동료였던 뮌처 씨라는 인물이 살았었던 제3의 방에 대한 몫까지 내게 되었습니다. 그것은 큰돈이었습니다. 차이들러 씨라는 이 집 주인이, 마체라트 씨의 형편이 좋아진 것을 알고는 방세를 어처구니없이 올려버린 것입니다.

이른바 도로테아 간호사의 작은 방 안에 피고는 나를 놀라게 할 것을 준비해 두었습니다. 거울이 붙어 있는 화장대 대리석판 위에 보존용 유리병이 놓여 있었습니다. 우리 어머니 알리스 폰 비틀라르가 정원에서 딴 요리용 사과로 만든 잼을 저장하는 데 사용하는 것과 같은 크기입니다. 그러나 그 병 속에는 잼이 아니라 알코올에 떠 있는 넷째손가락이 들어 있었습니다. 피고는 나에게 두꺼운 학술 서적 몇 권을 자랑스럽게 내보였습니다. 그는 이 책들에서 손가락 보존법을 배웠다고 했습니다. 나는 그 책들을 펄럭펄럭 넘길 뿐 사진이나 그림이 있어도 거의 눈을 멈추지 않았지만, 어떻든 피고가 손가락의 외관을 보호하는 데 성공한 사실은 인정했습니다. 게다가 거울 앞에 놓인 알맹이가 든 유리병은 참으로 아름답고 흥미로운 장식으로 보였습니다. 이 점은 나도 장식을 직업으로 삼고 있는 사람으로서 얼마든지 입증할 수가 있습니다.

피고는 내가 유리병의 모습에 익숙해졌음을 알고 나에게 털어 놓았습니다. 그는 이따금 그 유리병에게 기도를 드린다는 것입니다. 어쩐지 호기심이 일어나서 조금 뻔뻔스럽기는 했지만, 나는 그에게 지금 한 번 기도해 보라고 부탁했습니다. 그러자 그는 그 대신 나에게도 할 일이 있다고 말하면서, 연필과 종이를 주었습니다. 그리고 그의 기도를 내가 기록하고 손가락에 대해 질문해 주기를 바란다고 부탁하면서, 그렇게 하면 그가 기도를 하면서 성의를 다해 대답하겠다는 것이었습니다.

여기에 나는 피고의 말과 나의 질문과 그의 대답, 즉 보존용 유리병에게 기도하는 모습을 증거로 제출하겠습니다. 나는 숭배한다. 나는 누구인가? 오스카냐, 나냐? 나는 경건하고 오스카는 산만하다. 헌신이다, 끊임없이, 결코 반복을 두려워하지 말라. 내가 명민한 것은 기억이 없기 때문. 오스카가 명민한 것은 추억이 풍부하기 때문. 차고 뜨거우며 따뜻한 나. 캐물으면 죄인이 되고, 캐묻지 않으면 무죄가 된다. 이 보존병—이것 때문에 죄인이 되고, 이것 때문에 타락하며, 이것에도 불구하고 죄인이 되고, 이것에 의해서 무죄가 되며, 이것 덕분에 죄를 떠넘기고, 이것을 통해서 고비를 뚫고 나가며, 이것에서 벗어나고, 이것 때문에, 이것을, 이것에 대해서 웃으며, 이것 때문에, 이것 앞에서, 이것 없이 울었다. 이것에 대해 말하면서 모독하고, 모독하면서 침묵했다. 나는 말하지도 않고 침묵하지도 않으며 기도한다. 나는 숭배한다. 무엇을? 유리다. 어떤 유리를? 보존병이다. 그 병에 무엇이 들어 있느냐? 유리병에는 손가락이 들어 있다. 어떤 손가락인가? 넷째손가락이다. 누구의 손가락인가? 금발 여인의 것이다. 금발 여인이란 누군가? 중간 키다. 중간 키란 1미터 60인가? 중간 키란 1미터 63이다. 특징은 무엇인가? 반점이 있다. 어디에 반점이 있는가? 위팔 안쪽이다. 왼쪽인가 오른쪽인가? 오른쪽이다. 넷째손가락은 어느 쪽인가? 왼쪽이다. 약혼을 했는가? 그렇다, 단 아직 결혼은 하지 않았다. 신앙은? 개신교이다. 처녀냐? 처녀다. 언제 태어났는가? 모른다. 어디인가? 하노버 근처다. 언제인가?

12월이다. 사수좌냐 산양좌냐? 사수좌다. 그렇다면 성격은? 근심이 많다. 좋은 사람인가? 근면하고 수다스럽기도 하다. 분별은 있는가? 알뜰하고 냉정하며 또 명랑하다. 수줍은 편인가? 식도락가이고 정직하며 광신적이다. 창백하고, 보통 여행을 꿈꾸고 있으며, 월경은 불규칙하고, 게으르며, 고민을 즐기고, 그에 대해서 이야기하며, 상상력이 모자라고, 수동적이며, 남이 해 주길 기대하고, 사람 말에 귀를 잘 기울이며, 고개를 끄덕여 동의하고, 팔짱을 끼며, 말을 할 때는 눈꺼풀을 내리깔고, 말을 걸 때는 눈을 크게 뜨며, 그 눈은 엷은 회색이고, 동공 부근은 갈색, 가정이 있는 상사에게 반지를 선물받고, 처음에는 받지 않으려고 했으나 마침내 받았다. 무서운 체험. 섬유질, 사탄, 많은 흰색, 여행을 떠났다. 이사를 했다. 다시 돌아왔다. 그만두지 못했다. 질투도 있었으나 이유 없는 질투, 병도 있었으나 자기 병이 아니며, 죽음도 있었으나 자기 죽음이 아니다. 그러나, 아니 모른다. 이제는 싫다. 수레국화를 땄다. 그러자 왔다. 아니 진작부터 쫓아오고 있었다. 이제는 틀렸다…… 아멘? 아멘.

나 고트프리트 폰 비틀라르가 법정에서의 내 진술에 여기에 기록한 기도문을 첨부하는 것은 오로지 다음과 같은 이유에서입니다. 즉, 이 넷째손가락의 소유자인 여성에 대한 진술은 매우 혼란스럽기는 하지만, 사실 살해당한 간호사 도로테아 퀸게터에 대한 재판에서의 진술과 대부분 일치하기 때문입니다. 그렇지만 자신은 그 간호사를 살해하지도 않았고, 그녀의 얼굴을 직접 본 적도 없다고 말한 피고의 발언을 여기에서 의심하는 것은 내 임무가 아닙니다.

보존용 유리병을 의자에 올려놓고 그 앞에 무릎꿇고 앉아서, 두 무릎 사이에 끼운 양철북을 두들기던 내 친구의 헌신적 태도는 오늘날 내가 생각하기에도 주목할 만한 일이며, 피고에게 유리한 이야기라고 생각됩니다.

나는 그 뒤에도 1년이 넘도록 이따금 피고가 기도하면서 북을 치는 모습을 볼 기회가 있었습니다. 왜냐하면 그는 많은 돈을 주고 나를 여행 동반자로 고용하여 그의 연주 여행에 데리고 다녔기 때문입니다. 그는 꽤 오랫동안 순회공연을 중단하고 있었는데, 넷째손가락을 주운 직후에 다시 하게 되었던 것입니다. 우리는 서부 독일 전역을 여행했으며, 동부 독일이나 외국에서도 초청을 받았습니다. 그러나 마체라트 씨는 국경 내에 머물려고 했습니다.

그 자신의 말을 빌리면, 연주 여행에 흔히 일어나는 귀찮은 일에 말려들고 싶지 않았기 때문입니다. 그는 출연 전에는 결코 유리병을 앞에 놓고 숭배하면서 북을 치지 않았습니다. 무대에 나갔다가 늦은 저녁을 먹은 뒤에야 비로소 우리는 그의 호텔 방에 들어갔습니다. 그는 북을 치면서 기도를 드렸고, 나는 질문을 하거나 기록을 했으며, 그 다음에 우리는 그날의 기도를 그때까지 매번 적어 기도와 비교했습니다. 물론 긴 기도도 있고 짧은 기도도 있습니다. 때로는 말과 말이 심하게 서로 충돌하는 경우도 있었으며, 그런가 하면 이튿날에는 벌써 말이 평온해져서 오래도록 흐르는 일도 있었습니다. 나는 자신이 모은 기도문을 모두 여기 배심원 여러분의 손에 맡깁니다만, 이 가운데 어떤 것을 추려 보아도 내가 진술에 첨부한 그 최초의 기록 이상의 내용을 말하는 것은 없습니다.

여행으로 세월을 보내는 동안, 나는 순회공연 사이사이에 마체라트 씨가 아는 사람이나 친척 등 몇몇 이들과 알게 되었습니다. 이를테면 그는 나에게 그의 의붓어머니인 마리아 마체라트 부인을 소개해 주었습니다. 피고는 이 부인을 소극적이긴 하지만 마음속으로는 굉장히 존경하고 있습니다. 그날 오후에는 피고의 이복형제인 쿠르트 마체라트라는 이름의 예의바른 열한 살 고등학생도 내게 인사를 했습니다. 마리아 마체라트 부인의 언니인 구스테 쾨스터 부인도 내게 좋은 인상을 주었습니다. 피고가 사실대로 말한 바에 따르면, 전후 수년 동안 그의 가족 관계는 파괴됐다는 말로도 부족할 만큼 심각했습니다. 마체라트 씨가 의붓어머니를 위해서 열대과실까지 취급하는 큰 식료품 가게를 차려 주고, 그 뒤에도 가게가 어려움을 겪을 때마다 자금을 풀어 도와주고서야 비로소 의붓어머니와 의붓아들 사이에 친밀한 관계가 맺어진 것입니다.

또한 마체라트 씨는 옛 동료들, 그중에서도 특히 재즈 음악가들을 내게 소개해 주었습니다. 뮌처 씨라는 사람이 있었는데 피고는 친밀하게 클레프라고 불렀습니다. 이 인물은 매우 쾌활해서 사교성이 좋으리라고 생각되었습니다만, 나는 그와의 교제를 지속해 나갈 용기와 의지가 조금 부족했고, 오늘날도 역시 그런 것 같습니다.

나는 피고의 너그러움 덕분에 장식가라는 직업을 더 이상 실천할 필요는 없었습니다만, 그래도 순회공연에서 돌아오면 이내 직업이 주는 기쁨 때문에 얼마간의 쇼윈도 장식들을 맡았습니다. 피고 또한 친구의 정으로 내 작업에 흥미를 보여 이따금 밤늦게까지 길거리에 서서 나의 보잘것없는 예술을 싫증도 내지 않고 관람해 주었습니다. 우리는 때때로 작업을 끝낸 다음에 잠시 밤의 뒤셀도르프를 어슬렁어슬렁 산책했습니다. 그러나 구시가는 피했습니다. 피고가 둥근 볼록 유리나 독일의 전통 요리점 간판을 보기 싫어했기 때문입니다. 그래서 우리는—마침내 내 진술의 마지막 부분에 이르렀습니다만—어느 날 자정이 지난 후의 산책에서 밤의 운터라트를 지나 전차 차고 앞까지 갔습니다.

우리는 사이좋게 그곳에 서서, 시간표를 따라서 도착하는 마지막 전차들을 바라보고 있었습니다. 그것은 상당히 아름다운 구경거리였습니다. 주위에는 어두운 도회지. 멀리에서는 금요일인 탓도 있어서 술에 잔뜩 취한 건축 노동자들이 큰 소리를 지르고 있었습니다. 그것만 아니라면 조용했습니다. 도착하는 마지막 전차들이 벨을 울리고, 커브에서 삐걱거리는 소리를 내기도 했습니다만, 그다지 시끄럽지 않았습니다. 차량 대부분은 바로 차고로 들어갔습니다. 하지만 두세 대의 차량은 뒤섞여서 정차한 채로, 빈 차이면서도 선로 위에서 휘황찬란하게 빛나고 있었습니다. 그것은 누구의 착상이었는지? 우리 두 사람의 착상이었습니다만 입 밖에 낸 사람은 나였습니다. "응, 여보게, 어떨까?" 그러자 마체라트 씨는 고개를 끄덕였고, 우리는 서두르지 않고 소리 없이 올라탔습니다. 나는 운전대에 서서, 바로 상황을 파악했기 때문에 조용히 발차하여 갑자기 속력을 내어 달리는 훌륭한 운전 솜씨를 보였습니다. 이러한 내 솜씨에 마체라트 씨는—우리는 차고의 불빛을 이미 꽤 벗어났습니다—친구답게 이런 말로 대답했습니다. "자네는 틀림없이 세례받은 가톨릭 교도군, 고트프리트. 아니라면 이렇게 전차 운전을 잘할 리가 없어."

실제로 나는 이 작은 임시 작업이 즐겁기 그지 없었습니다. 차고에서는 우리가 출발하는 것을 아무도 눈치채지 못한 듯했습니다. 아무도 뒤쫓아오지 않았으며, 게다가 전류를 끊으면 우리 차를 문제없이 세울 수 있었을 터인데도 그런 기색을 보이지 않았습니다. 나는 차를 플링게른 방면으로 몰았습니다. 플링게른을 지나고 나서 생각했습니다. 하니엘에서 왼쪽으로 꺾어 라트, 라팅거 방면으로 올라가는 게 어떨까 하고. 그러자 마체라트 씨가 부탁을 했습니다. 그라펜베르크, 게레스하임 선로를 택하자는 것이었습니다. 나는 댄스홀 뢰벤부르크 밑의 고개가 걱정스러웠습니다만, 피고의 희망에 따라 고개를 넘어 댄스홀을 지나쳤습니다. 그런데 여기에서 나는 차에 브레이크를 걸어야 했습니다. 왜냐하면 사나이들 셋이 선로 위에 서서 차를 세우라고 간청했다기보다 강요했기 때문입니다.

마체라트 씨는 하니엘을 지나자 곧 차 안으로 들어가서 담배를 피우고 있었습니다. 그래서 내가 전차 운전사로서 "빨리 타세요!"라고 소리쳐야만 했습니다. 나는 깜짝 놀랐습니다. 세 사람 중에서 검은 리본이 달린 녹색 모자를 쓴 두 사람이 모자를 쓰지 않은 또 한 사람의 사나이를 양쪽에서 끼고 있었습니다만, 모자를 안 쓴 사나이는 눈이라도 나쁜지 차에 탈 때 위태로운 걸음걸이로 몇 번이나 발판을 헛디뎠습니다. 그러자 수행원인지 감시원인지 모르나, 다른 두 사람이 몹시 난폭하게 그를 내가 있는 운전석으로 밀어 올리더니 바로 차 안으로 밀어넣었습니다.

차를 다시 몰기 시작하자 차 뒤쪽에서, 처음에는 가련한 울음소리가 들리더니 이어서 맨손바닥으로 때리는 듯한 소리도 들렸습니다. 그러나 마체라트 씨의 야무진 말소리가 들려왔기 때문에 나는 안심했습니다. 그는 뒤따라서 올라탄 사람들을 나무라고 타이르고 있었습니다. 안경을 잃고 반봉사가 된 부상자를 때리지 말라고.

"상관하지 마세요!" 녹색 모자를 쓴 한 사람이 외치는 소리가 들렸습니다. "오늘이야말로 본때를 보여 주겠어. 이토록 골탕을 먹이다니."

내가 게레스하임으로 차를 천천히 몰고 있는 동안에 내 친구 마체라트 씨는 그 불쌍한 반봉사의 사나이가 도대체 어떤 죄를 지었는가 알고 싶어했습니다. 그러자 이야기는 갑자기 뜻밖의 방향으로 발전했습니다. 두세 마디가 오가는가 싶더니, 이미 우리는 전쟁이 한창이었던 시대로 옮아가 있었습니다. 아니 오히려 1939년 9월 1일, 즉 전쟁이 일어난 날이 문제가 되었다고 하겠습니다. 그 반봉사의 사나이는 의용병으로 폴란드 우체국 건물을 불법으로 방위했다는 것입니다. 그런데 이상하게도 그 무렵 기껏해야 열다섯 살 정도였을 마체라트 씨까지 그때의 사정을 훤히 알고 있었으며, 그 반봉사의 사나이를 기억해 내기까지 해서 그를 빅토르 벨룬이라고 불렀습니다. 이 가련한 근시의 현금 등기 우편집배원은 전쟁 통에 안경을 잃어버리고, 안경이 없는 채로 도주하여 추격자의 손아귀를 빠져나왔습니다만, 추격자는 추격의 발길을 늦추지 않았으며, 전쟁이 막바지에 이르렀을 때는 물론이고 전쟁이 끝난 뒤에도 여전히 그를 추격했습니다. 가지고 있는 서류도 제시했는데, 그것은 1939년에 교부된 것으로서 일종의 사살 명령이었습니다. 마침내 붙잡았다고 한 녹색 모자가 외치자, 다른 녹색 모자는 이렇게 맞장구를 쳤습니다. 나 참, 겨우 이것으로 결말이 났군. 1939년에 교부된 사살 명령을 수행하느라 자유 시간은 물론 휴가마저 희생해야 했다는 것입니다. 그러나 그에게는 대리상이라는 또 다른 직업이 있었습니다. 그의 동료는 동부에서 온 피난민이기 때문에 역시 여러 가지 어려움을 겪고 있었습니다. 완전히 새로 시작해야 할 정도로 말입니다. 동부에서 꽤 번창하던 주문복 만드는 일은 더 이상 못하게 되었지만 이것으로 일은 끝났다, 오늘 밤 이 명령을 집행하면 이제 과거의 매듭을 짓게 된다—전차를 탈 수 있어서 정말로 다행이다 하고 그는 한숨을 내쉬었습니다.

이리하여 나는 본의 아니게도 사형수 하나와 사살 명령서를 지참한 형리 2명을 게레스하임으로 싣고 가는 전차 운전사가 되었습니다. 교외의 얼마간 경사진 인적 없는 광장에서 나는 우회전을 했습니다. 차량을 유리 공장 근처 종점까지 몰고 가 그곳에서 녹색 모자들과 반봉사인 빅토르를 내려주고, 내 친구와 함께 돌아갈 생각이었습니다. 종점에 닿기 전 세 번째 정류소에서 마체라트 씨는 운전석으로 왔습니다. 서류 가방을 들고 왔는데, 그 속에는 보존용 유리병이 똑바로 서 있음을 나는 알고 있었습니다. 그는 그 가방을, 진짜 운전사가 버터빵을 넣은 양철 도시락을 두는 장소 부근에 올려놓았습니다.

"저 사나이를 구해야 되겠는데. 저 친구는 빅토르야. 불쌍한 빅토르!" 마체라트 씨는 확실히 흥분하고 있었습니다.

"저 사람 아직도 도수 맞는 안경을 구하지 못했군. 그는 심한 근시니까. 총에 맞을 때도 그는 엉뚱한 쪽을 바라보고 있을 텐데." 나는 형리들이 무기를 갖고 있지 않다고 생각했습니다. 그러나 마체라트 씨는 녹색 모자를 쓴 두 사나이의 외투가 불룩 부풀어 있는 것이 마음에 걸리는 모양이었습니다.

"저 친구, 단치히의 폴란드 우체국에서 등기우편 배달부 노릇을 하고 있었어. 지금은 서독 우체국에서 같은 일을 하고 있지. 그런데 일과 후에는 그들에게 쫓기고 있어. 아직도 사살 명령서라는 것이 존재하고 있기 때문이야."

나는 마체라트 씨의 말을 모두 이해하지는 못했지만 그에게 약속했습니다. 그와 함께 사격 현장에 참석해서 가능하다면 힘을 합쳐서 사격을 막아보겠다고.

유리 공장 뒤편에서 채소밭에 이르는 근처였습니다―달이 떴으면 사과나무가 있는 우리 어머니 정원을 볼 수 있었을 것입니다―그때 나는 전차에 브레이크를 걸고 차 안에 소리쳤습니다. "내려주세요, 종점입니다!" 그 사람들도 순순히 검은 리본이 달린 녹색 모자를 머리에 쓰고서 나왔습니다. 반봉사인 사나이는 이번에도 발판을 몰라 고생했습니다. 그 뒤에 마체라트 씨가 내렸습니다. 내리기 전에 겉옷 밑에서 북을 꺼내더니, 내리면서 내게 부탁했습니다. 유리병이 들어 있는 그 서류 가방을 가지고 내려달라고 말입니다.

여전히 전등이 켜져 있는 전차를 남겨두고 우리는 형리와 희생자의 뒤를 바싹 따라갔습니다.

채소밭 울타리를 따라서 갔습니다. 나는 지쳤습니다. 앞에 가는 세 사람이 멈추어 섰을 때 나는 깨달았습니다. 하필이면 그들은 우리 어머니의 채소밭을 사형장으로 고른 것입니다. 마체라트 씨뿐만 아니라 나도 항의를 했습니다. 그들은 아무 거리낌 없이 본디 썩어 있던 나무 울타리를 밀어 넘어뜨리고, 마체라트 씨가 가련한 빅토르라고 부르는 그 남자를 내 사과나무의 나뭇가지 갈라진 곳에 묶었습니다. 그리고 우리가 계속 항의하자 구김살투성이인 사격 명령서를 손전등 불빛으로 다시 우리에게 내보였습니다. 거기에는 첼레프스키라는 이름의, 군법회의 장관의 서명이 있었습니다. 날짜칸에는 분명히 초포트, 1939년 10월 5일이라고 되어 있었습니다. 도장도 제대로 찍혀 있었습니다. 이의를 달 수 없었습니다. 그러나 우리는 국제연합이니, 민주주의니, 연대 책임이니, 아데나워 같은 여러 가지 이야기를 끄집어 냈습니다. 하지만 한쪽 녹색 모자가 우리의 모든 항의를 이렇게 말하면서 물리쳤습니다. 당신들은 이 사건에 끼어들어서는 안 된다, 아직 평화 조약이 체결되지 않았다, 나도 당신들과 똑같이 아데나워를 뽑았다, 그러나 이 명령은 효력을 갖고 있다, 우리는 이 서류를 가지고 최고 권위자에게도 상의를 하러 갔으니까 틀림없다, 결국 우리는 싫은 의무를 수행할 뿐이다, 당신들은 물러서는 게 좋을 것이다.

우리는 물러서지 않았습니다. 그러기는커녕 마체라트 씨는 녹색 모자들이 외투를 벌려 자동 권총을 뺐을 때 북을 두드릴 태세를 취했습니다—그 순간 보름달에 가까우나 약간 오목하게 들어간 달이 구름 사이를 뚫고 나와 구름 가장자리를 마치 통조림의 톱니 모양 테두리처럼 금속성으로 빛나게 했습니다—한편 달과 비슷하나 이쪽은 완전무결한 양철 위에 마체라트 씨가 북채를 맞추기 시작했습니다. 있는 힘을 다해서 두들겼습니다. 귀에 익지 않은 리듬이었습니다만 어디선가 들은 적이 있는 것 같았습니다. 이따금 반복해서 'O'라는 글자가 둥근 모양을 만들었습니다. 잃었다, 아직 잃지 않았다, 아직 잃지 않았다, 아직 폴란드는 잃지 않았다! 그러나 그건 이미 그 가엾은 빅토르의 목소리가 되어 있었습니다. 그는 마체라트 씨의 북에 맞추어서 노래를 불렀던 것입니다. 아직 폴란드는 잃지 않았다, 우리가 살아 있는 한. 그리고 녹색 모자들에게도 이 리듬은 친숙한 듯했습니다. 그들은 달빛에 떠오른 손 안의 쇠붙이 뒤에서 몸을 떨었으니까요. 그것도 무리는 아닙니다. 마체라트 씨와 가엾은 빅토르가 우리 어머니의 채소밭에 울려 퍼지게 한 그 행진곡이 폴란드 기병대를 출현시킨 것입니다. 달이 도와줬는지도 모릅니다. 북과 달과 근시인 빅토르의 찢어지는 소리가 모두 합쳐져서 기병의 대군을 세상 끝에서 불러낸 건지도 모르겠습니다. 우레 같은 말발굽 소리, 거친 콧김 소리, 찰깍찰깍하는 박차 소리, 힝힝거리는 말 울음소리, 쉬 쉬 헤이 하는 힘을 북돋는 소리…… 이런 것들은 전혀 없었습니다. 말발굽 소리도, 콧김 소리도, 박차 소리도, 말 울음소리도, 쉬 쉬 헤이 하는 힘을 북돋는 소리도 무엇 하나 들리지는 않았습니다. 그것은 게레스하임 뒤편에 있는, 수확 끝낸 밭 위를 소리도 없이 미끄러져 갔습니다. 그것이야말로 틀림없는 폴란드 창기병 중대였습니다. 왜냐하면 마체라트 씨의 북 빛깔과 똑같이 붉은빛과 흰빛이 섞인 삼각기가 창끝에 매달려 있었으니까요. 아니 매달려 있는 게 아니라 헤엄치고 있었습니다. 깃발만이 아니었습니다. 기병대 전체가 달빛 아래에서 헤엄치고 있었습니다. 달에서 왔는지도 모르겠습니다. 우리 채소밭 쪽으로 좌회전해서 헤엄쳐 왔습니다. 살도 없고, 피도 통하지 않는 듯했습니다. 그래도 헤엄쳐 왔습니다. 조립한 장난감과도 비슷했으며, 유령처럼 다가왔습니다. 어쩌면 마체라트 씨의 간호사가 노끈 매듭으로 만드는 작품에 비교할 수 있을지도 모르겠습니다. 폴란드 기병대가 맺어진 것입니다. 소리도 없이, 더욱이 말발굽 소리를 울리면서, 살도 없고 피도 없이, 더군다나 폴란드식으로 자유롭게 우리를 향해서 다가왔습니다. 우리는 무의식중에 땅에 엎드려 달과 폴란드 기병대의 진격을 참고 견뎠습니다. 우리 어머니의 채소밭 위에도, 그 밖에 잘 손질된 모든 채소밭 위에도 그들은 쳐들어왔습니다. 그러나 어느 채소밭도 황폐하게 만들지는 않았으며 오로지 가련한 빅토르와 함께 두 사람의 형리를 연행하여, 달빛이 비치고 있는 광야의 끝으로 사라져 갔습니다—잃은, 아직 잃지 않은 동쪽 폴란드를 향해서 말을 달리고 있었습니다. 달빛을 받으면서.

우리는 숨을 헐떡이면서 기다렸습니다. 이윽고 평온한 밤이 돌아오고 하늘이 다시 막혀, 이미 오래전에 없어진 기병대를 마지막 공격을 위해 일어나게 한 그 빛이 구름에 가로막혀 보이지 않게 되었습니다. 나는 비로소 일어섰습니다. 달의 영향력을 과소평가한 것은 아니지만, 마체라트 씨를 향해서 그의 대성공을 축하했습니다. 하지만 그는 지친 듯한 그리고 풀이 죽은 듯한 태도로 손을 내저었습니다. "성공이라고? 고트프리트. 나는 이제 성공에는 싫증이 났어. 한 번이라도 좋으니 성공하지 않았으면 좋겠어. 그것은 정말 어렵고 힘든 일이야."

나는 이 말투가 마음에 들지 않았습니다. 왜냐하면 나 같은 사람은 부지런한 편인데도 단 한 번도 성공한 적이 없었으니까요. 나에게는 마체라트 씨가 주제넘게 생각되었습니다. 그래서 나는 그를 비난했습니다. "너무 자만하고 있구나, 오스카!" 나는 일부러 거친 말을 썼습니다. 그때 우리는 이미 말을 트고 지내는 사이였으니까요. "어느 신문이나 네 이야기로 가득 차 있지. 너는 이름을 떨쳤어. 나는 여기에서 돈 얘기 따윈 하고 싶지 않아. 그러나 신문에도 한번 실리지 않는 내가 성공한 너와 함께 살아가는 기분이 어떤지 네가 알겠어? 나도 언젠가는 다른 사람이 할 수 없는 일을 하고 싶다고. 네가 지금 해 보인 것과 같은 일을 혼자 힘으로 하고 싶어. 그렇게 해서 신문에 활자로 인쇄되고 싶단 말이야. 이것을 해낸 자는 고트프리트 폰 비틀라르이다!라고."

마체라트 씨가 웃었기 때문에 나는 화가 났습니다. 그는 벌러덩 드러누워 등의 혹으로 부드러운 흙을 후비기도 하고 두 손으로 풀을 뜯어 공중에 높이

던지기도 하면서, 무엇이든지 할 수 있는 초인적인 신처럼 웃었습니다. "좋지, 쉬운 일이야! 여기에 서류 가방이 있네! 놀랍게도 폴란드 기병대의 말발굽에 깔리지 않았구나. 이 가방을 네게 주지. 이 가죽 속에는 그 넷째손가락이 든 유리병이 들어 있어. 이것을 가방째 갖고 게레스하임으로 달려가는 거야. 그곳에는 여전히 전등이 휘황하게 빛나는 전차가 서 있을 테니, 그걸 타고 내가 준 이 선물을 들고 퓌르스텐발 경찰청에 가서 고발을 하게. 그러면 내일 당장 네 이름이 모든 신문에 실릴 거야."

처음 나는 이 제의에 바로 응하지 않고 이의를 달았습니다. 이 유리에 든 손가락이 없으면 그는 분명히 살 수 없을 거라고. 하지만 그는 나를 안심시키면서 이렇게 말했습니다. 자기는 정말로 손가락에는 이제 진저리가 났으며, 거기에 석고 모형도 여러 개 있다고. 그뿐만 아니라 황금 모형까지 만들어 놓았으니, 나에 대해서는 안심하고 그 가방을 들고 전차로 돌아가서 경찰청으로 몰고 가서 고발을 하라고.

그래서 나는 달렸습니다. 등 뒤에서 마체라트 씨의 웃음소리가 언제까지나 들렸습니다. 내가 시내를 향해서 찌르릉찌르릉 울리며 전차를 몰고 있는 동안에도 그는 누운 채로 밤의 매력을 만끽하고, 풀을 뜯으면서 배꼽이 빠지도록 웃고 있었습니다. 내가 그를 고발한 것은 다음 날 아침이었습니다만, 마체라트 씨의 호의 덕택으로 내 이름이 신문에 실린 것입니다.

그런데 친절한 신사인 나 오스카 마체라트는 게레스하임 후방의 캄캄한 밤의 풀 속에 웃으면서 누워, 심각한 모습으로 빛나고 있는 몇 개의 별 밑에서 배꼽이 빠지도록 웃으면서 뒹굴고, 나의 혹을 따뜻한 흙 속에 묻고서 생각했다. 잠을 자거라, 오스카. 조금만 더 자거라, 경찰관이 깨우러 오기 전에. 앞으로는 이렇게 자유로이 달 아래 누워서 뒹굴고 있을 수는 없을 테니까.

그리고 내가 잠을 깼을 때, 이미 날이 밝아서 완전히 훤해진 사실을 깨닫기도 전에 먼저 깨달은 것은, 무엇인가 내 얼굴을 핥고 있다는 사실이었다. 따뜻하고 까슬까슬하며 한결같이 축축한 것이 나를 핥고 있었다.

혹시 경찰관일까? 그들이 비틀라르의 신고로 벌써 이곳까지 달려와 너를 핥으며 깨우고 있는 게 아닐까? 그러나 나는 당장 눈을 뜨지는 않고서, 도리어 약간 따뜻하고 까슬까슬하며 한결같이 축축한 것이 나를 핥도록 내버려 두고, 그 감촉을 즐기면서 누가 핥고 있는가에 대해서는 상관하지 않기로 했다. 경찰관이 아니면 암소일 거라고 오스카는 추측했다. 그러고서 나는 조용히 푸른 눈을 떴다.

그것은 백색과 흑색 얼룩이었다. 내 옆에 엎드려서 숨 쉬고 나를 핥아서 내 눈을 뜨게 했다. 이제는 완전히 밝아졌다. 흐린 하늘이 점점 개었다. 나는 자신에게 타일렀다. 오스카야, 이 암소 옆에서 우물쭈물하고 있어서는 안 된다, 소가 아무리 정다운 눈길로 너를 지켜보고, 그 까슬까슬한 혀로 아주 열심히 네 기억을 가라앉혀 엷어지게 할지라도, 거기에 몸을 내맡겨선 안 된다. 벌써 낮이다, 파리도 윙윙거리고 있다, 너는 도망쳐야 한다. 비틀라르가 너를 고발했으니까, 너는 도망쳐야 한다. 진짜 고발에는 진짜 도망이 따르는 법이다. 소는 음매음매 울도록 내버려 두면 된다. 상관하지 말고 도망가거라. 그들은 어차피 어디에선가 너를 붙잡겠지만, 그런 일은 아무래도 좋다.

이리하여 나는 소의 혓바닥에게 얼굴을 닦게 하고 머리를 빗게 한 뒤 도주했다. 하지만 몇 걸음도 걷기 전에 이미 밝은 아침 웃음의 포로가 되었다. 엎드린 채 음매음매 울고 있는 암소 옆에 내 북을 남겨둔 채 나는 웃으면서 도망쳤다.

30세

아아, 그렇다, 도주! 거기에 대해서 나는 지금부터 이야기해야 한다. 나는 도망쳤다, 비틀라르의 고발 가치를 높이기 위해서. 그런데 예정된 목적지가 없는 도주는 도주가 아니라고 나는 생각했다. 너는 어디로 도망치느냐, 오스카? 나는 자신에게 물었다. 이른바 철의 장막이라는 정치적인 사정이 내가 동방으로 도주하는 것을 금하고 있었다. 따라서 나는 지금도 여전히 카슈바이의 감자밭에서 피난처를 제공해 줄 우리 할머니 안나 콜야이체크의 부풀어오른 네 겹의 치마를 도주 목적지에서 제외할 수밖에 없었다. 하긴 나로서는 막상 도망친다면 할머니의 치마로 숨는 것만이 도주다운 유일한 도주라고 할 수 있겠지만.

그런데 나는 오늘 나의 서른 번째 생일을 축하하고 있다. 서른 살이 된 이상, 도주라는 주제에 대해서 어린 사람 같은 말버릇을 삼가고 어른답게 이야기할 의무가 있다. 마리아는 나를 위해서 초 서른 자루를 꽂은 케이크를 가져와서는 이렇게 말했다. "이제 서른이 되었군요, 오스카. 이제는 슬슬 철이 들 때가 아닌가요?"

클레프, 내 친구 클레프는 언제나처럼 내게 재즈 레코드를 선사했으며, 생일 케이크를 장식하고 있는 초 서른 자루에 불을 켜는 데 성냥 다섯 개비를 썼다. "인생은 서른부터야!" 클레프는 말했다. 그는 29세였다.

그러나 비틀라르, 내 친구 고트프리트, 내 마음속에 가장 가까운 그는 과자를 선물로 주고, 나의 격자 침대 위에 몸을 구부리고서 코맹맹이 소리로 속삭였다. "예수는 30세가 되었을 때 출발해서 자기 주위에 제자를 모았다."

비틀라르는 언제나 나를 혼란시키기를 좋아했다. 내가 서른 살이 되었다는 이유만으로 이 침대를 버리고 제자를 모아야 한단 말인가. 이어서 내 변호사가 찾아왔다. 종이쪽지 한 장을 흔들면서 축하의 말을 수다스럽게 떠들어 대고는, 내 침대에 나일론 모자를 건 뒤에 나와 생일 축하 손님 모두에게 알렸다. "이건 정말이지 행운의 우연이라고 할 수밖에 없군요. 내 의뢰인이 서른 번째 생일을 축하하고 있습니다. 그런데 마침 이 생일에 내게 이런 정보가 들어왔습니다. 넷째손가락 재판이 재개됩니다. 새로운 단서를 찾았답니다. 간호사 베아테입니다. 왜, 다들 알고 계시는……."

내가 2년 동안 두려워하던 일, 도주 이래 두려워해 오던 일이 오늘 나의 서른 번째 생일에 일어난 것이다. 진짜 범인을 찾아냈기 때문에 재판을 재개하고, 나를 무죄 석방하여 정신병원에서 퇴원시키며, 나에게서 즐거운 침대를 빼앗고, 비바람을 맞아야 할 차가운 길바닥으로 나를 내쫓아서 서른 살 오스카에게 그와 그의 북 주위에 제자들을 모으도록 강요한다.

그녀가, 그 간호사 베아테가 나의 간호사 도로테아를 삭일 수 없는 끈적한 질투 때문에 살해했다는 것이다.

여러분도 아직 기억하고 계실지? 베르너 박사라는 사람이 있어 영화나 실제 인생에서 가끔 생기는 일처럼, 그를 둘러싸고 간호사 2명이 서로 대립했던 것이다. 메스꺼운 이야기이다. 베아테는 베르너를 사랑하고 있었다. 그러나 베르너는 도로테아가 좋았다. 반면에 도로테아는 아무도 사랑하지 않았다. 아니, 기껏해야 이 난쟁이 오스카를 남몰래 사랑했을 뿐이다. 그리하여 베르너는 병이 들었다. 도로테아는 그를 간호했다. 그는 그녀가 맡고 있던 과의 환자였기 때문에 어쩔 수 없었다. 베아테는 이것을 오해하고 참을 수 없게 되었다. 그래서 그녀는 도로테아를 산책에 데려가서는 게레스하임 근처 호밀밭에서 죽였다. 아니, 차라리 처치했다는 말이 옳을 게다. 이렇게 해서 베아테는 아무에게도 방해받지 않고 베르너를 간호할 수가 있었다. 하지만 그녀는 그가 건강을 회복하도록 간호한 게 아니라 반대의 방법으로 간호했다고 한다. 사랑에 미친 이 간호사는 아마도 자신에게 이렇게 타일렀으리라. 그가 아파서 누워 있는 동안에는 나의 것이라고. 그녀는 그에게 너무 많은 약을 먹였을까? 아니면 다른 약을 먹였을까? 어쨌든 베르너 박사는 너무 많은 약 또는 다른 약 때문에 죽었다. 그러나 법정에서 베아테는 다른 약을 먹이지도 지나치게 많은 약을 주지도 않았다고 주장했으며, 도로테아에게는 마지막 산책이 되어 버린 호밀밭 산책을 간 것도 모두 부인했다. 오스카 또한 법정에서 아무것도 인정하지 않았으나, 유리병 속에 불리한 증거물인 손가락이 들어 있었기 때문에 호밀밭에 갔다는 혐의를 받아 유죄로 판결되었다. 그러나 법정은 그를 정상이 아니라고 판단하여 정신병원에 입원시켜 상태를 보기로 한 것이다. 물론 오스카는 유죄 판결을 받고 정신병원에 수용될 때까지는 달아나기도 해 보았다. 나는 나의 도주로써 내 친구 고트프리트가 행한 고발의 가치를 높여 주려고 했던 것이다.

내가 달아났을 때 나는 28세였다. 몇 시간 전에는 내 생일 케이크 주위에 아직 서른 자루의 촛불이 타면서 조용히 납이 흘러내리고 있었다. 내가 도주한 그때도 9월이었다. 나는 처녀좌 태생이다. 하지만 내가 전등 밑에서 태어났을 때의 일은 여기선 아무 의미도 없으니, 나의 도주에 대해서나 이야기하자.

이미 말했듯이 동부의 할머니에게로 갈 도주로가 막혀 있었으므로, 나는 진부하지만 어쩔 수 없이 서방으로 도망쳤다. 오스카야, 네가 높으신 정치 덕으로 할머니에게로 갈 수 없다면, 차라리 합중국의 버팔로에 살고 있는 할아버지에게로 도망가거라. 미국으로 도망쳐라. 가는 데까지 가 보아라!

미국에 있는 할아버지 콜야이체크에 대한 생각은, 게레스하임 뒤편에 있는 목장에서 암소가 나를 핥고 내가 두 눈을 감은 채로 있었을 때 이미 머릿속에 떠올랐다. 아침 7시였다고 생각한다. 나는 8시에는 영업이 시작된다고 자신에게 일렀다. 나는 웃으면서 달리기 시작하고, 북은 소 옆에 내버렸다. 나는 자신에게 일렀다. 고트프리트는 지쳐 있었으니까, 아마도 8시나 8시 반이 되기 전에는 고발되지 않으리라. 이 짧은 시간을 이용해야 한다. 아직 잠이 덜 깬 게레스하임 교외에서 전화로 택시를 부르는 데 10분이 걸렸다. 택시가 나를 중앙역으로 싣고 갔다. 나는 차 안에서 돈을 세어 보았는데, 몇 번이나 잘못 세었다. 아침의 밝고 신선한 웃음이 자꾸만 터져 나왔기 때문이다. 그러던 나는 내 여권을 펼쳐보았는데, 콘서트 중개소 '베스트'의 배려 덕에 프랑스와 미합중국에 입국하기 위한 사증이 정확히 기재되어 있었다. 이런 나라들에 고수(鼓手) 오스카의 연주 여행을 선사하고 싶다는 것이 되슈 박사의 간절한 소망이었다.

그래, 나는 혼자 되뇌었다. 파리로 도망치자, 좋은 생각이다, 영화에 나오는 듯한 기분이 든다, 가뱅과 함께 출연, 그는 파이프를 피우면서 인정미 있게 나를 추적한다. 그런데 내 역은 누가 한다지? 채플린일까? 피카소일까? —웃으면서도 이와 같은 도주의 생각에 흥분하여 나는 조금 구겨진 바지 위를 몇 번씩이나 자꾸 두들겼는데, 이윽고 택시 운전사가 7마르크를 청구했다. 나는 돈을 지불하고 역내 식당에서 아침을 먹었다. 달걀 반숙 옆에 철도 시간표를 펼치고는 알맞은 열차를 찾아냈다. 아침 식사를 하고 나서도 외국환을 준비할 여유는 있었다. 또한 부드럽고 조그마한 가죽 짐 가방을 사고, 율리히 거리로 되돌아가기 싫어서 비싸기만 할 뿐 몸에 맞지도 않는 셔츠를 여러 장 사서 담녹색 파자마, 칫솔, 치약 따위와 함께 가방에 집어넣었다. 절약할 필요는 없었으므로 일등칸 표를 사서, 곧 쿠션이 있는 창가 좌석에 앉아 쉬었다. 나는 도주했다고는 하지만 달릴 필요는 없었다. 또한 쿠션은 나의 숙고를 도와주었다. 오스카는 열차가 발차하여 도주가 시작되자, 곧 무엇인가 무서워할 만한 게 없을까 하고 생각했다. 나는 공포 없이는 도주도 없다고 자신에게 일렀는데, 이것은 이유가 있었다. 그런데 오스카야, 네가 무서워하며 달아나야 한다고 생각하는 것은 무엇이냐? 너는 경찰을 생각해도 무서워지기는커녕, 아침에 어울리게 밝은 웃음을 터뜨리는 형편이니 말이다.

오늘 나는 30세가 되었다. 도주도 재판도 모든 것은 이미 옛일이 되었다. 그러나 도주하는 동안 내가 자신의 마음속에 불어넣은 그 공포는 아직 사라지지 않았다.

그것은 선로의 덜컹거림이었을까? 철도의 노래였을까? 노래 가사는 단조로웠다. 아헨에 도착하기 얼마 전 그것을 깨달았는데, 일등칸 쿠션에 몸을 맡기고 있는 내 마음속에 그것은 벌써 굳게 자리를 잡고서는, 아헨을 지나서도—우리는 10시 반쯤에 국경을 통과했다—희미해지기는커녕 점점 더 무시무시해졌다. 그리하여 나는 세관원들이 내 정신을 약간 혼란시켰을 때 오히려 마음을 놓았다. 그들은 내 이름이나 여권보다 혹에 더 관심을 보였다. 나는 중얼거렸다. 이 잠꾸러기 비틀라르 자식! 11시가 다 됐는데, 그는 아직도 그 유리병을 들고 경찰한테 가는 것을 게을리하고 있었다. 그 때문에 나는 새벽부터 도망다니고, 자신의 마음에 공포심을 불어넣어 도주의 동기가 되게끔 노력하고 있는데. 아아, 벨기에에서는 정말로 무서워졌다. 열차가 노래를 한 것이다! 검은 마녀는 있느냐? 있다있다있다! 검은 마녀는 있느냐? 있다있다있다…….

오늘 나는 30세가 되었다. 마침내 재판의 재심이 시작되고, 결국 무죄 석방으로 거리에 내쫓겨 열차나 전차 속에서 그 노래 가사를 강요당하게 되는 것이다. 검은 마녀는 있느냐? 있다있다있다!

나는 검은 마녀가 어느 역에서 모습을 보일지, 열차가 멈출 때마다 공포를 느끼며 기다리고 있었다. 하지만 이 공포를 제외하면 철도 여행은 멋졌다. 나는 혼자서 찻간을 차지하고 있으면서—혹시 검은 마녀는 이웃 칸에 앉아 있었는지도 모른다—벨기에 세관원에 이어서 프랑스 세관원과도 친한 사이가 되었다. 이따금 5분 정도 잠들었다가 가느다란 비명을 지르면서 눈을 떴다. 이토록 무방비하게 검은 마녀가 찾아오기만을 기다리고 있는 것도 울화가 치밀었기 때문에 뒤셀도르프에서 차창으로 산 주간지 〈슈피겔〉을 뒤적거리다가, 언론인들의 광범한 지식에 몇 번이나 놀랐다. 거기에는 내 매니저인 콘서트 중개소 '베스트'의 되슈 박사를 비꼬는 말도 보였다. 내가 느끼고 있던 일이 입증되었다. 되슈의 중개소는 하나의 대들보를 가지고 있을 뿐이며, 그 이름은 고수 오스카라는 것이다—내 사진은 참으로 잘 나와 있었다. 그런데 그 대들보인 오스카는 파리에 도착하기 직전까지, 검은 마녀의 무서운 등장과 나의 체포가 틀림없이 야기할 콘서트 중개소 '베스트'의 붕괴를 생각하고 있었다.

나는 이제까지 검은 마녀를 무서워한 적은 없었다. 도주할 때에 무서워하고 싶다고 생각했기 때문에 비로소 그녀가 나의 피부 밑에 스며들어 그곳에 자리잡고, 보통은 잠들어 있었지만 어쨌든 내가 서른 번째 생일을 축하하고 있는 오늘에 이르기까지, 그곳에 계속 머무르며 여러 가지 모습으로 나타나는 것이다. 이를테면 내게 비명을 지르게 하며, 무서운 나머지 이불 속으로 도망치게 하는 것이 괴테라는 말 한 마디인 경우도 있다. 나는 분명히 어렸을 때부터 이 시성(詩聖)에 대해 꽤 많이 연구해 왔는데, 그의 올림포스 산과 같은 안정은 그 무렵부터 언제나 나에겐 기분 나쁘게 느껴졌다. 그리고 지금도 밝고 고전적인 모습을 버리고 라스푸틴보다 훨씬 음울한 검은 마녀로 변장한 그가 나의 서른 번째 생일에 즈음하여 내 격자 침대 앞에 서서, "검은 마녀는 있느냐?" 하고 물으면 나는 아주 오싹해진다.

있다있다있다!라고 열차는 말하면서, 도망자 오스카를 싣고 파리로 갔다. 나는 틀림없이 국제경찰관들이 이미 파리 북부역—프랑스인들이 가르 뒤 노르(Gare du Nord)라고 말하는—에서 기다리고 있으리라 기대했었다. 그러나 그곳에서 내게 말을 걸어온 사람은 수하물을 운반하는 인부뿐이었다. 적포도주 냄새를 풀풀 풍기고 있는 이 사나이는 아무리 보아도 검은 마녀 같지는 않았다. 나는 그에게 내 작은 짐 가방을 맡겨서 개표구 바로 앞까지 옮기도록 했다. 왜 그곳까지만 운반시켰는가 하면, 나는 남몰래 이렇게 생각했기 때문이다. 관리들도 마녀도 입장권 값을 아꼈으리라. 그래서 개표구 밖에서 너에게 말을 걸어 체포할 생각일 것이다. 그러므로 너는 개표구 앞에서 짐 가방을 받아 드는 편이 현명하리라. 그 결과 나는 짐 가방을 혼자서 지하철까지 끌고 가야만 했다. 왜냐하면 개표구에도 잠복하고 있다가 내 짐 가방을 빼앗는 관리 같은 것은 없었기 때문이다.

나는 여러분에게 세계적으로 유명한 파리 지하철의 향기에 대해서 아무것도 이야기할 생각이 없다. 이 향수는 최근에 읽은 바로는 사서 몸에 뿌릴 수도 있다고 한다. 그러한 것보다 내가 특별히 느낀 점을 든다면, 첫째로, 리듬이 다르기는 하나 파리 지하철도 열차와 똑같이 검은 마녀에 대해서 묻고 있었다. 둘째로, 다른 승객도 모두 나처럼 그 마녀를 알고 있으며 또한 두려워하는 게 틀림없었다. 그 증거로 내 주위에서 모두들 불안과 공포의 숨을 내쉬고 있었다. 내 계획은 지하철을 타고 이탈리아 문까지 가서 거기서부터 택시를 타고 오를리 공항으로 가는 것이었다. 북부역에서는 실패했지만 유명한 오를리 공항에서—마녀는 스튜어디스로 변장해 있다—체포된다면, 특별히 멋도 있고 기발한 구석도 있으리라고 생각했기 때문이다. 한 번 갈아타야 했는데 짐이 가벼워서 다행이었다. 그리고 지하철에 실려 남쪽으로 가며 생각했다. 어디서 내릴 것인가, 오스카야—정말 하루 동안에 꽤나 많은 일이 일어나기도 한다. 오늘 아침까지만 해도 너는 게레스하임 바로 뒤편에서 소가 핥는 대로 몸을 내맡기고 있었다. 무서움을 모르고 즐거웠다. 그런데 지금 너는 파리에 있다—어디서 내릴 것인가? 어디에서 마녀가 검은 옷의 무서운 모습으로 마중할 것인가? 이탈리아 광장이냐, 아니면 이탈리아 문에서냐?

나는 이탈리아 문에서 한 정거장 못 미친 메종 블랑슈에서 내렸다. 그들은 자기들이 이탈리아 문에서 기다리고 있음을 내가 눈치챘다고 생각했으리라. 그러나 그녀는 내 생각과 그들의 생각을 알고 있었다. 게다가 나는 이미 싫증이 나기도 했다. 공포를 애써 질질 끌면서 도주하느라고 그만 지쳐버렸다. 이제 오스카는 공항에 갈 마음이 없어졌다. 메종 블랑슈가 오를리 공항보다 훨씬 기발하다고 생각했다. 그리고 또 분명히 그러했다. 이 지하철역에는 에스컬레이터가 갖추어져 있었으며, 그것이 내 마음을 약간 흥분시켜 에스컬레이터가 덜커덕거리는 소리가, "검은 마녀는 있느냐? 있다있다있다!"로 들려왔기 때문이다.

오스카는 조금 당황하고 있다. 그의 도주는 끝나려 하고 있다. 도주가 끝나면 그의 보고도 끝나게 된다. 그런데 메종 블랑슈 지하철역의 에스컬레이터는, 그의 수기의 마지막 장면에 어울리게 덜커덕덜커덕 울릴 만큼 충분히 높고 가파르며 상징적일까?

하지만 여기서 나는 오늘의 서른 번째 생일을 떠올렸다. 에스컬레이터를 너무 시끄럽게 생각하는 사람, 검은 마녀를 조금도 무서워하지 않는 사람, 그러한 사람들 모두를 위해서 나는 나의 서른 번째 생일을 마지막 장면으로 제공한다. 서른 번째 생일은 모든 생일 중에서도 가장 뚜렷한 생일이 아니겠는가? 3이란 숫자를 내 안에 간직하고, 60을 예감케 하며, 그리고 60을 여분의 것으로 만든다. 오늘 아침 내 생일 케이크 둘레에서 서른 자루의 초가 타고 있을 때, 나는 기쁘고 감격한 나머지 울고 싶었다. 그러나 마리아에게 들키면 부끄러울 것 같아서 참았다. 30세가 되면 울어서는 안 되는 법이다.

에스컬레이터의 첫째 단에—에스컬레이터에서도 첫째 단이라고 말해도 좋다면 말이다—발을 디딘 순간 나는 웃음의 포로가 되었다. 무서우면서도,

아니 무서워서 나는 웃었다. 급경사를 따라 느릿느릿 올라갔다—위에서는 그들이 기다리고 있었다. 아직 담배를 반 대쯤 피울 시간이 있었다. 나보다 두 단 위에서는 뻔뻔한 연인 한 쌍이 시시덕거리고 있었다. 나보다 한 단 아래에는 늙은 여자 한 사람이 타고 있었는데, 나는 처음에 까닭도 없이 이 여인이 검은 마녀가 아닌가 하고 의심했다. 그녀는 모자를 쓰고 있었으며, 그 모자에는 과일 모양이 장식되어 있었다. 나는 담배를 피우면서 에스컬레이터에 관계되는 모든 것을 생각해 냈다. 오스카는 가장 먼저 시인 단테 역을 맡았다. 지금 지옥에서 돌아오는 길이며, 위쪽 에스컬레이터가 끝나는 곳에서는 기민한 〈슈피겔〉기자들이 기다리고 있다가 질문한다. "어, 단테, 아래는 어땠어요?"—같은 연기를 나는 시성 괴테로서 해 보았다. 〈슈피겔〉기자들한테서 질문을 받는다. 아래쪽 악마들의 세계를 어떻게 느꼈느냐고. 마침내 나는 시인에게는 싫증이 났기 때문에 남몰래 중얼거렸다. 저 위에 서 있는 것은 〈슈피겔〉패거리도 아니고, 외투 호주머니에 배지를 넣고 있는 그 신사들도 아니다. 위에 서 있는 사람은 그 여자다. 마녀다. 그 여자가 에스컬레이터를 덜커덕덜커덕 울려서 "검은 마녀는 있느냐?" 하고 물으면 오스카는 "있다있다있다!" 하고 대답하는 것이다.

에스컬레이터 옆에는 보통 계단도 붙어 있었다. 통행인이 지하철역으로 내려가는 데 사용하는 것이었다. 밖에는 비가 내리고 있는 듯했다. 다른 사람들도 모두 젖은 것 같아서 나는 안심했다. 왜냐하면 내게는 뒤셀도르프에서 우산까지 살 시간적 여유가 없었기 때문이다. 그런데 위쪽을 쳐다보자, 오스카의 눈에는 두드러지지 않은 듯하면서 어딘가 두드러진 얼굴을 한 신사들이 보통 우산을 들고 서 있는 모습이 비쳤다—그렇다고 해서 검은 마녀가 없다고는 할 수 없었다.

어떻게 그들에게 이야기를 걸까, 나는 생각에 잠기면서도 천천히 감정을 흥분시키고 지식을 풍부하게 하는 에스컬레이터 위에서 여유롭게 끽연을 즐겼다. 에스컬레이터 위에서 사람은 다시 젊어진다. 에스컬레이터 위에서는 사람은 자꾸만 나이를 먹는다. 에스컬레이터를 세 살 아이로서 떠날 것인가, 예순 살 노인으로서 떠날 것인가. 국제경찰을 젖먹이로서 마주할 것인가, 노인으로서 대면할 것인가. 검은 마녀를 어린아이로서 무서워할 것인가, 노인으로서 무서워할 것인가. 이런 선택이 내게는 남겨져 있었다.

이미 밤도 늦었다. 내 철제 침대는 매우 지쳐 보인다. 게다가 내 간호사 브루노는 아까부터 벌써 두 번씩이나 걱정스러운 갈색 눈을 엿보는 구멍에 나타냈다. 거기 아네모네를 그린 수채화 밑에, 아직 나이프를 대지 않은 케이크가 서른 자루의 초를 켜고 서 있다. 아마도 마리아는 벌써 잠들었으리라. 틀림없이 마리아의 언니 구스테였을 텐데, 나를 위해서 앞으로 30년 동안의 행운을 빌어 주었다. 마리아는 부러울 정도로 잘 잔다. 그런데 내 아들 쿠르트는 내 생일을 위해서 무엇을 빌었을까? 고등학교 모범생으로서 반에서도 1등인 그 아이는? 마리아가 자고 있으면 그녀 주위에 있는 가구도 잔다. 아, 그렇다. 쿠르트 녀석은 나의 서른 번째 생일을 맞아서 몸이 빨리 회복되도록 기도해 준 것이다! 그러나 나는 자신을 위해서, 마리아의 잠을 한 조각이라도 나누어 갖고 싶다고 빈다. 나는 지쳤으며 더 이상 지껄일 말도 없어졌으니까. 클레프의 젊은 아내는 유치하긴 하나 내 등의 혹을 글감 삼아 호의에 가득 찬 생일 축하 시를 지었다. 오이겐 왕자도 꼽추였지만 벨그라드의 도시와 요새를 점령했다. 마리아도 이제는 좀 깨달아야 할 텐데, 혹이 행운을 부른다는 사실을. 오이겐 왕자에게도 두 아버지가 있었다. 나는 지금 서른 살이지만 내 등의 혹은 좀더 젊다. 루이 14세가 오이겐 왕자의 아버지라고 생각되던 한 사람이었다. 예전에는 아름다운 부인들이 곧잘 거리에서 나의 혹을 만지고 행운에 감염되려고 했다. 오이겐 왕자는 꼽추였기 때문에 자연스럽게 죽을 수가 있었던 것이다. 만일 예수가 꼽추였다면 그를 십자가에 못 박기는 힘들었으리라. 그런데 나는 지금 30세가 되었다는 이유만으로, 정말로 세상에 나가 제자들을 끌어모아야 한단 말인가?

이와 같은 이야기는 에스컬레이터 위에서의 공상에 지나지 않았다! 나는 점점 높이 실려갔다. 내 앞쪽 위에는 뻔뻔한 연인들. 내 뒤쪽 밑에는 모자를 쓴 부인. 밖에는 비가 내리고 있었다. 그리고 위쪽 훨씬 위에는 국제경찰의 신사들이 서 있었다. 에스컬레이터의 단은 나무 발판으로 되어 있었다. 에스컬레이터를 타면 다시 한 번 모든 일을 곰곰이 생각해야 된다. 너는 어디서 왔느냐? 어디로 가느냐? 너는 누구냐? 이름이 무엇이냐? 너는 무엇을 하고 싶으냐? 향기가 내게로 풍겨왔다. 젊은 마리아의 바닐라 향기. 올리브유에 튀긴 정어리의 올리브 향기. 그 올리브유를 내 불쌍한 어머니는 뜨겁게 데워서 마신 결과 차디차게 식어 지하의 사람이 되었다. 얀 브론스키는 언제나 오 드 콜로뉴를 맘껏 사용하고 있었는데, 일찍 찾아온 죽음이 그의 모든 단춧구멍으로 숨쉬고 있었다. 겨울 감자 냄새가 난 곳은 채소 장수 그레프의 지하실이었다. 다시 한 번, 1학년생의 석판에 붙어 있는 마른 스펀지 냄새가 되살아났다. 그리고 로스비타, 그녀는 닭고기와 육두구(肉荳蔲)의 향기를 풍겼다. 석탄산(酸)의 구름 위를 나는 헤엄치고 있었다. 파인골트 씨가 소독약을 내 열병 위에 뿜었을 때의 일이다. 아아, 성심 교회의 가톨릭교. 바람이 통한 적 없는 이들의 많은 성의(聖衣), 차가운 먼지. 그리고 나는 왼쪽 옆면 제단 앞에서 내 북을 빌려 주었다. 누구에게?

그러나 그것은 에스컬레이터 위에서의 공상에 지나지 않았다. 오늘 모든 사람이 나를 못 박아 고정하려고 하면서 이렇게 말한다. 너는 서른 살이 되었다. 그러므로 너는 제자를 모아야 한다. 네가 체포되었을 때 무슨 말을 했는지 생각해 보아라. 네 생일 케이크 주위에 켜진 촛불을 세어라. 네 침대를 떠나서 제자들을 모아라. 더욱이 30세 남자에게는 참으로 많은 가능성이 주어져 있다. 이를테면, 정말로 이 병원에서 쫓겨난다면 마리아에게 두 번째 구혼도 할 수 있을 것이다. 처음과 비교해서 이번에는 훨씬 희망이 있다고 생각된다. 오스카는 그녀를 위해서 가게를 내주었으며, 명성을 떨쳤고, 계속해서 레코드로 큰 돈을 벌고 있으며, 게다가 그 무렵에 비해 성숙해졌고 나이도 먹었다. 30세가 되면 결혼을 해야 한다! 그렇지 않으면 독신으로 지내는 대신 무엇인가 직업을 선택하기로 하고서, 예컨대 질 좋은 조개껍데기 석회석 채굴장을 사고 석공을 채용해서 잘라낸 돌을 가공하여, 채굴장에서 직접 건축업자에게 제공하는 것이다. 30세가 되면 어떻든 생활을 확립해야 한다! 아니면—같은 규격의 화장판(化粧板)만 계속 만드는 데 싫증이 나면—나는 뮤즈 울라를 찾아가 그녀와 함께 나란히 서서 미술을 위해 흥미를 일으키는 모델로서 봉사할 것이다. 어쩌면 나는 그처럼 자주 짤막짤막한 약혼을 되풀이해 온 뮤즈와 어느 날 갑자기 결혼할지도 모른다. 30세가 되면 결혼을 해야 한다! 만약 유럽에 싫증이 나면 나는 여행을 떠난다. 미국, 버팔로, 내 오랜 꿈. 나는 할아버지를 찾아간다. 옛날에는 방화범인, 지금은 백만장자, 옛날의 요제프 콜야이체크, 현재 이름은 조 콜치크. 30세가 되면 정착해야 한다! 아니면 양보해서 못 박혀 고정된다. 30세가 되었다는 이유만으로, 밖에 나가서 그들의 기대에 따라 구세주 역할을 맡아, 양심을 거스르면서 나의 북에다 북이 할 수 있는 일 이상의 엉뚱한 일까지 시켜, 북을 숭배해야 할 상징으로 만들고, 종파를, 당파를, 적어도 비밀결사를 세운다.

내 위에 연인들이, 내 밑에 모자를 쓴 부인이 있었는데, 나는 에스컬레이터 위에서 이러한 공상에 빠진 것이다. 내가 이야기했던가? 연인들이 나보다 한 단이 아니라 두 단 위에 서 있던 것을. 내가 자신과 연인들 사이에다 작은 짐 가방을 놔뒀던 것을. 프랑스의 젊은이들은 아주 색달랐다. 이를테면 여자는 에스컬레이터가 우리를 싣고 올라가는 동안 그 남자의 가죽 점퍼 단추를 끄르고, 이어서 셔츠 단추를 풀어 18세 된 남자의 벌거벗은 살갗을 매만지고 있었다. 동작은 매우 열심이었으나 전혀 애욕이 느껴지지 않는 익숙한 움직임이어서, 이 젊은이들이 관청에서 보수를 받고, 프랑스의 수도가 그 명성을 잃지 않도록 공공장소에서 사랑의 광태를 과시하고 있는 게 아닌가 하고 의심이 들 정도였다. 그러나 연인들이 키스를 나누는 순간 의심은 사라졌다. 남자는 여자의 혀 때문에 거의 질식 상태가 되어서, 내가 비흡연자로서 형사들을 마주할 셈으로 담배를 비벼서 꺼버린 뒤에도 여전히 기침 발작이 가라앉지 않았다. 내 밑의, 그러니까 모자 밑의 노파는—내 작은 키 때문에 두 단의 차이는 없어졌으므로 그녀의 모자와 나의 머리는 같은 높이에 있었다—눈에 띄는 행동은 아무것도 하지 않았는데, 다만 뭐라고 중얼중얼 혼자서 불평을 하고 있었다. 이는 어차피 파리 노인들의 흔한 버릇이다. 에스컬레이터의 고무 씌운 난간이 우리와 함께 상승했다. 그 위에 손을 올려놓고, 손을 난간과 함께 올라가게 할 수도 있었다. 나도 장갑을 가져왔더라면 그렇게 했으리라. 주위의 벽 타일은 모두가 전등 불빛 방울을 반사하고 있었다. 파이프와 굵은 케이블 다발이 크림빛을 띠고 우리의 상승에 동반했다. 에스컬레이터가 지옥의 소음을 냈다는 것은 아니다. 오히려 에스컬레이터는 기계이면서도 편안한 소리를 냈다. 무서운 검은 마녀의 노래 가사가 와글와글 들리기는 했으나, 내게는 메종 블랑슈 지하철역이 어쩐지 아늑하고 살기 편한 곳으로 생각되기만 했다. 나는 에스컬레이터 위에서 집에 있는 듯한 편안한 마음이 되었다. 확실히 불안이 있고 어린아이 같은 공포가 있었지만, 나와 함께 올라가는 사람이 전혀 모르는 남이 아니라 살아 있거나 죽은 내 친구와 친척들이라면 나는 행복했을 것이다. 내 불쌍한 어머니는 마체라트와 얀 브론스키 사이에. 회색 머리카락의 쥐 트루친스키 아주머니는 자식들인 헤르베르트, 구스테, 프리츠, 마리아와 함께. 게다가 채소 장수인 그레프와 그의 타락한 여인 리나. 물론 베브라 스승과 우아한 로스비타도. 나의 의심스러운 존재를 틀에 끼우고 내 존재에 걸려 좌초된 이러한 모든 사람과 함께라면. 그리고 에스컬레이터가 끝나는 위쪽에, 형사들 대신 무서운 검은 마녀와는 정반대인 내 할머니 안나 콜야이체크가 산처럼 침착하게 서서, 다행스럽게 에스컬레이터 여행을 끝낸 나와 내 일행을 그 산과 같은 치마 속으로 맞이해 준다면 좋겠는데.

그러나 거기에는 2명의 신사가 서 있었다. 넓은 치마가 아니라 미국식 레인코트를 입고 서 있었다. 나는 에스컬레이터의 위쪽 끝이 가까워졌을 무렵 구두 속의 발가락 열 개로 무의식중에 쓴웃음을 지으며 인정해야만 했는데, 내 위에 있는 뻔뻔한 연인들도, 내 밑에서 투덜거리고 있는 노파도 충실한 경찰의 첩자였던 것이다.

더 이상 할 말이 뭐 있겠는가? 전등 밑에서 태어나 세 살 때 일부러 성장을 그치고, 북을 얻고, 유리를 노래로 부수고, 바닐라 냄새를 맡고, 교회 안에서 기침을 하고, 루치에게 먹이를 주고, 개미를 관찰하고, 성장할 결심을 하고, 북을 파묻고, 서쪽으로 가는 기차를 타고, 동쪽을 잃고, 석공 일을 배우고, 모델 노릇을 하고, 양철북으로 되돌아가고, 콘크리트를 시찰하고, 돈을 벌고, 손가락을 보존하고, 그 손가락을 다른 사람에게 선물하고, 웃으면서 도주하고, 에스컬레이터로 올라가서 체포되어 유죄 판결을 받고, 수용되고, 그 뒤에 무죄 석방되어, 오늘 나는 서른 번째 생일을 축하하고, 서른이나 되었는데도 여전히 검은 마녀를 무서워하고 있다—아멘.

비벼 끈 꽁초를 나는 발밑에 떨어뜨렸다. 그것은 에스컬레이터의 나무 발판 사이에 끼었다. 오스카는 꽤 오랜 시간을 45도 각도로 선을 그리며 천국행을 계속한 후, 약 세 걸음 정도 수평으로 나가, 뻔뻔한 연인 경찰관의 뒤를 따라서 노파 경찰관의 앞에 선 채로, 에스컬레이터의 나무 발판에서 고정된 철격자 위로 미끄러지듯 이동하고는, 형사들이 자기 이름을 대고서 그를 마체라트라고 부르는 소리를 듣자, 에스컬레이터에서 공상하던 대로 먼저 독일어로 "나는 예수다!"라고 말했는데, 상대가 국제경찰이었으므로 다음에는 프랑스어로, 마지막에는 영어로 같은 말을 반복했다. "나는 예수다!"

그렇지만 나는 오스카 마체라트로서 체포되었다. 나는 형사들의 보호에,

그리고 바깥 이탈리아 거리에는 비가 내리고 있었으므로 그들의 우산에, 내 몸을 아무런 저항 없이 맡기고 나서도 불안스럽게 조심조심 주위를 살폈다. 그리고 사실 몇 번이나—그녀에게는 가능한 일이다—거리의 군중 속에서, 경찰차를 둘러싼 군중 속에서 검은 마녀의 무섭게 침착한 얼굴을 확인했다.

더 이상 나는 할 말이 없다. 그러나 잘 생각해 봐야 할 것이 있다. 도대체 오스카는 이 정신병원에서 강제로 쫓겨나면 그 뒤에 무엇을 할 셈인가? 결혼인가? 독신을 지킬 것인가? 해외 여행인가? 모델 일인가? 채석장을 살 것인가? 제자를 모을 것인가? 종파를 세울 것인가?

오늘 30세의 사나이에게 주어진 가능성을 모두 검토해 봐야만 한다. 그런데 내 북이 아닌 다른 그 무엇으로 검토할 수 있겠는가? 그러므로 내게 있어서 점점 생생해지고 무서워지는 그 짧은 노래를 내 양철북 위에 실어, 검은 마녀를 불러서 물어 보기로 하자. 내일 아침 간호사 브루노가 들어왔을 때 나는 그에게 되도록이면 알려주고 싶다. 30세의 오스카는 점점 검은빛을 더해 가는 어린아이 같은 공포의 그림자에 싸인 채 어떠한 생활을 꾸려 나갈 계획인가를. 과거에 나를 계단에서 놀라게 한 것, 지하실에 석탄을 가지러 갔을 때 와 하면서 나를 무의식중에 웃도록 한 것, 하지만 언제나 그곳에 있으면서 손가락으로 말을 하며, 열쇠 구멍으로 기침을 하고, 난로 속에서 한숨을 짓는 것. 그것이 문과 함께 소리치고 굴뚝에서 뭉게뭉게 연기를 냈다. 안개 속 배들이 기적 소리를 내고, 이중 창문 사이에 파리 한 마리가 몇 시간씩이나 죽어 있기도 하는 때였다. 또 뱀장어들이 어머니를 탐내고, 불쌍한 어머니가 뱀장어를 탐냈을 때도 그랬다. 태양이 탑산(塔山) 뒤로 사라져 호박(琥珀)이 되어 자신을 위해서 빛날 때도 그러했다! 헤르베르트가 그 목각상에게 덤벼들었을 때 누구를 생각하고 있었던가? 중앙제단 뒤에서도—모든 고해실을 검게 만드는 마녀가 없다면 가톨릭 같은 것은 생각할 수도 없다. 그녀는 지기스문트 마르쿠스의 장난감이 부서졌을 때 그림자를 던졌다. 그리고 아파트 안뜰에서 개구쟁이들, 악셀 미슈케와 누히 아이케, 수지 카터와 한스 콜린 등이 붉은 벽돌 가루 수프를 끓이면서 이렇게 노래했다. "검은 마녀는 있느냐? 있다있다있다! 네 잘못이다, 네 잘못이다, 네가 제일 잘못한 것이다. 검은 마녀는 있느냐……." 언제나 그녀는 정확하게 와 있었다. 비등산 속에까지도 있었다. 순수하게 녹색 거품을 일으키고 있었는데도, 내가 이제까지 웅크리고 앉아 있던 모든 양복장 속에도 그녀는 역시 웅크리고 앉아 있었다. 나중에 그녀는 루치 렌반트의 세모꼴 여우탈을 빌리고, 핫도그를 엷은 껍질째로 게걸스럽게 먹었으며, 먼지떨이들을 다이빙대 위로 데리고 갔다―오스카만은 남아서 개미를 바라보고, 몇 배로 불어난 맛있는 것을 목표삼아 기어가는 그 개미가 사실은 그녀의 그림자임을 알았다. 모든 말씀―성모 마리아, 괴로움이 많은 여자, 성스러운 축복을 받은 여자, 처녀 중의 처녀…… 그리고 모든 돌―현무암, 응회암, 휘록암, 조개껍데기 석회 속의 둥지, 아주 부드러운 설화석고…… 또한 노래로 망가뜨린 온갖 유리―투명 유리, 몹시 얇은 유리…… 그리고 식료품―1파운드 또는 반 파운드들이 푸른 부대에 들어 있는 밀가루와 설탕. 그 뒤에는 수고양이 네 마리, 그중 한 마리는 비스마르크라는 이름이었다. 회반죽을 다시 발라야 했던 벽. 죽음에 취한 폴란드 사람들. 그리고 언제, 누가, 무엇을 침몰시켰는지를 알리는 임시 뉴스. 저울에서 굴러 떨어진 감자. 발끝 쪽이 좁게 만들어진 관. 내가 서 있던 묘지. 내가 무릎 꿇었던 타일. 내가 드러누웠던 야자 섬유……. 콘크리트 속에 밟혀 굳혀진 모든 것, 눈물을 자아내는 양파즙, 손가락에 끼여 있던 반지, 나를 핥는 암소……. 오스카는 그녀가 누구인지 묻지 않는다! 그에게는 더 이상 할 이야기가 없다. 왜냐하면 이전에는 내 등에 올라타서 내 혹에다 키스를 하던 그것이, 이제부터는 정면으로 나를 향해 다가오니까.

검은 마녀는 언제나 내 뒤에 있었다.
지금도 그녀는 나를 향해서 다가온다, 시커멓게.
검은 말씀으로 망토를 펄럭이며, 시커멓게.
검은 돈을 지불한다, 시커멓게.
어린아이들이 노래할 때도, 더 이상 노래하지 않을 때도,
검은 마녀는 있느냐? 있다―있다―있다!

해설

《양철북》

《양철북 *Die Blechtrommel*》은 1959년에 출판된 귄터 그라스의 첫 산문 작품으로, 단치히를 무대로 독일 전쟁 이전 바이마르 시대와 나치스 시대, 그리고 제2차 세계대전의 격동기를 거쳐 전후 시대를, 세 살 때 성장을 멈춘 오스카라는 난쟁이의 삶을 통해 그려낸다. 이 작품은 1961년의 중편 《고양이와 쥐 *Katz und Maus*》, 1963년의 장편 《개들의 시절 *Hundejahre*》과 더불어 '단치히 3부작'이라고 불린다. 이 3편의 소설에 대해 그라스는 "어느 시대 좁은 소시민계급의 온갖 모순과 부조리, 그리고 더 나아가 그 시대의 초차원적 범죄까지 포함하여 한 시대 전체를 문학적인 형식으로 표현한 것"이라고 했다. 게다가 그는 "작가의 원료로 쓰이는 사실성은 분할되어선 안 되며, 그것을 전체로서 파악해 그늘진 부분도 간과하지 않는 사람만이 작가라 불릴 만하다"고 주장하면서, "성(性)의 영역도 이 사실성 안에 포함된다"고 일부러 못박았다.

공식 발언인 이 말은 1968년에 나온 것으로, 이때 그라스는 이미 독일을 대표하는 힘 있는 작가가 되어 있었다. 또 포르노그래프가 아니라 포르노그라스라는 별명을 얻은 그라스는 이 작품을 처음에는 독일의 신진 작가 양성 모임인 '47그룹(Gruppe 47)'에서 낭독해 호평을 받았으며, 출판과 더불어 세계적으로도 성공을 얻었다. 유머가 섞인 독특한 사실주의를 바탕으로 역사의 잃어버린 한 측면을 그려낸 이 작품은, 1979년에는 슐렌도르프 감독을 통해 영화화되기도 했으며, 1999년 노벨문학상을 수상할 때 "20세기를 대표하는 작품으로서 영원할 것이다"라고 찬사를 받았다.

북치는 소년, 오스카

스스로 성장을 멈추고 양철북을 두드리는 오스카. 그는 일상에서 태어나는

'47그룹'의 모임 (1990)
옛 '47그룹'이 프라하에서 오랜만에 모였다. 하벨 대통령의 기념강연을 듣는 작가들의 사진. 오른쪽에서 두 번째가 그라스.

역사를 보았다. 주위에서 일어난 사건이 그대로 현대사가 되어 가는 과정을, 독특하고 남다른 재능을 지닌 한 소년이 체험한다.

여행지에서 발견한 장난감 양철북을 두드리는 어린이. 어른들에게 전혀 아랑곳하지 않는 반항적이고도 고집스런 이 모습이, 이윽고 우직하다 싶을 만큼 순진한 독자적 시점을 전후 독일 문학에 가져다 주게 된다. 때는 1959년, 독일이 다시 세계 문학계로 발돋움한 해였다. 동서 분열 이후 서독은 아데나워의 장기 집권 아래 기적적인 경제 부흥을 이루었고, 재군비와 더불어 사람들은 전쟁의 기억에서 벗어나 주위의 소소한 행복으로 도망치려 하고 있었다. 그런 독일의 '유아성(幼兒性)'은 전후 하나도 변하지 않았다. 세 살 때 성장을 멈춘, 정신병원에 입원한 환자 오스카는 그런 시대의 유아성을 체현하고, 있는 그대로의 자기 모습을 사람들 앞에 들이민 것이다.

현실을 한쪽 면만 보는 게 아니라 복합적·다각적으로 보는 관점은 지금까지 없었던 시야, 즉《양철북》에 나오는 오스카의 키 94센티미터 눈높이에서 나치스 시대부터 전후까지를 바라보는 시야를 펼쳐 주었다. 거기서는 그를 둘러싼 선량하지만 약아빠지기도 한 소시민의 생활 속에 나치즘이 자연스럽

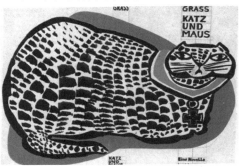

◀《양철북》포켓판(1962) 표지
이 작품은 베스트셀러가 되어 그라스를 일약 유명
작가로 만들었다.

▼《고양이와 쥐》초판 자작 표지 그림
전쟁 중인 단치히에 살아가는 소년 마르케의 훈장
에 관한 이야기. 고양이 목에 두르고 있는 것은 나
치스 시대 기사십자훈장이다.

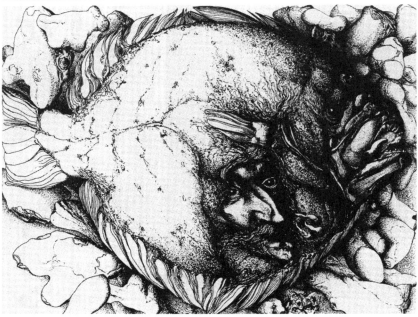

동판화 '넙치 속의 남자'
넙치 속에 나타난 남자는 그라스처럼 보인다. 소설 《넙치》에서 넙치가 여자들에 의해 재판에
회부되어 역사를 남성원리로 움직여 온 죄로 재판에 회부된다. 그라스 작품.

▶ 귄트 그라스 가족사진(1969)
  첫 아내 안나, 쌍둥이 라울과 프란츠, 라우
  라, 브루노.

▼ 노벨상을 받은 그라스(1999)
  '밝고도 어두운 우화로 역사의 잃어버린 한
  측면을 그려냈다'는 것이 수상 이유였다.

게 침투해 가는 광경이, 북의 리듬에 맞춰 기억 밑바닥에서 솟아나오고 있
다. 무엇보다도 충격적인 점은 그것을 외부에서 오는 악(惡)이 아니라 일상
안에 있는 기괴함, 잔혹함, 현실과 분리될 수 없는 난잡함으로 보는 그 관점
이다. 말 대가리를 이용한 부두 노동자의 뱀장어잡이, 니오베 상에 홀린 친
구 헤르베르트의 기괴하고도 익살적인 죽음, 유대인 상점 파괴가 일어났던
'수정의 밤'에 장난감에 둘러싸여 죽은 마르쿠스, 해수욕하기 좋은 나른한
날 일어난 제2차 세계대전의 서막 폴란드 우체국 공방전 등등, 그것은 일상
속에 갑자기 나타난 폭력과 난잡함으로서 묘사되고 있다.

평범함 곁에 있는 잔혹함

  커다란 네 겹의 치마 아래에서 이루어진 정사(情事), 오스카의 어머니와
얀 브론스키의 불륜, 오스카의 스승이 된 그레프 미망인의 질척한 성, 애인
마리아와 아버지 마체라트가 대낮에 벌이는 정사를 목격한 오스카, 공습 때
지하실에서 서로 뒤엉키는 두 난쟁이 오스카와 로스비타, 간호사의 양복장
안에서 하는 자위, 야자 융단으로 괴롭힘 당하면서 간호사가 느끼는 기묘한
쾌감…… 결벽 있는 사람들에게 빈축을 살 만한 '성의 영역'을 우리는 얼마

든지 꼽을 수 있다. 말해 두지만, 900쪽이 넘는 이 소설 가운데 이런 내용은 전체의 50분의 1도 채 안 된다. 또 '성의 영역' 밖에서도 기괴하고 난잡하며 편집광 같은 그라스의 표현과 마주칠 때면, 미풍양속의 관리자를 자처하는 사람들은 커다란 불쾌감을 느끼게 된다. 세 살 때 성장을 멈춘 기괴한 난쟁이가 두드리는 양철북 소리가 그들에게는 몹시 기분 나쁘게 들리는 것이다. 더구나 북소리가 차례차례 터부를 파괴하면서 도덕의 성역에까지 침범해 들어왔을 때, 그들은 더 이상 가만히 두고 보지 못하게 된다.

실제로 그들은 반격을 했다. 1959년 브레멘 시(市) 문학상은 시가 위촉한 심사원의 결정에 따라 그라스에게 주어지게 됐는데, 시위원회가 이를 부결한 것이다. 상식의 눈이 새로운 문학을 받아들이지 못하고, 작은 것을 보느라 본질을 보지 못한 셈이다.

시위원회는 차치하고 문단(文壇) 내부에서도 사정은 크게 다르지 않았다. 엔첸스베르거는 그의 서평에서 "독일에 아직 비평가들이 존재한다면, 그라스라는 남자의 처녀작《양철북》은 그들에게서 환희의 비명과 분노의 외침을 이끌어 내리라"고 서두를 뗀 뒤 다음과 같이 말했다.

"그라스는 악마가 낳은 실수라고 비난받든지 아니면 제일류 산문 작가라고 칭송받든지, 둘 중 하나를 요구할 권리를 얻었다……. 이 남자는 평화의 교란자이며, 물고기 떼를 습격한 상어이며, 우리의 가축화된 문학 속에 나타난 한 마리 늑대이다. 그의 책은 되블린의《베를린 알렉산더 광장》이나 브레히트의《바알》같은 미지의 원석인데, 어떻게든 결론이 나서 이것이 성유물

(聖遺物)이 되거나 문학사의 시체 보관소에 들어가거나 하기 위해선, 최소한 10년은 평론가들과 문헌학자들이 이 원석에 매달려야 할 것이다."

또한 그는 더 나아가 이렇게 말했다.

"그라스는 사실주의자이다. 그 낭만의 내용을 하나하나 뜯어보면, 황당무계한 상상이 살인광처럼 무턱대고 달려나가는 듯 보이지만, 그것이 그의 입을 통해 이루어지면 충분히 설득력을 얻게 될 뿐만 아니라 더 이상 의문의 여지도 없을 만큼 명백해진다."

이처럼 엔첸스베르거는 이 소설의 본질을 정확하게 꿰뚫어 보았다.

우리는 소설—특히 장대한 연대기 소설—을 읽을 때, 그 작품의 세부 내용이 공허하거나 진부할수록 재미없다고 느끼게 된다. 그런데 그라스의 일화들은, 맨 처음 커다란 네 겹의 치마를 비롯해 어느 것이나 전부 발상이 기상천외하고 묘사가 지나치다 싶으리만치 극명해서, 그 재미가 독자들을 사로잡아 질릴 틈조차 주지 않는다. 그러나 문제는 이런 세부의 축적이 전체의 진행과 어떤 식으로 얽히고 있는가 하는 점이다. 《양철북》에 대한 비평의 찬부도 모두 이 점에 집중되었다. 즉 "힘찬 조형의지(造形意志)가 이 소설의 세부와 전체 질서를 다스리고 있다"는 의견과, "그라스는 세부 묘사에 집착하고 있는데, 노력에 비해 뚜렷한 성과가 없다"는 의견이 나왔다. 이런 부정론이 나온 까닭은, 소설 속 온갖 기교의 이미지가 저마다 풍자적인 의미를 지닌 듯 안 지닌 듯 애매한 성격을 띠고 있어서, 그 탓에 독자가 나무밖에 안 보이는 숲 속을 헤매는 기분을 느끼게 되기 때문이리라. 하지만 그곳에는 분명 숲이 존재하고 있다.

레퀴엠―흘러가는 시간에 저항하여

그라스에게 이 숲은 죽은 자에게 바치는 레퀴엠(requiem, 위령곡)이다. 그라스가 이 소설을 집필하던 1950년대는 이른바 독일 문학의 암흑기였다. 이 시대에는 하인리히 뵐을 비롯해 전후 집필 활동을 개시한 작가들이 몇 명 등장하긴 했으나 특별한 성과는 없었고, 더구나 1955년 토마스 만의 죽음을 시작으로 브레히트, 벤, 카로사, 되블린 등 기성 작가들이 차례로 세상을 떠났다.

그런데 그라스는 "'굳건한 작품을 하나 내놓아서 독일의 전후 문학을 풍요롭게 만들겠다'는 고상한 의도가 나를 채찍질한 적은 없었다"고 말했으며, 또한 "나는 '독일의 과거 극복'이라는 그 시대의 저속한 요구를 만족시킬 생각도, 또한 그럴 능력도 없었다"고도 말했다. 1927년에 태어나 갈색 제복 아래 소년 시절을 짓밟힌 그라스의 처지에서, 과거 극복이란 생각도 못할 일이었다.

오스카 마체라트의 30년에 걸친 생애는 죽은 자들의 숱한 그림자로 뒤덮여 있다. 불륜을 청산하는 어머니의 죽음을 시작으로 니오베에게 살해된 트루친스키, 폴란드 우체국 방어전의 용사(?) 얀 브론스키, 정밀한 북 장치로 죽음을 연출한 그레프, 나치스당 배지를 잘못 삼켰다가 사살된 아버지 마체라트, 그리고 '먼지떨이' 소년들. 오스카는 그들의 죽음을 냉담하게 바라보면서, 마치 죽음이 삶의 양식이기라도 한 것처럼 살아간다.

그런데 이 많은 죽음은 대체 어찌 된 것일까. 가족과 친구, 지인의 잇단 죽음. 살아가는 일 자체가 죄를 거듭하는 행위라는 자각은 있으나, 죽음과 사귀는 법은 깨닫지 못한 채 오스카는 그런 죽음의 증인이 된다. 폐허가 된 고향을 뒤로하고 '동방 난민'이 된 그는, 서쪽으로 향하는 열차에서 다시 성장을 시작한다. 그때 열병에 시달리던 그에게 전쟁은 멈추지 않는 회전목마처럼 비친다. 부조리하고 아무런 가책도 없는 역사의 회전에 그는 현기증을 일으킨다.

전후 오스카는 친구와 증명사진을 자주 찍으러 가곤 했다. 이는 전쟁이 낳은 객관화할 수 없는 슬픔을 기록하여 그것과 '중성적'으로 어울려 살아가기 위해서였다. 자신을 사진으로 찍은 뒤 이리저리 찢고 붙여서 새로 만들어 멀리서 바라보는 것. 이렇게 만들어진 자신, 이른바 허구 속에 번잡함과 함께 녹아들어간 슬픔과 기억, 그런 것과는 어떻게든 대면하면서 살아갈 수 있다는 얘기다.

그라스 본인의 사정도 이와 비슷할 것이다. 게다가 그런 죽음들 하나하나의 무대가 됐던 '단치히' 자체가 사라져 버린 지금, 단치히라는 과거를 그라스가 극복할 수 있을 리 없다. 단치히로 상징되는 수많은 죽음을 위한 레퀴엠을 쓰지 않고선, 그라스는 아마 한 발짝도 앞으로 나아갈 수 없었으리라. 흘러가는 시간에 저항하여 글을 써 나가는 것. 그의 이 끊임없는 반항적 자세는 한편으로 그가 계속 병행해 온 사회 참여 방면에서도 일관되고 있다.

《암쥐》(1986)
《암쥐 Die Rättin》
에서 '책 읽는 쥐'
그림. 그라스 작
품. 이야기에서는
쥐의 목소리가 무
시되고 결국 핵무
기가 사용된다. 그
라스는 1980년대
의 냉전격화, 핵전
쟁의 공포, 반핵운
동의 물결을 작품
에 담아냈다.

하지만 그라스는 감상(感傷)을 일체 배제하고서 이 레퀴엠을 쓴다. 엔첸
스베르거는 이렇게 말했다.

"그라스가 과장된 반(反)파시스트 같은 행동을 조금도 보이지 않고 그저
덤덤하게 《양철북》에서 보여 주는 히틀러 체제의 서사적 묘사와, 간경(簡勁,
간결하고 힘차다)함으로 보나 적확함으로 보나 맞겨룰 만한 상대는 아무도 없
을 것이다." 이처럼 그라스는 아무것도 공격치 않고 아무것도 증명치 않고
아무것도 과시치 않으면서, 다만 있는 그대로의 사실을 냉정하고 정확하게
썼다. 이런 사실주의자의 시점을 얻기 위해 그라스는 전후 10년을 소요했
다. 《양철북》은 악한 소설로 오인될 만한 요소를 많이 품고 있지만, 그래도
어디까지나 사실주의 소설이다.

달팽이 걸음을 주장하다

그라스는 1960년대부터 70년대에 걸쳐 브란트가 이끄는 사회민주당 선거
응원에 발벗고 나섰다. 그는 선거 유세 및 정당 지원을 위한 시민단체를 만

영화〈양철북〉(1976)
칸 영화제 그랑프리 수
상작.

위 : 성장하기 시작한
오스카가 열차에 올라
단치히를 떠나는 장면.
아래 : 나치스 극단에
들어간 오스카가 전쟁
터에서 위문공연하는
장면.

드는 등, 정권교체를 위해 온 힘을 다했다. 그때의 기록에서 태어난 작품이
《달팽이의 일기 *Aus dem Tagebuch einer Schnecke*》(1972)이다. 현실주의적
이고 견실한 '달팽이' 걸음을 닮은 점진적 사회개혁을 주장한 그는, 폴란드
서쪽 국경을 승인하는 것이 국교 수립의 전제조건이라고 말했다가 극우파의
협박을 받았다. 또한 그는 "인류의 행복을 위해 바나나를 똑바로 펴려고 드
는 사람들이 싫다"고 하여, 그 무렵 학생운동의 혁명적인 과격성과 그 자신
사이에도 하나의 선을 그었다.
　이처럼 그는 우직할 정도로 현실에 맞는 사회적 발언을 계속해 왔다. 이런

선인장 가시 속의 그라스
독일 통일 이후 매스컴과
비평가에게 공격당하던
그라스 자신의 심경을 그
린 작품(1992).

행동의 바탕에는, 바이마르 시대에 지식인들이 정치적으로 너무 무관심한
나머지 혼돈을 불러와 결국 '아우슈비츠'를 저지하지 못했던 데 대한 생각이
깔려 있었다. 그는 독일 통일의 성급한 진전에 대해서 여론을 거슬렀다가
'조국을 잊은 놈'이라고 비난받았지만, 독일 통일을 이루려는 시도는 과거에
비극밖에 낳지 않았다면서 반대 자세를 고수했다. 이 또한 그의 비판적이고
반항적인 역사인식 때문이었다.

1977년에 50세 생일을 맞이한 그라스는 5년의 세월을 바친 장편소설《넙
치 Der Butt》를 발표했다. 시와 산문을 번갈아 배치한 기나긴 이 소설을 감
히 요약하자면, 그것은 신석기 시대부터 현대에 이르기까지의 식품·요리 역
사의 그늘에 숨어 있는 씩씩한 여성들에 대한 오마주(hommage, 존경)라 할
수 있다. 이 작품에는 정치에 손을 대면서 한층 더 커진 그라스의 힘이 전부
집약되어 있다.

이런 대작을 완성한 그라스는, 1978년 3월에 일본을 잠깐 방문해 소박한
여행을 즐겼다. 물론 그때 그는 파리에서《양철북》을 쓰던 시절만큼 가난하
지는 않았다. 그러나 부자가 되었다고 해서 굳이 생활태도를 바꿔 떵떵거리
며 살 마음은 그에게 전혀 없었다. 그는 일본에서 홍콩, 인도네시아, 인도,
아프리카를 거쳐 귀국했는데, 예상보다 더 많이 팔린《넙치》의 인세 일부
(20만 마르크)를 기부해서, 존경하는 스승의 이름을 딴 '되블린 재단'을 세
웠다. 그리하여 신진 작가의 산문 작품에게 상을 주게 되었다. 개인 기금에
기반을 둔 문학상은 독일에서도 드물다고 한다. 여기에서 우리는 그라스라

는 인물의 한 단면을 엿볼 수 있다.

살아가는 것은 곧 이야기하는 것이다

나치즘 시대에 소년병으로 살아간 귄터 그라스는 전후 서독으로 건너가 미술을 공부하면서 동시에 시와 소설을 쓰기 시작했다.

그를 소년병으로 만들었던 전쟁이 끝난 뒤, 전혀 다른 가치관을 강요받아 '화상 입은 어린아이'가 되어 버린 그는 이윽고 '회의적 세대'의 작가로서, 독일의 표면적인 사회 및 정치 동향에 대해 매우 비판적인 태도를 보이게 된다.

신진 작가 모임에서 활발한 활동을 했을 뿐만 아니라 정치참여 작가로도 유명했던 귄터 그라스. 그는 흘러가는 시대의 단면을 희생자나 학대받은 자들의 시점에서 과거 및 미래와 관련지어 넓고 풍부한 구성 속에 표현해서, 현대란 무엇인가 하는 의문을 던지고 있다.

"이야기하는 한 살아갈 수 있다."(《개들의 시절(1963)》에서)

이 오래 되고도 새로운 문학 신조 아래 그라스는 말 그대로 문학과 실생활을 살아 나가면서, 현대에서의 '반항'이 과연 무엇인지를 온몸으로 우리에게 보여 준다.

귄터 그라스 연보

1927년   10월 16일 자유시 독일 단치히(Danzig : 오늘날 폴란드 그단스크)에서 식료품 상인의 아들로 태어나다.

1944~46년(17~19세)   제2차 세계대전 중 부상을 입고 전쟁포로가 되다.

1947~48년(20~21세)   광산에서 일하며 석공 기술과정을 마치다.

1948~52년(21~25세)   뒤셀도르프 예술대학에서 그래픽과 조각을 공부.

1953~56년(26~29세)   베를린 예술대학에서 조각을 배우다.

1954년(27세)   무용가 안나 슈바르츠와 결혼. 전후문학동인 '47그룹'에 가입.

1956년(29세)   시집《두꺼비들의 재능》출간.

1958년(31세)   소설《양철북》의 미완성 초고 강독으로 '47그룹 문학상' 수상.

1959년(32세)   장편《양철북 Die Blechtrommel》출간.

1960년(33세)   독일사회민주당입당. 빌리 브란트를 위해 선거운동(~1992년).

1961년(34세)   중편《고양이와 쥐 Katz und Maus》출간.

1963년(36세)   장편《개들의 시절 Hundejahre》출간.

1965년(38세)   《양철북》으로 뷔히너상(Bühner賞)을 수상.

1969년(42세)   장편《국부마취》출간.

1976년(49세)   미국 하버드대학교에서 명예박사학위를 받다.

1977년(50세)   장편《넙치 Der Butt》를 출간.

1979년(52세)   장편《텔그테에서의 만남 Das Treffen in Telgte》출간.

1980년(53세)   소설《출산 Kopfgeburten : oder die Deutschen Sterben aus》발표.

1986년(59세)   장편《암쥐 Die Rättin》를 출간.

1992년(65세)   《무당개구리 울음》을 출간.

1995년(68세)   장편《광야 Ein weites Feld》를 출간.

1996년(69세)   토마스만상(賞)을 수상.

1999년(72세)   《양철북》등으로 노벨문학상을 수상. 장편《나의 세기》를 출간.

2002년(75세)   《게걸음으로 가다 Im Krebsgang》를 출간.

2004년(77세)   《라스트 댄스》를 출간.

최은희(崔銀姬)
경북 경주 출생. 홍익대 독어독문학과 졸업.
지은책「네임파워를 높여주는 10계 101가지」
「아이가 돌아올 때까지 문을 잠그지 마세요」
옮긴책「마음밭의 쓴 뿌리들」괴테「시와 진실」

World Book 113
Gunter Wilhelm Grass
DIE BLECHTROMMEL
양철북
귄터 그라스/최은희 옮김
1판 1쇄 발행/1987. 7. 1
2판 1쇄 발행/2010. 6. 5
2판 5쇄 발행/2020. 8. 1
발행인 고정일
발행처 동서문화사
창업 1956. 12. 12. 등록 16-3799
서울 중구 마른내로 144(쌍림동)
☎ 546-0331~6 Fax. 545-0331
www.dongsuhbook.com

사업자등록번호 211-87-75330
ISBN 978-89-497-0648-1 04080
ISBN 978-89-497-0382-4 (세트)